DIE SAGEN DER JUDEN

DIE SAGEN DER JUDEN

Gesammelt und bearbeitet von

MICHA JOSEF BIN GORION

PARKLAND VERLAG

*Die Bände „Die Urzeit", „Die Erzväter" und
„Die 12 Stämme" wurden gesammelt und bearbeitet von
Micha Josef bin Gorion und übersetzt von Rahel Ramberg,
die Bände „Mose" und „Juda und Israel"
wurden gesammelt von Micha Josef bin Gorion,
herausgegeben und übersetzt von
Emanuel und Rahel bin Gorion.*

2000 Lizenzausgabe für Parkland Verlag, Köln
© MECO Buchproduktion, Dreieich
Alle Rechte vorbehalten
Satz und Layout: Bernhard Heun, Riedstadt
Umschlagentwurf: Klaus Dempel
Druck und Bindung: GGP Media, Pößneck

ISBN 3-88059-986-6

Printed in Germany

Einleitung

Die hier vorliegende Sammlung enthält die Sagen und Mythen der Juden, die, an die Schrift anknüpfend, von ihr ausgehend und sie in vielfachem Sinne erweiternd, sich durch das ganze nachbiblische Schrifttum ziehen. Auf die Mythen von der Urzeit folgen die Sagen von den Erzvätern und von der Ausbreitung der Völker; darauf der große Ägypten-Roman, der mit der Verkaufung Josefs durch seine Brüder anfängt und mit dem Auszug der Stämme aus dem Land der Knechtschaft endigt. Dann kommen die Moses-Sagen und die Mythen von der Geburt der israelitischen Religion, und endlich die Heroen-Geschichten Judas und Israels, von der Eroberung des Landes Kanaan bis zu der Zerstörung des ersten Tempels.

Die Sage folgt dem Gang der Geschichte und dem Gang der Schrift. Sie erzählt von dem Entstehen und Werden der Welt und von den Geschichten Israels, des Gottesvolkes.

Der Ursprung der jüdischen Sage liegt nicht allein in einem freien Drang zu fabulieren. Der Zweck ist weniger, zu erzählen, als vielmehr die menschlichen Geschicke und die Geschicke der Welt auszulegen. Der Grundzug ist das Gefühl von einer unabwendbaren Schuld, der alle Kreatur verfallen ist, und das ewige Bestreben, dieser Schuld dennoch ledig zu werden.

Die Bibel hat den Juden die Natur ersetzt; auf die Bibel lauschen sie immer und kehren immer zu ihr zurück. Dennoch enthalten ihre späteren Schriften bei aller Gebundenheit und Unfreiheit ein erhebliches Maß von bildender Kraft. Ja, noch mehr, manches Urheidnische, das vom biblischen Kanon verdrängt worden war, fand in der nachbiblischen Zeit wieder Eingang. Neben der strengen Grenze zwischen Gut und Böse, zwischen Tunlich und Untunlich, die vom Gesetz auf das Genaueste bestimmt ist, sucht die Seele die alten Heimlichkeiten auf. Neben dem einzigen Gott, der die Welt regiert und der dem Menschen befohlen hat, ihm allein zu dienen, wird wieder die ganze Schar von Dämonen, Engeln und Geistern hervorgezaubert; auch leibliche Vermittler zwischen Jahve und Israel finden sich ein.

Das Volk hört nicht auf zu dichten und die biblischen Geschichten verschiedentlich fortzuspinnen, auch nachdem es seine Heimat verlassen hat und die Schrift abgeschlossen ist.

Wo ganze Geschichten nicht vorliegen, sondern nur Bruchstücke, sind diese zu einem Ganzen vereinigt worden. Dagegen sind manche ganzen Stücke etwas gekürzt oder nur im Auszug gegeben worden. Die Namen der Tradenten und der Vortragenden sind weggelassen worden. Wie in der Bibel selbst mitunter verschiedene Quellen miteinander vermengt worden sind, so kommt es auch in den Sagen vor, daß zwei Geschichten ineinander verflochten sind; diese wurden in der Bearbeitung getrennt. Mancher Text ist durch eine Parallele ergänzt oder erweitert; bei dunklen Stellen sind zuweilen die Äußerungen der Kommentatoren hinzugenommen worden.

VON
DER URZEIT

Vorwort

Das jüdische Schrifttum, dem die Sagen entnommen sind, ist ein wanderndes, wie das Volk selbst. Nach der biblisch-hellenistischen Zeit beginnt die Epoche der autorativen talmudisch-midraschischen Literatur, die beinahe auf ein ganzes Jahrtausend sich erstreckt, und die mehr als die Hälfte des ganzen jüdischen Sagenschatzes enthält. Dieses Schrifttum entstand auf den Trümmern Palästinas, es pflanzte sich in dem benachbarten Babylonien, dem Lande der israelitischen Urheimat, fort, und wanderte mit nach Afrika und Europa. In der Geschichte des jüdischen Volkes ist hier keine Grenze markiert. Talmud und Midrasch werden in den neuen Ländern eifrig weiter studiert, erfahren viele Ergänzungen und Umgestaltungen. Neben ihnen entstehen aber neue Schrifttümer, der Strom der Mystik ergießt sich, durchtränkt alle Erzeugnisse des Geistes, beeinflußt auch das Gesetzesleben der Juden und ihren synagogalen Ritus. Mit der Mystik tritt eine neue Symbolik zutage, die an die alten Mythen und Vorstellungen anknüpft und ihnen neue Gestalt und neues Leben gibt.

Alle diese Schrifttümer tragen den Charakter von Bibelauslegungen; zum Teil sind sie aber auch gegenständlicher Natur. Aber schon die Auslegungen bergen neben der Exegese und den sachlichen Erklärungen ein Gemisch von Rechtsnormen, Spezialisierung der Gesetze, Gotteslehre, Naturkunde und vielem anderen; alles durchsetzt von moralischen Sentenzen, historischen Berichten, Epigrammen und Lebensweisheiten. Dazwischen schlängelt sich die Sage, die auch ihrerseits nicht immer bei einem Thema bleibt und sich nicht selten widerspricht. Die Motive wiederholen sich unzähligemal und variieren; wir haben von jedem einzelnen Ding die verschiedensten Versionen. Teils sind die Abweichungen wesentlicher Natur – die Geschichten werden geradezu umgedichtet –, teils sind die Unterschiede nur nebensächlich, doch belehrt eine Version über die andere, und eine ergänzt die andere.

So mußten die Sagentexte aus allen Orten, wo sie sich unter vielem anderen verlieren, erst herausgesucht und zusammengestellt werden, ehe man an eine Verdeutschung gehen konnte. Es mußte aus dem Sagenchaos eine Art neuen Sagen-Midraschs geschaffen werden, wie es teilweise auch geschah, als die Sage noch in vollem Fluß war; gänzlich ist übrigens dieser Fluß bis heute nicht abgelaufen.

Es sind nicht allein Sagen und Mythen, sondern auch Legenden, Märchen, Parabeln und Gleichnisse, kurz alles, was in dieses Gebiet schlägt, aufgenommen worden. Dagegen sind die hellenistischen, apokryphen und pseudepigraphischen Stoffe, auch wo die Verbindungen offen liegen, nicht berücksichtigt worden; denn hier soll nur das Bild von der jüdischen Sage, wie sie in den hebräischen und aramäischen Urkunden – das Aramäische ist den Juden ebenso heilig wie das Hebräische – ihren Ausbruch gefunden hat, gegeben werden. Die hebräischen Schriften der Samaritaner und Karäer sind mit einbezogen worden.

Erstes Buch

Von der Schöpfung

Von der Erschaffung der Welt

1
Himmel und Erde

WAR ES DER HIMMEL, der zuerst ist erschaffen worden, oder war es die Erde?

Die Weisen teilten sich hierin; die einen sprachen: Der Himmel ist zuerst erschaffen worden und danach die Erde; daher heißt es auch: der Herr schuf am Anfang den Himmel und die Erde. Die anderen aber meinten, erst sei die Erde, danach der Himmel erschaffen worden, wie es heißt: Du hast vormals die Erde gegründet, und die Himmel sind deiner Hände Werk.

Also brach darob ein Streit unter den Weisen aus, bis dann über sie eine göttliche Eingebung kam, und sie wurden darin eins, daß beides, der Himmel und die Erde, in gleicher Stunde und in einem Augenblick sind erschaffen worden. Wie aber stellte es der Herr an? Ja, er reckte seine Rechte und spannte den Himmel aus, er reckte die Linke und gründete den Erdboden. Auf einmal waren sie beide da, der Himmel und die Erde.

Gott schuf den Himmel und die Erde, und es waren ihm beide gleich lieb. Aber die Himmel sangen und rühmten die Ehre Gottes, und die Erde war betrübt und weinte und sprach vor dem Herrn: O, Herr der Welt! Die Himmel weilen in deiner Nähe und ergötzen sich an dem Glanz deiner Herrlichkeit; auch werden sie von deinem Tische gespeist, und nimmer kommt der Tod in ihr Reich, daher singen sie; mich aber hältst du fern von dir, und meine Speise gabst du in des Himmels Hand, und was auf mir ist, ist dem Tode geweiht; wie sollt ich da nicht weinen?

Da sprach der Herr: Es soll dir nicht bange sein, du Erde, dereinst wirst auch du unter den Singenden sein, und Lobgesänge werden von deinem Ende erschallen.

2
Die Uranfänge

DIE ERDE WAR ZU ANFANG „Tohu" und „Bohu", und Finsternis lag auf der Tiefe. „Tohu", das war ein grüner Streifen, der die ganze Welt umgab und von dem die Finsternis ausging; „Bohu", das waren Abgründe voller schlammiger Steine, durch die das Wasser rieselte.

Der Herr sprach: Bis wann wird die Welt in Finsternis wandeln? Es komme das Licht!

Da hüllte sich der Herr in ein licht Gewand, und seine Herrlichkeit erstrahlte von einem bis zum anderen Ende der Welt, und es wurde Licht!

In der Stunde, da der Herr sprach: Es werde eine Feste inmitten des Wassers, da erstarrte der mittlere Teil des Wassers, und daraus wurde der untere Himmel und auch die oberen Himmel.

Aber feucht war noch das Gewölbe am ersten Tage und erst am zweiten wurde es fest. Andere aber sagen: es kam ein Feuer von oben herab und leckte das Wasser der Gewölbe auf.

Am Anfang war die Welt nur Wasser in Wasser, und der Geist Gottes schwebte über den Wassern. Da machte Gott aus dem Wasser Schnee, aus dem Schnee aber machte er die Erde.

3
Von der Empörung des Meeresfürsten und von der Verkleinerung des Mondes

GELOBT SEI DER NAME des Königs aller Könige, welcher schuf seine Welt mit Weisheit und mit Tiefsinn. Seine Größe ist nicht zu ergründen, und seine Wunder sind nicht zu zählen.

Es heißt: Er hält das Wasser im Meer zusammen, wie in einem Schlauch. Was will das sagen: er hält zusammen? In der Stunde nämlich, da der Herr die Welt schuf, sprach er zum Fürsten des Meeres: Tu dein Maul auf und verschlinge die Urwasser. Da sprach der Fürst des Wassers: Herr der Welt! Es ist genug, was ich allein zu tragen habe. Und er fing an zu weinen. Da stieß ihn der Herr von sich und tötete ihn, wie es auch heißt: Durch seine Kraft wird das Meer stille und durch seinen Verstand zerschmettert er den Rahab. Du ersiehst daraus, der Fürst des Meeres heißt mit Namen Rahab. Was tat dann der Herr? Er zwang die Wasser und drückte sie zusammen, daß sie im Meere Platz hatten, und setzte dem Meer aus Sand Riegel und Türen. Sprach das Meer vor dem Herrn: Werden sich da nicht Süßwasser und Salzwasser miteinander vermengen? Sprach der Herr: Nein, sondern es wird ein jedes Wasser sein eigen Bette haben.

Der Herr ging daran, das Licht zu erschaffen, und er sprach zum Fürsten der Finsternis, der einem Stier glich: Weiche von mir, denn ich will die Welt in Licht schaffen, und weichst du nicht von mir, so schelte ich dich, denn meine Welt soll in Licht erschaffen werden.

Gott machte zwei große Lichter, die Sonne und den Mond. Da sprach der Mond vor dem Herrn: O, Herr der Welt! Ist's billig, daß zwei Könige sich einer Krone bedienen? Darauf erwiderte ihm der Herr: Geh hin und werde zum kleineren Licht. Da sprach der Mond vor dem Herrn: Dieweil ich ein richtig Wort gesprochen habe, soll ich nun kleiner werden? Und es erwiderte ihm der Herr: Dafür sollst du bei Tag und bei Nacht herrschen. Aber der Herr sah, daß der Mond nicht ruhiger ward, da reute es ihn, daß er solches getan hatte, und er befahl hernach Israel und sprach: Dafür, daß ich den Mond verkleinert habe, sollt ihr für mich ein Sühnopfer bringen. Und dies ist der Neumondsbock, den man zu opfern pflegte, als der Tempel Gottes noch dastand.

In einem anderen Buch lesen wir:

Gott machte zwei große Lichter; ein groß Licht, das den Tag regiere, und ein klein Licht, das die Nacht regiere, dazu auch Sterne; denn er sprach: Dieweil der Mond verkleinert wurde, so bestimme ich, daß, wann er aufgeht, die Sterne mit ihm aufgehen, und wann er untergeht, die Sterne mit ihm untergehen.

4
Die sechs Tage der Schöpfung

Ein Weiser fing an und sprach: Wer kann die Allmacht Gottes mit Worten ausdrücken, und wer kann seinen Ruhm verkündigen? Ist denn ein Mensch auf Erden, der solches vermöchte? Selbst die himmlischen Heerscharen, die können auch nur von einem Teil seiner Allmacht erzählen. An uns aber ist es zu forschen darin, was er getan, und darin, was er noch tun wird, auf daß erhoben werde der Name des Herrn unter seinen Geschöpfen, die er schuf von einem Ende der Welt bis zu dem anderen, wie es auch heißt: Geschlecht für Geschlecht rühmt deine Werke!

Der Herr schuf am Anfang den Himmel und die Erde. Woraus machte er aber den Himmel? Ja, aus dem Licht seines Kleides; Gott nahm seinen Mantel und breitete ihn aus, denn so heißt es: Licht ist das Kleid des Herrn, er spannt den Himmel aus wie einen Teppich. Aber die Himmel dehnten sich und gingen immer weiter und weiter, bis der Herr rief: halt! Dann blieben die Himmel stehen; und hätte er ihnen nicht zugerufen, sie dehnten sich noch heute. Woraus entstand aber die Erde? Ja, Gott nahm den Schnee, der unter seinem Throne lag, und streute ihn auf das Wasser; da erstarrte das Wasser, und daraus wurde das feste Land. Gott sprach zum Schnee: werde zu Erde! Und auch von der Erde heißt es, daß sie sich streckte und dehnte und nach allen Seiten lief, den Willen des Herrn zu erfüllen, bis er auch ihr ihre Grenzen zuwies.

Am zweiten Tage schuf Gott das Himmelsgewölbe und die Engel, das irdische Feuer und das Feuer der Unterwelt. Die Engel sind Feuer, wenn sie vor dem Herrn ihren Dienst tun, und werden zu Winden, wenn sie seine Botschaften austragen; Gott macht seine Boten zu Winden und seine Diener zu Feuerflammen. Dann sprach Gott: Es werde eine Feste! Und er schied die oberen Wasser von den unteren Wassern. Wäre keine Feste da, die Welt wäre von den Wassern verschlungen worden, von denen darüber und von denen darunter.

Am dritten Tage glich die Erde noch einer glatten Ebene, und die Wasser bedeckten ihr Angesicht. Als aber das Wort erscholl aus dem Munde des Allmächtigen: es sammle sich das Wasser! Da wuchsen aus den Enden der Erde Höhen empor, und Berge brachen durch, dazwischen aber entstanden Täler; die Wasser rollten und sammelten sich zu Tiefen, wie es auch heißt: die Sammlung der Wasser ward Meer genannt. Aber bald wurden die Wasser übermütig und wollten wie zuvor das Erdreich bedecken, jedoch der Herr schalt sie und zwang sie unter seinen Fuß und maß sie mit seiner Spanne, und nicht durften sie weiter gehen. Er setzte ihnen eine Grenze aus Sand, gleichwie der Mensch um seinen Weingarten einen Zaun macht; steigen die Wasser in die Höhe und sehen den Sand vor sich, so prallen sie zurück. Wollt ihr mich nicht fürchten, spricht der Herr, und vor meinem Angesicht nicht erzittern? Der ich den Sand zum Ufer dem Meere setzte; ein ewig Gesetz ist dies, und nicht darf es das Wasser übertreten; und ob es schon stürmt, so vermag es doch nichts, und ob seine Wellen schon brausen, so dürfen sie doch nicht drüber fahren.

Aber noch ehe die Wasser sich sammelten, waren die Abgründe und die Tiefen geschaffen, und die Erde schaukelte und wiegte sich auf den Abgründen, gleichwie ein Schiff auf dem Meere.

Die Wasser steigen aus den Tiefen empor, alle Kreatur zu tränken. Die Wolken tun es durch ihre Rohre den Meeren kund, und die Meere tun es den Abgründen kund, und ein Abgrund ruft's dem anderen zu, er solle das Wasser für die Wolken hergeben. Also schöpfen die Wolken das Wasser aus den Abgründen, aber nur an dem Orte, den der Herr ihnen bestimmt, dürfen sie den Regen fallen lassen. Alsbald wird da die Erde schwanger, aber es ist wie die Schwangerschaft einer Witwe, die keinen Mann mehr hat und Hurerei treibt. Wenn aber der Herr will die Erde mit Früchten segnen und seinen Geschöpfen Nahrung geben, so öffnet er des Himmels gute Kammern und gibt der Erde von dem besten Wasser, welches Manneswasser ist; die Erde wird dann schwanger gleich einer Braut, welche den ersten Mann erkannt hat, und was aus ihr sprießt, ist von Segen.

Desselbigen dritten Tages öffnete Gott die Pforte des Gartens Eden, und nahm sie dort den Samen zu allerlei Bäumen, die sollten Frucht tragen nach ihrer Art, so auch zu den Gräsern und Kräutern, und streute den Samen auf die Erde; also deckte er den Geschöpfen den Tisch, noch ehe sie da waren.

Am vierten Tage schuf Gott zwei Lichter, und es war keines größer denn das andere, und keines kleiner denn das andere, sondern sie waren beide gleich an Größe und an Gestalt und von gleichem Schein. Da entstand ein Streit unter ihnen; das eine sprach: ich bin größer denn du; und das andere sprach: ich bin größer denn du; und es war kein Friede unter ihnen. Was tat der Herr? Er machte das eine kleiner denn das andere, und es sollte das große Licht den Tag regieren, und das kleine sollte die Nacht regieren. Hernach schuf Gott die Sterne.

Am fünften Tage erregte sich das Wasser mit lebendigen Fischen, Männlein und Weiblein, rein und unrein. Und allerlei Gevögel kam aus dem Wasser, Männlein und Weiblein, rein und unrein, und zweierlei von ihnen, als welche da sind: die Taube und die Turteltaube, waren für Brandopfer ausersehen. Auch allerlei Heuschrecken kamen aus dem Wasser, Männlein und Weiblein, rein und unrein. Desselbigen Tages ließ Gott den Leviathan im Meere aufkommen, den gewaltigen Drachen. Im unteren Wasser ist seine Wohnstätte. Alle großen Tiere im Meere sind des Leviathans Speise; der Leviathan tut sein Maul auf, und der große Walfisch, des Tag gekommen ist, daß er verzehrt werde, flieht davon und flüchtet sich doch nur in des Leviathans Maul.

Welche Tiere von der Erde hervorgekommen sind, die paaren sich und vermehren sich auf der Erde; welche aber im Wasser entstanden sind, die paaren sich und vermehren sich im Wasser; allein das Gevögel ist davon auszunehmen; vom Wasser ist es gekommen, dennoch vermehrt es sich auf der Erde. Welche Tiere vom Wasser kamen, vermehren sich durch Eierlegen, welche aber von der Erde kamen, die werfen Junge.

Am sechsten Tage ließ Gott aus der Erde hervorgehen allerlei Vieh, Männlein und Weiblein, rein und unrein; von denen sind dreierlei zu Brandopfern auf dem Altar ausersehen, als welche da sind: der Ochse, das Schaf und die Ziege. Dann schuf er die sieben reinen Tiere, welche sind: der Widder, der Hirsch, das Reh, der Steinbock, die Gemse, die Gazelle und der Elen. Sonach ließ Gott allerlei Gewürm und Ungetier aus der Erde hervorgehen, welches alles unrein ist. Es ist alles Lebende aus der Erde hervorgekommen; Erde ist sein Leib und Erde ist seine Seele, und wenn es vergeht, so wird es zu Staub.

Desselbigen Tages schuf Gott auch den großen Stier, der den Gerechten zum Schmause aufgespart ist. Der tausend Berge Gras ist seine Speise; er pflückt es täglich ab, aber über Nacht sproßt es aufs neue aus der Erde, und die Berge sehen aus, als hätte er sie nicht angerührt. Des Jordans Wasser ist sein Trank; er schluckt den Strom aus und achtet's nicht groß.

Alles, was der Herr in seiner Welt schuf, schuf er Männlein und Weiblein; auch den Leviathan, den Riesendrachen, den gewundenen Drachen schuf Gott erst Männlein und Weiblein, und so auch den großen Stier; aber täten sich von ihnen Männlein und Weiblein zusammen und zeugten Junge, sie würden die Welt zerstören. Was tat der Herr? Er verschnitt die Männlein und schlachtete die Weiblein; aber das Fleisch salzte er ein, und es wird bis zum großen Mahle frisch bleiben.

5

Noch einmal von den sechs Tagen

Es geschah auf einmal, da erstand der Herr in Licht, und seine Herrlichkeit wandelte auf Höhen; der Herr schloß die Finsternis ein und verriegelte und versiegelte ihre Fenster.

Am ersten Tage nahm der Herr einen Klumpen Schnee unter seinem Thron hervor und warf ihn in die Mitte der Wasser, und daraus ward die Erde; dann nahm er einen Stein und versenkte ihn an der Stelle, da dereinst der Tempel zu stehen kommen sollte, und dieser Stein ward zum Grundstein der Welt; dann befestigte er das Erdreich auf seinem Ort, auf daß es nicht hin und her wanken sollte. Als hernach des Herrn Licht über dem heiligen Land erstrahlte, da ging es zuvörderst in dem Tempel Gottes auf, und von dort aus verbreitete es sich über die ganze Welt. Aber noch bedeckten an diesem Tage die Wasser das Angesicht der Erde, und sie war weich. Da hüllte sich der Herr in Stolz und gürtete sich mit Macht und härtete die Erde durch seine Gewalt.

Am zweiten Tage sprach Gott: Es werde eine Feste zwischen den Wassern. Und zu den Wassern sprach er: Ihr sollet euch in zwei Hälften teilen, und es soll die eine Hälfte zum Himmel emporsteigen, und die zweite Hälfte soll nach unten gehen. Aber die Wasser waren frech und erhoben sich alle in die Höhe. Da sprach der Herr: Habe ich nicht gesagt, nur euer die Hälfte soll emporsteigen, und ihr seid alle emporgestiegen. Sprachen die unteren Wasser: Wir steigen nicht hinab. Also erdreisteten sie sich vor ihrem Schöpfer. Daher werden sie auch freche Wasser genannt. Was tat der Herr? Er streckte seinen kleinen Finger aus und riß sie in zwei Teile auseinander, da stürzte die eine Hälfte nach unten, ob sie sich auch widersetzten.

Aber Gott gedachte sie noch zu verbrennen. Da standen die Wasser vor dem Herrn und baten und flehten ihn um Erbarmen. Der Herr sprach: Wohlan, aber wisset, dereinst werde ich meine Kinder aus dem Lande Ägypten in Schuhen durch euch führen – sage ich euch: es werde sichtbar das trockene Land, so müsset ihr weichen, sage ich euch: werdet wieder zu Meer, so fallet ihr zurück. Also bedang sich das der Herr gleich bei der Schöpfung von den Wassern aus. Und noch bedang er sich von ihnen aus, daß sie dereinst den Propheten Jona nicht nach Tharsis sollten gehen lassen.

Darauf schuf der Herr die Engel und die Boten, die lebenden Räder, die brennenden Seraphim und die Chasmalim; dann entfachte er ein Feuer und heizte mit der Glut die sieben Hallen der Hölle.

Am dritten Tage schuf Gott alle Bäume des Paradieses und der Erde, und es waren Bäume, die Frucht trugen, und Bäume, die keine Frucht trugen. Aber als die Zedern auf dem Libanon und die Eichen in Basan und alle hohen Bäume sahen, daß sie zuallererst erschaffen worden waren, da streckten sie ihren Wipfel hoch empor und wurden hochmütig. Aber der Herr sprach: Ich hasse den Stolz und den Hochmut, und keiner ist höher denn ich. Und er schuf alsbald das Eisen. Wie die Bäume sahen, daß der Herr das Eisen schuf, erbebten sie und weinten vor dem Herrn. Daher werden sie auch klagende Bäume genannt. Da fragte der Herr: Warum weinet ihr? Da erwiderten die Bäume und sprachen: Wir weinen, denn du schufest das Eisen, daß es uns soll an die Wurzel gelegt werden; wir wähnten uns stärker denn alles auf Erden, und nun ist uns ein Verderber erstanden. Da sprach der Herr: Sehet, von euch muß erst das Heft genommen werden zu der Axt, wenn sie euch fällen soll; so stelle ich's an: erst habt ihr die Gewalt über das Eisen, dann das Eisen über euch. Also machte der Herr Frieden unter ihnen.

Am vierten Tage nahm der Herr ein Feuer und gab ihm Siegel und Gepräge und hieß seinen Namen „Schemesch", die Sonne, denn es sollte der Welt ein Diener sein; desselbigen Tages nahm er ein Licht und gab ihm Siegel und Gepräge und hieß seinen Namen „Jareach", Mond, auch „Sahar", denn es sollte die Nacht erhellen, welche sonst finster ist wie ein Gefängnis.

Sonne und Mond waren beide gleich groß, wie es auch heißt: Gott machte zwei große Lichter. Und ihrer beiden Größe blieb so lange gleich, bis der Mond kam und sich darüber beklagte. Er sprach vor dem Herrn: Herr der Welt, warum nur schufest du deine Welt mit Bet, dem zweiten Schriftzeichen? Sprach der Herr: Auf daß es allen meinen Geschöpfen kundgetan werde, daß ich die zwei zu Anfang gesetzt habe; die zwei setzte ich zu Anfang, denn auch zwei Welten schuf ich, und so soll auch nur zweier Zeugen Rede gehört werden. Sprach der Mond: Aber welch eine von den Welten ist größer denn die andere? Ist's das Diesseits oder ist es das Jenseits? Sprach der Herr: Das Jenseits ist größer denn das Diesseits. Da sprach der Mond: Siehe, du schufest zwei Welten, ein Jenseits und ein Diesseits; das Jenseits ist groß, das Diesseits ist klein; du schufest einen Himmel und

schufest eine Erde; der Himmel ist größer denn die Erde; du schufest das Feuer und schufest das Wasser, und das Wasser verlöscht das
Feuer. Nun schufest du Sonne und Mond; muß da nicht das eine
größer sein denn das andere? Da sprach der Herr: Offen und klar ist
es vor mir, du denkst, ich werde dich groß machen und die Sonne ver-
kleinern. Dieweil du aber mit der Sonne Übles im Sinne hattest, sollst
du der kleinere werden, und es soll dein Schein sechzigmal minder
sein denn der ihrige. Da sprach der Mond vor dem Herrn: O Herr
der Welt! Es war nur ein einzig Wort, das ich sprach, und hierfür soll
ich so schwer bestraft werden? Da sprach der Herr: Dereinst wirst
du wieder wie die Sonne groß sein; und des Mondes Schein wird sein
wie der Sonne Schein.

Am fünften Tage nahm Gott Licht und Wasser und schuf aus ihnen den Leviathan, Männlein und Weiblein und alle Fische des Meeres. Und an Leviathans Flossen hängte er die ganze Welt auf. Dann
mischte er den Schlamm des Wassers und machte daraus alle Vögel
des Himmels und auch den großen Adler, dessen Füße auf Leviathans
Flossen stehen und dessen Haupt Gottes Thron erreicht; wenn er
fliegt, heißt es von ihm, so verdunkelt er den Sonnenball. Danach
schuf er den Ophan; wie ein Riesenrad erhebt er sich von der Erde,
sein Haupt erreicht die heiligen Tiere; dies ist der Vermittler zwischen Israel und seinem Vater im Himmel; Sandalphan ist sein Name, einen Raum von fünfhundert Jahresreisen ist er größer denn seine Brüder; hinter dem Wagen Jahves da steht er und flicht Kränze seinem Herrn.

Am sechsten Tage nahm Gott Wasser, Staub und Licht, und schuf
daraus allerlei Vieh der tausend Berge und mit ihnen den großen
Stier; und alle spielen sie miteinander im Eden vor dem Herrn; hernach schuf Gott noch allerlei Tier und Vieh und allerlei Gewürm. Sodann versammelte der Herr um sich die himmlischen Heerscharen
und sprach zu ihnen: Lasset uns einen Menschen machen!

6
Die Einweihung

AM ANFANG SCHUF GOTT Himmel und Erde; er errichtete oben Gewölbe und machte unten Abgründe; wie er oben sieben Wohnstätten
aufschlug, so machte er unten sieben Tiefen. Er spannte aus in der
Höhe den Himmel, den Schamaim, und gründete dagegen unten die
Erde, Erez; oben breitete er den Schebul, die Zuflucht aus, unten
schuf er dagegen die Adama, das Land; oben machte er Schechakim,
den Wolkenhimmel, unten befestigte er dagegen die Cheraba, das
Trockene; oben wölbte er den Maon, die Wohnstätte, unten ebnete

er den Arka, den Erdboden; oben baute er den Makhon, den Sitz, und ihm gegenüber machte er unten den Thebel, den Erdkreis; oben ließ er den Araboth, die Weite, sich erstrecken, und ihm gegenüber gründete er unten Cheled, die Welt. In dem alleobersten Himmel stellte er seinen Stuhl auf, aber seine Herrlichkeit ist auch unten. Dies alles war das Werk des ersten Tages.

Am zweiten Tage teilte Gott die Wasser und baute eine Feste zwischen den Wassern und schied das Wasser unter der Feste von dem Wasser über der Feste. Wessenthalben wurden aber die Wasser geschieden? Ja, dieweil die oberen Wasser die männlichen Wasser sind, aber die unteren Wasser sind die weiblichen, und kämen sie zueinander, sie zerstörten die Welt. Zu der Zeit strömten die oberen Wasser nach den Höhen, die männlichen Wasser liefen den weiblichen nach – aber Gott schalt sie, wie es auch heißt: vor deinem Schelten flohen sie.

Am dritten Tage sammelte Gott das Wasser auf einen Ort, und deckte das Trockene auf, und nannte das Trockene Erde. Er ließ die Erde hervorbringen Bäume und Kräuter und allerlei Samen und fruchtbare Bäume, die da Frucht trugen, auch welche, die keine Frucht trugen, sowie allerlei Gras und Gewächse, fruchtbar und unfruchtbar.

Am vierten Tage schuf Gott die Sonne und den Mond, den Sirius und den Orion, die Sterne und die Planeten; desselbigen Tages hängte er sie alle am Himmelsgewölbe auf, auf daß man Tag und Nacht unterscheide. Die Sonne sollte des Tages Licht werden, aber der Mond und die Sterne sollten die Nacht regieren. Dann schuf Gott noch die sieben Sterne des Himmels, so man nach ihnen die Jahre und die Schaltjahre, die Monde, die Zeiten und die Weilen rechnet.

Am fünften Tage schuf Gott den Leviathan und allerlei Fische und allerlei Vögel und allerlei Kriechendes und Gewürm, so des Meeres, so des Trockenen.

Am sechsten Tage schuf Gott das Vieh der tausend Berge und was sonst von Vieh auf der Welt ist und siebenerlei wildes Getier; dann schuf er den Menschen und gab ihm die Herrschaft über alles; und über ein jegliches Geschöpf befahl er einen Fürsten, der sollte über sein Tun wachen. Lob und Gesang pflanzte er allen in den Mund, Lieder und Hymnen tat er in ihre Kehle.

In der Dämmerung des sechsten Tages schuf noch der Herr folgende Dinge: die Sprache der Eselin Bileams, den Mirjam-Brunnen, der mit Israel durch die Wüste rollte, das Manna, den Regenbogen, die Schriftzeichen, den Griffel, die Tafeln des Gesetzes, den Moses-Stab, den Wurm Schamir, welcher Felsen sprengt. Aber noch anderes soll er geschaffen haben, nämlich: das Reich der Geister, die Wolkensäule, in der der Herr Tags vor Israel zog und ihnen den Weg wies, das Maul der Erde, welches Korah und seine Rotte verschlang, das Grab Moses, die Moses- und Eliashöhle, den Widder, der an Isaaks Statt geopfert wurde, den Maulesel, Adams Kleider und auch die erste Feuerzange.

Am siebenten Tage da bestieg der Herr in Freuden seinen Thron, und in großer Freude schritten an ihm vorüber die Fürsten der Sonne und des Mondes, des Orions und des Sirius, die Fürsten aller einzelnen Festen, die Fürsten der Engel, der heiligen Tiere, der Gottesräder und der Cherubim, die Fürsten des Wassers und der Abgründe, der Berge und Höhen, der Wüsten und Wälder, des Paradieses und der Hölle; dann kamen die Fürsten aller Lebewesen, die Fürsten der Tiere, der Vögel, der Fische, der Heuschrecken und der Würmer – alle herrlich und schauerlich anzusehen. Und alle standen sie um den Herrn in großer Freude, und es war in ihnen wie ein Freudenquell, und sie frohlockten und tanzten und sangen vor dem Herrn und lobten ihn mit allerlei Spiel und mit allerlei Lobgesängen und priesen ihn mit allerlei Lobpreisungen. Die Engel sangen: ewig währet der Ruhm des Herrn! Und alle fielen ein: die Werke des Herrn erfreuen sein Herz!

Und der oberste Himmel, der Araboth widerhallte von dem Freudengeschrei und prangte in Schönheit und Pracht, in Gewalt und in Stärke, in Kraft und in Stolz und in Größe und war voll des Lobes und des Dankes, des Jubels, des Gesanges und des Jauchzens, des Siegesglanzes und der Herrlichkeit.

In dieser Stunde brachte auch der Herr die Fürstin Sabbat und setzte sie auf den Thron seiner Herrlichkeit, und ließ an ihr vorbeiziehen alle Fürsten der Himmelsgewölbe und alle Fürsten der Tiefen, und sie machten vor ihr einen Reigen und waren fröhlich und sangen: Sabbat dem Herrn! Die anderen Fürsten erwiderten und riefen: dem Herrn Sabbat!

Der Herr machte eine Weihefeier zur Vollendung von Himmel und Erde, und alles freute sich mit. Selbst Adam, den ersten Menschen, ließ der Herr in den obersten Himmel kommen, er sollte mit dabei sein bei der Sabbatfeier. Und wie Adam die Verherrlichung der Sabbat sah und ihre Größe und ihre Verehrung, und sah, wie alle sich an ihr freuen, und daß sie der Anfang und das Haupt aller Freuden ist, tat auch er seinen Mund auf und sang das Psalmlied auf den Sabbattag. Sprach der Herr: Der Sabbat singst du dein Lied, mir aber kommt es zu, den Herrn des Sabbats bin. Da erhob sich die Sabbat und fiel auf ihr Angesicht und sprach: Wir tun wohl, den Herrn zu loben! Und alle Reihen der Schöpfung fingen an: Deinem Namen, du Höchster, wollen wir lobsingen!

Von der Schöpfung und von der Lehre

1

Das Werk

NICHT MIT MÜHE und nicht mit Anstrengung schuf der Herr seine Welt, sondern durch des Herrn Wort ist der Himmel geworden.

Ein König auf Erden, wenn er einen Palast macht, fängt er den Bau von unten an, dann macht er die obersten Stockwerke, aber der Herr macht das unterste und das oberste, alles auf einmal.

Ein König auf Erden, wenn er ein Schiff baut, bringt er erst die Balken zusammen und das Zedernholz und die Anker, und erst dann ernennt er seine Steuermänner. Aber des Herrn Werke sind gleich mit ihrem Leiter da. Wie es auch heißt: So spricht der Herr, der den Himmel schafft und die, so ihn ausbreiten.

Fest, wie ein gegossener Spiegel, so ist der Himmel. Gießt der Mensch ein Gerät, und bleibt es nur stehen, alsbald benagt es der Rost, aber die Werke des Herrn sind allezeit blank und sehen immer aus, als kämen sie eben aus des Meisters Hand.

Ein Tag vergeht, ein neuer Tag entsteht, ein Sabbat vergeht, ein neuer Sabbat kommt, ein Mond vergeht, ein neuer Mond entsteht, ein Jahr vergeht, ein neues Jahr kommt, und Himmel und Erde stehen da, wie an der Schöpfung erstem Tage.

Es heißt: Gott der Herr schuf Erde und Himmel.

Es hatte ein König viele Weingläser, und er sprach zu sich selber: sofern ich Heißes in die Gläser gieße, zersplittern sie, und Scherben werden daraus, gieße ich aber Kaltes darein, so bekommen sie Risse und Sprünge. Was tat der König? Er vermengte Kaltes mit Heißem und gab es in die Gläser, und sie blieben ganz. So auch der Herr. Er sprach: baue ich die Welt allein auf Barmherzigkeit auf, die Sünde nimmt dann überhand; so ich aber das Gesetz allein Herr werden lasse, wie wird da die Welt bestehen? Ich will sie nun auf Milde und Strenge zugleich begründen und, ach, daß sie dann bestehe.

Warum spricht aber hier die Schrift zuerst von der Erde und dann von dem Himmel? Ähnlich trug es sich einmal mit einem König zu: es hatte ihn eine Legion zuerst zum König ernannt. Da sprach der König: dieser Haufe hat mich zuerst zum König ausgerufen, nun will ich ihnen große Würden schenken, und die sollen ihnen nimmer genommen werden. So auch der Herr. Er sprach: Die Erde hat zuerst meinen Willen erkannt; ich will ihr nun eine Größe geben, die soll ihr bleiben immerdar.

2
Die Schrift

DIE SCHRIFT RÜHMTE SICH: Ich war das Werkzeug des Herrn.

Ein König auf Erden, wenn er ein Schloß baut, er baut es nicht allein nach eigenem Sinne, sondern der Sinn des Künstlers hilft ihm dabei; und der Baumeister arbeitet auch nicht bloß nach eigenem Gutdünken, sondern Pergamentrollen und Aufzeichnungen liegen ihm vor, und er sieht in sie hinein, um zu wissen, wie die Gemächer anzulegen und wo die Tore anzubringen seien.

So blickte der Herr in die Schrift hinein und baute danach seine Welt, wie es auch geschrieben steht: Der Herr hat mich gehabt im Anfang seiner Wege; ehe er etwas schuf, war ich da.

Anderswo heißt es: mit Weisheit hat der Herr die Welt gegründet. Das will eben sagen, daß der Herr beim Erschaffen der Welt in allem die Schrift zu Rate zog, und daß sie ihm zur Richtschnur war. Mit ihr dehnte er den Himmel und gründete er das Erdreich. Durch sie setzte er dem Ozean seine Grenzen, auf daß er nicht die Erde überschwemme, und durch sie versiegelte er die Abgründe, auf daß sie die Welt nicht verschlängen. Mit ihr erschuf er Sonne und Mond und gab die Sonne dem Tage zum Licht und des Mondes und der Sterne Ordnungen zum Licht der Nacht.

Es ist offenbar, die Welt ist durch die Schrift begründet.

Und der Herr gab Israel die Schrift, auf daß es sich ständig mit ihr befassen sollte und ihre Gesetze befolgte. Und er hat gleich an die Schöpfung die Bedingung geknüpft: So Israel auf sich die Schrift nimmt, so ist es recht; nimmt es sie aber nicht, so mache ich die Welt wieder wüst und leer.

Sechsundzwanzig Geschlechter hindurch klagte und murrte Alef, das erste Schriftzeichen, vor dem Herrn und sprach vor ihm: Herr aller Welten! das erste aller Zeichen bin ich, und die Schöpfung hebt nicht mit mir an. Da sprach der Herr: Die Welt und ihre Fülle sind nur der Schrift willen da, aber, warte, demnächst werd ich Israel meine Gebote geben, und die werde ich mit dir eröffnen. Und so heißt es auch in den zehn Geboten am Anfang: Anokhi – Ich bin der Herr dein Gott!

3
Von der Buße

EHE NOCH DIE WELT erschaffen war, war der Herr allein mit seinem großen Namen. Da stieg es ihm im Gedanken auf, eine Welt zu erschaffen. Und er ritzte vor sich eine Welt hin.

Ein König auf Erden, wenn er ein Schloß bauen will, er fängt es nicht eher an zu bauen, als bis er sich auf der Erde einen Plan vorgezeichnet hat, und bis er weiß, wo das Fundament zu legen sei, und wo die Eingänge und Ausgänge zu machen seien. So auch der Herr. Aber die Welt konnte nicht bestehen, bis er die Buße erschuf.

Sieben Dinge sind erschaffen worden, bevor die Welt erschaffen wurde, und um zweitausend Jahre gingen sie der Schöpfung voran. Dies waren: die Schrift, der Stuhl seiner Herrlichkeit, der Garten Eden und die Hölle, die Buße, der oberste Tempel und der Messias; aber des Messias Name leuchtete, noch ehe die Sonne da war.

Und ehe der Herr an die Schöpfung ging, hielt er Rat mit der Schrift, ob er die Welt erschaffen sollte. Da erwiderte ihm die Schrift: Herr, schaffe lieber Engel, welche ohne Sünde sind, und gib mich nicht in die Hände der Menschen, die Unrecht trinken wie Wasser. Da erwiderte ihr der Herr und sprach: Ich habe die Buße in die Welt gesetzt; sie soll der Sünder Seele heilen; auch habe ich den Tempel gebaut; dort sollen sie ihr Sühnopfer bringen; den Garten Eden pflanzte ich den Gerechten, die Hölle schuf ich für die, so meine Gebote übertreten; die Schrift ist da, auf daß sie in ihr forschen; und endlich schuf ich den Messias, die Zerstreuten zu sammeln.

Da war die Schrift beschwichtigt, und sie erwiderte dem Herrn und sprach: Herr aller Welten, du bist Herr und Gott der Welt, wer hat dir zu sagen, was du zu tun hast. Und fürwahr, hat ein König kein Heer und keine Mannschaft, über wen ist er da König? Und ist kein Volk da, seinen König zu preisen, welchen Ruhm hat da der König?

Der Herr der Welt hörte die Rede, und sie klang ihm süß. Und er schenkte den Worten der Schrift Gehör, breitete seinen Mantel aus und schuf die sieben Himmel und die sieben Erden.

4
Von den Schriftzeichen

NEUNHUNDERTVIERUNDSIEBZIG Geschlechter vor der Weltschöpfung war schon die Schrift geschrieben, und sie lag im Schoße des Heiligsten, gelobt sei sein Name, und sang Loblieder dem Herrn zusammen mit den Heerscharen.

Aber wir finden, bevor die Welt erschaffen ward, waren doch noch keine Pergamentrollen da, darauf man die Schrift hätte schreiben können; auch war kein Vieh da, dem man das Fell hätte abziehen können, um darauf zu schreiben. Wolltest du aber sagen, die Schrift wäre auf Gold oder auf Silber gestochen worden, so kann dies nicht stimmen, denn noch war kein Gold und kein Silber da, und sie waren noch nicht geläutert. Meinst du aber gar, die Schrift wäre auf Holztafeln geschrieben worden, nein, auch dies ist nicht möglich, denn noch waren keine Bäume erschaffen worden. Worauf war denn nun die Schrift geschrieben? Auf dem Arme des Herrn selber war sie geschrieben, schwarze Flammen auf weißem Feuer.

Und als der Herr gedachte, die Welt zu erschaffen, da beriet er sich mit der Schrift und sprach zu ihr: Ich will eine Welt schaffen, auf daß meine Macht erkannt werde. Als die Schrift dies hörte, sprach sie vor dem Herrn: Herr aller Welten! Du, der du am Anfang schon das Ende voraussagst, dem alles Verborgene offen ist, tu, was dein Wille ist. Als der Herr die Rede der Schrift vernahm, da gefielen ihm die Worte wohl, und er nahm sie vor sich hin und blickte in sie hinein.

Da kamen alle zweiundzwanzig Schriftzeichen vor den Herrn, und es sprach ein jegliches vor ihm: Herr aller Welten! laß es deinen Willen sein und fange mit mir die Schöpfung an! So traten sie alle vor den Herrn von dem Endzeichen Tâw angefangen bis zu dem Bêt, dem ersten nach dem Anfangszeichen; aber der Herr schob sie von sich; da blieb das Bêt stehen und sprach vor dem Herrn: Herr aller Welten, ist's nicht dein Wille, daß mit mir die Schöpfung anfinge; siehe, deine Kinder werden dereinst mit mir deinen Namen beneiden. Da sprach der Herr: Wohlan, ich will mit dir die Schöpfung anheben.

Als aber das Alef sah, daß der Herr bei dem Bêt stehen blieb, da stellte es sich an die Seite und schwieg stille, bis der Herr ihm zurief: Alef, warum schweigst du denn? Warum sprichst du nicht gleich deinen Genossen? Da erwiderte das Alef und sprach: Herr aller Welten! Ist es doch aller meinen Brüdern so ergangen, wie mir, und siehe, sie drücken hohe Zahlen aus; um wieviel mehr nun mir, das ich nicht mehr als eine Eins ausmache. Sprach der Herr: Wundere dich nicht darob; du bist aller Zeichen Haupt und König; ich bin einer, und du bist einer, und dieweil du dich selber klein gemacht hast, will ich dich groß machen, und du sollst auch die Zahl Tausend ausmachen. Und noch weiter sprach der Herr: Tröste dich, dereinst werde ich meine Gebote mit dir anfangen.

5

Die Zweiheit und die Einheit

IN SEINER WEISHEIT und in seiner Allmacht schuf der Herr in der ganzen Welt alles zu zweien, und ist allenthalben das eine ein Gegenstück des anderen, und hat ein jedes Ding, mit dem es sich zusammentut, und wäre nicht das eine da, so könnte auch das andere nicht da sein.

Wäre kein Tod, so wäre auch kein Leben, aber wäre kein Leben, so wäre auch kein Tod. Ohne Frieden gäb's keinen Krieg, ohne Krieg gäb's keinen Frieden; der Herr schuf Arm und Reich, auf daß sie voneinander zu erkennen seien; er schuf Klug und Töricht, auf daß man sie voneinander unterscheide; er schuf Tod und Leben, auf daß man den Unterschied sehe zwischen Saat und Verwüstung. Er schuf die Anmut und schuf den Abscheu; er schuf Mann und schuf Weib, er schuf Feuer und schuf Wasser, er schuf Eisen und Holz, Licht und Finsternis, Wärme und Kälte, Meer und Land, Speise und Hunger, Trank und Durst; er schuf das Gehen und das Hinken, das Sehen und das Blindsein, das Hören und das Taubsein, das Reden und das Stummsein; er schuf die Arbeit und das Nichtstun, den Kummer und die Lust, das Lachen und das Weinen, die Krankheit und das Heilsein – all dies, um die Allmacht des Herrn kundzutun, welcher alles in Zweiheit schuf.

Hätte es der Herr nicht anstellen können, daß Kinder geboren werden, ohne daß sich Mann und Weib zusammentun? Aber nein, sondern alles kommt nur durch Vereinigung und durch Gegensatz; nicht kann ein Mann ohne Weib zeugen, nicht kann ein Weib ohne Mann gebären.

Es kann kein Haus sich allein bauen, es kann kein Haus ein anderes bauen, sondern der Baumeister ist es, der das Haus baut. Wäre keine Axt da, so wäre auch kein Zimmermann da, gäb's keinen Meister, so gäb's auch keine Axt.

Ohne Reinheit wäre keine Unreinheit möglich, ohne Unreinheit keine Reinheit. Es spricht das Schwein und alles unreine Vieh zu dem reine Vieh: Ihr seid uns Dank schuldig, denn wären wir nicht da, die wir unrein sind, woher wüßtet ihr da, daß ihr rein seid? Gäb's keine Gerechten, so gäb's auch keine Bösen, gäb's keine Bösen, so gäb's auch keine Gerechten. Spricht der Böse zum Gerechten: Du bist mir Dank schuldig, denn wäre ich nicht da, der ich böse bin, wie würde man dich erkennen? Und wären alle Menschenkinder gerecht, was wäre da dein Vorzug?

Wie wir schon sagten, es hat alles sein Gegenstück auf der Welt; aber nur einer ist allein, und dies sollen alle wissen: der Herr ist allein, und ist kein zweites neben ihm!

Und weiter lesen wir:

Zwei Dinge sind da, welche nicht erschaffen wurden; diese sind der Wind und das Wasser, die waren von Anfang da, wie es auch heißt: Der Wind des Herrn schwebte über den Gewässern.

Gott ist einig, und ist kein zweiter neben ihm da, und so ist auch der Wind; es ist kein Gegenstück zu ihm da, und er hat auch nicht seinesgleichen. Nicht kannst du ihn fassen, und kannst ihn nicht schlagen, noch verbrennen, noch wegwerfen. Sagst du wohl: Aber der Schlauch, der behält doch den Wind. Doch nein! Denn siehe, du hältst den Schlauch, und kommt nun einer und fragt: Was ist da drinnen? Sagst du ihm: Wind ist da drin. Spricht er zu dir: Was ist denn das für ein Ding? Ist's schwarz oder rot, ist's weiß oder grün? Ist's auf dem Markt zu erstehen? Nicht vermagst du ihm Antwort zu geben. Tust du den Mund des Schlauches auf, so geht der Wind davon, du aber kannst ihn nicht sehen. Noch mehr, er trägt den Menschen und bewegt den Himmel und die Erde. Wie weißt du es denn? Deine Augen sehen's selber: du bist drin in einem Hause, oder du bist in einer Höhle, ganz im Innern der Höhle, auf einmal bewegst du dich, hebst deine Rockschöße, und ein Wind ist da, du weißt nicht, woher er kam. Nun siehst du wohl, die ganze Welt ist des Windes voll, der Wind allein trägt die Welt, er ist das Höchste, er war am Anfang aller Dinge, wie es auch heißt: Der Wind Gottes blies über dem Wasser.

Von den ersten Dingen

1
Die drei Namen

MIT WEISHEIT HAT DER HERR die Welt gegründet. Die Weisheit, dies ist die Lehre. Die Lehre war geschrieben auf schwarzem Feuer, und weiße Flammen waren die Schriftzeichen; und darin waren die dreiundsiebzig Namen des Herrn eingegraben. Gott war allein in seiner Welt, und er schaute hin und schaute her und sah kein Wesen. Da verlangte es ihn nach einer Welt. Allein war der Herr, wer sollte um ihn sein; es lechzte seine Seele, da griff er zur Tat. Er streckte seine Hand aus und nahm seiner Namen einen aus der Schrift; er ließ davon drei Tropfen Wasser fallen, und siehe, die ganze Welt ward voll Wasser. Und der Geist Gottes schwebte über dem Wasser!

Da teilte der Herr die Wasser in drei Teile; den einen Teil trieb er zu Meeren zusammen, den zweiten Teil ließ er in die Tiefen laufen, aber das dritte Wasser, das harrt seines Wortes.

Dann schlug er wieder die Schrift auf, und nahm den zweiten Namen hervor und machte daraus drei Tropfen Lichtes. Aus dem hellsten schuf er das Licht, das das Eden erleuchtete; aus dem zweiten Tropfen machte er das Licht, das in des Messias Tagen erstrahlen wird; dies ist das große Licht, von dem geschrieben steht: es wird des

Mondes Schein sein wie der Sonne Schein. Aus dem dritten Tropfen schuf der Herr das Licht dieser Welt.

Wiederum öffnete Gott das Buch und nahm den dritten Namen heraus und brachte aus ihm drei Tropfen Feuers hervor; aus dem stärksten Feuer schuf er die Engel und die Seraphim, aus dem zweiten machte er die heiligen Tiere, das dritte Feuer aber ist das unauslöschliche Feuer.

So war die Welt voll Wasser, Feuer und Licht. Und abermals schaute Gott umher und sah, zu seiner Rechten war alles voll Feuer, zu seiner Linken war alles voll Licht, und unter ihm war alles voll Wasser. Da nahm er die Dinge und vermengte je zwei untereinander; er nahm Wasser und Feuer, vermählte sie miteinander und machte daraus den Himmel; dann nahm er Wasser und Licht, vermischte sie miteinander und machte daraus den Stuhl seiner Herrlichkeit; dann nahm er Feuer und Licht und tat sie zusammen, und daraus wurden die heiligen Tiere und seine Heerscharen.

2
Die Lichtdecke

Durch des Herrn Wort war die Welt zu Anfang nur Wasser und Wasser, und Feuer, Wind und Luft bildeten zusammen wie einen Stuhl auf dem Wasser, darauf der Herr in seiner Herrlichkeit saß. Und nur durch seines Mundes Wort allein hielt sich der Stuhl auf dem Wasser, denn noch waren die heiligen Tiere nicht da.

Und vor dem Herrn lag es wie eine Lichtdecke gebreitet, und darauf waren die Bilder aller Geschöpfe ausgemalt. Und unter dem Stuhle waren die Seelen der Kommenden verborgen. Zur Rechten des Herrn lag der Garten Eden, und den Raum zwischen dem Garten und dem Eden füllte die Buße aus. Und vor dem Angesicht des Herrn stand der heilige Tempel, und die Herrlichkeit Gottes war inmitten des Tempels. Auf einem köstlichen Stein, der auf dem Altar lag, war der Name des Königs Messias eingegraben, und der Geist Gottes trug den Stein. Und eine Stimme war hörbar: Tut Buße, ihr Menschenkinder!

3
Die Vorwelten

Tausend Welten hatte der Herr zu Anfang geschaffen; dann schuf er wiederum andere Welten, und alle sind sie nichts gegen ihn.

Der Herr schuf Welten und zerstörte sie, er pflanzte Bäume und riß sie heraus, denn sie waren noch wirr, und einer befehdete den anderen. Und er fuhr fort, Welten zu schaffen, heißt es, und Welten zu zerstören, bis er unsere Welt erschuf; da sprach er: An der hier habe ich mein Wohlgefallen, jene gefielen mir übel.

Und der Herr stellte die Welt auf dem Grundstein auf, auf dem Stein, von dem alles ausging, und der nachher im Allerheiligsten stand, und dies ist der Nabel der Welt. Von diesem Stein splitterten sich die Steine ab, die in den Abgründen liegen, und durch die das Wasser rieselt. Durch drei Zeichen sind die Steine in die Abgründe versenkt worden, und die Abgründe selbst sind in drei Teile geteilt, und dies sind die Grundpfeiler der Welt. Aber einmal in dreihundert Jahren erbeben die Pfeiler der Welt, wie es auch heißt: Er beweget die Erde aus ihrem Ort, daß ihre Pfeiler zittern.

Noch steht geschrieben, daß es ein Fels war, den der Herr auf den Abgrund tat, und in den Felsen grub er seinen wahrhaften Namen ein mit zweiundvierzig Zeichen und deckte damit das Maul des Abgrundes zu, auf daß die Wasser aus ihm nicht emporquellen. Aber als das Sintflutgeschlecht Sünde tat, nahm der Herr den Felsen weg, und da brachen auf alle Brunnen der großen Tiefe.

4

Von den Urelementen

WIESO NUR HAT DER HERR seine Welt erschaffen? Ja, er nahm zwei Klumpen in die Hand, einen Klumpen Feuer und einen Klumpen Schnee und rieb sie aneinander, daraus ward die Welt.

Andere wiederum meinen, es wären vier Klumpen gewesen nach der Zahl der Himmelsgegenden.

Drei Dinge waren noch vor der Welt da: das Wasser, der Wind und das Feuer. Das Wasser wurde schwanger und gebar die Finsternis, das Feuer ward schwanger und gebar das Licht, der Wind ward schwanger und gebar die Weisheit. Diese sechs Elemente regieren auch die Welt: der Wind und die Weisheit, das Feuer und das Licht, die Finsternis und das Wasser.

In einem anderen Buche lesen wir aber: die ganze Welt und all ihr Heer ist in einem Augenblick entstanden, in einer Stunde, an einem Tage. Heißt es doch in der Schrift: An dem Tage, da Gott der Herr Erde und Himmel erschuf. Nicht anders, an einem Tage war's, in einer Stunde, in einem Augenblick geschah's.

Die Welten-Hierarchie

1
Von den sieben Himmeln

WEHE DEN GESCHÖPFEN, welche schauen und nicht wissen, was sie schauen, wehe den Geschöpfen, welche stehen und nicht wissen, worauf sie stehen. Wisset ihr auch, worauf die Erde steht? Auf sieben Pfeilern ruht die Erde, und diese Pfeiler stehen im Wasser, und das Wasser ist über Bergen, und die Berge hängen am Wind, und der Wind hängt an dem Sturm, und der Sturm hängt an dem Arme des Herrn.

Dort oben sind sieben Himmel, und ein jeglicher Himmel heißt mit seinem eigenen Namen. Da ist: Wilon, der Vorhang; Rakia, die Himmelsfeste; Schechakim, der Wolkenhimmel; Sebul, die Zuflucht; Maon, die Wohnstätte; Makhon, der Sitz; Araboth, die Weite.

Wilon, der Vorhang, der erste aller Himmel, hat keine Bestimmung als die allein, daß er am Morgen aufgeht und am Abend sich wieder verzieht, aber dadurch erneuert er gleichsam täglich das Werk der Schöpfung.

Rakia, das ist der Himmel, daran die Sonne, der Mond, die Sterne und die Planeten haften.

In Schechakim, dem Wolkenhimmel, steht die große Mühle, darin das Manna für die Gerechten gemahlen wird.

Sebul, die Zuflucht, dies ist die Stätte, da das obere Jerusalem, der heilige Tempel und der Opferaltar aufgebaut sind; und Michael, der hohe Fürst, steht vor dem Altar und bringt darauf Opfer dar.

In Maon, der Wohnstätte, wohnen die Reihen der Heerscharen, welche nachts Lobgesänge erschallen lassen; tagsüber aber schweigen sie still, denn es sollen die Gesänge Israels gehört werden.

In Makhon, da sind die Schneespeicher und die Hagelscheunen, da werden die schwülen Dünste gehalten, und Becken voll trüben Wassers stehen überall; dort sind auch die Kammern, darin der Wirbelwind und das Ungewitter eingeschlossen sind, und Höhlen voll Dampf, deren Türen von Feuer sind.

Araboth, der oberste aller Himmel, dies ist der Himmel, darin Recht und Gerechtigkeit geübt werden; dort sind die Schatzkammern des Lebens und die Schatzkammern des Friedens und die Schatzkammern des Segens. Und die Seelen aller Gerechten und die Seelen aller, die da kommen sollen, wohnen in dem Araboth. Auch der Tau, damit der Herr dereinst die Toten erwecken wird, ist dort aufbewahrt. Dort sind die Räder und die Seraphim und die heiligen

Tiere und die Engel, die um den Herrn stets sind; dort ist der Stuhl seiner Herrlichkeit, und der Herr, der lebendige Gott, der Hohe und Erhabene thront über ihnen und fährt hoch einher im Araboth.

2
Weiteres von den sieben Himmel

GELOBT SEIN DER NAME des Herrn, welcher schuf sieben Gewölbe und sieben Erden und sieben Meere, und hängte alles auf seinem Arm auf.

Sieben Gewölbe schuf der Herr, das allerunterste ist Wilon, der Vorhang. Gleichwie ein Vorhang eines Hauses Eingang verhüllt, daß die, welche drinnen sitzen, die draußen Vorbeigehenden sehen, die aber draußen sind das, was drinnen ist, nicht sehen können, so verdeckt auch die Wilon die inneren Gewölbe. In dem Wilon sind Fenster, und die himmlischen Heerscharen schauen hindurch und sehen die Menschenkinder, wie sie auf Erden wandeln; der eine geht auf gerechten Wegen, der andere schleicht auf bösen Pfaden; aber sie lassen auch die Bösen geruhig ihres Weges gehen und lassen auch ihr böses Beginnen von Glück bescheinen, bis der Tag des Gerichtes kommt.

Über dem Wilon ist Rakia, und in dem Rakia sind die Sterne und die Planeten; und noch zwölf Fenster sind dort gegenüber den zwölf Stunden des Tages. Dreihundertfünfundsechzig Engel stehen im Dienste der Sonne und führen sie bedächtig von Fenster zu Fenster, auf daß die Welt nicht in einer Stunde umkreise. An denselbigen Fenstern führen sie in der Nacht bedächtig den Mond vorbei; wenn der Mond am Gewölbe erscheint, tun sie ihren Mund auf und singen Lieder, und nicht eher hört ihr Gesang auf, als bis die Sonne am Himmel aufgeht. Wenn aber die Sonne am Abend untergeht, dann bücken sie sich vor ihr und sprechen: Wir haben getan, wie du uns geboten hast.

Über dem Rakia ist Schechakim, der Wolkenhimmel.

Über dem Schechakim ist Sebul; über dem Sebul ist Makhon; über dem Makhon ist Maon; über dem Maon ist Araboth, der oberste Himmel.

In dem Araboth weilen die Seraphim; dort sind auch die heiligen Räder und die Cherubim; aus Feuer und Wasser sind ihre Leiber gemacht, und doch bleiben sie ganz, denn das Wasser verlöscht nicht das Feuer, und das Feuer saugt nicht das Wasser auf. Und die Engel verkünden das Lob des Heiligsten, gebenedeit sei sein Name. Aber fern von der Herrlichkeit des Herrn stehen die Engel, einen Raum von sechsunddreißigtausend Meilen sind sie von ihm entfernt, und sehen nicht den Ort, da seine Herrlichkeit weilt. Und sie heiligen den Namen dessen, der auf dem erhabenen Throne sitzt, von „Anan" und „Arapel" umgeben. Wolken und Dunkel sind um ihn her; Recht und Gerechtigkeit sind seines Stuhles Festung.

3
Die Himmelsleitern

ÜBER DER WELT ist der Wilon. Wilon gleicht einem Vorhang aus Seide, welcher vorgezogen wird, wenn man drinnen ist, und aufgezogen wird, wenn man ausgeht. In der Stunde, da der Morgenstern aufgeht und die Sonne ihren Dienst antritt, wird der Wilon vorgezogen vor dem Rakia, auf daß der Sonnenball die Erde nicht blende. Wenn die Sonne aber heimkommt, wird der Wilon wieder aufgezogen, auf daß Mond, Sterne und Tierkreise ihren Gang beginnen können.

Aber eine hohe Leiter steht auf der Erde, und ihr Ende erreicht den Himmel; einen Raum von fünfhundert Jahresreisen ist sie hoch, und heilige Engel und hohe Fürsten haben über die Tore dieses Himmels zu befehlen.

Über dem Wilon ist Schamaim; auf dem Schamaim ist eine Leiter, die reicht bis zu dem Rakia, und heilige Engel und Fürsten bewachen stets diesen Himmel.

Über dem Schamaim ist der Rakia, und auf dem Rakia steht eine Leiter, ihr Ende reicht bis zu dem Schechakim; heilige Engel und Fürsten sind dieses Himmels Wächter.

Über dem Rakia ist der Schechakim.

In Schechakim da liegt auch das obere Jerusalem und der heilige Tempel; an einer feurigen Kette hängen sie zwischen Schechakim und Sebul, und ihr Glanz erstrahlt von der Ferne wie der Glanz des Sonnenballs. Auch steht eine hohe Leiter in Schechakim, die führt bis zu Sebul, und Engel und Fürsten sind die Machthaber über diesen Himmel.

Über dem Schechakim ist Sebul.

In Sebul sind sieben Hallen in Feuer gebaut, und sieben Heere von Engeln stehen da, und sieben feurige Altäre sind dort aufgerichtet, da steht der oberste Fürst Michael an der Spitze der Scharen; wie ein Hohepriester, in Priesterkleider angetan, opfert er Feueropfer auf dem Altar des Herrn, und räuchert auf dem Rauchaltar, und läßt die Rauchsäulen emporsteigen auf dem Altar der Brandopfer. Heilige Engel sind die Wächter des Sebuls.

Hoch über dem Sebul liegt der Maon. Darin sind Heere von Engeln und Schwärme von Dienern und Legionen von Kriegern und feurige Scharen mit ihren Fahnen und flammende Schlachtreihen; und aus ihren Kehlen ertönen am Tage Lieder und am Morgen Lobgesänge und Hymnen zu Mittag und fromme Weisen am Abend. Wie es aber Nacht wird, hören sie auf zu singen und stehen stille an ihrem Ort. Und auch in Maon steht eine hohe Leiter, ihr Ende reicht bis zu Makhon, und heilige Engel und Fürsten sind die Aufseher des Maons.

Über dem Maon ist der Makhon; in dem Makhon fließen die Bäche von Balsamöl, die noch von der Schöpfung her für die Gerechten vorbereitet sind. Eine Leiter steht in Makhon, deren Ende reicht bis zu dem Araboth, und heilige Engel und hohe Fürsten walten darüber.

Über dem Makhon aber wölbt sich der Araboth.

4

Die runde Welt

IN ANDEREN BÜCHERN lesen wir:

Rund ist die ganze Welt, und die Himmel umschließen sie, wie die Nußschale den Kern. Fünfhundert Jahresreisen ist die Welt lang, fünfhundert Jahresreisen ist sie breit, und das große Meer, welches Ozean genannt wird, umgibt sie von allen Seiten. Der Ozean ruht auf den Flossen des Leviathans, aber der Leviathan wohnt in den unteren Wassern und nimmt sich dort aus, wie ein anderer reiner Fisch im Meere. Und die unteren Wasser liegen auf den Urwassern und nehmen sich aus wie ein kleiner Quell am Meeresufer; aber die Gewässer der Schöpfung werden auch weinende Wasser geheißen. Diese weinenden Wasser hängen über der unteren Erde; und die untere Erde wölbt sich über den tosenden Wassern, wie es auch heißt: Die Erde ist über den Wassern gewölbt. Die tosenden Wasser wiederum ruhen auf den Pfleilern aus Chasmal, aus Glanzerz, und die Pfeiler des Chasmal stützen sich auf die Schneespeicher, und die Schneespeicher liegen auf den Hagelbergen, und die Hagelberge erheben sich über dem Abgrund. Wem gleicht aber der Fürst des Abgrundes? Wie der Anblick eines dreiköpfigen Stieres so ist sein Anblick; er steht zwischen dem oberen und dem unteren Abgrund; zu dem oberen Abgrund spricht er: zieh ein deine Wasser, und zu dem unteren Abgrund spricht er: spei aus deine Wasser.

Der Abgrund hängt über dem Tohu, und das Tohu ist über dem Bohu, und das Bohu ist über einem Meere, und dies Meer zieht sich über Gewässer, und die Gewässer fließen über Bergen, und die Berge erheben sich über dem Wind, und der Wind braust auf den Flügeln des Sturmes, und so ist oben und unten eine Welt über der anderen, eine Welt unter der anderen, bis zu dem obersten Himmel, dem Araboth; der Araboth aber hängt an dem Arme des Heiligsten, gebenedeit sei sein Name.

Auf seiner Rechten trägt er die Oberwelten und auf der Linken trägt er die Unterwelten.

Es heißt: Wer mißt die Erde mit seinem Tritt und fasset die Himmel mit der Spanne? Die ganze Erde also und all ihre Tiefen – ihre Länge ist nur ein Tritt seines Fußes, ihre Breite ist nur ein Tritt seines Fußes, und auch ihre Höhe bis zu dem ersten Gewölbe ist nur ein Tritt seines Fußes; und der Himmel und die Himmel aller Himmel – eine Spanne seiner Hand sind sie lang, eine Spanne sind sie breit, eine Spanne sind sie hoch.

Von den Himmelslichtern

1
Sonne und Mond

WO NUR SIND SONNE UND MOND aufgehängt worden? Im zweiten Gewölbe da hängen sie. Und all ihr Heer, wo ist dies? In dem Gewölbe, das über dem Schamaim ist. Von der Erde bis zum Himmel ist ein Raum von fünfhundert Jahresreisen, die Stärke eines jeglichen Gewölbes sind auch fünfhundert Jahresreisen, und von Gewölbe zu Gewölbe ist wiederum ein Weg von fünfhundert Jahren. Sieh also wie hoch die Sonne steht, und dennoch ist in dem Kreislauf des Monats Thamus kein Schatten auf Erden auch nur für ein Geschöpf.

Eine Hülle für sich hat der Sonnenball, wie es auch heißt: der Herr hat der Sonne ein Zelt gemacht; und ein Teich läuft im Himmel davor; wenn die Sonne morgens herausgeht, schwächt der Herr ihre Kraft durch das Wasser, auf daß sie die Welt nicht verbrenne. Aber dereinst, am jüngsten Tage, wird der Herr der Sonne ihre Hülle nehmen und wird mit ihrem Feuer die Missetäter verbrennen.

In der Sonne Herzen stehen drei Zeichen des Gottesnamens geschrieben, und Engel führen sie ihren Weg des Tages und des Nachts, und welche sie des Tages geleiten, geleiten sie nicht des Nachts, und welche sie nachts geleiten, geleiten sie nicht des Tages. Die Sonne fährt heraus in einem Wagen und geht heraus, wie ein Bräutigam aus seiner Kammer, das Haupt gekrönt, und freut sich, wie ein Held zu laufen den Weg. Aber zweiteilig ist das Angesicht der Sonne; welches nach unten schaut, ist des Feuers, und auch die Strahlen sind feurig, und welches nach oben schaut, ist des Eises, und auch die Strahlen sind eisig; wäre nicht das Eis, das das Feuer kühlt, würde die Welt verbrennen und nichts bliebe vor der Glut verborgen. Aber im Winter kehrt die Sonne das untere Angesicht nach oben; und wäre dann nicht das Feuer, das das Eis erwärmt, so würde die Welt in Frost erstarren, denn was bleibt vor dem Frost bestehen?

Dem Mond aber, heißt es weiter, ist eine Wohnstätte zwischen zwei Wolken gemacht: zwischen Anan und Arapel, da ruht er. Wie zwei Schalen so sind die zwei Wolken einander zugekehrt; doch am Neumond öffnen sich die Wolken im Westen, und der Mond kommt aus ihnen hervor; es gleicht in der ersten Nacht sein Angesicht einem Widderhorn; aber die Nacht darauf ist er schon ein Maß größer, und so tritt er immer mehr und mehr hervor, bis er dann in des Monats Mitte als Vollmond sich zeigt. Doch dann machen die Wolken eine Wendung und öffnen sich gegen Osten; das Ende des Mondes, welches vorhin zuerst sichtbar wurde, geht auch zuerst hinein und wird von den Wolken bedeckt, ein Maß in der ersten Nacht, ein zweites Maß in der zweiten Nacht und so weiter, bis an des Monats Neige die Wolken ihn wiederum ganz bedecken. Ich gab ihn den Anan zum Kleide und den Arapel zur Decke, spricht der Herr.

2
Von den Fenstern des Himmels

DREIHUNDERTFÜNFUNDSECHZIG Fenster machte der Herr in dem Himmel der Welt zu Nutzen; hundertzweiundachtzig machte er im Morgen und hundertzweiundachtzig im Abend; eines aber ist inmitten des Gewölbes, und mit diesem hat die Schöpfung begonnen. Die einen von den Fenstern sind für die Sonne gemacht, die anderen aber sind für den Mond. Was die Sonne in zwölf Monaten durchläuft, das durchläuft der Mond in dreißig Tagen.

Durch viererlei Wege geht die Sonne; Nissan, Ijar und Siwan scheint sie über den Bergen, um den Schnee zum Schmelzen zu bringen; Thamus, Ab und Elul scheint sie dort, wo Menschen wohnen, um die Früchte reif zu machen; Tischri, Cheschwan und Kislew scheint sie über den Meeren, um die Flüsse zu dämmen; Tebeth, Schebat und Adar scheint sie in der Wüste, auf daß die Saat nicht verdorre.

3
Von den Sternbildern

ZWÖLF STERNBILDER schuf der Herr und ordnete sie im Himmel, sie und all ihr Heer, und dies sind die Sternbilder: der Widder, der Stier, die Zwillinge, der Krebs, der Löwe, die Jungfrau, die Wage, der Skorpion, der Bogen, der Wassermann, die Fische; all die Sternbilder umkreisen die Welt Tag und Nacht zwölf Monde des Jahres hindurch.

Aber sieben Begleiter gab ihnen Gott, und dies sind: Saturn, Jupiter, Mars, Sonne, Venus, Merkur, Mond; ein jeder von ihnen bewegt sich in seinem eigenen Kreis.

Doch nicht wie das Licht des einen ist das Licht des anderen, nicht wie das Haus des einen ist das Haus des anderen, nicht wie der Gang des einen ist der Gang des anderen, nicht wie das Gebiet des einen ist das Gebiet des anderen, nicht wie der Untergang des einen ist der Untergang des anderen. Nicht wie das Licht der Sonne ist das Licht des Mondes, und nicht wie das Licht des Mondes ist das Licht der übrigen fünf Planeten; des Mondes Licht ist einmal verhüllt, ein andermal ist es offen, das Licht der Sonne aber und der fünf Planeten ist nimmer verhüllt.

Nicht wie das Haus des einen ist das Haus des anderen; das Haus des Saturns ist der Ziegenbock und der Wassermann; das Haus des Jupiters ist der Bogen und die Fische; das Haus des Mars ist das Lamm und der Skorpion; das Haus der Sonne ist der Löwe; das Haus des Mondes ist der Krebs; das Haus der Venus ist der Stier und die Wage; das Haus des Merkurs ist die Sonne, die Zwillinge und die Jungfrau.

Du siehst, fünf der Häuser sind männliche Sternbilder, sieben von ihnen sind weibliche Sternbilder. Das Lamm, die Zwillinge, der Löwe, die Wage, der Bogen und der Wassermann, das sind männliche Sternbilder, der Stier, der Krebs, die Jungfrau, der Skorpion, der Ziegenbock, die Fische, das sind weibliche Sternbilder.

4
Die Bestimmung der Planeten

DIES IST DIE BESTIMMUNG der Planeten. Saturn, der hat zu befehlen über Armut, über Not, über Schmerz, über Zerstörung, über jede Plage und innere Krankheit und über den Tod. – Mars, dies ist der Planet des Blutes, des Schwertes, des Bösen, des Zankes und Streites, der Beulen und Wunden, des Krieges, der Feindschaft und des Neides, der Reibungen und der Schläge; auch ist er befohlen über das Eisen, über Feuer und Wasser und über den Einsturz. – Jupiter, der hat zu bestimmen über das Leben, über den Frieden, über das Gute, über die Friedfertigkeit, über die Ruhe, über die Lehre, über Freude und Frohsinn, über Reichtum, über Ehre und über die Herrschaft. – Venus, die ist gesetzt über die Anmut und die Gnade, über die Liebe, den Trieb und die Lust, über die Fruchtbarkeit, über die Zeugung der Menschen, über die Brunst der Tiere, über die Früchte der Erde und Früchte der Bäume. – Merkur, dem unterstehen die Weisheit, die Klugheit und die Vernunft, das Wissen, die Kunst zu bilden und zu schneiden, die Schrift und alle Sprachen. – Die Sonne, der liegt ob der Wechsel von Licht und Finsternis, von Tag und Nacht; an ihr werden die Tage und Monate gezählt, an ihrem Licht wird jede Arbeit verrichtet, wird jedes Geschäft getan, wird jede Wanderung vorgenommen, ob von Stadt zu Stadt, ob von Land zu Land. – Der Mond, der waltet über die Fenster des Himmels und der Erde, und er ist der Welt ein Bürge für das Gute und für das Böse.

Obschon die Planeten auch über das Gute und Böse in der Welt bestimmt sind, haben sie dennoch selber nicht die Freiheit, Gutes oder Böses zu tun nach eigenem Willen, sondern in allem hören sie auf den Ruf, auf den Befehl, auf das Gebot des Schöpfers aller Dinge.

5

Die Planeten und die Geschicke der Menschen

IN EINEM BUCH des Bar Levai war zu lesen:

Ein Mensch, so am ersten Tage der Woche geboren ist, dies ist einer von einheitlichem Wesen, dem kein fremder Zug beigemischt ist. Welcher aber am zweiten Tag der Woche geboren ist, der wird streitsüchtig, denn am zweiten Tag haben sich die Wasser der Schöpfung voneinander gesondert. Einer, der am dritten Tage der Woche geboren ist, der wird ein reicher Mann, und einer, der der Hurerei ergeben ist, denn an diesem Tag ist das Gras geschaffen worden. So einer am vierten Tag der Woche geboren ist, der wird ein weiser und erlauchter Mann, denn an diesem Tag sind die Lichter am Himmel aufgehängt worden. Wer am fünften Tage der Woche geboren ist, der wird Wohltat üben, denn an diesem Tage sind die Fische und das Gevögel erschaffen worden. Derjenige, der am Freitag geboren ist, der wird eifrig sein in der Erfüllung der Gebote. Welcher aber am Sabbat geboren ist, der ist des Todes, denn um seinetwillen hat man den Sabbat entweiht.

Doch es kam ein anderer Weiser und der sprach: Gehet hin und saget es dem Bar Levai an, nicht der Tag der Geburt ist es, der das Schicksal bestimmt, sondern der Stand der Planeten entscheidet es.

Wer im Zeichen der Sonne geboren ist, der wird zu einem Menschen, der durch seine Kraft allein besteht; was er ißt und trinkt, ist nur sein eigen, seine Geheimnisse sind jedem offen, und stiehlt er einmal, es gelingt ihm nicht. Wer in dem Zeitlauf des Planeten Venus geboren ist, der wird reich und ist der Hurerei hold, denn diesem Planeten wohnt eine Glut inne, und die Leidenschaften brennen zu der Zeit gleichwie das Feuer in einem Ofen. Wer zur Zeit des Merkurs geboren ist, der wird zu einem weisen und erlauchten Mann, denn der Merkur ist Schreiber der Sonne; der ist stets in ihrer Nähe und zeichnet ihr ihren Weg vor und ihren Lauf. Derjenige, der zur Mondeszeit geboren ist, dies wird einer von Leiden heimgesuchter, denn auch der Mond ist einer, der größer wird und kleiner; solch einer zerstört, was er baut, und baut auf, was er zerstört; er ißt und trinkt, was nicht sein eigen ist, seine Geheimnisse werden nicht verraten, und stiehlt er, so glückt es ihm. Wer unter dem Saturn geboren ist, dessen Gedanken werden zerstört. Wer unter dem Jupiter geboren wird, welcher Sedek benannt ist, der wird zu einem gerechten Mann, der in Gerechtigkeit die Gebote befolgt. Wer zur Zeit des Mars geboren wird, der wird Blut vergießen.

Die Planeten machen einen weise, sie machen einen reich; auch Israel untersteht den Planeten, und weder Gebet noch Gerechtigkeit kann an dem Schicksal etwas ändern. Andere aber sagen, Israels Schicksal sei von den Planeten unabhängig.

Der Welten Höhen und Tiefen

1
Die vier Himmelsrichtungen

VIER WINDE WEHEN alltäglich, und der Wind vor Mitternacht begleitet sie alle; wäre dem nicht so, nicht eine Stunde könnte da die Welt bestehen. Der Wind vor Mittag ist der ärgste von allen, und käme nicht der Falke, der seine Flügel ausbreitet und den Wind abhält, die Welt würde zerstört werden; steht es doch geschrieben: es fliegt der Falke und breitet seine Flügel aus gegen Mittag.

Die Haken des Himmels sind in des Ozeans Wasser eingelassen; die Wasser des Ozeans laufen zwischen den Enden der Erde und den Enden des Himmels; aber des Himmels Enden selber sind über des Ozeans Wassern gestreckt.

Die Mitte des Himmels ist hochgewölbt, wie eine Halbkugel, wie ein ausgespanntes Zelt. Die Enden des Zeltes fallen nach unten, die Mitte dagegen ist hoch, und die Menschenkinder sitzen darunter, wie es auch heißt: der breitet den Himmel aus wie ein Zelt, da man innen wohnt.

In seiner Weisheit gab der Herr der Welt vier Seiten: Morgen und Abend, Mittag und Mitternacht. Vom Morgen her kommt das Licht in die Welt; von Mittag kommen der segenbringende Tau und die gnadenreichen Regengüsse; der Wind von Abend bringt die Schneemengen und die Hagelmassen; von dort kommt auch die Kälte. Von Mitternacht her, der Seite, die unvollendet blieb, kommt die Finsternis in die Welt. Warum ist aber die Mitternachtsseite unvollendet geblieben? Ja, denn so sprach der Herr: So einer kommt, der von sich spricht, er sei Gott, so möge er hingehen und möge diesen Teil Welt ausbauen, den ich gelassen habe; dann wird man's wissen, ob dieser ein Gott ist.

Mitternacht ist das Weltende, wo die bösen Geister und Teufel und Dämonen hausen; von dort her kommen die rauhen Winde, der Donner und der Blitz auf die Welt; dies ist auch das Land, da alles Böse seinen Anfang nimmt, wie es auch heißt: Von Mitternacht wird das Unglück ausbrechen.

Und wie der Herr der Welt vier Richtungen gab, so umstellte er auch seinen Stuhl mit vier heiligen Tieren und mit vier Engeln, Michael, Gabriel, Uriel und Raphael.

2
Die vier Winde

VIER WINDE WEHEN alltäglich, von aller vier Weltgegenden kommen sie her. Von Morgen bis Mittag weht der Ostwind, und mit ihm zusammen kommen dreitausendfünfundsiebzig für die Welt heilkräftige Winde; alle entspringen sie einer Schatzkammer, welche oben in den östlichen Toren liegt, und welche die Schatzkammer der Lust genannt wird. Was immer auch für Leiden und Gebrechen einen plagen, er strauchelt nimmer am Morgen. – Der Engel aber, der von Morgen bis Mittag über diesen Wind, der von Osten kommt, befohlen ist, heißt Michael, derselbe Michael, von dem es heißt: siehe, mein Bote geht dir voran.

Wann der Morgenwind erwacht, um in die Welt hinauszugehen, um zu der Zeit einer des Weges geht und dieselbe Richtung einschlägt, ihm gehen dann alle Segen in Erfüllung, so man ihn mit ihnen segnete, und er bleibt frohen Mutes den ganzen selbigen Tag.

Der Westwind weht von Mittag bis Abend, und mit ihm zusammen gehen aus vierhundertfünfundsechzig Winde, welche die Gräser, die Bäume und alle Gewächse zum Blühen bringen. Ein Engel ist von Mittag bis Abend über diese Winde befohlen, der heißt Raphael.

Der Südwind weht von Anfang des Abends bis Mitternacht, und mit ihm zusammen gehen aus der Schatzkammer der Lust zweihundertfünfundsiebzig Winde, welche die Erde fett machen und die Kälte lindern. Ein Engel ist über diesen Wind befohlen, Uriel ist sein Name. Dieser Wind legt sich schwer auf die Kranken, und sie fühlen seinen Druck, aber der Welt bringt er Gutes.

Der Nordwind weht von Mitternacht bis Morgen, und dreihunderttausend andere Winde wehen mit ihm zusammen; er ist der rauheste von allen, aber er tut wohl denen, die gebrechlichen Leibes sind.

3
Das heilige Land

DAS HEILIGE LAND liegt höher denn alle Länder.

Das heilige Land ist zuallererst erschaffen worden, und die ganze übrige Welt erst nachher. Das heilige Land tränkt der Herr selber, und die ganze übrige Welt tränkt er durch einen Boten.

Wie aber wird die Erde getränkt? Die einen sagen: des Ozeans Wasser tränken alles Land. Sind sie doch salzig, des Ozeans Wasser. Aber die Wolken machen sie süß.

Andere wiederum sagen: es wird alles Land von dem Wasser getränkt, das von oben kommt, wie es auch heißt: den Regen vom Himmel wirst du trinken. Aber wie soll ich's nur deuten: Und ein Nebel ging auf von der Erde und feuchtete alles Land. Das will wohl heißen; die Nebel schwellen an und gehen zum Himmel auf und tun ihren Mund auf und saugen sich des Regenwassers voll. Aber wie ein Sieb so sind die Wolken voll Löcher, und durch die Löcher sickert der Regen auf die Erde und zwischen Tropfen und Tropfen ist wie eine Haarbreit.

Warum nur heißt der Berg Garizim der erste Berg, fragt das samaritanische Volk. Weil er allein zusammen mit dem Garten Eden zu allererst aus dem Wasser sichtbar wurde. Von dem Berge Garizim nahm auch der Herr die Erde zum Leibe Adams, aus dem Staub des gesegneten Berges machte er den Menschen. Adam ist die Herrlichkeit der Schöpfung, und der gesegnete Berg ist die Herrlichkeit des trockenen Landes.

4
Der Garten Eden

DER GARTEN EDEN ist noch vor der Welt erschaffen worden; alle seine Anlagen und seine Pflanzungen und auch das Gewölbe über ihm wie der Boden unter ihm – alles war schon da, und erst tausenddreihunderteinundsechzig Jahre, drei Stunden und zwei Augenblicke nachher sind Himmel und Erde erschaffen worden.

Der Boden des Gartens, woraus ist er nur gemacht? Ja, als der Herr an die Erschaffung des Gartens ging, nahm er den Schnee, der unter seinem Stuhle war, und daraus wurde der Boden des Gartens Eden. Und des Gartens Boden ist über unserer Erde, und nur zuweilen streift er die Erde, welche höher ist denn alle übrigen Erden. Der Himmel aber, der sich über dem Garten wölbt, leuchtet in allen Farben und ist herrlich wie Saphirstein, und mitten im Gewölbe ist der Name des Herrn eingegraben.

Komm her und schaue; wie viele sind ihrer, der Gewölbe, die der Herr schuf, und Himmel über Himmel machte er sonder Zahl, und beinah deucht's, sie hätten keinen Raum mehr. Aber keines der Gewölbe hat je ein Auge geschaut, außer deinem, o Herr! Und jedes von ihnen ist wie eine Welt für sich, die wiederum in tausend Welten zerfällt; nur der Wilon allein, der erste Himmel, hat Zeiten, wo er nicht zu tausend Welten anschwillt, aber die übrigen sechs, welche nunmehr sechstausend Welten ergeben, die sind noch untereinander verdreifältigt und machen nun achtzehntausend Welten aus. Und keiner weilt darinnen, als wie der Herr allein, und keiner kennt sich in ihnen aus, als wie nur er, der Erhabene allein.

5
Die vier Flüsse

ES GING AUS VON EDEN ein Strom, zu wässern den Garten, und teilte sich von dannen in vier Hauptflüsse. Der erste heißt Pison, denn um ihn wächst der Lein; das Wasser des Stromes quillt übervoll und fließt um das ganze Land Hevilla; daselbst findet man Gold, und das Gold des Landes ist köstlich; da findet man auch Bedellion und den Edelstein Onyx. Die Welt hat's nicht verdient, daß sie Gold besäße;

warum ist es da erschaffen worden? Ja, um des heiligen Tempels willen ist es da.

Der zweite Fluß heißt Gihon, der fließt um das ganze Mohrenland; der dritte Fluß heißt Hiddekel, dies ist ein reißender Strom, er fließt von Assyrien; der vierte Fluß ist der Euphrat, des Wasser fruchtbar ist und sich mehrt.

Du fragst den Hiddekel: Warum tobst du nur so einher? Er antwortet: Auf daß alles mich sehe und höre. Du fragst den Euphrat: Warum hört man dich gar nicht? Er antwortet: Dessen bedarf ich nicht, meine Werke sprechen für mich.

Auch die Späteren erzählten von den vier Flüssen.

Es ging aus von Eden ein Strom und teilte sich von dannen in vier Hauptflüsse. Der erste ist Pison, auch Ganges genannt, der fließt um das ganze Inderland und bringt mit sich das Gold. Zehn andere Flüsse laufen in den Ganges, er selbst aber eilt mit großer Schnelligkeit in das Meer.

Der zweite Fluß heißt Gihon, dies ist der Nilus, der fließt um das Land Äthiopien. dies ist der größte Strom der Welt; in der Zeit, da die Sonne im Saturn steht, welche Zeit die Monate Thamus und Ab sind, dann mehrt sich sein Wasser überaus und tränkt die ganze Welt. Siebenhundert Inseln sind in dem Fluß; in ihrer Mitte ist einen, Meria benannt, welche das Reich ist der Königin von Saba.

Der dritte Fluß ist der Hiddekel, auch Tigris benannt, seine Fluten sind reißend, und er fließt um das Reich Armenien. Der vierte Fluß ist der Prat, auch Euphrat genannt, er fließt um das Land der Chaldäer, teilt Babylon und läuft in das Schilfmeer.

6

Der Fluß, der Berg und der Fisch, die den Sabbat feiern

ZWEI DINGE SIND ES, denen auch die Völker der Erde nicht mit Unglauben begegnen; nämlich, daß der Herr die Welt in sechs Tagen erschaffen hat, und daß er dereinst die Toten wieder erwecken wird. Woraus ersehen sie es aber? Ja, wenn ein Wahrsager die Toten heraufbeschwören will, an allen Werktagen schafft er dies, und es gelingt ihm auch, am Sabbat aber gelingt es ihm nicht. Doch den Leib eines Tieres kann er auch nicht am Werktag erwecken, denn dem Tier ist kein zukünftig Leben gegeben.

Der Fluß Sambation wirft Steine aus an allen Tagen der Woche, aber am Sabbattage ruht er. Der Fluß Sambation heiligt den Sabbat, denn an allen Werktagen schäumen seine Wellen, und die Wassern schleudern durch ihre Gewalt Steine auf das Ufer, doch am Sabbat steht alles still, und es kommen keine Steine auf dem Sand gefallen.

Auch gibt es einen Berg, dem man Silber entnimmt, doch am Sabbat gibt die Erde des Berges kein Silber.

Auch gibt es einen Fisch, der ruht am Sabbat am Ufer des Meeres, bis der Sabbat zur Neige geht. Der Name des Fisches ist Sabbathai, darum daß er den Sabbat hält.

So einer sich aus der Schuppenhaut dieses Fisches einen Panzer macht, ihn kann kein Pfeil und kein Spieß verwunden.

Von dem Reich der Tiere

1
Die vier Weltwächter

DURCH WEISHEIT hat der Herr die Welt gegründet.

Es schuf der Herr die Menschenkinder, und ihnen gegenüber schuf er die Geister und die Dämonen, und er ließ die Furcht von den Geistern auf die Geschöpfe fallen. Und wäre nicht seine große Barmherzigkeit, und hätte er nicht gleich seine Anstalten getroffen, auch nicht eine Stunde hätten die Geschöpfe sich halten können vor der Übermacht der Bösen. Was war denn aber die Maßregel, die der Herr traf? Ja, alljährlich in der Sonnenwende des Nissan gibt Gott den Seraphim eine neue Kraft ein, und sie recken sich und erheben ihr Haupt höher denn je, und jagen einen Schreck ein den Geistern und den Teufeln und den Dämonen und beschützen mit ihren Fittichen die Menschenkinder von ihnen, wie es auch geschrieben steht: Er wird dich mit seinen Fittichen decken, daß du nicht erschrecken müssest vor dem Grauen der Nacht.

Es schuf der Herr das Vieh und die Haustiere und ihnen gegenüber schuf er die Löwen, die Panther und die Bären. Und wäre nicht seine große Barmherzigkeit, und hätte er nicht gleich seine Anstalten getroffen, könnte da das Vieh vor den Löwen, Panthern und Bären bestehen? Was war denn die Maßregel, die der Herr traf? Ja, er schuf ihnen zum Schutz den Stier der tausend Berge, und alljährlich in der Sonnenwende des Thamus gibt der Herr dem großen Stier eine ungestüme Kraft ein, und der reckt sich, und erhebt sein Haupt, und gibt ein einzig Blöken von sich, aber dies Blöken erdröhnt in der ganzen Welt, und die wilden Tiere hören das Gedröhn, und ein Schrecken befällt die Löwen, die Panther, die Bären und alle Raubtiere, und die Angst lähmt sie das ganze Jahr. Und wäre dem nicht so, könnte da das Vieh vor den Raubtieren bestehen?

Es schuf der Herr allerlei Vögel rein und unrein; welche von ihnen sind in bewohnten Ländern, welche sind in den unbewohnten Ländern; ihnen gegenüber schuf er den Lämmergeier und den Seeadler. Und wäre nicht seine große Barmherzigkeit, und hätte er nicht gleich seine Anstalten getroffen, wie könnten sich da die Vögel des Lämmergeiers und des Seeadlers erwehren? Was war aber die Maßregel, die der Herr traf? Ja, alljährlich in der Sonnenwende des Tischri gibt der Herr seinem großen Adler eine Kraft ein, und der erhebt sein Haupt und schlägt mächtig mit den Flügeln um sich und erhebt seine Stimme und schreit laut, daß es alle Vögel hören, und sein Schreck fällt auf den Seeadler und auf den Lämmergeier für ein ganzes Jahr.

Es schuf der Herr allerlei Fische im Meere, groß und klein. Wie groß ist denn die Größe der großen? Ja, welche von ihnen sind hundert Meilen lang, und welche zweihundert, aber es gibt auch welche, die sind dreihundert und vierhundert Meilen lang. Und wäre nicht seine große Barmherzigkeit, und hätte er nicht gleich seine Anstalten getroffen, würden da nicht die großen Fische die kleinen verschlingen? Was ist aber die Maßregel, die der Herr traf? Ja, er schuf den Leviathan, seinen größten Fisch; und alljährlich in der Sonnenwende des Tebeth erhebt der Leviathan sein Haupt und sammelt seine Kraft und schnauft in das Wasser, und die Wasser sieden um ihn, und es fällt eine Angst auf die Raubfische im Meere. Wäre dem nicht so, wie könnten da die kleinen vor den großen bestehen? – O, wie trefflich ist der Spruch: der Herr hat durch Weisheit die Erde gegründet.

Und meinst du etwa, die viere hier, sie tun sich selber zu gut darauf, daß sie solches vollbringen? Nein, ihrem Herrn wollen sie dadurch danken und wollen loben und preisen und rühmen den Namen des einzigen, welcher sprach: Es komme die Welt! Denn auch ihre Bestimmung ist es, am Ende zu Staub zu werden, wie es auch geschrieben steht: Es fähret alles nach einem Ort. Und nur er allein, der Einzige bleibt bestehen in Ewigkeit, wie es auch heißt: Der Herr allein wird hoch sein zu der Zeit.

2
Der Wildochs

GELOBT UND GEPRIESEN sei der Name des Königs aller Könige, welcher König ist über alle Könige der Erde, Herr und Herrscher über alle Bewohner der Welt. Der Himmel aller Himmel ist sein Stuhl, und die Erde ist seiner Füße Schemel. Sein Reich ist in der Höhe, und seine Herrschaft ist in der Tiefe. Aller Welt Geschehen ist seinen Augen sichtbar, und des Menschen Heimlichstes liegt vor ihm offen; er erforscht die Wege eines jeden Menschen und prüft die Schritte eines jeden Wesens; er weiß, was Verborgenes in den Nieren ist, und versteht, was Heimliches in den Herzen wohnt; er sieht die Gedanken, da sie noch gedacht werden; allüberall schauen die Augen des Herrn und sehen die Guten und sehen die Bösen.

Gelobt sei sein Name, und verherrlicht sei sein Angedenken, der er die ganze Welt ernährt und erhält von den Hörnern des Wildochses bis zu den Eiern der Laus.

Der Wildochse ist ein reines Tier, und nur zwei davon sind in der Welt, ein Männlein und ein Weiblein; das eine ist im Morgenland und das andere im Abendland, und nur einmal in siebzig Jahren kommen die beiden zueinander und tun sich zusammen; dann aber dreht das Weiblein den Kopf und beißt das Männlein und schlägt es tot. Und das Weiblein wird schwanger und geht zwölf Jahre mit der Leibesfrucht umher. Bis zu dem zwölften Jahre geht sie noch auf den Füßen und frißt das Gras und trinkt das Wasser. Aber zu Anfang des zwölften Jahres fällt sie hin auf die Seite, denn die Füße tragen sie nicht mehr. Aber der Herr ernährt sie dennoch in seiner Barmherzigkeit; er läßt aus ihrem Munde einen Speichel fließen, der sprudelt wie ein Quell, und von diesem Wasser sproßt aufs neue Gras aus der Erde dem Weiblein zur Rechten und zur Linken, und sie hat nun wieder ihren Fraß zwölf Monate lang; sie dreht sich bald nach der einen Seite, bald nach der anderen und pflückt das Gras.

Und am Ende des zwölften Monats wird ihr Leib aufgerissen, und zwei Junge gehen heraus, ein Männlein und ein Weiblein, und eines geht nach Morgen, das andere geht nach Abend, und es wird ihrer nicht mehr, bis wiederum siebzig Jahre um sind, sonst würde die Welt durch sie zerstört werden.

Noch ein Reisender in den Zeiten des Talmuds sah einen Wildochsen, der einen Tag alt war, aber dieser Wildochs war groß wie der Berg Tabor, und der Berg Tabor ist vierzig Meilen hoch. Drei Meilen war seines Halses Länge, und der Raum, den sein Kopf einnahm, als er ihn auf die Erde legte, hatte eine und eine halbe Meile im Umkreis.

3
Von dem Salamander, von der Hündin und von der Gemse

WIE SIND DEINE WERKE so groß, o Herr!

Komm her und schau: Wie vielerlei Vieh lebt auf Erden, wie vielerlei Getier gibt's auf Erden, wie vielerlei Fische gibt's im Wasser. Ist aber die Stimme des einen der Stimme des anderen gleich? Ist die Gestalt des einen der Gestalt des anderen gleich? Ist der Sinn des einen dem Sinn des anderen gleich? Ist der Geschmack des einen dem Geschmack des anderen gleich? Aber nein, nicht die Stimme des einen Geschöpfes, nicht der Sinn, nicht der Geschmack des einen ist dem anderen gleich. Daher heißt es auch: Wie sind deine Werke so groß, o Herr!

Es gibt Geschöpfe, die nur im Wasser wachsen können, und es gibt Geschöpfe, die allein auf trockenem Lande groß werden. Die im Wasser wachsen – wenn sie das Trockene besteigen, kommen da alsbald um; die aber auf dem trockenem Lande wachsen – wenn sie ins Meer hinabsteigen, sind bald tot. Es gibt Geschöpfe, die allein im Feuer gedeihen, und wiederum gibt es Geschöpfe, die können nur in der Luft leben. Die Feuertiere, sobald sie in der Luft ohne Feuer sind, sind sie gleich dahin, und die sonst in der Luft leben, wenn sie ins Feuer kommen, verbrennen und werden zunichte. Du siehst, was dem einen ein Ort des Gedeihens, ist dem anderen ein Ort des Verderbens, und wiederum, wo das eine verdirbt, da gedeiht das andere.

Was ist das aber für ein Tier, das im Feuer lebt? Das ist der Salamander. Die Glasbläser, die das Glas bereiten, die heizen ihren Ofen sieben volle Tage und sieben volle Nächte. In dieser Glut entsteht dann ein Geschöpf, das einer Eidechse ähnlich ist, und dies Tier wird Salamander genannt. So der Mensch seine Hand oder sonst eines der Glieder mit dessen Blute bestreicht, so kann er´s im Feuer halten, und es verbrennt dennoch nicht.

Da ist die Hündin, deren Leib zu eng ist. Wenn sie zum Gebären sich beugt, schickt der Herr zu ihr eine Schlange, und die Schlange beißt die Hindin in den Bauch, und dieser Biß erlöst sie von ihren Wehen. Dann weist ihr der Herr ein Kräutlein zu, und sie frißt davon, und ihre Wunde wird heil. Der Herr tut große Dinge und wir wissen es nicht.

Und da ist die Gemse, die grausam ist gegen ihre Jungen. Wenn sie zum Gebären sich beugen soll, dann geht sie zuvor auf eines Berges Gipfel, auf daß ihr Junges, wenn es ihrem Leib entfällt, gleich zerschmettert werde. Aber der Herr schickt zu ihr einen Adler, und der Adler fängt mit seinen Flügeln das Junge auf. Und käme der Adler nur ein Weilchen zu früh oder ein Weilchen zu spät, alsbald würde es sterben.

Aber anderswo steht's so geschrieben:
Schwer ist der Gemse ihr Gebären, und sie läßt zu Anfang nur ein halbes Junge aus, und das Junge, halb draußen, halb noch im Mutterleibe, grast schon auf der Weide hinter der Mutter, bis es kräftig wird; aber vor vielen Wehen beugt sie sich wieder zum Gebären, und

die Hinterbeine des Jungen kommen heraus. Dann läuft das Junge fort von seiner Mutter, auf daß sie es vor Schmerz nicht davonstieße und nicht tötete.

4
Die Ungeheuer

DREI SELTSAME GESCHÖPFE schuf noch der Herr, welche unterschiedlich sind von den übrigen Geschöpfen, die der Herr machte. Dies sind der Maulwurf, die Schlange und der Frosch.

Da ist der Maulwurf; wenn er das Tageslicht erblickt, so kann kein Wesen vor ihm bestehen. Da ist die Schlange; hätte sie Füße, sie täte dem Rosse nachrennen und würde es töten. Das ist der Frosch; hätte er Zähne, kein Tier im Wasser könnte vor ihm am Leben bleiben.

Ein Reisender in den Zeiten des Talmuds sah einen Frosch, der war so groß, wie eine Stadt von sechzig Häusern ist; da kam eine Schlange und verschlang den Frosch; dann kam eine Krähe und verschlang die Schlange und setzte sich auf den Ast eines Baumes nach der Vögel Art. Wie groß und stark muß da der Baum gewesen sein!

Derselbe Reisende sah einen Vogel, der stand im Wasser bis zu den Knöcheln, sein Kopf aber reichte bis zum Himmel. Da sprach der Reisende und seine Begleiter: Nicht tief wird hier das Wasser sein, und wollten drin baden, denn der Tag war heiß. Aber eine Stimme rief: Steigt nicht ins Wasser, denn hier ist vor sieben Jahren einem Zimmermann die Axt versunken, aber bis jetzt hat sie den Grund nicht erreicht, so reißend sind die Fluten.

Der Vogel aber, das war der große Adler des Herrn!

5
Das Nabeltier

EIN TIER LEBT IN DEN BERGEN, das dem Menschen in allem gleicht; an Gesicht, an Gestalt, an der Hände und Füße Bau ist es mit nichten vom Menschen zu unterscheiden; auch spricht es seine Sprache ähnlich wie der Mensch; wohl sind die Worte schwer zu verstehen, aber man hört, es sind wie menschliche Laute. Jedoch sein Nabel ist mit einer Schnur verbunden, und diese Schnur geht aus von einer Wurzel, welche tief in der Erde steckt und von der Erde ihre Kraft saugt. So lang die Schnur ist, bewegt sich das Tier und geht auf der Weide im Grase, das umher wächst; es wagt kein Geschöpf ihm zu nahen und in die Strecke zu kommen, welche die Schnur durchmißt, denn alsbald würde es zerfleischt und getötet werden. Wenn aber die Jäger das Tier erlegen wollen, richten sie ihre Pfeile auf die Schnur und suchen sie zu zerreißen; dann stößt das Tier einen bitteren Schrei aus und sinkt tot zu Boden.

Zweites Buch

Von Adam und seinem Geschlecht

Des Menschen Reich

1
Adam krönt den Herrn

ZUR STUNDE, DA DER HERR den Menschen erschaffen wollte, schuf er vorerst eine Schar von Engeln und sprach zu ihnen also: Wir wollen einen Menschen nach unserem Bilde schaffen. Da sprachen die Engel: O Herr der Welt! was soll des Menschen Tun auf Erden sein? Sprach der Herr: Dies und dies wird sein Tun sein. Da sprachen die Engel vor dem Herrn: O Herr der Welt, was ist der Mensch, daß du sein gedenkest, und des Menschen Kind, daß du dich sein annimmst? Da reckte der Herr seinen kleinen Finger zwischen sie aus und verbrannte sie alle.

Darauf schuf Gott eine zweite Engelschar und sprach zu ihnen gleichfalls: Wir wollen einen Menschen machen nach unserem Bilde; und die Engel erwiderten gleichwie die ersten: Was ist der Mensch, daß du sein gedenkest, und des Menschen Kind, da du dich sein annimmst? Da reckte der Herr abermals seinen Finger aus und verbrannte auch sie.

Dann schuf er eine dritte Engelschar und sprach zu ihnen: Wir wollen einen Menschen machen. Da erwiderten die Engel und sprachen: O Herr der Welt, die ersten, so dir widersprachen, was haben sie ausgerichtet? Dein ist die ganze Welt, tu also in ihr, was dein Wille ist.

Also schuf der Herr den Menschen. Da sprachen die Engel vor dem Herrn: Der Mensch hier, den du schufest, was ist das für einer? Da erwiderte ihnen der Herr und sprach: Seine Weisheit ist größer denn eure. Und er brachte vor sie das Vieh und die Tiere und die Vögel und fragte sie von jedem einzelnen: Dies hier, wie ist sein Name? Aber die Engel wußten nichts zu sagen. Da ließ der Herr die Tiere an dem Menschen vorüberziehen und fragte ihn von jedem einzelnen: Dies hier, wie ist sein Name? Da erwiderte der Mensch und sprach: Dies ist der Ochse, dies ist das Pferd, dies ist der Esel, dies ist das Kamel, dies ist der Adler, dies ist der Löwe, und er fuhr fort und nannte alle Tiere bei ihren Namen. Und du selbst, fragte ihn der Herr, wie heißest du mit deinem Namen? Da erwiderte der Mensch und sprach: Mir würde es geziemen, Adam zu heißen, denn von der Erde bin ich genommen. Und Gott fuhr fort und fragte ihn weiter: und ich selbst, wie sollte ich mit meinem Namen heißen? Da erwiderte Adam und sprach: Dir gebührt es, Herr zu heißen, denn du bist Herr über alle Geschöpfe.

2
Adam als Lehrmeister

ALS DIE WELT ERSCHAFFEN WURDE, da sind auch alle Tiere erschaffen worden und auch der erste Mensch. Alsbald kamen die Tiere vor den Herrn und sprachen vor ihm: O Herr der Welt, nenne uns unsere Namen, so wir mit ihnen heißen, und weise uns unsere Werke, so wir zu verrichten haben. Sprach der Herr: Alles habe ich in des Menschen Hand gelegt; nur zwei Dinge sind es, die ich auch in eure Macht gegeben habe; dies sind die Tugend und die Bosheit. Denn seid ihr gerecht, so bleibt es euch selbst; seid ihr aber böse, so ist es euer Fehl. Nehmet es also zu Herzen und suchet es zu begreifen. Aber jetzt gehet zum Menschen; ihm habe ich eure Namen eingegeben und auch die Werke, die ihr zu verrichten habt.

Da erwiderten die Tiere allesamt und sprachen vor dem Herrn: O Herr der Welt! so einer Kinder hat und willens ist, sie in ein Lehrhaus zu bringen oder sie einem Meister zu geben, auf daß sie ein Handwerk lernen, macht er sich da nicht selber auf und führt sie dorthin? Da sprach der Herr: Wahrlich, ihr habt recht gesprochen vor mir. Sprachen die Tiere: So gehe mit uns und bringe uns zum Menschen.

Alsbald schrie der Herr mit seiner Stimme, und es versammelten sich alle Tiere. Und der Herr faßte sie alle mit seinem Fingernagel und brachte sie vor den Menschen. Und als sie vor den Menschen kamen, setzte sie der Herr nieder vor ihm, gleichwie man Zöglinge vor ihrem Lehrmeister niedersetzt. Und wahrlich, an Adam sahen sie nichts Böses noch Übles, und sie lernten nur Gutes von ihm.

So blieb die Welt in Reinheit bestehen bis zu den Tagen der Sintflut.

3
Die Barmherzigkeit und die Wahrheit

ZUR STUNDE, DA DER HERR daran ging, den Menschen zu erschaffen, teilten sich die himmlischen Heerscharen in verschiedene Gruppen. Die einen sprachen: er möge kommen; die anderen sprachen: er möge nimmer kommen. Die Gerechtigkeit sprach: er komme nur, denn er wird Gerechtes tun auf Erden; der Friede sprach: nicht soll er kommen, denn Zank ist sein Wesen für und für. Die Barmherzigkeit sprach: er möge kommen, denn er wird Barmherziges vollbringen. Aber die Wahrheit sprach: nicht soll er kommen, denn eitel Lüge ist er durch und durch. Was tat der Herr? Er nahm die Wahrheit und warf sie auf die Erde. Sprachen die Heerscharen: O Herr der Welten! Dies Wahrzeichen dein, warum erniedrigst du es? Es möge die Wahrheit wieder emporsteigen.

Noch führten die Engel miteinander Streit und redeten für und wider, da hatte der Herr inzwischen den Menschen erschaffen. Und er sprach zu ihnen: Was rechtet ihr miteinander? Schon ist der Mensch gemacht.

Und die Engel sahen den Menschen, als er erschaffen wurde, und wollten ihn verbrennen, aber der Herr breitete seine Hand über ihn aus und schützte ihn und dann machte er Frieden unter ihnen.

Der Herr verlieh Adam – so lesen wir – eine Übermacht, die ewig wären sollte, und wies ihm einen Raum zu, der inwendiger war denn der, darin die Engel saßen. Als aber Adam den Willen des Herrn brach und dem Willen der Schlange folgte, veränderte der Herr sein Antlitz und ließ ihn fahren. Wie er ihn jedoch von sich fortschickte, fing der Herr an zu klagen über ihn und sprach: War doch der Mensch wie unser eins, wie ein einziger in der Welt!

4
Was der Herr verschwieg

ZUR STUNDE, DA GOTT den ersten Menschen erschaffen wollte, rief er die himmlischen Heerscharen herbei und sprach zu ihnen: Wir wollen einen Menschen nach unserem Bilde machen. Sprachen die Engel: Diesen Mensch, den du schaffen willst, was soll er auf Erden? Sprach der Herr: Gerechte werden von ihm herkommen. Der Herr offenbarte ihnen nur, daß Gerechte von dem Menschen herkommen würden, er sagte ihnen aber nicht, daß auch Böse von ihm herkommen würden. Hätte er's ihnen verraten, so wäre vom Reich der Strenge die Erschaffung des Menschen nicht zugelassen worden.

Und der Herr sprach in seinem Herzen: Soll ich den Menschen den Himmlischen gleich machen, so wird er ewig leben und nimmer sterben; mache ich ihn den Irdischen gleich, so wird er des Todes sein wie die Irdischen und wird vom ewigen Leben nicht wissen; ich will ihn also den Himmlischen und den Irdischen gleich machen; so er Sünde begeht, soll er des Todes sterben, so er aber gerecht ist, soll er ein ewiges Leben leben.

Andere wiederum sagen: Adam war dazu ausersehen, daß er ewig leben sollte; warum aber wurde über ihn dann der Tod verhängt? Ja, dies tat der Herr, daß die Menschen sich vor ihm fürchten sollten.

5
Einer war der Mensch, viele kommen von ihm

VON DEN MENSCHEN ist nur einer erschaffen worden. Warum denn nur einer? Auf daß die Gerechten nicht sagen sollten: Wir sind Kinder eines Gerechten; und auf daß die Gottlosen nicht sagen sollten: Wir sind Kinder eines Gottlosen; auf daß nicht einer dem anderen sage: Mein Vater war größer denn deiner, und auf daß die Stämme einander nicht befehden sollten: denn siehe, da sie alle von einem abstammen, befehden sie dennoch einander, wie wäre es gar, sie stammten von zweien ab? Und siehe, da sie alle von einem abstammen, rauben sie dennoch beieinander und bedrücken einander wie wäre es gar, sie stammten von zweien ab?

Und noch darum ist nur ein Mensch zu Anfang erschaffen worden, auf daß verkündigt werde die Größe des Königs aller Könige, des Heiligen, gelobt sei er, welcher mit einem Stempel die ganze Welt geschaffen hat; aber von dem einen Stempel kamen viele Siegel. Ein Mensch prägt viele Münzen mit einem Stempel, doch sind sie alle gleich untereinander, aber der König aller Könige, der Heilige, gelobt sei er, der prägt die Menschen alle nach dem Bilde Adams, des ersten Menschen, und gleicht doch keiner dem anderen.

Warum aber gleichen die Gesichter nicht einander? Auf daß die Menschen einander nicht betrügen, daß nicht einer das Feld seines Nachbarn unerkannt betrete, daß nicht einer zu dem Weib seines Nächsten ungestraft eingehe.

Auch ist der Mensch als letztes erschaffen worden, und warum dies? Auf daß die Ungläubigen nicht sagen sollten: Der Mensch war Mitarbeiter des Herrn an seinen Werken. Und noch dies ist ein Grund, warum der Mensch ist zuletzt erschaffen worden, auf daß er sich nicht überhübe, denn man kann ihm sagen: Die Fliege ging dir voran in der Schöpfung. Und zum dritten ist der Mensch der letzte in der Schöpfung gewesen, auf daß er sich sofort zum Mahl hinsetzen könnte. Wer wüßte ein Gleiches dazu? Ein König auf Erden stellt es auch nicht anders an: erst baut er einen Palast, dann schmückt er ihn aus und bereitet ein Mahl und zuletzt erst ladet er seine Gäste ein.

Als der Herr Adam, den ersten Menschen, erschaffen hatte, nahm er ihn und führte ihn an allen Bäumen vorbei und sprach zu ihm: Schau meine Werke, wie schön und herrlich sie sind; aber alles das ich schuf, um deinetwillen habe ich's geschaffen. So nimm auch zu Herzen, daß du nicht Schaden anrichtest in meiner Welt und sie nicht zerstörest; denn hast du ihr Abbruch getan, ist keiner nach dir, so es wieder gut macht.

6
Der Mensch tritt die Herrschaft an

KOMM HER, SAG AN, warum war Adam das letzte von allem Geschaffenen? Doch dies kannst du daraus entnehmen: Tag um Tag verrichtete der Herr seine Arbeit und schuf die ganze Welt und all ihr Heer, aber am sechsten Tag, welcher der letzte Tag seiner Arbeit war, an diesem schuf er den Menschen und sprach zu ihm: Bisher habe ich mich bemüht um die Arbeit, von nun an sei du darum bemüht. Wenn nun die Schrift sagt: am Anfang schuf der Herr, so meint sie damit: anfangs, ehe noch der Mensch da war, da arbeitete Gott an der Welt.

Warum ist aber der Mensch als Ebenbild Gottes geschaffen worden? Ein Gleiches könnte man von einem König erzählen: ein König herrschte über eine Stadt, baute Festungen und sorgte für ihr Wohl, und alle Bewohner waren ihm untergeben. Eines Tages rief der König alle Bewohner zusammen und befahl über sie einen seiner Fürsten; er sprach zu ihnen: Bisher habe ich mich um die Bedürfnisse der Stadt gekümmert, ich baute Festungen und Türme, von nun an aber ist dieser hier an meiner Statt. Als dann sprach er zum Fürsten: Siehe, dies und dies habe ich der Stadt und allen ihren Bewohnern befohlen; wie ich bisher in ihr regiert und wie ich sie nach meinem Willen ausgebaut habe, so sollst du an ihr bauen und die Arbeit darin verrichten. Von nun an soll alles in deine Hand gegeben sein, und sie werden dich fürchten, wie sie mich fürchten.

So heißt es auch: Eure Furcht und Schrecken sei über alle Tiere auf Erden und über alle Vögel des Himmels. Daher schuf Gott Adam nach seinem Bild, denn der Mensch sollte von nun an an der Welt bauen und sollte alles in ihr verrichten, wie es Gott zuvor getan hatte.

Von Eva und von der Schlange

1
Adam und Eva ein Leib

GOTT SPRACH: Die Erde bringe hervor lebendige Seele, damit meinte er den Geist des ersten Menschen.

Gott machte zuerst einen Erdenkloß von der Erde bis zum Himmelsgewölbe und blies ihm die Seele ein.

Und Gott band die Seele fest in des Menschen Leib. Die Seele des Menschen ist an ihn gebunden, damit er, wenn der Gram ihn übermannt, nicht seine Seele herausnähme und sie wegwürfe.

Die obersten Heerscharen sind nach dem Ebenbilde Gottes geschaffen, aber sie sind nicht fruchtbar und vermehren sich nicht; die Tiere der Erde mehren sich und sind fruchtbar, aber die sind nicht nach Gottes Gleichnis. Sprach der Herr: Ich will den Menschen schaffen, daß sein Bild den Engeln gleiche, daß er aber fruchtbar sei und sich vermehre wie die Erdenkinder.

Und Gott schuf den Menschen, Mann und Weib, und er schmückte das Weib herrlich aus und brachte sie vor Adam.

Aber anderswo steht geschrieben: Mann und Weib waren zu Anfang ein Fleisch und zwei Angesichter; dann zersägte der Herr den Leib in zwei Leiber und machte einem jeden einen Rücken.

Auch soll Adam zu Anfang nicht nach dem Ebenbilde Gottes geschaffen worden sein, sondern ihm hing hinten ein Schweif nach wie den Tieren; aber dann nahm ihn ihm der Herr ab, weil er ihn ehren wollte.

2
Die Erschaffung Evas von der Rippe

ADAM HATTE KEINE GEHILFIN, die um ihn wäre. Da fing er an zu murren vor dem Herrn und sprach: O Herr der Welt! Alle Geschöpfe, so du in deiner Welt schufest, hast du zu zweien geschaffen; nur ich habe kein zweites zu mir.

Als danach Adam die Eva erblickte, rief er aus: Diese ist's, die mir zukommt; die ist Bein von meinem Bein, Fleisch von meinem Fleisch.

Doch nur diesmal war es, daß ein Weib vom Mann ist erschaffen worden. Von da ab und weiter nimmt der Mann seines Nächsten Tochter zum Weibe.

Gott der Herr ließ einen tiefen Schlaf auf Adam fallen und nahm seiner Rippen eine und baute die Rippe, die er von dem Mann genommen hatte, zu einem Weibe aus.

Eine hohe Frau fragte einmal darum einen Weisen: War es nicht ein Hintergehen, was der Herr tat? Sprach der Weise: Ich will dir ein Gleichnis geben: siehe, wenn dir einer eine Unze Silbers in die Hand gibt, und du gibst ihm dafür ein Pfund Goldes, heißt dies ein Hintergehen?

Der Herr baute das Weib aus der Rippe; erst sann er nach, aus welchem Gliede Adams das Weib zu schaffen wäre; er sprach: Ich will

sie nicht aus dem Kopfe machen, daß sie ihren Kopf nicht zu sehr erhebe; nicht aus dem Auge, daß sie nicht überall hinspähe; nicht aus
dem Ohr, daß sie nicht jedem Gehör schenke; nicht aus dem Mund,
daß sie nicht allzuviel rede; nicht aus dem Herzen, daß sie nicht auf-
fahrend werde; nicht aus der Hand, daß sie nicht überall hingreife;
nicht aus dem Fuß, daß sie nicht überall hinschreite; sondern aus einem keuschen Glied, aus einem Glied, das auch zur Stunde, da der
Mensch nackend dasteht, zugedeckt ist. Und bei jedem Glied, das der
Herr dem Weibe formte, sprach er zu ihr: Sei ein frommes Weib, sei
ein züchtiges Weib!

Wie heißt es aber nachher? Wie hat doch das Weib all mein Vorhaben vereitelt!

3
Vom Wein und vom Weib

Es heisst: Das Weib sah, daß es gut war vom Baum zu essen, daß er
eine Lust war den Augen, und daß er köstlich war zu erkennen. Mit
drei Worten wird also der Baum gepriesen: es war gut von ihm zu essen, er war schön zu sehen und er mehrte die Weisheit. So nahm auch
das Weib von den Früchten und aß und gab auch ihrem Manne davon, und er aß. Sie preßte die Beeren und gab ihrem Manne davon.

Es heißt: Der erste Mensch, der das Haupt aller Menschenkinder
war, durch den Wein ist er dahingekommen, daß über ihn der Tod
verhängt wurde; und er war es auch, der die Wehen des Todes in die
Welt gebracht hat.

Und wieder heißt es: Es sprach der Herr: Der Mensch hörte auf
sein Weib und war mit ihr eins und ward vertrieben; hätte er auf mich
gehört und wäre mit mir eins gewesen, er wäre wie ich geworden; wie
ich ewig lebe und bestehe, so hätte auch er ewig gelebt und bestanden.

Da Eva erschaffen ward, ward auch der Satan mit ihr geschaffen.

4
Der Sturz der Schlange

So hoch die Schlange stand, so tief war auch ihr Fall. Sie war listiger denn alle, sie ward verflucht mehr denn alle. Man spricht von
ihr: Sie stand aufrecht wie ein Schilfrohr und hatte Füße.

Die Schlange fing an, ihren Schöpfer zu verleumden und sprach
vor dem Menschen: Von diesem Baum hier hat er selber gegessen,
und darnach hat er die Welt geschaffen; und er verbot's euch, auf daß

ihr nicht auch dann Welten schaffet; es haßt ein jeder die anderen, so mit ihm eines Handwerks sind.

Andere wiederum sagen:

Also sprach die Schlange zu dem Menschen: Jeder, so nachher ist erschaffen worden, beherrscht den, der ihm voranging; der Mensch ist zuletzt erschaffen worden, auf daß er alle beherrsche; beeilet euch denn und esset, ehe denn andere kommen und euch sich unterwürfig machen.

Es sprach der Herr zu der Schlange: Ich habe dich zum König gemacht über Vieh und Tier, und du hattest nicht Genüge daran; verflucht seist du nun von allem Vieh und allem Tier. Ich habe dich gemacht, daß du stolz einhergehen solltest wie der Mensch, und das war dir nicht genug, nun sollst du auf deinem Bauch kriechen. Ich habe dich gemacht, daß du des Menschen Speise essen solltest, und du gabst dich nicht zufrieden, nun sollst du Staub essen alle deine Tage. Du wolltest Adam töten und dir sein Weib nehmen, nun will ich Feindschaft säen zwischen dir und dem Weibe.

Du siehst: was die Schlange gewollt hat, ist ihr nicht gewährt worden, und was ihr war, ist ihr genommen worden.

In der Stunde, da der Herr zur Schlange sprach: Auf deinem Bauch sollst du kriechen, fuhren die Engel Gottes hinab und hackten ihr die Hände und die Füße ab, und ihr Geschrei ging von einem Ende der Welt bis zu dem anderen.

Dereinst, am jüngsten Tage, werden alle heil werden, nur nicht die Schlange.

Man fragte die Schlange: Warum schleichst du so gerne an Zäunen umher? Sprach die Schlange: Ich war's, die zuerst den Zaun der Welt durchbrach.

5

Was aus der Schlange hätte werden können

Es ist ewig schade um den guten Diener, der der Welt verlorenging. Denn hätte der Herr die Schlange nicht verflucht, es hätte ein jeder Mensch in seinem Hause zwei willfährige Schlangen gehabt; die eine täte er nach dem Abendland schicken, und sie würden ihm allerlei Kostbarkeiten von dort bringen, und kein Tier könnte ihnen was zuleide tun. Noch mehr, man hätte die Schlangen an Stelle von Kamelen und an Stelle von Eseln und an Stelle von Maultieren einspannen können, und sie hätten den Mist gefahren, die Gärten und die Felder zu düngen.

Und heute noch, sieht einer eine Schlange im Traum, so bedeutet dies Gutes für ihn: seine Habe mehrt sich zusehends.

Von dem Sündenfall

1
Der Segen

EINE BESONDERE LIEBE hegte der Herr für Adam, den ersten Menschen; er schuf ihn an einem reinen und heiligen Ort. Welchem Orte entnahm er den Menschen? Es war der Ort des heiligen Tempels. Es heißt, eine Schaufel voll Erde nahm der Herr von der Stelle, darauf der Altar stand, und schuf daraus den ersten Menschen.

Und der Herr brachte Adam in seinen Palast und setzte ihn in den Garten Eden. Und Adam lustwandelte im Garten wie der Engel Gottes einer. Da sprach der Herr: Ich bin einzig in der Welt, ich vermehre mich nicht, und auch er vermehrt sich nicht, und hernach werden die Geschöpfe von ihm sprechen: Siehe, der hier vermehrt sich nicht, er ist es, der uns erschaffen hat. Ich will ihm eine Hilfe machen.

Aber der Herr schonte Adam und wollte ihm nicht weh tun und ließ einen tiefen Schlaf auf ihn fallen. Da nahm er ein Bein von seinen Gebeinen und das Fleisch von seinem Herzen und machte ihm eine Hilfe und stellte sie vor ihm hin. Und als Adam von seinem Schlaf erwachte und das Weib erblickte, das vor ihm stand, umhalste er sie und küßte sie und sprach zu ihr: Gesegnet bist du dem Herrn, du bist Bein von meinem Bein, und Fleisch von meinem Fleisch; dir geziemt es, Männin zu heißen, darum, daß du dem Manne genommen bist.

Der Herr stellte auf für Adam zehn Thronhimmel im Garten Eden, und alle waren sie durchwirkt von Gold und Perlen und Edelsteinen. Hat doch kein Bräutigam mehr denn einen Thronhimmel, und auch einem König werden nur drei Thronhimmel gemacht; aber dem ersten Menschen zu Ehre hat der Herr zehn Thronhimmel aufgestellt im Garten Eden. Und die Engel schlugen in die Pauken und machten einen Reigen gleich Jungfrauen.

Darnach sprach der Herr zu seinen Heerscharen: Kommt, wir wollen Gnade erfüllen an Adam und an seiner Gehilfin, denn auf dem Maß der Gnadenerfüllung besteht die Welt. Also waren auch die Heerscharen Adams Brautführer und behüteten die Gezelte. Der Herr aber übte das Amt des Vorbeters aus, der die Neuvermählten segnet, und sprach den Segen über Adam und sein Weib.

2
Der Neid der Engel und Semael

Es waren die Engel voll Eifersucht auf den Menschen und sprachen vor dem Herrn: O Herr aller Welten! Was ist der Mensch, das
du sein gedenkest? Und der Herr sprach zu ihnen: Wie ihr mich im
Himmel preiset, so rühmt er mich als den Einzigen auf Erden.

Und als die Engel solches hörten, sprachen sie miteinander: Alsolange wir nicht einen Rat gefunden haben, so hierauf der Mensch
Übles tun müßte vor seinem Schöpfer, werden wir gegen ihn nichts
ausrichten. Aber Semael war der größte Fürst unter ihnen im Himmel, denn es hatten die heiligen Tiere und die Seraphim jedes nur sechs
Paar Flügel, er aber besaß ihrer zwölf. Und Semael ging und verband
sich mit allen obersten Heerscharen gegen seinen Herrn; und er versammelte sein Heer um sich und stieg mit ihnen hinab und begann auf
Erden einen Genossen zu suchen. Er sah sich alle Geschöpfe an, die
der Herr schuf, aber unter ihnen war keines, dessen Klugheit so auf
das Böse ausgegangen wäre, wie die Schlange. Die Schlange war listiger denn alle Tiere des Feldes und glich von Gestalt einem Kamel. Da
bestieg Semael die Schlange und ritt auf ihr. Aber die Schrift schrie ihn
an und sprach zu ihm: Semael, eben ist erst die Welt erschaffen worden,und schon stiftest du Aufruhr. Wider den Himmel willst du dich
auflehnen; der Herr wird beide verlachen, das Roß und den Reiter.

Und die Schlange sann nach und rechtete mit sich selber: Werde
ich mit dem Manne sprechen, so weiß ich's, er wird auf mich nicht
hören, denn es ist schwer, des Mannes Sinn zu beugen; ich spreche
lieber vorerst mit dem Weibe, welches leichten Sinnes ist; ich weiß es,
sie wird auf mich hören, denn das Weib schenkt einem jeden Gehör.
Also ging die Schlange hin und sprach vor dem Weibe: Ist's wahr, daß
dieses Baumes Früchte euch verboten seien? Sprach das Weib: Ja, es
ist wahr und der Herr sprach zu uns: Aber von der Frucht des Baumes mitten im Garten sollt ihr nicht essen.

Aber noch mitten in des Weibes Rede fand die Schlange eine Tür,
um mit ihrer Rede einzufallen, und sie sprach: Nicht kann man die-
einen Befehl heißen, sondern Mißgunst ist das. Denn siehe, in der
Stunde, da ihr davon essen werdet, werdet ihr selber wie Gott sein.
Denn was tut Gott? Er schafft Welten und zerstört Welten, und auch
ihr werdet imstande sein, Welten zu schaffen und zu zerstören; er
macht Geschöpfe lebendig und tot, und auch ihr werdet lebendig und
tot machen können; denn Gott weiß, welches Tages ihr davon esset,
werden eure Augen aufgetan. Und die Schlange ging und rührte an
dem Baum, da schrie der Baum und rief: Frevler, rühr' mich nicht an!
Aber die Schlange ging dennoch und sprach vor dem Weibe: Siehe,

ich habe den Baum berührt und bin doch nicht tot; auch du befühle ihn nur und wirst nicht sterben. Da ging das Weib und berührte den Baum, aber da sah sie den Todesengel, der ihr entgegenschritt. Da sprach sie in ihrem Herzen: Vielleicht ist's wahr und ich sterbe nun, und der Herr wird Adam ein ander Weib schaffen und wird sie ihm geben; ich will es nun anstellen, daß auch er mit mir von dem Baume esse; sind wir des Todes, so sterben wir beide; bleiben wir am Leben, so leben wir beide. Da nahm sie von den Früchten des Baumes und aß, und gab auch ihrem Manne davon, auf daß er äße und er aß.

Wie aber Adam von den Früchten des Baumes gegessen hatte, sah er sich nackend dastehen, seine Augen wurden aufgetan, und seine Zähne wurden stumpf. Und er sprach zu Eva: Was ist das nur, so du mir zu essen gabst? Meine Augen sind aufgetan, aber meine Zähne sind stumpf geworden; wie nun meine Zahne stumpf geworden sind, so werden aller Menschen Zähne nach mir stumpf werden. –

Was war Adams Bekleidung: Eine Hornhaut bedeckte seinen Körper, und die Wolke des Herrn umhüllte ihn stets. Wie er aber von den Früchten des Baumes aß, ward ihm die Hornhaut abgezogen, und des Herrn Wolke wich von ihm, und er sah sich nackend und bloß. Da versteckte er sich vor dem Angesicht des Herrn, aber er hörte die Stimme Gottes, die im Garten ging.

Da setzte sich der gerechte und wahrhafte Richter, um über ihn zu richten und rief dem Menschen und sprach: Warum bist du vor meinem Angesicht geflohen? Sprach der Mensch: Dein Rufen habe ich erhört, und da erzitterten meine Glieder, denn ich hörte deine Stimme im Garten, und ich sah, daß ich nackend bin, und ich versteckte mich; ich versteckte mich vor dem, der mich schuf, denn ich fürchtete um meine Tat. Da sprach der Herr zu ihm: Wer hat dir's gesagt, daß du nackend bist? Hast du nicht gegessen von dem Baum, davon ich dir gebot, du solltest nicht davon essen? Sprach Adam vor dem Angesicht des Herrn: O Herr der Welten! Alsolang ich allein war, habe ich da Sünde getan? Aber das Weib, das du mir gebracht hast, sie hat mich deinen Worten abwendig gemacht; sie gab mir von dem Baume zu essen, und ich aß. Da sprach der Herr zu Eva: Ist's nicht genug, daß du selber gesündigt, so hast du auch deinen Mann zu Sünde gebracht? Sprach das Weib vor dem Herrn: Die Schlange überredete mich, und da aß ich.

Da brachte der Herr sie alle drei vor sein Gericht und verhängte über sie seine Strafe: er verfluchte sie ein jedes mit neun Flüchen und mit dem Tode. Er stürzte den Semael und seine Schar von dem Orte der Heiligkeit und warf sie von dem Himmel herunter; er hackte der Schlange die Füße ab und verfluchte sie von allen Tieren und von allem Vieh und bestimmte über sie, daß alle sieben Jahre ihre Haut abgezogen werde mit großen Schmerzen, und daß sie auf ihrem Bauche kriechen sollte; ihre Speise sollte sich im Bauche zu Erde verwandeln, Otterngalle und Gift sollte ihr Mund bergen; und der Herr säte Feindschaft zwischen ihr und dem Weibe, und es sollten die Menschen ihr den Kopf mit dem Fuße zertreten. Dann verhängte er über die Schlange den Tod.

Und das Weib verfluchte er mit neun Flüchen und mit dem Tode; er verhängte über sie die Pein des Blutes und die Last der Schwangerschaft, die Wehen der Geburt und die Mühsal und Sorge um das Großziehen der Kinder. Wie eine Trauernde sollte sie ihren Kopf stets bedecken, und er sollte ihr nur zur Schande entblößt werden, wenn sie gehurt hat; wie die Ohren eines Knechtes, so sollten auch ihre Ohren durchlocht werden; wie eine Magd sollte sie ihrem Manne sein, und nicht darf man ihrem Zeugnis und ihrer Aussage Glauben schenken. Und darauf verhängte er über sie den Tod.

Und auch den Mann verfluchte er mit neun Flüchen und mit dem Tode; er schwächte seine Kraft und verkleinerte seinen Wuchs; Weizen sollte er säen und Dornen sollte er ernten, und sollte das Kraut des Feldes wie das Vieh essen; mit Kummer sollte er sich nähren und im Schweiße des Angesichts sein Brot essen, und nach allem kommt über ihn der Tod.

3

Das Mahl in Eden und die Schlange

ADAM, DER ERSTE MENSCH, war auch Gottes erste Schöpfung.

Gott schuf die ganze Welt durch sein Wort, aber den Menschen machte er mit seinen eigenen Händen.

Am Anfang reichte Adam von der Erde bis zum Himmel. Als ihn aber die Heerscharen dergestalt erblickten, erschauerten sie in Furcht, und sie traten vor den Herrn und sprachen vor ihm: O Herr! Siehe, zwei Gewalten bestehen in der Welt, eine im Himmel, eine auf Erden. Was tat der Herr? Er legte seine Hände auf Adam und machte seinen Wuchs kleiner, daß er von nun an nur tausend Ellen groß war.

Gott der Herr pflanzte einen Garten in Eden gegen Morgen und stellte auf in der Mitte zwölf Baldachine für den Menschen, von köstlichen Steinen und Perlen durchwirkt; und es waren die herrlichsten Edelsteine darunter, als welche da sind: Sarder, Topas, Demant, Türkis, Onyx, Jaspis *(Halbedelstein)*, Amethyst und Smaragd; aber das geringste woraus die Baldachine gemacht waren, war pures Gold. Und Gott entsandte die himmlischen Heerscharen zum Menschen, ihn zu bedienen; sie öffneten vor ihm die Tore des Lustgartens, und die Heiligen da oben wie die Mächtigen des Araboth riefen ihm zu: Gesegnet sei dein Eingang!

Und Gott der Herr ließ einen tiefen Schlaf auf den Menschen fallen und nahm seiner Rippen eine und baute die Rippe zu einem Weibe um. Er wusch das Weib rein, salbte sie, schminkte ihr Angesicht und kräuselte ihr Haar und brachte sie mit tausenden von Engeln mit Liedern und Gesängen vor Adam und traute sie dem Manne an. Auch des Herrn oberster Hofstaat kam nach dem Eden herab; ein Teil ihrer hielten Harfen und Zimbeln und Geigen und spielten vor Adam und Eva wie Jungfrauen, und Sonne, Mond, Sterne und Planeten machten einen Reigen und tanzten vor ihnen wie Mägdlein. Und der Herr lud die beiden, Adam und Eva, zu einem Mahl ein und stellte vor sie Tische, die waren eitel Perlen, jede Perle war hundert Ellen lang und sechzig Ellen breit und auf den Tischen war alle köstliche Speise aufgestellt; die diensttuenden Engel brieten ihnen das Fleisch und kühlten ihnen den Wein.

Da kam die Schlange und sah ihre Ehrungen und ward voll Neid. Der Herr hatte dem Menschen befohlen und sprach: Von allen Bäumen des Gartens kannst du essen, aber von dem Baume der Erkenntnis des Guten und Bösen darfst du nicht essen. Aber Eva war verwirrt durch der Schlange Reden und sie aß von dem Baume und gab auch ihrem Manne davon zu essen, und er aß. Da wurden ihre Augen aufgetan, und sie erkannten, daß sie nackend waren, und bedeckten sich mit Feigenblättern.

Da stieg der Herr, der ihr Tun gesehen, vom obersten Himmel hinab und erschien vor den Toren des Edens und rief dem Menschen und sprach: Adam, wo bist du? Da sprach Adam: Ich hörte deine Stimme, aber ich fürchtete mich, denn ich bin nackend. Sprach der Herr: Wer sagte dir denn, daß du nackend bist? – Hast du nicht gegessen von dem Baum, davon ich dir gebot, du solltest nicht davon essen? Und der Herr stellte sie alle vor sein Gericht. Er rief zuvörderst dem Adam: Warum hast du von dem Baume der Erkenntnis gegessen? Und ich sprach doch zu dir, du solltest nicht davon essen. Da erwiderte Adam und sprach: O Herr der Welt! Das Weib, das du mir gabst, gab mir davon zu essen, und ich aß. Da rief der Herr dem Weibe: Wessenthalben hast du gegessen? Sprach das Weib: Die Schlange überredete mich, und ich aß. Da rief der Herr der Schlange und sprach zu ihr: Dieweil du solches getan hast, verflucht seist du von allem Tier; auf deinem Bauche sollst du gehen und Erde sollst du essen. Da aber der Herr noch sprach: auf deinem Bauche sollst du gehen, redete die Schlange dazwischen und sprach: O Herr der Welt, wenn dies dein Wille ist, so will ich wie ein Fisch im Wasser sein, der keine Füße hat. Als aber der Herr

sprach: Und Erde sollst du essen, sprach die Schlange: Ist denn des Fisches Speise Erde? So soll auch meine Speise Erde sein. Alsbald ergriff
der Herr die Schlange und riß ihre Zunge in zwei Stücke und sprach
zu ihr: Du Lästerer, du hast der bösen Rede den Anfang gemacht,
so sollen's alle nach dir wissen, deine Zunge war es, die dich zu Fall
brachte.

Dreie waren's, die Sünde begangen, und viere haben die Strafe getragen. Die Schlange und Eva und Adam haben Sünde getan und
wurden bestraft und vom Garten vertrieben, aber auch die Erde wurde verflucht.

Es wird erzählt: nachdem Gott den Menschen aus dem Eden vertrieben hatte, ging der Mensch und setzte sich vor den Berg Moria.
Von dort war sein Leib genommen worden, dorthin kehrte er zurück.
Vom Fell aber, das der Schlange abgezogen wurde, machte Gott Kleider für Adam und sein Weib.

4
Adams Buße

DER HERR SPRACH: wir wollen einen Menschen machen. Der Herr
sprach zu der Schrift: wir wollen einen Menschen machen, daß er unserem Bilde gleiche. Und die Schrift erwiderte dem Herrn: Herr der
Welten! Dein ist das All, aber der Mensch, den du schaffen willst, seiner Tage werden nicht viele sein auf Erden, und voll Kummer und
Gram wird sein Herz sein, und gewißlich wird er der Sünde verfallen; so du nun mit ihm nicht Langmut übest, so ist es wohl besser, er
käme gar nicht auf die Welt. Da sprach der Herr: Heiße ich denn umsonst ein Gott, der Langmut übt und barmherzig ist?

Und Gott fing an, die Erde zu sammeln für Adams Leib und nahm
sie von allen vier Enden der Welt. Warum suchte er sie von allen vier
Enden zusammen? Denn er sprach bei sich: Ob der Mensch von
Morgen gegen Abend kommt oder von Abend gegen Morgen, wo er
nur hinkommt, und wo ihn sein Ende ereilt, allenthalben ist der
Acker seines Leibes Acker, dahin er zurückkehrt, und die Erde kann
immer ihre Stimme erheben und rufen: von Erde bist du genommen
und zu Erde sollst du werden.

Und der Herr knetete den Acker zu Adams Leib; an einem reinen
Orte geschah dies, der Nabel der Welt war es; und er formte ihn und
richtete ihn zu, aber es war noch kein Odem und keine Seele in dem
Menschen. Was tat der Herr? Er blies ihm einen lebendigen Odem
ein und gab ihm eine Seele; der Mensch stand auf seinen Füßen und
schaute nach oben und schaute nach unten und sah alle Geschöpfe,

die der Herr schuf und machte; da fing er an, den Namen seines Schöpfers zu preisen und sprach: Wie sind deine Werke so groß, o Herr!

Der Mensch stand da und war herrlich anzuschauen als ein Bild Gottes; da sahen ihn die Geschöpfe und fürchteten sich vor ihm, denn sie dachten, dies wäre ihr Schöpfer. Und sie kamen alle zu ihm und bückten sich vor ihm. Da sprach der Mensch zu ihnen: Ihr seid zu mir gekommen und wollet euch vor mir bücken, wohlauf, lasset uns zusammen gehen, mich und euch, wir wollen gehen und uns in Stolz und Stärke kleiden und über uns zum König machen den, der uns alle schuf, gleich wie ein Volk sich einen zum König macht. Denn wahrlich immer ruft das Volk sich seinen König aus, nicht aber ruft sich der König selber zum König aus.

Und Adam schritt voran und rief zuerst den Herrn als König aus, und nach ihm kamen alle Geschöpfe und schrien: Der Herr ist König und herrlich geschmückt!

Es war die siebente Stunde des sechsten Tages, da Adam in den Garten Eden gesetzt ward; die himmlischen Heerscharen brachten ihn dorthin mit Lobgesängen; aber in der Dämmerung desselben Tages ward er schon vertrieben und ging davon. Und die Heerscharen riefen ihm nach: Nicht eine Nacht währet des Menschen Pracht, und den Tieren soll er nun gleichen.

Und am ersten Tage nach dem Sabbat stieg Adam in die Wasser des oberen Gihon und ging immer weiter, bis das Wasser ihm zum Halse reichte; er peinigte seinen Leib und blieb sieben Wochen im Wasser, bis sein Leib einem Siebe glich. Und Adam sprach vor dem Herrn: Herr aller Welten! Vergib mir meine Sünde und nimm meine Buße an, auf daß alle Geschlechter erfahren, daß es eine Buße gibt, und daß du die Buße der Bekehrten annimmst. Was tat der Herr? Er reckte seine Rechte aus und vergab Adam die Sünde und nahm seine Buße an.

Adams Not

1

Die Planeten verlangsamten ihren Gang

ALS DER HERR an das Erschaffen der Welt ging, war sein erstes, daß er den Menschen machte, aber er formte zuerst nur seinen Leib. Schon war er dabei, ihm den Odem einzublasen, als er zu sich selber sprach: Wenn ich den Menschen jetzt lebendig vor mir hinstelle, so wird man ihn als Mitschöpfer der Welt ansehen. Ich will ihn noch als Erdklumpen daliegen lassen, bis ich alles geschaffen habe. Und als er alles erschaffen hatte, sprachen zu ihm die Heerscharen: Machst du denn nicht den Menschen, so du von ihm erzähltest? Da erwiderte der Herr und sprach: Schon ist er erschaffen, nichts fehlt an ihm als der Odem, den ich einblase. Und er stellte den Menschen auf die Füße und vollendete mit ihm die Welt. Mit dem Menschen hatte er sein Werk angefangen, mit ihm vollendete er es; so heißt es auch: Zu Anfang und zu Ende hast du mich gemacht.

Als nun der Herr Adam geschaffen hatte, irrten sich die Engel und hielten den Menschen für einen Gott. Was tat der Herr? Er ließ einen Schlaf auf Adam fallen; da sahen die Engel, daß er nur ein Mensch war.

Bevor Adam Sünde tat, heißt es weiter, gingen auch die Planeten schneller und kurzen Weges; wie er aber Sünde tat, verlangsamten sie ihren Gang und gingen den längeren Weg. So vollendet jetzt die Sonne ihren Rundgang in zwölf Monaten; der Mond braucht dreißig Tage, um seinen Kreis zu machen, zwölf Jahre dauert der Rundgang des Jupiters, dreißig Jahre der Gang des Saturns; die Venus aber und der Mars, die bedürfen vierhundertachtzig Jahre, um ihren Rundweg zu vollbringen.

2
Mensch und Tier

GOTT DER HERR pflanzte einen Garten in Eden gegen Morgen und ließ aufwachsen von der Erde allerlei Bäume schön anzusehen, und den Baum der Erkenntnis des Guten und Bösen und den Baum des Lebens mitten im Garten.

Der Baum des Lebens war einen Raum von fünfhundert Jahresreisen hoch, und die Urwasser gingen von seiner Wurzel aus.

Und das Weib sah, daß es von dem Baume gut zu essen war, und sie nahm von der Frucht und aß und gab auch ihrem Manne davon, und er aß. Da erzürnte der Herr und verfluchte das Weib und die Schlange. Und zu Adam sprach er: Dieweil du hast gehorchet der Stimme deines Weibes und hast gegessen von dem Baum, davon ich dir gebot und sprach: du sollst nicht davon essen, – verflucht sei der Acker um deinetwillen, Dornen und Disteln soll er dir tragen, und sollst das Kraut auf dem Felde essen.

Wie aber Adam das Wort des Herrn hörte: du sollst das Kraut auf dem Felde essen, erzitterten seine Glieder, Tränen rannen ihm aus den Augen, und er sprach vor dem Herrn: O Herr der Welt! Ich und der Esel, sollen wir beide aus einer Krippe essen? Da sprach der Herr: Nun deine Glieder von meinem Wort erzitterten, so sollst du Brot essen im Schweiß deines Angesichtes. Da ward Adam ruhigen Sinnes.

Dennoch sprach ein Weiser: wie wohl wäre es dem Menschen, er wäre bei dem ersten geblieben.

3
Die erste Nacht

ADAM, DER ERSTE MENSCH, war das Licht der Welt und er war das Blut vom Blute des Ewigen.

Desselbigen Tages, da Adam geschaffen ward, ward ihm der Odem eingeblasen, desselbigen Tages stand er auf seinen Füßen, desselbigen Tages nannte er alle Tiere bei ihren Namen, desselbigen Tages war Eva ihm angetraut; desselbigen Tages setzte ihn der Herr in den Garten Eden; desselbigen Tages gebot ihm der Herr: davon sollst du essen, aber davon sollst du nicht essen; desselbigen Tages hatte er gefehlt; desselbigen Tages ward er gerichtet; desselbigen Tages ward er von Eden vertrieben.

Aber der Tag ging zur Neige, und wie es zu dämmern anfing, da sah Adam alle Helligkeit nach Abend gehen und die Welt um ihn her immer dunkler werden. Da sprach er: O wehe mir! Dieweil ich gesündigt habe, wird die Welt um mich finster, und die Erde will wieder wüst und leer werden. Dies ist wohl der Tod, der vom Herrn über mich verhängt ward. Und er saß und fastete und weinte die ganze Nacht hindurch, und Eva saß an seiner Seite und weinte mit ihm.

Als aber die Morgenröte wider am Himmel aufging, und Adam sah die Welt wieder hell werden, da ward er voll großer Freude und rief aus: So ist dies also das Gesetz der Welt, und immer folgt der Tag auf die Nacht! Und er machte sich auf und baute einen Altar; dann nahm er einen Ochsen, dessen Hörner vor seinen Klauen aus der Erde hervorkamen, und opferte ihn dem Herrn.

4
Der erste Sabbat

AM ERSTEN JAHRESTAG ist Adam erschaffen worden; desselbigen Tages, da er erschaffen ward, stand er auch vor Gericht. Und der Herr sprach zu Adam: Du gibst mit diesem ein Zeichen deinen Nachkommen; gleichwie du heutigen Tages vor mir zu Gericht standes und bist als frei entlassen worden, so werden deine Nachkommen immer an diesem Tage, am Neujahrstage, vor meinem Gericht erscheinen und werden frei von dannen gehen.

Am sechsten Tage ward der Mensch erschaffen, und ehe er die erste Nacht in Eden nächtigte, hatte er schon gesündigt. Da kam der Sabbat und hielt eine Fürbitte für ihn und löste ihn vom Gericht aus.

Ehe aber der Sabbat kam, saß der König und trauerte um seine Welt und sprach: Alles, so ich geschaffen habe, um des Menschen willen habe ich's geschaffen, und nun wird er gerichtet, und er macht zunichte all meine Arbeit, die ich getan habe, und will die Welt wider wüst und leer machen.

Aber in der Zeit, da der Herr trauerte, kam der Sabbat und nahm die Strafe vom Menschen. Sprach der Herr: Was ich gemacht habe, der Sabbat hat's vollendet.

Als Adam Sünde getan hatte, kam der Sabbattag und ward dem Menschen ein Fürsprech und sprach vor dem Herrn: Herr der Welten! Es ist kein Schlag gefallen an sechs Schöpfungstagen; willst du nun mit mir einen Anfang machen? Dies soll meine Heiligkeit sein und dies mein Segen? Heißt es doch: Und der Herr segnete den Sabbattag und heiligte ihn.

Und richtig, dem Sabbat ist's zu danken, daß Adam nicht in das Gericht der Hölle kam. Und der Mensch erkannte auch die Nacht des Sabbattages und sprach: Nicht umsonst segnete der Herr den Sabbat und heiligte ihn. Er fing an, den Sabbat zu preisen mit Liedern und mit Lobgesängen und sprach das Psalmlied auf den Sabbattag.

5
Adam erzeugt das Feuer

Das Licht, das der Herr am ersten Tage schuf, war solcher Art, daß der Mensch von einem bis zum anderen Ende der Welt schauen konnte.

Aber der Herr sah das Geschlecht der Sintflut kommen und den Turmbau zu Babel, und er sah, wie die Menschenkinder ihren Weg verderben würden, da verwahrte er das große Licht. Und für wen verwahrte er es? Für die Gerechten, die da kommen sollten.

Aber der Herr heiligte den Sabbat, darum, so heißt es, trübte er nicht das freudige Antlitz des Menschen und verdunkelte nicht eher die Lichter, als bis der Sabbat zur Neige ging.

Sechsunddreißig Stunden schien noch das Licht, das am ersten Tage erschaffen ward, zwölf Stunden am Tage vor dem Sabbat, zwölf Stunden in der Nacht zum Sabbat und zwölf Stunden am Sabbat selbst. Und solange das Licht währte, war die ganze Welt voll Gesang, und alles pries den Namen des Herrn.

Als aber am Ausgang des Sabbattages der Mensch das Abendrot am Himmel erblickte und das heranschleichende Dunkel empfand, erschrak er und schlug sich ins Gesicht und sprach: Gewißlich kommt jetzt die Schlange, von der es heißt, sie würde mich in die Ferse stechen.

Was tat der Herr? Er gab Adam zwei Steine, einen von tiefer Dunkelheit und einen von Todesschatten. Und Adam nahm die Steine und rieb sie aneinander und, siehe da, ein Feuer kam daraus.

In einem anderen Buche steht geschrieben, es wäre dem Herrn erst am Sabbattage eingefallen, das Feuer zu erschaffen, aber der Herr wartete bis zum Sabbatausgang. Dann gab er dem Menschen einen Gedanken ein, und dies war ein gottähnlicher Gedanke. Adam nahm zwei Steine, rieb sie aneinander und schlug aus ihnen das erste Feuer.

Und wiederum lesen wir:

In der Abenddämmerung des Sabbattages saß Adam da und grübelte in seinem Herzen und sprach: Weh mir, kommt da nicht wieder die Schlange, die am Vorabend des Sabbattages mich verführt hat. Da erschien Adam einen Feuersäule, die sollte ihm leuchten und ihn vor allem Bösen bewahren. Wie Adam die Säule erblickte, wurde er wieder freudig und sprach: Nun weiß ich, daß der Herr mit mir ist. Er streckte die Hand zum Feuer aus und sprach: Gelobt sei, der die Feuerlichter schuf. Wie er seine Hand von dem Feuer entfernt hatte, sprach er: Nun weiß ich, daß der heilige Tag vom Werktag zu unterscheiden ist, denn es geziemt sich nicht, am Sabbat Feuer anzulegen, und er rief: Gelobt sei, der da unterscheidet das Heilige von dem Gemeinen.

Wird da nicht heut noch am Ausgang des Sabbats der Segen über dem Feuer gesprochen? Warum dies? Denn dies ist die Zeit, da das Feuer erschaffen wurde.

6
Was Adam genommen wurde

ADAM WAR FROMM und rechtschaffen, und als er gesündigt hatte und sah, daß der Tod über ihn verhängt wurde, fing er an, seinen Leib durch Fasten zu kasteien und hielt sich fern von dem Weibe hundertunddreißig Jahre; und hundertunddreißig Jahre lang nahm er von seinen Lenden den Gurt von Feigenblättern nicht ab.

Es heißt:

Bevor Adam Sünde getan hatte, konnte er des Herrn Stimme hören und blieb auf seinen Füßen stehen; aber nach der Sünde, als er des Herrn Stimme vernahm, da mußte er sich bald verbergen.

Wiederum heißt es:

Sechs Dinge waren es, die Adam genommen wurden, nachdem er Sünde getan hatte, und dies sind: sein Leuchten, sein Wuchs, das ewige Leben, die Früchte der Erde, die Früchte des Baumes, der Sonne großer Schein. Aber all dies wird in den Tagen des Messias wieder in die Welt kommen.

Was noch von Adam erzählt wird

1
Der Regen

Es gab zu Anfang noch kein Feldgesträuch auf Erden, und war noch kein Kraut auf dem Felde gewachsen, denn Gott der Herr hatte nicht regnen lassen auf Erden, und war kein Mensch, der das Land baute.

Es ging aus von Babylon ein Strom, der hieß Tavi, der wässerte die Erde einmal in vierzig Jahren, und also empfing die Erde zu Anfang ihren Trank. Aber der Herr bestimmte über sie, daß sie von nun an sollte vom Himmel getränkt werden. Viererlei waren die Gründe, warum er dies tat: zum ersten, auf daß die Gewalttätigen nicht alles Wasser auf ihre Äcker leiten und des Nachbars Land verdorren lassen sollten; zum zweiten tat er dies, um die schädlichen Dünste von der Erde besser abzuspülen; zum dritten, auf daß die Höhen ebenso getränkt würden wie die Tiefen; zum vierten, auf daß alle Augen emporschauen sollten zum Himmel.

Es heißt: Ein Nebel ging auf von der Erde und feuchtete alles Land; und dann heißt es: Gott formte den Menschen aus dem Acker. So war es: Gott ließ das Wasser aus der Tiefe steigen und tränkte die Wolken, auf daß der Acker weich werde; hernach formte er daraus den Menschen, gleichwie einer das Mehl erst mit Wasser vermengt und darnach den Teig knetet.

2

Vom Wachsen

ES WAR DER MONAT TISCHRI, da die Welt erschaffen wurde, denn es heißt: Der Herr sprach: Es lasse die Erde aufgehen Gras und Kraut, das sich besame, und fruchtbare Bäume. Welcher ist denn der Monat, da die Erde Gras sprossen läßt, und da die Bäume voller Früchte dastehen? Es ist offenbar, dies war der Monat Tischri, welche Zeit auch die Zeit der Begattung ist. Dann gingen die Regen nieder, und es wuchs alles.

Andere widerum meinen: Im Monat Nissan ist die Welt erschaffen worden, denn in welchem Monat läßt die Erde Gras aufgehen und schlagen die Bäume aus? Es ist offenbar, der Monat Nissan war es, und diese Jahreszeit ist auch die Zeit, da das Vieh, die Tiere und die Vögel sich paaren, wie es auch heißt: Die Anger sind voll Schafe, und die Auen stehen dick mit Korn, daß man jauchzet und singet.

Es heißt: Die Erde lasse aufgehen fruchtbare Bäume, da ein jeglicher nach seiner Art Frucht trage. Die Bäume kamen also gleich fertig und vollendet aus der Hand des Schöpfers; nicht wie der Lauf der Welt jetzt ist: wenn ein Mensch einen Feigenbaum pflanzt, so muß der Baum erst drei Jahre dastehen, ehe denn er Frucht trägt.

Der Herr ließ noch aus der Erde hervorgehen allerlei Gewürz, daraus der Salbenbereiter seine Salben zurechtmacht, und damit der Arzt die Krankheiten heilt. Und ist kein Kräutlein auf Erden, das nicht im Himmel seinen Stern hätte, welcher es treibt und ihm zuruft: wachse, werde groß!

In einem anderen Buche heißt es aber:

Der Engel Raphael war es, den der Herr über alle Heilkräuter befohlen hatte. Die Engelreihen nämlich, welche vor dem Herrn redeten: was ist der Mensch, das du sein gedenkest, als der Herr zu ihnen sprach: wir wollen einen Menschen schaffen - dies waren die Reihen Michaels und Gabriels. Da rief der Herr die Gemeine Labiels herbei, und die sprach vor ihm: Herr aller Welten! Wer kann dir sagen, was du tun sollst. Tu in deiner Welt, was dein Wille ist, denn also geziemt es dir. Sprach der Herr: Labiel, du für dein Teil hast wohl gesprochen, und du hast wieder gutgemacht, was deine Genossen zerstört haben. Alsbald änderte der Herr seinen Namen Labiel in Raphael und gab ihm die Aufsicht über alle heilkräftigen Pflanzen der Welt.

3
Adam ein Babylonier

Es war Adams Leib aus Babylons Erde genommen, sein Kopf war aus der des Landes Israel, seine Glieder waren aus der Erde aller übrigen Länder gemacht.

Der Herr faßte Adam bei der Hand und führte ihn durch die Welt und sprach zu ihm: Schau, hie ist ein Acker zu bauen, hie ist ein Feld zu säen.

Jedes Land, so Adam darüber bestimmte, daß es besetzt werde, ward auch besetzt; jedes Land aber, das Adam nicht zum Wohnland bestimmte, blieb unbewohnt.

Man sagt, die Palmenwälder Babylons seien die Urwälder aus der Zeit Adams her.

4
Der Schlaf

Der Herr schuf den Menschen, auf daß er seinen Garten baue und bewahre, und wollte ihm eine Gehilfin schaffen, auf daß er fruchtbar werde und sich vermehre und die Erde erfülle.

Als aber die Erde Gottes Rede vernahm, erzitterte sie und sprach vor ihren Schöpfer: O Herr aller Welten! Nicht wird meine Kraft dazu hinreichen, die Menschenherde zu speisen. Da sprach der Herr: Ich und du, wir wollen beide die Menschenherde ernähren. Und sie teilten ihre Arbeit untereinander, der Herr nahm auf sich die Nacht und gab der Erde den Tag. Was tat der Herr? Er schuf den Schlaf des Lebens; der Mensch liegt ruhig und schläft die Nacht über, und der Schlaf ist ihm Speise und Heil, Leben und Erquickung. Die Seele, so heißt es, füllt des Menschen Leib aus, aber in der Stunde, da der Mesch schläft, steigt sie empor und schöpft ihr Leben von oben.

Der Erde aber steht der Herr bei und tränkt sie mit seinem Regen; und sie trägt Frucht und gibt Speise allen Geschöpfen.

5
Der Feigenbaum

Der Herr schuf Adam und Eva und machte sie groß und kräftig wie Zwanzigjährige.

Und Adam begriff und lehrte alle Handwerke. Er nahm, so heißt es, keine Speise eher ein, als bis er seine Arbeit getan hatte.

Gott der Herr setzte den Menschen in den Garten Eden. Aber Adam und sein Weib aßen von dem Feigenbaum, von dem Gott sprach, sie sollten nicht davon essen. Da vertrieb sie der Herr aus dem Garten. Aber ihrer beiden Augen wurden aufgetan, und sie wurden gewahr, daß sie nackt waren.

Da ging Adam von Baum zu Baum und bat einen jeden, er möge ihn bedecken, aber die Bäume wiesen ihn von sich und sprachen: Dies ist der Dieb, der seinen Schöpfer betrog. Nur der Feigenbaum, der ihm seine Früchte gegeben hatte, der gab ihm auch seine Blätter. Da flochten Adam und Eva die Feigenblätter und machten sich daraus Schurze.

Einstmals hatte sich ein Königssohn an einer Magd vergangen. Als der König das erfuhr, verjagte er ihn von seinem Schlosse. Da klopfte der Königssohn an aller Mägde Türen; es wollte ihn jedoch keine hereinlassen. Aber die eine Magd, mit der er gefehlt hatte, die tat ihm die Tür auf.

6
Die Cherubim

DER HERR VERTRIEB Adam aus dem Garten Eden und lagerte davor die Cherubim mit dem bloßen hauenden Schwert, zu bewahren den Weg zum Baum des Lebens.

Die Cherubim, dies sind die Engel, welche am ersten Tage erschaffen worden sind; das flammende Schwert, dies sind die flammenden Diener des Herrn, welche sich stets verwandeln: bald sind es Geister, bald sind es Engel, bald nehmen sie Männergestalten an, bald Weibergestalten, je nach der Zeit. Wenn der Mensch ein Verlangen nach dem Eden trägt und dorthin eilt, findet er die Cherubim, die stehen davor wie flammende Schwerter, und so prallt er zurück.

Als Adam Sünde getan hatte und das Urteil über ihn verhängt ward, vertrieb ihn Gott aus dem Orte der Lust und der Wonne. Vor die Tore des Gartens Eden stellte er Wächter hin, und wer waren die Wächter? Die Cherubim, die sollten bewahren den Weg zu dem Garten Eden und auch die Tore des Gartens Eden. Von da ab ist es auch bestimmt worden, daß es keinem freisteht, dorthin zu kommen außer den Seelen, die vorher durch die Hand der Cherubim geläutert worden sind; sehen die, daß eine Seele würdig ist, daß sie dorthin gelange, so nimmt man sie auf, wenn aber nicht, so stoßen sie sie aus, und sie verbrennt in der Flamme des Schwertes, oder sie empfängt ihre Strafe.

7
Das flammende Schwert

DIE WEISEN INDIENS zogen aus, um heilbringende Gewächse und
Gewürze zu suchen; auch die Weisen Arams fanden Kräuter und Samen allerlei Art zum Zwecke des Heilens und schrieben die Lösun-
gen der alten Heilbücher in aramäischer Sprache nieder. Die Weisen
Mazedoniens waren die ersten, welche die Heilkunst ausübten, und
die Weisen Ägyptens fingen an, Wahrsage- und Beschwörungskün-
ste zu treiben mit den Planeten und mit den Sternen; sie forschten
zuerst in dem Geschichtsbuch der Chaldäer, welches Kengar, der
Sohn Urs, des Sohnes Keseds, übersetzt hatte, und darin das ganze
Werk der Wahrsager enthalten war. So ward ihre Weisheit groß; und
als Asklepios, einer der Weisen Mazedoniens, aufstand, zog er im
Lande umher und mit ihm vierzig Mann von den Schriftkennern,
welche alle in den niedergeschriebenen Büchern Bescheide wußten;
sie wanderten durch das Inderland nach dem Lande, das jenseits
Eden gegen Morgen lag, und dort eine Spur vom Baume des Lebens
aufzufinden, wodurch ihr Ruhm größer würde, denn der aller Weisen im Lande.

Und es geschah, als sie an diesen Ort kamen, da fanden sie auch
die heilbringenden Gewächse und auch den Baum des Lebens; wie
sie aber ihre Hand ausstreckten, um davon zu nehmen, da zückte der
Herr die Flamme des zweischneidigen Schwertes über sie, und sie
lohten alle auf in den Funken des Blitzes, und keiner von ihnen
entkam.

So ging die Arzneikunst den Ärzten verloren, und es war ein Still-
stand in der Heilkunde sechshundertunddreißig Jahre lang, bis dann
der König Arthasastha kam. In seinen Tagen war ein sehr weiser und
verständiger Mann, der in den Büchern der Heilkunde sich auskannte und auch sonst in allen Dingen Bescheid wußte, namens Hippo-
krates der Mazedonier; auch kamen dazu mal anderer Völker Weise
wie Asaph der Judäer, Dioskorides der Baalathäer, Galenos der
Kaphtorite und noch viele andere Weise; die brachten die Heilkunde
wieder zu Ehren, daß sie noch heutigen Tages besteht.

8
Eine zweite Geschichte vom flammenden Schwert

AUCH ANDERER VÖLKER Weisen erzählten sich über das doppel-
schneidige Schwert der Cherubim. In ihren Chroniken steht die Geschichte von einem der alten Könige, der genau den Ort wissen woll-

te, wo das bloße hauende Schwert zu finden wäre. Da begab er sich auf die Suche und kam an einen großen Berg, der hieß Labia, welcher Name Löwin bedeutet. Und der König bestieg den Berg mit seinen Getreuen und siehe, am Fuße des Berges von der anderen Seite war ein großer Strom. Da ließ der König seine Mannen auf Stricken und Ketten den Berg heruntergleiten bis zu dem Ufer des Flusses. Und da unten klirrten und blitzten die Schwerter. Aber keiner von des Königs Gefolge kam zurück auf den Berg, und der König kehrte allein heim beklommenen Herzens.

Von den gerechten und den klugen Tieren

1
Der Vogel Mileham

Es fragte Nebukadnezar, der König von Babylon, Jesus den Sohn Sirachs: Wessenthalben hat der Todesengel Gewalt über alle Geschöpfe, nur nicht über den Vogel Mileham?

Und der Weise erwiderte und sprach:

Als Eva von dem Baume des Wissens gegessen hatte, gab sie auch ihrem Manne davon, und er aß mit ihr; aber später stieg in ihr der Neid auf über die anderen Geschöpfe, und sie gab auch ihnen allen davon zu essen. Und alles Tier hörte auf ihre Stimme und aß von der Frucht und ward so dem Tode verfallen. Da sah sie den Vogel Mileham und sprach zu ihm: Iß auch du von der Frucht, davon alles Tier schon gegessen hat. Da erwiderte ihr Mileham und sprach: Ist's euch nicht genug, daß ihr selber vor dem Herrn Sünde tatet und alle Kreatur dahin gebracht habt, daß sie sterben wird? So kommet ihr noch zu mir und suchet auch mich zu überreden, daß ich das Gebot des Herrn übertrete, von der Frucht esse und verderbe; nicht will ich auf dich hören. Also wies der Vogel Eva zurecht und auch die anderen Geschöpfe.

Da erscholl eine Stimme vom Himmel, die sprach zu Adam und Eva: Euch ward geboten, aber ihr hütetet nicht das Verbot und tatet

Sünde; dann kamet ihr noch zu Mileham dem Vogel, auch ihn zu verführen; aber er, dem ich nichts gebot, er empfing nicht eure Rede und
fürchtete mich und hütete meinen Befehl. In Ewigkeit soll er hierfür
den Tod nicht erfahren, nicht er und nicht sein Same.

Als nun der Herr den Engel des Todes schuf, und der vor sich alle Geschöpfe sah, sprach er vor dem Herrn: Herr der Welt! Gib mir
die Freiheit, daß ich sie alle töten kann. Sprach der Herr: Dein ist die
Gewalt über alle Geschöpfe und über ihren Samen; allein des Vogels
Mileham Geschlecht, dies soll den Tod nicht verkosten. Sprach der
Todesengel: Herr der Welt, so scheide sie aus, denn sie sind die Gerechten.

Alsbald übertrug es der Herr dem Todesengel, und der baute eine
große Stadt, dahin er die Vögel brachte; dann versiegelte er die Tore
der Stadt und sprach: Es ist bestimmt und beschlossen, kein Schwert
über euch die Herrschaft führen, nicht das meine und das eines anderen; nimmer werdet ihr den Tod verspüren bis an das Ende aller
Geschlechter.

Wir lesen: Bis auf heute wohnt der Vogel Mileham in der Stadt, die
ihm der Todesengel gebaut hat, und er ist fruchtbar und mehrt sich wie
alle Geschöpfe. Tausend Jahre sind seines Lebens Jahre, und wenn die
tausend Jahre um sind, geht ein Feuer aus seinem Nest aus und verbrennt
die Vögel, und nur wie eines Eies Größe bleibt von ihren Leibern übrig;
aber dies wächst aufs neue, und die Glieder werden groß, und der Vogel lebt weiter.

Andere aber sagen, daß, wenn er tausend Jahre alt wird, er dann
klein werde; sein Körper schrumpft ein und die Flügel verlieren die
Federn, daß er wieder wie ein Küchlein aussieht; aber dann erneuert
sich sein Gefieder, und er fliegt empor wie der Adler; und nimmer
kommt über ihn der Tod.

Der Herr sprach: Diesen Vogel hier lasse ich ewig leben, daß er
ein Vorbild sei allen Geschlechtern!

2
Der Fuchs und das Wiesel

ABERMALS FRAGTE Nebukadnezar Jesus, den Sohn Sirachs: Wessenthalben ist von jedem Tier auf Erden ein Ebenbild im Meere, nur
nicht vom Fuchs und vom Wiesel?

Und der Sohn Sirachs erzählte:

Es geschah, daß, nachdem der Todesengel die Tore hinter Mileham
geschlossen hatte, der Herr zu ihm sprach: Wirf ins Meer von jegli-
chem Geschöpf je ein Paar und über die anderen sollst du die Herr-

schaft haben. Da tat der Todesengel also und fing an, von allen Tieren je ein Paar ins Wasser zu werfen. Als der Fuchs dies sah, was tat er? Er stellte sich vor den Engel hin und begann zu weinen. Da fragte ihn der Todesengel: Wessenthalben weinst du? Sprach der Fuchs: Ich weine über meinen Genossen, den du ins Meer geworfen hast. Fragte ihn der Todesengel: Wo ist denn dein Genoß? Da stellte sich der Fuchs an das Ufer des Meeres und der Todesengel sah seinen Schatten im Wasser und meinte, er hätte einen Fuchs schon ins Wasser geworfen gehabt. Da sprach er zum Fuchs: Nun gut, so kannst du gehen. Da lief der Fuchs davon und war entronnen. Und er traf unterwegs das Wiesel und erzählte ihm alles, was geschehen war, und was er getan hatte. Da ging das Wiesel und machte es mit dem Todesengel auch so, wie der Fuchs es getan hatte, und auch das Wiesel war entronnen.

Und es geschah nach Jahresfrist, da versammelte Leviathan alle Geschöpfe, die im Meere wohnten, um sich; aber es fehlten der Fuchs und das Wiesel, die nicht in das Meer gekommen waren; da fragte Leviathan nach den beiden, und die Tiere erzählten ihm, was der Fuchs getan hatte, und wie er und das Wiesel durch ihre Klugheit dem Wasser entronnen waren, und sprachen vom Fuchs, er sei der Weiseste von allen.

Als Leviathan vom Fuchs erfuhr, wie findig er sei, beneidete er ihn um seine Klugheit und schickte die großen Fische nach ihm aus und befahl ihnen, ihn zu überlisten und ihn zu ihm zu bringen. Da gingen die Fische und kamen ans Ufer und sahen grade den Fuchs, wie er auf und ab spazierte. Der Fuchs sah die Fische ans Ufer kommen, da wunderte er sich und ging auf sie zu; da fragten ihn die Fische: Was bist du für einer? Und der Fuchs erwiderte: Ich bin der Fuchs. Sprachen die Fische: Weißt du es nicht, welch große Ehre dir widerfahren ist, und dessentwillen wir hierhergekommen sind? Sprach der Fuchs: Was ist's? Sprachen die Fische: Unser Herr, Leviathan, ist erkrankt und ist dem Tode nahe, und er hat bestimmt, daß keiner nach ihm König werde außer dir, denn er hörte von dir, du seist weiser und verständiger denn alle anderen Tiere; und nun sind wir ausgesandt worden, dich zu ihm zu bringen. So komme denn mit uns, die wir dir zu Ehren gekommen sind. Sprach der Fuchs: Ja, wie kann ich aber ins Wasser kommen und nicht ertrinken? Sprachen die Fische: Du wirst auf einem von uns reiten; und wir werden dich über das Meer tragen und nichts wird dir geschehen. Wirst du aber den Ort des Königs erreichen, so werden wir dich dort hinsetzen, und du wirst König sein über alle, und wirst alle deine Tage froh sein; denn nicht wirst du dich um deine Nahrung mehr sorgen, und nicht werden dir böse Tiere was tun können, die größer sind denn du.

Als der Fuchs der Fische Worte hörte, glaubte er ihnen und setzte sich auf einen der Fische, und ritt auf ihm durch das Meer.

Als aber die Wellen des Meeres an ihn schlugen, da ward es dem Fuchs bange, aller Wahn wich von ihm, und er sprach bei sich: Weh mir, was hab ich getan? Gewißlich haben mich die Fische zum Narren gehabt, dieweil ich andere Tiere genarrt habe; und nun bin ich in ihre Gewalt geraten; wie soll ich mich erretten? Und er sprach zu ihnen: Seht, ich bin mit euch gegangen, und in eurer Gewalt bin ich nunmehr; saget mir die Wahrheit, was soll ich euch? Da sprachen die Fische zu ihm: Wir wollen dir die Wahrheit sagen; Leviathan hörte von dir sagen, daß du überaus klug seist, und da sprach er: ich will seinen Leib aufmachen und sein Herz verzehren, auf daß auch ich weise werde. Da sprach der Fuchs zu den Fischen: Warum habt ihr mir denn nicht gleich die Wahrheit gesagt? Dann hätte ich mein Herz mit mir genommen und hätte es dem König Leviathan gegeben, und er hätte mich geehrt; aber jetzt seid ihr übel daran. Da sprachen die Fische zum Fuchs: Wie, so ist denn dein Herz nicht bei dir? Und der Fuchs erwiderte ihnen und sprach: Nein, denn also ist es Brauch bei uns; wir lassen unser Herz an unserem Orte liegen, und wir gehen hin und gehen her; wenn wir aber seiner bedürfen, so holen wir's, wenn nicht, so bleibt es an seinem Orte liegen. Da sprachen die Fische: Was sollen wir nun machen? Da erwiderte der Fuchs: Der Ort und mein Nachtlager ist am Ufer des Meeres; beliebt es euch, so bringet mich wieder dorthin, wo ihr mir begegnet seid, ich will nun mein Herz holen und mit euch wieder ins Meer gehen und Leviathan mein Herz geben; so wird er mich und auch euch ehren. Bringet ihr mich aber so ohne Herz zu ihm, wird er euch zürnen und wird euch aufessen; ich aber fürchte mich nicht, denn ich werd's ihm grade heraus sagen: Herr, nicht haben sie mir dein Begehren vorher erzählt, und als sie mir die Wahrheit sagten, sprach ich zu ihnen: kehret zurück mit mir, so werde ich mein Herz holen, sie aber wollten nicht umkehren.

Alsbald sprachen die Fische: Er hat wohl gesprochen. Und sie kehrten um und kamen zurück an das Ufer und an den Ort, von wo sie den Fuchs geholt hatten. Da sprang der Fuchs vom Rücken des Fisches und warf sich in den Sand und tanzte vor Freude und sprang herum. Da sprachen die Fische: Beeile dich und hole dein Herz, dann wollen wir weiter gehen. Sprach der Fuchs: Ihr Narren, wisset ihr's nicht, wäre mein Herz nicht bei mir gewesen, könnte ich damit euch ins Meer gehen? Ist denn ein Geschöpf auf Erden, das herumgehen könnte ohne ein Herz? Sprachen die Fische: Du hast dein Spiel mit uns gehabt. Sprach der Fuchs: Ihr Narren, so wisset, ich habe den Todesengel zu trügen gewußt, um wieviel mehr denn euch.

Da kehrten die Fische mit Schande zurück und erzählten alles Leviathan. Sprach Leviathan: Wahrlich, er ist der Listige, ihr aber seid die Toren, und von euch ist's gesagt: der unverständigen Dummheit, das ist ihr Tod. Und er aß sie alle auf.

Seit der Zeit sind von jeder Art Geschöpfe im Wasser vorhanden, sogar von dem Menschen und seinem Weibe ist ein Ebenbild im Wasser da, nur der Fuchs und das Wiesel sind im Meer nicht zu finden.

3
Hund und Katze

ZUM DRITTEN MAL fragte der König den Weisen: Seit wann besteht die Feindschaft zwischen dem Hund und der Katze? Da erwiderte der Weise:

Als die Katze erschaffen war, befreundete sie sich mit dem Hunde, und was sie beide erhaschten, das verzehrten sie auch miteinander. Da kam ein Tag, und dann kam ein zweiter und ein dritter, und fanden beide nichts zu essen. Da sprach der Hund zur Katze: Wie lange werden wir da sitzen und hungern? Geh du zu Adam, dem Menschen, bleibe in seinem Hause, und du wirst essen, und wirst satt werden. Ich aber will zu den Tieren und zu dem Gewürm gehen, vielleicht finde ich etwas, das ich esse und am Leben bleibe. Sprach die Katze zum Hund: Wir wollen einen Schwur schwören, daß wir beide nimmer zu einem Herrn gehen. Sprach der Hund: Du hast wohl gesprochen. Und sie taten beide den Schwur.

Also ging die Katze in das Haus des Menschen und fand Mäuse und aß sie und sättigte sich an ihnen; welche Mäuse aber am Leben blieben, die flohen von dannen. Als Adam dies sah, freute er sich und sprach: Der Herr hat mir Heil gebracht. Und er ließ die Katze bei sich im Hause wohnen und gab ihr Brot zu essen und Wasser zu trinken.

Was tat unterdes der Hund? Er ging zum Wolf und sprach zu ihm: Ich will bei dir diese Nacht schlafen. Da sprach der Wolf: Wohlan. Und sie gingen beide in des Wolfes Höhle und schliefen zusammen. Aber in der Nacht hörte der Hund anderer Tiere Schritte; da weckte er den Wolf und sprach zu ihm: Ich höre einen Feind an uns heranschleichen. Sprach der Wolf: So steh auf und verjage ihn. Der Hund stand auf und ging auf die Tiere los; da fielen die Tiere über ihn her und wollten ihn erschlagen. Aber der Hund entwich ihnen und lief davon. Und er kam zum Affen, aber der Affe jagte ihn fort von sich. Da ging er zum Schaf; und das Schaf nahm ihn auf und schlief mit ihm. Aber in der Nacht hörte der Hund wieder anderer Tiere Schritte, und er sprach zum Schaf: Ich höre Feinde an uns heranschleichen. Sprach das Schaf: Geh hinaus und verjage sie. Der Hund stand auf und fing an zu bellen; da wußten die Wölfe, daß ein Schaf drinnen war. Sie gingen in das Loch und fanden das Schaf und fraßen es auf. Und der Hund lief von einem Nachtlager zum anderen und fand keine Ruhe mehr.

Alsdann ging der Hund zu Adam. Und Adam nahm ihn auf und ließ ihn bei sich schlafen. Aber um Mitternacht sprach der Hund zu Adam: Ich höre vieler Füße Schritte um uns. Da stand Adam auf und nahm einen Spieß und ging mit dem Hunde hinaus. Und sie jagten beide nach den Tieren, bis sie sie vertrieben, und kehrten zusammen zurück. Sprach der Mensch zum Hund: Du sollst fürder bei mir wohnen, und von meiner Speise sollst du essen, und von meinem Trank sollst du trinken. Also blieb der Hund bei Adam.

Aber als die Katze des Hundes Stimme erhörte, ging sie zu ihm und sprach: Wessenthalben bist du zu mir gekommen? Sprach der Hund: Der Mensch hat mich hergebracht. Da fingen sie einen Streit miteinander an. Da sprach der Mensch zur Katze: Weshalb haderst du mit dem Hunde? Ich habe ihn zu mir gebracht, denn ich fand ihn klug und verständig. Und er fuhr fort und sprach weiter zur Katze: Du aber sorge dich nicht, denn du bleibst auch hinfort bei mir wie zuvor. Da erwiderte die Katze und sprach: Herr, ein Diebsgeselle ist der Hund, soll ich mit ihm zusammen hausen? Und zum Hunde sprach sie: Warum hast du den Schwur gebrochen? Sprach der Hund: In dein Haus komme ich nicht, deine Speise esse ich nicht und werde dir keinen Schaden tun. Aber die Katze hörte nicht darauf, was der Hund sprach, und stritt mit ihm weiter. Und der Hund sah, daß kein Frieden möglich sei, und lief in das Haus von Seth, welcher nach Kain und Abel Adam geboren ward, und saß bei ihm. Und noch später wollte der Hund sich mit der Katze versöhnen, aber die Katze wollte nicht, und seit dieser Zeit streiten sie miteinander, und wie es die Väter taten, so tun es die Jungen bis auf heute.

Kain und Abel

1

Der Streit

ADAM ERKANNTE sein Weib Eva, und sie gebar ihm zwei Söhne und drei Töchter. Und Eva hieß den Namen des erstgeborenen Knaben Kain, denn, sprach sie, ich habe einen Mann gewonnen von dem

Herrn; und den Namen seines Bruders hieß sie Abel, denn, sprach sie, eitel ist unser Kommen hierher, und eitel ist unser Gehen von dannen. Und die Knaben wurden groß, da gab ihr Vater einem jeden seinen Teil auf Erden; es wendete sich Kain dem Erdbau zu und ward ein Ackersmann, Abel aber ward ein Schäfer.

Und es begab sich nach Jahr und Tag, da brachten die Knaben ein Speiseopfer dem Herrn; Kain opferte die Früchte des Feldes, und Abel brachte von den Erstlingen seiner Herde und von ihrem Fett. Und Gott wendete sich Abel und seinem Opfer zu; es kam ein Feuer vom Himmel herab und fraß es auf. Auf Kain aber und auf seine Gabe sah er nicht hin, denn es waren gar dürre Früchte, die er geopfert hatte. Da entbrannte in Kain der Neid auf seinen Bruder ob dieses Vorzugs, und er spähte nach einem Anlaß, das er Abel umbrächte.

Da geschah es nach Tagen, daß Kain und sein Bruder Abel ins Feld hinausgingen, um ihre Arbeit zu verrichten; es pflügte Kain seinen Acker, und Abel weidete seine Schafe; da lief auf einmal die Herde Abels auf den Acker, darauf Kain seinen Pflug führte. Da erzürnte Kain darob, und er ging auf seinen Bruder Abel zu und sprach zu ihm: Was sind wir miteinander, daß du mit deiner Herde hierher kommst, zu wohnen und zu weiden auf meiner Erde? Da erwiderte Abel und sprach? Was sind wir miteinander, daß du von den Gaben meiner Schafe zehrst und dich mit ihrer Wolle bedeckst? Gib mir die Wolle zurück, mit der du dich bekleidest, und zahle den Preis ihrer Gaben und ihres Fleisches, was du alles gegessen hast; und tust du das, so will auch ich dein Land verlassen, wie du es haben willst, und will in den Himmel steigen, wenn ich's vermag.

Da sprach Kain zu seinem Bruder Abel: Siehe, wenn ich dich heute erschlage, wer wird da dein Blut von mir zurückfordern? Abel erwiderte und sprach: Der Gott, der uns beide erschuf, der wird mich rächen und wird mein Blut von dir zurückfordern, wenn du mich tötest, denn er richtet und rechtet, und er vergilt dem Bösen seine Bosheit und dem Frevler seinen Frevel, den er auf Erden tut. Nun du mich heute tötest, siehe, Gott kennt alle Verstecke, und er wird dich richten für das Übel, welches du an mir begehen willst. Und es geschah, als Kain dies hörte, da lohte in ihm der Zorn auf wider seinen Bruder, um seiner Reden willen, und er erhob sich und ergriff das Eisen, welches sein Ackergerät war, und schlug damit plötzlich auf seinen Bruder ein und tötete ihn. So vergoß Kain das Blut seines Bruders Abel, und das Blut rann auf die Erde, wo die Schafe weideten.

Aber es geschah darnach, da bereute Kain, daß er seinen Bruder totgeschlagen hatte, und er grämte sich darob und weinte, und es verdroß ihn sehr. Da machte er sich auf und grub eine Grube in dem Felde aus und legte den Leib seines Bruders darein und bedeckte die Grube wieder mit Erde.

Aber Gott wußte alles, was Kain tat, und er sprach zu ihm: Wo ist dein Bruder Abel, der mit dir war? Da leugnete Kain und sprach: Ich weiß es nicht, bin ich denn der Hüter meines Bruders? Da sprach Gott zu ihm: Was hast du getan? Die Stimme deines Bruders Bluts schreit zu mir von der Erde, auf der du ihn totgeschlagen hast. Denn du hast deinen Bruder getötet und leugnest es vor mir und denkst in deinem Herzen, nicht hätte ich dich gesehen und nicht wisse ich von deinen Taten, die du tust; du hast solches getan und hast deinen Bruder umsonst umgebracht, denn rechtschaffen war seine Rede, die er vor dir sprach. Und nun verflucht seist du von der Erde, die ihr Maul hat aufgetan, deines Bruders Blut zu nehmen von deiner Hand, und in der du ihn hernach vergraben hast. Wenn du den Acker bauen wirst, soll er dir hinfort seine Kraft nicht geben, Dornen und Disteln soll er dir tragen, unstet und flüchtig sollst du sein auf Erden, bis zu dem Tage, da du stirbst. Also ging Kain von dem Angesicht des Herrn und ging von dem Ort, darin er wohnte, und war unstet und flüchtig auf Erden, er und alles, was sein war.

2
Kain ein Sohn des Satans

SEMAEL, DER ENGEL, der Schlange Reiter, ging zu Eva ein, und sie ward schwanger und gebar den Kain. Sie blickte in sein Angesicht, und siehe, er glich nicht den Irdischen, sondern den Himmlischen; sie sah ihn an und sprach? Ich habe einen Mann gewonnen mit dem Boten des Herrn. Alsdann erkannte Adam sein Weib, und sie gebar von Adam den Abel.

Mit Kain zugleich ward auch seine Zwillingsschwester geboren und auch mit Abel zugleich kam seine Zwillingsschwester, und die wurden hernach ihre Weiber. Es steht doch aber geschrieben: Wenn jemand seine Schwester nimmt, seines Vaters Tochter oder seiner Mutter Tochter, und ihre Blöße aufdeckt, das ist eine Blutschande; die sollen ausgerottet werden vor den Leuten ihres Volks. - Aus dieser Geschichte kannst du aber entnehmen, daß es keine anderen Menschentöchter dazumal gab, die sich Kain und Abel hätten nehmen können; darum wurde es ihnen erlaubt. Daher heißt es auch: Auf Gnade ist die Welt aufgebaut worden.

Kain liebte es, das Feld zu bauen, Abel aber liebte es, das Vieh zu weiden, und es gab ein jeder von seiner Arbeit Früchten dem anderen. Da kam der Abend des Passahfestes, und Adam sprach zu seinen Söhnen: In dieser Nacht wird künftighin Israel dem Herrn Opfer darbringen. Bringet auch ihr eine Gabe vor euren Schöpfer. Da brachte Kain von den Resten seiner Speise, welches gerösteter Leinsamen war, Abel aber brachte von den Erstlingen seiner Schafe und ihrem Fett, auch waren's alles ungeschorene Lämmer. Aber Kains Opfer ward verschmäht, und Abels Opfer ward gnädiglich angenommen. Und der Herr sprach: In Ewigkeit soll sich Abels Opfer nicht mit Kains Opfer vermengen.

Da entbrannte ein Haß und ein Neid in Kains Seele, daß sein Opfer nicht angenommen worden war; aber nicht allein das war es, sondern die Zwillingsschwester Abels war schöner denn alle Weiber. Da sprach Kain bei sich: Ich werde meinen Bruder totschlagen, und sein Weib wird mein werden. Und es geschah, als sie allein im Felde waren, da nahm Kain einen Stein, schleuderte ihn gegen Abels Stirn und erschlug seinen Bruder. Er wußte aber nicht, daß alles Verborgene dem Herrn bekannt ist, was tat er da? Er nahm Abels Leichnam und vergrub ihn in der Erde.

Da sprach der Herr zu Kain: Wo ist dein Bruder Abel? Sprach Kain: Herr aller Welten! Zum Hüter des Feldes und des Weinberges hast du mich wohl gemacht, aber nicht machtest du mich zum Hüter meines Bruders. Bin ich denn auch der Hüter meines Bruders? Sprach der Herr: Ermordet hast du ihn, den Abel, ich hörte die Stimme deines Bruders Blutes zu mir schreien. Da Kain solches hörte, erschrak er; aber der Herr fluchte ihm, daß er unstet und flüchtig sein sollte auf Erden, für das Blutvergießen und den Totschlag. Da sprach Kain vor dem Herrn: Herr aller Welten! Größer ist meine Sünde, als daß ich sie ertragen könnte, und mir ist keine Vergebung; und überdies wird einer sich erheben, der deines großen Namens gedenken wird, der wird mich totschlagen. Diese Worte wurden Kain als Sühne angerechnet. Was tat da der Herr? Er nahm ein Zeichen von den zweiundzwanzig Zeichen der Schrift und schrieb es auf den Arm Kains, daß er nicht sollte getötet werden.

3
Kains Zeichen

ADAM ERKANNTE sein Weib Eva, und sie ward schwanger und gebar und fuhr fort zu gebären. Drei Wunder sind an dem einen Tage geschehen; an dem einen Tag sind Adam und Eva erschaffen worden, an dem einen Tag taten sie sich zusammen, an dem einen Tag brachten sie ein Geschlecht hervor. Zweie hatten das Lager bestiegen, und sieben waren ihrer, als sie es verließen: es kam Kain mit seiner Zwillingsschwester und Abel mit seinen zwei Zwillingsschwestern. Adam, der erste Mensch, ist von Erde genommen worden, Eva ist von Adam genommen worden, aber von da ab und weiter kann kein Mann ohne Weib zeugen und kein Weib ohne Mann gebären, und beide vermögen nichts ohne Gott.

Und es geschah nach vierzig Tagen, da brachte Kain dem Herrn ein Opfer dar von den Früchten der Erde, aber es waren Abfälle, die er opferte; gleichwie ein schlechter Pächter selber die geratensten Früchte ißt und seinem Herrn die kümmerlichen Spätlinge abgibt. Abel aber brachte ein Opfer von den Erstlingen seiner Schafe und ihrem Fett, und es waren alles ungeschorene Lämmer, die er seinem Herrn opferte. Und Gott sah gnädig auf Abel und auf sein Opfer und nahm es an, auf Kain aber und auf sein Opfer sah er nicht hin und nahm es auch nicht an. Und dies verdroß Kain überaus.

Und es geschah, als die beiden im Felde waren, da sprachen sie miteinander: Wir wollen die Welt unter uns teilen. Es nahm der eine für sich den Acker, der andere nahm, was sich darauf bewegte; aber sie rechteten miteinander, und da erhub sich Kain wider seinen Bruder Abel. Doch Abel war stärker denn Kain und er zwang Kain unter sich. Da sprach Kain zu Abel: Siehe, wir sind unser nur zwei auf der Welt, was willst du hernach unserem Vater sagen? Da erbarmte sich Abel seines Bruders und ließ ihn los. Alsbald stand da Kain auf und tötete den Abel. Seit der Zeit besteht der Spruch: Dem Gottlosen sollst du nicht Gutes tun, so wird auch dir nicht Böses widerfahren.

Und Abels Blut hatte die Bäume und die Steine umher bespritzt; es stieg nicht nach oben, denn bis dahin war noch keine Seele in den Himmel gefahren; auch drang es nicht in die Erde, denn sie hatte noch keinen Toten bei sich bewahrt.

Da rief der Herr dem Kain: Wo ist denn dein Bruder Abel? Sprach Kain: Nicht weiß ich es. Sprach der Herr: Was hast du getan? Die Stimme deines Bruders Bluts schreit zu mir von der Erde, sein Blut und das Blut seines Samens. Und nun, verflucht seist du von der Erde. Da sprach Kain vor dem Herrn: O Herr, der Obersten und der Untersten Träger bist du, und nur meine Sünde allein willst du nicht tragen. Gestern hast du meinen Vater vertrieben, und heute vertreibst du mich; nun wird mich totschlagen ein jeder, der mich findet. Da sprach der Herr: Nein, sondern wer Kain tötet, der soll siebenmal gerochen werden, und nicht nach dem Gericht der Mörder soll Kain gerichtet werden, denn er schlug tot, und dazumal war noch keiner, von dem er hätte lernen können, das solches eine Untat ist. Aber von nun an soll totgeschlagen werden, wer einen anderen totschlägt. Und Gott machte Kain ein Zeichen und ließ ihm auf der Stirn ein Horn wachsen.

Den Abel aber haben, so heißt es, die Vögel und die reinen Tiere begraben. Und der Herr vergalt ihnen auch dies: zweimal wird über ihnen der Segen gesprochen, einmal beim Schlachten, das zweite Mal, wenn man ihr Blut zudeckt.

4

Der Fluch

ADAM ERKANNTE sein Weib Eva, und sie gebar den Kain. Es war ihre Schwangerschaft ohne Leiden und die Geburt ohne Wehen. Da sprach sie: Ich habe einen Mann gewonnen mit dem Herrn. Und noch sprach sie: Ich und mein Mann, wir sind beide Bildner, und der Herr ist Mitschöpfer, denn die Glieder, die sind von uns beiden, aber die Seele, die ist von Gott.

Und Eva fuhr fort zu gebären und gebar den Abel.

Abel ward ein Schäfer, denn er fürchtete den Fluch, mit dem der Herr die Erde verflucht hatte, und dessenthalben wollte er bei dem Vieh sein. Kain aber fürchtete nicht den Fluch, denn er war halsstarrig und er sprach: Ich will ein Ackersmann werden. Er baute das Feld, und es hielt ihn nicht ab, was über die Erde verhängt worden war, denn er dachte bei sich: nur Adam galt der Fluch, denn der hat gesündigt.

Und es geschah nach Jahr und Tag, da brachte Kain ein Opfer von den Früchten des Feldes, aber auch Abel brachte ein Opfer von den Erstlingen seiner Schafe. Und Gott wandte sich Abels Opfer zu, auf Kain aber und auf sein Opfer blickte er nicht hin. Da Kain sah, daß sein Opfer verschmäht wurde, ward er zornig, und sein Angesicht verfinsterte sich. Sprach der Herr zu ihm: Warum ergrimmst du und warum verstellt sich deine Gebärde? Besserst du dein Tun, so will ich deine Sünde tragen; wo aber nicht, soll deine Missetat bis zu dem Tage des Gerichts bewahrt werden; auch wisse es, nach dir hat die Sünde Verlangen, du aber hast die Herrschaft über sie, und willst du nicht auf sie hören, so vermag sie dich nicht zu verführen; daher trifft in Ewigkeit dich allein die Schuld.

Darnach sprach Kain zu seinem Bruder Abel: Wir wollen uns aufmachen und wollen ins Feld hinausgehen. Und als sie beide im Felde waren, sprach Kain zu seinem Bruder Abel: Es gibt kein Gericht, und ist keiner Richter, und ist keine andere Welt jenseits dieser; nicht wird dem Gerechten sein Lohn, und nicht wird dem Bösen seine Strafe; nicht auf Milde ist die Welt aufgebaut, und nicht mit Barmherzigkeit wird sie geleitet. Warum nur ist dein Opfer angenommen worden und meines nicht? Da erwiderte Abel und sprach: Wahrlich, es gibt ein Gericht, es gibt einen Richter, es gibt jenseits dieser eine andere Welt; es gibt einen Lohn für die Gerechten, und es gibt eine Strafe für die Gottlosen; wohl ist die Welt auf Milde aufgebaut und durch Milde wird sie geleitet. Dein Opfer lehrt's dich ja. Dieweil du dem Herrn ein unschicklich Opfer brachtest, ist's auch nicht angenommen worden; aber meine Taten waren besser denn deine, so ist auch meine Gabe empfangen worden. Da Kain dies hörte, ward er noch zorniger, und er schmähte seinen Bruder und sie stritten miteinander.

Alsdann sprach Kain zu Abel: Du sprichst, es gibt noch eine andere Welt, wohlan, wir wollen alles untereinander teilen; ich für mein Teil nehme das Diesseits, und du für dein Teil bekommst das Jenseits. So entspann sich aus der Mitte dieser Worte eine Fehde, und es erhub sich Kain und tötete seinen Bruder Abel.

Da sprach der Herr zu Kain: Wo ist dein Bruder Abel? Der Sünder Buße will der Herr, und also war es an Kain zu erwidern: Herr aller Welten! Du weißt alles Verborgene, ich habe ihn getötet, ich habe Sünde getan. Der Herr hätte ihm dann auch vergeben. Nicht so aber Kain; als er den Herrn fragen hörte: Wo ist dein Bruder Abel? Da dachte er im Herzen: Gott ist von Wolken verhüllt, und so sieht er nicht, was die Menschenkinder tun. Da fing Kain an, zu lügen vor dem Herrn und sprach: Ich weiß es nicht; bin ich denn der Hüter meines Bruders? Da der Herr sah, daß Kain törichte Antwort gab, hob er an, auf ihn einzureden und sagte ihm, daß er alles wisse, daß er der Richter sei und auch in Zukunft richten und von ihm zurückverlangen würde das Blut Abels und das seines Samens bis an das Ende aller Geschlechter. Dann sprach der Herr zu Kain: Verflucht seist du von der Erde, von der dein Leib genommen ist, und die ihr Maul hat aufgetan, deines Bruders Blut zu empfangen; wenn du den Acker baust, soll er dir nichts hervorbringen von dem, was du gesät hast; unstet und flüchtig sollst du sein. Da sprach Kain: Größer ist meine Missetat, als daß ich sie ertragen könnte. Siehe, du vertreibst mich, kann ich mich denn vor deinem Angesicht verbergen? Und es wird sein, daß mich totschlagen wird, wer mich nur findet, denn alle deine Geschöpfe wissen es, ich bin des Todes schuldig.

Da sprach der Herr zu ihm: Ich will Abhilfe schaffen, daß Abels Tod an dir jetzt nicht gerächt werde. Warten will ich dir bis das siebente Geschlecht von dir gekommen ist. Und der Herr machte Kain ein Zeichen, auf daß ihn erkenne, wer ihn finde, auf daß ihn aber keiner totschlüge und jeder erführe, daß der Herr Kain bis in das siebente Glied vergeben hatte.

Da ging Kain von dem Angesicht des Herrn und wohnte im Lande Nod gegen Morgen von Eden. Also flüchteten sich auch alle, welche andere unversehens totschlugen, in die Freistädte, welche im Osten des Landes Israel lagen.

Bevor Kain den Abel getötet hatte, glich die Erde dem Garten Eden. Aber nachdem er verjagt und verflucht worden war, da ging kein Samen auf Erden auf.

Als der Herr die Welt erschaffen hatte, war die Erde breit und eben. Aber da stand Kain auf und tötete seinen Bruder Abel; und Abels Blut gärte im Innern der Erde. Da verfluchte der Herr die Erde, und sie ward uneben, und Berge und Höhen traten aus ihr hervor.

Und wieder heißt es:

Bevor Kain den Abel erschlagen hatte, trug die Erde Früchte, die den Früchten des Edens gleich waren; als er aber seinen Bruder getötet hatte, da gab sie nur Dornen und Disteln.

5

Die Erde zittert unter Kains Füßen

ES GESCHAH, als Kain und Abel vierzig Jahre alt waren, da brachte Kain ein Geschenk dem Herrn von den Früchten der Erde, welches der Überfluß seiner Speise war; in Leinsamen bestand die Gabe. Abel aber brachte von den Erstlingen seiner Schafe und von ihrem Fett. Da sprach der Herr: Es ist nicht recht, daß eines Sünders Gabe und eines Unschuldigen Gabe zusammengetan werden.

Als hernach Kain und Abel zusammen im Felde waren, sprach Kain zu seinem Bruder Abel: Wir wollen die Welt untereinander teilen; aber siehe, ich bin der Erstgeborene, so will ich für mich das Zwiefache nehmen. Sprach Abel: Wieso nur? Sprach Kain: Wenn nicht, so will ich zumindest außer meinem Teil noch den Ort haben, darauf dein Opfer angenommen wurde. Sprach Abel: Der Ort soll nicht dein sein. So entstand ein Streit unter ihnen. Kain verfolgte seinen Bruder von Berg zu Tal, von Tal zu Berg, bis sie in ein Handgemenge kamen; aber Abel besiegte Kain und zwang ihn unter sich. Da fing Kain an, zu schreien: Abel, mein Bruder, tu mir nichts zuleide. Da erhörte ihn Abel und gab ihn frei; aber Kain erhub sich wider seinen Bruder Abel und schlug ihn mit einem Stein Wunde auf Wunde, Beule auf Beule; er schlug ihn auf Hände und Füße, denn er wußte nicht, auf welchem Weg die Seele aus dem Leibe geht, bis er ihn endlich an der Kehle faßte.

Als er aber Abel erschlagen hatte, wußte er nicht, was er mit ihm machen sollte; und Abels Leiche lag da auf der Erde. Da kamen zwei Vögel geflogen, und es erhub sich einer wider den anderen und schlug ihn tot; dann scharrte der mit den Füßen die Erde um sich und deckte das Blut des getöteten Vogels zu. Da begriff auch Kain, was er tun sollte, und er verscharrte seinen Bruder in der Erde.

Hernach sprach Kain zu sich: ich will fliehen vor meines Vaters und vor meiner Mutter Angesicht, gewißlich werden sie von mir sein Blut zurückfordern, denn keiner ist außer mir auf der Welt, der ihn hätte totschlagen können. Aber da erschien der Herr und sprach zu ihm: Vor deines Vaters und vor deiner Mutter Angesicht kannst du wohl fliehen, doch nicht vermagst du dich vor meinem Angesicht zu flüchten; meinst du, daß sich jemand verbergen könne, daß ich ihn nicht sehe? Und Gott fuhr fort und sprach: Wo ist dein Bruder Abel? Sprach Kain: Ich weiß es nicht. Du bist der Hüter aller Geschöpfe und forderst ihn von mir zurück. –

Es hatte ein Dieb in der Nacht mancherlei Geräte aus einem Hause gestohlen und ward nicht ertappt. Erst am Morgen darauf fing ihn der Torwächter und sprach zu ihm: Warum hast du die Geräte gestohlen? Sprach der Dieb: Ein Dieb bin ich, so tat ich denn, was meines Handwerks ist, aber du als Torwächter bist du angestellt, warum achtetest du nicht deiner Pflicht, und jetzt erst stellst du mich zur Rede.

Ähnlich sprach auch Kain vor dem Herrn: Wohl habe ich meinen Bruder erschlagen, aber du warst es, der den bösen Trieb in mir erschaffen hat; du bist der Hüter aller Geschöpfe und ließest mich, daß ich den Abel töte, du bist es nunmehr, der ihn getötet hat; denn hättest du meine Gabe wie die seine empfangen, nie wäre der Neid in mir erwacht. Da sprach der Herr: die Stimme deines Bruders Blutes schreit zu mir von der Erde. Sprach Kain: Herr aller Welten! Gewißlich hast du Angeber um dich, welche den Menschen von dir anklagen, denn siehe, mein Vater und meine Mutter, sie sind beide auf Erden und wissen's nicht, daß ich den Abel umgebracht habe. Du aber bist im Himmel, wie nur weißt du das alles? Sprach der Herr: Tor du! Die ganze Welt trage ich allein; ich habe sie gemacht, und ich trage sie auch. Sprach Kain: So trägst du allein die ganze Welt, und willst meine Sünde nicht tragen? Sprach der Herr: Da du nun Buße tust, so geh fort und verlasse diesen Ort, denn Verbannung ist Sühne. Da ging Kain von dem Angesicht des Herrn und wohnte fortan im Lande Nod.

Aber es war überall, wo Kain hinkam, da bebte die Erde unter ihm, und auch die Tiere und das Vieh zitterten, wenn sie ihn sahen; sie fragten einander: Wer ist dies? Da erwiderten etwelche: dies ist Kain, welcher seinen Bruder Abel totschlug; über ihn hat es der Herr verhängt, daß er unstet und flüchtig sei auf Erden. Da sprachen wiederum etwelche: Wir wollen hingehen und ihn auffressen. Und sie versammelten sich und kamen zu ihm, das Vieh, die Tiere und die Vögel, um Abels Blut von ihm zu fordern; auch von der Schlange heißt es, sie wäre unter ihnen gewesen.

In dieser Stunde entströmten Tränen Kains Augen, und er sprach vor Gott: Wo soll ich hingehen vor deinem Geist? Und wo soll ich hinfliehen vor deinem Angesicht? Führe ich gen Himmel, so bist du da. Bettete ich mir in der Hölle, siehe, so bist du auch da. Trüge ich Flügel der Morgenröte und wollte am äußersten Meer ruhen, so würde mich doch deine Hand dort ereilen und deine Rechte mich festhalten.

6
Die Raben

DER HUND, welcher Abels Herde hütete, da Abel noch lebte, der blieb auch nach dem Tode Abels bei seiner Leiche stehen und bewachte sie vor den Tieren des Feldes und vor den Vögeln des Himmels. Aber Adam und Eva saßen da und weinten und trugen Leid um ihren Sohn und wußten nicht, was sie mit seinem Leichnam tun sollten, denn sie kannten nicht das Begraben der Toten. Da kam ein Rabe geflogen, dem war sein Gefährte gestorben, da grub er in der Erde eine Grube aus, legte den Körper darein und verscharte ihn vor den Augen Adams und Evas. Da sprach Adam: Wie dieser Rabe hier tat, so will auch ich tun. Und er nahm Abels Leichnam, machte ein Grab in der Erde und begrub seinen Sohn.

Und Gott belohnte die Raben für ihre Tat. Welches ist der Lohn, den er ihnen gab? Ihre Küchlein sind weiß, wenn sie vom Ei herauskommen, und die Alten wähnen, es wäre Schlangenbrut, was sie da vor sich sehen, und fliegen von dannen. Aber der Herr gibt den jungen Raben ihre Speise, und sie leiden nicht Not; ja, noch mehr, wenn sie den Herrn um Regen flehen, so gewährt er ihnen ihre Bitte, wie es auch heißt: der dem Vieh sein Futter gibt, den jungen Raben, die ihn anrufen. –

Andere wiederum erzählen es so von den Raben: Die Rabenmutter sitzt über ihren Eiern und brütet sie aus im Schatten; dann platzen die Schalen, und weiße Küchlein kommen zum Vorschein. Und wenn die alten Raben die weißen Küchlein sehen, lassen sie sie liegen und fliegen von ihnen weg in die Welt. Aber der Herr tut seine Hand auf und stillt den Hunger alles, was da lebt. Er führt den jungen Raben Scharen von Fliegen zu und wirft sie ihnen ins Maul, während sie dasitzen, mit offenem Schnabel, bis sie groß werden und ihren Erzeugern gleichen. Dann kehren die zu ihnen zurück und leben mit ihnen zusammen auf Erden.

7
Kains Tod

ES GING KAIN von dem Angesicht des Herrn von dem Orte, wo er gewesen war, und irrte herum in dem Lande, welches gegen Morgen von Eden war, er und alles, was sein war. Dazumal erkannte Kain sein Weib, und sie ward schwanger, und gebar einen Sohn, und Kain hieß seinen Namen Henoch, denn er sprach: Jetzt wird der Herr der Erde Ruhe geben. Alsdann baute Kain eine Stadt und nannte sie nach seines Sohnes Namen Henoch. Henoch zeugte den Irad, Irad zeugte den Mehujael, Mehujael zeugte den Methusael, Methusael zeugte den Lamech.

Lamech ward alt und betagt; seine Augen wurden dunkel, und er konnte nicht sehen, also, daß Thubal-Kain sein Sohn sein Führer ward.

Und es begab sich an einem Tage, da ging Lamech ins Feld hinaus, und Thubal-Kain sein Sohn mit ihm; und es war, als sie so beide zusammengingen im Felde, da kam Kain der Sohn Adams ihnen entgegen, doch Lamech sah ihn nicht, da er alt war, und Thubal-Kain sein Sohn war noch ein Knabe. Da sprach Thubal-Kain zu seinem Vater, er möge den Bogen spannen; da spannte Lamech den Bogen und schoß von der Ferne mit Pfeilen auf Kain und tötete ihn, denn sie meinten beide, es sei ein Tier. Die Pfeile trafen den Leib Kains, da er noch ferne von ihnen war; er fiel zur Erde und war tot: also hatte ihm der Herr das Böse vergolten, das er an seinem Bruder Abel getan, wie es der Herr gesprochen hatte.

Und es geschah, als Kain getötet war, da gingen Lamech und Thubal-Kain, das Tier zu sehen, das sie erlegt hatten, und sie sahen, Kain ihrer Väter Vater lag tot auf der Erde. Da grämte sich Lamech sehr, daß er solches getan hatte, er schlug die Hände zusammen, aber Thubal-Kain sein Sohn kam zwischen seine Hände und ward zerdrückt.

8
Noch vom Tode Kains

VIER GESCHLECHTER sollten von Abel kommen, aber Kain vertilgte sie alle von der Welt; also tat auch die Erde ihr Maul auf und verschlang seine vier Geschlechter.

Wie aber kam über Kain der Tod?

Er war ein Todesengel hundertunddreißig Jahre lang und war unstet und flüchtig; ein Fluch war über ihm.

Lamech seines Sohnes Sohn war der siebente seines Geschlechts und ward erblindet; wenn er hinausging, das Wild zu jagen, pflegte ihn sein Sohn an der Hand zu führen; sah da der Knabe ein Tier kommen, so sagte er's Lamech. Also sprach auch diesmal Thubal-Kain: Es ist wie ein Tier, was ich da kommen sehe. Da spannte Lamech seinen Bogen gegen Kain und erschlug ihn. Aber der Knabe sah den Erschlagenen und, siehe, ein Horn hatte er inmitten der Stirne. Da sprach er zu seinem Vater: Vater, siehe, es ist wie das Angesicht eines Menschen, und ein Horn hat es auf der Stirne. Da sprach Lamech: Wehe mir, meiner Väter Vater ist dies. Und er schlug vor Reue die Hände aneinander, aber er traf den Kopf des Knaben und erschlug ihn unversehens; da rief er: Einen Mann erschlug ich, wie schmerzt mich die Wunde, einen Knaben erschlug ich, wie groß ist meine Beule. So blieben sie drei an einer Stelle: der tote Kain und der tote Knabe und als dritter der blinde Lamech. In dieser Stunde tat die Erde ihr Maul auf und verschlang vier Geschlechter Kains.

Die Adamsöhne

1
Seth

Es GESCHAH, als Adam hundertunddreißig Jahre alt wurde auf Erden, da erkannte er abermals Eva sein Weib, und sie ward schwanger und gebar einen Sohn nach seinem Gleichnis und nach seinem Bildnis und hieß seinen Namen Seth, denn, sprach sie, Gott hat mir einen anderen Samen gesetzt für Abel, den Kain getötet hat.

Zur Stunde, da Kain den Abel erschlug, so heißt es, wurden auch alle Bäume der Welt geschlagen und alle Gewächse; sie standen traurig da und konnten nicht mehr mannigfach Frucht hervorbringen, nur alle eine und dieselbe Art. Wie aber Seth kam, gewann wieder jeder seinen Teil.

In einem späterem Buch lesen wir:

In Arbael, dem Orte, wo die Gräber der drei Söhne Jakobs und ihrer Schwester Dina liegen, ist auch noch ein ander Grab zu sehen, dies wird von einem Bächlein ständig berieselt. Von diesem Hügel erzählt man sich, er sei das Grab Seths, des dritten Adamsohnes.

2
Die erste Flut

SETH WAR HUNDERTUNDFÜNF Jahre alt und zeugte einen Sohn und hieß seinen Namen Enos. Zu der Zeit begannen die Menschenkinder sich zu mehren auf Erden und taten Übles vor dem Herrn und stifteten Aufruhr wider ihn. In Enos' Tagen fuhren sie fort Übles zu tun und zu fehlen vor dem Herrn, und so mehrte sich auch der Zorn Gottes über die Menschen. Die Menschenkinder gingen hin und dienten fremden Göttern und vergaßen den Gott, welcher sie schuf auf Erden. Sie machten sich Bilder aus Kupfer und aus Eisen, aus Holz und aus Stein und bückten sich vor ihnen und dienten ihnen. Ein jeder machte sich seinen Gott und betete ihn an. So verließen die Menschenkinder den Herrn in den Tagen, da Enos und seine Kinder lebten. Da entbrannte Gottes Zorn über ihre Taten und über ihren Frevel, den sie auf Erden übten, und er ließ die Fluten des Gihons sich über sie ergießen, um sie zu vernichten.

So ward ein Dritteil der Erde vertilgt; dennoch kehrten die Menschenkinder nicht um von ihren Wegen, und noch war ihre Hand ausgestreckt, um Übles zu tun vor dem Herrn.

3
Der erste Götze

ES KAM ENOS vor seinen Vater Seth und sprach zu ihm: Vater, wer war denn dein Vater? Da sprach Seth: Adam war mein Vater. Wer aber war Adams Vater, fragte wiederum Enos. Sprach Seth: Nicht hatte Adam einen Vater, noch hatte er eine Mutter, sondern Gott hat ihn aus dem Acker geknetet.

Da ging Enos fort und nahm einen Klumpen Erde und machte ein Bild daraus; dann kam er zu seinem Vater und sprach: Hier ist ein Bild, aber, siehe, es kann nicht gehen und kann nicht sprechen. Da sprach Seth: Gott blies Adam den lebendigen Odem in die Nase. Da ging Enos und tat also und blies seinen Odem in des Bildes Nase. Aber da kam der Satan und schlüpfte in die Erdengestalt. Und Enos' Geschlecht folgte dem Satan, und des Herrn Name wurde entweiht.

Es geschah, als die Menschen ihre Götzen mit dem Namen des Herrn zu nennen begannen, da stieg der Ozean auf von Akho bis Jaffa und überschwemmte ein Dritteil der Welt. Da sprach der Herr: Ihr habt euch ein neues Ding zurechtgemacht und nennt es mit meinem Namen; nun will auch ich etwas Neues vollbringen und euch meinen

Namen kundtun. So steht es auch geschrieben? Der dem Wasser im Meere ruft, und schüttet es aus auf dem Erdboden: Herr ist sein Name.

Vier Dinge änderten sich in der Welt zur Zeit Enos'. Die Berge, auf denen vorher geackert und gesät worden war, wurden jetzt versteinert. In den Leibern der Toten nisteten sich Würmer ein; nie hatte man zuvor gewußt, was Verwesung heißt. Die Menschen wurden in ihrem Aussehen zu Affen; das Ebenbild Gottes war dahin. Und die bösen Geister verloren ihre Scheu vor dem Menschen.

4
Die ersten Zauberer

IN ENOS' TAGEN wurden die Menschenkinder der Zauberkunst und der Hexerei kundig und lernten es, die Kräfte des Himmels zu bezwingen. Sie beflissen sich dieser Künste und übten sie aus und unterwiesen auch die anderen darin. Mit Enos beginnt die Beschäftigung mit der Zauberei, daher heißt es in der Schrift: in Enos Tagen fing man an, den Namen des Herrn anzurufen.

Selbst die Kinder vernahmen dazumal von diesen Künsten.

Wenn aber dem so war, wie waren sie nur so einfältig und wußten nicht, daß der Herr vorhatte, sie mit den Wassern zu überschwemmen, davon sie sterben würden? Wohl wußten sie dies, aber eine andere Verblendung wohnte in ihrem Herzen. Sie sahen, daß die Welt in die Hände der Aufseher empfohlen war; sie wußten, daß von den Engeln etwelche über das Feuer zu befehlen hatten und etwelche über das Wasser, aber sie vermochten es, die Engeln zu hindern, das Urteil an ihnen zu vollstrecken. Nur wußten sie nicht, daß es der Herr ist, der über die Erde herrscht, und daß von ihm das Gericht über die Welt kommt. Daher sahen sie sich nicht um nach dem Herrn und merkten nicht auf seine Werke, bis die Erde verdarb und der heilige Geist alle Tage rief: Der Sünder müsse ein Ende werden auf Erden und die Gottlosen nicht mehr sein!

5
Die ersten Schrifttafel

ES GAB ZU DIESER ZEIT weder Saat noch Ernte, und war keine Speise da für die Menschenkinder. Und es kam ein großer Hunger ins Land, denn der Samen, den die Menschen in die Erde legten, wurde zu Dornen, zu Disteln und zu Hecken. Noch von Adams Tagen her kam der Fluch, mit dem der Herr die Erde verfluchte, nämlich als Adam Sünde getan hatte vor dem Herrn. Und wie die Menschenkinder in ihrer Sünde und ihrer Widerspenstigkeit gegen Gott fortfuhren und ihren Weg verderbten, so verdorrte auch die Erde immer mehr und mehr. –

Enos lebte neunzig Jahre und zeugte den Kenan. Kenan ward groß und war vierzig Jahre alt und ward sehr weise und verständig und alles Wissens kundig. Er wurde zum König über alle Menschen und leitete ihre Wege mit Weisheit und mit Vernunft und besaß auch Macht über die Geister, die Teufel und die Dämonen. Und Kenan wußte in seiner Weisheit, daß der Herr die Menschen um ihrer Sünden willen verderben, und daß am Ende der Tage die große Sintflut kommen werde, und er schrieb alles nieder, was da kommen sollte, auf Steintafeln in hebräischer Schrift, und stellte die Tafeln unter seinen Schätzen auf. So regierte Kenan über die ganze Erde und suchte die Menschen zu bewegen, zum Herrn zurückzukehren.

6
Auf der Insel Kenans

ALS ALEXANDER, der König der Mazedonier, im Lande Parsiakon war, welches ein Reich ist von dem Inderlande, kam er auf eine Meeresinsel und fand dort Menschen, die alle Weibern glichen, und die Fische lebendig verzehrten; doch sprachen sie eine Sprach ähnlich wie die anderen Menschenkinder. Diese Menschen erzählten vor Alexander: Siehe, mitten auf dieser Insel ist das Grab eines uralten Königs, des Name ist Kenan, der Sohn des Enos. Noch vor der Sintflut war er ein König über die ganze Welt, und er schrieb schon damals alles von der Sintflut nieder auf steinernen Tafeln; auch beschrieb er in derselbigen Schrift, wie zu seiner Zeit der Ozean ein Dritteil der Welt überschwemmt hatte, und wie in den Tagen Enos', des Sohnes Seths, des Sohnes Adams, dasselbe sich zutrug. Auf der Insel baute er eine große Stadt und machte rings um sie eine Mauer. In der Stadt errichtete er auf einem Platz ein großes Gewölbe in Marmelstein, darin er Edelsteine und Perlen, Schätze von Gold und Silbers die Fülle aufbewahrte. Über seinem Grabe machte er einen Turm, der sollte sein Denkmal sein. Doch kein Mensch kann dort hinein, denn der Turm ist im Zeichen der sieben Planeten gebaut und durch Zauberkunst errichtet. Wer nur die Mauer betritt, ist alsogleich des Todes.

7
Die Weiber Lamechs

KENAN WAR SIEBZIG JAHRE alt und hatte drei Söhne und zwei Töchter gezeugt; dies waren die Namen der drei Söhne Kenans: der erstgeborene hieß Mehalel, der zweite hieß Inian, und der dritte hieß Mered; ihre Schwestern aber hießen Ada und Zilla.

Und Lamech, Methusaels Sohn, verschwägerte sich mit Kenan und nahm seine beiden Töchter zu Weibern. Ada ward schwanger und gebar dem Lamech einen Sohn und hieß seinen Namen Jabal; dann war sie abermals schwanger und gebar einen Sohn und hieß seinen Namen Jubal. Aber Zilla, ihre Schwester, war unfruchtbar zu dieser Zeit und hatte kein Kind. Denn dazumal begannen die Menschen wider den Herrn zu sündigen und verstießen wider sein Gebot; welches dem Menschen befahl, sich zu vermehren und fruchtbar zu sein; sie gaben einem Teil ihrer Weiber einen Trank zu trinken, der unfruchtbar machte, auf daß sie ihre Gestalt bewahrten und ihre Schönheit und Anmut nicht schwände. Von diesen Weibern, die den Trank genommen hatten, war auch Zilla eine. Es waren die Weiber, welche Kinder gebaren, ihren Männern zuwider und sahen schon bei ihren Lebzeiten wie Witwen aus, an den unfruchtbaren aber hingen die Männer.

Und es geschah nach Jahr und Tag, da Zilla schon alt war, öffnete der Herr ihren Leib, und sie ward schwanger und gebar einen Sohn; sie hieß seinen Namen Thubal-Kain, denn sie sprach: Nun ich mich welk wähnte, habe ich ihn von dem allmächtigen Gott gewonnen. Sie ward abermals schwanger und gebar eine Tochter und hieß ihren Namen Naama, denn sie sprach: Nun ich mich welk wähnte, ward mir Wonne und Glückseligkeit zu teil.

Als die Weiber Lamechs erfuhren, was Lamech an Kain und an Thubal-Kain getan hatte, wollten sie ihn umbringen und haßten ihn von dem Tage an und weiter darum, daß er den Kain und den Thubal-Kain erschlagen hatte. Und sie gingen von ihm und wollten ihm nicht mehr zu Willen sein.

Da kam Lamech zu seinen Weibern und drang in sie, sie sollten ihn anhören; und er sprach zu seinen Weibern: Höret auf meine Stimme, Ada und Zilla, ihr Weiber Lamechs, nehmet zu Ohren meine Worte. Ihr habet geglaubt und habet gesprochen: einen Mann erschlug er und ein Kind, welche ohne Schuld waren; wisset ihr's nicht, daß ich alt und greis bin, daß meine Augen vor Alter starr sind und ich nicht wußte, was ich tat.

Da hörten die Weiber Lamechs auf seine Rede und kehrten zu ihm zurück, nach dem Rat Adams ihrer Väter Vater; aber sie gebaren ihm keine Kinder mehr, denn sie wußten, daß Gottes Zorn in diesen Tagen groß war wider die Menschen und Gott danach trachtete, sie durch der Sintflut Wasser für ihre Missetaten zu verderben.

8

Jabal, Jubal und Thubal

ADA GEBAR DEN JABAL, dies war der Urahne derer, die in Zelten wohnen und Viehzucht treiben. Er war der erste, der in der Welt anfing, Hütten zu bauen, das Vieh zu weiden und dessen Gebrechen zu heilen. Er weidete das Vieh in der Wüste, so heißt es, und wechselte seinen Aufenthalt von Monat zu Monat, je nach dem Stand der Weide; war das Gras an einer Stell abgepflückt, so ging er davon und schlug sein Zelt an einem anderen Ort auf.

Sein Bruder hieß mit Namen Jubal; der war der Urahne aller, die die Geige und die Flöte spielen sowie aller, die die Orgel drehen; er war der erste, welcher anfing, Spielgeräte anzufertigen, und der erste, der sich mit der Gesangskunst befaßte.

Die Zilla aber gebar auch, nämlich den Thubal-Kain, den Meister in allerlei Erz- und Eisenwerk. Er war der Vater der Kupfer- und Eisenschmiedekunst, denn er war der erste, der es verstand, daraus Geräte zu machen.

Nach einer anderen Sage waren Jabal und Jubal, beide die ersten, die den Götzendienern Häuser bauten. Zu Anfang erzürnten sie den Herrn in Verborgenheit durch ihre Torheit und hielten sich in ihren Hütten auf; darnach erzürnten sie ihn dreist und offen und ließen ihre Geigen und Flöten ertönen.

Thubal ist der Träger der Sünde Kains. Denn Kain tötete und hatte kein Gerät dazu; aber dieser war ein Schleifer und ein Meister in Erz- und Eisenwerk; also diente er Kains Handwerk, denn er fertigte Waffen an für die Mörder.

Und noch wird von ihm erzählt:

Warum wurde er mit dem Namen Thubal-Kain benannt? Denn er war es, der das Werk Kains fortsetzte, und alles Tun Kains führte zum Sterben.

Der Fluch, der über Kain verhängt wurde, daß die Erde ihm ihre Kraft nicht geben sollte, der blieb auch für die späteren Geschlechter bestehen; der Ackerbau wollte ihnen nicht mehr glücken, also griffen sie zum Handwerk.

9
Adams Tod

MEHALEL, DER SOHN KENANS, war fünfundsechzig Jahre alt und zeugte den Jared. Jared war hundertzweiundsechzig Jahre alt und zeugte den Henoch; Henoch war fünfundsechzig Jahre alt und zeugte den Methusalah. Und dies ist Henochs Geschlecht: Methusalah und Elisa und Alimelech waren seine drei Söhne, und ihre Schwestern waren Milka und Naama. Methusalah war hundertsiebenundachtzig Jahre alt und zeugte den Lamech.

Und es geschah im sechsundfünfzigsten Jahre von Lamechs Leben, da starb Adam, und es waren seiner Jahre neunhundertunddreißig. Da begruben ihn seine beiden Söhne zusammen mit Henoch und mit dessen Sohn Methusalah mit großen Ehren, wie man Könige begräbt, und legten ihn in die Höhle, von der Gott zu ihnen sprach. Und die Menschenkinder kamen alle zusammen und machten an dieser Stelle eine große Trauerfeier für Adam. Und dies ward von nun an auch zum Gesetz unter den Menschen bis auf den heutigen Tag.

Der Tod kam über Adam, weil er vom Baume der Erkenntnis gegessen hatte, über ihn und über seine Kinder, wie es der Herr gesprochen hatte.

10
Der Tod Adams und Evas

NACHDEM ADAM den Seth gezeugt hatte, erhob ihn der Herr über alle Erden der Welt und brachte ihn nach Thebel an den Ort, dem auf der Erde die Stadt Hebron im heiligen Lande entspricht; dort ist sein Grab und das Grab von Abraham, Isaak und Jakob, und die Gräber der Erzmütter.

Die zweifache Höhle liegt dicht an der Pforte des Gartens Eden. Als Eva starb, kam Adam hierher, sie zu begraben, und roch den lieblichen Geruch des Gartens. Da haute er das Grab für Eva aus und wollte es noch tiefer hauen, aber da kam eine Stimme und rief: Halt ein, in dieser Stunde! Und an der gleichen Stelle ist auch er selbst begraben worden, an Evas, seines Weibes Seite.

Der Herr war es, der ihn erschaffen hatte, und er war es auch, der ihn begrub. Und keiner wußte, wo Adams Grabstätte war, bis später Abraham hieher kam und in Hebron sein Zelt aufschlug. Abraham roch die liebliche Würze des Edens und hörte die Stimme der Engelscharen, die da sprachen: Adam, der erste Mensch, ruht hier, und Abraham, Isaak und Jakob werden dereinst an dieser Stätte ruhen.

Ein Wanderer erzählt in späterer Zeit:

Heute noch kommen Menschen nach der zwiefachen Höhle, nach dem Orte, daher Adams Leib entnommen ward, und dahin er zurückgekehrt ist, und nehmen von der Erde ringsumher, wenn sie ein Heim sich erbauen wollen. Aber stets bleibe der Acker eben wie er war, und wird nimmer weniger von ihm.

11
Adams Grab

ADAM WAR DAS HAUPT aller Geschöpfe. Als er neunhundertunddreißig Jahre alt ward, sprach er bei sich: Alsolange ich noch auf der Welt bin, will ich mir ein Nachtlager zurechtmachen. Und er hieb in einen Stein und höhlte sich die Gruft aus, in der er ruhen sollte. Aber dann sann er nach und sprach in seinem Herzen: Es neigt des Menschen Herz dazu, den Götzen zu dienen und mein Leib, den hat der Herr mit seinen beiden Händen geknetet und den Odem seines Mundes blies er mir in die Nase; nun ich tot bin, werden die Menschen meine Gebeine nehmen und werden sich daraus einen Götzen machen; so will ich meinen Sarg tief in das Innere der Höhle versenken.

Es war ein Schriftgelehrter in den Zeiten des Talmuds, namens Rabbi Benai; der ging nach Hebron, um die Gräber der Väter zu messen. Da stieg er zu allererst in Abrahams Grab hinunter; wie er sich aber Adams Grab näherte, hörte er eine Stimme vom Himmel rufen: Mein Ebenbild hast du geschaut, aber mein Bild selbst darfst du nicht schauen.

Doch sah er noch die zwei Fersen Adams, die leuchteten hell wie zwei Sonnenkugeln.

Drittes Buch

Von der Sintflut

Die Gerechten und die Bösen

1
Henoch

JARED, DER SOHN MEHALELS, war der Vater Henochs. Von Jared wird erzählt, daß in seinen Tagen die Engel vom Himmel auf die Erde herabkamen und den Geschöpfen den Weg wiesen, wie sie ihrem Herrn zu dienen haben. Henoch aber zeugte Methusalah.

Henoch wandelte mit Gott, nachdem er den Methusalah gezeugt hatte, und er diente seinem Herrn; er haßte die gottlosen Wege der Menschen, denn seine Seele hing an der Zucht und an dem Wissen, und er erkannte die Wege des Herrn. In seiner Weisheit schied er sich ab von den Menschenkinder und hielt sich vor ihnen verborgen viele Tage.

Und es geschah nach Jahr und Tag, da Henoch seinem Herrn diente und vor ihm betete in Haus und Kammer, da rief ihm ein Engel Gottes vom Himmel, und Henoch sprach: Hier bin ich. Da sprach zu ihm der Engel: Mach' dich auf und geh aus dem Hause und von dem Orte, wo selbst du dich verborgen hältst, und geh hin zu den Menschenkinder auf daß du ihnen den Weg weisest, den sie gehen sollen, und sie das Werk lehrst, das sie tun sollen, um vor den Herrn zu kommen.

Da machte sich Henoch auf und ging aus dem Hause und von dem Orte und aus der Kammer, wo selbst er nach dem Befehl Gottes sich aufgehalten hatte, und begab sich zu den Menschenkindern; er wies ihnen die Wege des Herrn und versammelte um sich die Menschen zu selbiger Zeit und tat ihnen kund die Zucht Gottes; dann gab er einen Befehl und ließ allerorts, wo Menschen wohnen, ausrufen: Wer von den Wegen Gottes wissen will und von dem guten Werk, der komme zu Henoch. Da versammelten sich zu der Zeit alle Menschenkinder um ihn, und es kam ein jeder zu Henoch, wer nur Wohlgefallen an dem guten Werk hatte. Und Henoch ward König über die Menschen nach Gottes Wort, und sie kamen zu ihm und bückten sich vor ihm bis zur Erde und hörten alle auf seine Rede. Und der Geist Gottes weilte über Henoch, und er unterwies die Menschen in der Weisheit des Herrn und zeigte ihnen seine Wege. Es dienten auch die Menschen dem Herrn alle Tage, da Henoch mit ihnen war, und es kamen alle, seiner Weisheit zu lauschen. Auch alle Könige der Menschen, die ersten wie die letzten, ihre Fürsten und Richter kamen zu Henoch, als sie von seiner Weisheit gehört hatten, und fielen mit ihrem Angesicht vor ihm auf die Erde. Sie baten Henoch, er möge über sie herrschen, und er willigte ein. Alsdann versammelten sie sich alle, es waren ihrer gegen hundertunddreißig Könige und Fürsten, und setzten den Henoch über sich zum König; von nun an standen sie unter seiner Hand und unter seinem Wort, und Henoch unterwies auch sie in der Weisheit und der Erkenntnis und zeigte ihnen die Wege des Herrn und machte Frieden unter ihnen allen. Friede war auf Erden in den Tagen Henochs. So herrschte Henoch über alle Menschenkinder zweihundertdreiundvierzig Jahre und übte Recht und Gerechtigkeit an seinem Volke und führte es die Wege Gottes.

2
Henoch fährt in den Himmel

Es GESCHAH IM JAHRE, da Adam starb, dies war das zweihundertdreiundvierzigste Jahr der Herrschaft Henochs, da nahm sich Henoch vor, sich abermals von den Menschen zu trennen, sich von ihnen abzusondern und sich von ihnen zu verbergen, um dem Herrn zu dienen. Und er tat also, aber er hielt sich nicht mehr alle Tage vor ihnen verborgen, sondern er blieb ihnen fern drei Tage und erschien ihnen für einen Tag; all die drei Tage, da er in der Kammer war, betete er vor dem Herrn und pries seinen Gott; an dem Tage aber, da er zu seinen Knechten hinausging und sich ihnen zeigte, wies er ihnen den Weg Gottes und sprach zu ihnen alles, um was sie ihn fragten. Also taten sie nach dieser Weise viele Tage und Jahre. Nachher hielt sich Henoch sechs Tage vor ihnen verborgen und erschien seinem Volke nur einen Tag von sieben Tagen; nachher erschien er ihnen nur einen Tag in einem Monat, nachher nur einen Tag im Jahr, bis alle Könige und alle Fürsten und alle Menschenkinder danach lechzten, Henochs Angesicht zu schauen und seine Worte zu hören; aber sie konnten ihn nicht sehen, denn es hatten alle Menschenkinder eine große Furcht und fürchteten sich ihm zu nahen, denn der Schreck Gottes war auf seinem Angesicht; daher konnte keiner in sein Angesicht schauen und am Leben bleiben. Da beratschlagten alle Könige und Fürsten untereinander und beschlossen, alle Menschenkinder zu versammeln und vor Henoch, ihren König, zu kommen, auf daß sie alle mit ihm sprechen, zu der Zeit, da er zu ihnen hinausgehen würde; und sie taten also.

Es geschah an einem Tage, da ging Henoch aus, und es versammelten sich alle Menschen und kamen alle zu ihm. Da sprach Henoch zu ihnen die Worte des Herrn und lehrte sie Weisheit und Wissen und ermahnte sie zur Gottesfurcht. Da erschraken die Menschen und wunderten sich ob seiner Weisheit und fielen alle vor ihm nieder auf die Erde und sprachen: Es lebe der König, es lebe der König!

Und es geschah, als alle Könige und alle Fürsten und alle Menschenkinder um Henoch waren und er sie Gottes Weg lehrte, da rief ein Engel dem Henoch, daß er ihn in den Himmel zu bringen gedachte und ihn zum König über die Kinder Gottes im Himmel machen wollte, wie er auf Erden König über Menschenkinder war. Als Henoch zu selbiger Zeit dies Wort vernahm, da ging er aus und versammelte um sich alle Erdenkinder und unterwies sie in der Weisheit und im Wissen und in der Zucht des Herrn. Sodann sprach er zu ihnen: Ein Ruf erging an mich, daß ich in den Himmel fahre, doch weiß ich nicht den Tag, da ich von euch gehen werde. So will ich euch noch einmal in der Weisheit und im Wissen unterweisen und in der Zucht, auf daß ihr all das übet auf der Erde, auf der ihr lebet. Und er tat also und er gab ihnen Rechte und Gesetze, die sie auf Erden üben sollten; sodann stiftete er Frieden unter ihnen und belehrte sie über die Ordnung der Welt. So weilte er unter ihnen einige Tage und unterwies sie in all diesen Dingen.

Aber es geschah zu selbiger Zeit, als die Menschen um Henoch saßen und Henoch zu ihnen sprach, da erhoben die Menschen ihre Augen und sahen die Gestalt eines Rosses vom Himmel heruntersteigen, und das Roß fuhr im Sturm zur Erde nieder. Da sagten es die Leute Henoch, was sie sahen, und Henoch sprach zu ihnen: Um meinetwillen ist dies Roß herabgestiegen. Die Zeit ist gekommen und der Tag, da ich von euch gehe und von dem ab ich euch nimmer sehen werde. Da war auch schon das Roß da und stellte sich hin vor Henoch, und alle Menschenkinder, die mit Henoch waren, sahen es deutlich.

Da befahl Henoch noch einmal in selbiger Zeit und ließ eine Stimme ausrufen, die sprach: So einer die Wege des Herrn erkennen will, er komme an diesem Tage zu Henoch, ehe der uns genommen wird. Da versammelten sich um ihn alle Menschen, und es kamen zu Henoch an diesem Tage auch alle Könige der Erde, ihre Fürsten und Würdenträger, und wichen nicht von ihm an diesem Tage. Da lehrte sie Henoch an diesem Tage die Weisheit und das Wissen und die Zucht Gottes und gebot ihnen noch einmal, dem Herrn zu dienen und auf seinen Pfaden zu wandeln alle Tage ihres Lebens; sodann machte er Frieden unter ihnen.

Und es geschah alsdann, da stand Henoch auf und bestieg das Roß und ritt von dannen. Aber es gingen ihm nach alle Menschenkinder, und waren ihrer an achthunderttausend Mann. Sie gingen mit ihm einen Tagesweg. Am anderen Tag aber sprach Henoch zu ihnen: Kehret um in eure Zelte, warum gehet ihr mit, daß ihr sterbet. Da kehrte ihrer ein Teil von ihm um, aber die übrigen gingen mit ihm noch einen Weg von sechs Tagen. Und Henoch sprach zu ihnen alle Tage: Kehret um in eure Zelte, auf daß ihr nicht sterbet; aber sie wollten nicht umkehren und gingen ihm nach. Jedoch am sechsten Tage, da kehrte wieder ein Teil um, aber die übrigen schlossen sich noch enger an Henoch an und sprachen: Mit dir gehen wir nach dem Orte, da du hingehst; so wahr Gott lebt, nur der Tod wird zwischen uns und dir scheiden. Da sie nun darauf beharrten, mit ihm zu gehen, da redete er nicht mehr auf sie ein, und sie folgten ihm und kehrten auch nicht mehr um. Und am siebenten Tage, da geschah es, daß Henoch im Wetter in den Himmel fuhr auf feurigen Rossen in feurigem Wagen.

Aber die Könige, die zurückgekehrt waren, die wollten die Zahl derer wissen, die mit Henoch geblieben waren. Da schickten sie nach den Menschen aus, die mit Henoch zurückgeblieben waren an dem Orte, von wo er in den Himmel gefahren war. Alle Könige gingen auch nach dem Orte hin und fanden die ganze Erde voll Schnee an diesem Orte, und auf dem Schnee waren große Steine von der Art der Schneesteine. Da sprach einer zu dem anderen: Wohlauf, lasset uns den Schnee wegscharren, wir wollen sehen, ob nicht die Menschen, welche mit Henoch mitgegangen waren, unter dem Schnee liegen. Und sie scharrten den Schnee weg und fanden die Menschen, die mit Henoch waren, tot daliegen. Sie suchten auch nach Henoch, fanden ihn aber nicht, denn er war in den Himmel gefahren.

Es waren der Tage Henochs, die er auf Erden gelebt hatte, dreihundertfünfundsechzig Jahre. Im Jahre hundertunddreizehn des Lebens Lamechs, des Sohnes Methusalahs, war es, daß Henoch in den Himmel fuhr. Und es geschah, als Henoch in den Himmel gestiegen war, da standen auf alle Könige der Erde und nahmen seinen Sohn Methusalah, salbten ihn und machten ihn zum Könige über sich an seines Vaters Statt. Methusalah tat, was dem Herrn wohlgefiel, und tat in allem, wie ihn Henoch, sein Vater, gelehrt hatte. Auch belehrte er die Menschen in der Weisheit und dem Wissen und der Gottesfurcht all seine Tage und wich nicht ab von dem Pfade des Guten, weder nach rechts noch nach links.

Und noch wird von Henoch erzählt:

In seiner großen Weisheit und Frömmigkeit hat Henoch, der Sohn Jareds, neue Gesetze und neue Bräuche den ersten Völker gegeben, wobei ihm zur Richtschnur diente, was er von der Eigenart der Menschen wußte, von der Natur der Länder und ihrem Klima. Er verbot den Menschen alle Speisen, die ihrer Verfassung schädlich waren, und hielt sie fern von der Unreinheit der Toten und von der Blutschande. Er brachte ihnen neue Sitten bei, die sich geziemten, und lehrte sie dem Herrn aller, gelobt sei er, Opfer zu bringen, so viel ihrer nötig war für jedes Land, nach dessen Größe und nach dessen Ordnung.

3
Die Geburt Noahs

Es BEGAB SICH, als Methusalahs Tage zur Neige gingen, da fingen die Menschenkinder an, sich von den Herrn abzuwenden und verderbten die Erde. Es raubte und plünderte einer bei dem anderen, und sie lehnten sich auf wider den Herrn und taten Übles und verderbten ihre Wege; sie hörten auch nicht auf die Stimme Methusalahs und waren widerspenstig. Da zürnte Gott ihnen gar sehr und fuhr fort und machte ihre Saat zunichte, daß Saat und Ernte aufhörten auf Erden. Wenn die Menschen Samen in die Erde streuten, auf daß sie ihnen ihre Nahrung gäbe, so sproßten ihnen nur Dornen und Disteln, die sie gesät hatten. Dennoch kehrten die Menschen nicht um von ihrem bösen Wege und waren noch allezeit bereit, Übles zu tun vor dem Herrn. Sie erbosten den Herrn durch ihre schlechten Wege, und er ward voll Zorn über sie, und es reute ihn, daß er den Menschen gemacht hatte; so gedachte er sie zu verderben und zu vertilgen von der Erde, und er tat also.

Dazumal starb Seth, Adams Sohn, und es war sein Alter, das er lebte, neunhundertzwölf Jahre.

Und Lamech, Methusalahs Sohn, war hunderteinundachtzig Jahre alt, da nahm er Esmoah, die Tochter Elisas, des Sohnes Henochs, seines Oheims, zum Weibe; und sie ward schwanger. Zu selbiger Zeit warfen die Menschen wiederum Saat in die Erde, und da kam doch etwas Nahrung hervor. Dennoch kehrten sie nicht um von ihren bösen Wegen und waren treulos vor ihrem Herrn. Wie Lamechs Weib ausgetragen hatte, gebar sie einen Sohn, als das Jahr zu Ende ging. Und Methusalah hieß seinen Namen Noah, denn, sprach er, die Erde wird zu seiner Lebzeiten von dem Verderben ausruhen.

4
Die Wendung mit der Geburt Noahs

LAMECH LEBTE hundertzweiundachtzig Jahre und zeugte einen Sohn, von dem sollte die Welt wieder aufgebaut werden. Es hieß seinen Namen Noah-Menahem, denn, sprach er, dieser wird uns trösten in unserer Arbeit und in der Mühe unserer Hände. Wie wußte das Lamech im voraus? War er denn ein Seher? Nein, sondern es war ihnen also überliefert: Zur Stunde, da der Herr zu Adam sprach: verflucht sei der Acker um deinetwillen, da fragte Adam den Herrn: O Herr der Welt! Bis wann? Sprach der Herr: Bis einer geboren wird, dem wird von Geburt aus die Vorhaut seines Fleisches geschnitten sein. Da kam Noah und, siehe, er war beschnitten; alsbald wußte da Lamech, und er sprach: Dieser hier ist's gewißlich, er wird uns trösten in unserer Arbeit und in der Mühe unserer Hände. Ehe Noah da war, erntete man nicht, was man gesät hatte; die Menschen säten Weizen und ernteten Dornen und Disteln. Als aber Noah kam, kehrte die Welt in ihre Ordnung zurück: die Menschen ernteten, was sie gesät hatten; sie säten Weizen und ernteten Weizen, sie säten Gerste und ernteten Gerste. Aber nicht dies allein, sondern bevor Noah da war, verrichteten sie ihre Arbeit mit den bloßen Händen, daher steht's auch: in der Mühe unserer Hände; aber Noah kam und verfertigte ihnen Pflüge und Sicheln, Äxte und allerlei Arbeitsgeräte.

In der Stunde, da Gott Adam, den ersten Menschen, erschuf, so lesen wir anderswo, gab er ihm auch die Herrschaft über alles, und die Kuh ward dem Pflüger hörig, und auch der Acker tat den Willen des Pflügers. Als aber Adam Sünde beging, ward alles widerspenstig; die Kuh hörte nicht mehr auf den Ackersmann, und auch der Acker fügte sich nicht mehr dem Pfluge. Aber Noah kam in die Welt und mit ihm kam Ruhe.

Auch die Wasser pflegten vor Noah morgens und abends hochzusteigen und spülten die Leichen der Toten aus ihren Gräbern heraus. Wie aber Noah kam, standen auch die Gewässer still.

Die Hände aller Menschenkinder vor Noah waren noch ungestaltig und wie geschlossen, und die Finger waren nicht getrennt voneinander. Aber Noah ward geboren, und, siehe, an seinen Händen waren die Finger einzeln und jeder für sich.

5
Noah wird von dem Herrn auserkoren

DER KNABE WARD ENTWÖHNT und ward groß und ging die Wege Methusalahs, seines Vaters, und war fromm und rechtschaffen vor dem Herrn.

Aber die Menschenkinder wichen dazumal ab von den Wegen des Herrn, wie sie sich zu mehren begannen und Söhne und Töchter zeugten. Es lehrte einer den anderen seinen bösen Wandel, und sie fuhren fort, Sünde zu tun vor dem Herrn, und ein jeder machte sich seinen eigenen Gott. Es raubte und plünderte ein jeder bei seinem Bruder, und ein jeder bedrückte seinen Nächsten, und die Erde ward voll Verderbens. Ihre Richter und ihre Ältesten gingen ein zu den Menschentöchtern und nahmen mit Gewalt den Männern ihre Weiber, welche sie wollten. Auch von dem Vieh der Erde, von den Tieren des Feldes und von den Vögel des Himmels holten sie welche herbei und lehrten sie, sich zueinander zu tun, welche von ungleicher Art waren, um den Herrn zu erzürnen.

Da sah Gott auf die Erde und, siehe, sie war verderbet, denn alles Fleisch hatte seinen Weg verderbet, Mensch wie Tier. Und Gott sprach: Ich will sie alle, die ich geschaffen habe von dem Angesicht der Erde vertilgen, von dem Menschen bis auf die Vögel des Himmels, bis auf das Vieh und bis auf die Tiere des Feldes, denn es reut mich, daß ich sie erschaffen habe.

Doch geschah es, daß jedermann dazumal starb, der die Wege des Herrn ging, noch ehe Gott die Strafe auf die Menschen brachte, von der er gedachte, sie an ihnen zu vollziehen. Von dem Herrn kam dies über sie, auf daß sie das Böse nicht schauten, das über die Menschen kommen sollte. Es starb Enos, der Sohn Seths, im vierundachtzigsten Jahre des Lebens Noahs, und es waren seiner Jahre neunhundertundfünf; als Noah hundertneunundsiebzig Jahre alt war, da starb Kenan, der Sohn Enos', und es waren seiner Jahre neunhundertundzehn; als Noah zweihundertdreiundvierzig Jahre alt war, da starb Mehalel, der Sohn Kenans, und es waren seiner Jahre achthundertfünfundneunzig; es starb Jared, der Sohn Mehalels, im dreihundertsechsundsechzigsten Jahre des Lebens Noahs, und es waren seiner Jahre neunhundertzweiundsechzig. Und auch alle Menschen, die dem Herrn gehorchten, starben dazumal, bevor Gott das Böse über die Menschen brachte; vor dem Herrn ward es so angestellt, auf daß keiner des Bösen gewahr werde, das seinen Bruder, das seinen Nächsten heimsuchte.

Aber Noah fand Gnade in den Augen des Herrn, und der Herr erkor ihn und seine Kinder, um von ihnen neuen Samen erstehen zu lassen auf Erden.

6
Noah und Methusalah

ES GESCHAH AM ENDE vieler Tage und Jahre, im vierhundertachtzigsten Jahre des Alters Noahs, als alle Menschen, welche nach dem Herrn gingen, gestorben waren und nur Methusalah von ihnen am Leben blieb, da sprach Gott zu Noah und zu Methusalah: Saget es allen Menschen an und rufet es ihnen zu; also sprach der Herr: Tretet zurück von euren bösen Wegen und verlasset eure Missetaten, so

wird der Herr zurücknehmen das Böse, das er gedachte euch anzutun auf Erden, und es wird nicht geschehen. Denn also sprach der
Herr: Ich gebe euch eine Frist von hundertundzwanzig Jahren, und
es wird sein, so ihr zu mir umkehret und euren bösen Wandel verlasset, so will auch ich die Strafe aufheben, welche ich für euch bestimmt habe, und sie soll dann nicht kommen.

Da riefen Noah und Methusalah all diese Worte des Herrn den
Menschenkindern zu und sprachen sie Tag für Tag, morgens und
abends, allezeit; aber die Menschenkinder hörten nicht auf sie und
neigten nicht das Ohr ihrer Rede, und starr blieb ihr Nacken.

In einer anderen Schrift lesen wir:

Tag um Tag warnte Noah die Menschen des Sintflutgeschlechts
und sprach zu ihnen: Dienet dem Herrn, so tut ihr Gutes an euch.
Da sprachen die Menschen: Was ist das für einer? Sprach Noah zu
ihnen: Himmel und Erde hat er geschaffen. Sprachen die Menschen:
Wo wohnt er denn? Sprach Noah: Da droben. Sprachen die Menschen: Eh' wir unsere Gestalt bis zum Himmel emporrecken, um ihn
anzubeten, machen wir uns lieber auf Erden ein Bild und bücken uns
davor. Denn was bedürfen wir sein groß? Ist's uns um den Tropfen
Regens zu tun, den er uns herabschickt? Aber da haben wir ja den
Nebel, der aufgeht und unsere Erde tränkt. Da sprach der Herr zu
ihnen: Ihr Frevler, womit ihr euch über mich erhebt, damit eben will
ich euch richten, auf daß ihr's wisset, und auf daß es alle wissen, die
in die Welt kommen, daß es ein Gericht gibt.

Und Methusalah, der Gerechte predigte ihnen und sprach: Tut
Buße, denn wisset, der Herr will eine Sintflut über euch bringen und
will eure toten Leiber vom Wasser wegschwemmen lassen; aber nicht
das allein, sondern euer Schicksal wird als Fluch dienen allen, die da
kommen werden. Und so heißt es auch in den Schwüren: Der die
Schuld einforderte von dem Geschlecht der Sintflut, der wird sie auch
von den Falschen einmahnen.

7
Die Sorge um eine neue Welt

NOAH, DER SOHN LAMECHS, mochte kein Weib nehmen und keine
Kinder zeugen, denn er sprach: Es vertilgt der Herr die Menschenkinder von der Erde; was soll ich nun Kinder zeugen? Aber Noah
war fromm und gottesfürchtig, und Gott erwählte ihn, um von seinem Samen dereinst die Menschen auf Erden wieder erstehen zu lassen. Da sprach Gott zu Noah: Nimm dir ein Weib und zeuge Kinder, denn dich habe ich als gerecht ersehen in diesem Geschlecht, und

du und deine Kinder, ihr werdet leben bleiben auf Erden. Da ging Noah und nahm sich ein Weib; er wählte die Naama, Henochs Tochter, und es waren ihrer Jahre fünfhundertachtzig, Noah aber war vierhundertachtundneunzig Jahre alt, als er Naama zum Weibe nahm. Und Naama ward schwanger und gebar einen Sohn, Noah hieß seinen Namen Jafeth, denn, sprach er, der Herr will mir die Erde schön machen. Und sie fuhr fort und ward schwanger und gebar einen Sohn; seinen Namen hieß Noah Sem, denn, sprach er, der Herr hat mich übrig gelassen, auf daß von mir neues Leben sprosse auf Erden. Es waren der Jahre Noahs fünfhundertundzwei, als Sem geboren ward. Und die Knaben wurden groß und gingen die Wege Gottes, wie sie sie Methusalah und ihr Vater gelehrt hatten. Hernach gebar Naama den Ham.

Zu der Zeit starb Lamech, der Vater Noahs; der war aber nicht die Wege seines Vaters mit ganzem Herzen gegangen. Er starb, da Noah fünfhundertfünfundneunzig Jahre alt war; der Jahre Lamechs aber waren siebenhundertsiebenundsiebzig, als er starb.

Zu dieser Zeit sprach Gott abermals zu Noah und zu Methusalah: Stellet euch hin und rufet den Menschen die Worte zu, die ich zu euch gesprochen habe, vielleicht erhören sie euch und kehren um von ihrem Wandel, dann will ich das Böse zurücknehmen und es über sie nicht bringen. Da stellten sich Noah und Methusalah hin vor die Menschen und sprachen zu ihnen die Worte, die Gott zu ihnen gesprochen hatte. Aber die Menschen neigten ihnen nicht ihr Ohr und hörten nicht auf ihre Rede.

Da sprach der Herr zu Noah: Das Ende alles Fleisches ist vor mich gekommen durch ihrer Taten Bosheit, ich will sie verderben mit der Erde. Du aber hole dir Tannenholz und geh hin an den Ort, den ich dir weise; baue dir einen großen Kasten, stelle ihn daselbst auf und mache ihn also: dreihundert Ellen sei seine Länge, fünfzig Ellen seine Weite und dreißig Ellen seine Höhe; mache eine Tür an seine Seite, das Dach sollst du eine Elle breit machen und verpiche ihn mit Pech inwendig und auswendig. Denn siehe, ich will eine Sintflut über die Erde kommen lassen und will verderben alles Fleisch unter dem Himmel; es soll alles vergehen, was auf Erden ist. Du aber gehe in den Kasten, du und dein Haus, und sollst sammeln von allerlei Tier je ein Paar, Männlein und Weiblein, und sollst sie in den Kasten tun, daß von ihnen der Samen lebendig bleibe auf Erden. Auch allerlei Speise, die man ißt, sowie alles, was Tiere brauchen, sollst du zu dir nehmen, daß sie dir und ihnen zur Nahrung diene. Und wähle für deine Söhne drei Mägde von den Menschentöchtern, die sollen deine Söhne zu Weibern nehmen.

Da machte sich Noah auf und baute den Kasten an dem Orte, den ihm Gott gewiesen hatte, und machte alles, wie es der Herr geboten hatte.Im Jahre fünfhundertfünfundneunzig seines Lebens fing er an, den Kasten zu bauen, und im Jahre sechshundert vollendete er ihn in allen Einzelheiten und nach allen Bestimmungen also, daß er fünf Jahre daran baute.

Sodann nahm Noah die drei Töchter Eljakoms, des Sohnes Methusalahs, und gab sie seinen Söhnen zu Weibern, wie es Gott befohlen hatte. Zu der Zeit starb auch Methusalah, der Sohn Henochs, und es waren seiner Jahre neunhundertneunundsechzig.

Alsdann brachte Noah in den Kasten von allem Tier, das auf Erden war, und war nichts übrig geblieben, wovon Noah in den Kasten nicht genommen hätte. Je ein Paar kam zu Noah in den Kasten, aber von dem reinen Vieh und von dem reinen Gevögel kamen je sieben und sieben, wie es der Herr geboten hatte. Aber die anderen Tiere und das Vieh und das Gevögel, die standen alle vor der Arche und umringten sie von allen Seiten.

8
Das Gericht

UND ES GESCHAH an diesem Tage, da erschütterte der Herr die Erde, es verdunkelte sich das Licht der Sonne, es erzitterten die Pfeiler der Welt, und es erschauerte die Erde; es zuckten die Blitze, es tosten die Donner, und es schwollen an die Quellen der Erde, wie es die Bewohner der Welt noch nicht gekannt hatten. Gott brachte all das Furchtbare, daß die Menschenkinder erschrecken und zu ihm zurückkehren sollten und nicht mehr Übles tun sollten auf Erden; aber trotz alledem kehrten die Menschen nicht um von ihren bösen Wegen und mehrten noch Gottes Zorn in diesen Tagen und nahmen nicht zu Herzen, was sie sahen.

Aber da sieben Tage vom sechshundertsten Jahre des Lebens Noahs vergangen waren, kamen die Wasser der Sintflut auf die Erde; es taten sich auf die Fenster des Himmels, und brachen auf alle Brunnen der großen Tiefe, und kam ein Regen auf Erden vierzig Tage und vierzig Nächte. Noah aber und sein Haus und alles Tier, das mit ihm war, waren in den Kasten gegangen, da die Sintflut kam, und Gott schloß hinter ihnen zu. Und es graute den Menschen, die auf Erden geblieben waren, vor dem Regen, denn die Wasser schwollen überaus auf Erden; noch umstanden die Tiere und das Vieh die Arche, da sammelten sich auch die Menschen, es waren ihrer siebenhunderttausend Seelen, Männer und Weiber, und kamen vor Noahs Arche und riefen

alle zu Noah: Mach uns auf, wir wollen zu dir hinein, warum sollen
wir sterben. Aber Noah rief laut aus dem Kasten und sprach: Ihr habet euch gegen den Herrn aufgelehnt und sprachet, er wäre nicht da,
und nun bringt der Herr über euch diese Strafe, euch zu vertilgen und
zu vernichten von dem Angesicht der Erde. Dies war es auch, davon
ich zu euch sprach hundertundzwanzig Jahre lang, aber ihr hörtet
nicht auf die Stimme des Herrn, und nun wollet ihr leben auf Erden.
Da sprachen sie alle zu Noah: Wir wollen zurückkehren zu dem
Herrn, nur mache uns auf, daß wir leben bleiben und nicht sterben.
Da erwiderte ihnen Noah und sprach: Nun ihr eure Bedrängnis sehet,
wollet ihr umkehren zu Gott, warum kehrtet ihr aber nicht um in den
hundertundzwanzig Jahren, die euch Gott zur Frist gesetzt hatte?
Und jetzt kommet ihr und redet von Buße aus der Angst eurer Seele.
Aber Gott wird auf euch nicht hören und wird euren Worten nicht
das Ohr neigen, und ihr werdet durch eure Rede nichts erreichen. Da
kamen die Menschen an den Kasten heran und wollten ihn sprengen,
um hineinzukommen, denn sie konnten den Regen über sich nicht ertragen; aber da ließ Gott über sie herfallen das Vieh und die wilden
Tiere, die den Kasten umlagerten. Und die Tiere bewältigten die Menschen und schlugen sie und töteten ihrer viele und vertrieben die übrigen von diesem Orte; da suchte sich ein jeder seinen Weg, und sie zerstreuten sich alle über die Erde.

Aber der Regen strömte noch und goß auf die Erde vierzig Tage
und vierzig Nächte lang, und kam alles Fleisch um in den Fluten, vom
Menschen bis auf die Tiere, bis auf das Vieh und das Gewürm und
das Gevögel des Himmels; nur Noah blieb übrig, und was mit ihm
im Kasten war. Aber das Wasser schwoll und stieg immer höher und
höher und trug den Kasten, das er sich erhob über die Erde. So ging
der Kasten auf dem Wasser und wurde umgekippt und hin und her
geworfen und alles im Kasten wurde hin und her geschleudert gleichwie der Brei in einem Topfe, daß der Kasten zu zersprengen drohte.
Da erschraken die Tiere im Kasten, und große Angst war unter ihnen. Die Löwen brüllten, die Stiere tobten, die Wölfe heulten, und
alles Lebende im Kasten schrie und rief, ein jegliches in seiner Zunge, und es ward ihr Rufen von weitem hörbar. Auch Noah und seine Söhne schrien und weinten in ihrer Angst und hatten große
Furcht, denn sie waren der Pforte des Todes nahe. Da betete Noah
vor dem Herrn und sprach: O Herr, hilf uns, denn wir haben nicht
die Kraft, das zu tragen, was über uns gekommen ist; es hat mich erreicht die Brandung der Gewässer, die Bäche Belials suchen mich zu
verschlingen, und des Todes Stricke überwältigen mich. Erhöre uns,
Gott, erhöre uns, laß uns dein Angesicht leuchten, o Herr, erbarme
dich unser, erlöse uns und errette!

Da erhörte Gott Noahs Stimme und gedachte seiner; er schickte einen Wind auf die Erde; da fielen die Wasser, und der Kasten blieb stille stehen.

Das gottlose Geschlecht

1
Die Riesen

Es waren zu jenen Zeiten Riesen auf Erden, denn da die Kinder Gottes zu den Menschentöchter eingingen und ihnen Kinder zeugten, wurden daraus Helden und Gewaltige.

Mit sieben Namen wurden die Riesen benannt. Sie hießen: Emiter oder die Schrecklichen, Rephaiter oder die Giganten, Giborim oder die Gewaltigen, Samsoniter oder die Listigen, Anaqiden oder die Riesen, Aviden oder die Verkehrten, Nefilim oder die Verderber.

Die Schrecklichen wurden sie genannt, denn wer sie nur sah, wurde von einem Schrecken befallen; Giganten wurden sie genannt, denn wer sie auch sah, des Herz wurde weich wie Wachs; die Gewaltigen wurden sie genannt, denn ihre Oberschenkel maßen allein achtzehn Ellen. Die Listigen wurden sie genannt, weil sie sich in allen Kriegslisten auskannten; Riesen wurden sie genannt, denn sie konnten den Sonnenball erreichen; die Verkehrten wurden sie genannt, denn durch ihren Frevel hatte sie die Welt verwüstet.

In einer knappen Stunde durchliefen sie die ganze Welt von einem bis zum anderen Ende und rissen unterwegs die Zedern des Libanons aus. Löwen und Panther galten ihnen nicht mehr, denn ein Haar auf dem Leibe.

Welche von ihnen stellten den Fuß auf einen Brunnen der Tiefe und deckten damit den Brunnen zu; welche legten ihre Hand auf ein Fenster des Himmels und deckten das Fenster zu.

Sie schauten zur Sonne und zum Mond und trieben Wahrsagekünste mit ihnen; sie waren, von denen es heißt: sie sind abtrünnig worden vom Licht. Sie waren hartherzig und widerspenstig und sprachen vor dem Herrn: Heb dich von uns, wir wollen von deinen Wegen nichts wissen; wer ist der Allmächtige, daß wir ihm dienen sollten? Was sind wir's gebessert, so wir ihn anrufen?

Was trieb sie aber zu dem Aufruhr? Der Übermut allein war's. Denn sie sahen ihre Kinder und Kindeskinder aufwachsen bis in das fünfte und sechste Glied und starben nicht; nur einmal in vierzig Jahren warfen sie die Saat aus, hatten aber ihre Speise die ganze Zeit. Sprach der Herr zu ihnen: So frevelt ihr noch! Wohl nun! Hinfort sollet ihr ernten, nur soviel ihr gesät habt; ihr werdet Kinder zeugen und werdet sie zu Grabe tragen; Frost und Hitze werden über euch kommen und werden euch Fieber und Auszehrung bringen; nie werden eure Leiden stille stehen, sondern eure Leiber werden geplagt werden immerdar, und ihr werdet nicht Ruhe haben nicht bei Tag und nicht bei Nacht, und Feuer und Rauhreif werden euch verderben.

2
Durch Übermut ins Verderben

DER HERR SCHUF SEINE WELT und vollendete sie und gab die Erde den Menschenkindern. Da nun das Geschlecht der Sintflut kam und sah den Frieden, der auf Erden war, wurde es übermütig. Es war unter ihnen keines, das unfruchtbar wäre, Mann noch Weib; ihre Weiber bedurften keiner Wehmutter, und ihr Vieh wurde nimmer von Seuchen heimgesucht; sondern es war ihr Same sicher um sie her, und ihre Sprößlinge waren bei ihnen; ihre Kinder ließen sie ausgehen wie eine Herde, und ihre Knaben hüpften; ihr Stier befruchtete und ließ seinen Samen nicht fallen, ihre Kühe kalbten und warfen nicht vor der Zeit; ihr Haus hatte Frieden vor der Furcht, und Gottes Rute war nicht über ihnen.

Da nun die Menschen des Friedens genossen, wurden sie übermütig und frevelten vor dem Herrn und sprachen: Was ist der Allmächtige, daß wir ihm dienen sollten. Sprach der Herr: Ich will sie vernichten, um es ihnen kundzutun.

In einem späteren Buch lesen wir:

Zur Zeit der Sintflut, da glichen die Ähren des Weizens den Zedern des Libanons; die Menschen brauchten nicht zu säen und nicht zu ernten, sondern der Wind blies und klopfte die Körner aus, daß sie sie nur einzusammeln brauchten. Und so war es Jahr für Jahr. Da die Menschen nun fehlten, sprach der Herr: Dies soll von nun an die Ordnung der Welt sein: Saat und Ernte, Frost und Hitze, Sommer und Winter, tags und nachts sollen sie hinfort nicht Ruhe haben.

3
Sieg eines Neugeborenen über den Teufel

DREI TAGE NUR waren die Weiber schwanger in den Tagen der Sintflut und gebaren gleich darauf, ja, manche sagen, nach einem Tage
wären die Kinder schon ausgetragen gewesen und hätten vor ihren
Müttern gehüpft. Wie nur der Weiber eine gebar, sprach sie alsbald
zu ihrem Jungen: Geh hin und hol' eine Schere, daß ich deine Nabelschnur zerschneide; und es war Nacht, so sprach sie: Steh auf und
mache Licht!

Also wird auch von einem Weibe erzählt, das in der Nacht einen
Sohn gebar und zu dem Neugeborenen sprach: Mach' dich auf und
zünde ein Licht an, daß ich deine Nabelschnur zerschneide. Da
machte sich der Knabe auf, aber unterwegs stieß er zusammen mit
dem Teufel Samdon, dem Fürsten der Geister, und beide fingen an,
miteinander zu ringen. Da krähte der Hahn, und der Morgen brach
an. Am Morgen aber ist aller Geister Macht zu Ende, wie es auch
heißt: Die Sonne scheint, und sie schwinden. Da sprach der Teufel zu
dem Neugeborenen: Geh hin und berühme dich vor deiner Mutter,
denn hätte der Hahn nicht gekräht, ich hätte dich überwunden und
dich totgeschlagen. Sprach der Neugeborene zu dem Fürsten der
Geister: Geh du hin und berühme dich vor deiner Mutter; danke
Gott, daß meine Mutter mir die Nabelschnur noch nicht zerschnitten hat, denn hätte sie sie zerschnitten gehabt, ich hätte über dich gesiegt und hätte dich erschlagen.

4
Die Engel paaren sich mit den Menschenkindern

VON SETH GINGEN HERVOR und zählten alle Geschlechter der Gerechten, von Kain aber kamen und zählten die Geschlechter der
Gottlosen, der Missetäter und der Frevler, welche abtrünnig wurden
dem Herrn und sprachen: Wir schauen nicht nach deinem Regen-
tropfen aus, und wir wollen von deinen Wegen nichts wissen.

Mit aufgedeckter Blöße gingen die Geschlechter Kains, und waren Mann und Weib wie Vieh. Sie zogen ihre Kleider aus und warfen
sie auf die Erde und gingen nackend auf dem Markte herum, wie es
auch heißt: Sie waren nacket ohne Gewand. Sie trieben allerlei Hurerei, und es buhlte ein Mann mit seiner Mutter und mit seiner Tochter und mit seines Bruders Weibe offen in den Straßen, und alles
Dichten und Trachten ihres Herzens war nur darauf gerichtet.

Und die Engel, welche herabfielen von der Höhe ihrer Heiligkeit, sahen nach den Töchtern Kains, wie sie mit aufgedeckter Blöße gingen und ihre Augenbrauen färbten gleich den Huren, und wurden von ihnen verführt und nahmen sich von ihnen Weiber. Aber die Engel, die sind doch Feuerflammen – wenn sie sich mit den Menschentöchtern zusammentun, verbrennen da nicht deren Leiber? Doch nicht, denn da sie von der Höhe ihrer Heiligkeit herabfielen, wurden sie den Menschen gleich an Kraft und an Gestalt und wurden in irdische Leiber gehüllt.

Von ihnen kamen dann die Riesen, die gewaltigen Wuchses waren, und welche ihre Hand ausstreckten zu Raub und zu Plünderung und zu Blutvergießen.

Die Riesen zeugten Kinder und vermehrten sich gleich den Kriechenden; je sechse wurden ihnen auf einmal geboren.

Sie sprachen: Wenn die Wasser der Sintflut kommen, siehe, wir sind groß von Wuchs, so wird uns das Wasser nur bis zum Halse reichen; und wenn die Wasser der Tiefe emporsteigen, siehe, unsere Füße können die Tiefen zudecken. Sie streckten auch ihre Füße und deckten die Abgründe zu. Was tat der Herr? Er machte die Wasser der Tiefen siedend heiß, daß ihr Fleisch verbrannt wurde und die Haut sich löste.

5
Das Verderben von Mensch und Tier

DAS GESCHLECHT DER SINTFLUT hatte von dem Geschlechte Enos' nicht gelernt.

Sie sahen nach den Menschentöchtern, wie schön sie waren und nahmen zu Weibern, welche sie wollten. Ward eine Jungfrau ihrem Manne geschmückt, so kam der Fürst und beschlief sie zuerst. Welche von ihnen, heißt es, stellten ihre und ihrer Nachbarn Betten zusammen und tauschten ihre Weiber miteinander aus. Und auch von den Frauen heißt es: ging eine auf den Markt hinaus und sah nur einen Jüngling, nach dem es sie gelüstete, so legte sie sich zu ihm, und was sie gebar, ward wie die Erzeuger zu einem der Gewaltigen.

Alles hatte seinen Weg verderbet zur Zeit der Sintflut, Mensch und Tier; es tat sich der Hund zu der Wölfin, der Hahn zu der Pfauin, das Pferd zur Eselin, der Esel zur Schlange, und die Schlange zum Vogel.

Selbst die Erde trieb dazumal Hurerei. Man warf in sie den Samen des Weizens, und sie brachte Schwindelhafer hervor; dies Gras, das noch heute wächst stammt eben aus der Zeit vor der Flut.

6
Die Verstockten

Es heisst: Böse Menschen merken nicht aufs Recht, die aber nach dem Herrn fragen, merken auf alles. Böse Menschen, das ist das Geschlecht der Sintflut, die taten Sünde und sahen nicht, da die Strafe nahte. Die aber nach dem Herrn fragen, das sind Noah und seine Kinder; sie vernahmen es, daß der Herr eine Flut über die Welt bringen würde, und sie fürchteten sich.

Warum aber befal der Herr Noah, er sollte sich einen Kasten machen? Hätte ihn der Herr nicht durch sein Wort allein retten können, oder konnte er ihn nicht in den Himmel fahren lassen? Warum sagte er da: mache dir einen Kasten aus Tannenholz? Nicht anders, als daß der Herr dachte: Während Noah die Zedern fällen und den Kasten bauen wird, werden sich die Menschen um ihn sammeln und werden ihn fragen: Was machst du denn hier? Da wird er ihnen sagen: Der Herr befal mir, einen Kasten zu bauen, denn er sprach: ich will eine Flut bringen über die Welt, weil die Menschen mich erzürnen. Und wenn die Menschen dies hören werden, werden sie sicherlich Buße tun.

Hundertundzwanzig Jahre lang warnte der Herr das Geschlecht der Sintflut, denn er dachte immer: vielleicht tun sie noch Buße. Da sie nicht umkehren wollten, sprach der Herr zu Noah: Mache dir einen Kasten aus Tannenholz. Da machte sich Noah auf und tat Buße vor dem Herrn und fing an, Zedern zu pflanzen. Da sprachen die Menschen: Die Zedern hier, was sollen sie? Sprach Noah: Der Herr will eine Flut auf die Welt bringen und sprach zu mir, ich sollte mir einen Kasten machen, dahin ich mich rette mit meinem Hausgesind. Da verhöhnten die Leute Noah und verlachten ihn. Noah aber tränkte die Zedern, und die Zedern wuchsen. Sprachen die Menschen: Was stellst du hier an? Noah gab ihnen wieder denselben Bescheid. Und abermals ergingen sich die Leute in Spott über ihn. Aber am Ende der Tage, da fällte Noah die Bäume und fing an, sie zu zersägen. Sprachen wieder die Menschen: Was hast du denn vor? Da erklärte ihnen Noah, was er tat, und er warnte sie, daß der Herr die Flut über sie würde kommen lassen, da sie nicht Buße täten.

In dieser Stunde ließ der Herr die Brunnen der Tiefe emporquellen. Als die Menschen das Wasser kommen sahen, was taten sie da? Ihrer Kinder waren viele; so nahmen sie welche von ihnen, legten sie auf die Öffnungen der Brunnen und drückten mit ihren Leibern darauf; sie hatten kein Erbarmen. Was tat der Herr? Er ließ von oben eine Flut auf sie niederfallen. Aber fest war ihre Kraft und groß ihr Wuchs, nicht war es möglich, ihnen beizukommen; und da der Herr sah, daß nicht die Brunnen der Tiefe, noch die Flut des Himmels etwas über sie vermochten, ließ er vom Himmel auf sie einen Feuerregen fallen, wie es auch heißt: das Übrige fraß das Feuer.

Es heißt:

Jedweden Tropfen, den der Herr auf sie regnen ließ, machte er vorerst in der Hölle siedend heiß und darnach ließ er ihn fallen.

7
Maß für Maß

DAS GESCHLECHT DER SINTFLUT ist durch nichts anderes übermütig worden, als durch das Zuviel des Guten, das der Herr ihnen gab. Sie sprachen: wozu brauchen wir ihn? Ist's uns um das Wasser vom Himmel zu tun? Haben wir doch der Flüsse und der Brunnen genug, die reichen uns auch, daß wir seiner nicht bedürfen. Da sprach der Herr: Weil ich ihnen einen Überfluß an Wasser gab, sind sie frech geworden; nun will ich ihnen noch mehr davon geben und will eine Flut von Wasser über sie bringen.

Noah predigte den Menschen und redete auf sie ein mit harten, flammenden Worten; aber die Menschen verhöhnten ihn nur und sprachen: Du Alter, was soll dieser Kasten? Sprach Noah: Der Herr will über euch eine Flut bringen. Sprachen die Menschen: Was für eine Flut? Ist's eine Feuerflut, so haben wir doch ein Ding, das Alitha heißt, und welches das Feuer verlöscht; ist's eine Überschwemmung, die er bringen will, so bedecken wir die Erde mit eisernen Platten, daß das Wasser der Tiefe nicht durchsickern kann; bringt er aber über uns einen Regen vom Himmel, so haben wir dafür unsere Schwämme, welche das Wasser aufsaugen. Sprach Noah: Unter euren Fersen wird's hervorkommen.

Der Herr hatte die Ordnung der Schöpfung geändert; er ließ die Sonne auf der Abendseite aufgehen, denn er dachte, vielleicht würden die Menschen Buße tun, aber sie taten nicht Buße.

Und wiederum lesen wir:

Ich will den Menschen vertilgen, sprach der Herr. Selbst der Staub Adams ist vom Wasser weggeschwemmt worden, ja, andere meinen, sogar der letzte Wirbel des Rückgrats des Menschen, der seit den Tagen nach der Sintflut von jedem zurückbleibt, und davon der Herr dereinst, bei der Auferstehung der Toten, den Menschen wieder aufbauen wird, selbst der ist dazumal vernichtet worden.

8
Zwei Gleichnisse

ES KAM DAS WASSER der Sintflut auf die Erde, und es wurde vertilgt alles, was nur bestanden hatte, vom Menschen bis auf das Vieh. – Wohl hatte der Mensch Sünde getan, aber das Vieh, warum sollte das gestraft werden? Darauf antwortete ein Weiser: Diese Geschichte gleicht der Geschichte von einem König, der ließ zur Hochzeit seines Sohnes einen Thronhimmel aufstellen und tat allerhand Kostbarkeiten daran; auch ein köstlich Mahl ließ er bereiten. Wie sie aber zur Trauung gingen, starb der Königssohn. Da stand der König auf, riß den Thronhimmel herunter und vernichtete alles, was daran war. Sprachen die Knechte: Herr, unser König! Dein Sohn ist tot, warum hast du aber auch den Himmel zerstört? Sprach der König: Für wen habe ich das alles gemacht, doch für meinen Sohn. Nun er tot ist, was soll mir da der Himmel.

So auch der Herr. Er sprach: Alles, was auf Erden und was im Wasser ist, ich habe es für keinen gemacht, als für den Menschen allein; nun der Mensch nicht mehr ist, was soll da das Vieh, die Tiere und die Vögel? Ist der Mensch umgekommen, so möge alles umkommen; lebt der Mensch, so möge alles leben.

Es sprach der Herr: Ich will den Menschen, den ich geschaffen habe, vertilgen von dem Angesicht der Erde.

Wer wüßte ein Gleichnis dazu? Es hatte ein König einmal einen Garten, darin er allerlei Fruchtbäume pflanzte. Da übergab er den Garten einem Wächter, der sollte einen Teil davon haben und sollte ihn pflegen. Doch der Wächter war ein träger Mann; nicht allein, daß er keine Arbeit in dem Garten tat, er ließ ihn noch verwüsten. Da sprach der König: Diesem hier habe ich meinen Garten anvertraut; war es darum, daß er ihn pflegen sollte, oder, daß er ihn zuschanden machen sollte? Und der König entfachte ein Feuer und ließ den Garten verbrennen.

So auch der Herr. Er schuf seine Welt und schuf so viel des Köstlichen darin und gab es in die Hand des Menschen, der sollte sich daran erfreuen und sollte die Welt noch vervollkommnen. Da kam aber das Enos-Geschlecht und das Geschlecht der Sintflut, und sie erzürnten den Herrn und verleugneten ihn und verderbten ihren Weg. Alsbald sprach der Herr: Ich will den Menschen, den ich schuf, vertilgen von der Erde.

9
Die Stummen und die Redenden

DER HERR SPRACH ZU ANFANG: Es sammle sich das Wasser unter dem Himmel an einem Ort, und es werde sichtbar das trockene Land. Aber späterhin sprach der Herr: Ich will eine Wasserflut auf die Erde bringen.

Ähnlich trug es sich einmal mit einem König zu; er hatte sich ein Schloß gebaut und setzte stumme Diener darein; die Diener traten jeden Morgen vor ihren Herrn und begrüßten ihn mit stummer Gebärde. Da sprach der König in seinem Herzen: So die hier der Sprache mächtig wären, wie würden sie mich da preisen. Und der König nahm sich andere Diener ins Schloß, welche reden konnten. Da standen sie auf und bemächtigten sich des Schlosses und sprachen: Nicht des Königs ist dies Schloß, unser ist es! Da sprach der König: Es kehre in mein Schloß die alte Ordnung wieder.

So auch der Herr. Vom Wasser allein erscholl am Anfang der Schöpfung, das Lob des Herrn, wie es auch heißt: Sie riefen, mächtig ist der Herr in der Höhe! Da sprach der Herr: Nun die allein mich schon preisen, die keinen Mund haben, noch der Rede kundig sind, noch irgendein Wort verstehen, wie wird mich da der Mensch verherrlichen. Und Gott schuf den Menschen. Alsbald kam das Geschlecht der Sintflut und stiftete Aufruhr wider seinen Schöpfer. Da sprach der Herr: Fort mit denen hier; es mögen wieder herkommen, die zuvor hier waren. Und die Wasser ergossen sich über die Erde.

Von dem Leben in der Arche

1
Der Bau der Arche

DER HERR SPRACH ZU NOAH: Das Ende alles Fleisches ist vor mich gekommen, und, siehe, ich will sie verderben; du aber mache dir einen Kasten aus Tannenholz.

Und der Herr zeichnete Noah mit dem Finger vor und sprach zu ihm: Siehe, so und so soll der Kasten aussehen; hundertundfünfzig Kammern soll der recht Flügel lang sein, hundertundfünfzig Kammern soll der linke Flügel lang sein; dreiunddreißig Kammern soll er vorne breit sein, dreiunddreißig Kammern soll er hinten breit sein. In der Mitte sollen zehn Räume für Speisevorräte sein, außerdem noch fünf Speicher an der rechten Seite des Kastens und fünf Speicher an der linken Seite des Kastens; darin sollen Leitungen sein, die das Wasser zuführen; die werden geöffnet und werden abgeschlossen. Der Kasten soll drei Geschosse hoch sein; wie das unterste Geschoß aussieht, so soll auch das zweite Geschoß und das dritte aussehen; in dem untersten Geschoß soll das Vieh und die wilden Tiere wohnen, in dem mittleren Geschoß sollen die Vögel nisten, das oberste Geschoß ist für den Menschen und für das Gewürm bestimmt. – Zweiunddreißig Vogelarten und dreihundertfünfundsechzig Arten Gewürms kamen in die Arche.

Vor der Sintflut waren der unreinen Tiere mehr denn der reinen; aber nach der Sintflut wollte der Herr die Zahl der reinen Tiere vermehren und der Zahl der unreinen wollte er vermindern. Daher sprach er zu Noah: Du sollst zu dir nehmen in den Kasten von allerlei reinem Vieh je sieben und sieben, von dem unreinen Vieh sollst du nehmen je ein Paar.

Als Noah davon hörte, sprach er vor dem Herrn: O Herr aller Welten! Ist es in meiner Gewalt, die Tiere alle um mich zu sammeln und sie in den Kasten zu bringen? Alsbald kamen da die Engel, welche über die einzelnen Tierarten befohlen waren, und riefen die Tiere zusammen und brachten auch ihre Speise herbei; die Tiere kamen dann selber zu Noah.

Als alle Geschöpfe in den Kasten gekommen waren, schloß der Herr hinter ihnen zu und versiegelte mit seiner Hand das Tor des Kastens. In dem Kasten aber hing eine große Perle, die leuchtete allen Geschöpfen gleichwie ein Licht, das in seiner Kraft erstrahlt.

Der zehnte Tag des Monats Cheschwan war es, als alle Geschöpfe in den Kasten gekommen waren, und sieben Tage danach kam das Gewässer der Sintflut vom Himmel auf die Erde. Das waren die männlichen Wasser; aus den Tiefen aber quollen empor die weiblichen Wasser; da taten sich die beiden zusammen und stärkten sich mit Kraft, um die Welt zu zerstören. Also ward vertilgt alles, was bestand auf Erden. Allein Noah blieb und was mit ihm in dem Kasten war.

2
Weiteres von der Arche

DAFÜR, DASS DIE MENSCHEN des Sintflutgeschlechtes nicht auf den Herrn hörten, wurde das Urteil über sie gefällt, und der Herr sprach

zu Noah: Mache dich auf und baue dir einen Kasten, denn durch dich
will ich die Welt wiederherstellen und sie dann bevölkern.

Mache dir einen Kasten aus Tannenholz und nimm dazu die Bäume, die wachsen auf den Bergen Kardinon.

Dreihundertsechzig Kammern waren drinnen im Kasten, jede
Kammer zehn Ellen breit, zehn Ellen lang, und zwischen den Reihen
der Kammer liefen Gänge, vier Ellen breit; aber zwischen der vor-
dersten Reihe und der Wand des Kastens, wie zwischen der hinter-
sten Reihe und der Wand des Kastens war freier Raum einer Elle
breit. Andere sagen, neunhundert Kammern hätte der Kasten gehabt,
jede Kammer sechs Ellen lang und sechs Ellen breit, und zwischen
den Reihen der Kammern liefen Gänge vier Ellen breit; und auch vor
und hinter den Kammern war freier Raum einer Elle breit.

Einer Elle breit war auch das Dach des Kastens, denn die Wände
liefen schräg, daß der Kasten nach oben zu immer enger wurde, bis
das Dach nur einer Elle breit war.

Dreistöckig war der Kasten; das unterste Stockwerk war für den
Unrat bestimmt; im mittleren Stockwerk wohnte Noah mit seinen
Kindern und mit ihm die reinen Tiere; im obersten waren die unrei-
nen Tiere.

Wir lesen:

Es geschah, als der Regen auf die Erde kam, da ging Noah und
sein Hausgesind in den Kasten, dazu allerlei Getier nach seiner Art,
allerlei Gewürm, das auf Erden kriecht, nach seiner Art und allerlei
Vögel nach ihrer Art; aber es kamen zu Noah nur Tiere, die ohne
Sünde waren. Wie wußte es aber Noah, welche von ihnen ohne Sünde waren? Er stellte sie alle vor den Kasten hin; welches Tier der Kasten aufnahm, von dem wußte Noah, daß es rein von Sünde war, welches Tier aber der Kasten nicht aufnahm, von dem wußte Noah, daß
es Sünde getan hatte.

Und wiederum lesen wir:

Noah nahm mit in den Kasten Weinranken, die sollten den Elefanten zur Speise dienen, außerdem nahm er Efeu für die Gazellen,
Glasscherben für die Strauße, Aron für die Raben, Feigenbohnen für
die Ziegen und Wicken für die Ochsen; zum Pflanzen nahm er mit
sich junge Weinstöcke, Feigen und Ölbäume.

Auch Geister kamen mit hinein in den Kasten, dies sind die Geschöpfe, die keine Leiber haben, denn nur ihre Seelen sind erschaffen worden.

Inmitten des Tages kamen Noah und sein Hausgesind in den Kasten. Die Leute seines Geschlechts sprachen: Wenn wir ihn in den Kasten kommen sehen, so lassen wir ihn nicht hinein; aber nicht allein,

daß wir ihn nicht hineingehen lassen, wir nehmen Äxte und Beile und zerhauen den Kasten.

Sprach der Herr: Am hellichten Tage will ich Noah in den Kasten bringen, wer etwas dawider kann, der komme und tue es.

3
Die zwei Sterne

Es steht in der Schrift einmal: Er macht den Bären und den Orion und den Sirius, und das andere Mal steht: Er macht den Sirius und den Orion. Wie erkläre ich mir den Unterschied? Nämlich, wäre nicht der Orion mit seiner Wärme da, die Welt würde von dem Frost des Sirius erstarren; und wäre nicht der Sirius mit seiner Kälte da, die Welt würde vor Hitze nicht bestehen können.

Der Tag, da die Sintflut ausbrach, war der siebzehnte Tag des Monats Ijar, dies ist die Zeit, da das Sternbild des Sirius am Tage untergeht und die Quellen zu versiegen anfangen. Da aber die Taten der Menschen verkehrt wurden, kehrte auch der Herr die Ordnungen der Schöpfung um, und er ließ das Sternbild des Sirius dazumal am Tage aufgehen; dann riß er zwei Sterne aus ihrem Ort heraus, und es wurden geöffnet die Fenster des Himmels, und die Sintflut ergoß sich über die Welt.

Andere wiederum sagen, der Tag wäre der siebzehnte des Monats Cheschwan gewesen; dies ist die Zeit, da das Sternbild des Sirius am Tage aufgeht und die Wasserbrunnen zu schwellen anfangen. Und der Herr riß zwei Sterne vom Himmel heraus und brachte eine Flut über die Welt. Nachdem aber die Sintflut vorüber war, wollte der die Himmelsöffnungen wieder ausfüllen, da nahm er zwei Sterne vom Sternbild des Bären und deckte die Löcher zu. Aber dermaleinst wird der Herr des Bären Sterne an ihren Ort wiederbringen, wie es auch heißt: Der Bär wird seine Jungen wieder haben.

4
Die Löwin, der Stier und der Riese

Gott der Herr befahl Noah und sprach: Du und dein Haus geht alle in den Kasten, und ich werde um dich sammeln alles Vieh auf Erden, alle Tiere des Feldes und alle Vögel des Himmels, und sie werden alle kommen und werden den Kasten umringen. Und du geh dann hinaus und setze dich vor die Türe des Kastens; die Tiere werden dann alle dir gegenüber stehen, und welches Tier aus der Reihe heraustritt und sich vor dich niederlegt, dies sollst du nehmen und es deinen Kindern übergeben, und die werden es in die Arche bringen; welches Tier aber stehen bleibt, dies sollst du auch stehen lassen.

Den anderen Tag tat Noah, wie der Herr gesprochen hatte; es kamen der Tiere und Vögel gar viele, und sie umringten alle die Arche. Da ging Noah hinaus und setzte sich vor die Tür der Arche; es legte sich viel Fleisch vor ihm nieder, dies nahm er zu sich in den Kasten; welches Tier aber stehen blieb, dies ließ er draußen.

Da kam auch eine Löwin und mit ihr zwei Junge, Männlein und Weiblein, und die legten sich alle nieder vor Noah. Aber darnach erhoben sich die Jungen, schlugen ihre Mutter und verjagten sie von ihrem Platz, daß sie floh und sich zu dem Löwen gesellte. Die zwei Jungen aber kehrten zurück und legten sich nieder auf die Erde vor Noah. Da sah Noah auf all dies und wunderte sich sehr darob, aber er stand auf, nahm die beiden jungen Löwen und brachte sie zu sich in den Kasten.

Wie die Alten aber erzählten, war es nicht die Löwin, sondern der Wildochs gewesen; der konnte hinein in den Kasten wegen seiner gewaltigen Größe, da wurden seine Jungen genommen. Andere wiederum sagen, Noah hatte den Wildochsen an den Hörnern an die Arche angebunden.

Auch der Riese Og, einer von dem Heere der gefallenen Engel, kam herbei und setzte sich auf eine Sprosse von der Leiter der Arche; er gelobte Noah und seinen Söhnen in Ewigkeit ein Knecht zu sein. Was tat Noah? Er machte ein Loch in der Arche und reichte ihm so seine Speise; so blieb auch Og am Leben.

Andere wiederum sagen: Og rettete sich allein von den Menschen, die in der Sintflut umgekommen waren; er setzte sich rittlings auf das Dach der Arche, da spannte es sich über seinem Kopfe, wie ein Schirm; und er ernährte sich von Noahs Speise. Doch nicht um seiner Verdienste willen ist er gerettet worden, sondern um darzutun die Größe des Herrn vor den späteren Bewohnern der Erde. Die sollten sagen: Dies ist ein Überbliebener von denen, die vor der Sintflut waren, die Aufruhr stifteten wider den Herrn, und die ertrunken sind.

Sihon und Og waren die Söhne von Semhazaël, welcher von den Kindern der Gewaltigen war; dieser war zu Hams Weibe eingegangen, ehe sie in den Kasten gekommen war, und so ward Sihon im Kasten geboren.

5
Die Speisung der Tiere

DIE ZWÖLF MONDE hindurch, da Noah in dem Kasten saß, taten die Planeten nicht ihren Dienst; und der Herr hatte die Sonne und den Mond eingeschlossen, und die schienen nicht das ganze Jahr hindurch. Wie konnte da Noah seine Arbeit tun? Ja, der Herr wies ihm einen Edelstein zu, der leuchtete ihm.

Andere sagen, Noah hätte gleich, als er in den Kasten ging, Perlen und Edelsteine mitgenommen; waren sie stumpf, so wußte er, daß es Tag war, funkelten sie jedoch, so wußte er, daß es Nacht war. Wozu brauchte er es aber zu wissen, ob Tag oder Nacht war? Es gibt nämlich Tiere, die am Tage fressen, und es gibt Tiere, die in der Nacht fressen.

Es heißt: Ein großes Geheimnis offenbarte der Herr Noah, in dem er ihn wissen ließ um die Nahrung, die jedem Tier zukommt; kein Lebendes wäre von selber darauf gekommen. Aber nicht das allein, sondern er ließ ihn auch wissen, wieviel jedes Tier tagsüber verzehrt, wieviel jeder Vogel tagsüber bedarf, sowie zu welcher Stunde sie gespeist werden müssen, welches Tier in der ersten Tagesstunde gespeist werden muß, welches in der zweiten Tagesstunde, welches in der dritten. Und siehe auch den Beweis: Noah speiste sie richtig die ganze Zeit hindurch.

Und wieder heißt es:

Die zwölf Monde hindurch, die Noah in dem Kasten war, kannten seine Augen nicht den Schlaf, weder tags noch nachts; weder schlief er noch seine Söhne, die mit ihm waren, denn sie mußten die Tiere, das Vieh und die Vögel speisen. Einmal vergaß es Noah, dem Löwen seinen Fraß zu geben, da biß ihn der Löwe in den Fuß, daß er lahm wurde.

Noah pfleget die Tiere zu speisen, Sem speiste das Vieh, Ham speiste die Vögel, Jafeth speiste das Gewürm.

All die zwölf Monde, die Noah mit den Seinen in dem Kasten war, traten sie auf Schlangen, und die taten ihnen nicht zuleide, wie es auch heißt: Auf Schlangen und Ottern wirst du treten.

6
Die Zikade und der Vogel Orsinia

NOCH IN SPÄTEREN ZEITEN erzählte Sem, der Sohn Noahs, Elieser, dem Knechte Abrahams, von dem Leben in der Arche.

Schweren Dienst, so sprach Sem, hatten wir in der Arche; welche Tiere am Tage ihre Speise einnehmen, die mußten wir am Tage speisen; welche aber des Nachts fressen, mußten wir des Nachts füttern.

Von den Zikaden wußte mein Vater anfangs nicht, womit er sie speisen sollte; da begab es sich eines Tages, daß er Granatäpfel zerschnitt, und da fiel von einem ein Wurm auf die Erde, alsbald fraß ihn die Zikade auf. Von nun an pflegte mein Vater für sie Kleie einzuweichen, und wie darin Würmer wuchsen, gab er sie ihr zu fressen.

Den Vogel Orsinia, den fand mein Vater einst in der Kammer liegen. Da fragte er ihn: Verlangst du denn gar nicht nach einer Speise? Da erwiderte der Vogel: Ich sah, wie du dich mühtest mit den Tieren, da sagte ich mir, ich will dich nicht plagen. Da sprach mein Vater zu dem Vogel: Es sei der Wille des Herrn, du sollst nimmer sterben.

7
Die Katze und die Maus

Es fragte Nebukadnezar, der König von Babylon, Jesus, den Sohn Sirachs: Warum frißt die Katze Mäuse lieber denn alles andere?

Und der Weise gab ihm zur Antwort:

Zu Anfang waren Katze und Maus gut Freund miteinander. Aber da ging die Maus und verleumdete die Katze vor dem Herrn; sie sprach: O Herr der Welt! Ich und die Katze, sollen beieinander bleiben, aber reicht denn die Nahrung aus für uns beide? Da erwiderte ihr der Herr und sprach: Du verleumdest deinen Freund, weil du ihn gerne verzehren möchtest; nun aber wird er dich verzehren, und du wirst ihm zur Speise dienen. Da sprach die Maus: Was habe ich denn Unrechtes getan? Sprach der Herr: Garstiges Tier! So hast du keine Lehre gezogen von dem, was sich mit Sonne und Mond zugetragen hat? Beide waren sie gleich an Größe und an Gestalt, aber dieweil der Mond die Sonne verleumdete, machte ich seinen Schein kleiner und vermehrte der Schein der Sonne. Auch du hast deinen Freund verleumdet, denn du wolltest ihn verzehren, dafür soll er dich verzehren. – Da sprach die Maus: Herr der Welt! Soll ich nun und mit mir meine Same von der Erde vertilgt werden? Sprach der Herr: Auch von dir werde ich etwas zurückbleiben lassen, wie ich es mit dem Monde getan habe. – Dennoch lief die Maus und biß die Katze in den Kopf. Da sprang die Katze auf, warf die Maus zu Boden, biß sie und tötete sie.

Seit der Zeit ist der Schreck vor der Katze auf die Mäuse gefallen, und die Maus ist der Katze zum Fraß.

Abermals fragte Nebukadnezar: Warum hat die Maus eine Naht an der Backe? Der Weise erwiderte:

Es geschah in den Tagen der Sintflut, als alle Tiere, Männlein und Weiblein, in der Arche waren, da setzte sich einmal die Maus mit ihrer Gefährtin neben die Katze. Sprach die Katze zu sich: Wie ich mich erinnere, fraß mein Vater die Maus und ihren Samen; auch ich werde sie wohl fressen dürfen. Und sie warf sich auf die Maus und wollte sie fressen. Da floh die Maus davon und suchte nach einem Loch, darin sie sich verbergen könnte, sie fand aber keins; da geschah ein Wunder, es tat sich ein Loch auf, und die Maus schlüpfte hinein. Die Katze sprang ihr nach und wollte in das Loch eindringen, sie konnte aber nicht hinein, denn das Loch war zu klein. Da steckte sie ihre Pfote in das Loch, um die Maus herauszuziehen; die Maus hielt gerade ihr Maul auf, da fuhr ihr die Katze ins Maul und riß ihr mit den Krallen den Kinnbacken auf, einen kleinen Finger breit.

Als die Katze davonging, kroch die Maus aus dem Loch, lief zu Noah und sprach: O du Gerechter, tu Gnade an mir und nähe mir die Backe zu, denn mein Feind, die Katze, hat sie mir zerrissen. Da sprach Noah: So hole mir von dem Schwanz eines Schweines die Borste. Die Maus lief fort und brachte Noah die Borste. Und Noah nähte der Maus die Backe zu. Daher sieht man noch heute eine Naht an der Backe der Maus.

Gott gedenkt der Lebenden

1
Der Rabe und die Taube

DER KASTEN LIESS SICH NIEDER am siebenten Monat auf dem Gebirge Ararat, und das Gewässer verlief sich immer hin von der Erde.

Und es geschah am Ende der vierzig Tage, da öffnete Noah das Fenster des Kastens, das er gemacht hatte, und ließ einen Raben ausfliegen, auf daß er erführe, was mit der Welt sei; da flog der Rabe aus und fand eines Menschen Aas auf dem Gipfel eines Berges liegen; er ließ sich darauf nieder und richtete seine Botschaft nicht aus dem, der ihn ausgeschickt hatte.

Da ließ Noah eine Taube ausfliegen, auf daß er erführe, ob das Gewässer gefallen wäre. Die Taube aber richtete die Botschaft aus und kehrte zu Noah zurück zur Abendzeit, und siehe, ein Ölblatt hatte sie abgebrochen und trug's in ihrem Munde. Warum war's aber ein Ölblatt, das sie abgebrochen hatte? Denn also sprach sie vor dem Herrn: Herr aller Welten! Möge meine Speise bitter sein wie dieses Blatt hier, aber sie kommt von deiner Hand, als daß sie süß sei und von der Hand des Menschen käme.

Man sagt auch daher: Ein Unreines ausschicken, heißt einen Narren ausschicken; ein Reines ausschicken, heißt einen treuen Boten ausschicken.

Eine unwiderlegliche Antwort gab der Rabe Noah, als er ihn ausfliegen ließ; er sprach: Dein Meister ist mir feind, und du bist mir feind; dein Meister ist mir feind, denn siehe, er befahl dir von den Reinen je sieben und sieben zu nehmen, von den Unreinen aber je zwei, und du bist mir feind, denn siehe, von welchen du je sieben hast, die läßt du im Kasten sitzen, von welchen du aber je zwei hast, die schickst du aus; wenn mich nun schlägt der Fürst der Hitze oder der Fürst des Frostes, wird da nicht ein Geschöpf in der Welt fehlen?

In einem anderen Buche steht's so geschrieben: Der Rabe fing an, vielerlei Antwort Noah zu geben und sprach: Von allem Vieh, Getier und Gevögel, das hier ist, schickt du keines aus, warum grade mich? Sprach Noah: Was bedarf auch die Welt deiner? Nicht als Speise, noch als Opfer bist du zu gebrauchen. Da sprach aber der Herr zu Noah: Behalte ihn, dereinst wird die Welt noch seiner bedürfen: Sprach Noah: Wann denn? Sprach der Herr: Dereinst wird ein Gerechter aufkommen, Elia der Thisbiter, der wird die Welt mit Dürre strafen, und ich werde ihn von Raben speisen lassen. So heißt es auch: Die Raben brachten Elia Brot und Fleisch des Morgens und Brot und Fleisch des Abends.

Darnach ließ Noah eine Taube von sich ausfliegen, aber die Taube fand keinen Ort, da sie hätte ruhen können; also harrte er noch dreimal sieben Tage und ließ abermals die Taube ausfliegen; da wurden ihr aufgetan die Tore des Gartens Eden, und sie brach von dort ein Ölblatt ab.

Andere wiederum meinen, vom Ölberg hätte sie das Blatt mitgebracht, denn das heilige Land war von der Flut nicht überschwemmt worden. Die ist's auch, davon der Herr zu Hesekiel sprach: Das Land, das nicht beregnet wird zur Zeit des Zornes.

2
Wieder von dem Raben und von der Taube

Es HEISST: Noah ließ einen Raben ausfliegen. Wozu tat er dies?

Die einen meinen es so: Noah war ein Weiser, er war kundig der Zaubersprüche und verstand auch die Sprache aller Tiere und ihre Gebärde. Als er im Kasten war, sprach er bei sich: Ich weiß es wohl, keiner von den Vögeln ist so klug, als wie der Rabe, durch ihn kann ich das Zeichen der Welt wissen. Alsbald schickte er auch den Raben aus. Wie konnte Noah aber so etwas tun? Ist es doch verboten, jedwede Wahrsagekunst und Zeichendeuterei zu treiben. Daher sagen andere: Nicht deshalb nahm Noah den Raben, weil er mit ihm wahrsagen wollte, sondern weil ihn der Untergang der Welt über alles schmerzte; er sprach nämlich vor dem Herrn: Herr aller Welten! Ich weiß es, du bist der Barmherzige, aber mit deiner Welt hattest du kein Erbarmen; deine Barmherzigkeit ist zur Grausamkeit umgewandelt worden, denn du hast dich deiner Kinder nicht erbarmt; so möge nun einer ausfliegen, der sich auch seiner Kinder nicht erbarmt und grausam ist gegen seine Brut. Diesethalben schickte Noah den Raben aus. Wie konnte er aber derartige Rede wider den Herrn führen? Ja, der Schmerz trieb ihn dazu.

Jedoch der Rabe wollte nicht Noahs Botschaft ausrichten, denn er war für anderes bestimmt, nämlich den Propheten Elia zu speisen. Als nun Noah sah, daß er den Raben nicht schicken durfte, ließ er die Taube ausfliegen, denn er sprach: Keines ist unter den Vögeln, das so den Tod ohne Widerrede erleidet wie die Taube. Diesethalben ließ er die Taube ausfliegen.

3
Die Befreiung

ALS NOAH IN DEM KASTEN WAR, betete er beständig: Führe meine Seele aus dem Kerker, o Herr! Sprach der Herr zu ihm: Es ist von mir verhängt über euch, daß zwölf Monde erst voll werden müssen; ehe die nicht um sind, gehst du nicht aus dem Kasten.

All die Tage, die Noah in dem Kasten zubrachte, war es ihm und seinen Söhnen und allen, die mit waren, gewehrt, sich zu vermehren, denn also sprach der Herr zu ihnen: Ich rotte aus, und ihr solltet pflanzen, ich zürne und vernichte die Welt, und ihr solltet bauen. Und Noah hörte auf den Herrn und auch seine Söhne, das Vieh, die Tiere und die Vögel vermehrten sich nicht; es waren Noah und seine Söhne, die Männer, für sich, und sein Weib und seiner Söhne Weiber waren wiederum für sich.

Als aber die Erde trocken wurde, sprach der Herr zu Noah: Geh aus dem Kasten, du und dein Weib. Dann erlaubte er es ihnen, sich zu vermehren; auch das Vieh, die Tiere und die Vögel gab er frei, wie es auch heißt: Es soll euer viel werden auf Erden, seid fruchtbar und mehret euch.

Sprach Noah vor dem Herrn: Herr aller Welten! Wenn du aber wieder eine Flut bringst? Sprach der Herr: Nein, das schwöre ich, daß ich keine Flut mehr bringe über die Erde.

Ein jegliches hat seine Zeit, und alles Vornehmen unter dem Himmel hat seine Stunde. Es war Zeit für Noah in den Kasten zu gehen, es war Zeit für ihn aus dem Kasten zu gehen. Noah sprach: Wie ich in den Kasten kam durch Gottes Wort, so gehe ich auch aus dem Kasten durch Gottes Wort.

4
Der Sintflut Ende

DA GEDACHTE GOTT an Noah und ließ einen Wind über die Erde wehen, daß die Wasser fielen. Was war das für ein Wind, den der Herr wehen ließ? Dies war der Wind, davon es geschrieben steht: Der Wind des Herrn blies über den Gewässern. Diesen Wind ließ der Herr über das Wasser kommen, da verliefen sie sich und standen stille wie zuvor.

Es wurden verstopft die Brunnen der Tiefe samt den Fenstern des Himmels, und dem Regen von Himmel ward gewehrt. Das Gewässer verlief sich allmählich, und der Kasten ließ sich nieder auf dem Gebirge Ararat. Zu der Zeit öffnete Noah das Fenster des Kastens und rief dem Herrn und sprach: O Herr der Erde und der Meere und dessen, was darauf ist, führe uns aus der Gefangenschaft und erlöse uns vonder Bedrängnis, in die du und brachtest, ich bin schon müde vom Seufzen. Da erhörte der Herr Noahs Flehen und sprach zu ihm: Wenn das Jahr voll ist, denn gehst du aus dem Kasten. Und es geschah nach Ablauf des Jahres, als grade das Jahr voll wurde, da Noah in dem Kasten saß, vertrockneten die Wasser auf Erden. Und Noah nahm das Dach des Kastens ab.

Zu der Zeit, am siebenundzwanzigsten Tage des zweiten Monats, da ward die Erde trocken. Aber Noah und seine Söhne und alles, was mit ihm war, gingen noch nicht aus dem Kasten, bis es der Herr ihnen sagte. An dem Tage aber, da der Herr es ihnen sagte, gingen sie alle aus dem Kasten. Sie gingen hin, und ein jegliches betrat seinen Weg, und ein jegliches kehrte nach seinem Orte zurück.

Als verstopft wurden die Brunnen der Tiefe, da blieben noch drei Orte, die sollten Zeugen sein von der Sintflut in alle Geschlechter; dies sind: die Wasserrinnen von Geder, die heißen Quellen von Tiberias und der große Sprudel zu Biram am Euphrat.

5
Der Adler

ALS NOAH UND SEIN GEFOLGE aus dem Kasten gingen, sah der Adler einen anderen Vogel und wollte ihn fressen. Da sprachen die Tiere um ihn: Wer seinen Bruder verzehren will, der soll des Todes sterben. Und sie schlugen den Adler, hackten ihm die Flügel ab und warfen ihn in eine Löwengrube. Aber der Herr behütete den Adler, und die Löwen durften ihn nicht töten. Und nach einem Jahr wuchsen dem Adler seine Flügel wieder, und er konnte fliegen. Da sahen ihn die anderen Vögel und wollten ihn abermals umbringen und spähten von nun an nach ihm. Aber der Herr ließ dem Adler seinen besonderen Schutz angedeihen und gab ihm eine Kraft ein, daß er sich hoch über alle Vögel emporhob. Seither fliegt der Adler hoch über dem Himmel, daß ihn seine Feinde nicht erreichen und nicht töten können; denn auch nicht eines der Geschöpfe darf von der Welt vertilgt werden.

Auch dies ist der Geschichten eine, die Jesus, der Sohn Sirachs, Nebukadnezar, dem König von Babylon, erzählt hat.

In einem späteren Buch aber lesen wir:

Der Adler ist aller Vögel König, und sein Flug ist höher denn der aller Vögel. Wenn er zehn Jahre alt ist, wird sein Flug überaus hoch, und er erreicht die Sonnenkugel; aber von der großen Hitze wird er geschwächt und fällt ins Meer. Daselbst verliert er sein altes Gefieder; aber darnach kriegt er neue Kraft und fährt wieder auf zur Höhe. Und also ist seine Natur, daß dies sich alle zehn Jahre wiederholt, bis daß er hundert Jahre alt wird; im hundertsten Jahre seines Lebens aber, da kommt er der Sonnenkugel ganz nahe, denn sein Flug wird noch höher denn sonst; er fällt ins Meer und stirbt alsdann.

6
Die Parabel von der Lüge und von dem Fluch

ZUR STUNDE, DA DER HERR zu Noah sprach: Du sollst bei dir sammeln in den Kasten je ein Paar von allen Arten, kamen alle Geschöpfe zu Noah und sammelten sich bei ihm. Da kam auch die Lüge herbei und wollte mit hinein in den Kasten. Sprach Noah zur Lüge: Nicht darfst du in den Kasten kommen, es sei denn, du findest dir einen Genossen.

Also ging die Lüge davon und wollte sich einen Genossen suchen. Da begegnete ihr der Fluch, und er fragte die Lüge: Wo kommst du her? Sprach die Lüge: Ich komme von Noah; ich wollte mit hinein in seinen Kasten, er aber ließ mich nicht ein und sprach: Nicht darfst du eher hinein, als bis du einen Genossen für dich hast. Und die Lüge fuhr fort und sprach zu dem Fluch: Willst du's, so sei du mein Genoß. Da sprach der Fluch zur Lüge: Was gibst du mir dafür? Sprach die Lüge: Ich mache es grade mit dir aus; alles, was ich nur erlange, soll dein sein. Da hörte der Fluch auf die Lüge, und sie kamen zusammen in Noahs Kasten.

Als sie dann beide aus dem Kasten gingen, da war's auch so; was die Lüge einnahm, das erhob der Fluch. Da kam die Lüge zum Fluch und sprach: Wo ist denn alles, was ich erworben habe? Da gab ihr der Fluch zur Antwort: War es nicht so unter uns vereinbart, daß ich alles behalte, was du gewinnst? Da hatte die Lüge nichts zu erwidern.

Das Sprichwort sagt: Was die Lüge gesät hat, der Fluch heimst es ein.

Der Auszug aus der Arche

1
Das Dankopfer Noahs

NOAH GING AUS DEM KASTEN mit seinen Söhnen und mit seinem Weibe und mit seiner Söhne Weibern; dazu allerlei Tier, allerlei Gevögel, allerlei Gewürm, ein jegliches mit seinesgleichen.

Da stand Noah und sprach in seinem Herzen: Der Herr hat mich von der Sintflut Wassern errettet und hat mich aus der Gefangenschaft geführt; an mir ist es nun, ihm ein Dankopfer zu bringen. Und er baute den Altar wieder auf, darauf Kain und Abel geopfert hatten, und nahm von reinem Vieh Ochsen, Schafe und Ziegen und von reinem Gevögel Tauben und Turteltauben und opferte Brandopfer; und der liebliche Geruch stieg vor den Herrn und war ihm süß zu riechen. Was tat der Herr? Er streckte seine Rechte aus und tat einen Schwur vor Noah, nimmer mehr eine Sintflut auf die Erde zu brin-

gen und nimmer mehr alles Fleisch zu verderben; und er setzte den
Regenbogen zum Zeichen des Schwures und des Bundes zwischen
sich und der Erde, wie es auch heißt: Meinen Bogen habe ich gesetzt
in die Wolken, der soll das Zeichen sein des Bundes zwischen mir und
der Erde.

Daher ist's verordnet, alle Tage den Herrn an seinen Schwur vor
Noah zu erinnern.

Andere wiederum meinen, der Altar, auf dem Noah opferte, wäre der zu Jerusalem gewesen, darauf Adam geopfert hatte.

2
Das Gebet

ALS NOAH AUS DEM KASTEN GING, tat er seine Augen auf und sah
die ganze Welt vor sich zerstört; da fing er an zu weinen um die Welt
und sprach: Herr der Welt! Ob's um der Sünder willen war, daß du
deine Welt vernichtet hast, ob's um der Toren willen war, – warum
hast du sie aber da erschaffen? Eines hättest du nur tun sollen und eines lassen; du hättest die Welt nicht erschaffen sollen, oder den Menschen nicht erschaffen sollen.

Und Noah bestieg den Altar und brachte Brandopfer dar; dann
machte er sich auf und betete vor dem Herrn. Aber der Geruch des
Opfers stieg vor den Herrn und war ihm lieblich.

Dreierlei Gerüche stiegen vor den Herrn, der Geruch des Opfers,
der Geruch des Gebetes, der Geruch der Guttaten Noahs, und war
kein Geruch bis dahin in der Welt, der dem Herrn so wohlgetan hatte, wie dieser hier von Noah. Daher befahl auch der Herr: Die Opfer meines Brotes, welches mein Opfer des süßen Geruchs ist, sollet
ihr halten zu seiner Zeit, daß ihr mir's opfert. Damit meinte der Herr,
es sollte aller Opfer sein wie das Opfer Noahs und sollte enthalten
den Geruch seines Opfers, den Hauch seines Gebetes und den Geist
seiner Taten.

Weiter lesen wir:

Zur Stunde, da Gott zu Noah sprach: Geh aus dem Kasten, da
sprach Noah vor Gott: O Herr der Welt! Wo sollen wir hin? Sollen
wir hinaus auf die Erde, die verflucht ist? Und dieweil sie verflucht
ist, sind ihre Einwohner umgekommen. Da sprach der Herr zu
Noah: Alle anderen sind vernichtet worden, nicht so aber ihr, sondern ihr werdet euch mehren, und es wird euer viel werden auf Erden. Aber Noahs Sinn setzte sich nicht, sondern er bestieg den Altar,
darauf schon Adam geopfert hatte, und brachte Brandopfer dar. Da
sprach zu ihm der Herr: Ich will dir gewähren, worum du mich fleh-

st; ich will hinfort die Erde nicht mehr verfluchen, um des Menschen willen. Da ward Noahs Sinn ruhiger.

Als Adam Sünde getan hatte, wurde die Erde verflucht, und der Fluch hing seitdem über die Erde. Da kam Noah und nahm den Fluch von ihr weg, und deswegen ward Noah Mann der Erde genannt, denn durch ihn wurde sie wieder bewohnt.

Und wiederum lesen wir:

Adam, der erste Mensch, hatte die Gewalt über alle wilden Tiere und über alle Haustiere; als er aber Sünde getan hatte, warfen sie sein Joch ab von ihrem Nacken. Aber in Noahs Tagen kam wieder die Furcht und der Schrecken vor dem Menschen über die Tiere.

3
Noahs Strafe

ALS NOAH AUS DEM KASTEN GING und die Welt vor sich zerstört sah, fing er an zu weinen um sie und sprach vor dem Herrn: O Herr der Welt! Der Barmherzige bist du geheißen, so hättest du Erbarmen haben sollen mit deinen Geschöpfen. Da erwiderte ihm der Herr und sprach: Törichter Hirte! Jetzt erst sprichst du solches zu mir, nicht aber sagtest du etwas in der Zeit, da ich zu dir sprach: dich habe ich als gerecht vor mir ersehen, und dir kundtat, ich würde eine Flut auf die Erde bringen, alles Fleisch zu verderben, und dir befahl, dir einen Kasten zu machen. Und ich verweilte noch lange bei dir und redete mit dir, denn ich dachte, du würdest um Gnade für die Welt bitten. Aber sintemal du gehört hast, daß du in dem Kasten würdest Zuflucht haben, da gedachtest du nicht der Not der Welt, sondern machtest dir einen Kasten und setztest dich darein. Und jetzt, da die Welt verödet ist, tust du deinen Mund auf vor mir zu einer Jammerrede.

Da Noah dies hörte, brachte er ein Sühnopfer vor dem Herrn.

Sieh zu und begreife: was unterscheidet die Gerechten, die nach Noah waren, von Noah. Alle Gerechten, die nach Noah kamen, standen für ihr Geschlecht ein und ließen nicht des Gesetzes Schärfe allein walten. Abraham bat, Gott möge Sodom und Gomorra vergeben, Moses flehte für das widerspenstige Volk; mit Noah aber sprach der Herr des langen und des breiten und dachte, er würde um Milde bitten. Aber Noah sah nicht darauf hin, und bat nicht um Gnade, sondern machte sich den Kasten; unterdes war die Welt zerstört.

Was war aber Noahs Strafe? Lahm an den Füßen ging er aus dem Kasten, und darnach ward er im Schlaf von seinem Sohn verhöhnt.

4
Noahs Trunkenheit

ES WAREN DIE SÖHNE NOAHS, die aus dem Kasten gingen, Sem, Ham und Jafeth, und Ham war der Vater Kanaans.

Noah fing an und ward ein Ackersmann und pflanzte Weinberge, aber er hatte sich dadurch entweiht, denn konnte er nicht pflanzen was von Nutzen wäre? Warum pflanzte er nicht Feigenbäume oder Ölbäume, sondern Weinberge waren's, was er baute. Wo nahm er aber den Samen dazu her? Er hatte sich noch in den Kasten Zweige mitgenommen.

In der Stunde aber, da er daran ging, den Weinberg zu pflanzen, begegnete ihm der Teufel Samdon und sprach zu ihm: Wir wollen beide an dem Weinberg teilhaben, jedoch sieh dich vor, daß du nicht auch meinen Teil trinkst, denn hast du das getan, so verderbe ich dich.

Noah aber trank des Weines übermäßig und ward verhöhnt. Desselbigen Tages, da er den Weinstock gepflanzt hatte, blühte er auch auf, desselbigen Tages trug er Frucht, desselbigen Tages pflückte Noah die Trauben und preßte sie und trank des Saftes und ward trunken; dann deckte er seine Blöße auf im Zelte seines Weibes. Und Ham, der Vater Kanaans, sah seines Vaters Blöße, da erzählte er's seinen zweien Brüdern, die draußen waren, und sprach zu ihnen: Adam, der erste Mensch, hatte nur zwei Söhne, und doch erhub sich einer und tötete seinen Bruder, aber unser Vater hier, drei Söhne hat er und möchte noch einen vierten zeugen.

Aber Sem und Jafeth, die nahmen ein Kleid und legten es auf ihre beiden Schultern. Sem war der erste, der das gute Werk tat, und Jafeth hörte auf ihn. Da gingen sie rücklings hinzu und deckten ihres Vaters Blöße zu; aber ihr Angesicht war abgewandt, daß sie ihres Vaters Blöße nicht sahen. Da sprach der Herr zu Sem: Du hast deines Vaters Blöße zugedeckt; so wahr du lebst, ich werde es dir vergelten. Und zu Jafeth sprach der Herr: Du hast deines Vaters Blöße zugedeckt, so wahr du lebst, ich vergelte es dir. Zu Ham aber sprach er: Du hast deines Vaters Blöße verhöhnt, so wahr du lebst, ich werde es von dir einmahnen.

Als nun Noah erwachte von seinem Wein – der Rausch war von ihm gewichen – und erfuhr, was ihm sein unwürdiger Sohn getan hatte, sprach er: Verflucht sei Kanaan und sei ein Knecht aller Knechte unter seinen Brüdern.

Ham hatte Sünde getan und Kanaan ward verflucht. Warum nur? Weil es Kanaan war, der zuerst Noahs Blöße gesehen und davon dem Ham gesagt hatte.

Viel Leid stand Noah aus in der Arche, daß er keinen jüngeren Sohn hatte, der um ihn gewesen wäre. Und er sprach zu sich: So ich die Arche verlasse, so will ich noch einen Sohn haben, der soll um mich sein. Da ihm nun aber Ham solches getan hatte, sprach er zu ihm: Du ließest mich nicht noch einen Sohn zeugen, darum sollst du ein Knecht sein deinen Brüdern, welche mir Knechte sind.

Es heißt:

Dafür, daß Ham mit seinen Augen die Blöße seines Vaters geschaut, wurden seine Augen rot, dafür, daß er mit seinen Lippen darüber gesprochen, wurden seine Lippen schief, dafür, daß er sein Angesicht nicht abgewandt hatte, wurden die Haare seines Kopfes und seines Bartes wie versengt; dafür, daß er seines Vaters Blöße nicht zugedeckt hatte, sollte er selber nackend herumgehen mit bloßer Scham; denn dies ist des Herrn Gesetz: Maß für Maß.

Doch zuletzt hat sich der Herr auch Hams erbarmt, denn seine Gnade ist über allen Geschöpfen.

5
Die Sünden Kanaans und Hams

NOAH FAND EINEN WEINSTOCK, der vom Garten Eden weggeschwemmt worden war, aber die Reben waren noch darauf; er nahm von den Früchten und aß und bekam Lust in seinem Herzen, sie immer zu haben; da pflanzte er aus dem Weinstock einen Weinberg. Desselbigen Tages, da er ihn pflanzte, wurden die Beeren reif, wie es auch heißt: Am Tage, da du ihn pflanzest, wird er auch auswachsen. Noah aber trank des Weines und ward trunken und deckte seine Blöße auf inmitten der Hütte. Da kam Kanaan und sah die Blöße seines Vaters Vaters; er trat an ihn heran und verschnitt ihn. Darnach ging er hinaus und erzählte es Sem und Jafeth, die auf dem Markte waren, und verhöhnte noch ihren Vater. Da fuhren ihn die Brüder an und nahmen eine Decke und gingen rücklings und deckten die Blöße ihres Vaters zu. Als nun Noah erwachte von seinem Wein und erfuhr, was ihm sein Sohnessohn getan hatte, verfluchte er ihn und sprach: Verflucht sei Kanaan!

Und wiederum lesen wir:

Schon in der Arche tat Ham Übles vor dem Herrn.

Es kamen zu Noah in den Kasten von den Tieren je ein Paar, das Männlein und sein Weiblein. Als sie aber drinnen waren und sahen, daß Noah nicht zu seinem Weibe einging, wollten sie sich auch nicht zueinander tun. Aber eines Tages sah der Hund, wie Ham im geheimen sich zu seinem Weibe legte. Da versteckte er sich selber mit der

Hündin und tat sich zu ihr. Da flog der Rabe an ihnen vorüber und
sah sie solches miteinander tun und sprach kein Wort, sondern er rief
sein Weibchen herbei und tat sich zu ihr vor aller Geschöpfe Augen.

Und Noah sah dies alles, aber er wehrte ihnen nicht.

Als sie aber aus dem Kasten wieder auf die Erde kamen, heißt es,
da trugen der Hund und der Rabe ihre Strafe davon, Ham aber und
sein Geschlecht wurden pechschwarz an der Haut.

6
Der Wein und der Satan

NOAH WAR DER ERSTE, der zu pflanzen anfing. Als er aber daran
ging, den Weinstock zu pflanzen, kam der Satan, stellte sich vor ihn
und sprach: Was pflanzest du hier? Da erwiderte Noah: Ein Weinberg ist es, was ich hier pflanze. Da fragte der Satan: Was wird daraus? Sprach Noah: Süß ist die Frucht des Weinstocks, ob feucht, ob
gedörrt, und aus den Beeren wird Wein gepreßt, der des Menschen
Herz erfreut. Sprach der Satan: Wir wollen beide zusammen an dem
Weinberg bauen. Sprach Noah: Wohlan!

Was tat aber der Satan? Er brachte ein Schaf und schlachtete es unter dem Weinstock; hernach brachte er einen Löwen und schlachtete ihn unter dem Weinstock; hernach brachte er einen Affen und
schlachtete ihn unter dem Weinstock; hernach brachte er ein Schwein
und schlachtete es unter dem Weinstock; und das Blut der Tiere rann
in den Weingarten und tränkte ihn.

Damit wollte ihm der Satan folgendes bedeuten:

Ehe der Mensch des Weines getrunken hat, gleicht er dem frommen Lamm, das von nichts weiß, und dem Schaf, das stumm steht
vor seinem Scherer; hat er aber zwei Becher getrunken, so wird er
wie ein Löwe stark und mutig und spricht von sich: keiner gleicht
mir; hat er dann mehr getrunken, wird er trunken, springt und tanzt
albern umher gleichwie ein Affe, redet Unflat und weiß nicht, was er
tut. Und zuletzt, wenn der Mensch viel des Weines getrunken hat,
besudelt er seine Kleider und gleicht einem Schwein, das in den Pfüt-
zen lagert.

Dies alles trug sich zu mit Noah, den Gott als einen Gerechten
rühmte, um wieviel mehr kann es den anderen so ergeben.

Samaritanische und sonstige Sagen

1
Noah und Ahidin

BEVOR ADAM den Seth zeugte, hatte er Kain und Abel gezeugt; und Kain erschlug den Abel und zeugte den Henoch; dann baute er eine Stadt und nannte sie nach seines Sohnes Namen Henoch, dies mag die Stadt Antiochia gewesen sein.

Und Henoch zeugte den Irad, Irad zeugte den Mihal, Mihal zeugte den Methusael, Methusael zeugte den Lamech. Lamech zeugte den Jabal, den Jubal, den Thubal und die Naama. Jubal war der Vater all derer, die die Geige und die Leier spielen. Von Thubal-Kain sind hergekommen die Kupferschmiede und die Meister in Eisenwerk; er baute die Stadt Kenas, dies ist die Stadt Bagdad, und außerdem baute er die Stadt Baßra.

Seth baute zwei Städte, die erste nannte er Philippi, die zweite nannte er Damaskus. Und es waren der Tage Seths neunhundertundzwölf Jahre, und er starb.

Seines Sohnes Sohn war Kenan; der baute die Stadt Attiroth Schafim, und diese war von den Städten der zweieinhalb Stämme; diese waren Gad, Ruben und der halbe Stamm Manasse, die jenseits des Jordans ihren Sitz hatten. Nach ihm kam Mehalel, der baute die Stadt Jazer, und auch diese war von den Städten der zweieinhalb Stämme. Jared baute eine Stadt Groß-Salem, welche bis auf heute bei Sichem liegt.

Henoch aber lernte aus dem Buche der Zeichen, welches bereite ist und geschrieben von unserm Vater Adam.

Methusael ist begraben in der Stadt Bajul der unteren, welche nachher genannt ward die Stadt der vier Gräber, und das ist die Stadt Hebron.

Lamech baute die Stadt Riphath, welche die höchste ist in der ganzen Welt; und er ist begraben in der Stadt Bajul, dies ist wiederum die Stadt der vier Gräber, welche auch Hebron genannt ward.

Noahs Geburt fiel in den Monat Nissan; und am vierzehnten Tage nach seiner Geburt zeigten sich im Lande Sennaar gar seltsame Himmelszeichen. Und die Leute sahen das und kamen vor dem Vater Adam und sagten es ihm. Da sprach Adam: Eine Sintflut wird über die Erde kommen und wird sie verderben.

Und Noah lernte von Adam, dem Vater aller Menschen, die wahre Rechenkunst und übernahm von ihm das Buch der Zeichen, das

Buch der Sternkunde und das Buch der Kriege. Und es gab nichts Verborgenes für ihn, denn Gott sprach zu seinem Herzen und tat ihm alles kund über Saat und Ernte, über Frost und Wärme, und Noah überwies dies alles seinen Söhnen.

Und es geschah in Noahs Tagen, da erschien ein Mann namens Ahidin, der Sohn Barads, des Sohnes Thubal-Kains, und baute die Stadt Sihion; er machte auch eine Anhöhe und stellte einen Stein auf, ohne ihn mit Säulen umgeben zu haben, und nannte ihn Hasayu-bo, das heißt, Schutz ist unter ihm. Und die Menschen kamen alle hin und waren voll Staunens darüber.

Derselbige Ahidin zeugte einen Sohn und hieß seinen Namen Asur; dieser Asur vollendete den Bau, den sein Vater angefangen hatte; er schickte Leute aus nach Babel, und sie brachten ihm von dort Gaphna, die Tochter Naamas, die Schwester Thubal-Kains; er gab sie seinem Sohne zu Weibe und baute ihr in Sihion ein Haus, welches das Haus Gaphnas genannt ward. Dann machte er sich viel Bilder, das eine goß er in Gold, das zweite in Silber, das dritte in Kupfer, und das vierte schnitzte er in Holz; dann ließ er sich von der Sonne ein Bild machen und eins von dem Monde und steckte in den Mitte des Mondesbildes einen Onyx; aber alle diese Bilder schenkte er Gaphna, Naamas Tochter. Und Gaphna ließ sich einen großen Leuchter machen und stellte zu dessen vier Seiten die vier Bilder auf und auch die Bilder von Sonne und Mond. Und sie setzte vierhundert Priester ein und rief die Menschen zusammen, auf daß sie die Sonne und den Mond anbeteten. Und viele Menschen kamen zusammen, der Sonne und dem Mond zu dienen, und bückten sich vor ihnen.

Noah war fünfhundert Jahre alt, da machte er sich auf und floh das Menschengeschlecht, denn es war voll Raub und Verderben. Und er ging von der Stadt Riphath nach dem Orte, Edersagag genannt. Dies war der Ort, in dem er die Arche zu bauen anfing. Aber im Jahre sechshundert des Lebens Noahs, im zweiten Monat, dies ist der Monat Ijar, kam die Sintflut über die Erde.

Und nachdem Noah aus dem Kasten gegangen war, baute er einen Altar auf dem Berge Garizim in Beth-El, dem Orte, von dem es heißt, daß ihn die Sintflut nicht berührt hat, und er opferte Brandopfer von allem reinen Vieh und von allem reinen Gevögel. Der Ort des Altars ist auf dem Berge Garizim zu finden und ist zu erkennen bis auf den heutigen Tag.

Und Noah zeugte den Sem, den Ham und den Jafeth. Und als die Zeit seines Sterbens nahte, gab er seinem Sohne das Buch der Zeichen, den Kindern Elams gab er das Buch der Sternkunde und den Kindern Asurs das Buch der Kriege.

Es waren der Jahre Noahs neunhundertundfünfzig, als er starb, und er ward begraben in Hebron, auch Kiriath-Arba genannt, der Stadt der vier Gräber. Aber so ward die Stadt genannt erst nach dem Tode Noahs, denn darin waren die drei Gerechten begraben, als welche sind: Adam, Methusael und Lamech; aber der vierte Gerechte, dies ist Noah, der Sohn Lamechs.

2
Noah als erster Arzt

EIN BUCH ÜBER die Heilkunde haben die alten Weisen abgeschrieben von dem Buche Sems, des Sohnes Noahs, welches Buch Noah überliefert wurde nach der Flut, auf Luwer, einem Berge von den Bergen Ararats.

Zu jener Zeit begannen die Hurensöhne der Geister, Noahs Kinder zu reizen, sie zu verführen und zu verwirren, zu verderben und zu schlagen mit Schmerzen und Wunden und allerlei Ungemach, welches die Menschenkinder tötet und sie umbringt. Da kamen alle Söhne Noahs uns seiner Söhne Kinder vor ihn und erzählten ihm von ihren Plagen und berichteten ihm von den Leiden, von denen ihre Kinder heimgesucht werden. Da erschrak Noah, und er erkannte, daß die Menschen wegen ihrer Sünde und wegen ihres bösen Wandels von allerlei Krankheit und Siechtum befallen wurden. Da heiligte Noah seine Kinder und sein Hausgesind alle zusammen und trat an den Altar heran; er brachte ein Ganzopfer dar und betete vor Gott und ward erhört. Gott sandte einen von seinen Engeln, welchen den inneren Dienst tun, mit Namen Raphael, der sollte die Hurensöhne der Geister unter dem Himmel vertreiben, auf daß sie den Menschenkindern nicht mehr zuleide tun sollten. Da tat der Engel also und schloß die Geister ein in das Haus des Gerichts. Aber je einen von zehn ließ er auf der Erde wandeln; die sollten über die Missetäter Gewalt haben und sollten sie peinigen und plagen mit allerlei Seuchen, Krankheiten und Schmerzen; über diesen Geistern ist der Fürst des Hasses.

Dem Noah aber tat der Engel kund von den Mitteln, welche die Krankheiten heilen, und wies ihm die Arzneien, welche den Bäumen, den Gewächsen und den Wurzeln entnommen sind; dann schickte er zu ihm die Fürsten der guten Geister, die sollten Noah die heilkräftigen Bäume, die Gräser, die Kräuter, das Grüne, die Wurzeln und die Samen zeigen und ihn belehren, wozu sie geschaffen sind, und welches die Kräfte sind, die ihnen innewohnen, und die Heil und Leben bringen.

Und Noah schrieb alldies in ein Buch nieder und übergab es Sem, seinem ältesten Sohne. Diesem Buche entnahmen auch die ersten Weisen ihr Wissen und schrieben sodann viele Heilbücher, ein jeglicher in seiner Zunge. So breitete sich die Heilkunde über alle Völker der Erde aus, uns es beflissen sich ihrer die Weisen von Indien, die Weisen von Mazedonien und die Weisen von Ägypten.

3
Was die Weisen der Völker
vom Geschlecht Noahs erzählen

DIE WEISEN DER VÖLKER ERZÄHLEN:

Henoch war der erste, welcher Bücher verfaßte über die Sternkunde; er führte auch große Kriege mit den Kainskindern. Aber in Lamechs Tagen, da mehrten sich die Sünden der Menschen, und die Zauberei nahm überhand in der Welt.

Seth hatte es seinen Kindern angesagt, sie sollten sich mit Kains Samen nicht abgeben; und also mieden sie bis zu dem siebenten Glied den Umgang mit ihnen; aber dann taten sie sich mit ihnen zusammen und davon kamen die Riesen; und die Menschenkinder mehrten ihre Sünden, bis sie in der Sintflut Wassern umkamen. Methusalah starb in den Tagen der Sintflut; andere aber erzählen, er sei erst vierzehn Jahre nachher gestorben, in der Zeit der Wasserflut aber sei er zusammen mit seinem Vater im Garten Eden gewesen und nachher wieder auf die Erde zurückgekehrt.

Es suchte Noah vor der Sintflut mit all seiner Kraft die Menschen zu überreden, sie möchten reumütig zu ihrem Herrn zurückkehren; er predigte ihnen, aber die Menschen hörten nicht auf ihn. Und Noah fürchtete, die Menschen würden ihn und seines Hauses Kinder töten, da floh er ihre Stätten. Dazumal hat ihm der Herr befohlen, einen Kasten zu machen, und ihm dessen Maß in Ellen angegeben, von welchen aber jede Elle sechsmal so groß war, als die unsrige ist.

Man erzählt auch, Noah habe mit seinem Namen noch Janas geheißen. Seine Frau hieß Tunia oder Arzia, denn auch sie war die Mutter alles Lebenden; nach ihrem Tode aber hieß sie Ischta, weil sie im Feuer in den Himmel fuhr.

Jafeth, den Sohn Noahs, nannte man auch Janus; er war so fett, daß es aussah, als hätte er zwei Gesichter. Ham, den dritten Sohn Noahs, hieß man auch Zoroaster, und viele meinten, dies wäre Nimrod gewesen, welcher der erste war in der Zauberkunst und in den sieben Weisheiten.

Man erzählt auch, Noah hätte nach der Sintflut noch einen vierten Sohn gezeugt, und der hieß mit seinem Namen Joniko und war der Sternseherei kundig; aber seine Brüder vertrieben ihn von sich; er war es auch, welcher Nimrod in der Sternseherei unterwies.

Auch wird erzählt, daß Noah nach der Sintflut aus der Gegend Armeniens zog und nach dem Lande Italien ging; dort befliß er sich der Weisheit.

Noah hat mit seinen Augen vierzehntausendundvierhundert Menschen gesehen, welche seinen Lenden entsprossen waren.

4
Von Methusalahs Tode und
von den Erbteilen der Noah-Kinder

MAN ERZÄHLT, Methusalah sei ein Gerechter ohne Fehl gewesen; jegliches Wort, das aus seinem Munde kam, war ein Lob auf den Herrn; er kannte sich aus in neunhundert Büchern der mündlichen Lehre.

Als er starb, hörte man ein Getöse im Himmel, denn dort hielt man für ihn eine Trauerfeier ab, und die heiligen Tiere vergossen Tränen an dem Ort, da er verschied. Als die Menschen dies sahen, machten sie auch unten für ihn eine Trauerfeier, und zum Lohn dafür, daß sie Methusalah sieben Tage beweinten, verlängerte ihnen Gott auch ihre Frist um sieben Tage und ließ erst darnach die Wasserflut kommen.

Der Herr segnete Noah und seine Söhne durch seine Gaben und verlieh ihnen die ganze Erde. Er segnete den Sem, des Kinder sind schwarz, aber lieblich, und verlieh ihnen das ganze bewohnte Land. Er segnete Ham, des Kinder sind schwarz, wie die Raben, und verlieh ihnen das Ufer des Meeres. Er segnete Jafeth, des Kinder sind weiß und schön, und verlieh ihnen die Wüsten und die Felder. Dies war das Erbe, das er ihnen gab.

Man erzählt sich: Noah starb nicht eher, als bis er die ganze Welt bewohnt sah, ja er erlebte noch den Bau der Stadt Kaßra, in der Nähe von Sepphoris. Auch sah er siebzig Völker, welche alle seine Lenden entsprossen waren. Doch allein seiner Gerechtigkeit wegen gedachte man seiner.

5

Der Assyrerkönig Sanherib und die Arche Noahs

Es GESCHAH in den Tagen Hiskias, des Königs von Juda, da zog herauf Sanherib, der König von Assyrien, mit großer Macht wider Jerusalem und belagerte die Stadt und sprach Hohn dem lebendigen Gott. Und in derselben Nacht fuhr aus der Engel des Herrn und schlug im Lager von Assyrien hundertundfünfundachtzigtausend Mann. Und wie der Morgen anbrach, siehe, da lag's alles, eitel tote Leichname. Also brach Sanherib auf und zog allein gen Ninive.

Aber unterwegs, da fand er ein Brett von Noahs Arche, und er hub es auf und sprach: Dies ist Elohim, der große Gott, der Noah von der Sintflut Wassern gerettet, und so von heute ab das Glück mit mir sein wird, so will ich mich aufmachen und ihm meine zwei Söhne opfern, wie Noah ihm geopfert hat, als er aus dem Kasten ging.

Und er brachte den Balken in den Tempel Nisrochs und machte ihn zu seinem Gott. Aber seine Söhne vernahmen, was er im Herzen mit ihnen vorhatte, und schlugen ihn mit dem Schwerte, da er vor dem Holz kniete, und entrannen in das Land Ararat.

6

In den Bergen Ararat

DER REISENDE RABBI Pethachia aus Regensburg, der hat alle Länder der Welt durchwandert und ist bis zu dem Flusse Sambation gekommen. Alle Gotteswunder und Seltsamkeiten, die er gesehen hat, beschrieb er zur Erinnerung in seinem Buche; darin erzählt er auch von dem Orte, wo Noahs Arche gestanden hat.

Die Berge Ararat sind einen Weg von fünf Tagesreisen von Babylon entfernt; sie sind sehr hoch, aber einer ragt noch über sie hinaus; über ihm sind noch vier Berge, die stehen je zwei einander gegenüber. Zwischen diese Berge ist Noahs Kasten eingeklemmt worden und konnte nicht heraus; aber jetzt ist vom Kasten nichts mehr da, denn alles ist längst verfault. Nur sind die Berge voller Gräser und Kräuter, und wenn der Tau auf sie niederfällt, so kommt auch Manna auf sie herab; das Manna ist weiß wie Schnee, wenn aber die Sonne heiß darauf scheint, so zerschmilzt es. Die Kräuter sind bitter von Geschmack, kocht man sie aber mit Butter, werden sie süßer denn Honig und alle Süßigkeiten der Welt.

Der Reisende aber Benjamin von Tudela erzählt:

Am Fuße des Berges Ararat, da fließt der Strom Hiddekel; dies ist der Ort, wo der Kasten Noahs stehen blieb, aber Omal ben el

Khataab nahm die Arche vom Gipfel des Berges herunter und machte daraus eine Moschee den Kindern Ismaels.

7
Der Turm Jafeth

IN DER NÄHE VON EDEN, welches in Yemen ist, liegt einen Weg von
sieben Tagen entfernt eine Stadt Jafeth. Mitten in dieser Stadt steht
das Schloß eines Königs, das hatte einst Sem, der Sohn Noahs, erbaut
und nannte es nach seines Bruders Namen Jafeth; und in dem Turm
des Schlosses tragen sich wundersame Dinge zu; es kann kein Mensch
seine Türen auftun, aber drinnen ist es voll von Geigen und von Harfen. Und einmal in vierundzwanzig Jahren erschellen seltsame Töne
von dort; die Leute der Stadt erschrecken alle, wenn sie das Spiel
hören; sie erklimmen auf Leitern das Dach des Turmes und schlachten Rinder und Schafe. Alsbald verstummen die Töne.

DIE ERZVÄTER

Vorwort

Dieser Band, der die Sagen von der Ausbreitung der Völker nach der Sintflut und von den Erzvätern enthält, ist in derselben Weise angelegt worden wie der vorige Band: Von der Urzeit. Die Sagen und Mythen von der Urzeit begleiten die ersten neun Kapitel der Genesis, die Sagen dieses Bandes dagegen neunzehn Kapitel und über ein Drittel des ganzen ersten Buches Moses. Uneinheitlich und von verschiedenen Erzählern herstammend, sind diese Kapitel im Thorabuche doch zu einem Ganzen gegliedert worden und stellen eine gewisse Entwicklung im Leben der Patriarchen und ihrer Nachkommen dar; ebenso die Sagen.

Äußerlich genommen bilden die Erzvätersagen, wie die von den ersten Völkern, die Fortsetzung derer, die uns von der Erschaffung der Welt bis zu Noah und seinen Söhnen erzählen, näher betrachtet sind sie wie ein neuer Anfang. Aus dem Chaos läßt Gott seine Welt entstehen, und ebenso läßt er nach der Sintflut, wo alles vernichtet darniederliegt, eine neue Welt anheben. Noah ist gleichwie Adam der erste Mensch, und auch von ihm kommen drei Söhne wie von Adam. Was aber bei dem Erschaffen der ersten Welt die Schöpfung krönt – der Mensch als Ebenbild seines Schöpfers –, ist in der zweiten Welt, die nach Noah entsteht, Abraham als der Erkennende. Mit dem Erkennen, mit dem Erkanntwerden des Schöpfers durch seine Kreatur ist der Erlösungsgedanke in die Welt gepflanzt worden; dieser bekam durch Abraham Fleisch und Blut, und somit ist der erste Stammvater auch wieder wie eine neue Schöpfung anzusehen. Neben der Natur entsteht der Geist, mit dem Erkennen des göttlichen Waltens in der Natur beginnt ein neues Werden.

Damit aber das große Ziel dieses Werdens erreicht würde, mußten die Völker und Urstämme verschiedentlich geschoben werden, mußten sich kreuzen und trennen, ähnlich wie der Erschaffung der Menschen das Ringen der Naturelemente voranging.

In der ersten Welt kommt alles stufenweise nacheinander: Natur und Mensch, das reine Wandeln im Paradies und der Sündenfall. Von zwei Brüdern tötet einer den anderen, der erste wird verflucht, bis der dritte kommt, die Menschheit von sich aus zu erhalten; diese verdirbt bis auf einen, dem dem Vater treu bleibt; der wird der einzige Vater der verschiedenen Völker – auch die schwarzen Völker haben einen Weißen zum Urahnen. In der zweiten Welt beginnt das Ringen der Brüder schon im Mutterleibe. – Jakob und Esau sind zum Teil nur ein markierteres Bild von Isaak und Ismael. – Die Ammoniter und Moabiter sind von zwei Schwestern, die einer großen Idee wegen sich ihrem Vater vermählt haben, ausgegangen. Auch hier heißt es: Auf Gnade ist die Welt aufgebaut worden!

Die Sagen von den Erzvätern haben nicht durchweg den kosmischen Charakter wie die vorigen von der Erschaffung der Welt; wir sind aber hier auf wirklichem Boden und das rein Menschliche beginnt deutlicher zu sprechen. Daran vermag selbst die Tendenz, Israel in den Vordergrund zu stellen, nicht zu rütteln. Mag Isaak gegen Ismael der Auserwählte sein, bei der Vertreibung Hagars und ihrem Wandern in der Wüste spricht ein starkes Gefühl für die Verstoßenen, Mutter und Sohn; und wenn Esau, den sein Bruder Jakob, der eigentliche Stammvater Juda-Israels, um die Erstgeburt und den väterlichen Segen bringt, im Zelte seines Vaters mit zitternder Stimme ruft: Hast du noch einen Segen? O, segne auch mich, mein Vater – und darauf seine Stimme aufhebt und weint, so bleiben auch diese Tränen, die Tränen des Erzfeindes, nicht ungesühnt.

Den Vätersagen entstammt auch der Glanz, der über dem Lande Kanaan liegt, dem Land der Verheißung. Ein Stück Erde wird zu einem Mythos erhoben; jenseits des Jordans ist die Wohnstätte Jahves, Beth-El ist das Himmelstor.

Für die Geschichte der alten Menschheit werden diese Sagen aus der Genesiszeit, die nicht nur von Israel allein, sondern von allen damaligen Völkern und Stämmen mit aller Breite erzählen, manches aussagen. Für das Wissen um das eigentliche Judentum aber und sein inneres Wesen um so mehr. Die Geschichte der Erzväter war ihren Nachkommen ein Vorzeichen, lautet eine talmudische Äußerung. In den Wanderungen Abrahams und Jakobs, und besonders in den Nöten, in denen sich der letztere oft befand, haben wir Vorbilder für die ganze Geschichte des Wandervolkes. Abraham war der erste, der vor den Allmächtigen trat und betete, um dessen Zorn abzuwenden, er lehrte seine Kinder Gerechtigkeit, Stammestreue und Ausharren in jeglicher Drangsal. Der Sinai- und Horebbund, das ganze Werk der Offenbarung und das Werk der Propheten haben nur eine Läuterung Israels herbeigeführt; geschaffen wurde das Volk Gottes in der Zeit der Stammväter, und von ihrer Kraft, von der Kraft Abrahams, Isaaks und Jakobs und nicht allein zuletzt von der des Moses wird es getragen bis auf heute.

Auffällige Abweichungen von der Reihenfolge der biblischen Erzählungen sind nicht willkürlich; der Sammler ist auch darin den Spuren der Sage gefolgt.

Erstes Buch

Vom neuen Werden

Die Erneuerung

1
Recht und Milde

ALS DER HERR SEINE WELT zu erschaffen gedachte, sah er das Tun der Gottlosen, die da kommen sollten – das Geschlecht Enos', das Geschlecht der Sintflut, das Geschlecht des Turmbaues und die Leute zu Sodom; da wollte er seine Welt erschaffen. Aber alsdann schaute er wiederum und sah das Tun der Gerechten – den Abraham, Isaak und Jakob, und er sprach: Nicht um der Bösen willen schaffe ich die Welt, ich schaffe sie um der Gerechten willen, und sündigt da einer, so ist es nicht schwer, ihn zu strafen. Und der Herr wollte die Welt auf Strenge aufbauen, aber er konnte es nicht tun wegen der Gerechten; er wollte sie auf Milde aufbauen, aber das konnte er nicht tun wegen der Gottlosen. Was tat er? Er verband das Maß des Rechts mit dem Maß der Milde und erschuf die Welt.

Zehn Dinge gingen dem Herrn auf, daß er sie schüfe: Jerusalem, der Geist der Erzväter und der Wandel der Gerechten, die Hölle und die Wasser der Sintflut, die zwei Tafeln des Gesetzes, der Sabbat und der Tempel zu Jerusalem, die Lade und das Licht der zukünftigen Welt.

Zehn Geschlechter waren von Adam bis Noah vergangen, auf daß kundgetan werde die Langmut des Herrn, denn erst nachdem ihn so viele Geschlechter erzürnt hatten, brachte er über die Menschen die Flut.

Zehn Geschlechter waren von Noah bis Abraham vergangen, auf daß kund werde die Langmut des Herrn, denn so viele Geschlechter erzürnten den Herrn, bis Abraham kam und ihrer aller Lohn erntete.

2
Es reut den Herrn

ALLE SEINE LEBTAGE hat er Schmerzen mit Grämen und Leid, daß sein Herz auch des Nachts nicht ruht.

Alle seine Tage hatte der Herr Schmerzen vom Geschlecht Enos' und von dem der Sintflut, die ihn erbosten durch ihre Missetaten; sie machten ihm Grämen und Herzeleid, daß er vor ihren Sünden auch des Nachts nicht Ruhe fand.

Und es reute den Herrn, daß er den Menschen auf Erden geschaffen hatte. Die einen meinen, der Herr hätte so gesprochen: Ein Irrtum war es von mir, daß ich den Menschen aus der Erde machte, hätte ich ihn vom Himmel genommen, es wäre nicht widerspenstig worden. Andere aber meinen, der Herr hätte so gesprochen: Mein Trost ist es, daß ich ihn der Erde entnahm, denn hätte ich ihn vom Himmel genommen, er hätte, gleichwie er jetzt die Welt da unten wider mich aufwühlt, auch die obersten Regionen gegen mich aufgewühlt.

3
Die Zeichen

ALS DIE SINTFLUT vorüber war und Noah aus dem Kasten ging und das Brandopfer darbrachte, roch es der Herr und sprach: Ich will allem Lebendigen fürder nicht mehr fluchen und es nicht mehr strafen. Erst wenn sie Sünde tun werden, will ich sie richten durch Hunger und Schwert, durch Feuer, Seuchen und Erdbeben; ich will sie hin und her zerstreuen und will es den Erdenbewohnern bis zum letzten Tage bedenken. Aber alsdann, wenn die Tage der Welt voll sein werden, wird das Licht stille stehen, und die Finsternis wird erlöschen; ich werde die Toten wieder lebendig machen, und die in der Erde schlafen, werde ich erwecken; die Grube wird ihre Schuld wieder erstatten, und die Unterwelt wird ihr Teil wiedergeben; dem Gottlosen will ich nach seinem Tun vergelten und will Gericht halten zwischen Leib und Seele; die Welt wird ihre Ruhe haben, und der Tod wird für ewig verschlungen werden; die Hölle wird ihr Maul schließen, und die Erde wird nicht mehr ohne Pflanzen sein; die Erdenkinder werden nicht mehr ausgerottet werden, und die Gerichte werden nicht unlauter werden, denn eine neue Erde, und ein neuer Himmel werden der Menschen Wohnung sein.

4
Des Himmels Heer

ALLES HEER DES HIMMELS wird dereinst erneuert werden, denn es heißt: Sein Heer wird verwelken, wie ein Blatt verwelkt am Weinstock. Aber gleichwie es mit dem Weinstock und mit dem Feigenbaum geschieht, nachdem ihre Blätter abgefallen sind und sie wie dürres Holz dastehen, daß sie von neuem treiben und blühen und Frucht tragen, also wird es auch mit des Himmels Heere, daß es erst fahl wird, danach aber von neuem erblühen, erstrahlen, erstehen wird auf seinem Ort, auf daß kundgetan werde, daß alles Böse endet und daß nicht Hunger noch Seuchen noch neues Ungemach kommen werden, denn der Herr sprach: Sehet, ich schaffe einen neuen Himmel und eine neue Erde.

Es heißt aber auch so:

Alles Heer des Himmels macht seinen Lauf und erneuert sich Tag für Tag; wisse, daß dem so ist. Wenn die Sonne sich dem Abend neigt, taucht sie unter in den Wassern des Ozeans; gleichwie ein Mensch sein Licht ins Wasser tunkt, daß es verlösche, so kühlen die Wasser des Ozeans die Glut der Sonne, also,daß sie die Nacht hindurch nicht Licht und nicht Hitze von sich gibt, bis sie wieder den Morgen erreicht hat. Und ist sie im Morgen, so taucht sie von neuem in ein Feuermeer; gleichwie ein Mensch sein Licht an einem Feuer anzündet, so zündet die Sonne ihre Lichter an und hüllt sich in ihre Flammen und steigt empor der Erde zu leuchten; somit erneuert sie an jedem Tage das Werk der Schöpfung, bis sie wieder in Abend aufgenommen ist. Doch zur Zeit des Abends taucht der Mond mit den Sternen und Planeten in einem Hagelmeer unter und sie gehen auf, am Himmel der Erde zu scheinen. Aber bereits wird der Herr auch die erneuern und wird ihr Licht vermehren, daß es siebenfältig sei wie das Licht der ersten sieben Tage.

Die Völker der Erde

1
Von einem Menschen her baut der Herr
wieder seine Welt auf

DIE SÖHNE NOAHS, die aus dem Kasten gingen, waren Sem, Ham und Japheth; dies waren die drei Söhne Noahs, und von diesen ist alles Land besetzt worden. Wer wüßte ein Gleiches dazu? Es ist, wie wenn ein gewaltiger Fisch all seinen Rogen, den er im Bauche trug, ausgeworfen hätte und von jedem Ei ein Fisch geworden wäre, daß in eines Auges Zwinkern Wasser und Erde voll würde von ihnen. In Gottes Macht ist es, eine Welt erstehen zu lassen aus einem Volk oder gar aus einem Menschen.

Drei Söhne wurden dem Noah geboren gegenüber den drei Söhnen Adams: Kain, Abel und Seth, denn Noah, der war als wie eine zweiter Adam, der bestimmt war, daß von ihm aufs neue Samen kommen sollte.

2
Sem, Ham und Japheth

DIES SIND NUN die Nachkommen der Kinder Noahs in ihren Geschlechter und Völkern.

Der Länder, die die Kinder Noahs unter ihren Kindern verteilten, waren hundertvier; ihrer Inseln waren neunundsechzig, ihrer Sprachen waren zweiundsiebzig, ihrer Schriften waren sechszehn. Dem Japheth unterstanden vierundvierzig Länder, dreiunddreißig Inseln, zweiundzwanzig Sprachen und fünf Schriften. – Ham war Herr über vierunddreißig Länder, dreiunddreißig Inseln, vierundzwanzig Sprachen und fünf Schriften. – Dem Sem gehörten sechsundzwanzig Länder, dreiunddreißig Inseln, sechsundzwanzig Sprachen und sechs Schriften, welche sind: die ägyptische, die labanische *(Weißschrift, Bezeichnung für die althebräische und samaritanische Schrift)*, die assyrische, die hebräische, die chaldäische und die guttasachische. Also fiel Sem eine Schrift mehr zu denn seinen Brüdern, und dies ist die hebräische, in welcher Sprache der Herr auf dem Berge Sinai sprach.

Es sind vier Sprachen da, deren sich füglich die Welt bedienen sollte: der griechischen zum Gesang, der römischen zum Schlachtenführen, der aramäischen zum Handel, der hebräischen zum Reden.

3
Die Zahl der Stämme

SECHZIG SIND DER Königinnen und achtzig der Kebsweiber *(Nebenfrauen)*, heißt es in der Schrift.

Die sechzig Königinnen, das sind die sechzig ersten Völker der Erde, nämlich: Magog, Madai, Thubal, Mesech, Thiras, Askenas, Riphat, Thorgarma, Elisa, Tharsis, die Chittiter, die Dodaniter, Put, Kanaan, Seba, Hevilla, Sabtha, Sabthecha, Saba, Dedan, die Luditer, die Anamiter, die Lehabiter, die Naphthuhiter, die Pathrusiter, die Kasluhiter, die Philister, die Kaphthoriter, Sidon, Heth, die Jebusiter, die Amoriter, die Girgasiter, die Heviter, die Arkiter, die Siniter, die Arvaditer, die Zemariter, die Hamiter, Elam, Assur, Arphachsad, Lud, Uz, Hul, Gether,

Mas, Almodad, Saleph, Hazarmaveth, Jarah, Hadoram, Ufal, Dikla, Obal, Abimael, Ophir, Chavila und Jobab.

Sagt dir dann einer: Siehe, das sind doch nur siebzig Völker, so sagst du ihm darauf: Die zehn Stammväter sind hier nicht mitgezählt worden, und diese sind: Japheth, Gomer, Javan, Ham, Chus, Raema, Mizraim, Sem, Aram und Joktan.

Die achtzig Kebsweiber aber, das sind die übrigen Völker, die späterhin entstanden sind; das sind die Kinder Keturas, die Kinder Ismaels, die Kinder Nahors, Ammon und Moab, die Kinder Esaus, die Kinder von Seir, dem Horiten, die Rephaiter, die Susier, die Amiter, die Keniter, die Kenisiter, die Kadmoniter, die Pheresiter, die Anakiden, die Eviter, die Gasuriter, die Meachiter. Wenn du sie alle zählst, außer ihren Stammvätern, so kannst du ihrer achtzig aufzählen; doch keines von ihnen ist erwählt worden als wie nur Israel allein.

Wessenthalben aber ist der Stammbaum der Geschlechter hier gesetzt worden? Auf daß kundgetan werde allen, die in die Welt kommen, die Macht des Gottessegens; denn allein durch die Macht des Segens, mit dem er die Menschen segnete, als er zu ihnen sprach: Seid fruchtbar und mehret euch, sind sie fruchtbar geworden und haben sich vermehrt wie das Gras des Feldes, daß in kurzer Zeit die Erde voll wurde von ihnen.

Von den ersten Völkern und vom Totenreich

1
Stämme und Länder

DEM SEM, DEM HAM und dem Japheth wurden Kinder geboren nach der Sintflut. Die Söhne Japheths sind: Gomer, Magog, Madai, Javan, Thubal, Mesech und Thiras, das sind die Bewohner von Afrika, Germania, Medien, Mazedonien, Bithynien, Mysia und Persien oder Thrazien.

Die Söhne Gomers sind diese: Askenas, Riphath und Thogarma, das sind die Bewohner von Asia, Adiabene und Germanicia. Die Söhne Javans sind: Elisa, Tharsis, die Chittiter und Dobaniter, welche sind die Bewohner von Aeolis, Tarsus, Italia und Dardania.

Von diesen her haben sich die Inselvölker in ihren Ländern abgesondert, ein jegliches nach seiner Sprache, nach seinen Geschlechtern und Stämmen.

Chus aber zeugte den Nimrod, und der Anfang seines Reiches war Babel, Erech, Akkab und Chalna im Lande Sinear; Erech dies ist Charar, Akkab dies ist Nibilis, Chalna dies ist Ktesiphon. Mizraim, der Sohn Hams, zeugte die Luditer, die Anamiter, die Lehabiter, die Naphtuhiter und die Kasluhiter. Das Merkmal derer, die von Mizraim herkommen, ist, daß sie am Meere wohnen. Den Kasluhitern und Pathrusitern entstammen die Philister und die Kaphthoriter. Die Pathrusiter und Kasluhiter stellten Kramläden auf, und die Stämme stahlen die Weiber einer von anderen. Was ist ihnen entsprossen? Die Philister, Riesen, und die Kaphthoriter, Zwerge.

Kanaan zeugte Sidon, seinen ersten Sohn, Heth, den Jedusiter, den Amoriter, den Girgasiter, den Heviter, den Arkiter, den Seniter, den Arvaditer, den Zemariter, den Hamathiter. Die Heviter, das sind die Heldunier; die Arkiter, das sind die Bewohner von Akra am Libanon. Die Seniter, das sind die Bewohner von Orthosia. Die Arvaditer, das sind die Bewohner von Aradus; Zemariter, die von Emesa. Warum aber nannte man sie Zemariter? Ihr Gewerbe war die Erzeugung von Wolle. Die Hamariter, das sind die Bewohner von Epiphania. Daher haben sich ausgebreitet die Geschlechter der Kanaaniter.

Sem aber, Japhets des älteren Bruder, zeugte auch Kinder und er ward Stammvater aller Kinder Ebers. Wir wissen's nicht, welcher der ältere ist, ob Sem oder Japheth. Das ist aus der Schrift zu entnehmen, daß Japheth der ältere war.

Die Kinder Sems, das waren: Elam, Affur, Arphachsad, Lud und Aram. Arphachsad aber zeugte den Salah, Salah zeugte Eber, Eber zeugte zwei Söhne: einer hieß Peleg, darum, daß zu seiner Zeit die Erde zerteilt ward. Der Name seines Bruders war Ioktan. Ein großer Seher war Eber, daß er seinem Sohn einen Namen gab nach dem Ereignis, das erst kommen sollte. Warum aber hieß der zweite Ioktan? Weil er sich klein und bescheiden hielt. Was war dafür sein Lohn? Ihm ward zuteil, daß dreizehn Völker von ihm kamen. Wenn schon ein jüngerer, der sich still hält, solchen Lohn erntet, um wieviel mehr denn einer, der älter ist und dennoch nicht laut.

2
Vorhof des Todes

IOKTAN, DER SOHN EBERS, des Sohnes Sems, zeugte Almodad, Saleph, Hazarmaveth und Ierah. Almodad wurde der erste genannt, denn er nahm Bergmessungen vor an dem Lande. Saleph wurde der zweite genannt, denn er leitete die Wasserbäche auf sein Gebiet. Hazarmaveth wurde der dritte genannt, denn sein Volk pflegte den Wanderern auf den Wegen aufzulauern und sie zu töten. Die Söhne Ierahs aber richteten Herbergen her, in die die Fremden einkehrten, und taten einem jeden, der dorthin kam, um zu essen oder zu trinken, Gift in die Speise und nahmen ihm seine Habe weg.

Andere aber meinen, ein Land wäre mit dem Namen Hazarmaveth genannt, weil die Leute daselbst in ihrer Armut Gras essen und sich mit Zweigengeflechten bekleiden. Sie schauten jeden Tag nach dem Tode aus.

Sieben Wohnstätten sind in der Hölle für die Gottlosen bestimmt und diese sind: das Reich der Finsternis, das Reich des Untergangs, das Schattenreich, die Unterwelt, das Land der Vergessenheit, die Hölle, das Reich des Schweigens. Das Reich des Schweigens, dies ist der Vorhof des Todes. Warum aber heißt das Land Vorhof des Todes? Darum, weil das der Hof ist, darin sich die Seelen toter Menschenkinder aufhalten. Es ist wie ein Gebäude in der Hölle, dessen Hof ist von einem Zaun umgeben. Vor dem Hof ist ein Bach, vor dem Bach ist ein Feld. Alle Tage führt der Fürst Doma die Seelen hinaus, und sie essen vom Felde und trinken aus dem Bache. Trinkt aber ein Lebender Wasser in der Dämmerung, so beraubt er damit die Toten.

Warum aber heißt der Fürst dieser Geister mit Namen Doma? Er ist Hüter des Schweigens unter den Seelen ; sie essen und sprechen nicht miteinander, sie trinken, und man vernimmt keinen Laut.

3
Über die Kurzlebigkeit der späteren Geschlechter

IM GARTEN EDEN war ein hoher Baum, fünfhundert Jahresreifen war er groß, und also war auch Adam wie der Baum groß, ehe er vom Baume der Erkenntnis aß. Da Adam aber Sünde tat, wurden die Bäume gestraft, und Adam ward verstoßen. Wäre er aber nicht von Eden vertrieben worden, er hätte viele Tausende von Jahren gelebt, denn auch, nachdem er verjagt worden war, lebten er und die ersten Geschlechter nahezu tausend Jahre.

Noah brachte viele seiner Tage in der Nähe des Gartens Eden zu; daher lebte er bald tausend Jahre. Doch von ihm ab bis zu Peleg ward das Alter des Menschen immer kürzer, und da Peleg nur wenig in die Nähe des Gartens Eden gekommen war, lebte er nur sechshundert Jahre. Arphachsad aber, der niemals um den Garten Eden war, der lebte nur vierhundert Jahre. Von Arphachsad bis zu Abraham, in welcher Zeit die Menschen dem Garten Eden immer mehr und mehr entrückten, lebten sie nur zweihundert Jahre. Von Abraham aber und weiter, als die Geschlechter unstet und flüchtig wurden, wurde ihr Lebensalter immer kürzer und kürzer.

Nimrod

1
Die zehn Könige

ZEHN KÖNIGE HERRSCHTEN in der Welt von einem bis zum anderen Ende. Der erste König, das ist der Herr; er regierte im Himmel und auf Erden; alsdann stieg es ihm in Gedanken auf, Könige auf Erden herrschen zu lassen, wie es auch heißt: Er ändert Zeit und Stunde, er setzt Könige ab und setzt Könige ein.

Der zweite König nach dem Herren, das war Nimrod; sein Reich erstreckte sich auf die ganze Welt. Die Geschöpfe waren noch voll Furcht vor den Wassern der Flut, da ward Nimrod über sie zum König. Der Anfang seines Reiches war Babel.

Der dritte König war Joseph, der Sohn Jakobs; auch er beherrschte die Welt von einem bis zum anderen Ende. Vierzig Jahre war er zweite nach dem König der Ägypter und vierzig Jahre alleiniger Herrscher.

Der vierte König war Salomo, welcher König war über die ganze Welt und über alle Königreiche. Die Völker brachten ihm alljährlich Gaben dar in Gold und Silber, dazu Gewänder, Waffen und Würze, Pferde und Knechte.

Der fünfte König war Ahab, der König Israels. Die Fürsten aller Landschaften waren ihm untergeben und mußten ihm ihren Zins entrichten und ihm Geschenke verehren.

Der sechste König war Nebukadnezar, der König von Babylon; der herrschte über alle Lande, da Menschen wohnen, und selbst über die Vögel unter dem Himmel war er Herr, daß keiner den Schnabel aufsperrte noch einen Flügel regte, daß er es nicht wußte.

Der siebente König war Chrus, der Perserkönig, welcher von sich sprach: Der Herr, der Gott des Himmels, hat mir alle Königreiche der Erde gegeben.

Der achte König der Welt war Alexander der Mazedonier. Er ist der Ziegenbock, von dem die Schrift erzählt, der kam von Abend her über die ganze Erde. Doch nicht allein das, sondern er wollte noch den Himmel besteigen, um zu wissen was auf dem Himmel ist, und in die Tiefe des Meeres eindringen, um auch sie zu erforschen. Nach ihm aber zerfiel das Weltreich in vier Teile.

Der neunte König ist der Messias, der dereinst König sein wird über die ganze Welt; er wird herrschen von einem Meer bis ans andere und von dem Strom an bis zu der Welt Enden, wie es auch heißt: Der Stein, der das Bild schlug, ward ein Berg, so groß, daß er die ganze Welt füllte.

Beim zehnten König fällt das Reich wieder seinem ersten Herrn zu. Wer zuerst König war, wird auch zuletzt König sein, und so sprach auch Gott: Ich bin der Erste und ich bin der Letzte.

Also kehrt die Herrschaft zu dem Rechten zurück, und der Herr wird allein hoch sein zu jener Zeit und wird seine Schafe selbst weiden.

2

Nimrod trägt das Gewand Adams

CHUS, DER SOHN HAMS, nahm zu der Zeit, da er alt ward, ein Weib, und die gebar ihm einen Sohn, den hieß er Nimrod, denn dazumal fingen die Menschen an Aufruhr zu stiften und zu sündigen wider den Herrn.

Und der Knabe ward groß, und sein Vater hatte ihn überaus lieb, darum, daß er ihm im Alter geboren ward, und schenkte ihm das Fellgewand, das Gott Adam gemacht hatte, als dieser aus dem Garten Eden ging.

Denn als Adam und sein Weib starben, ging ihr Gewand auf Henoch, den Sohn Jareds, über; als aber Henoch zum Herrn emporsteigen sollte, übergab er es seinem Sohn Methusalah; nach dem Tode Methusalahs nahm Noah das Kleid und brachte es mit in die Arche, und es blieb bei ihm, bis er aus dem Kasten ging. Doch in der Zeit, da er die Arche verließ, stahl Ham seinem Vater jenes Kleid weg und verwahrte es vor seinen Brüdern. Als danach dem Ham sein erstgeborener Sohn Chus geboren ward, gab er ihm das Kleid im geheimen, und das Kleid war bei Chus eine lange Zeit, und auch dieser hielt es verborgen vor seinen Söhnen und Brüdern. Als ihm dann Nimrod geboren ward, gab er ihm das Kleid aus Liebe zu ihm.

Und Nimrod ward groß und ward zwanzig Jahre alt, da zog er das Gewand Adams an, und er ward sehr stark, als er sich darein hüllte, denn Gott gab ihm Kraft und Macht, und er ward ein gewaltiger Jäger auf Erden. In der Stunde, da er die Kleider angezogen hatte, kamen die Tiere, das Vieh und die Vögel und fielen nieder vor ihm, denn sie dachten, er sei der König, wegen seiner gewaltigen Kraft, und sie machten ihn auch zu ihrem König.

Und er war ein heldenmütiger Jäger im Felde. Er jagte nach den Tieren und baute Altäre und opferte darauf die Tiere vor dem Herrn.

Also ward Nimrod mächtig und erhob sich über seine Brüder; er führte ihre Kriege mit ihren Feinden ringsumher, und der Herr gab ihm die Widersacher seiner Brüder in seine Hand; Gott gab ihm Glück allemal, da er Krieg führte, und er ward König auf Erden. Daher wurde er zum Gleichnis in jenen Tagen, und wenn einer seiner Knechte wappnete, sprach man von ihm: Der ist der Nimrod, der rastlose Jäger im Felde. Und fürwahr, Nimrod gewann alle Kriege, die er führte, und rettete seine Brüder aus der Hand ihrer Feinde.

Also möge auch uns der Herr mit Kraft stärken und uns erlösen heutigen Tags.

3
Nimrod gründet das Reich Sinear

Es geschah, als Nimrod vierzig Jahre alt ward, da entbrannte ein Krieg zwischen seinen Brüdern und den Kindern Japheth, und seine Brüder gerieten unter die Hand ihrer Feinde. Da machte sich Nimrod auf und er ging hin und versammelte alle Kinder Chus' und ihre Geschlechter, es waren ihrer bei vierhundertsechzig Mann. Auch dang er sich alle seine Freunde und alle, die ihn von früher her kannten – es waren ihrer achtzig Mann – und zahlte ihnen ihren Sold und zog mit ihnen aus in den Krieg. Und unterwegs sprach er Mut zu dem Herzen alles Volks, das mit ihm ging, und redete zu ihnen also: Fürchtet euch nicht und seid nicht zag, denn in unsere Hände werden die Feinde geraten, und ihr werdet mit ihnen tun, wie es euch wohlgefällt. Da schritten die Männer, fünfhundertvierzig an der Zahl, weiter und begannen den Krieg mit ihren Feinden und verderbten sie und zwangen sie unter ihre Gewalt. Und Nimrod setzte Statthalter über sie und über alle ihre Landschaften und nahm von ihren Söhnen etwelche zum Unterpfand; also wurden die Feinde seine und seiner Brüder Knechte.

Alsdann wandte sich Nimrod um, und sie kehrten zurück nach ihrem Ort. Und es geschah, als Nimrod in Freuden von dem Kriege zurückkam – denn er hatte alle seine Feinde besiegt – da versammelten sich um ihn seine Brüder und alle, die ihn kannten und machten ihn zum König über sich und setzten ihm eine königliche Krone auf das Haupt. Und Nimrod bestimmte über das Volk und seine Untertanen, Fürsten und Richter und Vögte nach dem Recht der Könige und machte Tharah, den Sohn Mahors, zu seinem Feldherrn; den zog er groß und erhob ihn über alle seine Fürsten.

Wie er so nach Herzenslust regiert und alle seine Feinde besiegt hatte, da beriet er sich mit seinen Ratgebern und beschloß eine Stadt zu bauen, die sollte die Stätte seiner Herrschaft sein. Und es geschah also. Seine Leute fanden ein großes Tal gegen Morgenland und bauten daselbst eine Stadt, groß und weitgestreckt. Nimrod nannte die Stadt Sinear, denn der Herr, sprach er, habe seine Feinde vor ihm weggefegt und sie bezwungen.

Also wohnte Nimrod in Sinear und regierte dort sicher. Er stritt wider seine Feinde und demütigte sie und gewann alle Schlachten, und sein Reich war überaus groß. Alle Völker und alle Zungen hörten von seinem Ruf und versammelten sich und bückten sich vor ihm bis zur Erde und brachten ihm Gaben dar. Also ward er Herr und Herrscher über sie, und sie wohnten bei ihm im Lande Sinear.

4
Nimrod und Mardon

NIMROD HERRSCHTE im Lande über alle Kinder Noahs, und alle standen unter seiner Hand und unter seinem Wort. Und dazumal hatte alle Welt einerlei Zunge und einerlei Sprache. Aber Nimrod war nicht die Wege Gottes gegangen und ward böser denn alle Menschen, die vor ihm waren von den Tagen der Sintflut an bis zu jener Zeit. Er machte sich Götter aus Holz und aus Stein und bückte sich vor ihnen und lehnte sich auf wider den Herrn; er lehrte auch seine Knechte und alle Leute des Landes seine schlechten Wege.

Aber Mardon, der Sohn Nimrods, war noch gottloser denn sein Vater, also, daß ein jeder, der von Mardons Tun hörte, von ihm sprach: Den Missetätern kann nur Böses entsprießen; und dies ward zum Spruch in der Rede der Menschen von jener Zeit an bis auf den heutigen Tag.

5
Der Götzenturm Nimrods

VON NIMROD WIRD ERZÄHLT, daß er sich selber zu einem Gott machte, als er König ward, und einen Schrecken auf die Völker fallen ließ. Sie mußten zu ihm kommen und vor ihm niederknien und ihm dienen, und er suchte sich einen Ort aus, da man ihn huldigen sollte; diesen Ort stattete er seltsamer und wunderbarer aus als die anderen und bestimmte ihn für sich allein und schlug seinen Sitz dort auf. Was tat er? Er baute einen Turm aus runden Steinen und ließ dessen Grundpfeiler in die Erde versenken. Über ihm ließ er einen großen Stuhl in Zedernholz aufstellen; dessen Füße wurden in dem Stein gefestigt; darauf machte er einen zweiten Stuhl aus Eisen; dessen Füße steckten in dem aus Zedernholz. Darauf errichtete er einen dritten Stuhl aus Kupfer, dessen Füße wurden in dem eisernen befestigt; auf diesen stellte er wiederum einen Stuhl aus Silber, dessen Füße sich auf den kupfernen stützten. Über dem silbernen Stuhl war ein Stuhl aus Gold, dessen Füße standen auf dem aus Silber. Darüber aber machte Nimrod noch einen Stuhl aus eitel Perlen und Edelsteinen, daß der Bau ungeheuer hoch wurde. Und nun stieg Nimrod empor und setzte sich obenauf. Und alle Völker mußten von nun an zu ihm kommen und vor ihm niederfallen, und dies währte so lange, bis das Licht Abrahams aufging.

6

Samaritanisches

Noah verteilte die Erde unter seinen Söhnen. Arphachsad wohnte im Lande Khorasan, welches im großen Armenienlande liegt. Elam und Assur wohnten im Lande, das die Tür aller Türen heißt. Lud aber und Aram wohnten in der großen Stadt. Aber noch ehedenn unser Vater Noah gestorben war, kam Nimrod und ward König über die Kinder Hams. Er baute das große Babylon auf, und der Anfang seines Reiches war Babel, Erech und Akkad im Lande Sinear.

Sem nahm die Sira, die Tochter Seths, des Sohnes Adams, sich zum Weibe; an dem Tage, da er sie zum Weibe nahm, war er dreihundert Jahre alt. Sem baute Ninive, die berühmte Stadt, außerdem noch die Städte Rehoboth, Kalah, und Resen, welch letztere Stadt zwischen Ninive und Kalah gelegen war, und dies ist eben die große Stadt.

Der Stern Abrahams

1
Abrahams Geburt

THARAH, DER SOHN MAHORS, der Feldhauptmann Nimrods, war damals groß in den Augen des Königs und in den Augen aller seiner Knechte. Und der König und seine Knechte liebten ihn gar sehr und machten ihn groß. Da nahm Tharah ein Weib mit Namen Amathla, die Tochter des Barnabo. Und sie ward schwanger und gebar einen Sohn zu der Zeit, und Tharah hieß seinen Namen Abram, denn, so sprach er, der König hat mich jetzt eben hochgestellt, und hat mich erhoben über alle seine Fürsten. Siebzig Jahre war Tharah alt, da ihm Abram geboren wurde.

In der Nacht aber von Abrams Geburt kamen zu Tharah alle seine Knechte und alle Weisen Nimrods und seine Wahrsager, und aßen und tranken in seinem Hause und freuten sich mit ihm in derselbigen Nacht.

Aber als die Weisen und die Wahrsager aus dem Hause Tharahs gingen, erhoben sie ihre Augen gen Himmel zu den Sternen und, siehe, da war ein großer Stern, der war von Morgen hergekommen und lief durch den Himmel und verschlang vier Sterne von den vier Seiten der Welt.

Da wunderten sich die Weissager ob dieses Anblickes sehr und sie begriffen alsbald auch, was das zu bedeuten hätte, und es sprach einer zum anderen: Nicht anders, als daß der Knabe, der heute Nacht dem Tharah geboren ward, groß und fruchtbar werden und sich sehr vermehren wird, daß er und sein Same die großen Könige stürzen und von deren Lande Besitz ergreifen werden. Und die Weisen gingen, ein jeglicher in sein Haus.

Aber am Morgen standen sie alle auf in der Frühe, versammelten sich an ihrer Sammelstätte und sprachen zueinander: Sehet, die Erscheinung, die wir gestern gesehen haben, noch weiß davon nichts der König, aber wenn er in späteren Tagen davon erfährt, wird er zu uns sagen: Warum habt ihr die Sache vor mir geheim gehalten? und wir sind dann alle des Todes; so wollen wir nun hingehen und dem König Kunde geben von dem, was wir gesehen haben, und wollen ihm die Deutung nicht verhehlen, daß wir rein bleiben.

Und die Weisen taten also. Sie gingen alle hin, kamen vor den König, fielen nieder vor ihm und sprachen: Es lebe der König! Es lebe der König! Wir hörten, daß Tharah, dem Sohne Nahor, deinem Feldhauptmann ein Sohn geboren ward, da gingen wir gestern Nacht in sein Haus und aßen Brot und tranken und waren fröhlich mit ihm; als aber deine Knechte aus dem Hause Tharahs kamen, um nach ihren Wohnungen zurückzukehren, denn ein jeglicher sollte in seiner Heimstätte nächtigen, da erhoben wir unsere Augen zum Himmel, und, siehe, ein Stern, überaus groß, kam von Morgen her, lief in großer Eile und verschlang vier andere große Sterne, die von den vier Seiten des Himmelgewölbes kamen. Da wunderten sich deine Knechte ob des Anblickes, den sie sahen, und erschraken sehr; wir redeten miteinander darüber und in unserer Weisheit erkannten wir die richtige Deutung der Erscheinung: daß sie dem Knaben galt, der dem Tharah geboren ward. Dieser wird überaus groß und mächtig werden, wird alle Könige der Erde umbringen, und er und sein Samen werden allein ihre Länder in Ewigkeit besitzen. Und nun, Herr, unser König, wir haben dir treulich berichtet, was wir gesehen. Gefällt es dem Könige, so zahle er dem Vater des Knaben den Preis für ihn, und wir wollen ihn töten, ehedenn er groß wird und sich vermehrt auf Erden und seine Bosheit sich gegen uns wendet, und wir alle verderben samt unseren Kindern und unserem Samen.

Der König hörte die Rede der Weisen an, und ihre Worte gefielen ihm wohl; er schickte hin und ließ den Tharah rufen. Da kam Tharah vor den König, und der König sprach zu ihm: Mir ist es gesagt worden, daß dir gestern ein Sohn geboren wurde, und dies und jenes ist gestern nach seiner Geburt am Himmel gesehen worden; und nun gib mir den Knaben, daß ich ihn töte, ehedenn das Übel gegen uns aufwächst; ich will dir dafür dein Haus mit Gold und Silber füllen.

Da erwiderte Tharah dem König und sprach: Herr, unser König, ich habe gehört, was du sprachst, und alles, was der König will, wird sein Knecht tun. Doch ehe ich dir auf deinen Rat erwidere, will ich dir erzählen, was sich gestern mit mir zugetragen hat. Sprach der König: Erzähle. Da fing Tharah an: Aiun, der Sohn Murads, kam gestern in der Nacht zu mir und sprach: Schenke mir doch das große schöne Roß, das dir der König gab; ich will dir dafür Golds und Silbers die Fülle geben, auch Stroh und Futter wie dein Haus groß ist. Da sprach ich zu ihm: Ich will dem König, meinem Herrn, von deinen Worten sagen, und was der König mir befehlen wird, das will ich tun. Und nun, Herr, unser König, ich habe dein in Ohren dies Ding offenbart; es soll der Rat, den von mir der Herr unser König erteilt, befolgt werden.

Da nun der König Tharahs Worte vernahm, ward er zornig und hielt ihn für einen Narren, und sprach: So bist du nun töricht oder einfältig oder ist der Verstand von dir gewichen, daß du das tun und dein bestes Roß um Gold oder Silber hingeben kannst, oder gar um

Stroh und Futter? Bist du denn einer, dem es an Gold und Silber gebricht, oder gar an Stroh und Futter, daß du so tust? Und was hast du von dem Gold und Silber, wenn du dein schönes Roß dafür gibst, das ich dir schenkte und das seinesgleichen auf Erden nicht hat? Also vollendete der König seine Rede.

Da erwiderte Tharah und sprach: Und doch, ähnlich sprach auch der Herr, unser König zu seinem Knecht. Sei mir gnädig, mein Herr, aber wie war denn das Wort anders, das du zu mir sprachest, indem du sagtest: Gib mir deinen Sohn, wir wollen ihn töten, und ich zahle dir hierfür mit Gold und mit Silber? Was soll mir das Gold und das Silber, wenn mein Sohn tot ist? Und wird denn nicht, wenn ich tot bin, das Gold und das Silber wieder zu dem Herrn, meinem König, zurückkehren, der es mir gab?

Aber es geschah, als der König diese Worte Tharahs und sein Gleichnis vernahm, geriet er in großer Zorn und die Wut entbrannte in ihm. Wie nun Tharah sah, daß der König zornig wurde, antwortete er ihm und sprach: Alles, was mein ist, gebe ich in die Hand des Königs, und was der Herr mein König seinem Knechte tun will, das möge er tun. Auch meinen Sohn gebe ich in die Hand des Königs ohne Preis und mit ihm seine zwei älteren Brüder. Da sprach der König: Nein, sondern deinen jüngsten Sohn will ich um den Preis kaufen. Da antwortete Tharah dem König: O mein Herr, es sei deinem Knechte vergönnt, noch ein Wort vor dir zu sprechen. Da wollte der König ihn anhören und sprach: Rede denn, ich höre. Sprach Tharah: Mein Herr gebe mir noch drei Tage Frist, daß ich denen, die in meinem Hause sind, die Worte des Königs noch vorhalte und sie darum bedränge. Und der König erhörte den Tharah und gab ihm drei Tage Frist.

Da ging Tharah von dem Angesicht des Königs und kam in sein Haus und erzählte den Leuten die Worte des Königs; da hatten sie große Furcht. Und als der dritte Tag um war, schickte der König zu Tharah hin und ließ sagen: Gib mir deinen Sohn her um den Preis, den ich dir gesagt habe, und wenn du nicht befolgst, was ich dir befohlen habe, so will ich zu dir hinschicken und will alle töten, die in deinem Hause sind und werde auch nicht einen übrig lassen, der männlich ist.

Da ging Tharah eilends hin und nahm ein Kind von der Knechte Kindern, das ihm eine Magd in derselben Nacht gebar, in der auch Abram geboren ward, und brachte es vor den König und nahm den Preis. Der König aber nahm das Kind, warf es zu Boden, daß sein Schädel zerschmettert wurde, denn er wähnte, dies sei Abram. Also war Gottes Hand mit Tharah, daß Nimrod den Abram nicht tötete.

Tharah aber nahm heimlich seinen Sohn Abram, dessen Mutter und Amme, und versteckte sie in einer Höhle und brachte ihnen dorthin Speise jeden Monat. Und Gott war mit Abram in der Höhle, und er ward groß und ward zehn Jahre alt, und der König, seine Fürsten und Knechte wie alle Weisen und Wahrsager dachten, er wäre tot.

Zu jener Zeit nahm Haran, der Sohn Tharahs, der ältere Bruder Abrams, ein Weib; neununddreißig war Haran alt, da er das Weib nahm, und sie ward schwanger und gebar einen Sohn und hieß ihn Lot, sie wird abermals schwanger und gebar eine Tochter und hieß ihren Namen Milka; und sie ward zum dritten Mal schwanger und gebar wieder eine Tochter; die nannte sie Sarai. Vierzig Jahre war Haran alt, da Sarai geboren ward, Abram aber ward dazumal zehn Jahre alt.

In jenen Tagen, da der König und seine Fürsten ihn vergessen hatten, ging Abram mit seiner Mutter und seiner Amme aus der Höhle und begab sich zu Noah und dessen Sohn Sem; er wohnte bei ihnen und lernte von ihnen die Zucht Gottes und seine Wege. Doch niemand wußte, wo er war, und er bediente den Noah und seinen Sohn viele Tage; es waren neununddreißig Jahre, die er im Hause Noah zubrachte. Und Abram erkannte den Herrn von seinem dritten Lebensjahre an und ging die Wege Gottes bis zu seinem Tode, wie es ihn Noah und sein Sohn Sem gelehrt hatte.

Aber die Menschenkinder sündigten damals vor dem Herrn, stifteten Aufruhr wider ihn, dienten anderen Göttern und vergaßen den Gott, der sie schuf auf Erden. Sie machten sich eigene Götter, Götter aus Holz und Stein, die nicht hören und nicht sprechen und den Menschen nicht retten, und beteten sie an. Der König und seine Knechte, Tharah und sein Haus waren die ersten, die den Götzen dienten.

Es hatte Tharah zwölf große Götzen – welche waren aus Stein und welche waren aus Holz – nach der Zahl der Monate, und diente einem jeglichen einen Monat lang; und allmonatlich brachte er einem anderen Gaben dar und Trankopfer und bückte sich vor ihm. Also tat er nach dieser Weise alle Tage. Und auch sein ganzes Geschlecht tat Übles vor dem Herrn, und fand sich keiner im ganzen Lande, der den Herrn erkannt hätte; allein Noah und sein Haus, und alle, die unter seinem Rat standen, wußten zu jener Zeit vom Herrn.

Und Abram, der Sohn Tharahs, wuchs auf im Hause Noahs, aber keiner wußte von ihm, und der Herr war mit ihm. Gott gab dem Abram einen offenen Sinn und gab ihm Verstand; und er erkannte, daß das Tun dieses Geschlechtes töricht war und daß die Götter, denen sie dienten, eitel Trug waren und unnütz.

Also wohnte Abram im Hause Noahs und diente dem Herrn. Und der König Nimrod regierte in Frieden, und die ganze Erde war unter seiner Hand.

2
Eine arabisch-jüdische Geschichte
von Abrahams Geburt

BEVOR ABRAM GEBOREN wurde, war Nimrod ein Leugner des Gottesglaubens und überhob sich selber und sprach von sich, er sei ein Gott, und die Leute seiner Zeit dienten ihm und beteten ihn an.

Aber dieser König war auch ein Sternseher und ein Weiser und er ersah aus der Stellung der Sterne, daß in seinen Tagen einer geboren werden sollte, der sich wider ihn erheben und den Glauben an ihn leugnen und ihn besiegen werde. Da erbebte Nimrod sehr und fürchtete sich. Was tat er? Er ließ seine Fürsten und Statthalter herbeirufen, erzählte ihnen von dem, was er gesehen und sprach: Was würdet ihr mir raten mit dem zu tun, der da geboren werden soll? Die Fürsten sprachen: Wir stimmen in diesem Rat überein: du solltest ein großes Haus bauen, in seinen Eingang einen Wächter stellen und im ganzen Reich ausrufen lassen, daß alle Weiber, die schwanger sind, dorthin kommen sollen; hernach sollen auch die Wehmütter dorthinein kommen; die sollen bei den Weibern verbleiben, bis daß sie geboren haben. Wenn nun die Zeit kommt, daß ein Weib dort gebiert und sie sehen, daß es ein Knabe ist, sollen sie ihn auf dem Schoße der Mutter abschlachten; ist's aber eine Tochter, so soll sie am Leben bleiben, und ihre Mutter soll Geschenke bekommen und in königliche Kleider gehüllt werden und es soll vor ihr ausgerufen werden: Also wird ein Weib geehrt, das eine Tochter geboren hat!

Als nun der König den Rat seiner Weisen gehört hatte, freute er sich gar sehr und ließ alsbald in allen Ländern seines Reiches ausrufen, daß Baumeister kommen sollten, ihm ein großes Haus zu bauen, sechzig Ellen lang und achtzig Ellen weit. Da nun das Haus fertig war, ließ er wieder ausrufen, daß alle schwangeren Weiber in das Haus kommen sollten und dort verbleiben, bis sie geboren hätten. Er setzte Amtsleute ein, die die Weiber dorthin bringen sollten, und auch Wächter, die das Haus behüten sollten, daß der Weiber keines entflöhe. Außerdem ließ er Wehmütter kommen und befahl ihnen, daß jeder neugeborene Sohn auf dem Schoß seiner Mutter getötet werde, daß aber jedes Weib, das eine Tochter gebäre, in köstliche Leinwand, Seide und Purpur gekleidet und mit großen Ehren nach ihrem Hause geführt werde, denn also hat es der König befohlen.

Man erzählt, daß mehr denn siebzigtausend Knaben in dieser Weise getötet wurden. Da nun die obersten Engel im Himmel das Morden der Kinder sahen, sprachen sie vor dem Herrn: Siehst du denn nicht, was Nimrod, der Sohn Kanaans, tut, der Gottlose, der Leugner, wie er so viele Kinder hinschlachtet, deren Hände noch kein Unrecht begangen. Sprach der Herr: Ihr heiligen Engel, wohl weiß ich es und wohl sehe ich es, denn ich schlummere nicht und ich schlafe nicht und sehe das Offene und das Verborgene. Doch ihr sollet es sehen, was ich diesem Missetäter und Ungläubigen antun werde und wie ich meine Hand an ihr legen werde, um ihn zu strafen.

In jenen Tagen ging ein Weib und nahm einen Mann namens Tharah und ward schwanger von ihm. Und es geschah nach drei Monaten, da wurde ihr Leib groß und ihr Angesicht wurde bleich. Da fragte sie Tharah: Was ist dir, mein Weib, daß dein Angesicht bleich geworden ist und dein Leib größer denn sonst? Das Weib erwiderte: Alljährlich um diese Zeit kommt solche Krankheit über mich. Tharah sprach: Laß mich deinen Leib sehen, denn mir ist es, als seiest du schwanger, und ist dem so, so geziemt es sich nicht, daß wir das Gebot unseres Gottes Nimrod übertreten. Und Tharah legte seine Hand auf ihren Leib. Da vollbrachte der Herr ein Wunder, das Kind ging nach oben bis an die Brust, also daß Tharah ihren Leib befühlte und nichts fand. Da sprach er: Du hast die Wahrheit gesprochen. Und so konnte man nichts merken und nichts wissen, bis die Monate des Kindes voll wurden.

Aber alsdann hatte das Weib große Furcht, da ging sie aus der Stadt und ging durch die Wüste, bis sie an einen Fluß kam. In der Nähe des Flusses fand sie eine große Höhle, und sie ging hinein. Und am morgenden Tage ward sie von Mutterwehen ergriffen und sie gebar einen Sohn. Da wurde auf einmal die ganze Höhle hell wie vom Sonnenschein, denn also leuchtete das Angesicht des Knaben, und die Mutter ward voll großer Freude. Dieser Knabe aber war unser Vater Abraham, Friede sei mit ihm!

Da tat das Weib ihren Mund auf und sprach: Ich habe dich zu einer Zeit geboren, da der König Nimrod siebzigtausend Kinder um deinetwillen getötet hat; nun aber fürchte ich um dich, daß er, wenn er von dir erfährt, auch dich töten würde. Und so ist es wohl besser, du stürbest hier, als daß es meine Augen schauen sollten, wie du auf meinem Schoß hingeschlachtet werdest. Und sie nahm ihr Kleid von sich ab, hüllte den Knaben darein und sprach: Gott sei mit dir, mein Kind, er tue seine Hand von dir nicht ab und verlasse dich nicht. Und sie ließ den Knaben in der Höhle und ging ihres Weges.

Der Knabe aber fing an zu weinen, als er in der Höhle ohne Amme blieb, die ihn säugte. Da hört der Herr, gelob sei er, sein Weinen, und schickte ihm den Engel Gabriel, daß er ihn am Leben erhalte und ihm Nahrung gebe. Und der Engel kam zu Abram, brachte Milch aus einem Finger der rechte Hand hervor, und der Knabe sog daran. Als er aber zehn Tage alt ward, da fing er an zu gehen. Er verließ die Höhle und ging den Fluß entlang, da kam ihm wieder der Engel Gabriel entgegen und sprach zu ihm: Friede sei mit dir, Abram. Abram sprach: Mit dir sei Friede; und sprach weiter: Was bist du für einer? Der Engel sprach: Ich bin der Engel Gabriel, der Bote Gottes. Da ging Abram zu einer Quelle, wusch sein Gesicht, Hände und Füße und betete vor Gott und fiel nieder vor ihm.

Aber die Mutter Abrams gedachte sein und weinte um ihn; sie ging aus der Stadt, denn sie wollte ihren Sohn wieder in der Höhle aufsuchen, woselbst sie ihn gelassen hatte, und kam dorthin und fand ihn nicht wieder; da fuhr sie fort zu weinen und sprach: Wehe dir, mein Sohn, da ich dich geboren habe, damit du ein Fraß werdest für die Tiere des Feldes, den Bären, Löwen und Wölfen. Also ging sie auch den Fluß entlang; da begegnete ihr ihr Sohn, aber sie erkannte ihn nicht, denn er war schon groß von Gestalt. Sie sprach zu ihm: Friede sei mit dir. Er sprach: Mit dir sei Friede; was wandelst du so durch die Wüste? Das Weib sprach: Ich bin aus der Stadt gegangen meinen Sohn zu suchen. Abram sprach: Wer brachte deinen Sohn hierher? Sie sprach: Ich war schwanger worden von meinem Manne Tharah, und da ich gebären sollte, fürchtete ich um meinen Sohn, den ich im Leib trug, daß ihn unser König Nimrod, der Sohn Kanaans, töte, ähnlich wie er siebzigtausend Kinder getötet hatte, und so ging ich in die Höhle, die an diesem Flusse gelegen ist. Da wurde ich alsbald von Geburtswehen befallen und ich gebar einen Sohn; aber ich ließ ihn in der Höhle liegen und ging nach Hause. Und nun bin ich wieder zur Höhle gekommen, aber ich fand ihn nicht mehr. Abram sprach: Der von dir Geborene, wieviel Tage wird er alt sein? Das Weib sprach: Zwanzig Tage ist er alt. Abram sprach: Ist es denn ein Weib auf Erden, das ihren kleinen Sohn in der Wüste allein läßt und nach zwanzig Tagen kommt, ihn zu suchen? Das Weib sprach: Ja, ich dachte, der Herr werde sich sein erbarmen. Da sprach Abram: Ich bin dein Sohn, um dessentwillen du bis an diesen Fluß gekommen bist. Sprach das Weib: Mein Sohn, so bist du in zwanzig Tagen so groß geworden, daß du schon an deinen Füßen gehst und mit deinem Munde sprichst. Dies alles ist in zwanzig Tagen geschehen? Da sprach Abram: Es ist in der Wahrheit so, denn wisse, Mutter, es gibt in der Welt einen großen, gewaltigen Gott, der lebt und besteht, der sieht und nicht sichtbar ist; im Himmel ist seine Wohnstätte, aber die ganze Erde ist seiner Herrlichkeit voll. Sprach seine Mutter: Sohn, ist denn noch ein Gott auf der Erden da außer Nimrod? Abram sprach: So ist es, Mutter; der Gott des Himmels und der Erde ist auch der Gott Nimrods. Und nun gehe hin zu Nimrod und tue das kund.

Da ging Abrams Mutter davon und kam in die Stadt und erzählte ihrem Mann Tharah, wie sie ihren Sohn Abram gefunden habe. Tharah aber war dazumal ein großer Fürst im Hause Nimrods; da ging er nach dem Schlosse des Königs, darin der König wohnte, und fiel vor ihm auf sein Angesicht. In der damaligen Zeit durfte keiner, der vor dem Könige niederfiel, sein Haupt erheben, als bis er zu ihm sprach: Erhebe dein Haupt. Also sprach auch Nimrod zu Tharah: Erhebe dein Haupt und nenne dein Begehr. Da sprach Tharah: Es lebe der Herr, mein König. Ich bin gekommen dir kundzutun, daß der Knabe, von dem du in den Sternen lasest, daß er in deinem Reich aufkommen werde, um deinen Glauben zu zerstören, und um dessentwillen du siebzigtausend Knaben getötet hast, daß dieser Knabe mein Sohn ist. Seine Mutter war schwanger, ich aber wußte es nicht, denn sie sprach zu mir, sie sei krank, und als ich ihren Leib befühlte, fand ich nichts. Als aber die Monate des Kindes voll wurden, ging sie aus der Stadt und kam an einen Fluß, wo sie in der Nähe eine Höhle fand. Dort gebar sie einen Knaben und überließ ihn den Tieren des Feldes; aber nach zwanzig Tagen ging sie ihn suchen und fand ihn, wie er am Ufer des Flusses einherging und wie ein ausgewachsener Mensch sprach; er sagte ihr, daß es einen Gott im Himmel gebe, der sehe und selber unsichtbar sei, und daß kein zweiter außer ihm da sei.

Da nun Nimrod diese Worte Tharahs vernahm, überfiel ihn ein großes Zittern und er sprach zu seinen Fürsten und Ratgebern: Was soll nun mit diesem Knaben geschehen? Es erwiderten ihm die Fürsten und Knechte: Herr, unser König und Gott, so fürchtest du dich vor einem kleinen Kinde, wo du in deinem Reiche Tausende und Abertausende von Fürsten und Befehlshabern hast; welche sind über tausend, welche über fünfzig, welche über zwanzig, außerdem Aufseher sonder Zahl; der kleinste der Fürsten wird hingehen und wird ihn haschen und ihn ins Gefängnis werfen. Aber der König sprach: Habt ihr euren Lebtag gesehen, daß ein Kind, das zwanzig Tage alt ist, auf seinen Füßen läuft und mit seinem Munde spricht und mit seiner Zunge verkündet, es gebe ein Gott im Himmel, einen einzigen, der keinen zweiten neben sich habe, der sehe und nicht zu sehen sei? Da verwunderten sich auch die Fürsten ob dieser Dinge.

Da erschien der Satan in menschlicher Gestalt vor Nimrod, in schwarze Seide war er gekleidet, und fiel nieder auf sein Angesicht vor dem König. Nimrod sprach: Erhebe dein Haupt und nenne dein Begehr. Der Satan sprach: Warum sorget ihr euch und warum seid ihr voll Staunen ob dieses kleinen Knaben? Ich will dir einen Rat geben, was du tun sollest. Nimrod sprach: Was ist dein Rat? Sprach der Sa-

tan: Tue auf deine Kammern, darin du die Kriegsgeräte hältst, bewaff-
ne deine Fürsten und Statthalter und schicke sie ihm entgegen, daß er
herkomme dir zu dienen und unter deiner Hand zu sein.

Da befahl der König allen seinen Fürsten und allen Kriegsleuten,
daß sie herkommen sollten und sich Waffen holen aus der Schatzkammer des Königs. Als nun Abraham das viele Volk erblickte, daß
zu ihm kam, erfaßte ihn eine große Furcht, und er schrie zum Gott
im Himmel, zu dem, der den Bedrängten aus der Hand des Stärkeren
befreit, daß er ihn errette. Da sah der Herr auf seine Tränen und hin
und erhörte seinen Schrei und schickte zu ihm den Engel Gabriel,
daß er ihm hülfe. Und der Engel fragte: Warum weinst du, Abram?
Abram sprach: ich fürchte die Menschen, die hierherkommen mich
zu töten. Der Engel sprach: Nicht sollst du Angst noch Furcht haben,
denn der Herr ist mit dir und er wird dich erlösen aus der Hand der
Feinde.

Und richtig, Gott befahl dem Gabriel, daß er Wolken und Dunkel
verbreiten sollte zwischen Abram und seinen Verfolgern. Da die nun
der Finsternis und der Wolken gewahr wurden, erschraken sie und
kehrten zum König Nimrod zurück und sprachen zu ihm: Wir wollen dieses Land verlassen. Als Nimrod diese Kunde vernahm, gab er
ihnen ihren Sold, und sie reisten nach dem Lande Babel.

3
Abraham tritt seine Prophetenreise an

ALS DAS HEER NIMRODS von Abram gewichen war, sprach der Herr
zum Engel Gabriel: Geh hin und sage dem Abram, daß er seinem
Feinde Nimrod nach Babel folgen solle. Da erwiderte Abram dem
Engel: Siehe, ich habe keine Zehrung für den Weg und kein Roß, darauf ich reiten könnte und kein Heer zum Streiten. Der Engel sprach:
Du bedarfst keiner Zehrung, keines Rosses und keiner Heeresmacht
um mit ihm zu streiten, auch keines Wagens und keiner Reiter, sondern du setzest dich auf meine Schulter, und ich trage dich nach Babel. Da stand Abram auf und schwang sich auf die Schulter des Engels, also, daß er in eines Auges Zwinkern darauf saß; und in derselbigen Stunde befand er sich schon in den Toren Babels. Da sprach der
Engel zu ihm: Zieh ein in das Reich und rufe mit lauter Stimme: Gott
ist der Herr im Himmel da oben, auf der Erde da unten, und es gibt
keinen anderen außer ihm. Er ist einzig und hat keinen zweiten neben sich; er hat keine leibliche Gestalt und ist kein Leib; dies ist der
Gott der Götter, und der Gott Nimrods, ich aber bin Abram seine
Knecht, der ich zu seinem Hause treu halte.

So zog denn unser Erzvater Abram in das Reich Babel ein und rief laut allen Leuten des Landes: Gott ist der Herr, er ist einzig und hat keinen zweiten, er ist der Gott des Himmels und der Gott aller Götter und auch der Gott Nimrods; bezeuget es alle, ihr Männer, Weiber und Kinder, daß dies die Wahrheit ist, und bezeuget es auch, daß ich Abram sein treuer Knecht bin.

Also ging er durch die Straßen und Märkte und verkündigte den Namen des Herrn. Er begegnete auch seinem Vater und seiner Mutter und fand wieder den Engel Gabriel. Da sprach zu ihm der Engel: Abram, so sage es doch auch deinem Vater und deiner Mutter an, daß auch sie sich bekennen zu dem, das du predigst und davon Zeugnis ablegen, daß Gott allein der Herr ist und kein anderer außer ihm.

Als Abram diese Worte des Engels hörte, sprach er zu seinem Vater und zu seiner Mutter: Ihr dient einem Menschen, der euch gleicht, und betet Nimrods Bildnis an; wisset ihr's nicht, daß es wohl einen Mund hat, aber nichts sprechen kann, daß er Ohren hat und nicht hört, daß er mit den Füßen nicht schreitet und daß es keinen Nutzen bringt, weder sich noch den anderen.

Als Tharah dies alles vernahm, fing er an Abram einzureden und brachte ihn in sein Haus. Da erzählte Abram, was sich mit ihm zugetragen und wie er an einem Tage einen Weg von vierzig Tagen zurückgelegt hatte. Alsbald ging Tharah zum König Nimrod und sprach zu ihm: Weißt du es, Herr unser König, daß der Knabe, mein Sohn, vor dessen Angesicht du flohest, jetzt hierher gekommen ist? Ich fragte ihn, wie lange seine Reise hierher gewährt hätte; da antwortete er mir: Gestern brach ich von dort auf und heute bin ich hier.

Wie Nimrod dies hörte, erbebte er in großer Furcht und fragte abermals seine Fürsten und Weisen um Rat, was mit dem Knaben zu tun sei. Da erwiderten sie alle eines Mundes: Es lebe der König Nimrod! er lasse im ganzen Reiche ausrufen, daß sieben Tage lang ein Fest gefeiert werden soll; es soll sich ein jeglicher in seinem Hause freuen und festliche Kleider anziehen, also daß im ganzen Lande eitel Freude und Jubel herrschte; auch sollst du ein großes Gelage in deinem äußeren und inneren Hof machen, desgleichen in allen Ländern deines Reiches. So nun die Leute deine große Macht gewahren werden, so werden sie zu dir kommen und werden dir dienen.

Da beschloß der König also zu tun, und es erging ein Befehl zu Babel auf den Märkten und Straßen, daß die Menschen alle ihre schönen Kleider anlegen sollten und sich mit köstlicher Leinwand, Seide und Purpur, mit Silber gestickt, schmücken, ein jeglicher soweit seine Hand reicht. Und sie taten also.

Und es geschah alsdann, da der König Nimrod schon auf seinem Throne saß, wurde nach Abram ausgeschickt, und der kam mit Vater

Tharah. Abram ging vorbei an den Fürsten und Würdenträgern und kam vor den Stuhl des Königs, darauf der König saß. Er erfaßte den Thron und schaukelte ihn und rief mit lauter Stimme aus: Nimrod, du Verworfener, der du den wahren Gott verleugnest, den Gott, der lebt und besteht und seinen Knecht Abram, bezeuge es und sage wie ich: Gott ist einzig, und ist kein zweiter neben ihm; er hat keinen Leib und er lebt ewig und wird nimmer sterben; er schlummert nicht und schläft nicht. Und nun sage aus und bekenne, daß ich Abram bin und daß der Herr die ganze Welt erschaffen hat, daß man an ihn glaube. Und Abram erhob seine Stimme noch höher, als er diese Worte sprach, und siehe, die Götzen, die rund umher standen, fielen alle um. Da nun der König und die Fürsten sahen, daß ihre Götter gestürzt wurden, und hörten das Geschrei Abrams, da fielen auch sie auf ihre Angesichter zu Boden und mit ihnen ihr König. Sein Herz versagte und sein Seele flog von ihm, daß er bald zwei Stunden auf der Erde liegen blieb. Nach den zwei Stunden kehrte seine Seele zu ihm zurück; er erwachte wie von einem Traum und sprach zu Abram: Ist's deine Stimme, die ich höre, oder ist es die Stimme deines Gottes? Abram sprach: Das war nur die Stimme eines geringen Geschöpfes unter den Geschöpfen, die der Herr erschuf. Da sprach Nimrod: Wahrlich, dein Gott, Abram, ist ein großer und mächtiger Gott, und er ist der König aller Könige.

Hierauf sprach Nimrod zu Tharah, er möge seinen Sohn hinwegnehmen und sich von ihm wenden und nach seiner Stadt ziehen. Und sie beiden gingen miteinander.

4
Die Weiber der Stammväter

IN EINER SPÄTEREN CHRONIK lesen wir:

Adam, der erste Mensch, hatte ein Weib, die hieß mit ihrem Namen Eva. Das Weib Enos' hieß mit dem Namen Noam. Das Weib Kenans hieß mit Namen Mehulaloth. Das Weib Mehalels hieß mit Namen Dina. Das Weib Jareds hieß mit Namen Beracha und war die Tochter des Rezuja. Das Weib Henochs war Edna, die Tochter Daniels. Methusalahs Weib war Edna, die Tochter Asarias. Lamechs Weib war Brones, die Tochter Berachaels. Noahs, des Gerechten, Weib war Amora, die Tochter Berachiels. Das Weib Sems war Machla, die Tochter des Bno. Das Weib Arpachsads war Rezuia, die Tochter Sasons. Salahs Weib war Milka, die Tochter Meris. Ebers Weib war Asira, die Tochter Nimrods. Das Weib Pelegs war Lebana, die Tochter Sinears. Das Weib Regus war Ura, die Tochter Hurs. Serugs Weib war

Milka, die Tochter Nahors. Nahors Weib hieß mit ihrem Namen Isa-
gad, die Tochter Isahods. Das Weib Tharahs war Edna, die Tochter
Abernahus. Abrahams Weib war Sarai, die Tochter Harans, seine
Mutter aber hieß mit ihrem Namen Amathlai, die Tochter Orkathis.

Der Turmbau

1
Das sündige Babylon

ES HEISST: Wir wollten Babylon heilen, aber sie wollte nicht heil
werden. So laßt sie fahren und laßt uns einen jeglichen in sein Land
ziehen. Denn ihre Strafe reicht bis an den Himmel und langt hinauf
bis an die Wolken. Wir wollten Babel heilen. Damit ist auf die Zeit
Enos' hingewiesen. Aber sie wollte nicht heil werden – das war zur
Zeit der Sintflut. Da verließen sie die Menschen, als der Sprachen viele wurden.

Es hatte alle Welt einerlei Sprache und einerlei Zunge, und sie
führten scharfe Rede wider Gott, der einzig ist, und wider Abraham,
der einzig war.

Sie spotteten Abrahams und sprachen: Ein unfruchtbarer Maulesel ist dies und kann nicht zeugen. Von dem Herrn, unserem Gott
aber sprachen sie: Was dünkt er sich groß, daß er für sich die oberen
Regionen nahm, und uns die unteren überließ. Kommt, laßt uns einen Turm bauen und ein Gottesbild obenauf setzen, dem geben wir
ein Schwert in die Hand, daß es aussehe, als stehe er bereit zum
Kampf mit dem da oben.

Andere aber erzählten es so:

Die Leute dazumal sprachen: Wir wissen, daß einmal in tausends-
echshundertsechsundfünfzig Jahren die Feste des Himmels erbebt.
So kommt denn und laßt uns ihm Stützen machen, eine im Norden,
eine im Süden, eine im Westen; dieser Turm hier soll sein Pfeiler sein
im Osten.

Sie rückten ab, so heißt es, von dem, der der Anfang war der Welt,
und sprachen: Wir begehren nicht sein und nicht seiner Gottheit.

Alsdann sprach einer zum anderen, Mizraim sprach zu Chus: Laß
uns Ziegel streichen und brennen.

Und der Herr sprach: Siehe, es ist einerlei Volk und einerlei Sprache unter ihnen, und haben das angefangen zu tun; sie werden nicht lassen davon, das sie sich vorgenommen haben zu tun. Dies ist so zu bedenken, das Gott ihnen noch den Weg zur Umkehr offen ließ. Ob sie schon widerspenstig waren und den Turm machten, streckte ihnen der Herr noch seine Rechte entgegen, daß sie Buße tun können.

Aber alsdann zerstreute sie Gott in alle Länder; die Kinder Sidons gingen nach Sidon, und die Kinder Sidons gingen nach Zur; Die Kinder Mizraims aber kamen nach ihrem Land.

Es wird aber auch so erzählt:

Es kehrt ein jegliches Volk in das Land zurück, das sein war von Anfang an. Warum aber heißt es da: Der Herr zerstreute sie? Dies ist so zu verstehen, daß dazumal Berge durchbrachen, also daß ein jedes Volk in seinem Lande eingeschlossen wurde.

So steht in der Schrift: Da der Allerhöchste die Völker zerteilte, da er die Menschenkinder untereinander schied – das bezieht sich auf das Geschlecht des Turmbaues.

Als der Herr die Welt unter die Völker verteilte, da bestimmte er jedem Volke seine Grenze, auf daß sie sich miteinander nicht vermischen. Die Kinder Gomers schickte er nach Gomer, die Kinder Magogs nach Magog, die Kinder Madais nach Medien, die Kinder Javans nach Griechenland, die Kinder Thubals nach Thubal.

2
Das Geschlecht der Flut und das des Turmbaues

Siehe zu. Die Missetaten des Sintflutgeschlechtes sind alle aufgezählt worden. Nicht so aber die Sünden der Turmbauleute. Es kam Hiob und berichtete über den Frevel, den die Menschen übten, bevor die Flut über sie kam. Da heißt es: Sie verrückten die Grenzen, raubten die Herde und weideten sie. Einer drang in das Gebiet des anderen; einer nahm dem anderen seine Schafe mit Gewalt weg. Sie trieben der Waisen Esel fort und nahmen der Witwe Ochsen zu Pfande. Sahen sie einen Esel, der einem Waisenkinde gehörte, so kamen sie und führten ihn weg; und war eine Frau, deren Mann verstarb und ihr einen Ochsen hinterließ, so kamen sie zu ihr und schleppten ihn fort. Als nun die übrigen Menschenkinder dies sahen, zogen sie ihre Kleider aus und liefen nackend herum, wie es auch hieß: Sie waren nacket ohne Gewand.

Aber des Geschlechtes des Turmbaus Vergehen, die sind auf uns nicht gekommen. Ein Weiser sprach: Das Geschlecht der Flut und das Geschlecht des Turmbaues, sie gleichen beide zwei Königssöhnen. Der eine sprach zu seinem Vater: Ich kann bei dir nicht bleiben und kann den Dienst bei dir nicht ertragen. Der zweite aber sprach: Nichts giltst du mir; sondern, ich oder du! Die Sintflutleute sprachen: Heb dich von uns! Die Leute des Turmbaues aber sprachen: Wir wollen eine Stadt bauen und einen Turm, dessen Spitze bis an den Himmel reiche. Der da oben ist möge herniederfallen, wir aber wollen auf den Himmel steigen, und tut er es nicht, so wollen wir ihn bekriegen.

Sie nahmen einen Götzen, setzten ihn an die Spitze des Turmes und sprachen: Verhängt der Gott im Himmel Böses über uns, so soll unserer sich entgegenstellen und sein Vorhaben zunichte machen. Aber der Herr ließ sie gewähren und sagte: So mögt ihr bauen. Denn er dachte: Allsolange sie nicht gebaut haben, werden sie sagen: Hätten wir doch gebaut, wir wären auf den Himmel gestiegen, hätten gegen den gestritten und hätten ihn besiegt. Also bauten sie weiter. Da sah der Herr hin und zerstreute sie. Er sprach zu ihnen: Ihr habt euch davor bewahren wollen, daß ihr nicht zerstreut würdet, nun gerade sollt ihr über die ganze Erde zerstreut werden. Daher heißt es auch: Was der Gottlose fürchtet, es wird ihm begegnen.

3

Dereinst

Wie sagt doch die Schrift: Die Gottlosen sind wie ein ungestüm Meer. Des Meeres Wellen brausen und fluten empor, aber wie nur eine den Sand erreicht, wird sie zerschlagen und fällt zurück. Und die Welle nach ihr sieht, daß jene zerschmettert wurde, und dennoch erhebt sie sich und steigt gleichfalls empor und ändert nicht ihren Sinn. So sehen auch die Missetäter auf das Ende derer, die ihnen vorangegangen waren, und fahren dennoch fort übermütig zu sein. Daher sind sie mit dem Meer zu vergleichen. An allen gottlosen Geschlechtern sehen wir es: an dem Geschlecht Enos', an dem Geschlecht der Sintflut, an dem Geschlecht des Turmbaues; sie wurden nicht eines vom anderen belehrt, sondern waren voll Hochmuts.

Der Herr fuhr hernieder und sah hin auf die Turmerbauer. Muß denn der Herr herniederfahren um zu sehen? Ist doch alles offen und sichtbar vor ihm, wie es heißt: Er weiß was in der Finsternis liegt, denn bei ihm ist eitel Licht. Doch darum tat es der Herr, weil er die Geschöpfe lehren wollte, daß sie kein Gericht fällen sollten und kein Urteil sprechen, ohne daß sie zuvor die Sache gesehen hätten.

Der Herr verwirrte ihre Sprachen, daß einer die Rede des anderen nicht mehr verstand.

Und der Herr sprach: In dieser Welt sind durch die Macht des bösen Triebes meine Geschöpfe voneinander getrennt und in siebzig Zungen geteilt worden. Aber dereinst werden sie sich alle zusammentun, Schulter an Schulter, und werden meinen Namen anrufen und mir dienen, wie es auch heißt: Alsdann will ich der Völker Lippen in reine umwandeln, daß sie alle sollen meinen Namen anrufen und ihm dienen einträchtiglich.

4
Die siebzig Völker und das Eine

Es hatte alle Welt einerlei Zunge und einerlei Sprache.

Die Leute jenes Geschlechtes verließen das herrliche Land und begaben sich nach Morgen, nach dem Lande Sinear, wo sie eine große, weite Ebene fanden, und wohnten daselbst. Sie warfen von sich das Reich des Himmels ab, und machten über sich zum König Nimrod, den Knecht und Knechtes Sohn, den Ankömmling Hams, dessen Kinder alle Knechte sind. Doch wehe dem Land, dessen König ein Knecht ist!

Nimrod sprach zu seinem Volk: Wohlauf, laßt uns eine große Stadt bauen, daß wir in ihr wohnen können und uns nicht über die ganze Welt zerstreuen wie die ersten, die vor uns waren. In der Stadt wollen wir dann in der Mitte einen hohen Turm bauen und wollen den Himmel erreichen, denn das Reich dieses Gott ist allein das Wasser. So werden wir uns einen großen Namen machen.

Aber sie hatten keine Steine, um die Stadt zu bauen und den Turm. Was taten sie? Sie kneteten Ziegel und brannten sie wie die Töpfer tun, und machten den Turm siebzig Meilen hoch. Sieben Stufen machten sie an der Morgenseite des Turmes und sieben Stufen an der Abendseite. Welche die Ziegel herumtrugen, die gingen die Stufen von Morgen, welche aber heruntergingen, die benutzten die Stufen von Abend.

Eines Tages ging Abram, der Sohn Tharahs, vorüber – er war dazumal achtundvierzig Jahre alt – und sah sie die Stadt bauen. Da fluchte er ihnen im Namen seines Gottes und sprach: Verschlinge sie, Herr, mache ihre Zunge uneins! Aber sie achteten nicht seiner Worte.

Andere wiederum erzählen, die Leute wären zu Abraham gekommen und hätten ihm gesagt: Komm, schließ dich uns an, denn du bist der Held; wir wollen einen Turm bauen, dessen Spitze bis an den Himmel reiche. Da habe Abraham ihnen erwidert: Ihr habt die feste Burg verlassen, welche der Name Gottes ist, und nun sagt ihr, ihr wollt euch einen Namen machen.

Da rief der Herr seinen siebzig Engeln, die um den Stuhl seiner Herrlichkeit stehen, und sprach zu ihnen: Wir wollen hherniederfallen zu ihnen und ihre Sprache verwirren. Wieso aber weiß ich es, daß auch die Engel mit dem Herrn heruntergestiegen waren? Es steht geschrieben: Wir wollen hinabsteigen, nicht aber: ich will hinabsteigen.

Woher weiß ich es, daß er unter den Völker loste? Weil es heißt: Als der Allerhöchste die Völker zerteilte. Da fiel das Los ihm zu dienen auf Abraham und seinen Samen, denn Gottes Teil ist sein Volk. Der Herr sprach: Des Teiles, der mir zufiel, des freue ich mich, das Los ist mir gefallen aufs Liebliche.

Also verwirrte der Herr ihre Sprache und machte aus ihnen siebzig Völker, ein jegliches Volk bekam seine eigene Schrift und seine eigene Sprache. Über jedes Volk setzte er einen Engel, aber das Volk Israel, das ward sein Volk.

Die Menschen wollten dann miteinander reden, aber keines kannte die Sprache des anderen. Was taten sie? Es griff ein jeder zu seinem Schwert, und sie stritten miteinander, daß sie verdarben. Also ward eine halbe Welt mit dem Schwert ausgerottet. Die übrigen aber zerstreuten sich über die ganze Erde.

In dem Testamente Naphthalis, des Sohnes Jakobs, wird es so erzählt:

In den Tagen Pelegs wurden die Geschlechter zerteilt; der Herr fuhr mit seinen siebzig Engeln hernieder – an ihrer Spitze war Michael – und befahl ihnen, sie sollten von den siebzig Völkern jedes eine andere Sprache lehren. Und sie taten nach dem Gebot des Herrn. Da blieb die heilige Sprache für Sem, Eber und Abraham, der von ihren Kindeskindern war, übrig. Und nachdem Michael einem jeden von den siebzig Völker seine Sprache zugewiesen hatte, sprach er zu ihnen: Nun wißt ihr wohl, daß ihr aufrührerisch wart und widerspenstig vor dem Gott des Himmels; jetzt aber wählt es euch, wem wollt ihr dienen? Wer soll euer Dolmetscher sein dort oben? Da sprach Nimrod: Keiner dünkt mir größer denn der, der mir und meiner Volke unsere Sprache gebracht hat. Und also erwiderten auch alle siebzig Völker, und war keines unter ihnen, das des Namen Gottes gedacht hätte. Da kam Michael zu Abraham und sprach zu ihm: Und du, wen willst du wählen? Wem möchtest du dienen? Da erwiderte Abraham und sprach: Ich will wählen denjenigen, welcher sprach: Es komme die Welt. An den will ich glauben, ich und mein Same alle Tage, da die Welt besteht.

Von da ab und weiter ist jedes Volk, jede Zunge ihrem Engel zugewiesen. Für den Herrn aber verblieb Abraham allein und sein Same nach ihm. Daher heißt es auch: Des Herrn Teil ist sein Volk, Jakob ist die Schnur seines Erbes.

5
Die Ratgeber Nimrods

Es hatte alle Welt einerlei Zunge und einerlei Sprache.

Da berieten sich miteinander die Fürsten Nimrods und seine Ältesten, auch kamen hinzu Put, Mizraim, Chus und Kanaan nach ihren
Geschlechter und sprachen: Wohlauf, laßt uns eine Stadt bauen, in
derer Mitte einen festen Turm errichten, dessen Spitze bis an den
Himmel reiche, daß wir uns einen Namen machen, daß wir über die
ganze Welt herrschen, daß der böse Sinn unserer Feinde uns nichts
mehr anhabe, daß wir sie unter uns zwingen und daß wir durch die
Kriege nicht zerstreut werden in alle Länder.

Also gingen sie hin und kamen vor den König und trugen ihm das
vor; da stimmte ihnen der König zu. Es sammelten sich nunmehr alle Geschlechter, es waren ihrer sechsmalhunderttausend Mann, und
zogen aus, ein weites Land zu suchen; dort wollten sie die Stadt und
den Turm bauen. Sie suchten überall herum und fanden nichts als ein
Tal, das nach Morgen vom Lande Sinear lag und das zwei Jahresreisen weit war. Da kamen sie alle dorthin und wohnten daselbst.

Sie fingen an Ziegel zu bereiten und zu brennen und gingen an den
Bau der Stadt und des Turmes, den sie sich erdacht hatten. Doch dieser Bau ward ihnen als Frevel und Sünde angerechnet. Denn da sie
bauten, stifteten sie Aufuhr wider den Herrn und gedachten im Herzen mit ihm zu streiten und selber in den Himmel zu steigen. Sie teilten sich untereinander in drei Teile. Der eine Teil sprach: Wir wollen
in den Himmel steigen und mit ihm Krieg führen. Der andere sprach:
Wir wollen in den Himmel steigen und dorthin unseren eigenen Gott
bringen, daß wir ihm dienen. Die dritten sprachen: Wir wollen in den
Himmel steigen und ihn mit Bogen und Spießen stürmen.

Also bauten sie an der Stadt und an dem hohen Turm, und der
ward schon so hoch, daß es ein ganzes Jahr währte, ehe der Lehm und
die Ziegel den Maurer oben erreichen konnten. Aber so ging es täglich zu, welche stiegen auf und welche stiegen nieder. Fiel dann einem
ein Ziegel aus der Hand und ging entzwei, so weinten sie sehr, fiel
aber ein Mensch hinunter und war tot, so blickte sich keiner nach ihm
um. Und der Herr sah dies alles.

Währenddem sie aber bauten, schossen sie mit Pfeilen gen Himmel; da fielen die Pfeile blutgefärbt auf sie hernieder. Da sie das sahen, sprach einer zum anderen: Nun haben wir alles, was da oben ist, getötet. Aber dieses war vom Herrn so getan worden, um sie zu verwirren und sie hernach zu vernichten von dem Angesicht der Erde. Und sie fuhren fort, an der Stadt und an dem Turme zu bauen, bis daß viele Tage und Jahre vergingen.

Aber Gott sah alles, was sie taten und wußte von ihrem bösen Vorhaben. Er sah die Stadt, die sie bauten, und auch den Turm darinnen. Da sprach er zu den siebzig Engeln, die um ihn stehen: Wir wollen zu ihnen hinabsteigen und ihre Sprache verwirren, daß einer die Worte des anderen nimmer vernehme und nimmer verstehe. Und er tat so an ihnen. Da geschah es, daß von diesem Tage ab ein jeder die Sprache seines Nächsten vergaß, denn sie verstanden es nicht mehr, eine Sprache zu sprechen. Sagte da einer zum anderen: Reiche mir einen Stein zum Bauen – so gab der Lehm. Sprach er wiederum: Reiche mir Lehm – gab der ihm einen Stein. Bekam nun der Maurer den Lehm oder den Stein, nach denen er nicht verlangte, so warf er es zurück auf den, der es ihm brachte, und tötete ihn, Und dies währte viele Tage, und es kamen viele dadurch um.

Der Herr aber schlug die Missetäter und strafte sie nach ihren Taten und nach ihren Gesinnungen. Welche gesprochen hatten: Wir wollen in der Himmel steigen und dort unserem eigenen Gott dienen – die wurden in Affen und in Elefanten verwandelt. Welche gesprochen hatten: Wir wollen den Himmel mit Pfeilen beschießen – die fielen einer von der Hand des anderen. Die dritten, welche sprachen: Wir wollen in den Himmel steigen und mit Gott streiten – die zerstreute der Herr über die ganze Erde. Die übrigen aber, als sie das Übel erkannten, das über sie kam, ließen ab von dem Bau und zerstreuten sich auch in alle Länder. Daher ward der Ort Babel benannt darum, daß der Herr daselbst aller Ländern Sprachen verwirrt hatte. Derselbige Ort aber ist in Morgen vom Lande Sinerar.

Und die Erde tat ihr Maul auf und verschlang ein Dritteil vom Turm, den die Menschen gebaut hatten. Alsdann kam ein Feuer vom Himmel und fraß von oben ein zweites Dritteil auf; und nur ein Teil ist bis auf heute geblieben, der sieht aus, als hinge er in der Luft, und sein Schatten ist einen Weg von drei Tagereisen lang. Wer seinen Gipfel besteigt, so wird erzählt, der sieht von oben die Bäume des Waldes, als wären es Heuschrecken. So sind bei dem Turmbau in jenem Jahr viele umgekommen, ein Volk, das nicht zu zählen war.

Peleg aber, der Sohn Ebers, starb in jenen Tagen im achtundvierzigsten Jahre des Lebens des Abrahams, des Sohnes Tharahs, also daß das ganze Alter Pelegs zweihundertneununddreißig Jahre waren.

6
Die Spuren des Turmbaues

Als der Reisende Rabbi Petahia aus Regensburg das Grab des Propheten Hesekiel aufsuchen wollte, sah er den Turm von Babel, der war ganz verfallen, und der Trümmerhaufen, der seit jeher da liegt, war wie ein hoher Berg. Und auch die Stadt davor ist zerstört.

Der Reisende Benjamin von Tubela aber erzählt:

Vom alten Babylon sind vier Meilen bis zum Turm, den die Leute vor der Zerteilung der Welt gebaut hatten; der Turm ist aus Ziegelsteinen gebaut. Die Länge des Fundaments beträgt zwei Meilen, die Breite zweihundertvierzig Ellen und die Höhe des Turmes ist wie hundert Kammern. Durch einen gewundenen Gang – die Windungen je zehn Ellen voneinander abstehend – kommt man nach oben. Von dort aus aber schaut man zwanzig Meilen um sich her, denn das Land ist weit und spaltet ihn bis auf sein Grund.

Weiteres vom Turmbau

1
Fragmente

Das Geschlecht der Flut wird nicht teilhaben an der zukünftigen Welt und wird kein ewiges Leben leben. Und so wird auch das Geschlecht des Turmbaues der zukünftigen Welt nicht teilhaftig werden und kein ewiges Leben leben.

Zwischen der Sintflut und dem Turmbau liegt eine Zeit von dreihundertvierzig Jahren. Noah aber lebte nach dem Turmbau noch zehn Jahre.

Es heißt: Alle Welt hatte einerlei Sprache. Die Geschichte des Turmbaues will uns also nur dartun, wieso die Sprachen verwirrt wurden. Ist es doch Gang der Welt und ihre Weise, daß die Nachgeborenen mit der Sprache ihrer Väter auf die Welt kommen. Also konnten alle Menschen nur eine Sprache haben, denn sie sind Kinder eines einzigen Menschen. Die eine Sprache aber, dies war die heilige Sprache, die Sprache des Herrn, des einzigen in der Welt, die Sprache, in der Abram seine Gebote erteilt wurden.

Daß es aber von ihnen heißt, daß sie einerlei Rede führten, bedeutet, daß sie alle unter einem Rat standen. Denn da sie den Frieden um sich her sahen, wurden sie frech und aufrührerisch wider ihren Schöpfer.

Die Leute des Turmbaues sprachen: Die von der Sintflut waren Narren, daß sie zu ihrem Schöpfer sagten: Heb dich von uns. Darum eben ließ Gott die Wasser der Flut über sie regnen vierzig Tage und vierzig Nächte und vertilgte sie von der Welt. Wir aber wollen einen Turm machen von der Erde bis zu der Himmelsfeste und wollen darinnen sitzen wie die Engel des Herrn. Alsdann wollen wir Äxte zur Hand nehmen und wollen das Himmelsgewölbe zerhauen, daß die oberen Wasser nach unten zu den unteren laufen und daß es uns nicht ergehe wie denen zur Zeit der Flut.

2
Der Turm in der Höhe Gottes

FÜRWAHR, DIE ABSICHT derer, die an dem Turm bauten, war in einem Sinne gut. Denn da sie der himmlischen Heere, der Engel, der Sterne und Planeten und ihres Waltens auf die Geschichte der Länder gewahr wurden, suchten sie sich ihrer Herrschaft zu entziehen und sich von der Herrlichkeit Gottes beschirmen zu lassen, welche allein die Einigkeit ist. Also dachten sie, daß der Bau, den sie zu errichten vorhatten, das Maß der göttlichen Höhe darstellen würde, welches die Propheten schauen zur Stunde, da die Majestät Gottes sich ihnen auftut, und daß sie dadurch sich in alle Länder zerstreuen würden. Sie vermeinten durch diesen Bau alles zu erreichen, und all ihr Sinn war darauf gerichtet, daß allein der Gott aller Götter und der Herr aller Herren über sie herrsche, und daß der heilige Geist über sie gerate. Und diese ihre Absicht ist doch gutzuheißen.

Das Geschlecht jener Zeit machte einen Turm, und von dort sind sie in siebzig Völker zerfallen. Und künftighin wird der König Messias, der vom Hause Davids ist, alle besiegen und wird allein herrschen. Der Turm Davids aber soll wieder gutmachen, was der Turm zu Babel verdorben hat.

3
Haphniel und Sandalphan

DIE MENSCHEN des Turmbaugeschlechtes waren alle weise und klug und verständig. Sie kannten alle Geheimnisse bis auf den Grund und so sprachen sie: Wenn wir Sünde tun, so sind wir des Todes wie das Sintflutgeschlecht. Wie stellen wir es da an? Wir wollen unsere Lüste stillen in dieser Welt, aber den obersten Gewalten so begegnen, daß sie mit uns nicht streiten können.

Sie wollten einen Turm errichten, den das viele Wasser nicht untergraben könnte, über den das Feuer nichts vermöchte; aus dem Turme sollen von selbst Geschosse sich entladen, die jeden töteten, der sich näherte, den Turm zu erstürmen. In dem Turme wollten sie ein Bild ausstellen, das die Kraft des göttlichen Namens besitzen sollte; es sollte ihnen weissagen, was da kommen werde, und ihnen befehlen: Dies sollt ihr tun, dies sollt ihr lassen. Dem Bilde wollten sie Flügel machen, die sollten die ganze Stadt beschützen, daß kein Feuerregen und keine Wasserflut in ihre Grenzen dringe und kein Bote des Verderbens über sie Gewalt habe. Aber alles, was sie taten, taten sie nur aus Furcht vor einer neuen Flut.

O der Toren, die nicht wußten, daß ein allwissender Gott der Herr ist, daß er die Begebenheiten mißt, daß selbst der Seraph, von dem alle bösen Geister und alle Dämonen ihre Kraft empfangen, daß auch er in Gottes Gewalt ist! Was tat der Herr? Er verkleinerte die Kraft des Haphniel und des Sandalphan und strafte diese zwei Seraphim, daß ihre Quelle versiegte. Da ward die Kraft der Unreinheit geschwächt und die Menschen konnten nicht mehr den Bau ausführen, den sie zu errichten gedachten.

4
Die Verfluchten

Es wird erzählt, daß der Herr nach der Sprachteilung noch viele verwunderliche Menschen schuf, die ebenfalls in der ganzen Welt zerstreut sind.

In Afrika gibt es seltsame Wesen, die man Androgynen heißt und von denen sich eines mit dem anderen zusammentut. In der Gegend von Sitia gibt es Menschen, die nicht mehr denn ein Auge haben inmitten der Stirn. In Indien gibt es welche, die keinen Mund haben zum Essen und Trinken. In den Bergen Indiens leben Menschen, die hinten einen Schwanz haben und die von Menschensitte nichts wissen. Auch gibt es eine Art von Geschöpfen, die den Rumpf eines Pferdes haben, aber den Kopf eines Widders; in der Mitte der Stirn haben sie ein Horn, das hell leuchtet. Wiederum gibt es eine Menschenart, die drei Reihen Zähne haben, einen menschlichen Kopf und einen Löwenkörper.

Noch ist eine Gattung Menschen vorhanden, die nur ein Bein haben, doch ist der Fuß sehr breit und sie können sehr schnell laufen.
Andere wiederum haben keinen Hals, und ihre Augen sind im
Rücken. Bei manchen ist der Leib ganz mit Gras bewachsen, und sie
haben Zähne ähnlich wie Hunde. In Sitia gleichfalls gibt es Wesen, die
menschliche Angesichter haben, aber auf Pferdefüßen stehen; Stiriu-
sier werden sie genannt. Außerdem gibt es Geschöpfe, die zur Som-
merszeit die Gestalt eines Wolfes annehmen, im Winter aber bekommen sie wieder ein menschliches Aussehen; sie dienen dem Mars und
bringen ihm Menschen als Opfer dar. In Lybien sind Menschen da,
die das Licht scheuen und die keine Lebewesen essen. Eine andere
Menschenart wiederum läuft, den Kopf zwischen die Lenden ge-
klemmt, umher.

In Romania leben Menschen, die sich mit Fischhaut bekleiden. In
Äthiopien sind Wesen da, die keine Nasenlöcher haben, andere haben
keine Ohren, noch andere keinen Mund, sondern ein kleines Loch an
Stelle des Mundes, in das sie ein Schilfrohr stecken, um zu trinken. In
den Ländern gegen Westen wohnen Wesen, deren Ohren so groß
sind, daß sie den ganzen Leib bedecken. In Arabien leben winzige
Menschen, deren Weiber schon mit fünf Jahren gebären; wenn die
aber acht Jahre alt sind, sind sie schon gealtert. In Äthiopien gibt es
Menschen, die in Höhlen hausen und die nichts anderes essen als
Schlangen; sie haben keine Sprache und geben nur ein Brummen von
sich.

Die Weisen der Völker meinen, daß alle Geschöpfe, die nur irgendein Menschenantlitz haben, den Lenden Abrams entsprossen
seinen.

Man erzählt, daß von Japheth die Meriäen herstammten, doch das
sind nicht die in der Dämmerung des Tages vor dem Sabbat erschaffen worden waren, sondern es ist eine Art menschlicher Wesen, die
gehen durch die Wälder nur zu neunt, denn sobald ihrer irgendwo
zehn sind, kommt der Satan und schleppt alle zehn hinweg. Den
Menschenkindern tun sie nichts zuleide. Viele nennen sie auch Stein-
menschen, arabische Wölfe und Satanskinder.

Von der Völkertafel

1
Die Söhne Japheths

ALS DER HERR DIE MENSCHEN des Turmbaues wegen über die ganze Welt zerstreut hatte, da teilten sie sich in viele Teile und schieden sich nach allen vier Windrichtungen. Also lebten die Geschlechter fortan ein jedes für sich, ein jegliches kenntlich durch seine Sprache, durch sein Land und durch seine Städte. Die Menschenkinder fingen an Städte zu bauen an allen Orten, dahin sie gekommen waren und in allen Ländern, dahin sie zerstreut wurden, und benannten die Städte nach ihren Namen oder nach den Namen ihrer Kinder oder nach den Begebenheiten, die sich dort zutrugen.

Also gingen auch die Kinder Japheths, des Sohnes Noahs, hin und bauten Städte in den Ländern, dahin sie zerstreut worden waren, und benannten sie mit ihren eigenen Namen. Aber die Kinder Japheths teilten sich noch untereinander in Völker und Sprachen. Und dies sind die Kinder Japheths nach ihren Geschlechtern: Gomer, Magog, Madai, Javan, Thubal, Mesech und Thiras. Die Kinder Gomers teilten sich untereinander nach ihren Städten und Ländern, die sie bewohnten. Das sind die Franken, die in Frankenland wohnten an dem Strom Seine. Die Kinder Riphaths aber, das sind die Bretonier, die im Lande Bretagne wohnen am Flusse Loire; dieser Fluß ergießt seine Wasser in den Gihon, welcher der Ozean ist.

Die Kinder Thogarmas zerfallen in zehn Geschlechter, und dies sind ihre Namen: Cozer, Pazinah, Ulicanus, Bulgaren, Ragbins, Türken, Buz, Zabuch, Ungarn, Tilmez, das sind die Dalmazier. Cozer, Ulicanus, Ragbina, die Türken, Buz, Zabuch und Tilmez, die alle wohnten nördlich und nannten ihre Städte nach ihren Namen, das sind die Städte, die an den Flüssen Bethel und Etalach liegen bis auf den heutigen Tag. Die Ungarn aber, die Bulgaren und Pazinah, die wohnten an dem großen Strom Dobne, welcher die Donau ist.

Die Kinder Javans, das sind die Griechen, die im Lande Mazedonien wohnen, und die Medier, das sind die Azrali, die im Lande Khorasan wohnen. Die Kinder Thubals das sind die, die im Lande Toskana an dem Flusse Pisah wohnen. Die Kinder Mesechs das sind die Sibsenier. Die Kinder Thiras' sind Rusis, die Bosnier und die Anglier. Alle diese zogen aus und bauten Städte, das sind die Städte, die an dem Jebusitischen Meere liegen, an dem Fluß Bira, der in den Strom Gorgan sich ergießt. Die Kinder Elisas das sind die Alemannen; auch diese bauten Städte, das sind die Städte, die in den Bergen

Jud und Sebathema liegen; von ihnen sonderten sich die Lombarden ab, die jenseits dieser Berge wohnten; sie eroberten das Land Italien und wohnen daselbst bis auf den heutigen Tag.

Die Chittiter aber das sind die Römer, die wohnten in der Ebene Campania an dem Strom Iber. Die Dobaniter wohnten in den Städten, die am Meere Gihon liegen im Lande Barda. Dies sind also die Nachkommen Japheths nach ihren Ländern und Sprachen in der Zeit der Ausbreitung der Völker und des Turmbaues.

2
Die Kinder Hams

DIE KINDER HAMS, des Sohnes Noahs, gingen gleichfalls hin und bauten Städte in den Ländern, dahin sie zerstreut wurden, und benannten ihre Städte nach ihren eigenen Namen und nach dem Namen der Ereignisse, die sich dort zutrugen. Die Kinder Hams waren: Chus, Mizraim, Put und Kanaan. Die Kinder Mizraims waren: die Luditer, die Anamiter, die Lehabiter, die Naphthutiter, die Pathrusiter, die Kasluhiter, die Kaphthoriter – zusammen sieben Geschlechter; alle wohnten sie am Flusse Sihor, das ist ein Strom Ägyptens; sie bauten Städte und benannten sie mit ihren eigenen Namen. Die Kinder Pathrus' verbrüderten sich mit den Kindern Kasluhs und von ihnen kamen dann die Philister, die Girgariter, die Azathäer, die Gathiter und die Ekroniker, zusammen fünf Stämme. Auch diese bauten Städte, die sie nach den Namen ihrer Väter benannten, und sie bestehen noch heute.

Aber auch die Kinder Kanaans bauten Städte und nannten sie nach ihren Namen; elf Städte hatten sie erbaut, und ihre Höfe sind nicht zu zählen. Es zogen aus vier Männer aus dem Geschlechte Hams und kamen nach dem Jordanlande. Diese vier Männer hießen mit ihren Namen Sodom, Gomorra, Adma und Zebuim; sie erbauten vier Städte und nannten sie nach ihren Namen. In diesen Städten wohnten sie mit ihren Kindern und allem, was ihrer war, und waren fruchtbar und vermehrten sich und genossen des Friedens.

Da ging Seir, der Sohn Hors, des Sohnes Hevis, des Sohnes Kanaans, und fand ein ebenes Land am Fuße des Berges Pharan und baute daselbst eine Stadt; dort wohnte er mit seinen sieben Söhnen und nannte die Stadt nach seinem Namen Seir, dies ist das Land Seir bis auf den heutigen Tag. Dies sind also die Geschlechter Hams nach ihren Ländern und Sprachen, wie sie sich zerstreut hatten nach der Sintflut.

3
Die Kinder Sems

DIE KINDER SEMS, des Sohnes Noahs, des Vaters aller Hebräer, auch die zogen aus und bauten Städte an den Orten, dahin sie kamen und nannten die Städte nach ihren Namen. Die Kinder Sems waren diese: Elam, Assur, Arpachsad, Lud und Aram.

Aber zu der Zeit zog aus Assur, der Sohn Sems, mit seinen Kindern und seinem Hausgesind und noch vielem Volk und sie begaben sich weiter und bauten vier Städte; sie benannten sie nach ihren Namen und nach den Begebenheiten, die sich dort zutrugen. Dies sind die Namen dieser Städte: Ninive, Resen, Kalah und Rehoboth. Daselbst wohnen die Kinder Assurs bis auf den heutigen Tag. Die Kinder Arams zogen aber ebenfalls aus und bauten die Stadt Uz, die nannten sie so nach dem Namen ihres älteren Bruders, und wohnten daselbst; dies ist die Stadt Uz bis auf den heutigen Tag.

Es geschah aber im zweiten Jahre nach dem Turnbau, da zog aus ein Mann aus Ninive aus dem Hause Assur, mit Namen Bela; der wollte ein Land finden, woselbst er wohnen könnte mit seinem Hause. Da kam er bis an die Städte in der Jordangegend, die gegen Sodom liegen, und blieb dort wohnen. Und der Mann machte sich auf und baute eine kleine Stadt, die nannte er nach seinem Namen Bela, dies ist das Land Zoar bis auf den heutigen Tag.

Dies sind also die Geschlechter Sems nach ihren Sprachen und Ländern, die sich zerstreut hatten nach dem Turmbau. Und jedwedes Geschlecht und jedweder Stamm von den Stämmen Noahs baute sich viele neue Städte hernach; sie setzten über sich Könige, nach deren Rechten sie lebten, und also tun es die Geschlechter Noahs bis auf den heutigen Tag.

4
Das zertrümmerte Reich Nimrods

NIMROD, DER SOHN CHUS', wohnte noch im Lande Sinear und regierte darüber; er baute dort vier Städte und benannte sie eine jede nach der Begebenheit, die sich dort zutrug zur Zeit, da der Turm gebaut wurde. Die eine Stadt hieß Babel, denn dort hatte der Herr die Sprachen verwirrt; die zweite hieß er Erech, von dort aus hatte der Herr die Völker zerstreut; die dritte hieß er Akkad, an diesem Ort fand ein großer Streit statt; die vierte hieß er Chalna, denn dort ward es zu Ende mit seiner Macht über seine Fürsten und Helden; die meisten wandten sich von ihm ab und stifteten Aufruhr wider ihn.

Als Nimrod den Bau dieser Städte im Lande Sinear vollendet hatte, siedelte er dort die Reste seines Volkes an und das Gefolge, das
ihm übrig geblieben war; er selbst aber wohnte in Babel und erneu-
erte dort seine Herrschaft mit den übrig gebliebenen von seinen
Knechten. Diese nannten den Nimrod Amraphel! darum, daß viele
von seinem Volk gefallen waren. Aber Nimrod kehrte nicht zurück
zu dem Herrn und fuhr fort Böses zu tun und Böses zu lehren. Sein
Sohn Mardon ward noch gottloser denn sein Vater und übertraf ihn
noch in seinen Greueltaten; er brachte viele Menschen zur Sünde.

In der Zeit brach ein Krieg aus unter den Söhnen Hams, nachdem
sie sich in den Städten, die sie gebaut hatten, ansässig gemacht. Es zog
aus Kedor-Laomor, der König von Elam, aus der Mitte der Stämme
Hams, stritt mit ihnen und unterjochte sie. Alsdann überfiel er die
fünf Städte der Jordangegend, führte Krieg mit ihnen, zwang sie unter seine Gewalt, und sie dienten ihm danach zwölf Jahre hindurch
und zahlten ihm einen jährlichen Zins.

In jenen Tagen starb Nahor, der Sohn Serugs, das war im neun-
undvierzigsten Jahre des Lebens Abrams, des Sohnes Tharahs; und es
war das Alter Nahors hundertachtundvierzig Jahre, da er starb.

Aus zwei Chroniken

1
Die Prophezeiung Regus

DIE SÖHNE PELEGS nahmen sich Weiber von den Töchtern Joktans
und zeugten ihnen Söhne und Töchter, daß die Erde voll ward von
ihnen.

Regu nahm die Milka, die Tochter Ruths, sich zum Weibe und
zeugte den Serug. Und da die Tage voll wurden, da sein Weib gebären
sollte, sprach Regu: Von dem wird im vierten Glied einer kommen,
den wird man einen Gerechten und Frommen nennen, der wird Vater vieler Völker sein, die werden von seinem Zeugnis nicht lassen,
und von seinem Samen wird die Erde voll werden.

Und Regu zeugte nach Serug sieben Söhne. Und Serug zeugte
nach Nahor vier Söhne. Und Nahor zeugte nach Tharah sechs Söhne

und acht Töchter. Und Tharah ward siebzig Jahre alt und zeugte den Abram, den Nahor und den Haran. Haran aber zeugte den Lot.

Zu der Zeit begannen die Erdenbewohner nach den Planeten zu schauen, in den Sternen zu lesen und Zauberkünste zu treiben und opferten ihre Söhne und Töchter dem Feuer. Serug aber und seine Kinder wandelten nicht in ihren Wegen.

2
Die drei Fürsten und ihre Völker

DIES SIND DIE GESCHLECHTER Noahs nach ihren Ländern, Stämmen und Sprachen, die sich zerstreut hatten unter den Völkern nach der Sintflut.

Die Kinder Hams machten sich auf und setzten über sich den Nimrod zum Fürsten und Gebieter. Die Kinder Japheths setzten den Pinehas zum Fürsten über sich; die Kinder Sems aber machten den Joktan über sich zum Fürsten.

Und die Fürsten traten zusammen und hielten Rat miteinander wie sie ihre Völker nahe an sich bringen sollten, solange ihr Vater Noah noch am Leben war. Und die Völker näherten sich ihnen und wurden alle eins, und Friede herrschte dazumal auf Erden.

Und es geschah im sechshundertundvierzigsten Jahre, nachdem Noah aus dem Kasten gegangen war, da zählte jeder Fürst sein Volk. Es zählte Pinehas die Kinder Japheths und die Kinder Gomers, und es waren der gezählten fünftausendachthundert Mann; außerdem der Kinder Magogs, die unter seiner Gewalt standen, sechstausendzweihundert, der Kinder Madais, die ihm untertan waren, fünftausendsiebenhundert, der Kinder Thubals neuntausendvierhundert, der Kinder Mesechs siebentausendzweihundert, der Kinder Riphaths elftausendfünfhundert, der Kinder Thogarmas vierzehntausendvierhundert, der Kinder Tharsis' zwölftausendeinhundert, der Chittiter achtzehntausenddreihundert, der Dodaniter siebzehntausendsiebenhundert. Also waren der gezählten von Japhets, die streitbare Männer waren und Waffen trugen, hundertzweiundvierzigtausend ohne Weiber und Kinder.

Auch Nimrod, der Fürst, ließ die Söhne Hams, die unter seinem Zepter waren, vorbeiziehen und fand sie zwölftausendsechshundert an der Zahl. Der Kinder Mizraims, die unter seiner Gewalt standen, waren vierundzwanzigtausendneunhundert, der Kinder Puts waren siebenundzwanzigtausendsiebenhundert, der Kinder Kanaans zweiunddreißigtausendneunhundert, der Kinder Sabas viertausenddreihundert, der Kinder Hevilas vierundzwanzigtausenddreihundert, der Kinder Sabthas fünfundzwanzigtausenddreihundert, der Kinder Raemas waren dreißigtausendsechshundert, der Kinder Sabthechas sechsundvierzigtausendvierhundert. Also waren aller gezählten Kinder Hams, wie sie ihr Fürst Nimrod ausnahm, zweihundertneunundvierzigtausend streitbare Männer und kriegestüchtig, nicht gerechnet Weiber und Kinder.

Der Kinder Noahs aber, die gezählt wurden, waren siebenhundertvierzehntausendeinhundert. Alle diese sind gezählt, da Noah noch lebte. Und Noah lebte nach der Sintflut dreihundertfünfzig Jahre und starb.

3
Die Auflehnung der zwölf wider den Turmbau

NACHDEM DIE BEWOHNER der Erde voneinander geschieden waren, traten sie zusammen und zogen nach Morgen. Sie fanden ein Tal im Lande Babel und wohnten daselbst. Und es sprach einer zum anderen: Es wird eine Zeit kommen, da wir uns voneinander trennen werden und da Bruder wider Bruder Streit führen wird. So wollen wir denn eine Stadt bauen und einen Turm, dessen Spitze an den Himmel rühre, daß wir uns einen großen Namen machen auf Erden. Und es sprach weiter einer zum anderen: Laßt uns Ziegel bereiten und laßt uns ein jeder seinen Namen in den Ziegel schreiben; alsdann wollen wir sie brennen, die Ziegel zu Stein und Erdharz zu Kalk nehmen. Da machte sich ein jeglicher seinen Ziegel und schrieb seinen Namen darauf; außer zwölf Männern, die wollten nicht mit dabei sein.

Und dies sind die Namen der zwölf, die dem Beschluß nicht beistimmten: Abram, Nahor, Lot, Regu, Tinuto, Zeba, Almadod, Jobab, Azar, Abimael, Seba und Ophir. Da nahmen die Leute des Volkes die zwölf Männer und brachten sie vor ihre Fürsten und sprachen: Diese hier sind es, die dem Rat zuwidertaten, den wir ersonnen hatten, und die unsere Wege nicht gehen wollten. Da sprachen die Fürsten: Warum wolltet ihr keine Ziegel machen mit den Leuten des Volkes? Da erwiderten die zwölf und sprachen: Wir wollen keine Ziegel machen und wollen mit euch nicht eins sein, denn wir kennen nur einen Gott und ihm wollen wir dienen; und ob ihr uns mit den Ziegeln durch Feuer verbrennt, wir wandeln nicht in euren Bahnen. Da ergrimmten die Fürsten und sprachen: Nach ihrem Wort soll mit ihnen getan werden. Tun sie nicht was ihr tut, so werft sie ins Feuer oben auf eure Ziegel.

Darauf sprach Joktan, das Haupt der Fürsten: Nicht so, sondern wir wollen ihnen Frist geben sieben Tage; wollen sie dann mit den

Leuten zusammen Ziegel bereiten, so sollen sie am Leben bleiben, wo aber nicht, sollen sie des Feuertodes sterben. Er sprach so, denn er wollte sie retten, als Fürst über ihres Vaters Hause und weil er selber Gott gedient hatte.

Und die Leute taten also; sie führten die zwölf in das Gefängnis, das im Hause Joktans war. Da aber der Abend kam, befahl der Fürst fünfzig tapferen Männern und sprach zu ihnen: Macht euch bereit und holt mir des Nachts die Leute heraus, die im Gefängnis in meinem Hause sitzen; setzt sie auf zehn Maulesel und gebt ihnen Zehrung mit; alsdann bringt sie in die Berge und bleibt mit ihnen daselbst; so ihr aber davon ein Wort sagt, werdet ihr im Feuer verbrannt.

Da gingen die Leute hin und taten also; sie nahmen die zwölf in der Nacht und brachten sie vor Joktan, den Fürsten, und der sprach zu ihnen: Ihr, die ihr an Gott hängt, vertraut auf ihn bis in Ewigkeit, denn er wird euch erretten und euch helfen. Darum habe ich den Fünfzig hier befohlen, daß sie euch in die Berge bringen und euch Zehrung geben sollen, daß ihr euch in den Tälern dort versteckt. Es ist in den Niederungen Wasser zum Trinken für dreißig Tage; bis dahin wird der Zorn des Volkes über euch sich legen, oder aber der Herr wird über sie ergrimmen und wird sie verderben. Ich weiß es, ihr böser Rat wird nicht lange bestehen, denn unrecht ist ihr Vorhaben. Und es wird sein nach Ablauf von sieben Tagen, wenn sie euch suchen werden, will ich ihnen sagen: Sie haben die Tür des Gefängnisses erbrochen und sind in der Nacht geflohen. Alsdann will ich noch hundert Mann ausschicken, daß sie euch verfolgen und suchen; und dies alles will ich anstellen, um den Zorn von euch abzuwenden.

Da erwiderten elf Mann und sprachen: Gewißlich haben wir Gnade in deinen Augen gefunden, daß du unsere Seelen retten willst aus der Hand unserer Feinde. Allein Abram schwieg. Da sprach Joktan, der Fürst, zu ihm: Warum hast du mir mit keinem Worte geantwortet wie deine Gesellen? Da erwiderte Abram und sprach: Siehe, wir wollen uns heute in die Berge vor dem Feuer flüchten; so nun aber aus den Bergen wilde Tiere kommen und uns fressen, oder so es uns an Speise gebricht, daß wir Hungers sterben, wird sich's erweisen, daß wir wohl dem Volke entronnen, aber um unserer Sünden willen dennoch umgekommen sind. Und nun, so wahr Gott lebt, auf den ich vertraue, ich weiche nicht von dem Orte, dahin ich gebracht worden bin. Und ist eine Sünde an mir, derenthalben ich sterben muß, so sterbe ich nach dem Willen des Herrn. Da sprach der Fürst: Dein Blut komme über dich, wenn du mit diesen Leuten nicht fliehest. Fliehest du aber, so bist du gerettet. Aber Abram sprach: Ich fliehe nicht, sondern verbleibe hierselbst.

Da nahm man den Abram und warf ihn wiederum in das Gefängnis und der Fürst schickte die elf Mann mit den fünfzig und befahl
diesen, mit jenen zu bleiben noch fünfzehn Tage.

Und es war nach sieben Tagen, da versammelte sich das Volk und
sprach zu ihnen Fürsten: Gebt uns die Leute heraus, die auf unseren
Rat nicht hörten, daß wir sie im Feuer verbrennen. Man schickte hin
sie zu holen, aber die Leute fanden niemand außer Abram.

Da sprachen die Fürsten Pinehas und Nimrod zum Fürsten Ioktan: Wo sind die Männer hin, die in deinen Hause gefangen waren?
Ioktan sprach: Sie sind in der Nacht ausgebrochen und davongegangen, und ich schickte nach ihnen hundert Leute aus, sie einzufangen
und zu töten. Da sprach das Volk: Wir haben niemanden gefunden als
Abram. So wollen wir denn ihn verbrennen. Und sie nahmen den
Abram, stellten ihn vor die Fürsten und fragten ihn: Wo sind die Leute hin, die wir mit dir eingeschlossen hatten? Abram sprach: Ich weiß
es nicht, denn ich habe des Nachts geschlafen und da ich erwachte,
fand ich sie nicht vor.

Da machten die Leute einen Kalkofen und heizten ihn bis zur
Glut mit den Ziegeln Abrams. Alsdann warfen sie den Abram oben
auf die Ziegel. Also stillte Joktan den Zorn des Volkes, daß sie den
Abram verbrennen durften.

Aber der Herr ließ die ganze Erde erbeben, und das Feuer ging
aus dem Ofen und ward zur Flamme, die fraß alle Menschen, die umher standen, also daß der Verbrannten an diesen Tage fünfhundert-
vierundachtzig Mann waren.

Abram aber verbrannte nicht und ging aus dem Kalkofen, der in
Ur in Chaldäa war, und ward errettet. Er begab sich auf die Berge zu
seinen Gesellen und erzählte ihnen von allem, was sich mit ihm zutrug im Namen des Herrn, und keiner ließ ein Wort fallen. Und sie
benannten den Ort nach dem Gotte Abrahams.

4
Der Herr straft die Turmerbauer und schließt ein Bündnis mit Abraham

ABER DAS VOLK ließ nicht ab von seinem bösen Vorhaben, und sie
kamen vor die Fürsten und sprachen: Nicht kann der Mensch Herr
über die Welt werden; so laßt uns eine Stadt bauen und einen Turm,
dessen Spitze an den Himmel rühre und der nimmer vergehen möge.

Da sie aber zu bauen anfingen, sah der Herr auf die Stadt und auf
den Turm und sprach: Siehe, es ist einerlei Volk und einerlei Sprache;
nun aber wird sie die Erde nicht mehr dulden noch der Himmel tra-

gen können. Darum will ich sie zerstreuen über die ganze Erde und will ihre Zunge verwirren, daß einer den anderen nicht mehr verstehe und seine Sprache nicht vernehme. Ich will sie in Felsen treiben, daß sie sich aus Stroh und Schilf ihre Behausungen zurechtmachen, daß sie sich Höhlen und Löcher ausgraben in der Erde; daselbst wird das Wild des Feldes mit ihnen hausen, und sie werden dort verbleiben, bis sie solcherlei nicht mehr sinnen werden. Alsdann will ich sie mit Angeln herausrücken; welche werde ich im Wasser umkommen lassen und welche durch Feuer verderben. Aber Abram, meinen Knecht, will ich mir erküren und will ihn aus ihrem Lande führen und ihn in ein Land bringen, auf das ich schon längst mein Auge gerichtet habe. Denn als die Kinder der Welt vor mir Sünde taten und ich über sie Flut brachte, habe ich jenes Land verderben lassen, und es wurde nicht beregnet zur Zeit meines Zornes. Dahin will ich meinen Knecht Abram bringen und will mit ihm und seinem Samen einen ewigen Bund schließen; ich will ihn segnen und will ihm ein Gott sein ewiglich!

Und der Herr fuhr hernieder mit den siebzig Engeln, die seinen Stuhl umgeben, und verwirrte die Sprache derer, die an dem Turme bauten, daß aus einer Sprache siebzig Sprachen wurden.

5
Nimrod und Bel

In dem Buche Strabons, des Kaphtoriters, steht geschrieben, Nimrod sei ein Sohn Sems gewesen. Als Noah hundert Jahre alt ward, soll ihm ein Sohn nach seinem Gleichnis und seinem Ebenbild geboren worden sein, den hieß er Jonithes. Noah gab ihm viele Geschenke und schickte ihn nach dem Lande Ethan, und von diesem ergriff Jonithes Besitz bis zu dem Meere Eliochora.

Aber Nimrod, der Gottlose, begab sich zu Jonithes, um von seiner Weisheit zu lernen, denn der hatte den Geist Gottes in sich. Doch Jonithes hatte schon zuvor aus der Sternkunde erfahren, daß Nimrod zu ihm kommen werde, um Rat zu holen für seine Herrschaft; da erklärte er ihm das Gesicht der vier Könige, das Daniel sah, und eröffnete ihm, daß zu allererst die Kinder Assurs herrschen würden; dies sind die Kinder Sems, wie es auch heißt: Die Kinder Sems, Elams und Assurs.

Der Anfang des Reiches Nimrods war Babel, und in Babel zeugte er Bel. Als aber zur Zeit des Turmbaues die Menschen zerteilt wurden, schied Nimrod von Sem und schloß sich den Kindern Hams an, daher heißt es: Chus zeugte den Nimrod.

Nach Nimrod aber herrschte zu Babel sein Sohn Bel in den Tagen Serugs. Bel zog in Streit wider Assur, er eroberte aber das Land nicht. Als er aber starb, kam sein Sohn Ninus, der nahm das Land Assur ein und regierte daselbst. Er baute die Stadt Ninive, dies ist die breite Stadt, ihre Länge aber war ein Weg dreier Tagereisen, und dies ist die Königstadt Assurs.

6
Bel und Baal

AUS JENEM LANDE zog Assur, dies war Ninus, der Sohn Bels, des Sohnes Nimrods. Ninus siegte über Zoroaster, den Weißen, der die Kunst der Totenbeschwörung erfunden hatte. Der war König von Bractia und schrieb nieder die sieben Weisheiten auf vierzehn Säulen, sieben kupfernen und sieben aus Ziegelsteinen; darin erzählte er von der Wasserflut und vom Feuerregen, die am Tage des Gerichts kommen sollten. Aber Ninus bezwang ihn und verbrannte die Bücher der Weisheit. Und als sein Vater Bel verstarb, machte Ninus ein Bild nach dem Gleichnis und nach der Gestalt seines Vaters und nannte es nach dessen Namen Bel. Er grämte sich so sehr um den Tod seines Vaters, daß er alle Götzen nach seinem Namen Bel benannte.

Aber ob Ninus auch eines Menschen Feind war, er vergab ihm, wenn der vor Bel kam und ihn um Erbarmen bat. Und alle Welt verehrte den Götzen Bel und dienten ihm und bückten sich vor ihm.

Aber es gibt noch Götzen, die heißen Baal, auch Baal-Peor und Baal-Zebub.

Im dreiundvierzigsten Jahre der Herrschaft Ninus' ward Abram geboren.

Die Kämpfe Abrahams
mit den Götzen

1
Gott der Beschützer Abrahams

GAR VIELE PRÜFUNGEN wurden unserem Vater Abraham auferlegt, und alle hat er sie bestanden. Die erste Prüfung ward ihm gleich, da er geboren wurde. Dazumal wollten alle Großen des Reiches ihn umbringen; da verbarg er sich unter die Erde und verblieb dort dreizehn

Jahre; all die Zeit hatte er nicht Sonne und nicht Mond gesehen. Nach Ablauf der dreizehn Jahre kam er wieder unter der Erde hervor und konnte gleich die heilige Sprache sprechen; er empfand alsbald einen Widerwillen gegen die Haine der Götzendiener und einen Abscheu vor den Bildern und suchte Schutz allein bei seinem Schöpfer. Er sprach: Herr Zebaoth, wohl dem Menschen, der auf dich vertraut!

Die zweite Prüfung war die, daß man ihn für zehn Jahre ins Gefängnis warf; drei Jahre war er in Chutha und sieben Jahre in Karbi. Nach den zehn Jahren nahm man ihn heraus und wollte ihn im Kalkofen verbrennen. Aber der König, der Allmächtige reckte seine Rechte aus und rettete ihn aus dem Feuer.

Die dritte Prüfung traf ihn, als er vom Hause seines Vaters und von seiner Freundschaft fortgehen mußte und nach dem Lande Haran gebracht wurde. Daselbst starb sein Vater Tharah und seine Mutter Anathla. Härter denn alles ist es dem Menschen unstet zu sein.

Zur Stunde, da Nimrod der Gottlose unseren Vater Abraham in den Glutofen warf, sprach Gabriel vor dem Herrn: Ich will hinabfahren und den Ofen kühlen, daß ich den Gerechten errette. Da sprach der Herr: Ich bin einzig in meiner Welt, und er ist einzig in seiner Welt. Es ziemt sich, daß ein Einziger einen Einzigen rette.

Da aber der Herr kein redliches Vornehmen ohne Lohn läßt, sprach er zu Gabriel: Dafür bist du ausersehen, dereinst drei von seinen Kindeskindern aus dem Feuer zu retten, nämlich den Hanania, den Michael und den Azaria.

Andere aber erzählen: Ehe der König aller Könige seinen Sitz im Himmel verlassen konnte, fuhr Michael, der große Fürst, hernieder und rettete Abraham aus dem Feuerofen.

In einem anderen Buche steht es:

Hat ein Mensch einen Beschützer und verhängt es über ihn der Richter, daß er verbrannt werde, was können da die beiden dawider tun? Nicht kann sich der Mensch selber helfen, nicht kann ihm sein Beschützer helfen, denn das Wort des Königs ist höher und mächtiger als sie. Nicht so aber der Herr. Als die Heerscharen vor ihm sprachen: Gefangen ist Abraham, deines Hauses Sohn – sprach Gott: ich stehe für ihn ein. Die Engel sprachen: Siehe, schon steht er vor Amraphel, schon ist sein Urteil gesprochen, schon soll er verbrannt werden. Und der Herr sprach: Ich stehe für ihn ein. Da nun Abraham in den Kalkofen geworfen ward, fuhr der Herr hernieder und rettete ihn.

Und noch wird erzählt: Als Nimrod den Abraham in den Kalkofen warf und der Herr dabei war, hinabzusteigen und ihn zu retten, sprachen die Heerscharen: Herr der Welt! Diesen hier willst du retten. Bedenke, wieviel Gottlose von ihm herkommen werden. Da sprach der Herr: Um Jakob, seines Sohnes willen, der von ihm kommen wird, will ich ihn retten.

Der Gerechten Krone sind ihre Kindeskinder.

2
Der Gedenktag

GELOBT SEI DER NAME des Königs aller Könige, dem Israel teurer ist als seine Heerscharen; denn nicht dürfen die Engel in der Höhe ihre Gesänge erschallen lassen vor dem Herrn, ehe denn Israel da unten seine Lieder gesungen hat.

Wenn der Neujahrstag kommt, sprechen die Heerscharen vor dem Herrn: Herr der Welt! Warum nur tust du Gnade an diesem Volk? Und warum bist du ihm also zugeneigt, gleichwie ein Mensch immer nur einem seine Gunst erweist und ihn allein auszeichnet? Da spricht der Herr: Dies alles geschieht nur um Abrahams, ihres Vaters, willen. Und der Herr spricht weiter: Zur Stunde, da Tharah, der Vater Abrahams, seinem Sohne die vielen Götter gab, sprach er zu ihm: Geh hin und verkaufe sie auf dem Markt. Da ging Abraham und zerschlug die Götzen, machte dem Götzendienst eine Ende und heiligte meinen Namen in der Welt.

Als der Herr niederfallen wollte, um Abraham zu retten, sprachen wiederum die Heerscharen vor ihm: Herr der Welt! Du hast gesehen, was Adam, der erste Mensch dir getan hat. Siehe, nachdem du dich also zu ihm herabgelassen hattest, daß du ihm einen Thronhimmel im Garten Eden aufstelltest, brach er alle deine Gebote; und nun willst du's mit Abraham auch so machen und willst selber niedersteigen ihn zu retten. Wird aber auch von diesem nicht das Ende sein, daß er gegen deine Gebote verstoßen wird, wie es Adam getan hat? Alsbald erwiderte ihnen der Herr: Euch ist zu antworten: Was soll ich mit einem Wesen aus Fleisch und Blut beginnen? Wohnt es doch in einem Orte, da alles unrein ist und da der böse Trieb über ihn die Macht hat. Ihr aber wohnt in einer reinen Welt, und der böse Trieb kann euch nichts anhaben. Stieget ihr zur Erde nieder, dorthin, wo es trübe ist und wo das Böse herrscht, auch ihr wäret der Sünde verfallen, wie der Mensch. Und seht, was haben denn anderes Aza und Azael getan, die aus eurer Mitte waren? Sie kamen auf die Erde, alsbald gelüstete es sie nach den Menschentöchtern: sie verführten sie und brachten ihnen Zauberkünste bei, daß sie die Sonne und den Mond zu sich herunterbrachten. Dieser Abraham aber, der heiligt meinen Namen in der Welt und wird ihn noch heiligen in ihr.

Warum ist es Abraham zuteil worden, daß er hienieden ein Leben führen durfte ohne Gram und ohne Versuchung, wo doch den Gerechten erst jenseits solch Dasein beschieden ist? Weil er den Tod im Glutofen auf sich nehmen wollte, dem Himmel zu Ehren; und wer für den Himmel sich hinopfert, dem wird hienieden sein Teil gewährt, drüben aber ein langes Leben, das nimmer endet.

3
Wer ist der Herr des Hauses?

DU LIEBST GERECHTIGKEIT und hassest gottlos Wesen, darum hat dich Gott, dein Gott, gesalbt mit Freudenöl mehr denn deine Gesellen. Mit diesen Worten ist unser Vater Abraham gemeint. Er liebte den Herrn und suchte seine Nähe und haßte die Abgötterei in seines Vaters Hause.

Ehe er aber den Herrn erkannt hatte, schweifte sein Sinn suchend in der Schöpfung umher, und er sprach: Wie lange wollen wir noch unserer Hände Werk anbeten? Es gebührt keinem Ding der Dienst und die Anbetung, als wie nur der Erde allein, denn sie bringt Früchte hervor und sie erhält unser Leben. Da aber Abraham sah, daß die Erde des Regens bedarf und daß, wenn die Himmel sich nicht auftun und die Erde nicht tränken, keine Frucht aus ihr sproßt, sprach er: Nein, dem Himmel allein wird die Anbetung gebühren. Da begann er nach der Sonne zu schauen und er sah, wie sie der Welt Licht gibt und wie durch sie die Gewächse gedeihen; da sprach er: Wahrlich, der Sonne allein gebührt die Anbetung. Als er aber ihren Untergang gewahrte, sprach er: Diese kann nicht gut ein Gott sein. Also fing er von neuem an und sah nach dem Mond und nach den Sternen, welche Himmelslichter in der Nacht scheinen. Und er sprach: Diese hier sind es, die man anbeten sollte. Da aber der Morgenstern aufging, verschwanden sie alle, und Abraham sprach: Nein, auch diese sind keine Götter! Es bekümmerte ihn und er dachte: Hätten die keinen Führer über sich, wie könnte da das eine untergehen und das andere aufgehen?

Es war einmal ein Wanderer des Weges gegangen und erblickte einen hohen und großen Palast. Da wollte er hineingehen und suchte von allen Seiten nach einem Eingang, fand aber keinen. Er rief mit lauter Stimme, aber keiner antwortete ihm. Nun erhob er seine Augen und sah, daß auf dem Dach rote Wolltücher ausgebreitet lagen; nach einiger Zeit sah er wiederum weißes Leinenzeug auf dem Dache liegen. Da sprach der Mann: Es muß ein Mensch in diesem Palast sein, denn wie könnten sonst Tücher weggenommen und wieder ausgelegt werden?

Da nun aber der Herr des Palastes sah, wie der Wanderer sich darum grämte, daß er ihn nicht finden konnte, zeigte er sich ihm und
sprach: Gräme dich nicht, ich bin der Herr des Hauses.

So auch Abraham. Da er die Himmelslichter kommen und gehen
sah, sprach er: Hätten sie keinen Gebieter, sie wären nicht so in ihrem
Lauf. Also ziemt es sich nicht, daß ich ihnen diene, sondern ich muß
dienen dem, der über sie gebietet. Und Abrahams Sinn forschte danach, auf die Wahrheit zu kommen.

Da der Herr sah, wie er sich grämte, blickte er zu ihm hernieder
und sprach: Du bist es, der die Gerechtigkeit liebt und das Böse ver-
abscheut; so wahr du lebst, ich will dich allein salben von allen Geschlechtern, die vor dir waren und die nach dir kommen werden.

Es erzählten die Weisen:

Als Abraham die Götzenbilder vor den Augen Tharahs verhöhnte und von ihnen sprach, es sei nichts von Bestand an ihnen, nahm ihn
Tharah und brachte ihn vor Nimrod. Da sprach Nimrod: Warum
weigerst du dich, meinem Gott anzubeten? Abraham sprach: Wel-
cher ist denn dein Gott? Nimrod sprach: Das Feuer ist mein Gott.
Abraham sprach : Es ist aber eins da, das noch stärker ist denn das
Feuer: siehe, das Wasser verlöscht das Feuer. Der König sprach: Aber
auch das Wasser beten wir an. Abraham sprach: Ich weiß aber etwas,
das noch stärker ist denn das Wasser; das sind die Wolken, die das
Wasser tragen. Nimrod sprach: Aber auch die Wolken beten wir an.
Abraham sprach: Dennoch, es gibt noch Stärkeres denn die Wolken.
Das sind die Winde, die die Wolken zerstreuen. Nimrod sprach: Aber
auch die Winde beten wir an. Abraham sprach: Eines fand ich, das
noch stärker ist als der Wind, das ist die Erde. Da sprach Nimrod:
Wie lange willst du noch die Majestät verhöhnen? Ich diene keinem,
als wie dem Feuer allein, und willst du das Feuer nicht anbeten, so
will ich dich darein werfen. Hast du einen Gott, der größer ist denn
das Feuer, so möge er kommen und dich erretten.

Alsbald ließ der König Abraham in den Kalkofen werfen. Aber
der Herr fuhr hernieder und rettete ihn daraus.

4
Abraham und Haran

Fünf Menschen haben sich in der Welt hervorgetan: Noah, Sem,
Eber, Assur und Abraham.

Aber Noah war es nicht darum zu tun dem Herrn zu dienen, sondern er fing an und pflanzte Weinberge. Sem und Eber blieben im
Verborgenen. Und Assur sprach: Soll ich unter diesen Missetätern

wohnen? und ging von dannen. Daher es heißt: Aus diesem Lande zog Assur.

Allein Abrahams Gerechtigkeit bleibt in Ewigkeit bestehen. Er sprach: Ich will meinen Gott nicht lassen. Und auch der Herr verließ ihn nicht, wie es auch heißt: Ich bin dein Gott, der dich geführt hat aus Ur in Chaldäa.

Es heißt:

Es ist besser auf Gott zu vertrauen denn auf Menschen. Also verließ sich Abraham nicht auf die Worte seines Vaters, noch auf die Worte seiner Mutter.

Tharah aber, der Vater Abrahams, war ein Sternseher. Er sah den Stern Harans und las, daß er verbrannt werden sollte; dann sah er den Stern Abrahams und las, daß die Welt von ihm voll werden sollte.

Alle Völker kamen vor Abraham und fragten ihn: Wessen bist du? Abraham sprach: Ich bin des Herrn, der im Himmel ist. Alsbald ward er ergriffen und in den Kalkofen geworfen. Es war kein Bote Gottes, kein Seraph, kein Engel mit ihm herabgestiegen, sondern der Herr allein fuhr hernieder, um ihn zu retten.

Harans Herz war geteilt, und er schenkte Gehör den Worten seines Vaters. Auch zu ihm kamen die Völker und fragten ihn: Wessen bist du? Da sprach er in seinem Herzen: Abraham ist älter denn ich; sehe ich, daß er sich rettet, so sage ich, ich sei Abrahams; entrinnt er aber nicht, so sage ich: Ich bin euer. Da nun Abraham gerettet ward, sagte er: Ich bin Abrahams. Alsbald ward er ergriffen und in den Kalkofen geworfen. Er war noch nicht nach unten gekommen, als ihn das Feuer auffraß. Also ward er vor seinem Vater hinweggenommen.

5
Zwei andere Geschichten

DIE WEISEN ERZÄHLEN:

Dreihundertfünfundsechzig Könige saßen um Nimrod, den gewaltigen Jäger, zur Stunde, da ihm Abram die harte Antwort gab auf seine Frage: Wie warst du nur so widerspenstig? Alsbald erließ Nimrod einen Befehl, und Abram ward für zwölf Jahre ins Gefängnis geworfen. Nachdem die zwölf Jahre um waren, führte man Abram aus der Gefängnis; man fesselte und band ihn auf der Erde und umgab ihn von allen vier Seiten mit Holz, sechs Ellen hoch, und zündete das Feuer an. Und alle Könige trugen das Holz herbei zu Abrams Scheiterhaufen. Wie sie aber sahen, daß das Feuer Abram nicht berührte und daß keine Flamme ihn streifte, sprachen sie: Gewißlich ist der Bruder Abrams ein Zauberer, und weil er das Feuer anbetet, ist es sei-

nem Bruder gnädig. Alsbald schlug eine Feuerzunge aus dem Scheiterhaufen Abrams und fraß den Haran, daß er niederfiel und starb
und verbrannte, wie es auch heißt: Es starb Haran vor dem Angesicht
seines Vaters. Von dem Tage, da die Welt erschaffen ward, bis zu der
Zeit, da Haran kam, war kein Sohn gestorben bei Lebzeiten seines
Vaters. Mit Haran also war die erste Bresche in die Welt gekommen.

Als danach Abram aus dem Feuer herauskam, fielen alle Könige
zu seinen Füße nieder; sie hieben Zedern ab und machten eine große
Anhöhe, da obenauf sie Abram hinsetzten. Sie brachten zu ihm ihre
Kinder und warfen sie ihm in den Schoß und sprachen zu ihm: Selig
bist du Abram! Weise uns deine Wege und lehre uns auf den zu vertrauen, der ewig lebt und besteht. In dieser Stunde richtete unser Vater Abram seinen Sinn gen Himmel und sprach: Gelobt sei der Name
des Ewigen, dem Sonne, Mond, Sterne und Planeten nur Diener sind.
Und die Könige machten sich auf und bekannten sich zu dem Gotte
Abrams und fanden Schutz unter den Flügeln seiner Herrlichkeit.
Von ihnen spricht die Schrift: Der Völker Fromme sind mit Abraham
gesammelt.

Und wieder lesen wir:

Haran starb in Ur in Chaldäa vor dem Angesicht seines Vaters.
Wegen der Götzen Tharahs ist er im Feuer der Chaldäer umgekommen. Tharah machte Bilder und Abgüsse, und Haran, sein älterer
Sohn, pflegte sie zu verkaufen, Abram aber, der jüngere, beachtet sie
gar nicht. Da kamen die Chaldäer, die Feueranbeter waren, daß sie die
beiden, den Haran und den Abram, ins Feuer tauchten; denn gleichwie es die Völker mit ihren Kindern tun, daß sie sie mir Wasser tau-
fen, also tauften die Chaldäer mit Feuer. Abram, der sich um die Götzen nicht bekümmerte und sie nicht anbetet, der blieb unversehrt von
Feuer der Chaldäer und verbrannte nicht. Haran aber, der von den
Götzen predigte, der sie verehrte und sie unter die Menschen brachte, daß man sie anbeten sollte, der kam um von dem Feuer der
Chaldäer und starb.

Da nun Tharah sah, daß der Herr Abram gerettet hatte, ließ er sein
Handwerk und zog mit seinem Sohne aus in die Fremde. Er gab die
Milka, die Tochter Harans, seinem Sohne Mahor zum Weibe, die Jis-
ka aber, welche Sarai hieß, gab er dem Abram, seinem jüngeren Sohne, nachdem ihr Vater gestorben war und sie in seinem Hause entwöhnt und groß ward. Den Lot aber, Harans Sohn, gab er dem
Abram, daß er ihm an Sohnesstatt sein sollte, denn Sarai war unfruchtbar. Und sie zogen zusammen aus nach dem Lande Kanaan.

Als Abram aus Babel, aus dem Orte Ur in Chaldäa, auszog, ging
er nach Damaskus, er und sein Hausgesind, und ward König über die
Stadt. Dazumal war noch Elieser Fürst von Damaskus. Wie der aber

Abram sah und erkannte, daß der Herr mit ihm war, gab er ihm die Herrschaft und machte sich selbst zum Diener Abrams.

6

Assur

AUS DEM LANDE SINEAR zog Assur durch die Länder Babel, Erech, Akkad und Chalna und baute die Städte Ninive, Rehoboth, Kalah und Resen. Als er die Leute seines Geschlechts wider den Herrn streiten fand, wendete er sich von seinem Land ab. Da sprach der Herr zu ihm: Du hast um meinetwillen vier Länder verlassen, so wahr du lebst, ich vergelte es dir und gebe dir dafür vier andere Städte.

Alle Geschlechter, die erschaffen worden waren, bevor Abraham geboren ward, kannten nicht den Namen des Herrn. Allein dem Assur ahnte davon und dennoch wehrte er nicht den Leuten des Turmbaues. Wieso weiß ich es aber, daß Assur der Name des Herrn bekannt war? Weil es heißt: Aus diesem Lande trat Assur heraus. Lies aber nicht: aus diesem Lande, sondern aus diesem Rat. Warum aber tat er nichts wider die Turmbauer? weil er schon damals wußte, daß aus ihm dereinst Sanherib komme, welcher ein Ketzer und Frevler sein wird wider die Allmacht. Hätte er sich dem Turmbau widersetzt, man hätte von ihm gesagt: Doch dieses selben Menschen Nachkomme wird den Herrn erzürnen.

Da nun Abraham geboren ward, verkündigte er den Namen des Herrn und rief ihn aus als Schöpfer des Himmels und der Erde. In dieser Stunde küßte der Herr seine beiden Hände und rief: Bisher hat mich kein Mensch Herr und Höchster der Welt genannt, nun werde ich Herr und Höchster geheißen.

Da Abraham geboren wurde, ward der Name des Herrn in dem Munde aller Geschöpfe gepriesen. Da Abraham geboren wurde, tat sich auf die Barmherzigkeit des Herrn.

Es heißt: Der Gerechte ist wie ein Baum, gepflanzet an den Wasserbächen. Ich will es dir an einem Gleichnis klarmachen, wie das gemeint ist. Ein Wanderer geht durch ein Tal des Landes Zia, der trockenen Wüste, wo kein Wasser ist, und seine Seele fährt zusammen vor Durst. Da sieht er auf einmal einen Baum, und eine Wasserquelle ist darunter, und die Früchte des Baumes sind süß, und sein Schatten ist lieblich. Er trinkt von dem Wasser und ruht in dem Schatten und ißt von den Früchten, und seine Seele kehrt zu ihm zurück. Da er von dem Baume scheiden soll, spricht er: Du mein Baum, wie soll ich dich segnen? Soll ich dir wünschen, daß eine Wasserquelle unter dich fließe, siehe, ein Bach ist unter dir. Soll ich dir wünschen, daß deine Früchte süß seien, siehe, sie sind süß. Soll ich dir wünschen, daß dein Schatten lieblich sei, siehe, er ist lieblich. Sei es denn der Wille des Herrn, das auch alle deine Zweige, die von dir zu Bäumen gepflanzt werden, sein sollen wie du bist.

Also sprach auch Gott zu Abraham: Abraham, womit soll ich dich segnen? Soll ich dir sagen, verkündige meinen Namen, siehe, du hast ihn schon verkündigt; soll ich dir sagen, ernenne mich zum König, – du hast mich zum König ernannt. So sei denn mein Wille, daß alle, die deinen Lenden entspringen werden, sein sollen, wie du.

Daher heißt es : Der Gerechte ist wie ein Baum an den Wasserbächen gepflanzt, seine Frucht bringt er zur rechten Zeit, seine Blätter verwelken nicht. Die Frucht das sind die Weisen, die seinem Samen entflammen; die Blätter, das sind die Gläubigen, die nimmer aufhören.

7
Verschiedenes von Abraham

VIELE DER AUSLEGER erzählen, daß in dem ersten Verließ, dahin Nimrod Abram geworfen hatte, keines der Himmelslichter zu sehen gewesen sei. Aber der Herr tat Gnade an ihm, daß er sein Augenlicht dabei nicht verlor.

Als Abraham, unser Vater, in die Welt kam und sich überall umsah, begriff er, daß Gott die Welt auf Gnade aufgebaut hatte. Also betrat auch er den Weg der Milde.

Aber er sah die Menschenkinder, wie sie den Götzen nachhingen, und wie jeder seinem eigenen Gott huldigte, da machte er sich auf und gründete Lehrhäuser und ließ überall verlauten, daß alle Götter der Völker nur Abgötter seien und daß nur der der Herr sei, der den Himmel gemacht hatte. Wisset, ihr Völker, so sprach er, daß es einen Schöpfer gibt, der alle Welten schuf; er allein herrscht über alle: er tötet und macht lebendig, er führt in die Hölle und wieder heraus, er erniedrigt und erhebt.

Da erhoben sich aber alle wider ihn, raubten ihn aus und sperrten ihn in das Gefängnis ein; danach warfen sie ihn in den Glutofen. Aber das Maß der Gnade zeugt für ihn.

Erzählungen über Abraham

1
Abraham und Nimrod

Als Abram die Götzen forttrug, um sie auf dem Marke zu verkaufen, begegnete ihm ein Mann und sprach: Hättest du einen Gott zu verkaufen? Darauf sprach Abram: Was für einen Gott möchtest du haben? Der Mann sprach: Ich bin ein mächtiger Mann, gib mir einen Gott, der so stark ist wie ich. Da nahm Abram ein Bild hervor, das höher war als alle anderen und sprach zu dem Manne: Nimm dir diesen hier. Der Mann sprach: Wird aber der Gott auch so stark sein wie ich? Abram sprach: Törichter Mann, so kennst du bis jetzt noch nicht die Macht der Götter? Was verlangt du da von ihnen? Ein Narr bist du. Wäre der Gott hier nicht der stärkste, er wäre nicht der oberste von allen. Doch ich will nicht mehr Worte mit dir wechseln, als bis du mir das Geld gegeben hast. Alsbald gab der Mann dem Abram das Geld und nahm den Götzen für sich. Da er schon abziehen wollte, sprach Abram zu ihm: Wieviel sind deines Lebens Jahre? Der Mann sprach: Siebzig Jahre bin ich alt. Da sprach Abram weiter: Der Gott, den du kauftest, sollst du ihn anbeten, oder soll er dich anbeten? Der Mann sprach: Ich soll ihn anbeten. Da sprach Abram: So übertriffst du doch deinen Gott an Jahren, denn siehe, du bist schon vor siebzig Jahren erschaffen worden; wie willst du da einen Gott anbeten, der heute erst mit dem Hammer ausgeklopft wurde? Alsbald warf der Mann den Götzen in Abrams Korb und nahm von ihm sein Geld wieder.

Hernach kam ein verwitwetes Weib zu Abram und sprach: Eine arme Witwe bin ich, gib mir einen Gott, der arm ist wie ich. Da nahm Abram ein Bild hervor, das unter allen anderen lag, und sprach zu dem Weibe: So nimm diesen Gott, da du doch arm bist. Das Weib sprach: Der dünkt mich so schwer, ich werde gegen ihn nicht bestehen können. Abram sprach: Törichtes Weib, wäre es nicht der geringste von allen, er wäre doch nicht zu unterst gelegen. Aber siehe, er rührt sich nicht von der Stelle, solange du nicht das Geld für ihn bezahlt hast. Alsbald legte das Weib das Geld für den Götzen hin und nahm das Bild von Abram. Da sie schon gehen wollte, sprach Abram: Wie alt bist du, Weib? Das Weib sprach: Viele Jahre lebe ich schon auf Erden. Da sprach Abram: Vermaledeit die Seele dieses Weibes. So willst du nun, die du vor so vielen Jahren bist erschaffen worden, ei-

nen Gott anbeten, den gestern erst mein Vater mit dem Hammer gemacht hat? Alsbald warf auch das Weib den Götzen in Abrams Korb
und nahm den Preis, den sie gezahlt hatte, zurück.

Danach nahm Abram die Götzen, die er mithatte, und brachte sie
wieder seinem Vater Tharah. Da sprachen die übrigen Kinder Tharahs zu ihrem Vater: Der Abram hier bringt es nicht fertig einen Gott
zu verkaufen; wohlauf, laßt uns ihn zum Priester machen. Da sprach
Abram: Was ist denn ein Priesters Tun? Und die Söhne Tharahs sprachen: Der Priester hat den Göttern zu huldigen, er hat sie zu speisen
und zu tränken und ihre Gemächer rein zu halten. Alsbald setzte Abram den Götzen Speise und Trank vor, aber sie aßen nicht. Da zerbrach er sie und warf sie ins Feuer.

Da er noch nach ihnen hieb, kam Nimrod und sah, was er tat und
sprach: Du bist wohl Abram, der Sohn Tharahs. Abram sprach: Ich
bin es. Da sprach Nimrod zu Abram: So weißt du es nicht, daß ich
Herr aller Werke bin und daß Sonne, Mond, Sterne und Planeten vor
mir ihren Weg gehen, du aber, wie wagtest du's, meine Götter zu vernichten? In dieser Stunde gab der Herr Abram Verstand ein, daß er
dem Nimrod erwiderte: Herr mein und König, nicht wußte ich bisher, wie weit dein Wille reicht, nun will ich ein Wort sagen, daß deine Größe offenbar werde. Nimrod sprach: Sage es! Da sprach Abram: Es ist der Lauf der Welt seit dem Tage, da sie erschaffen worden
ist bis auf heute, daß die Sonne in Morgen aufgeht und in Abend untergeht. Befiehl nun, Herr, daß sie einmal in Abend aufgehen und in
Morgen untergehen soll; dann will ich Zeugnis ablegen, daß du der
Herr aller Werke bist. Und bist du in Wahrheit Herr aller Welt, wie
du es vorgibst, so ist doch gewißlich alles Verborgene vor dir offen.
So sage mir denn: Was birgt mein Herz? Was habe ich vor, in dieser
Stunde zu tun?

Da legte der gottlose König die Hand auf seinen Bart und ward
voll Verwunderung und Nachdenkens. Da sprach Abram: Sinne
nicht in deinem Herzen, denn du bist nicht Herr der Welt, ein Sohn
von Chus bist du nur; wärest du der Herr der Welt, wie hättest du
deinen Vater nicht vom Tode gerettet? Aber nein, gleichwie du deinen Vater nicht zu erretten vermochtest, so wirst du selber dem Tode
nicht entrinnen.

Alsbald rief Nimrod Tharah, den Vater Abrams, herbei und
sprach zu ihm: Welches ist das Gericht, das deinem Sohn Abram zukommt, der meine Götter verbrannt hat? Doch kein ander Gericht,
als das Feuer allein. Und Nimrod nahm Abram und warf ihn ins Gefängnis; aber alsdann ließ er ihn heraus und gab den Befehl, man sollte ihn im Kalkofen verbrennen.

Und Tharah hatte bis zu dieser Stunde den Herrn noch nicht erkannt. Nun kamen alle sein Nachbarn und Landsleute herbei, schlugen ihn auf den Kopf und sprachen: Schmach über dich! Du sprachst von deinem Sohn, er sollte das Diesseits und Jenseits erben, und nun wird er von Nimrod verbrannt. Da erbarmte sich der Herr Abrams, fuhr hernieder und rettete ihn. Nachdem nun Abram errettet worden war, sprach Tharah in seinem Herzen: Vielleicht stehen sie wieder auf und töten meinen Sohn. Also machte er sich auf und zog davon mit seinem Sohne Abram.

Zum Lohn aber dafür, daß Tharah dem Himmel zulieb aus Ur in Chaldäa fortzog, ließ ihn der Herr die Herrschaft Abrams fünfunddreißig Jahre sehen.

2
Der Bilderstürmer

ABRAM, DER SOHN THARAHS, war fünfzig Jahre alt geworden; da ging er aus dem Hause Noahs und begab sich in das Haus seines Vaters. Er hatte schon Gott erkannt und wandelte in seinen Wegen, und Gott der Herr war mit ihm. Sein Vater Tharah war dazumal noch Feldhauptmann Nimrods und lebte nach der Weise Nimrods; er betet die Abgötter an, die aus Holz und Stein waren.

Als nun Abram in das Haus seines Vaters kam, sah er die Götzen seines Vaters, zwölf an der Zahl, wie sie in den Gemächern aufgestellt waren. Da entbrannte sein Zorn darüber, und er sprach: So wahr Gott lebt! Den Abgöttern hier sei kein Bestand gewährt in meines Vaters Hause. Also tue an mir Gott, der mich erschuf, dies und jenes und also fahre er fort, wenn ich diese Götzen hier in drei Tage nicht alle zerschlage.

Und Abram ging schnell hinaus und lief nach dem äußeren Hof, wo er seinen Vater mit den Knechten sitzen fand. Da setzte sich Abram vor seinen Vater und sprach zu ihm fragend: Sage mir an, Vater, welcher ist der Gott, der Himmel und Erde und alle Menschenkinder auf Erden geschaffen hat? Welcher ist es, der dich und mich, wie ich hier auf Erden bin, geschaffen hat? Da erwiderte Tharah seinem Sohne Abram und sprach: Siehe, mit uns im Hause sind sie, die das alles geschaffen haben. Abraham sprach zu seinem Vater: So zeige es mir, mein Herr. Da stand Tharah auf und ging mit Abram nach dem inneren Hof und führte ihn in das Gemach, wo die Götter standen. Da sah Abram wieder zwölf große Bilder in Holz und Stein, dazu noch kleine sonder Zahl. Und Tharah sprach zu seinem Sohne Abraham: Siehe, hier sind die, so alles erschaffen haben, das du auf Erden sahest; sie sind es, die mich und dich und alle anderen Menschenkinder erschaffen haben. Und Tharah bückte sich vor seinen Göttern und betete zu ihnen. Alsdann ging er mit seinem Sohne aus dem Gemach.

Da ging Abram und kam vor seine Mutter und sprach zu ihr: Siehe, eben wies mir der Vater die Götter, die Himmel und Erde und alle Menschenkinder erschaffen haben. Und nun beeile dich, nimm ein Ziegenböcklein aus der Herde und mache es zurecht, daß es wohlschmecke; ich will die Speise den Göttern als Gabe darbringen, daß sie sie essen, und ich ihnen genehm sei. Da tat die Mutter also: sie nahm ein Böcklein, bereitete daraus ein Gericht und gab es dem Abram. Und Abram nahm die Speise aus der Hand seiner Mutter, brachte sie den Göttern seines Vaters, daß sie davon äßen. Tharah aber wußte von alledem nichts.

Und Abram blieb bei den Götzen diesen ganzen Tag und, siehe, sie gaben keine Stimme von sich noch einen Laut, auch sah man nicht, daß sie sich rührten und die Hand nach der Speise ausstreckten. Da spottete Abram ihrer und sprach: Es ist, wie wenn die Speise, die ich ihnen bereitet habe, ihnen nicht behagte, oder es ist zu wenig für sie, darum nehmen sie nichts davon. Ich will ihnen morgen ein anderes Gericht machen, das besser sein wird als dieses hier und wovon ich ihnen mehr vorsetzen will. Dann will ich sehen, was daraus wird.

Des anderen Tages befahl Abram seiner Mutter, eine andere Speise zu bereiten. Da machte sie sich auf, nahm drei zarte Ziegenböcklein aus der Herde, bereitete daraus ein gutes Essen, wie es ihr Sohn gerne hatte, und gab es dem Abram. Tharah aber wußte von alledem nichts.

Und Abram nahm die Speise aus der Hand seiner Mutter und brachte sie in das Gemach, wo die Götter waren. Er kam an sie heran und bot einem jeden von der Speise und verweilte bei ihnen den ganzen Tag, um zu sehen, ob sie nicht essen würden. Doch siehe, es kam keine Stimme aus ihnen noch ein Ton, noch streckten sie ihre Hand nach der Speise aus. Da geriet der Geist Gottes über Abram an diesem Abend, und er sprach: Wehe über meinen Vater und über dieses ganze törichte Geschlecht, das dem eitlen Wahn zugewendet ist. Sie dienen ihnen, diesen Götzen aus Holz und Stein, die nicht essen und keine Speise riechen, die nicht hören und nicht sprechen. Einen Mund haben sie und reden nicht, Augen haben sie und sehen nicht, Hände haben sie und greifen nicht, Füße haben sie und gehen nicht.

Also soll es auch denen ergehen, die sie gemacht haben, die auf sie vertrauen und sie anbeten. Und Abram ging eilends hinaus und holte eine Axt, dann kam er zurück in das Gemach und zerschlug die

Götzen seines Vaters bis auf einen, der war der größte, in dessen Hände legte er die Axt und wollte davongehen.

Aber da kam sein Vater Tharah ins Haus und hörte Axthiebe aus dem Göttergemach; er lief dorthin und sah seinen Sohn Abrahams hinausgehen, aber die Götter fand er alle zerschmettert auf der Erde liegen; nur einer war ganz geblieben und hielt in der Hand eine Axt. Die Speise aber, die Abraham bereitet hatte, stand noch da. Da nun Tharah dies alles sah, ward er darüber sehr zornig; er ging aus dem Gemach und eilte zu Abram, seinem Sohn. Er sprach zu ihm: Wehe, was hast du an meinen Göttern vollbracht? Abram erwiderte und sprach: Dem ist nicht so, mein Herr, sondern ich brachte ihnen Speisen dar; da ich sie ihnen aber vorsetzte, streckten sie alle ihre Hände danach aus, noch bevor der große davon etwas gegessen hatte. wie er sie nun solches tun sah, ward er sehr zornig, er ging hin, holte die Axt, die im Hause war, kehrte zurück und zerbrach sie alle. Und siehe, die Axt ist noch in seiner Hand, wie du es wohl sahest.

Da ergrimmte Tharah über Abram, daß er so redete, und sprach zu ihm: Was sind das für Worte, die du zu mir redest; unwahr ist alles, was du sprachst. Ist denn in den Göttern ein Odem und eine Seele da und Kraft, daß sie das zu tun vermöchten, wovon du sprichst? Sind sie doch nur Holz und Stein, und ich bin es doch, der sie gemacht hat; wie nur kommst du vor mich mit solcher Lüge und erzählst, der große Gott, der mit ihnen ist, hätte sie alle erschlagen. Du warst es, der ihm die Axt in die Hand gegeben hat, und nun sagst du, er hätte sie zerbrochen.

Da erwiderte Abram seinem Vater und sprach: Warum aber dienst du diesen Götzen, die keine Kraft haben irgendein Ding zu tun? Haben sie denn Macht, dich zu erretten? Werden sie je dein Gebet erhören, wenn du sie anrufst? Werden sie dich je aus der Hand deiner Feinde entrinnen lassen? Werden sie deine Kriege führen mit deinen Widersachern? Seid ihr denn töricht oder einfältig, oder ist der Verstand von euch gewichen, daß ihr Holz und Stein anbetet und den Gott vergeßt, der den Himmel und die Erde gemacht und euch alle geschaffen hat? Ein großes Übel ladet ihr auf euch damit. Dies war doch die Sünde, die vormals unsere Väter taten, und um deswillen brachte der Herr die Wasser der Flut und verderbte die Erde. Und nun fahrt ihr fort, dasselbe zu tun und dient Götzen aus Holz und Stein, die nicht hören und nichts reden und in der Not nicht retten, und zieht auf euch den Zorn Gottes. Und nun, Vater, lasse ab davon und lade nicht Böses auf deine Seele und auf die Seele derer, die in deinem Hause wohnen.

Und Abram ließ seinen Vater stehen und sprang eilend auf; er nahm die Axt aus der Hand des großen Götzen, zerbrach auch ihn und lief davon.

3

Abraham auf dem Scheiterhaufen

DA NUN THARAH SAH, was ihm sein Sohn Abram angetan hatte, ging er eilends aus dem Hause und begab sich zum König. Er kam vor Nimrod, und bückte sich vor ihm. Da sprach der König: Was ist dein Begehr? Und Tharah sprach: Sei mir gnädig, mein Herr. Mein Sohn Abram, dem heute fünfzig Jahre voll wurden, tat dies und jenes mir und meinen Göttern und dies und jenes sprach er zu mir. Und nun, Herr unser König, schicke hin, daß er vor dein Angesicht komme, und laß ihn von deinem Gericht richten, auf daß wir sein böses Trachten von uns abwenden.

Da schickte Nimrod drei Männer von seinen Knechten, und die gingen hin und brachten Abram vor den König. Alle Fürsten und Knechte saßen an diesem Tage vor dem König, und auch Tharah war darunter. Da sprach der König zu Abram: Was hast du an deinem Vater und an seinen Götter getan? Da gab Abram dem König dasselbe zur Antwort, was er seinem Vater gesagt hatte, und sprach: Der große Gott, der mit in dem Hause war, hat an den anderen Göttern das getan, wovon du eben gehört hast. Da sprach der König zu Abram: Haben sie denn die Kraft, das zu vollbringen, wovon du eben sprichst? Darauf erwiderte Abram dem König: Sind sie aber dessen nicht mächtig, warum dienst du ihnen da und warum verwirrst du alle Menschenkinder durch deine Torheit? Wähnst du denn, daß sie dich je erretten werden oder irgendein Ding tun, groß oder klein, daß ihr ihnen dient? Warum wendet ihr euch nicht dem Gott der ganzen Erde zu, der euch schuf und in dessen Hand eure Seelen sind, daß er sie tot machen kann und lebendig? Wehe dir, du närrischer, du törichter und unverständiger König, wehe dir in Ewigkeit. Ich habe geglaubt, daß du deinen Knechten den geraden Weg weisen würdest; nicht so aber tatest du, und die Erde ward voll deiner Sünden und der Sünden all derer, die in deinen Spuren wandeln. Du weißt wohl und hast es wohl gehört, daß eurem Frevel ähnlich der Frevel war, den unsere Vorfahren in jenen Zeiten begingen, und daß diesethalben der Herr sie mit der Sintflut strafte, daß er sie alle umbrachte und auch die Erde um ihretwillen verdarb. Und nun bist du heute aufgestanden und deine Mannen mit dir, eine Rotte von Sündern, und tut dieselben Dinge, mehrt den Grimm des ewigen Gottes und wollt das Unheil über euch und über die ganze Erde bringen. So lasse nun deinen bösen Wandel und diene dem ewigen Gott, der deine Seele in seiner Hand hat, und es wird dir wohlergehen; will aber dein gottloses Herz auf meine Worte nicht hören und willst du nicht deine Wege lassen und dem ewigen Gott dienen, so wirst du mit Schande sterben am

Ende deiner Tage, du, deine Leute, alle, die um dich sind, alle, die auf dich hören und alle, die dir folgen. – Also vollendete Abram seine Rede vor dem König und seinen Fürsten; alsdann erhob er seine Augen gen Himmel und sprach: Gott sehe die Missetäter und richte sie.

Da nun der König diese Worte hörte, befahl er, daß man Abram ins Gefängnis werfe. Und Abram blieb dort zehn Tage. Und als die zehn Tage um waren, schickte der König aus, und es versammelten sich um ihn alle Fürsten, alle Statthalter und alle Weisen und kamen vor ihren König; Abram aber saß noch im Gefängnis. Da sprach der König zu ihnen: Habt ihr vernommen, was der Sohn Tharahs an seinem Vater getan hat? Dies und jenes hat er getan und als ich ihn kommen ließ vor mein Angesicht, da sprach er noch so zu mir, und sein Herz erschrak nicht und er zitterte nicht vor mir, und nun sitzt er gefangen. Ihr aber richtet ihn jetzt und sagt, was soll geschehen einem Menschen, der dem König geflucht, der solches gesprochen und solches getan hat, davon ihr eben gehört. Da erwiderten sie alle dem König und sprachen: Welcher Mensch seinem König flucht, der soll an einem Baume gehenkt werden; dieweil er aber noch so vieles andere getan und unsere Götter beschimpft hat, soll er im Feuer den Tod finden, denn das ist die Strafe für dieses Vergehen. Gefällt es dem Könige, das zu tun, so möge er seine Knechte hinschicken, daß sie in deinem Kalkofen ein großes Feuer anlegen, das drei Tage hindurch, Tag und Nacht, brennen soll; alsdann sollen sie diesen Menschen in den Ofen werfen.

Da tat der König also und befahl seinen Knechten, es auszurichten. Sie machten ein Feuer im Kalkofen des Königs, der in Chaldäa war, das brannte drei Tage und drei Nächte. Alsdann befahl der König, den Abram aus dem Gefängnis zu führen und ihn herzubringen, auf daß er verbrannt werde. Alle Untertanen des Königs, seine Fürsten und Kriegsmänner, alle Statthalter und Richter, wie alle Bewohner des Landes, es waren ihrer zusammen an neunmalhunderttausend Mann, standen vor dem Kalkofen, um Abrahams Gericht beizuwohnen. Auch die Weiber und die Kinder sammelten sich alle auf den Dächern und auf den Türmen, um dem Verbrennen zuzusehen; sie stellten sich alle von ferne auf, und es war keiner, der an diesem Tage nicht gekommen wäre.

Und es geschah, als Abram erschienen war und ihn die Weissager des Königs erblicken, schrien sie laut zum König und sprachen: Herr, unser König, das ist doch der Mann, den wir kennen. Dies ist der Knabe, bei dessen Geburt der eine große Stern am Himmel die vier anderen Sterne am Himmel verschlang, und dies alles erzählten wir unserem Könige vor nunmehr fünfzig Jahren. Jetzt aber siehe, auch sein Vater hat den Befehl deines Mundes übertreten und hat sich verhöhnt, indem er dir an seiner statt ein anderes Kind gab, das du getötet hast. Als der König diese Worte der Weisen vernahm, brach er in großen Zorn aus und befahl alsbald, daß man den Tharah vor ihn bringe. Und er sprach zu Tharah: hast du's vernommen, wovon mir die Weisen eben berichtet haben? Sage mir nun getreulich, wie hast du das angestellt, und, so du die Wahrheit bekennst, wird dir nichts geschehen. Da sah Tharah, daß der König sehr zornig war, und so sprach er denn: Es ist alles wahr, Herr unser König, was du eben gehört, und was dir die Weisen erzählt haben, es hat sich in Wahrheit so zugetragen. Da sprach der König: Wie kannst du nur das Gebot meines Mundes übertreten und mir ein Kind geben, das du nicht zeugtest, und dafür den Preis nehmen! Tharah erwiderte dem König: Es überkam mich das Mitleid über meinen Sohn zu dieser Zeit; so nahm ich denn das Kind meiner Magd und brachte es vor den König. Da fragte der König: Wer war es aber, der dir eingab, solches zu tun? Sage es nur und leugne es nicht, so wirst du nicht sterben.

Da fürchtete sich Tharah vor dem König und er sprach: Haran, mein älterer Sohn, war es, der mir dies eingab. – Haran war zweiunddreißig Jahre alt, da Abram geboren ward, und er war es nicht gewesen, der seinem Vater diesen Rat gegeben hatte, sondern Tharah sagte es nur, um sich vor dem König zu retten, denn er fürchtete sich gar sehr. – Der König aber sprach zu Tharah: Dein Sohn Haran, der dich dazu überredet, der soll gleichfalls verbrennen mit Abram, denn er muß des Todes sterben als einer, der dem König zuwidergetan hat.

Haran, der ältere Sohn Tharahs, neigte zu jener Zeit der Lehre Abrams zu, doch verbarg er es in seinem Herzen und er sprach zu sich: Eben hat der König um dieser Sachen willen den Abram gefangen genommen; so nun Abram über den König siegt, will ich dem Abram folgen; siegt aber der König über Abram, so will ich des Königs Wege gehen.

Da nun Tharah dem König von Haran dies erzählte, befahl der König, daß man den Haran mitergreifen sollte; also wurden die beiden vor den König gebracht. Und der König befahl, die beiden zu binden und ins Feuer zu werfen. Die Knechte des Königs nahmen den Abram und seinen Bruder Haran, zogen ihnen die Überkleider aus und auch die Röcke, also, daß sie nur in ihren Hüftkleidern blieben, und banden ihre Hände und Füße mit Byssusgarn. Alsdann hoben die Knechte des Königs die beiden und warfen sie zusammen in den brennenden Ofen.

Aber der Herr ereiferte sich für Abram und erbarmte sich seiner; er fuhr hernieder und beschützte Abram inmitten des Feuers, daß er nicht verbrannte; nur die Stricke, mit denen er gebunden war, verbrannten, und Abram blieb unversehrt und wandelte im Feuer einher. Haran aber, als man ihn ins Feuer warf, starb alsdann und verbrannte und ward zu Asche, denn er war nicht mit ganzem Herzen bei dem Herrn. Und auch die Knechte, die die zwei ins Feuer geworfen hatten, wurden von einer Flamme erfaßt, die emporschlug, und verdarben alle, es waren ihrer zwölf. Abram aber ging im Feuer einher drei Tage und drei Nächte.

Da kamen die Knechte Nimrods und sagten es ihm an: Siehe, wir haben den Abram gesehen, wie er im Feuer einhergeht. Selbst die Hüftkleider, die er anhatte, sind nicht versengt; allein die Stricke, mit denen er gebunden war, sind verbrannt. Da der König dies hörte, ward sein Herz zag, und er wollte ihnen nicht glauben. Er schickte andere Knechte aus, daß sie nachsehen sollten. Die gingen hin und sahen dasselbe und sagten es dem König.

Da machte sich der König selber auf und ging hin um zu sehen und erblickte den Abram, wie er im Feuer einherging. Die Leiche Harans aber lag daneben verkohlt. Da sprach der König zu Abram: Wie kam es nur, daß du in der Glut nicht verdarbest? Darauf sprach Abram: Mein Gott, der Gott des Himmels und der Erde, auf den ich vertraut habe und in dessen Händen alles ist, hat mich aus dem Feuer errettet, in das du mich werfen ließest.

Da befahl der König, den Abram aus dem Feuer zu führen, und es näherten sich die Knechte des Königs dem Ofen, das zu tun; sie vermochten es aber nicht, denn die Flammen schlugen daraus ihnen entgegen, und sie flohen davon. Da schrie sie der König an und sprach: Beeilt euch, den Abram aus dem Feuer zu bringen, sonst seid ihr des Todes. Da traten die Knechte abermals an den Ofen, den Abram daraus zu führen; aber eine Flamme schlug aus dem Feuer empor und verbrannte sie, daß acht Leute umkamen. Da der König sah, daß die Leute an das Feuer nicht herankommen konnten, rief er dem Abram zu: Geh hinaus, Abram, du Knecht des Gottes, der im Himmel ist, und komme vor mich. Und Abram hörte auf die Stimme des Königs und ging aus dem Ofen stellte sich vor den König.

Da fielen der König und die Fürsten und alle Bewohner des Landes vor Abram nieder. Abram aber sprach zu ihnen: Nicht vor mir solltet ihr knien, sondern vor dem Gott der Welt, der euch alle schuf; ihm solltet ihr dienen und in seinem Wegen wandeln, denn er war es, der mich vor dem Feuer behütet hat, er ist es, der die Seele eines jeden Menschen macht und seinen Geist, der den Menschen formt, da er noch im Leibe seiner Mutter weilt, und ihn auf die Welt bringt; er errettet aus der Bedrängnis jeden, der auf ihn vertraut.

Und der König und seine Fürsten waren voll Verwunderung darüber, daß Abram heil blieb und Haran des Feuers ward. Der König gab ihm viele Geschenke und überließ ihm seine zwei großen Knechte, die er in seinem Hause hatte; der eine hieß Oni, der andere hieß Elieser. Und auch alle Fürsten des Königs und seine Diener brachten dem Abram Geschenke dar in Gold und Silber und Kristall.

Also entließ der König den Abram, und er ging in Frieden von ihm. Es gingen ihm aber viele nach von des Königs Dienern; bei dreihundert Mann blieben an ihm hängen. Und Abram begab sich wieder in seines Vaters Haus und mit ihm seine Getreuen. Abram diente Gott alle Tage seines Lebens und wandelte auf seinen Pfaden und befolgte seine Lehren. er bewegte alle Menschenkinder seiner Zeit dazu, daß sie dem Herrn dienten.

Zu dieser Zeit nahmen Nahor und Abram Weiber von den Töchtern Harans, ihres Bruders. Nahors Weib hieß mit Namen Milka; das Weib Abrams aber hieß Sarai. Und Sarai, das Weib Abrams, war unfruchtbar und hatte kein Kind.

4
Der Traum Nimrods und Abrahams Auszug

Es begab sich zwei Jahre nachdem Abram aus dem Feuerofen herausgegangen war, im zweiundfünfzigsten Jahre des Lebens Abrams, da Nimrod noch auf seinem Thron zu Babel saß, daß der König einen Traum träumte. Er sah sich mit seinem Heere im Tale vor seinem großen Ofen stehen, und als er seine Augen erhob, erblickte er einen Mann von Abrams Gestalt aus dem Ofen kommen, der hielt in der Hand ein bloßes Schwert und wollte sich auf den König stürzen. Da floh der König vor diesem Menschen, denn er fürchtete sich, aber als er floh, warf der Mensch ein Ei nach dem Kopfe des Königs, und siehe, das Ei ward zu einem großen Strom, und des Königs Heer ertrank darin und ging unter. Allein der König konnte sich retten, und mit ihm nur drei Männer, die in seiner Nähe waren. Da blickte der König auf die Männer, und siehe, die waren alle drei mit königlichen Kleidern angetan, und auch ihre Gestalten und ihr Aussehen waren königlich. Doch als sie immer weiter liefen, ward der Strom allmählich wieder zum Ei wie zuvor. Und aus dem Ei pickte sich ein junger Vogel hervor, und der flog auf den Kopf des Königs und hackte ihm ein Auge aus. Da entsetze sich der König ob dieses allen, sein Geist ward aufgewühlt, er hatte große Furcht und erwachte aus seinem Schlaf.

Des anderen Tags in der Frühe stand der König unruhig von seinem Lager auf und befahl allen Weisen und Wahrsagern, vor sein Angesicht zu kommen und erzählte ihnen seinen Traum. Da erwiderte darauf ein Weiser namens Anuki: Nicht anders, als daß wiederum von

Abram und seinem Samen ein neues Übel unserem Herrn erwachsen wird. Es werden Tage kommen, da Abram mit seinem Samen und all seinem Hausgesind wider unseren Herrn Streit führen werden und werden vernichten das Heer unseres Königs und seine Kriegsmacht. Und was du im Traume sahst, daß du mit drei Männern, die deinesgleichen waren, allein dich gerettet hast, das soll bedeuten, daß nur du und drei Könige, die dir im Streit beistehen werden, entrinnen werden. Und das Küchlein, das dir ein Auge ausgehackt hat, es ist nichts anderes, denn der Same Abrams, der unseren König töten wird am Ende seiner Tage. Dies ist der Traum des Königs und dies seine Deutung, die dem König sein Knecht gegeben hat. Und nun, Herr unser König, du weißt es doch, daß schon bei der Geburt Abrams vor zweiundfünfzig Jahren deine Weisen sahen, was da kommen sollte; warum nur lässest du den Abram leben auf Erden, dir zum Unglück? Denn allsolange Abram auf Erden lebt, wirst du deines Reiches nicht froh werden; wußten wir es doch schon, als er auf die Welt kam. Warum tötet ihn da nicht der König, daß Unheil von ihm am Ende der Tage nicht komme.

Da hörte Nimrod auf die Stimme Anukis, und er schickte von seinen Knechten im geheimen welche aus, die sollten den Abram ergreifen und ihn vor den König bringen, daß er ihn töte. Aber Elieser, der Knecht, den Nimrod dem Abram geschenkt hatte, war dazumal mitten unter denen, die vor dem König standen und hörte, was Anuki dem König an Abram zu tun riet, und wußte, daß der König sich anschickte Abram umzubringen. Da machte er sich eilends auf und lief zu Abram und kam zu ihm, noch ehe ihn die Knechte des Königs erreicht hatten. Er sprach zu Abram: auf, beeile dich und rette deine Seele, daß du nicht sterbest von der Hand deines Königs. Denn dies und dies sah der König von dir im Traum und dies und dies bedeutete ihm Anuki, und dies und dies an dir zu tun gab er ihm ein.

Da gehorchte Abram der Stimme Eliesers und stand eilends auf und lief hin in das Haus Noahs und seines Sohnes Sem, versteckte sich dort und entrann. Und die Knechte des Königs kamen in das Haus Abrams und suchten nach ihm, konnten ihn aber nicht finden; sie suchten ihn im ganzen Lande und suchten ihn auf allen Wegen, fanden ihn aber nirgends.

Da sie ihn nun nicht auffinden konnten, kehrten sie zum König zurück; und des Königs Zorn hatte sich gelegt. Abram hielt sich indessen verborgen im Hause Noahs einen Monat lang, bis daß der König sein vergaß.

Dennoch fürchtete Abram den König, und als darauf Tharah in das Haus Noahs kam, um seinen Sohn Abram im geheimen zu sehen – und Tharah stand dazumal hoch in Ehren bei dem König – sprach

Abram zu ihm: Weißt du, daß der König es vorhat, mich zu töten und meinen Namen von der Erde zu vertilgen? Denn also raunten ihm zu seine gottlosen Ratgeber, die um ihn sind. Und nun, wen und was hast du groß hier zu Lande? Mache dich auf und laß uns alle nach dem Lande Kanaan gehen, auf daß wir unsere Seelen von ihm retten, denn auch du kannst an der Neige deiner Tage von ihm umgebracht werden. Du weißt es wohl, daß es nicht aus Liebe zu dir geschah, daß Nimrod so viel Gutes dir zuwendete, sondern um seiner selbst willen tat er dies alles an dir. Und sollte er dir noch so viel Gutes erweisen, ist es doch nichts denn eitel Erdengut, und nicht hilft Reichtum noch Habe zur Stunde, da Zorn und Unglück ausbrechen. So höre denn auf meine Stimme, und wir wollen uns aufmachen und nach dem Lande Kanaan gehen, uns vor der Bosheit Nimrods flüchten und dem wahren Gott dienen, der dich auf Erden schuf; und du wirf den leeren Wahn von dir ab, dem du bislang nachjagtest. Abram hörte auf zu sprechen und Noah und Sem sagten zu Tharah: Dein Sohn Abram hat wohl gesprochen von dir.

Da gehorchte Tharah dem Rat seines Sohne Abram und tat in allem wie er ihm gesagt hatte, denn von dem Herrn war ihm das eingegeben worden, auf daß Nimrod den Abram nicht töten sollte. Er nahm seinen Sohn Abram, seines Sohnes Haran Sohn Lot, seine Schnur Sarai, seines Sohnes Abram Weib und all sein Hausgesind und führte sie aus Ur in Chaldäa, daß er in das Land Kanaan zöge, und sie kamen gen Haran und wohnten daselbst, denn das Land war üppig und lag weit und breit für alle, die mit ihnen waren.

Die Leute zu Haran sahen, daß Abram ein guter und rechtschaffener Mann war und daß er wohl umging mit Gott und mit Menschen; da kamen zu ihm viele von ihnen und blieben bei ihm und lernten die Zucht Gottes und seine Wege kennen.

Arabisch-jüdische Mären

1

Abraham bekehrt eine Götzendienerin
zum wahren Gott

Es GESCHAH, nachdem Nimrod Abram von sich geschickt hatte, ward Abram goß und ward zwanzig Jahre alt. Sein Vater Tharah aber war damals krank und sprach zu seinen Söhnen Harah und Abram:

so wahr ihr lebt, Kinder, verkauft meine Götter, denn ich habe kein Geld mehr, das ich ausgeben könnte. Da ging Haran hin und verkaufte einige der Götter und brachte das Geld seinem Vater. Nach ihm ging Abram mit zwei anderen Bildern, um sie zu verkaufen. Er warf einen Strick um ihren Hals und schleifte sie, ihre Gesichter der Erde zugekehrt, und rief laut: Wer will da einen Götzen kaufen, der nichts nützt, nicht sich, und nicht dem, der ihn ersteht. Als daß die Leute hörten, wunderten sie sich sehr, er aber ging immer weiter. Da begegnete ihm ein altes Weib, das sprach: Bei deinem Leben, Abram, suche mir einen Gott aus, der soll gut sein und groß, daß ich ihm dienen und ihn lieben könnte. Da sprach Abram: Du altes Weib, ich weißt nicht, was sie nütze sind, ob sie groß sind oder klein. Und er sprach weiter: Das große Bild, das du von meinen Bruder Haran erstanden hast, wo ist es hin? Das Weib sprach: Es kamen Diebe in der Nacht und stahlen es weg, da ich noch badete. Abram sprach: So dienst du nun einen Bild, das sich selber aus Diebeshand nicht retten kann? Wie soll es nun anderen in ihrer Bedrängnis helfen? Du aber, törichtes Weib, fährst fort und behauptest, das Bild, dem du dientest, wäre ein Gott; ein Götze nur ist es, der nichts nützte ist. Das Weib sprach: Ist dem aber so, wie du sprichst, Abram, wem soll ich da dienen? Abram sprach: Diene dem Gott aller Götter und dem Herrn aller Herren, dem Schöpfer des Himmels, der Erde und des Meeres und alles dessen, was darauf ist; dies ist der Gott Nimrods, der Gott Tharahs, der Gott des Morgenlandes und des Abendlandes, des Mittags und der Mitternacht. Wer aber ist Nimrod, der Hund, der sich selber zum Gott macht, daß man ihm diene? Da sprach das Weib: Ich will fürder keinem anderen Gott dienen, als wie nur deinem, dem Gotte Abrams. So ich ihm aber diene, was habe ich da für einen Nutzen davon? Abram sprach: Alles, das dir genommen wurde, wird wieder dein sein, und deine Seele wirst du der Hölle entreißen. Das Weib sprach: Was soll ich sagen, daß ich meine Seele aus dem Verderben rette? Abram sprach: Sage also: Gott ist der Herr der Erde da unten und des Himmels da oben, er ist einzig, und ist kein zweiter neben ihm, er macht tot und macht wieder lebendig; er lebt und sieht nimmer den Tod. Auch ich Abram bin seines Hauses treuer Knecht. Da sprach das Weib: Von nun an will ich nach deinen Worten sprechen und will es von mir bekennen, daß Gott der Herr des Himmels da oben und der Erde da unten ist und daß du Abram sein Prophet bist. Von nun an will ich an seinen Namen, gelobt sei er, und an dich glauben.

Es wird erzählt, daß das Weib Reue empfunden und Buße getan habe, darum, daß sie den Götzen gedient hatte. Auch soll sie die Diebe gefunden haben und diese gaben ihr die Bilder zurück. Was tat das

Weib? Sie nahm einen Stein in die Hand und warf ihn dem Götzen in
den Kopf und sprach: Wehe dir und dem, der dir dient, denn du nüt-
zest nicht dir und nicht dem, der dich anbetet. Und das Weib ging aus
dem Hause und zog durch die Gassen und Märkte und rief laut und
sprach: Wer seine Seele vor dem Verderben retten will, daß ihm all
sein Tun glücke, der diene dem Gott Abrams.

Also rief das Weib viele Tage, bis daß viele Männer und Weiber
sich bekehrten. Da kam die Kunde davon zum König, und er ließ sie
zu sich kommen. Da sie vor ihm stand, sprach er: Warum bist du meinem Dienst abwendig worden? Warum dienst du nicht mir, der ich
dein Gott bin und dich erschaffen und mit meiner Rechten gestützt
habe. Da erwiderte das Weib und sprach: Der Betrüger bist du einer;
du Leugner des einzigen Gottes, der keinen zweiten neben sich hat;
was du issest, ist sein, und nun dienst du einem anderen Gott und verleugnest ihn, seine Lehre und seinen Knecht Abram.

Da der König diese Worte angehört hatte, befahl er, das Weib zu
töten. Und es geschah also. Aber eine Unruhe und eine Furcht blieb
in seinem Herzen von ihren Worten, und er wußte nicht, was er mit
Abram tun sollte, der seinem Glauben Schaden brachte. Denn gar
viele aus dem Volke hatten sich zum Gotte Abrams bekannt.

2
Der Gefängniswächter bekehrt sich
zum Gotte Abrahams

NACHDEM NIMROD den Abram ins Gefängnis hatte werfen lassen,
befahl er dem Wächter, er solle ihm kein Brot geben zu essen und
kein Wasser zu trinken geben. Da erhob Abram seine Augen gen
Himmel und rief: Herr, du mein Gott, du kennst alles Verborgene
und du weißt, daß ich um nichts hierher gekommen bin, als allein
darum, daß ich dir diente. Und der Herr erhörte sein Gebet und
schickte ihm den Engel Gabriel, daß er ihm aus der Hand Nimrods,
des Hundes, helfen sollte. Und der Engel sprach zu Abram: Friede sei
mit dir, Abram. Fürchte dich nicht und verzage nicht, denn Gott der
Herr ist mit dir. Und er wies ihm eine Quelle, darin lebendiges Wasser floß, das Abram trinken konnte, und brachte ihm von nun an allerlei Speise zum Essen. Auch blieb er bei ihm ein ganzes Jahr.

Und es geschah, nachdem das Jahr um war, da kamen die Fürsten
des Königs und seine Ratgeber, um mit ihm zu essen und zu trinken
und sagten dem König, er möge ein großes Gebäude umzäunen lassen und im ganzen Lande ausrufen, daß, wer an des Königs Dienst
Lust habe, an diesen Ort Holz bringen möge, bis der Platz voll wür-

de vom einem Rande bis zum anderen. Hernach sollte man das Holz anzünden, bis die Flamme zum Himmel emporstiege, und da hinein sollte man Abram werfen. Also werde der Glaube an den König in Ewigkeit erhalten bleiben und nicht zerstört werden.

Da freute sich der König dieses Rats und erließ einen Befehl, der lautete: Ein jeder, er sei Mann oder Weib, Knabe oder Greis, im welchem Lande des Königs er auch wohne, trage Holz nach diesem Platze. Und er gab ihnen Frist vierzig Tage. Abram aber war indessen noch im Gefängnis. Alsdann ließ der König das Holz anzünden, und siehe, eine Lohe stieg zum Himmel empor, daß alles Volk sich entsetzte.

Da ließ der König dem Wächter des Gefängnisses sagen: Hole mir meinen Feind, den Abram. aus dem Kerker und wirf ihn in diesen Feuerofen. Aber der Wächter kam vor den König und fiel vor ihm nieder und sprach: Du forderst von mir, ich soll dir diesen Menschen wiederbringen, und siehe, ein volles Jahr ist um, seitdem er ins Gefängnis gesteckt worden ist, und kein Mensch hat ihm während dem Brot nicht Wasser noch irgendeine Speise gebracht. Da sprach der König: Dennoch geh nach dem Kerker und rufe laut nach ihm, und lebt er noch, so bring ihn her, daß ich ihn ins Feuer werfe. Ist er aber tot, so ist es noch besser; verscharret ihn denn, und seines Namens werde nimmer gedacht.

Also ging der Wächter hin und öffnete die Grube, darin Abram saß und rief mit lauter Stimme: Abram, lebst du noch oder bist du tot? Da erwiderte Abram: Ich lebe. Der Wächter sprach: Wer hat dir denn bislang Speise und Trank gebracht? Abram sprach: Es hat mich gespeist und getränkt derjenige, der alles vermag, das ist der Gott aller Götter, der Herr aller Herren, er, der allein Wunder vollbringt, der alles erhält und ernährt, der sieht und nicht gesehen wird, der im Himmel oben wohnt und doch überall zugegen ist, der auf das Kleinste acht hat.

Da nun der Gefängniswächter diese Worte Abrams vernahm, kam auch über ihn der Glaube an den Gott Abrams, und er sprach: Abram, dein Gott ist der wahre Gott, auch ich will mich zu ihm bekennen, und du bist in Wahrheit sein Knecht und Verkünder, Nimrod aber ist ein Irreführer.

Da ward dem Nimrod angesagt, daß der Wächter für den Gott Abrams Zeugnis ablegte und für seinen Knecht. Und der König wunderte sich darob und ließ ihn holen und sprach zu ihm: Was soll das, daß du mich verleugnest und nur den Gott Abrams als den wahren anerkennst und Abram als seinen Knecht ansiehst. Da sprach der Wächter: In Wahrheit, es ist so und du, Nimrod, bist der Leugner. Als nun der König solches hörte, ward er voll Grimmes und befahl, daß man den Wächter fasse und ihn töte. Aber da man ihn ergriff, schrie der Wächter und rief: Gott ist der Herr, er ist der Herr aller Welt und auch der Gott Nimrods, des Ungläubigen.

Man erzählt, daß das Schwert seinen Hals nicht verwunden konnte; je mehr man schlug, um so mehr zerbrach das Schwert.

3
Der Scheiterhaufen wird zu einem Lustgarten

NACH DIESEN BEGEBENHEITEN ließ der König Abram ergreifen, um ihn auf dem Scheiterhaufen zu verbrennen. Es ging einer von des Königs Fürsten und brachte den Abram vor ihn. Da sprach Nimrod: Wirf ihn dorthin, wo die Glut am größten ist. Da machte sich der Fürst auf, um den Abram ins Feuer zu werfen, aber eine Flamme schoß aus dem Feuer und verbrannte den Fürsten. Da stand ein anderer Fürst auf und erbot sich, den Abram ins Feuer zu werfen, aber auch er ward von einer Flamme erfaßt. Und alle, die nur Abram hineinwerfen wollten, verbrannten, also, daß viele umkamen, die nicht zu zählen waren und nicht zu schätzen.

Da kam der Satan in menschlicher Gestalt und fiel nieder vor dem König. Der König sprach: Nenne dein Begehr. Da sprach der Satan: Ich will dir einen Rat geben, o König, wie du den Abram ins Feuer werfen könntest. Lasse Holz herbringen und Nägel und Stricke; ich will dir ein Wurfgerät zurechtmachen, daß man den Abram von fern her ins Feuer wird werfen können, also, daß, wer ihn verbrennt, selber nicht versterben wird. Da freute sich der König gar sehr über diesen Rat und befahl also zu tun, wie es der Satan sagte. Sie machten ein Wurfgerät zurecht und, nachdem sie es vollendet hatten, stellte man dreimal Versuche mit ihm vor dem König an und warf dadurch Steine ins Feuer. Alsdann nahmen sie den Abram, banden seine Arme, Hände und Füße mit festen Stricken und taten ihn auf das Wurfgerät.

Da nun Abram, unser Vater, Friede sei mit ihm, sah, wie er gefesselt wurde, erhob er seine Augen zum Himmel und sprach: Herr, du mein Gott, du siehst, was dieser Missetäter an mir tut. Auch die Engel droben sprachen vor dem Herrn: Herr der Welt! Die ganze Welt ist deiner Herrlichkeit voll. Du siehst doch, was Nimrod, der Ungläubige, deinem Knechte und Propheten Abram tut. Da sprach der Herr zu ihnen: Sollte ich es nicht wissen, der ich alles Verborgen weiß? Aber ich will euch noch zeigen, wie ich an Nimrod Rache nehmen werde.

Indessen kam der Satan auch zu Abram in menschlicher Gestalt und sprach zu ihm: Abram, willst du dich von der Hand Nimrods retten, so falle nieder vor ihn und bekenne dich zu ihm. Da sprach Abram: Gott schelte dich, du Satan, du Verruchter und Verfluchter. Und der Satan zog davon. Danach kam die Mutter Abrams, denn sie wollte ihn küssen, ehe denn er ins Feuer geworfen werde, und sprach zu ihm: Mein Sohn, so falle doch nieder vor Nimrod und neige dich seinem Glauben, daß du dem Feuertode entgehst. Aber Abram sprach: Mutter, bleibe fern von mir. Und weiter sprach er: Mutter, wohl wird das Feuer Nimrods erlöschen, aber das Feuer Gottes bleibt in Ewigkeit brennen, und kein Wasser vermag es aufzusaugen. Da nun Abrams Mutter diese gerechten Worte vernahm, sprach sie: Der Gott, dem du dienst, der wird dich aus dem Feuer Nimrods erretten.

Und siehe, das Feuer erlosch auch ohne Wasser; und das Holz fing an zu treiben und zu blühen, ein jeder Baum zeugte seine Früchte, also, daß der Scheiterhaufen zu einem Lustgarten umgewandelt ward, und die Engel waren darin mit Abram.

Da wandte sich Nimrod um und sah den Garten und die Engel, wie sie um Abram her saßen, da sprach er: Gewißlich bist du einer besonderen Zauberei kundig, daß das Feuer dir nichts antut, und nicht allein das, sondern du machst, daß allem Volke scheint, du säßest in einem Garten. Da antworteten aber die Fürsten Nimrods allesamt: Nein, unser Herr, nicht Hexenkunst ist dies, sondern die Macht des großen Gottes, des Gottes Abrams, der keinen anderen neben sich hat, und Abram ist sein treuer Knecht; das wollen wir bezeugen. In dieser Stunde fingen an alle Fürsten Nimrods und all sein Volk an den Gott Abrams zu glauben und sprachen alle: Gott ist der Herr im Himmel da oben und auf Erden da unten und keiner mehr!

Zweites Buch

Der Stammvater
Abraham

Die Schöpfung Abrahams

1
Der Segen

Es sprach der Herr zu Abraham: Geh aus deinem Vaterland, und ich will dich zu einem großen Volk machen. Damit wollte der Herr gleichsam sagen: mit dir hebe ich eine neue Schöpfung an. Denn auch von der Himmelsfeste und von den Lichtern heißt es: Gott machte eine Feste, Gott machte zwei Lichter.

Gott sprach zu Abram: Von der Stunde an, da ich meine Welt erschaffen hatte, lag es mir ob meine Geschöpfe zu segnen. Ich segnete Adam und Eva, ich segnete Noah und seine Söhne; von nun ab und fürder bist du es, der Segen austeilt.

Als Gott Adam erschaffen hatte, segnete er ihn, und in diesem Segen wandelten die Menschen, bis das Geschlecht der Sintflut kam und ihn zunichte machte. Als nun Noah aus dem Kasten herausging, sah Gott, daß die Welt alles Segens ledig war, und segnete sie von neuem durch Noah. Dieser Segen hielt vor, bis Abraham kam und ihn noch vermehrte.

Als Abraham gekommen war, sprach Gott: Es steht mir nicht wohlan, meine Geschöpfe selbst zu segnen; so will ich alle Segnungen Abraham und seinem Samen übergeben. So nur einer durch sie gesegnet wird, den Segen besiegle ich durch ihre Hand.

Wir lesen:

Abraham zog durch das Land Aram-Neharaim und durch das Land Aram-Nahor und sah, wie die Menschen aßen und tranken und wild waren, da sprach er: Ach, daß ich an diesem Erdstrich nicht Teil hätte! Als er aber nach der Hügelstadt Zur kam und die Menschen dort graben und jäten sah, sprach er: Ach, daß ich Teil hätte an diesem Erdstrich! Da sprach Gott: So wahr du lebst, deinem Samen werde ich dieses Land geben.

2
Abraham erkennt den Herrn

Es heisst im Liede Moses:

Er fand ihn in der Wüste, in der dürren Einöde, da es heult. Er umfing ihn und hatte acht auf ihn. Er behütete ihn wie seinen Augapfel.

Mit diesen Worten ist Abraham und sein Verhältnis zu Gott gemeint. Es war einmal ein König, der zog mit einem Heer in eine Wüste, und seine Krieger verließen ihn an einem Orte, da die Not groß war, da der Feind umher lagerte, da Räuber umherstreiften. Nur ein Held gesellte sich wieder zu ihm und sprach: Herr und König, dein Herz entfalle dir nicht, und die Angst weiche von dir; so wahr du lebst, nicht eher verlasse ich dich, als bis du wieder in deinem Schlosse bist und in deinem Bette schläfst.

Ehe Abraham da war, war der Herr nur König des Himmels; da Abraham kam, machte er ihn zum König des Himmels und der Erde.

Er behütete ihn wie seinen Augapfel – und wahrlich, hätte der Herr von Abraham seinen Augapfel verlangt, er hätte ihn ihm gegeben; aber nicht allein das, sondern auch seine Seele hätte er für ihn gegeben.

Ehe Abraham da war, pflegte der Herr die Welt, wenn man es aussprechen dürfte, mit Härte zu richten. Tat das Sintflutgeschlecht Sünde, so ließ er über sie einen Feuerregen fallen; vergingen sich die Leute des Turmbaues, so zerstreute er sie von einem Ende der Welt bis an das andere; fehlten die Bewohner Sodoms, so vernichtete er sie mit Feuer und Schwefel.

Erst Abraham ward es zuteil, daß mit ihm das Leiden als Sühne kam; seither tastet es sich durch die Welt hin.

Achtundvierzig Jahre war Abraham alt, da er seinen Schöpfer erkannte; andere wiederum meinen, er hätte ihn schon mit drei Jahren erkannt.

Unserem Vater Abraham stand kein Vater und kein Meister zur Seite. Wer hat ihn da belehrt? Der Herr gab ihm dazu seine zwei Nieren, und die waren ihm wie zwei Meister, aus denen quoll ihm Weisheit und Wissen.

Seit dem Tage, da Gott seine Welt erschaffen hatte, war kein Mensch da, der ihn Herr geheißen hätte. Da kam Abraham und hieß ihn Herr.

3
Von Finsternis zu Licht

DIE ERDE WAR WÜST – mit diesen Worten ist die Zeit Adams, des ersten Menschen gemeint; und leer – damit ist auf Kain hingewiesen, der die Welt wieder in das Chaos bringen wollte. Dann wird weiter in der Schrift von der Finsternis gesprochen – dies ist das Geschlecht Enos', von dem es heißt: Sie halten ihr Tun im Finstern und sprechen: wer sieht uns und wer kennt uns? Die Finsternis lag auf der Tiefe; unter der Tiefe ist das Geschlecht der Sintflut zu verstehen, um dessentwillen alle Brunnen der großen Tiefe aufbrachen. Alsdann spricht Gott: Es werde Licht – damit kündigte er das Kommen Abrahams an, von dem es noch heißt: Von Morgen her hat er die Gerechtigkeit erweckt.

Der Herr sprach zu Abraham: Komm mir nach, ich will dich zum Hohenpriester machen, gleichwie Adam, den ersten Menschen.

Abraham wäre würdig gewesen, noch vor Adam erschaffen zu werden; aber der Herr sprach: Schaffe ich den Abraham zuvor, und verdirbt da die Welt, so kann keiner kommen, der sie wieder gut macht. Ich will nun als ersten den Adam kommen lassen, auf daß, wenn er verdirbt, nach ihm Abraham komme und alles wieder heilmache.

Hat ein Mensch einen starken Pfeiler, wo setzt er ihn hin? Doch nur in die Mitte des Hauses, auf daß er die Wände vor und hinter sich stütze. Also tat auch der Herr mit Abraham: er setzte ihn in die Mitte der Zeiten, auf daß er die Geschlechter vor und hinter sich trage.

4
Noah und Abraham

VON NOAH HEISST ES: Der Herr sprach zu ihm: Wandle vor mir und sei fromm. Der das liest, ist wohl geneigt zu denken, Noah wäre gerechter gewesen als Abraham. Dem ist aber nicht so. Sondern Noah und Abraham glichen darin zwei Königssöhnen, einem großen und einem kleinen; den kleinen hielt der Vater bei der Hand, auf daß er nicht hinfiele, der große aber ging selber voran. Also steht von Noah geschrieben: er hielt sich mit Gott, auf daß er nicht untergehe im Geschlechte der Flut. Zu Abraham aber, der einzig war in seiner Welt und ein Gerechter, sprach der Herr: Wandle vor mir.

Und noch ein Gleiches dazu.

Ein König hatte einen Freund, der fiel in den Lehm, und war nahe daran zu versinken; da erfaßte der König seine Hand und zog ihn heraus aus dem Lehm. Also steckte auch Noah im Lehm. Da sah ihn der Herr, reichte ihm die Hand und half ihm heraus. Nicht so aber war es mit Abraham. Da glich der Herr einem König, der durch die Finsternis ging; aber es kam sein Freund, sah, was ihm war, und leuchtete ihm. Da sprach der König: Wandle lieber vor mir, als daß du mir leuchtest.

Noah wandelte also mit dem Herrn, von den Vätern aber steht es geschrieben, daß sie vor dem Herrn gewandelt seien. Wie nahmen sich aber die Väter aus, da sie vor dem Herrn wandelten? Wie eine Herde, die vorangeht, und der Hirte zieht hinterher. Darauf sagte ein Weiser:

Muß da nicht eher die Herde nach dem Hirten sehen? Doch nein, gleichwie die Ältesten eines Fürsten vorangehen, wenn er auszieht, und seine Ehre im voraus verkündigen, so wandelten die Väter vor dem Herrn.

5
Vom Buche der Schöpfung

DA ABRAHAM GEBOREN WARD, sprachen die Heerscharen vor dem Herrn: Herr der Welt! Einen Liebling hast du in der Welt und dem enthältst du etwas vor. Darauf sprach Gott: Sollte ich dem Abraham etwas vorenthalten? Und er beriet sich mit der Schrift und sprach zu ihr: Tochter mein, komm her; ich will dich dem Abraham, den ich lieb habe, vermählen. Da erwiderte die Schrift und sprach: Harre dennoch, bis der Demutsvolle kommt und die Demut freit.

Da befragte Gott darum das Buch der Schöpfung, und das sprach: Dem sei so. Darauf übergab der Herr Abraham das Buch der Schöpfung.

Also setzte sich Abraham nieder und forschte in dem Buche, aber er konnte nimmer begreifen, was darin stand. Da kam eine Stimme, die sprach: So willst du dich mir gleichstellen, der ich einzig bin und der ich das Buch der Schöpfung machte. Nicht vermagst du es selbst zu erfassen; suche dir einen Genossen, daß ihr beide darin forscht und es begreift.

Da begab sich Abraham zu seinem Lehrmeister Sem und blieb bei ihm drei Jahre, bis sie beide eine Welt schaffen konnten.

Als der Herr die Welt erschaffen hatte, konnte sie nicht feststehen und wankte hin und her. Da fragte sie Gott: Was ist dir, daß du also schaukelst? Und die Welt sprach: Herr, ich kann nicht stehenbleiben, denn ich habe keine Stütze, auf der ich ruhen könnte. Da sprach der Herr: Ich will dir einen Gerechten geben, Abraham mit Namen, den habe ich lieb. Alsbald konnte die Erde feststehen.

Kanaan und Ägypten

1
Der erste Zug Abrahams nach Kanaan

DREI JAHRE WOHNTE Abram in Haran. Aber nach Ablauf der drei Jahre erschien ihm der Herr und sprach zu ihm: Ich bin der Gott, der dich geführt hat aus Ur in Chaldäa und dich gerettet hat aus der Hand deiner Feinde. Und nun, wenn du meiner Stimme gehorchen und meine Gebote, Gesetze und Lehren befolgen wirst, so will ich deine Feinde vor dir stürzen und will deinen Samen mehren wie die Sterne des Himmels und dir meinen Segen geben zu allem, was deine Hände tun werden, daß es dir an nichts mangle. Jetzt aber mache dich auf, nimm dein Weib und alles, was dein ist, und geh nach dem Lande Kanaan, daselbst sollst du dich ansässig machen und ich will dein Gott sein und will dich segnen.

Da machte sich Abram auf, nahm sein Weib und alles, was seines war, und zog nach dem Lande Kanaan, wie der Herr zu ihm gesprochen hatte. Fünfundfünfzig Jahre war Abram alt, als er aus dem Lande Haran zog. Und er kam nach Kanaan und wohnte daselbst; er schlug sein Zelt auf unter den Kindern Kanaans, den Einwohnern des Landes. Da erschien ihm abermals der Herr und sprach: Dies ist das Land, das ich dir und deinem Samen nach dir geben will ewiglich, und ich will deinen Samen wie die Sterne des Himmels machen und ihnen alle diese Länder geben, die du siehst; die sollen sie erben. Da baute Abram dem Herren einen Altar an dem Orte, wo Gott mit ihm gesprochen hatte, und predigte daselbst von dem Namen des Herrn.

Zu der Zeit, nachdem Abram drei Jahre im Lande gewohnt hatte, starb Noah im achtundfünfzigsten Jahre des Lebens Abrams. Es war das Alter Noahs, das er lebte, neunhundertundfünfzig Jahre. – Und Abram wohnte weiter im Lande Kanaan, er und sein Weib und alles, was er hatte, und alle, die sich ihm angeschlossen hatten von den Kindern des Landes. Aber Nahor, der Bruder Abrams, Tharah, sein Vater, und Lot, der Sohn Harans, die waren im Lande Haran verblieben.

2
Der zweite Zug

Es begab sich im fünfzehnten Jahre, da Abram in Kanaan wohnte, dies war das siebzigste Jahr des Lebens Abram, daß ihm der Herr erschien und zu ihm sprach: Ich bin der Herr, der dich geführt hat aus Ur in Chaldäa, um dir dieses Land zu geben, das du erben sollst; und nun wandle vor mir, sei fromm und hüte meine Worte. Denn du und dein Same nach dir werden das Land besitzen von dem Wasser Ägyptens bis zu dem großen Strom Euphrat. Du aber wirst in Frieden und wohlbetagt zu deinen Vätern heimkehren, bis nach vier Mannesleben deine Kinder wieder hierherkommen werden. Da baute Abram wieder dem Herrn einen Altar, und nannte ihn mit dem Namen dessen, der ihm erschienen war, und brachte darauf Brandopfer dar.

Aber darnach kehrte Abram nach Haran zurück, denn er wollte seinen Vater, seines Vaters Haus und seine Mutter wiedersehen. Also begab er sich dorthin, er und sein Weib und alles, was sein war, und blieben daselbst fünf Jahre wohnen. Da kamen viele von den Leuten der Stadt Haran zu Abram und blieben bei ihm, es waren ihrer zweiundsiebzig Mann. Abram unterwies sie in der Zucht des Herrn und zeigte ihnen seine Wege und lehrte sie um Gott zu wissen.

Da erschien wiederum der Herr dem Abram in Haran und sprach zu ihm: Siehe, zwanzig Jahre rede ich nunmehr zu dir und sage: So geh doch aus dem Lande und aus deiner Heimat und aus deines Vaters Hause in das Land, das ich dir wies und das ich dir und deinen Kindern nach dir geben werde. Denn dort in jenem Lande werde ich dich segnen und werde dich ein großes Volk werden lassen; und werde deinen Namen groß machen, daß alle Geschlechter der Erde in dir werden gesegnet werden. Nun aber mache dich auf, du und dein Weib und alles, was dein ist, und alle in deinem Hause Geborenen und alle Seelen, die du in Haran erworben, und kehre zurück nach dem Lande Kanaan.

Da machte sich Abram auf und zog abermals in das Land Kanaan nach dem Worte Gottes; mit ihm zog auch Lot, seines Bruders Haran Sohn; und Abram war fünfundsiebzig Jahre alt, als er aus Haran ging, um zu reisen nach dem Lande Kanaan.

Also kam er in das Land Kanaan nach dem Worte des Herrn und richtete seine Hütte daselbst auf und wohnte im Haine Mamre, und Lot, seines Bruders Sohn, und alles, was ihm gehörte, war mit ihm. Und nun erschien der Herr wiederum Abram und sprach: Deinem Samen will ich dies Land geben. Da baute Abram einen Altar dem Herrn, der ihm erschienen war; derselbige ist noch heutigen Tages im Haine Mamre zu sehen.

3
Der Gaukler Rakon als Begründer
der Pharaonen-Dynastie

ZUR ZEIT, DA ABRAHAM nach Kanaan zog, lebte im Lande Sinear ein Mann mit Namen Rakion, der war sehr weise und alles Wissens kundig, auch schön von Gestalt, aber überaus arm und hatte nichts. Da ward ihm Angst darum, wie er sich ernähren sollte, und so beschloß er nach Ägypten zu gehen zum König Asverus, dem Sohne Enams; er wollte dem Ägypterkönig seine Weisheit zeigen, ob er nicht Gnade in seinen Augen fände, daß er ihn groß machte und ihm seinen Unterhalt gäbe. Und Rakion tat also. Da er nach Ägypten kam, befragte er die Leute des Landes um ihren König, und die gaben ihm Kunde über die Gewohnheit des Königs. Denn zu jener Zeit war es Sitte in Ägypten, daß der König aus seinem Schloß nicht herausging und sich dem Volke nicht zeigte, als wie nur einen Tag im Jahre; alsdann pflegte er sich wieder in seinen Palast zu begeben um daselbst zu bleiben. An dem Tage aber, da der König herauskam, pflegte er das Volk zu richten, und ein jeder, der ein Anliegen an den König hatte, trat an diesem Tage vor sein Angesicht, und es ward ihm gewährt, worum er bat.

Als nun Rakion von diesem Brauch hörte und erfuhr, daß er vor den König nicht kommen könne, ward er sehr bekümmert und verdrossen darum. Da es Abend wurde, ging er hin und fand eine verfallene Backstube und blieb dort über Nacht verbittert und hungrig, und der Schlaf kam nicht über seine Augen, denn er sann in seinem Herzen immerfort nach, was er in der Stadt tun sollte, bis er den König zu sehen bekäme, und wie er sich erhalten könnte. Des Morgens aber stand er auf und ging in der Stadt umher; da führte ihn der Zufall an den Kräuterhändlern vorbei; er befragte sie um ihr Tun, und die erzählten, daß sie sich davon ernährten, daß sie Grünzeug und Samen einkauften und es nachher an die Leute der Stadt verkauften. Da wollte es Rakion auch so machen, um seine Seele zu erhalten, aber er kannte nicht die Sitten des Landes und war wie ein Blinder unter den Menschen. Dennoch ging er hin und holte sich Grünes, daß er es verkaufte und dafür Nahrung bekäme, aber es versammelte sich um ihn loses Gesindel, die verspotteten ihn, nahmen ihm die Kräuter weg und ließen ihm nichts übrig.

Da machte er sich bitteren Herzens und seufzend davon, ging wieder nach der Backstube, in der er sich die vorige Nacht aufgehalten hatte, und legte sich auch diese Nacht dort nieder. Und wieder hielt er Rat mit sich, wie er es anstellen sollte, daß er seine Seele errettete, bis er in seiner Weisheit auf einen listigen Einfall kam, den wollte er ausführen. Er stand auf in der Frühe, überlegte weise und ging hin und dang sich dreißig Leute, alles kräftige Männer, freches Volk und wohl bewaffnet; er führte sie bis an die Grabeshöhlen der Ägypter und stellte sie dort auf. Und er befahl ihnen und sprach: Dies ist der Erlaß des Königs: Seid tapfer und seid Männer und laßt keinen Toten hier begraben, bis man für ihn zweihundert Silberlinge erlege, dann erst darf man ihn verscharren. Also taten die Leute mit den Toten der Ägypter die ganze Zeit. Und wie acht Monate vergangen waren, da hatte Rakion und seine Leute großen Reichtum gesammelt, Gold und Silber, Kristall und Edelsteine sonder Zahl. Da kaufte sich Rakion Pferde und hatte viel Vieh und dang sich noch mehr Leute hinzu und gab auch ihnen Pferde, daß sie bei ihm blieben.

Als aber das Jahr um war und die Zeit kam, daß der König sich dem Volke zeigen sollte, versammelten sich alle zu Ägypten und verabredeten miteinander, dem König zu unterbreiten, was Rakion und seine Leute mit ihnen anstellten. Da kam der König an dem bestimmten Tage, und alsbald traten vor ihn alle Ägypter und schrien und sprachen: Der König lebe ewiglich! Doch was ist es nur, das du deinen Knechten antust, daß du keinen Toten begraben läßt, ohne daß man dafür mit Gold und Silber zahle? Ist je ein solches Ding in der Welt geschehen von der Zeit der ersten Könige, die vor dir waren seit Abram bis auf heute, daß man einen Toten nicht sollte begraben können, als nur um einen Preis? Wohl wissen wir, daß es des Königs Recht ist, von den Lebenden Jahr um Jahr einen Zins zu nehmen; du aber tust nicht allein dies, sondern forderst auch von den Toten, daß sie dir Abgaben leisten. Nun aber, o König, wir können dies nicht mehr tragen, denn die Stadt ist verderbet darum, du weißt gar nicht wie sehr.

Da nun der König dies hörte, ergrimmte er sehr, und sein Zorn entbrannte in ihm, denn er wußte nicht um die Sache. Und er sprach: Wer ist es nur, und wo befindet er sich, dessen Herz sich erdreistete in meinem Lande zu tun, was ich nicht befohlen hatte? Sagt es mir an. Da erzählten ihm die Leute von dem Tun Rakions und seiner Männer. Da fuhr der König wieder auf, und er ließ den Rakion und seine Gesellen vor sich kommen.

Rakion aber nahm gegen tausend Kinder, Knaben und Mägdlein, hüllte sie in Leinen und Seide und gestickte Kleider, setzte sie auf Pferde, tat sie unter die Hand seiner Leute und schickte sie dem König. Er selbst bereitete auch ein Geschenk für den König, das bestand in viel Gold und Silber und Kristall und Edelsteinen, dazu noch prächtige Rosse die Menge, und kam vor den König und fiel nieder vor ihm zur Erde. Da wunderte sich der König und seine Knechte und alle, die zu Ägypten wohnten, ob der Werke Rakions, und sahen seinen Reichtum und die Gaben, die er dem König darbrachte, und es gefiel dem König wohl und er ward voll Staunens über ihn.

Rakion setzte sich vor den König; da fragte ihn der König nach seinem Tun, und Rakion sprach mit vieler Weisheit vor dem König und seinen Hofleuten und allen Ägyptern. Da nun der König Rakions kluge Rede angehört hatte, fand dieser Gnade und Wohlgefallen in seinen Augen. Und auch alle Knechte des Königs und die Einwohner Ägyptens, die zugehört hatten, wurden von seiner Weisheit und von der Fertigkeit seiner Rede eingenommen und gewannen ihn sehr lieb von dem Tage an und weiter. Und der König wendete sich zu Rakion und sprach: Dein Name soll fürder nicht Rakion heißen,

sondern Pharao, denn du verstandest es, den Toten einen Zins abzu-
gewinnen. Also ward er auch Pharao benannt.

Der König und seine Vögte hatten Rakion lieb wegen seiner Weisheit, und sie hielten Rat mit dem ganzen Volk der Ägypter und schlugen vor, daß man ihn neben Asverus zum zweiten König machen
sollte. Und es taten also alle Bürger des Landes und ihre Weisen und
machten den Rakion neben Asverus zum König über sich und dies
wurde zum Gesetz in Ägypten. Rakion aber richtete das Volk alle Tage, Asverus hingegen nur einmal im Jahr, wenn er zum Volke hinausging.

Also gewann Rakion mit Gewalt und List die Herrschaft über
Ägypten und ließ sich von allen den Zins geben, daher nannte man
ihn Pharao. Aber das ägyptische Volk liebte sehr Rakion, den Pharao,
und schrieben ein Gesetz nieder, daß fortan jeder König, der über sie
und über ihren Samen herrschen werde, Pharao genannt werden sollte. Daher trugen die Könige Ägyptens, die von dem Tage ab und weiter regierten, den Namen Pharao.

4
Abraham in Ägypten

ZU DER ZEIT KAM ein schwerer Hunger über das Land Kanaan, daß
die Menschen drin nicht mehr wohnen konnten, denn der Hunger
war sehr groß. Da machte sich auch Abram auf, er und alles, was sein
war, und zogen hinab nach Ägypten vor der Teuerung; sie kamen bis
an den Strom Ägyptens und blieben dort etliche Tage, daß sie sich
von der Reise ausruhten. Da sie nun am Ufer des Stromes wandelten, blickte Abram ins Wasser und sah, daß Sarai, sein Weib, über die
Maßen schön war. Und Abram sprach zu Sarai: Da dir der Herr
solch herrliche Gestalt gab, fürchte ich die Ägypter, daß sie mich töten werden und dich mitnehmen, denn es ist keine Gottesfurcht in
ihren Lande. So tue dies an mir, bitte, daß du, wenn dich einer nach
mir fragt, ihm sagst, du seist meine Schwester, auf daß es mir wohl-
gehe und wir am Leben bleiben und nicht sterben. Also befahl Abram auch allen Leuten, die, von Hunger getrieben, mit ihm nach
Ägypten gezogen waren, und auch seinem Bruder Lot, indem er
sprach: Wenn euch die Ägypter nach der Sarai befragen, so sagt: Sie
ist eine Schwester Abrams. Dennoch vertraute Abram nicht den
Leuten, sondern er nahm die Sarai, versteckte sie in einem Kasten
und tat den Kasten unter die Geräte, denn er fürchtete sich vor der
Bosheit der Ägypter. Alsdann machte er sich auf mit allem, was sein
war, von dem Strom Ägyptens und zog nach Ägypten.

Als sie vor die Tore der Stadt kamen, standen die Torwächter auf und sprachen: Erlegt zuförderst dem König den Zehnten von allem, was in eurer Hand ist, alsdann dürft ihr in die Stadt hinein. Da taten Abram und seine Leute so. Als sie aber in die Stadt kamen und den Kasten hochhoben, darin Sarai war, erblickten die Ägypter diesen. Da kamen die Knechte des Königs herbei zu Abram und sprachen: Was hast du da in dem Kasten, den wir bisher nicht bemerkt haben? Tue ihn auf und gib dem König den Zehnten von allem, was darin ist. Da sprach Abram: Dieser Kasten hier soll nicht aufgemacht werden; doch will ich dafür geben, was ihr verlangt. Aber die Fürsten Pharaos sprachen: Ein Kasten voller Edelsteine und Kristall ist dies gewißlich, gib nur den Zehnten davon. Da sprach Abram: Alles, was ihr haben wollt, will ich euch geben, allein macht den Kasten nicht auf. Aber die Diener des Königs bedrängen ihn, bis sie dann selber herzutraten und den Kasten mit Gewalt aufbrachen. Und siehe da, ein Weib, herrlich anzusehen, war in dem Kasten. Da die Fürsten sie nun erblickten, waren sie voll Staunens ob ihrer Schönheit, und es versammelten sich alle Hofleute des Königs und seine Knechte, die Sarai anzuschauen, denn sie war überaus schön. Und die Diener liefen zum König und sagten ihm an, was sie gesehen hatten, und priesen die Sarai vor dem König. Da schickte Pharao hin und ließ sie holen, und das Weib kam vor den König.

Als sie nun Pharao erblickte, gefiel sie seinen Augen wohl, und er wunderte sich über ihre Schönheit; er freute sich an ihr gar sehr und gab allen, die ihm die Botschaft von ihr überbracht hatten, Geschenke. Das Weib aber ward in Pharaos Haus genommen, und Abram grämte sich darum sehr und betete vor dem Herrn, daß er die Sarai aus der Hand Pharaos erretten möge. Und auch Sarai betete zu derselben Zeit und sprach: Herr du mein Gott, du hast es meinem Herrn Abram befohlen, daß er aus seinem Lande und aus seines Vaters Hause gehe, und gelobtest an ihm Gutes zu tun, wenn er deinen Worten gehorchen würde. Nun haben wir getan, wie du uns befohlen hast, und haben unser Land und unsere Freundschaft verlassen und sind nach einem fremden Land gezogen, zu einem Volk, das wir nicht kannten gestern und ehegestern. Wir sind hierher gekommen, um mit unserem Hausgesind dem Hunger zu entrinnen, und da ist über uns dies Unheil und dies böse Geschick ausgebrochen. Du aber, Herr, unser Gott, erlöse mich und hilf mir aus der Hand des Gewalttätigen, tue an mir Gnade um deiner Barmherzigkeit willen.

Da erhörte Gott die Stimme Sarais und schickte einen Engel, der sollte Sarai aus der Hand des Pharao befreien. Der König kam und setzte sich hin vor Sarai und siehe, ein Engel Gottes stand über ihnen und blickte zu Sarai und sprach zu ihr: Fürchte dich nicht, denn Gott hat dein Flehen erhört. Und der König trat an Sarai heran und sprach: Wer ist der Mann, der dich hierher gebracht hat? Und Sarai antwortete: Mein Bruder ist er. Da sprach der König: An uns ist es ihn groß zu machen und ihn hoch zu erheben und ihm Gutes zu erweisen, wie du es befiehlst. Und der König ließ Abram Gold und Silber, Kristall und Edelsteine schicken, dazu noch Schafe und Kinder, Knechte und Mägde. Alsdann gebot der König, daß man den Abram zu ihm herhole, und der kam und blieb im Hofe des königlichen Schlosses wohnen, und der König erhob ihn hoch. Darnach wollte der König mit Sarai reden und streckte seine Hand aus, daß er sie berührte; aber da versetzte ihm der Engel einen wuchtigen Schlag, daß er erschrak und davon ließ. Und so war es jedes Mal, da der König sich der Sarai nähern wollte, daß ihn der Engel zu Boden warf, und das dauerte die ganze Nacht. Da entsetzte sich der König und erschauerte davor. Aber auch die Knechte Pharaos und sein ganzes Haus schlug der Engel in dieser Nacht wegen Sarai.

Da nun der König das Böse gewahrte, das über ihn kam, sprach er: Nicht anders, als daß nur um dieses Weibes willen mir all dies Ungemach zustößt. Und er hielt sich fern von ihr und redete mit ihr freundlich. Er sprach zu ihr: Sage mir nun die Wahrheit über den Mann aus, mit dem du hierher gekommen bist. Da sprach Sarai: Dieser Mann ist mein Ehemann, und ich habe dir gesagt, er sei mein Bruder, denn ich fürchtete, daß ihr ihn in eurer Bosheit töten würdet. Da ließ der König ab von Sarai, und alsbald hörten die Schläge des Engels auf und fielen nicht mehr über ihn und sein Haus. Da merkte Pharao, daß er um Sarais willen geschlagen worden war, und wunderte sich darob sehr.

Als der Morgen kam, rief er den Abram und sprach zu ihm: Was hast du getan? Warum hast du von dem Weibe gesagt, sie sei deine Schwester? Nun habe ich sie mir zum Weibe genommen, und da kam über mich und über mein Haus solch eine schwere Plage. Nun sie aber dein Weib ist, so nimm sie hinweg und geh aus unserem Lande, daß wir nicht alle um ihretwillen sterben. Und Pharao nahm noch mehr Schafe und Kinder, Knechte und Mägde, Gold und Silber und gab es dem Abram und brachte ihm Sarai, sein Weib, wieder. Auch nahm Pharao ein Mägdlein, das ihm sein Kebsweib geboren hatte, und gab sie der Sarai als Magd. Er sprach zu seiner Tochter: Es ist besser, Tochter, daß du Magd seiest im Hause dieses Weibes, als daß du Herrin seiest in meinem Hause, denn wir sahen das Böse, das uns um ihretwillen geschah.

Da machte sich Abram auf und zog aus Ägypten mit allem, was ihm gehörte, und Pharao bestimmte ihm Männer, die sollten ihn geleiten mit allem, was sein war.

Abraham kam aus Ägypten reich an Vieh, an Gold und Silber; aber auch um vieles Wissen wurde er dort bereichert, denn er hatte von den Weisen Ägyptens und von den Wahrsagern die Rechenkunst und die Sternkunde gelernt, also, daß er weiser ward, als alle Menschen vor ihm. Von Ägypten aber kam die Weisheit nach Griechenland.

Abraham war es, der den Weisen Zoroaster in die Kunst der Sternseherei einführte. Und Abraham ersah aus der Stellung der Planeten, daß die Welt nicht mehr feststand, denn die Ordnungen der Schöpfung hatten durch die Sintflut und den Turmbau Änderungen erfahren.

5
Das Recht auf Gosen

EINE DER PRÜFUNGEN Abrahams war, daß zu seiner Zeit ein Hunger ins Land kam. Von dem Tage, da Himmel und Erde erschaffen worden waren, brach kein Hunger aus, als erst in den Tagen Abrahams. Und der Hunger suchte kein ander Land heim, als nur das Land Kanaan allein, auf daß Abraham geprüft würde und nach Ägypten hinabführe.

Eine weitere Prüfung war es, daß Sara ihm von Pharao genommen wurde.

Die Nacht, in der unsere Mutter Sara von Pharao genommen wurde, war die Passanacht. Und der Herr ließ über Pharao schwere Schläge fallen, um ihm kundzutun, daß er dereinst ganz Ägyptenland mit großen Plagen strafen werde.

In seiner Liebe verschrieb Pharao der Sara in einer Urkunde all sein Gut, Gold und Silber, Knechte und Äcker; auch gab er ihr das Land Gosen zum Besitz. Daher wohnten die Kinder Israel späterhin im Lande Gosen, denn dies Land gehörte unserer Erzmutter Sara.

Abraham fuhr hinab nach Ägypten. Der Herr sprach zu Abram: Gch voran und brich die Bahn deinen Kindern.

Von den Kriegen Abrahams

1
Eine Niederlage Nimrods

ES GESCHAH, als Abram im fünften Jahre im Lande Kanaan wohnte, noch ehe er nach Ägypten gezogen war, da versündigten sich die Leute von Sodom und Gomorra und alle Städte dieses Landstrichs, die unter der Gewalt Kedor Laomors, des Königs von Elam, waren. Zwölf Jahre hatten ihm die Könige dieser Städte gedient, aber im dreizehnten Jahre lehnten sie sich wider ihn auf, also daß nachdem Abram zehn Jahre im Lande Kanaan ansässig gewesen war, ein Krieg zwischen Nimrod, dem König von Sinear, und Kedor Laomor, dem König von Elam, ausbrach. Als nämlich Nimrod vernahm, daß die Leute von Sodom von Kedor Laomor abfallen wollten, zog er in einen Streit aus wider Kedor Laomor und wollte ihn unter sich zwingen. Er erhob sich und voller ihn unter sich zwingen. Er erhob sich stolz und voller Verachtung gegen den König von Elam und versammelte um sich alle seine Fürsten und Knechte, es waren ihrer bei siebentausend Mann, und zog wider Kedor Laomor. Dieser trat ihm mit fünftausend Mann entgegen. Sie rüsteten sich zum Streit im Tale Babel, das zwischen Elam und dem Lande Sinear liegt; daselbst kämpften die Könige miteinander, und Nimrod und all sein Volk unterlagen den Leuten Kedor Laomors. Sechshundert Mann vom Heere Nimrods fielen, darunter war auch Mardun, der Königssohn. Und Nimrod floh und kehrte mit Schande und Schmach in sein Land zurück und ward dem Kedor Laomor für lange Zeit untertan. Dieser aber kam in sein Land und schickte seine Feldherren zu den Königen ringsumher, zu Arioch, dem König von Ellasar, und zu Thideal, dem König der Heiden, und schloß mit ihnen ein Bündnis, daß sie fürder unter seinem Willen standen.

2
Lot trennt sich von Abraham

ABRAM KEHRTE ZURÜCK nach dem Lande Kanaan, nach dem Orte, da er den Altar gebaut und seine Hütte vormals aufgerichtet hatte. Und Lot, der Sohn Harans, war mit ihm, und auch der hatte viel Vieh, Schafe und Kinder und viel Hütten, denn der Herr hatte um Abrams willen an ihm Gutes getan.

Als sie aber zusammen im Lande Kanaan wohnten, zankten die Hirten über Lots Vieh mit den Hirten über Abrams Vieh, denn ihrer beiden Habe war groß geworden in der Zeit, da sie beieinander waren, und das Land mochte sie nicht ertragen. Doch nicht allein das, sondern die Hirten über Abrams Vieh, wenn sie auf die Weide hinausgingen, ließen das Vieh nicht auf den Fluren der Leute des Landes grasen; die Hirten aber über Lots Vieh taten nicht so, sondern sie führten es gerade auf die Wiesen der Einwohner. Da sahen es die Leute Tag für Tag und brachten es vor Abram und zankten mit ihm wegen der Hirten Lots.

Da sprach Abram zu Lot: warum tust du solches an mir, daß du mir Schande bringst vor den Leuten des Landes, indem du deinen Hirten befiehlst auf fremden Fluren zu weiden? Du weißt es doch, daß ich selber ein Fremdling bin in diesem Lande unter den Kanaanitern, warum verfährst du mit ihnen so? Also stritt darum Abram mit Lot Tag für Tag. Lot hörte aber nicht auf seine Stimme und fuhr fort dasselbe zu tun, und die Leute des Landes kamen wieder vor Abram und sagten es ihm an.

Da sprach abermals Abram zu Lot: Wie lange willst du noch ein Ärgernis sein zwischen mir und den Leuten dahier? Laß doch nicht Zank sein zwischen mir und dir, denn wir sind einander Gebrüder. So scheide dich doch von mir; geh hin und suche dir ein Land, da du wohnen könntest, du und dein Vieh und alles, was dein ist. Entferne dich von mir, du und dein Haus; fürchte dich aber nicht, daß du fortgehst, denn so dir nur ein Unglück zustößt und du mir davon sagst, räche ich dich. Aber jetzt ziehe fort von hinnen.

Als nun Abram ausgeredet hatte, machte sich Lot auf, erhob seine Augen und besah die ganze Gegend am Jordan. Und das Land war wasserreich und gut für die Menschen und für das Vieh. So ging denn Lot von Abram nach diesem Ort und schlug sein Zelt daselbst auf und wohnte fortan in Sodom.

Abram aber wohnte im Haine Mamre, der zu Hebron ist, und richtete dort seine Hütte auf.

3
Abrahams Sieg über die Könige

Zu der Zeit begab es sich, daß Kedor Laomor, der König von Elam, zu den Königen, die um ihn her wohnten, zu Nimrod, dem König von Sinear, der ihm unterstand, zu Thideal, dem König von Heiden, und zu Arioch, dem König von Ellassar, mit denen er Bündnisse geschlossen hatte, hinschickte, und ihnen sagen ließ: Kommt herauf, mir zu Hilfe, wir wollen die Leute von Sodom schlagen, die nunmehr dreizehn Jahre mir ungehorsam sind.

Da machten sich die vier Könige und ihre Heere auf, es waren ihrer achtmal hunderttausend Mann, und zogen in den Streit und töteten jeden Menschen, den sie auf ihrem Wege fanden. Und die fünf Könige von Sodom und Gomorra, als welche waren: Sineab, der König von Adama, Semeber, der König von Zeboim, Bera, der König von Sodom, Birsa, der König von Gomorra, und Bela, der König von Zoar, gingen ihnen entgegen und trafen alle zusammen in dem Tale Siddim. Daselbst kämpften die neun Könige miteinander, und die Könige Sodoms und Gomorras wurden von den Königen Elams geschlagen. Im Tale Siddim sind Lehmgruben, und als die Könige Elams die Könige Sodoms verfolgten, flohen diese mit ihren Heeren und fielen in die Lehmgruben; die übrigen aber erkletterten einen Berg, um sich zu retten; doch die Könige Elams erreichten auch sie und verfolgten sie bis zu den Toren Sodoms; sie nahmen alles, was sie dort fanden, und plünderten die Städte Sodom und Gomorra. Auch Lot, den Brudersohn Abrams, nahmen sie gefangen und all seine Habe.

Da kam Oni, der Knecht Abrams, der in diesem Streit mit war, und erzählte dem Abram von allem, was die Könige mit den Städten Sodoms gemacht hatten, und daß Lot, seines Bruders Sohn, von ihnen gefangen worden war.

Als Abram dies vernahm, machte er sich auf, er und die Leute, die um ihn waren, dreihundertachtzehn an der Zahl, und jagten den vier Königen nach in der Nacht; sie verfolgten sie und schlugen sie. Also fielen alle von der Hand Abrams und seiner Leute, und es blieb keiner übrig, als nur die vier Könige, die entronnen waren; von denen ging dann ein jeglicher nach einem anderen Orte.

Und Abram brachte alle Habe Sodoms wieder, dazu Lot mit dessen Habe und die Weiber und Kinder; also gewann Lot alles wieder und hatte nichts verloren.

Als Abram von der Schlacht mit den Königen zurückging und an dem Tale Siddim vorbeikam, woselbst die Könige miteinander gestritten hatten, kam ihm Bera, der König von Sodom, entgegen und mit ihm die anderen Leute, die in die Lehmgruben gefallen waren. Auch Adoni-Sedek, der König von Jerusalem, dies war Sem, der Sohn Noahs, kam zu ihm heraus und trug Brot und Wein hervor, und sie standen dort alle zusammen im Tal der Könige. Und Adoni-Sedek segnete Abram, und Abram gab ihm den Zehnten von dem, was er von den Feinden erbeutet hatte, denn Adoni-Sedeek war Priester vor dem Herrn.

Da traten herzu die Könige von Sodom und Gomorra mit ihren Knechten und baten Abram, er möge ihnen die Gefangenen wiedergeben, die Güter aber sollte er sich behalten. Da erwiderte Abram den Königen Sodoms: So wahr Gott lebt, der Himmel und Erde geschaffen hat, der meine Seele von aller Angst befreit, der mich von meinen Feinden heute gerettet und sie in meine Hand gegeben, daß ich nichts nehme von dem, was euch gehört; und morgen berühmt ihr euch und sagt: Von den Gütern, die er erbeutet hat, ist Abram reich geworden. Gott, mein Herr, auf den ich vertraue, sprach zu mir: Du wirst keinen Mangel kennen, denn ich werde dich in allem segnen, was deine Hände tun werden. So nehmt denn wieder alles, was euer ist. So wahr Gott lebt, ich nehme nichts, nicht eine Seele, noch einen Schuhriemen, noch einen Faden; ausgenommen, was die Jünglinge verzehrt haben, die mit mir in den Streit gezogen waren, und die Männer Aner, Eskol und Mamre, wie auch die, die bei den Geräten geblieben waren, sie zu behüten, die laß ihr Teil von der Beute nehmen.

Da taten die Leute von Sodom also und gaben den Männern Abrams von der Beute, wie er ihnen gesagt hatte; sie baten auch ihn, daß er sich etwas nehmen sollte, aber er wollte nicht. Dann ließ er die Könige Sodoms und die übrigen Leute abziehen und befahl ihnen den Lot, und sie gingen, ein jeglicher nach seinem Ort. Auch Lot, seines Bruders Sohn, ließ er mit dem, was er gewonnen hatte, ziehen. Also kehrte Lot zurück nach Sodom. Abram aber und seine Mannen kehrten heim nach dem Haine Mamre, der zu Hebron war.

In der Zeit erschien der Herr wieder dem Abram und sprach: Fürchte dich nicht, dein Lohn wird sehr groß sein vor mir und ich werde dich nicht verlassen, als bis ich dich sehr vermehrt habe und dich gesegnet und deinen Samen gemacht habe wie die Sterne des Himmels, die man nicht zählen noch schätzen kann. Deinem Samen will ich all das Land geben, das du mit deinen Augen siehst; es soll ihr Erbe sein in Ewigkeit. Du aber stärke dich und fürchte dich nicht, wandle vor mir und sei fromm.

Älteres über die Kriege Abrahams

1

Abraham und Lot

ALS ABRAHAM NACH Kanaan kam, war auch Lot mit ihm gekommen, und dadurch, daß er mit Abraham zusammen war, ward er ebenso reich wie Abraham. Denn Abraham war reich, wie es heißt: Abraham war schwer an Vieh, an Gold und Silber, und Lot, der mit Abraham zog, hatte auch Schafe und Kinder, daß das Land sie nicht ertragen mochte. Wie reich mußten sie da gewesen sein, wenn das Land sie beide nicht tragen konnte.

Es war aber ein Zank zwischen den Hirten über Abrahams Vieh und den Hirten über Lots Vieh. Worum haben sie sich gezankt? Ist ein Mensch gerecht, so sind auch seine Hausknechte und alle, die um ihn sind, gerecht; ist aber einer böse, so sind auch seine Diener böse. Das Vieh Abrahams wurde im Zaum gehalten, daß es den anderen nichts wegfressen konnte, dem Vieh Lots aber wurde in nichts gewehrt. Darob rechneten die Hirten Abrahams mit den Hirten Lots und sprachen: Warum macht ihr dem Lot einen bösen Namen und führt sein Vieh ohne Zaum auf die Weide? So ist wohl das Rauben frei? Darauf sprachen die Hirten Lots: Eher müßten wir wider euch sein, dafür, daß ihr euer Vieh so haltet. Doch ihr tut es nur darum, weil ihr wißt, daß die Tiere am Ende dem Lot zufallen werden, denn Abraham hat kein Kind. Ihr ernährt das Vieh nicht recht, weil es eurem Herrn nicht bleiben wird, und Lot es nach seinem Tode erbt; und nun stellt ihr euch als die Gerechten hin, wo ihr gerade Abrahams Vieh das, was nicht sein ist, fressen laßt. Gott hat zu Abraham gesprochen: Deinem Samen will ich das Land geben – aber siehe, morgen kann er sterben und hat keinen Sohn, und Lot, seines Bruders Sohn, wird sein Erbe antreten.

Darauf sagte der Herr zu ihnen: Es ist, wie ich gesagt habe, Abrahams Nachkommen werde ich dieses Land geben, und das werden seine Kinder sein; nicht aber dem Missetäter, den ihr meint. Wißt ihr aber, wann ich es tun werde? Erst nachdem ich den Kanaaniter und den Phrisiter von dort verjagt habe.

Lot wählte sich die Gegend am Jordan; er rückte ab von dem, der Höchste war in der Welt, und sprach: Ich will nichts von Abraham noch seinem Gott wissen.

2
Der Schutz Jupiters

Es HEISST: In den Tagen Amraphels. – Amraphel das ist Nimrod. Mit drei Namen ward dieser König benannt: Chus, Nimrod und Amra-phel; Chus ward er geheißen, weil er ein Mohrensohn war; Nimrod nannte man ihn, weil er den Aufruhr in die Welt gebracht hat; Amra-phel endlich war sein Name, weil seine Sprache Finsternis verbreite-te. In den Tagen Amraphels war es, daß vier Könige mit fünfen krieg-ten und sie überwältigten. Die Sieger nahmen den Lot gefangen, brachten ihn in einen Fischerkahn und führten ihn mit sich fort. War-um stieß aber Lot derartiges zu? Weil er in Sodom weilte, und es heißt: Wer der Narren Geselle ist, der wird Unglück haben.

Da kam einer, der entronnen war, und sagte es Abraham, dem He-bräer, an. Der Entronnene war der Riese Og. Doch nicht um das gute Werk war es ihm zu tun, sondern er sprach in seinem Herzen: Der Abraham da ist ein Eiferer; sage ich ihm, deines Bruders Sohn ist ge-fangen, so zieht er sicherlich in den Krieg und fällt, und ich nehme mir sein Weib Sara. Darauf sprach zu ihm der Herr: So wahr du lebst! den Lohn für deinen Weg sollst du erhalten, und du wirst lange leben auf Erden; dafür aber, daß du Übles im Sinne hattest mit diesem Ge-rechten, wirst du Tausende und Abertausende von seinen Kindeskin-dern sehen, und dein Ende wird kein anderes sein, als daß du von ih-rer Hand fällst.

Als Abraham die Kunde vernahm, wappnete er seine Knaben. Aber der Knaben Gesicht wurde bleich, und sie sprachen: Fünf Kö-nige konnten vor ihnen nicht bestehen, sollen wir da gegen sie aus-kommen? Da erwiderte Abraham: Ich will hinausziehen und will fal-len, auf daß der Name des Herrn geheiligt werde.

Und Abraham zog wider die Könige und paßte Mitternacht ab. Sein Herr teilte für ihn die Nacht. Er sprach: Gleichwie dieser hier sich für mich um Mitternacht einsetzt, so will ich mich dereinst für seine Kinder um Mitternacht einsetzen.

Der Stern Jupiter leuchtete dem Abram, und er schlug die Feinde und jagte sie in die Flucht. Er warf ihnen Stücke Erde nach, und dar-aus wurden Schwerter; er warf ihnen Stroh nach, und daraus wurden Pfeile.

Da kam der König von Sodom ihm entgegen, und auch die Köni-ge, die mit ihm gewesen waren, kamen nach dem Tale Sava. Das hieß so, weil dort alle Sternanbeter vereint zusammentraten. Sie hieben Zedern ab und machten eine hohe Bühne, darauf setzten sie den Ab-raham; sie priesen ihn und sprachen: Höre uns an, Herr, du bist ein Fürst Gottes unter uns; du bist für uns ein König, ein Herr, ein Gott.

Da sprach Abram zu ihnen: Nehmt nicht der Welt ihren König, nehmt ihr nicht ihren Gott.

3
Abraham und Og

EIN GROSSER MENSCH war unter den Anakiden. Das war Abraham. Unser Vater Abraham war größer als alle Riesen. Er war so hoch wie vierundsiebzig Menschen; und hat auch so viel gegessen und getrunken wie vierundsiebzig Menschen; und ist auch so stark gewesen wie diese. Die Schritte seines Fußes, wird von ihm erzählt, waren drei Meilen.

Der Riese Og, das ist Elieser; der war so groß, daß Abrahams Fuß in seiner Hand Platz hatte. Einst schrie ihn Abraham an, da entfiel ihm ein Zahn; Abraham hob ihn auf und machte sich daraus ein Bett, darauf schlief er. Andere wiederum sagen, er hätte sich einen Stuhl daraus gemacht, darin saß er sein Leben lang. Sechzig Städte hat er erbaut, die kleinste war sechzig Meilen hoch.

Wer gab Abraham diesen Knecht? Nimrod. Und was war seine Speise? Tausend Ochsen verzehrte er auf einmal, und auch von allem anderen Vieh aß er zu tausend. Zu trinken pflegte er auf einmal tausend Maß. Ein Tropfen seines Samens wog sechsunddreißig Pfund.

4
Abraham und Elieser

VOR AMRAPHEL UND SEINEN GENOSSEN wußte man nicht, was Streit heißt in der Welt; nun kamen diese, nahmen das Schwert und fingen an Krieg zu führen. Da sprach Gott zu ihnen: Mit dem Schwerte habt ihr angefangen; ins Herz wird euch das Schwert dringen. Und so war es auch; es kam Abraham und schlug sie nieder.

Abraham verfolgte die Feinde bis Dan. Der Herr, der die Zeiten und Weilen kennt, teilte damals die Nacht. Abraham schlug seine Feinde und jagte sie bis nach Hoba. Und Abraham sprach: Herr der Welt! hättest du in deiner Güte dich mit mir nicht vereinigt und mir nicht beigestanden, wie könnte ich da allein gegen neun Könige und ihre Heere vorgehen; aber du schenkst neue Kraft denen, die müde sind. Sie verließen sich auf Wagen und Rosse, aber mein Horn erhob sich in deinem Namen.

Es heißt: Abraham sonderte seine Jünglinge aus. Es sonderte sie aus nach den Worten der Schrift: Wer furchtsam ist und zag von Herzen, der gehe hin und bleibe daheim. Also sprach auch Abraham zu den Knaben: Wer hinter sich eine Sünde weiß und Angst hat um seine Taten, der ziehe nicht mit mir. Da kehrten alle zurück, und es blieb keiner bei Abraham, als nur Elieser allein, der ohne Tadel war. Gott sprach zu Abraham: Er gehe mit dir, ihm will ich die Kraft geben, die alle dreihundertachtzehn Knaben zusammen hatten.

Andere wiederum erzählten es so:

Methusalah, der Sohn Henochs, hatte ein Schwert, darauf war der wahrhafte Name Gottes gestochen; ein Schlag damit fällte tausend Feinde. Dieses Schwert soll Abraham besessen haben.

5
Abraham und Sem

IN EINER ANDEREN SCHRIFT heißt es, die Könige hätten es gar auf Abraham abgesehen. Sie sprachen: Mit seines Bruders Sohne wollen wir den Anfang machen; alsdann wollen wir ihn umbringen. Um Lots willen geschah es, daß sie die Habe von Sodom und Gomorra wegnahmen.

Da fuhr Michael hernieder und sagte es dem Abraham an. Und Abraham machte sich auf, nahm seine drei Zöglinge und seinen Knecht Elieser und jagte sie bis nach Dan. An diesem Orte ward der Gerechte aufgehalten und es ward ihm gesagt: Abraham, wisse, daß dereinst deine Kindeskinder den heiligen Namen hier leugnen werden. damit wurde auf den Götzendienst hingewiesen, den späterhin Jerobeam auch in dieser Stadt aufgerichtet hat.

Also ließ Abraham seine Zöglinge und die Weiber dort sitzen; er nahm seinen Knecht Elieser, wappnete die in seinem Hause geborenen Knaben und jagte die Feinde bis links von Damaskus. Er gewann die Habe der Sodomiter wieder und kehrte in Frieden zurück, es fiel auch nicht einer von seinen Getreuen.

Abraham war der erste, der den Zehnten gab. Er erhob den Zehnten von aller Habe Sodoms und Gomorras und von der Habe Lots und brachte ihn dem Sem.

Scm, der Sohn Noahs, ging dem Abraham entgegen, als er sah, was dieser vollbracht und daß er die Habe wiedergegeben hatte; er wunderte sich darob und fing an den Namen des Schöpfers zu preisen, zu loben und zu rühmen und sprach: Gelobt sei der Höchste, der deine Feinde in deine Hand gegeben hat. Da stand Abraham auf und betete vor dem Herrn und sprach: Herr der Welt! nicht durch meine Hand ist dies alles geschehen, sondern die Kraft deiner Rechten hat es zuwege gebracht. Du bist mein Schild im Diesseits und im Jenseits! Da erwiderten die Engel: Gelobt seist du Gott, der Schild Abrahams!

6
Von Sem

IN EINEM SPÄTEREN Buch lesen wir:

Der Herr nahm Sem, den Sohn Noahs, und machte ihn zu seinem Hohepriester und Diener und ließ seinen Geist über ihn geraten. Er nannte ihn Melchisedek, König von Salem. Japheth aber, der Bruder Sems, lernte in dessen Lehrhaus.

Als aber der Herr sich Abraham zugewendet hatte, wurden die anderen vergessen. Da kam Abraham und betete vor Gott, seine Herrlichkeit möge immer im Hause Sems weilen. Und der Herr willigte ein und sprach: Du bist ein Priester ewiglich nach der Weise Melchisedeks.

Japheth war doch der ältere, warum kam da die Priesterschaft dem Sem zu? Weil der immer in der Schrift forschte und die Wege Gottes zu deuten suchte. Woher kannte er die Schrift? Schon Adam, der erste Mensch, kannte die Schrift, er hinterließ sie seinem Sohne Seth, von Seth kam sie auf Henoch und so weiter, bis sie zu Sem kam, und der befaßte sich mit ihr beständig.

Es heißt: Er gab ihm den Zehnten von allem. Wir wissen's nicht, wer wem den Zehnten gab. Es wird der Herr selbst gewesen sein, der Abraham den Zehnten gab. Er nahm ein Zeichen unter dem Stuhl seiner Herrlichkeit hervor und machte daraus eine Krone dem Abraham.

Die Verheißung

1
Der Gerechten einer

NACH DIESEN BEGEBENHEITEN erging an Abraham das Wort des Herrn in einem Gesicht, das sprach: Fürchte dich nicht, Abraham, ich bin dein Schild, und dein Lohn wird sehr groß sein.

Abraham hatte Furcht, denn er dachte bei sich: So viele Menschen habe ich getötet; ist's möglich, daß auch nicht ein gerechter und gottesfürchtiger darunter war? Diesethalben sprach Gott zu Abraham: Fürchte dich nicht; an deinem Fuß blieb darum nichts haften.

Abraham glich darin einem Wandersmann, der an dem Garten eines Königs vorbeigehend, darin Unkraut sah und es wegnahm. Als ihn der König erblickte, suchte er sich zu verstecken. Da sprach der König: Warum verbirgst du dich? Wie viele Arbeitsleute hätte ich gebraucht, um die Dornen wegzuschaffen; da du sie nun zusammengelesen hast, so komm her und empfange deinen Lohn.

Also sprach auch Gott zu Abraham: Die Leute, die du vertilgt hast, sie waren nichts, als unnütze Dornen.

Andere wiederum erzählen es so:

Nach dem Kriege der Könige sann Abraham über alles nach und sprach: Herr aller Welten! du hast mit Noah einen Bund geschlossen, daß du seine Kinder nicht mehr vernichten werdest. Nun kam ich und wurde mit noch mehr Geboten betraut, da verdrängte mein Bund den seinigen. Wenn aber nach mir einer kommt, dem noch mehr Gebote und Taten zuteil werden, wird da nicht sein Bund den meinigen verdrängen? Da erwiderte ihm der Herr: Von Noah habe ich keine Beschirmer kommen lassen, von dir aber will ich Gerechte ausgehen lassen, die ein Schild sein werden; doch nicht allein das, sondern allemal, wenn deine Kindeskinder fehlen und sündigen werden, will ich unter ihnen einen ausersehen, der wird all ihr Tun aufwiegen und wird dem Maß der Strenge halt gebieten. Diesen will ich dann hinwegnehmen, und er soll ihre Schuld sühnen.

Und Abraham sprach weiter zum Herrn: Mir hast du keinen Samen gegeben, und siehe, einer von meinem Gesinde soll mein Erbe sein. Da geschah das Wort des Herrn zu Abraham. Ein Engel erschien nach dem anderen, ein Ruf kam nach dem anderen, und der Herr sprach: Ich und drei Engel offenbaren es dir und tun dir kund, daß dieser nicht dein Erbe sein wird.

Gott hob Abraham über die Himmelsfeste empor und sprach zu ihm: Durch denselben Planeten, aus dem du lasest, daß du ohne Kinder dahingehen werdest, will ich dich wissen lassen, daß du dennoch einen Sohn zeugen wirst.

Man erzählt auch, Gott hätte zu Abraham gesagt: Wer unter den Planeten stehst, der hat sich vor ihnen zu fürchten; nun du aber über den Planeten steht, so kannst du auf sie treten.

Und Abraham glaubte dem Herrn, und das rechnete ihm Gott als Gerechtigkeit an. Ein mächtig Ding ist doch der Glaube. Nur zum Lohn für den Glauben hat Abraham diese und die jenseitige Welt gewonnen.

2
Die vier Reiche

DES HERRN WORT geschah zu Abram im Gesicht. Allen Propheten erschien der Herr in einem Nachtgesicht, Abraham aber zeigte er sich der Erscheinung und im Bilde.

Rabbi Jehuda erzählte: Die Nacht, in der der Herr sich Abraham offenbarte, war die Passahnacht. Er hieß ihn hinausgehen und sprach zu ihm: Ist's in deiner Kraft, die Sterne am Himmel zu zählen? Abraham sprach: Kann man denn die Zahl deiner Heere nennen. Da sprach Gott: Also wird man deinen Samen nicht zählen können.

Rabbi Akiba erzählte: Der Herr zeigte Abraham die Weltreiche, wie sie herrschen und vergehen. Er sprach zu ihm: Bringe mir eine dreijährige Kuh, eine dreijährige Ziege, einen Ochsen und eine Taube. Die dreijährige Kuh, das ist das vierte Reich, das Reich Edom, welches alles um sich zertritt. Der dreijährige Bock, das ist das Reich der Griechen, von dem Daniel sprach: Der Ziegenbock war sehr groß. Der dreijährige Widder, das ist das Reich der Perser und der Meder. Der Ochse, das ist das Reich der Ismaelkinder. Wenn der Stier mit der Kuh sich paart, reißen sie alles auf und verwüsten die Täler. Die Taube aber, das ist Israel, von dem es heißt: Meine Taube in den Steinritzen. Eine ist meine Taube, meine fromme.

Was bedeutet es aber, daß die Tiere dreijährig sein mußten? Weil jedes von den Reichen, so sagt ein Weiser, dreimal das Land Israel beherrschen sollte; einmal ein jedes gesondert; das zweite Mal werden sie es zu zweien besitzen; das dritte Mal werden sie sich alle zusammentun und den Sohn Davids bekriegen, wie es heißt: Die Könige im Lande lehnen sich auf und die Fürsten ratschlagen miteinander wider den Herrn und seinen Gesalbten.

Abraham brachte Gott die Tiere und zerteilte sie mitten auseinander. Er nahm ein Schwert und zerhieb ein jedes in zwei Stücke. Den Vogel aber ließ er am Leben. Darauf sagt Rabbi Josua: Hätte er die Tiere nicht zerschnitten, die Welt hätte nicht bestehen können. Dadurch, daß er sie zerteilte, schwächte er die Kraft der vier Reiche. Danach legte er die Teile zueinander; da kam ein sprenklichter Vogel sie auseinanderzutrennen und sie zu vernichten. Doch dieser Vogel war kein anderer, als der Sohn Davids, von dem es heißt: Mein Erbe ist wie ein sprenklichter Vogel, um welchen sich die Vögel sammeln.

3
Diesseits und Jenseits

ALS DIE SONNE untergegangen war und es finster wurde, siehe da rauchte ein Ofen und eine Feuerflamme fuhr zwischen den Stücken hin. Vier Dinge ließ da der Herr Abraham sehen: die Offenbarung am Sinai, den heiligen Tempel, die Weltreiche und die Hölle. Und der Herr sprach: Solange deine Kinder mit den zweien, mit der Lehre und mit dem Tempel zu tun haben werden, sind sie vor den anderen zweien, vor der Hölle und der Knechtschaft unter den Reichen sicher. Verlassen sie aber die ersten zwei, so werden sie von den anderen gerichtet.

Andere wiederum meinen, der Herr hätte so gesprochen: Solange deine Kinder an der Lehre halten und Opfer bringen werden, sind sie der Knechtschaft und der Hölle entronnen. Aber, ich weiß es, deine Kinder werden vom Opfer lassen; wie soll ich sie dafür strafen: durch Hölle oder durch Verbannung? Da wählte Abraham lieber die Verbannung, und der Herr willigte ein.

An diesem Tage schloß Gott einen Bund mit Abraham. Die Weisen denken verschiedentlich darüber; die einen sagen, Gott hätte Abraham nur das Diesseits gezeigt, das Jenseits hätte er ihm nicht enthüllt; die anderen aber meinen, er hätte ihn beides, das Jenseits sowohl als das Diesseits sehen lassen.

Aba Hanan sagte, der Herr hätte Abraham auch die Auferstehung der Toten schauen lassen. Der Vogel fuhr hinab auf die Aase; er wollte sie auseinanderzerren und sie vernichten, da hauchte Abraham über die Stücke, daß die Tiere lebendig wurden und davonrannten.

4
Abrahams Sünde

DA DIE SONNE am Untergehen war, fiel ein tiefer Schlaf auf Abram; und siehe, Schrecken und große Finsternis überfiel ihn. Und der Herr sprach zu ihm: Du sollst wissen, daß dein Same fremd sein wird; wisse, daß ich sie zerstreuen werde, wisse daß ich sie wieder zusammenführe, wisse daß ich sie mir zum Unterpfand nehme und daß ich sie hernach freilasse, wisse, daß ich sie Sklaven werden lasse und daß ich sie dereinst erlöse. Denn fremd wird dein Same sein in einem Lande, das nicht sein ist. Doch ich will richten das Volk, dem sie werden dienen müssen, den Ägypter sowohl, als die vier Reiche.

Wehe dem Menschen, der seinem Munde Worte entfliehen läßt, von denen er nicht weiß, wie sie dahergekommen sind. Dafür, daß

Abraham gesagt hat: Woran werde ich merken, daß ich das Land besitzen werde? antwortete ihm der Herr: Fremd wird dein Same sein. Ladet man schon eine Schuld auf die Seele, wenn man einem Menschen etwas entgegenhält, um wieviel mehr denn, wenn man es dem Heiligen, gelobt sei er, gegenüber tut; da ladet man eine Schuld auf seine eigene Seele, auf die Seele der Kinder aller Geschlechter, bis an die Zeit, da die Toten auferstehen werden.

In Ewigkeit sehe sich ein Mensch vor, daß er nicht in eine Sünde gerate und sei es auch ein leichtes Vergehen. Ersieh es wohl aus den Geschicken unserer Väter: durch nichts sind sie nach Ägypten hinabgefahren, als durch ein unscheinbares Wort, das Abraham aussprach, als er sagte: Werde ich's merken?

5
Aus den kommenden Tagen

AN DEM TAGE MACHTE der Herr einen Bund mit Abraham und sprach: Deinem Samen will ich dies Land geben, von dem Wasser Ägyptens an bis an das große Wasser Euphrat; die Keniter, die Kenisiter, die Kadmoniter, die Hethiter, die Pheresiter, die Riesen, die Amoriter, die Kanaaniter, die Girgasiter, die Jedusiter.

Um das Land der zehn Völker ist der Bund geschlossen worden. Von denen sind sieben zur Zeit Moses und Josuas besiegt worden; die übrigen drei aber werden dereinst in den Tagen Messias des Königs bezwungen werden, und diese sind: die Keniter, die Kenisiter, die Kadmoniter. Diese Zeit meint auch die Schrift, wenn sie sagt: So der Herr deine Grenzen weitern wird, wie er es deinen Vätern gesagt hat, und gibt dir alles Land, das er deinen Vätern zu geben geschworen hat.

Dereinst wird der Herr den Messias zu seiner Rechten sitzen lassen und Abraham zu seiner Linken. Doch Abrahams Antlitz verfinstert sich, und er spricht: Meines Sohnes Sohn sitzt zu deiner Rechten, und ich soll zu deiner Linken sitzen? Und der Herr begütigt ihn und spricht: Deines Sohnes Sohn sitzt zu meiner Rechten, ich aber sitze dir zur Rechten.

6
Mystisches

NACH DIESEN GESCHICHTEN begab es sich, daß an Abraham das Wort des Herrn im Gesicht erging. Das ist das Gesicht, von dem die Schrift spricht: Und das Ansehen der Herrlichkeit des Herrn war wie ein verzehrendes Feuer auf der Spitze des Berges. Es war der Engel Matatron, der den Abraham vor seinen Schöpfer führte.

Es hat eine jegliche Seele hienieden eine Doppelseele dort oben. Dieser wohnen Kräfte inne, daß sie für die untere fürsprechen kann, welche nur ein Abbild ist von ihr. Also war es auch bei Abraham. Der Abraham in der Oberwelt sprach für den Abraham da unten.

Von Adam bis zur Auferstehung der Toten ist es keinem gegeben, den Gang der Planeten zu ändern, es sei denn, ein großes Verdienst oder eine mächtige Hand führe solches herbei. Dies war aber die Kraft Abrahams; der Jupiter stand schon in Abend, und er brachte ihn wieder nach Morgen.

Von Ismael

1
Die Geburt Ismaels

Im achtundsiebzigsten Jahre des Lebens Abrams starb Regu, der Sohn Pelegs, und sein Alter war zweihundertneununddreißig Jahre. Sarai aber, die Tochter Harans, das Weib Abrams, war unfruchtbar zu jener Zeit und gebar ihm keinen Sohn und keine Tochter. Da sie nun sah, daß sie nicht gebar, nahm sie ihre Magd Hagar, die ihr Pharao gegeben hatte, und gab sie ihrem Manne Abram zum Weibe. Denn Hagar hatte von Sarai ihre Wege gelernt und kam ihr nicht nach ihrem guten Wandel, wie Sarai ihr ihn vorgelebt hatte. Und Sarai sprach zu Abram: Siehe, da ist meine Magd Hagar, geh zu ihr ein, daß sie auf meinem Schoß gebäre und ich mich von ihr aufbaue. Also gab Sarai dem Abram die Hagar, nachdem sie zehn Jahre in Kanaan gewohnt hatte, dies war fünfundachtzigste Jahr des Lebens Abrams.

Und Abram gehorchte der Stimme seines Weibes Sarai und nahm ihre Magd Hagar und ging zu ihr ein, und sie ward schwanger. Da nun Hagar sah, daß sie schwanger wurde, freute sie sich über die Maßen, und ihre Herrin ward gering in ihren Augen. Sie dachte in ihrem Herzen: Nicht anders, als daß ich Gott lieber bin, als meine Herrin Sarai; denn siehe, solange schon geht meine Herrin mit meinem Herrn und sie ist nicht schwanger worden; mir aber gab Gott in einigen Tagen Frucht von ihm.

Und Sarai sah, daß Hagar schwanger ward, da neidete sie ihre Magd und sprach in ihrem Herzen: Gewißlich ist sie viel besser, als ich. Und sie sprach zu Abram: Ich bin zornig über dich, denn in der Zeit, da du vor dem Herrn betetest, daß er dir Samen geben möge, warum betetest du nicht, daß ich von dir den Samen erhalte. Und siehe, jetzt, wo ich vor deinem Angesicht zu Hagar rede, achtet sie meiner Worte nicht, du aber sagst ihr nichts; der Herr sei Richter zwischen mir und dir darum, was du an mir getan hast. Da erwiderte Abram der Sarai: siehe, deine Magd ist unter deiner Gewalt, tue mit ihr, wie es dir gefällt.

Da ward Sarai hart zu ihrer Magd, daß die von ihr in die Wüste floh. Aber der Engel des Herrn fand sie an dem Orte, dahin sie sich geflüchtet hatte, und sprach zu ihr: Fürchte dich nicht, denn ich werde deinen Samen überaus vermehren. Du wirst einen Sohn gebären, den sollst du Ismael heißen; jetzt aber kehre um zu deiner Herrin Sarai und demütige dich unter ihre Hand.

Da nannte Hagar den Brunnen, an dem sie saß, den Brunnen des Lebendigen, der mich ansieht; welcher Brunnen ist zwischen Kades und der Wüste Bareb. Danach kehrte sie zu ihrer Herrin zurück. Und es geschah nach Ablauf der Tage, da gebar sie Abram einen Sohn, und Abram hieß seinen Namen Ismael. Sechsundachtzig Jahre war Abram alt, als Hagar den Ismael geboren hatte.

2
Sara und Hagar

EIN JAHR WAR Abraham älter als Nahor, und um ein Jahr war Nahor älter als Haran; also war Abraham zwei Jahre älter als Haran.

Aber Haran zeugte schon mit sechs Jahren; Abraham aber zeugte nicht. Und Sara, Abrahams Weib, hatte eine ägyptische Magd mit Namen Hagar. Hagar war die Tochter Pharaos.

Sara sprach zu Abraham: Siehe, Gott hat mich verschlossen, daß ich nicht gebären kann. Dies allein ist der Grund, daß ich kein Kind habe; nicht was die Leute meinen ist richtig, daß ich eines Amulettes bedürfte oder daß man mich besprechen müßte, sondern Gott allein wollte mich verschließen. Und sie nahm Hagar, die ägyptische Magd, und überredete sie mit Worten und sprach zu ihr: Selig bist du, daß du mit diesem heiligen Leib verbunden werden darfst.

Also ging Abraham zur Hagar ein, und sie ward schwanger. Da sprach Hagar: Meiner Herrin Sara Inneres ist wohl nicht wie ihr Äußeres; als Gerechte gibt sie sich aus, und doch ist sie nicht gerecht; denn, siehe, von vielen Jahren ist sie nicht schwanger worden, ich aber bin von einer Nacht schwanger worden.

Da sprach Sara zu Abraham: Ich fühle mich zu Unrecht von dir gekränkt; Gott sei Richter zwischen mir und dir.

Sara hätte es verdient gehabt, Abrahams Alter zu erreichen. Darum aber, daß sie sagte: Der Herr richte zwischen mir und dir, wurden ihr von ihrem Leben achtunddreißig Jahre genommen.

Und Sara warf auf Hagar einen bösen Blick, daß die ihres Leibes Frucht vor der Zeit fallen ließ. Und sie peinigte sie. Die Wassereimer und die Fässer mußte sie ihr nach dem Bade tragen. Da floh Hagar davon. Und die Engel Gottes fanden sie an einem Brunnen sitzen; es waren ihrer fünf.

Siehe zu, was unterscheidet die späteren Geschlechter von den ersten. Zu Manoah, dem Vater Simsons, kam der Engel, und da sprach er zu seinem Weibe: Wir müssen des Todes sterben, da wir Gott gesehen haben. Hagar aber, Saras Magd, sah fünf Engel nacheinander kommen und fürchtete sich nicht. Unseres Vaters Abrahams Hausgenossen waren alle Seher und fürchteten sich nicht, einen Engel zu schauen.

Und Hagar hieß den Namen des Herrn, der mit ihr redete: Du Gott siehst mich. Sie sprach: Nicht allein, daß ich der Zwiesprache mit Gott teilhaftig wurde, er hat mich auch der Herrschaft gewürdigt.

3
Der Sohn der Wüste

DER ENGEL DES HERRN sprach zu Hagar: Siehe, du bist schwanger und wirst einen Sohn gebären, den sollst du Ismael heißen.

Sechs wurden mit ihren Namen benannt, noch ehe sie geboren wurden: Ismael und Isaak, Moses und Salomo, Josia und der König Messias. Bei Ismael heißt es: Du sollst ihn Ismael nennen. Von Isaak heißt es: Du sollst ihn Isaak rufen. Moses Namen wird in der Schrift angedeutet, wo es heißt: Es werden seine Tage hundertundzwanzig Jahre sein. Von Salomo heißt es: Siehe, der Sohn, der dir geboren werden soll, wird ein Mann des Friedens sein und er soll Salomo heißen. Von Josia spricht der Prophet in Beth-El: Siehe, es wird ein Sohn dem Hause Davids geboren werden mit Namen Josia. Vom Messias endlich heißt es: Ehe die Sonne da war, war sein Name schon bestimmt.

Der Engel sprach von Ismael: Er wird ein wilder Mensch sein. Alle Welt sucht Wohnländer auf, er ist aber ein Mann der Wüste. Seine Hand wird wider jedermann sein und jedermanns Hand wider ihn. Wann aber wird das in Erfüllung gehen? Wenn der Mann kommen wird, zu dem Daniel sprechen wird: Und alles Land, da Leute wohnen, dazu die Tiere auf dem Felde, und die Vögel unter dem Himmel, ist in deine Hände gegeben, und dir ist über alles Gewalt verliehen.

Und weiter sprach der Engel von Ismael: Vor seinen Brüdern wird er ruhen. Doch späterhin heißt es von ihm: Angesichts seiner Brüder wird er fallen. Dies ist so zu verstehen: Solange unser Vater Abraham leben wird, wird er seinen Brüdern vorangehen, nach dem Tode Abrahams aber wird er fallen. Bevor sich Ismael an dem Tempel Gottes vergriffen hatte, stürzte er. Im Diesseits sollte er Ruhe haben, drüben harrte seiner sein Fall.

Der Abrahambund

1
Die Beschneidung Abrahams und Ismaels

ALS ABRAM, der Sohn Tharahs, neunundneunzig Jahre alt war, erschien ihm der Herr und sprach: Ich bin der allmächtige Gott, und ich will meinen Bund aufrichten zwischen mir und dir und will deinen Samen gar sehr mehren. Dies aber ist der Bund, den ich zwischen mir und dir setzen soll: Alles, was männlich ist unter euch, soll beschnitten werden, du und dein Same nach dir; ein jegliches Knäblein, wenn's acht Tage alt ist, soll beschnitten werden, und dieser Bund an eurem Fleisch soll ein ewiger Bund sein. Du aber sollst nicht mehr Abram heißen, sondern Abraham, und auch dein Weib soll nicht mehr Sarai heißen, sondern Sara soll ihr Name sein; denn ich will dich segnen, und ihr sollt ein großes Volk werden und Könige sollen aus euch werden.

Da machte sich Abraham auf und tat in allem, wie ihm der Herr geboten hatte; er rief all sein Gesinde herbei, das daheim geboren und für Geld erkauft war, und beschnitt sie, wie es der Herr befohlen hatte. Und es blieb keiner von ihnen übrig, der nicht beschnitten worden wäre. Auch Abraham und sein Sohn Ismael wurden an der Vorhaut ihres Fleisches beschnitten. Dreizehn Jahre war Ismael alt, da er beschnitten ward.

In einem anderen Buche steht's so:

Als Abraham neunundneunzig Jahre alt war, sprach der Herr zu ihm: Wandle vor mir und sei fromm; bisher, meinte der Herr, warst

du nicht fromm vor mir, aber nun beschneide die Vorhaut deines Fleisches, daß du vor mir wandelst und fromm werdest.

Da schickte Abraham hin und ließ Sem, den Sohn Noahs, rufen,
und dieser beschnitt Abraham und seinen Sohn Ismael. Am Versöhnungstage ward Abraham, unser Vater beschnitten, und alljährlich
sieht der Herr an diesem Tage das Blut dieses Bundes und vergibt uns
alle unsere Sünden. An dem Orte aber, da Abraham beschnitten wurde und da sein Blut blieb, ist ein Altar erbaut worden.

2
Das Zwiegespräch

DER HERR ERSCHIEN Abraham und sprach: Ich bin der allmächtige
Gott. Und weiter sprach der Herr: Es soll dir genügen, ich und du, wir
sind allein auf der Welt; nimmst du es nicht auf dich, dich zu beschneiden, so ist es mit meiner Welt aus. Abraham sprach: Wo ich nicht beschnitten war, kamen Leute zu mir und hielten Freundschaft mit mir;
werden sie da, wenn ich beschnitten bin, auch zu mir kommen und sich
zu mir gesellen? Gott sprach: Abraham, es soll dir genügen, daß ich
dein Gott bin, es soll dir genügen, daß ich dein Schutzherr bin, und
nicht nur dir allein, sondern auch meiner Welt sollte es genügen, daß
ich ihr Schutzherr bin. Ich bin der allmächtige Gott, ich bin es, der meiner Welt genug! zurief, der dem Himmel und der Erde halt entgegen-
schrie. Ich bin derjenige, dessen Gottheit die Welt und alles, was in ihr
besteht, nicht ausmessen.

Der Herr sprach weiter: Ich will dir und deinem Samen dieses
Land, da du Fremdling bist, geben. Nehmen deine Kinder meine
Herrschaft auf sich, will ich ihnen ein Gott und ein Schutzherr sein,
wo aber nicht, will ich ihnen nicht Gott und nicht Schutzherr sein; erkennen sie mein Gottheit an, so kommen sie in das verheißene Land,
wo aber nicht, werden sie dahinein nicht kommen. Werden deine
Kinder die Beschneidung halten, so werden sie das Land erobern, wo
aber nicht, werden sie es nicht haben; werden deine Kinder des Sabbats gedenken, so werden sie in das Land eindringen, wo aber nicht,
werden sie es nicht besitzen.

3
Die Geweihten

DREIZEHN MENSCHEN sind beschnitten auf die Welt gekommen,
und das sind: Adam, der erste Mensch, Seth, Henoch, Noah, Sem,

Tharah, Jakob, Joseph, Mose, Samuel, David, Jesaja und Jeremia. Adam war die erste Schöpfung des Herrn. Von Jeremia aber heißt es: Ich kannte dich, ehedenn ich dich im Mutterleibe bereitete und sonderte dich aus, ehedenn du von der Mutter geboren wurdest.

Isaak, der Babylonier, sagt, auch Adoni Sedek, der König von Salem, sei beschnitten worden. Man erzählt, auch Bileam und Serubabel seien von Geburt aus beschnitten gewesen. Von Bileam heißt es: Es sagt der Hörer göttlicher Rede. Von Serubabel aber spricht der Herr Zebaoth: Dich Serubabel, meinen Knecht, will ich nehmen und will dich wie einen Siegelring halten, denn ich habe dich erwählt.

4
Monobaz und Basutus

DER HERR SPRACH zu Abraham: Ihr sollt die Vorhaut eures Fleisches beschneiden zum Zeichen des Bundes zwischen mir und euch.

Es trug sich einst zu, daß Monobaz und Basutus, die Söhne des Königs Ptolomäus, beisammen saßen und in der Schrift lasen. Als sie zu den Worten kamen: Ihr sollt die Vorhaut eures Fleisches beschneiden, wandte der eine sein Angesicht der Wand zu, und fing an zu weinen, und auch der andere wandte sein Angesicht der Wand zu und fing an zu weinen. Alsdann ging der eine für sich allein und ließ sich beschneiden; und auch der andere ließ sich beschneiden.

Nach vielen Tagen saßen die Brüder wieder beisammen und lasen in der Schrift. Und als sie wiederum zu diesem Gebot kamen, rief der eine dem anderen: Wehe dir, mein Bruder. Aber der andere rief: Wehe dir, mein Bruder, nicht mir. Da offenbarten sie einander, was sie beide getan hatten.

Als nun der Knaben Mutter davon vernommen hatte, ging sie zu ihrem Vater und sprach: Deine Söhne haben einen Auswuchs an ihrem Fleisch, und der Arzt hat gesagt, man solle sie beschneiden. Da sprach der Vater: Sie mögen es tun. Wie hat der Herr es ihm dann vergolten? Als er in den Krieg zog, wurde er von Feinden hinterrücks überfallen, aber ein Engel fuhr hinab und rettete ihn.

5
Elia

DIE STÄMME ISRAEL hielten an der Beschneidung, bis sie in zwei Reiche zerfielen. Alsdann ließ Ephraim von dem Bunde, und da stand Elia auf und ereiferte sich darum gar sehr, wie es heißt: Ich habe geeifert um den Herrn, Gott Zebaoth, denn die Kinder Israel haben deinen Bund verlassen. Darauf sprach der Herr zu ihm: Seit jeher bist du der Eiferer. Du hast um mich geeifert in Sittim ,als die Stämme Unzucht trieben, du eiferst um mich jetzt. So wahr du lebst, Israel wird nie meinen Bund vollziehen, ohne daß du es mit deinen Augen schaust.

Daher haben die Weisen geboten, daß bei der Feier ein Ehrensitz bereitet werde dem Boten des Bundes, welcher Bote Elia ist.

Und der Sendbote des Bundes, des ihr begehrt, siehe er kommt, spricht der Herr Zebaoth.

Im Haine Mamre

1
Drei Engel als Gäste Abrahams

AM DRITTEN TAGE ging Abraham aus seiner Hütte und setzte sich vor die Tür; er wollte sich in der Sonne wärmen, denn das Fleisch schmerzte ihn. Da erschien ihm der Herr im Haine Mamre und schickte ihm drei Engel von seinen Dienern, die sollten nach ihm sehen. Als nun Abraham am Eingang zur Hütte saß, erhob er seine Augen und sah von ferne drei Leute zu ihm kommen. Da machte er sich auf und lief ihnen entgegen; er bückte sich vor ihnen, brachte sie in sein Haus und sprach zu ihnen: Geht doch nicht an mir vorüber; habe ich Gnade in euren Augen gefunden, so kehrt ein zu mir und eßt einen Bissen Brot.

Also nötigte er sie, und sie kehrten zu ihm ein. Er gab ihnen Wasser, daß sie ihre Füße wüschen, und setzte sie unter den Baum vor der Tür seiner Hütte. Danach lief er schnell und nahm ein gutes, zartes Kalb von den Rindern, schlachtete es und gab es seinem Knechte Elieser, der sollte es zubereiten. Alsdann ging er in die Hütte zu Sara und sprach zu ihr: Beeile dich, nimm drei Maß Mehl, koche und backe Kuchen, daß man den Fleischtopf damit zudecke. Und sie tat so.

Abraham aber lief schnell, trug den Engeln Butter und Milch auf von Schafen und Rindern und gab es ihnen zu essen, ehe das Kalb fertig war, und sie aßen. Danach setzte er ihnen das Fleisch des Kalbes vor, und sie aßen.

Da sie nun gegessen hatten, sprachen sie: Wir wollen wiederkommen zu dir über ein Jahr um diese Zeit und dann, siehe, wird Sara, dein Weib, einen Sohn haben. Danach standen die Männer auf und gingen ihres Weges, den sie ausgeschickt waren.

In einem anderen Buche wird es so erzählt:

Am dritten Tage, nachdem Abraham beschnitten wurde, hatte er große Schmerzen. Der Herr wollte ihn versuchen, was tat er da? Er machte ein Loch in die Hölle und ließ die Hitze über die Welt kommen, wie es der Tag des Gerichts wäre.

Da ging Abraham hinaus und setzte sich vor die Tür seiner Hütte, um Kühlung zu suchen. Aber der Herr sprach zu seinen Heerscharen: Kommt, laßt uns den Kranken besuchen, denn daß Maß der Gnadenerfüllung ist groß vor mir. Alsbald fuhren die Engel herab und kamen zu Abraham.

In der Welt ist es gang und gäbe, daß, wenn ein Meister seinen kranken Schüler besucht, die anderen Schüler vorangehen und sein Kommen vorher ansagen. Als Abraham sich beschnitten hatte, sprach er zu den Engeln, sie möchten zu ihm gehen. Doch ehe die Engel angekommen waren, war der Herr bei Abraham; daher heißt es erst: Er erblickte den Herrn – und darnach: Er erhob seine Augen und sah die Engel. Ist denn doch nicht einer da, der so bescheiden wäre?

Abraham erhob seine Augen und erblickte drei Männer, die vor ihm standen. Wer waren die drei Männer? Michael, Gabriel und Raphael. Michael kam, der Sara die Botschaft zu verkündigen, Raphael kam, den Abraham zu heilen, Gabriel kam, Sodom umzukehren.

2

Der Herr allein kommt zu Abraham

GELOBT SEI DER NAME DES HERRN, der kein Geschöpf um seinen Lohn kommen läßt.

Drei liebe Freunde besaß Abraham, dies waren: Aner, Eskol und Mamre. Als nun der Herr dem Abraham gesagt hatte, er möge sich beschneiden, ging er zu ihnen, sie um Rat zu fragen. Erst ging er zu Aner und sprach: Dies und dies gebot mir der Herr zu tun. Da sprach Aner: Einen Verstümmelten willst du aus dir machen, daß die Könige, die benachbarten, die du geschlagen hast, herkommen und dich schlagen; du wirst ihnen dann nicht mehr entfliehen können.

Da ließ Abraham von Aner und ging zu Eskol und sprach: So und so befahl mir der Herr. Darauf sprach Eskol: Alt bist du, und beschneidest du dich, so kommt viel Blut aus dir, daß du es nicht wirst ertragen können, und wirst sterben müssen.

Da ließ Abraham von Eskol und ging zu Mamre und sprach: Dies und dies will der Herr von mir haben; was ist dein Rat? Da erwiderte Mamre: So fragst du noch um Rat in einem solchen Ding? Er war es doch, der dich aus dem Kalkofen befreit hat, der soviel Wunder an dir getan und dich errettet hat aus der Hand der Könige; wäre nicht seine Kraft und Allmacht, sie hätten dich getötet; alle zweihundertachtundvierzig Glieder, die du hast, hat er dir erhalten, und du überlegst, wenn es um den Teil eines Gliedes zu tun ist? Tue nach seinem Gebot.

Darauf sprach der Herr zu Mamre: Gesegnet seist du, daß du dem Abraham zur Beschneidung rietst. Dafür will ich mich ihm nirgends sonst, als nur in deinem Gebiet offenbaren. Daher steht's auch: Gott erschien Abraham im Haine Mamre.

Es war am dritten Tage nach der Beschneidung Abrahams, da kam der Herr selbst, daß er nach ihm sähe.

Gott ließ die Sonne aus ihrer Hülle steigen, auf daß in der Hitze keine Wanderer zu Abraham einkehrten und den Gerechten nicht bemühten. Aber Abraham schickte Elieser aus, daß er nach Gästen ausschauen sollte. Der ging hinaus, fand aber niemand. Da sagte Abraham: Ich glaube dir's nicht; und ging selber hinaus. Alsbald erblickte er den Herrn, der stand vor der Tür. Und Abraham sprach: Herr, habe ich die Gnade in deinen Augen gefunden, so gehe nicht an deinem Knecht vorbei. Da aber der Herr Abraham seine Wunde auf – und zubinden sah, sprach er: Es ist nicht schicklich, daß ich hier stehen bleibe.

In einem anderen Buche wird es so erzählt:

Als der Herr Abraham erschienen war, saß dieser, wie es heißt: Er saß vor der Tür seiner Hütte. Da aber Abraham die Majestät Gottes kommen sah, wollte er sich aufrichten. Aber der Herr sprach: Laß es dich nicht bekümmern; setze dich zu meiner Rechten. Da sprach Abraham: Herr der Welt! Ist das der Welt Ordnung, daß ich sitzen soll und du stehen? Gott aber sprach: Es tut nichts, siehe, du bist alt, du bist ein Hundertjähriger und wunderst dich, daß ich stehe, wo du sitzest; aber dereinst werden deine Kinder, drei oder vierjährig, im Lehrhaus sitzen, und ich werde vor ihnen stehen. Daher heißt es: Gott steht da in seiner Gemeine.

Und Abraham fing an den Herrn zu preisen und rief: Du gibst mir den Schild deines Heils.

Und wieder lesen wir:

Der Herr sprach zu Abraham: Du hast eine Tür gut aufgetan für Wanderer und Heimkehrende; du hast eine Tür gut aufgetan für

Fremdlinge. Wärest du nicht, ich hätte nicht Himmel und nicht Erde erschaffen; wärest du nicht, ich hätte nicht den Sonnenball erschaffen; wärest du nicht, ich hätte nicht den Mond erschaffen.

Abraham sprach: Ehe ich beschnitten ward, pflegten Wanderer und Heimkehrende bei mir einzukehren. Darauf erwiderte ihm der Herr: Ehe du beschnitten warst, pflegten Menschenkinder zu dir zu kommen; nun aber komme ich und die um mich sind zu dir. Da erhob Abraham seine Augen und sah, auf einmal standen drei Männer vor ihm. Und er erblickte die Majestät Gottes und erblickte die Engel.

3
Die drei Engel in den Farben des Regenbogens

IM BUCHE DER LEUCHTE lesen wir:

Abraham erhob seine Augen, und siehe, drei Männer standen vor ihm. Dies waren drei Engel, die zu ihm gesendet worden waren. Sie hatten sich in Luft gekleidet und fuhren nach dieser Welt herab und erschienen in menschlicher Gestalt.

Wie der Regenbogen da oben in drei Farben aufgeht, so erschienen die drei Boten in den Farben weiß, rot und grün. Weiß von Farbe war Michael, der steht der Majestät Gottes zur Rechten; rot von Farbe war Gabriel, der steht der Majestät Gottes zu Linken; grün von Farbe war Raphael. Daher heißt es: Der Herr erschien ihm, weil die Herrlichkeit Gottes in diesen drei Farben sich offenbart.

Die drei Boten mußten diesmal alle kommen. Einer kam, daß er Abraham von der Beschneidung heilte, dies war Raphael, der über die Heilmittel befohlen ist; einer kam, der Sara anzusagen, daß sie gebären werde, dies war Michael, der der Herrlichkeit Gottes zur Rechten steht – alles Gute und aller Segen kommt von der rechten Seite her; der dritte kam, Sodom umzukehren, dies war Gabriel, der der Herrlichkeit zur Linken steht; er ist der oberste über alle Gerichte der Welt, und die kommen von der linken Seite her.

4
In späteren Zeiten

ALS DER REISENDE Rabbi Petahia aus Regensburg auf einer Fahrt nach dem Haine Mamre gekommen war, sah er dort einen Mann sitzen, der war sehr alt und war dem Tode nahe; und der Mann befahl seinem Sohn, dem Fremden den Baum zu zeigen, unter dem die drei

Engel geweilt haben. Das war ein schöner Ölbaum, dessen Zweige
nach drei Richtungen gingen; unter dem Baum lag ein Marmorstein.
Die Sage geht um, daß erst, als die Engel sich darunter setzten, der
Baum sich nach drei Richtungen ausbreitete, damit ein jeder von ihnen von einem besonderen Teil beschattet werde. Die Früchte des
Baumes sind sehr süß; unweit des Baumes ist aber der Sara-Brunnen,
dessen Wasser klar ist und sehr gut zum Trinken. Neben dem Brunnen ist die Hütte Saras. Bei Mamre ist eine Ebene; jenseits von ihr gegen hundert Ellen von Saras Brunnen ist der Abraham-Brunnen, dessen Wasser gleichfalls sehr gut ist.

Auch wurde Rabbi Petahia ein Stein gezeigt, achtundzwanzig Ellen lang, auf dem unser Vater Abraham sich beschnitten hat. Und der
Greis sprach zu dem Reisenden: Siehe, ich bin dem Sterben nahe, so
werde ich wohl nicht lügen. Ich schwöre dir, daß ich einmal, an einem
Versöhnungstag, einen feurigen Engel auf feurigem Rosse sah; der
stand da am Sara-Brunnen und betete.

Auch der Reisende Samuel ben David war mit seinen Gefährten
nach dem Haine Mamre gekommen, und sie sahen den Ort, da Abraham sich beschnitten hat. Nicht weit davon ist in einem Berge eine
Höhle ausgehauen, zu der man auf Treppen hinunterstieigt. Darin ist
eine Wasserquelle, in der Sara zu baden pflegte.

Mose ben Eliahu erzählt, daß der Hain Mamre von einer steinernen Mauer umgegeben sei, die noch zur Zeit Abrahams errichtet
wurde. Die Steine zeichnen sich durch ungewönliche Größe und
Stärke aus.

Drittes Buch

Abraham und Isaak

Von Sodom und Gomorra

1
Der Raub der Thubaltöchter

ES BEGAB SICH ZU JENER ZEIT, als Abraham einundneunzig Jahre alt war, daß die Kittiter mit den Thubalkindern Krieg führten. Denn als der Herr die Völker über die ganze Erde zerstreut hatte, zogen die Kittiter aus und schlossen sich zu einer Gemeinde zusammen; sie gingen in das Tal Campania, bauten dort Städte und wohnten daselbst am Strome Tiber. Die Thubalkinder aber wohnten in Toskana und die Grenze ihres Landes war ebenso das Wasser des Tibers. Sie bauten dort eine Stadt und nannten sie Sabina nach dem Namen Sabinus', des Sohnes Thubals, ihres Stammvaters, und blieben in ihr wohnen bis auf den heutigen Tag.

Also stritten die beiden Völker miteinander, und die Thubalkinder erlagen im Kampf, und es fielen von ihnen an dreihundertsiebzig Mann. Da taten sie einen Schwur untereinander gegen die Kittiter und sprachen: Sie sollen nimmer eines Blutes mit uns werden, und es soll kein Mann seine Tochter einem Kittiter zum Weibe geben. Aber die Thubaltöchter waren alles schöne Weiber, und es gab auf der ganzen Erde keine schöneren Weiber, als diese. Welcher Mann ein schönes Weib haben wollte, der ging hin und nahm eine von den Thubaltöchtern; und auch alle Fürsten und Könige jener Zeit freiten allein um die Thubaltöchter.

Und es geschah drei Jahre, nachdem die Thubalkinder den Schwur getan hatten, den Kittitern ihre Töchter nicht zu Weiber zu geben, daß zwanzig Mann von den Kittitern zu den Thubalkindern gingen und von deren Töchtern Weiber heimholen wollten; sie bekamen aber keine, denn die Thubalkinder achteten ihres Schwures und wollten ihn nicht brechen und sich mit den Kittitern nicht verbrüdern.

Aber da kam die Zeit des Schnittes, und die Männer der Thubalkinder waren alle draußen auf dem Felde; da versammelten sich abermals die kittitischen Jünglinge, drangen in die Stadt Sabina, und es nahm mit Gewalt ein jeder eine Jungfrau von den Thubaltöchtern und brachten sie heim in ihre Stadt. Als nun die Thubalkindern dies erfuhren, zogen sie in einen Streit mit den Kittitern aus, aber sie vermochten nichts gegen diese, denn ein Berg war zwischen ihnen.

Da kehrten sie um, nahmen sich Söldner von den Aramäern in Dienst und von den Nachbarn, die in den umliegenden Städten wohnten, daß sie nunmehr ein Heer von zehntausend Mann waren, und zogen abermals in den Streit mit den Kittitern; sie kämpften mit ihnen, überfielen ihr Land und belagerten ihre Städte, und diesmal waren sie die Sieger.

Da nun die Kittiter sahen, wie sehr sie bedrängt wurden, nahmen sie die Kinder hervor, die ihnen inzwischen von den Thubaltöchtern geboren waren, hoben sie auf die Mauer empor, die sie errichtet hatten, und sprachen zu den Kindern Thubals: Seid ihr ausgezogen mit euren Söhnen und Töchtern zu streiten? Sind wir nicht nunmehr Bein von eurem Bein und Fleisch von eurem Fleisch?

Als die Thubalkindern dies vernahmen, ließen sie vom Streit und gingen hin und begaben sich zurück in ihre Städte.

Die Kittiter bauten hernach noch mehr Städte, zwei davon am Ufer des Meeres; die eine nannten sie Porte und die andere Ariza.

2
Die Sünden Sodoms und Gomorras

Die Leute Sodoms und Gomorras und aller fünf Städte, die umher lagen, waren böse und sündig vor dem Herrn, und ihr Verderben war groß zu jener Zeit.

Es war in ihrem Lande ein weites Tal, einen halben Tagesweg lang, und darin sprudelten Wasserquellen, und viel Gras wuchs um das Wasser; dorthin gingen alljährlich für vier Tage die Leute Sodoms und Gomorras mit ihren Weibern und Kindern und allem, was ihnen gehörte, und waren fröhlich mit Pauken und Reigen. Während sie sich miteinander freuten, standen sie auf, ein jeder ergriff das Weib seines Bruders oder die Tochter seines Freundes, die noch eine Jungfrau war. Sie trieben ihren Mutwillen an ihnen und schliefen mit ihnen, und ein jeglicher Mann sah sein Weib und seine Tochter in den Armen seines Nächsten und sprach kein Wort. Also taten sie nach dieser Weise vom Morgen bis zum Abend; alsdann kehrte jeder Mann in sein Haus und jedes Weib in ihre Hütte zurück; und so trieben sie es alljährlich vier Tage lang.

Und wenn ein Fremdling in ihre Stadt kam, der seine Ware mit hatte, die er erstanden oder die er verkaufen wollte, so sammelten sich die Leute um ihn, Männer, Weiber, Kinder, Jünglinge und Greise, und ein jeder nahm von der Ware irgendein Stück mit Gewalt von allem, was er hatte, bis ihm nichts übrig blieb von dem, was er mitgebracht hatte.

Zankte da der Mann mit den Leuten und sprach: Wie dürft ihr solches Unrecht an mir tun? so kamen sie einzeln zu ihm, und jeder zeigte ihm nur das eine, das er fortgenommen hatte, und sprach zu ihm: Siehe, nichts mehr habe ich von dir, als das Winzige, das du mir selber gegeben hast. Und hörte der Fremdling solches, so machte er sich auf und ging von dannen bekümmert und verbitterten Herzens, und die Leute liefen ihm nach und jagten ihn von sich und führten ihn hinaus mit Geschrei und Gejohle.

3
Sodoms Recht und Sitte

VIER RICHTER WAREN im Lande Sodom nach der Zahl der Städte. Der von Sodom hieß Serek, der von Gomorra hieß Serker, der von Adama hieß Sebenech, der von Zeboim hieß Manon. Doch Elieser, der Knecht Abrahams, änderte ihre Namen und hieß den Serek Sakra, das heißt Lügner, den Serker Sakrira, das heißt Erzlügner, den Sebenech Kasbon, das heißt Betrüger, den Manon aber nannte er Rechtsbeuger.

Nach dem Befehl dieser Richter stellten die Leute in allen vier Städten Betten in den Straßen auf. Wer nun in eine Stadt hineinkam, wurde von den Sodomittern ergriffen und mit Gewalt auf eines ihrer Betten gestreckt. War da der Fremde kürzer als das Bett, so zogen drei an seinen Füßen; der Mensch schrie, und sie achteten nicht darauf. War aber der Ankömmling länger als das Bett, so stellten sich je drei Männer zu beiden Seiten des Bettes und zerrten ihn in die Breite und marterten ihn zu Tode. Schrie da der Fremde, so riefen sie: So geschieht einem Menschen, der nach Sodom kommt.

Und kam ein Bettler zu ihnen, so steckten sie ihm Gold und Silber zu und ließen überall ausrufen, man solle ja dem Armen kein Brot zu essen geben. Als dann mehrere Tage vergingen, mußte der Fremde Hungers sterben, denn er fand nirgends einen Bissen zu essen. Da er nun tot war, kamen die Leute herzu, nahmen ihr Gold und Silber, das die ihm gegeben hatten, wieder zurück, zogen ihm die Kleider aus und zankten darum miteinander; welcher aber der stärkste war, der behielt sie. Alsdann nahmen sie den Toten und begruben ihn nackend unter einem Strauch in der Wüste. Ähnlich machten sie es aber mit jedem, der zu Sodom starb.

Also mieden es alle nach den Städten Sodoms zu kommen, als man erfuhr, wie es dort zugeht.

4
Ein Elamiter in Sodom

ES WAR EIN MANN aus dem Lande Elam, der war seines Weges gegangen, wohin ihn sein Ziel führte. Er hatte einen Esel mit sich, der

war gesattelt und trug eine schöne bunte Decke, in allerlei Farben gemalt; die war mit einer Schnur um den Esel gebunden.

Also zog der Mann, und es ging ihm die Sonne unter, als er sich
grade in Sodoms Straße befand; da setzte er sich hin und wollte daselbst über Nacht bleiben, aber es war keiner, der ihn in seinem
Hause beherbergen wollte.

Es lebte aber damals in Sodom ein böser Mann, ein Wicht und hin-
terlistig in seinem Tun, mit Namen Hedod. Der hob seine Augen auf
und sah den Fremdling auf der Gasse sitzen; da ging er auf ihn zu und
fragte: Wo kommst du her und wo willst du hin? Da antwortete der
Fremde: Ich reise von Hebron nach Elam, daher ich bin, und durch
diese Stadt gezogen, als sich die Sonne gen Abend neigte; also setzte
ich mich hier in der Gasse, aber es ist kein Mensch, der mich bei sich
aufnehmen wollte. Ich habe Brot und Wasser für mich und Stroh und
Futter für meinen Esel, so daß es mir an nichts gebricht. Da erwiderte ihm Hedod und sprach: Alles, was dir mangelt, laß meine Sorge
sein; bleib nur nicht über Nacht auf der Straße.

Und er führte ihn in sein Haus, nahm vom Esel die Decke mit der
Schnur ab und verbarg sie in seinem Hause. Er gab dem Esel Stroh
und Futter und gab dem Manne zu essen und zu trinken, und der
blieb bei ihm über Nacht.

Des Morgens am zweiten Tage stand der Gast auf in der Frühe und
machte sich auf, daß er seines Weges zöge. Da sprach zu ihm Hedod:
Setze dich, lade dein Herz mit einen Bissen Brot; danach kannst du
gehen. Da tat der Mann also. Er setze sich zu ihm, und sie aßen und
tranken zusammen an diesem Tag; dann stand der Mann auf und
wollte reisen. Aber Hedod sprach: Siehe, der Tag hat sich schon geneigt, bleibt lieber über Nacht hier und laß dein Herz guter Dinge
sein. Also nötigte er ihn, daß der Gast blieb und bei ihm nächtigte.

Des Morgens am dritten Tage, da er sich anschickte zu gehen, faßte ihn Hedod und sprach: Stärke dich doch zuvor mit einem Bissen
Brot, danach sollst du ziehen. Und der Mann setzte sich und trank
mit ihm auch diesen Tag; dann machte er sich aber auf und wollte gehen. Da sprach Hedod zu ihm: Siehe, der Tag ist schon dahin, bleibe
noch hier und sei gutes Mutes; des Morgens kannst du früh aufstehen
und deines Weges gehen. Aber der Mann wollte nicht mehr über
Nacht bleiben, sondern machte sich auf und ging daran seinen Esel
zu satteln.

Da der Gast sich an seinem Tier zu schaffen machte, sprach Hedods Weib zu ihrem Mann: Siehe, der Mann ist in unserem Hause geblieben und hat gegessen und getrunken und uns nichts dafür gegeben und hat den Preis seiner Speise und seines Trankes nicht gezahlt,

und nun zieht er fort von uns ohne ein Wort. Da sprach Hedod zu ihr: Du sollst stille sein.

Und der Mann machte seinen Esel fertig und sprach zu Hedod, er möge ihm die Schnur wiedergeben und die Decke, daß er sie seinem Esel umbinde. Da sprach Hedod zu ihm: Wovon sprichst du zu mir? Der Mann sprach: Der Herr gebe mir die Schnur und die bunte Decke wieder, die in allerlei Farben gemalt war, die ich mit hatte und die du in deinem Hause wohl aufgehoben hast. Darauf sprach Hedod: Dies ist die Deutung des Traumes, den du gesehen hast. Die Schnur bedeutet, daß dein Leben lang sein wird auf Erden wie eine Schnur lang ist; die bunte Decke aber, die du sahst, die in allerlei Farben schillerte, die bedeutet, daß du einen Garten haben wirst, darin du allerlei Fruchtbäume pflanzen wirst. Da erwiderte der Mann und sprach: Doch nein, mein Herr, ich war wach, da ich dir die Schnur gab und den Teppich in herrlichen Farben gewirkt, und du nahmst die Sachen vom Esel hinweg, daß du sie aufhebst. Und Hedod erwiderte abermals: So habe ich die Deutung des Traumes schon gesagt, und siehe, zum Guten ist dein Traum gewesen. Und nun höre: die Leute hierzulande geben mir vier Silberlinge, wenn ich einen Traum deute; von dir aber will ich nur drei Silberlinge dafür haben.

Da ergrimmte der Mann ob dieser Rede Hedods und hob ein großes Jammergeschrei an und ging mit ihm vor den Richter. Sie kamen vor den Richter Serek, und da erzählte der Mann, was ihm geschehen war. Aber Hedod sprach dawider und sagte: Nicht so trug es sich zu, sondern so und so, wie ich es erzähle. Und der Richter sprach zu dem Fremden: Es ist alles wahr, was der Mann Hedod erzählte, und er ist in unseren Städten bekannt dafür, daß er am besten Träume zu deuten versteht. Aber der Mann schrie und sprach zu dem Richter: Nein, Herr, es war noch Tag, als ich dem Mann hier meine Decke gab und die Schnur, und er nahm es und verbarg es in seinem Hause.

Also zankten die beiden vor dem Richter; der eine sprach: So war es. Und der andere sprach: Nein, nicht so war es. Und Hedod sprach noch zum Mann: Jetzt aber gib die vier Silberlinge her für die Deutung des Traumes, ich will nichts davon herunterlassen, und zahle den Preis der vier Mahle, die du in meinem Hause genossen. Da sprach der Gast: Du hast wohl gesprochen; ich will das alles bezahlen, was ich in deinem Hause verzehrt, nur gibt mir den Teppich und die Schnur wieder, die du bei dir verwahrt hast. Da fing Hedod wieder an und sprach: So habe ich dir deinen Traum schon gedeutet; wie die Schnur wird dein Leben lang sein, der Teppich aber bedeutet einen Garten, darin du Bäume pflanzen wirst. Nicht anders, dies war der Sinn deines Traumes. Gib nun die vier Silberlinge her, die immer mein Lohn sind, ich lasse davon nichts herunter. Und der Mann

schrie laut, und sie zankten vor dem Richter. Da befahl dieser seinen
Knechten, daß man die beiden fortjage, und die Knechte führten sie
mit Hast von dannen.

Also kamen die zwei Männer zankend aus dem Hause des Rich-
ters, daß die Leute zu Sodom es hörten; alsbald umringten sie die beiden, machen ein Geschrei um den fremden Mann, ängstigen ihn und
trieben ihn aus der Stadt, daß der Mann mit seinem Esel davonging
betrübten Herzens und gekränkt und das Unrecht weinte, das ihm zu
Sodom angetan worden war.

5

Elieser in Sodom

ES BEGAB SICH NACH TAGEN, da schickte Sara, das Weib Abrahams,
ihren Knecht Elieser nach Sodom, daß er nach Lot sehe und nach seinem Wohl sich erkundige.

Da ging Elieser hin, und als er nach Sodom kam, sah er einen Sodomiter mit einem fremden armen Mann sich raufen; der Sodomiter riß vom armen Mann die Kleider herunter und ging davon. Und
der Arme schrie und jammerte vor Elieser, daß er solches erleiden
mußte. Da lief Elieser dem Sodomiter nach und sprach zu ihm: Wie
darfst du solches an einem armen Menschen tun, der zu euch ins
Land kommt? Der Sodomiter antwortete: Ist denn dieser Mann
dein Bruder, oder haben dich die Bürger Sodoms zu ihrem Richter
gesetzt, daß du dich seiner annimmst? Aber Elieser zankte mit dem
Sodomiter um den anderen und trat näher hinzu, um ihm die Kleider des Armen zu entreißen; da griff jener eilends nach einem Stein
und warf ihn Elieser an die Stirne, daß Blut daraus rann. Und als der
Sodomiter das Blut erblickte, sprach er zu ihm: Du bist mir Lohn
schuldig für das böse Blut, das ich dir entzogen habe, denn also ist
es bei uns zu Lande Recht und Gesetz.

Da sprach Elieser: Für die Wunde, die du mir gemacht hast, soll
ich dir noch einen Lohn zahlen? Und wollte auf ihn nicht hören.
Aber der Sodomiter führte ihn mit Gewalt zum Richter Sodoms, zu
Sakra. Und er sprach zum Richter: Sei gnädig, o Herr, dies und jenes
tat mir der Mann, da schlug ich ihn mit einem Stein auf die Stirne, und
es kam unreines Blut heraus; er aber will mir meinen Lohn nicht geben. Da sprach der Richter zu Elieser: Es ist wahr, was der Mann zu
dir sprach, ihm gebührt ein Lohn, denn so ist es Brauch in unserem
Lande.

Als nun Elieser dieses hörte, hob er selber einen Stein auf und warf
ihn nach dem Richter. Und der Stein fuhr ihm tief in die Stirn, daß

viel Blut herauskam. Und Elieser sprach zum Richter: Wenn dies also euer Recht ist, so zahle du dem Manne den Lohn aus, den ich ihm schulde, denn dies ist das Urteil, das du selber gesprochen. So ließ Elieser die beiden, den Sodomiter und den Richter, und ging weiter seines Weges.

6
Pilatith, die Tochter Lots,
und die Jungfer von Adama

Als nach dem Kriege der Könige Sodoms mit den Königen Elams Lot durch Abraham gerettet wurde, gebar ihm sein Weib eine Tochter, und er hieß ihren Namen Pilatith, denn er sprach: Gott hat mich und mein Haus aus der Hand der Könige Elams entkommen lassen. Und Pilatith ward groß, und es nahm sie einer der Angesehensten Sodoms sich zum Weibe.

Da kam einmal ein Armer in die Stadt, Brot zu suchen, und blieb dort einige Tage. Alsbald ließen die Sodomiter, ihrer Sitte gemäß, überall ausrufen, man solle dem Manne nichts zu essen geben, bis daß er stürbe. Und alle taten nach diesem Wort. Da sah Pilatith den armen Mann, wie er auf der Straße dalag und hungerte und daß ihm kein Mensch etwas geben wollte, wo seine Seele schier verging. Da ward ihr Herz voll Mitleid über den Menschen, und sie fing an im Geheimen ihn mit Brot zu speisen, bis die Seele des Mannes wieder lebendig wurde. Sie pflegte, wenn sie ausging, Wasser zu schöpfen, Brot in den Wasserkrug zu legen, und wenn sie an dem Orte vorbeiging, da der Arme saß, nahm sie das Brot aus dem Kruge und gab es dem Manne, und er aß. Und so tat sie viele Tage.

Da wunderten sich die Leute Sodoms und Gomorras, daß der Mann das Hungern so lange aushielt, und sie sprachen, einer zum anderen: Nicht anders, als daß der Mann hier wohl essen und trinken muß, denn es kann kein Mensch vom Hungern leben, und dieser hier lebt, und sein Angesicht ist nicht dahin.

Es versteckten sich drei Leute hinter dem Orte, wo der Arme saß, auf daß sie erführen, wer dem Manne zu essen gab. Und Pilatith, die Tochter Lots, ging wie alle Tage Wasser schöpfen und tat Brot in ihren Krug, und als sie an den Ort kam, wo der Arme saß, nahm sie das Brot hervor, neigte sich zu dem Manne und gab es ihm, und er aß. Da sahen die drei Leute, was Pilatith tat, und sprachen: So ist es diese, die ihn die ganze Zeit über ernährte, und deshalb ist er nicht verhungert und nicht gestorben wie die anderen. Und die drei Männer verließen eilends den Ort, da sie sich versteckt hatten, rissen dem Armen das Brot aus der Hand, griffen die Pilatith und brachten sie vor die Richter. Vor denen erzählten sie: Dies und jenes hat diese hier getan, sie ist es, die dem Manne die ganze Zeit hindurch Brot zu essen gab, daher ist er nicht gestorben. Und nun sagt, wie soll gerichtet werden das Weib, das unser Gesetz übertreten hat?

Darauf versammelten sich die Leute Sodoms und Gomorras und machten ein Feuer inmitten der Stadt; sie brachten die Pilatith her und warfen sie in die Flammen, daß sie verbrannte und zu Asche ward. Da sie aber sterben sollte, wird erzählt, rief sie aus: Gott der Welt, fordere es ihnen ab, was sie an mir tun.

Aber auch in der Stadt Adama war eine Jungfer, Tochter eines reichen Mannes, mit der machten sie es gleichfalls so. Es kam ein Wanderer nach dieser Stadt, der wollte dort über Nacht bleiben und des anderen Tages weiter reisen. Er setzte sich vor die Tür des Hauses, wo der Jungfer Vater wohnte, und wollte dort nächtigen, da ihm die Sonne am diesen Orte untergegangen war. Da erblickte die Jungfer den fremden Mann, der vor der Türe stand; und er bat sie um einen Schluck Wasser, um zu trinken. Sie fragte ihn: Wer bist du? Und er antwortete: Ich bin auf der Reise, und da ging mir in dieser Stadt die Sonne unter, also möchte ich hier nächtigen; morgen aber will ich früh aufstehen und meines Weges ziehen. Da ging die Jungfer ins Haus und brachte dem Mann Wasser zu trinken und Brot zu essen.

Aber alsbald ward die Sache unter den Leuten der Stadt ruchbar, sie versammelten sich und führten die Jungfer vor die Richter, daß sie sie darum richteten. Und die Richter sprachen: Dieser hier gebührte der Tod dafür, daß sie unserem Gesetz zuwidertat.

Da traten die Leute zusammen, zogen die Dirne aus und bestrichen sie ganz mit Honig, vom Scheitel bis zum Sohle, wie es die Richter befohlen hatten. Alsdann hängten sie sie über ein Bienenhaus. Da fielen die Bienen über sie und stachen sie, daß ihr Fleisch überall aufschwoll. Und die Jungfer schrie vor den Bienen, aber keiner sah sich nach ihr um und keiner erbarmte sich ihrer, und ihr Schrei stieg zum Himmel empor.

7
Die Vertilgung Sodoms und Gomorras

DER HERR EREIFERTE SICH über diese Sünde Sodoms und über alle ihre Untaten, die sie vollbrachten, wo sie doch Brots die Fülle hatten und der Ruhe und des Friedens genossen; dennoch stärkten sie nicht die Hand eines Armen und eines Bedürftigen. Ihre Bosheit und ihr Verderben vor dem Herrn wuchsen immer mehr und mehr.

Da sandte Gott die zwei Engel, die Abraham besucht hatten, nach Sodom und allen diesen Städten, um sie zu vertilgen. Nachdem sie bei Abraham gegessen und getrunken hatten, standen sie auf und begaben sich nach Sodom und kamen dorthin, da es Abend war. Lot aber saß vor den Toren Sodoms und sah sie kommen, da stand er auf und bückte sich vor ihnen bis zur Erde. Er bat sie, daß sie bei ihm einkehren möchten, und brachte sie in sein Haus und setzte ihnen Essen vor, und sie aßen und blieben bei ihm über die Nacht.

Alsdann sprachen die Engel zu Lot: Mache dich auf und verlasse diesen Ort, und alles, was dein ist, auf daß du nicht umkommst in der Missetat dieser Stadt, denn der Herr will diesen Ort vertilgen. Und die Engel ergriffen Lot und sein Weib und seine zwei Töchter an der Hand und führten ihn hinaus und ließen ihn außen vor der Stadt. Und sie sprachen zu ihm: Errette deine Seele. Da machte sich Lot auf und floh, er und alles, was sein war.

In diesem Augenblick ließ Gott Feuer und Schwefel vom Himmel regnen über Sodom und Gomorra und alle Städte umher. Und kehrte die Städte um und die ganze Gegend und alle Einwohner der Städte und was auf dem Lande gewachsen war. Aber Edith, das Weib Lots, sah hinter sich, als die Städte umgekehrt wurden, denn es erfaßte sie das Mitleid um ihre anderen Töchter, die dort geblieben und nicht mitgekommen waren. Da sie sich aber umsah, ward sie zu einer Salzsäule; die steht noch heutigen Tages an diesem Orte. Die Ochsen, die in dieser Gegend sind, lecken an ihr täglich, bis daß nur die Zehen ihrer Füße von ihr bleiben, aber des anderen Morgens wächst wieder von neuem, was sie weggeleckt haben.

Lot aber und seine Töchter, die ihm noch übrig geblieben waren, flüchteten sich in die Höhle Adullam und blieben viele Tage.

Und Abraham machte sich des Morgens frühe auf, um zu sehen, was mit den Städten Sodom und Gomorra geschehen war; er schaute und sah, da ging ein Rauch auf von den Städten wie ein Rauch von einem Kalkofen.

Es geschah aber, als Lot mit seinen zwei Töchtern in der Höhle saß, daß sie ihrem Vater Wein zu trinken gaben und sich zu ihm legten, denn sie sprachen: Es ist kein Mann auf Erden, von dem wir Samen erhalten könnten, Sie dachten, die ganze Erde sei vertilgt worden. Also schliefen die beide bei ihrem Vater und wurden von ihm schwanger und gebaren Söhne. Die älteste hieß ihren Sohn Moab, denn sie sprach: Von meinem Vater habe ich ihn empfangen; dies ist der Vater der Moabiter bis auf den heutigen Tag. Die jüngere aber hieß ihren Sohn Ben-Ammi; von dem kommen her die Ammoniter bis auf den heutigen Tag.

Danach aber zog Lot mit seinen zwei Töchtern und ihren Kindern von dannen und wohnte jenseits vom Jordan. Und die Kinder Lots wurden groß und gingen hin und nahmen sich Weiber aus dem Lande Kanaan; die gebaren ihnen Kinder, also, daß sie fruchtbar wurden und sich überaus vermehrten.

8
Das Salzmeer

LOT SPRACH: Ich kann nicht auf den Berg flüchten, denn ich bin alt, und der Frost wird mich umbringen, auch ist meine Seele matt; siehe, da ist eine Stadt in der Nähe, dahin will ich mich flüchten; der Weg dorthin ist kurz, also wird meine Seele wieder aufleben. Der Name dieser Stadt aber war vormals Bela.

Danach erfolgte ein großes Erdbeben, und Lot ging davon und hielt sich in einer Höhle auf, denn er fürchtete sich vor dem Sturm. Und Gott ließ Schwefel und Feuer über Sodom von Himmel regnen, und nach drei Tagen ward die ganze Gegend zu dem Wasser, das man heute das Salzmeer nennt. Fische und Vögel leben in diesem Meere nicht, und es scheidet das Land Israel vom Araberland.

All die vierzig Jahre, da Israel durch die Wüste wanderte, umkreisten sie das Salzmeer. Schiffe können durch dieses Meer nicht fahren, denn das Wasser ist wie Lehm, und es kann kein Ding darin versinken, sondern es schwimmt oben; tut man eine brennende Kerze auf die Oberfläche, so schwimmt sie, so lange sie brennt; erlischt sie aber, so sinkt sie nach unten. Das Meer speit schwarzes Pech aus, das gut zum Kleben ist.

Ältere Sodom-Geschichten

1
Was das Maß der Sodomiter voll machte

DIE FRIEDLICHEN TAGE in Sodom währten nicht länger als zweiundfünfzig Jahre; fünfundzwanzig Jahre ließ der Herr ihre Berge beben, auf daß sie Buße täten, aber sie taten keine Buße.

Der Herr öffnete ihnen eine Pforte zur Einkehr, wie es heißt: Ich will hinabfahren und sehen, ob sie getan haben nach dem Geschrei, das vor mich gekommen ist; dann sollen sie der Vernichtung anheimfallen; ist aber dem nicht so, will ich durch sie das Maß der Gerechtigkeit in der Welt verkündigen.

Und weiter sprach der Herr: Wollte ich auch schweigen, die Untat, die sie an der Magd begingen, ließe mich nicht stille bleiben. Es geschah nämlich zu Sodom, daß zwei Jungfrauen Wasser schöpfen gingen. Da fragte die eine die andere: Warum ist dein Angesicht so bleich? Jene erwiderte: Unsere Speise ist dahin, und wir sind dem Tode nahe. Was tat die erste? Sie füllte ihren Krug mit Mehl, gab ihn jener und nahm dafür den ihrigen. Als das die Leute zu Sodom erfuhren, nahmen sie die Magd und verbrannten sie.

Fünf Richter waren in Sodom, und Lot war der oberste unter allen. Sagte er ihnen Worte, die ihnen süß waren zu hören, so sprachen sie zu ihm: Komm, du sollst höher steigen. Sagte er ihnen aber Worte, die zu hören ihnen nicht behagte, so sprachen sie von ihm: Ein Fremder kam er zu uns und will Richter sein.

Als die zwei Engel nach Sodom kamen, kehrten sie bei Lot ein, denn er nötigte sie sehr und bereitete ihnen ein Mahl. Im Hause Abrahams, unseres Vaters hat er es gelernt, Wanderer und Heimziehende bei sich zu beherbergen.

Die Engel fingen ein Gespräch mit Lot an und fragten ihn: Die hier wohnen, was sind das für Leute? Lot erwiderte: Allüberall sind Gute und Böse; doch es ist wahr, daß hier der Bösen viele sind.

Ehe die Gäste schlafen gingen, umringten die Leute der Stadt das Haus Lots und sprachen: wo sind die Männer, die zu dir diese Nacht gekommen sind? Führe sie heraus zu uns, daß wir sie erkennen.

Da ging Lot zu ihnen heraus und sprach: Ach, meine Brüder, tut nicht so übel. Aber die Leute sprachen: Gehe hinweg! was unsere Ersten als Gesetz erkannt haben, willst du zerstören? Denn das war bei ihnen ein ausgemachtes Recht: einen jeden Fremdling, der zu ihnen kam, mißbrauchten sie zu ihren Lüsten und beraubten ihn seines Geldes.

Die ganze Nacht über flehte Lot vor den Engeln für die Leute zu Sodom, und die Engel hörten es an. Als aber die Sodomiter zu Lot riefen: Führe sie heraus, daß wir sie erkennen, sprachen die Engel: Wen hast du denn hier? Bislang durftest du für sie Fürbitte halten, nun aber steht dir nicht mehr zu, für sie einzutreten.

Am sechzehnten Nissan brachte Gott das Strafgericht über Sodom, dies ist der Tag, da Sonne und Mond gleichzeitig am Himmel stehen. Denn da die Sodomiter Sonne und Mond anbeteten, sprach der Herr: Schlüge ich sie am Tage, so würden sie denken: Ach, wäre doch der Mond da, er hätte sich für uns verwendet; vernichte ich sie des Nachts, so würden sie sagen: Ach, schiene doch die Sonne jetzt, sie hätte uns beschützt.

2
Lot der Gerechte

DER HERR SPRACH: Sollte ich Abraham verhehlen, was ich tue? Und er sprach weiter: Ein großes Ding will ich meiner Welt vollbringen, davon will ich meinem Liebling Abraham zuerst Kunde geben. Und Gott erzählte Abraham, was er mit Sodom vorhatte.

Da fing Abraham an, Gott zu bitten und ihn anzuflehen um Lots, seines Bruders Sohnes, willen und sprach vor ihm: Herr aller Welten! Soll mit dem Gottlosen auch der Gerechte umkommen? Willst du den Gerechten mit dem Gottlosen verderben? Da sprach Gott: So wahr du lebst, Abraham, finde ich in Sodom fünfzig Gerechte, so will ich ihre Sünde vergessen. Und Abraham flehte immer weiter und bat den Herrn, daß er dennoch Sodom nicht strafe, wenn auch der Gerechten weniger sein sollten, bis er zu der Zahl zehn kam. Und der Herr sprach: Wohlan, um zehn Gerechter willen will ich die Stadt erhalten. Daher meinen die Weisen: Hat ein Ort auch nur zehn Gerechte, er wird um ihretwillen verschont.

Die reichsten der Welt waren die Leute zu Sodom. Der Boden, auf dem sie saßen, war fruchtbar und fett, und alles, was dem Menschen wohltut, sproßte aus ihm. Von ihnen heißt es, ihr Erdenland wäre Gold gewesen. Auch Silber trug das Land, auch Perlen und Edelsteine, auch Brot. Daher vertrauten sie nicht auf den Schutz ihres Schöpfers, sondern allein auf ihren großen Reichtum. Aber der Reichtum verdrängt die Gottesfurcht. Von ihnen steht geschrieben, sie verließen sich allein auf ihre Kraft.

Sie achteten nicht der Erde ihres Herrn, daß sie mit dem Gast und mit dem Fremdling ihr Brot teilten, sondern sie hieben die Wipfel ihrer Bäume ab, daß auch die Vögel des Himmels darin nicht nisten könnten.

Sie hatten allen Getreides die Fülle und genossen von allen Seiten der Ruhe und des Friedens ohne Kriegsangst. Sie hatten von allem Guten das volle Maß und gaben keinem Armen noch Bittendem einen Bissen Brot.

Es heißt: Wer mit Weisen Umgang hält, wird selber weise. Also war es mit Lot; er war immer mit Abraham zusammen und lernte von ihm seine Taten und seinen guten Wandel. Abraham hatte in Haran eine Herberge, und jeder, der dorthinkam und daherzog, wurde von ihm empfangen: er gab ihm Speise und Trank und sprach zu ihm: Einer ist Gott in der Welt!

Da nun Lot nach Sodom kam, machte er es ebenso. Als aber der Erlaß laut ward: wer einem Armen Brot reicht, der soll verbrannt werden – fürchtete sich Lot, solches bei Tage zu tun und tat es nur bei Nacht.

Als er die zwei Engel nach Sodom kommen sah, dachte er, es wären Wanderer, und lief ihnen entgegen. Warum saß er aber grade vor den Toren der Stadt? Weil er an diesem Tage zum Ältesten in Sodom wurde.

Er führte die Fremden in die Stadt und sprach zu ihnen: Kommt, schlaft in meinem Hause; eßt und trinkt, danach könnt ihr in Frieden weiter ziehen. Aber die Engel wollten von ihm nichts annehmen. Da ergriff er ihre Hände wider ihren Willen und brachte sie in sein Haus.

Doch dies sah ein Knabe aus Sodom und der ging hin und sagte es den Leuten; da kamen sie alle zusammen vor die Tür des Hauses und wollten ihrer Sitte gemäß sich an den Fremden vergehen. Was tat Lot? Gleichwie Mose, unser Lehrer, seine Seele für Israel opferte, so wollte auch er für seine Gäste alles hingeben. Er nahm seine zwei Töchter und führte sie hinaus statt der Fremden, aber die Leute wollten sie nicht hinnehmen. Was taten die Engel? Sie schlugen die Einwohner Sodoms mit Blindheit, bis der Morgenstern aufging. Da der Morgen kam, faßten die Engel den Lot, sein Weib, seine Töchter bei der Hand und führten sie hinaus, gleichwie er zuvor ihre Hände wider ihren Willen ergriffen hatte. Es gilt in allem das gleiche Maß. Und die Engel sprachen zu ihnen: Schaut nicht hinter euch, denn seht, die Majestät Gottes ist hinabgefahren und läßt Schwefel und Feuer über Sodom regnen.

Noch wird erzählt, daß zwölftausend Schmerzensengel mit Kamiel, ihrem obersten Anführer, herabgestiegen wären und Sodom in eines Auges Zwinkern vertilgt hätten.

3
Abraham rechtet mit dem Herrn

ABRAHAM TRAT VOR DEN HERRN zu Streit und Fürbitte und sprach: Willst du den Zorn noch mehren? Durch den Grimm, den du an deiner Welt ausläßt, triffst du den Gerechten zugleich mit dem Gottlosen. Nicht genug, daß du den Bösen nicht vergibst um der Gerechten willen, sondern du tötest auch die Frommen zusammen mit den Missetätern. Das sei ferne von dir, solches zu tun, nicht solches und nicht Ähnliches und nicht, was geringer wäre.

Und weiter sprach Abraham vor dem Herrn: Aller Welt Richter soll selber nicht Recht tun? Als du deine Welt zu richten anfingst, übergabst du sie zweien: Remus und Romulus, damit, wenn einer etwas tun wollte, der andere ihn verhindere. Du aber, der du keinen hast, der dich hemmen könnte, solltest tun, was nicht recht ist?

Andere sagen, so hätte Abraham zu Gott gesprochen: Willst du eine Welt haben, kannst du nicht Recht verlangen; ist es dir aber um das Recht zu tun, so ist es mit der Welt aus. Du fassest die Schnur bei ihren beiden Enden; du willst eine Welt haben und willst in ihr Recht walten lassen. Wenn du aber nicht ein wenig milder wirst, so kann die Welt nicht bestehen. Da sprach Gott: Du liebst die Gerechtigkeit und hassest die Bosheit; du liebst es, meine Geschöpfe zu verteidigen und magst die Gottlosen keiner Schuld zeihen; darum hat dich Gott, dein Gott, gesalbt mit Freudenöl mehr denn deine Gesellen.

Abraham trat vor den Herrn und sprach: Willst du den Gerechten mit dem Gottlosen wegraffen? Das zu tun sei ferne von dir, damit man nicht sage: So verfährt Gott, daß er die Geschöpfe mit dem strengsten Maß richtet. Seht aber das Geschlecht Enos', das Geschlecht der Sintflut, das Geschlecht des Turmbaus; er läßt nicht von seinem Handwerk. Darauf sprach der Herr: Was würdest du bestimmen? Komm, ich will mit dir die Geschlechter durchgehen, die ich vernichtet habe, und will dir zeigen, daß ich sie nicht nach ihren Sünden gestraft habe, sondern viel darunter. Meinst du aber, daß ich Unrecht getan habe, so lehre mich's besser, ich will fürder anders tun. Da sprach Abraham: Es sei ferne, daß Gott gottlos handeln sollte, und der Allmächtige ungerecht, denn er vergilt dem Menschen danach er verdient hat und trifft einen jeglichen nach seinem Tun.

Man erzählt:

Zur Stunde, da Abraham um Erbarmen bat für die Sodomiter, sprach er zu Gott: Herr aller Welten! du hast geschworen, daß du keine Flut mehr bringen wirst über die Welt; wohl bringst du keine Wasserflut mehr, aber eine Feuerflut willst du kommen lassen. So wendest du List an, wenn du einen Eid schwörst. Damit kannst du dich vom Schwur nicht losmachen.

4
Sodom – Anekdoten

DIE LEUTE ZU SODOM pflegten, wenn sie einen Mann herausfanden, der Geld hatte, ihn an eine baufällige Mauer zu führen und die Mauer umzuwerfen, daß sie auf ihn fiel; danach nahmen sie ihm sein Geld weg.

Aber auch so taten sie mit reichen Leuten; erfuhren sie, daß einer sein Geld verborgen hielt, so gaben sie ihm Balsam, daß er ihn wohl verwahren sollte. In der Nacht darauf kamen sie dann in das Haus und witterten wie Hunde nach dem Geruch des Balsams, so fanden sie das Versteck, wo das Geld lag, und nahmen es.

Ein Brauch bestand bei ihnen, daß, wer einen Ochsen hatte, einen Tag alles Vieh des Ortes weiden mußte; wer aber keinen Ochsen hatte, der mußte es zwei Tage nacheinander weiden. Also mußte auch einmal der Sohn einer Witwe Ochsen weiden; da schlug er sie tot. Danach sprach er zum Manne, dem das Vieh gehörte: Wer einen Ochsen hat, der soll das Fell von einem Ochsen haben, wer aber keinen einzigen Ochsen hat, der soll zwei Felle haben. Da fragte der Mann: Was soll das heißen? Der Witwensohn erwiderte: Des Gesetzes Folge ist wie des Gesetzes Anfang; das Gesetz lautet, daß, wer einen Ochsen hat, einen Tag das Vieh hüten soll; wer aber gar keinen hat, der soll sich zwei Tage darum bemühen; also muß auch einer, der nur einen Ochsen hat, ein Fell bekommen, wer aber gar keine hat, der soll zwei Felle bekommen.

Schlug einer ein schwangeres Weib, daß ihr die Frucht abging, so sprachen die Richter zu ihrem Manne: Gib sie dem, der sie geschlagen hat, daß er mit ihr schlafe und sie wieder schwanger werde.

Schnitt einer dem Esel seines Nachbarn ein Ohr ab, so sprachen sie zu dem Manne, dem der Esel gehörte: Laß ihm den Esel, bis ihm das Ohr wächst.

Wer eine Brücke passierte, mußte vier Silberlinge zahlen, durchwatete aber einer den Fluß, so mußte er acht Silberlinge geben. Einst kam ein Wäscher in die Stadt; da sprachen die Leute zu ihm: Gib die vier Silberlinge Brückengeld. Da erwiderte der Mann: Ich habe den Fluß durchwatet. Darauf sagten die Leute: Dann zahle acht Silberlinge. Das wollte der Mann nicht geben. Da schlugen sie ihn und verwundeten ihn. Also ging der Mann zum Richter, daß ihm sein Recht werde. Aber der Richter entschied und sprach: Du mußt den Leuten für den Aderlaß zahlen, und außerdem noch acht Silberlinge dafür, daß du durch den Fluß gegangen bist.

Ein Brauch bestand unter ihnen, daß, wenn einer einen Fremden zu einer Hochzeit lud, ihm seine Kleider ausgezogen wurden. Als nun Elieser, der Knecht Abrahams, zu ihnen kam, wollten sie ihm kein Brot geben. Da es ihn aber hungerte, ging er zu einem Hochzeitsmahl und setzte sich an das Ende des Tisches. Da fragte ihn einer: Wer bat dich, hierherzukommen? Elieser aber sprach zu dem Manne, der neben ihm saß: Du hast mich hierher gerufen. Da sprach der Mann zu ihm: Sei stille, wenn es die anderen hören, nehmen sie mir meine Kleider weg. Und alsbald lief er auf die Straße, denn er fürchtete sich sehr. Dann rückte Elieser zum nächsten und sprach auch zu ihm, daß er es sei, der ihn zur Hochzeit geladen hätte. Da fürchtete auch dieser, daß die anderen es hören könnten, und lief hinaus vor Angst, daß man ihn auszöge. Also machte es Elieser mit allen Gästen nach der Reihe, bis sie alle davonliefen. Da setzte er sich hin und aß allein, was zubereitet war.

Auch den Elieser wollten die Leute zu Sodom auf ihr Bett strecken. Da sprach er : Seit dem Tagen, da meine Mutter gestorben ist, gelobte ich, nie mehr ein Bett zu besteigen.

Lots Töchter

1
Der Wein in der Höhle

DER HERR LIESS SCHWEFEL und Feuer über Sodom und Gomorra regnen. Überall, wo von dem Herrn die Rede ist, ist der Herr und sein Gerichtshof zu verstehen. Die Flüsse Sodoms wurden zu Pech, die Erde zu Schwefel, und ein Feuer brannte. Gott kehrte diese Städte um und die ganze Gegend umher. Die fünf Städte Sodoms lagen alle auf einem Fels; ein Engel streckte seine Hand aus und warf sie um. Davon steht auch geschrieben: Er legt die Hand an die Felsen und gräbt Berge um. Selbst die Pflanzen der Erde sind geschlagen worden. Und heute noch – nimmt einer Samen aus der Gegend Sodoms und tut ihn in sein Beet, er geht ihm nicht auf.

Aber Lots Weib sah hinter sich und ward zu einer Salzsäule. In der Nacht nämlich, da die Engel zu Lot kamen, lief sie zu den Nachbarinnen und sprach zu ihnen: Gebt mir Salz, denn Gäste sind zu mir gekommen. Dadurch wollte sie unter den Sodomitern ruchbar machen, daß Fremde gekommen waren. Durch Salz hat sie sich schuldig gemacht und dafür ward sie in eine Salzsäule verwandelt. Lot aber ging von Zoar und wohnte in einer Höhle mit seinen zwei Töchtern. Da sprach Lots ältere Tochter zu der jüngeren: Siehe, unser Vater ist alt, und kein Mann ist in der Welt, der zu uns einginge; so wollen wir denn unserem Vater Wein zu trinken geben, bei ihm schlafen und von ihm Samen erhalten. Woher hatten sie aber Wein in der Höhle? Es trat für sie in der Höhle das ein, was in zukünftigen Tagen sein wird, wenn die Berge von süßem Wein triefen werden.

Warum sagte die ältere: Wir wollen Samen erhalten, und nicht: Wir wollen einen Sohn erhalten? Damit wurde auf den Samen hingedeutet, aus dem einst der König Messias kommen wird.

Die Töchter Lots sprachen: Wir wollen unserem Vater Samen erhalten. Das ist der König Messias, der von beiden herkam; David war ein Abkömmling von Ruth, der Moabiterin, Rehabeam aber stammte von Naama, der Ammoniterin; der König Messias aber kam von ihrer Kinder Kindern.

Daher sprach Zophar, der Naamiter, zu Hiob: Vermeinst du Gottes Tun zu erforschen? Von dir heißt es, du seist fromm und gerecht, nun aber über dich Leiden gekommen sind, führst du Klage wider die Allmacht? Gottes Walten willst du durchschauen? Siehe, käme vor dich die Rechtssache eines Menschen, der bei seiner Tochter schlief, was würdest du über ihn verhängen? Da sagte Hiob: Gesteinigt muß er werden. Darauf sprach Zophar: Und dennoch zwei solcher Fälle sind vor den Herrn gekommen, Lot mit seinen Töchtern und Juda mit seiner Schnur, und der Herr nahm von diesen und von jenen, ließ von den einen Könige auf die Erde kommen, von den anderen Erlöser in der zukünftigen Welt. Und die Söhne Aarons, die vor dem Herrn Weihrauch herbrachten, wurden vom Feuer verzehrt.

2
Die Mütter Ammons und Moabs

ALS DIE ENGEL nach Sodom kamen und Lot und seine zwei Töchter hinausführten, dachten diese, Gott hätte die ganze Welt zerstört, wie zur Zeit der Sintflut. Daher machten sie miteinander aus, ihrem Vater Wein zu geben und bei ihm zu schlafen, auf daß sie von ihm schwanger würden. Doch nicht darum taten sie dies, weil sie mit ihrem Vater huren wollten, sondern sie sprachen: Gott hat den Menschen geschaffen, daß er fruchtbar sei und sich vermehre. Nun aber die Welt zerstört ist, von wem soll sie sich wieder aufrichten? Gewißlich hat uns darum der Herr übrig gelassen, daß wir die Welt erhalten sollen. Sie wußten nicht, daß Sodom allein zerstört worden war.

Der Herr sprach: Ich will keinem Geschöpf seinen Lohn vorenthalten; wohl war es nicht recht, was die Töchter Lots getan haben, aber ich, Gott, kenne die Herzen, ich kann die Herzen ergründen und die Nieren prüfen. Als der Herr danach die Moabiter und Ammoniter ausschloß, bestimmte er: Es soll kein Sohn Moabs und Ammons aufgenommen werden. Er sagte aber nicht: Keine Tochter Moabs und Ammons.

3
Die geweihte Hebe

HÄTTE DER HERR nach den Taten gerichtet, die Töchter Lots hätten verbrannt werden müssen. Aber der Herr richtet allein nach den Gedanken. Und die Töchter Lots dachten: Unser Vater ist alt, und es ist kein Mann, von dem wir gebären könnten.

Es war einmal ein Priester, der hatte ein Feld, das gab er einem Pächter. Aber der Acker wollte keine Frucht tragen. Als nun der Wirt seinen Teil forderte und der Pächter ihm nichts zu geben hatte, was tat er da? Er nahm die Hebe, die allein dem Priester gehört, und besäte damit das Feld. Alsbald sproßte die Erde. Als der Pächter danach das Getreide in die Scheuer einfuhr, fragte der Priester: Wir hatten doch keinen Samen, woher denn dieser Ertrag? Darauf sprach der Pächter: Ich sah, daß kein Samen war, so nahm ich die Hebe, säte sie und konnte darauf ernten. Da sprach der Priester: Wie konntest du solches tun? Du darfst die Frucht nicht in die Scheuer tragen.

Also war es auch mit den Töchtern Lots. Da sie sahen, daß nirgends ein Mann war, und da sie dachten, daß alles umgekommen sei, griffen sie zu der geweihten Hebe. Da sprach der Herr zu ihnen: Hätte ich euch nach dem, was ihr getan habt, gerichtet, ihr wäret des Feuers; da ihr es aber tatet, um die Welt zu erhalten, so sollt ihr am Leben bleiben. Aber die Frucht soll nicht in meine Scheuer kommen; Ammon und Moab sollen in die Gemeinde Gottes nicht aufgenommen werden.

Im Philisterlande

1
Abraham und Ahimelech

ZU DER ZEIT ZOG Abraham aus dem Haine Mamre nach dem Lande der Philister und blieb in Gerar wohnen. Das geschah, nachdem er fünfundzwanzig Jahre im Lande Kanaan gewohnt hatte, und er war hundert Jahre alt, als er nach Gerar kam.

Da er nun in das Land einzog, sprach er zu seinem Weibe Sara: Sage allen, die dich darum befragen werden, du seist meine Schwester, auf daß wir der Bosheit der Bewohner des Landes entrinnen. Sie waren schon im Lande der Philister ansässig, da sahen die Knechte Abimelechs, des Königs der Philister, daß Sara sehr schön war, und fragten den Abraham nach ihr. Er antwortete: Sie ist meine Schwester.

Da erzählten es die Knechte dem Abimelech und sprachen: Ein Mann aus dem Lande Kanaan ist hierher gekommen, um hier zu wohnen, und er hat eine Schwester, die ist überaus schön. Als der König die Worte der Knechte hörte, die die Sara vor ihm lobten, schickte er seine Fürsten aus, und die nahmen die Sara und brachten sie zu ihm.

Also kam Sara in das Haus Abimelechs, und der König sah, daß sie schön war, und sie gefiel ihm sehr. Er näherte sich ihr und fragte sie: Wer ist der Mann, mit dem du nach unserem Lande gekommen bist. Da erwiderte Sara und sprach: Er ist mein Bruder; wir kommen aus dem Lande Kanaan, um zu wohnen, wo wir eine Stätte finden.

Da sprach Abimelech zu Sara: Siehe da. Mein Land steht dir offen, laß deinen Bruder wohnen, wo es dir wohlgefällt; wir wollen ihn erheben und ihn über das ganze Land groß machen, dafür, daß er dein Bruder ist. Und Abimelech schickte hin und ließ Abraham rufen, und Abraham kam vor Abimelech. Da sprach Abimelech zu Abraham: Siehe, ich habe befohlen, daß man dich ehre; wohne im Lande, wo es dir wohl gefällt – alles um Saras, deiner Schwester, willen. Und Abraham ging von dem König fort, und es folgten ihm nach die Geschenke des Königs.

Des Abends, noch ehe der Mensch schlafen geht, saß der König auf seinem Stuhl, und es überfiel ihn der Schlummer, daß er auf dem Stuhl sich ausstreckte und bis zum Morgen schlief. Da sah er im Traume einen Engel auf sich zukommen, der hielt ein bloßes Schwert in der Hand; er stellte sich vor Abimelech und wollte ihn mit seinem Schwerte töten. Da erzitterte der König im Traum und sprach zu dem Engel: Was habe ich vor dir gesündigt, daß du gekommen bist, mich mit deinem Schwerte zu töten? Da erwiderte der Engel und sprach: Du bist des Todes um des Weibes willen, das du gestern nach deinem Hause brachtest, denn sie ist eines Mannes Eheweib; sie ist das Weib Abrahams, der in dein Haus kam. Nun aber, gib wieder das Weib dieses Mannes, denn sie ist sein Weib; wo du aber nicht wiedergibst, so wisse, daß du sterben mußt, du und alles, was dein ist.

Am anderen Morgen stand Abimelech auf in der Frühe und war voll Furcht und Angst und Entsetzen. Er schickte aus und rief alle seine Knechte zusammen und erzählte ihnen seinen Traum; da erschraken die Leute überaus. Und Abimelech beeilte sich und rief die Sara herbei, und sie kam vor ihm. Alsdann ließ er den Abraham holen, und auch der kam. Da sprach Abimelech zu den beiden: Wie konntet ihr solches tun und mir sagen, ihr seiet Geschwister, und ich hätte

bald das Weib zu mir als mein genommen. Da antwortete Abraham:
Ich sagte es, auf daß ich nicht stürbe um des Weibes willen.

Da nahm Abimelech Schafe und Kinder, Knechte und Mägde und
tausend Silberlinge und gab sie dem Abraham und gab ihm auch die
Sara wieder. Er sprach zu Abraham: Siehe, das ganze Land liegt offen
vor euch, wohnt, wo es euch wohlgefällt.

Da ging Abraham und sein Weib Sara von dem Angesicht des Königs mit Ehren und mit Gaben, und sie wohnten fortan in Gerar.

Diese Geschichte wird aber auch so erzählt:

In der Nacht, da Abimelech die Sara zu sich nahm, war ein großes
Geschrei im Lande der Philister. Die Leute sahen alle die Gestalt eines Menschen, der stand da und hielt in der Hand ein bloßes Schwert
und schlug alle damit; er schritt weiter und hieb um sich. Der Engel
Gottes plagte das ganze Land der Philister in dieser Nacht, und es
war ein Getümmel unter ihnen die ganzen Nacht und auch den Tag
darauf. Alle Leibesöffnungen und Ausgänge wurden ihnen verschlossen. Also ward über ihnen die Hand Gottes um Saras, des Weibes Abrahams, willen, die Abimelech zu sich genommen hatte.

Da rief einer von den Knechten des Königs, die um ihn her standen, und sprach: Herr, unser König, gib dieses Weib ihrem Manne
wieder, denn sie ist dieses Mannes Eheweib. Ähnlich war es Pharao,
dem König von Ägypten, ergangen. Als dieser Mann nach Ägypten
kam, sagte er ebenfalls von seinem Weibe, sie sei seine Schwester,
denn so ist es die Weise dieses Mannes, wenn er in ein Land kommt,
um dort zu wohnen. Auch Pharao schickte hin und nahm das Weib
zu sich; da brachte Gott über ihn furchtbare Plagen, bis er das Weib
ihrem Mann zurückgab. Und nun, Herr, unser König, du weißt, was
gestern dem Lande geschah und das eine große Verwirrung war und
ein Geschrei und große Schmerzen, und wir wissen, daß das alles um
des Weibes willen kam, das du genommen hast; so gib sie denn ihrem
Manne wieder, auf daß es uns nicht ergehe, wie es Pharao ergangen ist
und wir nicht sterben.

Und die Einwohner des Philisterlandes und die Knechte des Königs litten noch Schmerzen von den Schlägen des Engels, mit denen
er sie gestraft hatte. Da schickte Abimelech zu Abraham und ließ sagen: Bete vor dem Herrn, deinem Gott, daß er uns von diesem Tode
verschone. Da betete Abraham für Abimelech und seine Knechte;
und der Gott erhörte das Flehen Abrahams und heilte Abimelech
und alle seine Knechte.

2

Älteres über Abraham und Abimelech

ABRAHAM ZOG WEG von Sodom wegen der üblen Nachrede, denn die Leute sprachen darüber, daß Lot zu seinen beiden Töchtern eingegangen war. – Wie zutreffend sind doch die Worte unserer Meister, die da sprachen: Nehmt euch in acht vor der Kohle der Weisen, daß ihr nicht verbrennt; ihr Biß ist wie der Biß eines Fuchses, ihr Zischeln ist wie das Zischeln einer Giftschlange, und ihre Worte sind wie glühende Kohle. Also war das Scheiden Abrahams von Lot ein ewiges Scheiden.

Und Abraham wohnte zu Gerar. Da schickte Abimelech hin und ließ die Sara holen. Aber Gott erschien Abimelech des Nachts im Traum. Der Herr offenbart sich den Propheten der Völker nur in der Nacht, wenn die Menschenkinder voneinander sich trennen. Daher heißt es auch von Hiob: Da ich Gesichte in der Nacht betrachtete, ist ein heimlich Wort zu mir gekommen.

Die Leute zu Gerar fürchteten sich sehr; sie sahen den Rauch von Sodom wie aus einem Kalkofen aufsteigen und sprachen: Vielleicht kommen die Engel, die nach Sodom ausgeschickt wurden, auch hierher.

Abraham betete vor dem Herrn. Dies ist das erste Mal in der Schrift, daß von einem Gebet die Rede ist. Da unser Vater Abraham betete, löst sich der Knoten.

3

Von Sodom nach Gerar

ZUR ZEIT, DA SODOM noch bestand, wohnte Abraham in diesen Landen und beherbergte bei sich die Vorbeiziehenden und Heimkehrenden; als aber Sodom zerstört wurde, machte er sich auf und wanderte aus dem Lande der Philister, wie es heißt: Abraham zog von dannen ins Land gegen Mittag; er ließ sich nieder zwischen Kades und Sur und wohnte in Gerar.

Aber da sandte Abimelech, der König der Philister, nach der Sara und ließ sie holen. Wie er aber nach ihr ausschickte und sie erhaschte, stürzte sich der Herr auf ihn. Er sprach: Du bist des Todes um des Weibes willen.

Da sprach Abimelech: Herr der Welt! das Heimliche und das Offene sind dir sichtbar. Ich tat mich nicht zu ihr, daß du mich darum tötest. Abimelech hatte auch in Wahrheit Sara nicht berührt gehabt und sprach weiter: Herr, willst du denn ein gerechtes Volk erwürgen?

Gott aber sprach: Auch ich weiß, daß du mit einfältigem Herzen das getan hast; rühme dich also nicht, denn ich habe dich daran gehindert, daß du wider mich sündigtest.

Darauf erzählte ein Weiser: Es ritt einmal ein Mann zu Pferde und sah ein Kind vor sich liegen; das Pferd rannte und wollte das Kind zertreten. Da faßte der Mann fest die Zügel, daß das Pferd stehen blieb. Aber die Leute umher fingen an, das Pferd zu loben. Da sprach der Mann: Hätte ich die Zügel nicht fest gezogen, wäre da das Kind am Leben geblieben?

So sprach der Herr auch zu Abimelech: Ich habe dich behütet, daß du nicht Sünde tätest. Aber gib dem Manne sein Weib wieder, denn er ist ein Prophet.

Alsdann stand Abimelech auf und gab die Sara dem Abraham wieder. Er ehrte ihn und bat, er möge für ihn beten. Und Abraham betete, und alle wurden geheilt von ihrer Verschlossenheit. Doch nicht allein das, sondern alle Weiber des Hauses Abimelechs wurden schwanger und gebaren Knaben, wie es heißt: Abraham betete zu Gott, und Gott heilte Abimelech und sein Weib und seine Mägde, daß sie Söhne gebaren.

Alles ist vor dem Herrn offen. Im Hause Abimelechs war alles Weibliche unfruchtbar. Abimelech sandte hin und ließ Sara holen, denn er dachte, daß er von ihr Kinder bekommen würde. Aber der Engel Michael fuhr hinab und entblößte sein Schwert, um ihn zu töten. Da sprach Abimelech: Ist ein Gericht gerecht, das mich darum töten will, was ich ohne Wissen tat?

Isaak und Ismael

1
Die Geburt Isaaks

ZU DER ZEIT, als ein Jahr und vier Monate vergangen waren, daß Abraham im Lande der Philister in Gerar wohnte, gedachte Gott an Sara und sie ward schwanger und gebar dem Abraham einen Sohn, und Abraham hieß den Namen des Knaben, der ihm von Sara geboren ward, Isaak. Am achten Tage beschnitt Abraham seinen Sohn Isaak, wie der Herr ihm mit seinem Samen zu tun geboten hatte. Abraham war hundert Jahre alt, da ihnen Isaak geboren ward.

Und der Knabe ward groß und ward entwöhnt, und Abraham machte ein großes Mahl an dem Tage, da Isaak entwöhnt ward. Es kamen Sem und Eber und alle Großen des Landes, desgleichen Abimelech, der König der Philister, mit seinen Knechten und sein Feldherr Phichol, zu essen und zu trinken und sich des Festes zu freuen, das Abraham machte. Auch Tharah, der Vater Abrahams, und Nahor, sein Bruder, kamen aus Haran mit allem Hausgesind, denn sie freuten sich sehr, als sie vernommen hatten, daß der Sara ein Sohn geboren wurde. Sie aßen und tranken bei dem Mahle, das Abraham gegeben hatte, und waren fröhlich mit ihm und blieben für viele Tage mit Abraham im Lande der Philister.

Zu jener Zeit starb Serug, der Sohn Regus, im ersten Jahre nach der Geburt Isaaks, des Sohnes Abrahams. Zweihundertneunund-dreißig Jahre war Serug alt, als er starb.

2
Die Wunder bei der Geburt Isaaks

GOTT GEDACHTE an Sara und tat, was er ihr durch das Wort des Engels versprochen hatte. Der Herr brachte sie in die Tage ihrer Jugend zurück.

In der Stunde, da unserer Erzmutter Sara gedacht wurde, wurde auch vieler unfruchtbarer Frauen gedacht; viele Taube wurden wieder hörend, viele Blinde wurden sehend, viele Irrsinnigen wurden verständig. Andere erzählen, daß auch mehr der Lichter wurden am Himmel und daß am Tage, da Isaak geboren wurde, der Herr den Schein des Sonnenballs um achtundvierzigmal heller werden ließ.

Und Sara sprach: Wer durfte von Abraham sagen, daß Sara noch Kinder säugen werde. Sie entblößte ihre Brüste und sie ließen Milch gleichwie zwei Quellen fließen. Hohe Frauen kamen und ließen ihre Kinder an den Brüsten Saras saugen und sprachen: Wir sind nicht würdig, daß unsere Kinder von der Milch dieser Gerechten trinken.

Es wird erzählt:

An dem Tage, da Isaak entwöhnt ward, machte Abraham ein gro-ßes Fest. Aber die Heiden spotteten und sprachen: Habt ihr schon so etwas gesehen, Greis und Greisin lesen ein Kind auf dem Markte auf und sprechen: Es ist unser. Und nicht allein dies, sondern sie machen ein Mahl, um ihre Worte aufrechtzuerhalten. Was tat Abraham? Er ging hin und rief alle großen Männer der Zeit zusammen und Sara lud die Frauen zu sich ein; eine jede von ihnen kam mit ihren Kinde, aber die Ammen nahmen sie nicht mit. Da geschah ein Wunder an unserer

Mutter Sara; ihre Brüste öffneten sich gleich zwei Bornen und sie tränkte alle Säuglinge.

Aber die Völker spotteten noch immer und sprachen: Mag auch Sara, die Neunzigjährige, geboren haben, aber hat es Abraham, der hundertjährige, gezeugt? Alsbald verwandelte sich das Antlitz Isaaks und es glich dem seines Vaters. Da taten alle ihren Mund auf und sprachen: Abraham hat den Isaak gezeugt.

Der Riese Og und viele Großen waren mit auf dem Feste. Da sagte man zu Og: Siehe, sprachst du nicht immer, Abraham sei ein unfruchtbarer Maulesel und könne nicht zeugen? Da sprach Og: Was ist ihm denn beschert? Wenn ich einen Finger darauf lege, zerdrücke ich es. Da sprach abermals der Herr zu ihm: Du schätzest gering, was Abraham geschenkt wurde; bei deinem Leben, dein Ende wird sein, von seiner Hand zu fallen.

Man sagt, daß alle zweiunddreißig Könige, die Josua bei der Eroberung des Landes bezwungen hatte, bei dem Gastmahl Abrahams zugegen gewesen wären.

3
Die Vertreibung Ismaels

Der Vater eines Gerechten freut sich, und wer einen Weisen gezeugt hat, ist fröhlich darüber. Wen hatte Salomo im Sinne, als er diesen Ausspruch tat? Keinen anderen, als Isaak. Denn in der Stunde, da Isaak geboren ward, freute sich alles, Himmel und Erde, Sonne, Mond, Sterne und Planeten. Weswegen freuten sie sich? Wäre nicht Isaak erschaffen worden, die Welt hätte nicht bestehen können.

Ismael ward mit dem Bogen geboren und wuchs auf mit dem Bogen, wie es auch heißt: Er war ein guter Schütze. Er pflegte Bogen und Pfeile in die Hand zu nehmen und schoß damit auf die Vögel. Einmal sah er Isaak allein sitzen und entsandte nach ihm einen Pfeil, um ihn zu töten. Das sah Sara und sagte zu Abraham: Dies und dies hat Ismael an Isaak getan; so mach' dich denn auf und verschreibe dem Isaak alles, was der Herr gesprochen hat dir und deinem Samen zu geben. So wahr du lebst, dieser Magd Sohn soll nicht mit meinem Sohn, Isaak, erben. Und weiter sprach Sara zu Abraham: Schreibe einen Scheidebrief und schicke diese Magd mit ihrem Sohn fort von mir und von meinem Sohn, für diese und für jene Welt.

Für Abraham aber war von allem Unglück, das über ihn gekommen war, dieses das schwerste und ärgste, und es verdroß ihn sehr um seines Sohnes willen. Aber in der Nacht erschien der Herr unserem Erzvater Abraham und sprach zu ihm: Abraham, du weißt nicht, daß

Sara schon von ihrer Mutter Leibe an dir als Weib zugedacht ward;
sie ist deine Gefährtin und deiner Jugend Weib. Wird doch nicht Hagar als dein Weib genannt, ist sie doch deine Magd. Deshalb ist alles
recht, was Sara gesprochen hat, laß es dir nicht leid tun um den Knaben und um die Magd.

Da stand Abraham in der Frühe auf und schrieb einen Scheidebrief und gab ihn der Hagar. Alsdann ließ er sie von sich und von seinem Sohne Isaak gehen, für diese und für die zukünftige Welt. Er
schickte sie fort durch einen Scheidebrief; er nahm den Sklavengürtel
und band ihn ihr um die Hüften, daß er ihr nachhing und daß man erkennen konnte, daß sie eine Magd war. Er nahm Brot und einen
Schlauch Brot mit Wasser und gab ihn der Hagar, und um Abrahams
willen ging das Wasser im Schlauche nicht aus.

Als sie aber in die Wüste kam, fing sie an den fremden Götttern
aus ihres Vaters Hause nachzuirren, und das Wasser im Schlauch versiegte. Darum warf sie den Knaben von sich. Vierundzwanzig Jahre
war Ismael alt, als er aus dem Hause Abrahams, seines Vaters, ging,
und Isaak war damals zehn Jahre alt.

Aber Ismaels Seele verschmachtete vor Durst, und er warf sich unter einen Strauch der Wüste und rief: Herr der Welten! Ist es dein
Wille, mich mit Wasser zu tränken, so tränke mich, auf daß meine
Seele nicht vor Durst vergehe, denn schrecklich ist der Tod durch
Verdursten und schwerer als alle Tode. Da erhörte Gott sein Flehen
und dem Ismael ward der Brunnen aufgetan, der in der Dämmerung
des sechsten Tages erschaffen worden war, und Hagar und ihr Sohn
gingen hin und tranken und füllten ihren Schlauch mit Wasser.

Alsdann verließen sie den Brunnen, hoben auf ihre Füße und gingen die ganze Wüste durch, bis sie zur Wüste Pharan kamen, dort
fanden sie Quellen und wohnten daselbst. Danach schickte Ismael
hin und nahm ein Weib aus Arboth Moab, die hieß mit ihrem Namen
Isa.

In einem anderen Buche steht es so geschrieben:

In der Stunde, da unser Vater Isaak geboren ward, freuten sich alle. Da sprach Ismael: Ihr Narren, ich bin der älteste, also bekomme
ich das Zwiefache. Aus der Antwort, die unsere Mutter Sara Abraham gab, daß der Sohn der Magd nicht mit Isaak erben sollte, kannst
du ersehen, daß Ismael sich der Erbschaft gerühmt hatte.

Und Abraham stand auf in der Frühe, nahm Brot und einen
Schlauch mit Wasser, legte es der Hagar auf die Schulter und hob auch
den Knaben hinauf. Siebenundzwanzig Jahre war Ismael alt und doch
wird erzählt, daß man ihn auf der Schulter trug. Daraus ist zu entnehmen, daß Sara einen bösen Blick auf ihn geworfen hatte und daß er vom
Fieber befallen wurde. Daher heißt es: Das Wasser war aus in dem

Schlauch; denn das ist eines Kranken Art und Weise, daß er viel trinkt
zu jeder Stunde.

Da warf Hagar den Knaben unter den Strauch, wo die Engel Gottes mit ihr gesprochen hatten. Sie ging hin und setzte sich gegenüber
und stieß Worte wider die Gottheit aus. Sie sprach: Gestern ward mir
gesagt: Ich werde deinen Samen gar sehr mehren und nun muß der
hier vor Durst sterben.

Und Gott erhörte die Stimme des Knaben. Aber die Heerscharen
sprangen auf und wollten ihn anklagen und sprachen vor Gott: Herr
der Welten! einem, der dereinst deine Kinder wird verdursten lassen,
läßt du einen Brunnen sich auftun? Da sprach der Herr: Aber was ist
er zu dieser Stunde, ein Gerechter oder ein Missetäter? Da erwiderten die Engel: Ein Gerechter ist er. Darauf sprach der Herr: Ich richte den Menschen allein danach, wie er jeweilig zur Stunde ist.

4
Abraham besucht Ismael in der Wüste

Nachdem Ismael mit seiner Mutter Hagar ausgetrieben worden
war, wohnten sie beide lange Zeit in der Wüste Pharan zusammen mit
den Leuten der Wüste. Und Ismael ward ein guter Bogenschütze.
Danach gingen sie beide, er und seine Mutter, nach dem Lande Ägypten und wohnten daselbst, und Hagar nahm ihrem Sohn ein Weib von
den ägyptischen Weibern mit Namen Merida, das heißt die Zänki-
sche. Die ward schwanger und gebar dem Ismael vier Söhne und eine
Tochter. Danach aber machte sich Ismael wieder auf, er, seine Mutter,
sein Weib, seine Kinder und alles, was sein war, und kehrten zurück
in die Wüste. Sie machten sich dort Zelte, in denen sie wohnten, aber
sie zogen umher und wanderten in der Wüste, daß sie von Mond zu
Mond und Jahr zu Jahr den Ort wechselten. Und Gott gab Ismael
Schafe und Kinder und viele Hütten, dies alles um Abrahams, seines
Vaters, willen, daß er überreich ward an Vieh. Also wohnte Ismael in
der Wüste, zog umher oder saß daheim viele Tage, aber das Angesicht
Abrahams, seines Vaters, hatte er nicht gesehen.

Und es begab sich nach Jahr und Tag, daß Abraham zu seinem
Weibe Sara sprach: Ich will gehen, daß ich meinen Sohn Ismael wiedersehe; es gelüstet mich, danach ihn zu schauen, denn es ist schon
lange her, daß ich ihn nicht gesehen habe. Und Abraham bestieg ein
Kamel von seinen Wüstenkamelen und ritt, seinen Sohn Ismael zu
suchen, denn er hörte von ihm, daß er in der Wüste wohnte mit allem, was sein war.

Also zog Abraham aus in die Wüste und kam vor die Hütte Ismaels gerade um die Mittagszeit. Er fragte nach Ismael und fand das Weib Ismaels, wie sie in der Hütte saß mit ihren Kindern; Ismael aber, ihr Mann und seine Mutter waren nicht drinnen. Da fragte Abraham das Weib Ismaels: Wo ist Ismael hin? Und das Weib antwortete: Er ist ins Feld gegangen, das Wild zu jagen. Abraham aber saß noch rittlings auf dem Kamel und war nicht auf die Erde heruntergestiegen, denn er hatte es seinem Weibe Sara geschworen, daß er auf dem Kamel werde sitzen bleiben. Und Abraham sprach weiter zum Weibe: Tochter, gib mir ein wenig Wasser, denn ich bin müde und matt vom Reisen. Da erwiderte das Weib Ismaels: Wir haben kein Wasser und auch kein Brot. Und sie blieb im Zelte sitzen und sah nicht nach Abraham hinaus und fragte ihn nicht, wer er sei; sondern sie schlug ihre Kinder und fluchte auf sie und schalt auch Ismael, ihren Mann und lästerte ihn. Und Abraham hörte all dies, und es verdroß ihn sehr, und die Sache gefiel ihm übel. Da rief er dem Weibe, daß es zu ihm herauskäme aus der Hütte. Und das Weib kam heraus und stellte sich vor Abraham; Abraham aber saß noch auf dem Kamel. Da sprach Abraham zum Weibe Ismaels: Wenn dann Ismael, dein Mann, heimkommt, so sprich zu ihm folgende Worte: Es kam hierher ein greiser Mann aus der Philister Lande, um nach dir zu fragen; so und so war er von Gesicht, so und so war er von Gestalt, ich fragte ihn nicht, wer er sei, und da er sah, daß du nicht da warst, redete er mit mir und sprach: Wenn dann Ismael wiederkommt, so sage folgendes zu ihm: Also sprach der alte Mann; so du heimgekehrt bist, so schaffe beiseite den Pfeiler deiner Hütte und setze einen anderen an seine Stelle. Da Abraham ausgeredet hatte, wandte er sich um, spornte sein Kamel und ritt seines Weges zurück.

Und es geschah danach, daß Ismael mit seiner Mutter von der Jagd kam und in sein Zelt zurückkehrte. Da sprach sein Weib zu ihm in folgender Weise: Als du nicht hier warst, kam hierher ein alter Mann aus dem Lande der Philister, um nach dir zu fragen; so und so war er von Gesicht, so und so war er von Gestalt; ich fragte ihn nicht, wer er sei, und als er sah, daß du nicht zu Hause warst, sprach er zu mir, daß, wenn du heimkämest, ich dir dies sagen sollte: Also sprach der alte Mann: Schaffe nur beiseite den Pfeiler deiner Hütte und nimm einen anderen an seine Stelle.

Da hörte Ismael die Worte seines Weibes an und verstand, daß der Mann sein Vater war und daß sein Weib ihm nicht mit Ehrfurcht entgegenkommen war. Er begriff auch die Worte seines Vaters und horchte auf seine Stimme und vertrieb das Weib, daß es davonging. Alsdann begab er sich nach dem Lande Kanaan, nahm dort ein anderes Weib und brachte sie nach seiner Hütte, an den Ort, da er wohnte.

ABRAHAM UND ISAAK

Und wie drei Jahre um waren, sprach Abraham abermals: Ich will wieder nach Ismael, meinem Sohne, sehen, denn seit langem habe ich ihn nicht mehr gesehen. Er bestieg sein Kamel und begab sich in die Wüste und kam vor Ismaels Hütte, als es Mittag war. Er fragte nach Ismael, und da kam ein Weib aus dem Zelte und sprach: Er ist nicht hier, mein Herr, und ist im Felde, das Wild zu jagen und die Kamele zu weiden. Und weiter sprach das Weib zu Abraham: Aber kehre doch ein, mein Herr, in die Hütte und iß einen Bissen Brot, denn du bist müde vom Wege. Da erwiderte ihr Abraham: Ich will nicht ruhen, denn ich habe es eilig weiter zu ziehen; gib mir nur ein wenig Wasser, daß ich trinke, denn mich dürstet. Da lief das Weib behende nach der Hütte und kam dorthin und holte Wasser und Brot für Abraham. Sie brachte es vor ihn und nötigte ihn sehr, daß er esse, und er aß und trank und ward guter Dinge und segnete seinen Sohn Ismael.

Da er gegessen hatte, pries er seinen Gott und sprach danach zu Ismaels Weibe: Wenn Ismael, dein Mann, heimkommt, so sprich zu ihm in folgender Weise: Ein Mann aus dem Philisterlande war hier, der war sehr alt, und so und so ist sein Aussehen. Und er sprach zu mir: Wenn Ismael nach Hause kommt, so sage zu ihm: Also sprach der alte Mann: Der Pfeiler, den du deiner Hütte gabst, ist gut und wacker, tue ihn nicht hinweg. Und Abraham hatte ausgeredet mit dem Weibe und wandte sich und ritt davon nach dem Lande der Philister.

Danach kehrte Ismael heim, und das Weib ging ihm entgegen mit Freuden und guten Mutes. Und sie sprach zu ihm: Da du weg warst, kam hierher ein alter Mann aus dem Land der Philister, und fragte nach dir, aber du warst nicht hier. Ich trug ihm Brot und Wasser auf, und er aß und trank und ward guter Dinge und sprach zu mir folgende Worte: Wenn Ismael, dein Mann, heimkommt, so sage ihm: Der Pfeiler deiner Hütte ist sehr gut, du sollst ihn nicht davon nehmen. Da erkannte Ismael, daß es sein Vater war, der hier gewesen, und verstand auch, daß sein Weib ihm Ehrfurcht bezeugt hatte, und pries seinen Herrn.

Alsdann machte er sich auf, nahm sein Weib, seine Kinder, sein Vieh und alles, was sein warm verließ den Ort und begab sich nach dem Lande der Philister zu seinem Vater. Da erzählte Abraham seinem Sohn Ismael von dem ersten Weibe und von allem, was sie getan hatte. Und Ismael blieb lange Zeit bei Abraham wohnen mit seinem Weibe und seinen Kindern.

Abrahams Heil

1
Beer-Seba

ABRAHAM WOHNTE viele Tage im Lande der Philister; und die Zeit mehrte sich, bis sechsundzwanzig Jahre daraus wurden. Aber danach zog Abraham mit seinen Knechten und allem, was sein war, von dannen, und sie entfernten sich weit von dem Lande der Philister, sie kamen bis nahe vor Hebron und wohnten daselbst. Und die Knechte Abrahams gruben Brunnen aus, also, daß Abraham mit allem, was sein war, am Wasser wohnte.

Als aber die Knechte Abimelechs, des Königs der Philister, davon hörten, daß die Knechte Abrahams an dem Grenzen des Landes Brunnen ausgraben hatte, kamen sie und zankten mit den Knechten Abrahams und nahmen ihnen mit Gewalt den großen Brunnen weg, den jene gemacht hatte. Dies erfuhr auch Abimelech, der König der Philister, und er kam mit seinem Feldhauptmann Phichol und mit zwanzig Mann vor Abraham und sprach mit ihm über die Sache der Knechte. Abraham aber stellte ihn zur Rede wegen des Brunnens, den Abimelechs Knechte ihm geraubt hatten. Da sprach Abimelech: So wahr Gott lebt, der die ganze Erde erschaffen hat, ich habe bis heute nicht gewußt, was meine Knechte den deinen getan haben.

Da nahm Abraham sieben Lämmer und gab sie Abimelech und sprach: Nimm sie aus meiner Hand, sie sollen dir ein Zeugnis dafür sein, daß ich diesen Brunnen gegraben habe. Und Abimelech nahm die Lämmer aus Abrahams Hand, dazu viele Schafe und Kinder, die Abraham ihm gegeben hatte, und schwor ihm wegen des Brunnens. Daher heißt die Stätte Beer-Seba, weil sie beide miteinander da geschworen haben. Danach schlossen sie einen Bund miteinander.

Alsdann machten sich Abimelech und sein Felshauptmann Phichol und alle seine Männer auf und kehrten nach dem Lande der Philister zurück. Abraham aber verblieb mit allem, was sein war, in Beer-Seba und wohnte dort im Lande viele Tage.

Abraham pflanzte einen Weinberg zu Beer-Seba und machte vier Tore nach allen vier Seiten der Welt, damit ein jeder Wanderer auf seinem Wege ein Tor zu Abraham fände. So konnte sich der Wanderer ausruhen, und aß und trank und ward satt und ging seines Weges.

Denn Abrahams Haus stand allzeit allen Menschenkindern offen, den Vorbeiziehenden und den Heimkehrenden, und Tag für Tag kamen welche, um bei Abraham zu essen und zu trinken. Wer hungrig

war und in Abrahams Haus kam, dem gab Abraham Brot, und er aß
und trank und ward gesättigt; wer nackend in sein Haus kam, den
hüllte er in Kleiden nach seinem Begehr und gab ihm Gold und Silber und ließ ihn von dem Gott wissen, der ihn auf Erden geschaffen
hat.

Also tat Abraham alle Tage. Und er wohnte mit seinen Kindern
und allem, was sein war, zu Beer-Seba und schlug Zelte auf bis nach
Hebron.

2
Älteres

Zu derselben Zeit redete Abimelech und sein Feldhauptmann
Phichol – der hieß so, weil seine Kriegsleute auf seinen Mund hörten
– zu Abraham und sprach: Gott ist mit dir.

Zuvor sprachen nämlich die Völker der Erde von Abraham: Wäre
er ein Gerechter, hätte er da nicht zeugen können? Da er aber gezeugt
hatte, sprachen sie zu ihm: Gott ist mit dir.

Und noch sprachen sie zuvor von ihm: Wäre er ein Gerechter, er
hätte seinen erstgeborenen Sohn nicht verstoßen. Da sie aber späterhin seine Taten sahen, sprachen sie: Gott ist mit dir in allem, was du
tust. Und weiter sprach Abimelech zu Abraham: Da nun Gott mit dir
ist, so schwöre mir bei Gott, daß du nicht mir, noch meinen Kindern,
noch meinen Enkeln untreu werden willst. Nur bis zum dritten Glied
reicht die Barmherzigkeit des Vater über seine Kinder.

Die Hirten Abrahams verhandelten mit den Hirten Abimelechs.
Die Hirten Abrahams sprachen: Unser ist der Brunnen. Dann sagten
die Hirten Abrahams: Zu wem die Wasser von selbst emporsteigen
werden, seine Schafe zu tränken, dem wird der Brunnen gehören. Sahen nun die Wasser die Herde unseres Vaters Abrahams kommen, so
stiegen sie alsbald empor. Und Gott sprach zu Abraham: Du bist darin ein Vorzeichen deinen Kindern. Auch mit deinen Kindern wird es
dereinst so sein, daß das Wasser zu ihnen emporsteigen wird, wenn es
sie nur erblickt.

Es heißt: Abraham pflanzte einen Baum zu Beer-Seba. Damit ist
die Herberge gemeint, die er errichtet hatte; darin nahm er alle auf,
die des Weges zogen und die heimgingen, und sie aßen und tranken
bei ihm. Danach pflegte er zu ihnen zu sprechen: Nun sprecht den Segen. Und die Menschen fragten: Was sollen wir sagen? Da antwortete er ihnen: Sagt: Gelobt sei der Herr, der ewige Gott, sein war, was
wir aßen. Daher heißt es: Abraham predigte von dem Namen des
Herrn, des ewigen Gottes.

Der König Salomo sprach:

Des Gottlosen Werk ist trüglich, aber wer Gerechtigkeit sät, das ist gewisses Gut. Der Gottlose, der trügliches Werk übte, war Nimrod, er machte Götzen und verwirrte dadurch die Geschöpfe. Der aber Gerechtigkeit säte, war Abraham. Er speiste die Wanderer und die Heimziehenden; wenn seine Gäste gegessen und getrunken hatten, pflegten sie ihn zu segnen; er aber sprach zu ihnen: Mir sprecht ihr den Segen? Segnet den Wirt, der allen Geschöpfen Speise und Trank zuweist und ihnen den Odem gibt. Da fragten die Gäste: Wo wohnt der? Und Abraham antwortete: Er herrscht im Himmel und auf Erden, er schlägt wund und macht wieder heil, er bildet das Kind im Mutterleibe und bringt es ans Licht der Welt, er läßt die Pflanzen und die Bäume wachsen. Da die Gäste das hörten, fragten sie weiter: Wie sollen wir ihn segnen und ihm für das Gute danken? Da sagte er ihnen: Sprecht: Gelobt sei der Herr in Ewigkeit ewig, gelobt sei, der Brot und Speise allem Fleisch gibt. Und er lehrte sie den Segen sprechen und Gerechtigkeit üben.

Dies meint wohl die Schrift, wenn sie sagt: Abraham und Sara nahmen die Seelen mit, die sie in Haran gebildet hatten.

3
Abraham übt Gnade und predigt von des Herrn Größe

ABRAHAM SPRACH ZU MELCHISEDEK: Was war es, daß euch aus der Arche führte? Darauf antwortet Melchisedek: Die Barmherzigkeit, die wir dort geübt haben. Da sprach wiederum Abraham: An wem war denn dort Barmherzigkeit zu üben? Gab es denn dort Arme? War doch nur Noah allein und seine Söhne im Kasten; an wem war denn da Gutes zu tun? Da erwiderte Melchisedek: An dem Vieh, an den Tieren und an den Vögeln war Gutes zu tun; wir schliefen nicht, sondern gaben bald diesem, bald jenem in der Nacht zu fressen.

In dieser Stunde sprach Abraham: Nun die um des Guten willen, das sie an Tieren, Vieh und Vögeln getan haben, erlöst wurden, um wieviel mehr denn ich, der ich an Menschen Barmherzigkeit tun will. Und er machte sich auf und pflanzte den Baum zu Beer-Seba.

Wer hat den Gerechten vom Aufgange erweckt? Wer rief ihm, daß er ging? Die Völker der Erde schliefen und konnten nicht unter die Flügel der Gottheit kommen; wer erweckte sie, daß sie darunter Schutz suchten? Abraham. Doch nicht allein die Völker der Erde rüttelte er auf, sondern auch die Barmherzigkeit schlief, und er erweckte sie. Er machte eine Herberge auf und empfing darin Wanderer und Heimkehrende.

Unser Vater Abraham übte erst Gnade und dann Gerechtigkeit. Kamen zwei vor ihn, die miteinander stritten und von denen einer sprach: Dieser schuldet mir ein Geldstück – so nahm Abraham von seinen Geldstücken eins und gab es dem Kläger. Alsdann sprach er: Nun sagt, was habt ihr miteinander? Und sie trugen es ihm vor. War aber der Kläger selbst schuldig, so sprach er zu ihm: Gib das Stück deinem Freunde. Wußte er aber nicht, welcher der Schuldige war, sprach er: Teilt es untereinander. Und sie zogen in Frieden von dannen.

4
Abraham, Vater der Proselyten

ABRAHAM NAHM NACH KANAAN die Seelen, die sie in Haran gebildet hatten. Träten auch alle Menschen zusammen, sie könnten nicht eine Fliege von selbst bilden, und dennoch steht von Abraham geschrieben, daß er Seelen gebildet habe. Darunter sind die Fremdlinge zu verstehen, die Abraham und Sara zu Gott bekehrt hatten. Abraham pflegte die Männer zu bekehren, Sara aber die Frauen. Unser Vater Abraham pflegte die Fremdlinge in sein Haus zu führen, pflegte sie zu speisen und zu tränken, sich in Liebe ihrer anzunehmen, sie zu bekehren und sie unter die Flügel der Gottheit zu bringen. Nun siehst du wohl, daß ein Geschöpf dem Herrn nahezubringen dasselbe heißt, wie es zu schaffen, zu formen, zu bilden.

Gott redete mit Abraham und sprach: Siehe, ich bin's und habe meinen Bund mit dir, und du sollst ein Vater vieler Völker werden. Wer sich beschneidet und sich zu mir bekennt, dessen Vater wirst du genannt. Deshalb sprach ein Gesetzlehrer: Auch ein Neubekehrter, wenn er die Erstlingsfrucht in den Tempel bringt, darf rufen: Gott unserer Väter; denn so sprach der Herr zu Abraham: Ich habe dich gemacht zum Vater vieler Völker. Du warst vormals nur der Vater Arams, von nun an aber bist du aller Völker Vater.

5
Abraham und Hiob

ZU HIOBS ZEITEN pflegten die Armen miteinander davon zu reden, was sie in seinem Hause gegessen und getrunken hatten. Wenn einer dem anderen begegnete und ihn fragte: Wo kommst du her? – so bekam er zur Antwort: Ich komme von Hiob. Fragte wiederum der andere: Und du, wo gehst du hin? so hörte er sagen: Ich gehe in das Haus Hiobs.

Als über Hiob das Unglück hereinbrach, sprach er vor dem Herrn: O Herr aller Welten! habe ich die Hungrigen nicht gespeist und die Durstigen verschmachten lassen? Habe ich meinen Bissen allein gegessen und hat nicht die Waise auch davon gegessen? Habe ich nicht, die nackend waren, zugedeckt, daß sie von der Wolle meiner Schafe erwärmt wurden?

Darauf erwiderte der Herr Hiob: Hiob, noch kannst du dich nicht zur Hälfte mit Abraham messen. Du saßest in deinem Hause, und die Gäste gingen ein zu dir. Wer des Weizenbrotes gewohnt war, dem gabst du Weizenbrot; wer zuvor immer Fleisch gegessen hatte, dem gabst du Fleisch; wer bei Tische stets Wein vor sich hatte, dem gabst du Wein. Nicht so aber Abraham; der ging aus dem Hause und sah sich überall um nach Fremden. Und fand er welche, so führte er sie in sein Haus, und war einer des Weizenbrotes auch nicht gewohnt, er gab ihm Weizenbrot zu essen; hatte einer zuvor auch nicht Fleisch gegessen, er gab ihm Fleisch zu essen; hatte einer zuvor Wein nicht genossen, er gab ihm Wein zu trinken. Doch nicht allein das, sondern er machte sich auf und baute große Herbergen auf den Wegen und brachte allerlei Speise und Trank dorthin, daß ein jeder, der kam, gegessen und getrunken und den Himmel gesegnet hat.

6
Der Baum Abrahams

Im Buche der Leuchte lesen wir:

Abraham pflanzte Bäume überall, wo er hinkam, sie wollten jedoch nicht richtig wachsen, aber in Kanaan pflanzte er einen Baum, und der wuchs auf. Durch diesen Baum konnte Abraham wissen, wer mit Gott eins ist und wer zu den Götzendienern hält. Kam unter den Baum einer, der mit Gott eins war, so breitete der Baum seine Zweige über ihn aus, bildete einen lieblichen Schatten um ihn und beschirmte sein Haupt.

Wer aber mit den Götzen eins war, von dem wendete sich der Baum ab und richtete seine Zweige nach oben. Also wußte Abraham, daß es ein Heide war. Aber er empfing auch diesen und wich nicht von ihm, bis er den Glauben an Gott annahm.

So war es auch, daß ein Reiner vom Baume aufgenommen wurde, einen Unreinen aber nahm der Baum nicht auf. Also wußte Abraham, wer unrein war, und da pflegte er ihn mit Wasser zu reinigen. Eine Quelle Wasser war unter dem Baum, und bedurfte einer Waschung, so stieg das Wasser ihm entgegen. So konnte Abraham durch diesen Baum alle Menschen prüfen.

Die Weisen sagen:

Dadurch, daß Adam von Baume des Wissens gegessen hat, brachte er den Tod in die Welt. Als aber Abraham kam, machte er durch einen anderen Baum die Welt wieder heil.

Von der Opferung Isaaks

1
Der Satan

Es BEGAB SICH auf einen Tag, da die Söhne der Gewaltigen kamen und vor den Herrn trat, daß auch der Satan unter ihnen kam und vor den Herrn trat, die Menschenkinder vor ihm anzuklagen. Da sprach der Herr zu dem Satan: Wo kommt du her? Und der erwiderte dem Herrn: Ich bin in der Welt umhergeschweift und habe das Land durchzogen. Da sprach Gott: Was wüßtest du zu sagen von den Erdenkinder: Der Satan erwiderte: Nichts, als daß ich sie immer dir dienen und dein Gedenken sehe, wenn sie von dir etwas haben wollen. Wenn du ihnen aber gewährst, um was sie dich angehen, so verlassen sie dich und gedenken deiner nicht mehr. Siehe doch den Abraham, den Sohn Tharahs; allsolange er keine Kinder hatte, diente er dir und baute dir Altäre; wo es nur hinging, brachte er dir Opfer dar und predigte stets deinen Namen allen Erdenkindern. Nun aber ihm Isaak, sein Sohn, geboren wurde, hat er dich verlassen, ein großes Mahl allen Bewohnern des Landes ausgerichtet und seinen Gott vergessen; von allem, was er bereitete, gab er dir weder ein Brandopfer noch einen Ochsen, noch ein Schaf, noch ein Zicklein schenkte er dir von allem, was er schlachtete an dem Tage, da sein Sohn entwöhnt ward. Auch hat er seit dem Tage, da ihm sein Sohn geboren wurde – es sind jetzt siebenunddreißig Jahre her – dir keinen Altar mehr gebaut und dir keine Gabe gebracht, denn er sah, daß du ihm gabst, worum er bat, und verließ dich.

Da sprach Gott zu dem Satan: Hast du nicht acht gehabt auf meinem Knecht Abraham, denn es ist seinesgleichen nicht im ganzen Lande, ohne falsch und recht, gottesfürchtig und das Böse meidend. So wahr ich lebe, sagte ich ihm: Bringe deinen Sohn Isaak mir zum Brandopfer, er hätte mir ihn nicht vorenthalten, gleichwie wenn ich ihm gesagt hätte: Opfere mir eines deiner Schafe oder Kinder. Da sprach der Satan: Wohlan, mein Herr, sprich nur zu Abraham ganz so, wie du jetzt sprichst, ob er da nicht fehlen wird und deinen Worten zuwidertut.

In der Zeit geschah das Wort Gottes an Abraham, und er sprach: Abraham. Der antwortete: Hier bin ich. Da sprach Gott: Nimm Isaak, deinen einzigen Sohn, den du lieb hast, und gehe hin in das Land Moria und opfere ihn daselbst auf einem der Berge, allwo sich dir die Wolke des Herrn zeigen wird.

Da sprach Abraham in seinem Herzen: Wie soll ich es anstellen, meinen Sohn Isaak von seiner Mutter Sara zu trennen, um ihn dem Herrn als Brandopfer darzubringen? Und er ging hin in die Hütte und setzte sich vor sein Weib Sara und redete zu ihr in folgender Weise: Siehe, unser Sohn Isaak ist groß und hat bisher von dem Dienst des Herrn nichts gelernt; so will ich nun morgen hingehen und ihn zu Sem und zu dessen Sohne Eber bringen, daß er dort die Wege Gottes erfahre; denn sie werden ihn unterweisen, wie er vor dem Herrn in jeder Stunde beten muß, daß er ihn erhöre.

Da erwiderte Sara: Du hast wohl gesprochen, mein Herr, und tue, wie du gesagt hast. Aber schicke ihn nicht weit fort von mir und laß ihn nicht lange dort bleiben, denn meine Seele hängt an seiner Seele sehr. Und Abraham sprach zu Sara: Tochter, flehe vor dem Herrn, unserem Gott, daß er an uns Gutes tue.

Und Sara nahm ihren Sohn Isaak und ließ ihn diese Nacht bei sich schlafen; sie küßte ihn und umarmte ihn und betreute ihn bis zum Morgen und sprach: Mein Sohn, wie kann meine Seele von dir scheiden: Sie küßte ihn noch einmal und umarmte ihn und weinte mit ihm. Alsdann befahl sie ihn Abraham, seinem Vater, und sprach zu ihm: Sei mir gnädig, mein Herr, gib acht auf deinen Sohn und richte dein Auge auf ihn, denn ich habe keinen anderen Sohn oder Tochter ohne ihn. Verlasse ihn nicht: gib ihm Brot, wenn er hungrig ist, und lasse ihn Wasser trinken, wenn er durstig ist; laß ihn nicht zu Fuß wanderen und nicht in der Sonne sitzen; laß ihn auch nicht allein unterwegs; versage ihm nichts und tue in allem, wie er dich bittet. Und sie weinte sehr um ihren Sohn Isaak in dieser Nacht und betreute ihn bis zum Morgen.

Und am Morgen nahm Sara ein gutes und schönes Kleid von den Kleidern, die sie von Abimelech her, dem Philisterkönige, hatte, und zog es dem Isaak an; alsdann setzte sie ihm einen Hut auf den Kopf und schmückte den Hut mit einem Edelstein und gab ihnen Zehrung auf den Weg.

Danach gingen Isaak und sein Vater Abraham aus dem Hause, und etliche von den Knechten gingen mit, daß sie sie des Weges geleiteten.

Und Sara ging auch mit ihnen, sie zu geleiten; da sprach Isaak und die Leute zu ihr: Kehre heim in die Hütte. Wie aber Sara die Worte ihres Sohnes Isaak hörte, brach sie in ein lautes Weinen aus, und ihr Mann Abraham weinte mit, und ihr Sohn Isaak hob ein großes Weinen an, und alle, die sie geleiteten, weinten gar sehr. Und Sara bemächtigte sich ihres Sohnes Isaak und hielt ihn fest und umarmte ihn und küßte ihn und fuhr fort, mit ihm zu weinen. Und sie sprach: Wer weiß, ob ich dich noch wiedersehe, mein Sohn, nach dem heutigen Tag. Und alle weinten laut, Abraham, Sara und Isaak, und die sie geleiteten, weinten mit. Alsdann wendete sich Sara ab von ihrem Sohne Isaak mit großem Weinen und ihre Mägde und Knechte kehrten mit ihr zurück in die Hütte. Abraham aber ging mit seinem Sohne Isaak, daß er ihn zum Brandopfer brächte, wie es der Herr befohlen hatte. Er hatte seine zwei Knaben mitgenommen, Ismael, den Sohn der Hagar, und Elieser, seinem Knecht, und die gingen mit ihm.

Da sie nun des Weges gegangen waren, redeten die zwei Knaben miteinander, und Ismael sprach zu Elieser: Siehe, mein Vater Abraham geht mit Isaak, ihn als Brandopfer dem Herrn darzubringen, wie er ihm befohlen hat, und wenn er zurückkehrt, wird er mich zum Erben über alles, das sein ist, machen, denn ich bin sein erstgeborener Sohn. Da erwiderte ihm Elieser und sprach: Hat doch Abraham dich und deine Mutter vertrieben und geschworen, daß du von allem, was sein ist, nichts erben sollst. Wem soll er da alles, was er hat und alle seine Herrlichkeiten vererben, wenn nicht mir, seinem treuen Knecht, der ich ihm Tag und Nacht gedient habe und in allem getan, wie er zu mir gesprochen hat; keinem sonst denn mir wird er alles, was sein ist, nach seinem Tode überlassen.

Indessen waren Abraham und Isaak ihres Weges gezogen, und es trat zu ihnen der Satan herzu und erschien vor Abraham in Gestalt eines alten Mannes, gebeugt und demütig. Er näherte sich mit ihm und sprach: So bist du wohl ein Tor und ein Einfältiger, daß du solches heute an deinem einzigen Sohne tun willst. Hat dir Gott an der Neige deiner Tage, da du schon alt warst, einen Sohn gegeben, so gehst du hin und willst ihn heute töten ohne Grund und die Seele deines Sohnes von der Erde vernichten. Du weißt es, wenn du's nicht schon vernommen hast, daß Gott an einem Menschen das nicht tun wird, ihm zu sagen: Geh hin, töte deinen Sohn!

Und Abraham hörte, was der Mann sprach und begriff, daß es die Worte des Satans waren, der ihn vom Wege Gottes abwendig machen wollte. Aber er wollte nicht der Stimme des Satans gehorchen und schrie ihn an, daß er davonging.

Alsdann kam aber der Satan wieder und trat vor Isaak und erschien vor ihm als Jüngling, schön von Gestalt und schön von Angesicht. Und er sprach zu ihm: Du wirst es wohl wissen oder schon vernommen haben, daß dein alter törichter Vater dich heute um nichts umbringen will. Nun aber, mein Sohn, höre nicht auf ihn und sein ihm nicht willig, denn der Alte ist unverständig; laß deine teure Seele und deine schöne Gestalt von der Erde nicht vertilgen.

Da nun Isaak dies vernahm, sprach er zu seinem Vater Abraham: Hast du gehört, Vater, was dieser Mensch zu mir sprach? So und so waren seine Worte. Da antwortet ihm Abraham: Nimm dich acht vor ihm, mein Sohn, höre nicht auf ihn und sein ihm nicht willig, denn er ist der Satan, der uns von den Geboten unseres Herrn abbringen will. Und Abraham schalt wiederum den Satan, daß er davonging.

Da nun der Satan sah, daß er gegen sie nichts vermochte, verbarg er sich vor ihnen und ging weiter und legte sich ihnen in den Weg als ein großer Strom voll Wasser. Da kamen Abraham und Isaak und seine zwei Knaben bis an diesen Ort und sahen vor sich einen Strom, groß und mächtig und voll reißenden Wassers. Sie stiegen hinein, und es reichte ihnen erst bis an die Knöchel. Als sie aber weiter gingen, kamen sie immer tiefer, und das Wasser reichte ihnen bis an den Hals.

Da erschraken sie davor überaus. Wie sie aber so darin waren, erkannte Abraham auf einmal den Ort, und er entsann sich, daß hier zuvor kein Wasser gewesen war, und er sprach zu seinem Sohne Isaak: Ich kenne diesen Ort und weiß, daß hier kein Strom und kein Wasser war. Gewißlich ist es der Satan, der uns dies antut, um uns dem Gebot des Herrn abwendig zu machen. Und Abraham schrie wieder den Satan an und sprach zu ihm: Gott schelte dich, du Satan, geh fort von uns, denn nach dem Befehl des Herrn sind wir gegangen.

Da erschrak der Satan vor der Stimme Abrahams und ging davon, und der Ort ward wieder zum festen Land, wie es zuvor gewesen war, und Abraham und Isaak gingen weiter des Weges, den ihnen Gott befohlen hatte.

Und es begab sich auf den dritten Tag, da hob Abraham seine Augen auf und erblickte von ferne den Ort, von dem der Herr zu ihm gesprochen hatte, darüber war eine Feuersäule, die ging von der Erde bis zu dem Himmel, und eine Wolke war über dem Berg, die hüllte die Herrlichkeit Gottes. Da sprach Abraham zu seinem Sohne Isaak: Hast du auf dem Berge, den wir von ferne sehen, das geschaut, was ich schaue? Und Isaak erwiderte und sprach: Ich sehe eine Feuersäule und eine Wolke, und die Majestät Gottes ist in der Wolke sichtbar. Da erkannte Abraham, daß sein Sohn Isaak dem Herrn als Brandopfer lieb war.

Alsdann sprach Abraham zu Elieser und zu Ismael: Seht auch ihr etwas auf dem Berge, den wir von ferne schauen? Und die erwiderten: Wir sehen nichts als einen Berg wie alle Berge. Da erkannte Abraham, daß es dem Herrn nicht genehm war, daß die mitgingen. Und er sprachen zu ihnen: Bleibt ihr hier mit dem Esel; ich aber und mein Sohn Isaak wollen weiter gehen bis zu diesem Berge und den Herrn anbeten; danach kommen wir zu euch. Da blieben Elieser und Ismael an diesem Orte, wie ihnen Abraham befohlen hatte.

Und Abraham nahm das Holz zum Brandopfer und tat es auf seinen Sohn Isaak und nahm das Feuer und das Messer und sie gingen beide nach der Opferstätte. Da sie also gegangen waren, fragte Isaak seinem Vater: Siehe, wir haben Feuer und Holz mit uns, wo ist aber das Schaf, das dem Herrn zum Brandopfer dienen soll? Da erwiderte Abraham seinem Sohn Isaak und sprach: Mein Sohn, dich hat der Herr ersehen, daß du ihm ein unschuldig Opfer seist an des Lammes Statt. Da sprach Isaak: Alles, was der Herr dir befohlen hat, Vater, will ich mit Freuden und guten Mutes tun. Und Abraham sprach weiter zu seinem Sohn Isaak: Mein Sohn, sage an, ob in deinem Herzen nicht irgendein Gedanke wider diesen Befehl sei und ob du nicht auf Rat sinnst, der unschicklich ist, sage es mir, mein Sohn, verhehle es nicht vor mir. Da erwiderte Isaak seinem Vater Abraham und sprach: So wahr Gott lebt, mein Vater, und so wahr deine Seele lebt, ich habe nicht im Sinne, mich zur Rechten noch zur Linken von dem zu wenden, was der Herr zu dir geredet hat. Auch nicht ein Bein von meinen Beinen und nicht eine Faser von meinem Fleisch regte sich oder zitterte vor diesem Wort und nicht habe ich dabei irgendeinen bösen Gedanken, noch stimmt mein Herz dawider auf Rat. Sondern mein Herz ist fröhlich und ich bin guten Muts, und ich möchte rufen: Gelobt sei der Herr, der heute zum Brandopfer mich haben will.

Da freute sich Abraham sehr ob dieser Worte Isaaks, und sie gingen weiter und kamen an die Stätte, von der der Herr gesprochen hatte. Und Abraham trat herzu, den Altar zu bauen an diesem Ort, und es geschah, daß Abraham den Altar baute und sein Sohn Isaak ihm Steine und Lehm reichte, bis daß sie mit dem Altar fertig waren. Alsdann nahm Abraham das Holz und schichtete es auf den Altar, den er gebaut hatte. Und er nahm seinen Sohn Isaak und band ihn und legte ihn auf den Altar oben auf das Holz, daß er ihn zum Brandopfer vor dem Herrn bereitete. Da sprach Isaak zu seinem Vater Abraham: Binde mich fest, mein Vater, und fessele mich, danach erst lege mich auf den Altar, auf daß ich mich nicht rühre und mich nicht losreiße von dem Messer, wenn es in mein Fleisch dringt, und den Altar des Brandopfers nicht entweihe. Da tat Abraham also. Und weiter sprach Isaak zu seinem Vater Abraham: Vater, so du mich wirst zum Brandopfer verbrannt haben, so nimm mit dir, was von meiner Asche überbleiben wird, und bringe es meiner Mutter Sara und sage ihr: Dies ist der Geruch von Isaak. Doch sprich solches nicht zu ihr, wenn sie an einem Brunnen sitzt oder auf einer Anhöhe, auf daß sie um meinetwillen ihre Seele nicht wegwürfe und stürbe.

Da nun Abraham diese Worte Isaaks hörte, erhob er seine Stimme und weinte ob dieser Rede seines Sohnes, und die Tränen Abrahams fielen nieder auf seinen Sohn Isaak. Und auch Isaak weinte gar sehr und sprach zu seinem Vater: Schnell, Vater, beeile dich und tue an mir den Willen des Herrn unseres Gottes, wie er dir befahl. Da ward das Herz Abrams und Isaaks froh, daß sie taten, was der Herr geboten hatte, das Auge weinte bitterlich, aber das Herz war fröhlich. Und Abraham band seinen Sohn Isaak und legte ihn auf den Altar oben auf das Holz, und Isaak reckte seinen Hals vor seinem Vater auf den Altar. Da streckte Abraham seine Hand aus und faßte das Messer, um seinen Sohn auf dem Altar zum Brandopfer zu bringen.

In dieser Stunde traten die Engel der Barmherzigkeit vor den Herrn und hielten Fürbitte um Isaak und sprachen: Wir flehen zu dir, o Herr, du allgütiger, gnädiger König, du erbarmst dich über alles, was du im Himmel und auf Erden geschaffen hast, und gibst allen das Leben. So laß nun einen Erlös und ein Unterpfand dir geben an Isaaks, deines Knechtes, statt; sei milde und mitleidig zu Abraham und seinem Sohne Isaak, die nach deinem Worte heute getan haben. Sahst du, o Herr, Isaak, den Sohn Abrahams, deines Knechte, gefesselt und gebunden und zum Opfern bereit auf dem Altar liegen gleich einem Tier? nun möge dich die Barmherzigkeit über sie rühren.

Da erschien der Herr dem Abraham und rief ihm vom Himmel und sprach: Lege deine Hand nicht an den Knaben und tue ihm nichts, denn nun weiß ich, daß du Gott fürchtest, da du solches getan hast und deines einigen Sohnes vor mir nicht geschont hast. Da hob Abraham seine Augen auf und sah einen Widder in der Hecke mit seinen Hörnern hängen; dies war der Widder, den der Herr am Tage, da er Himmel und Erde machte, erschaffen hatte, und hielt ihn bereit von dem Tage an bis auf den Tag, da er an Isaaks statt zum Brandopfer genommen werden sollte. Der Widder schritt und näherte sich Abraham, da faßte ihn der Satan und ließ ihn mit den Hörnern in der Hecke sich verhängen, daß er Abraham nicht erreichen und der seinen Sohn schlachten sollte. Aber Abraham sah den Widder kommen und sich ihm nähern und sah, wie der Satan ihn hemmte. Da ging er hin und nahm den Widder und brachte ihn vor den Altar. Alsdann befreite er seinen Sohn Isaak von seinen Banden, legte den Widder auf den Altar, schlachtete ihn und opferte ihn als Brandopfer an Isaaks, seines Sohnes, statt; er besprengte mit dem Blut des Widders den Altar und rief: Dies um meinen Sohn, dies Blut möge mir als das Blut meines Sohnes angesehen werden vor dem Herrn. Und es war alles recht in den Augen des Herrn und war als Isaak hingenommen worden.

Also vollendete Abraham seinen Dienst auf dem Altar, und Gott segnete Abraham und seinen Samen an diesem Tag. Und auch bei allem, was er mit dem Altar vornahm, sprach er und rief: Dies für meinen Sohn, dies sei mir als das Opfer meines Sohnes angerechnet.

2
Die Engel

ALS DER HERR, gelobt sei er, die Welt zu erschaffen gedachte, sprachen zu ihm die Heerscharen: Was ist der Mensch, daß du sein gedenkest. Da erwiderte ihnen der Herr: Ihr sagt, was ist der Mensch, daß ich sein gedenke, denn ihr seht vor euch das Geschlecht Enos' kommen, ich aber will euch die Herrlichkeit Abrahams zeigen. Und weiter sprach er zu ihnen: Ihr werdet dereinst einen Vater sehen, der gewillt ist seinen Sohn zu töten, und einen Sohn, der, um meinen Namen zu heiligen, sich opfern läßt.

Und Gott versuchte Abraham. Ähnlich tat einmal ein König, der viele Kriege führte; er hatte einen streitbaren Helden, der überall siegte. Als plötzlich ein großer Krieg ausbrach, sprach der König zu seinem Helden: Gewähr' mir die Bitte, steh mir auch in diesem Kriege bei, auf daß meine anderen Kriegsmänner nicht sagen sollen: Die vorigen Kriege, die waren nichts. So sprach auch der Herr zu Abraham: Neunmal habe ich dich schon versucht, und allemal hast du die Versuchung bestanden; so lasse nun auch diese über dich ergehen, auf daß man nicht sage: Die vorigen Prüfungen, sie waren nicht gewichtig. Und Gott sprach: Nimm deinen Sohn, deinen einzigen, und geh hin nach dem Lande Moria, daselbst wirst du ihn mir zum Brandopfer bringen.

Und Abraham stand auf in der Frühe und sattelte seinen Esel. Wie viele Knechte und Mägde hatte nicht dieser Gerechte, und dennoch gürtete er selbst seinen Esel. Du kannst daraus seinen Eifer sehen.

Am dritten Tage erhob Abraham seine Augen und erblickte von ferne die Stätte. Warum erst am dritten Tage, nicht gleich am ersten oder am zweiten? Auf daß die Völker nicht sagen sollten: Gott hat ihn mit Hast überredet, darum ging er, seinen Sohn zu opfern.

Wieso erblickte er die Stätte von ferne? Wisse, daß der Ort früher ein Tal gewesen war. Als aber der Herr gedachte seine Herrlichkeit daselbst ruhen zu lassen und ein Heiligtum hier aufzurichten, sprach er: Das ist nicht eines Königs Weise, daß er in der Tiefe sitze, sondern auf einem erhabenen Orte, hoch und herrlich und allen sichtbar muß seine Wohnung sein. Alsdann winkte der Herr den Bergen rings um das Tal, daß sie sich an einen Ort sammeln sollten, um dort seiner Herrlichkeit einen Sitz zu bereiten. Daher ward der Ort Moria genannt, denn aus Furcht vor dem Herrn ist er entstanden.

Und Abraham nahm das Feuer und das Messer in seine Hand. In dieser Stunde überfiel Isaak ein Schreck und eine große Furcht, denn er sah in seines Vaters Hand nichts, das er hätte opfern können, und es beschlich ihn eine Ahnung von dem, was da kommen sollte. So sprach er denn: Wo ist das Schaf zum Brandopfer? Da erwiderte ihm der Vater: Nun du mich darum fragst, so wisse, der Herr hat dich dazu ausersehen. Da sprach Isaak: Hat er mich dazu ausersehen, so soll meine Seele ihm gehören, obschon es mir um mein Blut wehe ist.

Dennoch gingen die beiden zusammen weiter, dieser, um zu opfern, dieser, daß er geopfert werde. Sie bauten beide an dem Altar, und Abraham band Isaak darauf fest. Alsdann nahm Abraham das Messer, um seinen Sohn zu schlachten. Aber da kam der Satan und stieß ihm das Messer aus der Hand, daß es fiel. Da nun Abraham die Hand danach ausstreckte, es wieder aufzuheben, kam eine Stimme vom Himmel, die sprach: Lege deine Hand nicht an den Knaben. Und wäre nicht dieses dazwischengekommen, Isaak wäre bereits hingeopfert worden.

Als Abraham dabei war, den Sohn zu opfern, rief ihm ein Engel Gottes von Himmel: Abraham, Abraham. Warum zweimal? Weil Abraham dicht dabei war, seinen Sohn zu opfern. Aber Abraham sprach zu dem Engel: Wer bist du? Der erwiderte: Ein Bote bin ich. Da sprach Abraham weiter: Als mir gesagt wurde: nimm deinen Sohn – war es der Herr selber, der zu mir gesprochen hat. Nun er anderes von mir verlangt, mag er es mir gleichfalls selber sagen. Alsbald tat der Herr das Himmelsgewölbe auf und den Araphel und sprach: Bei mir selbst habe ich geschworen.

Alsdann sprach Abraham zu dem Herrn: Du hast geschworen, aber auch ich habe geschworen, daß ich vom Altar nicht heruntersteige, als bis ich alles ausgesagt habe. Da sprach der Herr: Sprich nur! Da fing Abraham an: Hast du nicht zu mir gesprochen: Zähle die Sterne, ob du sie zählen kannst, also wird dein Same sein. Der Herr erwiderte: Ich habe in Wahrheit so gesprochen. Da sprach Abraham weiter: Und da fragte ich dich: Von wem soll mein Same also gemehrt werden? Und du sagtest mir: Von Isaak. Da du mir aber befahlst Isaak dir zu opfern, war es in meinem Herzen dir zu erwidern? Gestern erst sagtest du zu mir: In Isaak soll dir der Same genannt werden – und heute sprichst du: Bringe ihn zum Brandopfer. Dennoch bezwang ich mich und erwiderte dir nicht. Wenn nun die Kinder Isaaks Sünde tun werden und in Bedrängnis geraten, so gedenke sei-

ner Opferung und sieh es an, als wäre seine Asche auf dem Altar gesammelt worden und vergib ihnen und erlöse sie von ihren Leiden.
Darauf sprach Gott: Du hast das deinige gesprochen, nun will auch
ich das meinige sagen. Die Kinder Isaaks werden dereinst Sünde vor
mir tun, und ich werde sie allemal am Neujahrstage richten; wenn sie
mich aber darum bitten werden, daß ich ihnen vergebe, so mögen sie
dann vor mit in das Horn blasen. Da fragte Abraham: In was für ein
Horn? Und der Herr erwiderte: Sieh hinter dich. Alsbald erhob Abraham seine Augen und erblickte einen Widder, der in der Hecke mit
den Hörnern sich verhing. Und Gott sprach: Sie mögen dann in das
Widderhorn blasen, und ich will ihnen helfen und sie von ihren Sünden erlösen.

3
Der Eifer der Brüder

ISAAK, DER SOHN ABRAHAMS, wuchs auf und ward groß, und sein
Vater Abraham unterwies ihn in den Pfaden Gottes, daß er Gott kennen lernen sollte, und der Herr war mit ihm. Und es begab sich, als
Isaak siebenunddreißig Jahre alt war, daß Ismael zu ihm in die Hütte
kam und sich vor Isaak rühmte und sprach: Dreizehn Jahre war ich
alt, als der Herr zu meinem Vater sprach, daß er uns beschneide, und
ich gab meine Seele dem Herrn hin, und habe sein Gebot nicht übertreten, das er meinem Vater gab. Da erwiderte Isaak dem Ismael und
sprach: Ob dieses Dinges prahlst du vor mir, ob des wenigen Fleisches, das der Herr dir befahl, du solltest von dir geben? So wahr der
Herr, der Gott Abrahams, meines Vaters, lebt, sagte er zu meinem
Vater: Nimm deinen Sohn, den Isaak und bringe ihn vor mir zum
Brandopfer, ich würde meine Seele ihm nicht vorenthalten und ließe
es mit Freuden geschehen.

Und Gott hörte, was Isaak zu Ismael sprach, und es gefiel ihm
wohl, und er beschloß den Abraham zu versuchen.

Ismael ging aus der Wüste, denn er wollte seinen Vater Abraham
sehen.

In dieser Stunde erschien Gott Abraham und sprach zu ihm:
Nimm deinen Sohn. Da sprach Abraham: Herr aller Welten! welchen
Sohn meinst du, den erstgeborenen, oder den im Alter geborenen?
Gott sprach: Deinen einzigen. Wiederum sprach Abraham: Dieser ist
bei seiner Mutter der einzige. Gott sprach : den du lieb hast. Da
sprach Abraham: Diesen habe ich lieb und diesen habe ich lieb. Gott
sprach: Den Isaak, und bringe ihn mir zum Brandopfer dar. Da
sprach Abraham: Herr aller Welten! Auf welchem Berge soll ich ihn

darbringen? Und Gott erwiderte: Auf dem Berge, darauf du meine Herrlichkeit erblicken wirst, die deiner harrt. Geh hin und ich will dir sagen: Dies soll der Altar sein.

Da machte sich Abraham auf in der Frühe, nahm den Ismael, den Elieser und seinen Sohn Isaak und sattelte den Esel. Dies war der Esel, das Junge der Eselin, die in der Dämmerung des sechsten Tages erschaffen worden war, dies war der Esel, auf dem späterhin Mose ritt, als er nach Ägypten kam; dies war der Esel, auf dem dereinst Messias, der Sohn Davids, seinen Einzug halten wird, wie es heißt: Freue dich, du Tochter Zions, jauchze, Tochter Jerusalems. Siehe, dein König kommt zu dir, ein Gerechter und ein Helfer; arm ist er und reitet auf einem Esel und auf einem jungen Füllen der Eselin.

Siebenunddreißig Jahre war Isaak alt, als er zum Berge Moria wandelte. Ismael aber war fünfzig Jahre alt. Ismael und Elieser führten Streit miteinander, wer von ihnen beiden Abrahams Erbe sein werde, da rief der heilige Geist und erwiderte ihnen: Nicht dieser wird erben und nicht dieser wird erben.

Am dritten Tage kamen sie bis nach Zophim. Da sah Abraham die Majestät Gottes über dem Berge weilen. Was war es, das er sah? Er sah eine Feuersäule, die reichte von der Erde bis zu dem Himmel. Dasselbe sah auch Isaak, aber Elieser und Ismael sahen nichts davon. Da sprach Abraham zu ihnen: Bleibt hier mit dem Esel und sprach weiter: Gleichwie der Esel hier nichts schaut, so schaut auch ihr gar nichts.

Rabbi Ismael sagt:

Als Abraham und Isaak an die Opferstätte kamen, wies der Herr mit seinem Finger darauf hin und sprach: Dies ist die Stätte. Dies war der Altar, darauf Kain und Abel geopfert hatten, dies war der Altar, darauf Noah und seine Söhne geopfert hatten. Und Abraham baute den Altar auf, darauf die ersten schon geopfert hatten.

Abraham band Isaak die Hände zusammen und die Füße und legte ihn auf den Altar; er bereitete das Feuer und das Holz und legte den Isaak oben auf das Holz. Er stemmte sich mit dem Ellenbogen und mit beiden Knien an ihn und reckte seine Hand aus und nahm das Messer, wie ein Hohepriester, der seine Gabe darbringt.

Und Gott saß da und sah den Vater, der seinen Sohn band, und den Sohn, der gebunden wurde, und die Heerscharen schrien und weinten. Sie sprachen: Herr der Welt! Allgültiger und Barmherziger wirst du genannt, denn du erbarmst dich über deine Geschöpfe. So erbarme dich auch Isaaks, der ein Mensch und ein Menschensohn ist und wie ein Vieh gefesselt daliegt.

Es wird erzählt:

Als das Schwert an Isaaks Hals kam, flog seine Seele von ihm. Da aber der Herr seine Stimme zwischen den Cherubim erschallen ließ: Lege deine Hand nicht an den Knaben – kam die Seele wieder in Isaaks Leib. Abraham band ihn los, und er stellte sich auf seine Füße. Da erfuhr Isaak, daß es ein Auferstehen der Toten gibt, daß alle Toten dereinst aufleben werden. In dieser Stunde tat er seinen Mund auf und sprach: Gelobt sei der Herr, der die Toten erweckt.

4
Wie huldigt der Herr den Gerechten

KOMM HER UND SCHAU, wie der Herr die Gerechten liebt und wie er von ihren Werken kundtut allen, die in die Welt kommen. Denn deshalb allein versuchte der Herr Abraham, daß er seine Treue allen Menschenkindern vor Augen führen wollte.

Gott sprach zu Abraham: So nimm doch deinen Sohn. Er redete in bittender Sprache zu ihm und sagte: Steh mir doch darin bei, denn hast du das getan, so weiß ich, daß alles, was ich in meiner Welt geschaffen habe, um deinetwillen erschaffen wurde; tust du es aber nicht, so muß ich stille bleiben.

Der Tag, an dem der Herr sprach, war der siebenundzwanzigste Ellul. Isaak saß bei seiner Mutter Sara, und Abraham kam herein und sprach zu seinem Weibe: Müßte nicht Isaak in der Lehre unterwiesen werden? Da sprach Sara: Hast du ihm denn einen Meister gefunden? Abraham erwiderte: Einen großen Meister hab' ich ihm gefunden.

Und Abraham stand am Morgen früh auf, und Sara fragte ihn: Wo führst du den Knaben hin? Da antwortete Abraham: Der Herr hat mich um ein Ding belehrt, das seinen heiligen Wagen betrifft, so will ich es nun dem Isaak beibringen.

Und Abraham ging einen Weg von zwei Tagesreisen, er sah aber noch nichts; da stellte er sich hin zu einem Gebet und sprach: Herr der Welt! Siehe, der Meere und Berge und Höhen sind so viele, und ich weiß nicht, wo ich hinfahren soll. Alsbald erhöhte der Herr den einen Berg, und als Abraham den dritten Tag seine Augen erhob, sah er die Wolke des Herrn über dem Berge ruhen.

Isaak rollte die Steine herbei und Abraham baute den Altar. Doch allein mit dem Munde willigte Isaak in die Opferung ein, im Herzen aber dachte er: Ach, daß mich einer errette aus der Hand meines Vaters. Aber mein Hort ist der Herr, der Himmel und Erde erschaffen hat.

Aber die himmlischen Heerscharen schrien und weinten bitteren Herzens vor dem Herrn und sprachen vor ihm: Herr der Welt! Siehe,

Abraham opfert seinen Sohn hin, und du sagtest ihm doch: In Isaak soll dir der Same genannt werden. Da sprach der Herr: Ich wollte Abraham prüfen, und siehe, sein Herz ist wie das meinige. Ihr aber, die ihr wider ihn gewühlt habt, fahrt nieder und rettet ihn. Alsbald ward der Engel der Barmherzigkeit ausgesandt und rief dem Abraham: Lege die Hand nicht an den Knaben und tue ihm nichts. Aber Abraham sprach: Ich rühre mich nicht von dannen, als bis du mir schwörst bei deinem großen Namen, daß du mich nicht mehr in Versuchung bringest.

In der Stunde, da Isaak auf dem Altar gebunden da lag, lauerte vor ihm der Todesengel und sprach: Sobald sein Vater Hand an ihn legt, will ich seine Seele ergreifen. Als er aber sah, wie alles für ihn bat, sprach er: Der hier hat keine Widersacher.

Ein Widder ging an der Spitze von Abrahams Herde einher mit Namen Isaak. Da fuhr Gabriel hin und brachte ihn vor Abraham, und der opferte ihn anstatt seines Sohnes. Das war am Neujahrstag.

5
Der Widder

ABRAHAM ERHOB SEINE AUGEN und sah einen Widder, der mit den Hörnern in den Zweigen sich verfangen hatte. Ein Engel hatte ihn aus dem Garten Eden gebracht. Daselbst weidete er unter dem Baum des Lebens und trank von dem Wasser, das darunter quoll; sein Duft drang in die ganze Welt. Wann wurde er aber in den Garten Eden gebracht? Dies geschah noch in der Dämmerung des sechsten Schöpfungstages.

Und Abraham ging hin, nahm den Widder und brachte ihn zum Brandopfer an Isaaks statt.

Rabbi Sacharia sagt:

Der Widder, der in der Dämmerung des sechsten Tages erschaffen worden war, rannte und wollte an Isaaks statt geopfert werden. Aber Semael verwirrte ihn, daß er in einer Hecke hängen blieb, denn er wollte die Opferung unseres Vaters Abrahams zunichte machen. Was tat der Widder? Er streckte seinen Fuß und berührte das Gewand Abrahams, daß dieser hinsah und ihn erblickte. Da befreite er ihn und opferte ihn für Isaak. Und der liebliche Geruch des Opfers stieg vor den Thron des Herrn und war ihm süß, als wäre es der Geruch von Isaak.

Da schwor Gott und segnete Isaak in dieser und in der zukünftigen Welt.

Der Weise Rabbi Hanina ben Dosa spricht:

Von dem Widder Isaaks ist auch nicht ein Rest unnütz umgekommen. Seine Asche ward zum Grundbestand des Feuers, daß auf dem inneren Altar des Tempels glomm. Seiner Sehnen waren zehn, daher auch die Leier, auf der David spielte, zehn Saiten hatte. Aus seinem Fell ward der Gürtel Elias, den er um seine Lenden trug, wie es auch steht: Es kam ein Mann herauf uns entgegen, der hatte eine rauhe Haut an und einen ledernen Gürtel um seine Lenden. Die zwei Hörnern des Widders – in das linke blies der Herr auf dem Berge Sinai, wie es heißt: Der Posaune Ton ward immer stärker. Das rechte aber war größer als das linke, und in dieses wird der Herr dereinst blasen, wenn er die Zerstreuten aus der Verbannung sammeln wird, davon auch geschrieben steht: Zu der Zeit wird man mit einer großen Posaune blasen.

Man erzählt:

Diesen ganzen Tag sah Abraham den Widder, wie er bald an einem Baum hängen blieb und sich davon befreite, bald in einem Dickicht sich verlor und sich davon befreite, bald an eine Zaunhecke mit den Hörnern geriet und sich davon befreite. Da sprach der Herr zu ihm: Also werden dereinst deine Kinder von Sünden gefangen und durch Reiche umherirrend, von Babel nach Medien, von Medien nach Griechenland, von Griechenland nach Edom wanderen. Da sprach Abraham: O Herr der Welten! und wird es in Ewigkeit so fortdauern? Da sprach der Herr: Ihr Ende aber wird sein, daß sie durch das Horn dieses Widders erlöst werden, wie es auch heißt: Gott der Herr wird das Horn blasen und wird einhertreten wie die Wetter vom Mittage.

Wieder von der Opferung Isaaks

1
Die schwere Prüfung

GOTTES WEGE SIND VOLLKOMMEN. Da der Herr sah, wie Abraham an ihm hing und ihn erkor, sprach er: Ich bin der Allmächtige, wandle vor mir und sei fromm.

Die Worte des Herrn läutern. Gott läuterte Abraham durch zehn Prüfungen. Diese sind es: zum ersten, daß er ihn in den Kalkofen werfen ließ, zum zweiten, daß er zu ihm sprach: Zieh fort aus deinem

Vaterland und von deiner Freundschaft; alsdann prüfte er ihn zweimal mit Sara durch Pharao und durch Abimelech; alsdann durch die Austreibung Hagars, der Ägypterin und Ismaels; dann durch den Krieg der Könige, durch den Bund zwischen den Stücken, dadurch, daß er ihm die vier Reiche zeigte, denen seine Kinder dienen sollten; dann durch die Beschneidung und endlich durch die Opferung Isaaks, dadurch, daß er sprach: Nimm deinen einzigen Sohn. Und alles empfing Abraham in Furcht und in Liebe und bestand es wie ein Held. Und was ist sein Lohn? Daß er ein Schild ist allen, die auf ihn vertrauen.

Die Heiden fragten: Warum nur hat Gott den Abraham so sehr lieb, daß er ihn aus dem Kalkofen befreite und aus der Hand der neun Könige und ihrer Scharen und aus aller Bedrängnis, die über ihn kam? Da erwiderte ihnen der Herr: Ich will es euch zeigen und beweisen, daß, wenn ich diesem hier auch sagte, er solle seinen Sohn nehmen und ihn in meinem Namen opfern, es mir gehorchen würde. Derhalben bin ich ihm ein Schild, und er ist ein Schild allen, die auf ihn vertrauen, und seine Kinder werden dereinst mich segnen und werden sprechen: Gelobt seist du Gott, der Schild Abrahams.

Durch zehn Prüfungen ward Abraham, unser Vater, versucht und er bestand sie alle. Gott sah es schon voraus, daß dereinst die Kinder Abrahams ihn zehnmal versuchen würden, und so sendete er ihnen das Heil vor der Plage.

2
Michael

GOTT VERSUCHTE ABRAHAM. Ein Töpfer, der seine Gefäße prüft, sucht dazu nicht die lockeren aus, denn sobald er auf sie klopft, zerfallen sie; sondern er sucht sich die am besten geratenen aus, die, so viel er auch darauf klopft, dennoch ganz bleiben. So versucht auch der Herr nicht die Gottlosen, sondern allein die Gerechten, wie es auch heißt: Der Herr wird den Gerechten prüfen.

Abraham sann über sich selber nach und sprach: Ich freute mich und erfreute die anderen und habe meinem Gott nicht einmal einen Stier oder einen Widder abgeteilt. Da sprach der Herr: Dafür aber, wenn ich dir sage, opfere deinen Sohn, wirst du nicht säumen.

Und Gott sprach auch zu Abraham: Nimm deinen einzigen Sohn, geh hin in das Land Moria und bringe ihn daselbst dar auf einem Berge, den ich dir zeigen werde. Warum wies ihm der Herr nicht gleich die Opferstätte? Auf daß sie ihm dadurch nur lieber werden sollte und daß ihm für jedes Wort sein Lohn werde.

Abraham sprach vor dem Herrn: Herr der Welten! ist denn ein Opfer ohne Priester möglich? Da sprach der Herr: Ich habe es bestimmt, daß du Priester seist.

Abraham nahm das Holz des Brandopfers und trug es, gleichwie ein Mensch sein Kreuz auf der Achsel trägt. Da sie nun kamen an die Stätte, davon der Herr gesprochen hatte, fing Abraham an, den Altar zu bauen und band seinen Sohn Isaak. Er streckte seine Hand aus nach dem Messer und seinen Augen entströmten Tränen des Erbarmens und fielen in die Augen Isaaks. Und dennoch war das Herz froh, daß es den Willen seines Schöpfers tat. Und die diensttuenden Engel sammelten sich scharenweise und riefen: Verödet sind die Stege.

Alsbald sprach der Herr zu Michael: Warum stehst du da? Laß es den Abraham nicht tun. Da begann Michael dem Abraham zu rufen, der an das Opfer ging, und schrie laut, gleichwie ein Mensch aus seiner Angst schreit: Was tust du nur? Da wendete Abraham ihm sein Angesicht zu, und Michael sprach zu ihm: lege deine Hand nicht an den Knaben.

In anderen Büchern steht es so geschrieben:

In dieser Stunde erhob Abraham seine Augen gen Himmel und sprach: Herr der Welt! wenn dereinst meine Kinder in Trübsal vor dir stehen werden, gedenke ihnen dieser Stunde, in der ich vor dir stehe.

3

Matatron

ABRAHAM UND ISAAK KAMEN bis an die Stätte. Beide trugen die Steine, beide trugen das Feuer, beide trugen das Holz. Abraham glich einem, der seinen Sohn zur Hochzeit führt, und Isaak glich einem, der für sich einen Thronhimmel bereitet. Und Isaak sprach: Vater, beeile dich und tue den Willen deines Schöpfers; verbrenne mich wohl und trage meine Asche zu meiner Mutter, daß sie sie bewahre und allezeit, da sie darauf hinblicken wird, sage: Dies ist mein Sohn, den sein Vater geopfert hat. Und nun, Vater, was werdet ihr auf eure alten Tage tun? Da sprach Abraham: mein Sohn, wir wissen, daß unser Tod nahe ist; der uns aber bislang getröstet hat, wird uns auch bis zum Tage des Sterbens trösten.

Und Abraham legte Isaak auf den Altar. Abrahams Augen hingen an Isaaks Augen, und Isaaks Augen waren gen Himmel gerichtet.

In dieser Stunde brach Abraham in ein lautes Weinen aus und schrie und jammerte auch gar sehr; seine Augen schweiften umher und blickten zur Gottheit empor; er hob auf seine Stimme und sprach: Ich will meine Augen auf die Berge richten, vielleicht, daß von daher Hilfe kommt, von dem Gott, der den Himmel und die Erde erschaffen hat.

Da fingen die Arelim *(Gotteslöwen)* an zu schreien, und die diensttuenden Engel stellten sich in Reihen auf und sprachen zueinander: Seht zu, hier schickt sich einer an zu opfern und einer, geopfert zu werden. Und sie sprachen zu dem Herrn: Wer wird vor dir am Schilfmeer rufen: Das ist mein Gott, ich will ihn preisen. Du hast ihm geschworen: Also wird dein Same sein. Was soll aus deinem Schwur werden? Alsdann rief der Herr: Lege deine Hand nicht an den Knaben.

Als die Heerscharen es sahen, wie der Vater mit ganzem Herzen opferte und der Sohn mit ganzem Herzen sich opfern ließ, stand auf Matatron und sprach vor dem Herrn: Herr der Welten! Der Same Abrahams soll von der Erde nicht vertilgt werden. Alsbald ward das Messer zu Blei verwandelt. Und der Herr sprach zu den Engeln: Wart ihr es nicht, die mich bedrängt haben, daß ich ihn prüfe, und nun fleht ihr um Erbarmen für ihn. Und Gott winkte dem Matatron, und der rief dem Abraham: Lege deine Hand nicht an den Knaben.

4

Isaak im Paradies

ABRAHAM KEHRTE WIEDER zu seinem Knaben, und sie machten sich auf und zogen miteinander gen Beer – Seba und wohnten daselbst.

Wo war da Isaak geblieben? Darauf sagt ein Meister: War auch Isaak nicht tot, spricht die Schrift dennoch von ihm, als wäre seine Asche auf dem Altar verstreut worden.

Es wird aber auch erzählt, Gott hätte Isaak nach dem Garten Eden gebracht und er wäre dort drei Jahre geblieben.

Rabbi Berachia sagt im Namen der Lehrer: Abraham hat den Isaak gleich nach der Opferung zu Sem, dem Sohne Noahs, geschickt, daß er von ihm in der Schrift unterwiesen werde. Es war einmal eine Frau, die war durch das Spinnen reich geworden und sprach darum: Diese Spindel hat mich reich gemacht; sie soll meiner Hand nie entfallen. Also sprach auch Abraham: Alles, was mir zufiel, gewann ich allein dadurch, daß ich mit der Lehre mich befaßte; in Ewigkeit soll sie meinem Samen nicht fernbleiben.

5
Vom Berge Moria

GEH HIN NACH DEM LANDE MORIA, sprach der Herr. Das Land ist Jerusalem, wo Salomo den Tempel gebaut hat.

Verschieden sind die Meinungen der Weisen über den Berg Moria. Die einen sagen, dies sei der Ort, woher die Lehre in die Welt kam; die anderen sagen, dies sei der Ort, woher die Gottesfurcht in die Welt kam. Die einen behaupten, dies sei die Stätte, von woher die Gebote ausgegangen waren und das Wort erscholl, die anderen meinen, von dort sei das Licht in die Welt gekommen.

Man sagt, Moria sei die Stätte, die dem himmlischen Tempel gegenüber liegt. Abraham hieß die Stätte Jare, das bedeutet: der Herr erscheine, daher man noch heutigen Tages spricht: Der Berg, da Jahve erscheint. Sem aber nannte den Ort Salem. Darauf sprach Gott: Nenne ich den Ort Salem nach der Weise Sems, mache ich das Wort Abrahams zunichte, den ich lieb habe. Nenne ich den Ort aber Jare, wie es Abraham tat, mache ich zunichte, was Sem, der Gerechte gesprochen hat, Was tat der Herr? Er fügte zusammen deren beider Nennungen und machte daraus den Namen Jerusalem.

Mystisches

1
Vater und Sohn

ISAAK SPRACH ZU SEINEM VATER: Wie schön ist doch der Altar, den du mir bautest, Vater. Ist's denkbar, daß einer auf die Schönheit seiner Gemächer sieht, wenn er sich auf den Sterbeweg begibt und sich zum ewigen Schlaf bereitet? Aber dies kam daher, weil Gott zu Isaak sprach: Siehst du, was mein Gefolge tut? Da sprach Isaak: Ich sehe es. Der Herr sprach: Siehst du die Krüge voller Honig, darin die Lieblichkeit der Paradiesfrüchte ist? Hörst du das Harfenspiel, womit die Engel die Gerechten erfreuen? Und das Maß des süßen Weines, das für die Frommen bereit steht? Siehst du die Lichter, die von einem Ende der Welt bis ans andere leuchten, mit denen meine Gefolgschaft den Gerechten entgegengeht? Da fragte Isaak: Um wessentwillen ist das alles? Und der Herr sprach: Um deinetwillen, um dessen willen, der den Namen heiligt des Königs über alle Könige.

Alsbald sprach Isaak zu seinem Vater Abraham: Indes ich vor meinem Herrn bete, entblöße du den Arm und gürte deine Lenden und sei wie ein Held, der seinem Sohn ein Mahl bereitet.

Und Isaak betete: Herr der Welt! es sei dein Wille, daß mein Fett und Blut und jedwede Faser meines Fleisches hier vor dir auf dem Altar angesehen werden, als wären es lauter Opfer, die deine Kinder in Zukunft dir darbringen werden. Wenn deine Kinder vor dir sündigen werden, ob mit Absicht, ob ohne Willen, dann aber Buße tun, so nimm sie an und gewähr' ihnen Sühne. Sind sie aber Vernichtung schuldig, so gedenke mein und werde wieder voll Erbarmen über deine Kinder.

Alsbald ging Isaak zu seinem Vater und fand ihn, wie er zur Opferung seine Anstalten machte; da ward sein Mund voll seligen Lachens und er freute sich; wie es heißt: Auf ihren Lagern sangen sie.

2
Uriel

Wisse, dass Adam und Abel, beide durch das Sehen sich versündigt hatten. Aber ihrer beider Seelen wanderten weiter, die eine kam in Abraham, die andere kam in Isaak. Isaak war dazu ausersehen, daß er Abels Sünde wieder gutmachen sollte, Abraham aber sollte die Schuld Adams wieder ausgleichen.

Abraham bereitete das Holz und band seinen Sohn Isaak. Und da Isaak auf dem Altar gefesselt wurde, ward mit ihm der Geist Adams, des ersten Menschen, mitgebunden.

Der Engel Uriel, der über dem Feuer waltet, lag wie ein Löwe auf dem Altar. Er übte den Dienst aus bei dem Bund zwischen den Stücken und er war dazu bestimmt, daß er den Widder opfern sollte; darum sprach er: Lege deine Hand nicht an den Knaben; nun weiß ich, daß du Gott fürchtest, denn du hast deinen einigen Sohn nicht verschont.

Abraham erhob seine Augen, und siehe da, ein Widder war vor ihm; Elia, der Seher, hatte ihn dem Abraham zugeführt in der Zeit, da er den Isaak band; und die davonfliegende Seele Isaaks verkörperte sich in den Widder.

Gleichwie es Isaak, unser Vater, mit ganzem Herzen auf sich genommen hat am Versöhnungstage, zur Stunde des Vorabendgebetes durch Abraham gebunden zu werden, so hat sich mit Freuden und mit Willen das Maß der Strenge von der Gnade zwingen lassen und ist, dem Willen des Ewigen sich fügend, auf den inneren Altar gekommen.

Alle obersten Geschöpfe waren in dieser Stunde dabei, die Gewaltigen zu bändigen; so ward der Planet Mars von dem Jupiter gebunden. Michael, der himmlische Hohepriester, band den Engel Gabriel, der Löwe des Gotteswagens band den Stier und alle wurden auf dem äußeren Altar der göttlichen Halle dargebracht.

Ein Weiser sah einen großen Gürtel an den Lenden Elias, des Sehers. Er fragte ihn: Herr, woraus ist denn dein Gürtel? Elia sprach: Aus dem Fell des Widders, der an Isaaks Statt geopfert wurde.

3
Die vier Sonnenwenden

UNSERE WEISEN, GELOBT SEI, der sie ausersah, lehrten uns: Viermal im Jahr, zu Anfang einer jeden Jahreszeit, wird das Wasser zu Blut. Zum ersten, im Kreislauf des Tiŝri, als in der Zeit, da unser Vater Isaak auf dem Altar geopfert werden sollte. Zum zweiten, im Kreislauf des Tebeth, als Jephthah das Gelübde an seiner Tochter in Erfüllung brachte. Und vier Tage im Jahr klagten über sie die Töchter Israel. Zum dritten, im Kreislauf des Nissan, zu welcher Zeit die Ägypter von der Blutplage getroffen wurden, daß ihr Strom zu Blut verwandelt ward. Endlich aber in dem Kreislauf des Thamus zum Angedenken an den Tag, da der Herr zu Mose sprach: Du sollst den Fels schlagen, so wird Wasser herauslaufen, daß das Volk trinke.

Doch andere meinen, dies wäre der Vorgänge Grund. Vier Wächter sind in den oberen Regionen über die Welt befohlen, und ein jeder von ihnen hält Wache von Jahreszeit zu Jahreszeit. Die Weile aber, da der eine Wächter abgeht und der andere an seine Stelle kommt, bleibt die Welt ohne einen Wächter. Alsdann kommt der Planet aus dem Sternbild des Skorpions, speit Galle und einen Tropfen Blut – nicht Blut des Lebens – und trübt damit die Wasser.

Vom Tode Saras

1
Des Teufels Rache

WÄHREND ABRAHAM noch bei dem Opfer auf dem Altar war, ging der Satan hin zur Sara und erschien ihr als ein Greis, gebeugt und demütig. Und er sprach zu ihr: Weißt du denn alles, was Abraham heute an deinem Sohne Isaak getan hat? Er baute einen Altar, nahm den Isaak und opferte ihn darauf. Und Isaak schrie vor seinem Vater und weinte, der aber sah nicht nach ihm und erbarmte sich seiner nicht. Und der Satan wiederholte noch diese Worte zu zweiten Mal und ging von Sara.

Da hörte Sara die Rede des Satans und sie glaubte, er sei ein alter Mann aus dem Geschlechte der Menschen, der bei ihrem Sohne gewesen war und der zu ihr kam, daß er ihr alles erzähle. Da erhob sie ihre Stimme und weinte und stieß einen lauten, bitteren Schrei um ihren Sohn aus und warf sich auf die Erde nieder und streute Asche auf ihr Haupt und rief: Mein Sohn, Isaak, mein Sohn, wäre ich doch an deiner statt an diesem Tage gestorben. Sie fuhr fort zu weinen und sprach: Wehe mir um dich, ich habe dich großgezogen und habe dich gehegt, und nun ward mir meine Freude über dich zum Jammer. Mein Begehren nach dir ward zu Schrei und Gebet, bis ich mit neunzig Jahren geboren habe, und nun solltest du des Messers und des Feuers werden. Doch was mich tröstet ist, daß es Gottes Wort war, mein Sohn, denn du hast das Gebot des Herrn getan, und wer darf unserem Gott widersprechen, in dessen Händen alles Lebendige ist? Du bist gerecht, Herr, unser Gott, und deine Werke sind gut und gerecht und auch ich freue mich deiner Worte, die du befahlst; mein Auge allein weint bitterlich, aber das Herz ist fröhlich. Und Sara legte ihren Kopf einer ihrer Mägde in den Schoß und ward stumm wie ein Stein.

Aber danach machte sie sich auf und begab sich auf den Weg und ging hin und fragte überall umher; sie kam bis nach Hebron und Fragte alle, die des Weges gingen und die ihr begegneten, nach ihrem Sohn, aber keiner sprach zu ihr ein Wort von dem, was mit ihrem Sohn geschehen war. Sie kam mit ihren Mägden und Knechten nach der Stadt der vier Gräber, dies ist Hebron, und fragte nach ihrem Sohn und verweilte dort und schickte etliche von ihren Knechten aus, daß sie erführen, wo Abraham und Isaak hingegangen wären. Die gingen nach dem Hause Sems und Ebers, Abraham und Isaak zu suchen, fanden sie aber nicht. Sie durchsuchten das ganze Land, die aber waren nicht da.

Da kam abermals der Satan vor Sara in der Gestalt eines Menschen und trat vor sie und sprach: Es war Lüge, was ich dir sprach; denn Abraham hatte den Isaak nicht geschlachtet, und dieser ist nicht gestorben. Da nun Sara dies vernahm, ward sie voll großer Freude um ihren Sohn, und ihre Seele verging vor Freude, daß sie starb und zu ihrem Volke gesammelt ward.

Abraham aber kehrte, als er mit seinem Dienst fertig war, zu seinen Knaben zurück, und sie machten sich alle auf und gingen zusammen heim nach Beer-Seba. Sie suchten nach Sara und fanden sie nicht; sie fragten nach ihr, und man sagte ihnen: Sie hat sich nach Hebron begeben euch zu suchen, wo ihr hingegangen seiet, denn dies und dies ist ihr erzählt worden.

Da gingen Abraham und Isaak hin zu Sara nach Hebron und fanden, daß sie tot war. Da erhoben sie alle ihre Stimme und brachen in ein lautes Weinen aus. Isaak fiel über das Angesicht seiner Mutter und rief: Mutter mein, Mutter, warum hast du mich verlassen und bist dahingegangen! Und Abraham und Isaak weinten lange und auch alle ihre Knechte weinten mit ihnen um Sara und stimmten eine gar große, bittere Klage an.

2
Der Sara Tod und Begräbnis

SARA WARD hundertundsiebenundzwanzig Jahre alt und starb in der Stadt Kirjath-Arba, die heißt Hebron, im Lande Kanaan. Da kam Abraham, sie zu beklagen und zu beweinen. Danach stand er auf von ihrer Leiche und wollte nach einer Grabstätte suchen, um sein Weib Sara zu begraben. Er ging hin und redete mit den Kindern Heth, den Herren des Landes, und sprach: Als Fremder und Beisasse bin ich bei euch in eurem Lande, so gebt mir denn einen Grabbesitz, daß ich meinen Toten begrabe, der vor mir liegt. Da antworteten die Kinder Heth dem Abraham: Siehe, das Land liegt vor dir, in der auserlesensten Stätte begrabe deinen Toten, kein Mensch wird es dir verwehren, daß du deinen Toten bestattest. Da sprach Abraham zu ihnen: Willigt ihr darin mit mir ein, so geht hin und bittet für mich bei Ephron, dem Sohne Zohars, daß er mir die zwiefache Höhle gebe, die am Ende seines Ackers liegt, ich will sie ihm um so viel Geld abkaufen, als er haben will.

Ephron aber wohnte unter den Kindern Heth, und sie gingen hin und riefen ihn, und er kam vor Abraham: Alles, was du haben willst, wird dein Knecht vor dir tun. Da sprach Abraham: Nicht so, allein die Höhle will ich von dir kaufen und den Acker, der dir gehört, will ich um einen Preis erwerben, daß er mir zum Erbbegräbnis bleibe für ewig. Ephron sprach: Siehe, das Feld und die Höhle liegen vor dir, was du dafür geben willst, magst du geben. Abraham aber sprach: Nein, ich will sie um volles Geld aus deiner Hand erwerben und aus der Hand aller, die in deiner Stadt Tore kommen und aus der Hand deines Samens bis in Ewigkeit. Da hörte Ephron und alle seine Brüder das an und Abraham wog ihm das Geld dar, vierhundert Lot Silber, in die Hand Ephrons und in die seiner Brüder.

Alsdann schrieb Abraham das auf und besiegelte es und begläubigte es durch vier Zeugen. Und dies sind die Namen der Zeugen: Amigal, der Sohn Abisuas, des Hethiters, Elihoraph, der Sohn Asones', des Heviters, Eddon, der Sohn Ahiras, des Gerariters, Ekdil, der Sohn Abodis, des Sidoniers. Und Abraham nahm die Kaufurkunde und tat sie unter seine Schätze.

Dies aber die sind die Worte, die er in das Buch geschrieben hatte: Die Höhle und den Acker hat Abraham gekauft von Ephron, dem Hethite, und von seinem Samen und von denen, die in seinen Toren wohnen, und von ihrem Samen bis in alle Ewigkeit. Und dies soll Abrahams Kaufgut sein, ihm gehören, und soll seinen Samen und allen, die seinen Lenden entsprießen werden, ein Erbbegräbnis in alle Ewigkeit sein, was besiegelt und von Zeugen beglaubigt ist.

Also wurde das Feld und die Höhle, die darin war, und der ganze Ort Abraham und seinem Samen zum eigen Gut bestätigt von den Kindern Heth gegenüber Mamre zu Hebron, das im Lande Kanaan liegt. Und Abraham begrub an dieser Stätte sein Weib Sara. Der Ort aber und die ganze Gegend umher ward Abrahams und seines Samens Grabessitz.

Abraham bestattete Sara mit großen Ehren, wie man Könige bestattet, und sie wurde in ihren schönsten und besten Kleidern ins Grab gelegt. Es kamen zu ihrer Bahre Sem, der Sohn Noahs und sein Sohn Eber, außerdem Abimelech, Aner, Eskol und Mamre; alle Großen des Landes gingen dem Begräbnis nach. Alsdann hielt Abraham eine große und schwere Klage und machte eine Trauer von sieben Tagen. Und alle Bewohner des Landes trösteten Abraham und seinen Sohn Isaak um Saras willen.

Als aber die Tage des Beweinens um waren, schickte Abraham seinen Sohn Isaak fort, und dieser ging in das Haus Sems und Ebers, um dort die Wege Gottes und seine Zucht zu erlernen, und blieb dort drei Jahre.

3
Der Tod Abimelechs und die Stämme Lots

Zu der Zeit stand Abraham auf und alle seine Knechte und sie kehrten zurück nach Beer-Seba in ihr Haus und blieben daselbst wohnen. Als das Jahr um war, starb Abimelech, der König der Philister, hundertdreiundzwanzig Jahre alt. Da begab sich Abraham mit seinen mit seinen Leuten nach dem Philisterlande und sie trösteten das Haus Abimelechs und seine Knechte; alsdann kehrte er um und kam in sein Haus zurück. Aber nach dem Tode Abimelechs nahmen die Leute zu Gerar seinen Sohn Benmelech, der zu der Zeit zwölf Jahre alt war, und, machten ihn zum König an seines Vaters statt. Und sie änderten seinen Namen in Abimelech nach dem Namen seines Vaters, denn so war es Sitte zu Gerar. Also regierte Abimelech an Abimelechs statt und saß auf seinem Throne.

Auch Lot, der Sohn Harans, starb in jenen Tagen, als Isaak, der Sohn Abrahams, neununddreißig Jahre alt war. Das Alter Lots war hundertzweiundvierzig Jahre, als er starb. Dies aber sind die Söhne Lots, die ihm von seinen Töchtern geboren wurden: der erstgeborene hieß Moab, der zweite hieß Ben-Ammi. Und die zwei Söhne Lots gingen hin und holten sich Weiber aus dem Lande Kanaan und zeugten ihnen Söhne. Der Söhne Moabs waren vier: Aër, Maion, Tharsion und Kanvil, das sind die Stammväter der Kinder Moab bis auf den heutigen Tag. Der Söhne Ben-Ammis waren aber sechs: Gerim und Ison, Rabath und Zilon, Inon und Miob, das sind die Väter der Kinder Ammon bis auf den heutigen Tag.

Und die Geschlechter der Kinder Lots zogen aus, Wohnland zu suchen, wo sie welches fänden, denn sie hatten sich überaus vermehrt. Sie gingen hin und bauten Städte in den Ländern, da sie wohnten, und benannten die Städte nach ihren Namen.

Älteres vom Tode Saras und von Hebron

1
Semael eilt zu Sara

ALS ABRAHAM VOM BERGE MORIA zurückkam, entbrannte der Zorn in Semael, denn er sah, daß es ihm nicht gelungen war, was sein Sinn anstrebte, Abrahams Opfer zu vereiteln. Was tat er? Er ging zur Sara hin und sprach zu ihr: Ach Sara, hast du nicht davon gehört, was in der Welt geschehen ist? Sie sprach: Nein. Er sprach: Dein alter Mann hat den Knaben Isaak genommen und hat ihn als Brandopfer dargebracht. Und der Knabe weinte und schrie, daß er sich nicht retten konnte.

Da fing Sara an zu weinen und zu jammern, und ihre Seele flog davon, daß sie starb. Und Abraham, unser Vater, kam heim und fand, daß sie tot war.

In einem anderen Buche wird es so erzählt:

In der Stunde, da Abraham den Widder opferte, ging der Satan hin zu Sara und erschien ihr in der Gestalt Isaaks. Als sie ihn erblickte, sprach sie: Mein Sohn, was hat dein Vater dir getan? Da erwiderte der Satan: Er nahm mich, trug mich auf Berge und ließ mich in die Täler herunterfahren; alsdann brachte er mich an die Spitze eines Berges, baute dort einen Altar, schichtete das Holz auf, band mich oben auf den Altar und nahm das Messer, um mich zu schlachten; und hätte der Herr nicht zugerufen: Lege die Hand nicht an den Knaben – ich wäre hingeopfert worden.

Doch der Satan hatte noch nicht zu Ende geredet, da verschied die Seele Saras.

2
Die zwiefache Höhle

ABRAHAM HATTE EINEN BUND geschlossen mit den Völkern der Erde. Als die drei Engel zu ihm nach Mamre kamen, dachte er, sie seien Wanderer, also lief er ihnen entgegen; danach wollte er ihnen ein Mahl bereiten und ging schnell, um ein Kalb zu holen, aber das Kalb lief davon und flüchtete sich in die zwiefache Höhle. Abraham lief ihm nach und kam auch dorthin. Da sah er Adam und Eva auf ihren Bahren liegen und schlafen; Lichter brannten zu ihren Häuptern, und ein lieblicher Geruch umgab sie. Seitdem begehrte Abraham die zwiefache Höhle als Erbbegräbnis zu besitzen.

Nach einem anderen Buche war es so:

Am Tage, da die Engel Abraham besucht hatten, lief er zu den Rindern mit Ismael und wollte drei Ochsen holen; aber der Engel Raphael schlich ihm im geheimen nach. Nachdem nun Abraham zwei Ochsen genommen hatte, gab er sie dem Knaben, daß er sie abführe; er wollte den dritten holen, da stellte sich vor ihn Raphael als ein schönes, großes Rind hin. Abraham wollte ihn fangen, aber der Stier lief und zog den Abraham nach sich, bis sie vor die Tür der zwiefachen Höhle kamen; da tat sich die Tür auf – all das geschah durch die Fügung der Allmacht. Als nun Abraham die Grüfte Adams und Evas gewahrte und den Duft des Gartens Eden roch, empfand er die Hoheit des Ortes und wünschte sehnlich daselbst zu ruhen.

Alsbald übergab sich der Ochse willig der Hand Abrahams. Als aber Abraham in die Hütte zurückkehrte, siehe, da hatte er nur zwei

Ochsen. Er brauchte aber noch einen, damit das Gastmahl nicht karg bliebe, und schuf den dritten Stier mit Hilfe des Buches der Schöpfung. Das war eben das Rind, das Abraham bereitet hatte.

Ehe Abraham in die zwiefache Höhle kam, wollten viele dort begraben werden, aber die diensttuenden Engel bewachten den Ort. Die Menschen sahen dort ein Feuer beständig glimmen und konnten nicht hinein. Da kam Abraham und fand Einlaß und erwarb das Feld.

Als Abraham die Sara in der zwiefachen begraben wollte, standen Adam und Eva auf und wollten dort nicht mehr bleiben, denn sie sprachen: Es ist genug, daß wir uns vor dem Herrn immer um der Sünde willen schämen müssen, die wir getan haben; nun wollt ihr noch unsere Schand dadurch mehren, daß wir an eure Guttaten stets gemahnt würden. Da sprach Abraham: Ich will's auf mich nehmen und will vor dem Herrn beten, daß ihr euch fürder nicht schämen braucht. Dennoch wollte Eva nicht wieder hinein, als bis sie Abraham bei der Hand nahm und sie hineinführte. Alsdann begrub Abraham die Sara.

3

Hebron

Der Reisende Benjamin von Tudela erzählt:

Von Bethlehem bis nach Hebron, der Stadt Abrahams, sind es sechs Meilen. Die Stadt Hebron lag auf dem Berge, heute aber ist sie zerstört; im Tale ist das Feld der zwiefachen Höhle. Daselbst ist das Heiligtum, das Sankt Abraham benannt wird; dies war vormals, zur Zeit der Herrschaft der Kinder Ismaels, ein jüdisches Bethaus. Durch eine eiserne Tür, noch von unseren Vorfahren errichtet, kommt man in eine Höhle, darin ist aber nichts zu sehen; alsdann kommt man in eine zweite Höhle, die ebenfalls leer ist; in der dritten Höhle aber erblickt man sechs Gräber, die Gräber Abrahams, Isaaks und Jakobs und ihnen gegenüber die Grüfte Saras, Rebekkas und Leas; die Gräber sind geschlossen, und von außen sind Schriftzeichen eingegraben. Das Grab Abrahams trägt die Inschrift: Das ist das Grab Abrahams, unseres Vaters. Auf dem Grabe Isaaks ist zu lesen: Das ist das Grab Isaaks, des Sohnes Abrahams, unseres Vaters. Auf dem Grabe Jakobs steht geschrieben: Das ist das Grab Jakobs, des Sohnes Isaaks, des Sohnes Abrahams, unseres Vaters. Auf den übrigen Gräbern ist vermerkt: Das ist das Grab Saras, das ist das Grab Rebekkas, das ist das Grab Leas.

Am Rande des Feldes der zwiefachen Höhle befindet sich das Haus Abrahams, unseres Vaters, und davor ist eine Wasserquelle.

Viertes Buch

Isaak und Jakob

Die Freiung Rebekkas

1
Vom Ergrauen

EHE ABRAHAM DA WAR, kannten die Menschen kein Alter. Es wollte mancher mit Abraham sprechen und sprach mit Isaak, es wollte sich mancher an Isaak wenden und wendete sich an Abraham. Da kam Abraham und bat um Erbarmen, und die Abzeichen des Alters kamen hervor, wie es heißt: Abraham war alt und wohlbetagt.

Von dem Tage, da Himmel und Erde erschaffen worden waren, bis zu Abraham war das Alter an dem Menschen nicht wahrzunehmen. Da kam unser Vater Abraham, und sein Haupt ward grau. Die Leute wunderten sich darob, weil sie Ähnliches noch nicht gesehen hatten. Gleichwie eine Krone das Haupt eines Königs schmückt, so ist das weiße Haar des Greises Pracht und Herrlichkeit.

Als Abraham für Sodom eingetreten war, sprach der Herr zu ihm: Du bist der schönste unter den Menschenkindern, deine Lippen sind holdselig. Da erwiderte Abraham: Worin ist meine Schönheit? Ich und mein Sohn, wir kommen beide nach einer Stadt, und die Menschen erkennen nicht, welcher der Vater ist und welcher der Sohn. Und weiter sprach Abraham: Herr der Welt! Du mußt einen Unterschied machen zwischen einem Vater und einem Sohne, zwischen einem Jüngling und einem Greis, auf daß der Greis vom Jüngling geachtet werde. Da sprach Gott: Bei deinem Leben! Mit dir soll der Anfang gemacht werden.

Und Abraham legte sich diese Nacht schlafen und erwachte am anderen Morgen. Da er aber aufstand, sah er, daß sein Haupt und sein Bart weiß geworden waren. Da sprach er vor dem Herrn: Du hast mich damit zum Vorbild gemacht.

Komm her und schau! Von Adam bis Abraham sind zwanzig Geschlechter und von keinem Menschen spricht die Schrift, daß er alt und grau geworden wäre. Sie zeugten Kinder und Kindeskinder, und man wußte nicht, welcher der Vater war und welcher der Sohn, denn alle glichen sie einander. Da kam Abraham und ihm verlieh Gott die Krone des Alters. Auch dem König David ward solche Krone zuteil.

Abraham war der erste, dem die Krone des Alters aufgesetzt wurde, Gleichwie einst ein König zu seinem Liebling sprach: Soll ich dir Gold und Silber, Knechte und Mägde geben? Siehe, das hast du alles. Ich will dir nun die Krone von meinem Haupte schenken – so sprach auch der Herr zu seinem Liebling Abraham: Was soll ich dir geben? Gold hast du schon. Aber siehe, wie es von mir heißt: Das Haar auf seinem Haupte ist wie weiße Wolle – so will ich auch dich machen.

2
Ein Engel begleitet Elieser

GOTT HATTE ABRAHAM mit allem gesegnet. Er verlieh ihm die große Gabe der Sternseherei, daß die Könige des Morgenlandes und des Abendlandes an seiner Tür pochten.

Andere wiederum meinen, Abraham hätte an seinem Hals eine große Perle getragen, und jedweder Kranke, der darauf sah, sei alsbald geheilt worden. In der Stunde aber, da unser Vater Abraham von der Welt schied, nahm der Herr die Perle hinweg und hängte sie an den Sonnenball.

Abraham hatte alles, was sein war, dem Isaak als Erbe verschrieben, und er nahm das Schriftstück und gab es Elieser, seinem Knecht, daß er hingehe und es seiner Freundschaft zeige. Von Kirjath Arba bis nach Haran ist ein Weg von siebzehn Tagen, aber in drei Stunden kam der Knecht dorthin. Da freute er sich in seinem Herzen und sprach: Heute bin ich ausgezogen und heute bin ich angekommen.

Der Herr wollte Isaak Gnade bezeugen und schickte einen Engel dem Elieser voran, daß die Straße ihm entgegenhüpfte und er in drei Stunden sie zurücklegte.

Es war dem Herrn offenbar, daß eine Königstochter nimmer ausgehe Wasser zu schöpfen; aber Rebekka ging in dieser Stunde aus, Wasser zu schöpfen. Und das Mägdlein, das von dem Manne nichts wußte, willigte ein, sich dem Isaak anzutrauen, Warum das? Weil sie ihm von der Allmacht bestimmt war, von Mutterleibe an.

Also sprachen auch Laban und Bethuel: Nun das Wort aus dem Munde der Allmacht gekommen ist, können wir uns dem nicht widersetzen. Siehe, da ist Rebekka vor dir, nimm sie und ziehe hin mit ihr. Als nun Elieser am anderen Morgen erwachte, sah er den Engel draußen stehen und seiner harren, Da sprach er zu den Leuten: Haltet mich nicht auf. Gott hat meinen Weg gesegnet, seht, draußen harrt er meiner. Also aßen sie und tranken von dem Mahle Rebekkas, und gleichwie ein Vorbeter die Braut zu ihrer Trauung segnet, also umstanden Rebekka ihre Brüder und segneten sie.

Es war die sechste Tagesstunde, da der Knecht aus Haran zog. Er hatte die Rebekka und ihre Amme Debora mitgenommen und ließ sie auf den Kamelen reiten. Auf daß aber der Knecht nicht über die Nacht mit Rebekka zurückbliebe, rannte ihnen die Erde entgegen,

daß sie in drei Stunden nach Hebron kamen zur Zeit, da das Vora-
bendgebet verrichtet werden sollte. Und gerade war Isaak hinausgegangen, das Gebet zu sagen.

Rebekka erhob ihre Augen und erblickte den Isaak. Sie sah den
Schein, der sein Haupt umgab, und wunderte sich darüber und
sprach: Wer ist der Mann, der uns entgegenkommt? Der Knecht erwiderte: Das ist mein Herr. Da nahm Rebekka den Schleier und verhüllte sich.

3
Rebekka und Sara

Es heisst: Die Sonne scheint, die Sonne geht unter. Das will bedeuten: ehe noch die Sonne untergeht, läßt Gott die Sonne des anderen Gerechten aufgehen. Noch ehe die Sonne Moses untergegangen
war, ließ Gott das Licht Josuas aufgehen. Ehe das Licht Josuas versunken war, ließ Gott Othniel, den Sohn Kenas' kommen. Ehe das
Licht Eli, des Priesters, erloschen war, begann, die Sonne Samuels zu
leuchten. Noch ehe die Gloria Saras verschwunden war, erstrahlte
der Glanz Rebekkas.

Isaak brachte Rebekka in das Zelt seiner Mutter Sara.

All die Zeit, da Sara lebte, schwebte eine Wolke über dem Eingang
ihres Zeltes. Als sie aber starb, wich die Wolke. Da nun Rebekka kam,
kehrte der Wolkenschleier wieder. All die Zeit, da Sara lebte, brannte
in ihrer Hütte ein Licht von einer Sabbatnacht bis zu anderen; als sie
aber starb, erlosch das Licht. Da nun Rebekka kam, fing es wieder an
zu brennen. All die Zeit, da Sara lebte, waren die Tore ihres Hauses
weit aufgetan. Als sie aber starb, hörte die Gastlichkeit auf; da nun
Rebekka kam, wurden die Tore wieder aufgetan. All die Zeit, da Sara
lebte, wohnte ein Segen ihrem Teig inne; als sie aber starb, schwand
der Segen. Da nun Rebekka kam, kam mit ihr der Segen wieder.

Da nun Isaak sah, daß sie in allem wie seine Mutter tat, daß sie in
Reinheit ihren Teig rührte und die Opfergabe davon in Reinheit ab-
sonderte, nahm er sie und brachte sie in die Hütte seiner Mutter.

4
Der Lohn Eliesers

Abraham war alt und wohlbetagt, und der Herr ließ ihn von der
Herrlichkeit des zukünftigen Lebens verkosten. Da sprach er zu seinem Knecht Elieser, der ihm von Angesicht glich, daß er nach Haran
gehe.

Elieser machte sich auf und ging nach Aram Neharaim, der Stadt Nahors. Und siehe, da kam Rebekka heraus und einen Krug trug sie auf der Achsel. Sie war eine sehr schöne Jungfrau und glich von Angesicht der Eva. Sie stieg hinab zum Brunnen, denn es waren daselbst Stufen, und tauchte ihren Krug mit der Hand ins Wasser; sie band ihn nicht erst an eine Strick. Alsdann kam sie wieder herauf und war behende in ihrer Arbeit. Da lief der Knecht herzu, als er sah, daß die Wasser zu ihr emporstiegen, und er sprach: Laß mich aus deinem Kruge trinken. Da sprach sie: Trinke, mein Herr. Das Kind einer Freundlichen, war sie selber freundlich; sie gab ihm aus ihrer Hand zu trinken und ließ ihn nicht den Krug in seine Hand nehmen. Danach lief sie wieder zum Brunnen Wasser zu schöpfen und schöpfte für die Kamele. Da erkannte Elieser, daß sie wert war, Isaaks Weib zu werden, denn sie hatte Erbarmen für die Geschöpfe.

Als Laban den Reif und die Armringe an den Händen seiner Schwester sah, wollte er Elieser töten. Aber Elieser erkannte, daß Laban Arges im Sinne hatte, da rief er den wahrhaften Namen aus und ließ die Kamele über dem Brunnen in der Luft schweben. Als Laban das sah, begriff er, daß es ein Gerechter war, und sprach: Tritt ein, du vom Herrn Gesegneter. Er dachte, es sei Abraham, weil er ihm von Angesicht glich.

Rebekkas Bruder und Mutter sprachen: Laß doch das Mägdlein einen Tag oder zehn bei uns bleiben, danach sollst du ziehen. Wo aber war ihr Vater Bethuel? Man erzählt, der Engel, von dem Abraham sprach, habe die Schüssel, die für Elieser bestimmt war und die giftige Speise enthielt, mit der Schüssel Bethuels vertauscht, und der aß davon und starb.

Andere wiederum erzählen es so: Bethuel war König über Aram, und es wurden ihm die Jungfrauen am Tage ihrer Vermählung zugeführt, daß er sie zuerst beschliefe. Da sprachen die Leute des Ortes: Nun wollen wir sehen, ob er es mit seiner Tochter ebenso macht.

Elieser hatte in Treue die Botschaft Abrahams ausgerichtet, daher war er für wert befunden, lebendig in den Garten Eden zu kommen.

Neun Menschen sind lebendig in den Garten Eden gekommen: Henoch, der Sohn Jareds; Elia, der Seher; der Messias; Elieser, der Knecht Abrahams; Hiram, der König zu Thrus; Edeb-Melech, der Mohr, der Jeremia aus der Grube gerettet hat; Serah, die Tochter Asers; Bathia, die Tochter Pharaos, die den Moses erzogen hat; Jabez, der Sohn des Fürsten Jehuda und Josua, der Sohn Levais.

Genealogisches

1
Das Haus Nahor

NAHOR, DER BRUDER ABRAHAMS, und sein Vater wohnten mit allem, was ihr war, in Haran und waren nicht mit Abraham nach dem Lande Kanaan gegangen. Und Nahor wurden in Haran Kinder geboren, die gebar ihm Milka, die Tochter Harans, die Schwester Sarais, des Weibes Abrahams. Dies sind die Namen der Söhne, die ihm geboren wurden: Uz, Bus, Kemuel, Chesed, Haso, Phildas, Jedlaph und Bethuel, also acht Söhne. Doch dies sind allein die Söhne Milkas, die sie gebar Nahor, dem Bruder Abrahams.

Aber Nahor hatte noch ein Kebsweib mit Namen Rehuma, und die gebar ihm auch, nämlich den Tebah, Gaham, Thahas und Maacha, zusammen vier Söhne. Also waren der Kinder Nahors, die ihm geboren wurden, zwölf außer den Töchtern. Und den Söhnen Nahors wurden auch Kinder geboren zu Haran, Die Kinder Uz' waren: der Erstgeborene war Nahor, dann kamen: Abiharaph, Gabin, Milum und Debora, ihre Schwester. Die Kinder Bus' waren? Berachael, Naamath, Suah und Madani. Die Kinder Kemuels waren Aram und Rehob. Die Kinder Hasos waren: Phildas, Michi und Aphar. Die Kinder Phildas' waren: Arud, Amuram, Merid und Miluch. Die Kinder Jedlaphs waren: Musan, Chusan und Moza. Aber die Kinder Bethuels waren: Sehar, Laban und ihre Schwester Rebekka.

Dies alles sind die Geschlechter der Kinder Nahors, die in Haran geboren wurden.

2
Das Haus Aram

ABER ARAM, DER SOHN KEMUELS, zog mit seinem Bruder Rehob von dannen, weitab von Haran, und sie fanden ein Tal im Lande, das am Strom Euphrat liegt. Sie bauten dort eine Stadt und nannten sie nach dem Namen Phethurs des Sohnes Arams; es ist die Stadt Aram Neharaim, die noch heutigen Tages besteht.

Und die Söhne Cheseds zogen auch weiter aus, ein Land zu suchen, da sie wohnen könnten; sie gingen und fanden ein Tal gegenüber dem Lande Sinear und wohnten daselbst. Sie bauten dort eine Stadt und nannten sie Chesed nach dem Namen ihres Vaters; dies ist das Land der Chaldäer bis auf den heutigen Tag. Daselbst wohnten die Chaldäer und waren fruchtbar und vermehrten sich überaus.

Aber Tharah, der Vater Nahors und Abrahams, ging gleichfalls hin und nahm, da er alt war, ein zweites Weib, die hieß Phelila. Sie ward schwanger und gebar einen Sohn und hieß seinen Namen Zoba. Und Tharah lebte, nachdem ihm Zoba geboren war, noch fünfundzwanzig Jahre. In diesem Jahre starb er, das war das fünfunddreißigste Jahr nach der Geburt Isaaks, des Sohnes Abrahams. Alle Tage Tharahs waren zweihundertfünf Jahre, und er starb und ward zu Haran begraben.

Zoba aber, der Sohn Tharahs, lebte dreißig Jahre und zeugte den Aram, den Achlus und den Merik. Und Aram, der Sohn Zobas, des Sohnes Tharahs, hatte drei Weiber und zeugte zwölf Söhne und drei Töchter. Und Gott gab Aram, dem Sohne Zobas, Reichtum und Besitz und viele Herden, Schafe und Kinder ohne Zahl, also daß der Mann ungeheuer reich wurde. Da zog Aram, der Sohn Zobas, mit seinem Bruder und seinem ganzen Hause von Haran und sie gingen hin, zu wohnen, wo sie ein Land fänden, denn ihre Habe war zu groß, als daß sie in Haran hätten bleiben können; auch konnten sie nicht mehr zusammen sein mit den Söhnen Nahors, ihren Brüdern. Also ging Aram, der Sohn Zobas, mit seinen Brüdern hin, und sie fanden ein Tal weitab vom Lande Kedem und wohnten daselbst. Auch sie bauten dort eine Stadt, die nannten sie Aram nach dem Namen ihres ältesten Bruders; dies ist die Stadt Aram Zoba bis auf den heutigen Tag.

3
Elieser geht nach Haran

Zu der Zeit starb Nahor, der Sohn Tharahs, der Bruder Abrahams, im vierzigsten Jahre des Lebens Isaaks. Und es waren der Jahre Nahors, die er lebte, hundertzweiundsiebzig, und er starb und ward in Haran begraben. Da Abraham vernahm, daß sein Bruder gestorben war, grämte er sich gar sehr und trug Leid um ihn viele Tage.

Alsdann rief er seinen ältesten Knecht Elieser, der über sein Haus gesetzt war; der kam und stellte sich vor ihn. Da sprach Abraham: siehe, ich bin alt geworden und weiß nicht den Tag, da ich sterben werde, denn ich bin wohlbetagt. Und nun mache dich auf, geh hin und hole meinem Sohn ein Weib aus meinem Geschlecht und aus dem Hause meines Vaters in Haran. Ich beschwöre dich bei dem Herrn, dem Gott des Himmels, meinem Sohn kein Weib zu nehmen aus diesem Orte und aus diesem Lande von den Töchtern der Kanaaniter, unter welchen wir hier wohnen, sondern nach meinem Lande und nach meiner Heimat zu ziehen und von dort meinem Sohn ein Weib zu holen. Der Herr, der Gott des Himmels und der Erde, der mich aus dem Hause meines Vaters geführt und mich hierher gebracht hat und der zu mir gesprochen hat: Deinem Samen will ich dieses Land geben zur ewigen Erbschaft, der wird seinen Engel dir voransenden und wird deiner Reise das Glück geben, daß du meinem Sohn ein Weib findest unter meiner Freundschaft und in meines Vaters Hause.

Da erwiderte der Knecht seinem Herrn Abraham und sprach: Ich will nach deiner Heimat und nach deines Vaters Hause gehen und will deinem Sohne von dort ein Weib bringen. Wie aber, wenn das Weib mir nicht folgen möchte in dies Land, soll ich da deinen Sohn nach deinem Heimatlande führen? Da sprach Abraham: Hüte dich, meinen Sohn dorthin zu bringen. Der Herr, vor dem ich wandle, wird seinen Boten dir vorausschicken und wird deinem Weg das Gelingen geben. Da tat Elieser in allem, wie ihm Abraham gesprochen hatte, und schwor es seinem Herrn zu.

Alsdann machte er sich auf, nahm sich zehn Kamele von den Kamelen seines Herrn. Und sie standen auf und zogen hin nach Haran, der Stadt Nahors und Tharahs, um von dort Isaak, dem Sohne Abrahams, ein Weib zu holen. Als sie aber fort waren, schickte Abraham nach dem Hause Sems und Ebers hin und ließ den Isaak kommen. Also kam Isaak in das Haus seines Vaters nach Beer-Seba.

Elieser aber und seine Leute kamen nach Haran und blieben außen vor der Stadt vor dem Wasserbrunnen und lagerten dort mit den Kamelen. Und Elieser, der Knecht Abrahams, betete und sprach: Du Herr, Gott meines Herrn Abrahams, begegne mir heute, tue Gnade an meinem Herrn, weise heute dem Sohne meines Herrn ein Weib aus seiner Freundschaft zu. Und Gott erhörte die Stimme Eliesers um Abrahams, seines Herrn, willen. Und es fügte sich, daß Elieser in das Haus Bethuels, des Sohnes Milkas, des Weibes Nahors, des Bruders Abrahams, kam und in das Haus hineinging.

Da erzählte ihnen Elieser alles und daß er der Knecht Abrahams sei, und sie freuten sich darüber sehr. Sie segneten alle den Herrn, daß er solches getan, und gaben ihm die Rebekka, die Tochter Bethuels, als Weib für Isaak. Und das Mägdlein war sehr schön von Angesicht, noch eine Jungfrau, die kein Mann erkannt hatte; zehn Jahre war sie damals alt.

Bethuel, Laban und Sahar machten ein Mahl an diesem Abend; zu diesem kam Elieser mit seinen Leuten, die mit ihm waren, und sie aßen und tranken und waren guter Dinge die ganze Nacht. Aber des anderen Morgens in der Frühe stand Elieser mit seinen Männern auf und riefen den Leuten im Hause Bethuels und sprachen: Schickt uns fort, daß wir zu unserem Herrn zurückkehren. Und die machten sich auf und ließen Rebekka von sich ziehen mit ihrer Amme Debora, der Tochter des Uz, und gaben ihr Gold und Silber und Knechte und Mägde und segneten sie. Alsdann schickten sie Elieser, den Knecht Abrahams, mit seinen Leuten von sich, und der nahm die Rebekka mit sich und zog von dannen.

Also kehrte er zurück nach dem Lande Kanaan zu seinem Herrn. Und Isaak nahm die Rebekka, sie ward sein Weib, und er gewann sie lieb und brachte sie in ihre Hütte, Isaak aber war vierzig Jahre alt, als er Rebekka, die Tochter Bethuels, seines Oheims, zum Weibe nahm.

Von den weiteren Nachkommen Abrahams

1
Die Ketura-Söhne

ABRAHAM FUHR FORT und nahm ein anderes Weib mit Namen Ketura; dies war Hagar, dieselbe, die am Brunnen gesessen und zum Ewigen gesprochen hatte; Siehe mein Elend. Auf das Geheiß Gottes nahm sie Abraham zum Weibe. Ketura ward sie genannt, denn wie Weihrauch, so umgab sie der Geruch ihrer Tugenden und Guttaten. Sie gebar dem Abraham den Simron und den Joktan. Die heißen so, weil ihre Nachkommen beim Götzendienst sangen und in die Pauke schlugen. Joktan aber zeugte den Saba und den Deban, diese waren Häupter von Völkern.

Abraham gab alles, was er hatte, seinem Sohne Isaak. Den Kindern der Kebsweiber gab er Geschenke und überlieferte ihnen den Namen, der die Geisterwelt beherrscht.

Abraham ließ seine anderen Kinder von seinem Sohne Isaak ziehen, da der noch lebte, gegen Aufgang in das Morgenland. Was tat er? Er nahm die siebzehn Söhne Keturas, baute ihnen eine eiserne Stadt und führte sie da hinein. Die Sonne drang nie dorthin, so hoch waren die Wände; also gab er ihnen Perlen und Edelsteine die Menge, die leuchteten ihnen. Aber dereinst, am jüngsten Tage, werden diese Funkelsteine die Welt erhellen, wenn der Herr die Sonne und den Mond beschämen wird.

2
Midian

Im Buche der Rechtschaffenen ist zu lesen:

Zu der Zeit machte sich Abraham auf und ging hin und nahm wieder ein Weib, als er schon alt war, die hieß Ketura und war aus dem Lande Kanaan. Die gebar ihm den Simron und den Joktan, Medan und Midian, Jesbak und Suah, zusammen sechs Söhne. Die Kinder Simrons waren: Abiham, Mulich und Mariah. Die Kinder Joktans waren: Saba und Deban. Die Kinder aber von Deban waren: Amiba, Job, Guhi, Elisa und Nutha. Die Kinder Jesbaks waren: Machiri, Bidua und Sethur. Die Kinder Suahs waren: Bildad und Hemdad, Musan und Michan. Dies sind die Geschlechter der Kinder Keturas, der Kanaaniterin, die sie gebar Abraham, dem Hebräer.

Abraham aber schickte diese alle von sich und gab ihnen Geschenke, daß sie von seinem Sohne Isaak fortgingen und nach Wohnland suchten, wo es zu finden wäre. Also kamen sie gegen Aufgang in das Morgenland, sie bauten dort sechs Städte und blieben da wohnen bis auf den heutigen Tag. Und die Kinder Midians, des Sohnes Abrahams, zogen gegen Morgen nach Äthiopien und fanden dort ein großes Tal im Morgenland. Sie blieben daselbst und bauten eine große Stadt; dies ist das Midianiterland bis auf den heutigen Tag. Also wohnte Midian in der Stadt, die er gebaut hatte mit seinen fünf Söhnen und allem, was sein war. Seine Söhne aber waren: Epha und Epher, Henoch, Abida und Eldaa. Die Kinder Ephers waren: Epheron, Zur, Eliron und Midon. Die Kinder Henochs waren: Reguel, Rekem, Asi, Elisob und Heled. Die Kinder Biras waren: Hur und Muler, Kervil und Malehi. Die Kinder Duas waren: Vichir, Reba, Milehom und Gebel. Dies alles sind die Stämme der Midianiter nach ihren Geschlechtern und nachdem sie sich im Lande ausgebreitet hatten.

3
Das Geschlecht Ismaels

Dies ist das Geschlecht Ismaels, des Sohnes Abrahams, den ihm gebar Hagar, die Magd Saras, aus Ägypten. Ismael nahm ein Weib aus dem Lande Ägypten, die hieß Riba oder Merisa. Diese gebar ihm die Söhne: Nebajoth, Kedar, Adbeel, Midsam und die Tochter Basmath. Aber alsdann vertrieb Ismael die Riba und sie ging von ihm und kehrte zurück nach ihres Vaters Hause, denn was sie tat, war unrecht in den Augen Ismaels und in den Augen Abrahams, seines Vaters.

Also nahm Ismael seine Kinder und machte sich auf und ging nach dem Lande Kanaan zu seinem Vater Abraham und wohnte daselbst. Danach nahm Ismael ein Weib aus dem Lande Kanaan, die hieß Malchith. Diese gebar Ismael sie Söhne: Misma, Duma, Massa, Hadad, Thema, Jetur, Naphis und Kedma. Dies sind die Kinder Ismaels mit ihren Namen, zwölf Fürsten über ihre Leute; danach aber sind die Geschlechter Ismaels zerstreut worden. Denn Ismael nahm seine Kinder und alle seine Habe, die er erworben hatte, sein Hausgesind, und alles, was sein war, und sie suchten sich seßhaft zu machen, wo sie ein Land fänden. Sie zogen hin und kamen nach der Wüste Pharan und wohnten von Hevila an bis gegen Sur von Ägypten und bis wo man gegen Assyrien kommt. In diesem Lande wohnten sie, Ismael und seine Kinder, und waren fruchtbar und vermehrten sich überaus.

Dies aber sind die Namen der Kinder Nebajoths, des erstgeborenen Sohnes Ismaels: Mied, Suad und Mion. Die Kinder Kedars waren: Elion, Kezem, Hemed und Eli. Die Kinder Adbeels waren: Hamud und Jobin. Die Kinder Mibsams waren: Ebadja, Ebed-Melech und Jegus. Dies alles sind die Geschlechter der Kinder Ribas, des Weibes Ismaels.

Aber die Kinder Mismas, des Sohnes Ismaels, waren: Seuma, Sacharion und Obed. Die Kinder Dumas waren: Kezen und Ali, Mahmet und Omar. Die Kinder Massas waren: Malon, Mula und Ebed-Adon. Die Kinder Themas waren: Said, Sadon und Javhol. Die Kinder Jeturs waren: Merik und Jegus, Ilui und Pahith. Die Kinder Naphis' waren: Ebed-Thamir, Abjoseph und Mir. Die Kinder Kedmas waren: Kaliph, Tahati und Emir. Dies sind die Kinder Malchiths, des Weibes Ismaels, nach ihren Geschlechtern. Aber alle diese sind die Nachkommen Ismaels und sie wohnten in Ländern, die sie bebauten, bis auf den heutigen Tag.

4
Apokalyptisches

DIE KINDER KEDARS, des Sohnes Ismaels, das sind die, von denen der Prophet Jeremia spricht. Die Kinder Kedmas sind die, von denen Bileam erzählt.

Bileam sprach: Von den siebzig Völkern, die der Herr geschaffen hat, hat er keinem seinen Namen angefügt außer Israel. Nun er aber auch Ismael ähnlich benannt hat, so ist es nicht anders, als daß auch gegen sie niemand wird bestehen können.

Ein Weiser sagte: Fünfzehn Dinge werden die Kinder Ismaels künftig hin im heiligen Lande vollbringen, und diese sind es. Sie werden das Land mit Stricken durchmessen. Sie werden die Gottesäcker in Lagerstätten für Schafe umwandeln, darauf die ihren Kot lassen werden. In ihren Tagen wird sich die Lüge mehren, und die Wahrheit wird unterdrückt werden. Das Gesetz wird von Israel verdrängt werden, und Israels Sünden werden wachsen. Scharlach wird man um ein Ochsenjoch geben; verdorben wird das Schreibrohr und das Blatt werden; des Königs Münze wird wertlos werden. Aber sie werden die zerstörten Städte wieder aufbauen und werden die Wege ebnen. Sie werden Gärten und Bäume pflanzen und werden die zertrümmerten Mauern des Tempels umzäunen. An des Tempels Statt werden sie einen Bau errichten, und am Ende werden zwei Brüder ihre Fürsten werden. Zu der Zeit wird der Sprosse Davids aufstehen wie es auch heißt: Zur Zeit solcher Königreiche wird der Gott des Himmels ein Königreich aufrichten, das nimmermehr zerstört wird.

Auch noch erzählte der Weise: Drei Kriege mit großem Getümmel werden die Kinder Ismael am Ende der Tage im heiligen Lande führen; einen in den Wäldern Arabiens, einen auf dem Meere und einen in der großen Stadt, der wird aber schlimmer sein als die ersten, wie es geschrieben steht: Sie fliehen vor dem Schwert, ja, vor dem bloßen Schwert, vor dem gespannten Bogen, vor dem großen Streit. Aber von Rom aus wird der Sohn Davids emporkommen wird er nach dem heiligen Lande kommen, wie es heiß: Wer ist es, der von Edom kommt mit rötlichen Kleidern von Bozra? der so geschmückt ist in seinen Gewändern und einhertritt in seiner großen Kraft? Ich bin's, der Gerechtigkeit lehrt und ein Meister ist zu helfen.

Jakob und Esau

1
Die ungleichen Brüder

REBEKKA, DIE TOCHTER BETHUELS, das Weib Isaaks, des Sohnes Abrahams, war unfruchtbar zu jener Zeit und hatte kein Kind. Und Isaak wohnte mit seinem Vater Abraham im Lande Kanaan und Gott war mit ihm und mit seinem Vater.

Zu der Zeit starb Arphachsad, der Sohn Sems, des Sohnes Noahs, im achtundvierzigsten Jahre des Lebens Isaaks. Und es waren der Jahre Arphachsads, die er lebte, vierhundertachtunddreißig.

Aber Isaak ward neunundfünfzig Jahre alt, und sein Weib Rebekka war noch immer unfruchtbar. Da sprach sie zu Isaak: Ich habe gehört, mein Herr, daß auch Sara, deine Mutter, zu ihrer Zeit unfruchtbar war, bis mein Herr Abraham, dein Vater, für sie gebetet hat, alsdann ward sie schwanger. So mache dich denn auf und bete auch du vor Gott, und er wird dein Gebet erhören und in seiner Gnade unser gedenken. Isaak erwiderte seinem Weibe Rebekka und sprach: Schon mein Vater Abraham hat für mich vor unserem Herrn gebetet, daß er meinen Samen mehren möge. So ist wohl von dir diese Unfruchtbarkeit über uns gekommen. Da sprach Rebekka: Dennoch steh auf bete für uns, und der Herr wird dein Flehen erhören und wird dir Kinder geben.

Da gehorchte Isaak der Stimme seines Weibes, und sie machten sich auf und gingen beide, Isaak und Rebekka, nach dem Lande Moria, um daselbst zu beten und in den Herrn zu dringen. Sie kamen bis an diesen Ort und Isaak stellte sich hin, den Herrn zu bitten für sein Weib Rebekka. Er sprach: Du mein Gott, Herr des Himmels und der Erde, von dessen Güte und Gnade die Erde voll ist. Du bist es, der meinen Vater aus seines Vaters Hause und aus seiner Heimat geführt hat, ihn nach diesem Lande gebracht und zu ihm gesprochen hat: Dir und deinem Samen will ich dieses Land geben. Du hast ihm verheißen und hast zu ihm gesagt: Ich werde deinen Samen machen wie die Sterne des Himmels und wie der Sand des Meeres; so mögen nun die Worte erfüllt werden, die du zu meinem Vater gesprochen hast. Und nun, Herr, unser Gott, wir richten unsere Augen zu dir empor, daß du uns menschlichen Samen geben möchtest.

Da erhörte Gott das Flehen Isaaks, des Sohnes Abrahams, und ließ sich erbitten, und Rebekka ward schwanger. Aber es geschah nach sieben Monaten, daß sich die Knaben miteinander in ihrem Leibe stießen. Und es ward Rebekka wehe darum, und es schmerzte sie. Sie fragte die Frauen umher, die im Lande waren, und sprach: Ist es euch auch so ergangen? Die antworteten: Nein. Da sprach sie zu ihnen: Warum sollte es mir anders gehen, als sonst allen Weibern, die im Lande sind?

Sie ging abermals nach dem Lande Moria, den Herrn darum zu befragen. Sie ging auch zu Sem und zu dessen Sohne Eber und bat sie, daß sie den Herrn für sie bitten sollten. Auch Abraham bat sie, er möge gleichfalls den Herrn darüber befragen, was ihr geschehen wäre. Und alle fragten den Herrn darum und überbrachten Rebekka das Wort Gottes und sagten ihr: Zwei Knaben sind in deinem Leibe, und die werden Väter zweier Völker sein; ein Volk wird sich über das andere zu erheben suchen, und der Ältere wird dem Jüngeren dienen.

Da nun der Tag ihres Gebärens kam, beugte sie sich nieder, und siehe da, Zwillinge waren in ihrem Leibe, wie der Herr gesprochen hatte. Der erste, der herauskam, war ganz rot und rauh wie ein Fell; da benannte ihn das ganze Land Esau, weil er vollendet aus dem Mutterleibe herauskam. Nach ihm kam sein Bruder heraus, der hielt mit der Hand die Ferse Esaus, daher ward er Jakob geheißen. Und Isaak war sechzig Jahre alt, als ihm die beiden geboren wurden.

Die Knaben wurden groß und wurden fünfzehn Jahre alt und kamen unter die Leute. Esau war ein Mann voll listiger Gedanken und verstand das Wild des Feldes zu jagen. Jakob aber war ein sanfter und weiser Jüngling, und wohnte in den Hütten; er weidete die Schafe seines Vaters, lernte die Zucht Gottes und hütete die Gebote seines Vaters und seiner Mutter.

2
Der Weg des Lebens und der Weg des Todes

DREI JAHRE TRUG ISAAK Leid um seine Mutter Sara, nach drei Jahren nahm er die Rebekka zum Weibe und hörte auf zu trauern. Solange der Mann kein Weib hat, hängt er an Vater und Mutter; nimmt er aber ein Weib, so wendet sich seine Liebe dem Weibe zu.

Zwanzig Jahre war Rebekka unfruchtbar. Nach zwanzig Jahren nahm sie Isaak und ging mit zum Berge Moria, zu der Stätte, da er einst geopfert werden sollte, und betete, daß sie schwanger würde. Und der Herr schenkte ihm Gehör. Als sie aber gebären sollte, verging ihr die Seele vor ihren Wehen, denn die Kinder waren in ihrem Schoß wie Helden und Gewaltige und stießen einander im Leibe. Was tat unser Erzvater Jakob? Er ergriff die Ferse Esaus, daß er ihn umwürfe; seine Hand umklammerte die Ferse seines Bruders. Daraus ist zu entnehmen, daß die Kinder Esau nicht eher fallen werden, als bis der letzte aus dem Hause Jakob kommt und ihnen die Füße abhaut.

Und die Knaben wurden groß; der eine wandelte auf dem Wege des Lebens, der andere betrat den Weg des Todes.

Und Isaak beschnitt den Jakob; Esau aber verschmähte es, beschnitten zu werden, gleichwie er die Erstgeburt verschmäht hatte.

Vierzehn Jahre war Rebekka alt, als sie dem Isaak vermählt wurde, und zwanzig Jahre war sie unfruchtbar. Und Isaak betete vor dem Herrn für sein Weib. Er warf sich an einer Seite nieder, und sie warf sich an der anderen Seite nieder. Er betete: Herr der Welten! mögen alle Kinder, die du mir in Zukunft geben willst, dieser Gerechten entsprießen. Und sie betete: Herr aller Welten! mögen alle Kinder, die du mir zu geben gewillt bist, dieses Gerechten Kinder sein.

Und der Herr erhörte Isaak, und Rebekka, sein Weib, ward schwanger. Aber die Kinder stießen einander; einer wollte den anderen töten; einer wollte die Gebote des anderen umstoßen. Ging unsere Mutter Rebekka an den Tempeln der Götzendiener vorüber, so warf sich Esau und wollte hinaus; ging sie aber an Gotteshäusern und Lehrhallen vorüber, so drängte sich Jakob vor und wollte hinaus.

Die Forscher der Schrift fragen:

Rebekka sprach vor dem Herrn: Herr der Welt! wenn nun Esau die Helden der Weisheit ausrottet, die den Kindern Jakobs entstammen werden, wer wird da vor dir am Meere ausrufen: Das ist mein Gott, ich will ihn preisen? Und zu wem wirst du am Berge Sinai sagen: Ich bin der Herr, dein Gott? Und sie gürtete ihre Lenden und betete.

Da erwiderte ihr der Herr durch Sem, den Sohn Noahs: Meine Tochter, ein verborgenes Ding will ich dir offenbaren, kein Geschöpf darf es vernehmen: zwei Völker birgt dein Schoß; wie soll dein Leib sie halten können, wenn die ganze Welt sie nicht wird tragen können.

Als nun die Zeit kam, daß sie gebären sollte, war der erste, der herauskam, ganz rötlich. Zuvor aber wälzten sie sich in ihrem Leibe wie Wellen des Meeres; der eine sprach: Ich will als erster herauskommen; der andere sprach: Ich will der erste sein. Da sprach Esau zu Jakob: Wenn du mich nicht zuerst kommen läßt, so töte ich die Mutter und gehe durch die Bauchwand. Darauf sprach Jakob: Dieser Missetäter will gleich am Anfang schon Blut vergießen. Und ließ ihn zuerst geboren werden.

Und die Knaben wuchsen auf wie zwei Halme. Bis zu dreizehn Jahren gingen sie beide in ein Lehrhaus; alsdann erwies sich der eine als ein duftiges Gras, der andere aber als ein stachliges Gewächs.

3
Um diese und jene Welt

DIE KINDER ZANKTEN MITEINANDER im Leibe Rebekkas. Semael wollte den Jakob im Leibe seiner Mutter umbringen. Da sprach Michael zu ihm: Verderbe ihn nicht, denn er ist sanft und unschuldig. In dieser Stunde führten die Heerscharen Streit miteinander; die einen wollten dem Michael beistehen, die anderen wollten Semael helfen. Da sprach der Herr zu denen, die zu Semael hielten: Was fördert ihr? tut nicht so, rechtschaffen sollt ihr den Menschen richten, darum stützt den Gerechten und schädigt den Bösen.

Man erzählt, daß, als Jakob und Esau sich noch im Mutterleibe befanden, Jakob zu Esau gesprochen hätte: Mein Bruder Esau, wir sind
unser zwei, und zwei Welten liegen vor uns, eine Welt diesseits und
eine Welt jenseits. Die eine Welt ist die Welt, da man ißt und trinkt,
die Welt des Handels und des Wandels; das Jenseits aber hat von alledem nichts. Ist es dein Wille, so nimm du das Diesseits, und ich will
für mich das Jenseits behalten. In dieser Stunde nahm Esau seinen Teil
in dieser Welt, Jakob aber wählte das Jenseits.

Mystisches

1
Jakob und Esau als Heroen

GLEICH DER ERSCHAFFUNG der Welt bestimmte der Herr, daß die
Sonne das Reich Esaus und der Mond das Reich Jakobs werde.

Andere wiederum erzählen: Zu Anfang war Jakobs Reich die Sonne, aber alsdann nahm sie ihm der Herr ab und gab ihm den Mond.
Und Jakob grämte sich darum.

Isaak brachte dem Herrn ein Brandopfer dar, und es kam ein Feuer von oben und empfing das Feuer von unten.

Am fünften Tage schuf Gott die großen Walfische, das sind Jakob
und Esau, und alles Getier, das da lebt und webt – das sind die Stufen,
die zwischen den beiden liegen.

Wisse, daß Isaak zwei Gesichter hatte, ein heiliges und ein gemei-
nes; das nach innen gekehrte Gesicht war heilig, das äußere aber war
unheilig. Von dem inneren hat Jakob seinen Halt gewonnen; Esau
aber hielt sich an das äußere; an ihm wiederum hängen die Beherr-
scher der linken Seite der Welt.

2
Esau statt Davids

ALS DIE WELT ERSCHAFFEN werden sollte, sollte der göttliche Wagen diese vier als Stützen haben: Abraham, Isaak, Jakob und David;
danach aber wurde Joseph statt Davids genommen.

Jakob und David sollten beide von Isaak herkommen; aber anstatt Davids kam Esau. Das geschah, weil Semael sich schon der Erschaffung Isaaks widersetzt hatte. Alsdann, bei der Opferung, wiederholte er seine Anklage und sprach: Seinen Sohn hat Abraham auf das Holz gelegt, dann stahl er einen Widder und opferte ihn an Stelle seines Sohnes, ohne Gottes Willen. Da sprach der Herr: Ihm ist bereits vergeben. Aber Semael sprach: Nicht eher wird sich mein Sinn beruhigen, als bis ich an dem Samen Isaaks teil habe, an seinem erstgeborenen Sohn. Darauf sagte Gott: Mag es nach deinen Worten geschehen. Und Semael sprach: So zeige ihn mir, ich will ihm meinen Stempel aufdrücken. Da ward Gabriel ausgeschickt, und er brachte den David. Da freute sich Semael und sprach: Ich erkenne ihn wohl, das ist er, den du schon Adam gezeigt hast, der wird dereinst König in Israel sein. Und weiter sprach er: Das ist der Rötliche, den ich schon gesehen habe. Und er stempelte ihn, daß sein Leib behaart wurde. In der Zeit aber, da Rebekka mit ihm schwanger war, spritzte er ihm von seinem Unflat ein, damit er seine Wege gehe.

3

Der Kampf des Haarigen mit dem Glatten
am Monatsausgang

IN DEN SCHRIFTEN DER GAONIM LESEN WIR:

Sieben Tage vor Mondesaufgang rüstet sich das Maß der Milde zum Kampfe mit Semael und mit seinen Rotten wegen der Verkleinerung des Mondes; der Haarige aber tritt in einen Streit mit dem Glatten aus Neid über die Schönheit des Mondes, und Michael und Gabriel führen Krieg mit den Anklägern. Doch am Ende des siebenten Tages schwächt Gabriel ihre Kraft, und der Hohepriester Michael nimmt den Semael, der dem Haarigen zur Seite steht und der wie ein Ziegenbock aussieht, und bringt ihn als eine Art Opfer auf dem Altar, der zu Anfang eines jeden Monats der Buße gebaut wird. Dann wird der oberste Wille beschwichtigt, der Mond wird groß und voll, und die Kraft des Ziegenbockes wird von dem Feuer der Allmacht verzehrt. Zur Zeit aber, da der Mond im Abnehmen ist, verjüngt sich der Ziegenbock und wächst aufs neue, so geht es immer bis zum jüngsten Tage, von dem es heißt: Des Mondes Schein wird sein wie der Sonne Schein.

Vom Tode Abrahams

1
Abraham ermahnt den Isaak

ALSO WOHNTE ISAAK mit seinen Kindern und seinem Hausgesind zusammen mit seinem Vater Abraham im Lande Kanaan, wie ihnen der Herr geboten hatte. Ismael aber, der Sohn Abrahams, zog mit seinen Kindern und allem, was sein war, nach dem Lande Hevila, und sie wohnten daselbst. Und die Kinder der Kebsweiber Abrahams waren nach Morgenland gezogen, denn Abraham hatte sie von seinem Sohne fortgeschickt und ihnen Geschenke gegeben.

Aber seinem Sohne Isaak gab Abraham alles, was er hatte, und alle seine Kostbarkeiten. Und er befahl ihm und sprach: Du weißt und hast es schon vernommen, das Gott der Herr des Himmels und der Erde ist und daß keiner außer ihm ist. Er war es, der mich aus dem Hause meines Vater und aus meiner Heimat geführt, der mich aus dem Kalkofen gerettet hat und dem Rat der Bösewichte entrinnen ließ, weil ich auf ihm vertraut habe. Er hat mich hierher gebracht und hat mir alle Wonne des Landes gegeben, daß es mir an nichts mangelte. Er hat mir verheißen und hat zu mir gesprochen: Deinem Samen werde ich dieses Land geben, und sie werden es erben, wenn sie die Gebote und die Gesetze, die Lehren und die Rechte befolgen werden. Und nun, mein Sohn, gehorche meiner Stimme und hüte die Gebote des Herrn deines Gottes, die ich dir befohlen habe, wende dich weder zur Rechten noch zur Linken von dem gerechten Pfade ab, auf daß es dir wohlergehe, dir und deinem Kindern nach dir ewiglich. Gedenke der Wunder und der Gnadenwerke, die Gott an uns getan hat, und wie er uns aus der Hand unserer Feinde errettet und sie gefällt hat durch unsere Hand. So hüte denn alles, was ich dir geboten habe, weiche nicht von den Gesetzen deines Gottes ab und diene keinem anderen außer ihm. Lehre deine Kinder und deinen Samen die Zucht Gottes und seine Gebote und weise ihnen den gerechten Weg, den sie wandeln sollen, damit es ihnen wohlergehe in Ewigkeit.

Da erwiderte Isaak seinem Vater und sprach: Was mein Herr mir befohlen hat, will ich tun, von den Geboten meines Gotte will ich nicht lassen und will alles hüten, was du mich geheißen hast.

Und Abraham segnet seinen Sohn Isaak und dessen Söhne und lehrte den Jakob die Zucht Gottes und seine Wege. Danach starb Abraham im fünfzehnten Jahre des Lebens Jakobs und Esaus, der Söhne Isaaks. Das Alter Abrahams, das er lebte, waren hundertfünfundsiebzig Jahre, und er starb und ward zu seinem Volke gesammelt in gutem Alter und wohlbetagt, und es begruben ihn seine Söhne Isaak und Ismael.

Als nun die Einwohner des Landes Kanaan erfuhren, daß Abraham tot war, kamen sie alle mit ihren Fürsten und Großen und alle Kinder der Kebsweiber Abrahams kamen, als sie von seinem Tode vernahmen. Sie erfüllten Gnade an Abraham und trösteten seinen Sohn Isaak und begruben ihn in der Höhle, die er von Ephron, dem Hethiter, und seinen Söhne als Erbbegräbnis erworben hatte. Und alle Bewohner des Landes Kanaan, wie alle, die Abraham gekannt haben, weinten über ihn ein ganzes Jahr, und es beklagten ihn Männer und Weiber. Selbst die kleinen Kinder beweinten Abraham, denn er war zu allen gut gewesen und war rechtschaffen vor Gott und vor Menschen.

Und es stand hinfort kein Frommer auf, der wie Abraham seinen Gott von jung auf gefürchtet hätte, der ihm gedient und in seinen Spuren gewandelt wäre von klein auf bis zu dem Tage des Todes. Dafür aber war auch der Herr mir ihm und errettete ihn aus der Hand Nimrods und seiner Ratgeber, und ließ ihn über die vier Könige Elams siegen. Abraham hatte alle Kinder des Landes dem Dienst des Herrn nahegebracht, er lehrte sie die Wege Gottes erkennen und um Gott wissen. Er pflanzte einen Baum und einen Weinberg und hielt in seiner Hütte jederzeit Brot bereit für alle, die kamen, um in seinem Hause zu essen und zu trinken.

Und Gott errettete alles Land um Abrahams willen und nahm von ihnen seinen Zorn um Abrahams willen.

Aber nach dem Tode Abrahams segnete Gott seinen Sohn Isaak und dessen Söhne. Und Gott war mit Isaak, wie er zuvor mit Abraham gewesen war. Denn Isaak hütete die Gebote des Herrn, wie es ihm Abraham, sein Vater, befohlen hatte, und wendete sich weder zur Rechten noch zur Linken von dem gerechten Pfade ab.

2
Der Tod der Gerechten

IN ÄLTEREN BÜCHERN LESEN WIR:

Der Jahre Abrahams waren hundertfünfundsiebzig. Lieb sind dem Herrn die Jahre der Gerechten, und er trägt sie in die Schrift ein, auf daß ihr Lebensalter zum ewigen Andenken bleibe.

Abraham starb in gutem Alter und des Lebens satt. Gott läßt die Gerechten allen Lohn, der ihrer in Zukunft harrt, vor dem Tode schauen, und ihre Seele erquickt sich daran, und sie schlummern ein.

Es begruben Abraham Isaak und Ismael. Der Sohn der Magd gab dem Sohne der Herrin den Vortritt.

Sem und Eber gingen der Bahre voran; da sahen sie einen Anhöhe, die für unseren Vater Abraham als Grab bestimmt war. Sie begruben ihn daselbst, an der Stätte, die für ihn im voraus schon bereitet war.

An dem Tage, da Abraham von der Welt geschieden war, stellten sich alle Großen der Völker in eine Reihe und sprachen: Wehe der Welt, die ihren Führer verloren hat, wehe dem Schiff, das ohne Steuermann geblieben ist.

Mit sieben Vätern hat der Herr einen Bund geschlossen, und diese sind: Abraham, Isaak und Jakob, Mose, Aaron, Pinehas und David.

Drei Menschen ließ der Herr in dieser Welt etwas vor dem zukünftigen Leben erfahren, und das sind: Abraham, Isaak und Jakob. Manche meinen auch David.

Über sechs Menschen hatte der Todesengel keine Gewalt, und das sind: Abraham, Isaak und Jakob, Mose, Aaron und Mirjam.

An sieben durfte nach ihrem Tode kein Wurm heran, und das sind: Abraham, Isaak und Jakob, Mose, Aaron, Mirjam und Benjamin, der Sohn Jakobs. Manche meinen, auch David wäre von Würmern verschont geblieben, wie es von ihm heißt: Mein Fleisch wird Ruhe haben.

3
Ewiges Leben

DIE SCHRIFT SAGT: Er bittet Leben von dir, so gibst du ihm langes Leben immer und ewiglich. Welches Leben währt denn immer und ewig? Das ist das Leben in der zukünftigen Welt.

Komm her und schau, um wieviel höher ist das ewige Leben als das Leben hienieden. Das Leben auf Erden hat ein Ende, es ist bemessen, seine Jahre sind gezählt. Das Leben aber da drüben wird nimmer abgebrochen, es wird nicht gemessen und nicht gezählt, sondern es währt immer und ewig. Es heißt: Die Seele meines Herrn sei im Bündel der Lebendigen eingebunden, denn die Seelen der Toten leben und bestehen wie ihr Schöpfer, der ewig lebt und besteht. Das Leben diesseits ist das Leben des Leides, daher hat es ein Ende; das Leben aber da drüben ist das Leben der Seele, und wie die Seele kein Ende hat, so hat ihr Leben kein Ende. Hienieden ist es an dem Menschen, die Gebote zu hüten und sie zu erfüllen, drüben aber wird er geläutert und empfängt seinen Lohn.

4
Die Heimkehr der Seelen

ALLE SEELEN KEHREN zu ihren Vätern zurück und werden zu ihrem
Geschlechte und zu ihrem Volke gesammelt; die Gerechten kommen
zu den Gerechten, die Gottlosen zu den Gottlosen. Darum sprach
der Herr zu Abraham: Du wirst in Frieden zu deinen Vätern kommen. Heißt denn das ein Friede, wenn die Seele vom Leibe scheidet?
Aber die Engel gehen ihr voran und rufen ihr den Frieden zu, wie es
heißt: Die richtig vor sich gewandelt sind, kommen zum Frieden und
ruhen auf ihren Lagern.

Alle Seelen sind in der Hand des Herrn, wie es geschrieben steht:
In seiner Hand ist die Seele aller Lebenden.

Und die Seele gleicht ihrem Schöpfer; wie der Herr alles sieht und
selber unsichtbar ist, so sieht auch die Seele alles und ist selber nicht
zu sehen. Wie der Herr seine Welt trägt, so trägt die Seele den ganzen
Leib. Alle Seelen kommen von Gott, wie es heißt: Alle Seelen sind
mein, des Vaters Seele sowohl, als des Sohnes Seele.

Um die Erstgeburt

1
Esau und Nimrod

Zu der Zeit, nach dem Tode Abrahams, ging Essau wie immer ins
Feld, das Wild zu jagen. Nimrod aber, der Amraphel, der König von
Babel, ging gleichfalls mit seinen Mannen auf Jagd ins Feld, da der
Tag kühl war. Aber Nimrod sah alle Tage Esau scheel an, denn es
bemächtige sich seiner der Neid über Esau.

Also streifte an diesem Tage Esau im Felde umher und sah den
Nimrod, wie er mit zwei Leuten daherging. Seine Helden und sein
Gefolge waren gleichfalls mit Nimrod, aber sie hatten sich von ihm
entfernt, und ein jeglicher jagte das Wild anderswo. Da versteckte
sich Esau und lauerte dem Nimrod auf, dieser aber und seine Mannen
wußten davon nicht. Und Nimrod suchte nach den übrigen Leuten,
die auf der Jagd waren, und kam so mit seinen zwei Dienern an den
Ort, da Esau verborgen war. Auf einmal stand Esau aus seinem Hin-

terhalt auf, zog sein Schwert hervor, rannte auf Nimrod zu und hieb ihm den Kopf ab. Alsdann kämpfte er hart mit den zwei Mannen Nimrods, die schrien über ihn, aber er schlug sie und tötete sie mit seinem Schwert.

Da hörte das übrige Gefolge Nimrods von ferne das Geschrei, und sie erkannten die Stimme dieser zwei Männer. Sie eilten herbei, um zu erfahren, was es gebe, und fanden ihren König und die zwei Männer tot in der Wüste liegen. Als aber Esau die Krieger Nimrods kommen sah, floh er davon und entrann. Zuerst aber hatte er das kostbare Gewand Nimrods an sich gerissen, das jenem dessen Vater vererbt hatte und durch das er Sieger worden war über die ganze Erde, und rannte damit fort und verbarg es in seinem Hause. Hernach kam er in das Haus seines Vaters, müde und matt vor Schreck; seine Seele war nahe daran zu vergehen, und ihm war bange. Da nun Esau sah, daß es mit ihm zu Ende ging, näherte er sich seinem Bruder Jakob und setzte sich zu ihm. Er sprach zu ihm: Siehe, ich muß doch sterben, was soll mir da die Erstgeburt? Da ward Jakob listig in dieser Sache. Und Esau verkaufte seine Erstgeburt dem, welchem sie von Gott gehörte. Auch den Teil, den Esau an der zwiefachen Höhle hatte, verkaufte er dem Jakob, und Jakob kaufte ihm alles ab. Alsdann schrieb Jakob dieses alles auf in ein Buch und ließ es von Zeugen beglaubigen und besiegelte es. Und das Buch blieb in den Händen Jakobs.

Nimrod aber, den Sohn Chus', trugen seine Leute fort und brachten ihn nach Babel und begruben ihn in seiner Stadt. Es waren der Jahre Nimrods, die er lebte, zweihundertundfünfzehn. Die Jahre aber, die er über alle Menschen der Erde regierte, betrugen hundertfünfundachtzig. Also starb Nimrol in Schande und Schmach, und es war der Same Abrahams, der ihn umgebracht hat, wie er es im Traume gesehen hatte. Nach seinem Tode aber zerfiel sein Reich in viele Teile, die Herrschaft Nimrods kam unter die Könige der Erde, und das Haus Nimrods ward den anderen Königen untertan und blieb es viele Tage.

2
Das Linsengericht

EINER, DER LANGMUT ÜBT, gilt mehr, als ein Hochmütiger. Unser Vater Jakob übte stets Geduld mit Esau; dieser Übermütige aber aß Tag für Tag von seinem Weidwerk und gab in seiner Härte dem Jakob nichts ab.

Einst war er auf die Jagd gegangen, er hatte aber kein Glück; da sah er Jakob ein Linsengericht essen, und er hatte Lust dazu. So sprach er denn: Laß mich von dem roten Essen kosten. Da erwiderte ihm Jakob: Rot bist du aus der Mutter Leibe herausgekommen, und ein rotes Gericht begehrst du zu essen.

Man sagt, Linsen seien ein Traueressen. Als Abel getötet wurde, aßen Adam und Eva ein Linsengericht in Trauer und Betrübnis. Als Haran im Kalkofen verbrannt wurde, aßen sein Vater und seine Mutter ein Linsengericht in Kummer und Gram. Jakob aber aß ein Linsengericht, weil ihn die Herrschaft Esaus und seine Erstgeburt bedrückte und weil an diesem Tage Abraham, unser Stammvater und seines Vaters Vater, gestorben war. Die Kinder Israel aber essen Linsen, wenn sie der Zerstörung des Tempels gedenken und über ihre Verbannung trauern.

Und Jakob kochte ein Gericht. Esau fragte ihn: Was hat dieses Essen zu bedeuten? Jakob antwortete: Unser Vater Abraham ist gestorben. Da sprach Esau: Wie, auch dieser ist vom Maß der Strenge ereilt worden? Jakob erwiderte: So ist es. Da rief Esau aus: Dann gibt es keine Vergeltung und keine Auferstehung der Toten.

Der heilige Geist aber rief: Weinet nicht über die Toten und grämet euch nicht darum; weinet über den, der dahinzieht. Der Tote, das ist Abraham, über den man nicht zu trauern braucht; der aber lebt, ist Esau, über den man weinen soll.

3
Esau verachtet die Erstgeburt

Die Ungläubigen sagen: Ist das denn unter Menschen üblich, daß, wenn einer dem anderen eine Schüssel Linsen reicht, er ihm zugleich sagen wollte: Verkauf mir deine Erstgeburt – und daß der andere es auch gleich täte?

Doch so hat es sich zwischen Jakob und Esau zugetragen:

Als Esau in die Hütte kam, sah er Jakob stehen und kochen, und seine Augen waren im Qualm. Da sprach Esau: Wozu mühst du dich so ab? Erhebe deine Augen und sieh die Menschenkinder, wie sie alles essen, was sie vorfinden, Fische und was auf Erden kriecht, der Schweine Fleisch und alles dergleichen, und du plagst dich ab, eine Schüssel Linsen fertig zu bringen. Da erwiderte ihm Jakob: Wenn wir aber so tun, was wird uns am Tage des Zornes des Herrn geschehen? Darauf sprach Esau: Gibt es denn eine Auferstehung der Toten? Kommt denn Adam, der erste Mensch, wieder, der gestorben ist? Kommt denn Noah wieder, durch dessen Hand die Welt aufs neue aufgebaut wurde? Und Abraham, der dem Herrn lieber war als alle, kommt er denn wieder? Da sagte Jakob: Nun, wenn es keine zukünftige Welt gibt und keine Auferstehung der Toten, wozu brauchst du dann deine Erstgeburt? Verkaufe sie mir. Aber bedenke, sprach Jakob weiter, es ist eine Welt jenseits und es gibt eine Vergeltung, daß du nicht sagst, ich hätte dich irregeführt.

Und Esau aß und trank und verachtete die Erstgeburt. Was tat er? Er sammelte um sich Rotten und sprach zu ihnen: Wißt ihr, was ich mit diesem hier gemacht habe? Ich habe seine Linsen gegessen und seinen Wein getrunken, ich habe ihn zum Narren gehabt und ihm meine Erstgeburt verkauft.

Da sprach der Herr zu ihm: Du hast die Erstgeburt verschmäht; so wahr du lebst, du sollst bis in alle Geschlechter der Geschmähte sein, wie es heißt: Ich habe dich unter den Heiden gering gemacht und sehr verachtet.

4
Die Kleider der Erstgeborenen

AM ANFANG DER SCHÖPFUNG war Adam der erstgeborene Sohn der Welt. Als er opfern sollte, zog er priesterliche Kleider an, wie es heißt: Gott machte Adam und seinem Weibe Röcke von Fellen und kleidete sie. Das waren aber prächtige Gewänder und wurden von da ab nur von den Erstgeborenen getragen. Als Adam starb, gingen die Kleider auf Seth über, Seth gab sie Methusalah, Methusalah gab sie Noah. Und Noah stellte sich hin und opferte auf dem Altar. Aber vor dem Tode übergab er die Kleider Sem. Warum Sem und nicht Japheth? War denn Sem der Erstgeborene? Nein, aber Noah sah die Kette der Erzväter von Sem kommen. Wisse aber, daß auch Sem opferte, wie es heißt: Melchisedek trug Brot und Wein hervor und er war ein Priester Gottes des Höchsten. Und Sem übergab das Gewand Abraham. War denn Abraham der Erstgeborene? Weil er ein Gerechte war, ward ihm die Erstgeburt zuteil, und er durfte opfern. Abraham übergab das Kleid Isaak, Isaak übergab es Jakob.

War denn aber Jakob der Erstgeborene? Wenn du hörst, daß Jakob durch List die Erstgeburt gewonnen hat, so meinst du wohl, er hätte es ohne Grund getan? Nein, Jakob wollte Opfer bringen und konnte es nicht tun, weil er kein Erstgeborener war. Und Esau sprach: Was soll mir die Erstgeburt, ich muß doch sterben. Als nun Jakob die Erstgeburt erworben hatte, fing er an zu opfern, wie es heißt: Gott sprach zu Jakob: Mache dich auf, zieh gen Beth-El und mache daselbst Gott einen Altar.

Isaak und Abimelech

1
Isaak im Lande der Philister

IN DIESEN TAGEN, nach dem Tode Abrahams, brachte Gott einen schweren Hunger über das Land. Da machte sich Isaak auf, vor der Teuerung nach Ägypten zu ziehen, wie es Abraham, sein Vater, getan hatte. Aber da erschien ihm der Herr und sprach zu ihm: Fahre nicht nach Ägypten hinab, sondern ziehe nach dem Lande Gerar zu Abimelech, dem Könige der Philister, und bleibe daselbst, bis der Hunger aufhört.

Daselbst machte sich Isaak auf und begab sich nach Gerar, wie ihm der Herr geboten hatte, und wohnte dort ein ganzes Jahr. Als er aber nach Gerar kam, sahen die Leute sein Weib Rebekka, daß sie schön von Gestalt war, und fragten den Isaak nach ihr. Da sagte er ihnen: Sie ist meine Schwester. Er fürchtete sich zu sagen, daß sie sein Weib war, daß ihn die Leute um ihretwillen nicht umbrächten.

Und die Fürsten Abimelechs gingen zu ihm und priesen das Weib vor ihm. Er aber antwortete ihnen nicht und achtete nicht ihrer Wort; als er aber vernahm, daß der Mann von ihr sagte, sie sei seine Schwester, behielt er die Sache in seinem Herzen.

Und es geschah, nachdem Isaak drei Monate im Lande gewohnt hatte, daß Abimelech zum Fenster hinausschaute; da sah er, daß Isaak mit seinem Weibe Rebekka scherzte. Denn Isaak wohnte im äußeren Teile des königlichen Schlosses, also daß seine Wohnung gegenüber der Wohnung des Königs lag. Da sprach der König zu Isaak: Warum sagst du uns von deinem Weibe, sie sei deine Schwester? Es könnte leicht geschehen, daß sich einer von den Großen des Volkes zu ihr gelegt hätte, und du brächtest über uns eine Schuld. Isaak erwiderte: Ich habe mich gefürchtet, daß ich um ihretwillen erwürgt werden könnte, deshalb sagte ich, sie sei meine Schwester.

Da befahl Abimelech seinen Fürsten und Vornehmen, daß sie den Isaak und die Rebekka vor ihn bringen sollten. Und der König gebot, daß man sie beide in königliche Kleider hülle und sie in den Straßen der Stadt reiten lasse und vor ihnen ausrufe: Das ist der Mann und das ist sein Weib, wer sie nur anrührt, soll des Todes sterben.

Also wohnte Isaak und sein Weib im Hause des Königs, und der Herr war mit Isaak, und er stieg immer höher und kannte keinen Mangel. Gott ließ Isaak Gnade finden in den Augen des Königs und in den Augen seiner Knechte, und Abimelech tat Gutes an ihm. Denn er gedachte des Schwures und des Bundes, der zwischen seinem Vater und Abraham geschlossen worden war. Und Abimelech sprach zu Isaak: Das ganze Land liegt vor dir offen, wohne, wo es dir wohlgefällt, bis du nach deinem Lande zurückkehrst. Und Abimelech gab Isaak Felder und Weinberge und die besten Äcker des Landes Gerar, daß er dort säen und ernten und die Früchte des Landes essen konnte, bis die Tage des Hungers vorüber wären. Also säte Isaak den Acker in diesem Jahr, und er trug ihm hundertfältig, und Gott segnete ihn. Und Isaak ward reich und hatte Schafe und Kinder und viel Gesinde.

2
Älteres darüber

Gott kennt den Wandel der Frommen und ihr Gut wird ewiglich bleiben. Sie werden nicht zuschanden in der bösen Zeit und werden satt auch in Hungertagen.

Mit diesen Worten ist Isaak gemeint. Der Herr sprach zu ihm: Ziehe nicht hinab nach Ägypten, sondern bleibe in dem Lande, das ich dir nenne. Und weiter sprach Gott: Mache dich ansässig im Lande Israel, pflanze daselbst, säe und bestelle die Bäume.

Wohne in diesem Lande. Du bist ein Opfer sonder Fehl. Gleichwie ein Opfer, wenn es über die Vorhänge des Tempels hinauskommt, entweiht wird, so könntest auch du, wenn du aus dem Lande zögest, Schaden erleiden.

Und Isaak säte in dem Lande und erntete in diesem Jahre hundertfältig. Der Boden war spröde, das Jahr war hart; wäre aber alles gut gewesen, wieviel würde er da erst haben!

Warum hat er aber den Ertrag gezählt? Ruht doch kein Segen auf einem Ding, das gewogen, gemessen und gezählt wird. Aber er wollte den Zehnten davon abgeben.

Und Gott segnete Isaak, und er ward ein großer Mann und nahm immer mehr zu, bis er sehr groß ward, daß er viel großes und kleines Vieh hatte und ein großes Gesinde. Darum beneideten ihn die Philister. Sie sprachen: Der Mist seiner Maulesel ist uns lieber als das Gold und das Silber Abimelechs.

Und Isaak zog von dannen. Man erzählt, daß, nachdem Isaak Gerar verlassen hatte, die Brunnen versiegt wären und die Bäume keine Frucht getragen hätten. Da wurden die Leute gewahr, daß es ihnen so erging, weil sie Isaak von sich hatten fortziehen lassen. Und Abimelech ging zu ihm mit seinem Freunde Ahussath und seinem Feldhauptmann Phichol und bat um Erbarmen.

Da sprach Isaak: Warum kommt ihr zu mir, daß ich für euch beten soll, wo ihr mich doch hasset und mich von euch getrieben habt. Sie erwiderten: Wir sehen klar, daß Gottes Wort mit dir war und daß um deinetwillen uns all das Gute zufiel. Sobald du nur unser Land verlassen hast, sind unsere Brunnen vertrocknet, und die Bäume tragen keine Frucht. Da machte ihnen Isaak ein Mahl, und sie aßen und tranken. Und Isaak betete für sie, und ihre Not wurde gelindert. Er geleitete sie und sie zogen von ihm in Frieden.

Isaak baute einen Altar und predigte den Namen des Herrn.

Sieben haben Altäre aufgerichtet, ehe der Tempel Gottes noch da war, und diese sind es: Adam, der erste Mensch, Noah, Abraham, Isaak und Jakob, Mose und Aaron. Ihnen gegenüber baute Bileam, der Gottlose, sieben Altäre, auf daß sein Verdienst das Verdienst jener sieben aufwöge, aber es glückte ihm nicht.

Die Knechte Isaaks gruben einen Brunnen. An Segen reich sind die Gerechten. Überall, wo sie hinkommen, erschließen sie Quellen und bringen den Mengen Wasser. Wozu aber? Weil das Wasser alles am Leben erhält.

3
Die Vermählung Esaus

ALS DIE HUNGERJAHRE vorüber waren, erschien der Herr dem Isaak und sprach zu ihm: Auf, verlasse diesen Ort und kehre zurück nach deinem Lande, nach Kanaan.

Da machte sich Isaak auf und kehrte zurück mit allem, was ihm gehörte, nach Hebron, das im Lande Kanaan liegt. Zu der Zeit starb Salah, der Sohn Arphachsads, im achtzehnten Jahre des Lebens Jakobs und Esaus. Und Salah lebte vierhundertdreiunddreißig Jahre.

Danach schickte Isaak seinen jüngeren Sohn Jakob in das Haus Sems und Ebers, auf daß er dort in der Zucht Gottes und in seiner Lehre unterwiesen werde. Also begab sich Jakob zu Sem und Eber und lernte von ihnen die Wege Gottes kennen und blieb bei ihnen zweiunddreißig Jahre.

Esau aber wollte nicht mitgehen und blieb im Hause seines Vaters im Lande Kanaan. Er streifte auf den Feldern umher, jagte das Wild und brachte es heim. Und er war ein Mann voll listiger Gedanken, er verstand die Herzen der Menschen gefangen zu nehmen und ihren Sinn zu hintergehen und war ein gewaltiger Held der Heide.

Und es begab sich nach Tagen, da ging Esau durch das Land Seir und jagte in den Feldern Edom und blieb daselbst Jahre und Monate. In diesem Lande sah Esau die Tochter eines kanaanitischen Mannes, die hieß Judith, Tochter des Beeri, des Sohnes Ephers, aus dem Geschlechte Heths, des Sohnes Kanaans. Da nahm sie Esau zum Weibe und ging zu ihr ein; vierzig Jahre war Esau alt, als er sich mit ihr vermählte. Und er brachte sie nach Hebron, nach dem Orte, da sein Vater als Fremdlig weilte, und wohnte daselbst.

Aber im hunderzehnten Jahre des Lebens Isaaks, das war das fünfzigste Lebensjahr Jakobs, starb Sem, der Sohn Noahs, im Alter von sechshundert Jahren. Nach dem Tode Sems kehrte Jakob zu seinem Vater nach Hebron zurück.

Und im sechshundertfünfzigsten Jahre des Lebens Jakobs kamen Leute aus Haran und brachten der Rebekka Nachricht über ihren Bruder Laban, den Sohn Bethuels. Denn das Weib Labans war lange Zeit unfruchtbar gewesen und hatte nicht geboren, und auch von den Mägden Labans gebar ihm keine. Aber da gedachte Gott an Adina, das Weib Labans, und sie ward schwanger und gebar zwei Zwillingstöchter. Laban hieß den Namen der älteren Lea und den Namen der jüngeren hieß er Rahel. Also kamen die Leute und sagten es der Rebekka an. Da freute sich Rebekka sehr, daß Gott sich ihres Bruders annahm und daß er nun Kinder hatte.

Um den Vatersegen

1
Die Erblindung Isaaks

ISAAK, DER SOHN ABRAHAMS, ward alt und wohlbetagt, und seine Augen fingen an dunkel zu werden, und er konnte nicht mehr sehen. Da sprach er zu seinem Sohne Esau: Nimm deine Geräte, Köcher und Bogen und geh in das Feld hinaus und fange mir ein Wildbret. Daraus mache mir ein gutes Essen, das du mir dann bringst; ich will es essen und will dich segnen, ehedenn ich sterbe, denn ich bin alt und grau.

Da tat Esau also. Er nahm seine Geräte und ging auf das Feld hinaus, ein Wild für seinen Vater zu jagen, wie er es ihm befohlen hatte.

Aber Rebekka hörte alles, was Isaak zu Esau gesprochen hatte; da ging sie eilends hin, rief ihren Sohn Jakob und sprach zu ihm: So und so hat dein Vater zu deinem Bruder Esau gesprochen, dies und dies habe ich gehört; und nun beeile dich und tue, was ich dir sage. Gehe hin zur Herde, hole mir zwei gute Böcklein, ich will daraus deinem Vater ein Essen bereiten. Das sollst du deinem Vater bringen, daß er es esse, bevor dein Bruder von der Jagd heimkommt, und dich segne.

Da beeilte sich Jakob und tat in allem, wie ihm seine Mutter befohlen hatte, und machte ein Essen und brachte es seinem Vater, ehe Esau zurückgekommen war. Und Isaak sprach zu Jakob: Wer bist du, mein Sohn? Jakob erwiderte: Ich bin Esau, dein erstgeborener Sohn, und habe getan, wie du mir befohlen hast. Und nun stehe auf, setze dich und iß von meinem Wildbret, auf daß mich deine Seele segne, wie du gesprochen hast. Da stand Isaak auf, aß und trank, und sein Herz ward fröhlich, und er segnete Jakob, und der ging von seinem Vater.

Als nun Isaak den Jakob gesegnet hatte und Jakob von ihm hinausgegangen war, siehe, da kam sein Bruder Esau von der Jagd im Felde und machte auch ein Essen und trug es seinem Vater auf, daß er esse und ihn segne. Da sprach Isaak: Wer war denn der Jäger, der vorhin ein Wild gefangen und es mir hierhergebracht hat, ehe du kamst? Ihn habe ich gesegnet.

Da begriff Esau, daß es sein Bruder Jakob war, der ihm dies angetan hatte. Und sein Zorn entbrannte über Jakob um dieser Tat willen. Er sprach: Nicht umsonst heißt er Jakob: schon zum zweiten Male hintergeht er mich, denn auch meine Erstgeburt hat er mir genommen. Und Esau brach in Weinen aus.

Da nun Isaak seinen Sohn Esau weinen hörte, sprach er zu ihm: Was soll ich tun, mein Sohn? dein Bruder ist mit List hierhergekommen und hat deinen Segen vorweggenommen.

Und Esau war Jakob gram um des Segens willen, den sein Vater über ihn gesprochen hatte, und zürnte ihm sehr. Da fürchtete sich Jakob vor seinem Bruder Esau, und er machte sich auf und floh in das Haus Eders, des Sohnes Sems, und hielt sich dort verborgen vor seinem Bruder.

2
In der Passahnacht

IN DER STUNDE, da Isaak geopfert werden sollte, erhob er seine Augen und schaute zur Herrlichkeit Gottes empor. Es steht aber geschrieben: Es wird mich keiner schauen und am Leben bleiben. Doch statt des Todes wurden seine Augen dunkel, als er alt ward.

Dazu wird ein Gleiches angeführt. Ein König erhob seine Augen und sah, daß der Sohn seines Freundes zu ihm aus dem Fenster emporblickte. Da sprach er: Bringe ich ihn um, so versündige ich mich an meinem Freund, tue ich ihm nichts, so vergehe ich mich an meiner Majestät. Ich will nun das Fenster zuschließen, daraus er geschaut hat.

Es kam die Passahnacht, und Isaak rief seinem ältesten Sohne und sprach: Mein Sohn, in dieser Nacht loben alle den Herrn, in dieser Nacht werden die Kammern aufgetan, da der Tau aufbewahrt wird; mache mir ein Mahl zurecht; solange ich noch am Leben bin, will ich dich segnen. Aber der heilige Geist erwiderte und rief: Brich nicht das Brot mit einem Böswilligen. Und Esau ging, das Wildbret zu fangen und wurde aufgehalten.

Rebekka aber sprach zu Jakob: Mein Sohn, in dieser Nacht werden die Schatzkammern des Taus aufgetan, die Heerscharen singen Lieder; in dieser Nacht werden deine Kinder dereinst von der Knechtschaft erlöst werden; in dieser Nacht werden sie Lieder singen; so mache denn deinem Vater ein Mahl zurecht, daß er dich segne, solange er noch am Leben ist.

Jakob aber wußte wohl Bescheid in der Schrift, darum fürchtete er, daß der Vater ihm fluchen werde. Da sprach Rebekka: Mein Sohn, der Segen sei auf dir und auf deinem Samen, kommt aber Fluch, so sei er auf mir und auf meiner Seele.

Da ging Jakob hin und holte zwei Ziegenböcklein. Aß denn Isaak zwei Böcklein, hatte er denn nicht an einem genug? Das eine war als Passahopfer gedacht, aus dem anderen sollte Isaak ein Gericht bereitet werden.

Man erzählt, alles Köstliche, was der Herr in den sechs Schöpfungstagen erschaffen hatte, soll in diesem Essen enthalten gewesen sein. Andere sagen, daß auch das, was für die Gerechten in zukünftigen Tagen aufgespart ist, Isaak in diesem Gericht geschmeckt hätte.

Zehn Segen sprach Isaak über Jakob gegenüber den zehn Worten, mit denen Gott die Welt erschaffen hat. Als Jakob von seinem Vater Isaak hinausging, war er gekrönt, wie ein Bräutigam; der belebende Tau des Himmels war über ihn gekommen, seine Knochen wurden stark, und auch er ward zu einem Helden.

3

Die Tränen

ALS ISAAK ALT WURDE, wurden seine Augen dunkel. In der Stunde nämlich, da er auf dem Altar geopfert werden sollte, weinten die Heerscharen, und ihre Tränen fielen aus ihren Augen in die Augen

Isaaks und hinterließen darin Spuren. Als er nun alt wurde, wurden seine Augen starr.

Als nach Jakob Esau vor Isaak trat, entsetzte sich dieser überaus. Nie heißt es von einem Menschen, daß sein Entsetzen überaus groß war, es sei denn, es hätte ihn schon früher einmal ein ähnlicher Schreck erfaßt gehabt. Und so war es auch bei Isaak. Als er auf dem Berge Moria von seinem Vater gefesselt wurde und der das Messer hervorzog, daß er ihn opfere, erschien der Herr neben den Engeln und tat das Himmelsgewölbe auf. Da erhob Isaak seine Augen, sah die himmlischen Hallen, und es überfiel ihn ein Zittern.

Und auch diesmal, bei Esau, erschauerte er mächtig, und das Entsetzen war größer als jenes ehedem.

Es heißt in den Gebeten Asaphs:

Herr, Gott Zebaoth, wie lange willst du zürnen über dem Gebet deines Volkes? Du speisest mit Tränenbrot und tränkst sie mit dreifacher Träne.

Dreifach waren die Tränen Esaus; eine Träne fiel aus dem rechten Auge, eine Träne fiel aus dem linken Auge; die dritte aber blieb in seinen Augen hängen.

Die Weisen sagen:

Wer da glaubt, der Herr sei nachgiebig und übergehe eine Sünde, dessen Därme mögen preisgegeben werden. Nur langmütig ist Gott, aber das seinige mahnt er ein. Du weißt es, daß Jakob den Esau laut und bitter aufschreien ließ, und wann wurde es von ihm eingefordert? In Sufa, zur Zeit Hamans, wie es heißt: Mardochai zerriß seine Kleider, legte einen Sack an und Asche, ging mitten in die Stadt hinaus erhob ein lautes, bitteres Geschrei.

4

Das Erschrecken Isaaks

Isaak ward alt, und seine Augen wurden trübe. Wie heißt es aber vorher in der Schrift: Die Weiber Esaus machten Isaak eitel Herzeleid.

Die Herrlichkeit Gottes weilte zuvor im Hause Isaaks; aber Esau stand auf, nahm Weiber von den Töchtern Kanaans, und diese opferten und räucherten ihren Götzen. Da wich die Majestät Gottes von Isaak. Und Isaak sah das und grämte sich. Da sprach Gott: Ich will seine Augen dunkel machen, auf daß er nicht mehr sehe und es ihn nicht bekümmere.

Als Esau auf die Jagd hinausging, schickte ihm der Herr den Satan entgegen, und der ließ ihn nichts fangen, bis daß Jakob zu seinem Vater käme und den Segen davontrüge. Esau fing einen Hirsch, band ihn und legte ihn hin, dann lief er weiter, fing einen zweiten Hirsch, band auch den und legte ihn hin. Der Satan aber befreite die Tiere und ließ sie laufen.

Rebekka tat die Felle der Böcklein Jakob um die Arme. Die zwei Arme unseres Vaters Jakob waren wie zwei Marmorsäulen, und Rebekka mußte die Felle darum nähen.

Als Isaak zu Jakob sprach: Tritt herein, mein Sohn, daß ich dich begreife – lief ihm das Wasser über die Schenkel, und sein Herz wurde weich wie Wachs; da schickte Gott zwei Engel, einen von der rechten Seite, den anderen von den linken Seite, und sie stützten sein Genick, daß er nicht hinfiel.

Als Esau hereinkam, entsetzte sich Isaak über die Maßen und sprach: Wer hat sich da zwischen mich und den Herrn gestellt, daß Jakob allen Segen bekam? Gegen Rebekka waren diese Worte gerichtet.

Andere sagen, sein Schreck wäre daher gekommen, daß, als Esau zu ihm hereinkam, die Hölle mit ihm hereingekommen wäre.

Isaak wollte Jakob fluchen, da sprach Gott: Sieh dich vor, daß du ihm nicht fluchtest denn deiner Seele fluchst du damit.

5
Esaus Lohn

ISAAK VERLANGTE ES nach Leiden, und er sprach vor dem Herrn: Herr aller Welten! Stirbt ein Mensch ohne Leiden, so richtet sich gegen ihn das Maß der Strenge; würdest du aber Leiden über ihn verhängen, so würde das Maß der Strenge ihn nicht so bedrohen. Da sprach Gott: Bei deinem Leben! Ein rechtes Ding verlangst du von mir, und mit dir will ich den Anfang machen. – Vom Anfang der Schrift bis zu dieser Stelle steht nichts von einem Leiden; da nun Isaak aufstand, wurden ihm Schmerzen zuteil. Als er alt wurde, konnten seine Augen nicht mehr sehen.

Isaak sprach: Siehe, ich bin alt geworden und weiß nicht den Tag, da ich sterben werde. Wenn schon Isaak, der Gerechte, den Tag seines Todes nicht wissen konnte, um wieviel mehr denn die anderen Geschöpfe. So sagt Salomo: Auch weiß der Mensch seine Zeit nicht.

Die Lehrer sprachen: Dies ist eines der drei Dinge, um die zu wissen der Herr seinen Geschöpfen vorenthalten hat. Diese sind: der Tag des Sterbens, der Tag des Gerichts und der Lohn für die Taten.

Der Sterbetag ist dem Menschen unbekannt, denn hätte er ihn gewußt, er hätte gesprochen: Warum soll ich pflanzen, warum soll ich
bauen? ich sterbe doch morgen. Darum sprach Gott: Ich will den Tag
verborgen halten, auf daß meine Welt nicht aufhöre.

Der Tag des Gerichts ist im Dunkeln geblieben, denn wäre er dem
Menschen bekannt, er hätte gesprochen: Ich kann Sünde tun, und
kommt die Stunde des Gerichts, so tue ich vorher Buße. Darum
sprach Gott: Die Zeit soll keiner wissen, wann er gerichtet wird.

Auch kennt der Mensch nicht den Lohn für seine Taten. Ähnlich
machte es einmal ein König, der einen Garten hatte; er dang sich Ar-
beiter, aber er verriet ihnen nicht den Lohn für jede einzelne Pflanzung, denn hätte er es ihnen vorhergesagt, sie würden nur das gepflanzt haben, wofür sie mehr bezahlt bekamen, und nur ein Teil des
Gartens wäre bestellt worden, das übrige aber wäre wüst geblieben.
So ließ er sie in unklarem, damit sie alles machten.

Rebekka sprach zu Jakob: Der Fluch sei auf mir, mein Sohn. Und
weiter sprach sie: Als Adam Sünde getan hatte, wurde da nicht seine
Mutter, die Erde, um seinetwillen verflucht? Also sei auch jetzt auf
mir der Fluch. Und Jakob ging hin, holte die Böcklein und brachte sie
seiner Mutter; er tat es gezwungen, gebeugt und weinend.

Rebekka nahm Esaus, ihres älteren Sohnes, köstliche Kleider und
zog sie Jakob an. Das waren die Kleider, die Esau dem Nimrod weggenommen hatte. Er sprach: Mein Vater ist ein König, also darf ich
vor ihn nicht anders treten, als in königlichen Kleidern. Zum Lohn
dafür, daß er seinen Vater so ehrte, erlangte er das Leben dieser Welt.

Es wird erzählt:

Als Lohn für die zwei Tränen, die Esau fallen ließ, wurde ihm der
Berg Seir gegeben, ein Land, da der segenspendende Regen nimmer
aufhört.

Dafür aber, daß er seine Geräte nahm und von Jakob ließ, wurden
ihm hundert Länder gegeben.

Der Segen Isaaks

1
Jakob

ABRAHAM GAB ALLES, was er hatte, Isaak. Was gab er ihm denn? Ein Weiser sagt, er hätte ihm die Erstgeburt gegeben, ein anderer sagt, er hätte ihm den Segen gegeben.

Da nun Isaak Jakob segnen sollte, sprach er: Wo mein Vater aufgehört hat, will ich anfangen.

Isaak segnete Jakob und sprach: Gott gebe dir vom Tau des Himmels und von der Fettigkeit der Erde und Korn und Wein die Fülle. Der Tau des Himmels, das ist das Manna, die Fettigkeit der Erde, das ist der Brunnen.

Und weiter sprach Isaak: Völker sollen dir dienen – damit sind die siebzig Völker gemeint – und Stämme sollen sich vor dir bücken, das sind die Kinder Ismaels und die Kinder Keturas.

Verflucht sei, wer dir flucht – das ist Bileam und seine Gesellen. Gesegnet sei, wer dich segnet – das ist Mose und die anderen Propheten.

In einem späteren Buche lesen wir:

Der Segen: Völker werden dir dienen, ist zur Zeit Salomos, des Königs zu Jerusalem, erfüllt worden, wie es heißt: Alle Könige auf Erden suchten das Angesicht Salomos und brachten ihm ein jeglicher sein Geschenk. Der Spruch: Stämme werden sich vor dir neigen, wird dereinst, wenn der König Messias kommen wird, in Erfüllung gehen, wie es geschrieben ist: Alle Könige werden ihn anbeten.

2
Esau

ZUR STUNDE, DA ESAU, der Gottlose, vor seinem Vater flehte: O segne auch mich, mein Vater – wollte Isaak ihm mehr Segen geben, als er seinem Bruder gegeben hatte. Aber der heilige Geist rief ihm zu: Isaak, Isaak, glaube nicht dem Flehen eines Missetäters, denn sieben Greuel sind in seinem Herzen.

Ein anderer Weiser wiederum sagte, so hätte die Gottheit zu Isaak gesprochen: Es ist mir offenbar, daß dieser dereinst den heiligen Tempel zerstören und die zwölf Stämme knechten wird. Da sprach Isaak einen geringen Segen über Esau und sagte ihm: Mit deinem Schwerte wirst du dich nähren und deinem Bruder wirst du dienen, doch nur solange seine Kinder bei der Lehre sitzen und sich mit ihr befassen werden; fehlen sie aber wider die Worte der Schrift, so wirst du sein Joch dir vom Halse reißen.

Der Prophet spricht: Ekron soll ausgewurzelt werden. Er meint Cäsarea, die Tochter Edoms, die eine Hauptstadt war den Königen.

Cäsarea und Jerusalem! Sagt dir ein Mensch, diese Städte seien beide zerstört, so schenke ihm keinen Glauben. Sagt dir einer, sie bestünden beide, so glaube es gleichfalls nicht. Nur wenn dir einer sagt: Cäsarea ist zerstört, Jerusalem besteht, oder Jerusalem ist zerstört, Cäsarea ist bewohnt, dann sollst du es glauben. Denn nur nachdem eine verwüstet ist, wird die andere voll.

3

Jakob und Esau

DIE STIMME IST JAKOBS STIMME, die Hände sind Esaus Hände, sprach Isaak. Jakobs Stimme ist die Stimme derer, die den einzigen Gott verkünden und die in der Schrift lesen; Esaus Hände, das sind die Hände derer, die Blut vergießen und Tod bringen. Doch nicht allein das, sondern wenn man im Himmel ausruft: Die Stimme ist Jakobs Stimme, so erbeben die Gewölbe. Aber auch auf Erden ruft man so aus: Die Stimme ist Jakobs Stimme. Wer da gehorcht und die Gebote befolgt, der ist der Stimme Jakobs zugehörig; wer aber nicht gehorcht und die Gebote nicht befolgt, dessen Teil ist mit den Händen Esaus.

Jakob regiert allein durch seine Stimme, Esau allein durch seine Hände.

Es standen keine größeren Weisen auf als Bileam, der Sohn Beors, und Eunomos, der Gordier. Zu Eunomos kamen die Heiden und sprachen: Sage uns, wie können wir diesem Volke beikommen? Er antwortete: Geht hin und seht in ihre Bethäuser und in ihre Lehrhäuser hinein; findet ihr dort Kindlein, die mit ihren Stimmen lispeln, so könnt ihr wider sie nichts tun, denn so hat ihnen ihr Vater verheißen: Solange Jakobs Stimme in den Bethäusern erschallt, sind die Hände Esaus dagegen ohnmächtig; verstummt sie aber, können Esaus Hände sie greifen.

Und noch eins. Die Hände Esaus fangen an zu beben, wenn Jakobs Stimme hörbar wird, die Stimme des Königs Messias.

Der Ausbruch der Feindschaft

1
Jakobs erste Flucht

JAKOB HATTE FURCHT vor seinem Bruder und er machte sich auf und floh in das Haus Ebers, des Sohnes Sems, und hielt sich dort verborgen. Dreiundsechzig Jahre war Jakob alt, als er aus Hebron in Kanaan ging. Und vierzehn Jahre weilte er im Hause Ebers und lernte dort die Wege Gottes und seine Gebote kennen.

Und Esau sah, daß Jakob seiner Hand entronnen war, nachdem er ihm mit List den Segen abgewonnen hatte, und es verdroß ihn sehr, und er wurde auch seinem Vater und seiner Mutter darum gram; da machte auch er sich auf, nahm sein Weib und begab sich fort von Vater und Mutter nach dem Lande Seir und wohnte daselbst. Dort sah er ein Weib von den Töchtern Heth, mit Namen Basmath, die Tochter Elons, des Hethiters und nahm sie zum Weibe über dem Weibe, das er zuvor hatte. Und er änderte ihren Namen in Ada, denn er sprach: Entrückt ist der Segen zu dieser Zeit. Also wohnte Esau im Lande Seir sechs Monate und sah weder Vater noch Mutter. Doch alsdann nahm er seine Weiber, machte sich auf und kehrte zurück nach dem Lande Kanaan, nach Hebron, in das Haus seines Vaters.

Aber die Weiber Esaus bereiteten Isaak und Rebekka viel Verdruß und erzürnten sie durch ihren Wandel; denn sie gingen nicht die Wege Gottes, sondern dienten den Göttern ihrer Väter, Götzen aus Holz und Stein, wie sie es ihre Väter gelehrt hatten, und waren noch ärger als diese. Sie taten nach ihres bösen Herzens Gedünken und opferten und räucherten den Baalim, und Isaak und Rebekka grämten sich darum. Da sprach Rebekka: Mich verdrießt zu leben vor den Töchtern Heth. Wo Jakob ein Weib nimmt wie diese von den Töchtern Heth, was soll das Leben?

Zu der Zeit ward Aba, das Weib Esaus, schwanger und gebar ihm einen Sohn, und Esau hieß seinen Namen Eliphas. Fünfundsechzig Jahre war Esau alt, da ihm dieser Sohn geboren wurde.

In jenen Tagen starb Ismael, der Sohn Abrahams, im fünfundsechzigsten Jahre des Lebens Jakobs, und das Alter Ismaels, das er lebte, waren hundertsiebenunddreißig Jahre. Als aber Isaak vernahm, daß sein Bruder gestorben war, beweinte er ihn und trug um ihn Leid viele Tage.

2
Nach vierzehn Jahren

NACHDEM JAKOB vierzehn Jahre im Hause Ebers geweilt hatte, verlangte es ihn, nach seinem Vater und seiner Mutter zu sehen, und er begab sich nach Hebron in sein Vaterhaus. Esau hatte inzwischen vergessen gehabt, was ihm sein Bruder Jakob mit dem Segen angetan hatte. Da er ihn aber wiederkommen sah, gedachte er dessen, was er ihm zugefügt hatte, und sein Zorn entbrannte aufs neue, und er wollte ihn erwürgen. Isaak, der Sohn Abrahams, war zudann schon alt und wohlbetagt, und Esau sprach: Es naht die Zeit heran, da mein Vater sterben wird, wenn er nun tot ist, erschlage ich meinen Bruder.

Da wurden der Rebekka diese Worte angesagt, und sie ging eilends hin zu Jakob und sprach zu ihm: Mache dich auf, und fliehe zu meinem Bruder Laban nach Haran und bleibe eine Weile bei ihm, bis der Zorn deines Bruders sich gelegt hat; alsdann kannst du wiederkommen. Auch Isaak rief Jakob herbei, ermahnte ihn und sprach zu ihm: Nimm ja kein Weib von den Töchtern Kanaan, denn so hat uns unser Vater Abraham geboten im Namen des Herrn, der zu ihm gesprochen hat: Deinem Samen will ich dieses Land geben. Wenn deine Kinder an dem Bunde halten werden, den ich mit dir geschlossen habe, so werde auch ich alles erfüllen, was ich ihnen versprochen habe, und werde sie nicht verlassen. So höre denn, mein Sohn, auf meine Stimme in allem, was ich dich heiße, und es bleibe ferne von dir, ein Weib von den Töchtern Kanaans zu nehmen. Sondern gehe nach Haran in das Haus Bethuels, deiner Mutter Vater, und nimm dir ein Weib von den Töchter Labans, deiner Mutter Bruder. Habe aber acht, daß du den Herrn deinen Gott nicht vergessest in dem Lande, dahin du dich begibst, daß du dich den Leuten des Landes nicht anschließest, dem eitlen Wahn nicht nachjagest und deinen Gott nicht verlässest. Sondern wenn du nach dem Lande kommst, so diene dort dem Herrn und wende dich nicht von dem Wege, den ich dir gewiesen habe, weder zur Rechten noch zur Linken. Und der Allmächtige wird dich Gnade finden lassen vor den Augen der Leute des Landes, und du wirst ein Weib nach deinem Willen finden, treu und redlich. Gott wird dir den Segen Abrahams zukommen lassen, dir und deinem Samen, er wird dich fruchtba rmachen und vermehren und dich ein Haufen Völker werden lassen in dem Lande, da du hinziehst. Alsdann wird dich der Herr hierher zurückkommen lassen in das Land, da deine Väter Fremdlinge waren, und wird dich segnen durch Kinder, durch großen Reichtum und allerlei Freuden.

Also vollendete Isaak seine Ermahnung und seinen Segen an Jakob; er gab ihm viele Geschenke, Gold und Silber und ließ ihn ziehen. Und Jakob hörte auf seinen Vater und seine Mutter; er küßte sie und machte sich auf und ging nach Mesopotamien. Siebenundsiebzig Jahre war Jakob alt, als er aus Beer-Seba im Lande Kanaan zog.

3
Eliphas

Als Jakob sich nach Haran begeben hatte, rief Esau seinen Sohn Eliphas herbei und sprach zu ihm im geheimen: Beeile dich, nimm dein Schwert in die Hand und jage dem Jakob dem Jakob nach; laufe ihm über den Weg, lauere ihm auf und töte ihn mit deinem Schwerte auf einem der Berge; nimm ihm alles ab, was er hat, und komme heim.

Eliphas, der Sohn Esaus, war ein flinker Knabe und ein guter Bogenschütze, wie ihn sein Vater gelehrt hatte; er verstand im Felde zu jagen und war ein kräftiger Jüngling. Dreizehn Jahre war er damals alt. Und er machte sich auf, ging hin, nahm mit sich zehn Leute, seiner Mutter Brüder, und verfolgte den Jakob und ereilte ihn an der Grenze des Landes Kanaan gegenüber der Stadt Sichem.

Da sah Jakob den Eliphas, wie er ihm mit seinen Gesellen nachlief, und er blieb an dem Orte stehen, da er zog, um zu sehen, was vor sich ging. Aber Eliphas zog sein Schwert hervor und schritt weiter und näherte sich Jakob. Da sprach Jakob zu ihnen: Was ist euch, daß ihr bis hierher gekommen seid, und wen verfolgt ihr mit eurem Schwert? Da erwiderte ihm Eliphas: Dies und dies hat mir mein Vater befohlen, und nun will ich seinen Befehl ausführen. Als nun Jakob sah, welche Macht Esaus Wort auf Eliphas übte, trat er herzu und fing an vor ihm und vor den Männern zu flehen und sprach: Seht, alles, was ich habe und was mir mein Vater und meine Mutter mitgegeben haben, könnt ihr nehmen, aber geht von dannen und tötet mich nicht, und das wird euch als Gerechtigkeit angerechnet werden.

Und Gott ließ Jakob Gnade finden in den Augen Eliphas' und seiner Leute, und sie hörten auf seine Stimme und ließen ihn am Leben. Aber sie nahmen ihm alles ab, was er hatte, das Gold und das Silber, das er aus Beer-Seba mit sich führte, und ließen ihm nichts übrig.

Und sie gingen von ihm, Eliphas und seine Schar, und kehrten zurück nach Beer-Seba zu Esau. Sie erzählten ihm alles, was sich mit ihnen und Jakob zugetragen hatte und gaben ihm alles, was sie von Jakob genommen hatten. Da ergrimmte Esau über seinen Sohn Eliphas und über die Leute, die mit ihm waren, daß sie den Jakob nicht getötet hatten. Aber sie erzählten: Er bat vor uns um Erbarmen, und da überkam uns das Mitleid über ihn, und wir nahmen ihm nur alles ab und gingen heim.

Da nahm Esau das Gold und das Silber, das Eliphas dem Jakob genommen hatte, und tat es in sein Haus. Als nun Esau sah, daß Isaak den Jakob gesegnet und ihm befohlen hatte, er solle ja kein Weib von den Töchtern Kanaans nehmen, und daß Isaak und Rebekka die Töchter Kanaans nicht gerne sahen, machte er sich wieder auf und ging in das Haus Ismaels, seines Oheims, und nahm dort die Mahalath, die Tochter Ismaels, die Schwester Nebajoths, sich zum Weibe über den Weibern, die er schon hatte.

4
Die Ränke Esaus

In älteren Büchern lesen wir:

Esau sprach: Ein Narr war Kain, daß er seinen Bruder tötete, als der Vater noch lebte, und nicht wußte, daß der Vater fruchtbar war und sich vermehren konnte; ich will es nicht so machen, sondern will die Zeit abwarten, da man über meinen Vater Leid tragen wird.

Esau sprach: Erwürge ich den Jakob, so kommen Sem und Eber und setzen sich zu Gericht über mich und halten mir vor: Wie konntest du deinen Bruder töten? So will ich denn hingehen und mich mit Ismael verbrüdern, der soll dann kommen, soll mit Jakob über die Erstgeburt rechten und ihn töten. Alsdann will ich mich als sein Bluträcher hinstellen und den Ismael töten und werde somit Erbe beider Geschlechter.

Esau ging zu Ismael und sprach zu ihm: Siehe zu, gerade, wie es dein Vater mit dir gemacht hat, daß er alles, was er hatte, dem Isaak gab und dich leer ausziehen ließ, so will es auch mein Vater mit mir machen.

So stehe denn auf und töte deinen Bruder, und ich will mich erheben und will meinen Bruder töten, dann erben wir beide die ganze Welt.

Da sprach Ismael: Anstatt daß du mir sagst, ich soll deinen Vater töten, tue es lieber selber und töte deinen Vater.

Darauf erwiderte Esau: Wir haben wohl gesehen, daß ein Mensch seinen Bruder erschlagen kann, siehe, Kain hat den Abel getötet; doch haben wir noch nicht gesehen, daß ein Mensch seinen Vater erschlagen könne.

5
Jakob spaltet den Jordan

SIEHE ZU, WAS ESAU, der Gottlose, dem Jakob angetan hat. Er sah ihn leer ausgehen und erbarmte sich seiner nicht, sondern sprach: Ich will ihn auf seinem Wege ereilen, daß ich ihn erwürge. Aber Jakob wußte das und erhob seine Augen zu Gott, und der tat Wunder an ihm.

Jakob tauchte seinen Stab ins Wasser, und da teilte sich der Jordan, und er überschritt ihn, wie es heißt: Mit meinem Stab ging ich durch den Jordan.

Und Esau wartete auf dem Wege, aber Jakob kam nicht dieses Weges. Da verstand Esau, daß Jakob durch den Jordan gegangen war, und verfolgte ihn weiter, bis er ihn in einer warmen Wasserquelle, ähnlich den Quellen von Tiberias, fand. Jakob war dort hineingestiegen, denn er sprach: Ich habe kein Brot bei mir, so will ich dareingehen, daß ich mich wärme.

Und Esau, der Missetäter, umringte die Quelle, auf daß Jakob darin umkäme.

Aber der Herr sprach zu ihm: Du Bösewicht, diesem willst du beikommen. Und zu Jakob sprach er: Warum fürchtest du dich? Siehe, ich bin mit dir. Da sagte Jakob: Herr der Welt! Wenn du mit mir bist, so will ich dir vertrauen und will hinausgehen.

Jakob sprach: Mit diesem Stab allein habe ich den Jordan durchschritten. Als er bis an den Jordan kam, wußte er nicht, was er tun sollte; er erhob seine Augen zum Himmel und sprach: Herr, du weißt, daß ich nichts habe, als diesen Stab. Gott erwiderte ihm: Schlage den Jordan damit und überschreite ihn. Da tat es Jakob. Und der Herr sprach: Du bist damit ein Vorbild deinen Nachkommen; gleichwie der Jordan sich vor dir jetzt geteilt hat, so wird er sich dereinst vor deinen Kinder teilen.

Beth-El

1
Die Pforte des Himmels

JAKOB ZOG AUS BEER-SEBA und begab sich nach Haran. Da er dorthin kam, sprach er: Ist's denkbar? Ich bin an einem Orte vorbeigegangen, da meine Väter gebetet haben, und ich habe dort nicht gebetet? Wie er sich anschickte nach Beth-El umzukehren, sprang ihm die Erde entgegen. Alsdann befand er sich an der Stätte. Als er nun gebetet hatte, wollte er weiterziehen, aber der Herr sprach: Die Gerechte ist in meine Herberge eingekehrt und soll, ohne hier genächtigt zu haben, abziehen? Und er ließ die Sonne untergehen.

Jakob nahm etliche von den Steinen des Ortes, tat sie zu seinen Häuptern und legte sich schlafen. Als er aber des Morgens aufstand, war es nur ein Stein, wie es heißt: Jakob nahm den Stein und richtete ihn zu einem Mal auf. Und wahrlich, ein jeder sprach: Auf mich soll der Gerechte sein Haupt niederlegen. Alsdann wurden sie alle zu einem Stein.

Und Jakob träumte, siehe, eine Leiter stand auf der Erde, deren Spitze rührte an den Himmel; achttausend Meilen war die breit, denn die Engel Gottes stiegen an ihr auf und nieder. Trafen sie auf der Leiter zusammen, so waren ihrer vier. Es heißt aber von den Engeln, daß ihr Leib so weit sei wie die Stadt Tharsis, und die Stadt Tharsis ist zweitausend Meilen weit.

Sie stiegen auf und schauten in das Antlitz dessen, der da oben ist, sie stiegen nieder und schauten sein Ebenbild, das unten lag. Sie neideten den Jakob und wollten ihm Schaden tun, aber da stand schon der Herr bei ihm. Wenn das die Schrift nicht erzählte, man könnte wohl kaum sagen, daß Gott über Jakob wie ein Vater über seinem Sohn stand und mit einem Fächer über ihn wehte.

Und Gott sprach zu ihm: Ich bin der Herr, der Gott Abrahams, deines Vaters und der Gott Isaaks. Das Land, darauf du liegst, will ich dir und deinem Samen geben. Der Herr hat das ganze Land Israel zusammengewickelt und hat es dem Jakob unter das Haupt gelegt, auf daß es von seinen Kinder dereinst leicht erobert würde.

Jakob kam an einen Ort und wollte an ihm vorbeigehen, da richtete sich vor ihm die Welt als eine Mauer auf. Der Herr ließ die Sonne vor der Zeit untergehen, denn er wollte in der Stille mit Jakob Zwiesprache halten.

Es war einmal ein König, der hatte einen Freund, der zu ihm nur selten kam. Da er einst kommen sollte, sprach der König zu seinen Dienern: Blast die Lichter aus, löscht die Laternen aus, ich will im Verborgenen mit meinem lieben Freunde reden.

Andere erzählen, daß, als Jakob kam, man die diensttuenden Engel rufen hörte: Die Sonne ist gekommen, die Sonne ist gekommen.

Als Joseph zu seinem Vater sprach: Die Sonne, der Mond und elf Sterne neigten sich vor mir, fragte Jakob: Woher weiß er es, daß mein Name Sonne ist?

Wann gab der Herr Jakob die zwei Stunden wieder, um die er die Sonne früher untergehen ließ? Als Jakob aus Haran zurück nach seines Vaters Hause ging, wie es heißt: Die Sonne schien ihm entgegen. Und der Herr sprach: Du bist deinen Kindern damit ein Vorläufer; bei deinem Auszug ließ ich die Sonne untergehen, bei deiner Heimkehr ließ ich sie aufgehen, und ebenso werde ich es mit deinen Kindern machen.

Jakob nahm drei Steine und sprach: Gott hat seinen Namen mit dem Namen Abrahams verbunden; er hat seinen Namen mit dem Namen Isaaks verbunden; werden nun die drei Steine miteinander verschmelzen, so weiß ich, daß er es auch mit mir so tun will. Da nun die drei Steine eins wurden, wußte Jakob, daß der Herr seinen Namen auch mit dem seinen verbunden hatte.

Man erzählt, alle diese Steine, die Jakob sich unter das Haupt gelegt hatte, wären ihm wie ein Bett, wie ein Pfühl gewesen. Und er schlief darauf. Hier schlief er wieder, denn all die vierzehn Jahre, die er im Hause Ebers zugebracht hatte, hatte er nicht geschlafen.

Der Herr soll Jakob einen Stuhl gezeigt habe, der drei Füße hatte, und zu ihm gesprochen: Du bist der dritte Fuß.

Die Leiter Jakobs stand in Beer-Seba und lief schräg auf den Tempel zu. Andere sagen, die Leiter hätte im Tempel gestanden und wäre nach Bethel hin geneigt gewesen. Der himmlische Tempel ist aber einen Raum von nur achtzehn Meilen von dem auf Erden entfernt.

Und Jakob fürchtete sich und sprach: Wie heilig ist diese Stätte! und nannte den Ort Beth-El, denn er sprach: Hier ist nichts anderes, denn Gottes Haus. Der Herr aber sprach: Hier ist die Pforte des Himmels, und diese wird sich in kommenden Zeiten vielen auftun, die gleich wie du sind.

2
Jakob und die vier Reiche

JAKOB TRÄUMTE, siehe eine Leiter stand auf der Erde, die rührte mit der Spitze an den Himmel, und die Boten Gottes stiegen darauf auf und nieder. Die Boten, das waren die Fürsten der Völker.

Ein Weiser erzählt: Gott zeigte unserem Vater Jakob den Fürsten Babels, der stieg siebzig Stufen die Leiter hinauf und stürzte nieder; dann kam der Fürst Mediens und stieg hundertachtzig Stufen hinauf; der Fürst Griechenlands stieg hundertachtzig Stufen hinauf; dann kam Edom und stieg hinauf, aber Jakob konnte die Stufen nicht mehr zählen, so hoch war dieser. Da fürchtete sich Jakob und sprach: Wird denn dieser nie mehr fallen? Und der Herr erwiderte ihm: Fürchte dich nicht, Jakob, entsetze dich nicht, Israel, denn siehst du ihn noch so hoch steigen, daß er bald an mich herankommt, so werde ich ihn dennoch stürzen. Und so sprach auch der Herr zu Edom: Wenn du gleichwie ein Adler in die Höhe führest und zwischen den Sternen ein Nest machest, werde ich dich dennoch niederwerfen.

Ein anderer Weiser erzählt: Der Herr zeigte Jakob die Fürsten Babels, Mediens, Griechenlands und Edoms auf – und niedersteigen. Alsdann sprach er zu Jakob: Jakob, warum steigst du nicht hinauf? Jakob aber fürchtete sich sehr und sprach: Gleichwie diese hier gestürzt wurden, so kann auch ich gestürzt werden. Da sprach Gott: Du wirst nicht fallen. Dennoch glaubte Jakob nicht und stieg nicht auf.

Und Gott sprach: Wärest du hinaufgestiegen und hättest du geglaubt, du wärest nicht gestürzt worden. Da du aber nicht geglaubt hast, so werden deine Kinder in dieser Welt diesen vier Reichen dienen, und es werden ihnen daselbst Abgaben, Zins und Kopfsteuer auferlegt werden. Da sprach Jakob: Und das in alle Ewigkeit? Und der Herr erwiderte? Fürchte dich nicht, Jakob, entsetze dich nicht, Israel, ich will dir aus fernen Landen helfen und deinem Samen aus dem Lande der Gefangenschaft; aus fernen Landen, aus Babel, aus dem Lande der Gefangenschaft, aus Gallien, Spanien und ihresgleichen; Jakob wird aus Babel heimkehren und wird Ruhe haben vor den Medern und Sicherheit vor den Griechen und wird keine Furcht haben vor Edom; denn ich will allen Heiden ein Ende machen.

Die Heiden, die ihre Felder bis zu Ende abmähen, werde ich vernichten, Israel aber, das das Land nicht bis an die Enden umher abschneidet, auf daß das Übriggebliebene und die Nachlese für den Armen sei, werde ich nicht vertilgen; ich werde dich nicht züchtigen und durch Leiden strafen in dieser Welt, auf daß du geläutert werdest für die zukünftige Welt.

3
Die Auf- und Niedersteigenden

DER HERR ZEIGTE JAKOB den Tempel, wie sie erbaut wurde, und die Opfer, wie er dargebracht werden, und die Priester, die Dienst tun, und die Majestät Gottes, die nach der Zerstörung davongeht.

Eine Leiter stand auf der Erde, das war das Haus Gottes, und ihre Spitze, die an den Himmel reichte, das sind die Opfer deren Geruch bis zum Himmel steigt; die Engel Gottes, das sind die Priester, die ihres Amtes walten und die Stufen zum Altar auf – und niedergehen, und der Herr stand obenauf, wie ihn auch der Prophet Amos auf dem Altar stehen sah.

Andere sagen: Die Leiter, das war der Berg Sinai, und ihr Haupt, das an den Himmel rührte, das war das Feuer, das zum Himmel emporloderte; die Engel Gottes, das waren Mose und Aaron.

Jakob träumte, und der Herr zeigte ihm die Auf- und Niedersteigenden. Er zeigte ihm den Elia, wie er im Wetter in den Himmel fährt; er zeigte ihm den Jona, der zu der Berge Gründen hinuntergestiegen war; auch ließ er ihn den Korah sehen, den das Maul der Erde verschlang.

Jakob erwachte aus seinem Schlaf und sprach: Gewißlich ist der Herr an diesem Ort, das ist wohl der Berg Moria, auf dem die Herrlichkeit Gottes in Ewigkeit ruht. Hier ist die Pforte des Himmels, durch dieses Tor steigt man in den Himmel und tut Dienst in den Höhen. Er fürchtete sie und sprach: Wie heilig ist diese Stätte. Er erkannte seinen Schöpfer, der in Ewigkeit lebt und besteht und der seinen Geschöpfen von keiner Seite und in keiner Weise gleich ist, darum fürchtete er sich.

4

Vom Grundstein

In dieser Nacht zeigte Gott Jakob alle Zeichen; er zeigte ihm eine Leiter, die von der Erde bis an den Himmel reichte; die Engel Gottes stiegen daran auf und nieder und sahen den Jakob und sprachen: Dessen Antlitz ist wie das Antlitz des Menschen vor dem Stuhl der Herrlichkeit.

Und Jakob erwachte mit großem Schrecken und sprach: Das Haus Gottes muß an diesem Orte sein, wie furchtbar ist diese Stätte! Du ersiehst daraus, daß an diesem Orte, in Jerusalem zu beten, dasselbe ist, wie vor dem Throne Gottes zu beten, denn daselbst ist die Himmelspforte, und eine Tür steht offen, daß die Gebet gehört werden.

Jakob schickte sich an, die Steine zu sammeln, und siehe, sie waren alle ein Stein, und er richtete ihn zu einem Mal auf in der Mitte des Ortes. Öl floß ihm vom Himmel herab, und er salbte damit den Stein für alle Ewigkeit. Was tat der Herr? Er streckte seinen rechten Fuß aus und versenkte den Stein in die Tiefe der Abgründe und machte daraus eine Stütze der Erde, gleichwie ein Mensch dem Gewölbe einen Pfeiler gibt.

Daher ward der Stein Grundstein der Erde genannt, das ist der Nabel der Welt; von dort dehnte sich die ganze Erde aus und darauf steht der Tempel Gottes, wie Jakob auch gesprochen hat: Dieser Stein, den ich zu einem Mal aufgerichtet habe, soll ein Gotteshaus werden.

Und Jakob fiel auf sein Angesicht vor dem Grundstein und sprach: Herr aller Welt! Wenn du mich in Frieden an diesen Ort wiederkehren läßt, will ich dir Dankopfer und Brandopfer bringen. Und er hob seine Füße auf und kam in eines Auges Zwinkern nach Haran. Und Gott, der Heilige, wurde in Gerechtigkeit geheiligt, und die oberen Heerscharen sprachen: Gelobt seist du, Herr, du heiliger Gott!

5
Das Bild Jakobs im Throne Gottes

So sprach der Herr: Ich bin, der dich geschaffen hat, Jakob, und der dich gebildet hat, Israel; denn du bist mir teuer und bist meinen Augen wert; ich habe dich lieb und will Menschen an deiner statt und Völker für deine Seele geben.

Und weiter sprach Gott zu Jakob: Jakob, du bist mir teuer, daher habe ich dein Bild auf meinem Stuhl ausgeprägt und mit deinem Namen preisen mich die Engel und rufen: Gelobt sei der Herr, der Gott Israels von Ewigkeit zu Ewigkeit.

Aber auch so sprach der Herr zu Jakob: hoch bist du in meinen Augen, daher ziehe ich mit meinen Engeln dir entgegen, wenn du nach Mesopotamien reisest und wenn du dorther zurückkehrst.

Der Herr stand über Jakob. Selig der vom Weibe Geborene, der den König und sein Gefolge über sich stehen sah und von ihnen behütet wurde.

Der Herr stand über Jakob. Nie steht ein König vor seinem Acker, wenn er gepflügt oder wenn er besät wird; er steht erst davor, wenn das Getreide reif ist. So auch der Herr. Abraham hat das Feld gebaut, Isaak hat es gesät, da kam Jakob, und er war die Ernte, wie es auch heißt: Heilig ist Israel dem Herrn und seine erste Frucht.

Von dem Tage, da der Herr die Welt erschaffen hatte, pflegten die Engel den Herrn zu preisen und riefen: Gelobt sei der Herr, der Gott Israels, und wußten nicht, wer Israel sei. Da nun Jakob nach Beth-El kam, fuhren die Engel, die ihn des Weges geleitet hatte, in die Höhe und sprachen zu den übrigen Heerscharen: Wollt ihr den Menschen sehen, in dessen Namen wir Gott preisen? Steigt hernieder und seht, da ist dieser Mensch. Da fuhren die Engel hinab und sahen das Bild Jakobs und sprachen: Wahrlich, das ist das Angesicht und das Ebenbild dessen, der auf dem Stuhle der Herrlichkeit ausgeprägt ist. Und alle stimmten ein Lob an und riefen: Gelobt sei der Herr, der Gott Israels.

6
Serubabel

WER BIST DU, GROSSER BERG, der doch·vor Serubabel eine Ebene
sein muß? Das ist Messias, der Sohn Davids. Warum wird er der große Berg genannt? Weil er noch größer ist als die Väter. Von ihm heißt
es: Siehe, mein Knecht wird weislich tun und wird erhöht und sehr
hoch erhaben sein; er wird erhöht über Abraham und wird höher sein
als Isaak und erhabener als Jakob; er ist herrlicher denn Mose und
ragt über die Engel hervor. Und von wem kommt er her? Von Serubabel. Von wem aber kommt Serubabel her? Von David. Warum heißt
er Serubabel? Weil er in Babel geboren wurde.

Serubabel soll den großen Stein heben, den Stein unseres Erzvaters
Jakob. Wie kommt er aber an? Er nimmt seinen Weg durch die Berge, wie es heißt: Wie lieblich sind auf den Bergen die Füße der Boten,
die da Frieden verkündigen.

Mystisches

1
Der Stuhl, die Steine und die Leiter

ALS JAKOB AUS BEER-SEBA ZOG, sah er die sieben Throne der sieben
Gewölbe, einen über dem anderen. Als er aber zum Araboth kam, in
welchem Himmel der hochherrliche Stuhl steht, sprach er: Wie heilig
ist diese Stätte!

Jakob nahm von den Steinen des Ortes, das waren die zwölf köstlichen Edelsteine der Oberwelt; unter ihnen aber lagen zwölftausend
behauene Steine. Jakob legte die Edelsteine nach allen vier Windrichtungen hin, drei auf die Mitternachtsseite, drei auf die Abendseite,
drei auf die Mittagsseite, drei auf die Morgenseite.

Manche erzählen, die Leiter Jakobs sei ein Engel gewesen, der auf
der Erde gestanden und mit dem Haupt bis an den Himmel gereicht
hätte. Das ist das Riesenrad Sandalphan, von dem das eine Ende unten ist und das andere an den Himmel, bis an die heiligen Tiere reicht.
Es gibt Engel, die wie der Ozean groß sind, und es gibt welche, die
von der Erde bis zum Himmel hoch sind.

An dem Sinnbild der Leiter, die unten stehend, mit der Spitze an den Himmel rührte, wurde Jakob gezeigt, wie die Welten miteinander verknüpft sind, wie alle Dinge miteinander zusammenhängen, die himmlischen mit den irdischen, die irdischen mit den himmlischen.

Unweit des Feuermeeres ist eine Anhöhe, daselbst ist die Leiter zu sehen, die Jakob im Traume geschaut hat. Die Leiter ist die Leiter des Matatrons, der fünfhundert Jahresreisen größer ist als seine Gesellen. Die Engel Gottes steigen daran auf und nieder; die aufsteigenden haben die Herrschaft; die niedersteigenden tauchen in das Feuermeer und gewinnen dort die Herrschaft.

2
Vom Grundpfeiler

DER GRUNDSTEIN IST AUS FEUER, Wind und Wasser geschaffen; alle diese Dinge wurden zu einem Stein gehärtet. Der Stein aber liegt auf den Tiefen; zuweilen quillt aus ihm Wasser und füllt die Abgründe; dieser Stein steht im Mittelpunkt der Welt und das ist der Stein, den Jakob gepflanzt hat; er ist die Grundfeste der Welt.

Hat denn aber Jakob diesen Stein gemacht? War er doch schon da, als Gott die Welt erschaffen hatte. Aber Jakob hat ihn erst zum Grundstein der Oberwelt und der Welt da unten gemacht. Daher sprach er: Dieser Stein, den ich zu einem Mal aufgerichtet habe, soll ein Gotteshaus sein. Also hat er ihn zur Wohnstätte der Himmlischen gemacht.

Die Weisen sagen, dies sei der Stein, auf dem die sieben Augen waren, von dem der Prophet Sacharia spricht.

Zuweilen wird der Name Eben, Stein für den Namen Gottes Adonai gesprochen. Der Stein ist der Grundpfeiler für alles, was in der Welt aufgerichtet wird, und alles, was auf Erden ist, ruht auf ihm und bedarf seiner.

3
Jakob erklimmt die höchste Stufe

WISSE, DASS DER HERR unserem Vater Jakob im Sehertraume gezeigt hat, daß alles, was auf Erden geschieht, durch die Hand der Engel vor sich geht, selbst das Beugen eines Fingers; und alles geschieht auf den Befehl des Höchsten, denn die Engel tun weder Großes noch Kleines, ehe sie nicht vor dem Herrn gestanden haben. Sie werden vom obersten Gerichtshof ausgesandt, sie steigen auf und steigen nieder. Aber der Herr zeigte Jakob, daß über der Leiter er selbst steht und gab ihm das große Versprechen, daß er, Jakob, den Engeln und den obersten Fürsten nicht unterstehen, sondern immer Gottes eigener Teil bleiben werde. Also nimmt Jakob eine höhere Stufe ein, als die übrigen Gerechten, von denen es heißt: Seine Engel befehlen ihnen.

Jakob sprach: Das ist das Haus Gottes und hier ist die Pforte des Himmels. In dem Augenblick, da er dies begriff, erklomm er eine Höhe, die Abraham und Isaak nicht erreicht hatten, denn sie waren nur bis zu Gottes Schultern gekommen, bis unter des Ewigen Arme.

Wahrlich, unser Vater Jakob war der Auserwählte von den Vätern wegen der Vollkommenheit seiner Seele und weil er dem obersten Bilde ähnlich war und seine Schönheit an Adam gemahnte.

4
Abraham, Isaak und Jakob

ALS DER HERR DABEI WAR, die Welt zu erschaffen, nahm der den Isaak und gründete auf ihn die Welt; da sah er, daß die Welt durch den allein nicht bestehen konnte, so nahm er den Abraham und stützte auf ihn die Welt; aber er sah, daß die Welt noch mehr Halt bedurfte, da nahm er den Jakob, gesellte ihn dem Isaak und befestigte so die Welt.

Gott schuf die großen Walfische, das sind die Erzväter, und alle lebendige Seele, das ist die Seele Adams, des ersten Menschen.

Bevor der Mensch auf diese Welt hinabfährt, erscheinen ihm vier Engel: Michael kommt Abrahams wegen, Gabriel kommt Isaaks wegen, Uriel kommt Jakobs wegen, Raphael kommt Adams wegen.

Der Kopf des Menschen soll auf Adam, das Haupt aller Menschen, hinweisen, der rechte Arm auf Abraham, der linke auf Isaak, sein Leib aber, das ist Jakob.

Abraham ist die Wurzel des Lebens Israels, Isaak ist die Wurzel seines Geistes, Jakob ist die Wurzel seiner Seele.

5
Die Väter und der göttliche Wagen

DIE VÄTER SIND DER GÖTTLICHE WAGEN, Abraham durch seine Gnade, Isaak durch seine Gottesfurcht, Jakob durch die Schönheit und Wahrheit. Die Wahrheit ist das Maß Jakobs, der ein sanfter und rechtschaffener Mann war; er wohnte in den Hütten und er hielt die

Waage zwischen der Furcht seines Vaters und der Gnade von seines Vaters Vater. Er gleicht alles aus und ist selbst der Friede.

Das Maß Jakobs aber ist der Grundstock des Baues.

Die Väter bilden den Wagen. Auf welche Weise? Abraham nahm in Reinheit von der rechten Seite Besitz, welche das Maß der Gnade ist, Isaak nahm in Reinheit die linke Seite, welche die Furcht ist, Jakob nahm in Reinheit die Mitte.

Zu Lebzeiten Abrahams, unseres Vaters, trug die Herrlichkeit Gottes den Namen Sara, zur Zeit Isaaks nannte man sie Rebekka, zur Zeit Jakobs nannte man sie Rahel.

Abraham ist der Löwe des göttlichen Wagens, Isaak ist der Stier, Jakob ist der Adler.

DIE ZWÖLF
STÄMME

VORWORT

DREI GRUNDTHEMEN BEHANDELT das Buch der Genesis. Es erzählt von dem Aufbau der Welt und der Erschaffung des Menschen; es schildert die Ausbreitung der Völker, ihre Sonderung nach Sprachen und Ländern und das allmähliche Hervortreten des Hebräervolkes; es teilt die göttlichen Lehren und Gesetze mit, die dem Horebbund vorangegangen sind und den Weg zu der Sinaioffenbarung gebahnt haben.

Nachdem der Herr in sechs Tagen sein Werk vollendet hatte, ruhte er am siebten und gebot, diesen Tag heilig zu halten. Der Schöpfungsbericht dient zugleich zur Begründung der ersten Satzung. Die Völker zerstreuen sich und ergreifen Besitz von der Erde. Ein Volk aber wird zum Liebling des Schöpfers. Drei Hauptgruppen haben wir: die Söhne Sems, die Söhne Hams und die Söhne Japheths; Sem aber ist der Erstgeborene. Auf der einen Seite treten die Völker Babel, Assur, Mizraim und Kanaan, auf der anderen Seite die Stämme Aram und Eber auf. Der Verwandtschaft Abrahams entspringen zwei Völker: Ammon und Moab; er selbst erzeugt drei Hauptstämme: Isaak, Israel und Midian. Isaak ist der Vater Jakobs und auch der Vater Edoms. Noch bevor es Richter und Könige in Israel gab, hatte Edom seine Fürsten und Oberhäupter. Esau ist Jäger und der Mächtigere von den Brüdern; er hat niemandem zu gehorchen. Jakob muß um seine Frauen und seine Habe viele Jahre dienen; dafür nennen ihn zwölf Stämme ihren Ahnen. Ruben ist der älteste Sohn, Levi ist der Priester Jahves. Der Kampf um die Herrschaft wird zwischen Juda und Joseph ausgefochten, zwischen dem Löwen und dem Stier.

Wir haben in den Genesisgeschichten und den sich auf die aufbauenden Sagen Urbilder späterer historischer Begebenheiten. Sie sollen die Stammesgenealogien klarlegen, die Erbansprüche Israels auf Kanaan beweisen und nicht zuletzt von dem hohen Alter verschiedener Kultusstätten zeugen. Durch Verheißung, durch Kauf und durch das Schwert hat Israel sein Recht auf das Bergland erworben. Der erste Priester des obersten Gottes, Melchisedek, wohnt zu Salem, Abraham baut in Hebron dem Herrn einen Altar; in Beer-Seba pflanzt er die Gotteseiche. Der Stein, den Jakob in Beth-El aufstellt, ist der Grundstein der Welt; dem Todesengel ist hier der Zutritt verwehrt. Die biblischen Geschichten kennen nur die heiligen Stätten, die Sagen erzählen uns auch von den Gotteshäusern Sems und Ebers. In diesen Weiheorten wurde nicht nur in der Schrift geforscht;

hier blühte auch die Prophetie und der Geist Gottes ließ sich vernehmen.

Abraham wird von Gott versucht, Jakob ringt mit den himmlischen Mächten. Mit dem Verkaufen Josephs haben die Stämme eine
schwere Schuld auf sich und ihre Nachkommen geladen. Wo die Wege des Heils gewiesen werden, da ist vor allem von Schuld die Rede.
Das letzte Buch der Schrift endigt mit dem Liede und dem Segen Moses, das erste mit dem Segen Jakobs. Wo der Erzvater aufhört, beginnt
der Prophet. Die besondere Stellung aber, die der Jakobsegen ein-
nimmt, beruht darauf, daß er die Weissagungen über die kommenden
Tage enthält und von dem Messias erzählt.

Erstes Buch

Mythisches

Elohim und die Väter

1
Makom

MIT ZEHN NAMEN wird der Heilige, gelobt sei er, verherrlicht, und diese sind: El, weil er König ist; Adon, weil er über die ganze Welt Herrscher ist; Elohim, weil er Richter ist; Jahve, weil er barmherzig ist; Ehje aser ehje (ich bin, der ich bin);das soll bedeuten, wie er in den ersten Zeiten Erlöser war, so wird er auch dereinst Erlöser sein; Hanun, der Gnadenreiche, weil er seine Gaben gütig austeilt; Erech apaim, der Langmütige, weil er mit den Missetätern Geduld übt; Rabhesed, voller Milde; Sadai, weil es der Welt genügen sollte, daß er ihr Gebieter ist; Zebaoth, weil er Herr seiner Heerscharen ist.

Abraham war der erste, der Gott mit dem Namen Raum bezeichnet hat, wie es geschrieben steht: Abraham hieß die Stätte: Der Herr sieht. Auch Jakob nannte den Allmächtigen Raum, wie es heißt: Er fürchtete sich und sprach: Wie heilig ist diese Stätte! Aber auch in dem Buche Moses wird der Herr Makom genannt.

Jakob zog aus Beer-Seba, um nach Haran zu gehen, und er stieß auf einen Ort, D.h. er begegnete dem Herrn. Warum wird der Name des Herrn auch Makom genannt? Weil Gott der Raum der Welt ist, die Welt aber ist nicht sein Raum. Woraus folgere ich das? Es heißt: Siege, es ist ein Raum bei mir.

Der Meister Rabbi Isaak sprach: Es heißt in der Schrift: Das ist die Wohnung Gottes von Anfang an. Wir wußten nicht, ob der Herr als die Wohnung der Welt, oder die Welt als seine Wohnung anzusehen sei, bis Mose kam und sagte: Herr, du bist die Zuflucht. Gott also ist der Raum der Welt.

Ein Weiser sprach: Gott ist mit seiner Welt einem Reiter zu vergleichen, der auf einem Roß sitzt. Das Pferd aber ist allemal seinem Reiter untergeordnet.

2
Die drei Gebete

RABBI JOSUA BAR LEVAI SPRICHT:

Die Erzväter waren es, die die drei Tagesgebete festgelegt haben. Abraham hat zuerst das Morgengebet verrichtet, wie es heißt: Und Abraham machte sich des Morgens früh auf an den Ort, da er gestanden war vor dem Herrn. Vor dem Herrn stehen heißt nichts anderes denn beten. Isaak hat das Dämmerungsgebet zuerst gesprochen, wie es heißt: Isaak ging vor Abend auf das Feld hinaus, um Zwiesprache zu halten mit dem Herrn. Jakob endlich hat zuerst die abendliche Andacht verrichtet, wie es geschrieben steht: Er begegnete dem Herrn. Und dem Herrn begegnen heißt beten.

Wie der Tag dreimal sein Antlitz verändert, so hat der Mensch täglich drei Gebete zu verrichten. Des Abends muß er beten und sprechen: Es sei dein Wille vor dir, Herr mein Gott, daß du mich aus der Finsternis wieder ans Licht führest. Des Morgens hat er zu beten: Ich danke dir, Herr mein Gott, daß du mich aus der Finsternis ans Licht kommen ließest. In der Dämmerung soll er beten: Dein Wille sei, mich den Untergang der Sonne schauen zu lassen, wie du mich ihren Schein hast sehen lassen.

Von der Erde bis zu dem untersten Himmelsgewölbe ist ein Weg von fünfhundert Jahresreisen, von einem Gewölbe bis zum anderen ist ein Raum von fünfhundert Jahresreisen, und die Stärke eines jeglichen Gewölbes beträgt gleichfalls fünfhundert Jahresreisen. Siehe also, wie hoch der Herr über seiner Welt thront. Der Mensch aber kommt ins Bethaus, stellt sich hinter die Betsäule und flüstert leise sein Gebet, und der Herr vernimmt das Flehen. Wie heißt es doch von Hanna, der Mutter Samuels: Sie redete in ihrem Herzen; allein ihre Lippen regten sich, ihre Stimme aber hörte man nicht. Und so beten auch alle Geschöpfe. – Gleichwie ein Mensch das Flüstern seines Freundes, wenn er ihm ins Ohr redet, vernimmt, so vernimmt auch Gott das leiseste Gebet. Ist denn noch ein Gott da, der seinen Geschöpfen so nahe wäre? Er ist ihnen nahe, wie der Mund des Sprechenden dem Ohre des Hörenden.

Ein irdischer Herrscher kann nur die Bitten zweier oder dreier Menschen anhören; er kann nicht aller Flehen vernehmen. Nicht so der Heilige, gelobt sei er! Er hört zu gleicher Zeit die Gebete aller Geschöpfe. Eines Menschen Ohr kann nur ein bestimmtes Maß aufnehmen; ebenso wird sein Auge schnell des Gesehenen voll. Des Herrn Auge aber wird nimmer müde vom Sehen und sein Ohr nimmer müde vom Hören. Also vernimmt er jedes Gebet.

Der irdischen Gebieter Art ist, daß sie einem Armen sein Gehör schenken, einen Reichen aber willig empfangen und in allem anhören. Dem Herrn aber sind alle gleich, Weib und Knecht, arm und reich.

Es betet nie ganz Israel zugleich, sondern jede Gemeinde betet für sich, die eine früher, die andere später; nachdem aber alle ihr Gebet verrichtet haben, sammelt der Engel, der darüber befohlen ist, die Bitten, flicht daraus Kränze und setzt sie dem Herrn auf das Haupt.

3
Die zwölf Planeten

ALS JAKOB AUS DEM HAUSE seines Vaters nach Haran zog, kam die Herrlichkeit Gottes, stellte sich über ihn und sprach: Mein Sohn Jakob, erhebe deine Augen zum Himmel und sieh die zwölf Planeten und Sterne am Gewölbe; zwölf Stunden hat der Tag, zwölf Stunden hat die Nacht, und zwölf Söhne will ich dir geben.

Der Herr hat in seiner Welt den Tag erschaffen, daß er Tag sei, und die Nacht, daß sie Nacht sei. Da kam Jakob und machte aus dem Tage Nacht, denn der Herr ließ die Sonne außer der Zeit untergehen.

Zwölf Planeten sind am Himmel; gleichwie der Himmel ohne die zwölf Planeten nicht bestehen könnte, so könnte die Welt ohne die zwölf Stämme nicht bestehen.

Zwölf Monate hat das Jahr, zwölf Planeten sind am Himmel, zwölf Stunden hat der Tag, zwölf Stunden hat die Nacht. Der Herr sprach: Das obere und das untere Gebilde habe ich allein der Stämme wegen gemacht, all dies der Stämme Israel wegen.

Als Elia daran ging, Israel unter die Fittiche der göttlichen Majestät zu bringen, nahm er zwölf Steine nach der Zahl der Stämme und baute daraus den Altar.

4
Die Stämme

ALLE WUNDER, DIE GOTT an Israel getan hat und noch tun wird, sie sind allein um der Stämme willen geschehen. Auch der Tempel wird dereinst um ihretwillen wieder aufgerichtet werden; und so ist alles, was der Herr geschaffen hat, um der Stämme willen erschaffen worden.

Rabbi Elieser führt aus: Der Weinstock, den der Mundschenk Pharaos im Traume sah, ist ein Gleichnis für die Welt; die drei Reben sind die Erzväter Abraham, Isaak und Jakob; daß der Weinstock grünte, blühte und wuchs, soll auf die Erzmütter hinweisen; die Trauben aber, die reif wurden, das sind die zwölf Stämme.

Rabbi Tanahuma sprach: Die Namen der Stämme sollen auf die Erlösung Israels hindeuten, und jeder Name drückt ein Lob auf das Volk aus.

Wodurch hat sich Aaron ausgezeichnet, daß er am Versöhnungstage das Allerheiligste in der Stiftshütte betreten durfte? Rabbi Isaak sagt: Das Verdienst der Stämme hat das bewirkt. An dem Brustschilde Aarons waren zwölf Edelsteine, und auf diesen waren die Namen geschrieben. Der Herr sollte auf die Namen schauen und so an das Verdienst der Stämme erinnert werden.

Die zwölf leuchtenden Steine am Brustschild des Priesters, auf denen die Namen der Stämme eingegraben waren, wurden bei der Zerstörung des Tempels Hilluk, dem Sohne Simors, des Leviten, übergeben, damit der sie vergrabe. Dereinst aber sollen sie wieder hervorgeholt werden.

Wie der Herr vier Winde erschaffen hat, und wie in der Wüste die Stämme Israels sich um vier Fahnen geschart haben, so hat Gott seinen Stuhl von vier Engeln umgeben lassen: von Michael, Gabriel, Uriel und Raphael. Michael steht zur Rechten er trägt gleichsam das Panier Ruben; Uriel steht zur Linken, er hält gleichsam das Panier Dan hoch. Gabriel steht vorn und stellt die Herrschaft Judas dar. Raphael vertritt das Banner Ephraim.

Die dritte von den fünf Hallen des Gartens Eden ist in Gold und Silber gebaut und mit Edelsteinen und Perlen geschmückt. Alles Köstliche, was im Himmel und aus Erden vorhanden ist, ist hier zu finden. Der Raum ist überaus weit, und die herrlichsten Gräser sind darin gepflanzt. In der Mitte aber steht der Baum des Lebens, einen Raum von fünfhundert Jahresreisen ist er hoch. In seinem Schatten aber weilen Abraham, Isaak und Jakob, die zwölf Stämme, sowie alle, die aus Ägypten gezogen und in der Wüste gestorben sind, und sie beschäftigen sich mit der Schrift.

Sieben Gruppen von Gerechten sind im Garten Eden. Eine jede weilt unter einem anderen Thronhimmel, von den anderen getrennt. Die oberste Gruppe, das sind die, die als Gerechte bezeichnet werden; das sind, die im heiligen Geiste wandeln, die ihren Trieb bezähmen und das Gesetz hüten. Dieser Gruppe entsprechen in den obersten Regionen die diensttuenden Heerscharen, die Engel, die Arelim benannt werden. Das Haupt der Gruppe der Gerechten ist Joseph, der Sohn Jakobs.

In den Visionen Elias heißt es: ich sehe Abraham, Isaak und Jakob sowie alle Gerechten beisammen sitzen; ein Land, mit allem Köstlichen besät, breitet sich vor ihnen aus, und der Baum, den der Herr gepflanzt hat, steht in der Mitte des Gartens, das ist der Baum, der an einem Bache wächst, sein Blatt verwelkt nicht, seine Frucht geht nicht ein. Und Schiffe, mit Reichtum beladen und für die Gerechten bestimmt, ziehen von Ejn-Gedi bis Eglaim.

Das Ringen Jakobs mit dem Engel

1
Der Gottesstreiter als Hirte

SECHZIGTAUSEND ENGEL hüpften vor Jakob, als er aus Haran nach Kanaan zurückkehrte. Andere meinen, es wären hundertzwanzigtausend Engel gewesen.

Als Jakob die Furt Jabbok überschreiten sollte, rang ein Mann mit ihm. Als ein Hirte erschien er Jakob. Gleich Jakob führte er Schafe und Kamele. Der Engel sprach zu Jakob: Setze deine Herde über den Fluß, danach will ich die meinige übersetzen. Das wurde vollbracht. Darauf sagte der Engel: Kehren wir zurück, vielleicht ist noch etwas vergessen worden. Als die beiden wieder auf dem diesseitigen Ufer waren, begann der Engel mit Jakob zu ringen.

Zuletzt wollte der Engel Jakob kundtun, wer er war. Er berührte mit dem Finger die Erde, und sie begann Feuer zu speien. Da sagte Jakob: Damit willst du mich erschrecken? Ich selbst bin eitel Feuer. Andere Lehrer erzählen, dieser Engel sei der Schutzherr Esaus in den oberen Regionen gewesen.

Hanina, der Sohn Isaaks, sagt:

Als der Engel mit Jakob ringen sollte, sprach Gott zu dem Seraph: Fünf Amulette schützen den Gerechten; es ist sein eigenes Verdienst, das ihn stark macht, das Verdienst seines Vaters und seiner Mutter und das Abrahams und Saras. Und stünde ihm nur sein eigenes Verdienst zur Seite, könntest du ihm beikommen? Ermiß deine Kraft. Da sah der Engel ein, daß er Jakob nicht werde bezwingen können.

Die ganze Nacht rangen Jakob und der Engel miteinander, und die Schläge des einen prallten an dem Schilde des anderen ab. Als aber die Morgenröte sich zeigte, sprach der Engel: Laß mich heimkehren, denn die Sonne geht auf.

Der Engel sprach zu Jakob: Laß mich gehen, denn es ist Zeit, daß ich vor dem Herrn Lobpreisungen spreche. Jakob erwiderte: Mögen deine Freunde das Lob sprechen. Darauf sprach der Engel: Das kann nicht geschehen; wenn ich morgen lobsingen will, sagen meine Genossen: Wie du gestern nicht gesungen hast, so singe auch heute nicht mit. Jakob erwiderte: Tu deine Arbeit, dann erhältst du den Lohn; ich schicke dich nicht eher fort, als bis du mich gesegnet hast. Die Boten, die zu Abraham gekommen waren, schieden von ihm nicht eher, als bis sie ihn gesegnet hatten. Der Engel erwiderte darauf: Jene waren zu diesem Zwecke allein gesandt worden. Jakob sprach: Ich lasse dich nicht gehen, es sei denn, du segnest mich. – Der Engel sprach: Die diensttuenden Heerscharen sind einmal für hundertdreißig Jahre aus ihrem Kreise ausgestoßen worden dafür, daß sie das Geheimnis ihres Herrn preisgegeben haben; wenn ich dir gehorche, werde ich ebenfalls ausgestoßen. Aber Jakob wiederholte: Ich lasse dich nicht eher ziehen, als bis du den Segen über mich gesprochen hast.

Da sprach der Engel bei sich: Ich muß ihm alles offenbaren; und sagt Gott: Warum hast du Jakob mein Geheimnis verraten? so antworte ich: Herr der Welt! Wenn deine Propheten über die Welt etwas verhängen, so vermagst auch du nicht, ihre Worte aufzuheben. Sollte ich das vermögen? Und er sprach zu Jakob: Der Herr wird sich dereinst in Beth-El offenbaren, ich aber werde zugegen sein.

Gesegnet sei dein Eingang, gesegnet sei dein Ausgang. Als Jakob den Weg nach Haran antreten sollte, verhieß ihm sein Vater den Segen des Allmächtigen; als er nach Kanaan zurückgekehrt war, erschien ihm der Herr und segnete ihn. Gott sprach zu Jakob: Ich bin der Allmächtige, sei fruchtbar und mehre dich; Völker und Völkerhaufen werden dir entstammen, und Könige werden von deinen Lenden kommen. Damit wurde auf Jerobeam und Jahu hingewiesen, andere meinen auf Saul und seinen Sohn Is-Boseth.

Danach fuhr Gott auf von Jakob, von dem Orte, da Er mit ihm geredet hatte. Die Väter sind der göttliche Wagen.

2
Michael

JAKOB BLIEB ALLEIN, und ein Mann rang mit ihm bis zum Sonnenaufgang. Das war Michael. Er sprach zu Jakob: Wo du mir, der ich einer der ersten Fürsten bin, beigekommen bist, hast du nicht Angst vor Esau?

Rabbi Tarphon sagt:

Michael durfte sich nicht von der Stelle rühren, bis es ihm Jakob gestattete. Der Engel bat Jakob: Laß mich fort, die Sonne soll aufgehen. Jakob antwortete: Bist du ein Dieb oder ein Sklavenräuber, daß du die Sonne scheust? Aber da kamen Scharen von diensttuenden Engeln und riefen: Michael, steig empor, es ist Zeit, die Morgenlieder erschallen zu lassen; wenn du den Gesang nicht eröffnest, so muß das Gebet ausfallen. Da fing Michael Jakob zu flehen an und sprach: Laß mich ziehen, sonst verbrennen mich meine Genossen im Araboth. Jakob sagte: Ich lasse dich nicht gehen, ehe du mich gesegnet hast.

Michael sprach: Wer ist wohl dem Herrn lieber, sein Knecht oder sein Sohn? Ich bin nichts mehr denn ein Diener Gottes, du aber bist sein Sohn; also ist es an dir, mich zu segnen. Jakob erwiderte: Sei dem auch so, segne mich dennoch. Da sprach Michael: Dein Name soll fortan nicht Jakob, sondern Israel heißen. Und er sprach weiter: Gesegnet bist du, vom Weibe Geborener, der du am Leben geblieben bist.

Unsere Lehrer sagen:

In der Stunde, da Jakob und Michael miteinander rangen, wollte die Schar Michaels Jakob gefährden. Aber da erschien der Herr. Als Michael Gott erblickte, erlahmte seine Kraft, und er sah, daß er Jakob nicht bezwingen würde; so rührte er nur an seinem Hüftgelenk. Da sprach Gott zu Michael: War es recht von dir, daß du meinem Priester ein Fehl zugefügt hast? Michael erwiderte: Herr der Welt, bin ich denn nicht dein Priester? Darauf sprach Gott: Du bist mein Priester im Himmel, Jakob aber ist mein Priester auf Erden. Alsbald rief Michael Raphael herbei und sprach: Freund, der dir die Heilkunst untersteht, hilf mir in der Not. Da fuhr Raphael hernieder und heilte Jakob.

Andere aber sagen, daß Gott über Jakob die Sonne strahlen ließ, die dereinst den Gerechten scheinen soll, und dadurch ward Jakob geheilt. Er hinkte aber noch. Da sprach Gott zu Michael: Warum hast du meinem erstgeborenen Sohn dieses angetan? Michael erwiderte: Ich hab' mich deiner Ehre annehmen wollen. Darauf sprach der Herr zu Michael: Von nun an sollst du Jakobs und seines Samens Schutzherr sein, bis an das Ende aller Geschlechter. Denn der Größte soll des Größten Beschützer sein; du bist Feuer, und er ist Feuer; das Feuer soll dem Feuer beistehen; du bist das Haupt aller Engel, er ist das Haupt aller Menschen, ein Haupt soll das andere beschirmen; du bist der Höchste und er ist der Höchste; der Höchste soll des Höchsten Hort sein und soll vom Allerhöchsten Erbarmen erflehen.

3

Die Majestät Gottes

Rabbi Pinehas sagt:

Die ganze Nacht sangen die beiden, Jakob und der Engel. Da sprach der Engel: Vielleicht ist auch dieser eine wie ich, ich will es wissen. Und er befühlte die Hüfte Jakobs, um zu sehen, ob er die Gelenkkugel fände; der Engel Hüfte ist nicht beweglich, weil sie niemals sitzen. Da fand er Jakobs Hüfte gelenkig und sagte: Dieser ist nichts anderes denn ein Menschenkind. Nun rührte er an dem Schenkel Jakobs und verrenkte das Gelenk.

Als Jakob die Furt Jabbok überschritten hatte, begegnete ihm ein Engel, der war so groß wie ein Drittel der Welt. Der Engel konnte Jakob nichts antun, so zwang er ihn unter seine Füße.

Der Engel wollte, daß Jakob erführe, mit wem er ringe. Er berührte mit dem Finger einen Felsen, und der fing Feuerfunken zu sprühen an.

Josua ben Levi sprach: Als Jakob mit dem Engel rang, wirbelten sie einen Staub auf, der bis zu dem Stuhle des Herrlichen aufstieg.

Als der Engel kam, um Jakob zu schädigen, erhob der Erzvater seine Augen zum Himmel; da sah der Engel die Majestät Gottes Jakob zu Hilfe kommen; alsbald warf er sich vor ihm nieder.

Lobgesänge

1
Israel und die Engel

TEUERER IST ISRAEL dem Herrn als seine Engel. Israel singt Gott Lieder zu jeder Stunde, die Engel aber singen nur einmal am Tage, andere sagen, nur einmal in der Woche, andere sagen, einmal in fünfzig Jahren, noch andere sagen, nur einmal im Laufe der Zeiten. Israel ruft Gott schon nach dem zweiten Worte an, wie es heißt: Höre, Israel, der Herr, unser Gott, ist der einzige Gott! Die Engel aber rufen seinen Namen erst nach dem vierten Worte an, wie es heißt: Heilig, heilig, heilig ist der Herr Zebaoth! Auch lassen die Engel ihr Lied in der Höhe nicht eher ertönen, als bis Israel da unten sein Lied gesungen hat.

Der Meister Rabbi Hama bar Hanina lehrte: Kommt und schaut die Größe des Herrn. Israel ist ihm lieber als Tausende und Abertausende seiner diensttuenden Engel. Die Heerscharen dienen ihm und preisen ihn, allein er verschmäht ihre Lobpreisungen, solange er nicht Israels Lobgesänge vernommen hat.

Rabbi Simeon fragte: Wann hat der Herr Freude an seiner Welt? Wenn Israel die Gotteshäuser füllt und vor dem Schöpfer Lob erschallen läßt. Rabbi Israel führte aus: Wenn Israel sich in Bet- und Lehrhäusern versammelt hat, wenn das Volk dem Vortrage eines fleißigen Schülers zuhört und sodann antwortet: Amen, gelobt sei sein Name in Ewigkeit ewig! – in dieser Stunde genießt der Herr der Freude, er geht in seiner Welt einher und spricht zu den Heerscharen: Kommt und seht das Volk, das ich auf Erden geschaffen habe; wie hoch sie mich preisen! In dieser Stunde tun sich die Engel zusammen und hüllen den Herrn in Schönheit und Pracht.

Jeden Tag, wenn die Stunde des Nachmittaggebetes herannaht, setzt sich der Herrliche auf seinen Thron und ruft die heiligen Tiere an. Ehe er das Wort ausgesprochen hat, kommen sie unter dem Throne hervor; ihr Mund ist voll Gesang, und ihre Flügel flattern vor Freude; ihre Hände spielen, und die Füße hüpfen. Sie umringen ihren König; das eine steht zu seiner Rechten, das andere zu seiner Linken, das dritte vor ihm, das vierte hinter ihm. Sie umfangen ihn mit ihren Flügeln, küssen ihn und decken ihre Angesichter auf. Der Herrliche aber verdeckt sein Antlitz. Der oberste Himmel spaltet sich vor dem König, und alles ist eitel Glanz, Schönheit, Leuchten, Lust, Milde, Lieblichkeit und Ruhm.

Die Engel aber teilen sich während des Lobgesanges in drei Reihen. Die eine Reihe ruft: Heilig! Die zweite Reihe ruft: Heilig, heilig! – kniet nieder und fällt auf ihr Angesicht. Die dritte Reihe ruft: Heilig, heilig, heilig ist der Herr Zebaoth, die ganze Welt ist seines Ruhmes voll! – sie kniet nieder und fällt auf ihr Angesicht. Die heiligen Tiere unter dem Throne der Herrlichkeit antworten darauf und rufen: Hoch ist der Ruhm des Ewigen von seiner Stätte aus!

Der Herr sprach: Ich will Israel durch Worte der Schrift den Mund lösen, auf daß er jeden Tag meinen Namen verherrliche. Wäre nicht Israel, ich vernähme kein Lob und keine Hochpreisung. Wollte ich aber nicht die Lieder und Gesänge hören, die Israel vor mir täglich erschallen läßt, ich schüfe keine Welt. Selbst Israel, um dessentwillen die ganze Welt erschaffen worden ist, habe ich allein seiner Lobeshymnen wegen entstehen lassen. Dies Volk habe ich mir zugerichtet; es soll meinen Ruhm erzählen.

Sein Gezelt um ihn her ist finster, und schwarze dicke Wolken hüllen ihn ein. David sagt den Vers zum Lobe des Ewigen, der als Einziger Herrscher ist in den Höhen, und dessen Name einzig ist; in dreihundertneunzig Gewölben ist sein Sitz, und in jedem Gewölbe ist sein Name und Beiname eingegraben. In jedem der Gewölbe sind besondere Diener, Seraphim, Ophanim und Cherubim, in jedem ist ein besonderer Thron für seine Herrlichkeit aufgestellt. Wundere dich nicht dessen, hat doch ein König auf Erden gleichfalls viele Stätten, wo er weilt, so eine für die Sommerzeit und eine für die Winterzeit, um wieviel mehr steht solches dem Könige zu, der ewig lebt, und dem alles gehört.

Solange Israel den Willen des Herrn befolgt, weilt Gott im Araboth und hält sich nicht fern von seiner Welt. In der Stunde des Zornes aber fährt er in die höchsten Höhen. Israel schreit und weint, und
seine Stimme wird nicht gehört. Es wird ein Fasten verhängt, man
wälzt sich im Staube, man hüllt sich in Säcke, und Tränen werden vergossen.

2
Die Heere des Himmels und die Heere der Erde

NIE WIRD EIN LOBGESANG von einer und derselben Engelschar wiederholt, sondern jeden Tag schafft der Herr eine neue Schar, und diese stimmt ein neues Lied an.

Der Kaiser Hadrianus fragte einen Weisen: Wo kommen die Scharen der Engel hin, nachdem sie ihr Lied gesungen haben? Der Weise
erwiderte: Sie gehen nach der Stätte, von der sie gekommen sind. Da
fragte der Kaiser: Welches ist ihr Ursprungsort? Der Weise antwortete: Der Feuerstrom Dinar. Der Kaiser fragte: Was ist das für ein
Strom? Der Weise sagte: Das ist ein Strom, ähnlich wie der Jordan,
der weder tags noch nachts stillsteht. Der Kaiser fragte wieder: Und
wie ist dieser Strom entstanden? Der Weise entgegnete: Aus dem
Schweiße, der von den heiligen Tieren rinnt, wenn sie den Stuhl Gottes tragen.

Rabbi Helbo sagt: Jeden Tag schafft Gott eine neue Engelschar,
und diese singt die Loblieder. Allein Michael und Gabriel, wie die
zwei Hüter des göttlichen Wagens, Matatron und Sandalphan, verharren auf ihrem Platze, den sie seit den sechs Schöpfungstagen einnehmen; sie werden nicht durch andere ersetzt, auch ihre Namen erfahren keine Änderung.

Die Heere des Himmels sind die Engel, die Heere der Erde sind
die Kinder Israel, und ihrer beider Herr ist der Heilige, gelobt sei er.

Von den Engeln heißt es: Die Seraphim stehen ihm obenan; und
von Israel heißt es: Ihr steht heute vor mir. Die Engel rufen täglich:
Heilig, heilig, heilig ist der Herr Zebaoth! Israel ruft: Du Gott Abrahams, Isaaks und Jakobs! Die Engel werden Feuer genannt, und Israel wird gleichfalls Feuer genannt.

Wie ruft Gott täglich neue Engel ins Leben? Er spricht das Wort,
und die Halle wird voll Feuer. Danach heben sich aus den Flammen
Reihen von Feuerkörpern hervor. Der Heilige bildet mit dem kleinen
Finger ihre Gesichter, das Gesicht jedes einzelnen Engels und jedes
himmlischen Fürsten. Danach haucht er jedem lebendigen Odem ein,
stellt sie auf ihre Füße und öffnet ihre Augen. Wie nun die Neuer-

schaffenen den Stuhl seiner Herrlichkeit erblicken, überkommt sie die Furcht vor der Gottheit; sie fallen nieder und rufen: Keiner ist wie du Gott unter den Göttern, und nichts kommt deinen Werken gleich.

3
Die Gerechten und die Engel

DIE GERECHTEN SIND den Engeln überlegen. Die Heerscharen erschrecken, wenn sie Gottes Stimme vernehmen, die Gerechten aber hören sie an.

Der Engel, der mit Jakob gerungen hat, bat ihn: Laß mich ziehen. Darüber sagte Rabbi Simeon: Wisse, daß die Gerechten höher sind als die Engel, denn wer ist wem überlegen? Der einen gehen läßt, oder der, den man fortschickt? Es ist offenbar, der den anderen von sich ziehen läßt, ist der Mächtigere. So entläßt ein Vater seinen Sohn, ein Lehrer seinen Schüler. Also sind die Gerechten die Stärkeren. Und weiter heißt es: Übergroß ist sein Heer, und übermächtig, die seinen Willen tun. Der Herr meinte damit: Wohl sind die Engel stark, stärker aber noch als sie sind die Gerechten, die sein Wort befolgen.

Rabbi Meir sprach:

Wisse, daß die Gerechten über die Engel zu stellen sind, denn wer ist wichtiger: der zu Bewachende oder der Wächter? Ohne Zweifel ist es der, der bewacht wird. Wird doch ein König von seinen Knechten behütet, und von dem Gerechten heißt es: Seinen Engeln ist es befohlen, dich auf allen deinen Wegen zu behüten. Also sind die Gerechten über die Engel zu stellen. Ebenso ist der, der getragen wird, wichtiger als der, der einen trägt; wird doch ein Herr von seinen Dienern getragen, und von den Gerechten heißt es: Auf den Händen werden sie dich tragen. Also sind die Gerechten höher anzusehen als die Engel.

Rabbi Johanan sprach:

Wisse, daß die Gerechten den Engeln vorgezogen werden. Die Gerechten sprechen den Lobgesang allezeit, wann sie den Drang dazu empfinden, die Engel aber dürfen nur einmal ihr Lied erschallen lassen. Jeden Tag schafft der Herr zwölftausend diensttuender Engel; sie singen ein Lied, und er läßt sie vergehen.

4
Das Tier Israel

RABBI AKIBA SAGT: Jeden Tag zur Stunde des Morgengebets steht ein Engel in der Mitte des Himmels, eröffnet den Gesang und ruft: Der Herr ist König, er war König und wird König sein in alle Ewigkeit! Und die himmlischen Heere fallen in den Gesang ein.

Es ist aber ein Tier droben da mit Namen Israel. Auf seiner Stirne steht das Wort Israel. Von diesem Tier spricht Hesekiel: das Tier, das ich unter dem Gotte Israels stehen sah. Von ihm spricht auch der König David: Er ritt auf einem Cherub und flog und schwebte auf den Flügeln des Windes.

Wenn nun die Engel den Herrn zu loben anfangen, so erhebt das Tier Israel den Stuhl Gottes, stellt sich in die Mitte des Gewölbes und ruft mit lauter Stimme: Preiset den Herrn, den Vielgepriesenen! Und die himmlischen Heere erwidern: Gepriesen sei der Vielgepriesene in Ewigkeit ewig! Doch ehe noch das letzte Wort ihrem Munde entfallen ist, dröhnen die Seraphim und rufen laut: Heilig, heilig, heilig ist der Herr Zebaoth, die Welt ist seines Ruhmes voll! Doch ehe die ausgerufen haben, rollen die Ophanim herbei und machen ein Getöse; sie rufen: Gelobt sei der Ruhm des Ewigen von seiner Stätte aus!

Alsdann treten die himmlischen Fürsten mit ihren Heeren und Hausen wie die ganze oberste Sippe an das Tier Israel heran, und sie rufen: Höre, Israel, der Herr, unser Gott, ist der einzige Gott!

Komm her und schau, wie lieb es dem Herrn ist, wenn Israel vor ihm das Gebet: Heilig, heilig! spricht. Er hat den Frommen, die in den Himmel steigen, und die die Herrlichkeit des Wagens schauen, auferlegt, uns zu lehren, wie wir diese Lobeshymne zu sprechen haben. Wir müssen darauf bedacht sein, unserem Schöpfer eine Freude zu bereiten, und unser Gebet muß wie ein lieblicher Duft zu ihm emporsteigen. So hat er zu den Weisen gesprochen: Gesegnet seid ihr im Himmel und auf Erden, ihr, die ihr auf- und niedersteigt, wenn ihr meinen Kindern berichtet, welcherlei Wirkung ihre Morgen- und Nachmittagshymnen in meinen Regionen hervorrufen. Sagt ihnen und lehrt sie: Erhebt eure Augen zum Himmel aus eurem Bethaus, wenn ihr: heilig, heilig! ruft. Ich kenne kein größere Freude als die, wenn eure Augen zu mir emporschauen und ich in eure Augen blicken kann; in dieser Stunde dringt eure Stimme zu mir gleichwie ein köstlicher Duft. Legt meinen Kindern Zeugnis ab davon, was ihr gesehen habt. In der Stunde, da sie das Wort heilig sprechen, knie ich auf das Bildnis des Erzvaters Jakob, das auf meinem Stuhle ausgeprägt ist, umfasse es mit meinen Armen und küsse es dreimal, wie sie dreimal „heilig" rufen.

Es sind schöne, liebliche, leichtfüßige Diener, die um den Stuhl der Herrlichkeit sind.

Die zur Rechten stehen, wechseln ihre Stellung mit denen, die zur Linken stehen; auch die vorn und hinten stehen, wechseln miteinander die Stellung. Wer den einen sieht, meint, er sehe den anderen, und wer den anderen sieht, meint, er sehe den ersten. Des einen Gesicht gleicht dem des anderen. Wohl dem König, der solche Diener hat, selig aber auch die Diener, die einen solchen zum Herrn haben. Selig das Auge, das diese Herrlichkeit schaut.

5
Die Gottheit Jakobs

Es ist keiner wie der Gott Jesuruns; es ist keiner wie Gott außer Jesurun. Jesurun, das ist der Erzvater Israel. Von Gott heißt es: Er ist allein erhaben. Und auch von Jakob heißt es: Er blieb allein.

Die Stimme ist Jakobs Stimme, sagte Isaak. O, das ist die Stimme, die die Himmlischen und die Irdischen zum Schweigen bringt. In der Stunde, da Israel ruft: Höre, Israel, der Herr, unser Gott, ist der einzige Gott! – verstummen die Engel und lassen ihre Flügel sinken. Was sagen sie dann? Gepriesen sei der Ruhm des Ewigen von seiner Stätte aus und gepriesen seine Herrschaft.

Jakob kam heil nach der Stadt Sichem, die im Lande Kanaan liegt; er war gesund an Leib, seine Kinder waren wohlauf, sein Wissen hatte in Haran nicht abgenommen. Er schlug sein Lager vor der Stadt auf.

Es war der Vorabend des Sabbattages, als er dort ankam; aber er bestimmte die Grenzen, als noch Tag war. Daraus ist zu ersehen, daß Jakob den Sabbat heiligte, noch ehe das Gebot gegeben war. Er kaufte ein Stück Acker, auf dem er seine Hütte aufrichten wollte, von den Kinder Hemors, des Vaters Sichems. Daselbst baute er auch einen Altar, und nannte ihn den Gott Israels. Er sprach: Du bist der Gott der obersten Regionen, ich bin der Gott der untersten Regionen.

◆Rabbi Eleasar sprach:

Es war wohl der Herr, der Jakob einen Gott genannt hat, und der Vers in der Schrift ist so zu lesen: Und der Herr nannte Jakob den Gott Israels.

Die Weisen sagen:

Der zweite Satz im Segen Jakobs soll so gelesen werden: Versammelt euch und hört zu, ihr Söhne Jakobs, hört Israel, den Gott und euren Vater.

Ein Gott ist Israel, euer Vater. Wie der Herr Welten schafft, so schafft auch Israel, euer Vater, Welten. Wie Gott Welten verteilt, so verteilt auch Israel Welten.

Das Bekenntnis

1
„Höre Israel"

ALS JAKOB VON DER WELT verscheiden sollte, rief er seine Söhne und ermahnte sie, jeden einzelnen für sich. Nachher wandte er sich an alle gemeinsam und sagte zu ihnen: Hegt ihr nicht irgendwelchen Gedanken an eine Auflehnung dem gegenüber, der da sprach: Es werde eine Welt? Die Söhne erwiderten: Höre uns an, Vater. Gleichwie dein Herz keinen Wankelmut kennt, also birgt unser Sinn keinerlei Untreue gegen den Ewigen, und wir rufen: Der Herr, unser Gott, ist der einzige Gott. Darauf hinweisend, sagt die Schrift: Und Israel neigte sich gegen das Kopfende des Bettes. Er wollte damit Dank und Lob dem Herrn zukommen lassen, daß ihm kein Unflätiger entsprossen war.

Rabbi Nehemia sagt: Welcher Satz in der Schrift mit dem Worte Ich anhebt, der drückt Gottesfurcht und höchste Scheu aus.

Als Jakob sterben sollte, sprach er zu seinen Kindern: Ihr meine Söhne, merkt euch das Zeichen, das ich euch geben will. Das Wort Ich stellte der Herr zu Anfang, als er mit meinem Stammvater Abraham sprach und ihm sagte: Ich bin dein Schild. Mit demselben Worte leitete er die Rede an meinen Vater ein, als er zu ihm sprach: Ich bin der Gott Abrahams, deines Vaters. Mit diesem Worte wandte er sich an mich, als er mich die Offenbarung vernehmen ließ: Ich bin der Gott von Beth-El. Ebenso sprach er, als er mich nach Ägypten ziehen ließ: Ich will mit dir nach Ägypten hinabfahren. So wisset denn, daß, wenn an euch eine Rede ergeht, die diesem Worte anhebt, sie ein euriger spricht, wo aber nicht dieses Wort zu Anfang klingt, die Rede einem Fremden entstammt.

Als danach die Kinder Israel vor den Berg Sinai kamen und als erstes die Worte erschollen: Ich bin der Herr euer Gott – wußten sie, daß ihr Gott zu ihnen sprach.

2
Des Königs Liebling

GOTT ENTZIEHT DIE SPRACHE den Bewährten und nimmt weg den Verstand der Alten. Hiob meint hiermit Isaak und Jakob, welche beide die Geheimnisse des Herrn preisgeben wollten. Von Isaak heißt es, daß er Esau, seinen ältesten Sohn, gerufen habe, um ihm das Ende der Welt zu verkündigen. Da entzog ihm der Herr die Weisheit. Auch Jakob hatte vor, seine Kinder das Ende erfahren zu lassen. Da erschien ihm der Herr und sprach: Es ist meine Ehre, eine Sache zu verbergen.

Zwei Menschenkindern wurde das Ende der Dinge offenbart, alsdann aber das Wissen darum zurückgenommen. Diese waren Jakob und Daniel.

Es erging Jakob darin, wie es dem Liebling eines Königs einst ergangen war. Dieser sprach vor dem Tode zu seinen Söhnen: Kommt, ich will euch die Geheimnisse des Königs aufdecken. Aber da erhob der Sterbende die Augen und erblickte den König. So sprach er denn zu seinen Kindern: seid auf der Hut, daß ihr der Ehre des Königs und Fürsten in allem Genüge tut. Also erhob auch unser Vater Jakob, nachdem er seinen Kindern das Ende der Zeiten offenbaren wollte, die Augen und erblickte die Majestät Gottes, die vor ihm stand. Er sagte daher: Haltet hoch die Ehre des Heiligen, gelobt sei er!

3
Von den kommenden Tagen

WIR SEHEN, DASS GOTT Jakob mehr als Abraham und Isaak offenbart hat. Gott ließ Abraham nur das Vergangene wissen, zu Isaak sprach er: Wohne in diesem Lande. Jakob aber zeigte er das Nahe sowohl als das Ferne. Er sprach zu ihm: Dein Same soll werden wie der Staub auf Erden, und du sollst ausgebreitet werden gegen Abend, Morgen, Mitternacht und Mittag. Also hat Jakob alle vier Seiten der Welt geschaut.

Wie nun der Erzvater von der Welt scheiden sollte, wollte er alles seinen Kindern überliefern. Aber da sprach der Herr: Gedenke, Jakob, Gottes Ehre ist, eine Sache geheim zu halten. Du willst meine Geheimnisse preisgeben? Das war bislang nicht deine Art.

Noch wird erzählt:

Der Herr zeigte Jakob alles, was sich im Laufe der Zeiten ereignen sollte, wie die Propheten auftreten werden, wie das Haus Gottes erbaut und zerstört werden wird, wie Gog und Magog wider den

Herrn und seinen Gesalbten sich erheben werden, und wie Gott mit ihnen streiten wird.

Das alles wollte Jakob auch seinen Söhnen offenbaren, und darum sprach er: Ich will euch kundtun, was euch in künftigen Zeiten begegnen wird, wann Gog und Magog kommen werden, wann der Herr seinen Tempel erbauen wird, wie lange die Reiche bestehen werden.

Als er das aber sagen sollte, erschien ihm der Herr, und Jakobs Herz ward wieder verschlossen. Darum heißt es: Du fassest meiner Augen Lider, daß ich erschrecke und nicht sprechen kann.

Isaak und Jakob

1
Isaak der Beschützer

RABBI JONATHAN SPRACH: Was mag wohl der Spruch des Propheten bedeuten: Du Herr bist unser Vater, wir kennen nicht Abraham und wissen nicht von Israel. Du Herr bist unser Vater und Helfer, von altersher ist das dein Name. Dereinst wird der Herr zu Abraham sprechen: Deine Kinder haben vor mir gesündigt. Darauf spricht Abraham: Herr der Welten! Sie sollen vertilgt werden im Namen deiner Heiligkeit. Da spricht der Herr: Ich will mich an Jakob wenden, der Vaterschmerzen kennt, vielleicht daß der um Erbarmen bittet. Und er sagt zu Jakob: Deine Kinder haben Sünde getan. Da antwortet Jakob: Sie mögen vertilgt werden in deiner Heiligkeit Namen. Darauf spricht Gott: Das Heil ist bei den Alten, und der Rat ist nicht bei den Jungen. Und der Herr wendet sich an Isaak und spricht: Deine Kinder haben unrecht getan. Darauf erwidert Isaak: Sind es meine Kinder und nicht deine? Als sie am Sinai vor dir sprachen: Wir wollen alles tun, noch ehe wir es hören – da hießest du Israel deinen erstgeborenen Sohn, nun sind sie meine Kinder und nicht deine?

Da ruft ganz Israel zu Isaak: Du bist unser Vater! Aber Isaak antwortet ihnen: Statt daß ihr mich lobpreist, preist den Heiligen, gelobt sei er. Und Isaak weist mit den Augen auf den Herrn. Alsbald erhebt Israel seine Blicke gen Himmel und spricht: Du Herr bist unser Vater und unser Erlöser, das ist dein Name von altersher!

Der Prophet Micha spricht von sieben Hirten. Diese sind: Adam, Seth, Methusalah, Abraham, Jakob, Mose und David. David steht in der Mitte; zu seiner Rechten stehen Adam, Seth und Methusalah; zu seiner Linken Abraham, Jakob und Mose. Warum ist unser Vater Isaak nicht unter ihnen? Er sitzt am Eingang der Hölle, um seine Nachkommen von dem verzehrenden Feuer zu retten.

2
Jakob, Israel

DER HERR SPRACH ZUM VOLKE ISRAEL: Ehe ich meine Welt erschaffen hatte, priesen mich die Engel mit eurem Namen und riefen: Gelobt sei der Herr, der Gott Israels, von Ewigkeit zu Ewigkeit. Als Adam erschaffen wurde, fragten sie mich: Ist es der hier, mit dessen Namen wir dich loben? Ich antwortete ihnen: Nein, dieser ist ein Diebesgeselle. Da kam Noah, und sie fragten: Ist es dieser hier? Ich erwiderte: Nein, dieser ist ein Trinker. Da kam Abraham, und sie fragten, ob ich in seinem Namen gelobt sein wollte? Ich entgegnete: Nein, diesem wird der Stamm der Ismaeliter entsprießen. Da kam Isaak, und sie fragten: Ist es dieser? Ich erwiderte: Nein, dieser liebt meine Feinde. Da kam Jakob, und sie fragen: Ist es dieser? Und ich erwiderte: Ja, dieser ist es. Und ich bestimmte, daß der Name Jakob fürder Israel heißen, und daß das ganze Volk den Namen Jakobs tragen sollte.

Der Herr spricht vom Hause Jakob, daß es Abraham erlöst habe. Wie kann denn Jakob Abraham erlöst haben? Er war doch noch gar nicht geboren. So trug es sich aber zu: als Abraham in den Kalkofen geworfen wurde, versammelte Gott die himmlische Sippe und sprach: Errettet Abraham, denn er ist mein Liebling. Die Engel erwiderten: Dieser soll gerettet werden? Wird doch Ismael von ihm geboren werden. Gott sprach: Aber auch Isaak wird ihm entsprießen. Die Engel antworteten: Und Isaak wird Esau zeugen. Gott sprach: Isaak wird aber Jakob zum Sohne haben. Darauf sagten die Engel: Nun wohl, um Jakobs willen muß er gerettet werden. Also wurde durch Jakob Abraham erlöst.

Abraham wird mit der Sonne verglichen, Isaak gleicht dem Monde; Jakob und seine Söhne sind den Sternen gleichzustellen. Dereinst in zukünftigen Tagen wird die Sonne sowohl als der Mond Schande erfahren, allein die Sterne werden sich nicht zu schämen brauchen. Das Angesicht Abrahams und das Isaaks verfinstern ihrer Söhne wegen; Abraham hat Ismael und die Kinder Keturas vor Augen, Isaak denkt an Esau und die Stammesfürsten Edoms. Allein Jakob empfindet keine Scham und erbleicht nicht, denn er sieht seine Kinder den Namen des Herrn heiligen.

3
Die milden und die strengen Engel

DER HERR SCHUF DIE ENGEL der Barmherzigkeit und ließ sie rund um den Stuhl seiner Herrlichkeit stehen, die grausamen Engel hingegen entfernte er weit bis an das Ende des Himmels. Hielten sich diese in seiner Nähe auf zur Stunde, da das Maß der Strenge die Anklagen vorbringt, sie zerstörten alsobald die ganze Welt. Noch mehr, der Herr verriegelte hinter ihnen die Tür; ehe sie das Tor aufmachen, hat das Erbarmen die Oberhand gewonnen. Denn der Herr hat den Engeln der Barmherzigkeit anbefohlen: Wenn ich in Zorn gerate, so bittet mich um Gnade. Wenn Israel meinem Willen zuwiderhandelt und sein Sinn sich von mir abwendet, so bittet um Erbarmen, und ich will milde sein.

Wenn Israel den Herrn erzürnt, will er die Welt vernichten, allein er gedenkt zudann seines Bundes mit Jakob und der Opferung Isaaks. Jakob stellt sich zum Gebet hin, und die Erzväter, die Frommen, die Propheten und die Gerechten vereinigen sich mit ihm und flehen: Herr der Welt, laß Jakob Gerechtigkeit widerfahren! Da überkommt den Herrn das Mitleid, und er erhört den Schrei der Gerechten.

4
Die sechs Gerechten

ISAAK NAHM AB UND STARB; er ward zu seinem Volke versammelt, alt und des Lebens satt. Er hatte seinen Teil im Garten Eden vorher geschaut.

Der Herr sprach: Wie schwer fällt es mir, die Gerechten sterben zu lassen. Hätte ich je über Abraham den Tod verhängen können, der mich zum Schöpfer des Himmels und der Erde ausgerufen hat, der um meines Namens willen in den Kalkofen gestiegen ist und der meinen Namen auf Erden geheiligt hat? Aber Abraham hat selber um den Tod gebeten. Auch Isaak sehnte den Tod herbei, und Jakob sprach: Nun kann ich heute sterben. Ebenso wollten Mose, David und Jona von selbst sterben. Hätten diese sechs Gerechten sich den Tod nicht gewünscht, sie wären nimmer gestorben.

Vier Menschenkindern hatte der Herr den Tod nicht zugedacht. Diese vier hatten ihr Ende selbst herbeigerufen. Das waren: Abraham und Jakob, Mose und David.

Der Segen Jakobs

1
Das Zepter Judas

DAS ZEPTER WIRD JUDA nicht entwendet werden, und die Herrschaft wird von seinen Füßen nicht weichen, bis daß Silo kommt; diesem werden die Völker anhängen. Silo, das ist der König Messias; er wird kommen und wird die Zähne der Sternanbeter stumpf machen.

Und weiter heißt es im Segen Jakobs von Juda: Er wird sein Füllen an den Weinstock binden und seiner Eselin Kinder an die Rebe. Die Weisen sagen: Jakob wies mit diesem Satz auf die Zeit hin, in der in Erfüllung geben wird, was da geschrieben steht: Siehe, dein König kommt zu dir, ein Gerechter und ein Helfer, arm ist er und reitet auf einem Esel und auf einem jungen Füllen der Eselin.

Juda ist ein junger Löwe, sprach Jakob. Er deutete damit auf den Messias aus dem Hause David hin, der zwei Geschlechtern entstammen sollte; sein Vater sollte einer aus dem Stamme Juda sein, seine Mutter aber eine aus dem Stamme David. Und von David sowohl wie von Juda heißt es: Er ist ein junger Löwe. Ein junger Löwe ward Juda benannt, weil er kein Wesen fürchtete. Wer aber die Furcht nicht kennt, das ist der König Messias.

Silo, von dem Jakob in seinem Segen spricht, ist der Prophet Ahia aus Silo, der die Herrschaft dem Hause David genommen und sie Jerobeam übertragen hat. Andere wiederum meinen, daß unter Silo Samuel zu verstehen sei, der, als der Tempel zu Silo bestand, Saul, den Benjaminiter, zum König ernannt hat.

Das Zepter wird von Juda nicht weichen, das bedeutet, daß seinem Stamme die Herrschaft stets bleiben wird; der Gesetzesstab wird von seinen Füßen nicht abgehen, das deutet auf die Propheten und Schriftbeflissenen hin, die ihm entsprießen sollten.

Bis daß Silo kommt, sprach Jakob. Und an Silo dachte Daniel, als er sprach: Wohl dem, der da wartet und erreicht tausenddreihundertfünfunddreißig Tage.

Juda war der vierte Sohn Jakobs; am vierten Tage sind aber die Himmelslichter erschaffen worden, und von dem Gesalbten heißt es: Sein Stuhl ist wie eine Sonne, die mir entgegenleuchtet. Von seinen Nachkommen sind vier wunderbarerweise vom Tode errettet worden: von diesen ist einer der Löwengrube entronnen, drei aber dem Kalkofen.

2
Der König Messias

EIN WEISER SAGTE: Die Welt ist nur Davids und Samuels wegen erschaffen worden. Ein anderer meinte, sie sei Moses wegen geschaffen worden; ein dritter behauptete, sie sei allein des Messias wegen entstanden.

Wie heißt aber der Messias mit seinem Namen? Die einen sagen, sein Name sei Silo, die anderen nennen ihn Inon; noch andere meinen, er trüge den Namen Hanina. Es gibt aber auch welche, die sagen: Menachem, der Sohn Hiskias, heißt der Messias mit seinem Namen. Klagt doch der Prophet: Fern ist der Tröster von mir. Unsere Weisen lehrten, der Messias sei der Aussätzige und Leidende, von dem Jesaja spricht: Fürwahr, er trug unsere Krankheit und lud auf sich unsere Schmerzen. Wir aber hielten ihn für den, der geplagt und von Gott geschlagen und gemartert wäre.

Ein Lehrer behauptete: Der Name des Messias ist Herr. Er leitete das von den Worten des Propheten ab, der da sprach: Und dies wird sein Name sein, daß man ihn nennen wird: Der Herr, unsere Gerechtigkeit. Ein anderer Lehrer sagte, der Messias hieße mit seinem Namen Zemah, weil es geschrieben steht: Siehe, es ist ein Mann, der heißt Zemah, denn unter ihm wird es sprossen.

Rabbi Huna sprach: Mit sieben Namen wird der Messias benannt, und diese sind: Inon, Zadkenu, Zemah, Menahem, David, Silo und Elia.

3
Die Heroen

VON DAN HEISST ES im Segen Jakobs: Dan wird seinem Volke Recht schaffen, wie einer der Stämme in Israel, das will sagen, wie ein einziger Stamm in Israel, wie der Stamm Juda, oder aber auch wie der, der in der Welt einzig ist, der keines anderen Hilfe im Kampfe bedarf. Solch einer war Simson der Daniter, der des Beistandes nie benötigte.

Und weiter sprach Jakob: Dan wird eine Schlange sein auf dem Wege. Alle Tiere schreiten paarweise, einzig die Schlange kriecht allein.

Als unser Vater Jakob Simson, den Sohn Manoahs, kommen sah, dachte er von ihm, er sei der König Messias; als er ihn aber danach sterben sah, sagte er: Auch dieser ist sterblich; Herr, ich warte auf dein Heil.

Gad wird von Kriegshaufen gedrängt werden, er aber drängt sie rückwärts, sprach Jakob. Der Erlöser, der von Gad kommen wird, das ist Elia, von dem es heißt: Siehe, ich will euch senden den Propheten Elia., ehedenn der große und schreckliche Tag des Herrn kommt. Der Prophet Elia aber ist aus dem Stamme Gad.

Naphtali ist eine leichtfüßige Hündin und gibt schöne Rede – so bezeichnete Jakob diesen Sohn Bilhas. Warum verglich er ihn aber mit einer Hündin und nicht mit einem Hirsch? Weil er durch den heiligen Geist sah, daß diesem dereinst die Richterin Debora entspringen werde. Weil aber Debora das Dankeslied gesungen hat, hieß Jakob den Stamm Naphtali einen, der schöner Rede kundig ist.

Sebulons Volk wagte seine Seele in dem Tod. Wann immer sich Sebulon in den Streit warf, gab er sein Leben dem Tode preis und ging als Sieger aus. Wer in den Kampf zieht und nicht scharf Obacht gibt, der fällt. Der Stamm Sebulon aber siegte immer, ob sein Sinn von dem Kampf erfüllt war oder nicht.

Benjamin ist ein reißender Wolf, sagt Jakob. Wie ein Wolf seine Beute greift, so griff der Richter Ehud aus dem Stamme Benjamin die Seele Eglons, des Moabiterkönigs.

Andere meinen, die Bezeichnung bezöge sich auf Saul, der die Herrschaft an sich gerissen hat.

4
Die beiden Erlöser

DIE BERGE JOSEPHS NENNT MOSE die uralten Berge. Also sind sie über die Berge Zions zu stellen, wie die Berge Zions über die anderen Gebirge des heiligen Landes zu stellen sind. – Joseph wurde seinen Brüdern voran nach Ägypten geschickt; er wird auch am jüngsten Tage ihnen voranschreiten.

Der Herr spricht zu dem Könige, den er auf dem heiligen Berge Zion eingesetzt hat: Du sollst die Heiden mit einem eisernen Stabe zerschmettern. Dieser König, das ist der Messias, der Sohn Josephs.

Messias, der Feldherr, wird aus dem Stamme Joseph sein. Der aber aus dem Stamme Juda wird ihm an Macht überlegen sein.

Wohl euch, die ihr säet allenthalben an den Wassern und die Füße der Ochsen und Esel frei gehen laßt, spricht der Prophet. Der Ochse ist das Gleichnis für den Messias, den Sohn Josephs; Messias, der Sohn Davids aber wird mit dem Esel verglichen.

Deine Lippen sind wie Honigseim, heißt es im Hohen Liede. Mit den Worten ist der Messias gemeint, der von Juda abstammt. Andere sagen, der Vers bezöge sich auf den hilfreichen Feldherrn, der von Joseph abstammt. Es ist aber kein Neid unter den beiden.

Wie die Hörner eines Wildochsen höher als die aller Tiere sind, so überragen die Hörner Menahems, des Sohnes Amiels, des Sohnes Josephs, alles durch ihre Höhe; nach allen vier Richtungen der Windrose stößt er mit ihnen. Von ihm sagt Mose: Seine Herrlichkeit ist wie die eines erstgeborenen Stieres, und seine Hörner sind wie des Wildochsen Hörner. Das sind die Zehntausende Ephraims und die Tausende Manasses. Wider ihn werden sich die Könige erheben, um ihn zu töten, und Israel wird in großer Not sein, danach aber den Sturz seiner Feinde sehen.

Der Gerechte wird wie ein Palmbaum blühen. Wie die Palme lieblich von Aussehen ist und liebliche Frucht trägt, so ist der Sohn Davids reizend und herrlich anzuschauen, und seine Taten sind dem Herrn angenehm. Der Gerechte wird wachsen wie eine Zeder auf Libanon, heißt es weiter in den Psalmen. Wie die Wurzeln eines Zedernbaumes sich in der Erde verzweigen, daß kein Wind, der an ihn rüttelt, ihn umwerfen kann, so sind die Kraft und die Werke des Sohnes Davids groß, und alle seine Gegner vermögen ihn nicht zu stürzen.

Der Tag des Gerichts

1
Bozra

JAKOB SPRACH ZU ESAU: Mein Herr weiß, daß ich zarte Kinder bei mir habe, so gehe denn der Herr voran. Er wollte damit sagen: Ich sehe voraus, daß meine Kinder von deinen zu leiden haben werden; so behalte deine Macht und bediene dich deiner Krone, bis aus meinen Lenden der Messias gekommen ist und dir die Herrschaft abgenommen hat. Und weiter sprach Jakob: Mein Herr gehe voran, bis ich zu meinem Herrn in das Land Seïr gezogen bin. Seïr, das ist die Stadt Bet-Gobrin.

Rab Aha lehrte:

Dereinst werden alle Völker sich wider Edom empören und seine Herrschaft von sich werfen; kein Land und keine Stadt wird ihm übrigbleiben, und er wird von Volk zu Volk getrieben werden, bis er nach Beth-Gobrin gekommen ist; hier tritt ihm der König Messias entgegen, und Edom entflieht nach Bozra. Aber da steigt der Herr herunter, um ihn zu töten. Edom spricht: Hast du nicht in deinem Gesetz vom Totschläger gesagt: er fliehe auf einen der Berge und bleibe am Leben? Der Herr aber gibt zur Antwort: Weißt du nicht, was ich außerdem noch gesagt habe: Der Bluträcher soll den Mörder töten. Es ist aber mein Blutsverwandter, den ich räche, mein erstgeborener Sohn Israel. Alsbald faßt Gott den Schutzherrn Edoms bei dem Haarwirbel, und Elis tötet ihn, daß das Blut seine Kleider besprengt. Daher heißt es: Wer ist es, der von Edom kommt, mit rötlichen Kleidern aus Bozra?

2
Die Strafe Edoms

Siebenmal wird der Herr seine Gewänder gewechselt haben von der Erschaffung der Welt bis zu der Zeit, da er von Edom dem Gottlosen seine Schuld eingefordert haben wird. Als Gott die Welt erschuf, war er in Pracht und Herrlichkeit gehüllt; als er sich den Kindern Israel am Schilfmeere offenbarte, war er in Stolz gekleidet; als er seinem Volke die Lehre gab, war sein Gewand Kraft. Als er den Chaldäern ihre Untaten heimzahlte, trug er Kleider der Rache. Wenn Gott dereinst Israel seine Sünden vergeben wird, wird er ein schneeweißes Gewand anhaben. An dem Tage, da der Messias kommen wird, wird der Herr ein Kleid der Gerechtigkeit tragen.

Aber ein rotes Kleid wird der Herr anziehen, wenn er an Edom seine Rache nehmen wird. Dann werden die Engel vor ihm sprechen: Herr der Welt! Schön ist das Gewand, das du jetzt anhast, schöner als deine früheren Kleider.

3
Die Einforderung

Der Herr wird der Erste genannt, wie es heißt: Ich bin der erste und ich bin der letzte. Der Berg Zion wird der erste Berg genannt, wie es heißt: Der Stuhl meiner Herrlichkeit ist oben, auf dem ersten

Platz. Auch Esau wird der erste genannt, und der Messias wird der erste genannt. Also wird der Herr kommen, der der Erste heißt, und wird sein Heiligtum auf dem Berge aufrichten, der der erste Berg heißt, und wird von Esau sein Vergehen einmahnen, der der erste genannt wird.

Jakob sprach zu Esau: Bis ich zu meinen Herrn nach Seïr gekommen bin. – Wir gehen die Schrift durch und finden nicht, daß Jakob zu Esau nach dem Berge Seïr gekommen wäre. Jakob, der Aufrichtige, sollte hier eine Unwahrheit gesprochen haben? Aber wann gedachte er sein Wort einzulösen? In den Tagen des Messias. Daher heißt es: Heilande werden auf den Berg Zion heraufkommen, das Gebirge Esau zu richten.

Nach Belas Tode ward König an seiner Statt Jakob, der Sohn Serahs, aus Bozra.

Der Herr sprach: Das Königtum in Edom war bereits erloschen, als der Stamm Bozra kam und Edom einen König gab; daher soll am großen Gerichtstage der erste Krieg Bozra gelten, wie es heißt: Der Herr hält ein Schlachten zu Bozra und ein großes Würgen im Lande Edom.

Zweites Buch

Midrasim

Aus den Traktaten des Rabbi Eliezer

1
Jakob als Gast Jahves

RABBI AKIBA SPRACH: Wo immer die Erzväter hinzogen, rollte ein Brunnen ihnen voran. Sie brauchten die Erde nur dreimal aufzuwühlen, und schon war das Wasser da. So lockerte Isaak den Boden dreimal auf und fand vor sich eine Quelle. Das ist der Bach, der dereinst in Jerusalem sprudeln wird, um die Gegend umher zu tränken, wie es heißt: An diesem Tage wird lebendiges Wasser aus Jerusalem fließen. Weil der Brunnen aber siebenmal gefunden wurde, nannte man ihn Seba, und die Stadt daran ist nach dem Brunnen Beer-Seba benannt worden.

Siebenundsiebzig Jahre war Jakob alt, als er aus dem Hause seines Vaters zog; der Brunnen ging ihm voran von Beer-Seba bis zum Berge Moria zwei Tage lang; es war Mittag, als er dort anlangte. Da begegnete ihm der Herr, gelobt sei er, und sprach zu ihm: Jakob, in deinem Sack ist Brot und vor dir ist Wasser. Jakob aber erwiderte: Herr der Welt! Noch hat die Sonne nicht die fünfzigste Senkung gemacht, soll ich mich schon zur Ruhe legen? Da ging die Sonne vor der Zeit unter, und Jakob sah sie in Abend stehen; also blieb er über Nacht an diesem Orte.

Er nahm zwölf Steine vom Altar, auf dem sein Vater Isaak als Opfer dargebracht worden war, und legte sie sich zu Häupten. Das sollte ein Zeichen sein dafür, daß dereinst zwölf Stämme ihm entsprießen würden. Aber aus den zwölf Steinen wurde ein Stein, und das hatte zu bedeuten, daß aus allen diesen Stämmen ein Volk werden sollte auf Erden, wie es heißt: Wer ist wie dein Volk Israel, ein einzige Volk im Lande?

2
Die Vermählung Jakobs

RABBI AKIBA SPRACH: Kommt einer in einer Stadt an und treten ihm Jungfrauen entgegen, so ist seiner Reise das Glück beschieden. Wieso weißt du es aber? Eliser, dem Knechte Abrahams, eilten Jungfrauen entgegen, bevor er die Stadt betrat, und Gott gab seinem Vorhaben das Gelingen. Wen weißt du außer ihm als Beispiel anzuführen? Unseren

Meister Mose; er war noch nicht in das Land Midian eingezogen, als er Jungfrauen auf seinem Wege begegnete. Und so war es auch mit Jakob, daß ihm Rahel erschien, ehe er die Stadt Haran erreicht hatte.

Dein Schritt werde nicht unfrei, wenn gehst, und du mögest nicht straucheln, wenn du läufst. Die Schritte Jakobs begegneten keinem Hindernis, und seine Kraft nahm nicht ab. Wie ein Held rollte er den Stein von der Mündung des Brunnens, und die Wasser stiegen in die Höhe und liefen über den Rand. Das sahen die Hirten und waren voll Staunens; sie konnten den Stein nicht von der Stelle heben. Jakob aber wälzte ihn ohne Mühe von der Tränke.

Als Laban von Jakob, seiner Schwester Sohne, hörte und von der Kraft vernahm, die er am Brunnen gezeigt hatte, lief er ihm entgegen, um ihn zu umarmen und zu küssen. Er sprach zu Jakob: Du bist wohl mein Bruder, dennoch sollst du mir nicht umsonst dienen.

Und Jakob trat sein Amt an und diente sieben Jahre um ein Weib. Nach den sieben Jahren machte Laban ein Fest von sieben Tagen, und Jakob bekam Lea zum Weibe. Da ward das Fest noch um sieben Tage verlängert, und Jakob ward auch Rahel angetraut. Alle Leute des Ortes versammelten sich, um an Jakob Gnade zu erfüllen. Da sprach Gott: Ihr habt an meinem Knechte Jakob Gnade getan, ich will es euch im Diesseits vergelten. Hernach nahm Laban seine zwei Mägde und gab sie seinen beiden Töchtern.

3
Die Aushebung Levis

GLAUBT EIN MENSCH einem Löwen entronnen zu sein, so begegnet er einem Bären.

Der Löwe, das ist Laban, der Jakob nachjagte und seine Seele greifen wollte. Der Bär aber war Esau, der ihm auf dem Wege auflauerte und ihn töten wollte, die Mütter samt den Kindern. Der Löwe empfindet noch Scham, der Bär aber weiß nicht, was Scham ist.

Und Jakob stellte sich hin und betete vor dem Herrn: Herr aller Welten, hast du nicht zu mir gesprochen: Kehre zurück in das Land deiner Väter, in deine Heimat, und ich will mit dir sein? Nun kommt mein Bruder Esau, um mich zu töten; er fürchtet dich nicht, mir aber ist angst vor ihm. Was tat der Herr? Er schickte einen Engel, Jakob zu retten und ihm zu helfen. Der Bote Gottes erschien ihm in der Gestalt eines Menschen, und mit diesem rang er bis zum Morgen. Als es aber Morgen wurde, sprach der Engel: Schicke mich fort, denn die Zeit ist da, wo ich vor dem Herrn singen und Dienst tun muß. Jakob wollte ihn aber nicht von sich gehen lassen. Was tat der Engel? Er fing an, auf der

Erde vor dem Herrn zu singen. Als die obersten Heerscharen das vernahmen, sprachen sie: Zu Ehren des Gerechten erschallt dieser Gesang
auf Erden!

Abermals sprach der Engel zu Jakob: Laß mich von dir ziehen! Jakob erwiderte: Du darfst nicht fort, es sei denn, du segnest mich. Da
segnete ihn der Bote. Nun sprach er wieder zu Jakob: Laß mich meines Weges ziehen. Und Jakob erwiderte: Du darfst nicht eher fort, als
bis du mir deinen Namen gesagt hast. Der Engel hieß aber den Namen Jakobs Israel.

Jakob wollte den Engel überwältigen und ihn auf die Erde werfen.
Da rührte der Himmlische an Jakobs Hüfte, daß die Spannader verletzt und das Gelenk unbeweglich wurde. Daher essen die Kinder Israel nicht die Spannader des Hüftgelenks.

Jakob wollte den Strom Jabbok überschreiten und auf dem jenseitigen Ufer verweilen. Da sagte der Engel zu ihm: Hast du nicht einst
zu mir gesprochen: Von allem, was du mir geben wirst, will ich dir
den Zehnten weihen? Darauf nahm Jakob seine ganze Habe, die er
aus Mesopotamien mitgebracht hatte, es waren zusammen fünftau-
sendfünfhundert Schafe, und teilte davon den Zehnten ab. Dann
sprach der Engel weiter: Es sind dir doch auch Söhne geboren worden, und du hast mir von ihnen keinen Zehnten gegeben. Da sonderte Jakob zuerst die vier Erstgeborenen, von den vier Müttern aus, und
es blieben acht Kinder. Dann begann er die übrigen Kinder zu zählen;
er fing bei Simeon an und endigte bei Benjamin, der noch im Mutterleibe war. Darauf zählte er Simeon und Lavi noch einmal, und so
wurde Levi der Zehnte, der Gott geweiht werden sollte. Diesen
meint die Schrift, wenn sie sagt: Der Zehnte soll Gott angehören.

Alsbald fuhr Michael hernieder, holte Levi, den Sohn Jakobs,
brachte ihn vor Gott und sprach: Herr der Welt! Auf diesen ist dein
Los gefallen, dieser ist dein Teil. Da streckt der Herr seiner rechte aus
und segnete Levi, daß seine Söhnen ihm auf Erden dienen sollten, wie
die Engel ihm im Himmel dienen.

Michael sprach: Gebieter aller Welten! Müssen nicht die Diener
eines Königs von ihm ihre Speise zugewiesen bekommen? Und der
Herr bestimmte, daß alles, was seinem Namen geweiht werden sollte, den Leviten gegeben werde, wie es heißt: Was Gottes ist, und was
sein Erbteil ist, sollen sie essen.

Als Jakob nach Kanaan zog, kam ihm Esau vom Berge Seïr zornig
entgegen; er trachtete danach, seinen Bruder umzubringen. Der Gottlose schmiedet Ränke wider den Gerechten und knirscht mit den Zähnen über ihn. Esau dachte: Ich will ihn nicht mit Pfeil und Bogen töten, sondern mit meinem Munde und will sein Blut saugen. Und er lief
ihm entgegen, fiel ihm um den Hals und wollte ihn beißen. Aber da

ward Jakobs Hals wie aus Elfenbein fest, und Esaus Zähne wurden daran stumpf.

Jakob nahm den Zehnten von seiner Habe, die er aus Mesopotamien gebracht hatte, und schickte ihn durch seine Diener an Esau; er ließ sie sagen: So spricht dein Knecht Jakob! Darauf sprach der Herr: Jakob, du hast das Heilige gemein gemacht. Habe ich nicht gesprochen: Der ältere wird dem jüngeren dienen, und du nennst dich einen Knecht deines Bruders? Bei deinem Leben! Es soll so sein: in dieser Welt wird Esau über dich herrschen; in der zukünftigen Welt aber wirst du sein Herr sein. Darum sprach Jakob zu Esau: Der Herr gehe voran, und ich will hinterher langsam ziehen.

<h3 style="text-align:center">4</h3>

Der Raub Dinas

Es erging Jakob wie einem, der in dem Augenblick, da er sein Haus betritt und sich mit der Hand an die Wand lehnt, von einer Schlange gebissen wird. Nachdem er sich von seinem Bruder Esau getrennt und sein Haus auf dem erworbenen Acker im Lande Kanaan errichtet hatte, versehrte ihn eine Schlange. Wer war diese Schlange? Sichem, der Sohn Hemors.

Dina, die Tochter Jakobs, weilte stets in der Hütte und ließ sich nicht draußen sehen. Was stellte Sichem, der Sohn Hemors, an? Er ließ vor ihrem Zelte Jungfrauen die Pauke schlagen, und Dina trat heraus, um die Töchter des Landes zu sehen. Da raubte sie Sichem, und schwächte sie; sie ward schwanger und gebar die Asnath. Die Kinder Israel wollten das Mägdlein töten, damit man nicht sage, in den Zelten Jakobs werde Hurerei getrieben. Was tat Jakob? Er holte ein Blechschildlein und ritzte den heiligen Namen darauf; das hängte er Asnath an den Hals und ließ sie gehen.

Aber der Herr schaut alles voraus. Michael fuhr hernieder und brachte das Mädchen nach Ägypten in das Haus Potipheras. Asnath ward Joseph als Weib zugedacht. Die Gemahlin Potipheras war unfruchtbar, und so zog sie Asnath als ihre Tochter auf. Als danach Joseph nach Ägypten kam, ehelichte er sie.

Aber Simeon und Levi ereiferten sich sehr über die Schmach, die Dina angetan worden war. Sie nahmen ein jeder ein Schwert und töteten alle Einwohner Sichems. Als Jakob davon erfuhr, fürchtete er sich sehr und sprach: Nun werden alle Stämme des Landes ausziehen, um gemeinsam gegen mich vorzugehen. Und er verfluchte ihren Zorn und sprach: Vermaledeit ihr Zorn, daß er so heftig ist, und ihr Grimm, daß er so störrig ist. Und er verfluchte auch ihre Schwerter und nannte sie Mordwaffen.

Den Königen des Landes hatte aber die Tat Simeons und Levis Frucht eingejagt, und sie sprachen: Wenn nur zwei der Söhne Jakobs solches vollbracht haben, was werden sie anrichten, wenn sie vereint vorgehen werden? Sie werden die Welt zerstören. Und der Schrecken Gottes fiel über die Kanaaniter.

Jakob nahm seine Kinder, seine Weiber und all sein Hausgesind und ging nach Kirjath-Arba zu seinem Vater Isaak. Hier fand er Esau und seine Weiber, die saßen in der Hütte Isaaks. Da richtete Jakob sein Zelt außerhalb auf. Als Isaak Jakob, seine Frauen, Söhne und Töchter sah, ward er voll großer Freude.

5
Isaaks Tod

RABBI LEVI SPRACH: Vor seinem Tode hinterließ Isaak sein Vieh und seinen erworbenen Besitz sowie alles, was er hatte, seinen beiden Söhnen; deswegen erfüllten sie beide Gnade an ihm. Nachher aber sprach Esau zu Jakob: Wir wollen alles, was unser Vater hinterlassen hat, in zwei Teile teilen, und ich habe die Entscheidung, weil ich der Erstgeborene bin. Da sagte Jakob bei sich: Dieses Gottlosen Auge wird des Reichtums nicht satt. Und er erklärte den ganzen Besitz Isaaks zu einem Teile der Erbschaft, das Recht auf das Land Israel sollte den zweiten Teil bilden. Da ging Esau zu Ismael in die Wüste und beriet sich mit ihm. Ismael sagte: Die Amoriter und die Kanaaniter sind Einwohner des Landes, und Jakob hofft, es noch zu erwerben? Behalte, was dein Vater hinterlassen hat, Jakob wird nichts übrigbleiben. Also ergriff Esau Besitz von der ganzen Hinterlassenschaft seines Vaters und überwies Jakob das Land Kanaan und die zwiefache Höhle. Darüber schrieben sie eine Urkunde von ewiger Gültigkeit nieder. Danach sprach Jakob zu Esau: Verlaß das Land, das nunmehr mein Besitz ist. Da nahm Esau seine Weiber und alles, was sein war, und räumte die Landschaft zugunsten Jakobs. Zum Lohne dafür, daß er seinem Bruder den Platz freigemacht hatte, gab ihm der Herr hundert Länder von Seïr bis Magdiel, das ist Rom. Von nun an aber wohnte Jakob in Ruhe und Sicherheit im Lande Kanaan, im Lande seiner Geburt, im Lande, da sein Vater Fremdling gewesen war.

6
Der Verkauf Josephs

Israel liebte Joseph mehr als alle seine Kinder, denn er war ein Kind seines Alters. War denn aber Joseph ein Kind seines Alters? War es nicht vielmehr Benjamin? Aber Jakob sah mit Prophetenauge, daß Joseph dereinst Herrscher sein wird, deshalb liebte er ihn am meisten. Die Brüder aber beneideten den Knaben darum sehr.

Als danach Joseph seinem Vater davon erzählte, daß ihm von Herrschaft und Königtum geträumt habe, da wuchs der Haß und die Scheelsucht seiner Brüder noch mehr. Und Joseph sah, wie die Söhne der Kebsweiber von den lebendigen Widdern und Schafen Stücke abschnitten und sie aßen, und hinterbrachte das seinem Vater. Da konnten die Brüder nicht mehr freundlich mit ihm sprechen.

Danach sagte eines Tages Jakob zu Joseph: Mein Sohn, es sind schon einige Tage her, daß ich von deinen Brüdern und von dem Vieh nichts weiß. So ging der Knabe zu seinen Brüdern und irrte umher unterwegs; da begegnete ihm der Engel Gabriel. Er fragte ihn: Wen suchst du hier? Joseph erwiderte: Ich will meine Brüder auffinden. Da führte der Engel Joseph zu den Brüdern, und diese gedachten ihn zu töten, als sie ihn erblickten.

Ruben aber sprach: Vergießt kein Blut, werft ihn in die Grube, die hier in der Wüste ist, daß er dort von selbst sterbe. Da machten es die Brüder so; sie nahmen den Knaben und stießen ihn in die Grube. Ruben aber schlich sich hinter einen Berg und gedachte in der Nacht hinunterzusteigen und Joseph aus der Grube herauszuziehen. Seine neun Brüder blieben an derselben Stelle sitzen und hegten alle einen Gedanken und einen Wunsch. Da zog ein Haufe Ismaeliter an ihnen vorüber, und sie sprachen: Wir wollen Joseph lieber diesen hier verkaufen. Die werden ihn in die Wüste bringen, und unser Vater wird von ihm nichts mehr hören. Und sie zogen den Knaben aus der Grube heraus und verkauften ihn den Ismaelitern um zwanzig Silberlinge. Ein jeder bekam zwei Silberlinge, und sie kauften sich dafür Schuhe. Von ihnen sagt der Prophet: Den Gerechten und den Armen haben sie um Schuhe verkauft.

Alsdann sprachen die Söhne Jakobs: Wir wollen uns durch einen Bann zum Schweigen zwingen; keiner darf vor unserem Vater einen Laut über das Geschehene fallen lassen, es sei denn die anderen willigten darein. Juda aber sagte: Ist doch Ruben jetzt nicht unter uns und ein Bann hat nur dann Gültigkeit, wenn ihn zehn Menschen beschworen haben. Was taten sie? Sie schlossen den Herrn in ihren Ring und verhängten übereinander den Bann.

In der Nacht stieg Ruben vom Berge hinunter, um Joseph aus der Grube zu holen, er fand ihn aber nicht mehr darin. Er sprach zu seinen Brüdern: Ihr habt den Knaben getötet, wo soll ich nun hin? Da gestanden ihn die Brüder, was sie begangen hatten und teilten ihm von dem Banne des Schweigens mit. Als Ruben das hörte, nahm er auf sich die Pflicht, stille zu halten. Und auch der Herr achtete den Bann und offenbarte Jakob nicht, was geschehen war. Daher erfuhr Jakob nicht, daß sein Sproß verkauft worden war, und sprach: Zerrissen ist mein Sohn Joseph!

Ein Lehrer sagte: Die Sünde der Verkaufung Josephs ist den Brüdern nicht eher vergeben worden, als an dem Tage ihres Todes. Also sprach der Herr Zebaoth: Die Missetat wird euch nicht vergeben werden, als bis ihr sterbet.

7
Joseph in Ägypten

RABBI PINEHAS ERZÄHLTE: Der Geist Gottes ruhte auf Joseph von seiner Jugend an und geleitete ihn, wie ein Hirte seine Herde geleitet. Und dennoch hätte ihn Potiphars Weib bald verführt. Als aber Joseph die Sünde begehen sollte, ward ihm das Antlitz seines Vaters sichtbar; er prallte zurück und überwand die Begierde. Drei waren es, die ihren Trieb bezwungen haben: Joseph, Boas und Phalti, der Sohn Lais'. Zwölf Stämme sollten durch Joseph erzeugt werden, allein den Spitzen seiner Finger entquoll der Same für zehn Kinder, wie es von ihm heißt: Die Arme seiner Hände reckten sich weit – und so konnten nur zwei Stämme von ihm entstehen: Manasse und Ephraim.

Das Weib Potiphars verleumdete Joseph, und er wurde zehn Jahre im Gefängnis gehalten. Hier deutete er den Knechten Pharaos ihre Träume, einem jeden seinen eigenen Traum. Und wie er die Träume ausgelegt hatte, so traf alles ein.

Auch dem Pharao deutete Joseph die Träume, da der Geist Gottes über ihn geriet. Daher sagte Pharao zu ihm: Ist denn noch einer, in dem der Geist Gottes wäre?

Aller Sprachen war Joseph mächtig. Wenn er auf dem Markte die verschiedenen Völker zu Haufen stehen sah und sie in ihrer Zunge sprechen hörte, verstand er alles, was sie redeten.

Wenn er mit dem Wagen ausfuhr und das ganze Land Ägypten durchstreifte, pflegten die Jungfrauen die Mauern zu besteigen und goldene Ringe auf ihn zu werfen, damit er zu ihnen aufsehe und ihre Schönheit gewahre; aber kein Mensch konnte seinen Blick erhaschen.

Alle Völker kamen nach Ägypten, um Brot zu holen. Sie brachten Abgaben und Geschenke, und Joseph unterhielt sich mit jedem in seiner Sprache, daher wurde er ein Dolmetscher genannt.

Joseph befahl, in jeder Stadt Kornhäuser zu errichten, und sammelte das Getreide der einzelnen Länder. Die Ägypter hohnlachten darüber und sprachen: Der Wurm wird Josephs Vorräte fressen. Allein kein Wurm nagte an der Speise, und die Bestände erschöpften sich nicht, solange Joseph lebte. Er speiste das Land mit Brot die Hungerjahre hindurch. Daher wurde er ein Ernährer geheißen.

8
Jakob in Ägypten

NACH DER VERKAUFUNG JOSEPHS kam ein Hunger von sieben Jahren über das Land Israel. Die Söhne Jakobs fuhren nach Ägypten hinab, um Brot zu holen, und fanden ihren Bruder in hohen Würden. Da lösten sie den Bann, durch den sie bis dahin zum Schweigen gezwungen waren. Als aber Jakob vernahm, daß Joseph nicht tot war, lebte sein Geist auf. War denn sein Geist erstorben, daß er wieder auflebte? Nein, sondern der Bann hatte es bewirkt, daß der heilige Geist von Jakob gewichen war. Wie aber der Bann aufgehoben wurde, geriet der Geist Gottes von neuem über den Erzvater.

Zehnmal fuhr der Herr vom Himmel auf die Erde hernieder. Das vierte von den zehn Malen stieg der Herr hinab, um mit Jakob nach Ägypten zu fahren. Jakob empfing die Kunde, daß Joseph am Leben war, und sann und sprach in seinem Herzen: Wie soll ich das Land meiner Väter, das Land, wo ich geboren bin, und in dem die Majestät des Heiligen, gelobt sei er, ruht, verlassen und nach einem unflätigen Lande, zu dem Sklavenvolke, den Kindern Ham, ziehen? Da sprach der Herr: Fürchte dich nicht, Jakob, ich will mit dir hinab gen Ägypten ziehen und will dich auch heraufführen. So gehorchte Jakob dieser Weisung, nahm seine Weiber, seine Söhne und Töchter und die Weiber seiner Söhne und zog mit ihnen allen gen Ägypten.

Unter den Töchtern Jakobs sind die Weiber seiner Söhne zu verstehen, welche ihre Zwillingsschwestern waren. Denn die Sprossen Jakobs vermählten sich nur mit Geschwistern und Anverwandten und vermieden es, sich mit den Völkern der Erde zu vermischen. Daher wurden sie der reine Same geheißen.

Als Jakob und die Seinen die Grenze Ägyptens erreichten, ergab der männliche Teil des Hebräerstammes zusammen mit Joseph und seinen zwei Söhnen eine Zahl von neunundsechzig Seelen. Es heißt doch aber, daß ihrer siebzig Seelen waren? Aber der Herr stieg in ihre Mitte, und so wurden siebzig Häupter gezählt. Als wiederum die Kinder Israel aus Ägypten zogen, waren ihrer sechsmalhunderttausend Seelen, eine aber fehlte dazu. Da stieg der Herr abermals in ihre Mitte, um die Zahl voll zu machen. Also erfüllten sich die Worte Gottes, der da gesprochen hat: Ich will mit dir gen Ägypten hinabziehen, und ich will dich zurück heraufführen.

Und Joseph hörte, daß sein Vater nach Ägypten gekommen war; so zog er mit seinem ganzen Gefolge ihm entgegen. Wohl zieht ein Volk einem König entgegen; zieht denn aber ein König einem Bürger entgegen? Du ersiehst daraus, daß eines Menschen Vater als sein König hochgehalten wird.

9
Der Tod Jakobs

Von dem Tage, da Himmel und Erde erschaffen worden sind, bis zu der Zeit Jakobs wußten die Menschen nicht, was krank sein vor dem Tode heißt. Der Mensch war irgendwo unterwegs oder er weilte draußen, da nieste er plötzlich, und die Seele entstieg dem Körper.

Jakob war der erste, der vor den Herrn trat und sprach: Herr aller Welten! Nimm meine Seele nicht eher von mir, als bis ich meinen Kindern meinen letzten Befehl kundgetan habe. Und seine Bitte wurde erhört; es währte nicht lange, und Joseph wurde angesagt: Siehe, dein Vater ist krank. Da hörten die Könige der Erde, daß ein Mensch erkrankt war, und wunderten sich darüber, denn Ähnliches war noch nicht vorgekommen, seit Himmel und Erde erschaffen worden waren.

Rabbi Elieser erzählt:

In der Stunde, da Jakob zu seinen Vätern versammelt werden sollte, rief er seinen Sohn Joseph und sprach: Mein Sohn, schwöre mir beim Bunde Abrahams, daß du mich zum Grabe meiner Väter in die zwiefache Höhle bringest. Bevor die Thora gegeben war, pflegten unsere Väter beim Abrahambunde zu schwören. Und Joseph tat den Schwur und zog hinauf, seinen Vater zu bestatten und an ihm Gnade zu erfüllen. Und mit Joseph zogen nach Hebron alle Diener Pharaos, die Ältesten seines Haus und alle Ältesten Ägyptens. Zu ihnen sprach Gott: Ihr habt an meinem Knechte Jakob Gnade getan, so will ich es dereinst euren Söhnen vergelten. Als nach dem Auszug Israels aus Ägypten die Heere Pharaos im Roten Meere ertranken, sollten sie nicht im Wasser liegen bleiben, sondern sind für wert befunden worden, in der Erde zu ruhen, wie es heißt: Du recktest deine Rechte aus, und die Erde verschlang sie.

Als Husim, der taube Sohn Dans, sein Schwert zog und Esau, der gegen die Beisetzung Jakobs in der zwiefachen Höhle haderte, den Kopf abhieb, fiel das Haupt in die Grabeshöhle neben die Ruhestatt Isaaks. Was tat dieser? Er faßte den Kopf Esaus, betete vor Gott und sprach: Mag dieser Erbarmen finden! Der heilige Geist erwiderte: War er doch ein Missetäter, der die Gebote der Schrift nicht hütete, die Gerechtigkeit nicht kannte, und der das Land Israel und die zwiefache Höhle lästerte. So wahr ich lebe, er soll die Herrlichkeit Gottes nicht schauen.

Aus dem Midras des Rabbi Tanahuma

1
Jakob wird von Gott erhört

JAKOB ZOG AUS BEER-SEBA und ging nach Haran. Hierbei hüpfte ihm die Erde entgegen, welches Wunder nur viermal vorgekommen ist. Als Abraham mit seinen Knaben eilte, um seinen Brudersohn Lot aus der Hand der Könige Elams zu retten, erreichte er den Feind in einer Nacht. Als Eliser, der Knecht Abrahams, um Rebekka für Isaak freien sollte, legte er den Weg zur Stadt Nahors in einer knappen Stunde zurück. Ebenso begegnete dieses Wunder David, da er gestritten hatte mit den Syrern zu Mesopotamien und mit den Syrern von Zoba. Eines solchen Wunders ist aber auch Jakob teilhaftig worden, als er Beer-Seba verließ.

Und Jakob tat ein Gelübde und sprach: so Gott mit mir sein wird, mich auf dem Wege, den ich reise, behüten wird, mir Brot zu essen und Kleider anzuziehen geben und mich mit Frieden zu meinem Vater heimbringen wird, so soll der Herr mein Gott sein. Darauf sprach der Weise, Rabbi Berachia: Was Jakob von dem Herrn nur verlangt hat, das wurde ihm gewährt. Er bat den Herrn, daß er mit ihm sein möge, und der Herr erwiderte ihm: Und siehe, ich bin mit dir. Er bat ihn, daß er ihn behüte, und der Herr erwiderte: Ich will dich behüten, wo du hinziehst. Er bat ihn, daß er ihn in Frieden wieder heimkehren lasse, und der Herr erwiderte ihm: Ich will dich wieder herbringen in dieses Land. Allein seine Bitte um Brot ließ der

Herr unerwidert, denn er sprach: Verspreche ich ihm auch Brot, so wird er mich nimmer um etwas angehen.

Ein anderer Weiser aber meinte: Auch darin hat der Herr Jakobs Bitte erhört, denn er sagte zu ihm: Ich will dich nicht verlassen – und das bedeutet so viel als: Du wirst nicht Hunger leiden. Denn es heißt: Ich habe noch nie gesehen den Gerechten verlassen und seinen Samen um Brot betteln.

2
Lea und Rahel

VON DEN BEIDEN SCHWESTERN, Rahel und Lea, sollte Lea Esaus Weib werden, Rahel aber sollte Jakob ehelichen. Und Lea ging dorthin, wo sich die Wege kreuzten, und fragte die Vorbeiziehenden nach Esau und nach seinem Wandel. Die Leute antworteten ihr: Das ist ein Bösewicht, der Blut vergießt und den Wanderern ihre Habe stiehlt; er ist rauh wie ein Ziegenfell, und er tut, was dem Herrn ein Greuel ist. Da Lea dieses hörte, weinte sie und sprach: Ich und meine Schwester Rahel, wir sind beide einem Schoße entsprossen; Rahel aber soll Jakob den Gerechten zum Manne haben und ich Esau den Gottlosen. Und sie weinte und grämte sich, bis ihre Augen matt wurden. Da sah Gott, daß sie des Missetäters Wandel verabscheute. Rahels Herz hingegen war fröhlich und stolz, als sie erfuhr, daß sie Jakobs Weib werden sollte. Als danach beide Schwestern dem Jakob vermählt wurden, sprach Gott: Der, die geweint und sich gegrämt hat, die vor mir gebetet hat, gebührt es füglich, daß sie dem Gerechten nicht entfremdet werde, und so will ich sie zuerst mit Leibesfrucht bedenken.

Unsere Lehrer aber sprachen: Wer wohlgeratene Geschöpfe und blühende Bäume vor sich sieht, der spreche den Segen: Gelobt sei, dessen Welt so viel Herrliches birgt. Es war keine so schön wie Rahel, und um ihrer Schönheit willen begehrte Jakob sie zum Weibe. Er schickte Brautgaben für sie, aber Laban gab die Geschenke ihrer Schwester Lea. Und Rahel schwieg dazu.

Das Schweigen war Rahels Art, und Schweigen kann man auch ihren Kindern nachpreisen. Benjamin wußte um den Verkauf Josephs und verriet seine Brüder nicht. Saul, ihres Sohnes Sohn, verschwieg seinen Anverwandten, daß er zum Könige erwählt worden war. Esther behielt Schweigen über ihre Ankunft.

Lea wiederum ist die dankbare. Sie sprach, als ihr Juda geboren ward: Diesmal will ich dem Herrn Dank sagen. Und auch ihrem Samen ist Dankbarkeit nachzurühmen. Juda, David und Daniel – sie alle ließen ihrem Schöpfer Dank zukommen.

Ein Weiser sprach: Groß ist der Wert des Schweigens. Zum Lohn für ihr Schweigen ist es Rahel vergönnt worden, zwei Stämme mehr in Israel zu gründen: den Stamm Ephraim und den Stamm Manasse.

3
Leas Kindersegen

Die Mischnalehrer sprachen: Ist ein Weib schwanger und betet ihr Mann: Es sei dein Wille, Herr, daß mein Weib einen Knaben zur Welt bringe, so ist das ein nutzloses Gebet. Dawider sprach ein Weiser: Das Gebet ist nimmer vergeblich; selbst in der Stunde, da das Weib sich auf den Gebärstuhl setzt, kann man beten, denn es ist dem Herrn nicht schwer, Mägdlein in Knaben und Knaben in Mägdlein zu verwandeln. Ein solches Wunder ist Lea widerfahren. Sechs Söhne hatte sie bereits geboren und sah vermöge ihrer Sehergabe, daß Jakob zwölf Stämme entspringen sollten. Als sie nun zum siebenten Male schwanger wurde, murrte sie vor dem Herrn und sprach: Herr der Welt! Zwölf Stämme sollen von Jakob kommen; nun habe ich sechs Söhne geboren und bin mit dem siebenten Kinde gesegnet; von den Mägden Bilha und Silpa hat eine jede zwei Söhne geboren. Ist nun, was ich jetzt unter dem Herzen trage, ein Knabe, so wird Rahel geringer sein als eine der Mägde. Da erhörte Gott Lea und bildete die Frucht in ihrem Leibe zu einem Mägdlein um. Und Lea gebar eine Tochter und gab ihr den Namen Dina, darum daß sie mit dem Herrn gerechtet hatte. Der Herr aber sprach zu ihr: Wie du gegen deine Schwester barmherzig warst, so will auch ich mit ihr Barmherzigkeit üben. Und er gedachte auch an Rahel.

Als Lea ihren vierten Sohn gebar, sprach sie: Nun will ich dem Herrn danken. Warum sagte sie dem Herrn nicht Dank bei Geburt von Ruben, Simeon und Levi, und warum ließ sie ihn erst bei der Geburt von Juda erschallen? Ähnlich verfährt ein Priester, der auf die Tenne kommt, um seine Hebe und seinen Zehnten in Empfang zu nehmen. Für die Hebe und für den Zehnten weiß er dem Herrn der Tenne nicht Dank zu sagen. Verehrt ihm aber dieser ein Maß Getreide außer der gesetzlichen Gabe, so fleht der Priester Gutes auf ihn herab. So auch Lea. Sie sprach: Zwölf Stämme sollen Jakobs Lenden entsprießen. Also hat von uns vier Weibern eine jede drei Söhne zu gebären. Ich aber habe bereits drei Söhne zur Welt gebracht und habe meinen Teil empfangen, und nun schenkt mir Gott noch einen vierten Sohn; so will ich ihm Dank zukommen lassen.

Rahel aber beneidete ihre Schwester. Da sprach Gott: Wie lange soll noch die Gerechte betrübt sein? Es ist billig, daß auch sie mit

Leibesfrucht bedacht werde und nicht geringer sei als der Mägde
eine. Und der Herr gedachte auch an Rahel.

4
Laban und Esau

DIE HERRLICHKEIT GOTTES weilt nimmer da, wo sich ein Götzenbild befindet. All die Zeit, da Abraham mit Lot zusammen wohnte,
erschien ihm nicht der Herr. Wie er sich aber von ihm getrennt hatte,
zeigte sich ihm der Allmächtige. Und ebenso war es mit Jakob. Solange er im Hause Labans verblieb, vernahm er nicht das Wort Gottes. Wohl hatte ihm der Herr versprochen, stets mit ihm zu sein, er
sprach aber dennoch: Es ziemt mir nicht, im Hause Labans des Missetäters zu erscheinen. Sobald Jakob von ihm scheidet, will ich mein
Wort einlösen und mit ihm sein. Und er sprach zu Jakob: Verlasse das
Haus Labans und kehre in das Land deiner Väter zurück.

Gott kam zu Laban, dem Syrer, im Traume des Nachts. Dies ist eines der zwei Male, da der Herr um seiner Gerechten willen sich dazu
herabließ, Unflätigen zu erscheinen. So war er auch Abimelech, dem
Könige zu Gerar, erschienen, und dies um der Erzmutter Sara willen.

Als Laban zu Jakob sagte: Warum hast du mir meine Götter gestohlen? – antwortete Jakob: Bei welchem du deine Götter findest,
der sterbe hier. Mit diesen Worten hat Jakob den frühen Tod auf Rahel heraufbeschworen.

Jakob sandte seinem Bruder Esau Engel entgegen. Das waren die
Heere Gottes, die ihm auf seiner Flucht von Laban begegnet waren,
an der Stätte, die daraufhin von ihm Mahanaim benannt wurde. Denn
was bedeutet der Name Mahanaim? Zwei Heere. Zwei Engelsheere
wurden Jakob zugewiesen. Als er aus seines Vaters Hause nach Mesopotamien zog, geleiteten ihn die Engel des Landes Israel. Vor dem
fremden Lande machten sie halt, und andere Engel übernahmen die
Begleitung. Auf dem Rückwege aus Haran beschützten ihn die Engel
dieses Landes, bis er die Grenze des heiligen Landes erreichte. Als
seine ersten Beschützer vernahmen, daß Jakob sein Heimatland wieder betreten hatte, zogen sie ihm entgegen, um ihn von nun an weiter
zu behüten, und das waren die Heere Gottes, die ihm begegnet waren. Also stießen zwei Engelsheere an dieser Stelle zusammen. Und
Jakob sandte von ihnen Boten zu Esau.

Jakob sprach zu den Engeln: Sagt meinem Herrn Esau: Ich habe
Rind und Esel. Sollte Jakob nur ein Rind und einen Esal besessen haben? Schon aus dem Geschenk, das er Esau geschickt hat, ist zu ersehen, daß er vieles besaß. Aber dieses ist der Gerechten Art: sie schät-

zen das Ihrige gering ein. Die Gottlosen hingegen prahlen mit ihrer Habe. Und so sprach Esau: Ich habe von allem viel.

Andere behaupten, daß Jakob mit dem Rinde auf Joseph, mit dem Esel auf den Messias, den Sohn Davids, hinweisen wollte. Von Joseph heißt es: Seine Herrlichkeit ist wie die eines erstgeborenen Stieres. Vom Messias aber sagt der Prophet: Siehe, dein König kommt zu dir, ein Gerechter und ein Helfer; arm ist und reitet auf einem Esel.

5
Die Mahnung

UNSERE LEHRER SPRACHEN: Es ist dreimal der Fall, daß eines Menschen Schuldbuch hervorgeholt wird: wenn er einsam für sich eine Wanderung unternimmt, wenn er sich in einem baufälligen Hause aufhält, wenn er ein Gelübde nicht eingelöst hat.

Die Taten des Menschen werden zudann geprüft, die Engel zeihen ihn des Vergehens und zählen seine Sünden auf. – Der Weise Rabbi Samuel, der Sohn Nahamans, meinte: Wer ein Gelübde tut und es nicht bezahlt, der verschuldet den Tod seines Weibes.

Merke auf! Als Jakob nach dem Zweistromlande zog und ein Gelübde tat, den Herrn als seinen Gott zu ehren, erfüllte der Allmächtige alle seine Wünsche. Jakob ward reich im fremden Lande; er kehrte in die Heimat zurück und vergaß sein Gelübde. Da ließ der Herr Esau kommen, der ihn verderben sollte; er nahm ihm einen Teil seiner Habe weg. Jakob aber ahnte nicht, daß das des gebrochenen Gelübdes wegen geschehen war. Da schickte der Herr den Engel, der mit ihm kämpfen sollte; das war Semael, der Bote Esaus. Jakob aber verstand die Mahnung nicht. Da ließ ihn der Herr das Unheil von der Schändung Dinas erfahren. Jakob begriff aber immer noch nicht, warum er gestraft wurde, und so wurde ihm Rahel durch den Tod genommen. Da sprach der Herr: Wie lange noch soll der Gerechte gezüchtigt werden und nicht wissen, um welcher Sünde willen er leidet? Und er sprach zu Jakob: Auf, zieh gen Beth-El und bleibe daselbst. Er wollte ihm gleichsam damit bedeuten: All das Ungemach, das du erlitten, es ist nichts anderes denn eine Strafe dafür, daß du dein Gelübde einzulösen versäumt hast. Willst du hinfort nicht mehr gestraft werden, so geh nach Beth-El und richte ein Mal dem Gotte auf, vor dem du das Gelübde getan hast. Denn ich bin der Gott von Beth-El, von der Stätte, allwo du den Stein mit Öl gesalbt hast. Alsbald sprach Jakob zu seinem Hausgesind: Wir wollen uns aufmachen und gen Beth-El hinauffahren. Dort will ich einen Altar bauen dem Gott, der mich erhört hat zur Zeit meiner Trübsal.

6
Jakob und Joseph

DIES IST DIE GESCHICHTE Jakobs und Josephs. Du siehst es, in allem glich Joseph seinem Vater, und alles, was Jakob widerfahren war, widerfuhr auch Joseph. Jakob wurde von seinem Bruder Esau beneidet, Joseph litt unter dem Haß seiner Brüder. Jakob wurde nach Haran verbannt, Joseph wurde nach Ägypten verkauft. Beide, wiewohl nicht erstgeborene Söhne, wurden Erstgeborene genannt. Und beide stiegen durch Träume in die Höhe.

Jakob sprach zu Joseph: Du sollst nach dem Wohle deiner Brüder sehen. Und er ließ ihm nach Sichem gehen. Sichem aber ist eine Unheilsstätte. In Sichem wurde Dina geschwächt, von Sichem aus wurde Joseph verkauft, in Sichem ist das Königreich Davids zerteilt worden.

Und Joseph fuhr nach Ägypten hinab. Der Herr wollte seine Worte in Erfüllung bringen, die er Abraham gesagt hatte: Wisse, daß dein Same fremd sein wird in einem Lande, das ihm nicht gehört – und er machte den Anfang mit dem Jüngsten der Stämme. Joseph wurde nach Ägypten verkauft, ihm folgten in die Fremde Jakob und seine Söhne. Der Herr verfuhr hierin mit Jakob, wie einst ein Landmann mit einer störrigen Kuh verfahren war. Die Kuh mochte das Joch nicht tragen und warf es immerzu vom Nacken ab. Da nahm ihr der Landmann das Kalb weg und brachte es auf den Acker, der gepflügt werden sollte. Wie nun die Kuh das Blöken ihres Kindes vernahm, ließ sie sich treiben dorthin, wo das Kalb war. Ebenso wurde Jakob gezwungen, seines Sohnes wegen nach Ägypten hinabzufahren.

7
Die Keuschheit Josephs

UNSERE ALTVORDEREN SPRACHEN: Es gibt dreierlei Treue in der Welt. Der Landmann, der seinen Zehnten redlich absondert – der ist treu, daß man treuer nicht sein kann; ein Armer, bei dem ein Pfand hinterlegt worden ist, und der nicht verdächtigt wird, es unterschlagen zu haben; – der ist treu, daß man treuer nicht sein kann; ein Jüngling, der in der Nähe von Huren wohnt und keine Sünde tut – der ist treu, daß man treuer nicht sein kann. Wer ist wohl treuer zu nennen, als Joseph, der unter den Ägyptern seine Reinheit bewahrte, unter dem Volke, dessen Brunst war, wie der Esel und der Hengste Brunst? Siebzehn Jahre war er alt und hat sich der Unzucht nicht schuldig gemacht. Dies ist ihm um so höher anzurechnen, als er mit seiner Herrin in einem Hause wohnte, diese ihn Tag für Tag durch ihre Rede versuchte und seinetwegen dreimal täglich ihre Kleider wechselte.

Und Joseph sah, daß Gott mit ihm war. Der Name Gottes wich nicht aus Josephs Munde. Er pflegte ihn täglich anzubeten und flüsterte dabei: Herr der Welt! Du bist meine Zuversicht, du bist mein Schirmherr. Laß mich Gnade und Gunst finden in deinen Augen, in den Augen aller, die mich sehen. Potiphar fragte ihn: Was redest du im Stillen? Treibst du nicht Zauberei? Joseph erwiderte: Ich bete, daß ich Gnade in deinen Augen finde. Als Potiphar sah, daß Gott Joseph alles gelingen ließ, übergab er ihm alle Schlüssel und kümmerte sich selbst nicht mehr um sein Haus.

Nun wurde Joseph übermütig; er genoß Speise und Trank und kräuselte seine Haare. Er sprach: Gelobt sei der Herr, der mich meines Vaters Haus hat vergessen lassen. Da sprach Gott: Dein Vater trägt Leid um dich; er streut Asche auf sein Haupt, und hat als Kleid einen Sack an, und du läßt es dir wohl sein und kräuselst dein Haar? Hierfür sollst du durch deine Herrin in Bedrängnis geraten.

Und Potiphars Weib erhob ihre Augen zu Joseph und sprach zu ihm: Joseph aber weigerte sich, Sünde zu tun. Ihm erschien das Bild seines Vaters, und das sprach zu ihm: Joseph, deiner Brüder Namen sollen dereinst auf den Steinen eingegraben sein, die des Priesters Leibrock schmücken werden. Willst du nun, daß dein Name unter ihnen fehle?

8
Die Erhöhung Josephs

NICHT WIE DER MENSCHEN ART ist des Herrn Art. Der Mensch schlägt Wunden mit einem Messer und heilt sie mit einer Salbe. Nicht so der Herr; womit er schlägt, damit heilt er auch. Träume waren daran schuld, daß Joseph nach Ägypten verkauft wurde, und ein Traum war es, wodurch er zur Herrschaft gelangte.

Pharao sprach zu Joseph: Ich sah einen Traum und habe keine Deutung für ihn; ich hörte von dir sagen, daß du jeden Traum lösest, den man dir erzählt. Joseph erwiderte darauf: Das steht nicht bei mir, sondern bei Gott.

So gab er den Herrn als den alleinigen Urheber alles Großen aus. Darauf sprach Gott: Du wolltest dich nicht deiner Gaben rühmen; bei deinem Leben, dafür sollst du zur Höhe und Herrschaft gelangen.

Als Jakob vernahm, daß in Ägypten Getreide war, sprach er zu seinen Söhnen: Fahrt hinab und kauft uns Brot. Da fuhren zehn Brüder Josephs nach Ägypten. Warum mußten zehn die Reise antreten?

Weil erst zehn Menschen die bösen Mächte abwehren können. Als Abraham für Sodom um Erbarmen bat, flehte er den Herrn um der fünfzig Gerechten willen an, die in der Stadt verblieben sein mochten. Sodann flehte er seine Güte um vierzig Gerechter willen herbei; sodann um dreißig und zuletzt um zehn Gerechter willen. Zehn aber ist die Mindestzahl, die eine Gemeinde ausmacht, und der Herr steht in der Gemeinde Gottes.

Jakob sprach zu seinen Söhnen: Ihr dürft nicht zusammen gesehen werden. Fahrt hinab nach Ägypten. Ihr seid Helden und seid schön von Aussehen, geht nicht alle durch ein Tor und haltet euch nicht zusammen an einem Orte auf, damit auf euch kein böses Auge geworfen werde.

Und die Brüder Josephs zogen nach dem Getreidelande. Die Schrift nennt sie hier die Brüder Josephs, wo sie doch füglich die Söhne Jakobs genannt werden müßten. Wohl hatten sie sich zu Anfang nicht als Brüder gezeigt und ihren leiblichen Bruder verkauft, danach aber bereuten sie ihre Untat und sprachen: Wann ziehen wir nach Ägypten und bringen unseren Bruder unserem Vater zurück? Als Jakob ihnen sagte, daß sie nach Ägypten reisen sollten, waren sie alle miteinander darin einig, daß sie Joseph zurückholen müßten.

Als die Brüder auf dem Rückwege das Geld in ihren Säcken wiederfanden, zerrissen sie ihre Kleider. Der Herr sprach zu ihnen: Ihr habt verschuldet, daß euer Vater seine Kleider zerrissen hat, dafür sollt ihr eure Kleider um nichts zerreißen.

9

Die Versöhnung

JOSEPH WEIGERTE SICH, den Benjamin herauszugeben, da näherte sich ihm Juda. Ein Weiser erzählt: Wenn Juda in Zorn geriet, so sträubten sich an seiner Brust zwei Haare; sie wurden zu Stacheln und drangen durch seine Kleider. Wollte er seine Wut noch steigern, so nahm er Kupferstücke aus seinem Beutel, steckte sie zwischen seine Zähne und kaute daran. So kam er in höchste Raserei.

Ein anderer Weiser sprach: Als Juda und Joseph miteinander stritten, sprachen die Engel: Wohlauf, laßt uns hinuntersteigen und den Stier mit dem Löwen kämpfen sehen. Sonst ist es immer, daß der Stier vor dem Löwen zurückweicht; hier aber stehen Stier und Löwe einander gegenüber, und ihr Hader währt, bis der Messias kommt.

Joseph sprach zu seinen Brüdern: Tretet herzu. Und sie näherten sich ihm. Ein jeder küßte ihn und weinte an seinem Halse. Wie sich aber Joseph mit seinen Brüdern durch Tränen versöhnt hat, so wird der Herr dereinst Israel durch Tränen erlösen, wie es heißt: Sie werden weinend kommen und bittend, und ich will sie leiten.

Zwei Menschenkindern sind Ehrungen ohnegleichen zuteil worden: Jethro und Jakob. Von Jethro heißt es, daß ihm Mose, als er zu ihm kam, entgegenging. Wer hätte aber Mose einem entgegengehen sehen und wäre selbst nicht mitgegangen? Wer hätte Hauptleute über Hunderte und Tausende ziehen sehen und wäre nicht mitgezogen? Wer hätte die siebzig Ältesten, den Hohepriester Aaron schreiten sehen und wäre nicht mitgeschritten? Also zog ganz Israel Jethro entgegen.

Und ebenso verhielt es sich mit Jakob, als er zu Joseph nach Ägypten kam. Joseph schirrte seinen Wagen und zog hinauf seinem Vater Israel entgegen. Konnte aber einer Joseph ziehen sehen und selbst nicht mitziehen, die Hofleute Pharaos, die Ältesten des königlichen Hauses und die Ältesten des Landes Ägypten einem Ehrungen erweisen sehen und daran nicht teilnehmen? Also zog ganz Ägypten Jakob entgegen. Daher heißt es: Die Weisen werden Ehre erben.

10
Jakobs Heimgang

UND DIE ZEIT KAM HERAN, daß Israel sterben sollte. Er rief seinen Sohn Joseph und sprach zu ihm: Begrabe mich nicht in Ägypten. Warum wollte Jakob nicht in Ägypten begraben sein? Damit seine Gruft nicht eine Stätte des Götzendienstes werde. Wer sich zum Götzen macht, verfällt der Strafe nicht weniger, als der, der einen Götzen anbetet.

Ein Lehrer fragte: Warum wünschen die Väter so sehnlich, im Lande Israel nach dem Tode zu ruhen? Weil die Toten des heiligen Landes bei der Ankunft des Messias zuerst auferstehen und die herrlichen Zeiten zuerst genießen werden. Wer außerhalb des Landes Israel begraben ist, erleidet gleichsam zweimal den Tod. Darauf sprach ein Weiser: So kommen doch die Gerechten zu Schaden, die in der Fremde gestorben sind? Was tut aber der Herr? Er läßt von ihren Gräbern unterirdische Gänge entstehen, durch die sich ihre Gebeine wälzen, bis sie das Land Israel erreicht haben. Hier bläst der Herr lebendigen Odem in die Leiber ein, und sie stehen auf.

Es wurde Joseph angesagt: Siehe, dein Vater ist krank. Ephraim, der mit Jakob immer bei der Schrift saß, brachte ihm die Kunde. Und Israel nahm sich zusammen und richtete sich auf dem Lager vor Joseph auf. Er sprach: Wohl ist er mein Sohn, aber er ist ein König, und so will ich ihn nach Gebühr ehren.

Als Jakob die Kinder Josephs sah, sprach er: Wer sind diese? Ein Lehrer stellte die Frage: Hat denn Jakob seine Enkelkinder nicht gekannt? Saßen sie doch täglich vor ihm und forschten mit ihm in der Schrift. Wieso fragte er da, wer sie seien? Aber er schaute in die Ferne und sah die Götzendiener Jerobeam, den Sohn Nebats, und Ahab, den Sohn Omris, von Ephraim kommen, und der heilige Geist wich von ihm, daß er sie nicht mehr segnen konnte. Als Joseph das gewahrte, warf er sich zu Boden, flehte den Herrn um Erbarmen an und rief: Herr der Welt! Sind meine Kinder dazu ausersehen, gesegnet zu werden, so laß mich nicht heute beschämten Angesichts von hinnen ziehen. Alsbald geriet der Geist Gottes wieder über Jakob, und er segnete seines Sohnes Söhne.

Zweimal war der heilige Geist von Jakob gewichen: das eine Mal, als er Josephs Kinder segnen sollte, das zweite Mal, als er seinen Söhnen den Tag der Ankunft der Messias verraten wollte.

Jakob segnete seine Söhne, er bedachte einen jeden mit einem besonderen Segen. Er verlieh Juda die Kraft eines Löwen, Joseph die Macht eines Stieres, Naphtali die Leichtfüßigkeit eines Hirsches, Dan das Gift einer Schlange. Meinst du aber, daß er einen dem anderen vorzog? Nein, denn zuletzt sprach er über sie alle einen gemeinsamen Segen.

Jakob sagte zu seinen Kindern: Dereinst wird ein Prophet meinen Segen aufnehmen und euch weiter segnen; wo ich aufgehört habe, wird er anfangen.

Und richtig, es kam Mose und eröffnete den Segen mit den Worten, mit denen Jakob den seinigen beschlossen hatte. Der König David aber hob seine Lobgesänge mit den Worten an, mit denen der Segen Moses endet.

Aus dem großen Midras

1
Akylos und Hadrian

Der Proselyt Akylos fragte einst die Lehrer: In eurer Schrift heißt es: Gott liebt die Fremdlinge und gibt ihnen Brot und Kleider. Sind denn diese Gaben so hoch zu bewerten, daß sie Gott denen, die er lieb hat, verleiht? Die Lehrer antworteten darauf: Hat doch unser

Erzvater Jakob, dessen Name Israel ist, von dem Herrn nicht mehr verlangt als Brot und Kleider. Und dir, der du bei uns Aufnahme finden willst, genügt es nicht, Jakob, dem Erstgeborenen Gottes, gleich zu sein.

Achtzehnmal werden die Väter in der Schrift erwähnt, und achtzehn Segenssprüche haben die Weisen für das Hauptgebet angeordnet.

Jakob benannte die Stadt Beth-El; vormals aber hieß sie Lus. Das ist die Stadt, in der das wundersame Blau, mit dem man die Wolle färbt, zu finden war. Das ist die Stadt, über die Sanherib kam, und der er nichts antun konnte; die Stadt, die Nebukadnezar nicht zu verwüsten vermochte; die Stadt, über die der Todesengel keine Herrschaft hat. Was geschieht aber dort mit den Greisen? Wenn sie das höchste Alter erreicht haben, führt man sie an einen Ort außerhalb der Stadtmauer, und da ereilt sie der Tod.

Der Römerkaiser Hadrian fragte einstmals den Meister Rabbi Josua ben Hanania: Woraus läßt Gott den Menschen nach dem Tode wieder erstehen? Der Weise erwiderte: Aus einem Wirbelbein des Rückgrates, Lus genannt. Da sprach der Kaiser: Woher weißt du, daß dieses Bein unzerstörbar ist? Der Weise antwortete: Laß einen solchen Knochen herbringen, und ich will es dir beweisen. Da brachte man dieses Wirbelbein; man mahlte es mit einem Mühlstein, und es wurde nicht zerrieben; man warf es in ein Feuer, und es wurde nicht verbrannt; man legte es in Wasser, und es wurde nicht erweicht; man tat es auf einen Amboß und schlug darauf mit einem Hammer; da zersprang der Amboß in zwei Teile, und der Hammer zerbrach; aber von dem Bein bröckelte nichts ab.

2
Die Schwestern Lea und Rahel

DIE ZWEI TÖCHTER LABANS sind wie zwei Balken, die ein Ende der Welt mit dem anderen zusammenfügen. Die eine hat Fürsten hervorgebracht, die andere hat Fürsten hervorgebracht; der einen sind Könige entsprossen, und der anderen sind Könige entsprossen. Von der einen kamen Löwenbezwinger, und auch von der anderen kamen Löwenbezwinger. Der einen wie der anderen entstammten Propheten, Richter, Ländereroberer und Länderverteiler.

Das Opfer eines Sohnes Leas hebt den Sabbat auf; das Opfer eines Sohnes Rahels hebt den Sabbat auf; und führt ein Sohn Leas oder Rahels Krieg, so darf auch am Sabbat gekämpft werden. Der einen Nachkommen sind zwei Siegesnächte beschieden worden; der anderen

Nachkommen sind zwei Siegesnächte beschieden worden. Die Passahnacht und die Todesnacht des Heeres Sanheribs waren das Werk der Nachkommen Leas. Die Nacht, in der die Gideon Midian bezwang, und die Nacht, in der der Aufstieg Mardochais begann, sind die Siegesnächte der Stämme Rahels. Das Erbe Leas aber ist größer als das Erbe Rahels; ewiges Priestertum und ewiges Königtum ward den Kindern Leas zuteil, wie es heißt: Juda soll ewiglich bewohnt werden und Jerusalem für und für. Rahels Erbe ist dagegen gering: kurz währte die Herrschaft Josephs, kurz war das Königtum Sauls, kurz war der Bestand des Tempels zu Silo.

Andere aber sagen, Rahel allein sei die Trägerin des Hauses Jakob. Mit ihrem Namen wird ganz Israel benannt, wie es heißt: Rahel wehklagt um ihre Kinder. Aber nicht bloß ihr Name gilt als Bezeichnung für Israel, sondern auch der Name ihres Sohnes Joseph, wie der ihres Sohnessohnes Ephraim. Wie sagten doch die Propheten: Vielleicht, daß sich der Herr des Restes Josephs erbarme, und: Ist nicht Ephraim mein teurer Sohn, mein trautes Kind?

Den fünften Sohn Jakobs hieß man Levi, weil er dazu ausersehen war, die Nachkommen zu ihrem Vater im Himmel zu geleiten. Diese Nachfahren aber sind Mose und Aaron.

Allen ihren Söhnen gab Lea selbst die Namen. Allein von Levi heißt es: Man benannte ihn Levi. Also wurde sein Name vom Himmel aus verkündet.

3
Dudaim

RAHEL SPRACH ZU LEA: Gib mir doch von den Dudaim deines Sohnes. Lea aber erwiderte: Ist's dir nicht genug, daß du mir meinen Mann genommen hast, so willst du mir auch die Dudaim wegnehmen? Da sprach Rahel: Wohlan, laß Jakob diese Nacht bei dir ruhen.

Dafür aber, daß Rahel den Gerechten so gering einschätzte, sollte sie nicht in seinem Erbbegräbnis bestattet werden.

Jakob kam abends vom Felde. Da ging ihm Lea entgegen – sie wartete nicht, bis er die Füße gewaschen hätte – und sprach: Zu mir sollst du kommen.

Aber Gott sah, daß ihre Absicht keine andere war, als neue Stämme Jakob zu schenken, und erhörte sie. Lea ward schwanger und gebar den fünften Sohn; sie nannte ihn Isachar. Danach ward sie wieder schwanger und gebar Jakob den sechsten Sohn; dem gab sie den Namen Sebulon.

Rabbi Levi sprach: Komm her und schau, was die Dudaim Schönes vermittelt haben! Durch sie sind zwei Geschlechter in Israel entstanden.

Ein Midras erzählt:
Ruben führte einst den Esel seines Vaters auf die Weide. Er band ihn an eine Alraunenwurzel und ging davon. Als Ruben zurückkehrte, fand er das Tier tot; der Esel hatte die Wurzel ausgerissen, und wer die Alraune ausreißt, der stirbt. Da nahm Ruben die Pflanze und brachte sie seiner Mutter.

Der Herr nahm sich aber auch Rahels an. Rabbi Eliser sprach: An drei Frauen gedachte Gott am Neujahrstage: an Sara, Rahel und Hanna.

Wo die Gerechten nur hinziehen, wird ihnen der Segen nachgesandt. Isaak zog nach dem Lande Gerar, und der Segen Gottes folgte ihm dorthin. Jakob floh zu Laban, und Gottes Segen geleitete ihn dorthin. Joseph fuhr nach Ägypten hinab, und ihm auf den Fuß folgte das Glück.

Hiskia sagt: Bevor Jakob zu Laban kam, wurden diesem keine Söhne geboren. Erst als Jakob bei ihm weilte, wurde Laban mit männlichen Sprossen gesegnet.

Rabbi Elieser, der Sohn Jakobs, sprach: Es gibt kein Geschlecht, das nicht seinen Abraham hätte, es gibt keins, das nicht seinen Jakob hätte, es gibt keins, das nicht seinen Samuel hätte.

4
Jakob und Esau

Es kamen Jakob Engel entgegen. Wieviel Engel mögen wohl vor unserem Vater Jakob gehüpft sein, als er in das Heimatland zurückkam? Ein Weiser meinte, es wären ihrer sechzigtausend, andere meinen, es wären hundertzwanzigtausend gewesen.

Jakob schickte Esau Boten entgegen. Die einen meinen, die Boten wären menschliche Wesen, die anderen behaupten, es wären Engel Gottes gewesen.

Wenn Hagar, der Magd Sarais, fünf Engel erschienen sind, sollten einem, der des Königs Liebling war, nicht ihrer viele erscheinen? Wenn sich Elieser, der eines Hauses Knecht war, Engel zugesellten, um wieviel mehr müßten sich einem Engel zugesellen, der eines Hauses Liebling war?

Als Jakob die Begegnung mit Esau bevorstand, rief er zu Gott: Herr der Welt! Du hast in deiner Schrift geboten, keinen Ochsen und kein Schaf mit seinen Jungen an einem Tage zu schlachten. Nun kommt der Bösewicht und will die Mütter samt den Kindern umbringen. Wer wird aber da in der Schrift forschen, die du dereinst auf dem Berge Sinai geben willst? Und Jakob sah Esau kommen; er erhob seine Augen zum Himmel und flehte mit Tränen den Herrn um Erbarmen an. Gott erhörte sein Gebet und versprach, ihm aus aller Bedrängnis zu helfen.

Jakob stand auf in der Nacht, nahm seine zwei Weiber, die zwei Mägde und die elf Kinder. Wo aber war Dina zu der Zeit? Sie wurde in einem Kasten versteckt gehalten. Denn Jakob sprach: Der Unhold wird womöglich seine Augen auf sie heften und sie mir entreißen. Da sprach Gott: Du hast deinem Bruder die Gnade vorenthalten. Hätte Jakob seine Tochter Esau angetraut, sie wäre nicht der Hurerei verfallen.

Dina sprach, nachdem sie von Sichem geschwächt worden war: Wo soll ich mit meiner Schande hin? Und sie wollte das Haus Hemors nicht verlassen. Da schwor ihr Sichem, daß er sie ehelichen werde.

5

Der Tod Rahels, Deboras und Rebekkas

Drei Frauen kam es hart an bei der Geburt, und sie starben, da sie Lebendes zur Welt gebracht hatten; diese sind: die Erzmutter Rahel, das Weib Pinehas', des Sohnes Elis, und Michael, die Tochter des Königs Saul.

Rahel starb und ward begraben auf dem Wege vor Ephrath. Was mag Jakob geschaut haben, daß er diesen Ort Rahel als Grabstätte zuwies? Er sah die nach Babel Verbannten dieses Weges ziehen und bestattete hier seine Ehegefährtin, auf daß sie für ihre Nachkommen um Erbarmen flehe. Wie sagt doch der Prophet: Mann hört eine Stimme klagen und bitter weinen: Rahel weint um ihre Kinder.

Es starb Debora, die Amme Rebekkas, und ward begraben bei Beth-El unter einer Eiche, die die Klageiche benannt worden ist. Da Jakob noch um Debora trauerte, traf ihn die Nachricht, daß seine Mutter Rebekka gestorben war. Und der Herr erschien ihm und segnete ihn. Ein Weiser sagte: Gott tröstete Jakob in seiner Trauer.

Was war doch Trauriges Rebekka begegnet! Nachdem ihr Sohn Jakob zwanzig Jahre abwesend war, schickte sie ihre Amme Debora nach Mesopotamien, daß sie ihn hole. Debora traf mit Jakob unterwegs zusammen und starb in Beth-El. Und zu derselben Zeit starb auch Rebekka in ihrer Heimat und hatte ihren Sohn nicht wiedergesehen.

Unsere Lehrer erzählen, daß es Rebekkas Wunsch war, in der Nacht beigesetzt zu werden. Sie sprach: Mein Sohn Jakob der Gerechte ist nicht daheim, mein Mann Isaak der Gerechte verläßt nicht die Hütte, weil seine Augen dunkel sind. Trägt man nun meinen Leichnam am Tage hinaus, so wird nur Esau der Missetäter der Bahre vorangehen, und man wird sagen: Unselig die Brust, die diesen gesäugt hat! Daher befahl sie, daß man sie bei Nacht zu Grabe trage.

Rabbi Jose ben Hanina sagt: Weil Rebekka in der Nacht bestattet worden ist, ist ihr Tod in der Schrift nicht erwähnt.

6
Edom

Es GAB KÖNIGE, die im Lande Edom regiert haben, noch ehedenn die Kinder Israel Könige hatten.

Bevor noch ein König in Israel aufgekommen war, herrschten schon Könige in Edom. Während aber in Edom Könige regierten, regierten in Israel Richter. Beide aber, Israel und Edom, hatten je acht Könige. Die der Edomiter waren: Bela, Joab, Husam, Hadad, Samla, Saul, Baal-Hanan und Hadar. Die Hauptkönige Israels waren: Saul, Is-Boseth, David, Salomo, Rehabeam, Abia, Asa, Josaphat. Da kam Nebukadnezar, vermischte die Stämme Edoms und Judas miteinander und hob aller Fürsten Herrschaft auf. Evil-Merodach aber, der König von Babel, verlieh Jojachin die Herrschaft wieder. Ahasveros ließ Haman den Edomiter zu Ehren gelangen.

Das Feuer ist in den sechs Schöpfungstagen nicht entstanden. Wohl aber hatte der Herr den Gedanken, es zu erschaffen. Und ebenso verhält es sich mit den Mischlingskreaturen. Wann ist eine solche Kreatur in die Welt gekommen? Zur Zeit Anas des Edomiters, des Sohnes Zibeons. Er paarte in der Wüste eine Eselin mit einem Hengst, und daraus entstand ein Maulesel. Da sprach Gott: Ich habe bislang kein Wesen erschaffen, das schädlich wäre. Du aber hast ein Greuelgeschöpf entstehen lassen. So will auch ich nun ein Tier aufkommen lassen, das Unheil stiften wird. Und Gott nahm einen Igel und kreuzte ihn mit einer Eidechse, und daraus ward die Otterschlange.

Es hat noch kein Mensch von sich sagen können, daß ihn eine Otter versehrt hätte, und er danach lebte, daß ein tollwütiger Hund ihn gebissen hätte, und er danach lebte, daß ihn ein Maulesel und zwar ein weiser Maulesel gestoßen hätte, und er danach lebte.

Timna, die Schwester Lothans, war eine Fürstentochter. Sie wollte sich zum Gotte Israels bekehren und bat Abraham, Isaak und Jakob, daß sie sie aufnehmen mögen; diese aber wiesen sie ab. Da ging sie von ihnen und ward das Kebsweib Eliphas', des Sohnes Esaus, denn sie sprach: Lieber will ich Magd sein unter diesem Stamme, als bei einem anderen Stamme Herrin sein. Ihr entstammte Amalek, der Peiniger Israels. Und warum das? Die Väter hätten sie nicht abweisen sollen.

7
Von Jakob und von Joseph

JAKOB ERWARB DAS STÜCK ACKER, auf dem er sein Zelt aufgerichtet hatte, von Hemor, dem Vater Sichems, um hundert Groschen.

Darüber sagte Rabbi Juden, der Sohn Simeons: Dies ist eine der drei Stätten, von denen die Völker der Erde Israel nicht vorwerfen können, daß sie geraubt seien. Diese Stätten sind: die zwiefache Höhle, der Hügel, auf dem der Tempel zu Jerusalem stand, und die Gruft Josephs.

Israel liebte Joseph mehr als alle seine Kinder. Er weihte ihn in die Geheimnisse des Gesetzes ein, die ihm von seinen Lehrern Sem und Eber überliefert worden waren.

Als Joseph seinem Vater den Traum erzählte, daß die Sonne, der Mond und elf Sterne sich vor ihm gebückt hätten, wähnte Jakob, die Zeit der Auferstehung der Toten sei nicht mehr fern. Er sprach zu ihm: Sollten ich, deine Brüder und deine Mutter, die bereits tot ist, sich vor dir verneigen? Jakob wußte nicht, daß mit dem Traume Josephs Bilha, die Magd Rahels, gemeint war, welche ihn einer Mutter gleich großgezogen hatte.

Jakob behielt den Traum Josephs in seinem Herzen. Ein Weiser meinte, Jakob hätte mit einem Stift auf einer Tafel den Tag, die Stunde und den Ort des Geschehnisses vermerkt. Ein anderer Weiser meinte, der heilige Geist hätte Jakob zugerufen: Bewahre die Worte in deinem Gedächtnis; sie werden dereinst in Erfüllung gehen.

8
Maß für Maß

RABBI AHA LEHRTE: Wenn die Gerechten den Herrn um irdisches Behagen bitten, kommt der Satan und erhebt wider sie Klagen. Er spricht: Diesem genügt es nicht, daß ihm das Jenseits gewiß ist; er will sich auch auf Erden der Ruhe erfreuen. Wisse, daß dem so ist. Weil

Jakob um seine Sicherheit in diesem Leben besorgt war, ereilte ihn das Unglück der Verkaufung Josephs.

Jakob zerriß seine Kleider, als er die Kunde von Josephs Tode vernahm. Das haben die Stämme verschuldet. Und wann ist es von ihnen eingefordert worden? Als sie auf dem Wege von Ägypten nach Kanaan in der Herberge abstiegen und das von ihnen bezahlte Geld in den Säcken wiederfanden. Da zerrissen auch sie ihre Kleider. Das aber hat Joseph verschuldet, und das wurde an seinem Sohnessohne gesühnt, wie es heißt: Josua zerriß seine Kleider. Auch Benjamin war schuld daran, daß seine Brüder ihre Kleider zerrissen, und wann ist das heimgezahlt worden? In der Königsstadt Susan, wo Mardochai, der Nachkomme Benjamins, seine Kleider zerriß. Ebenso hat es Manasse verursacht, daß die Stämme ihre Kleider zerrissen haben, und dafür ist sein Erbe für ewig zerrissen worden. Die Hälfte davon ist im Ostjordanlande, die andere im Lande Kanaan.

Jakob band einen Sack um seine Lenden. Rabbi Ibo sprach: Ach, daß unser Erzvater Jakob damals den Sack ergriff! Dieses Trauerkleid sollten seine Kinder und seine Kindeskinder nimmermehr ausziehen.

Joseph fuhr hinab nach Ägypten, und die Herrlichkeit Gottes fuhr mit ihm dort hinab.

Joseph sprach bei sich: Mein Vater wurde von dem Herrn versucht, dem Vater meines Vaters sind gleichfalls von Gott Prüfungen auferlegt worden. Sollte ich allein ohne Versuchungen ausgehen? Darauf sprach Gott: So wahr du lebst, dir stehen Prüfungen bevor, die viel schwerer sind als die deiner Vorfahren.

Joseph weigerte sich, den Willen seiner Herrin zu tun. Er sprach zu ihr: Es ist unseres Herrn Art, sich von Mal zu Mal aus meines Vaters Stamme Lieblinge als Opfer zu ersehen; höre ich nun auf dich, so bin ich als Opfer entweiht.

Rabbi Abbin sagte: Potiphars Weib führte Joseph von Gemach zu Gemach und von Kammer zu Kammer, bis sie ihn auf ihr Lager brachte. Darüber aber befand sich der von ihr angebetete Götze. Da nahm die Fürstin ein Leintuch und verhüllte das Bild. Joseph sprach: Du verdeckst deinen Abgott, damit er deine Sünde nicht schaue, von unserem Herrn aber heißt es, daß seine Augen alle Lande durchziehen.

9
Joseph und die Brüder

DIE BRÜDER JOSEPHS verblieben drei Tage in der Haft, als Joseph sie in seine Gewalt bekam. Der Herr läßt seine Gerechten nimmer länger als drei Tage in Bedrängnis schmachten. So sagt auch der Prophet: Er macht uns lebendig am dritten Tage.

Rabbi Eleasar, der Sohn Azarias, sagt: Wehe uns Menschenkindern, die wir des Gerichtstages gewärtig sind! Wehe uns, die wir dereinst Rechenschaft für unsere Taten ablegen müssen! Wenn die Brüder Josephs, die doch vor einem irdischen Richter standen, seine Zurechtweisung nicht ertragen konnten, wie sollten wir der Strafe des Heiligen, gelobt sei er, der doch zugleich Kläger und Richter ist und auf dem Richterstuhle sitzt, standhalten können?

Jakob brachte ein Opfer dem Gotte seines Vaters Isaak. Rabbi Berachia sprach: Der Herr fügt seinen Namen nur den Namen derer an, die bereits verschieden sind; den aber von Leiden gebeugten gesellt er sich noch bei ihren Lebzeiten zu.

Israel zog aus mit allem, was sein war, und kam nach Beer-Seba. Weswegen zog er hin? Er wollte die Zedern fällen, die unser Erzvater Abraham gepflanzt hatte, und die für den Bau der Stiftshütte bestimmt waren.

Rabbi Pinehas sagt im Namen des Rabbi Hosia: Der Herr stellte Jakob mit den Füßen auf den Meeresspiegel und sprach zu ihm: Schaue das Wunder, das ich dereinst an deinen Kindern zu vollbringen gedenke.

Einzelnes

1
Die Stammväter

DER HERR WIRD DAS ZEPTER deiner Macht senden aus Zion. Herrsche unter deinen Feinden! So sagt der Psalmist. Welches Zepter ist damit gemeint: Das ist der Stab Jakobs, den er in seiner Hand hielt, als er den Jordan überschritt. Das ist der Stab, den Juda führte; das ist der Stab, mit dem Mose die Wunder wirkte; das ist der Herrscherstab des Königs David. Dieser Stab blieb in den Händen aller Könige Judas bis zu der Zeit, da der Tempel zerstört ward. Dann wurde der Stab vergraben. Er soll aber dereinst in die Hand des Königs Messias gelangen, und mit ihm wird er die Völker regieren.

Als Jakob in das Weichbild von Haran kam und die Hirten vor dem Brunnen sich bemühen sah, trat er hinzu und wälzte den Stein von dem Mund der Quelle. Merkst du den Unterschied zwischen ihm und Mose: Jakob hob bloß den Stein ab, und schon stiegen die Wasser von selbst zu ihm empor. Von Mose aber heißt es, daß er den Mädchen das Wasser schöpfte.

Die Knaben Jakob und Esau wuchsen heran. Wie der Name Jakobs in allem zuerst genannt wird, so hätte der Name Esaus zuerst werden sollen. Esau hätte Jakob heißen sollen und Jakob hätte den Namen Esau tragen sollen. Esau sollten Könige entstammen, Jakob sollten Priester entstammen. Die ersten Segnungen galten Esau, die letzten galten Jakob. Lea und Silpa waren Esau als Gemahlinnen zugedacht, Rahel und Bilha nur sollten Jakobs Weiber werden. Aber alle diese Gaben wurden Esau genommen.

Jakob schickte Boten zu Esau; das waren Engel. Er wollte schlichte Bote aussenden, aber kein Mensch mochte vor Esau kommen, weil man sich vor ihm fürchtete. Also ließ Jakob von diensttuenden Engeln die Botschaft an Esau ausrichten.

Man erzählt, Jakob sei zur Strafe dafür, daß er eine Strecke mit Esau gegangen war, von allem Vieh nur ein jähriges Schaf übriggeblieben. Dieses blieb ihm um seines Vaters Abraham willen erhalten. Daß dem so war, geht aus dem Satz hervor: Er machte dem Vieh Hütten. Kann denn ein Mensch jedem einzelnen Stück Vieh eine Hütte bauen? Also ist es so zu verstehen, daß Jakob nur noch ein Schäfchen besaß; weil er es aber sehr lieb hatte, machte er ihm zwei Hütten, eine für den Tag und eine für die Nacht.

Zur Stunde, da der Herr zu Jakob sprach: Auf, zieh gen Beth-El und wohnte daselbst, zeigte er ihm, was über der Leiter war, und ließ ihn die obersten Gemächer sehen.

2
Die beiden Erzmütter

DER HERR SAH, daß Lea nicht hoch gehalten wurde, und segnete sie dafür mit Leibesfrucht. Wie sagt doch die Schrift: Gott schützt die Fallenden. Denn des Herrn Art ist nicht wie des Menschen Art. Hat ein Mensch einen reichen Freund, so hängt er an ihm und ist ihm zugetan. Sieht er aber die Hand des Freundes matt werden und ihn selbst verarmen, so beachtet er ihn nicht und wirft ihm einen Stein nach. Der Herr aber, wenn er einen schwach werden sieht, reicht ihm die Hand und richtet ihn auf.

Und so tat er es mit Lea. Er sprach bei sich: Wie mache ich sie nur ihrem Gatten lieb: Ich will ihr zuerst Kinder schenken, und durch diese wird sie ihrem Manne wert werden.

Da Rahel sah, daß sie dem Jakob kein Kind gebar, beneidete sie ihre Schwester Lea. Warum war ihr Neid erst jetzt erwacht: Warum beneidete sie nicht Lea, als diese dem Jakob angetraut wurde: Sie beneidete ihre Schwester um ihre Tugenden. Sie sprach: Wäre sie nicht gerechter als ich, der Herr hätte sie nicht vor mir mit Kindern gesegnet.

Und Rahel sprach zu Jakob: Schaffe mir Kinder, so nicht, sterbe ich. Ist denn ein Weib, das nicht gebiert, als tot anzusehen: Rahel aber sprach bei sich: Wenn ich dem Gerechten keinen Sohn schenke, vermählt mich mein Vater mit einem Gottlosen, und ich bin mit diesem auch im Jenseits vereint.

Was der Gottlose fürchtet, das wird ihm begegnen, und was die Gerechten begehren, wird ihnen gegeben, sagt König Salomo.

Der Gottlose, das ist Esau; er fürchtete, daß der Segen, den Jakob empfangen hatte, in Erfüllung gehen werde. Er sprach bei sich: Dieser wird viele Kinder zeugen, und ich werde ihm nicht beikommen können. Und das traf auch ein.

Die Gerechte, die mit dem Spruche Salomos gemeint ist, ist Rahel; ihr Begehren war, von Jakob Kinder zu empfangen. Und auch Jakobs Sehnen war, von Rahel Kinder zu haben. Alle vierzehn Fronjahre im Hause Labans galten ihr allein, und solange sie ihm kein Kind geboren hatte, wollte er nicht in seines Vaters Haus zurückkehren. Er sprach: Sie muß allen meinen Kinder eine Mutter werden. Wenn meine Kinder sich versündigen werden, wird Rahel für sie um Erbarmen flehen.

3
Jakob und Pharao

UNSERE ALTVORDERN ERZÄHLEN: Als Jakob vor das Angesicht Pharaos kam, fragte ihn dieser: Wessen Sohn bist du: Jakob antwortet: Ich bin der Sohnessohn Abrahams. Der König fragte weiter: Wieviel Nachkommen führst du mit dir? Jakob erwiderte: Es sind siebzig Seelen. Der Riese Og war damals zugegen. Da wandte sich Pharao an ihn und sprach: Og, als der Vater dieses Stammes, Abraham, hierherkam, erzähltest du, ein ehrbares Paar sei nach Ägypten herabgefahren, Abraham und Sara. Ich sah sie beide danach im Lande Kanaan; ihr Haus stand für jedermann weit offen, sie speisten und erquickten jeden Vorbeiziehenden. Du behauptetest von Abraham, er sei ein unfruchtbarer Maulesel und könne nicht zeugen, und nun steht einer hier, der sein Sohnessohn ist, und siebzig Seelen sind seinen Lenden entsprossen. Da warf Og ein böses Auge auf Jakob. Und Pharao sprach abermals zu ihm: Das ist Abrahams Sohnessohn, und siebzig

Seelen sind seine Kinder; ist das nicht verwunderlich: Der Herr aber sprach zu Og: Missetäter! Dein Auge wird nicht eher auslaufen, als bis du Tausende und Abertausende von ihm Gezeugter gesehen hast. In dieser Stunde verhängte Gott, daß Og von Israels Hand fallen sollte.

Berachia der Priester erzählte: Jakob kam vor Pharao und verließ ihn nicht eher, als bis er ihn gesegnet hatte. Was war das für ein Segen, den der Erzvater dem Ägypterkönig erteilte? Er sprach zu ihm: Möge der Nil zu deinen Füßen emporsteigen.

Die Söhne Jakobs

1
Ruben und Juda

Es heisst in dem Gesetzesbuche Moses: Wenn ein Mann zwei Weiber hat, eine, die er liebt, und eine, die ihm verhaßt ist, und beide, die geliebte und die unwerte, ihm Kinder gebären, der erstgeborene Sohn aber von der verhaßten ist, so darf er an dem Tage, da er seinen Kinder das Erbe austeilt, nicht den Sohn der geliebten für den der ungeliebten zum Erstgeborenen machen. Das ist der Fall des Erzvaters Jakob: er hatte zwei Frauen, Lea und Rahel, der einen war er in Liebe zugetan, das war Rahel, die andere war ihm unlieb, das war Lea, und beide, Rahel wie Lea, gebaren ihm Kinder. Als nun die Zeit kam, daß er von der Welt scheiden sollte, durfte er nicht Joseph, den Sohn seines geliebten Weibes zum Erstgeborenen ernennen und sprach: Ruben, du bist mein erster Sohn – wiewohl er der Schande Rubens gedachte und hinzufügte: Er fährt leicht dahin wie ein Wasser.

Ruben sollte späterhin durch Mose erlöst werden. Mose hielt Fürbitte für Ruben und sprach: Es lebe Ruben, und der Herr setzte hinzu: Und er sterbe nimmer. Ruben sollte im Diesseits immer leben bleiben und das Jenseits nicht verlieren.

Ruben hörte, was seine Brüder mit Joseph zu tun gedachten, und beschloß, ihn zu retten. Der Herr sprach zu ihm: Du warst der erste, der Seelen zu erretten trachtete. Bei deinem Leben! Die Zufluchtstätten für die Totschläger wider Willen sollen sich dereinst in deinem Landesteile befinden.

Als Ruben seine tägliche Buße verrichtet hatte, kehrte er zur Grube zurück und wollte Joseph aus ihr emporziehen. Der Herr sprach zu ihm: Es hat bislang keiner, der eine Sünde begangen, Buße getan; du betrittst als erster diesen Weg. Bei deinem Leben! Auch ein Sohnessohn von dir wird sich dereinst darin hervortun. Auf wen wurde damit hingewiesen? Auf den Propheten Hosea.

2
Juda und Thamar

SAMUEL, DER SOHN NAHAMENIS, sprach: Der Stämme Trachten war, Joseph, fortzuschaffen; Rubens Trachten war, Buße zu tun; Jakob trug Leid um seinen Sohn; Juda fuhr hinab nach Adullam, und freite ein Weib, der Herr aber sann darauf, das Licht des Messias entstehen zu lassen.

Noch war der erste Knecht nicht geboren und schon war der letzte Erlöser da.

Juda schied von seinen Brüdern und sprach: Wir wollen uns zerstreuen, denn sind wir beisammen, so kann es eher geschehen, daß unsere Sünde gegen Joseph eingefordert wird.

Juda sprach zu Onan: Geh zu dem Weibe deines Bruders und nimm sie zur Ehe. Juda war der erste, der das Gebot der Schwager-Ehe einführte.

Thamar legte ihre Witwenkleider ab und verhüllte sich mit einem Schleier. Zwei Frauen bedeckten ihr Angesicht mit Schleiern, Thamar und Rebekka, und beide gebaren Zwillinge.

Thamar setzte sich vor Patah Enajim. Rabbi Amai sagt: Wir gehen die ganze Schrift durch und finden keinen Ort, der den Namen Patah Enajim trüge. Es ist also zu verstehen, daß Thamar ihre Augen an das Tor heftete, an dem aller Blicke hingen, und sprach: Es sei der Wille des Herrn, daß ich aus diesem Hause nicht leer ausgehe.

Juda sah Thamar sitzen. Rabbi Johanan erzählt, Juda habe an Thamar vorbeigehen wollen, aber der Herr habe den Engel herniederfahren lassen, der die Lüste erweckt, und dieser sprach zu Juda: Wieso entfernst du dich? Wo sollte Israel seine Könige hernehmen, wo sollten die Helden herkommen, wenn du das Weib sitzen läßt?

Juda wohnte Thamar bei, und sie ward schwanger. Rabbi Janai spricht: Als sie gesegnet wurde, ging sie baden, den Leib mit einem Tuch umwickelt, und sprach: Propheten werden mir entsprießen, Könige werden meinem Schoß entspringen.

Als Thamars Schwangerschaft ruchbar wurde, sagte Juda: Führt sie hinaus, daß man sie verbrenne. Warum sollte sie den Feuertod er-

leiden? Thamar war die Tochter Sems; sie war also die Tochter eines
Priesters, und es heißt im Priesterkodex: Wenn eines Priesters Tochter sich der Hurerei schuldig macht, so soll sie im Feuer verbrannt
werden.

Als Thamar hinausgeführt wurde, um verbrannt zu werden,
schickte sie zu ihrem Schwager und ließ sagen: Von dem Manne, dem
dieses gehört, bin ich schwanger. Erkenne, wessen der Siegelring, die
Schnur und der Stab sind. Sie wollte damit gleichsam sagen: Erkenne
das Angesicht deines Schöpfers und wende deine Augen von mir
nicht ab. – Juda erkannte die Gegenstände und sprach: Sie ist gerechter als ich. Alsbald erscholl eine himmlische Stimme und rief: Du hast
Thamar und ihre zwei Söhne vom Feuer gerettet; bei deinem Leben!
Ich will um deinetwillen dereinst drei deiner Söhne vom Feuertode
erretten. Das sind: Hanania, Misael und Asaria.

3
Der Stamm Levi

DER STAMM LEVI war der Lieblingsstamm des Herrn. Gott schuf die
Tage der Woche und erwählte einen; das ist der Sabbattag. Er schuf
die Jahre und wählte eins; das ist das Sabbatjahr. Er schuf die sieben
Sabbatjahre und wählte das fünfzigste, das ist das Jubeljahr. Er schuf
die Himmel und ersah sich ein Gewölbe, das ist der Araboth. Gott
schuf die Länder der Erde und wählte eins von ihnen; das ist das Land
Israel. Er schuf siebzig Völker und erwählte eins. Er schuf zwölf
Stämme und erwählte einen; das ist der Stamm Levi, von dem es
heißt: Er hat ihn allein von allen Stämmen Israels ausersehen, daß er
sein Priester sei.

Du findest, daß der Stamm Levi sich stets vermindert. Wovon
rührt das her? Weil seine Kinder in der Stiftshütte des öfteren die
Herrlichkeit Gottes schauten. Der Herr aber sprach: Es wird mich
keiner sehen und am Leben bleiben. Dereinst aber, wenn ich meine
Majestät nach Zion zurückbringen werde, will ich meine Herrlichkeit ganz Israel offenbaren; mich werden alle schauen und ewig leben. Sie werden mit dem Finger auf mich hinweisen und rufen: Das
ist der Herr unser Gott in Ewigkeit ewig; er ist unser Führer bis zum
Tode. Zu der Zeit wird man sagen: Das ist unser Gott, auf den wir
harren, er wird uns helfen; das ist der Herr, auf den wir harren; freu-
en wir uns seiner und jubeln wir ihm zu.

Rabbi Samuel, der Sohn Nahamans, sprach: Dem Stamme Levi
war es beschieden, daß seine Nachkommen schon im Mutterleibe gezählt wurden.

Berachia der Priester sprach: Der Herr sah voraus, daß Israel in seinem Glauben nicht fest bleiben werde, den Stamm Levi ausgenommen. Als er nun auf den Berg Sinai herniederfuhr, tat er es nur der Levitenschar wegen.

Israel diente in Ägypten fremden Göttern; der Stamm Levi allein verharrte in seiner Treue gegen den Herrn; auch hüteten die Leviten das Gebot der Beschneidung. Deshalb pries Mose sie vor seinem Tode und sprach von ihnen: Die halten deine Rede und bewahren deinen Bund.

Die Herrlichkeit Gottes weilt allein unter dem Stamme Levi, denn dieser Stamm sind eitel Gerechte.

Der Stamm Levi ist von allen der heiligste.

4
Benjamin und Joseph

WOFÜR IST ES BENJAMIN zuteil worden, daß Gott seinen Landstrich zum Wohnsitz für sich wählte und den Tempel in Benjamins Erbteil errichten ließ? Ähnlich trug es sich mit einem König zu, der von Zeit zu Zeit seine Kinder aufzusuchen pflegte. Jeder Sohn wünschte, daß sein Vater bei ihm Herberge nehme. Allein der jüngste sprach bei sich: Ist' s möglich, daß mein Vater die älteren Brüder vernachlässige und bei mir wohne? Und er stand da verschämten Angesichts und bekümmert. Da ihn nun sein Vater so verstört sah, sprach er zu den anderen Söhnen: Ihr seht, wie sich mein jüngster Sohn grämt; ich will nun Speise und Trank bei euch einnehmen, mein Nachtlager aber bei ihm aufschlagen. Also sprach auch der Herr: Mein Haus soll in dem Teile Benjamins errichtet sein, die Opfer auf dem Altar sollen von allen Stämmen dargebracht werden.

Andere sagen, daß Benjamin dieses Teil beschieden wurde, weil er allein im Lande Israel geboren worden war; alle seine Brüder sind außerhalb des heiligen Landes zur Welt gekommen. Noch andere behaupten, dieses Teil hätte Benjamin erlangt, weil er der Verkaufung Josephs nicht mitschuldig gewesen war. Der Herr sprach: Wenn ich seinen Brüdern sage, daß sie mir ein Heiligtum errichten, so werde ich, wenn sie zu mir beten, nicht des Erbarmens voll werden können, weil auch sie sich ihres Bruders nicht erbarmt haben.

Was seht ihr scheel, ihr großen Gebirge, auf den Berg, da Gott Luft hat zu wohnen? Rabbi Akiba legt den Vers aus, daß er sich auf die Stämme Jakobs beziehe. Als Salomo den Tempel erbauen wollte, da stritten und rechteten die Stämme miteinander. Der eine sprach: Auf meinem Gebiet soll das Heiligtum errichtet werden. Der andere sprach: In meinem Kreise soll sich das Haus Gottes befinden. Da sprach der Herr: Warum seht ihr scheel, ihr älteren Brüder, ihr, die ihr an der Verkaufung Josephs schuld seid? Benjamin allein hat an dem Handel nicht teilgenommen, und deshalb ist sein Land die Höhe, da der Herr Luft hat zu wohnen.

Sieben unserer Ahnen genießen der ewigen Ruhe, und kein Wurm hat Macht über ihre Leiber. Diese sind: Abraham, Isaak und Jakob, Mose und Aaron, Mirjam und Benjamin. Viele meinen, auch David zähle zu ihnen, denn er sagt von sich: Mein Fleisch wird sicher liegen.

Der mit seiner Zunge nicht verleumdete, das war Benjamin, der Sohn Jakobs, des Gerechten. Er wußte um die Verkaufung Josephs, er verriet aber seinem Vater nichts davon; also achtete er den Bann, den die Brüder ihm auferlegt hatten. Dafür ward ihm vom Herrn der Lohn, daß er im Eden ewig leben blieb.

5
Naphtali

NAPHTALI IST EIN FLINKER HIRSCH und gibt schöne Rede. Naphtali war ein Friedensbote. Er war es, der Jakob die frohe Kunde überbracht hat, daß Joseph noch am Leben sei. Als Jakob ihn von ferne kommen sah, sprach er: Siehe, da kommt Naphtali; er bringt mir eine friedliche Botschaft und liebliche Rede.

Naphtali ehrte seinen Vater über die Maßen, und Jakob schickte ihn als Boten überall hin. Er richtete die Botschaften behende aus. Deshalb segnete ihn sein Vater und nannte ihn einen leichtfüßigen Hirsch. Dafür ward es Naphtali zuteil, daß die Rache des Herrn an Sissera durch Barak, einen aus dem Stamme Naphtali, vollzogen ward.

Sieben Meere schuf der Herr, er wählte aber von allen nur das rauschende Meer Kinereth, das er dem Stamme Naphtali vererbte.

Von Joseph

1
Das Amulett

DIE BRÜDER VERKAUFTEN Joseph den Ismaelitern um zwanzig Silberlinge. Einer, der so schön war wie Joseph, wird um zwanzig Silberlinge verkauft? Als die Brüder ihn in die Grube warfen, zogen sie ihm die Kleider aus und warfen ihn nackend da hinein.

Die Grube war leer, und es war kein Wasser darin, aber Schlangen und Skorpione waren darin. Als Joseph sich nun unter diesem Getier sah, war er bekümmert und rief: Wehe mir, ich entkomme nicht diesen bösen Geschöpfen. Vor Schrecken und Angst verlor er seine Schönheit. Der Herr aber verschloß den Mund der Tiere, und sie taten ihm nichts.

Als die Brüder Josephs die Karawane der Ismaeliter sahen, zogen sie ihren Bruder aus der Grube und verkauften ihn nackend, wie er war. Der Herr sprach: Solch ein Gerechter soll unbekleidet unter Menschen einhergehen? Joseph aber hatte ein Amulett, das er stets auf dem Halse trug. Der Herr ließ den Engel Gabriel herniederfahren, und der zog aus dem Amulett ein Gewand hervor und hüllte Joseph darein.

Als die Brüder dieses Gewand sahen, sprachen sie zu den Ismaelitern: Dieses Kleid gebt uns wieder, wir haben euch den Knaben nackend und bloß verkauft. Die Ismaeliter antworteten: Wir geben es euch nicht wieder. Aber die Brüder ließen nicht ab, bis die Ismaeliter ihnen noch vier Paar Schuhe zulegten.

In diesem Gewande brachten die Ismaeliter Joseph nach Ägypten, darin verkauften sie ihn dem Potiphar, darin wurde er in das Gefängnis geworfen, darin erschien er vor Pharao; dieses Kleid trug er, auch als er König über Ägypten war.

2
Die Zeichen

AN DEM „TRAKTATE DER SCHREIBER" lesen wir: Was sagte unser Vater Jakob, als seine Söhne ihm das blutige Hemd Josephs brachten? Er wollte an den Tod seines Sohnes nicht glauben. Er ging in das Felsengebirge, hieb zwölf Steine aus und stellte sie in Reihen auf. Auf jeden Stein schrieb er den Namen eines seiner Söhne, dazu den Namen des entsprechenden Planeten und des entsprechenden Monats. Auf den ersten Stein setzte er den Namen Ruben, das Sternbild des Widders und den Monat Nissan, und in dieser Weise beschrieb er die weiteren elf Steine. Danach zog er den Stein Rubens heraus und sprach zu den übrigen: Ich befehle euch, vor diesem aufzustehen. Die Steine aber standen nicht auf. Hierauf griff er Simeons Stein heraus und gebot den übrigen, vor diesem aufzustehen. Die Steine aber gehorchten nicht. So rief er nach der Reihe die Namen aller seiner Söhne aus befahl jedesmal den anderen, sich aufzurichten. Die Steine aber rührten sich nicht. Als darauf Jakob den Namen Josephs ausrief, richteten sich die Steine auf und fielen nieder vor dem Steine Josephs.

Dennoch hielt es Jakob nicht für wahr, daß Joseph noch am Leben sein sollte, und er ging aufs Feld, nahm zwölf Ähren und schrieb darauf die Namen der Söhne, der Planeten und der Monate, wie er es vorher mit den Steinen gemacht hatte. Er sprach: Ich bestimme über euch, daß ihr euch vor Levi erhebt, der dereinst Träger der Urim und Thumim sein wird; die Ähren aber erhoben sich nicht. Jakob sprach weiter: Richtet euch vor Juda auf, welcher König seinen Brüdern ist. Allein die Ähren bewegten sich nicht. Als aber Jakob den Namen Josephs nannte, erhoben sich die Ähren und neigten sich vor der Ähre Josephs.

3
Die Bruderfehde

EIN WEISER LEHRTE: Ein Vater zeichne nimmer eines seiner Kinder vor den anderen aus. Um das Gewicht von zwei Sekel Seide, die Jakob für Joseph mehr aufgewendet, als er ihm das Ärmelkleid machte, entbrannte der Neid der Brüder, und das hatte zur Folge, daß unsere Vorfahren in die Knechtschaft Ägyptens geraten waren.

Joseph erkannte seine Brüder, als sie nach Ägypten kamen, und wollte sie anfangs freundlich empfangen. Aber einer aus den obersten Regionen erschien ihm, klagte seine Brüder vor ihm an und sprach: Sie kommen nur, um dich umzubringen. Das hörte Joseph und stellte sich ihnen fremd. Wer war wohl der Bote, der ihm das zuflüsterte? Das war der Fremde, der einst dem Knaben im Felde begegnet war, als er bei Sichem seine Brüder suchte. Die Söhne Jakobs kehrten zu ihrem Vater zurück und sagten: Ein Mann redete wider uns Böses vor dem Herrscher. Da sprach Jakob: Der Allmächtige möge euch vor dem Manne Erbarmen finden lassen.

Die Brüder Josephs fürchteten sich, da ihr Vater gestorben war, und sprachen: Joseph wird uns gram sein die Bosheit vergelten, die wir an ihm getan haben.

Als sie von dem Leichenbegängnisse ihres Vaters zurückgingen, führte sie der Weg durch die Gegend, wo sich die Grube befand, in die einst ihr Bruder geworfen worden war. Joseph stellte sich an den Rand des Grabens, schaute hinein und sprach leise für sich ein Gebet. Der Mensch hat allzumal des Herrn zu gedenken an einer Stätte, an der ihm ein Wunder widerfahren ist. Das sahen die Brüder und fürchteten sich, daß Joseph an ihnen Rache nehmen würde.

Joseph tröstete seine Brüder und redete mit ihnen herzlich. Rabbi Elieser sagt: Joseph sprach Worte, die zu Herzen gingen. Er sagte seinen Brüdern: Wenn zehn Lichter ein Licht nicht verlöschen können, wie sollte ein Licht zehn Lichter verlöschen?

4
Jakob und Joseph

Abun Halevi erzählte: Joseph ließ, als er im Hause Potiphars weilte, bei jeder Sache, die er verrichtete, dem Herrn Lob zukommen. Sein Dienstherr sah ihn die Lippen bewegen und fragte ihn: Was sprichst du leise für dich? Darauf antwortete Joseph: Ich lobe meinen Gott. Da sprach Potiphar: Den möchte ich gerne schauen. Joseph gab als Antwort: Siehe, die Sonne ist nur einer von den Dienern des Schöpfers, und ihre Strahlen blenden dich; wie solltest du die Herrlichkeit Gottes schauen können?

Von vier Gerechten hebt die Schrift hervor, daß sie Gott fürchteten: von Abraham, Joseph, Hiob und Obadja. Waren denn nicht alle Gerechten gottesfürchtig? Jawohl, aber diese vier zeichneten sich durch besondere Seelengüte und Freigebigkeit aus.

Wer mir zuvorgetan hat, dem vergelte ich's, sagt der Herr. Damit ist Joseph gemeint, der den Sabbat hütete, noch ehe das Gebot da war. Der Herr sprach zu ihm: Joseph, du hast den Sabbat gehalten, ehe das Gesetz gegeben war. Bei deinem Leben! Ich will's deinem Sohnessohne vergelten, daß er am Sabbat wird ein Opfer darbringen dürfen. Wohl ist das dem Einzelnen an diesem Tage untersagt, von deinem Nachkommen aber will ich es gnädiglich hinnehmen.

Joseph hatte im Lande Gosen ein Lehrhaus errichtet. Darin lagen unsere Vorfahren der Kunde des Gesetzes ob, ehe die Schrift gegeben war.

Der Herr sprach: In der Welt hienieden werden die Stämme nur um Josephs willen erlöst, also werden sie auch in der zukünftigen Welt allein um Josephs willen erlöst.

Jakob und Joseph waren beide Gerechte vollauf, und beide haben Stämme in Israel hervorgebracht.

5

Die Schätze Josephs

RABBI HAMA, DER SOHN Haninas, erzählte: Drei Schätze hat Joseph in Ägypten verwahrt. Der eine kam in die Hände Korahs des Leviten der andere gelangte zu Antonius, dem Sohne Asverus', der dritte ist für die Gerechten für die Zeiten, die da kommen sollen, aufgespart.

Das Gold, das Joseph der Gerechte in Ägypten gasammelt hat, füllte drei Türme; jeder Turm war hundert Ellen tief, hundert Ellen breit und hundert Ellen lang. All das Gold aber lieferte Joseph Pharao ab und gab seinen Kindern nicht einmal fünf Silberlinge davon. So wahrte er die Treue Pharao gegenüber. Einer der drei Türme fand nachher Korah, und er überhob sich seines Reichtums; den zweiten Turm entdeckte Antonius, der dritte Schatz soll aber erst in den zukünftigen Tagen gehoben werden.

Joseph sammelte Gold und Silber die Fülle aus allen Ländern, und als das Geld zu Ende war, ließ er sich das Getreide mit Edelsteinen, Kristall und kostbaren Gewändern bezahlen. Danach nahm Joseph das ganze Gold und Silber – es hatten sich zweiundsiebzig Talente angehäuft – dazu die Edelsteine und den Kristall, teilte alles in vier Teile und vergrub sie an vier verschiedenen Stellen; den einen Teil verbarg er in der Wüste jenseits des Schilfmeeres; den anderen tat er in die Nähe des Stromes Eufrath, den dritten und vierten Teil verscharrte er in der Ebene, die gegenüber von Persien und Medien lag.

Drittes Buch

Die Erzählung

Jakob und Laban

1
Jakob kommt in das Haus Labans

JAKOB VERLIESS BEER-SEBA und zog seines Weges nach Haran. Er kam bis an den Berg Moria und übernachtete dort, unweit der Stadt Lus. Da erschien ihm der Allmächtige und sprach: Ich bin der Herr, der Gott Abrahams und der Gott Isaaks, deines Vaters. Das Land, auf dem du liegst, will ich dir und deinem Samen geben. Ich bin mit dir, fürchte dich nicht, ich will dich behüten, wo du dich nur hinwendest, und will deinen Samen wie die Sterne des Himmels mehren. Ich will alle deine Feinde vor dir fällen; sie werden dich bekriegen, aber gegen dich nichts ausrichten; und ich werde dich in dieses Land mit Freuden zurückbringen. Du wirst viele Kinder und großen Reichtum haben.

Da erwachte Jakob aus seinem Schlaf, voll Freude über die Erscheinung, und benannte diesen Ort Beth-El. Alsdann stand er auf frohen Mutes, und seine Füße wurden leicht; er ging weiter nach dem Lande gegen Morgen.

So gelangte er nach Haran und setzte sich dort vor der Tränke nieder. Da kamen Hirten aus Haran, die Schafe weideten, und Jakob fragte sie, woher sie seien. Sie antworteten: Wir sind aus Haran. Da fragte er weiter: Kennt ihr Laban, den Sohn Nahors? Sie erwiderten: Wir kennen ihn wohl; und sieh, da kommt seine Tochter Rahel mit den Schafen ihres Vaters. Da sie noch miteinander redeten, erschien Rahel mit der Herde Labans, denn sie war Hirtin. Als Jakob das Mädchen erblickte, lief er auf sie zu, küßte sie und weinte laut. Dann sagte er ihr, daß er der Sohn Rebekkas, der Schwester ihres Vaters, sei.

Da eilte Rahel nach der Stadt und sagte es ihrem Vater an; Jakob aber weinte von neuem, denn er hatte nichts, was er seinen Anverwandten ins Haus brächte. Als aber Laban vernahm, daß sein Schwestersohn gekommen war, ging er ihm entgegen, küßte und umarmte ihn, führte ihn in sein Haus und gab ihm Brot zu essen. Da erzählte Jakob Laban von allem, was ihm durch seinen Bruder Esau und dessen Sohn Eliphas widerfahren war.

Also blieb Jakob im Hause seines Oheims einen Monat lang. Alsdann sprach Laban zu seinem Gaste: Sage mir, was soll dein Lohn sein, warum sollst du mir umsonst dienen? Laban aber hatte keine Söhne, sondern nur Töchter; seine Weiber und Mägde hatten keine Knaben geboren. Das sind aber die Namen der Töchter, die dem Laban sein Weib Adina geboren hat: die ältere hieß Lea, die jüngere Rahel. Aber Lea hatte blöde Augen, und Rahel war schön von Angesicht und schön von Gestalt, und Jakob hatte sie lieb. Da sprach Jakob zu Laban: Ich will dir sieben Jahre dienen um Rahel, deine jüngere Tochter. Und er diente ihm auch sieben Jahre um Rahel.

Nachdem das siebente Jahr des Dienstes Jakobs um war, sprach er zu Laban: Gib mir Rahel zum Weibe, denn die Tage meines Dienstes sind voll. Da rief Laban alle Einwohner des Ortes zusammen und machte ein Fest. Des Abends aber kam er in das Haus, in dem sich der Bräutigam mit den Gästen aufhielt, und löschte alle Lichter aus. Jakob fragte Laban: Was stellt du an? Laban erwiderte: So ist es Sitte in unserem Lande. Danach nahm Laban seine Tochter Lea und führte sie Jakob zu. Jakob ging zu dem Mädchen ein und mußte nicht, daß es Lea war. Und Laban hatte seine Magd Silpa Lea als Bediente geschenkt.

In der Nacht erschienen die Hochzeitsgesellen, taten sich gütlich und scherzten; sie schlugen mit Pauken, führten Tänze auf und sangen in ihrer Ausgelassenheit: Hilela, hilela! Jakob hörte das Jauchzen der Jünglinge, er verstand aber nicht, was die Worte zu bedeuten hätten, und dachte bei sich: Das ist wohl Brauch dieses Landes. Und die mutwilligen Gesellen fuhren fort, in dieser Weise die ganze Nacht zu rufen. Die Lichter aber waren ausgelöscht.

Als es Morgen wurde und der Tag anbrach, blickte Jakob auf sein Weib hin, und siehe, Lea lag in seinen Armen. Da sprach Jakob: Nun weiß ich, was die Freunde gestern gesungen haben: Hilea, hilea! Diese ist Lea, diese ist Lea! Und ich verstand sie nicht. Er erhob sich, ging zu Laban und sprach zu ihm: Warum hast du an mir so gehandelt? Habe ich dir doch um Rahel gedient, warum betrügst du mich und gibst mir die Lea? Laban erwiderte: Es ist in unserem Lande nicht üblich, daß man die jüngere Tochter vor der älteren vermähle. Wenn du aber auch Leas Schwester ehelichen willst, so nimm sie um den Dienst, den du mir weitere sieben Jahre zu leisten hast.

Da willigte Jakob freudig darein. Er bekam auch bald Rahel zum Weibe und diente um sie abermals sieben Jahre. Er liebte sie aber mehr als Lea. Laban gab Rahel Bilha zur Magd.

Gott aber sah, daß Lea von ihrem Gemahl nicht geliebt wurde, da öffnete er ihren Leib, und sie gebar Jakob nacheinander vier Söhne. Ihre Namen waren: Ruben, Simeon, Levi und Juda. Danach hörte sie auf zu gebären.

Rahel hingegen war unfruchtbar und gebar Jakob kein Kind; sie beneidete ihre Schwester Lea. Als sie nun sah, daß sie nicht gesegnet wurde, nahm sie ihre Magd Bilha und gab sie ihrem Manne Jakob zum Weibe. Da ging Jakob zu Bilha ein, und die ward schwanger und gebar zwei Söhne: Dan und Naphtali. Aber auch Lea sah, daß sie kein Kind mehr bekam; sie nahm ihre Magd Silpa und führte sie Jakob zu. Da ging Jakob auch zu Silpa ein, und auch sie gebar ihm zwei Söhne: Gad und Asser.

Aber da fing auch Lea wieder zu gebären an und schenkte Jakob zwei Söhne und eine Tochter. Die Namen der Söhne waren Isaschar und Sebulon, der Name der Tochter war Dina. Rahel aber war zu der Zeit noch immer kinderlos. Da betete sie vor Gott und sprach: Herr, gedenke meiner und wende dich mir zu; mein Gemahl wird mich fortjagen, weil ich ihm keine Kinder gebäre. Erhöre mein Flehen, Herr Gott, und sieh auf mein Elend hin; gib mir Kinder, wie du sie auch den Mägden gegeben hast, daß ich meine Schande nicht mehr höre. Da vernahm Gott das Gebet Rahels; er gedachte ihrer und segnete ihren Schoß. Sie ward schwanger, gebar einen Sohn und rief: Der Herr hat die Schmach von mir genommen. Sie hieß seinen Namen Joseph, denn sie sprach: Der Herr fahre fort und schenke mir noch einen Sohn. Und Jakob war einundneunzig Jahre alt, als ihm Joseph geboren wurde.

2
Die Ereignisse in Kanaan und in Haran

Noch im zweiten Jahre, als Jakob in Haran bei Laban wohnte, das war das neunundsiebzigste Jahr des Lebens Jakobs, starb Eber, der Sohn Salahs, im vierhundertvierundsechzigsten Lebensjahre. Als Jakob erfuhr, daß Eber gestorben war, ward er sehr betrübt, und er beweinte ihn und trauerte um ihn viele Tage.

Im dritten Jahre des Aufenthaltes Jakobs in Haran, gebar Basmath, die Tochter Ismaels, das Weib Esaus, ihm einen Sohn, und er hieß seinen Namen Reguel. Im vierten Jahre gedachte Gott an Laban um Jakobs willen, und ihm wurden Söhne geboren. Das aber sind die Namen der Kinder Labans: der erstgeborene Sohn hieß Beor, der zweite Alub, der dritte Muras. Und Gott gab Laban Ruhm und Reichtum, und der Mann ward stark und nahm zu, alles um Jakobs willen.

Jakob aber diente Laban, dem Bruder seiner Mutter, und verrichtete ihm jede Arbeit und jeden Dienst im Hause und im Felde. Im fünften Jahre seines Weilens in Haran starb Judith, die Tochter Beris, das Weib Esaus, im Lande Kanaan; diese aber hatte keine Söhne hinterlassen, sondern Töchter. Von diesen hieß die älteste Marzith und die jüngste Phuith.

Als Judith gestorben war, ging Esau in das Land Seïr, das Wild zu jagen, wie es seine Art war. Er blieb in diesem Lande wohnen viele Tage. Im sechsten Jahre des Dienstes Jakobs bei Laban nahm Esau Oholibama, die Schwester Anas, des Sohnes Zibeons des Heviters, außer den Frauen, die er schon hatte, zum Weibe und brachte sie in das Land Kanaan. Oholibama ward schwanger und gebar dem Esau Jehus, Jaelam und Korah, zusammen drei Söhne.

Zu der Zeit brach ein Streit aus zwischen den Hirten Esaus und denen der Kanaaniter. Denn Esaus Vieh und sein Reichtum war sehr groß geworden, und das Land mochte ihn nicht mehr tragen. Da nun Esau sah, daß der Streit mit den Bewohnern des Landes Kanaan immer größer wurde, nahm er seine Weiber, seine Söhne und Töchter sowie alles, was sein war, und begab sich in das Land Seïr; daselbst ließ er sich nieder. Nur von Zeit zu Zeit, von Monat zu Monat, kam er nach dem Lande Kanaan, um seinen Vater und seine Mutter zu sehen.

Esau verbrüderte sich mit den Horiten und gab seine Töchter den Söhnen Seïrs, zu Weibern. Seine älteste Tochter Marzith, gab er Ana, dem Sohne Zibeons, dem Bruder seines Weibes, die jüngere aber, Phuith, gab er Azar, dem Sohne Balahans des Horiten. Also wohnte Esau an diesem Berge mit seinen Kindern, und sie waren fruchtbar und vermehrten sich überaus.

Zu der Zeit schickte Rebekka, die Mutter Jakobs, ihre Amme Debora, die Tochter Uz', zusammen mit zwei Knechten Isaaks von Kanaan nach Haran zu Jakob. Sie kamen zu ihm und sprachen: Rebekka hat uns zu dir gesandt; sie wünscht, daß du in dein Vaterhaus zurückkehren mögest.

Damals wurden die sieben Jahre voll, die Jakob um Rahel zu dienen hatte. Also trat er vor Laban und sprach: Gib mir meine Weiber und entlasse mich: ich will nach meiner Heimat ziehen. Da antwortete Laban: Habe ich Gnade in deinen Augen gefunden, so verlasse mich nicht; bestimme deinen Lohn, ich will dir ihn zahlen, und du sollst bei mir bleiben. Jakob erwiderte: Das soll mein Lohn sein; ich will heute durch deine Herden gehen und will alle bunten, sprenklichten und schekkigen Schafe und Ziegen aussondern und für mich behalten. Willst du mir das gewähren, so will ich dein Vieh wie vorher hüten und weiden.

Da willigte Laban darein. Jakob suchte die bunten Stücke aus und vertraute sie seinen Kindern an, er selbst aber weidete die übrigen Schafe seines Schwähers. Als die Knechte Isaaks, die mit Debora abgesandt worden waren, sahen, daß Jakob nicht heimkehren mochte, zogen sie selbst nach Kanaan. Allein Debora blieb im Hause Jakobs und wohnte zusammen mit seinen Weibern und Kindern.

3
Jakobs Flucht aus Haran

Und Jakob diente Laban weitere sechs Jahr um die Herde und sonderte zur Zeit des Laufes immer die gefleckten Schafe aus. Er gelangte zu großem Reichtum; seine Herde zählte zweihunderttausend Stück, und seine Schafe waren besonders groß und schön und zeichneten sich durch ihre Fruchtbarkeit aus. Die Stämme ringsumher verlangten nach Schafen aus Jakobs Zucht, denn sie waren wertvoll und glückbringend. So strömten Menschen von überallher zu dem Eidam Labans, um ein Stück Vieh von ihm zu erwerben. Jakob verkaufte dem einen ein Schaf um einen Knecht, dem anderen um eine Magd, dem um einen Esel, dem um ein Kamel. Er erhielt aber jedweden Preis, den er für ein Tier ansetzte. Dieser Tauschhandel brachte ihm Besitz und Ehren ein, die Kinder Labans aber wurden darum voll Neid.

Eines Tages hörte Jakob die Söhne seines Schwähers also sprechen: Unseres Vaters Habe hat der Sohn Isaaks an sich gerissen, und an Labans Gute hat er sich bereichert. Und Jakob schaute in das Angesicht seines Oheims, und siehe, es war nicht, wie es gestern und vorgestern gewesen war.

Zu der Zeit erschien der Herr Jakob und sprach zu ihm: Auf, zieh von hier fort und kehre zurück nach dem Lande deiner Geburt. Da machte sich Jakob mit seinen Kindern und Weibern bereit zur Reise, und lud alles, was sein war, auf die Kamele. Laban aber wußte nichts davon, denn er war ausgegangen, seine Schafe zu scheren. Rahel wiederum hatte vorher die Teraphim ihres Vaters gestohlen, versteckte sie auf dem Kamel, setzte sich darauf und ritt davon.

4
Die Teraphim

Die Teraphim das waren Götzen, die man auf folgende Weise herstellte. Man hieb einem Menschen, der ein Erstgeborener sein mußte, den Kopf ab und rupfte die Haare aus. Der Kopf wurde darauf mit Salz bestreut und mit Öl gesalbt. Alsdann nahm man eine kleine Tafel in Kupfer oder Gold, schrieb darauf den Namen eines Abgottes und steckte sie unter die Zunge des abgehauenen Kopfes. Der Kopf wurde sodann in einem Gemach ausgestellt, man zündete Kerzen vor ihm an und bückte sich vor ihm. Und es geschah, daß der Kopf, wenn man vor ihm niederfiel, zu sprechen anfing und alle Fragen beantwortete, die man an ihn richtete. Das alles tat er kraft des

Götzennamens, der sich unter seiner Zunge befand. Es gab aber auch Teraphim, die in Gold oder Silber gegossen und nach dem Ebenbild eines Menschen gemacht waren. Diese Bilder pflegten zu bestimmten Tagesstunden die Kraft der Sterne in sich aufzunehmen und das Zukünftige zu weissagen. Von dieser Art waren die Götzen, die Rahel ihrem Vater gestohlen hatte. Sie hatte sie nur deswegen genommen, damit ihr Vater nicht erfahren sollte, welchen Weg Jakob eingeschlagen hatte.

5
Der Bund

LABAN KAM NACH HAUSE und fragte nach seinem Eidam und den übrigen Hausgenossen, und siehe, sie waren nicht da. Da wollte er seine Götter nach Jakobs Verbleib befragen, aber siehe, auch diese waren weg. Also ging er andere Teraphim um Antwort an; und die sagten ihm, daß Jakob von ihm geflohen sei und sich auf dem Wege nach Kanaan befinde.

Da nahm Laban seine Brüder und Knechte und jagte den Entflohenen nach; er ereilte Jakob am Berge Gilead und sprach zu ihm: Warum hast du mein Haus heimlich verlassen? Du hast mein Herz gestohlen und meine Töchter mit ihren Kindern entführt, als wären sie durchs Schwert gefangen. Du ließest mich sie nicht einmal küssen und sie in Freuden von mir ziehen, sondern hast noch meine Götter gestohlen und bist davongegangen. Da erwiderte Jakob und sprach: Ich fürchtete mich, daß du deine Töchter von mir reißen würdest; bei wem von uns du aber deine Götter findest, der möge sterben. Da suchte Laban nach den Teraphim und betastete alle Geräte in den Zelten, er fand aber die Bilder nicht. Dann sprach er zu Jakob: So wollen wir einen Bund miteinander schließen, und das Zeichen dieses Bundes soll zwischen mir und dir Zeuge sein. Wo du aber meine Töchter peinigen oder andere Weiber außer ihnen nehmen solltest, so sei Gott Richter zwischen mir und dir. Und die beiden lasen Steine, schütteten sie zu einem Haufen auf, und Laban sprach: dieser Haufe sei heute Zeuge zwischen mir und dir. Daher nannte man den Ort Gilead. Sie schlachteten Tiere auf dem Hügel, aßen zusammen und blieben dort über Nacht. Und Laban stand auf in der Frühe, weinte mit seinen Töchtern, küßte sie und kehrte nach Haran zurück. Jakob aber zog weiter seines Weges.

6

Der Verrat Labans

ALS LABAN NACH HARAN zurückgekehrt war, beeilte er sich und schickte seinen Sohn Beor, der war siebzehn Jahre alt, zu Esau, dem Bruder Jakobs; er ließ ihn von Abihoreph, dem Sohne Uz', des Sohnes Nahors, und von noch zehn Männern begleiten. Diese machten sich auf, überholten Jakob und kamen auf einem anderen Wege in das Land Seïr. Sie traten vor Esau und sagten: Also spricht dein Anverwandter und der Bruder deiner Mutter, Laban, der Sohn Bethuels: Hast du gehört, was mir dein Bruder angetan hat? Nackend und bloß kam er nach Haran. Ich ging ihm entgegen, brachte ihn mit Ehren in mein Haus, machte ihn groß, gab ihm meine zwei Töchter zu Weibern und auch noch zwei Mägde dazu. Gott segnete ihn um meinetwillen, und er breitete sich mächtig aus, hatte Söhne, Töchter und Mägde. Auch gewann er von mir Kinder, Schafe, Kamele und Esel sonder Zahl, dazu noch viel Gold und Silber. Da er nun sah, daß sein Heer so stark geworden war, verließ er mich, als ich ausging, meine Schafe zu scheren, stahl sich heimlich hinaus und zog in der Richtung nach Kanaan zu seinem Vater Isaak. Er ließ mich nicht einmal meine Söhne und Töchter küssen und entführte meine Töchter, als wären sie seine Gefangenen; dazu raubte er noch meine Götter. Jetzt habe ich ihn vor dem Berge am Strome Jabbok verlassen mit all seinem Heere. Gefällt es dir, ihm zu begegnen, so eile hin, du findest ihn an dieser Stätte. So sprachen die Boten Labans zu Esau.

Als Esau diese ihre Worte vernahm, erwachte in ihm der Haß gegen seinen Bruder. Er machte sich eilends auf, nahm seine Söhne und Knechte und alle seine Hausgenossen, zusammen sechzig Mann. Außerdem versammelte er um sich alle Söhne Seïrs des Horiten und alle Kinder dieses Landes, dreihundertvierzig Mann an der Zahl. Mit diesem Heer von nunmehr vierhundert Mann, ein jeglicher mit einem Schwert gegürtet, zog er wider Jakob, um ihn zu schlagen. Und Esau teilte sein Heer in sieben Teile. Seine Söhne und sein Hausgesind machten einen Haufen aus, den er seinem ältesten Sohne Eliphas unterstellte. Die übrigen sechs Haufen ließ er von den sechs Söhnen Seïrs befehligen.

Die Boten Labans aber gingen von Esau nach dem Lande Kanaan in das Haus Rebekkas. Sie sprachen zu ihr: Dein Sohn Esau rüstet sich gegen seinen heimkehrenden Bruder; er will ihn bekriegen und schlagen und ihm all seine Habe wegnehmen. Da schickte Rebekka zweiundsiebzig Knechte Isaaks ihrem Sohne zu Hilfe. Die Knechte trafen Jakob jenseits des Flusses Jabbok. Er sprach, als er sie kommen sah; Gott sendet mir dieses Heer, daß es mir helfe. Und er benannte die Stätte Mahanaim. Aber bald erkannte er die Männer als die Knechte seines Vaters; er umarmte und küßte sie und weinte mit ihnen. Sie sagten ihm, daß daheim Friede sei, und sprachen alsdann: Deine Mutter Rebekka läßt dir folgendes überbringen: Mir ist zu Ohren gekommen, daß dein Bruder Esau wider dich zieht mit den Söhnen Seïrs, des Horiten. So höre denn auf meine Stimme, mein Sohn, und rede Esau nicht hart an, wenn er dir begegnet. An dir ist es, ihn hoch zu ehren, denn er ist dein älterer Bruder. Reiche ihm Gaben dar von allem, was du besitzest, und womit dich der Herr gesegnet hat. Vielleicht wird das seinen Zorn versöhnen. Als Jakob diese Worte seiner Mutter aus dem Munde der Knechte vernahm, erhob er seine Stimme und weinte laut.

Die Begegnung der Brüder

1
Die Sendboten Jakobs

JAKOB SANDTE BOTEN an seinen Bruder Esau, daß sie mit ihm versöhnlich reden sollten. Er sprach zu ihnen: Sagt meinem Herrn Esau: So spricht dein Knecht Jakob: Glaube nicht, daß der Segen meines Vaters, den er mir einst gab, mir Glück eingebracht hat. Zwanzig Jahre wohnte ich bei Laban, und der hat mich betrogen und mir zehnmal meinen Lohn verändert. Ich diente in seinem Hause und tat schwere Arbeit; da sah Gott meine Mühe und mein Elend und ließ mich die Gunst meines Schwähers gewinnen. Ich erwarb Kinder, Esel und Schafe, Knechte und Mägde – das alles durch die Güte Gottes und seine Barmherzigkeit. Und nun will ich nach dem Lande Kanaan ziehen. Und ich lasse das hiermit meinem Herrn sagen, daß ich Gnade in seinen Augen finden möge.

Da gingen die Boten Jakobs zu Esau und trafen ihn an der Grenze des Landes Edom, wie er mit vierhundert bewaffneten Männern wider seinen Bruder schritt. Sie überbrachten ihm die Rede ihres Herrn. Aber Esau antwortete mit Hochmut und sprach: Ich habe gehört, und es ist mir gesagt worden, was Jakob alles seinem Schwäher getan hat. Aber nicht allein mit Laban ist er so arg verfahren, auch an mir hat er böse gehandelt und hat mich zweimal hintergangen. Ich habe lange geschwiegen; nun will ich es ihm heimzahlen.

Da kehrten die Boten zurück, kamen zu Jakob und berichteten: Wir waren bei deinem Bruder Esau und sagten ihm, was du uns aufgetragen hattest, aber das und das war seine Antwort. Als Jakob diese Worte Esaus hörte, ward er voll Angst und Bangigkeit. Er betete vor dem Herrn und sprach: Mein Herr, du Gott meiner Väter, du hast zu mir gesprochen, als ich aus dem Hause meines Vaters ging: Ich bin der Gott Abrahams und Isaaks, dir werde ich dieses Land geben. Ich will deinen Samen zahlreich machen, wie die Sterne des Himmels sind: du wirst dich ausbreiten nach allen vier Richtungen der Welt, und durch dich und deine Nachkommen werden alle Geschlechter der Erde gesegnet werden. Du hast auch deine Worte aufrecht erhalten und hast mir Reichtum und Kinder, Vieh und alles, was dein Knecht haben wollte, verliehen. Worum ich dich nur bat, das gabst du mir; es gebrach mir an nichts. Danach sprachst du zu mir: Kehre heim zu deinem Vater und zu deiner Freundschaft, und ich will dir noch mehr Gutes erweisen. Nun bin ich ausgezogen, und du hast mich der Gewalt Labans entrinnen lassen; soll ich nun jetzt von der Hand meines Bruders fallen, und er soll töten die Mütter samt den Kindern? So hilf mir denn, Herr; und bin ich es nicht wert, so tu es meiner Väter, Abrahams und Isaaks, wegen. Rette mich in deiner Güte und antwortete mir.

Nachdem Jakob sein Gebet vollendet hatte, teilte er das Volk, das bei ihm war, sowie die Schafe und die Kinder in zwei Heere. Das eine vertraute er Damesek, dem Sohne Eliesers, des Knechtes Abrahams an, das andere gab er unter die Obhut Elinos', des Sohnes Eliesers. Er sprach zu den Führern: Haltet euch stets in einiger Entfernung voneinander, damit, wenn Esau das eine Heer schlägt, das andere entrinne. Und Jakob blieb die Nacht an derselben Stätte.

2
Die Heere der Engel

UND GOTT ERHÖRTE das Gebet Jakobs. Er schickte drei seiner obersten Engel, und diese erschienen Esau als ein Heer von Tausenden bewaffneter Reiter. Sie teilten sich in vier Scharen. Die erste Schar rannte wider Esau und sein Heer und verwirrte sie, und Esau fiel von seinem Roß zur Erde. Die Engel schrien mit lauter Stimme: Wir sind die Diener Jakobs, des Knechtes Gottes; wer kann uns widerstehen? Darauf erwiderte Esau: Mein Herr Jakob, der auch euer Herr ist, ist

mein Bruder. da sprachen die Engel: So wahr Gott lebt, wäre nicht Jakob, von dem du sprichst, er sei dein Bruder, wir hätten von euch
auch nicht einen übriggelassen. Und die Engel zogen vorüber. Nachdem Esau und seine Streiter eine Meile weiter gegangen waren, kam
die zweite Engelschar mit gezückten Schwertern ihnen entgegen und
stellte mit ihnen dasselbe an, wie die vorige; alsdann zogen sie ab.
Bald darauf stob die dritte Schar heran, und Esau erschrak und fiel
abermals von seinem Roß. Aber auch diese Engel ließen von Esau, als
er ihnen sagte, daß er Jakob nur wiedersehen wollte. Danach erschien
das vierte Heer der Engel, und es trug sich zwischen ihnen und Esau
dasselbe zu. Esau aber befand sich im Glauben, daß die seltsamen
Streiter Jakobs Diener wären, und bangte um sein Leben. So verbarg
er den Haß in seinem Herzen.

3
Der Ausgleich

UND JAKOB BERIET SICH mit seinen Knechten wegen des Geschen-
kes, das er Esau schicken wollte. Er suchte von dem Kleinvieh vierhundertvierzig Stück Schafe, von den Kamelen und Eseln je dreiunddreißig und von den Kindern fünfzig Stück aus. Dieses ganze Vieh
teilte er in zehn Herden, die er von zehn Hirten treiben ließ. Er
sprach zu den Knechten: Laßt im Gehen freien Raum zwischen Herde und Herde. Wenn euch Esau begegnet und euch danach fragt, in
wessen Dienst ihr stehet und wo ihr hinziehet, so antwortet ihm: Wir
sind die Diener Jakobs und ziehen seinem Bruder Esau in Frieden
entgegen. Unser Herr kommt nach; was wir aber vorantreiben, das ist
ein Geschenk, das er seinem Bruder verehrt. Und die Knechte zogen
mit den Gaben ab.

Jakob stand auf um Mitternacht, nahm seine Frauen, Kinder und
Mägde und ließ sie den Strom hinüberfahren. Nun blieb er allein
diesseits des Wassers, und da erschien ihm ein Mann und rang mit
ihm die ganze Nacht, bis die Morgenröte dämmerte. Und Jakobs
Hüfte ward im Kampfe verrenkt. Als der Morgenstern aufging, verließ der Fremde Jakob und segnete ihn. Jakob überschritt die Furt
und ereilte seine Herde und seine Kinder; er hinkte aber an der Hüfte.

Also zog er mit den Seinigen bis Mittag. Da erhob er die Augen
und erblickte von der Ferne Esau mit seinem Heere. Jakob erschrak;
er bestimmte, daß die Kinder sich an ihre Mütter hielten, und versteckte seine Tochter Dina in einem Kasten. Er selbst ging voran und
bückte sich siebenmal zur Erde vor Esau. Da ließ ihn der Herr Gnade in den Augen Esaus finden. Der ältere Bruder lief den jüngeren zu,

fiel ihm um den Hals, küßte ihn, und sie weinten beide. Auch Eliphas, der Sohn Esaus, und seine vier Brüder umarmten Jakob und weinten mit ihm.

Alsdann schaute Esau vor sich und sah die Weiber und die Kinder Jakobs, die, ehrerbietig grüßend, daherkamen. Er fragte seinen Bruder: Wer sind diese hier? Sind's deine Kinder oder deine Sklaven? Jakob erwiderte: Das sind meine Kinder, die Gott seinem Knechte beschert hat. Und Jakob sprach zu Esau: Empfange die Gabe, die ich für meinen Herrn bestimmt habe. Esau aber sagte: Laß es sein, Bruder; behalte du, was dein ist. Jakob aber nötigte ihn sehr, und so nahm Esau das Vieh, das ihm gesandt worden war. Jakob gab ihm noch Gold, Silber und Kristall dazu. Esau teilte die Herden in zwei Teile und wies die eine Hälfte den Horiten zu, die er um Lohn angeworben hatte; die andere Hälfte schenkte er seinen Söhnen. Dem Erstgeborenen aber, Eliphas, verlieh er das Gold, das Silber und den Kristall.

Hierauf sprach Esau zu Jakob: Wir wollen hier eine Weile rasten; sonach gehen wir zusammen bis an den Ort, an dem wir von nun an miteinander wohnen wollen. Jakob antwortete: Ich will gern tun, wie mein Herr gesprochen hat. Allein mein Herr weiß, daß ich zarte Kinder und säugende Tiere mit mir führe; werden sie überhetzt, so sterben sie.

Jakob sagte das aber nur, damit sich Esau von ihm entfernen sollte und er nach Kanaan zu seinem Vater führe. Also zog Esau mit seinen Streitern nach Seïr. Der Lieblingssohn Rebekkas aber schlug die Richtung nach Kanaan ein und erreichte noch am selben Tage die Grenze des Landes.

Der Dina-Roman

1
Die Werbung Sichems

NACHDEM DIE BRÜDER, Esau und Jakob, sich voneinander getrennt hatten, zog Jakob nach der Landschaft Salem, das ist Sichem, und schlug sein Lager vor der Stadt auf. Er kaufte ein Stück Acker von den Kindern Hemors, den Besitzen des Landes, um fünf Sekel. Daselbst baute er ein Haus, richtete ein Zelt auf und machte seinem Vieh Hütten; daher der Ort auch Sukkoth genannt wurde. In Sukkoth blieb Jakob ein Jahr und sechs Monate wohnen.

Da begab es sich auf einen Tag, daß die Töchter des Landes und der Stadt Sichem außerhalb der Stadt ein Fest veranstalteten und Tänze aufführten. Rahel und Lea, die Weiber Jakobs, gingen mit ihren Mägden hinaus, um der Freude der Jungfrauen zuzusehen. Ihnen gesellte sich Dina, die Tochter Leas, zu. Aber auch alle Bürger Sichems und alle Vornehmen des Ortes waren bei dem Feste zugegen. Unter diesen befand sich Sichem, der Sohn Hemors, des Fürsten des Landes. Da erblickte der Jüngling Dina, wie sie mit ihrer Mutter saß, und das Mädchen gefiel ihm gar sehr. Er fragte seine Freunde: Wessen Tochter ist wohl das Mägdlein, das zwischen diesen Weibern sitzt? Man erwiderte ihm: Das ist Dina, die Tochter Jakobs, des Hebräers.

Sichem schaute fort und fort auf das Mädchen, und seine Seele blieb an ihr hängen. Wie das Fest vorüber war, ließ er sie von seinen Knechten mit Gewalt holen und schwächte sie. Er hatte sie überaus lieb und behielt sie in seinem Hause.

Da wurde Jakob gesagt, daß Sichem seine Tochter geraubt hatte. Alsbald schickte er zwei Diener, daß sie Dina aus dem Hause Sichems führten. Aber der Sohn Hemors ließ die Boten nicht an das Mädchen herantreten; er setzte sich zu Dina und küßte und herzte sie vor ihren Augen. Danach jagte er die Abgesandten fort. Nun wurde dem Erzvater die Schande seiner Tochter offenbar. Seine Söhne waren damals mit dem Vieh im Felde, und Jakob schwieg, bis sie kamen.

Unterdessen sandte Sichem drei seiner Freunde zu seinem Vater Hemor, dem Sohne Hiddekems, des Sohnes Pereds, und ließ ihn bitten, daß er für ihn das Mädchen zum Weibe freie. Darauf begab sich Hemor zu seinem Sohne und sprach zu ihm: Ist denn unter den Töchtern deines Stammes keine Jungfrau da, daß du ein Weib fremder Herkunft ehelichen willst? Allein Sichem gab seinem Vater zur Antwort: Nein, nur um diese wirb für mich, einzig diese ist meinem Herzen recht. Da beschloß Hemor, der Bitte seines Sohnes zu willfahren, und lenkte seine Schritte nach der Wohnung Jakobs. Ehe er aber das Zelt des Patriarchen betreten hatte, kehrten die Söhne des letzteren vom Felde zurück. Es war noch nicht Zeit, das Vieh einzusammeln, aber die Kunde von dem, was Sichem an ihrer Schwester getan, hatte die Brüder sehr aufgebracht, und sie ließen ihren Zorn über den Fürstensohn vor ihrem Vater aus. Jakob hatte noch nicht seinen Söhnen erwidert, als Hemor, der Vater Sichems erschien, und die Bitte seines Sohnes wegen Dina vorbrachte. Er sprach: Meines Sohnes Herz sehnt sich nach eurer Tochter; gebt sie ihm zum Weibe. Befreundet euch mit uns, laßt uns eure Töchter ehelichen und nehmt ihr unsere Töchter. Wohnt in unserem Lande; wir wollen ein Volk sein. Seht, unser Reich ist weit genug; macht euch darin seßhaft, treibt Handel und schaltet nach eurem Willen. Es soll niemand gegen euch etwas sagen dürfen. Wie Hemor seine Rede vollendet hatte, kam auch Sichem und wiederholte die Bitte vor den Söhnen Jakobs.

Da antworteten Simeon und Levi dem Fürsten und seinem Sohne betrüglich: Wir gehen auf euren Wunsch ein; weilt doch unsere Schwester in euren Hause. Allein wir dürfen nichts tun, ohne unseren Vater Isaak befragt zu haben; was er uns aber befehlen wird, wollen wir euch wissen lassen. Diese Worte der Brüder gefielen Hemor und Sichem wohl, und so kehrten sie in ihr Haus zurück.

Wie sie sich aber entfernt hatten, sprachen die Söhne zu ihrem Vater: Über die Übeltäter und ihre Stadt ist der Tod zu verhängen, denn sie haben gegen das Gebot verstoßen, das der Herr Noah gegeben hat: es raube niemand ein Weib, um sich an ihr zu vergehen. Dieser aber hat unsere Schwester verunehrt; eine solche Untat darf in unserer Mitte nicht geduldet werden.

Und Simeon ersann eine List, wie an den Sichemitern Rache zu nehmen sei. Die Brüder beschlossen, seinem Rate zu folgen.

2
Die Beschneidung der Einwohner

AM FOLGENDEN TAGE kamen Sichem und sein Vater Hemor zu Jakob und seinen Söhnen, um ihre Antwort zu hören. Die Hebräer erwiderten und sprachen: Wir können laut den Worten unseres Vaters Isaak unsere Tochter einem Manne, der unbeschnitten ist, nicht zum Weibe geben, denn das ist uns eine Schande. Wollt ihr uns nun gehorchen und uns darin gleich werden, so werden auch wir uns euch willig zeigen und mit euch ein Volk werden. Wo ihr aber auf uns nicht hören mögt, so werden wir unsere Schwester Dina von euch hinwegnehmen und unseres Weges gehen.

Als Sichem und sein Vater Hemor die Rede der Söhne Jakobs hörten, gefiel ihnen der Vorschlag wohl. Und sie beeilten sich beide, das auszuführen, was die Brüder ihnen anbefohlen hatten, denn Sichems Liebe zu Dina war sehr groß. Sie gingen vor die Tore ihrer Stadt, versammelten um sich alle Bürger und sagten: Wir sprachen mit den Hebräern, die sich bei uns angesiedelt haben, und sie zeigten sich geneigt, alles zu tun, worum wir sie angegangen waren. Aber nur dann wollen sie uns gefügig sein, wenn wir alles Männliche unter uns beschneiden, gleichwie sie beschnitten sind.

Als die Einwohner diese Rede Sichems hörten, erklärten sie sich willig, ihnen zu gehorchen, denn die Sprecher waren herrlich gehalten in ihren Augen als Fürsten des Landes.

Das alles aber war vom Herrn gekommen, damit die Stadt Sichem in die Hand der Söhne Jakobs fiele.

3
Die Auflehnung Hiddekems

DIE ZAHL DER MÄNNER, die sich zu Sichem hatten beschneiden lassen, war sechshundertfünfundvierzig, die der Knaben zweihundertsechsundsiebzig. Nur der Vater Hemors, Hiddekem, der Sohn Perebs, und seine sechs Brüder beachteten nicht den Befehl Sichems und unterwarfen sich nicht der Beschneidung, denn die Sitte der Hebräer war ihnen ein Greuel.

Am anderen Tage hielten die Boten Sichems und Hemors Umschau in der Stadt und fanden acht kleine Knaben, die von ihren Müttern versteckt worden waren. Sie wollten sie greifen und vor die Fürsten bringen, damit die Kinder beschnitten würden, aber da wurden sie von Hiddekem und seinen Brüdern überfallen. Der Zorn der alten Männer war über die Maßen groß; sie liefen in das Haus Sichems und Hemors und waren bereit, diese beiden wie auch die Hebräertochter Dina umzubringen. Sie sprachen: Was stellt ihr mit uns an? Ist denn unter euren Brüdern, den Kanaanitern, kein Weib da, daß ihr eine aus einem Volke nehmt, das ihr nicht kanntet gestern und ehegestern? Und nun laßt ihr euch dazu verleiten, einen Brauch auszuüben, den euch eure Väter nie geboten haben? Meint ihr, daß euch das Glück einbringen wird? Was wollt ihr euren stammverwandten Brüdern antworten, wenn sie morgen herkommen und euch euer Treiben vorhalten werden? Wir wollen nicht mehr stille sein und wollen das Joch eines solchen Gesetzes auf uns nicht nehmen. Wir machen uns auf, bringen alle Kanaaniter gegen euch in Aufruhr und vertilgen euch samt den Hebräern, auf deren Hilfe ihr vertraut.

Als die Fürsten die Rede Hiddekems hörten, empfanden sie Furcht. Es reute sie bereits, daß sie dem Willen der Hebräer gefolgt waren, und sie antworteten den Eiferern: Was ihr sagt, ist richtig. Meint aber nicht, daß wir aus Liebe zu den Hebräern so gehandelt haben. Wir gehorchten ihrer Stimme nur, weil wir sahen, daß sie uns anders als um diesen Preis das Mädchen nicht geben würden. Sobald aber unserem Verlangen Genüge getan ist, wollen wir uns gegen sie wenden. Geduldet euch nur, bis unser Fleisch geheilt ist; dann wollen wir vereint über sie herfallen.

Aber Dina, die Tochter Jakobs, hörte alles, was Hiddekem und seine Getreuen gesprochen und was Hemor und Sichem darauf geantwortet hatten. Sie beeilte sich und schickte eine von den Mägden, die ihr Jakob in das Haus Sichems gesandt hatte, zu ihrem Vater und zu ihren Brüdern und ließ ihnen alles sagen.

Als Jakob und seine Söhne dies erfuhren, wurden sie voller Zorn, und ihr Grimm entbrannte sehr. Simeon und Levi schworen und sprachen: So wahr der Herr, der Gott aller Erden, lebt, morgen um die Zeit soll kein Rest und kein Überbleibsel von den Sichemitern mehr sein.

4
Die Rache Simeons und Levis

Es waren in Sichem zwanzig Jünglinge, die sich versteckt gehalten hatten, und die unbeschnitten geblieben waren. Diese traten Simeon und Levi entgegen, als sie in die Stadt eindrangen, wurden aber von ihnen getötet. Nur zwei Jünglinge entrannen und flohen nach den Lehmgruben, die außerhalb der Stadt waren. Alsdann machten sich Simeon und Levi über die Stadt her. Da war ein großes Getümmel zu Sichem, es jammerten alle Frauen und Kinder darin. Die beiden Brüder aber fuhren fort, alles Männliche auszurotten. Auch Hemor und Sichem fielen von ihrer Hand, und die Brüder führten ihre Schwester aus dem Hause der Fürsten. Während sie nachher ihre Beute zusammenrafften, sammelten sich gegen dreihundert Weiber um sie und bewarfen sie mit Erde und Steinen. Aber Simeon wurde ganz allein mit ihnen fertig.

Als nun Jakob vernahm, was seine Söhne angerichtet hatten, ward er sehr zornig. Er sprach: Wie konntet ihr so an mir tun, nachdem ich Ruhe gefunden hatte unter den Einwohnern Kanaans? Ich bin ein geringer Haufe; wenn das Volk rund um uns vernimmt, was ihr seinen Brüdern zugefügt habt, wird es sich wider mich erheben und mich schlagen. Da erwiderten Simeon und Levi und die übrigen Söhne ihrem Vater: Wir leben neben diesen Leuten im Lande, und da vergeht sich Sichem in dieser Weise an unserer Schwester. Wie kannst du dazu schweigen? Sollte er mit ihr wie mit einer Buhldirne verfahren?

5
Die Amoriter sammeln sich wider die Söhne Jakobs

Nachdem Simeon und Levi die Stadt Sichem verwüstet hatten, da standen die zwei Jünglinge auf, die sich die ganze Zeit über in den Lehmgruben versteckt gehalten hatten und so dem Tode entgangen waren. Sie stiegen hinauf zur Stadt und fanden sie zerstört; es war kein Mensch drinnen als wie nur einige Weiber, die weinten. Da schrien die Jünglinge auf und sprachen: Ach, ob des Unheils, das die Söhne des Hebräers über Sichem gebracht haben! Eine Stadt von den Städten Kanaans haben sie vernichtet! Und die Jünglinge gingen aus Sichem und begaben sich nach der Stadt Tapuah. Sie kamen dorthin und erzählten den Einwohnern von dem Schrecklichen, das sich mit ihnen zugetragen hatte. Da drang die Kunde zu dem König von Tapuah, Jesub, und dieser schickte Boten aus nach Sichem; die sollten sehen, ob das, was die Jünglinge erzählt hatten, richtig war, denn er wollte ihren Worten nicht glauben.

Aber die Boten kehrten zurück und berichteten: Wir kamen in die Stadt, und die ist gänzlich verödet. Da wunderte sich Jesub und sprach: Wieso nur konnten zwei Männer allein solches vollbringen? Wie geschah es, daß sich ihnen niemand widersetzt hat? Ähnliches hatte man seit den Tagen Nimrods nicht gehört.

Und der König von Tapuah sprach zu seinem Volke: Seid stark und laßt uns mit diesen Hebräern streiten. Die Ratgeber Jesubs aber antworteten: Du vermagst nicht gegen diesen Stamm. Ihrer zwei haben die Einwohner einer ganzen Stadt umgebracht, und keiner erhob sich zur Wehr. Also wird es uns nicht anders ergehen, wenn wir, auf uns selbst gestellt, mit ihnen einen Kampf anfangen. Du mußt also, wenn du gegen sie vorgehen willst, zu den Fürsten, die um uns her wohnen, schicken und dich ihrer Hilfe versichern. Mit ihnen wollen wir dann ausziehen und die Söhne Jakobs bekriegen.

Da gehorchte Jesub der Stimme seiner Ratmannen. Er schickte zu den Königen der Amoriter, die rund um Sichem und Tapuah wohnten, und ließ ihnen sagen: Auf, mir zu Hilfe, wir wollen Jakob, den Hebräer, und seine Söhne schlagen!

Sobald nun die Fürsten der benachbarten Landschaften die Kunde von dem Unglück, das die Stadt Sichem betroffen hatte, vernahmen, setzten sie ihre Heere, zehntausend Mann an der Zahl, in Bewegung und zogen aus in den Streit mit den Söhnen Jakobs.

6

Die Gebete Isaaks und Jakobs

ALS JAKOB ERFUHR, daß die Könige der Amoriter sich wider seine Söhne zusammengerottet hatten, fürchtete er sich sehr. Er schalt wieder über Simeon und Levi und sprach: Was habt ihr angerichtet? Warum habt ihr die Kinder Kanaans wider mich aufgebracht? Da erwiderte Juda seinem Vater und sagte: War es denn umsonst, daß meine Brüder so mit der Stadt Sichem verfahren sind? Es geschah doch, weil Sichem unsere Schwester geschändet hat und die Bürger der Stadt diesen Frevel zugelassen haben. So rede denn nicht mehr darüber und bete für uns vor Gott. Er, der die Stadt Sichem und ihre Einwohner in die Hand meiner Brüder hat fallen lassen, wird auch alle Könige Kanaans uns überantworten.

Und Juda rief einen der Knechte seines Vaters herbei und sprach: Halte Ausschau über die Heere der Fürsten, die wider uns ziehen. Da bestieg der Knabe den Berg Sion und erspähte von der Ferne die feindlichen Streiter. Er kehrte zurück und sagte zu Juda: Die Könige lagern mit ihren Heeren im Felde, es ist eine große Kriegerzahl draußen zu sehen. Hierauf sprach Juda zu seinen Brüdern: Seid getrost und zeigt euch wie Helden!

Da erhoben sich alle Söhne Jakobs, die älteren sowohl als die jüngeren, und ein jeder gürtete sein Schwert um. Auch die Knechte zogen ihre Waffenkleider an.

Ehe die Brüder aber ausgerückt waren, schickten sie Boten zu Isaak, dem Vater ihres Vaters, nach Hebron und ließen ihm sagen: Bete für uns zu unserem Gott, daß er die Feinde, die über uns gekommen sind, in unsere Hand geraten lasse. Da stellte sich Isaak, der Sohn Abrahams, zu einem Gebet hin und sprach: Herr, unser Gott, die Könige Kanaans sind zusammengetreten, um wider meine Kinder Streit zu führen. Herr aller Welt, mache zunichte den Rat dieser Fürsten! Laß den Schreck vor meinen Kindern in die Herzen der Führer und der Heere fallen und brich ihren Hochmut!

Und die Söhne Jakobs zogen mit ihren Knechten wider die Könige. Wie sie sich aufgemacht hatten, betete auch ihr Vater Jakob zu Gott und sprach: Gott aller Götter, du Allerhöchster und Allgewaltiger, der du seit jeher geherrscht hast, bis auf heute herrschst und in Ewigkeit herrschen wirst. Du entfachst die Kriege, und du dämmst sie ein; du hast die Allmacht und die alleinige Gewalt; in deiner Hand ist es, zu erheben und zu erniedrigen. So möge nun mein Gebet vor dich kommen, wende dich mir zu in deiner Barmherzigkeit, laß die Feinde und ihre Heere erzittern und rette die, die auf dich und deine große Güte vertrauen.

7
Der Abzug der Amoriter

DER HERR HATTE DIE GEBETE Isaaks und Jakobs erhört und Schreck und Entsetzen fallen lassen in die Herzen der Ratgeber der Amoriterkönige, daß ihnen bange wurde. So sprachen sie denn zu den Fürsten eines Mundes: Seid ihr denn töricht geworden, daß ihr mit den Hebräern streiten wollt? Wißt ihr denn nicht, daß ihr Gott großen Gefallen an ihnen hat, und daß er wunderbare Dinge an ihnen getan hat, wie sie seit jeher nicht getan worden sind. Ihr Gott war es doch, der ihren Vater Abraham, den Hebräer, der Hand Nimrods und der seiner Streiter entrissen und den Königen von Elam, als diese sich gegen seinen Brudersohn vergriffen, ein schlimmes Ende bereitet hat. Derselbe Abraham hat aus Liebe zu seinem Gott, seinen einzigen, ihm so teuren Sohn als Brandopfer darbringen wollen. Und hätte ihm Gott nicht gewehrt, das zu tun, er hätte es vollbracht. Ihr habt doch auch gehört, was der Gott der Hebräer an Pharao, dem Könige von Ägypten, und Abimelech, dem Könige zu Gerar, getan hat, als die das Weib Abrahams zu sich nahmen. – Und wer weiß, ob es nicht wiederum ihr Gott war, der den beiden Jünglingen die Kraft gab, der Stadt Sichen, dieses große Übel zuzufügen.

Diese Worte der Ratgeber jagten den Amoriterkönigen Angst und Furcht ein. Sie beschlossen, kehrtzumachen und von den Söhnen Jakobs zu lassen. Von dem Herrn aber war diese Unruhe über sie gekommen, denn der hatte die Gebete seiner Knechte, Isaaks und Jakobs, erhört.

Die Söhne Jakobs blieben bis zum Abend am Berge Sion stehen, von dessen Höhe man die feindlichen Heere beobachten konnte; als sie die Amoriterfürsten mit ihren Streitern abziehen sahen, kehrten sie gleichfalls in ihre Zelte zurück.

Die Geschlechter

1

Buna

SIMEON UND LEVI HATTEN aus der Stadt Sichem fünfundachtzig Jungfrauen mitgeführt, die, weil sie noch keinen Mann erkannt hatten, von ihnen am Leben gelassen worden waren. Unter diesen Jungfrauen war ein Mägdlein, schön von Angesicht und von Gestalt, mit Namen Buna, und diese nahm Simeon sich zum Weibe. Der Männer aber, die die Brüder gefangengenommen und nicht erwürgt hatten, waren siebenundvierzig. Alle diese Jünglinge und Jungfrauen wurden zu

Sklaven gemacht und dienten Jakob und seinen Kindern bis zu dem Tage, da die Kinder Israel aus dem Lande Ägypten zogen.

2
Von Beth-El nach Hebron

ZU DER ZEIT ERSCHIEN der Herr Jakob und sprach zu ihm: Zieh gen Beth-El, wohne daselbst und baue einen Altar dem Gott, der sich dir beim Auszug aus Haran offenbart, und der dich und deine Söhne aus der Not errettet hat. Da machte sich Jakob auf, er, seine Kinder und alles, was sein war, und sie zogen aus und kamen nach Beth-El, getreu den Worten des Herrn. Neunundneunzig Jahre war Jakob alt, da er wieder nach Beth-El hinzog. Also wohnte Jakob und seine Söhne und alles Volk, das mit ihm war, in Lus, welche Stadt Beth-El heißt, ein Jahr und sechs Monate; und Jakob errichtete dort einen Altar dem Herrn, der ihm erschienen war.

Zu derselben Zeit starb Debora, die Tochter Uz', die Amme Rebekkas, die mit Jakob war, und Jakob begrub sie bei Beth-El unter der Eiche, die dort stand. Auch Rebekka, die Tochter Bethuels, die Mutter Jakobs, starb zu dieser Zeit in Hebron, das Kirjath Arba heißt, und ward begraben in der zwiefachen Höhle. Und es waren der Jahre Rebekkas hundertdreiunddreißig, als sie starb. Da nun Jakob hörte, daß Rebekka verschieden war, beweinte er sie und hielt über sie wie über Debora eine große Klage unter einer Eiche; die benannte er die Klageiche.

Auch Laban der Aramäer starb damals, denn der Herr hatte ihn geschlagen, weil er den Bund gebrochen hatte, der zwischen ihm und Jakob geschlossen worden war. Und Jakob war hundert Jahre alt, da erschien ihm der Herr abermals, segnete ihn und nannte seinen Namen Israel. Rahel aber, das Weib Jakobs, war schwanger zu der Zeit. Und Jakob reiste mit allem, was sein war, von Beth-El zu seinem Vater Isaak nach Hebron. Sie zogen dorthin, und als sie nur noch einen Feldweg von Ephrat entfernt waren, gebar Rahel einen Sohn, aber es kam sie hart an über der Geburt, und sie starb. Da begrub sie Jakob an dem Wege gen Ephrat, in Bethlehem. Und er richtete über ihrem Grabe ein Mal auf, das bis heute steht. Es waren der Jahre Rahels, die sie gelebt hatte, fünfundvierzig. Und Jakob hieß den Namen des Sohnes, der ihm von Rahel geboren worden war, Benjamin, darum, daß er im Lande rechts zur Welt gekommen war.

Aber nach dem Tode Rahels stellte Jakob sein Lager im Zelte Bilhas, ihrer Magd, auf. Da ereiferte sich Ruben seiner Mutter Leas wegen, und er ward voll Zorn. Er erhob sich in seinem Grimm, kam in die Hütte Bilhas und riß das Bett seines Vaters aus dem Zelte. In dieser Stunde ward den Kindern Rubens ihr Teil an Erstgeburt, Königtum und Priestertum genommen, weil Ruben das Lager seines Vaters entweiht hatte. Die Erstgeburt wurde Joseph zuteil, das Königtum fiel auf Juda, und das Priestertum ward das Erbe Levis.

3
Die Söhne Jakobs und die Söhne Esaus

DAS SIND DIE SÖHNE JAKOBS, die ihm geboren wurden in Mesopotamien. Der Söhne Jakobs waren zwölf. Die Kinder Leas waren: Ruben, Simeon, Levi, Juda, Isaschar, Sebulon, und ihre Schwester Dina. Die Söhne Rahels waren Joseph und Benjamin. Die Söhne Silpas, der Magd Leas, waren Gad und Asser. Die Söhne Bilhas, der Magd Rahels, waren Dan und Naphtali. Jakob aber reiste weiter mit seinen Kinder und kam gegen Mamre nach Kirjath Arba, welche Stadt Hebron heißt; das war der Ort, wo Abraham und Isaak als Fremdlinge geweilt hatten. Hierselbst ließ sich Jakob mit seinen Hausgenossen bei seinem Vater Isaak nieder und blieb im Lande Kanaan wohnen. Esau aber, der Bruder Jakobs, war mit seinen Sprossen nach dem Lande Seïr gegangen. Sie ergriffen davon Besitz und waren fruchtbar und vermehrten sich überaus.

Und das sind die Söhne Esaus, die ihm noch im Lande Kanaan geboren wurden. Es waren ihrer fünf: Ada gebar ihm Eliphas, seinen erstgeborenen Sohn; Basmath gebar ihm Reguel; Oholibama gebar Jehus, Jaelam und Korak. Eliphas' Söhne waren diese: Theman, Omar, Zepho, Gaetham, Kenas und Amalek. Die Kinder Reguels sind diese: Nahath, Serah, Samma, Missa. Die Kinder Jehus ' sind: Timma, Alva und Jetheth. Kinder Jaelams sind: Ela, Painon und Kenes. Die Kinder Korahs sind: Theman, Mibzar, Magdiel und Iram. Dies sind die Geschlechter der Kinder Esaus nach ihren Fürsten im Lande Seïr. Die Kinder aber Seïrs des Horiten, die die Eingeborenen des Landes waren, sind diese: Lotan, Sobal, Zibeon, Ana, Dison, Ezer und Disan, zusammen sieben Söhne. Aber Lotans Kinder waren diese: Hori und Hemain und ihre Schwester Timna. Dieselbige Timna kam einst zu Jakob und zu seinen Söhnen und wollte sich ihnen anschließen, allein die Hebräer nahmen sie nicht auf; da ging sie weg und wurde das Kebsweib Eliphas', des Sohnes Esaus. Sie gebar ihm den Amalek. Die Kinder Sobals waren diese: Avan, Manahath, Ebal, Sepho und Onam. Die Kinder von Zibeon waren: Aja und Ana. Das ist der Ana, der in der Meereswüste die Meerestiere gesehen hat, als er die Esel seines Vaters hütete.

4
Die Maulesel

EINES TAGES TRIEB ANA das Vieh weitab von seinem täglichen Weideplatz, und die Esel gerieten bis an die Grenze der Meereswüste. Da kam vom Meere jenseits ein Wetter, schlug gegen die Esel, daß sie sich aufbäumten und auf den Hinterbeinen stehen blieben. Vom Meeresufer aber kamen an hundertzwanzig grausige, mächtige Tiere hergejagt und stellten sich den Eseln entgegen. Das aber war das Aussehen dieser Tiere: ihr Unterkörper war menschenähnlich, der obere Teil glich bei den einen dem eines Bären, bei den anderen dem eines Affen. Vom Nacken hingen ihnen lange Schwänze herunter, die bis zur Erde reichten. Diese Tiere bemächtigten sich der Esel, setzten sich rittlings auf sie und trabten mit ihnen davon. Eines der seltsamen Tiere näherte sich Ana, schlug ihn mit seinem Schweif und jagte ihn fort. Ana hatte große Angst und lief zurück nach Seïr. Er erzählte seinem Vater und seinen Brüdern alles, was sich mit ihm begeben hatte. Da gingen viele Menschen mit ihm nach der Wüste, um die Esel zu suchen, sie fanden sie aber nicht; aber auch die Meerestiere wurden nicht mehr gesehen. Seit der Zeit mieden Ana und seine Brüder diesen Ort, denn sie fürchteten sich sehr.

Dieser Ana hatte nur einen Sohn und eine Tochter. Der Name des Sohnes war Dison, der der Tochter Oholibama. Die Kinder Disons waren: Hemdan, Esban, Jethran und Charan. Die Kinder Ezers, des Bruders Anas, waren: Bilhan, Savan und Akan. Die Kinder Disans, des zweiten Bruders Anas, waren: Uz und Aran.

Dies sind also die Geschlechter Seïrs des Horiten nach ihren Fürsten im Lande Seïr.

Der Krieg

1
Der Angriff der sieben Könige

NEUN JAHRE HATTE JAKOB nach der Rückkehr aus Mesopotamien in Kanaan gewohnt. Im zehnten Jahre, es war das hundertfünfte seines Lebens, verließ er mit den Seinigen Hebron und siedelte abermals nach Sichem über. Hier fanden die Hirten eine gute und fettreiche

Weide für ihr Vieh. Die Stadt Sichem war inzwischen wieder aufgebaut worden und zählte dreihundert Einwohner, Männer und Frauen.

Da hörten die Könige umher, die von Kanaan und die von Amor, daß abermals die Hebräer nach Sichem gekommen waren. Sie sprachen zueinander: Sollten die Söhne Jakobs, die schon einmal die Bürger Sichems ausgerottet, sich in der Stadt niedergelassen haben, um auch die zu beerben, die jetzt in ihr wohnen? Jesub, der König von Tapuah, schickte zu den Königen ringsumher, zu Elon, dem König von Gaas, zu Jhuri, dem König von Silo, zu Pireathon, dem König von Hazor, zu Susi, dem König von Sarton, zu Laban, dem König von Beth-Horon, und zu Sachir, dem König von Mahanaim, und ließ ihnen sagen: kommt herauf zu mir und helft mir den Hebräer und seine Söhne schlagen, denn sie sind wieder in Sichem eingedrungen. Also traten zu Hauf die Könige mit ihren Heeren und schlugen ihr Lager vor der Stadt Tapuah auf.

Und die Fürsten sandten ein Schreiben an Jakob und seine Söhne, in dem folgendes stand: Kommt zu uns nach der Ebene heraus, wir wollen einander von Angesicht sehen.

Wie die Brüder diese Worte lasen, machten sie sich eilends auf, hängten ihre Waffen um und rüsteten hundertzwei Mann von ihren Knechten zum Streite aus. So zogen sie mit ihrem Vater an der Spitze aus und stellten sich an dem Hügel von Sichem auf. Und Jakob breitete seine Hände aus und betete abermals vor dem Herrn.

Da geschah es, daß die Erde erbebte und das Licht der Sonne sich verfinsterte; die Könige entsetzten sich, und ein Getümmel kam in ihre Reihen. Der Herr hatte das Flehen Jakobs erhört und warf eine Furcht vor seinen Söhnen in die Herzen der Amoriter. Er ließ sie das Nahen vieler Reiter, Tritte feuriger Rosse und das Wogen eines großen Heeres vernehmen, und sie dachten wieder daran, von den Söhnen Jakobs zu lassen. Sie taten es aber nicht und sprachen: Es wäre eine Schmach für uns, zum zweitenmal vor diesen Hebräern zu weichen.

2
Die Niederwerfung der Fürsten

UND DIE KINDER JAKOBS rückten immer näher an die Könige und ihre Heere heran. Sie sahen sich einem zahlreichen Volke gegenüber und riefen: Hilf uns, o Herr, daß wir den Unbeschnittenen nicht unterliegen! Wir vertrauen auf dich! Und sie hoben die Schilde und ergriffen die Spieße. Der Sohn Jakobs Juda und seine zehn Knechte sprangen als erste in den Kampf. Von den Feinden wiederum war es Jesub, der König von Tapuah, der mit seinem Heere den anderen voranschritt. Er saß auf einem feurigen Rosse und war vom Kopf bis zu den Füßen mit Stahl und Eisen gekleidet. Das war ein Held, der mit beiden Händen zugleich Pfeile entsenden konnte und nie sein Ziel verfehlte. Wie er nun jetzt Juda entgegenritt, schleuderte er seine Pfeile gegen ihn, wie es seine Art war. Aber Gott ließ die Geschosse rückwärts fallen, und sie trafen Jesubs eigene Streiter. So kamen Jasub und Juda immer näher aneinander; nur noch dreißig Ellen machte der Raum zwischen ihnen aus. Da hob Juda einen großen Stein von der Erde auf, der wog sechzig Pfund, rannte mit aller Macht gegen Jasub und warf den Stein. Der Schlag traf den Schild des Königs, er selbst aber wurde von dem Hiebe verwirrt und fiel von seinem Pferde zu Boden. Und der Schild rollte fünfzehn Ellen weiter. Die amoritischen Fürsten, die dem Zweikampf zugesehen hatten, erschraken. Juda aber lief gegen das Heer Jesubs und schlug mit einem Schwerstreich zweiundvierzig Mann nieder. Da stoben die feindlichen Streiter vor den hebräischen Helden auseinander; sie ergriffen die Flucht und verließen ihren König.

Als nun Jesub sah, daß seine Mannen geflohen waren, richtete er sich empor und nahm allein den Kampf gegen Juda auf. Er hob seinen Schild von der Erde und hielt ihn dem Schwerte Judas entgegen; mit der freien Hand aber holte er zu einem Schlage gegen den Hebräer aus, den er mit dem Griff seines Wurfspießes niederzustrecken gedachte. Juda aber hatte rasch mit dem Schilde den Kopf geschützt, und so empfing die Schutzwaffe den Hieb; zersprang aber dabei in zwei Stücke. Da nahm Juda sein Schwert, richtete es gegen die Knöchel Jesub und trennte die Füße des Königs von den Schenkeln ab. Nun fiel der Fürst von Tapuah abermals zur Erde, und der Spieß glitt aus seiner Hand. In diesem Augenblick wurde ihm von Juda der Kopf abgehauen. Und Juda warf das Haupt des Königs dorthin, wo die Füße lagen.

Als die Söhne Jakobs sahen, was ihr Bruder vollbracht hatte, stürzten sie sich auf die Heere der anderen Könige und töteten eine große Anzahl von Streitern. Sie hieben mit den Schwertern, wie man in Kürbisse hineinhaut. Juda aber machte sich an dem Leichnam Jesubs zu schaffen und zog ihm die Rüstung aus.

Da erschienen neun Recken von den Helden Jesubs und fielen über Juda her. Dieser aber warf behend einen Stein gegen die Stirn des Anführers und spaltete ihm den Schädel; die übrigen flohen, aber Juda verfolgte sie mit seinen zehn Knechten und schlug sie nacheinander tot. Er zog auch ihnen ihre Waffenröcke aus.

Währenddessen wurde Levi von Elon, dem Könige zu Gaas, und vierzehn seiner ersten Streiter hinterrücks angegriffen. Er und seine zwölf Knappen vermochten sich jedoch ihrer zu erwehren und schlugen den König und seine Getreuen mit der Schärfe des Schwertes. Da kam Jhuri, der König von Silo, um Elon zu helfen. Er geriet aber in die Schußweite Jakobs, der mit Pfeil und Bogen seinen Kindern Hilfe leistete, und wurde von einem Geschoß aus dem Köcher des Patriarchen getötet.

Wie nun die anderen Könige der Amoriter auch den Fürsten von Silo fallen sahen, sprachen sie zueinander: Unsere Kraft ist aus; wir kommen den Hebräern nicht bei, nachdem sie drei unserer Fürsten umgebracht haben. Und sie verließen ihre Stellung.

Da rückten auch die Söhne Jakobs von der Anhöhe ab und jagten den Königen nach. Sie richteten in ihren Reichen eine Verheerung an. Die Zahl der Gefallenen war nach und nach auf neunzehntausend gestiegen. Jakob aber streckte mit seinen Pfeilen Pireathon, den König von Haron, Susi, den König von Sarton, Laban, den König von Beth-Horon, und Sachir, den König von Mahanaim, während der Verfolgung nieder.

3
Die Einnahme von Hazor

DIE AMORITISCHEN STREITER LIEFEN, bis sie vor die Stadt Hazor kamen. Hier lieferten ihnen die Söhne Jakobs eine Schlacht und töteten von ihnen vierhundert Mann. Nun erbrachen die Amoriter die Tore und suchten ihre Zuflucht im Innern der Stadt. Hazor aber war ein großer, weit ausgedehnter Ort.

In den Kämpfen, die noch vor den Toren von Hazor stattgefunden hatten, waren drei von den Knechten Judas gefallen, und das hatte seinen Zorn gegen die Amoriter von neuem geschürt. Er nahm sich mit seinen Brüdern vor, in die Stadt einzudringen. Da stellten sich vier streitbare Helden von den Feinden mit gezückten Schwertern und Spießen den Söhnen Jakobs entgegen und verwehrten ihnen den Eingang. Aber da war es Naphtali, der die vier Verteidiger von Hazor niederrang. Mit einem Hieb seines Schwertes schlug er zweien von ihnen den Kopf ab. Die anderen zwei versuchten zu fliehen, wurden aber von Naphtali gleichfalls erschlagen.

Nun konnten Simeon, Levi und Juda die äußere Stadt besetzen. Hazor hatte aber noch eine zweite Mauer, die die drei Brüder erklettern mußten. So gelangten sie in die innere Stadt. Hier schlugen sie die Reste des feindlichen Heeres und fielen dann über die Einwohner her. Es half kein Weinen und kein Flehen; ihr Geschrei stieg bis zum Himmel.

Nachdem die zu Hazor vertilgt worden waren, sprang Juda auf die Mauer und rief Dan und Naphtali wie den anderen Brüdern, daß sie die Beute holen sollten. Also gewannen die Söhne Jakobs Schafe und Kinder wie sonstigen Reichtum und machten viele Gefangene.

4
Der Kampf mit den Sartoniern

AM ANDEREN TAGE zogen die Vorwärtsdrängenden gen Sarton, da sie erfahren hatten, daß die Einwohner dieser Stadt sich zum Streite gegen sie rüsteten, weil die Brüder ihren König getötet hatten. Sarton aber war eine Stadt mit hohen Mauern, gut befestigt und von einem fünfzig Ellen tiefen und vierzig Ellen breiten Graben umgeben. Also konnte niemand in die Stadt hinein, und die Hebräer suchten vergeblich nach einem Zugang. Denn das Stadttor befand sich hinten, und die Grabenbrücke hatten die Sartonier weggenommen. Während sich nun die Brüder nach Mitteln umsahen, um in den Ort einzudringen, waren die Einwohner von innen die Mauer hinaufgestiegen, schmähten sie und fluchten auf sie.

Da entbrannte der Zorn in den Herzen der Söhne Jakobs, als sie die Schmährufe hörten, und sie übersprangen alle den vierzig Ellen breiten Graben. So standen sie vor der Mauer der Stadt, Juda schwang sich als erster von der östlichen Seite auf den Wall, trotzdem die Sartonier von oben mit Steinen warfen. Ihm folgten Gad und Asser von der westlichen Seite, Simeon und Levi vom Norden, Dan und Ruben vom Süden. Die Sartonier verließen fluchtartig die Mauer. Isaschar und Naphtali, die draußen geblieben waren, zündeten ein Feuer an, wodurch das Eisen der Tore schmolz. Also drangen alle Streiter Jakobs in die Stadt und schlugen die Einwohner mit der Schärfe des Schwertes. Zweihundert Sartonier aber hatten sich in einem Turm versteckt. Da ließ Juda den Turm niederreißen; die Wände stürzten ein und begruben alle, die sich dort eingeschlossen hatten. In der Stadt befand sich aber noch ein zweiter hoher Bau; in diesen hatten sich gleichfalls gegen dreihundert Mann zu retten versucht. Als aber die Brüder den Turm zu stürmen begannen, schlichen sich viele heraus und suchten zu entkommen. Allein Simeon und Levi blieben ihnen auf den Fersen. Da wandten sich mit einem Male zwölf der Flüchtenden um, es waren weidliche Männer, und begannen einen Kampf mit ihren Verfolgern. Sie zerschlugen die Schilde von Simeon und Levi, und einer war nahe daran, Levis Haupt zu treffen. Da hielt Levi behend die eine Hand vor

seinen Kopf, mit der anderen aber entwand er geschickt dem Angreifer die Waffe und hieb ihm selbst den Kopf ab. Nun umringten die
übrigen elf die zwei Brüder. Da stieß Simeon einen wilden, durch-
dringenden Schrei aus. Aber diesen Schrei erkannte Juda von ferne als
den Schrei seines Bruders, und er rannte zusammen mit Naphtali den
Seinigen zu Hilfe. Sie fanden Simeon und Levi, wie sie mit den elf
Männern rangen. Als Naphtali sah, daß die Schilde der Brüder entzwei waren, nahm er zwei Knappen ihre Schutzwaffen ab und reichte
sie Simeon und Levi. Nun kämpften Simeon, Levi und Juda zu dritt
mit den elf Jünglingen; der Tag ging zur Neige, die drei Brüder konnten die Feinde nicht besiegen. Das wurde Jakob angesagt; er eilte an
die Kampfesstätte, spannte seinen Bogen und tötete mit den Pfeilen
drei der Widersacher. Als nun die übrigen acht sich von vorn und von
hinten angegriffen sahen, überkam sie die Angst, und sie flohen. Auf
ihrer Flucht aber stießen sie auf Dan und Asser; diese warfen sich auf
sie unversehens und töteten zwei von ihnen. Juda und seine Brüder
setzten den übrigen weiter nach, ereilten sie und töteten sie gleichfalls.
Alsdann zerstreuten sich die Sieger in der Stadt und suchten sie
nach Feinden ab. Gad und Asser fanden in einer Höhle zwanzig
Jünglinge und schlugen sie alle tot. Dan und Naphtali trafen einen
Haufen Männer, die sich aus dem zweiten Turm gerettet hatten. Sie
stritten mit ihnen und machten sie nieder. Also hatten die Brüder alle Einwohner der Stadt umgebracht; allein die Frauen und Kinder ließen sie am Leben. Hierauf machten die Hebräer alles zu Beute, was
in der Stadt vorhanden war.
Die von Sarton aber, das waren alles Helden. Einer von ihnen
konnte tausend Mann in die Flucht schlagen; ihrer zwei wichen auch
vor zehntausend Feinden nicht zurück. Diese alle aber kamen durch
das Schwert der Brüder Dinas um; auch nicht einer von ihnen vermochte sich zu behaupten.

5

Die Bezwingung von vier Städten

NACHDEM DIE HEBRÄISCHEN STREITER die Stadt Sarton erobert hatten, zogen sie weiter. Sie hatten sich nur zweihundert Ellen von ihr
entfernt, als ihnen die Einwohner von Tapuah entgegentraten. Diese
wollten den Hebräern die Gefangenen und die Beute wieder entreißen, die jene in den Städten Hazor und Sarton gewonnen hatten.
Also kam es zu einem Treffen, und die Söhne Jakobs zwangen die
Übermütigen zu eiliger Flucht; viele von den Feinden blieben an der
Stelle tot. Hierauf begaben sich die Brüder nach der Stadt Tapuah. Da

vernahmen sie, daß die Einwohner der Nachbarstadt Arbel wider sie zum Kampfe ausgezogen waren. So ließen sie zehn von ihren Mannen in der Stadt Tapuah, die sollten die Beute sammeln, und gingen selbst den Arbelitern entgegen. Die von Arbel aber waren mit ihren Weibern in den Kampf gezogen, denn die Frauen daselbst waren der Kriegskunst kundig; er waren ihrer gegen vierhundert Seelen, Streiter und Streiterinnen.

Als die Söhne Jakobs der Arbeliter ansichtig wurden, rannten sie in den Kampf mit einem lauten, dröhnenden Geschrei. Dieses Geschrei war wie das Brüllen von Löwen und das Brausen von Meereswellen. Da fiel ein Zittern und ein Schrecken über die Arbeliter, sie machten kehrt und flohen in ihre Stadt zurück. Aber die Hebräer setzten ihnen nach und drangen in die Stadt ein. Hier kam es zu einem schweren Kampf, und die Weiber von Arbel schleuderten Steine gegen die Angreifer. Das Ringen dauerte bis zum Abend, und beinahe wären die Brüder in der Schlacht gefallen. Aber da schrien sie zum Herrn, und wie der Abend kam, hatten sie die Oberhand gewonnen. Nun metzelten sie alles in dem Orte nieder, die Männer, die Freuen und die Kinder.

Hernach lenkten die Hebräer ihre Schritte nach den Städten Silo und Mahanaim und ließen diese Orte das Schicksal von Tapuah und Hazor erfahren.

6
Die Erhebung der Stadt Gaas

FÜNF TAGE, NACHDEM die Stadt Mahanaim bezwungen worden war, vernahmen die Söhne Jakobs, daß die Einwohner von Gaas sich gegen sie zusammengerottet hatten, um den Tod ihres Königs und ihrer Fürsten zu rächen. Die Stadt Gaas hatte außer ihrem König noch vierzehn Fürsten, und diese waren alle in der ersten Schlacht umgekommen.

Also gürteten die Brüder wieder ihre Waffen um und machten sich kampfbereit. In Gaas aber saß der stärkste und zahlreichste Stamm der Amoriter. Die Stadt selbst war einer der am besten befestigten Orte des Landes und war von drei Mauern umgeben. Als sich nun die Hebräer der Stadt näherten, waren alle Tore verschlossen, und gegen fünfhundert Mann standen auf der äußeren Mauer. Und ein großes Volk, das nicht zu zählen war, lauerte hinter der Stadt. Die Ungestümen machten sich nun daran, die Tore zu erbrechen. Aber da traten die hinten lauernden von beiden Seiten hervor und umzingelten die Angreifer. Also waren die Söhne Jakobs von vorn und von hinten von

Feinden umgeben, und die, die auf der Mauer standen, bewarfen sie mit Steinen und Pfeilen. Als nun Juda sah, daß die von Gaas so stark waren, fing er dermaßen zu brüllen an, daß die Feinde die Fassung verloren und viele vor Schreck von der Mauer herunterfielen.

Da wandte sich die Brüder Judas gegen die, die sie von hinten überfallen hatten, und schlugen sie arg. Hernach versuchten sie zusammen mit Juda die Tore der Stadt zu öffnen, es gelang ihnen aber nicht. Wo sie sich auch hinwandten, wurden sie mit Steinen überschüttet. Die sich noch oben auf der Mauer aufhielten, höhnten die Hebräer und riefen: Was hebt ihr erst einen Streit an, wenn ihr doch nicht siegen könnt? Glaubt ihr, daß ihr Gaas, die mächtige Stadt, auch so werdet zerstören können, wie ihr die schwachen Städte unserer Nachbarn zerstört habt? Und sie schmähten die Söhne Israels und ergingen sich in Flüchen gegen den Gott der Hebräer. Da ereiferte sich Juda für seinen Herrn und rief laut: Herr, hilf uns! Herr, hilf uns! Er sprang mit entblößtem Schwerte in die Höhe und schwang sich, von Zorn getragen, auf die Mauer. Wie er aber oben war, entfiel ihm das Schwert. Da stieß er abermals einen rasenden Schrei aus, daß einige vor Schreck von der Mauer herunterstürzten und tot liegen blieben; andere rannten davon. Nur wenige faßten Mut und versuchten Juda von der steinernen Wand hinunterzuwerfen. Es kamen ihnen auch zwanzig Helden zu Hilfe, die mit blanker Waffe Juda umkreisten und verwirrten. Da rief der Bedrängte von der Mauer seine Brüder um Beistand. In diesem Augenblick spannten Jakob und seine Söhne ihre Bogen und töteten durch ihre Pfeile drei von den Streitern. Juda brüllte wieder seine Feinde an, und abermals erschraken einige und ließen ihre Schwerter fallen. Da hob er rasch die Schwerter auf, hieb mit ihnen um sich und tötete die herbeigeeilten Männer. Noch einmal versuchte ein Haufen Männer und Frauen, achtzig an der Zahl, Juda zu umringen und zu Fall zu bringen, als sie aber in die Nähe des Helden kamen, fiel über sie ein Schrecken, und sie wichen zurück. Jakob und seine Söhne aber trafen mit ihren Pfeilen noch zehn Streiter, die auf der Mauer standen, und ihre toten Leiber fielen zu Füßen des Erzvaters.

7

Gaas' Vernichtung

NUR EINER VON den Streitern Gaas', mit Namen Arub, holte zum Schlage gegen Juda aus, Juda hatte aber noch schnell Zeit, sein Haupt mit dem Schilde zu schützten, und so brach das Schwert des Gaasiters an dem Schilde Judas entzwei. Da überkam Angst den

Streitsüchtigen; er glitt aus und fiel von der Mauer. Die Söhne Jakobs schlugen ihn tot.

Juda aber schmerzte der Kopf von dem Schlage, den er empfangen hatte, und er schrie laut auf. Der Schrei drang zu seinem Bruder Dan, und dieser nahm von ferne einen Anlauf und schwang sich auf die Mauer. Wie nun die Gaasiter Dan neben Juda stehen sahen, verließen sie die äußere Mauer und stiegen auf die nächste. Von hier aus schleuderten sie Steine und Pfeile gegen die Angreifer, und bald wäre es um die zwei Brüder geschehen gewesen. Sie entwanden sich aber der Gefahr, indem sie auf die andere Mauer sprangen. Nun erhob sich ein Geschrei zu Gaas. Jakob und die unten verbliebenen Brüder ängstigten sich um Dan und Juda. Da bestieg Naphtali die erste Mauer und sprang von dieser auf die nächste. Die Gaasiter sahen nunmehr drei Hebräer gegen sich streiten und flüchteten in das Innere der Stadt. Unterdessen erbrachen Isaschar und Sebulon die Tore und drangen in Gaas ein. Ihnen schlossen sich Jakob mit den übrigen Söhnen und Knappen an.

Es entspann sich ein überaus heftiger Kampf, und die Hebräer machten fast alle nieder. Als sie dabei waren, die Leichen auszuziehen, tauchten drei starke Männer auf, die aber kein Schwert bei sich führten. Der eine faßte Sebulon, der noch jung und klein von Wuchs war, und warf ihn mit aller Kraft zu Boden. Da kam Jakob schnell mit seinem Schwert herbei, versetzte dem Mann einen Hieb unterhalb der Lenden und tötete ihn. Nun rannte der zweite Gaasiter herzu, ergriff Jakob und wollte ihn gleichfalls niederwerfen, aber Jakob schrie laut, da kamen Simeon und Levi und schlugen den Bedränger ihres Vaters auf die Schenkel, daß er hinfiel. Voll Wut erhob er sich wieder; doch ehe er sich noch aufgerichtet hatte, kam Juda herbei und spaltete ihm mit dem Schwert den Schädel. Als nun der dritte Gaasiter sah, daß seine zwei Gefährten getötet worden waren, ergriff er die Flucht vor den Hebräern, und diese setzten ihm nach. Auf dem Wege fand der Verfolgte ein Schwert, hob es auf und wandte sich gegen seine Verfolger, um mit ihnen zu streiten. Er holte mit dem Schwerte aus und wollte Juda treffen. Und Juda hatte keinen Schild. Doch ehe noch der Streich ausgeführt worden war, kam Naphtali zuvor und deckte mit seinem Schild das Haupt Judas. Also ward nur der Schild getroffen, und Juda blieb unversehrt. Nun fielen Simeon und Levi über den Gaasiter her und schlugen ihn mit ihren Schwertern. Beide Schwerter trafen den Feind und zerhieben seinen Körper in zwei Teile. Also wurden auch die drei letzten Helden von Gaas getötet. Und die Söhne Jakobs nahmen an sich die Beute und verließen die Stadt in der Nacht.

8
Beth-Horon

MAN ERZÄHLT, daß die Zahl der zu Gaas Getöteten zwanzigtausend betragen hätte. Ein Strom von Blut soll sich aus der Stadt ergossen und die Niederungen von Beth-Horon erreicht haben. Die Horoniter sprachen: Das ist das Werk der Hebräer, die die Amoriter ausrotten. Ein jeder gürtete seine Waffe um, und sie sammelten sich, die Söhne Jakobs zu bekriegen.

Auf einem Hügel traten die von Beth-Horon und die Hebräer einander entgegen, und es kam noch in derselben Nacht zu einem Gefecht. Mit einem lauten Kriegsgeschrei, von dem die Erde erzitterte, warfen sich die Horoniter in den Kampf. Vor diesem Geschrei erschraken selbst die Söhne Jakob, zumal sie nicht gewohnt waren, in der Dunkelheit zu kämpfen. Sie riefen zum Herrn: Hilf uns, o Herr, und steh uns bei, daß wir nicht verderben!

Da erhörte Gott ihr Rufen und ließ über die von Beth-Horon eine Verwirrung kommen. In der Finsternis griffen einzelne Flügel einander an, in der Meinung, den Feind vor sich zu haben. Die Hebräer merkten das und zogen sich vom Kampfplatze zurück. Und die von Beth-Horon fuhren fort, einander zu schlachten, und schrien laut auf dem Hügel, daß es weithin schallte. es kamen in dieser Nacht viele von ihnen um. Die Stämme der umliegenden Landschaften, die Heviter, die Hethiter, ja selbst die von jenseits des Jordans hörten das Geschrei und dachten bei sich: Wie gewaltig ist doch der Kampf der Hebräer gegen die Einwohner der sieben Städte. Und es ergriff sie eine Furcht.

Als der Morgen anbrach, machten sich die Hebräer auf, Stiegen den Hügel hinan und brachten noch den Rest derer von Beth-Horon um. Also hatten alle, die gegen die Söhne Jakobs ausgezogen waren, ihren Tod gefunden. Wie geschlachtete Schafe und Böcke bedeckten die Leiber der Feinde die Höhe von Beth-Horon.

Am sechsten Kampftage kamen die Söhne Jakobs in Sichem an; sie blieben vor der Stadt lagern und ruhten von den Schlachten aus. Auch ihre Knechte und die Beute ließen sie außerhalb der Stadt. Sie kamen nicht ins Innere, denn sie sprachen: Wir können in Sichem leicht eingeschlossen und überfallen werden. Also verweilten sie auf dem Stück Acker, das Jakob von Hemor um fünf Sekel gekauft hatte. Die Beute aber, die sie erworben hatten, und die Zahl der Gefangenen, die sie im Kriege gemacht hatten, war nicht zu zählen.

9

Der Frieden

DIE EINWOHNER DER ÜBRIGEN STÄDTE Kanaans hegten Furcht vor den Hebräern, weil diese Taten vollbracht hatten, wie sie seit den Urzeiten keinem Könige gelungen waren. Also schickte Japhia, der König von Hebron, im geheimen zu dem König von Ai, zu den Königen von Gibeon, von Salem, von Adullam, von Lachis wie zu den anderen kanaanitischen Fürsten, die diesen unterstanden, und ließ ihnen sagen: Kommt zu mir herauf, wir wollen zu den Hebräern gehen und mit ihnen einen Friedensbund schließen, damit euer ganzes Land nicht durch ihr Schwert verwüstet werde.

Da folgten die Herrscher, es waren ihrer einundzwanzig Könige und dreiundsechzig Fürsten, diesem Ruf und fanden sich nach vierzig Tagen an dem Berge vor Hebron ein. Ihr Gefolge bestand aus hundertneunundachtzig Mann. Der König von Hebron erschien mit seinen drei Fürsten und neun Ratmannen, und die Versammelten beratschlagten darüber, wie sie den Siegern den Frieden antragen sollten. Sie kamen dahin überein, daß der Fürst zu Hebron als erster verhandeln sollte.

Während nun die Herrscher miteinander Rat hielten, erfuhren die Söhne Jakobs, das die Fürsten Kanaans sich bei Hebron versammelt hatten. Sie ließen durch Späher die Zahl der Zusammengetretenen feststellen, hängten ihre Waffen um und wählten zweiundsechzig Mann aus ihrer Mitte. Sie rüsteten sich wider die Könige Kanaans, weil sie dachten, daß jene zu einem Streite ausgezogen wären; sie wußten nicht, daß die Kanaaniter friedliche Absichten hatten. Auch Jakob ging mit. Als sie aber nur die Tore Sichems verlassen hatten, sahen sie den König von Hebron mit seinen drei Fürsten und neun Begleitern ihnen entgegenschreiten. König Japhia kam mit seinem Gefolge immer näher, und als sie vor die Söhne Jakobs traten, bückten sie sich vor ihnen bis zur Erde.

Da fragten die Hebräer: Was begehrst du, Herr zu Hebron? Warum bist du heute hier erschienen? Der König wandte sich an Jakob und sprach: Mein Herr, die Fürsten Kanaans sind zu euch gekommen, um euch Frieden zu bieten. Die Jünglinge glaubten aber dieser Rede nicht und dachten, der Fürst wolle sie überlisten. Als das der König merkte, schickte er einen seiner Männer hin und ließ die anderen Machthaber rufen. Diese kamen und neigten sich tief vor den Söhnen Jakobs. Alsdann sprachen sie: Wir wollen mit euch einen Bund eingehen und wahren Frieden schließen. Ihr sollt fürder uns nicht bekriegen, und wir wollen mit euch keinen Streit anfangen. Da sahen die Hebräer, daß die Könige aufrichtig Frieden wünschten, und willigten in einen Bund ein. Dieser Bund wurde sowohl von den Söhnen Jakobs wie von den Fürsten Kanaans beschworen. Die Kanaaniter mußten aber von nun an den Hebräern einen Zins entrichten. Hierauf brachten die Ratmannen der Fürsten den Siegern Geschenke, und die Könige baten sie, ihnen die Gefangenen der sieben amoritischen Städte wie die Kriegsbeute herauszugeben. Das taten die Versöhnten und lieferten alle Gefangenen aus, die Weiber und die Kinder, das Vieh und was sie sonst erbeutet hatten. Da bückten sich die Könige dankend und zogen in Frieden ab, ein jeglicher nach seiner Stadt.

Und nun war Friede zwischen den Hebräern und den Beherrschern Kanaans, und dieser Friede währte bis zu der Zeit Josuas, alswann die Kinder Israel von dem Lande Besitz ergriffen.

Von den Söhnen Jakobs
und dem Tode Isaaks

1
Die Gemahlinnen der Söhne Jakobs

IN DEM JAHRE, da Joseph von seinen Brüdern nach Ägypten verkauft wurde, ging Ruben, der Sohn Jakobs, nach Timna und nahm Elioram, die Tochter Usais, des Kanaaniters, zum Weibe. Er erkannte sie, und sie ward schwanger und gebar ihm Henoch, Pallu, Hezron und Charmi, zusammen vier Söhne. Simeon nahm seine Schwester Dina zum Weibe, und die gebar ihm die Söhne: Nemuel, Jamin, Ohad, Jachim und Zohar, zusammen fünf Kinder. Danach ging Simeon zu der Kanaaniterin Buna ein – das war das Mägdlein, das er in Sichem gefangengenommen hatte– und die gebar ihm den Saul. Buna aber war um Dina und bediente sie.

Juda fuhr nach Adullam und kehrte dort zu einem Manne ein, der hieß Hira. In dessen Hause sah er die Tochter eines kanaanitischen Mannes, mit Namen Alith, die Tochter Suas, und nahm sie zum Weibe. Er ging zu ihr ein, und sie gebar ihm die Kinder: Or, Onan und Sela, zusammen drei Söhne. Levi und Isaschar zogen nach dem Lande Kedem und nahmen dort die Töchter Jakobs, des Sohnes Joktans, des Sohnes Ebers, zu Weibern. Jobab hatte zwei Töchter; die ältere hieß Adina, die jüngere hieß Arida. Levi ehelichte die Adina und

Isaschar die Ariba; sie brachten die beiden Frauen nach dem Lande Kanaan in das Haus ihres Vaters. Adina gebar dem Levi den Gerson, den Kahat und den Merari, zusammen drei Söhne. Arida aber gebar dem Isaschar den Thola, den Phuva, den Job und den Simron, zusammen vier Söhne.

Dan begab sich in das Land Moab und nahm Ephlalath, die Tochter Hemudons des Moabiters zum Weibe; er brachte sie nach Kanaan. Ephlalath war lange Zeit unfruchtbar und hatte kein Kind. Danach aber gedachte Gott an sie, und sie ward schwanger; sie gebar einen Sohn und hieß seinen Namen Husan.

Gad und Naphtali gingen nach Haran und holten sich von dort die Töchter Amurams, des Sohnes Uz', des Sohnes Nahors, zu Weibern. Das sind aber die Namen der Töchter Amurams: die ältere hieß Mirjamith, die jüngere Uzith. Naphtali nahm die Mirjamith, und Gad nahm die Uzith, und sie brachten sie in das Haus ihres Vaters nach Kanaan. Mirjamith gebar dem Naphtali den Jahzeel, den Guni, den Jezer und den Sillem, zusammen vier Söhne. Uzith gebar dem Gad den Ziphion, den Haggi, den Suni, den Ezbon, den Edi, den Arodi und den Areli, zusammen sieben Söhne.

Asser nahm Adon, die Tochter Ephlals, des Sohnes Hadars, des Sohnes Ismaels, zum Weibe und brachte sie nach dem Lande Kanaan. Adon aber starb bald darauf und hatte kein Kind hinterlassen. Nach ihrem Tode ging Asser jenseits des Stromes und nahm Hadura, die Tochter Abimaels, des Sohnes Ebers, des Sohnes Sems, zum Weibe. Diese Hadura war vorerst das Weib Malkiels, des Sohnes Elams, des Sohnes Sems, gewesen, und sie war schön von Aussehen und von hellem Verstand. Sie gebar dem Malkiel eine Tochter und nannte sie Serah. Danach starb Malkiel, und Hadura kehrte in das Haus ihres Vaters zurück. Als darauf Assers Weib gestorben war, heiratete er die Hadura und brachte sie nach dem Lande Kanaan. Hadura hatte aber ihre Tochter Serah mitgebracht, die war damals drei Jahre alt, und das Mägdlein ward groß im Hause Jakobs. Sie war lieblich von Gesicht und ging in den Pfaden der Söhne Jakobs; sie befleißigte sich eines heiligen Wandels, und Gott hatte sie mit Vernunft und Weisheit ausgestattet. Hadura ward schwanger und gebar dem Asser Jimna, Jisva, Isvi und Beria, zusammen vier Söhne.

Sebulon aber war nach Midian gegangen und nahm Maresa, die Tochter Moleds, des Sohnes Abidas, des Sohnes Midians, zum Weibe und brachte sie nach Kanaan. Maresa gebar dem Sebulon den Sered, den Elon, den Janleel, zusammen drei Söhne.

Danach schickte Jakob zu Aram, dem Sohne Zubas, des Sohnes Tharahs, nahm Mahalia, die Tochter Arams, seinem Sohne Benjamin zum Weibe, und sie kam nach dem Lande Kanaan. Benjamin war zehn Jahre alt, als er Mahalia zum Weibe nahm, und sie ward schwanger und gebar ihm fünf Söhne: Bela, Bechor, Asbel, Gera und Naaman. Danach nahm Benjamin Arbath, die Tochter Simrons, des Sohnes Abrahams, neben seinem Weibe zum Weibe; er war damals achtzehn Jahre alt. Arbath gebar Benjamin gleichfalls fünf Söhne: Ahi, Ros, Muphim, Huppim und Ered.

Zu der Zeit begab sich Juda in das Haus Sems und holte Thamar, die Tochter Elams, des Sohnes Sems, seinem erstgeborenen Sohne Ger zum Weibe. Da ging Ger zu ihr ein, aber er verdarb dabei seinen Samen. Das sah Gott übel an und ließ ihn sterben. Nachdem nun Ger, der erstgeborene Sohn Judas, tot war, sprach Juda zu seinem zweiten Sohne Onan: Geh zu deines Bruders Weibe und eheliche sie, damit du den Samen deines Bruders erweckest. Aber auch Onan verfuhr mit Thamar, wie sein Bruder verfahren war; der Herr wußte darum und tötete auch ihn.

Als nun auch Onan gestorben war, sprach Juda zu Thamar: Kehre zurück in deines Vaters Haus und bleibe daselbst, bis mein Sohn Sela groß geworden ist. Juda wollte sie aber dem Sela nicht geben, denn er hatte Angst, daß auch er wie seine Brüder sterben würde.

Also kehrte Thamar in ihres Vaters Haus zurück; sie blieb dort lange Zeit. Ein Jahr darauf starb Alith, das Weib Judas. Nachdem Juda ausgetrauert hatte, ging er mit seinem Freunde Hira nach Timna, die Schafe zu scheren. Als Thamar erfuhr, daß Juda nach Timna gehen sollte – Sela war inzwischen groß geworden, und man hatte ihn ihr zum Manne nicht gegeben –, machte sie sich auf und legte ihre Witwenkleider ab; sie hängte einen Schleier um, verhüllte sich und setzte sich vor das Tor von Enaim, auf dem Wege nach Timna. Da sah Juda auf der Straße ein Weib sitzen und ging zu ihr ein. Also ward Thamar schwanger von ihrem Schwäher. Als sie gebären sollte, wurden Zwillinge in ihrem Leibe gefunden. Man nannte den einen Knaben Perez und den anderen Serah.

2
Isaak segnet seine Kinder vor seinem Tode

ZUR ZEIT, DA JOSEPH aus dem Gefängnis in Ägypten, in das er durch die Beschuldigungen des Weibes Potiphars geworfen worden war, befreit werden sollte, lebte noch Isaak, der Sohn Abrahams, im Lande Kanaan. Er war aber schon hundertachtzig Jahre alt, und seine Tage gingen zur Neige.

Wie Esau vernommen hatte, daß sein Vater Isaak nahe daran war zu verscheiden, kam er mit seinen Kindern aus dem Lande Seïr nach dem Lande Kanaan. Auch Jakob und seine Söhne verließen den Ort in Hebron wo sie gewohnt hatten, und kamen in die Hütte Isaaks; hier fanden sie Esau mit seinen Kindern vor. Jakob setzte sich mit seinen Söhnen vor seinen Vater Isaak – zu der Zeit trauerte er noch immer um seinen Sohn Joseph. Da sprach Isaak zu Jakob: Laß deine Söhne nahe an mich herantreten, ich will sie segnen. Jakob führte seine elf Knaben seinem Vater vor, und Isaak küßte und umarmte ein jedes seiner Enkelkinder. Er breitete seine Hände über sie aus und sprach: Der Herr, der Gott eurer Väter, wird euch segnen und wird euren Samen groß machen wie die Sterne des Himmels.

Auch die Söhne Esaus segnete Isaak und sprach: Der Herr möge euch zum Schrecken eurer Feinde und aller, die euch sehen, machen.

Danach ließ Isaak wieder Jakob und seine Söhne kommen und sprach zu ihnen: Der Herr, der Gott aller Erde, hat zu mir gesprochen: Deinem Samen werde ich dieses Land geben, daß er es besitze. Werden deine Söhne meine Gesetze und Lehren hüten, so will ich den Schwur erfüllen, den ich deinem Vater Abraham gegeben habe. Und nun, mein Sohn, lehre deine Kinder und Kindeskinder die Gottesfurcht und laß sie die Wege wandeln, die dem Herrn wohlgefallen. Denn solange ihr seine Gebote befolgt, wird der Herr seinen Bund mit Abraham aufrechterhalten und wird euch und eurem Samen Gutes tun.

Hernach hörte Isaak zu sprechen auf, nahm ab und starb und ward zu seinem Volke versammelt. Da fielen Jakob und Esau auf das Angesicht ihres Vaters Isaak, und sie weinten beide um ihn. Sie trugen ihn nach der zwiefachen Höhle, die Abraham zum Erbbegräbnis von den Kindern Heth gekauft hatte. Alle Könige Kanaans folgten dem Trauerzuge und erwiesen dem Toten große Ehren. Die Söhne Jakobs und die Söhne Esaus gingen barfüßig hinter der Bahre Isaaks und wehklagten laut. So kam der Zug in Kirjath Arba an.

Hier bestatteten Jakob und Esau ihren Vater in der Erbgruft der zwiefachen Höhle. Sie setzten ihn mit großer Pracht bei, wie man Könige beisetzt. Danach hielten Jakob und Esau eine Klage um Isaak; sie veranstalteten ein Leichenmahl und trauerten um ihn viele Tage.

3
Die Teilung des väterlichen Erbes
zwischen Jakob und Esau

ISAAK HINTERLIESS nach dem Tode all seinen Besitz, das Vieh und die Habe, seinen beiden Söhnen. Da sprach Esau zu Jakob: Laß uns alles, was nach unserem Vater geblieben ist, in zwei Teile teilen und laß mich meinen Teil aussuchen.

Jakob erwiderte: Wohlan. Und er nahm alles, was Isaak zurückgelassen hatte, das Vieh, das Geld und das sonstige Gut, und teilte es in zwei gleiche Teile vor Esau und dessen Söhnen. Er sprach zu Esau: Wähle dir die Hälfte des Erbes, die du zu haben begehrst. Und weiter sprach Jakob: Höre aber, Bruder, auf das, was ich dir sagen werde. Gott, der Herr des Himmels und der Erde, hat zu unseren Vätern, Abraham und Isaak, so gesprochen: Eurem Samen will ich dieses Land zum ewigen Besitz geben. Nun liegt alles vor dir, was unserem Vater gehört hat. Entscheide, was du lieber haben willst. Nimm du die ganze Habe und überlasse mir und meinen Söhnen das Recht auf das Land, oder ich behalte die Habe, und dir steht das Recht auf das Land zu.

Zu der Zeit hielt sich in Kanaan Nebajoth, der Sohn Ismaels, auf. Da ging Esau zu ihm hin, um sich von ihm Rat zu holen. Er sagte ihm: So und so hat Jakob zu mir gesprochen, sage mir, was ich ihm antworten soll; ich will auf dich hören. Da erwiderte Nebajoth: Was sind das bloß für Worte, die Jakob im Munde führt? Siehe, die Kinder Kanaans sitzen friedlich auf ihrer Scholle, und nun sollen Jakob und sein Same das Land erben? Geh hin und hole dir die Habe deines Vaters; überlasse das Land deinem Bruder Jakob.

Also kehrte Esau zu Jakob zurück und tat in allem, wie ihm Nebajoth geraten hatte. Er ergriff Besitz von der ganzen Habe Isaaks, und Jakob nahm für sich das Recht auf Kanaan von dem Wasser Ägyptens bis zum Strome Euphrat. Auch die zwiefache Höhle, die in Hebron war, die Abraham von Ephron dem Hethiter erworben hatte, nahm Jakob als erbliche Gruft für sich und seine Kinder nach ihm.

Das alles schrieb Jakob in einem Kaufbrief nieder, setzte sein Siegel darunter und ließ die Urkunde von redlichen Zeugen unterschreiben. Dies aber sind die Worte, die Jakob in das Schriftstück gesetzt hat: Das Land Kanaan mit allen seinen Städten, die Landschaften aller sieben Völker Kanaans, der Hethiter, der Jebusiter, der Amoriter und der Pheresiter vom Wasser Ägyptens bis zum Strome Euphrat, dazu die Stadt Hebron, Kirjath Arba, mit der Höhle, das alles hat Jakob von seinem Bruder Esau um einen Preis als ewigen Besitz erworben.

Und Jakob nahm den versiegelten Kaufbrief, eine offene Abschrift davon und die entsprechenden Satzungen und Gebote, tat alles in ein irdenes Gefäß, damit das Niedergeschriebene erhalten bliebe, und gab es seinen Kindern zum Verwahren.

Esau aber raffte alles zusammen, was Isaak hinterlassen hatte, Sklaven und Vieh, Kamele und Esel, Ochsen und Schafe, Gold und Silber, Edelsteine und Kristall. Es war nichts an beweglicher Habe übriggeblieben, was Esau nicht an sich genommen hätte. Hernach erhob er sich mit den Seinen und zog nach dem Lande Seïr zu den Horitern, hinweg von seinem Bruder Jakob. In Seïr machte sich Esau seßhaft und kehrte nicht mehr nach dem Lande Kanaan zurück. Also blieb das Land Kanaan Erbe der Kinder Israels für alle Ewigkeit, Esau aber und seine Kinder erbten den Berg Seïr.

Vom Tode Jakobs und Esaus

1
Die Ermahnungen Jakobs

Jakob lebte im Lande Ägypten, wohin er nach dem Wiederfinden Joseph durch seine Söhne gezogen war, einen Zeitraum von siebzehn Jahren, und sein ganzes Leben währte hundersiebenundvierzig Jahre. Da verfiel er der Krankheit, von der er sterben sollte, und so ließ er seinen Sohn Joseph nach Gosen kommen. Joseph erschien, und Jakob sprach zu ihm und zu seinen übrigen Söhnen: Mein Tod ist nahe, aber der Herr, der Gott eurer Väter, wird euer gedenken und wird euch wiederbringen in das Land, das er versprochen hat, euch und euren Kinder zu geben. Wenn ich nun sterbe, so begrabt mich in Hebron neben meinen Vätern. Und Jakob ließ seine Kinder schwören, ihm diesen Wunsch zu erfüllen. Und weiter sprach Jakob: Dient dem Herrn, euren Gott, und er wird euch aus jeder Not erretten, wie er eure Väter errettet hat.

Danach ließ der Erzvater seine Enkelkinder vor sich kommen. Er segnete sie und sprach zu ihnen: Der Gott eurer Väter mache euch noch viel Tausend mehr; er segne euch und verleihe euch den Segen eures Vaters Abraham. Nachdem Jakob die Kinder seiner Kinder gesegnet hatte, schieden sie von ihm.

Das anderen Tages versammelte der Patriarch noch einmal seine Kinder um sich, und er sprach über jedes von ihnen einen besonderen Segen, wie er geschrieben steht im Buche der Gesetze Israel. Dann wandte er sich an Juda und sprach: Ich weiß, mein Sohn, daß du der Fürst und der König deiner Brüder bist; auch deine Nachkommen werden Könige über die Nachkommen deiner Brüder in alle Ewigkeit sein. Lehre also deine Sprossen mit Bogen und Kriegswaffen umgehen, damit sie Joseph in seinen Kämpfen mit den Fein

den beistehen. Danach sprach Jakob zu allen seinen Söhnen gemeinschaftlich: Heutigen Tages werde ich zu meinem Volke versammelt,
so tragt mich nun von Ägypten nach dem Lande Kanaan und begrabt
mich in der zwiefachen Höhle, wie ich euch befohlen habe. Es soll
aber keines eurer Kinder mit meiner Bahre zu tun haben, sondern ihr
allein sollt sie tragen. In folgender Weise sollt ihr euch gruppieren:
Juda, Isaschar und Sebulon stellten sich ostwärts auf; Ruben, Simeon,
Gad südwärts, Dan, Asser und Naphtali nordwärts. Levi soll die
Bahre nicht anfassen, denn er und seine Söhne sind dazu ausersehen,
dereinst die Bundeslade des Herrn im Lager Israel zu tragen. Auch
für Joseph ziemt sich dieses nicht, denn er ist ein König. Ephraim und
Manasse sollen Joseph und Levi vertreten. So verfahrt, wenn ihr mich
geleitet; ändert nichts an dem, was ich euch befohlen habe. Erfüllt ihr
das alles, so wird Gott eurer gedenken. Und nun, mein Söhne, ein jeder von euch ehre seinen Bruder und seinen Nächsten und achte darauf, daß seine Kinder und Kindeskinder dem Gott ihrer Väter alle Tage dienen; tut, was in den Augen des Herrn gut und rechtschaffen ist,
und wandelt in seinen Wegen, auf daß euer und eurer Kinder Tage
lang werden auf Erden. Und du, mein Sohn Joseph, vergib deinen
Brüdern ihre Sünde und das Leid, das sie dir zugefügt haben, denn
Gott hat alles zum Guten gewendet. Verlaß sie nicht und betrübe sie
nicht; schütze sie vor den Einwohnern Ägyptens.

Da erwiderten die Söhne allesamt: Alles, was du uns befohlen hast,
Vater, wollen wir befolgen. Möge nur Gott uns immer beschirmen.
Jakob sprach: Gott wird mit euch sein, wenn ihr seine Gebote hüten
und von seinem Pfade nicht abweichen werdet.

Denn ich weiß, daß viel Not und Elend über euch in Zukunft in
diesem Lande kommen wird, aber dient dem Herrn, und er wird euch
helfen. Er wird einen Retter aus eurer Mitte erstehen lassen und wird
euch durch diesen von aller Drangsal befreien, euch aus dem Lande
Ägypten führen und in das Land eurer Väter bringen, von dem ihr
Besitz ergreifen werdet, und in dem ihr in Ruhe wohnen werdet.

Und da der Erzvater vollendet hatte, seine Kinder zu ermahnen,
streckte er seine Füße auf dem Lager aus und verschied und ward zu
seinem Volke versammelt.

2
Das Leichenbegängnis

DA FIEL JOSEPH auf das Angesicht seines Baters und weinte um ihn,
er küßte den Leichnam und rief: Vater, du Vater mein! Und alle Söhne Jakobs zerrissen ihre Kleider; sie taten Säcke um ihre Lenden,

streuten Asche auf ihr Haupt und warfen sich auf die Erde nieder. Danach kamen die Frauen der Söhne Josephs und die übrigen Angehörigen, neigten sich über den Toten, erhoben ein Geschrei und weinten laut. Die Trauerkunde wurde der Gemahlin Josephs, Asnath, mitgeteilt. Sie zog einen Sack an und erschien mit den Frauen Ägyptens im Trauerhause, und sie wehklagten um den Dahingeschiedenen. Aber auch alle Ältesten Ägyptens, alle Einwohner des Landes Gosen trauerten um Jakob zusammen mit seinen Kindern und Kindeskindern. Und Joseph befahl seinen Leibärzten, den Leichnam seines Vaters mit Myrrhe, Weihrauch und allerlei wohlriechenden Harzen einzusalben.

Siebzig Tage wurde der Erzvater beweint. Als diese Zeit um war, machte sich Joseph mit seinen Brüdern auf, um nach Kanaan zu gehen, nachdem er vom Könige die Ermächtigung dazu eingeholt hatte. Und Pharao ließ in Ägypten einen Befehl ausrufen, der besagte: Wer nicht mit Joseph und den Seinigen nach Kanaan zieht, um Jakob zu Grabe zu tragen, ist des Todes. Da gehorchten die Ägypter; und alle Knechte Pharaos, die Ältesten seines Hauses und die Ältesten des Landes, außerdem die Fürsten und Hofleute Pharaos sowie die Diener Josephs nahmen an dem Leichenbegängnisse teil. Und die Söhne Jakobs trugen die Bahre, so wie es ihnen ihr Vater anbefohlen hatte. Die Bahre aber war aus purem Golde, mit Kristall geschmückt und mit Smaragden besetzt, und auf ihr lag eine goldgewirkte Decke, die mit Schnüren an kostbare Haken angebunden war. Joseph hatte seinem Vater eine goldenen Krone auf das Haupt gesetzt und ihm ein goldenes Zepter in die Hand gegeben; er ließ ihn halbaufgerichtet auf der Bahre sitzen, also daß er wie ein König, der angelehnt ruht, aussah. Der Trauerzug aber war in folgender Weise geordnet: an der Spitze schritten die Krieger Pharaos und die Krieger Josephs, mit Schwertern gegürtet, mit Panzern bekleidet, in Waffenschmuck prangend. Rechts und links von der Bahre, doch in einem Abstand von ihr, wie ganz hinten, zog das klagende Volk, laut weinend und jammernd. Fünfzig von den Knechten Jakobs liefen vor der Bahre und streuten wohlriechende Spezereien, daß die, die die Bahre trugen, darauf traten. Dicht dahinter folgten unbeschuht Joseph und seine Getreuen. So bewegte sich der Zug von Ägypten bis Kanaan.

Als die Trauerschar vor die Tenne Atad kam, die jenseits des Jordans liegt, wurde eine große, bittere Klage gehalten. Die Könige Kanaans erfuhren, daß der Leichenzug mit der Bahre des Enkels Abrahams an den Jordan angelangt war, und kamen, es waren ihrer einunddreißig Fürsten, mit ihren Mannen dorthin, um den Toten zu beweinen. Da sie nun die Bahre Jakobs sahen und die Krone, die daran hing, gewahrten, legten sie ihre eigenen Kronen ab und hängten sie gleichfalls an die Bahre. Sie wohnten alle der Trauerfeier bei, denn sie wußten von der Macht Jakobs und von der seiner Söhne.

3
Der Tod Esaus

DIE KUNDE, DASS JAKOB in Ägypten verstorben war, und daß seine Kinder ihn zur Bestattung nach Hebron bringen wollten, drang nach Seïr zu Esau, und er machte sich mit den Seinigen auf, um nach Kanaan zu gehen und seinen Bruder zu beweinen. Er kam bis an den Ort, wo die Klage gehalten wurde, schloß sich den Ägyptern und den Kanaanitern an, und sie trauerten gemeinsam. Danach hoben die Söhne die Bahre mit ihrem Vater auf und zogen weiter nach Hebron zur zwiefachen Höhle.

Als sie aber in Kirjath Arba angekommen waren, stellten sich Esaus Söhne mit ihren Mannen vor den Eingang zum Gewölbe und sprachen: Jakob darf nicht begraben werden, denn dieser Ort gehört unserem Vater und uns. Als Joseph und seine Brüder die Kinder Esaus so sprechen hörten, wurden sie sehr zornig. Joseph trat an den Bruder seines Vaters heran und sprach: Wie können deine Kinder solche Reden führen, wo doch mein Vater nach dem Tode Isaaks diesen Ort von dir um großen Reichtum erworben hat? Auch das ganze Land Kanaan kaufte er von dir für sich und für seine Kinder zum ewigen Besitz. Darauf erwiderte Esau: Ich habe nichts verkauft von dem, was mein ist in diesem Lande, und mein Bruder Jakob hat von mir nichts erworben. Aber Joseph sprach: Hat doch unser Vater eine Urkunde über den Kauf geschrieben und diese von Zeugen beglaubigen lassen; die Urkunde ist bei uns in Ägypten geblieben. Darauf sagte Esau: Holt mir den Brief; was darin geschrieben steht, dem will ich mich fügen. Da rief Joseph dem Naphtali: Auf, renne schnell nach Ägypten und hole die Schriften, die Kaufbrief, die offenen und versiegelten Urkunden und auch die Bücher, in denen alles von der Übertragung der Erstgeburt von Esau auf Jakob verzeichnet ist.

Naphtali war behend wie ein Hirsch und konnte auf Halme treten, ohne sie zu knicken, und so lief er schnell nach Ägypten.

Als nun Esau sah, daß die Bücher geholt werden sollten, erhob er sich mit seinen Mannen, und sie fingen mit Joseph und seinem Volke einen Streit an. Aber sie wurden von den Söhnen Jakobs geschlagen, und es fielen von ihnen vierzig Mann. Während des Kampfes saß Husim, der Sohn Dans, mit den übrigen Enkelkindern Jakobs bei der Bahre ihres Großvaters, um sie zu bewachen. Dieser Husim war taub und stumm, er konnte aber fernes Geheul vernehmen. Er fragte die anderen: Warum hat man den Toten nicht begraben, und was bedeutet das Geschrei, das ich höre? Da machten ihm die Brüder erklärlich, was vorgefallen war, und daß Esau das Begräbnis störe. Als der Knabe das begriff, loderte sein Zorn auf; er nahm sein Schwert und rannte in die Schlacht. Er versetzte Esau einen tödlichen Schlag und hieb ihm den Kopf ab. So fiel der Bruder Jakobs an diesem Tage.

Nach der Tat Husims gewannen die Söhne Jakobs die Oberhand. Sie begruben ihren Vater in der zwiefachen Höhle, welchem Vorgang die Söhne Esaus zusehen mußten. Joseph und seine Brüder hielten an dieser Stätte ein siebentägige Klage.

Edom, Seïr und Ägypten

1
Der Kampf zwischen den Söhnen Jakobs und den Söhnen Esaus

DANACH RÜSTETEN SICH die Söhne Esaus zu einem neuen Streit mit den Kindern Jakobs, der auf den Feldern Hebron ausgetragen werden sollte. Der Leichnam Esaus lag noch immer draußen und ward nicht geborgen. Der Kampf war hart, und die Kinder Esaus unterlagen den Kindern Jakobs. Es fielen von ihnen achtzig Mann, von den Heere der Söhne Jakobs aber kam kein einziger um. Josephs starke Hand überwältigte die Widersacher seines Vaters, und er nahm Zephu, den Sohn Eliphas', des Sohnes Esaus, und seine fünfzig Getreuen gefangen. Er legte sie in Ketten und ließ sie nach Ägypten abführen. Als das die anderen Esaukinder sahen, fürchteten sie, daß auch sie ein solches Geschick ereilen würde, und sie flohen mit Eliphas auf den Berg Seïr. Sie hatten den Leichnam Esaus aufgehoben und begruben ihn in Seïr; es war aber nur der Rumpf ihres Vaters, den sie bestatten konnten, der Kopf war in Hebron liegen geblieben. An der Grenze von Seïr ließen die Kinder Jakobs von der Verfolgung der Feinde ab, denn sie wollten sie in der Bergung des Toten nicht stören. Sie kehrten nach Hebron zurück, rasteten daselbst und zogen wieder nach Ägypten.

Am dritten Tage aber sammelten die Kinder Esaus die Stämme Seïrs des Horiten wie die Kinder Redems, schlossen sich mit ihnen zu einem mächtigen Heere zusammen und zogen abermals nach Ägypten, um ihren Bruder Zephu aus der Hand Josephs zu befreien.

Joseph und seine Brüder traten gemeinschaftlich mit den Streitern Ägyptens denen von Edom entgegen, und sie kämpften mit ihnen in der Landschaft Ramses. Und Joseph und die Ägypter schlugen die Gegner auf das Haupt. Alle Helden der Horiter fielen im Kampfe, und es blieben nur wenige übrig. Auch von den Kindern Kedems und den Kindern Esaus wurden viele getötet, und Eliphas ergriff mit dem Rest des Heeres die Flucht. Er wurde von Joseph und den Seinen bis nach Sukkoth verfolgt. Zephu aber, der Sohn Eliphas', blieb auch weiterhin Josephs Gefangener. Die Zahl der gefallenen Feinde soll sechshunderttausend gewesen sein.

2
Die Fehde zwischen den Horitern und den Edonitern

ALS DIE KINDER ESAUS mit den Kindern Seïrs nach dem Lande Seïr zurückgekehrt waren, gereute es die Horiter, daß sie der Söhne Esaus wegen so viel Verluste erlitten hatten, und sie sprachen zu den Edomitern: Ihr habt gesehen und wißt, daß es uns euretwegen so ergangen ist. So hebt euch hinweg aus unserem Lande und kehrt zurück nach Kanaan, wo eure Väter gewohnt haben.

Das wollten die Kinder Esaus nicht befolgen. Sie schickten im geheimen zu Angias, dem Könige der Stadt Dinhaba in Afrika, und ließen ihm sagen: Laß uns von deinem Heere welche zu Hilfe kommen, wir wollen dann gemeinsam wider die Horiter streiten, denn diese gedenken uns aus dem Lande zu vertreiben.

Angias willigte darein, denn er war ein Freund der Kinder Esaus. Er sandte ihnen fünfhundert Mann Fußvolk und achthundert Reiter. Aber die von Seïr schickten ihrerseits zu den Kindern Kedem und zu den Midianitern und baten ihre um Hilfe. Alsbald erschienen die Kinder Kedem mit achthundert Männern, die das Schwert führen konnten. Der Streit entbrannte in der Wüste Pharan, und die von Seïr erwiesen sich als die Stärkeren. Sie töteten am ersten Tage zweihundert Mann aus den Heeren Angias', des Königs von Dinhaba. Des anderen Tages sammelten sich die Edomiter aufs neue und nahmen den Streit wieder auf. Aber auch diesmal war der Kampf für sie schwer, und viele von ihren Streitern liefen zum Feinde über.

Da nun die Kinder Esaus sahen, daß der Kampf zu ihren Ungunsten auszufallen drohte, schickten sie abermals zu Angias und ließen

ihm sagen: Sende uns noch mehr Männer, daß wir den Horitern beikommen; zweimal haben sie über uns die Oberhand gewonnen. Da
stellte Angias den Edomitern noch sechshundert Mann. Nach zehn
Tagen griffen die Kinder Esaus die Horiter in der Wüste Pharan an.
Sie zwangen sie zum Weichen und töteten von ihnen zweitausend
Mann. Die geschlagenen Heere lösten sich auf, die Midianiter und die
von Kedem flohen und ließen die von Seïr im Stich. Die Kinder Esaus aber setzten ihren Feinden nach und töteten von ihnen noch
zweihundertfünfzig Mann.

3
Die Krönung Belas, des Sohnes Beors

NACH DER GEWONNENEN SCHLACHT kamen die Kinder Esaus wieder in das Land Seïr. Sie töteten hier alle noch Überlebenden, eigne-
ten sich alles an, was im Lande vorhanden war, und ergriffen Besitz
von dem Reiche. Nur fünfzig Knaben und fünfzig Mädchen ließen
sie am Leben. Die Mädchen heirateten sie, die Knaben machten sie zu
ihren Sklaven. Sie teilten das Land Seïr in fünf Landschaften nach der
Zahl der Söhne Esaus und der ihrer Stämme.

Hierauf faßten sie untereinander den Beschluß, einen König zu
wählen, der über sie regieren sollte. Aber sie taten einen Schwur, keinen aus ihrer Mitte über sich zum Herrscher zu machen, denn noch
waren sie über den Verrat erbittert, den ihre Brüder im Kriege mit
den Horitern an ihnen begangen hatten.

Unter den Mannen Angias', des Königs von Dinhaba, war einer
mit Namen Bela, der Sohn Beors, und dieser war ein Held und ein
überaus schöner Mann, voll großer Weisheit und trefflichen Rats. Es
gab keinen von dem Gefolge Angias', der ihm gleichgekommen wäre. Diesen Jüngling holten die Edomiter, salbten ihn und riefen ihn
zum König aus. Sie fielen vor ihm nieder und schrien: Es lebe der König! Es lebe der König! Sie breiteten ein Kleid aus, und jeder warf etwas Kostbares hin, der ein goldenes oder silbernes Stirnband, der einen Ring, der einen Armreif, der eine Münze. Also machten sie ihren
Fürsten reich. Sie richteten ihm einen königlichen Stuhl her, setzten
ihm eine Krone auf das Haupt und bauten ein Schloß, in dem er
fortan wohnen sollte.

Die Heere Angias' nahmen von den Kindern Esaus ihren Lohn für
den Krieg, den sie für sie geführt hatten, und kehrten zu ihrem Herrn
nach Dinhaba zurück. Bela aber ward Fürst der Edomiter und regierte über sie dreißig Jahre.

Also hatte das Geschlecht Esaus den Stamm der Horiter vertilgt; sie erbten das Land Seïr und wohnen daselbst in Sicherheit bis auf den heutigen Tag.

4
Thronwechsel in Ägypten

ZWEIUNDDREISSIG JAHRE, nachdem sich Israel in Ägypten niederge-lassen hatte, im einundsiebzigsten Jahre des Lebens Joseph starb Pha-rao, der König von Ägypten, und sein Sohn Magron ward König an seiner Statt. Vor seinem Tode aber empfahl Pharao seinen Sohn dem Vizekönig Joseph und bat ihn, seinem Nachfolger ein Vater zu sein; dem jungen Pharao sollte Josephs Rat in allem als Leitschnur dienen. Und die Ägypter willigten darein, daß Joseph auch fürder ihr Herr sein sollte, denn sie hatten ihn lieb seit gestern und ehegestern.

Also bestieg Magron den Thron seines Vaters. Er war einundvier-zig Jahre alt, als er König wurde, und vierzig Jahre regierte er über Ägypten. Er wurde aber wie sein Vater Pharao geheißen, denn es war Brauch in Ägypten, jeden König Pharao zu nennen. Und der junge Pharao übertrug alle Geschäfte des Reiches und die Gesetzgebung des Landes dem Vizekönig. Also war der Sohn Jakobs gleichsam Herrscher über Ägypten, und alles unterstand seiner Gewalt. Er führte viele Kriege mit den Feinden ringsum und zwang sie unter sei-ne Hand; das Land der Philister bis zur Grenze Kanaans machte er tributpflichtig; auch die Länder Kanaan, Sidon wie das Ostjordan-land mußten ihm einen jährlichen Zins entrichten. Also dehnte sich seine Herrschaft von Ägypten bis zum Strome Euphrat aus. Er war umsichtig in all seinem Tun; Gott war mit ihm und mehrte seine Weisheit und seine Hoheit und die Liebe des Volkes zu ihm. So re-gierte Joseph vierzig Jahre über Ägypten; er saß sicher auf seinem Throne, und seine Brüder genossen der Ruhe im Lande Gosen.

5
Neue Kämpfe der Kinder Esau mit den Kindern Jakob

NACHDEM DIE KINDER ESAU viele Jahre mit ihrem Könige Bela in Frieden gelebt und sich sehr vermehrt hatten, kamen sie dahin über-ein, von neuem einen Streit mit den Söhnen Jakobs in Ägypten anzu-fangen, um Zephu, den Sohn Eliphas', und seine Mannen, die in Jo-sephs Knechtschaft waren, zu befreien. Sie machten Frieden mit den

Kindern Kedem, und diese schlossen sich ihnen an. Auch von den Untertanen Angias', des Königs von Dinhaba, kamen welche zu ihnen, ebenso warben sie um die Hilfe der Stämme Ismael, und die willigten ein. Also wurde in Seïr ein großes Heer gebildet an achthunderttausend Mann Fußvolk und Reiter.

Dieses Heer zog nach Ägypten und lagerte in Ramses. Da traten ihnen Joseph und seine Brüder mit den Helden Ägyptens entgegen; es waren ihrer im ganzen sechshundert Mann. Das geschah fünfzig Jahre nachdem die Söhne Jakobs nach Ägypten gekommen waren und im dreißigsten Jahre der Herrschaft Belas in Seïr. Gott aber ließ alle Helden der Kinder Esau und der Kinder Kedem in die Hand der Söhne Jakobs geraten, und es fielen von ihnen viele Tote. Auch Bela, der Sohn Beors, fand den Tod in der Schlacht. Als die Kinder Esau sahen, daß ihr König gefallen war, wurden ihre Hände schwach; sie mochten nicht weiter kämpfen und ergriffen die Flucht. Joseph aber und seine Brüder setzten ihnen nach und schlugen noch während der Verfolgung viele von ihnen. Nach diesem Krieg befahl Joseph, Zephu und seine Genossen in Ketten zu legen.

Die Kinder Esau und die Kinder Kedem kehrten mit Schmach nach ihrem Lande zurück, denn sie hatten alle Helden im Kriege eingebüßt. Da Bela gefallen war, wählten die Edomiter einen neuen König und ersahen dazu einen von den Kindern Kedem mit Namen Jobab, der Sohn Serahs, aus dem Lande Bozra. Also bestieg Jobab den Thron Belas und regierte über die Edomiter zehn Jahre. Von der Zeit ab mochten die Kinder Esau keinen Krieg mit den Söhnen Jakobs führen, denn sie hatten ihre Macht erkannt und fürchteten sie sehr. Aber die Feindschaft zwischen den beiden Stämmen wurde groß, und sie besteht noch bis auf den heutigen Tag.

Nach zehn Jahren starb Jakob, der König von Edom. Da holten die Kinder Esau einen Mann, namens Husam, aus Theman und machten ihn zum Könige über sich. Dieser regierte zwanzig Jahre. Das Land Ägypten aber hatte keine Kriege zu führen, und die Kinder Israel lebten in Frieden daselbst. Sie kannten kein Störung und kein Ungemach.

MOSE

Vorwort

Mit dem vorliegenden Band Mose wird das vor mehreren Jahren unterbrochene Werk – „Die Sagen der Juden" wieder aufgenommen und fortgesetzt. Die drei vorangegangenen Bände waren der Genesis gewidmet, welcher Bibelteil an sich nicht groß ist, aber dennoch nicht nur eine Einleitung in die Geschichte Israels darstellt, sondern schon alle ihre Elemente in sich birgt. Man kann nun sagen, daß mit dem Buch Exodus, dem zweiten Buch der Schrift, die Geschichte des jüdischen Volkes gleichsam von neuem beginnt.

In dem Buch Genesis erfahren wir von den Schicksalen einer einzelnen von Gott begnadeten Familie; in den folgenden Büchern der Thora sehen wir dem Werden eines Volkes zu, seinem staatlichen und religiösen Zusammenschluß. Wie im Anfang sich alles um die Patriarchen gruppiert und sie die Väter, Lehrer und Führer ihres Stammes sind, so tritt uns in der zweiten, der politischen Periode Israels als sein Heros, Erlöser und Gesetzgeber die eine Person, Mose, entgegen. Während aber von den Erzvätern nur einzelne Episoden ihres Lebens und nur einzelne Züge ihres Wesens bekannt sind, spielt sich das Leben Moses schon in der Bibel als ein Ganzes vor unseren Augen ab, von seinem Anfang bis zu seinem Ende. Alle Merkmale einer Heldenbiographie sind in dieser Lebensbeschreibung enthalten.

Freilich läßt die wissenschaftliche Forschung die Religion Israels und den Bund zwischen dem Volk und Gott zu einer anderen Zeit, an einem anderen Ort, durch eines anderen Hand entstanden sein. Der Tradition hat es aber gefallen, Mose zu ihrem Liebling zu machen und ihm die Attribute des Befreiers und Religionsstifters zu verleihen.

Den Anfang des Bandes Mose bildet die einheitliche Chronik vom Leben Moses. Die weiteren drei Teile sind in der Hauptsache midraschischen Quellen entnommen; sie schildern die Begebenheiten unter besonderer Betonung des Sinnigen und Gleichnishaften und fangen noch einmal von vorn an. So begleitet das zweite Buch den an äußeren Ereignissen reichsten Teil des Lebens Moses, von seinem ersten Auftreten angefangen bis zum Auszug aus Ägypten. Das dritte Buch erzählt von dem Empfang der Thora und enthält die damit verbundenen Mythen von der Himmel- und Höllenfahrt Moses. Das vierte Buch berichtet von der Wüstenwanderung. Ein Sagenkreis für sich sind die Legenden vom Tod Moses, welcher Stoff die Dichter, die sich so wie Mose nach dem Heiligen Lande sehnten, besonders bewegt hat.

Erstes Buch

Das Leben Moses

In Kittim, Edom und Afrika

1
Die Kinder Jakobs

DIES SIND DIE NAMEN der Kinder Israel, die mit Jakob nach Ägypten kamen; ein jeglicher war mit seinen Hausgenossen dahin gezogen, also daß sie vollzählig in Ägypten waren, alle Kinder Jakobs. Der Kinder Leas waren: Ruben, Simeon, Levi, Juda, Isaschar, Sebulon und ihre Schwester Dina. Der Kinder Rahels waren: Joseph und Benjamin. Der Kinder Silpas, Leas Magd, waren: Gad und Asser. Der Kinder Bilhas, Rahels Magd, waren Dan und Naphtali. Dies aber sind ihre Nachkommen, die geboren wurden, ehedenn sie nach Ägypten gekommen waren, zusammen mit ihrem Stammvater Jakob. Die Söhne Rubens waren: Henoch, Palu, Hezron und Charmi. Die Simeons waren: Jemuel, Jamin, Ohad, Hachin, Zohar und Saul, der Sohn von dem kanaanäischen Weibe. Die Kinder Levis waren: Gerson, Kahath und Merari, außerdem aber auch eine Schwester Jochebed, die geboren ward, da sie nach Ägypten hinabfuhren. Die Söhne Judas waren: Ger, Onan und Sela, Perez und Serah. Ger und Onan aber starben im Lande Kanaan, und Perez hinterließ die Söhne Hezron und Hamul. Die Söhne Isaschars waren: Thola, Phuah, Job und Simeon. Die Söhne Sebulons waren: Sered, Elon und Jahlel. Dan hinterließ nur einen Sohn namens Husim. Die Söhne Naphtalis aber waren: Jahziel, Guni, Jezer und Sallum. Die Söhne Gads waren: Ziphjon, Haggi, Suni, Ezbon, Eri, Arodi und Areli. Die Kinder Assers waren: Jimna, Jiswa, Jiswi, Beria und ihre Schwester Serah; die Söhne Berias aber waren: Heber und Malchiel. Benjamin hatte zehn Söhne, und das sind ihre Namen: Bela, Bechor, Asbel, Gera, Naaman, Ehi, Ros, Muppim, Huppim und Ered. Die Söhne Josephs aber, die ihm in Ägypten geboren wurden, waren: Manasse und Ephraim.

Also waren aller Seelen, die aus den Lenden Jakobs gekommen waren, siebzig an der Zahl, und diese alle waren mit Jakob nach Ägypten hinabgefahren, um daselbst zu wohnen. Und Joseph und seine Brüder genossen der Ruhe in Ägypten und nährten sich von dem Überfluß des Landes all die Zeit, da Joseph lebte. Der Jahre aber, die Joseph im Lande Ägypten zugebracht hatte, waren dreiundneunzig; davon war er achtzig Jahre lang Herrscher über ganz Ägypten. Es nahte aber die Zeit da Joseph sterben sollte, und er ließ seine Brüder und seines Vaters ganzes Haus zu sich rufen. Da sie nun alle gekommen waren und vor ihm versammelt saßen, sprach Joseph zu ihnen: Ich gehe heim, Gott aber wird euer gedenken und wird euch aus diesem Lande führen in das Land, das er euren Vätern zu geben geschworen hat. Wenn nun Gott euer gedenken wird und ihr in das Land eurer Väter kommen werdet, so führt meine Gebeine mit euch von dannen. Und er nahm ihnen einen Eid ab und beschwor sie und ihre Nachkommen darum.

Danach aber starb Joseph im selben Jahre, das war das einundsiebzigste Jahr, nachdem Israel nach Ägypten hinabgefahren war. Und er war hundertzehn Jahre alt, da er verschied im Lande Ägypten. Alsbald machten sich seine Brüder und Knechte auf und salbten ihn, der Sitte gemäß. Danach beweinten sie ihn zusammen mit allen Ägyptern siebzig Tage lang. Sie taten seinen Leichnam in eine Lade, die von Spezereien und Gewürzen voll war, und setzten ihn am Ufer des Nils bei, welcher Strom auch Sihor heißt. Hierauf hielten sie eine Klage über ihn von sieben Tagen.

Es geschah aber nach Josephs Tode, daß die Ägypter die Kinder Israel zu bedrücken anfingen. Pharao, der König von Ägypten, der an seines Vaters Statt herrschte, nahm die Zügel der Gewalt in seine Hand; alles Land unterstand seinem Rat, und er regierte über das Volk ruhig und sicher.

2
Aeneas und Jania

Es begab sich aber nach Ablauf eines Jahres, zweiundsiebzig Jahre nachdem Israel nach Ägypten hinabgefahren war, daß Zephu, der Sohn Eliphas', des Sohnes Esaus, mit seinen Mannen von Ägypten floh. Er kam zu Aeneas, dem Könige von Afrika, welches Reich auch Dinhaba heißt, und Aeneas empfing ihn mit Ehren und machte ihn zu seinem Feldhauptmann. Zephu fand Wohlgefallen vor den Augen Aeneas' und seines Volkes, und er bekleidete die Würde viele Tage. Er suchte aber den König zu überreden, einen Krieg mit den Ägyptern anzufangen, denn er wollte an ihnen Rache nehmen für die Niederlage seiner Brüder. Allein Aeneas wollte auf den Rat Zephus nicht hören, denn er erinnerte sich noch der Macht der Söhne Jakobs und an das, was sie seinem Heere zugefügt hatten in dem Krieg mit den Kindern Esau. Und wiewohl Zephu in den Augen Aeneas' und seines Volkes sehr hoch stand, mochten sie sich doch nicht zu einem Kriege mit Ägypten verleiten lassen.

Zu der Zeit aber lebte im Lande Kittim, in der Stadt Pozimna, deren Einwohner Abgöttern dienten, ein Mann mit Namen Uzi; der starb und hinterließ keinen Sohn, sondern eine einzige Tochter, die hieß Jania. Das Mädchen war sehr schön und von lieblichem Aussehen, dazu auch klug, daß es ihresgleichen im ganzen Lande nicht gab. Die wurde von den Mannen Aeneas' gesehen, und diese kamen nach Dinhaba und lobten sie sehr vor ihrem Könige. Da schickte dieser Boten zu denen von Kittim und bat, ihm die Tochter Uzis zum Weibe zu geben. Die Einwohner von Kittim waren auch willens, diesen Wunsch des Königs Aeneas zu erfüllen. Als aber die Boten Aeneas' unterwegs nach Kittim waren, da waren auch Boten von Turnus, dem Könige von Benevent, angekommen. Denn auch dieser König hatte das Lob der Jungfrau vernommen und begehrte sie zu freien. Seine Boten verlangten, das Mädchen zu ihrem Könige zu führen, allein die von Kittim antworteten: Wir können euch die Jania nicht geben, denn Aeneas, der König von Dinhaba, hat noch lange bevor ihr gekommen seid, um sie angehalten, und wir haben sie ihm versprochen. Nun können wir sie ihm nicht vorenthalten und sie dem Turnus anvertrauen. Denn wir fürchten den König Aeneas und sind voller Angst, daß er uns überfallen und vernichten wird; euer Herr, der König Turnus, wird uns von seiner Hand nicht retten können. Da die Boten Turnus' dies vernahmen, machten die kehrt und überbrachten ihrem Herrn diesen Bescheid. Die von Kittim aber schickten an Aeneas einen Brief folgenden Inhalts: König Turnus wollte um unsre Tochter Jania werben, wir aber geben ihm dies und dies zur Antwort. Und nun hören wir, daß er sein Heer versammelt hat, um dich zu bekriegen. Er hat sich zunächst nach Sardinien gewandt, um gegen deinen Bruder Lukus vorzugehen, hernach aber will er dich überfallen.

Der König Aeneas las den Brief und ward voller Zorn; er machte sich sofort auf, ließ seine Krieger zusammentreten und begab sich auf dem Wege über die Inseln des Meeres nach Sardinien zu seinem Bruder Lukus. Und Nibulus, der Sohn Lukus', erfuhr, daß sein Oheim, der König Aeneas, herannahte, und so ging er ihm mit einem kriegerischen Gefolge entgegen und umarmte und küßte den Bruder seines Vaters. Er sprach zu ihm: Sobald du meinen Vater begrüßt hast, so erbitte von ihm, daß er mich zum Hauptmann über sein Heer mache. Aeneas versprach ihm, dies zu tun, und nachdem sein Bruder ihm entgegengeeilt war und sie einander begrüßt hatten, trug ihm Aeneas den Wunsch seines Sohnes vor, und Lukus willigte darein und ernannte Nibulus zum Anführer des Heeres.

Also zogen Aeneas und sein Bruder Lukus in den Krieg gegen Turnus mit einem großen, mächtigen Heere. Sie setzten sich auf Schiffen in Bewegung und kamen in den Umkreis von Astoros. Hier trafen sie mit Turnus zusammen, der gleichfalls mit starker Heeresmacht ausgezogen war; er hatte vorerst Sardinien vernichten, hiernach sich aber gegen Aeneas wenden wollen. Die Schlacht zwischen Turnus und den Brüdern Aeneas und Lukus entspann sich in dem Tal Kampanien, und sie war heiß und schwer. Sie nahm einen schlimmen Ausgang für Lukus, den König von Sardinien. Er verlor sein ganzes Heer, und auch sein Sohn Nibulus fiel im Kampfe. Aeneas aber, der Oheim Nibulus', befahl, ein goldenes Hohlbild von dem Jüngling zu machen, das den Leichnam umschließen sollte. Er selbst setzte den Krieg gegen Turnus fort und gewann alsbald die Oberhand. Er tötete ihn und brachte fast ein ganzes Heer um mit der Schärfe des Schwertes. Also rächte er an ihm den Tod Nibulus' und den Verlust an Kriegern, den das Heer des Lukus erlitten hatte. Die Streiter Turnus' wurden unmutig, nachdem sie ihren König verloren hatten, und die ergriffen die Flucht vor Aeneas und Lukus. Die Brüder verfolgten sie, bis sie zu dem Kreuzwege kamen, der zwischen Albanum und Rom liegt. Hier wurde das ganze Heer Turnus' aufgerieben. Darauf befahl Lukus, der König von Sardinien, einen kupfernen Schrein für seinen Sohn Nibulus anzufertigen und ihn darin an dieser Stelle beizusetzen. Und auch die Leiche Turnus', des Königs von Benevent, wurde daselbst begraben. Also befinden sich auf dem Kreuzwege die zwei Gräber der Feinde, und nur ein steinerner Damm trennt die beiden voneinander; sie sind noch heutiges Tages zu sehen. Nachdem aber sein Sohn Nibulus verscharrt worden war, kehrte König Lukus mit dem Rest seines Heeres in das Land Sardinien zurück.

Sein Bruder Aeneas ging mit seinen Streitern gen Benevent, die Stadt Turnus', um sie einzunehmen. Die Einwohner aber liefen ihm, sobald sie die Kunde davon vernahmen, mit Weinen und Bitten entgegen. Sie baten ihn unter Tränen, ihnen kein Leids anzutun und ihre Stadt zu schonen, und Aeneas ließ von ihnen ab. Denn die Stadt Benevent zählte zu den Städten derer von Kittim, und deshalb willigte Aeneas darein, daß sie nicht zerstört wurde. Doch von dem Tage an wurde es zur Gewohnheit bei den Mannen des Königs von Afrika, Streifzüge nach Kittim zu machen und da Beute zu holen. Auf diesen Streifzügen begleitete sie auch immer Zephu, der Feldhauptmann Aeneas'.

Danach aber lenkte Aeneas mit seinem Gefolge seine Schritte gen Pozimna, holte da Jania, die Tochter Uzis, sich zur Frau und führte sie heim nach Afrika in sein Land.

3
Bileams Weissagung

NACH DIESEN GESCHICHTEN befahl Pharao, der König von Ägypten, seinem Volke, ihm ein mächtiges Schloß zu erbauen. Auch die Kinder Israel sollten den Ägyptern bei dem Bau behilflich sein. Und die Ägypter errichteten ihrem König einen schönen Palast, darin er thronen sollte, und er saß da und regierte in Frieden. In demselben Jahre starb Sebulon, der Sohn Jakobs; es war das vierundsiebzigste Jahr, nachdem Israel nach Ägypten hinabgefahren war. Sebulon aber war hundertvierzehn Jahre alt, da er starb; sein Leib wurde in eine Lade getan und seinen Kindern übergeben. Im Jahre darauf starb sein Bruder Simeon, hundertundzwanzig Jahr alt; er wurde gleichfalls in einen Schrein gelegt und seinen Söhnen anvertraut.

Zephu aber, der Sohn Eliphas', der Feldhauptmann Aeneas', des Königs von Dinhaba, ließ nicht ab, seinen Herrn zu einem Feldzug gegen die Ägypter anzustacheln. Der König wollte diesen Zuflüsterungen kein Gehör schenken, denn seine Knechte hatten ihm von der Macht der Söhne Jakobs erzählt, die sie im Kampf gegen die Söhne Esaus gezeigt hatten. Wie aber Zephu dem König immer wieder zuredete, fing dieser doch an, ihm das Ohr zu neigen, und er sammelte ein Heer, zahlreich wie der Sand am Meere; er war auch schon bereit, gegen Ägypten zu marschieren.

Unter den Knechten Aeneas' befand sich aber ein Knabe von fünfzehn Jahren mit Namen Bileam, der Sohn Beors. Dieser Knabe war überaus weise und kannte sich auch in der Zauberkunst aus. Zu diesem Bileam sprach nunmehr Aeneas, der König von Dinhaba: Stelle deine Künste an und weissage uns, wer in dem Kampfe, den wir unternehmen wollen, obsiegen wird. Da ließ Bileam sich Wachs kommen und formte daraus Gestalten von Streitern und Reitern, die sollten das Heer des Aeneas und das Pharaos darstellen. Er tat die Figuren in ein Gefäß mit Zauberwasser, das er zu diesem Zwecke mit sich führte; sodann ergriff er Palmenzweige mit der Hand und nahm seine Besprechungen und Beschwörungen über dem Wasser vor. Da sah er die Streiter Aeneas' von der Hand der Ägypter und der Söhne Jakobs fallen und stürzen. Er teilte Aeneas mit, wie sein Orakel ausgefallen war, und dieser verzagte und fand nicht den Mut, den Feldzug gegen Ägypten zu machen, sondern er blieb daheim in seiner Stadt.

Da nun Zephu, der Sohn Eliphas', sah, daß Aeneas den Kampf nicht unternehmen mochte, verließ er den Dienst bei ihm und floh nach Kittim. Hier wurde er von den Einwohnern mit großen Ehren empfangen, und sie trugen ihm auf, fortan ihre Kriege für sie zu führen. Also wurde Zephu sehr reich bei denen zu Kittim. Die Heere

Aeneas' aber saßen noch immer in ihrem Lande; und so machten sich die zu Kittim eines Tages auf und flohen auf des Gebirge Kophtitia vor den Streitern Aeneas', die sie bedrängten.

4

Das Lebenswasser

Da begab es sich auf einen Tag, daß Zephu, dem Sohne Eliphas', ein junger Farre *(junger Stier)* abhanden gekommen war und er ihn suchen ging. Er hörte das Tier brüllen hinter dem Berge und ging der Stimme nach. So kam er an eine tiefe Höhle, deren Eingang von einem Stein verschlossen war. Er wälzte den Stein hinweg und drang in die Höhle, und siehe da, ein Ungeheuer, halb Mensch, halb Tier, fraß seinen Ochsen. Beherzt stürzte er sich auf die Bestie mit seinem Schwert und stach sie nieder. Diese Heldentat Zephus errang ihm großen Ruhm bei denen von Kittim; sie waren froh, daß das Ungetüm getötet war, das ihr Vieh verzehrte. Und sie ließen ihrem Retter Ehre zukommen, indem sie einen Tag bestimmten, der alljährlich seinem Ruhm geweiht war. Sie nannten den Tag: Tag des Zephu, nach dem Namen des Kühnen; sie weihten ihm Trankopfer und brachten ihm Gaben dar.

Zu der Zeit erkrankte Jania, die Tochter Uzis und Gemahlin des Königs Aeneas, und der Fürst und seine Mannen litten schwer unter dieser Krankheit. Er sprach zu seinen Weisen: Wie soll ich meiner Gattin helfen, und womit kann ich ihre Krankheit heilen? Die Weisen erwiderten: Die Luft unsres Landes ist nicht wie die Luft von Kittim, und auch das Wasser, das durch unser Land fließt, ist nicht das Wasser ihrer Heimat; daher ist die Königin erkrankt. Da befahl der König Aeneas, ihm Wasser aus Kittim in Gefäßen zu holen. Das Wasser wurde gewogen und mit dem Wasser, das in seinem Lande floß, verglichen, und siehe, es ward als viel leichter befunden. Hierauf gab Aeneas Befehl, Steine zu hauen und eine große Brücke zu bauen, die von Kittim bis nach Dinhaba ging, und ebenso wurde ein Kanal gegraben, der sich diese ganze Strecke lang zog. Dieses Wasser aber war nur für den Bedarf der Königin bestimmt; sie allein trank davon, und die für sie bestimmten Speisen wurden mit diesem Wasser zubereitet, auch wurde es ihr zum Waschen und Reinigen gereicht. Doch auch die Pflanzen, die ihr als Nahrung dienten, durften nur mit diesem Wasser getränkt werden. Hernach ließ der König noch Lehm und Steine von Kittim auf großen Schiffen herüberfahren, damit daraus für ihn ein Palast erbaut würde. Und also ward Jania heil und gesund und genas von ihrem Leiden.

Die afrikanischen Heere bedrängten zu dieser Zeit noch immer das Land Kittim und trugen allzumal reiche Beute von ihren Raubzügen davon. Aber da erhob doch Zephu, der Sohn Eliphas', wider sie; er setzte sich ihnen zur Wehr und schlug sie in die Flucht und befreite so das Land von ihnen. Als die von Kittim diese Stärke Zephus sahen, beratschlagten sie miteinander und ernannten ihn zu ihrem König.

Nunmehr unternahm der neue Herrscher weitere Feldzüge; er führte Krieg mit den Söhnen Tubals und suchte die Nachbarinseln zu bezwingen. Er drang an der Spitze seiner Heere vor und war siegreich in allen Kämpfen. Also wurde seine Herrschaft erneuert; die Untertanen erbauten ihm einen prächtigen Palast, darin er wohnen sollte, und errichteten ihm einen herrlichen Stuhl. Und so regierte er über die Landschaft Kittim und über das ganze Reich Italien fünfzig Jahre lang. Zu der Zeit, es war das neunundsiebzigste Jahr, da Israel nach Ägypten gefahren war, starb Ruben, der Sohn Jakobs, im hundertfünfundzwanzigsten Jahre seines Lebens. Der Körper wurde in eine Lade getan und den Söhnen zum Begräbnis übergeben. Im Jahre darauf starb sein Bruder Dan, hundertvierundzwanzig Jahre alt, und mit seinem Leichnam wurde ebenso verfahren. Zur selben Zeit starb auch Husam, der König von Edom, und Hadad, der Sohn Bedads, wurde Herrscher an seiner Statt; er regierte aber fünfunddreißig Jahre lang. Im einundachtzigsten Jahr, nach dem Israel nach Ägypten gekommen war, starb Isaschar, der Sohn Jakobs, in Ägypten, hundertzweiundzwanzig Jahre alt. Im Jahre darauf starb sein Bruder Asser im Alter von hundertdreiundzwanzig Jahren, und ihm folgte nach abermals einem Jahre sein Bruder Gad in den Tod, hundertfünfundzwanzig Jahre alt. Die Leichname der Söhne Jakobs aber wurden jeweils in einen Schrein gelegt und ihren Söhnen zum Begräbnis übergeben.

5
Die Kämpfe Hadads, des Sohnes Bedads

Im vierundachtzigsten Jahre nach der Einwanderung der Stämme Jakobs – das war das fünfte Jahr der Herrschaft Hadads –, sammelte dieser König seine Streiter, vierhunderttausend Mann an der Zahl, und rüstete einen Feldzug gegen Moab, um das Land einzunehmen und es sich wieder zinsbar zu machen Wie die Moabiter diese Kunde vernahmen, schickten sie Boten zu dem Volk der Midianiter mit der Bitte, ihnen in dem Kampfe beizustehen. Also stellten sich die vereinigten Heere dem eingedrungenen Feind entgegen, und das Treffen fand statt in den Gefilden Moabs. Die Hand Hadads war aber überlegen, und so fielen von den Moabitern und Midianitern an zweitausend Mann. Wie nun die Moabiter sahen, daß ihre Kraft zu gering war, zogen sie sich listig zurück und überließen den Midianitern allein den Kampf. Diese aber merkten nichts von dem Verrat und leisteten weiteren Widerstand, bis daß ihre ganze Streitmacht aufgerieben war. Hadad hatte sie alle mit der Schärfe des Schwertes geschlagen, und es blieb keiner von denen übrig, die den Moabitern zu Hilfe geeilt waren. Danach unterwarf er das Land und machte es sich tributpflichtig. Die Moabiter nahmen es auf sich, ihm jährlich einen Zins zu entrichten, und der Sieger kehrte wohlgemut in sein Land zurück.

Als aber die im Lande verbliebenen Midianiter erfuhren, was die Moabiter ihren zu Hilfe geeilten Brüdern angetan hatten und daß diese alle gefallen waren, weil sie von denen, die sie gerufen, waren im Stich gelassen worden, da traten fünf von ihren Fürsten zur Beratung zusammen und beschlossen, mit den Moabitern in Krieg zu treten und den Tod ihrer Brüder zu rächen. Sie schickten zu den Stämmen, die umher wohnten und mit ihnen verwandt waren, und alle Söhne Keturas schlossen sich ihnen an, um mit ihnen gemeinsam gegen Moab vorzugehen.

Da die Moabiter das erfuhren, wurden sie von Angst ergriffen, denn sie hörten, daß das ganze Morgenland sich wider sie erhoben hatte. Sie schrieben einen Brief an ihren Überwinder, den König Hadad von Edom, und baten ihn mit folgenden Worten um Hilfe: Komm zu uns und steh uns bei, laß uns zusammen Midian schlagen. Denn sie fallen über uns her mit allen ihren Brüdern und wollen sich an uns rächen. Und Hadad willigte in den Vorschlag ein und kam abermals nach dem Lande Moab, um den Moabitern zu helfen und gegen Midian zu streiten. Es entspann sich ein heißer Kampf, und Hadad schlug die Midianiter und alle ihre Bundesgenossen mit der Schärfe des Schwertes und rettete die Moabiter aus ihrer Not. Die Überlebenden von Midian wurden in die Flucht geschlagen, und Hadad setzte ihnen nach bis in ihr Land hinein, daß die Straße mit Leichen bedeckt war.

Von dem Tag an entbrannte ein Haß zwischen Moab und Midian, und die Feindschaft wurde immer grimmiger und heftiger, also daß jeder, der von Midian nach Moab ging, vom Schwer der Moabiter getötet wurde, und wer von Moab nach Midian ging, der wurde von der Hand eines Midianiters erschlagen. So wütete der Haß zwischen den beiden Völkern.

In der Zeit starb Juda, der Sohn Jakobs, sechsundachtzig Jahre nach der Niederlassung der Stämme in Ägypten. Hundertneunundzwanzig Jahre war Juda alt, da er starb, und sein Leichnam wurde gesalbt und in eine Lade getan. Das Jahr darauf verschied Benjamin, der jüngste Sohn Jakobs, hundertsiebenundzwanzig Jahre alt, und ihm folgte nach abermals einem Jahre sein älterer Bruder Naphtali, hundertzweiunddreißig Jahre alt. Und auch diesen zwei Söhnen Jakobs wurden dieselben Ehren erwiesen wie ihrem Bruder Juda.

6
Ein neuer König in Ägypten

IM EINUNDNEUNZIGSTEN JAHR nach der Ankunft der Söhne Jakobs in Ägypten, das war das dreizehnte Jahr der Herrschaft Zephus, des Sohnes Eliphas', drangen die Einwohner von Afrika wieder einmal nach Kittim ein, zu rauben und zu plündern, wie es ihre Gewohnheit war. Sie waren aber vordem dreizehn Jahre weggeblieben und hatten das Land nicht behelligt. Als sie nun diesmal gekommen waren, stellte sich Zephu, der Sohn Eliphas', ihnen entgegen und bereitete ihnen eine schwere Niederlage. Die Heere der Afrikaner flohen vor Zephu und wurden von ihm bis zu ihrem Lande verfolgt, wobei er ihnen unzählige Verluste zufügte. Das war ein großer Schmerz für Aeneas, den König von Afrika, und er begann von nun an vor Zephu Furcht zu hegen.

Im dreiundneunzigsten Jahr nach der Einwanderung in Ägypten starb aber Levi, der letzte übriggebliebene Sohn Jakobs, hundertsiebenunddreißig Jahre alt. Da nun die Ägypter sahen, daß von den Söhnen Jakobs keiner mehr am Leben war, begannen sie die Kinder Israel zu bedrücken und ihnen das Leben zu verbittern. Sie fingen damit an, daß sie ihnen die Weinberge und die Äcker wegnahmen, die Joseph ihnen gegeben hatte; auch zwangen sie sie, die schönsten Häuser zu verlassen, die sie bewohnt hatten. Alles Fett des Landes, das den Kindern Israel bereits gehört hatte, mußten sie hergeben. Und die Hand der Ägypter legte sich immer schwerer auf die Juden, und die Ägypter quälten und marterten die Kinder Israel, bis daß diese ihres Lebens überdrüssig wurden. Und da begab es sich nach Jahr und Tag, daß Pharao, der König von Ägypten, starb und sein Sohn Malul an seiner Statt den Thron bestieg. Und auch alle Großen Ägyptens, die Joseph und seine Brüder gekannt hatten, starben nach und nach. Es kam ein neues Geschlecht, das wußte nicht von dem Guten, das Joseph seinen Vätern erwiesen hatte, und daß er sie vom Hungertode gerettet hatte.

Das alles aber war von Gott ausgegangen, auf daß Israel am Ende doch noch Gutes erführe, und auf daß es seinen Gott erkennen sollte. Sie sollten die furchtbaren Zeichen und Wunder wahrnehmen, die der Herr an den Ägyptern zu vollbringen gedachte, und sollten in

Furcht vor ihm verharren und ihm dienen und in seinen Wegen wandeln alle Tage ihres Lebens, sie und ihr Same nach ihnen.

Sechsundzwanzig Jahre war Malul alt, da er die Herrschaft übernahm, und vierundneunzig Jahre war er König von Ägypten. Und die Ägypter nannten ihn Pharao, wie sie seinen Vater genannt hatten, und wie es allezeit bei ihnen Brauch war.

7
Der Streit zwischen Aeneas und Zephu

Aeneas, der König von Afrika, dessen Streitmacht von Zephu, dem Sohne des Eliphas, vernichtet worden war, sann inzwischen auf Rache. Er ließ in seinem Reiche die streitbaren Männer aufrufen, und es kam noch ein großes Heer zusammen. Außerdem aber sandte er Boten zu seinem Bruder Lukus und ließ ihm sagen: Komm zu mir mit deinen Mannen und hilf mir; laß uns zusammen gegen Zephu und die von Kittim ziehen, welche meine Krieger geschlagen haben. Und Lukus säumte nicht und eilte mit vielen Streitern seinem Bruder zu Hilfe.

Als aber Zephu und die von Kittim davon Kunde erhielten, wurde ihr Herz unruhig. Und Zephu schickte seinerseits einen Brief an Hadad, den König von Edom, und zu seinen Stammesbrüdern, den Kindern Esau; in dem Schreiben stand folgendes: Aeneas, der König von Afrika, kommt mit seinem Bruder zu uns, um uns zu bekriegen, und wir fürchten uns vor seiner Übermacht, denn sein Heer ist sehr groß, zumal er sich mit seinem Bruder verbunden hat. So zieht denn hinauf zu uns und helft uns, denn sonst wisset, daß wir alle des Todes sind. Allein die Kinder Esau schickten an Zephu folgende Antwort: Wir können euch in eurem Kampfe nicht beistehen, denn zwischen uns und Aeneas besteht ein Friedensbündnis noch von der Zeit unsres ersten Königs Bela, des Sohns Beors, her und von der Zeit her, da Joseph, der Sohn Jakobs, Regent war über Ägypten. Dazumal, da sein Vater beigesetzt wurde, führten wir Krieg mit ihm jenseits des Jordans; seitdem aber ist Friede zwischen uns. Als Zephu diese Worte las, ließ er ab von seinen Bitten, seine Furcht aber wurde noch größer.

Inzwischen rüsteten Aeneas und sein Bruder Lukus ihre Heere, achtmal hunderttausend Mann an der Zahl, und sie fielen mit ihrer Macht über das Land Kittim her. Zephu aber konnte nur dreihunderttausend Streiter ihnen entgegenstellen; also war er voll Angst und Zittern. Aber da sprachen die von Kittim zu ihm: Bete doch für uns zu dem Gott deiner Väter, daß er uns erlöse von der Hand Aeneas' und seiner Söldner; wir haben gehört, daß er ein gar mächtiger Gott ist und daß er denen beisteht, die auf ihn vertrauen. Da hörte Zephu auf diese Worte; er stellte sich zum Gebet hin und sprach: Herr, du Gott Abrahams und Isaaks, meiner Väter! Heute soll es kund werden, daß du der wahre Gott bist und die Götter der Völker eitel und Wahngebilde sind. Gedenke des Bundes, den du mit unserem Erzvater Abraham geschlossen hast, von dem unsre Väter erzählt haben. Tu Gnade an mir heute um meiner Väter willen, um Abrahams und Isaaks willen, und rette uns von der Hand unsrer Feinde.

Da erhörte Gott das Flehen Zephus und erlöste ihn von seiner Not. Zephu stürzte sich mit seinen Kriegern auf die Heere Aeneas', und Gott ließ sie in seine Hand geraten. Vierhunderttausend Streiter fielen bis zum Abend dieses Tages von dem Schwerte Zephus. Da Aeneas dieses merkte, schickte er schleunigst einen Brief zu seinem Volke, in dem er ihnen folgendes ansagte: Was Mannesnamen noch im Lande ist, das komme hierher, von den Zehnjährigen angefangen; wer sich aber dessen weigert und nicht kommt, der wird getötet werden, und sein Haus und sein Eigentum werden des Königs sein. Also mußten sich alle Bürger des Landes, die noch übrig waren, vom zehnjährigen Knaben bis zum Greise, aufmachen und zu ihrem Könige ziehen. Und nach zehn Tagen hatte Aeneas sein Heer wieder aufgefüllt und stellte sich erneut zum Kampfe gegen Zephu. Es war eine heiße blutige Schlacht, und Zephu machte viele von Aeneas' Streitern zu Leichen, und auch der Feldherr Aeneas', Sosiphter, blieb auf der Walstatt. Als aber die Afrikaner ihren Anführer tot hinfallen sahen, gaben sie den Streit auf und machten kehrt in ihrer Angst. Zephu und die von Kittim setzten ihnen nach und töteten noch viele auf der Flucht. Unter den Fliehenden befand sich auch Hasdrubal, der Sohn Aeneas'; es gelang ihm aber, lebend zu entrinnen. Aeneas selbst und sein Bruder Lukus langten erschöpft in Afrika an und waren voll Furcht und Zittern; der Schrecken wich nicht mehr von Aeneas, solange er lebte.

Bileam, der Sohn Beors, war mit Aeneas im Kriege gewesen. Als er aber sah, daß Zephu über Aeneas gesiegt hatte, floh er von Aeneas Seite und ging nach Kittim. Hier wurde er von Zephu und den Einwohnern mit Ehren empfangen, denn Zephu wußte von seiner Weisheit und schätzte ihn hoch; er ließ ihm viele köstliche Geschenke zukommen und behielt ihn bei sich.

Nach der Rückkehr aus dem Kriege zählte Zephu seine Streiter, und siehe, er hatte keinen einzigen verloren. Da freute er sich sehr darüber und machte ein großes Mahl allen seinen Untertanen. Allein des Herrn hatte Zephu nicht mehr gedacht und hatte vergessen, daß er ihm von der Hand seiner Feinde geholfen hatte. Er wandelte vielmehr in der Bahn derer von Kittim und der Kinder Esau und diente fremden Göttern, wie es ihn seine Brüder gelehrt hatten. Daher heißt es auch: Dem Bösen kann nur ein Bösewicht entsprießen.

8
Die Ägypter in Bedrängnis

ALSO HERRSCHTE ZEPHU über das Volk von Kittim und regierte es sicher. Nur kannte er den Herrn nicht mehr, der ihn aus der Hand des Königs von Afrika gerettet hatte. Die Heere der Afrikaner kamen nicht mehr in das Land Kittim, um hier zu rauben und zu plündern, denn sie wußten von der Macht Zephus, der sie mit seinem Schwert besiegt hatte, und hegten Furcht vor ihm.

Zephu aber, stolz geworden durch seine Siege, faßte den Plan, nach Ägypten zu gehen und mit den Söhnen Jakobs und mit Pharao Krieg zu führen. Er hatte gehört, daß die Helden Ägyptens alle gefallen und Joseph und seine Brüder nicht mehr am Leben wären, und so beschloß er, sich für die Niederlage zu rächen, die er von ihnen beim Begräbnis ihres Vaters erlitten hatte. Er schickte Boten zu Hadad, dem Sohn Bedads, dem König von Edom, und zu seinen Stammesbrüdern, den Kindern Esau, und ließ sie folgendes vernehmen: Ihr sagtet mir einmal, ihr wolltet mit den König Aeneas keinen Streit führen, weil er euer Bundesgenosse sei; nun hab ich ihm allein den Kampf angesagt, habe ihn überwunden und all sein Volk geschlagen. Und jetzt habe ich vor, gegen die Ägypter vorzugehen und sie und die Söhne Jakobs zu strafen für die Schmach, die sie mir zu Hebron angetan haben, da sie hinaufgezogen waren, ihren Vater zu bestatten. Gelüstet es euch, so kommt und laßt uns gemeinsam an ihnen Rache nehmen.

Die Kinder Esau schenkten diesem Vorschlag Gehör; sie traten zu Hauf und eilten dem Zephu und denen von Kittim zu Hilfe. Auch die Kinder Kedem und die Kinder Ismael schlossen sich ihnen an, und ein Riesenheer entstand, das drei Tagereisen maß und nicht zu zählen war. In der Ebene von Hebron ordneten die Heerführer ihre Schlachtreihen und zogen von da gen Ägypten. Hier machten sie Halt in dem Tal Patros, allwo das Treffen stattfinden sollte.

Aber auch die Ägypter sammelten ihre Bevölkerung, die der Städte und die des Landes, dreihunderttausend Mann an der Zahl. Außerdem aber ließen sie die Kinder Israel rufen, die zu Gosen ansässig waren, und so kamen weitere hundertfünfzigtausend Streiter zusammen. Sie trauten jedoch den Kindern Jakob nicht und nahmen sie in ihre Reihen nicht auf, denn die befürchteten, daß sie sie an die Kinder Esau und Ismael verraten würden, welche doch ihre Brüder waren. Die sprachen zu ihnen: Bleibt ihr hier in euren Stellungen, wir aber ziehen dem Feinde entgegen. So die Könige, die uns überfallen haben, sich mächtiger erweisen sollten als wir, so rufen wir euch, und ihr kommt und greift uns unter die Arme.

9
Rettung durch Israel

ALSO LAGERTEN ZEPHU, der König von Kittim, und Hadad, der Sohn Bedads, der König von Edom, sowie die Kinder Redem und die Kinder Ismael in der Schlucht Patros gegenüber von Tachpanches. Im Lager von Zephu war auch Bileam, der Sohn Beors, des Syrers, welcher von dem König hochgeehrt war und großes Ansehen genoß. Also sprach eines Tages Zephu zu Bileam: Stell deine Zauberkünste an und laß uns erfahren, wer in dem Kriege Sieger sein wird, wir oder die Ägypter.

Alsbald machte sich Bileam auf und versuchte das Zauberwerk in Gang zu bringen. Allein es gelang ihm für diesmal nichts, und die Arbeit verdarb ihm unter den Händen. Er machte den Versuch zum zweiten Male, jedoch auch dieser scheiterte und wollte nicht glücken. So gab er die Arbeit auf. Das war aber von Gott ausgegangen, der beschlossen hatte, Zephu und sein Heer in die Hände der Kinder Israel zu überantworten, welche auf den Herrn, den Gott ihrer Väter, ihr Vertrauen gesetzt hatten.

Getreu dem Plan, den sie sich gemacht hatten, zogen die Ägypter zunächst allein, ohne die Kinder Israel, in den Kampf. Die feindlichen Heere begegneten einander in der Schlucht Patros, und der Streit begann. Die verbündeten Könige waren aber mächtiger als die Ägypter, und die Waagschale des Sieges neigte sich auf ihre Seite. Die Ägypter verloren hundertachtzig Mann von ihren Streitern, während von dem Heere der Könige nur dreißig Söldner auf dem Felde liegen blieben. Die Truppen der Ägypter wurden in die Flucht geschlagen, und Zephu und seine Bundesgenossen verfolgten sie mit dem Schwerte, bis sie zu der Stelle kamen, da das Lager der Kinder Israel war. Nunmehr schrien die Ägypter zu den Kindern Israel und riefen: Auf, rettet uns von der Hand Esaus, Ismaels und derer zu Kittim! Da eilten die Kinder Israel den Bedrängten zu Hilfe und stürzten sich auf die Heere der Könige. Zuvor aber richteten sie ihr Gebet an den Herrn, ihren Gott, und flehten ihn an, ihr Helfer zu sein.

Und der Herr erhörte ihre Bitten und ließ die Streitmacht der Könige in Israels Hände fallen. Viertausend Mann von ihnen kamen

durch das Schwert um. Die übrigen aber umfing ein Schauer, und sie
rannten in ihrer Angst zurück. Israel verfolgte sie und tötete noch
weitere zweitausend Mann von ihnen; von den Söhnen Israels aber
fiel kein einziger.

Als nun die Ägypter sahen, wie tapfer das Häuflein Israel kämpfte und wie grimmig die Schlacht war, wollten sie ihr Leben nicht
mehr wagen, sondern suchten sich zu retten und zu verstecken und
ließen die Kinder Israel den Streit allein ausfechten. Diese aber hörten mit der Verfolgung des Feindes erst auf, nachdem die ihn bis an
die Grenze des Mohrenlandes getrieben hatten. Danach machten sie
sich zurück auf den Weg nach Ägypten. Sie hatten jedoch gemerkt,
was die Ägypter ihnen angetan und wie sie sie im Stiche gelassen hatten, und so nahmen sie an ihnen Rache für den Verrat. Sie töteten alle, die ihnen auf dem Wege begegneten. Teils hielten sie ihnen ihr
schmähliches Handeln vor, teils aber verfuhren sie listig und sprachen
zueinander, wenn sie auf einen Ägypter stießen: Macht ihn nieder, es
ist ein Ismaeliter oder ein Edomiter oder einer von Kittim. Sie wußten wohl, daß sie einen Ägypter vor sich hatten, und töteten auf diese Weise an zweihundert Mann, darum daß die so tückisch an ihnen
gehandelt hatten.

Die Ägypter fürchteten aber von nun an die Macht der Kinder Israel.

Vor der Geburt Moses

1
Der Anschlag Pharaos

NACH DIESEN GESCHICHTEN traten die Ratmannen Pharaos und seine Ältesten zusammen vor den König und fielen vor ihm auf ihr Angesicht. Alsdann erhoben sie sich nieder vor ihm und sprachen: Siehe, das Volk der Kinder Israel ist größer und stärker als wir, und du
weißt, wie übel sie an uns gehandelt haben, als wir auf dem Heimweg
vom Kriege uns befanden. Du hast ihre Stärke erfahren, die noch
größer ist als die ihrer Väter: ein kleiner Haufen widerstand einem
großer Heer und schlug es mit der Schärfe des Schwertes; von ihnen
aber ist kein Mann gefallen. So laß uns denn auf Rat sinnen, wie wir
ihnen beikommen könnten, daß ihre Zahl geringer werde und sie

sachte vertilgt werden. Wo wir nämlich ihrer Vermehrung nicht Einhalt tun, werden sie sich uns zum Hindernis auswachsen; sie werden, wenn von neuem Krieg ausbricht, sich zu unseren Feinden schlagen, ihre Kraft stärken und uns von der Erde verschwinden lassen.

Darauf erwiderte der König den Ältesten und sprach: Dies ist der Rat, der für sie geboten ist; von dem wollen wir nicht weichen. Ihr wißt, wir haben die Städte Pithom und Ramses; diese sind nicht befestigt und bieten uns keinen Schutz im Kriege. Wohlan, laßt uns sie ausbauen und zu Festungen verwandeln. Ihr selbst schreitet voran und laßt betrüglich vom König aus einen Ruf laut werden in Mizraim und in Gosen des Inhalts: Ihr alle, die ihr in Mizraim, Gosen und Patros wohnt! Der König befiehlt euch, die Städte Pithom und Ramses auszubauen und sie sturmfest zu machen. Wer nun von euch, er sei Ägypter oder Israelite, will an den Städten bauen? – Ihr selbst stellt euch gleichfalls als Maurer und arbeitet mit am Bau, hört aber nicht auf, Tag für Tag den Befehl des Königs auszurufen. Wenn nun von den Kindern Israel welche zu euch kommen werden, um an den Städten mitzubauen, so zahlt ihnen eine Zeitlang getreulich ihren Lohn aus. Nach und nach aber entfernt euch, einer nach dem anderen, unbemerkt von ihnen, und tretet dann auf als ihre Aufseher und Bedränger. Sie werden bald ohne Lohn arbeiten müssen, und weigern sie sich, so wendet ihr Gewalt an. Tut ihr nach diesem Rat, so wird es uns wohlergehen, denn unser Land wird befestigt werden. Den Kindern Israel aber wird es schlimm ergehen, denn von dem schweren Frondienst werden ihrer weniger werden, auch weil ihr sie von ihren Frauen fernhalten werdet.

Dieser Rat gefiel den Ältesten und auch den anderen Hofleuten Pharao wie allen Ägyptern sehr wohl, und sie befolgten den Befehl des Königs. Sie erließen alsbald in Ägypten, Tachpanches und in Gosen einen Aufruf, der lautete folgendermaßen: Ihr habt gesehen, was die Kinder Esau und Ismael an uns getan haben, da sie gegen uns Krieg führten, und wie sie uns beinahe vernichtet hätten. Also hat der König befohlen, die Städte Pithom und Ramses mit festen Mauern zu versehen, damit sie uns Schutz bieten, wenn wieder Krieg wird. Wer also von euch Ägyptern und Israeliten mit uns zusammen an dem Bau arbeiten wird, der wird seinen vollen Lohn Tag für Tag ausgezahlt bekommen, denn so hat es der König bestimmt.

Wie die Ägypter und Juden diese Worte der Knechte Pharaos vernahmen, eilten sie alsbald herzu, an dem Bau mitzuarbeiten. Nur die vom Stamme Levi kamen nicht mit und nahmen nicht Teil an dem Dienst, den ihre Brüder, die Kinder Israel, verrichteten. Die Fronvögte Pharaos arbeiteten anfangs zusammen mit den Israeliten und zahlten ihnen täglich ihren Lohn. Das ging so einen Monat lang.

2
Beginn der Fron

WIE ABER DER ERSTE MONAT um war, begannen die Knechte Pharaos, die Kinder Israel zu verlassen, und jeden Tag verschwand einer
von ihnen. Israel aber mußte weiter den Frondienst verrichten. Zwar
erhielten sie zu dieser Zeit ihren Lohn noch ausgezahlt, denn von der
Ägyptern arbeiteten auch welche mit, und diese ließen sich von ihren
Brüdern für die Arbeit zahlen. Als aber vier Monate vergangen waren, siehe, da arbeitete kein Ägypter mehr mit den Juden; diese blieben allein, ihre früheren Mitarbeiter aber verwandelten sich in ihre
Aufpasser und Bedrücker. Nicht nur, daß sie ihnen keinen Lohn
mehr zahlten; nein, sie forderten zurück alles, was die Kinder Israel
vordem als Lohn empfangen hatten. Weigerte sich aber einer von den
Juden, die Arbeit ohne Entgelt zu tun, so wurde er von den Fronvögten hart mißhandelt und geplagt und mit Gewalt zum Bauen angehalten. Also fürchteten sich die Kinder Israel sehr und arbeiteten
fortan auch ohne Bezahlung; welche von ihnen bereiteten Ziegel,
welche aber fügten die Ziegel zu Mauern. So erbauten sie nach und
nach die Städte Pithom und Ramses und befestigten ganz Ägypten.
Und die Fron währte so lange, bis daß der Herr ihrer gedachte und
sie aus Ägypten führte.

Die Leviten aber waren die einzigen, die an der Arbeit nicht teil-
nahmen; sie durchschauten gleich im Anfang das betrügerische Gebaren der Ägypter und folgten nicht dem Rufe. Die Ägypter wiederum gaben nicht acht auf die Leviten und bemerkten nicht ihr Aus-
bleiben. Um so härter aber bedrückten sie die Juden und verbitterten
ihnen das Leben durch Mühsal und Zwang. Und die Kinder Israel
nannten den ägyptischen König nicht mit seinem Namen, sondern
Marur, weil er sie so bitter leiden ließ.

Allein je schwerer die Ägypter die Juden peinigten, um so stärker
vermehrten sich diese, und um so größer ward ihre Zahl; es wurden
ihrer immer mehr und mehr, bis daß ganz Ägypten ihrer voll wurde.

3
Die Wehmütter

DA NUN DIE ÄGYPTER SAHEN, daß der Weg, den sie eingeschlagen
hatten, nicht zum Ziele führte, und daß das ganze Land Ägypten und
die Landschaft Gosen von Juden nur so wimmelte, machten sich die
Ältesten und die Weisen noch einmal auf, gingen vor den König und
fielen vor ihm nieder. Sie riefen: Der König lebe ewig! Danach sagten

sie: Du hattest uns einen Rat gegeben, die Kinder Israel betreffend, und den haben wir befolgt. Allein, je härter die Fron war, die wir ihnen auferlegten, um so größer war ihre Fruchtbarkeit und ihre Kraft, sich zu vermehren, und nun nimmt ihre Zahl im Land überhand. Also, unser Herr und König, die Augen aller Söhne Ägyptens sind auf dich gerichtet, daß du in deiner Weisheit einen Rat ersinnest, durch den es gelänge, die Kinder Israel von der Welt auszutilgen. Da antwortete der König und sprach: Findet ihr ein Mittel gegen sie. Hierauf meldete sich einer von den Ratmannen des Königs, dessen Name war Hiob aus dem Lande Uz in Mesopotamien; der sprach: So es dem Könige gefällt, so höre er auf den Rat seines Knechtes. Pharao erwiderte: Sprich. Und Hiob fing an und redete vor dem König, den Fürsten und den Ältesten Ägyptens. Er sagte: Der Rat, den der König uns vorerst gegeben hat, die Kinder Israel durch harte Arbeit zu bedrücken, ist wohl trefflich, und wir wollen nicht davon abgehen. Allein es gibt noch einen anderen Weg, ihre Zahl schwinden zu machen, so es dem König gefällt, ihn anzunehmen. Gilt doch unsre größte Angst einem Kriege, bei dem die Kinder Israel uns durch ihre Überzahl erdrücken würden. Der König möge ein Gesetz erlassen, das nicht übertreten werden darf, wonach das Blut eines jeden bei den Hebräern neugeborenen Knaben vergossen werden muß. Tun wir so, so wird alles Männliche bei den Juden ausgerottet werden, und wir brauchen keinen Krieg mit ihnen zu fürchten. Der König wollte die Wehmütter der Hebräer rufen und ihnen befehlen, so zu handeln, wie ich gesagt habe.

Dieser Vorschlag gefiel Pharao und den Höflingen wohl, und der König säumte nicht, die Weisung Hiobs zu befolgen. Er ließ die Wehmütter rufen, von diesen hieß die eine Schifra, die andre Puah. Die kamen vor den König und stellten sich vor ihm hin. Da sprach Pharao zu ihnen: Wenn ihr den hebräischen Weibern von ihren Kindern helft und am Gebärstuhl seht, daß es ein Knabe ist, so tötet ihn alsobald; ists aber ein Mädchen, so laßt es am Leben. Wo ihr mir hierin nicht gehorchen werdet, so lasse ich euch und eure Häuser verbrennen.

Die Wehmütter aber fürchteten Gott und hörten nicht auf die Worte des Königs. Wurden sie zu den Frauen gerufen, so warteten sie ihrer und der Kinder, ganz gleich ob es ein Mädchen war oder ein Knabe. Dies wurde aber dem König hinterbracht, und so ließ er die Wehmütter abermals rufen und sprach zu ihnen: Wie wagt ihr denn, anders zu tun, als ich gesagt habe, und laßt die Kinder leben? Die weisen Frauen erwiderten und sprachen: Pharao möge nicht so sprechen, denn nicht wie die ägyptischen Weiber sind die Hebräerinnen: diese gebären, noch ehe die Wehmutter zu ihnen kommt. Wir hier sind deine Mägde, o Herr; aber siehe, es ist schon lange her, daß ein hebräisches Weib vor unseren Augen geboren hätte. Wenn wir zu ihnen kommen, sind sie ihrer Kinder schon genesen.

Pharao hörte diese Worte der Wehmütter und glaubte ihnen, was sie sagten. Die Frauen aber gingen von dem König, und Gott tat Gutes an ihnen, und des Volkes Israel wurde immer mehr und mehr.

4
Amram und Jochebed

Es war aber ein Mann im Lande Ägypten aus dem Samen Levis, des Sohnes Israels. Dieser Mann ging hin und nahm zum Weibe Jochebed, die Schwester seines Vaters, die war hundertzwanzig Jahre alt, und ging zu ihr ein. Da ward das Weib schwanger und gebar eine Tochter, die nannte sie Mirjam, denn zu der Zeit verbitterten die Ägypter den Juden das Leben. Und abermals ward das Weib schwanger und gebar einen Sohn, den nannte sie Aaron, denn in der Zeit, da sie ihn trug, fing Pharao an, das Blut der neugeborenen Knaben zu vergießen.

Zu der Zeit starb Zephu, der Sohn Eliphas', des Sohnes Esaus, der König derer von Kittim, und Janius ward König an seiner Statt. Zephu aber hatte fünfzig Jahre lang regiert über die von Kittim, und er starb und ward begraben in der Stadt Nibna in Kittim. Nach dem Tode Zephus nun floh Bileam, der Sohn Beors, aus dem Lande Kittim und kam vor Pharao, den König von Ägypten. Dieser empfing ihn mit großen Ehren, beschenkte ihn reich, erhob ihn zu seinem Ratmann und machte ihn groß. Also verweilte Bileam am Hofe Pharaos, und alle Höflinge erhoben ihn hoch, weil sie seine Kunst sehr achteten und von seiner Weisheit zu lernen begehrten.

Der Knabe Mose

1
Der Traum Pharaos

Und es geschah im hundertdreißigsten Jahr, nachdem die Kinder Israel nach Ägypten gekommen waren, da hatte Pharao diesen Traum: Er saß auf dem königlichen Throne und erhob seine Augen, und siehe, ein greiser Mann stand vor ihm; in der Hand hielt der Greis eine Waage, wie sie die Krämer brauchen zum Wiegen. Der Alte ergriff die Waage und hängte sie vor Pharao auf. Dann nahm er alle Ältesten Ägyptens, alle seine Fürsten und Gewaltigen, band sie zusammen und legte sie in die eine Schale der Waage; in die andere Waagschale aber tat er nur ein einziges Lämmchen, und das Lamm wog mehr als sie alle. Da erstaunte Pharao ob dieses mächtigen Gesichtes, wie ein Milchlamm alle Großen Ägyptens hatte überwiegen können. Und Pharao erwachte, da war es ein Traum.

Des Morgens stand Pharao frühe auf und erzählte allen seinen Knechten den Traum; die wurden von großer Furcht ergriffen. Und der König sprach zu seinen Weisen: Deutet mir das Gesicht, daß ich es verstehe. Bileam ben Beor, der Ratgeber, antwortete dem König und sprach: Es ist nicht anders, als daß ein großes Unheil über Ägypter hereinbrechen wird, wenn die Zeit erfüllt ist. Denn siehe, es wird unter den Hebräern ein Knabe geboren werden, der wird ganz Ägypten zerstören, vernichten alle, die drin wohnen, und mit starker Hand Israel aus Ägypten führen. Jetzt aber, König und Herr, lasset uns einen Rat ersinnen, wie wir die Hoffnung und den Glauben der Juden zuschanden machen, ehedenn dieses Unglück hereinbreche über Ägypten. Der König sprach zu Bileam: Was vermögen wir zu tun wider Israel? Hat man uns doch dies und das zuvor geraten zu tun, und wir haben nichts ausgerichtet. So gib denn auch du uns einen Rat, wie wir ihnen beikommen können.

Da erwiderte Bileam und sagte: Laß zuvor deine zwei Ratgeber rufen und laß uns ihre Vorschläge in dieser Sache hören; danach wird dein Knecht sprechen. Alsbald ließ der König seine zwei Ratmannen rufen, Reguel, den Midianiter, und Hiob, den Mann aus Uz. Die kamen und nahmen Platz vor Pharao. Der König sprach zu ihnen: Ihr habt doch wohl von dem Traum gehört, den ich gehabt habe, und was er bedeutet. So ratet denn gut und sagt uns, was zu tun mit diesen Israeliten, und womit wir dem Verderben begegnen können, ehedenn es über uns hereingebrochen ist.

Darauf antwortete als erster Reguel, der Midianiter; er sprach: Der König lebe ewiglich! So es dem König gefällt, so lasse er ab von den Juden und recke seine Hand nicht wider sie. Denn ihr Gott hat sie vormals erwählt und sie zur Schnur seines Erbes gemacht. Welcher von den Herrschern der Erde an ihnen Böses getan, sodann aber das Böse wiedergutgemacht hat, der ist von der Rache ihres Gottes verschont geblieben. So war es ehemals mit dem Könige von Ägypten, welcher dem Abraham seine Frau Sara genommen und dann zurückgegeben hat. Dasselbe geschah mit dem Philisterkönige Abimelech, der zu Gerar wohnte; dasselbe mit dem anderen Philisterkönig Abimelech, der dem Erzvater Isaak seine Frau Rebekka geraubt, sie ihm aber hernach zurückerstattet hat. Ihr dritter Erzvater Jakob wurde aus der Hand seines Bruders Esau gerettet und aus der Hand seines Schmähers Laban aus Aram, welche beide ihm nach dem Leben trachteten. Auch führte er einen glücklichen Krieg mit den Königen von Kanaan, die allesamt gekommen waren, um ihn und seine Kinder zu vernichten, und die von den Hebräern umgebracht wurden. Und weißt du denn nicht von dem Pharao, dem Vater deines Vaters, der Joseph, den Sohn Jakobs, so groß gemacht hat? Dieser Joseph hat aber dann das Land Ägypten vom Hunger gerettet. So laß denn von ihnen ab und suche sie nicht mehr zu verderben.

Als Pharao diese Worte Reguels, des Midianiters, vernahm, ergrimmte er über ihn sehr und vertrieb ihn von seinem Angesicht mit Schande. So mußte Reguel nach seinem Lande fliehen; er hatte aber noch zuvor den Stab Josephs ergriffen und mit sich genommen. Danach wandte sich der Pharao an Hiob und fragte ihn um seine Meinung. Hiob antwortete und sprach: ist doch das Leben aller Einwohner des Landes in der Hand Pharaos; er tue an ihnen, wie es ihm wohlgefällt.

Nunmehr sprach der König zu Bileam: Laß du uns jetzt deinen Rat hören. Da erwiderte Bileam dem König: Wolltest du die Kinder Israel durch Feuer vertilgen, du vermöchtest es nicht; denn ihr Gott hat den Erzvater Abraham errettet aus dem Schmelzofen Chaldäas. Denkst du, sie mit dem Schwert umzubringen, es würde dir nicht glücken; ward doch der Erzvater Isaak vor dem Schwerte bewahrt und an seiner Statt ein Widder geopfert. Wähnst du, sie niederzudrücken durch Frondienst und schwere Arbeit, du erreichtest dein Ziel nicht; der Erzvater Jakob ward dem Laban ein Knecht zu schwerer Arbeit, und doch schlug es zu seinem Glück aus. Gefällt es aber dem König, so lasse er ihre Knaben die jetzt und fürderhin geboren werden, ins Wasser werfen; so wird es dir gelingen, ihres Namens Gedächtnis auszumerzen, denn keiner von ihnen und keiner ihrer Ahnen hat je diese Versuchung bestanden.

Der König vernahm Bileams Worte, und sie fanden Gnade in seinen Augen.

2

Die Neugeborenen unter der Erde

UND PHARAO LIESS AUSRUFEN und verkünden im ganzen Land Ägypten: Alles Männliche, das den Hebräern geboren wird, heute und fürderhin, das werde ins Wasser geworfen! Und Pharao rief alle seine Knechte und sprach; Zieht aus und forscht im ganzen Lande Gosen, wo die Kinder Israel sind; und jeden Knaben, der den Hebräern geboren wird, den werft in den Nil, aber jede Tochter laßt leben!

Als die Kinder Israel den Befehl Pharaos vernahmen, da trennten sich die meisten aus dem Volke von ihren Weibern, und nur wenige blieben noch mit ihren Frauen zusammen. Und von dem Tag an und weiterhin geschah es, wenn die Weiber dieser Wenigen gebären sollten, so: sie zogen hinaus aufs Feld, allda zu gebären, und ließen die Neugeborenen auf dem Felde liegen und kehrten selbst nach Haus zurück. Gott aber, der den Vätern einst verheißen hatte, den Samen Israels zu mehren, sandte den Kindern einen Boten von den diensttuenden Engeln, der wusch jedes Kind, salbte es, wickelte es in Tücher und reichte ihm zwei Steine das: von dem einen sog es Milch, von dem andern schlürfte es Honig. Und Gott ließ jedes Einzelnen Haupthaar lang wachsen, daß es bis zu den Knien reichte, denn er erbarmte sich ihrer. Und weil er Mitleid hatte mit ihnen und sie mehren wollte auf Erden, gebot er der Erde, und sie öffnete ihr Maul und nahm sie auf in ihrem Schoße, sie zu bewahren, bis zu der Zeit, da sie groß geworden wären. Also lagen die Kleinen, die den Kindern Israel geboren worden waren, im Innern der Erde. Die Ägypter zogen aufs Feld mit ihren Ochsen und pflügten den Acker; sie streuten die Saat aus und fuhren mit der Egge über den Boden, allein sie vermochten den Kindern unter der Erde keinen Schaden zu tun, vielmehr gediehen diese und wurden groß und stark. Danach tat die Erde wieder ihren Schlund auf und spie sie aus, und sie traten ans Licht, wie das Kraut des Ackers hervorkeimt, kehrten zurück, ein jeder in seine Gemeinschaft und in seiner Väter Haus und blieben da.

Aber Pharao schickte seine Häscher weiter nach Gosen, und diese griffen die Hebräerkinder, wo sie sie noch fanden; sie rissen sie ihren Müttern mit Gewalt aus den Armen und warfen sie in den Nil.

3
Moses Geburt

UND ES BEGAB SICH ZU JENER ZEIT, daß der Geist Gottes kam über Mirjam, Amrams Tochter und Aarons Schwester, und die weissagte in ihrem Hause und sprach: Siehe, ein Sohn wird von meinem Vater und meiner Mutter ausgehen, der wird Israel erlösen aus der Hand der Ägypter.

Als Amram die Worte seiner Tochter hörte, machte er sich auf und holte sein Weib zurück in das Haus, denn er hatte sie, nachdem Pharaos Mordbefehl ergangen war, vertrieben. Und Amram nahm sein Eheweib zu sich im dritten Jahr nach ihrer Vertreibung. Er ging zu ihr ein, und sie ward schwanger von ihm. Und als sieben Monde der Schwangerschaft um waren, gebar sie einen Sohn; da ward das Haus voll Licht, hell wie vom Licht der Sonne und des Mondes, wenn sie strahlen. Und das Weib besah den Knaben, und es war ein fein Kind und schön von Aussehen, und sie verbarg ihn drei Monate im innersten Gemache.

Zu der Zeit pflegten die Ägypter, die den Namen der Hebräer austilgen wollten, also zu verfahren: Die Ägypterfrauen gingen nach Gosen und trugen auf den Schultern ihre Kinder, die noch nicht reden konnten. Die Frauen in Israel aber hatten ihre neugebornen Söhne vor den Ägyptern verborgen, damit die Ägypter sie nicht fingen. Und es geschah, wenn eine Ägypterin mit ihrem Kind auf der Schulter vor das Haus eines Israeliten trat und ihr Kindlein zu lallen begann, so antwortete der Knabe, der im Innern des Hauses verborgen war, dem ägyptischen Kinde. Dann pflegten die Ägypterinnen zurückzukehren und es dem Hause Pharaos anzusagen, und Pharao sandte seine Häscher, die ergriffen die Knaben und töteten sie. So verfuhren die Ägypter alle Tage.

Und so geschah es auch, nachdem Jochebed den Knaben drei Monate hatte verborgen gehalten, daß die Sache ruchbar wurde im Hause Pharaos. Da ergriff das Weib eilends, noch bevor die Schergen kamen, den Knaben, machte ein Kästlein aus Schilfrohr und verklebte es mit Erdharz und Pech; sie setzte das Kind drein und legte das Kästchen in das Schilf am Ufer des Wassers. Aber seine Schwester Mirjam stand von ferne, zu erfahren, wie es ihm erginge und ob ihre Worte Wahrheit würden. Da sandte Gott desselbigen Tages einen Glutwind über Ägypten, und das Fleisch der Menschen brannte, wie es von der Sonne brennt, und den Ägyptern wurde sehr angst. Und ganz Ägypten stieg herab, im Flusse zu baden, vor der Hitze des Glutwinds, davon ihr Fleisch brannte. So kam auch Bithja, die Tochter Pharaos, herab und wollte baden im Wasser, da es so heiß war, und ihre Jungfrauen gingen an dem Ufer des Stromes entlang und alle Frauen in Ägypten mit ihnen. Und Bithja ließ ihre Augen über den Fluß schweifen und ersah das Kästlein im Schilf. Sie sandte die Magd hin und ließ es holen. Und da sie es auftat, sah sie das Kind und siehe, das Knäblein weinte. Da jammerte es sie, und sie sprach: Es ist der hebräischen Kindlein eins.

Alle Weiber Ägyptens, die am Gestade einherwandelten, die wollten den Knaben säugen, aber er mochte die fremde Brust nicht nehmen; denn das war so vom Herrn ausgegangen, daß der Knabe zurückkäme zu seiner eigenen Mutter Brust. Mirjam aber, die auch am Flußufer war mit den Weibern, sah dies und sprach zu der Tochter Pharaos: Soll ich hingehen und der hebräischen Weiber eine rufen, die da säugt, daß sie dir das Kindlein nähre? Die Tochter Pharaos sprach zu ihr: Geh hin. Da ging die Jungfrau hin und rief des Kindes Mutter, und die Tochter Pharaos sprach zu ihr: Nimm das Kindlein und säuge mirs; ich will dir Lohn geben, zwei Silberlinge den Tag. Das Weib nahm das Kind und stillte es.

Zwei Jahre vergingen, da war der Knabe größer geworden, und sie brachte ihn zur Tochter Pharaos, und es ward ihr Sohn; sie hieß ihn Mose, denn sprach sie, ich habe ihn aus dem Wasser gezogen. Sein Vater Amram aber nannte ihn Heber, denn, sprach er, um seinetwillen ward ich wieder verbunden mit meinem Weibe, das ich vertrieben hatte. Und seine Mutter Jochebed nannte ihn Jekuthiel, denn sie sprach: Gehofft habe ich zu Gott, und Gott hat mir ihn wiedergegeben. Seine Schwester Mirjam nannte ihn Jared, weil sie ihm folgend zum Fluß herabgestiegen war, zu sehen, was aus ihm würde. Aaron nannte ihn Abi Sanoach, denn er sagte: Mein Vater hatte sein Weib verlassen und ist zu ihr zurückgekehrt um seinetwillen. Sein Großvater Kahath benannte ihn Abi Gedor, denn um seinetwillen hatte Gott den Riß im Hause Jakobs verzäunet, daß man nicht mehr fortfuhr, die Knaben ins Wasser zu werfen. Seine Amme hieß ihn Abi Sukko, denn sie sprach: In einer Hütte ward er verborgen gehalten drei Monde lang vor den Kindern Ham. Ganz Israel aber nannte ihn in späterer Zeit Semaja ben Nathanael; denn sie sprachen: In seinen Tagen hat der Herr gehört auf unser Schreien und uns errettet von der Hand der Dränger.

Mose verblieb aber im Hause Pharaos und wuchs auf mit den Söhnen des Königs.

4
Die Kohle

Es war im dritten Jahre nach Moses Geburt, da saß Pharao bei Tische und speiste; zu seiner Rechten thronte Alparanith, die Königin, und zu seiner Linken seine Tochter Bithja, und der Knabe Mose saß auf ihrem Schoße. Bileam ben Beor mit seinen zwei Söhnen und alle Fürsten des Königreiches saßen ebenfalls an der Tafel vor dem Könige. Da streckte der Knabe eine Hand nach dem Haupt des Königs aus, ergriff die Königskrone und setzte sie sich selbst auf.

Der König und die Fürsten entsetzten sich über die Tat des Knaben, Schrecken packte den Herrscher und seine Großen, und alle erstaunten sehr. Und Pharao sprach zu seinen Fürsten: Wie dünkt euch, daß ich mit dem hebräischen Knaben verfahren soll, der Solches getan hat?

Der Zauberer Bileam gab ihm zur Antwort: Mein Herr und König, gedenke doch an den Traum, der dir geträumt hat vor langer Zeit und den dein Knecht dir deuten durfte; und nun sieh: das ist ja der Knabe von den hebräischen Kindern, in dem der göttliche Geist ist. Der König wähne ja nicht, daß das Kind das begangen hat, weil es so klein ist und sich nichts dabei denken konnte. Denn er ist ein Knabe von den Hebräern, und Weisheit und Wissen sind ihm eigen, wenn er auch noch klein ist; die Weisheit, die ihm innewohnt, ließ ihn das tun, denn er strebt nach der Herrschaft über Ägypten. Das ist die Art der Hebräer: sie betrügen die Könige und ihre Fürsten und tun alle diese Dinge listig, um hernach die Könige des Landes und das Volk zu Falle zu bringen. So hat es schon ihr Stammvater Abraham getrieben, der die Heere Nimrods durch List geschwächt und das Land der Hethiter und Kanaaniter an sich gerissen hat. Als er in Ägypten war, gab er sein Weib Sara für seine Schwester aus, um so das Land und seinen König zu Fall zu bringen. Ebenso und von derselben Absicht getrieben machte es sein Sohn Isaak, der seine Frau Rebekka vor dem Philisterkönige seine Schwester nannte. Dessen Sohn wiederum, Jakob, hinterging seinen Bruder zweimal und stahl ihm die Erstgeburt und den Vatersegen. Danach zog er nach Mesopotamien und erwarb durch Betrug von Laban, dem Bruder seiner Mutter, dessen Töchter und Vieh. Und was begab sich mit den Söhnen Jakobs? Sie verkauften ihren Bruder Joseph nach Ägypten, und dieser rettete sich durch seine Weisheit hier aus dem Gefängnis. Danach, als Gott einen Hunger über das Land gebracht hatte, ließ er seinen Vater und all seines Vaters Haus hierher kommen und ernährte sie umsonst mit unserem Brot; unser Volk aber machte er sich zu leibeigenen Sklaven. Und nun, mein Herr und König: dieser Knabe ist an seiner Vorfahren Statt getreten, um es ihnen gleichzutun und König, Fürst und Richter zum Narren zu halten. Gefällt es also dem Könige, so wollen wir sein Blut auf die Erde gießen, daß er nicht groß werde und die Herrschaft erwerbe und die Hoffnung zerstöre, die Ägypten auf seinen König gesetzt hat.

Allein Pharao sprach zu Bileam: Wir wollen noch die Richter Ägyptens und die Weisen hierher bescheiden und sie befragen, ob dem Knaben hier wirklich der Tod zukommt. Alsdann wollen wir ihm umbringen.

Und Pharao sandte und berief alle weisen Männer in Ägypten; die kamen vor ihn, und mit ihnen kam auch ein Engel des Herrn und glich in der Gestalt einem der Weisen Ägyptens. Der König sprach zu den Weisen: Ihr wisset ja, was der hebräische Knabe, der hier im Schlosse ist, begangen hat. So und so hat Bileam in dieser Sache entschieden. Und nun richtet auch ihr und erwägt, was für ein Urteil den Knaben treffen soll.

Da antwortete der Engel, der die Gestalt eines Ägypters angenommen hatte, dem Könige und den Fürsten also: Ists dem Könige recht, so lasse er Edelsteine und glühende Kohlen bringen und beides vor den Knaben legen. Streckt nun das Kind seine Hände aus und ergreift die kostbaren Steine, so wissen wir, daß er seine Tat mit Vorbedacht getan hat, und er muß sterben. Wenn seine Finger aber nach den brennenden Kohlen tasten, dann hat er nur unwissentlich und ohne zu verstehen, was er tat, jenen Frevel begangen und kann leben bleiben.

Der Rat fand Gnade in Pharaos Augen, und er tat, wie ihm der Engel Gottes geraten hatte; er ließ einen Edelstein und eine glimmende Kohle bringen und beides vor den Knaben legen. Der Knabe Mose nun streckte die Hand aus, den köstlichen Stein zu greifen, aber der Engel lenkte seine Hand auf die Kohle, und Mose griff sie, und sie brannte in seiner Hand. Und er nahm sie zu sich und steckte sie in seinen Mund, da versehrte sie ihm die Lippen und die Zunge; das ist der Grund, daß er eine schwere Sprache bekam.

Der König und die Fürsten sahen zu und erkannten, wie der Knabe nicht, weil Weisheit in ihm war, die Hand nach der Krone erhoben hatte. So ließen denn Pharao und seine Obersten ab von den Plan, das Kind ums Leben zu bringen, und der Knabe Mose wuchs auf in Pharaos Hause und nahm immer mehr zu, und der Herr war mit ihm.

5

Sabbatruhe in Gosen

UND DER KNABE MOSE trug Purpurkleider und wuchs auf als Prinz zusammen mit den anderen Prinzen; das Haus Pharaos und alle Ägypter zollten ihm Ehrfurcht.

Als er groß geworden war, zog er des öfteren nach der Landschaft Gosen und sah hier seine Brüder, die Kinder Israel, unter der harten Fron verzagen. Er fragte sie: Was bedeutet es, daß ihr täglich solch schwere Arbeit verrichten müßt? Da erzählten ihm die Juden von allem, was über sie ergangen war, und von den drückenden Gesetzen, die Pharao ihnen auferlegt hatte, noch ehe der Knabe Mose geboren worden war. Sie berichteten ihm ferner von den Ratschlägen, die Bileam, der Sohn Beors, Pharao gegeben hatte, und die darauf hingezielt hatten, das Volk Israel zu verderben und auch den Knaben Mose umzubringen, als er die Krone genommen hatte vom Haupte Pharaos.

Als Mose diese Kunde empfing, wurde er dem Zauberer Bileam gram und trachtete danach, ihn zu töten; von nun an lauerte er ihm täglich auf. Es wurde aber Bileam hinterbracht, daß der Sohn der Bithja ihm nachstellte, und so machte er sich mit seinen zwei Söhnen auf und floh in des Land der Mohren an den Hof des Königs Kikanos.

Mose indes stieg immer höher und höher in der Gunst Pharaos, und da er seine Brüder schwer leiden sah und ihre Pein ihn schmerzte, trat er eines Tages vor Pharao, bückte sich vor ihm und sprach: sei mir gnädig, mein Herr; ich will ein geringes Begehren an dich richten; laß mich nicht vergeblich gebeten haben. Der König erwiderte: Sprich. Da sagte Mose: Es möge den Kindern Israel in Gosen ein Tag Ruhe gewährt werden, an dem sie in ihrer Fron innehalten dürfen. Pharao antwortete: Ich will deiner Bitte willfahren und nach deinen Worten tun.

Und er ließ alsbald in Ägypten und in Gosen folgenden Erlaß laut werden: Ihr Juden meines Landes! Seid wissend, daß ihr eure Arbeit und euren Dienst nur sechs Tage zu verrichten habt, den siebenten aber nichts zu tun braucht und ruhen dürft. Also soll von nun an mit euch verfahren werden; so haben es der König und Mose, der Sohn der Bithja, befohlen.

Da freute sich Mose über diese Gnadenbezeugung Pharaos, und daß Hebräern Erleichterung gewährt worden war. Dies war aber von dem Herrn ausgegangen, welcher gedachte, ihnen zu Hilfe zu kommen um ihrer Erzväter willen. Und Gott war mit Mose auch fürderhin; er ward groß vor den Augen der Ägypter und vor den Augen der Hebräer. Er war ein treuer Fürsprecher seinem Volke und redete Worte des Friedens über sie vor Pharao.

6
Mose tötet den Ägypter

Es begab sich nach Jahr und Tag, als Mose achtzehn Jahre alt geworden war, daß es ihn danach verlangte, seinen Vater und seine Mutter zu schauen; und so ging er hin zu ihnen nach Gosen. Als er sich dem Orte näherte, kam er an dem Platz vorbei, wo die Kinder Israel ihre Arbeit verrichteten, und sah die Qualen, die sie zu erdulden hatten. Da bemerkte er einen ägyptischen Mann, der einen Hebräer schlug. Als der Mißhandelte Mose sah, rief er ihn um Hilfe an und sprach: Sei mir gnädig, mein Herr! Dieser Ägypter hier kam des Nachts zu mir ins Haus, fesselte mich und verging sich an meiner

Frau vor meinen Augen; nun will er mir noch mein Leben nehmen.
Wie Mose diese Worte hörte, wurde er von Zorn ergriffen; er schaute sich um in der Nähe, und da er keinen Menschen gewahrte, schlug
er den Ägypter tot und rettete so den Hebräer. Die Leiche des Böse-
wichtes aber verscharrte er im Sande und kehrte danach in das Haus
Pharaos zurück.

Als der Hebräer, den Mose von seinem Bedränger befreit hatte, in
sein Haus kam, wollte er sein Weib von sich gehen lassen, denn es
ziemt sich nicht für einen Mann aus dem Hause Jakobs, mit einem
Weibe eheliche Gemeinschaft zu pflegen, das von einem anderen verunehrt worden ist. Da ging das Weib zu ihrem Bruder und klagte vor
ihm über ihren Mann. Darauf wollte der Bruder den Eheherrn seiner
Schwester töten, allein es gelang diesem zu entrinnen.

Des anderen Tages ging Mose wieder zu seinen Brüdern hinaus und
sah zwei Männer miteinander ringen. Er sprach zu dem Bösen: Warum
schlägst du auf deinen Bruder ein? Der Freche fuhr auf und sprach: Wer
hat dich zum Fürsten und Richter über uns gesetzt? Willst du mich töten, wie du den Ägypter getötet hast? Da erschrak Mose und dachte bei
sich: Also ist die Sache ruchbar geworden. Und wirklich war die Kunde schon zu Pharao gedrungen, und er gab Befehl, Mose umzubringen.

Da sandte Gott seinen Engel, und der erschien vor Pharao in der
Gestalt seines Scharfrichters. Dem Scharfrichter aber hatte der Engel
zuvor ein Schwert entwunden und ihm die Gestalt Moses gegeben.
Danach führte er ihn vor den König und hieb ihm das Haupt ab vor
den Augen Pharaos. Hierauf ergriff der Engel den wirklichen Mose
bei der rechten Hand und führte ihn hinaus aus dem Lande Ägypten,
vierzig Tagereisen weit von den Grenzen des Landes.–

Also blieb nur sein Bruder Aaron im Lande Ägypten, und er predigte den Kindern Israel und sprach: Ein jeder werfe weg die Greuel
vor seinen Augen und verunreinige sich nicht an den Götzen Ägyptens. Aber das Haus Israel widersetzte sich diesen Mahnungen und
hörte nicht auf Aaron. Und der Herr gedachte schon, sie zu vertilgen,
hätte er sich nicht des Bundes erinnert, den er mit ihren Vätern geschlossen hatte.

Die Hand Pharaos aber legte sich immer schwerer auf Israel.

Mose im Mohrenland

1
Bileam verleitet die Mohren zur Empörung

ZU DER ZEIT BRACH EIN KRIEG AUS zwischen den Mohren und denen von Kedem und Aram, welch letztere sich gegen die Herrschaft der Mohren auflehnten. Der Mohrenkönig Kikanos zog mit einem mächtigen Heere gegen die Aufrührerischen aus, um sie von neuem unter seine Gewalt zu bringen. Für die Zeit aber, da er Krieg führen würde, überließ er daheim dem Zauberer Bileam und seinen Söhnen die Aufsicht über die Hauptstadt und die Grenzen des Landes. Und Kikanos war siegreich gegen seine Feinde; er schlug sie aufs Haupt, nahm viele gefangen, machte sie dich aufs neue untertan und legte ihnen hohe Steuern auf.

Inzwischen aber wiegelte Bileam das Volk der Mohren gegen ihren Herrscher auf und bewog sie, Kikanos nicht mehr einzulassen. Die Mohren willigten alsbald darein, ernannten Bileam zum König über sich und machten seine zwei Söhne zu Feldherren. Alsdann befestigten sie die Stadt und erhöhten von zwei Seiten die vorhandenen Mauern um ein Beträchtliches. An der dritten Seite ließen sie die Stadtmauer, wie sie war, gruben aber tiefe Gräben bis zu dem Fluß, der das ganze Land umgab, und leiteten die Wasser des Stromes in die frisch angelegten Gräben. Die vierte Seite der Stadt schützten sie dadurch, daß sie durch Zaubermittel und Flüsterworte Schlangen herbeilockten, die nun an dieser Stelle blieben.Danach zogen sich die Mohren in die Stadt zurück, und keiner ging mehr aus noch ein.

Als nach beendetem Kriege Kikanos in sein Land zurückkehrte und sich der Hauptstadt näherte, erhoben er und seine Streiter die Augen, und siehe da, neue hohe Mauern waren vor dem Eingang errichtet. Sie wunderten sich darüber und sprachen zueinander: Da wir so lange weggeblieben sind, haben sie uns für besiegt gehalten und geglaubt, wir kämen nicht wieder; sie fürchten sich aber vor Überfällen der Kanaaniter und haben daher die Festungswände erhöht. Und die Heimgekehrten traten an die Tore der Stadt und riefen den Wächtern: Macht uns auf und laßt uns in die Stadt eintreten. Die Wachen aber weigerten sich, die Tore zu öffnen, denn sie folgten dem Befehl Bileams, ihres Königs. Und die Einwohner der Stadt machten gar einen Ausfall und begannen einen Streit mit dem, der bis dahin ihr Fürst gewesen war. Es fielen an diesem Tage hundertdreißig Mann von dem Heere Kikanos'. Am anderen Tage versuchte Kikanos einen Angriff auf die Stadt vom jenseitigen Ufer des Stromes aus, allein er vermochte nicht hinüberzuschreiten wegen der Breite der Gräber, die die Mohren gemacht hatten, und viele von seinen Mannen ertranken im Wasser. Da befahl der König, Bäume zu fällen und Flöße zu machen, um so in die Stadt zu gelangen. Als aber die Krieger die Gräben erreichten, sahen sie das Wasser Wellen schlagen; denn es waren daselbst Mühlen gebaut, um das Wasser zu bewegen. So wurden die Flöße vom Wasser überflutet, und zweihundert Mann fanden den Tod. Am dritten Tage endlich versuchten sie, in die Stadt einzudringen von der Seite, wo die Schlangen waren, aber es war vergeblich, und hundertsiebzig Mann wurden von den Reptilien getötet.

Also ließen sie ab von dem Streit und verharrten in Ruhe vor der Stadt. Neun Jahre lang sollte die Belagerung dauern.

2
Mose zum Feldherrn gewählt

ZU DIESER ZEIT WAR ES, daß Mose vor Pharao die Flucht ergreifen mußte, weil er für die Tötung des Ägypters Böses zu gewärtigen hatte. Es fügte sich aber, daß er in das Lager Kikanos' kam, als dieser vor der Festung lag. Also blieb er da bei dem Heere und half ihnen bei der Belagerung. Der König und seine Fürsten sowie alle Streiter gewannen Mose lieb und verehrten ihn hoch, denn er war wie ein Löwe stark und mutig, und sein Angesicht strahlte wie die Sonne. In seiner Weisheit wurde er Ratmann des Königs.

Nach neun Jahren aber geschah es, daß Kikanos von der Krankheit befallen wurde, an der er sterben sollte; am siebenten Tag danach gab er seinen Geist auf. Da salbten ihn seine Diener und begruben ihn gegenüber dem Stadttore, das gen Ägypten führte. Sie errichteten ihm ein schönes, hohes Denkmal und schmückten es noch von oben mit großen Steinen. Und die Schreiber des Königs verherrlichten darauf in Inschriften die Größe Kikanos' und die Heldentaten, die er vollbracht hatte.

Nachdem sie aber ihren König zu Grabe getragen hatten, verzagten die Streiter an dem Kriege und sprachen zueinander: Neun Jahre liegen wir hier schon auf dem wüsten Felde, fern von unseren Weibern und Kindern. Führen wir den Krieg weiter, so kommen wir alle um; bleiben wir hier untätig sitzen, so sterben wir gleichfalls. Denn nun, wo die Nachbarn erfahren, daß unser König tot ist, werden sie über uns herfallen, und es wird kein Rest von uns übrigbleiben. So wollen wir denn vor allem einen König über uns setzen: dann nehmen wir die Belagerung wieder auf.

Sie schritten alsbald zur Wahl eines Fürsten und fanden unter ihnen allen keinen, der würdiger gewesen wäre, die Krone zu tragen, als Mose. Jedermann zog seine Kleider aus und warf sie auf die Erde, bis sich ein Hügel daraus bildete. Darauf setzten sie Mose, bliesen die Posaune und riefen vor ihm: Es lebe der König! Es lebe der König! – Und alles Volk und die Fürsten kamen dahin überein, ihre Königin, die Witwe Kikanos', Mose zur Gattin zu geben, und es ward ausgerufen im Lager der Mohren, daß jedermann dem neuen König von seiner Habe geben müsse. Da wurde eine Decke vor dem Hügel ausgebreitet, und ein jeglicher warf darauf, was er kostbares in Besitz hatte: einen goldenen Reif oder eine Silbermünze, oder auch edles Gestein, wie Onyx, Beryll, Perlmutt, Schildpatt.

Mose tat das alles zu seinen Schätzen und trat die Herrschaft über das Volk der Mohren an. Siebenundzwanzig Jahre war er damals alt, und er regierte über das Land vierzig Jahre. Der Herr ließ ihn Gnade und Wohlgefallen finden in den Augen aller seiner Untertanen, und es herrschte eitel Güte zwischen Mose und Gott, zwischen Mose und seinem Volk.

3
Die Störche

AM SIEBENTEN TAGE nach der Ernennung Moses zum Könige, da versammelten sich die Edlen vor dem neuen Herrscher und sprachen: Herr, gib uns einen Rat, was mit dieser Stadt zu machen; so viele Jahre sitzen wir schon hier fern von den Unsrigen. Da antwortete Mose und sprach: Wollt ihr auf meine Stimme hören und nach meinen Worten tun, so wird Gott die Stadt in unsre Hände fallen lassen. Wo wir nämlich den Krieg weiter in derselben Weise wie zur Zeit Kikanos' führten, so würden wir noch mehr Streiter als vormals verlieren. So will ich euch denn einen ganz anderen Weg weisen. Hierauf sprachen die Streiter wie ein Mann : Alles, was unser Herr befiehlt, wollen seine Knechte tun.

Nunmehr sprach Mose: Laßt im ganzen Lager folgenden Ruf verkünden: Also lautet des Königs Befehl: Geht alle in die Wälder, und ein jeder hole von da ein Storchküklein. Wer nach diesem Befehl nicht tut, der ist des Todes, und seine Habe verfällt dem König. Die Küklein habt ihr wohl zu behüten und großzuziehen; ihr müßt ihnen aber einen scharfen Flug beibringen, wie ihn Habichte haben.

Diese Weisung des Königs wurde überall laut, und das Volk säumte nicht, sie genau zu befolgen: sie stiegen auf die Zypressenbäume und holten aus den Storchnestern die jungen Küchlein. Diese wurden dann großgezogen und ihnen der Habichte Flug beigebracht. Als die Vögel groß waren, befahl Mose eines Tages, sie drei Tage hungern zu lassen. Danach sprach er zu den Männern: Seid mutig und seid abermals Streiter! Greift zu euren Waffen und gürtet eure Schwerter um die Lenden. Ein jeder besteige sein Roß und nehmen den Storch, den er großgezogen hat, in die Hand. Wir wollen einen Angriff auf die Stadt machen von der Seite, wo die Schlangen den Zutritt verwehren.

Da taten die Streiter nach diesen Worten und zogen dahin, wohin sie geführt wurden. Als sie nun der Stelle nahe kamen, wo die Schlangen waren, rief der König: Ein jeder lasse den Storch los, den er im Arme hält! Alsbald flogen die Vögel auf die Schlangen, griffen sie auf und verzehrten sie, daß in kurzem kein Wurm mehr zu sehen war. Da erhob das Volk einen großen Jubel, schritt mutig auf die Stadt zu und nahm sie ein. Elfhundert Mann fielen an diesem Tag von den Einwohnern der Stadt; die Angreifer aber hatten keinen einzigen Mann verloren. Die Sieger drangen in die Stadt, und jeder suchte sein Weib und seine Kinder auf.

Bileam aber, der Zauberer, seine zwei Söhne und acht Brüder öffneten eins von den Toren und ergriffen die Flucht, als sie sahen, daß die Stadt erobert worden war. Sie kehrten zurück an den Hof des Pharao; das sind die Zauberer und Zeichendeuter, von denen es im Buche der Thora heißt, daß sie aufstanden wider Mose, als Gott die Plagen über Ägypten brachte.

4
Mose der Herrscher

ALSO HATTE MOSE DIE STADT durch seine Weisheit wiedergewonnen, und die Mohren ließen ihn den Thron Kikanos' besteigen und setzten ihm die Krone aufs Haupt. Das Weib Kikanos' wurde seine Gattin, er aber fürchtete den Gott seiner Väter und ging zu ihr nicht ein; auch wandte er sein Auge ihr nicht zu. Denn er war eingedenk des Schwures, mit dem Abraham seinen Knecht Elieser beschworen hatte, und der lautete: Daß du meinem Sohn ja kein Weib nimmst von den Töchtern Kanaans. Ebenso hatte Isaak gesprochen, als Jakob vor seinem Bruder Esau floh; er sprach: Freie kein Weib von den Kanaaniterinnen und verschwägere dich nicht mit den Nachkommen Hams; denn Gott, unser Herr, hat es bestimmt, daß die Kinder Hams Sklaven sein sollen den Kindern Sems und Japhets und ihrem Samen nach ihnen bis in alle Ewigkeit. – Deshalb hielt sich Mose fern von dem Weibe Kikanos' all die Zeit, da er über das Mohrenland herrschte; und auch sonst wandelte er getreu auf der Bahn, die die Väter Abraham, Isaak und Jakob gewandelt waren, und wich von ihr weder zur Rechten noch zur Linken. Er regierte weise und gerecht und hatte Glück in allem, was er unternahm.

Die Stämme von Aram und Kedem vernahmen aber die Kunde von dem Tode Kikanos' und wagten es wieder, das Joch der Mohren abzuschütteln. Also sammelte Mose ein Heer von dreißigtausend Mann und zog gegen die Aufrührerischen aus. Er richtete den Angriff zuerst gegen die von Kedem, und diese stellten sich ihm entgegen. Allein Mose schlug sie aufs Haupt, und es fielen von ihnen dreihundert Mann. Die von Kedem ergriffen die Flucht, aber Mose verfolgte sie mit seinen Streitern und zwang sie zur Unterwerfung und zur Zahlung von Tribut.

Hierauf ging Mose nach Aram und bereitete den Aufständischen da dasselbe Los. Sie verloren viele von ihren Männern, mußten sich demütigen und viel Geld an Kriegskosten zahlen. Danach kehrte Mose sieggekrönt nach dem Mohrenlande zurück, und seine Macht und sein Ansehen wurden immer größer und größer.

5
Hasdrubal und Hannibal

ZUR SELBEN ZEIT STARB auch Aeneas, der König von Afrika, und sein Sohn Hasdrubal ward König an seiner Statt. Ebenso starb Janius, der König von Kittim, und er wurde beigesetzt in dem Palast, den er im Tale Kampanien sich erbaut hatte, um darin zu wohnen. Sein Nachfolger aber hieß Letianus. Es war das zweiundzwanzigste Jahr der Herrschaft Moses über die Mohren, da Letianus König wurde, und er regierte fünfundvierzig Jahre. Auch er baute einen herrlichen Palast, darin er seines königlichen Amtes waltete. Im dritten Jahr seiner Herrschaft gab er seinen Werkmeistern Befehl, ihm viel Schiffe zu bauen, wonach er seine Heere versammelte und sie auf den Schiffen nach Afrika hinüberführte. Er begann einen Streit mit Hasdrubal, dem König von Afrika und siegte in dem Kampf. Er gewann den Kanal, den der Vater Hasdrubals, Aeneas, angelegt hatte, als er Jania, die Tochter Uzis, zum Weibe genommen hatte, und zerstörte die Brücke, die über den Kanal führte.

Da ereiferten sich aber die Helden Hasdrubal über die Niederlage, die sie erlitten hatten, und sie wagten es noch einmal, sich dem Feind zu stellen, denn sie wollten lieber sterben als die Schmach tragen. Also begann ein neuer, erbitterter Kampf, bei dem die meisten von den Mannen Hasdrubals den Tod fanden. Auch der König Hasdrubal fiel in der Schlacht.

Es hatte aber dieser König eine sehr schöne Tochter mit Namen Ospisiona. Alle Einwohner hatten ihr Bildnis auf ihre Kleider gestickt, weil das Gesicht der Prinzessin so liebreizend von Ansehen war. Als die Streiter Letianus' die Königstochter gewahrten, lobten sie sie vor ihrem Fürsten; dieser ließ sie alsbald holen, nahm sie zum Weibe und führte sie heim in sein Land nach Kittim.

Die von Afrika machten nach dem Tode Hasdrubals seinen jüngeren Bruder Hannibal zum König. Dieser Hannibal faßte, nachdem er einige Zeit regiert hatte, den Entschluß, wider Kittim in den Krieg zu ziehen, um den Tod seines Bruders Hasdrubal und die Niederlage seines Volkes zu rächen. Er rüstete und bemannte viele Schiffe und fiel über die von Kittim her. Und die vormals Siegreichen waren jetzt die Unterlegenen. Achtzehn Schlachten lieferte Hannibal und schlug mit seinem Schwerte an die achtzigtausend Mann. Der Krieg hatte lange gedauert, und Hannibal nahm Rache an seinen Feinden. Danach kehrte er zurück nach Afrika.

Mose in Midian

1
Der Auszug der Kinder Ephraim

ZU DERSELBEN ZEIT, im Jahre 180 nach der Ankunft Jakobs in Ägypten, zog ein Haufen heldenhafter Jünglinge, dreißigtausend Mann an der Zahl, aus dem Stamme Ephraim, fort aus diesem Lande: Sie sagten sich, es müsse doch die Qual der Knechtschaft ein Ende nehmen und die Verheißung müsse in Erfüllung gehen, die von Gott an Abraham ergangen war. Sie bewaffneten sich trefflich, gürteten ihre Schwerter um und schritten beherzt hinaus, auf ihre Kraft vertrauend. Sie nahmen keinen Mundvorrat mit, auch nicht einmal für den ersten Tag, nur Gold und Silber steckten sie ein. Sie gedachten, Nahrung und Geld bei den Philistern zu erstehen; wo die aber keine hergeben würden, wollten sie Gewalt gebrauchen. Das waren tapfere Männer, voll Mut und Entschlossenheit; einer von ihnen nahm es mit einem Tausend auf, zwei aber konnten zehntausend in die Flucht jagen. Sie gelangten zuerst nach Gath, woselbst sie Hirten fanden, die das Vieh der Einwohner hüteten. Sie sprachen zu ihnen: Gebt uns einige Stücke von eurem Vieh um Geld, damit wir es essen, denn wir sind hungrig und haben heute kein

Brot genossen. Da antworteten die Hirten: Sind denn dies Vieh oder diese Schafe unser eigen, daß wir euch etwas davon um Geld verkaufen könnten? Nun traten die Kinder Ephraim näher und wollten die Tiere rauben. Alsbald stießen die Hirten gellende Schreie aus, und auf das Geschrei zogen alle Einwohner von Gath herbei mit Waffen in den Händen. Es kam zu einem Kampf im Tale von Gath, und es gab auf beiden Seiten viele Tote. Am anderen Tage aber schickten die von Gath Boten nach den Städten der Philister und baten sie um Hilfe gegen die Ephraimiter, die ihr Vieh rauben wollten und sie ohne Grund überfallen hätten.

Bald strömten die Philister aus allen Ortschaften zusammen, an die vierzigtausend Mann kamen zuhauf, und schlugen los auf die Ephraimiter. Diese aber waren schwach und matt vor Hunger, denn nun hatten sie drei Tage lang kein Brot gekostet, und so wurden sie von den Feinden überwunden und fast alle niedergemacht. Nur zehn Mann von denen, die aus Ägypten gezogen waren, gelang es zu entrinnen. Das war aber alles von dem Herrn so gekommen, dafür, daß sie selbstherrlich Ägypten verlassen hatten, ohne das Ende abzuwarten, wie es Gott von Urbeginn an bestimmt hatte. Auch von den Philistern fielen sehr viele, mehr denn zwanzigtausend Mann; die wurden von ihren Brüdern in die Städte getragen und dort beigesetzt.

Die Leichen der Kinder Ephraim blieben in dem Tale von Gath Tage und Jahre liegen, und so ward die Schlucht voller Gebeine. Die zehn Entronnenen kamen nach Ägypten und erzählten den Kindern Israel, was sich mit ihren Brüdern begeben hatte. Da trauerte ihr Stammvater Ephraim gar sehr. Er ging dann zu seinem Weibe ein, und sie gebar einen Sohn, den nannte er Beria, denn zu einer bösen Zeit war er auf die Welt gekommen.

2
Die Wanderschaft Moses

MOSE ABER, DER SOHN AMRAMS, war zu der Zeit noch König im Mohrenlande, und es gedieh alles unter seiner Herrschaft, denn er regierte mit Weisheit, Umsicht und Gerechtigkeit. Das Volk der Mohren hegte große Liebe zu Mose, seinem König, und zollte ihm Ehrfurcht.

Da begab es sich aber im vierzigsten Jahre der Herrschaft Moses, daß die Königin Adonia sich an die Hofleute wandte und sprach: Was habt ihr bloß angerichtet? Ihr wißt doch, daß alle diese vierzig Jahre lang, seitdem dieser Fremdling über das Mohrenland regiert, er sich mir nicht genähert und unseren Göttern nicht gedient hat. Wohlan denn, ihr Mohren; es soll künftig keiner über euch herrschen, der

nicht eures Blutes ist. Seht, da ist Manachrus, mein Sohn, herange-
wachsen; er möge über euch König sein, denn es ist besser, ihr dient
dem Sohn eures Fürsten, als daß ihr einem Fremdstämmigen untertan seid, einem Knecht des Königs von Ägypten.

Da die Vornehmen und das Volk der Mohren diese Worte der Königin vernahmen, hielten sie sich bereit bis zum Abend. Des Morgens
aber machten sie sich früh auf und setzten über sich zum Könige
Manachrus ein, den Sohn ihres ehemaligen Fürsten Kikanos. Das
Volk fürchtete sich dennoch, die Hand wider Mose zu erheben, denn
Gott war mit seinem Knecht, und die Mohren gedachten auch des Eides, den sie ihm vormals geschworen hatten. Also taten sie ihm
nichts, sondern gaben ihm viel Geschenke und ließen ihn mit großen
Ehren von dannen ziehen.

So verließ Mose das Mohrenland und wanderte fort und war nicht
mehr Fürst der Mohren. Er war zu der Zeit siebenundsechzig Jahre
alt. Dies alles hatte Gott so gefügt, denn nun sollte bald der Tag kommen, da Israel von der Hand der Söhne Ham erlöst werden sollte.

Und Mose zog nach dem Midianiterlande, denn er fürchtete sich
davor, nach Ägypten zurückzukehren und vor Pharao zu treten. Wie
er da ankam, setzte er sich an einen Brunnen und ruhte sich von der
Reise aus. Währenddessen waren die sieben Töchter des Midianiters
Reguel hinausgegangen, die Schafe ihres Vaters zu weiden. Sie kamen
an den Brunnen und schöpften Wasser, die Tiere zu tränken. Da traten midianitische Hirten hinzu und vertrieben die Mädchen. Mose
aber erhob sich, ihnen zu helfen, und tränkte die Schafe. Da eilten die
Jungfrauen zu ihrem Vater und erzählten ihm, was sich mit ihnen begeben hatte. Sie sprachen: Ein ägyptischer Mann hat uns vor den Hirten beschützt; er schöpfte für uns Wasser und tränkte unsre Schafe.
Darauf sagte Reguel zu seinen Töchtern: Warum habt ihr den Mann
verlassen? Und Reguel schickte hin und ließ Mose holen; er führte
ihn in sein Haus und gab ihm Brot zu essen.

Nunmehr erzählte Mose dem Reguel von seiner Flucht aus Ägypten, und daß er vierzig Jahre lang König der Mohren gewesen wäre,
und wie ihn das Volk mit Ehren hätte ziehen lassen. Als aber Reguel
diese Geschichte vernahm, sprach er in seinem Herzen: Ich will diesen Mann ins Gefängnis stecken und will mir so die Mohren zugetan
machen, denn er ist vor ihnen geflohen. Und er nahm Mose und warf
ihn in die Grube; daselbst verblieb Mose zehn Jahre. Doch in seiner
Gefangenschaft erbarmte sich seiner Zippora, die Tochter Reguels,
und brachte ihm ins Gefängnis Brot und Wasser. So ernährte sie ihn
die ganze Zeit über.

Die Kinder Israel aber schmachteten unterdessen unter dem Joch
der Ägypter, und dieses drückte sie immer härter und härter.

3

Der Tod des Königs Malul

Zu der Zeit schlug der Herr den Pharao mit einer schweren Krankheit, und der Aussatz bedeckte sein Fleisch vom Scheitel bis zur Sohle. Das war aber die Strafe für die Drangsal, in die er die Kinder Israel getrieben hatte, denn der Herr hatte das Geschrei seines Volkes gehört. Trotzdem ließ Pharao nicht ab davon, die Kinder Israel zu bedrücken; ja seine Hand war noch mehr als sonst ausgestreckt, ihre Qualen zu mehren. Da er aber krank war, suchte er Heilung bei den Weisen und Wahrsagern, und diese sagten ihm, er würde genesen, wenn das Blut kleiner Kinder an seine Haut käme. Also schickte Pharao seine Eunuchen nach Gosen zu den Hebräern, und diese rissen die Säuglinge mit Gewalt von dem Schoß ihrer Mütter und brachten sie vor Pharao. Tag für Tag wurde ein Kind geschlachtet und mit dem Blut die Geschwüre des Kranken benetzt. Auf diese Weise wurden dreihundertfünfundsiebzig Säuglinge hingemordet. Gott hörte aber nicht auf die ägyptischen Ärzte, und das Leiden des Königs ward immer schlimmer und schlimmer. Zehn Jahre schon war er mit der Krankheit behaftet, aber sein Sinn gegen die Kinder Israel ward noch härter denn je. Nach Ablauf der zehn Jahre ließ der Herr den Pharao noch mehr Übel erfahren und schlug ihn mit böser Krätze und qualvollen Bauchgrimmens.

Eines Tages kamen zwei Eunuchen Pharaos aus der Landschaft Gosen, wo die Kinder Israel wohnten, und meldeten dem König, die Juden wären faul und täten nur widerwillig ihre Arbeit. Als Pharao das vernahm, entbrannte sein Zorn wider die Hebräer, denn nun war er noch mehr gereizt durch die Schmerzen, die er hatte, und er sprach: Ja, wo sie wissen, daß ich krank bin, lassen sie ihre Arbeit sein und spotten noch unser. Beeilt euch nun und schickt mir einen Wagen, daß ich nach Gosen fahre und mit meinen eigenen Augen sehe, wie sie mich verhöhnen. Alsbald wurde alles vorbereitet, was für Pharaos Reise nötig war; zehn Reiter und zehn Mann zu Fuß sollten ihn begleiten; er selbst wurde auf ein Roß gesetzt, denn er konnte es allein nicht besteigen, und das Pferd zog einen Wagen. Als sie aber auf der Straße waren, die nach Gosen führte, kam das Roß des Königs an einen engen Paß, da von der einen Seite eine Bergwand war, auf der anderen aber eine Schlucht. Die anderen Reiter sprengten hinterher, und ihre Pferde drängten das Pferd des Königs, daß es in den Abgrund fiel. Der König stürzte herab, und der Wagen kam über ihn zu liegen. Der König schrie laut vor Schmerzen, denn sein Fleisch war wund gerissen und seine Knochen gebrochen. Da hoben ihn die

Knechte aus dem Abgrund und trugen ihn auf ihren Schultern abwechselnd nach Hause.

In dem Schlosse angekommen, legten die Diener den König in sein Bett; er wußte aber, daß sein Ende nahe war. Seine Gemahlin, die Königin Alparanith, kam herbei und weinte vor Pharao, und er weinte mit. Auch alle Höflinge und Vornehmen Ägyptens traten vor das Lager, und da sie ihren König in solcher Pein sahen, vergossen sie Tränen. Die Ratmannen aber schlugen ihm vor, einen von seinen Söhnen, welchen er wollte, zu seinem Nachfolger zu ernennen. Es hatte aber Pharao drei Söhne und zwei Töchter, die ihm seine Gemahlin Alparanith geboren hatte, außer den Kindern, die er von seinen Kebsweibern *(Nebenfrauen)* hatte. Die Söhne hießen Ethri, Adik und Morion. Die Namen ihrer Schwestern waren Bithja und Ebusia. Ethri, der älteste Sohn des Königs, war ein Tor, von heftigem Sinn und unüberlegt in seinem Tun und Sprechen. Der jüngere, Adik, war schlau und klug und besaß alle Weisheit Ägyptens; allein er war von üblem Aussehen, dick und kurz, und sein Wuchs betrug nur eine Elle und einen Daumen. Da aber Pharao von seiner Klugheit wußte, beschloß er, ihn zum Thronfolger zu machen. Adik hatte ein Weib genommen namens Gedida, die Tochter Abilats – er war dazumal zehn Jahre alt – und sie gebar ihm vier Kinder. Danach nahm er noch drei Weiber und zeugte mit ihnen Söhne und Töchter.

Inzwischen nahm das Leiden des Königs überhand, und sein Fleisch begann zu stinken wie das Fleisch eines Erschlagenen, der bei Sommerhitze auf dem Felde liegen geblieben ist. Und nach drei Tagen verstarb er in Schande und Schmach und Verachtung, und die Knechte setzten ihn bei in der Gruft der Pharaonen in Zoan. Er wurde aber nicht gesalbt, wie man es sonst mit Königen zu tun pflegt, denn niemand mochte sich ihm nähern wegen des Gestankes, den sein Körper ausströmte, und so wurde er in aller Eile begraben.

Adikos aber, der noch zu Lebzeiten seines Vaters den Thron Ägyptens bestiegen hatte, regierte nach ihm über das Land.

4
Der Nachfolger Maluls

Zwanzig Jahre war Adikos alt, da sein Vater verstorben war, er regierte über Ägypten aber nur vier Jahre. Es war das zweihundertsechste Jahr nach der Niederlassung Israels in Ägypten, daß Adikos König ward in Ägypten. Allein seine Herrschaft währte nicht lange,

nicht so wie die seiner Vorgänger. Sein Vater Malul war nämlich vierundneunzig Jahre lang König in Ägypten gewesen, wovon er allerdings zehn Jahre im Siechtum zubrachte.

Auch Adikos wurde von den Ägyptern Pharao genannt, wie dies
in diesem Lande Brauch war allzumal. Die Wahrsager aber nannten
ihn Akuz, den Kurzen, wegen seiner nicht ausgewachsenen Gestalt.
Auch sonst war er häßlich von Aussehen und hatte noch dazu einen
langen Bart, der bis zu den Knöcheln reichte. Er regierte das Volk mit
Weisheit, die Kinder Israel aber bedrückte er noch härter als sein Vater. Er fuhr mit seinen Knechten nach Gosen, wo die Kinder Israel
waren, und bestimmte hier, was sie täglich an Arbeit zu leisten hatten. Er sprach zu ihnen: Schafft mir jeden Tag so und so viel! Daß ja
eure Hände nicht lahm werden wie zur Zeit meines Vaters, des früheren Pharao! Und er setzte über sie Aufseher von den Juden, diese aber
ließ er von ägyptischen Fronvögten scharf bewachen und beobachten; es sollte täglich eine bestimmte Anzahl von Ziegelsteinen fertig-
gestellt werden.

Nach der Abfahrt des Königs verkündeten die Fronvögte folgendes den jüdischen Aufsehern: So spricht Pharao: seid fleißig in eurer
Arbeit und liefert täglich genau so viel, als man von euch fordert. Wo
aber der Ziegel weniger sein sollten, als ihr täglich zu bereiten habt,
so werden statt ihrer entsprechend so viele von euren Kinder genommen werden. Und dieses geschah auch wirklich. Jedesmal, wenn die
Zahl der gekneteten Ziegel der vorgeschriebenen nicht entsprach,
gingen die Fronvögte zu den israelitischen Weibern, rissen ihnen mit
Gewalt die Kinder aus den Armen und verwendeten sie als Ziegel-
steine im Bau. Und die Väter und die Mütter der Kleinen schrien und
weinten, wenn sie das Jammern der Säuglinge hörten. Ja, die Fronvögte zwangen die Juden, ihre Kinder selbst in die Mauern zu stecken
und sie zu Ziegelsteinen zu machen. Und so mancher Mann mußte
sein Fleisch und Blut mit Lehm bestreichen und ein Stück Wand damit ansetzen, und seine Tränen flossen nur so. Das ging tagaus, tag-
ein, und es gab kein Mitleid und kein Erbarmen. Zweihundertsiebzig
judäische Kinder kamen auf diese Weise um: darunter waren welche,
die als lebendige Bausteine genommen worden waren und welche,
die man tot aus dem Bau gezogen hatte. So ward das Joch der Kinder
Israel in den Tagen Adikos' noch viel schwerer als zur Zeit seines Vaters. Sie hatten gehofft, der neue König würde ihr Los erleichtern,
nun aber wards bitterer denn je zuvor. Die Kinder Israel seufzten aus
ihrer Drangsal heraus, und Gott erhörte ihr Rufen. Er erinnerte sich
des Bundes, den er mit ihren Vätern Abraham, Isaak und Jakob geschlossen hatte, und sah hin auf das Elend seiner Kinder und gedachte, sie zu erlösen.

5
Der Stab

Mose aber, der Sohn Amrams, lag noch immer in der Grube bei dem Hause Reguels, des Midianiters, und dessen Tochter Zippora ernährte ihn im geheimen Tag für Tag. So waren zehn Jahre vergangen. Nach Ablauf dieser Zeit – das war das erste Jahr der Regierung Adikos' – sprach Zippora zu ihrem Vater Reguel: Daß doch niemand nach dem hebräischen Mann fragt, den du vor zehn Jahren gefangen genommen hast! So wollen wir doch, Vater, zu ihm hingehen und sehen, ob er noch am Leben ist oder nicht. Reguel aber wußte nicht, daß sie ihn die Zeit über gespeist und erhalten hatte. Er sprach zu seiner Tochter: ists denn möglich, daß ein Mensch, der zehn Jahre lang im Gefängnis liegt und nicht zu essen bekommt, lebendig bleibe? Da antwortete Zippora ihrem Vater und sagte: Hast du denn nicht gehört, wie groß und mächtig der Gott der Hebräer ist und wie er allezeit an ihnen Wunder tut? Er war es doch, der Abraham aus dem Kalkofen errettet hat, der Isaak unter dem Messer seines Vaters nicht sterben ließ, der Jakob den Sieg verlieh, da er an der Furt Jabbok mit dem Engel rang! Und auch unseren Mann hat er Wundersames erfahren lassen: er ist den Wellen des Nils entgangen und dem Schwerte Pharaos und der Verfolgung der Mohren – also konnte Gott ihn auch dem Hunger entrinnen lassen.

Diese Worte Zipporas gefielen Reguel wohl, und er ging nach der Grube, um nach Mose zu sehen. Und siehe da, der Gefangene stand aufrecht in der Grube und ließ Lobsänge und Gebete zu dem Gott seiner Väter erschallen. Da befahl Reguel, ihn aus dem Gefängnis zu ziehen, und er mußte sich scheren lassen und seine Kleider wechseln und Brot essen bei Tische. Danach stieg Mose in den Garten Reguels, der hinter dem Hause war, und pries den Herrn, seinen Gott, der so wunderbar an ihm gehandelt hatte.

Wie er so betete, erblickte er sich gegenüber einen herrlichen Stab, mit Saphirsteinen besetzt, der aus der Erde wuchs. Er trat nahe heran, und siehe, der unverstellte Name Gottes war auf ihm eingeschnitten. Er sprach den Namen aus, ergriff den Stab und riß ihn heraus aus der Erde, so leicht, wie man ein Sträuchlein aus dem Dickicht herausreißt. Das war der Stab, mit dem alle Göttlichen Werke vollbracht worden waren, nachdem vollendet worden war die Schöpfung von Himmel und Erde und allem ihrem Heer, von Meeren und Flüssen und den Fischen, die drin wohnen.

Als nämlich Gott den ersten Menschen aus dem Garten Eden vertrieben hatte, da nahm Adam diesen Stab in die Hand und baute den Acker, aus dem er gebildet war. Der Stab gelangte dann zu Noah, und dieser übergab ihn Sem und seinem Geschlecht, bis er danach an Abraham, den Hebräer, kam. Als aber Abraham alles, was sein war, seinem Sohne Isaak übergab, gab er ihm auch diesen Stab. Danach geschah es, daß Isaaks Sohn Jakob nach Mesopotamien floh; er hatte nichts denn diesen Stab, da er über den Jordan ging. Er kehrte dann zu seinem Vater zurück, allein den Stab vergaß er nicht und nahm ihn mit, als er nach Ägypten hinabfuhr. Er schenkte ihn Joseph als ein Teil mehr über seinen Brüdern, das er mit Gewalt seinem Bruder Esau entrissen hatte. Nach dem Tode Josephs kamen die Fürsten Ägyptens in das Haus des Regenten, und sein Stab gelangte an den Midianiter Reguel. Dieser verpflanzten ihn dann in seinen Garten.

Nunmehr versuchten sich alle Helden der Keniter daran, den Stab aus der Erde zu reißen, denn, welchem es gelänge, der sollte Zippora als Gemahlin heimführen. Allein keiner vermochte es zu vollbringen. Also blieb der Stab im Garten Reguels stecken, bis der kam, mit dem das Recht war. Da nun Reguel den wundersamen Stab in der Hand Moses gewahrte, staunte er über die Maßen und gab ihm seine Tochter Zippora zum Weibe.

6

Moses Heirat

ALSO EHELICHTE MOSE, der Sohn Amrams, Zippora, die Tochter Reguels, des Midianiters. Und Zippora wandelte auf der Bahn der Weiber aus den Hause Jakobs und stand in ihrer Tugend den Erzmüttern Sara, Rebekka, Lea und Rahel nicht nach. Sie wurde schwanger und gebar einen Sohn, den nannte Mose Gersom, denn er sprach: Fremd war ich da in einem fremden Lande. Er beschnitt aber nicht die Vorhaut dieses Sohnes, denn sein Schwäher Reguel hatte es ihm untersagt. Und Zippora ward abermals schwanger und gebar wieder einen Sohn. Diesen beschnitt Mose und gab ihm den Namen Elieser, denn er sprach: Der Gott meiner Väter stand mir bei und errettete mich vor dem Schwerte Pharaos.

Desselben Pharaos Sohn Adikos aber bedrückte Israel immer härter und härter. Er erließ den Befehl, Israel kein Stroh mehr zur Bereitung von Ziegeln zu geben, sondern sie sollten es sich selbst zusammensuchen, wo sie es fänden. Die Zahl der Steine aber, die sie an einem Tage zu machen hatten, durfte nicht geringer sein als früher, und sie durften in ihrem Fleiß nicht nachlassen. Da grämten sich die Kinder Israel sehr und seufzten und schrien zu Gott aus bedrängtem Herzen. Und Gott erhörte ihr Rufen und sah ihre Pein; er ereiferte sich über sein Volk, das sein Erbe war, und vernahm ihren Hilferuf;

er beschloß, sie aus dem Elend Ägyptens zu führen und ihnen ein Land zu eigen zu geben.

7
Die Berufung

ZU DER ZEIT WEIDETE MOSE die Schafe seines Schwähers Reguel, des Midianiters, in der Wüste Sin; den Stab aber, den er von seinem Schwäher erhalten hatte, hatte er nicht aus der Hand gelassen. Da begab es sich auf einen Tag, daß ein Zicklein ihm von der Herde entlief und er, da er es verfolgte, an den Berg Gottes Horeb kam. Hier aber, am Fuße des Berges offenbarte sich ihm der Herr im brennenden Dornbusch. Die Flammen züngelten am Dornbusch empor, allein dieser wurde vom Feuer nicht verzehrt. Da staunte der Hirte ob dieses Anblickes und konnte nicht begreifen, daß der Dornbusch nicht verbrannte, und trat näher heran, um das große Gesicht zu beschauen. Nun rief ihm Gott aus den Flammen und befahl ihm, nach Ägypten hinabzusteigen und zu Pharao zu gehen, daß der die Kinder Israel ziehen lasse. Er sprach zu ihm: Auf, kehre zurück nach Ägypten, denn alle die, die dir nach dem Leben standen, sind tot; also tritt vor Pharao und sage ihm, daß er Israel freilasse. Und der Herr lehrte ihn, Zeichen und Wunder vor dem ägyptischen König und seinen Hofleuten zu tun, damit sie glaubten, daß Gott ihn gesandt hatte.

Da gehorchte Mose dem Befehle des Herrn; er kehrte zu seinem Schwäher zurück und sagte ihm an, was sich mit ihm begeben hatte. Jethro sprach: Zieh hin mit Frieden. Also machte sich Mose auf, um gen Ägypten zu ziehen, und nahm sein Weib und seine Kinder mit. Als sie aber unterwegs in der Herberge waren, fuhr ein Engel des Herrn hernieder und wollte ihn töten dafür, daß er die Vorhaut seines erstgeborenen Sohnes nicht beschnitten und den Bund übertreten hatte, den Gott mit Abraham geschlossen. Da nun Zippora sah, daß der Engel einen Anschlag auf Mose vorhatte, begriff sie, daß dies eine Strafe war für die Sünde der Übertretung des Bundes; sie hob schnell einen scharfen Felsensplitter von der Erde auf und beschnitt dem Knaben die Vorhaut. So rettete sie ihren Eheherrn und ihren Sohn aus der Hand des Engels.

Inzwischen begab es sich, daß Aaron, der Sohn Amrams und der Bruder Moses, sich am Ufer des Nils in Ägypten erging. Da erschien ihm der Herr an dieser Stelle und sagte ihm: Auf und zieh deinem Bruder Mose entgegen in die Wüste. Also ging Aaron hin und begegnete ihm am Berge Gottes, und die Brüder küßten einander. Danach erhob Aaron seine Augen und erblickte Zippora, das Weib Moses, und ihre Kinder und sprach zu Mose: Wer sind diese hier? Mose erwiderte: Dies ist mein Weib, und dies sind meine Söhne, die mir Gott geschenkt hat. Das gefiel Aaron aber übel, daß sein Bruder sich verehelicht hatte, und er sagte Mose, er möchte das Weib und die Kinder heimschicken zu ihrem Vater. Da tat Mose nach diesen Worten. Also kehrte Zippora mit den Knaben zurück in das Haus Reguels, und sie blieben daselbst so lange, bis Gott an sein Volk gedachte und es aus Ägypten führte.

Die Befreiung

1
Die Löwen

MOSE UND AARON KAMEN nach Ägypten zu der Gemeine Israel und gaben die Worte wieder, die der Herr zu ihnen gesprochen hatte. Da ward das Volk voll großer Freude. Tags darauf in der Frühe begaben sich Mose und Aaron in das Haus Pharaos, und der Stab Gottes war in ihrer Hand. Vor dem Tor des Palastes aber waren junge Löwen an Ketten abgebunden, und so konnte kein Mensch vor Pharao kommen. Wen nun der König vor sich beschied, mit dem ließ er seine Zauberer mitgehen, und diese bezähmten die wilden Tiere durch ihr Flüstern. Mose aber schwang seinen Stab über den Löwenjungen und band sie von der Kette los und ging unbekümmert mit Aaron in das Schloß des Königs. Die Löwen aber folgten ihnen freudig hüpfend wie Hunde, die ihren Herrn begrüßen, wenn er vom Felde heimkommt.

Als Pharao dieses sah, erschrak er über die Begebenheit, zumal die zwei Männer wie Engel Gottes von Angesicht waren. Er sprach zu ihnen: Was wollt ihr von mir haben? Sie antworteten: Gott, der Herr der Hebräer, schickt uns zu dir und läßt dir sagen: Laß mein Volk ziehen, daß es mir diene. Da erbebte Pharao bei diesen Worten, und er sprach: Geht heute von hinnen und kommt morgen wieder.

2
Der Wettkampf mit den ägyptischen Zauberern

WIE NUN MOSE UND AARON fort waren, ließ Pharao alsobald den Zauberer Bileam rufen und mit ihm seine Söhne Alinus und

Imachrus, sowie alle seine Weissager und Ratmannen, und erzählte ihnen von allem, was Mose und Aaron ihm gesagt hatten. Da fragten die Zeichendeuter: Wieso aber kamen die beiden hinein, wo doch junge Löwen den Eingang hüten? Pharao antwortete: Sie schwangen ihren Stab und machten die Löwen frei, und diese freuten sich über sie, wie ein Hund sich über seinen Herrn freut. Hierauf sagte Bileam, der Sohn Beors: Es ist nicht anders, diese Männer sind Zauberer gleichwie wir es sind. So laß sie denn kommen, und wir wollen ihre Kunst prüfen.

Da tat der König also und ließ am anderen Morgen Mose und Aaron vor sich entbieten. Sie aber nahmen den Gottesstab mit sich, traten vor den König und sprachen zu ihm: So spricht Jahve, der Gott der Hebräer: Laß mein Volk ziehen, daß sie mir dienen mögen! Pharao aber erwiderte ihnen und sprach: Wie soll ich es euch glauben, daß ihr Gesandte Gottes seid und durch seinen Mund vor mich berufen? Sondern lasset uns ein Zeichen sehen, daß wir an die Worte glauben mögen, die ihr redet. Da erhob sich Aaron eilends und warf den Stab aus seiner Hand vor Pharao und seine Knechte, und der ward zu einer großen Schlange. Da die Schwarzkünstler solches sahen, taten auch sie so, warfen ein jeglicher seinen Stab zur Erde, und die wurden alle zu Schlangen. Nun hob Aarons Schlange ihr Haupt und öffnete ihren Mund, die anderen Schlangen zu verschlingen, aber da rief Bileam dazwischen: Schon in grauer Vorzeit war es bekannt, und noch heute ist es so, daß eine Otter ihresgleichen verschlingt, und daß die Tiere des Meeres einander verzehren. Sondern laß erst alle Schlangen und auch deine mit wieder zu Stöcken werden; und wenn dein Stab als Stab unsre Stäbe verschlingen kann, dann werden wir innewerden, daß der Geist Gottes in dir ist und du nicht ein Zeichendeuter bist wie wir. Also streckte Aaron eilends seine Hand aus, faßte seine Schlange beim Schwanz, und sie ward wieder zum Stabe. Und auch die Wahrsager taten so: jeder ergriff seine Otter von hinten, und sie verwandelten sich wieder in das, was sie zuerst gewesen waren. Da dies aber geschehen war, erhob sich Aarons Wunderstab und verschlang die Stäbe der anderen.

3
Mose Predigt dem Pharao

DA NUN DER KÖNIG die Zeichen und Wunder gewahrte, die Mose und Aaron vollbracht hatten, ließ er sich das Buch der Chronik geben, das im Besitz der Pharaonen war, und sich daraus vorlesen. In dem Buche waren alle Begebenheiten der Geschichte beschrieben auch waren darin alle Götter verzeichnet, denen die Ägypter je gedient hatten. Der König hoffte, darin den Namen Jahves enthalten zu finden und zu erfahren, wer dieser sei, allein in dem Buche stand nichts über diesen Gott. Da sprach er zu Mose und Aaron: Ich habe euren Gott in unserem Buche nicht gefunden und kenne seinen Namen nicht. Die ägyptischen Weissager aber sprachen dazwischen: Wir haben gehört, daß der Hebräer Gott ein überaus weiser Gott und ein Sohn uralter Götter ist. Pharao aber wandte sich abermals an Mose und Aaron und ich will sein Volk nicht ziehen lassen. Mose und Aaron antworteten darauf dem Könige: Sein Name ist Jahve Elohim, und er hat uns mit seinem Namen benannt seit der Zeit der Väter. Er hat uns gesandt und zu uns gesprochen: Geht hin zu Pharao und sagt ihm: Laß ziehen mein Volk, daß es mir diene. So laß uns denn von hinnen gehen, daß wir drei Tage lang durch die Wüste wandern und unserem Herrn opfern. Denn seitdem unser Erzvater Jakob nach Ägypten gekommen ist, hat unser Gott weder Brandopfer noch Dankopfer noch Schlachtopfer von uns empfangen. Wo du uns aber nicht ziehen läßt, wird sein Zorn über dich ergrimmen, und er wird dich schlagen mit Schwert und Pest.

Da sagte Pharao zu ihnen: Erzählt mir, was ihr von seiner Größe und Macht wißt. Nunmehr fingen Mose und Aaron an und sprachen: Er ist es, der den Himmel und die Erde und die Meere und die Fische, die drin leben, erschaffen hat. Er hat das Licht entstehen lassen, und er ist es, der die Finsternis kommen läßt; er läßt den Regen auf die Erde strömen, daß sie bewässert werde, und läßt Gras und Kraut aus ihr sprossen. Er hat die Menschen und das Vieh erschaffen, die Tiere des Waldes und die Vögel des Himmels, und nach seinem Willen leben sie und sterben. er ist es auch, der dich in deiner Mutter Schoß gebildet und derden Odem des Lebens dir eingegeben hat; er hat dich groß gemacht und dich auf den Thron Ägyptens gesetzt. Er wird dereinst deinen Geist und deine Seele von dir nehmen und wird dich zu der Erde zurückkehren lassen, von der du genommen bist.

Da entbrannte der Zorn Pharaos über diese Worte, und er sprach: Wer ist denn unter allen Göttern der Völker, der Solches vermöchte? Mein ist der Nil, und ich habe mich selbst erschaffen! – Und er vertrieb Mose und Aaron von seinem Angesicht und befahl, die Fron der Kinder Israel noch härter zu machen, als sie gestern und ehegestern war.

Also verblieben Mose und Aaron unter ihren Brüdern, den Kindern Israel, in Ägypten, und die Ägypter verbitterten ihnen das Leben.

4
Neun Plagen

Es war am Ende des zweiten Jahres, da fuhr Gott fort, Mose zu Pharao zu schicken, daß er ihn überredete, Israel ziehen zu lassen. Also gingen Mose und Aaron immerzu zum Könige von Ägypten und trugen ihm vor, was Gott zu ihnen gesprochen hatte; allein Pharao gehorchte der Stimme Gottes nicht. Da entfaltete der Herr seine Macht in Ägypten und offenbarte sie an Pharao und seinen Dienern, indem er sie mit schweren, furchtbaren Plagen schlug. Er ließ zuerst durch Aaron alles Wasser in Ägypten, ihre Bäche und ihre Ströme zu Blut werden. Wenn nun die Ägypter an ihre Flüsse kamen, um Wasser zu schöpfen oder es zu trinken, siehe da, so war in ihrem Krug kein Wasser, sondern Blut. Gossen sie von ihrem Hausvorrat etwas in ein Glas, so hatten sie im Glase gleichfalls Blut. Rührte die Frau das Mehl zum Teig, so sah der Teig blutig aus; was sie mit Wasser kochte, das war ein Gericht, mit Blut bereitet.

Danach reckte Gott wieder seine Hand aus, und die Gewässer erregten sich von Fröschen; es wurden aber ihrer so viele, daß sie in die Häuser der Ägypter kamen. Und die Frösche wurden, wenn man Wasser trank, mit dem Wasser verschluckt, und sie quakten im Leibe gleichwie sie im Teich zu quaken pflegten. Die Betten der Ägypter waren voll von Fröschen; auch was die Haut als Schweiß ausschied, das enthielt Frösche. Der Zorn Gottes aber wandte sich von ihnen nicht ab, und sein Hand war bereit, sie noch mehr zu strafen.

Er reckte seinen Arm, und der Staub der Erde wurde zu Stechmücken verwandelt, daß es zwei Ellen hoch über der Erde von ihnen wimmelte. Menschen und Tiere wurden von dem Ungeziefer geplagt, und auch der König und die Königin litten große Pein.

Danach ließ der Herr wilde Tiere über Ägypten herfallen, und die verderbten die Menschen und das Vieh, die Bäume und die Pflanzen. Sodann ward das Land voll von Schlangen und Skorpionen, Mäusen und Maulwürfen, Kröten und Heuschrecken, außerdem aber auch von Fliegen, Hornissen, Mücken und allem sonstigen Geziefer. Und die Flöhe und die Fliegen setzten sich den Ägyptern in die Ohren und Augenwinkel; die Hornissen drangen in ihre Kammern und Gemächer und wüteten da und peinigten die Menschen. Die Ägypter suchten sich vor den Quälgeistern zu verbergen; sie riegelten sich ein und schlossen die Türen hinter sich zu. Da ließ der Herr das Tierwesen Silonia, dessen Wohnsitz das Meer ist, aus dem Wasser hervorsteigen nach Ägypten. Der Drache hatte viele Rüssel, ein jeder zehn Ellen lang; er stieg auf die Dächer und deckte die Balken und die Gerüste ab, streckte einen Rüssel ins Haus hinein und schob die Riegel zurück und öffnete die Türen. So drang der Schwarm der stechenden Insekten in die Häuser Ägyptens ein und machte den Ägyptern Schmerzen und Wehe.

Danach ließ der Herr die Pest kommen, und die schlug die Rosse und die Esel, die Kamele und die Kinder, die Ziegen und die Schafe und auch die Menschenkinder. Als die Ägypter des Morgens ihr Vieh auf die Weide treiben wollten, fanden sie es tot in den Ställen liegen. Von zehn Tieren war kaum eins am Leben geblieben; im Lande Gosen aber, wo die Kinder Israel wohnten, da blieb das Vieh heil und gesund. Nach dieser Plage befiel ein hitziges Fieber die Menschen in Ägypten, ihre Haut bekam Risse und wurde mit Krätze bedeckt vom Kopf bis zu den Füßen. Danach bildeten sich schlimme Blattern, das Fleisch wurde faulig und begann zu stinken.

Hierauf ließ Gott einen schweren Hagel herniederfallen, der schlug die Weinstöcke, zerknickte die Obstbäume, und alle Pflanzen wurden trocken und welk. Auch alles Gras verdorrte und kam um, denn der Hagel war mit einem zehrenden Feuer vermischt. Die Menschen und das Vieh, die draußen waren, wurden von dem Feuer versengt, und viele Dörfer verbrannten.

Hernach kamen Heuschrecken von viererlei Art, und die fraßen, was von dem Regen übriggeblieben war. Die Ägypter freuten sich über die Heuschrecken, denn ob diese gleich die Frucht des Feldes vernichteten, so konnte man sie doch als Nahrung gebrauchen; und so fingen sie sie und falzten sie ein. Aber der Herr ließ vom Meer einen heftigen Wind kommen, und der wehte die Heuschrecken weg, die lebenden und die eingesalzenen.

Darauf bedeckte eine dicke Finsternis das ganze Land Ägypten und Patros; die währte drei Tage lang, und kein Mensch konnte seine Hand sehen, wenn er sie vor die Augen hielt. Zu der Zeit waren viele von den Kinder Israel gestorben, solche, die nicht geglaubt hatten, daß Mose und Aaron von Gott gesandt waren, und die da sprachen: Wir wollen nicht aus Ägypten ziehen, damit wir nicht umkommen in der öden Wüste. Diese schlug Gott in den drei Tagen, da die Finsternis währte; sie wurden von ihren Brüdern begraben, daß es die Ägypter nicht sehen und sich also nicht darüber freuen konnten. – Die Finsternis war aber so stark, daß alle Bewegung erstarrte: wer gestanden hatte, da die Finsternis hereinbrach, blieb stehen, wer gesessen hatte an einem Orte, blieb da sitzen, wer gelegen hatte, blieb liegen; und wer unterwegs war, der setzte sich an den Rand der Straße und mußte dort verweilen, bis es wieder hell geworden war.

5
Die zehnte Plage

ALS DIE FINSTERNIS VORÜBER WAR, sandte Gott Mose und Aaron zu den Kindern Israel und ließ ihnen sagen: Feiert euer Fest und bereitet euer Passah, denn ich will um Mitternacht herniederfahren und alle Erstgeburt Ägyptens erwürgen, vom Erstgeborenen des Menschen bis zum Erstgeborenen des Viehs; wenn ich aber das Blut des Passahs an euren Türpfosten sehe, so werde ich eure Häuser überspringen.

Da taten die Kinder Israel, wie Mose und Aaron ihnen geboten hatten. Und um Mitternacht fuhr der Herr hernieder unter die Ägypter und tötete alle Erstgeburt, die Menschen und die Tiere. Da stand Pharao auf mitten in der Nacht und auch alle seine Diener, und es war ein großes Geschrei in Ägypten, denn es war kein Haus, darin nicht ein Toter gewesen wäre. Auch die steinernen Bildnisse der ägyptischen Jünglinge, die in die Wände der Häuser zum Gedächtnis waren eingehauen worden, wurden verwischt oder fielen auf die Erde, und die Gebeine der Knaben, die lange vordem verstorben waren, wurden von Hunden hervorgezerrt und vor die Ägypter geworfen. Da weinten die am Leben gebliebenen um die Getöteten und jammerten ob des großen Unglücks, also daß das Geschrei weithin schallte.

Bithja aber, die Tochter Pharaos, ging mit dem König aus dem Palaste, um Mose und Aaron aufzusuchen; sie fanden sie in ihrem Hause unversehrt und zuversichtlich, und mit ihnen das ganze Israel. Da sprach die Königstochter zu Mose: Das soll wohl mein Lohn sein dafür, daß ich dich großgezogen und dein gepflegt und gewartet habe; dafür sollte mir und dem Hause meines Vaters solches Unheil widerfahren! Mose erwiderte ihr und sprach: Siehe, zehn Plage ließ der Herr über Ägypten kommen; hat auch nur eine von diesen dich betroffen? Die Königstochter antwortete: Nein, keine einzige. Mose sprach weiter: Und auch jetzt wird dir nichts Böses widerfahren, und wiewohl du das erstgeborene Kind deiner Mutter bist, wirst du nicht sterben. Da sprach die Tochter Pharaos: Womit bin ich besser als mein Bruder, der König, und seine Diener, die den Tod ihrer Kinder mit ansehen mußten? Mose entgegnete: So vernimm es denn: weder dein Bruder noch seine Diener noch irgendwer von der Ägyptern hat auf die Worte Gottes hören wollen; daher kam das Böse über sie.

Pharao aber trat vor Mose und Aaron und die Kinder Israel, die in dem Orte waren, flehte sie an und sprach: Auf, nehmt eure Brüder, die Juden, die im Lande sind, samt euren Kindern und Schafen, laßt nichts übrig von eurer Habe; allein bittet euren Gott auch für mich. Da erwiderte Mose und sprach: Siehe, auch du bist ein erstgeborener

Sohn deiner Mutter, dennoch befürchte nichts: du wirst nicht sterben. Gott hat befohlen, dich am Leben zu erhalten, damit du sehest
seine große Macht und seinen allgewaltigen Arm.

Und Pharao befahl, die Kinder Israel ziehen zu lassen, und die
Ägypter drängten das Volk, daß sie von dannen gingen, denn sie sprachen: Wir sind alle des Todes. Sie gaben ihnen großen Reichtum mit
und Kostbarkeiten. Und auch Mose eilte sehr und ging an den Strom
Ägyptens; er zog von da den Schrein hervor, der Josephs Leichnam
barg, und nahm ihn mit sich. Ebenso nahmen die Kinder Israel ein jeder den Sarg seines Vaters, und die Särge der Stammväter wurden
gleichfalls mitgenommen.

Also zogen aus die Kinder Israel von Ramses gen Sukkoth, sechshunderttausend Mann zu Fuß, nicht gerechnet die Kinder. Und auch
viel geringes Volk zog mit ihnen und Schafe und Kinder, sehr viel
Vieh. Die Zeit aber, die die Kinder Israel in Ägypten in harter Fron
zugebracht hatten, ist zweihundertzehn Jahre. Am fünfzehnten des
ersten Monats lagerten die Auswanderer in Sukkoth; danach machten sie Rast in Etham, vorn an der Wüste.

6
Der Ägypter Untergang im Roten Meer

Als die Ägypter ihre Toten begraben hatten, erhoben sich welche von ihnen, den Kinder Israel nachzujagen, denn es gereute sie,
daß sie sie hatten ziehen lassen. Sie sprachen zueinander: Sagten nicht
Mose und Aaron zu Pharao: wir wollen nur drei Tagereisen weit in
die Wüste ziehen und unserem Gott opfern –? So laßt uns nun des
Morgens gegen sie ausziehen und sie zurückholen. Kehren sie mit
uns um zu unserem König, so wissen wir, daß sie redlich sind. Wo sie
dies aber nicht tun, so wollen wir mit Waffen gegen sie vorgehen und
sie mit Gewalt zurückbringen. Des anderen Morgens in der Frühe
machten sich die Fürsten Ägyptens auf mit ihren Streitern, siebenhunderttausend Mann an der Zahl, und erreichten noch am selben
Tage die Stätte, wo die Kinder Israel weilten. Sie fanden sie bei Pi-Ha-
chiroth, wie sie mit Mose und Aaron dasaßen, aßen und tranken und
ihr Fest feierten. Die Ägypter sprachen zu den Juden: Sagtet ihr nicht,
daß ihr nur für drei Tage nach der Wüste ziehen wolltet und zurückkehren würdet, nachdem ihr geopfert hättet? Nun aber sind fünf Tage nach eurem Auszug verflossen; warum kommt ihr zu eurem Herrscher nicht zurück?

Da erwiderten Mose und Aaron und sprachen: Unser Gott hat uns
bezeugt und versichert, daß wir den Weg nach Ägypten nicht mehr

werden machen müssen. Vielmehr sollen wir in ein Land ziehen, da Milch und Honig innen fließt, welches unser Gott unseren Vätern verheißen hat, daß es uns gäbe. Da nun die Ägypter diese Antwort hörten, begannen sie einen Streit mit den Kindern Israel. Allein die Juden siegten in dem Streite und bereiteten ihnen eine große Niederlage; die Ägypter flohen vor ihnen und ließen viele Tote zurück.

Danach kamen die Fürsten Pharaos vor ihren Herrscher und sprachen zu ihm: Die Kinder Israel sind davongelaufen und werden nimmer nach Ägypten zurückkehren; so und so redeten mit uns Mose und Aaron. Wie Pharao das vernahm, ward sein Herz und das Herz seiner Knechte umgewandelt, und es tat ihnen leid, daß sie die Juden fortgelassen hatten. Und alle Ägypter beschlossen, ihnen nachzusetzen und sie zu ihrer Fron zurückzubringen. Und Gott stählte noch ihr Herz und stärkte sie in ihrem Vorsatz, denn er gedachte sie alle im Roten Meere zu ersäufen.

Und Pharao spannte seinen Wagen an und gab Befehl zum Aufbruch gegen die Kinder Israel. Nur die Weiber und Kinder durften daheim bleiben. Die Stärke des ägyptischen Heeres aber betrug zehnmal hunderttausend Mann. Die Krieger zogen aus und erreichten die Kinder Israel, als diese am Roten Meere ihr Lager hielten. Wie nun die Juden ihre Augen erhoben und die gewaltige Streitmacht der Ägypter erblickten, erschraken sie überaus und schrien laut zum Herrn. Und das Volk zerfiel in vier Gruppen; eine jegliche Gruppe gedachte anders zu verfahren mit dem Feinde. Die erste Schar, das waren die Kinder Ruben, Simeon und Isaschar; die hatten beschlossen, sich ins Meer zu werfen, denn sie fürchteten sich sehr vor den Ägyptern. Allein Mose sprach zu ihnen: Fürchtet euch nicht; steht da, und ihr sollt die Hilfe sehen, die heutigen Tages vom Herrn kommen wird.Die zweite Schar, die Kinder Sebulon, Benjamin und Naphtali, die wollten den Ägyptern willfahren und nach Ägypten zurückgehen. Zu ihnen sprach Mose: Fürchtet euch nicht; ihr seht heute die Ägypter zum letztenmal und werdet sie nimmermehr sehen.

Die dritte Schar, die Kinder Juda und Joseph, wollten sich auf die Ägypter stürzen und mit ihnen Streit führen. Mose aber sprach zu ihnen: Bleibt stehen, wo ihr steht; der Herr wird für euch Krieg führen, und ihr sollt stillehalten. Auch die vierte Schar, die Kinder Levi, Gad und Asser, wollte die Ägypter überfallen und sie verwirren. Aber auch sie wurden von Mose zur Ruhe gewiesen, und er sprach zu ihnen: Bleibt auf eurem Platze stehen und betet zu Gott, daß er euch helfe. Hierauf erhob sich Mose inmitten des Volkes und betete zu Gott, indem er sprach: Ich flehe dich an, Herr mein Gott, Gebieter der Erde, hilf deinem Volke, das du aus Ägypten geführt hast, auf daß die Feinde nicht denken, die Macht sei ihrer.

Der Herr antwortete Mose: Warum schreist du zu mir? Sprich zu den Kindern Israel, und sie mögen ziehen. Und nun recke deinen Stab über das Wasser und spalte es, und die Kinder Israel werden durch die Mitte ziehen. Da tat Mose also; er erhob seinen Stab über dem Meere, und dieses teilte sich. Zwölf Risse bildeten sich im Roten Meere, und die Kinder Israel schritten hindurch, wie ein Mensch einen ausgetretenen Pfad geht.

Wie aber die Juden fast hinüber waren, da stiegen auch die Ägypter ins Wasser, um ihnen nachzusetzen. Aber da kehrten die Wasser zurück in ihr früheres Bette, und die Ägypter ertranken, und es blieb auch nicht einer von ihnen am Leben. Nur Pharao war nicht umgekommen, weil er Gott einmal hatte Dank zukommen lassen und an ihn geglaubt hatte. Dafür sollte er gerettet werden, und Gott ließ ihn durch einen Engel von den Ägyptern herausgreifen und in Ninive herabsehen, wo er König war danach viele Jahre.

Wie nun die Kinder Israel diese wunderbare Errettung sahen und die allmächtige Hand Gottes erkannten, da sangen sie zusammen mit Mose ein Loblied dem Herrn, welcher die Ägypter gefällt hatte vor ihnen. Sie sangen und riefen: Ich will meinem Herrn singen, denn er ist überaus mächtig; Roß und Reiter versenkte er im Meer.

Nach dem Auszug

1
Der Krieg mit Amalek

NACH DIESEN GESCHICHTEN zogen die Kinder Israel weiter und kamen nach Mara, woselbst sie ihr Lager aufschlugen. Hier gab ihnen der Herr Rechte und Satzungen und befahl ihnen, in seinen Wegen zu wandeln und ihm zu dienen. Von Mara kamen die Juden nach Elim. Daselbst gab es zwölf Wasserquellen und siebzig Palmenbäume, und die Kinder Israel machten Rast an dem Wasser. Danach verließen sie diese Stätte und kamen nach der Wüste Sin am fünfzehnten Tage des zweiten Monats, nachdem sie aus Ägypten gezogen waren.

Zu der Zeit war es, daß der Herr die Kinder Israel mit Manna speiste und ihnen ihr täglich Brot vom Himmel hernieder regnen ließ. Und die Kinder Israel aßen das Manna vierzig Jahre lang, all die Zeit, die sie in der Wüste waren. Von der Wüste Sin kamen sie nach Alus, von da nach Raphidim. Hier aber in Raphidim fiel Amalek über sie her, Amalek, der Sohn Eliphas', und der Bruder Zephus – die beiden waren aber Esaus Söhne. Es kamen viele Hunderttausende von Streitern und mit ihnen viele Wahrsager und Schwarzkünstler, und es fand in Raphidim ein Treffen statt. Es war ein harter Streit, aber Gott ließ Amalek in die Hand Moses und der Kinder Israel fallen, und sie wurden geschlagen von Josua, den Sohne Nuns, dem Diener Moses. Also wurden die Amalekiter mit der Schärfe des Schwertes niedergeworfen, und Gott befahl Mose, das Ereignis in ein Buch zu schreiben und den Kindern Israel aufzutragen, den Amalek vom Angesicht der Erde auszurotten, wenn sie in das Land Kanaan gekommen wären.

Da tat Mose nach diesem Befehl und schrieb in das Buch folgendes hinein: Gedenke dessen, was Amalek an dir getan hat, da er dir begegnete auf der Straße, als du aus Ägypten zogst: er hat deine Nachhut abgeschnitten, und du warst damals müde und matt. Wenn nun dein Gott dich wird ruhen lassen vor allen deinen Feinden umher in dem Lande, das er dir zum Erbe geben wird, so sollst du das Andenken Amaleks ausrotten unter dem Himmel, – daß du es ja nicht vergißt! Welcher König sich aber Amaleks und seines Samens erbarmt, den werde ich vertilgen. – Alle diese Worte schrieb Mose in ein Buch und schärfte sie den Kindern Israel noch besonders ein.

Danach brach das Volk von Raphidim auf, und sie kamen nach der Wüste Sinai im dritten Monat, nachdem sie aus Ägypten gezogen waren. Zu der Zeit kam Reguel, der Midianiter, der Schwäher Moses, mit seiner Tochter Zippora und ihren zwei Söhnen, denn er hatte von den Wundern vernommen, die der Herr an Israel getan, und wie er sie aus der Hand der Ägypter befreit hatte. Also kam er an der Berg Gottes, wo Mose lagerte. Da ging ihm Mose mit Ehrfurcht entgegen, und ganz Israel war mit ihm. Und Jethro, das ist Reguel, blieb lange Zeit unter den Kindern Israel wohnen und lernte Gott kennen.

2
Die ersten und zweiten Tafeln

IM DRITTEN MONAT ABER nach dem Auszug der Kinder Israel aus Ägypten, am sechsten Tag des Monats, da gab Gott Israel die zehn Gebote auf dem Berge Sinai. Da merkten die Kinder Israel auf und freuten sich sehr an diesem Tage. Und die Herrlichkeit Gottes ruhte auf dem Berge Sinai, und der Herr rief Mose von der Wolke aus, und er stieg hinauf auf den Berg.

Und Mose war vierzig Tage und vierzig Nächte auf dem Berge und aß kein Brot und trank kein Wasser, und der Herr lehrte ihn die Satzungen und die Rechte, die er den Kindern Israel geben sollte. Und Gott schrieb die zehn Gebote auf zwei steinernen Tafeln auf und gab sie Mose, der sie den Kindern Israel überreichen sollte.

Und es geschah nach vierzig Tagen und vierzig Nächten, da Gott vollendet hatte mit Mose zu reden auf dem Berge Sinai, gab er ihm die steinernen Tafeln, mit dem Finger Gottes geschrieben.

Die Kinder Israel aber sahen, daß Mose säumte, von dem Berge herabzusteigen, und so scharten sie sich um Aaron und sprachen: Der Mann Mose, wir wissen nicht was ihm widerfahren ist. Du aber mache dich auf und schaffe uns Götter, die vor uns einhergehen; dann sollst du nicht sterben. Da fürchteten sich Aaron vor dem Volke und befahl, daß man ihm Gold bringe; danach machte er ihnen ein gegossen Kalb.

Der Herr aber sprach zu Mose, ehedenn er von dem Berge heruntergestiegen war: Fahre hinab, denn das Volk, das du aus Ägypten geführt hast, hat es verderbt. Sie haben sich ein gegossenes Kalb gemacht und beten es an. Und nun laß ab von mir, ich will sie vernichten, denn sie sind ein halsstarriges Volk. Da flehte Mose das Angesicht Gottes an und betete für das Volk, das sich versündigt hatte. Danach stieg er vom Berg hinunter, die zwei steinernen Tafeln in der Hand haltend. Als er sich aber dem Lager näherte und das Kalb sah, das das Volk gemacht hatte, entbrannte sein Zorn, und er zerbrach die Steintafeln am Fuße des Berges. Hierauf kam er ins Lager, nahm das Kalb, verbrannte es im Feuer, zermahlte es zu sTaub, sprengte es aufs Wasser und gab es den Kindern Israel zu trinken. Außerdem kamen von dem Volke dreitausend Mann um durch das Schwert ihrer Brüder, weil sie das Kalb gemacht hatten.

Des anderen Tages sprach Mose zu den Kinder Israel: Ich will wieder zum Herrn hinauffahren, vielleicht, daß ich ihn wegen eurer Sünde versöhne. Und Mose stieg herauf und blieb abermals vierzig Tage und vierzig Nächte bei dem Herrn. Und er bat Gott für die Kinder Israel, und der Herr erhörte ihn und ließ sich erbitten. Er befahl Mose, zwei neue Steintafeln zu hauen und ihm zu bringen, damit er die zehn Gebote darein grabe. Mose tat nach diesem Befehl, und der Herr schrieb die zehn Gebote auf die Steine. Mose aber verweilte noch weitere vierzig Tage und vierzig Nächte auf dem Berge Sinai, und Gott lehrte ihn noch mehr Rechte und Satzungen, die er den Kinder Israel aufgeben sollte.

3
Der Bau des Stiftzeltes

HERNACH GEBOT DER HERR dem Mose, daß er den Kindern Israel auftrage, ihm eine Stiftshütte zu errichten, damit sein Name in ihrer Mitte ruhte; und er zeichnete ihm den Bau und alle Geräte auf. Da richtet Mose alle Befehle Gottes aus, und daß das Volk seinem Gott eine Stiftshütte bauen sollte; und die Kinder Israel waren froh und guter Dinge und sagten: Alles, was Gott zu dir gesprochen hat, das wollen wir tun und befolgen. Sie machten sich alle auf wie ein Mann, und ein jeder brachte seine Habe dar und steuerte bei zu dem Bau, was er konnte. Gold, Silber und Erz wie alles, was zum Gotteshaus gehörte, wurde herbeigetragen. Künstler und Werkmeister kamen und schafften und bauten, ein jeder, was er vermochte und worin er geübt war.

Also wurde nach fünf Monaten die Arbeit an der Stiftshütte vollendet, und es war alles so geraten, wie Gott es hatte haben wollen. Die Kinder Israel brachten die Stiftshütte samt den Geräten vor Mose, und siehe, es war alles, wie es der Herr vorgezeichnet hatte. Da segnete Mose das Volk.

4
Die Einweihung

AM DREIUNDZWANZIGSTEN TAGE des zwölften Monats nahm Mose den Aaron und seine Söhne, kleidete sie ein und salbte sie und tat mit ihnen in allem, wie der Herr zu ihm gesprochen hatte. Danach brachte Mose die Opfer dar, die der Herr ihm anbefohlen hatte, daß er sie ihm weihte; und Mose sprach zu Aaron und seinen Söhnen: Sieben Tage sollt ihr vor der Tür der Stiftshütte sitzen und den Ort nicht verlassen. Am achten Tage aber, welcher der erste des neuen Jahres war, und mit dem das zweite Jahr nach dem Auszug aus Ägypten begann, richtete Mose die Stiftshütte auf; er verfertigte alle Geräte, die da hineingehörten, und machte alles nach dem Willen des Herrn. Sodann rief er dem Aaron und seinen Söhnen, und die brachten Brandopfer und Sündopfer dar für sich und die Kinder Israel. An diesem Tage aber nahmen die Söhne Aarons ein fremdes Feuer, das dem Herrn nicht genehm war, und zündeten ihre Opfer damit an. Doch da schlug dasselbige Feuer zu ihnen empor und fraß sie, und sie starben vor dem Angesicht des Herrn. Nunmehr begannen die Fürsten ihre Opfer darzubringen; an jedem Tage opferte ein andrer Fürst, so zwölf Tage lang, bis sie fertig wurden. Die Summe dessen, was sie geopfert hatten, betrug an Gewicht ein Becken voll Silber, hundertdreißig Sekel schwer, und an Wert soviel als ein Sprengbecken mit siebzig Sekel heiliger Währung; die Becken aber waren gefüllt mit feinem Semmelmehl, das mit Öl gemischt war. Außerdem wurde dargebracht eine Schale voll Weihrauch, zehn Goldstücke schwer; dazu ein Farre, ein Widder und ein einjähriges Schaf als Brandopfer sowie ein Ziegenbock als Sündopfer. Als Ganzopfer wurden dargebracht ein Rind, zwei Widder, zwei Böcke und fünf einjährige Schafe.

Am dreizehnten Tage aber befahl Mose den Kindern Israel, das Passah zu rüsten, und es wurde vollführt am vierzehnten Tage des Monats. Am ersten Tage des folgenden Monats sprach der Herr zu Mose: Zählt die Häupter der Mannsbilder von zwanzig Jahren an aufwärts, du, dein Bruder Aaron und die Fürsten. Da tat Mose so, und sie vollbrachten die Zählung in der Wüste Sinai. Es wurden aber gezählt sechshundertdreißigtausendfünfhundertfünfzig Mann nach ihren Vaterhäusern, die zwanzig Jahre und darüber alt waren. Die Kinder Levi waren darunter nicht mitgezählt. Die Zahl der Knaben, die einen Monat alt waren und darüber, betrug zweiundzwanzigtausendzweihundertdreiundsiebzig; die Zahl der Knaben vom Stamme Levi, die desselben Alters waren, machte zweiundzwanzigtausend aus. Und Mose bestimmte den Priestern und den Leviten ihr Amt und ihren Dienst in der Stiftshütte, wie es der Herr befohlen hatte.

Und am zwanzigsten Tage des Monats erhob sich die Wolke über dem Schrein des Zeugnisses.

Vierzig Jahre in der Wüste

1
Das Geschlecht der Wüste

Zu der Zeit begann die Wanderung der Kinder Israel durch die Wüste. Sie verließen die Gegend von Sinai, und nach drei Tagen machte die Wolkensäule halt in der Wüste Pharan. Dortselbst ergrimmte der Zorn des Herrn über die Kinder Israel, welche Fleisch zu essen verlangten. Gott hatte ihre Stimme erhört und ihnen Wachteln gesandt, und sie aßen Fleisch einen Monat lang; danach aber strafte er sie mit einer schweren Plage, und sie fanden ihr Grab an die-

ser Stätte, welche von den Kindern Israel auch mit dem Namen Luft-
gräber benannt wurde. Von da zogen sie weiter und rasteten in Ha-
zeroth, welcher Ort gleichfalls in Pharan ist. Hier wurde Mirjam mit
Aussatz geschlagen, dafür, daß sie wider Mose gemurrt hatte. Sie
blieb sieben Tage außerhalb des Lagers liegen, bis sie von dem Aussatz geheilt wurde. Die Kinder Israel zogen weiter und kamen bis an
die Grenze der Wüste Pharan. Von hier aus sandte Mose die zwölf
Kundschafter aus, die das Land Kanaan erforschen sollten, wie ihm
der Herr geboten hatte. Die Männer durchstreiften das ganze Land
von der Wüste Sin bis zu der Straße, wo man nach Hamath kommt,
und kehrten nach vierzig Tagen zu Mose und Aaron zurück. Was sie
aber zu berichten wußten, war schlimm, und sie sagten: Es wäre besser für uns, nach Ägypten zurückzugehen, als dieses Land zu betreten, denn es ist ein Land, das seine Einwohner frißt. Nur Josua, der
Sohn Nuns, und Kaleb, der Sohn Jephunes, die gleichfalls unter den
Kundschaftern waren, lobten das Land und sagten, es sei sehr gut. Sie
sprachen: Wollte Gott und brächte uns dahin, denn es ist ein Land, da
Milch und Honig innen fließt. Allein die Kinder Israel hörten nicht
auf die Mahnung Josuas und Kalebs und schenkten nur den zehn Ver-
leumdern Gehör. Da ergrimmte der Herr über sein Volk und tat einen Schwur und sprach: Es wird keiner von diesem gottlosen Geschlecht, welcher über zwanzig Jahre alt ist, dieses Land sehen, ausgenommen Kaleb und Josua. In der Wüste wird dieses Geschlecht
verenden, und ihre Kinder erst werden in das Land kommen und es
in Besitz nehmen. Also ließ der Herr Israel vierzig Jahre lang in der
Wüste wandern, bis das ganze undankbare Geschlecht ausgerottet
war.

Während dieser Zeit wußte Korah, der Sohn Izahars, des Sohnes
Kahaths, des Sohnes Levis, viel Volk von den Kindern Israel zusam-
menrotten und sie gegen Mose und Aaron und die ganze Gemeine
aufzuwiegeln. Da öffnete die Erde ihren Schlund und verschlang sie
samt ihren Häusern und ihrer Habe und allem Anhang.

2
Um das Gebirge Seïr

DANACH GESCHAH ES, daß Gott das Volk lange Zeit um das Gebirge
Seïr herumziehen ließ. Der Herr sprach aber zu Mose: Fange keinen
Streit an mit euren Brüdern, den Kindern Esau, denn ich habe ihnen
den Berg Seïr zum Erbbesitz gegeben und werde euch keinen
Fußbreit Erde davon einnehmen lassen: Ich habe vormals, als die
Kinder Esau mit den Kindern Seïr Krieg führten, die Kinder Seïr in

die Hände der Kinder Esau fallen lassen, und sie unterstehen ihrer Gewalt bis auf den heutigen Tag. So hebt denn keinen Kampf mit ihnen an, denn ihr werdet von ihrem Lande nichts gewinnen. Aber Brot zum Essen dürft ihr bei ihnen um Geld kaufen, ebenso Wasser zum Trinken. Da taten die Kinder Israel nach Worten des Herrn und rührten keinen Menschen an die ganze Zeit, da sie durch dieses Gebirge zogen; es war aber eine Zeitspanne von neunzehn Jahren.

Um dieselbe Zeit starb Letianus, der König von Kittim, im fünfundvierzigsten Jahre seiner Regierung, welches das fünfzehnte Jahr seit dem Auszug aus Ägypten war. Er ward bestattet in dem Palast, der ihm im Lande erbaut worden war, und an seiner Statt wurde Abianus zum König ernannt, der regierte achtunddreißig Jahre.

Die Kinder Israel überschritten währenddessen die Grenze des Landes Seïr und gelangten in die Steppen Moabs. Hier sprach der Herr ebenfalls zu Mose: Bedränge nicht die Moabiter und führe keinen Krieg mit ihnen; ich werde dir von ihrem Lande nichts geben. Also zogen die Kinder Israel auch durch das Moabiterland, ohne das Schwert zu zücken, und die Wanderung durch dieses Land währte gleichfalls neunzehn Jahre.

3
Krieg zwischen Sihon und Moab

ALS ABER SECHSUNDDREISSIG JAHRE nach dem Auszug aus Ägypten vergangen waren, da rührte der Herr das Herz des Amoriterkönigs Sihon auf, daß er zum Kriege rüstete mit den Söhnen Moab. Sogleich sandte Sihon Boten zu Beor, dem Sohnessohne Bileam, welcher vormals Ratgeber des Pharao war, und einem Sohne, der gleichfalls den Namen Bileam trug. Er gab ihnen auf, dem Moabiter zu fluchen, damit der in seine Hand überliefert werde.

Also wurden die beiden Männer aus Mesopotamien geholt; sie kamen in die Stadt Sihons und fluchten Moab und seinem König vor den Augen Sihons, des Amoriterkönigs. Sihon aber führte sein Heer wider die Moabiter, stritt mit ihnen und zwang sie unter seine Gewalt; auch hatte er ihren König getötet. Alle Städte der Moabiter wurden sein, darunter auch Hesbon, welches gleichfalls eine moabitische Stadt war; daselbst ließ Sihon seine Obersten und Vornehmen wohnen. Daher sagen von ihr ihre Herrscher und Bileam: Kommt gen Hesbon, daß man die Stadt Sihons baue und aufrichte; wehe dir Moab, du Volk des Kamos bist verloren. – Und dieses steht geschrieben im Buche des Gesetzes.

Und der siegreiche Amoriterkönig verlieh den beiden Männern Beor und Bileam viele Gaben an Gold und Silber und ließ sie ziehen in ihr Land. Die Kinder Israel waren indessen aus der Steppe Moabs heraus und in das Land Edom gekommen. Im ersten Monat des vierzigsten Jahres waren sie in der Wüste Sin angelangt. Sie lagerten in Kades, und daselbst verstarb Mirjam und wurde dort begraben.

4
Die Pforten ins Land

UM DIESE ZEIT SANDTE Mose Boten zu Hadad, dem König von Edom, und ließ ihm folgendes sagen: Gewähr es uns, daß wir durch dein Land ziehen; wir wollen deine Äcker und deine Weinberge nicht zertreten, auch kein Wasser aus deinen Brunnen trinken; wir wollen allein die Heerstraße ziehen. Aber Edom weigerte sich, den Durchzug zu gestatten, und stellte sich Israel entgegen mit einem mächtigen Heer. Da wandten sich die Kinder Israel von Edom, denn sie wollten nicht Streit führen mit dem Stamme Esau, eingedenk der Worte des Herrn, der ihnen untersagt hatte, Esaus Samen zu bekriegen.

Danach brachen sie auf von Kades, wo die Kinder Esau wohnten, und kamen mit der ganzen Gemeine an der Berg Hor. Hier sprach der Herr zu Mose: Sage deinem Bruder Aaron, daß er auf den Berg Hor steige und daselbst sterbe, denn er soll nicht in das Land kommen, das ich den Kindern Israel geben will. Also stieg Aaron auf den Berg Hor und verschied daselbst im hundertdreiundzwanzigsten Jahr seines Lebens, das war das vierzigste Jahr der Wanderung durch die Wüste, im fünften Monat desselben Jahres, am ersten Tag des nämlichen Monats.

Als aber der Kanaaniterkönig Arad, der im Mittagland wohnte, vernahm, daß Israel hereinkäme auf dem Wege der Kundschaft, rüstete er sein Heer zum Streit gegen Israel. Da wurden die Kinder Israel ängstlich vor der übergroßen Macht, und viele nahmen sich ein Herz und machten kehrt nach Ägypten. Sie vermochten es aber nicht, den langen Weg zurückzukehren, und blieben dreißig Tage in Bne-Jaakon wohnen. Darüber ereiferten sich die Kinder Levi, und sie erhoben sich und gingen mit dem Schwert gegen die Flüchtigen vor. Sie töteten viele von ihnen und nahmen die übrigen mit Gewalt zurück an den Berg Hor, woselbst sie sich gelagert hatten. Der Kanaaniterkönig Arad stand aber noch immer kriegsbereit und bewaffnet da. Da tat Israel ein Gelübde und sprach vor dem Herrn: So du dies Volk in meine Hand geraten läßt, will ich ihre Städte verbannen. Und Gott erhörte ihre

Stimme und ließ die Kanaaniter in Israels Hände fallen, und Israel verbannte sie und ihre Städte und benannte die Gegend Horma.

Von da zog das Volk weiter und lagerte in Oboth. Von Oboth kamen sie nach Ije-Abarim in die Gemarkung Moabs und machten daselbst halt. Sie sandten Boten zu den Moabitern, und baten sie, durch ihr Land ziehen zu dürfen. Allein die Moabiter gestatteten den Durchzug nicht, denn sie fürchteten sich, daß die Kinder Israel an ihnen tun würden, wie Sihon, der Amoriterkönig, an ihnen getan hatte. Der Herr wiederum hatte Israel verboten, mit Moab Streit zu führen, und so zogen sie sich zurück bis an den Arnon, welcher die Grenze ist zwischen Moab und dem Amoriter. Sie lagerten aber in der Wüste Kadmoth, welche im Gebiete des Amoriters lag.

Von dorther schickten sie Boten zu Sihon und baten ihn, durch sein Land marschieren zu dürfen. Sie wollten wie ein friedliches Volk die Landstraße ziehen, die Äcker und die Weinberge schonen und kein Brot und kein Wasser ohne Bezahlung nehmen. Allein Sihon verwehrte es ihnen, und es kam zu einem Treffen in Jahza. Doch da ließ Gott die Amoriter in die Hand Israel geraten, und die Niederlage Moabs ward gerächt. Sihon ward geschlagen mit der Schärfe des Schwertes. Die Kinder Israel ergriffen Besitz von dem Lande der Amoriter, von dem Bach Arnon bis zum Jabbok, welcher an das Land der Ammoniter grenzt, und erbeuteten alles, was in den Städten war. Hierauf gedachte das Volk Israel auch mit Ammen Krieg anzufangen und ihr Land gleichfalls zu erobern, allein der Herr verbot es ihnen und befahl ihnen, Ammon zu schonen. Da gehorchten sie und verhielten sich still.

5
Og

DIE KINDER ISRAEL wandten sich von dannen und zogen in der Richtung gen Basan. Der König von Basan, Og, trat ihnen entgegen mit einem großen Heere und mit starker Rüstung. Er war ein mächtiger Held und hatte einen Sohn, der noch streitbarer und mächtiger war als er. Og sprach in seinem Herzen: Das ganze Lager Israels mißt nur drei Meilen; ich will es mit meinen Schlag vernichten, ohne Schwert und Speer. Und er stieg auf den Berg Jahzsa und holte von da einen großen Stein, der drei Meilen lang und breit war. Diesen tat er auf sein Haupt und gedachte durch einen Wurf alle Kinder Israel zu töten.

Aber da kam ein Engel des Herrn und bohrte ein Loch in den Stein, daß er dem Og vom Kopfe auf den Hals fiel und der König zu

Boden sank. In diesem Augenblick sprach der Herr zu den Kindern Israel: Fürchtet euch nicht, er ist bereits in eure Hand überantwortet samt seinem Volk und seinem Land, und ihr werdet in ihm tun, wie ihr mit Sihon getan habt.

Alsbald trat Mose mit wenig Mann herzu; er schlug Og mit seinem Stab auf die Knöchel, und der war sogleich tot. Danach verfolgten die Kinder Israel die von Basan und schlachteten sie aus und ließen keinen übrig.

Hierauf sandte Mose Männer aus, die sollten die Gegend von Jaser ausspähen, denn das war eine gar volkreiche Stadt. Die Männer gingen frohgemut hin; sie vertrauten auf Gott und warfen sich in den Kampf mit den Einwohnern. Sie überwanden sie rasch und ergriffen Besitz von Jaser und ihren Vorstädten. Und auch alle Ortschaften jenseits des Jordans, sechzig an der Zahl, von die Hand der Kinder Israel. Alsdann zogen sie weiter und kamen in das Gefilde Moabs, das jenseits des Jordans bei Jericho liegt.

6
Bileam

ALS DIE KINDER MOAB vernahmen, was Israel an den beiden Amoriterkönigen getan hatte, wurde sie voller Angst und Furcht. Ihre Ältesten sprachen untereinander: Sihon und Og waren die stärksten Fürsten in der ganzen Welt, und die widerstanden nicht den Kindern Israel; wie sollten wir ihnen denn widerstehen? Sie hatten vormals Boten zu uns geschickt, daß wir sie durch unser Land ziehen ließen. Wir aber verwehrten es ihnen; nun werden sie über uns herfallen mit ihrem Schwert und werden auch noch den Rest vertilgen, den Sihon von uns übriggelassen hat. Und sie kamen durch Rat dahin überein, einen von den Ihrigen mit Namen Balak, den Sohn Zippors, zum König zu ernennen. Derselbige Balak war ein sehr weiser Mann.

Zum ersten wurde, auf seinen Rat hin, der Krieg beendet, den sie seit jeher, noch von der Zeit des Edomiterkönigs Hadad an, mit den Midianitern geführt hatten. Die Moabiter entsandten ihre Ältesten nach Midian, daß sie daselbst mit den Feinden Frieden schlössen und die Zwietracht aufhören ließen. Die Moabiter sprachen zu den Midianiter: Nun werden die Israeliten alles ringsumher abfressen, gleichwie ein Ochse das Gras des Feldes abfrißt. Da antworteten die Midianitern: Als dazumal Sihon, der Amoriterkönig, mit euch Krieg führte, soll er ihn nur daher gewonnen haben, daß er Bileam, den Sohn Beors, aus Mesopotamien holen ließ, welcher euch fluchte und wo eure Kraft zunichte machte. Also tätet auch ihr gut, Bileam jetzt kommen zu lassen und ihm guten Lohn zu geben, daß er das Volk verfluche, vor dem ihr euch fürchtet.

Dieser Rat gefiel den Ältesten Moabs wohl, und ihr König Balak schickte Boten zu Bileam, die sollten ihm folgendes sagen: Ein Volk ist aus Ägypten hergezogen, das hat die Erde bedeckt, und nun ist es bis zu mir vorgestoßen. So komm denn zu mir und hilf mir; sprich deinen Fluch über sie aus, damit sie mich nicht überwinden, denn ich habe gehört, daß, welchen du segnest, der ist gesegnet, und welchem du fluchst, der ist verflucht.

Als aber Bileam nach Moab kam, da verbot ihm der Herr, Israel zu fluchen, weil dies Volk ein gesegnetes Volk war. Balak versuchte vergeblich, Bileam zu hetzen; dieser tat nicht, was der Herr ihm verboten hatte, und kehrte nach dem Lande Midian zurück.

7
Die Sünde von Sittim

DIE KINDER ISRAEL ABER zogen vom Gefilde Moabs aus und lagerten am Jordan von Jesimoth bis zu Sittim. Und in Sittim fingen die Kinder Israel an, mit der Moabiter Töchtern zu huren. Die Moabiter hatten ihre Hütten gegenüber dem Lager der Kinder Israel. Und da sie sich vor ihnen fürchteten, so ließen sie ihre Weiber und Töchter, welche schön von Gesicht und Gestalt waren, draußen vor der Türe sitzen, um die Kinder Israel für sich zu gewinnen und sie friedlich zu stimmen. Fing nun ein Hebräer mit einem moabitischen Mädchen zu tändeln an, so traten die Angehörigen aus der Hütte und sprachen mit ihm in folgender Weise: Sind wir denn nicht Brüder und stammverwandt? Sind wir denn nicht die Kinder Abrahams und Lots, welche doch Brüder waren? Warum wollt ihr nicht bei uns wohnen, unser Brot essen und unsre Opfer mit uns verspeisen?

Und wie die Moabiter so fortfuhren, mit schmeichlericher und verführerischer Rede, wurde der Hebräer weich, ging in das Innere der Hütte, schlachtete und aß mit ihnen von ihrem Opfer; sodann wurde ihm Wein gereicht, und er trank, und ein schönes Mädchen wurde an seine Seite gesetzt, an dem er seinen Willen tun konnte. So trieben es die Söhne Moabs mit den Juden zu Sittim.

Da ergrimmte der Zorn des Herrn über Israel wegen dieser Dinge, und er ließ eine Seuche über sie kommen, daß vierundzwanzigtausend Mann von ihnen starben. Ein Hebräer aber namens Simri, der Sohn Salus, erdreistete sich, einem midianitischen Weibe, der Kosbi, einer Tochter Zurs, vor aller Augen beizuwohnen. Das sah

Pinehas, der Sohn Eleasars, des Sohnes Aarons, und durchbohrte sie beide mit einem Spieß. Hierauf ließ die Seuche ab von Israel.

8
Die letzte Zählung

NACH DIESEN GESCHICHTEN sprach der Herr zu Mose und Eleasar: Zählt die Häupter der Gemeine Israel, die über zwanzig Jahre alt und streitbare Männer sind. Das taten die Beiden, und die Zahl erwies sich als siebenhundertdreißigtausend Mann. Vom Stamm Levi wiederum betrug die Zahl derer, die über einen Monat alt waren, dreihundertzwanzigtausend. Unter diesen allen aber war keiner von denen, die Mose und Aaron in der Wüste Sinai gezählt hatten. Denn von diesen hatte der Herr gesprochen: Sie sollen alle in der Wüste sterben, ausgenommen Kaleb und Josua.

Danach befahl Gott den Kindern Israel, Rache zu nehmen an Midian für das, was sie ihren Brüdern angetan hatten. Da wählten die Kinder Israel zwölftausend Mann aus ihrer Mitte – je tausend aus jedem ihrer Stämme – und ließen sie nach Midian ziehen. Diese stürzten sich in den Kampf und töteten alles, was männlich war, unter den Midianitern. Die Frauen und die Kinder führten sie als ihre Gefangenen ab und machten große Beute; die brachten sie vor Mose und Eleasar nach dem Gefilde Moabs. Die Beiden gingen den Siegern mit großer Freude entgegen und verteilten unter ihnen die gewonnene Beute.

9
Das Ende

ZU DER ZEIT SPRACH der Herr zu Mose: Dein Todestag naht heran. Nimm Josua, den Sohn Nuns, deinen Diener, stellt euch beide in der Stiftshütte auf, und ich will ihm Befehl geben. Da tat Mose also. Und der Herr erschien in dem Stiftszelt in einer Wolkensäule, die stand in der Tür der Hütte. Gott sprach zu Josua: Sei mutig und stark, denn du wirst die Kinder Israel in das Land bringen, das ich geschworen habe, ihnen zu geben, und ich werde mit dir sein. Und Mose redete gleichfalls mit Josua und sagte: Sei getrost und unverzagt, denn du wirst den Kindern Israel das Land in Besitz geben und Gott wird mit dir sein; er wird von dir nicht lassen und wird dich nicht verlassen; fürchte dich nicht und laß dich nicht erschrecken.

Danach berief Mose ganz Israel und sprach zu ihnen: Ihr habt gesehen das Gute, das Gott an euch in der Wüste getan hat. Hütet nun alle Worte dieser Thora und wandelt auf dem Wege des Herrn, eures Gottes; weicht davon nicht ab, weder zur Rechten noch zur Linken. Und Mose lehrte die Kinder Israel Gesetze, Rechte und Vorschriften, die sie im Lande befolgen sollten, und unterwies sie in allem, was geschrieben steht in dem Buch der Lehre Gottes, welches der Herr durch Mose ihnen gegeben hatte.

Als Mose beendet hatte die Kinder Israel zu unterweisen, sprach der Herr zu ihm: Steig auf den Berg Abarim und stirb daselbst; sammle dich zu deinem Volke, wie dein Bruder Aaron sich gesammelt hat. Da stieg Mose auf den Berg und starb daselbst im Lande Moab durch Gottes Mund im vierzigsten Jahr nach dem Auszug der Kinder Israel aus dem Lande Mizraim.

Und die Kinder Israel beweinten Mose dreißig Tage im Gefilde Moabs, bis die Zeit der Klage aus war.

Zweites Buch

Der Auszug

Die Fron

1
Pharao und die Ägypter

DIE SCHRIFT SAGT: Und es kam ein neuer König auf in Ägypten. War es denn nicht der alte Pharao? So hat es sich zugetragen:

Die Ägypter sprachen zu Pharao: Laß uns dieses Volk bekämpfen! Darauf antwortete der König: Ihr Toren, verdanken wir ihnen nicht das Leben? Wäre nicht Joseph, wir wären nicht erhalten geblieben. Wie können wir da jetzt Streit anfangen mit ihnen? Wie nun die Ägypter sahen, daß Pharao ihnen nicht gehorchen wollte, stürzten sie ihn für drei Monate von seinem Throne, bis er sagte: Alles, was ihr wünscht, werde ich tun. Da setzten sie ihn wieder ein.

Und man setzte Fronvögte über ihn. Damit wird erzählt, daß man Pharao einen Ziegel um den Hals hängte. Beklagte sich jemand von den Kindern Israel über die harte Arbeit und sagte: ich bin es nicht gewohnt – so antwortete man ihm: Bist du denn edler geartet als Pharao?

Es war allerlei Volk beisammen in Ägypten, von allen siebzig Zungen der Welt, und doch ließen die Ägypter ihre Arbeit nur durch die Juden verrichten: Sie verbitterten ihnen das Leben durch harte Fron in der Stadt und auf dem Lande. Wenn sie tagsüber mit dem Kneten von Ziegeln sich abgemüht hatten und abends nach Hause kamen, um auszuruhen, erschien der Ägypter und sprach: Hinaus aufs Feld, grabe mir Erdfrüchte aus dem Garten! Oder: Fälle mir den Baum und zerhau ihn, fülle die Tonne mit Wasser!

Was Mannesarbeit war, das gab man einer Frau zu tun auf, und Frauenarbeit mußte ein Mann verrichten. So verlangten sie von Männern, daß sie Teig rührten und Brot backten, und von einer Frau, daß sie Holz spaltete und Wasser schleppte.

2
Die herzlosen Vögte

RABBI JOSE SPRACH: Die Ägypter pflegten die Hebräer zu verunehren und ihre Weiber mit ihnen. Also lebte dort einer, der war ein Sohnessohn von Dan und der hatte ein Weib geehlicht: Sulamith, die Tochter Debers. In das Haus dieses Mannes kamen die Fronvögte Pharaos, töteten ihn und gingen zu seiner Frau ein, die wurde schwanger. Aber, wie der Same so die Frucht: als Israel aus Ägypten kam, fing dieser Hurensohn an, den Herrn zu lästern und zu schmähen, wie dieses in der Schrift erzählt wird: Und der Sohn des israelitischen Weibes fluchte und beschimpfte den Namen.

Rabbi Akiba sprach: Die Räte Pharaos taten Leiber von Juden anstelle von Ziegeln in die Mauern. Die Kinder Israel schrien von den Wänden aus, und der Herr erhörte ihr Jammern und gedachte seines Bundes. Auch ließen die Ägypter Kinder von Hebräern im Ofen verbrennen, daher es auch heißt: Euch aber hat Gott genommen und aus dem eisernen Ofen, nämlich aus Ägypten, geführt.

Und der Herr vergalt den Ägyptern mit demselben Maß und erwürgte ihre Erstgeburt. Und als Israel aus Ägypten zog, da warf Gott die Götzen ihres Greueldienstes um, und sie zerbrachen, wie es auch heißt: An ihren Göttern hat er Gericht geübt.

Und weiter erzählt Akiba: Die Fronvögte Pharaos schlugen die Kinder Israel, daß sie ihnen Ziegel bereiteten. Sie gaben ihnen aber kein Stroh, und die Hebräer mußten in der Wüste nach Stoppeln suchen. Sie ließen es von ihren Eseln oder von ihren Frauen und Kindern treten, und die Stoppeln der Wüste durchlöcherten ihre Fersen, daß das Blut nur so rann. Es wurde dann mit dem Ton vermengt.

Rahel aber, die Tochter Suthelas, war schwanger. Sie knetete zusammen mit ihrem Ehemann den Ton, und währenddessen entfiel das Kind ihrem Schoß; es wurde mit dem Lehm verknetet. Da stieg der Schrei der Mutter bis vor den Stuhl der Herrlichkeit Gottes. Alsbald fuhr Michael hernieder, barg den Ziegel in seinem Gewand und brachte ihn vor den Thron Gottes. In dieser Nacht offenbarte sich der Herr und schlug alle Erstgeburt Ägyptens.

Zu derselben Zeit, zur Zeit der Trübsal und der Bedrängnis, begab es sich, daß der König von Ägypten vom Aussatz befallen ward und gleich einem Toten dalag. Die Weissager Ägyptens sprachen: Dir kann nur Heil werden, wenn man täglich, morgens und abends hundertfünfzig hebräische Kinder schlachtet und du zweimal am Tage in ihrem Blute badest.

Da die Kinder Israel von diesem Verhängnis erfuhren, fingen sie zu seufzen und zu klagen an, und ihr Geschrei drang bis zum Allmächtigen Gott. Er hörte ihren Jammer, den Jammer der Todgeweihten, und gedachte seines Bundes mit ihrem Stammvater. Er vollbrachte ein Wunder, und Pharao genas von seinem Aussatz.

3

Die treuen Frauen

VIER GRAUSAME STRAFEN legte Pharao Israel auf. Er befahl den Fronvögten, sie hart zu bedrängen, damit sie mit ihrer Tagesarbeit fertig würden; sie sollten ihnen verbieten, ihre Wohnungen aufzusuchen und bei ihren Frauen zu schlafen, damit sie keine Kinder zeugten. Sie sprachen zu den Juden: Wenn ihr nach Hause geht, um da zu bleiben, bis wir euch holen, so vergeht die erste und die zweite Morgenstunde, eh ihr an der Arbeitsstätte angelangt seid, und ihr werdet mit dem Maß, das ihr zu schaffen habt, nicht fertig. Also mußten die Kinder Israel draußen auf dem Felde schlafen. Da sprach der Herr zu den Ägyptern: Ich habe ihrem Vater Abraham verheißen, daß ich seinen Samen mehren werde sie die Sterne des Himmels, und ihr glaubt, durch List zu erreichen, daß sie sich gar nicht vermehren. Wohlan, laßt uns sehen, wessen Vorsatz bestehen bleibt, meiner oder eurer!

Und so war es auch. Je mehr die Ägypter die Juden peinigten, um so mehr Kinder wurden ihnen geboren.

Als Israel in der Ägypter Fron schmachtete, da wollte es Pharao haben, daß sie in ihren Häusern nicht schlafen durften, daß sie ihren Frauen nicht beiwohnen sollten. – Was taten die Töchter Israel? Sie schöpften Wasser aus dem Strom, und Gott ließ sie kleine Fische in ihre Krüge fangen; von diesen verkauften sie welche, welche aber kochten sie und brachten sie ihren Männern ins Feld zusammen mit dem Wein, den sie aus dem Erlös erwarben. Die Männer aßen und tranken, und währenddessen zogen die Frauen ihre Spiegel hervor und schauten hinein zusammen mit ihren Männern. Die Frau sprach: Ich bin lieblicher als du. Der Mann sprach: Ich bin schöner als du. So erregten sie ineinander die Wollust und paarten sich. Der Herr aber suchte die Frauen gleich heim, und sie empfingen und gebaren, des öfteren zwei Kinder auf einmal. Manche sagen, sie hätten sechs Kinder auf einmal zur Welt gebracht. Noch andere meinen, zwölf auf einmal, ja sogar sechzig Myriaden auf einmal!

Ein Talmudlehrer predigte aus der Schrift; da sah er, daß seine Zuhörer schliefen. So wollte er sie mit einem Worte wach machen und sprach: Zur Zeit der Knechtschaft in Ägypten war eine Frau, die gebar sechzig Myriaden auf einmal. Da fragte ihn ein Schüler: Welche war es wohl? Der Lehrer antwortete: Das war Jochebed, die Mutter des Mose, denn Mose wog gleichsam sechzig Myriaden von Israel auf.

<h2 style="text-align:center">4</h2>

Die in der Fron Geborenen

RABBI AKIBA LEHRTE: Preis den tugendreichen Frauen, die in diesem Geschlecht lebten, und durch die Israel aus Ägypten erlöst wurde. Was taten diese? Sie gingen mit zwei Eimern Wasser schöpfen, und da ließ Gott sie in dem einen Fische fangen, die brachten sie ihren

Eheherrn auf das Feld; sie speisten und tränken sie, wuschen und salbten sie und vereinigten sich mit ihnen in der Liebesumarmung. Wurden sie schwanger, so gingen sie nach ihren Wohnungen und verblieben daselbst; kam die Zeit daß sie gebären sollten, so gingen sie in den Schatten eines Fruchtbaumes und hielten da ihre Niederkunft. Der Herr aber sandte ihnen einen Engel vom Himmel, und der säuberte und putzte den Neugeborenen und ließ einem jeden zwei Kugeln zukommen; Fett gab die eine und die andere Honig, wie es im Liede Moses heißt: Er ließ ihn Honig saugen von dem Felsen und Öl aus dem harten Stein. Stießen die Ägypter auf die Kinder, so wollten sie sie töten, aber da geschah ein Wunder, und die Erde verschlang die kleinen. Auf ihrem Rücken gleichsam wurden von Ochsen die Furchen gezogen; danach kamen sie aus der Erde hervor ähnlich dem Gras des Feldes. Sie waren aber auch die ersten, die den Herrn erkannten, als er sich am Meer offenbarte.

Andere erzählen es so:

Wenn eine Frau gebären mußte zu der Zeit, da Israel in Ägypten war, so ging sie aufs Feld und gebar da ihr Kind. War die Geburt vorüber, so ließ sie die Frucht ihren Leibes liegen, wandte sich an den Herrn und sprach: Gebieter der Welt! Ich habe das Meinige getan, tu du das Deinige: Alsbald fuhr der Herr hernieder in selbsteigener Gestalt, durchschnitt die Nabelschnur des Kindes, wusch und salbte es. Darauf gab er ihm zwei Steine, der eine troff von Honig, der andere von Öl; davon nährten sich die Kinder und wurden groß auf freiem Felde.

Nun sie erwachsen waren, suchten sie das Haus ihrer Eltern auf. Diese fragten: Wer pflegte euch da draußen? Die Knaben erwiderten: Ein Jüngling, lieblich und herrlich anzuschauen, kam von der Höhe zu uns herab und wartete unser.

Als danach Israel ans Rote Meer kam und der Herr sich dort offenbarte, waren die Kinder die ersten, die ihn erkannten, und sie riefen aus: Dieser ist es, der sich unser annahm und uns mit allem versah, als wir hilflos dalagen in Ägypten.

Noch andere stellen es so dar:

Als die Not der Kinder Israel auf höchste gestiegen war, sprach der Herr zu den diensttuenden Engeln: Dies ist die Stunde, für die ich euch erschaffen habe. Fahrt hinab und schaut meine Kinder an, die vielgeliebten: sie, die Nachkommen Abrahams, Isaaks und Jakobs werden in den Strom geworfen.

Da flogen die Engel verstört davon, fuhren hernieder und standen bald bis an die Knie im Wasser. Sie ergriffen die Kindlein und führten sie aufs Felsengebirge. Der Herr aber ließ Zitzen aus den Steinen sprossen und tränkte die dürstenden Kinder.

Wenn von den Häschern, die die Kinder fingen, einer sich einen Augenblick entfernte, so wurde der Knabe von einem Engel gefaßt und zu seiner Mutter gebracht. Das Weib fragte: Mein Sohn, wer hatte dich hierhergebracht? Das Kind antwortete: Siehe, er steht hinter der Wand. Man ging hinaus und schaute nach, es war aber niemand zu sehen.

Den Juden wird ein Retter geboren

1
Die Mutter Moses

UND PHARAO BEFAHL seinem ganzen Volke, das man jeden neugeborenen Knaben in den Strom werfe. Auch seinem Volke? Warum tat er dies? Weil die Sterndeuter zu ihn gesagt hatten: Den Erlöser Israels trägt eine Mutter unter ihrem Herzen, wir wissen aber nicht, ob er ein Hebräer oder ein Ägypter ist. Sogleich versammelte Pharao alle Ägypter und sprach zu ihnen: Laßt mich neun Monate lang eure neugebornen Söhne in den Nil werfen. Dem wollten aber die Untertanen nicht willfahren. Sie sprachen: Nimmer wird ein Ägypter das Volk der Juden befreien. Einen solchen kann nur eine hebräische Mutter gebären.

Amram, der Vater Moses, war zu der Zeit Haupt des Hohen Rates Als der Befehl Pharaos laut ward, jeden neugeborenen Sohn in den Nil zu werfen, sprach er: Sollen wir Kinder zeugen, damit sie zuschanden werden? Und er hielt sich fern von seinem Weibe Jochebed und teilte mit ihr nicht sein Lager. Und ganz Israel folgte seinem Beispiel und trennte sich von den Frauen.

Da sprach seine Tochter Mirjam zu ihm: Dein Verbot ist noch härter als das von Pharao. Denn die Strafe Pharaos trifft nur die Knaben, deine aber trifft die Knaben und die Mädchen. Pharao, der Bösewicht, hat ein Gesetz erlassen, das nur zur Hälfte Unheil stiftet. Du aber bist ein Gerechter, und dein Erlaß bringt nichts als Unheil. Alsbald ließ Amram sein Weib wieder in seine Nähe kommen. Und ganz Israel tat dasselbe.

Und es ging ein Mann aus dem Hause Levi und nahm eine Tochter Levis. Das war Jochebed, welche empfangen ward von ihrer Mutter auf dem Weg der Kinder Jakobs nach Ägypten, die aber erst im Lande geboren wurde. Denn es heißt von ihr: Die dem Levi geboren ward in Ägypten – also ists klar: in Ägypten wurde sie geboren, aber ihre Mutter trug sie in ihrem Schoß nicht in Ägypten. Warum wird sie aber eine Tochter geheißen? Sie, die schon alt war, wurde wieder zur Jungfrau, ihr Fleisch wurde lieblich, die Falten ihrer Haut glätteten sich, und ihre Schönheit erblühte von neuem.

Warum heißt es aber: Er nahm sie? Müßte es nicht vielmehr lauten: Er nahm sie wieder? Denn sie war doch schon vorher sein Eheweib und hatte Aaron und Mirjam geboren. – Aber nein! Er hatte sie jetzt gleichsam zum ersten Male gefreit. Er setzte sie in eine Sänfte, und Aaron und Mirjam sangen Lieder vor ihr her, und die diensttuenden Engel riefen aus: Es frohlockt die Mutter der Kinder!

Es ging ein Mann aus dem Hause Levi und nahm eine Tochter Levis. Dieser Mann, das war der Engel Gabriel, der die Jochebed holte und sie dem Amram wieder zuführte.

2
Der Wunderknabe

MAN ERZÄHLT, DIE ÄGYPTER hätten Israel nur eine Stunde zu harter Arbeit genötigt, denn bei dem Herrn gelten tausend Jahre nur wie ein Tag; mithin sind die dreiundachtzig Jahre bis zur Geburt Moses nur als eine Stunde anzusehen.

Die Weissager sprachen zu Pharao: Ein Knabe wird bald geboren werden, und der wird Israel aus Ägypten führen. Da sprach Pharao in seinem Herzen: Ich will alle neugeborenen Knaben in den Strom werfen lassen, dieser wird dann mit hineingeworfen werden, und also wird seine Sendung nicht erfüllt werden. Als Mose aber auf die Welt kam, sprachen die Zauberer: Nun ist er dem Leib seiner Mutter entsprossen, unseren Augen aber ist er verborgen. Pharao antwortete: Nun er geboren ist, werft die Knaben nicht mehr ins Wasser; wir wollen lieber ein hartes Joch ihren Eltern auferlegen, um ihnen ihr Leben zu verbittern.

Als die Eltern Moses sahen, wie schön er war, und daß er einem Engel glich beschnitten sie ihn am achten Tage und hießen seinen Namen Jekuthiel. Andere sagen, sie hätten ihn Tob benannt.

Und das Weib ward schwanger und gebar einen Sohn. Sie sah, daß es ein sein Kind war und benannte ihn Tobia, den Feinen. Die Lehrer erzählen: In der Stunde, da Mose geboren ward, wurde das ganze Haus voll Licht.

3
Die Tochter Pharaos

Die Mutter Moses hielt den Knaben drei Monate versteckt und konnte ihn dann nicht mehr verbergen. Die Ägypter gingen nämlich von Haus zu Haus, wo sie nur glaubten, daß ein Kind geboren sein konnte. Sie führten aber einen von ihren Säuglingen mit und brachten ihn zum Weinen, damit das Hebräerkind die Stimme höre und sich durch Weinen verriete.

Jochebed nahm ein Rohrkästchen, tat das Kind hinein und ließ das Kästchen im Schilf liegen. Die Schwester des Knaben aber blieb von ferne stehen, um zu sehen, was aus ihm würde. Warum harrte sie der Dinge, die da kommen sollten? Weil Mirjam eine Prophetin war und vordem zu sprechen pflegte: Meine Mutter wird einen Sohn gebären, und der wird Israels Erlöser sein. Als nun Mose auf die Welt kam und das Ganze Haus voller Licht wurde, erhob sich Amram, küßte das Haupt des Mädchens und sprach zu ihr: Tochter, deine Weissagung ist in Erfüllung gegangen! Als aber danach der Knabe ins Wasser geworfen ward, schlug die Mutter Mirjams sie auf ihren Kopf und sprach zu ihr: Tochter, wo ist deine Weissagung?

Deshalb stellte sie sich hin, um zu sehen, was geschehen würde.

Die Tochter Pharaos tat das Kästchen auf und sah den Knaben; sie sah aber auch die Gottheit bei ihm weilen. Mose wird bald Kind, bald Knabe genannt; daraus ist zu ersehen, daß seine Mutter ihn wie einen Knaben gewickelt hatte.

Der Tag, an dem das Geschehen war, war der einundzwanzigste Nissan. Die diensttuenden Engel sprachen vor dem Herrn: Gebieter der Welten! Wer an diesem Tage dereinst den Lobgesang am Meere wird erschallen lassen, der soll an diesem Tage vom Wasser weggespült werden?

Die Tochter Pharaos ging an den Strom zu baden, und ihre Jungfrauen gingen am Rande des Wassers einher. Da sah sie das Kästlein im Schilf und wollte es holen lassen.

Die Mägde aber sprachen zu ihr: Herrin, es ist allenthalben Brauch in der Welt, daß, wenn ein König einen Erlaß gibt, die Untertanen ihn zu umgehen trachten, seine Hausgenossen aber ihn eifrig befolgen. Du, die Tochter Pharaos, übertrittst das Gebot, das dein Vater gegeben hat! – Alsbald fuhr Gabriel hernieder und stieß die Mägde in die Grube. Nun holte die Prinzessin das Kästchen und fand darin das Kind.

Seine Mutter sah, daß es ein feines Kind war, und verbarg ihn drei Monate in einem Hause, das unter der Erde lag. Nach Ablauf der drei Monate aber konnte sie ihn nicht mehr verborgen halten; also tat sie ihn in ein Kästchen und ließ dieses Stromaufwärts ziehen.

Der Herr aber sieht alles voraus und bestimmt alles voraus. Bithja, die Tochter Pharaos, war mit einem schweren Ausschlag behaftet und konnte ihren Körper in heißen Quellen nicht baden. Also stieg sie in den Strom, um ihren Leib zu erfrischen. Sie sah den Knaben auf den Wellen schaukeln und weinen; sie streckte ihre Hand aus und rührte ihn an. Da wurde sie alsbald gesund. Sie sprach, Dieser Knabe hier ist ein Gerechter, und seine Bestimmung ist, zu leben. – Dafür wurde die Königstochter für wert befunden, unter die Flügel der Gottheit aufgenommen und die Tochter Gottes genannt zu werden.

Jochebed hielt den Mose drei Monate lang versteckt; als sie ihn nicht mehr verbergen konnte, legte sie ihn in ein Kästchen und warf ihn in den Nil.

Da ging die Tochter Pharaos zum Strom, um zu baden; sie wollte sich reinwaschen von den Götzen ihres Vaterhauses. Andere meinen, sie wäre aussätzig gewesen; wie sie aber ihre Hand ausstreckte und den Knaben berührte, wäre sie heil geworden. Sie nahm das Kind und brachte es zu den ägyptischen Weibern, daß sie es säugten, allein der Knabe verschmähte ihre Brüste. Da sprach der Herr: Der Mund dieses Gerechten wird dereinst mit mir Zwiesprache führen; dann werden die Ägypterinnen kommen und sagen: Seht den hier, der mit der Gottheit redet – ich war's, die ihn gesäugt hat. – Daher mochte es ihre Milch nicht trinken.

Die Tochter Pharaos machte das Kästchen auf, und siehe, ein Knabe, der weinte, lag darin. Es heißt hier nicht: ein Kind weinte, sondern: ein Knabe. Das besagt: er war wohl ein Kind, allein die Stimme war die eines Knaben. Zwanzig Jahre verblieb Mose im Palast Pharaos. Andere meinen, er wäre vierzig Jahre da geblieben; weitere vierzig Jahre soll er im Lande Midian zugebracht haben, und vierzig Jahre wanderte er mit Israel durch die Wüste. Noch andere aber verteilen die Zeit so: zwanzig Jahre im Hause Pharaos, sechzig in Midian, vierzig in der Wüste.

4

Moses erste Taten

UND ALS DAS KIND GROSS WAR, brachte seine Schwester es der Tochter Pharaos, und es ward ihr Sohn. Mose überragte seine Genossen an Wuchs. Die Tochter Pharaos aber hatte ihn lieb, sie küßte und herzte ihn immerdar, als wäre es ihr eigenes Kind, und ließ ihn nicht aus dem Schlosse. Da er sehr schön war, begehrten ihn alle zu sehen, und wer ihn sah, war des Entzückens voll. Auch Pharao hatte ihn überaus lieb; er umarmte ihn stets und drückte ihn an sein Herz. Mose durfte mit seiner Krone spielen und setzte sie sich aufs Haupt.

Und es begab sich zu dieser Zeit, da wurde Mose groß; er ging zu seinen Brüdern heraus und sah ihr Leiden. Er sah Kinder, die die Lasten Erwachsener schleppten; er sah, wie man Frauen zwang, Arbeit zu tun, die nur ein Mann verrichten konnte; er sah Greise unter ihrer Bürde zusammenbrechen. Da ließ er seinen Dienst ruhen und half und linderte ihre Not.

Alsbald sprach der Herr: Du hast dein Geschäft verlassen und hast dich aufgemacht, Israel zu helfen; du hast wie ein Bruder an ihnen gehandelt. Also will auch ich meine Region verlassen und will mit dir Zwiesprache führen.

Andere erzählen es so:

Da Mose die Leiden seiner Brüder sah und fand, daß sie keinen Ruhetag in der Woche hatten, ging er hin und sprach zu Pharao: Wer einen Knecht hat und ihn keinen Tag in der Woche ausruhen läßt, dem widerfährt es daß der Knecht stirbt. Also wird es aber auch dir mit deinen Sklaven ergehen; bewilligst du ihnen nicht einen Tag, an dem sie von der Arbeit frei sind, so sterben sie dahin. Da sprach Pharao zu ihm: Wohlan, führe die Maßnahme ein, von der du gesprochen hast. Alsbald ging Mose zu seinen Brüdern und bestimmte den Sabbat als Ruhetag.

Die Einführung des Sabbats erfolgte zwanzig Jahre vor dem Auszug aus Ägypten. Als nämlich Mose zu seinen Brüdern hinausging und die Schwere des Joches sah, das sie trugen, sann er auf Milderung ihrer Mühsal und brachte ihnen das Wesen der Sabbatruhe bei. Wie stellte er es aber an, daß das Gebot eingeführt wurde? Er ging zu Pharao und sprach: Ich sehe es voraus: die Fron, die du verhängt hast, wird aufgehoben werden. Der König fragte: Warum soll es so kommen? Mose erwiderte: Weil die Zeit der Arbeit kein Maß hat; und nicht nur das, sondern der Knabe muß ebensoviel schaffen wie der Jüngling. Muß aber nicht ein Knecht zugrunde gehen, der ohne Unterbrechung die Glieder reckt und die Hände rührt? Pharao sprach: Das trifft zu. Da sagte Mose: Deine Knechte, die Israeliten, müssen umkommen, wenn du ihnen keine Pause gewährst. Pharao gab ihm zur Antwort: Ich habe dich zum Aufseher über alles gemacht. Geh hin zu ihnen und verordne alles, was du für nötig erachtest.

Da ging Mose zu den Kindern Israel; er verweilte bei ihnen und zählte die Zeit von den sechs Schöpfungstagen an, um zu erfahren, wann Sabbat wäre. Danach verfügte er die Ordnung des Ruhetages und befahl den Fronvögten, ihn einzuhalten. Von nun an sollten die Hebräer nur sechs Tage in der Woche Arbeit tun und den siebenten Tag frei sein.

Zwölf Jahre alt wurde Mose aus dem Hause seines Vaters gerissen. Warum war es so? Wäre er nämlich im Elternhause groß geworden, die Kinder Israel hätten ihm nicht geglaubt, denn sie hätten von ihm gesprochen. Das hat ihn alles sein Vater gelehrt. Hatte doch Joseph alles, was er wußte, seinem Bruder Levi übermittelt; dieser lehrte es seinem Sohn Kahath, und Kahath gab alles an Amram weiter.

So aber, da Mose fern von seinem Vater aufgewachsen war, glaubte das Volk an ihn.

5

Die Tötung des Frevlers

UND MOSE WARD GROSS zu dieser Zeit – daraus ist zu ersehen, daß seine Größe überragend war und das Maß der anderen übertraf. Er ging zu seinen Brüdern hinaus und sah, was sie litten. Er weinte ob ihrer Drangsal und sprach: Es ist mir leid um euch, meine Brüder; ach, könnte ich für euch den Tod tragen! Denn es gibt nichts Mühseligeres als Ton kneten: Und er bot einem jeden seine Schulter zur Stütze und half ihnen in ihrer Not.

Eines Tages sah er einen ägyptischen Mann einen Hebräer schlagen. Der Mißhandelte aber war der Gatte der Sulamith, der Tochter Debers. Der Ägypter, das war ein Fronvogt, der über hundertzwanzig Mann zu befehlen hatte. Die zerrte er aus dem Hause mit dem ersten Hahnenschrei. Weil er aber die Männer zur Arbeitsstätte schleppte, war er gewohnt, ihre Häuser zu betreten. Wie er nun Sulamith, die Tochter Debers, sah, welche ein schönes Weib war und keinen Fehl hatte, entbrannte er in Lust zu ihr. Morgens in der Frühe, nachdem er ihren Ehemann zur Fron getrieben hatte, kehrte er in das Haus zurück und ging zu dem Weibe ein. Sie aber glaubte, es sei ihr Gemahl, der ihr beiwohnte. Bald darauf kehrte dieser in sein Haus zurück und sah den Ägypter seine Wohnung verlassen. Da fragte er Sulamith: Er hat dich doch nicht berührt? Sie antwortete: Er hast es getan, ich aber wähnte, du wärest es gewesen, der mich in den Armen hielt.

Wie der Fronvogt merkte, daß er entlarvt worden war, zerrte er den Hebräer wieder an die Arbeit und versetzte ihm Hiebe. Mose aber wußte durch den heiligen Geist, was der Ägypter an dem israelitischen Manne getan hatte, und sah, wie er auf ihn einhieb, und so rief er denn: Nicht genug, daß du sein Weib geschwächt hast, so willst du ihn noch töten? Und in seinem Zorn erschlug er den Ägypter.

Womit tötete er ihn? Die einen sagen, er habe ihn mit der Lehmschaufel auf den Kopf geschlagen, so daß das Gehirn heraussspritzte; andere aber meinen, er habe ihn mit Hilfe des unverstellten Namens Gottes vernichtet.

Alle, die im Palaste Pharaos waren, warteten Mose auf. Als er groß wurde, ging er zu seinen Brüdern heraus, und wie er sich im Lager der Juden umschaute, sah er einen Ägypter, der einen Israeliten aus dem Stamme Kahath mißhandelte. Der Stamm Kahath ist aber mit dem Stamme Levi verwandt. Er fluchte dem Bösewicht, und mit dem Schwert seiner Lippen tötete er ihn; danach verscharrte er den Leichnam inmitten des Lagers.

Des anderen Tages sah er zwei israelitische Männer miteinander raufen. Das waren Dathan und Abiram. Er sprach zu dem einen: Warum schlägst du deinen Nächsten? Dathan erwiderte: Du willst mich wohl auch mit dem Schwert deines Mundes töten, gleichwie du den Ägypter getötet hast! Wer hat dich zum Fürsten und Richter über Israel gesetzt?

Da floh Mose vor den Augen Pharaos und hielt sich im Lande Midian auf.

Mose sah einen Ägypter einen Hebräer mißhandeln, und wie er merkte, daß kein Mensch in der Nähe war, tötete er den Bösewicht.

Unsre Lehrer erzählten: Mose sah mit seinem Prophetenauge, daß dem Gottlosen in der ganzen Kette seiner Nachkommen nimmer ein Gerechter entsprießen würde, und so hielt er Rat mit den Engeln und fragte: Verdient es dieser, getötet zu werden? Sie antworteten: Jawohl.

6
Wie Mose entrann

UND PHARAO VERNAHM, daß Dathan und Abiram sich gegen Mose empört hatten, und neigte sein Ohr ihrer Verleumdung. Da wollte er Mose umbringen und ließ sich ein Schwert kommen, wie man ein solches an Schärfe noch nicht gesehen hat. Zehnmal wurde damit an Moses Hals geschlagen, aber der Hals wurde steif wie eine Säule aus Elfenbein.

Andere erzählen es so: Als Mose ergriffen wurde und ihm das Haupt abgehauen werden sollte, fuhr ein Engel vom Himmel hernieder und erschien ihnen in der Gestalt Moses. Da wurde sein Kopf abgeschlagen, und Mose entfloh.

Es heißt: Mose floh vor dem Angesicht Pharaos. Kann denn ein Mensch vor der Obrigkeit entfliehen? Es war so: Als Pharao den Mose bei der Tat ergriff, wollte er ihm den Kopf abhauen, aber das Schwert glitt von Moses Hals ab und zerbrach. Es heißt im Hohelied: Dein Hals ist wie ein elfenbeinfarbener Turm. Damit ist der Hals Moses gemeint.

Andere erzählen es so: Das Schwert glitt von Moses Hals ab; es fiel auf den Hals des Henkers und tötete ihn. Daher sprach Mose: Er hat mich vom Schwerte Pharaos errettet – mich hat er wohl errettet, aber nicht den Henkersknecht.

In der Stunde, wo Mose vom Tische Pharaos floh, da wurden alle Höflinge zu Krüppeln geschlagen; welche wurden stumm, welche lahm, welche blind, welche taub. Die Blinden sprachen zu den Stummen: Wohin ist Mose geflohen? Diese konnten aber nicht Antwort geben. Stellten die Lahmen dieselbe Frage an die, die taub waren, so hörten diese nicht. Diese wiederum fragten die Blinden, wo Mose hin wäre, die Blinden aber hatten nichts gesehen. Daher sprach der Herr zu Mose: Wer hat dem Menschen den Mund geschaffen? Wer hat den Stummen stumm, den Tauben taub, den Blinden blind gemacht?

Mose wurde erfaßt und vor die Richter gebracht; man fesselte ihn und legte das Schwert an seinen Hals. In diesem Augenblick fuhr ein Engel hernieder, der erschien allen als Mose, der Sohn Amrams. Da wurde er festgenommen, und von Mose ließ man ab.

Und Mose floh vor Pharao. – Man hatte Mose ergriffen und ihn vor den Richterstuhl gestellt; nun sollte Pharao ihn töten. Da ließ Gott den ägyptischen König stumm werden, die Fürsten strafte er mit Taubheit und die Aufseher machte er blind. So konnte Mose die Flucht ergreifen.

Die Schrift erzählt, daß Mose drei Freistädte aussonderte jenseits des Jordans, damit dorthin fliehe, wer seinen Nächsten totschlägt unversehens und frei sei vor dem Bluträcher.

Was mag Mose geschaut haben, daß er diese Bestimmung erließ? Ein Talmudlehrer gab darauf zur Antwort: Wer ein Gericht gekostet hat, kennt seinen Geschmack. Hatte doch Mose den Ägypter getötet...

Die Sendung

1
Mose bei Jethro

JETHRO WAR PRIESTER einer Gemeinde, die Götzendienst übte. Aber die Abgötterei ist seit jeher verhaßt denen, die in ihrem Dienste stehen; um so mehr war sie Jethro verhaßt, der das Treiben der Zeichendeuter beobachtete. So sann er darauf, Buße zu tun. Er rief alle

Bürger der Stadt zusammen und sagte ihnen: Bislang habe ich bei euch den Dienst eines Priesters versehen; nun aber bin ich alt, und so wählt euch einen anderen Priester. Und er holte alle Geräte des Götzendienstes hervor und übergab sie ihnen. Da machten sich die Leute auf und gelobten, daß von nun an keiner ihm irgendwie pflichtig wäre und für ihn irgendeine Arbeit zu verrichten hätte; also sollten auch seine Schafe nicht geweidet werden. Daher mußten Jethros Töchter das Vieh hüten. Und Mose trat als ihr Helfer auf. Daraus ist zu ersehen, daß die Hirten gegen die Mädchen Böses im Sinn hatten.

Rabbi Levi sprach: Der Stab, der in der Dämmerung des sechsten Tages erschaffen worden war, wurde Adam, dem ersten Menschen, gegeben, da er noch im Garten Eden war. Adam gab ihn Henoch, von Henoch ging er zu Noah über, Noah überlieferte ihn dem Sem, von Sem kam er zu Abraham, zu Isaak, von Isaak zu Jakob; Jakob nahm ihn mit, als er nach Ägypten zog, und übergab ihn hier seinem Sohne Joseph.

Als Joseph starb, verfiel all sein Hab und Gut den Ägyptern und wurde nach dem Palaste Pharaos gebracht. Jethro aber war einer von den ägyptischen Zauberern, und als er den Wunderstab mit den seltsamen Zeichen darauf sah, begehrte er ihn zu besitzen. Er nahm ihn und brachte ihn zu sich in sein Haus, wo er ihn in seinem Garten einpflanzte. Nun konnte kein Mensch an den Stab heran. Als aber Mose zu Jethro kam und in seinem Garten den Stab sah, las er die eingeschnittenen Schriftzeichen darauf, reckte seine Hand aus und riß den Stab aus der Erde. Wie Jethro das sah, rief er aus: Dieser wird Israel aus Ägypten führen. Und er gab ihm seine Tochter Zippora zum Weibe. Also willigte Mose ein, bei dem Manne zu bleiben.

2
Der Traum Mose

UND MOSE ERZÄHLTE dem Jethro: Ich schlief einst und träumte einen Traum. Ich sah einen hohen Berg, und oben auf dem Berg stand ein Mächtiger Thron, der bis zum Himmel reichte; auf dem Thron aber saß ein Mann von herrlichem und erhabenem Aussehen. Der trug eine Krone auf seinem Haupt, in der Linken hielt er ein großes Zepter, und mit der Rechten winkte er mir, daß ich mich nähern sollte. Ich trat herzu, da reichte er mir den Stab und bedeutete mir, ich solle mich auf den Thron setzten, von dem er sich erhoben hatte; auch setzte er mir die Krone auf, die er von seinem Haupte abgenommen hatte. Alsdann wurden meine Augen aufgetan und ich konnte den ganzen Erdball sehen, die Gründe der Unterwelt und die Höhen des

Himmels. Plötzlich fielen mir zu Füßen alle Sterne des Firmaments, daß ich sie zählen konnte, und ordneten sich vor mir zu Schlachtreihen. Nun erwachte ich von meinem Traum und fürchtete mich sehr.

Da antwortete der Midianiter: Mein edler Gast! Gott wird dich Großes und Herrliches schauen lassen. Ach, daß ich es noch erleben möchte, wie dies alles sich erfüllen wird! Du wirst einen mächtigen Thron umwerfen, eine große Beute zerteilen, wirst Feldherr und Gebieter vielen Völkern sein. Daß du aber die ganze Welt geschaut hast, die Erde und was undter ihr ist, den Himmel und was über ihm ist, das bedeutet, daß die Geheimnisse aller Zeiten dir offenbar sein werden und du wissen wirst, was bereits geschehen ist, was zur Zeit geschieht, und was in Zukunft geschehen wird bis ans Ende der Zeiten.

3
Der Hirte

ALS MOSE DIE HERDEN JETHROS in der Wüste weidete, entfloh ihm einst ein Zicklein. Mose lief ihm nach, bis es vor einer Wiese stehen blieb. Hier fand es ein Bächlein und trank daraus. Als Mose das sah, sprach er zu dem Tier: Ich wußte nicht, daß du, weil du durstig warst, davon sprangst. Und er nahm das Zicklein auf seine Schultern und trug es zurück. Da sprach der Herr zu Mose: Du bist voll Erbarmen und gehst mitleidig mit den Tieren um. Bei deinem Leben! Du sollst meiner Herde Israel Leiter sein.

4
Der Dornbusch

DAS FÜNFTE HERNIEDERFAHREN der Gottheit war die Offenbarung im Dornbusch, von der der Herr sprach mit den Worten: Ich bin herniedergefahren, daß ich sie errette von der Hand der Ägypter. Gott hat den Berg verlassen und wählte den Dornbusch als Ort des Verweilens, den Busch, der dicht und eng und voller Dornen und Stacheln war. Warum ließ er sich aber gerade da nieder? Weil er Israels Bedrängnis sah, so wollte er ihre Bedrängnis teilen, wie es auch heißt: Wo ihnen angst war, da war auch ihm angst.

Warum verließ Gott den Himmel und redete zu Mose aus dem Dornbusch? Der Dornbusch, das war ein Gleichnis für die Knechtschaft Ägyptens. Wie der Dornbusch durch seine Stacheln der grausamste Baum ist, dergestalt daß ein Vogel, der in ihm Zuflucht sucht, nicht heil mehr herauskommt, sondern mit zerfetzten Flügeln – also war auch die Knechtschaft Ägyptens härter und peinvoller als jemals in der Welt irgendeine Knechtschaft.

Ein Heide fragte einen judäischen Weisen: Warum gefiel es dem Herrn, mit Mose aus dem Dornbusch zu reden? Der Weise erwiderte: Du meinst wohl damit, warum die Zwiesprache nicht aus einem Johannisbrotbaum oder einem Feigenbaume erfolgt sei. Eine schlichte Antwort darauf zu geben, ist nicht möglich, aber du ersiehst daraus, daß es keinen Ort gibt, dem die Majestät Gottes nicht innewohnte, daß auch ein Dornbusch sie bergen kann.

5
Der brennende Strauch

Mose weidete die Schafe seines Schwagers Jethro, und er weidete sie vierzig Jahre lang; es geschah ihnen kein Leid von den wilden Tieren des Feldes. Diese nennt die Schrift: Eine heilige Herde. Er war Hirte, bis er an den Berg Horeb kam.

Hier aber offenbarte sich ihm der Herr aus dem feurigen Busch, wie es heißt: Ein Engel des Herrn erschien ihm in einer feurigen Flamme aus dem Busch. Mose sah, sie der Busch brannte und dennoch vom Feuer nicht verzehrt wurde; hinwieder wurde das Feuer vom Busch auch nicht getötet, wiewohl der nicht in der Erde wurzelte, sondern im Wasser zu stecken schien. Mose staunte über den seltsamen Anblick und sprach in seinem Herzen: Wie herrlich ist dies alles! Ich will dorthin und will das große Gesicht beschauen, warum der Busch nicht verbrennt. Aber da rief der Herr dazwischen: Mose, Mose, bleib stehen, wo du bist, denn daselbst werde ich dereinst Israel die Thora geben. Tritt nicht herzu, zieh deine Schuhe aus, denn der Ort, darauf du stehst, ist heilig Land. – Daher rührt der Brauch, an einer heiligen Stätte die Schuhe auszuziehen.

Der Dornbusch brannte mit Feuer und ward nicht verzehrt. Was wollte Gott Mose damit bedeuten? Mose hatte nämlich gesonnen und bei sich gedacht: Werden die Ägypter nicht Israel ganz und gar ausrotten? Nun ließ ihn der Herr den Dornbusch sehen, den das Feuer nicht verzehren konnte, und machte ihm somit klar, daß, gleichwie der Busch nicht vernichtet wurde, so auch Israel nicht vertilgt werden könnte.

Und der Engel Gottes erschien Mose in einer feurigen Flamme aus dem Busch. Der Engel, das war Gabriel; andere aber meinen, es wäre Michael gewesen. An jeder Stätte, da Michael sich zeigt, weilt die Herrlichkeit Gottes.

6

Der Name Gottes

GOTT SPRACH ZU MOSE: Geh hin, ich will dich zu Pharao senden.
Mose erwiderte: Herr aller Welten! Habe ich's dir nicht gesagt, daß
meine Kraft nicht dazu ausreicht? Ich habe einen Schaden an der
Zunge. Und er sprach weiter: Ich bin kein Mann der Rede, und nun
schickst du mich zu solchen, die meine Feinde sind, die mir Böses
wünschen, und vor denen ich geflohen bin. Der Herr antwortete ihm:
Fürchte dich nicht vor ihnen, denn es sind alle die tot, die dir nach
dem Leben trachteten. Waren denn aber Moses Feinde alle tot? Sie
lebten doch noch. – Ja, sie hatten aber ihre Habe verloren. Du siehst
daraus, daß, wer arm geworden ist, als tot angesehen wird.

Und abermals sprach der Herr zu Mose: Ich will dich zu Pharao
schicken. Mose erwiderte: Herr aller Welten! Send, welchen du senden willst. Gott sprach: Ich habe dir nicht gesagt, daß ich dich zu Israel senden wollte, sondern zu Pharao will ich dich senden. Den Boten aber, den du meinst, den schicke ich noch dereinst zu Israel, wie
es auch heißt: Siehe, ich will euch senden den Propheten Elia, ehedenn komme der große und schreckliche Tag des Herrn. Mose
sprach: Herr der Welt, laß mich ein Zeichen und ein Wunder sehen.
Da sagte der Herr: Wirf deinen Stab zur Erde. Mose tat dies, und der
Stab wurde zu einer feurigen Schlange. Warum aber ließ Gott Mose
eine feurige Schlange sehen und nichts anderes? Das war ein Sinnbild
Pharaos und seines Volkes, welche Israel gleich Schlangen bissen
und töteten. Danach aber wurde aus der Schlange wieder dürres
Holz.

Hierauf sagte Mose: Herr der Welten! Gib mir noch ein Zeichen.
Der Herr sprach: Steck deine Hand in den Busen. Mose tat dies, und
als er die Hand aus dem Busen zog, war die ganz aussätzig. Daran
zeigte ihm Gott die Unreinheit Pharaos und seines Volkes, welche
die Kinder Israel zu verunreinigen suchten. Mose sollte die Hand
abermals in den Busen stecken, und als er sie wieder hervorzog, war
sie rein, und der Herr sprach: Also wird Israel allen Unrat Ägyptens
wieder los werden.

Mose sprach zu Gott: Herr der Welten! Verkünde mir deinen großen heiligen Namen, auf daß ich dich anrufen kann und du mir ant-
wortest. Und der Herr ließ ihn wissen, wie er heißt: Ich werde sein,
der ich sein werde. Und noch dies sagte der Herr zu Mose: Sage den
Kindern Israel: Jahve, der Gott eurer Väter, der Gott Abrahams,
Isaaks und Jakobs schickt mich zu euch; das ist mein Name ewiglich,
und dabei soll man mein gedenken für und für.   •

Nun sahen die Bewohner der himmlischen Regionen, daß Gott das Geheimnis des unverstellten Namens offenbart hatte, und sie sprachen: Gelobt seist du, Herr, der du Wissen verleihst.

Mose sprach vor dem Herrn: Ich soll zu den Kindern Israel gehen; so laß mich denn deinen großen heiligen Namen wissen. Wo man mich fragt: Wie ist sein Name – was soll ich da antworten? Der Herr erwiderte ihm: Mose, dich verlangt es, meinen Namen zu wissen: Ich werde jeweils nach meinen Taten benannt. Wenn ich die Geschöpfe richte, werde ich Elohim geheißen; wenn ich an den Gottlosen Rache nehme, nennt man mich den Herrn Zebaoth; wenn ich den Sündern zürne über ihre Taten, heiße ich El Schaddai; richte ich nach dem Maß der Barmherzigkeit, so heiße ich Rachum, der barmherzige Gott. Du aber geh hin und sprich zu ihnen: Der Gott Abrahams, Isaaks und Jakobs schickt mich zu euch; das ist mein Name ewiglich, und das ist mein Gedächtnis für und für.

7

Die Brüder Mose und Aaron

ALS GOTT ZU MOSE SPRACH: Und nun mache dich auf, ich will dich zu Pharao schicken – da erwiderte Mose: Gebieter der Welt! Das kann ich nicht tun, denn der Mann Jethro hat mich gastlich empfangen und mir seine Pforte geöffnet; ich bin in seinem Hause wie ein Sohn. Wer aber seinem Nächsten die Tür seines Hauses aufmacht, dem ist man mit seinem Leben verbunden.

Wie schön und lieblich ist es, wenn Brüder in Eintracht wohnen! So singt der Psalmist.

Damit sind Mose und Aaron gemeint. Sie liebten einander und waren einander zugetan. Als Mose das Königtum übernahm und Aaron die priesterliche Macht antrat, da hegte keiner Neid gegen den anderen, sondern jeder freute sich über die Größe seines Bruders.

Als der Herr zu Mose sprach, er möge seine Sendung erfüllen und zu Pharao gehen, da antwortete Mose: Sende einen Gesandten. – Du meinst wohl, er hätte sich geweigert, die Botschaft auszurichten und den Gang zu tun? Mitnichten: das geschah nur darum, weil er Aaron überaus verehrte. Er sprach: Bevor ich erschien, da weissagte mein Bruder Aaron den Kindern Israel in Ägypten; nun soll ich in seinen Kreis treten und er soll mir zürnen? Das war der Grund seines Säumens. Der Herr aber antwortete ihm: Du bist Aaron in keiner Weise hinderlich; nicht nur, daß er dir nicht zürnt, nein, er freut sich der Sache. Siehe, er zieht dir entgegen und ist fröhlich in seinem Herzen, daß er dich wiedersieht.

Wie nun der Herr solches gesagt hatte, nahm es Mose auf sich, zu Pharao zu gehen. Alsbald erschien Gott dem Aaron und sprach zu ihm: Auf, geh Mose entgegen. Und Aaron ging hin und begegnete Mose auf dem Berge Gottes und küßte ihn.

Der Herr donnert mit seiner Stimme wunderbarlich. Wann hat Gott mit seiner Stimme Wunder gewirkt? Das war zu der Stunde, da er Mose zu Pharao senden wollte, daß der die Kinder Israel sollte ziehen lassen. Mose war damals in Midian, da er sich vor Pharao fürchtete. Als nun der Herr zu ihm sprach: Geh hin, kehre zurück nach Ägypten! – Da spaltete sich das Wort Gottes, und zwei Stimmen wurden aus einer; Mose vernahm in der Wüste den Ruf: Kehr um nach Ägypten! Aaron aber hörte den Befehl: Zieh Mose entgegen!

Die Ersten, die auszogen

1
Jagnon

RABBI ELIESER ERZÄHLT:
All die Jahre, da Israel in Ägypten weilte, erfreuten sie sich der Ruhe und Sicherheit, bis daß Jagnon kam, einer von den Nachfahren Ephraims. Er sprach: Mir ist der Herr erschienen und hat mir befohlen, euch aus Ägypten zu führen! Also machten sich auf die Kindeskinder Ephraims, die hochgemuten, die königlichen Samens waren und streitbare Helden. Sie machen sich auf, nahmen ihre Frauen, Söhne und Töchter und gingen aus Ägypten. Die Ägypter aber verfolgten sie grimmig und schlugen sie tot.

2
Die voreiligen Ephraimiter

DIE KINDER EPHRAIM WAREN: Suthela und Eser und Elead. Von ihnen heißt es nachher: Die Kinder Ephraim, die geharnischt den Bogen führten, sie fielen ab zur Zeit des Streites; sie hielten den Bund Gottes nicht und wollten in seinem Gesetz nicht wandeln. Sie warteten das Ende nicht ab und auch nicht die Erfüllung des Eides.

Und Gott führte sie nicht die Straße durch der Philister Land. Weswegen? Weil dem Stamm Ephraim ein Irrtum widerfahren war. Sie zogen aus Ägypten, noch ehe die Leidenszeit zu Ende war, und dreißigtausend Mann von ihnen wurden getötet. Sie rechneten die Zeit von der Stunde, da Gott mit Abraham den Bund zwischen den Stücken geschlossen hatte, und merkten nicht, daß bis zu der Erfüllung noch dreißig Jahre fehlten. Hätten sie sich nicht geirrt, sie wären nicht ausgezogen; so aber mußten sie ihre Kinder dem Totschläger preisgeben. Die Totschläger aber, das waren die Philister, wie es auch heißt? Die Kinder Ephraim waren diese? Suthela und Eser und Elead; und die Männer zu Gath, die Einheimischen im Lande, erwürgten sie. Die Gebeine der Toten lagen zu Haufen auf der Straße, dreißig Jahre lang. Daher sprach der Herr bei dem Auszug der Kinder Israel aus Ägypten: Wenn sie die Knochen der Kinder Ephraim daliegen sehen, werden sie wieder nach Ägypten umkehren wollen. Was tat der Herr? Er nahm von dem Blut der Kinder Ephraim und tauchte sein Gerät darein. Daher es auch heißt: Warum ist dein Gewand so rot? Der Herr sprach: Ich bin nicht eher getröstet, als bis ich das Leid der Kinder Ephraim gerächt habe.

Gott führte Israel nicht auf der Straße durch der Philister Land, die am nächsten war, denn er gedachte, es möchte das Volk gereuen, wenn sie den Streit sähen. Welcher Streit ist hier gemeint? Unsre Lehrer behaupten, damit sei auf die Kinder Suthela, die Kinder Ephraim, hingewiesen, welche achtzig Jahre vor der Zeit das Ende herbeiführen wollten. Es fielen von ihnen hundertachtzigtausend Mann. Daher es von ihnen heißt: Die Kinder Ephraim, die geharnischt den Bogen führten, sie fielen ab zur Zeit des Streites.

Mose sprach zu dem Geschlecht der Wüste: Daß ihr ja nicht früher nach Kanaan geht, ehedenn der Herr es will, auf daß ihr nicht verderbet, gleichwie eure Brüder, die Kinder Ephraim, verdorben sind. Sie wagten es und machten sich auf, drei Jahre, bevor die Zeit erfüllt war, und fielen von der Hand der Philister, die zu Gath wohnten.

3
Die Zeichen der Erlösung

Als Mose auftrat, gingen die Ältesten Israels zu der Greisin Serah, um sie um Rat zu fragen; denn sie waren schon einmal fehlgegangen, zur Zeit der Kinder Ephraim, welche dreißig Jahre vor der bestimmten Zeit aus Ägypten ausgezogen waren.

Rabbi Elieser sprach: Fünf Zeichen wiederholen sich in der Schrift, und von diesen geht die Erlösung aus. Diese Zeichen sind allein dem Erzvater Abraham offenbart worden. Von Abraham gingen sie auf Isaak über, von Isaak auf Jakob, von Jakob auf Joseph. Joseph teilte sie seinen Brüdern mit; Asser aber vertraute sie seiner Tochter Serah an.

Als Mose und Aaron vor die Ältesten der Juden kamen und vor ihren Augen die Wunder vollführten, da gingen die Ältesten zu der Greisin Serah, der Tochter Assers, und erzählten ihr von dem, was sie geschaut hatten. Sie sprachen: Es kam ein Mann zu uns und machte die und die Zeichen vor unseren Augen. Serah erwiderte: Die Zeichen haben nichts zu bedeuten. Da sprachen die Ältesten: Sie verkündeten aber auch dies: Solches hat Gott gesagt: ich will euch heimsuchen, ja heimsuchen!

Alsbald sprach die Greisin: Das ist der Mann, der Israel aus Ägypten führen wird, denn so habe ich es aus dem Munde meines Vaters vernommen.

Nunmehr glaubte das Volk an Gott und an Mose, wie es auch geschrieben steht: Und das Volk glaubte und gehorchte, denn Gott hatte die Kinder Israel heimgesucht.

Zwei unsrer Vorfahren sahen noch das vierundzwanzigste Geschlecht nach sich kommen; sieben aber sind Glieder der Kette, die den Anfang mit dem Ende verbindet.

Adam sah noch Methusalah kommen, Methusalah sah Sem, Sem sah Jakob, Jakob sah Serah, Serah erlebte noch die Geburt des Propheten Ahia von Silo, Ahia sah Elia kommen, Elia aber lebt noch heute und wird leben, bis der Messias kommen wird.

Mose und Aaron vor Pharao

1
Pharaos Hochmut

PHARAO LIESS SICH EINEN PALAST auf dem Wasser bauen. Wenn der Nil anschwoll, so schwamm der Bau auf der Oberfläche des Wasser; der König brachte laute Töne hervor, und seine Stimme war vier Ta-

gereisen weit zu hören. So groß war sein Hochmut und sein Übermut.

Pharaos Herrschaft erstreckte sich von einem Ende der Welt bis
zum anderen; es war aber alles Israels Größe, der er das verdankte.

Hiram, der König von Zur, dünkte sich einen Gott; da ließ der
Herr ihn wissen, daß er ein Mensch war, wir es auch heißt: Darum,
daß sich dein Herz erhebt, so will ich dich zu Boden stürzen und ein
Schauspiel aus dir machen den Königen.

Auch Nebukadnezar, der König von Babel, hielt sich für einen
Gott. Er gedachte in seinem Herzen: Ich will über die höchsten Wolken fahren. Da machten der Her ihn merken, daß er nur Fleisch und
Blut war, und sprach zu ihm: Man wird dich von den Menschen verstoßen, und du wirst Gras fressen.

Ebenso tat Joas, der König von Juda, und dafür erfuhr er Strafe
durch die Macht der Syrer.

Und also war es auch mit Pharao. Weil er davon sich gesprochen
hatte: Mein ist der Nil, ich hab's gemacht – ließ ihn der Herr fühlen,
daß er nichts denn ein Mensch war. Mose kam vor Pharao und trug
ihm das Anliegen vor; da sprach er: laß ab von mir, ich muß meine
Notdurft verrichten. – Gibt es aber einen Gott, der einen irdischen
Drang empfindet? Also wurde sein tierisches Wesen offenbar.

2
Wer ist der Gott der Hebräer?

Es war grosser Empfangstag bei Pharao, und auswärtige Fürsten
waren bei ihm zu Gaste, die krönten ihn zum Herrscher über sich
und über alle Fürsten umher. Mose und Aaron aber standen zu der
Zeit am Eingang zum Palast und baten um Einlaß. Da traten die Diener vor Pharao und meldeten ihm: Zwei alte Männer stehen an der
Tür. Pharao fragte: Haben sie eine Krone mit? Die Diener verneinten
die Frage. Da sagte Pharao: Sie mögen als die Letzten eintreten. Doch
alsbald standen beide Brüder vor Pharao. Er sprach zu ihnen: Was ist
euer Begehren? Sie erwiderten: Der Hebräer Gott schickt uns zu dir
und läßt dir sagen: Laß mein Volk ziehen, daß es mir diene. Darauf
sprach Pharao: Wer ist dieser Gott, daß ich seiner Stimme gehorchen
soll? Eine Krone wußte er mir nicht zu senden; nur Worte hat er für
mich. Ich kenne ihn nimmer.

Und er holte sogleich eine Rolle hervor, in der alle Götter verzeichnet waren, und fing an, daraus vorzulesen. Er rief: Der Gott von
Edom, der Gott von Moab, der Gott von Sidon – und so alle nach-

einander. Danach sprach er zu Mose und Aaron: Seht, ich habe die Schrift ausgelesen, den Namen eures Gottes finde ich hier nicht.

Womit ist der Fall zu vergleichen? Es hatte ein Priester einen täppischen Knecht. Als er einst aus dem Hause ging und lange fortgeblieben war, begab sich der Knecht auf den Friedhof, seinen Herrn da zu suchen. Er fragte die Menschen, die dort waren: Habt ihr meinen Gebieter gesehen? Die Leute sprachen: Ist er nicht ein Priester? Als der Knecht diese Frage bejahte, sagten die Leute: Narr! Wer hat je einen Priester auf dem Felde der Toten gesehen?

Also antworteten auch Mose und Aaron dem König von Ägypten: Tor, die Götter, die du genannt hast, sind alle tot. Jahve aber ist der wahre Gott und der lebendige Gott, der König der Welt. Da fragte Pharao: Ist er ein Jüngling? Ist er ein Greis? Wie alt ist er? Wieviel Städte hat er eingenommen? Wieviel Reiche hat er besiegt? Wie lange ist es her, daß er die Regierung angetreten hat? Mose und Aaron erwiderten: Von unseres Herrn Kraft und Allmacht ist die Erde voll. Er war, noch bevor die Welt erschaffen wurde, und er wird sein, wenn aller Welten Ende gekommen ist; er ists, der dich erschaffen und den Odem des Lebens dir eingegeben hat. Pharao fragte weiter: Und was sind seine Werke? Die Brüder antworteten: Er spannt den Himmel aus und gründet die Erde, seine Stimme entfesselt Feuerflammen, sie sprengt Berge und zerschmettert Felsen; sein Bogen ist Feuer, sein Spieß ist eine Feuerfackel, sein Schild sind die Wolken, sein Schwert ist der Blitz. Er läßt Berge und Höhen entstehen, er bedeckt den Himmel mit dunklen Schleiern, er läßt Regen und Tau niedergehen, er bringt die Pflanzen zum Blühen, er nährt die Früchte und läßt die Tiere leben. Er bereitet das Kind im Mutterleibe und läßt es dann ans Licht der Welt kommen; er setzt Könige ein und setzt Könige ab.

Da rief Pharao dazwischen: Alles, was ihr sagt, ist von Anfang bis zu Ende erlogen. Ich bin der Herr der Welt, ich habe mich selbst erschaffen, auch der Nil ist mein Werk, wie es geschrieben steht: Mein ist der Nil; ich hab's getan. Und er wandte sich an seine Weisen und sprach zu ihnen: Habt ihr von diesem Gott jemals gehört? Sie antworteten: Wir haben von ihm gehört, er sei der Sohn von Weisen und komme von uralten Königen her.

Da rief aber der Herr dazwischen: Euch nennt ihr Weise und mich den Sohn von Weisen? Bei eurem Leben, ich will eure Weisheit zunichte machen, und die weisen Räte Pharaos werden im Rat zu Narren werden. Die Weisheit der Weisen wird untergehen, und der Verstand der Klugen wird verblendet werden.

3
Der Disput

MOSE IST DER VATER aller Weisen, der Vater aller Propheten. Er ent-
wickelte vor Pharao alle Dinge der Weisheit, des Wissens, der Klugheit und des Verstandes in siebzig Sprachen. Siebzig Schreiber waren
um Pharao, und von diesen schrieb jeder eine andere Schrift. Wie die
Schreiber aber Mose und Aaron gewahrten und sahen ihre Gestalt,
die der der Engel glich, ihren Wuchs so hoch wie die Zedern des Libanon, ihre Augenkugeln, die wie Sterne glänzten und rollten, ihre
Bärte, die wie Palmenwedel wallten, ihre Angesichter wie die Sonne
strahlend und dazu den Stab Gottes mit dem unverstellten Namen
darauf, und hörten ihre Rede, die wie Funken aus ihrem Munde
sprühte – da bemächtigte sich ihrer ein Schrecken und ein Zittern,
Angstschweiß trat ihnen hervor, sie warfen das Schreibrohr aus der
Hand und die Rollen von ihren Schultern, fielen zur Erde nieder vor
Mose und Aaron und beteten sie an.

Pharao aber sprach zu den zwei Brüdern: Wer schickt euch her?
Sie antworteten: der Hebräer Gott hat uns gerufen. Da erwiderte
Pharao und sprach: Wie ist der Name eures Gottes? Worin besteht
seine Macht? Über welche Reiche, Länder und Städte herrscht er?
Welche Kriege hat er geführt und gewonnen? Wieviel Heere, Reiter
und Fußvolk befehligt er, wenn er in den Krieg zieht? Sie antworteten: Die Welt ist seiner Allmacht voll; sein Stuhl ist der Himmel und
die Erde seiner Füße Schemel. Er erschafft den Geist und die Seelen,
er verbindet das Feuer mit dem Wasser; durch sein Wort allein entstand der Himmel, durch die Rede seines Mundes die Erde; er speist
und ernährt die ganze Welt von den Hörnern des Wildochsen bis zu
den Eiern der Laus. Da antwortete Pharao: Ich bedarf seiner nicht,
ich habe mich selbst gemacht. Und weiter sprach er zu ihnen: Ihr
sagt, daß er Tau und Regen herniederfallen lasse, ich aber habe meinen Nil, der unter dem Baum des Lebens hervorquillt; dessen Wasser
ist gesegnetes Wasser, und er führt mit sich in seinem Lauf Früchte
aus dem Garten Eden, von denen jede Frucht so schwer ist, daß zwei
Eselinnen sie tragen müßten, und wer davon ißt, der schmeckt dreihundert Arten von Wohlgeschmack.

Pharao fuhr fort und sprach zu Mose und Aaron: Wartet, ich lasse die Truhe herbringen, in der unsre Schriftrollen liegen seit Erschaffung der Welt da waren, und der ersten Machthaber, die das All
beherrscht haben. Ich will sie von den Schreibern in siebzig Sprachen
verlesen lassen; vielleicht ist darunter eine Schrift mit dem Namen eures Gottes gezeichnet. Mir hat er ja nie ein Schreiben gesandt, weder
einen Friedensgruß noch einen Segen.

Und Pharao tat, wie er gesprochen hatte. Die Truhe ward geholt und geöffnet, und man las die Schriften, die darin waren, vor. Wie er nun sah, daß des Herrn Name nicht darunter war, sprach er: Euren Gott kenne ich nimmer, sein Name ist mir nicht bekannt, seine Kraft und seine Allmacht erkenne ich nicht an. In dieser Stunde sprach der Herr zu ihm: Du Missetäter! Du sagst vor meinem Boten, du kennst mich nicht? Du wirst mir dafür noch Rede stehen müssen, ich will dich meine Allmacht noch fühlen lassen.

4
Der Wettzauber

MOSE UND AARON KAMEN vor Pharao und sprachen: So spricht der Herr, der Gott Israels: Laß ziehen mein Volk, daß es mir diene. Da antwortete Pharao: Wer ist denn der Gott, dem ich gehorchen soll? Ich kenne ihn nicht und werde Israel nicht ziehen lassen. Alsbald warf Aaron seinen Stab zur Erde, und er verwandelte sich in eine feurige Schlange. Da rief Pharao seine Zauberer, und auch diese vollbrachten Wunder. Allein der Stab Aarons hüpfte und verschlang die anderen Stäbe. Danach schob Aaron seine Hand in den Busen und zog sie hervor, da war sie aussätzig wie Schnee. Aber auch die ägyptischen Zauberer taten dasselbe, und auch ihre Hände wurden mit Aussatz bedeckt. Und so war es mit jeder Plage, die Gott über die Ägypter kommen ließ, daß ihre Weissager sie nachmachen konnten. Als aber die Plage der Krätze kam, die konnten sie nicht hervorrufen.

Als Aaron seinen Stab hinwarf und der zur Schlange wurde, höhnte Pharao über ihn und Mose und krähte wie ein Hahn, indem er sprach: Das also sind die Zeichen, die euer Gott mich sehen läßt? Ist es doch sonst in der Welt üblich, daß man in ein fremdes Land Dinge einführt, die man dort nicht kennt. Wollt ihr Salzbrühe nach Hispanien bringen und Fische nach Akko?

Zwei von den Zauberern, Jochani und Mamre hießen sie mit Namen, sie spotteten über Mose und sprachen: Willst du Stroh nach Apharaiim bringen? Wer trägt Kraut an einen Ort, der voller Kraut ist?

Aaron warf seinen Stab, und er wurde zur Schlange. Da sprach Pharao: Das ist die Kraft eures Gottes? Von Ägypten geht ja die Zauberkunst für die ganze Welt aus. Und er rief Knaben und kleine Kinder herbei, die vier und fünf Jahre alt waren, und auch sie warfen ihre Stäbe, und es wurden Schlangen daraus.

Unsre Weisen sagen: Ein großes Wunder trug sich mit dem Stabe Aarons zu. Verschlingt nämlich eine Schlange andere Schlangen, so ist dieses nichts Seltsames: das ist die Natur der Schlange, daß sie andere Schlangen verschlingt. Es heißt aber, daß Aarons Stab die anderen Stäbe verschlungen habe. Nachdem also die Schlange wieder in einen Stab verwandelt worden war, ereignete sich das Wunder. Wenn einer alle die hingeworfenen Stäbe, aus denen dort Schlangen wurden, zusammengelegt hätte in eine Reihe, es wären mehr als zehn Bund gewesen; und Aarons Stab verschlang sie alle und wurde nicht dicker, als er zuvor gewesen war. – Da Pharao dies sah, ward er voll Staunens und sprach bei sich: Nun braucht er bloß zu sagen: Verschlinge Pharao und seinen Thron, und der Stab wird es tun!

Wenn Mose von Pharao ging, sprach der Bösewicht! So der Sohn Amrams wieder zu mir kommt, will ich ihn töten, kreuzigen, verbrennen. Wie aber Mose eintrat, wurde Pharao zu einem Stock.

Das Strafgericht

1
Drei Gleichnisse

DER HERR IST ein streitbarer Held. Unsre Altvordern erzählen: Wenn Könige auf Erden miteinander Krieg führen, so fügen sie einander leibliche Plagen zu. Lehnt sich ein Reich gegen einen König auf, so schickt er seine Legionen gegen die Aufständischen, belagert die Stadt und verstopft ihre Wasserquellen, damit die Einwohner umkommen. Ergeben sie sich, so ist es gut; wo nicht, schickt er Herolde zu ihnen. Ergeben sie sich dann, so ist es gut; wo nicht, schießt er auf sie mit Pfeilen. Fügen sie sich seiner Macht, so ist es gut; wo nicht, schickt er Lanzenkämpfer wider sie. Danach läßt er sie gefangennehmen, danach tötet er ihre Vornehmen.

Also verfuhr auch der Herr mit den Ägyptern; er wendete gegen sie Kriegsmittel an, wie sie auch bei Königen üblich sind. Zuerst machte er das Wasser der Ägypter unbrauchbar, sie aber ließen Israel nicht ziehen. Danach ließ er Boten zu ihnen kommen – das sind die Frösche, die in ihren Leibern herumhüpften. Sie wollten Israel nicht die Freiheit geben, da beschoß er sie mit Pfeilen – das sind die Stechmücken, die wie Pfeile in das Fleisch der Ägypter drangen. Sie aber kehrten sich nicht daran und behielten Israel weiter als Fronknechte. Also sandte der Herr Lanzenkämpfer wider sie – das ist die Pest, die ihr Vieh vernichtete. Sie gaben Israel nicht frei, da setzte er seine Wurfgeräte in Bewegung – das ist der Hagel. Sie erbarmten sich Israels noch immer nicht, da schlug er ihre Erstgeburt.

Ein zweites Gleichnis:

Ein Schweinehirt fand ein Schaf und schloß es seiner Herde an. Da ließ der Besitzer des Schafes ihm sagen: Gib mir mein Schäfchen wieder. Der Hirt antwortete: Es ist kein Schaf unter meiner Herde. Nun suchte der Schäfer zu erkunden, wo der Schweinehirt seine Tiere tränkte; er ging hin und verschüttete den Brunnen. Danach ließ er abermals dem Ungetreuen sagen, er solle ihm sein Schaf wiedergeben; der weigerte sich dessen auch weiter. Da suchte der Schäfer in Erfahrung zu bringen, wo die Hürden des Schweinehirten wären; sodann ging er hin und riß die Umzäunungen nieder. Der Dieb wollte aber das Schäfchen immer noch nicht herausgeben. Da fand der Schäfer die Weideplätze des Schweinehirten heraus und verbrannte alles Gras, das darauf wuchs. Jedoch, es half nicht, und der Dieb blieb verstockt. Da lauerte der Bestohlene dem Sohn des Schweinehirten auf und nahm ihn gefangen. Nunmehr rief der Schuldige: Hier, nimm dein Schaf!

Der Schäfer, das ist der Herr, der König aller Könige; das Schaf, das ist Israel; der Schweinehirt, das ist Pharao.

Pharao weigerte sich, Israel ziehen zu lassen. Wer wüßte ein Gleichnis dazu?

Ein Herr schickte seinen Knecht auf den Markt, der sollte ihm einen Fisch holen. Der Knecht aber erwarb einen Fisch, der faul war und stank. Da tadelte ihn sein Herr und sprach: Durch dreierlei Sühne kannst du das wiedergutmachen. Entweder, du ißt den Fisch selbst auf; oder, du hältst hundert Stockhiebe aus; oder, du erstattest mir seinen Wert. Der Knecht sagte: Ich will den faulen Fisch verspeisen. Aber er hatte kaum einen Bissen genommen, als es ihn schon würgte, und so sprach er zu dem Herrn: Lieber will ich Schläge ertragen. Doch wie er fünfzig Hiebe bekommen hatte, ward ihm, als müßte er sterben, und er rief: Halt ein, ich zahle dir seinen Preis! Also hatte der Narr den Fisch kosten müssen, hatte Schläge bekommen und war dann doch noch genötigt, den vollen Preis zu bezahlen.

So auch Pharao. Ihm wurde gesagt: Laß Israel ziehen. Aber er wollte nicht. Da trafen ihn die zehn Plagen, darauf nahmen ihm die Kinder Israel all sein Gut, und dann mußte er sie noch ziehen lassen.

2
Die erste Plage

GOTT SPRACH ZU MOSE: Woraus trinken die Ägypter? Mose antwortete: Aus dem Nil. Da sagte der Herr: Verwandle das Wasser in Blut. Mose erwiderte: Das kann ich nicht tun; sollte einer, der aus einem Brunnen getrunken hat, einen Stein dahineinwerfen? Ich wurde in den Nil geworfen und blieb unversehrt; sollte ich ihn schlagen? Nunmehr sprach Gott: So möge Aaron das vollbringen. Da schlug Aaron den Strom, und das Wasser ward zu Blut.

Mose sollte zu Pharao sprechen: Daran sollst du erkennen, daß der Herr Gott ist. Sieh, ich will mit dem Stabe, den ich in meiner Hand habe, das Wasser schlagen, das in dem Strom ist, und es wird in Blut verwandelt werden.

Warum bestand die erste Plage darin, daß das Wasser zu Blut wurde? Weil Pharao und die Ägypter den Nil anbeteten, sprach Gott: Ich will ihn zuerst treffen in dem, was vor ihm ist, und nachher in dem, was in ihm ist. Und so wurde das Wasser des Nils, der Bäche und der Seen und aller Quellen, auch in den Krügen und in den Holz- und Steingefäßen zu Blut. Ja, selbst was die Ägypter spien, das war alles Blut.

3
Maß für Maß

DIE ZEHN PLAGEN, die fallen alle unter die Regel: Maß für Maß. Was bedeutete das Blut? Das kam daher, daß sie die Töchter Israel hinderten, sich von ihrer Unreinheit reinzuwaschen und so die Vermehrung der Hebräer hintanhielten.

Warum kam die Plage der Frösche? Weil sie sich der Juden bedienten und von ihnen haben wollten, daß sie ihnen ekles Gewürm herbeischafften.

Und die Läuse? Weil sie die Juden zwangen, die Straßen und Märkte vom Staub reinzuhalten. Daher verwandelte sich der Staub in Läuse. Sie gruben die Erde eine Elle und zwei Ellen tief, fanden aber nichts als Ungeziefer.

Und die wilden Tiere? Weil sie den Juden auftrugen, Bären und Löwen heranzutreiben, mit denen sie sie dann hetzten, darum ließ der Herr über die Ägypter kommen mancherlei wilde Tiere.

Und der Aussatz? Die Juden mußten ihnen das Wasser wärmen, wenn es kalt war, und kühlen, wenn es zu warm war, damit sie ihre

Leiber wüschen. Dafür schlug Gott sie mit Aussatz, daß sie ihre Haut nicht berühren durften.

Und der Hagel? Die Kinder Israel hatten die Schuldigkeit, ihre Gärten und Weinberge zu pflanzen. Dafür ließ der Herr einen Hagel kommen, und der vernichtete ihre Bäume und Gewächse.

Wofür erlitten sie die Plage der Heuschrecken? Die Juden waren verpflichtet, ihre Äcker zu bestellen und Weizen und Gerste zu säen. Dafür kam die Heuschrecke und vernichtete alles, was die Juden gesät hatten.

Was bedeutete die Finsternis? Gelobt der Name des Königs über alle Könige, der kein Ansehen der Person kennt und der die Herzen erforscht und die Nieren prüft. Da es unter den Hebräern Missetäter gab, die unter den Ägyptern Schutzherren gefunden hatten, Reichtum und Ehren genossen und daher das Land nicht verlassen wollten, sprach der Herr: Schlage ich sie vor aller Welt Augen, so werden die Ägypter sagen: Wie er über uns Verderben gebracht hat, so bringt er es auch über sie. Deshalb hüllte er das Land in Finsternis drei Tage lang.

Woher war diese Finsternis? Sie kam von den oberen Regionen. Andere sagen, sie sei von der Hölle gekommen.

4
Die Erstgeborenen

ALS DER HERR DIE PLAGE der Erstgeborenen über die Ägypter kommen ließ, sprach er zu ihnen: Wenn Mitternacht kommt, wird jeder Erstgeborene sterben. Da liefen die Söhne zu ihren Vätern und sprachen: Alles, was Mose zuvor gesagt hat, ist eingetroffen; wollt ihr nun, daß wir am Leben bleiben, so laßt diese Hebräer von uns ziehen; wo nicht, sind wir alle des Todes. Die Väter aber antworteten den Kindern: Und wenn alle Ägypter sterben sollten, die Juden dürfen nicht fort.

Hierauf gingen die Erstgeborenen zu Pharao, schrien vor ihm und riefen: Wir flehen dich an, laß dieses Volk von hinnen ziehen, das Verderben kommt über uns und über dich um ihretwillen. Da sprach der Pharao zu seinen Dienern: Auf und zermalmt ihre Schenkel!

Was taten die Erstgeborenen? Ein jeder zückte sein Schwert und tötete seinen Vater.

Und es begab sich um die Mitte der Nacht, da schlug der Herr alle Erstgeburt in Ägypten; in zwei Teile hatte der Herr die Nacht geteilt. Er erwürgte die Erstgeborenen der Ägypter mit eigner Hand, nicht durch einen Sendboten. Und weilte auch der Vater des Knaben in einem anderen Lande, aber sein erstgeborenen Sohn war in Ägypten, so wurde er getötet. Vom Erstgeborenen des Menschen bis zum Erstgeborenen der Tiere – alles erlitt den Tod.

Und es war ein großes Geschrei in Ägypten, und alles kam, Pharao zu töten. Da drängten die Ägypter das Volk Israel, daß es von dannen ziehe. Diese waren aber gerade dabei, den Lobgesang dem Herrn erschallen zu lassen. Pharao befahl seinen Vornehmen, sie möchten Mose und Aaron rufen. Allein der Herr sprach zu Pharao: In der Nacht willst du meine Kinder ziehen lassen? Das wird nicht geschehen. Am hellichten Tage, vor aller Welt Augen, werden sie dein Land verlassen.

5
Pharao wird gedemütigt

DIE WEISEN ERZÄHLEN: Bevor der Herr die Erstgeborenen der Ägypter geschlagen hatte, richtete er eine Verheerung an unter ihren Göttern, wie es auch heißt: An allen Götzen Ägypters will ich Gericht üben. Was war aber die Plage, mit der er die Abgötter schlug? Die Götzen, die aus Stein waren, zerbrachen und wurden zu Stücken. Die Bilder aus Holz verfaulten und wurden zu einem Haufen Staub; die aber aus Silber, Erz, Eisen oder Blei gegossen waren, wurden zu einer Schicht Erde. Als die Ägypter im Meere umkamen, kam ein Feuer auf ihre Zelte nieder und verbrannte sie.

Auch erzählen die Weisen, daß, bevor Gott die Erstgeburt tötete, Mose zu den Jünglingen ging und zu ihnen sprach: Also spricht der Herr: Um Mitternacht will ich als Würger ausziehen, und alle Erstgeborenen werden sterben. Da liefen die Söhne zu ihren Vätern und sprachen zu ihnen: Laßt dieses Volk ziehen; wo ihr sie nicht ziehen lasset, sterben alle erstgeborenen Kinder. Da sprach Pharao zu seinen Knechten: Auf und tötet alle diese hier! Entweder kommt meine Seele um, oder die Seele dieser Israeliten kommt um! Und ihr wollt, ich solle dies Volk ziehen lassen? – Da nahm von den Erstgeborenen ein jeder sein Schwert, und die schlugen ihre Väter tot. Daher heißt es: Der Ägypten schlug durch ihre Erstgeborenen.

Und dennoch, als Mitternacht kam, erwürgte Gott alle Erstgeburt Ägyptens, vom erstgeborenen Sohn Pharaos angefangen. Da standen Pharao und seine Diener auf in der Nacht. Ein Ägypter nämlich hatte fünf Frauen geehelicht und hatte von jeder einen Sohn; diese starben alle, denn sie waren alle erstgeborene Kinder ihrer Mütter. Ebenso lebte da eine Frau, die fünf Männer gehabt und jedem einen Sohn geboren hatte. Diese starben alle, denn sie waren erstgeborene Kinder ihrer Väter. Wo kein Erstgeborener im Hause war, starb der Älteste aus dem Hause. Wo aber der Erstgeborene bereits verstorben war, da stand er aus dem Grabe auf, kam ins Haus und fiel zur Erde nieder tot wie am Tage, da er gestorben war; und die Angehörigen erhoben ein Geschrei wie an seinem Todestage. Es war also kein Haus, in dem nicht ein Toter gewesen wäre.

Wie nun Pharao sah, daß sein Sohn, der Sohn seiner Gemahlin und die Söhne seiner Diener gestorben waren, sprach er in seinem Herzen: Hat doch Mose niemals vor mir gelogen. Und er sprach zu seinen Dienern: All die Zeit, da er bei mir geweilt hat, pflegte er, sobald ich ihn um Verzeihung bat, vor seinem Schöpfer zu beten, und wir wurden von jeder Plage geheilt. Nun ich über ihn erzürnte und zu ihm sagte: Du wirst mein Angesicht nicht mehr sehen, hab ich jetzt die Pflicht, ihn aufzusuchen.

Und Pharao machte sich auf mit seinen Dienern, die weinten alle bitterlich, und zog über Straßen und Märkte und fragte überall: Wo ist hier Mose zu finden? Wo wohnt der Mann Mose? Die Kinder der Israeliten spotteten seiner und sprachen: Pharao, wo willst du hin? Pharao antwortete: Ich suche euren Meister Mose. Die Kinder erwiderten: Hier, sieh her, da wohnt er! So verhöhnten ihn die Kleinen, so daß er erst nach langem Irregehen zu dem Haus des Mose kam.

Mose aber sowie Aaron und ganz Israel waren dabei, ihr Passah zu essen in ihren Häusern, und sie sangen Loblieder dem König aller Könige. Keiner verließ in dieser Nacht sein Haus, denn also hatte es der Her befohlen. Als nun Pharao vor dem Tore Moses ihn rief, fragte Mose: Wer ist es, der hier ruft? Pharao antwortete: Das bin ich, Pharao. Da sprach Mose: Wie kommst du zu mir in eigener Person? Ist denn dies eines Königs Art, in der Nacht umherzuschweifen und an die Türen der Häuser zu klopfen? Pharao erwiderte: Ich bitte dich, geh hinaus und bete für uns vor deinem Gott, denn es ist bald kein Mensch mehr in Ägypten am Leben. Mose aber sagte: Ich kann nicht hinausgehen, denn der Allmächtige hat es uns verboten, in dieser Nacht hinauszugehen. Da sagte Pharao: So stelle dich ans Fenster und laß mich dein liebes Angesicht sehen. Mose aber antwortete: Sagtest du nicht, ich sollte dein Angesicht nimmermehr sehen? Pharao sagte: Solches sagtest du zu mir, bevor die Ägypter tot waren, nun aber sind die alle tot. Du hast vor mir noch niemals gelogen; und sieh, nun sind alle tot.

Da sprach Mose: Willst du, daß sie alle wieder lebendig werden? Pharao rief: O ja! Da sagte Mose: So rufe laut aus: Kinder Israel, ihr seid frei! Ihr seid eure eignen Herren! Macht euch auf und zieht aus von meinem Volke! Bislang wart ihr die Knechte Pharaos, nun seid ihr die Knechte Gottes! So hat Mose befohlen. – Pharao sprach alle diese Worte, und Mose gebot ihm, sie zum zweiten und zum dritten Male zu wiederholen.

Wie aber die Stimme Pharaos erscholl, wurde sie im ganzen Land Ägyptern hörbar, vierzig Tagereisen weit, das sind vierhundert Meilen. Und er schrie zu Mose und Aaron in der Nacht: Auf und zieht aus der Mitte meines Volkes. Mose erwiderte darauf: Du behelligst uns die ganze Nacht hindurch. Pharao sagte: Ich bin ein Erstgeborener und fürchte mich, daß ich sterben werde. Mose aber sagte ihm: Es soll dir darum nicht bange sein, du bist für Großes ausersehen. Aber auch die Ägypter bedrängten Pharao und nötigten ihn, Israel ziehen zu lassen, denn sie sprachen: Wir sind alle des Todes. Da sprach der Herr: Bei eurem Leben! Ihr werdet nicht alle hier sterben, sondern im Meere, dahin ich euch bringen werde.

Als danach die Ägypter im Meere umkamen, fuhr ein Feuer auf ihre Götter nieder, und sie verbrannten.

6
Die Rettung Bithjas

Und alle Erstgeburt Ägyptens wurde getötet, auch die erstgeborenen Töchter. Nur eine entging dem Tode, das war Bithja, die Tochter Pharaos, denn sie hatte einen guten Fürsprecher an Mose, dem Sohne Amrams.

Und sie stand auf in der Nacht. Das ist Bithja, die Tochter Pharaos. Sie war Heidin und wurde Jüdin, auch weil sie an Mose Gutes getan hat. Sie ist für wert befunden worden, lebend aufgenommen zu werden in den Garten Eden.

Gott sprach zu Pharao: Ich habe in meiner Thora geschrieben: Laß die Mutter fliegen, die Jungen aber kannst du nehmen; du aber hast die Väter ziehen lassen und die Kinder in den Nil geworfen. Also will auch ich mit euch verfahren; ich werde dich ins Meer stoßen und dich zu Grunde gehen lassen, deine Tochter aber will ich nehmen und ihr einen Sitz im Eden bereiten.

Im Himmel da droben, da ist ein besonderer Tempel, darinnen weilt Bithja, die Tochter Pharaos, die Retterin Mose. Unzählige Tausende von züchtigen Frauen sind um sie herum, eine jede von ihnen hat einen Raum für sich, der voller Licht und Wonne ist. Dreimal am Tage erschallt der Ruf: Mose, der wahrhafte Prophet, ist gekommen! Die Tochter Pharaos vernimmt den Ruf und schreitet zu einem Saal, der verhängt ist. Hier erblickt sie Mose, verneigt sich tief vor ihm und spricht: Wohl mir, daß ich ein solches Licht der Welt erhalten habe. Und diese Stunde ist ihre größte Freude. Danach kehrt sie zu ihren Frauen zurück, und sie betätigen sich gemeinsam an der Erfüllung von Geboten, die sie während ihres Lebens auf Erden nicht erfüllen konnten.

Alle diese Frauen um Bithja werden die seligen Frauen genannt, denn sie haben die Qualen der Hölle niemals verkostet.

Der Schrein Josephs

1
Das Auffinden des Sarges

UND MOSE NAHM die Gebeine Josephs. Woher wußte Mose, wo Joseph begraben war? Man erzählt, Serah, die Tochter Assers, sei von jenem Geschlecht am Leben geblieben, und sie tat Mose kund, wo die Grabstätte Josephs war.

Mose ging zu Serah, der Tochter Assers, und fragte sie, die allein lebend geblieben war von jenem Geschlecht, wo Joseph begraben läge. Da antwortete Serah und sprach: Einen metallenen Totenschrein haben ihm die Ägypter gemacht und ihn in den Nil versenkt, damit die Wasser des Flusses gesegnet würden.

Da ging Mose an das Ufer des Stromes und rief: Joseph, die Zeit ist erfüllt!

Andere erzählen, Mose habe den Becher Josephs genommen und ihn in vier Stücke zerbrochen. Auf das eine Stück ritzte er das Bild eines Löwen, auf das andere einen Adler, auf das dritte einen Stier, auf das vierte einen Menschen. Danach stellte er sich vor den Nil und warf das Stück mit dem Löwen ins Wasser; er rief dabei: Joseph, die Stunde ist da, wo Israel erlöst werden soll, allein die Majestät Gottes zögert um deinetwillen, und die Wolken der Herrlichkeit zögern um deinetwillen. Doch der Schrein ließ sich nicht sehen.

Da warf Mose das Bild des Stieres ins Wasser und sprach dieselben Worte wie vorhin, allein der Sarg kam nicht nach oben. Darauf warf Mose das Bild des Adlers in den Nil und wiederholte die Bitte. Die Lade mit den Gebeinen Josephs kam aber nicht zum Vorschein.

Zuletzt warf er das Bild des Menschen in den Strom, und siehe da, der Sarg Josephs schwamm empor. Da reckte Mose seine Hand aus und ergriff die Lade.

Und Mose nahm die Gebeine Josephs.

Viele erzählen, Joseph sei im Palaste Pharaos begraben gewesen, nach der Weise, wie man Könige zu bestatten pflegt. Die Ägypter aber machten zwei goldene Hunde zu beiden Seiten des Sarges und stellten es durch Zauberkünste an, daß die Hunde bellten und ihre Stimme im ganzen Lande, vierzig Tagereisen weit, zu hören war, wenn sich ein Mensch der Stätte näherte. Allein Mose brachte sie zum Schweigen. Daher heißt es: Bei den Kindern Israel muckte kein Hund.

Die Kinder Israel zogen aus Ägypten, beladen mit Gold und Silber, das sie den Ägyptern abgenommen hatten; Mose aber trug eine andere Last auf seiner Schulter: es war der Sarg mit den Gebeinen Josephs.

Der Herr sprach zu Mose: Mose, glaubst du, es sei gering, was du vollbracht hast? Bei deinem Leben, groß ist die Barmherzigkeit, die du bewiesen hast? Du hast weder das Gold noch das Silber beachtet. Also will auch ich an dir Barmherzigkeit erzeigen.

2
Der wundertätige Leichnam

RABBI NATHAN ERZÄHLT:

Josephs Leichnam wurde gesalbt, wie man es mit Leichnamen von Königen zu tun pflegt, und sodann in der Königsgruft der Ägypter beigesetzt.

Viele erzählen, man habe ihm einen ehernen Sarg gefertigt und diesen in den Nil versenkt. Wie trug sich das zu? Im Anfang wurden die Gebeine Josephs in einem Acker begraben, und das Feld gedieh überaus. Als man das merkte, wurde der Leichnam gestohlen und auf einem anderen Felde geborgen; und überall trug der Boden reichlichere Frucht als zuvor. Da gelangte die Kunde davon zu dem König, und die Weissager Pharaos sprachen: Die Ägypter nähren sich doch alle von den Wassern des Nils. Also wollen wir ihn in den Nil versenken, auf daß der Strom um seinetwillen gesegnet werde. Und die Ägypter machten einen metallenen Sarg für die Gebeine Josephs und taten ihn in den Strom, damit das Land nie mehr vom Hunger heimgesucht würde.

Die Lehrer erzählen:

Die Ägypter hatten von dem Eide erfahren, mit dem Joseph seine Brüder beschworen hatte: nicht eher aus Ägypten zu ziehen, als bis sie seinen Leichnam fänden und mitnehmen könnten. Da sprachen die Weisen zu Pharao: Ist es doch dein Wille, daß dieses Volk Ägypten nicht verlasse. Alsbald machten sie für die Gebeine Josephs einen

Sarg aus Blei und ließen ihn in den Nil herabsinken. Da sprachen die Kinder Israel: Wehe uns, wir werden in Ewigkeit nicht erlöst werden.

Wie hat ihn aber Mose ausfindeg gemacht? Rabbi Juda sprach: Er entdeckte die Gebeine Josephs in der Königsgruft und nahm sie hinweg. – Das ist aber ein großes Wunder, denn, wie kann man Menschen von Tierknochen unterscheiden, und wie sind Gebeine eines Israeliten unter so vielen eines anderen Volkes zu erkennen? Ja, Mose roch einen lieblichen Geruch im Gewölbe, der wie der Geruch des Paradieses war, und sprach bei sich: Da, wo der Geruch herkommt, wird der Leichnam Josephs liegen.

Und noch wird erzählt: Mose blieb vor den Königsgräbern stehen und rief: Joseph, Joseph, die Stunde ist da, wo der Herr Israel erlösen will, allein er zögert damit, und auch Israel hart, bis du mitkommst. Laß mich Antwort hören und melde dich. Alsbald erbebte der Schrein Josephs; Mose hob ihn auf und trug ihn davon.

Jener aber, der uns berichtet, der Sarg Josephs sei in den Nil versenkt worden, erzählt die Geschichte seiner Wiederauffindung so: Mose irrte in der Stadt umher und suchte nach der Grabstätte Josephs. Da begegnete ihm Serah, die Tochter Assers, welche allein übriggeblieben war von jenem Geschlecht. Sie sprach zu ihm: Mein Herr, warum gehst du so verstört einher? Er antwortete: Drei Tage und drei Nächte wandle ich im Kreise um die Stadt, um die Lade Josephs zu finden, und ich kann sie nirgends erblicken. Da sprach Serah: Komm, ich will dir die Stätte zeigen. Und sie führte ihn an den Nil und sagte: Hier, an dieser Stelle, haben die Ägypter ihn ins Wasser geworfen, damit man ihn nimmer von da hervorhole und also von der Knechtschaft nicht befreit werde.

Da blieb Mose am Ufer stehen und rief: Joseph, gedenke dessen, daß du deine Brüder beschworen hattest, deinen Leichnam nach Kanaan zu bringen. Halte jetzt ihre Erlösung nicht auf. Steig aus der Tiefe empor. Alsbald löste sich der Sarg Josephs vom Grunde und schwamm empor wie ein Schilfrohr. Mose aber nahm ihn auf die Achsel und ging mit ihm davon.

3
Die zwei Laden

DIE ÄGYPTER HATTEN SEINERZEIT Joseph einen kupfernen Sarg gemacht und ihn in den Nil geworfen. Da kam Mose an das Ufer des Stromes und warf eine Holzspan ins Wasser, auf den er vorher die Worte eingeschnitten hatte: Komm herauf, o Stier! Und Mose sprach: Joseph, Joseph; die Stunde ist gekommen, da Gott seine Kinder aus der Knechtschaft führen will, er zögert aber deinetwegen und läßt Israel warten. Gib mir Antwort und laß es mich wissen, ob wir deiner Ehre zuliebe uns aufhalten sollen. Willst du dich uns zeigen, so ist es recht; wo nicht, so sind wir unsres Eides quitt. Alsbald schwamm der Schrein Josephs empor.

Andere erzählen es so: Joseph war in der Gruft der Könige beigesetzt worden. Wieso erfuhr aber Mose, wo sein Sarg zu suchen wäre? Er kam dorthin, wo die Gräber waren, und schrie: Joseph, Joseph; die Stunde der Erlösung ist da, und Gott und Israel harren dein. Sollen wir warten, um deiner Ehre zu genügen? Offenbare dich uns! Wenn aber nicht. So sind wir unsres Schwures ledig. Sogleich machte sich der Sarg Josephs kenntlich, indem er zu schaukeln begann.

Dies soll dir beweisen, daß mit dem Maß, mit dem man mißt, einem vergolten wird. Joseph hatte seinen Vater zu Grabe getragen, und er war der größte unter seinen Brüdern, denn er war König. Dafür wurde er für würdig befunden, durch Mose aus dem Grabe gezogen zu werden, durch Mose, welcher der größte war, welcher König war.

Doch nicht allein dies. Mit dem Leichnam Jakobs waren auch die Diener Pharaos und die Ältesten seines Hauses und die Ältesten des Landes Ägyptern nach Kanaan gezogen. Den Sarg Josephs geleiteten die Majestät Gottes, die Lade des Bundes, die Priester, die Leviten und die sieben Wolken der Herrlichkeit. Und der Schrein Josephs wanderte zusammen mit dem Schrein des Zeugnisses mit Israel durch die Wüste, und die Völker der Erde fragten: Was bedeuten wohl die zwei Laden? Israel aber antwortete: Der eine Schrein birgt einen Toten, die andere bleibt in Ewigkeit lebendig. Die Völker sprachen: Ist es denn eines Toten Art und Weise, mit einem zu ziehen, der ewig leben wird? Sie erwiderten: Der Tote, der in dem einen Schrein ruht, hat alles erfüllt, was die Rolle enthält, die in dem anderen aufbewahrt ist.

Der Durchzug durchs Meer

1
Die wunderbare Überfahrt

DIE VON DIR ENTSANDTEN sind wie ein Lustgarten von Granatäpfeln, heißt es im Hohen Lied. Denn gleichwie ein Lustgarten voll köstlicher Früchte ist, also zog Israel aus Ägypten, mit Gütern aller Art gesegnet.

Rabban Gamliel erzählt: Die Ägypter verfolgten die Kinder Israel bis zum Schilfmeer, und hier stand Israel da zwischen den Ägyptern und dem Meere, vor ihnen das Meer, hinter ihnen der Feind. Da fürchteten sich die Juden gar sehr, und hier an diese Stelle warfen sie alle Greuel Ägyptens ab, taten Buße und riefen ihren Gott an.

Und Mose sah Israels Bedrängnis und stellte sich hin, daß er für sie betete. Da sprach Gott zu ihm: Sage den Kindern Israel, daß sie weiter ziehen mögen. Mose sprach: Sie haben die Feinde hinter sich und vor sich das Meer. Wo sollen sie hin? Was tat darauf der Herr? Er ließ Michael, den großen Fürsten, herniederfahren, und dieser stellte sich als feurige Wand zwischen Israel und die Ägypter. Also konnten die Feinde Israel nicht erreichen.

Die Engel im Himmel sahen Israels Bedrängnis und priesen den Herrn nicht wie sonst. Der Herr aber sprach zu Mose: Recke deine Hand aus über das Meer und spalte es. Mose tat so, allein das Wasser wollte nicht weichen. Mose wies auf das Zeichen des Abrahambundes an seinem Fleisch, auf den Schrein Josephs, auf dem der heilige Name eingeschnitten war, das Meer aber blieb unverändert. Da wandte sich Mose abermals an den Herrn und sprach: Das Meer gehorcht mir nicht! Nun erschien der Herr selbst in seiner ganzen Majestät über dem Wasser, und das Meer floh, und die Flut schäumte, und die Seemengen erschraken und erzitterten und liefen in die Gründe, wie es auch heißt: Die Wasser sahen dich, o Gott; wie sie dich sahen, erschraken sie.

Rabbi Akiba erzählt: Als die Kinder Israel an das Rote Meer kamen, wandten sie sich bald um, denn sie fürchteten sich, die Wasser würden über sie hinwegströmen. Der Stamm Benjamin war der einzige, der ins Meer springen wollte, allein die aus dem Stamme Juda begannen Steine nach ihnen zu werfen, da stürzte sich Nahasson als erster in die Wellen und heiligte vor aller Welt Augen den großen Namen des Herrn. Danach, unter Anführung des Stammes Juda, stieg ganz Israel ins Meer.

Die Ägypter gedachten Israel zu verfolgen und hinter ihnen durchs Meer zu schreiten, allein sie schraken vor den Wellen zurück. Was tat der Herr? Er erschien im Meere als Reiter, hoch zu Roß, und so wurde das Pferd, auf dem Pharao ritt, scheu und rannte blindlings in die Fluten. Die Ägypter sahen ihren König voranreiten und stürzten ihm alle nach. Aber da fluteten die Meereswogen über sie zurück und bedeckten sie alle, die Rosse samt den Reitern.

Rabbi Elieser erzählt: Bald, nachdem die Wasser sich gesammelt hatten, gefroren sie und wurden zu festen Mauern; zwölf hohe Wände richteten sich im Meere auf, dazwischen aber liefen Straßen, auf denen die Stämme hinüberschritten. In den Mauern waren Fenster, so daß die Stämme einander sehen konnten. Auch sahen sie den Herrn ihnen voranschreiten, die Spuren seiner Füße aber blieben ihnen unsichtbar, wie es auch heißt: Dein Weg war im Meer und dein Pfad im großen Wasser, deine Fußstapfen aber waren nicht zu finden. Ben Asai sagt: Es gilt allemal der Satz: Maß für Maß. Dafür, daß die Ägypter voller Übermut die hebräischen Knaben ins Wasser warfen, ließ der Herr auch sie im Wasser umkommen.

Man erzählt, daß als die Kinder Israel am vierten Tage am Ufer des Meeres lagerten, die Leichname der Ägypter gleich leeren Schläuchen auf dem Wasser geschwommen hätten. Ein Wind von Mitternacht her erhob sich und warf die toten Leiber dem Lager der Hebräer entgegen. Da standen die Kinder Israel auf und sahen die Toten an und erkannten sie alle. Sie sprachen: Das sind die aus dem Palaste Pharaos, das sind die Fronvögte. Solches bedeutet der Vers: Und sie sahen die Ägypter tot am Ufer des Meeres.

Rabbi Ruben sagt: Es folgt die Menge immer dem, der an der Spitze steht. Irrt der Hirte, so irrt auch die Herde; geht der Hirte sicher seines Weges, so gehen auch die Schafe nicht fehl. Solch ein treuer Hirte war Mose. Als er das Danklied anstimmte zum Lobe des Herrn, da folgte ihm Israel und sang mit.

Mirjam fing an zu singen und zu tanzen, und alle Frauen zogen hinter ihr her und sangen und tanzten mit. Wo hatten sie aber in der Wüste Pauken und Lauten her? Ja, die Gerechten wissen es immer und vertrauen stets darauf, daß der Herr Wunder tun wird. Gleich beim Auszug aus Ägypten wurden Schall- und Spielgeräte von ihnen mitgenommen.

Die Kinder Israel sprachen vor dem Herrn: Herr aller Welten! Alle, die sich wider uns erhoben haben und uns vernichten wollten, sie sind doch auch deine Feinde; deine Gewalt und dein Grimm werden sie wie Stoppeln verzehren

Und weiter sprachen die Kinder Israel: Keiner gleicht dir unter den Erzengeln, daher ihre Namen von deinem herstammen, daher heißen sie Michael, Gabriel, Raphael. Wer ist wie du unter den Göttern, o Herr? Und Pharao stimmte auf ägyptisch in den Gesang ein und rief: Wer ist dir gleich, der so mächtig, so heilig, so schrecklich, so löblich, so wundertätig wäre?

Da du deine rechte Hand ausstrecktest, verschlang sie die Erde. – Der Herr sprach nämlich zur Erde: Empfange und birg in deinem Schoß die Toten. Die Erde erwiderte: Herr aller Welten! Das Meer hat sie getötet, das Meer möge sie bergen. Der Herr aber sprach: nimm diesmal die Leichen auf; ein andermal will ich welche, die auf dem Festlande umgekommen sind, ins Meer versenken. Und dies ge-

schah auch nachher, wie es im Liede Deboras heißt: Der Bach Kison
wälzte sie, der Bach Kedumim.

Die Erde aber zögerte dennoch und sprach: Gebieter der Welt!
Beschwör es mir bei deiner Rechten, daß du diese Toten nimmer von
mir wiederverlangen wirst. Alsbald streckte der Herr seine Rechte
aus und schwor ihr, daß er sie nimmer herausziehen würde. Da tat die
Erde ihr Maul auf und verschlang die Ägypter.

Als aber die Könige der Erde von dem Auszug aus Ägyptern und
der Spaltung des Schilfmeeres vernahmen, erbebten sie und erschraken und verließen ihre Throne. Da sprach Mose zu dem Herrn: Herr
aller Welten! Laß deine Furcht und deinen Schrecken über sie kommen, daß ihr Herz zu Stein erstarre, bis daß Israel das Meer überschritten hat. Du wirst sie dann hineinbringen und sie einpflanzen auf
dem Berg deines Erbteils.

Da sprach Gott zu Mose: Mose, du sagst nicht: Du bringst uns
und du pflanzest uns –, sondern: du bringest sie und du pflanzest sie!
Es bringt aber der ein Volk heim, der es hinausgeführt hat. Und weiter sprach der Herr: Bei deinem Leben, es soll nach deinen Worten
sein. In dieser Welt bist du ihr Führer; in Zukunft aber werde ich sie
pflanzen getreu und ehrlich, daß sie von ihrem Boden nicht heraus-
gerissen werden können. Deshalb heißt es auch: Ich will sie in ihrem
Lande pflanzen.

2
Usa

ALSO HALF DER HERR ISRAEL an diesem Tage von der Hand der
Ägypter.

Waren die Kinder Israel an diesem Tage den Ägyptern ausgeliefert? Unsere Weisen erzählen folgendes darüber: In der Stunde, da Israel aus Ägypten zog, stand Usa, der im Himmel der Fürst der Ägypter ist, vor dem Heiligen, gelobt sei er, und sprach vor ihm: Gebieter
der Welt! Dies Volk, das du heute aus Ägypten führst, ist in meiner
Schuld. Gefällt es dir, so möge Michael, ihr Fürst, kommen, und ich
will mit ihm rechten. Alsbald gab der Herr Befahl an Michael, daß er
Usa anhöre. Usa aber fing an und sprach: Herr der Welt! Du hattest
über das Volk verhängt, daß es meinem Volke vierhundert Jahre untertan sei. Nun aber sind sie bis heute nur sechsundachtzig Jahre in
ihrer Fron gewesen, nämlich von dem Tage an, da Mirjam geboren
ward, von der es heißt: sie wurde so genannt, weil die Ägypter den
Kindern Israel das Leben verbitterten. Es ist also noch nicht Zeit, daß
man sie befreie. So gib mir die Macht, sie nach Ägypten zurückzu-

führen, daß sie noch dreihundertvierzehn Jahre den Ägyptern dienen; erfülle das Wort, das du gesprochen hast, wie du alle deine Worte bisher erfüllt hast.

Wie Michael diese Worte vernahm, verharrte er in Schweigen, und er wußte nicht, was er Usa, dem über Ägypten Befohlenen, erwidern könnte. Da der Herr nun sah, daß Israel nach Ägypten zurückgeführt werden sollte, sprach er zu Usa: Warum willst du meine Kinder wieder zu Sklaven machen? Sind sie denn verpflichtet, deinem Volke zu dienen wegen des einen Wortes, das Abraham sprach, als er fragte: Woran werde ich's merken, daß sie das Land erben werden? und ich ihm antwortete? Fremd wird dein Same sein. Ich sagte nicht: Fremd wird er sein im Lande Ägypten – sondern: in einem Lande, das nicht sein ist. Es ist aber bekannt und offenbar, daß sie Fremdlinge waren seit dem Tage, da Isaak geboren ward, und also sind vierhundert Jahre der Knechtschaft längst um. Dir steht nicht das Recht zu, meine Kinder länger zu knechten.

Und Israel sah die große Hand Gottes.

In der Stunde, da Gott die Ägypter ertränken wollte, kam Usa, ihr Fürst, und sprach vor dem Herrn: Gebieter der Welt! Du wirst ein gerechter und rechtschaffener Gott genannt, vor dem es kein Unrecht und kein Vergessen und kein Ansehen der Person gibt. Warum also willst du meine Kinder im Meer ertränken? Haben sie denn jemals deine Kinder ertränkt oder auch nur eins von ihnen getötet? Geschieht aber alles als Strafe für die Fronknechtschaft, so ist doch diese schon gesühnt mit den Gold- und Silbergeräten, die die Kinder Israel von uns mitgenommen haben!

Da versammelte der Herr die ganze himmlische Sippe und sprach zu den Heerscharen: Sprecht ihr Recht in der Sache zwischen mir und Usa, dem Fürsten der Ägypter. Es ist wahr: Ich habe einen Hunger über sie kommen lassen, dann aber Joseph, meinen Liebling, zu ihnen geschickt, daß er sie durch seine Weisheit errette, worauf sie seine pflichtigen Knechte wurden. Danach kamen alle meine Kinder als Fremdlinge nach dem Lande Ägypten und wurden lange Zeit in harter Fron gehalten, bis daß ihr Geschrei zu meinem treuen Boten drang. Weil aber Pharao mich verleugnete, verhängte ich über ihn die zehn Plagen, bis er meine Kinder ziehen ließ wider seinen Willen. Dennoch verharrte er noch immer in seiner Bosheit und jagte ihnen nach, daß er sie zurückführe in die Knechtschaft. Weil er aber mich nicht erkennen wollte, wo ich ihm doch so vieles zugefügt hatte, will ich ihn jetzt mit all seinem Heer im Meer versenken.

Darauf erwiderte die himmlische Sippe: Ein großes Recht steht dir zu, sie im Wasser zu ertränken. – Wie Usa dies vernahm, sprach er: Herr der Welt, ich weiß, daß sie vor dir schuldig sind, allein es sei dein

Wille, mit ihnen nach dem Maß der Barmherzigkeit zu verfahren: erbarme dich des Werks deiner Hände! Heißt es doch von dir: seine Barmherzigkeit hilft allen seinen Geschöpfen. Schon war der Herr bereit, Gnade für Recht ergehen zu lassen, als Gabriel erschien und ihm die Form eines Ziegels vorzeigte, wie sie Israel in Ägypten kneten mußte. Es sprach vor dem Herrn: Gebieter der Welten! Dies verfluchte Volk, das deine Kinder so gemartert hat, erweckt dein Mitleid? Alsbald ließ der Herr das Maß der Barmherzigkeit fahren und richtete sie nach dem Maß der Strenge, daß sie alle im Meer umkommen mußten.

3
Die Zauberer Jochani und Mamre

Es gab unter den Ägyptern zwei Zauberer, mit Namen Jochani und Mamre. Als sie ins Meer stiegen und sahen, wie die Wasser die Ägypter zu verschlingen drohten, schwangen sie sich in die Höhe und flogen in die Luft auf, bis daß sie den Himmel erreichten. Es gibt aber keine größeren Zauberer als die Ägypter sind, wie es die Weisen schon gesagt haben. Sie sprachen nämlich: Zehn Maß Zauberei sind auf die Welt gekommen; neun Maß davon haben die Ägypter ergriffen, das übrige eine Maß erhielt die ganze Welt. Diese beiden nun, Jochani und Mamre, waren Erzzauberer, und so konnten sie hoch fliegen, und die Engel Michael und Gabriel vermochten nichts gegen sie. Da schrien die Engel vor dem Herrn, flehten ihn an und sprachen: Gebieter der Welt! diese Bösewichter, die deine Kinder geknechtet haben, stehen so trotzig da; vor nichts fürchten sie sich, ja sogar dir wagen sie entgegenzutreten! Laß deinen Söhnen Gerechtigkeit widerfahren! Alsbald sprach der Herr zu Matatron: Stürze sie und laß sie fallen; gib aber acht, daß sie nirgends hinfallen als nur ins Meer. Und Matatron ließ die beiden wider ihren Willen in die Meerestiefe sinken. In dieser Stunde fing Israel den Gesang an und rief: Und mit deiner großen Herrlichkeit hast du deine Widersacher gestürzt.

4
Rahab und Semael

Eine andere Geschichte: Als der Herr dabei war, das Meer vor Israel zu teilen und die Ägypter zu ertränken, versuchte Rahab, der Fürst der Tiefe, Fürbitte zu erhalten für die Ägypter. Er sprach vor dem Herrn: Gebieter der Welt! Warum willst du diese ersaufen lassen? Es sollte doch Israel genügen, daß du sie aus ihrer Hand errettest. In diesem Augenblick erhob der Herr seine Rechte und schlug den Rahab mitsamt seinem Heere und stieß ihn für immer in die Tiefe.

Als die Kinder Israel aus Ägypten zogen, erhob sich der Engel Semael, um sie vor dem Herrn anzuschwärzen. Was tat der Herr? Er verwies ihn auf Hiob, welcher einer von den Ratmannen Pharaos war. Gott sprach bei sich: Derweil er mit Hiob zu tun hat, wird Israel ins Meer gestiegen sein und das Meer überschritten haben. Danach aber will ich Hiob aus seiner Hand erretten.

Als Pharao und die Ägypter die Kinder Israel verfolgten, erhoben die Kinder Israel ihre Augen gen Himmel und sahen den Fürsten Ägyptens hoch in den Lüften fliegen. Wie sie ihn erblickten, wurden sie von großer Furcht ergriffen.

Es heißt im Lied Moses: Roß und Reiter hat er ins Meer gestürzt. Daraus ihr zu ersehen: daß der Herr zu allererst den Fürsten Ägyptens ergriffen und ihn im Meere ertränkt hat.

5
Der Held Nahasson

Rabbi Mëir erzählt: Als Israel am Roten Meere stand, da wetteiferten die Stämme miteinander darum, welcher zuerst das Meer überschreiten sollte. Der eine Stamm sprach: Ich steige zuerst ins Wasser, und auch der andere Stamm sprach: Ich steige zuerst ins Wasser. Da aber sprang der Stamm Benjamin beherzt in die Fluten, daher es auch heißt: Da ist Benjamin der Kleine, der herrschet unter ihnen. Lies jedoch nicht: Herrscht über sie, sondern: stieg ins Meer. Die Fürsten Judas aber steinigten sie. Daher ward Benjamin für würdig gefunden, ein Ernährer zu heißen, und von ihm sagt die Schrift: Er wird zwischen seinen Schultern wohnen.

Rabbi Juda sprach: Nicht so hat es sich verhalten, sondern anders. Ein jeder Stamm sprach von sich: Ich mag nicht als erster in die Wellen steigen. Da aber sprang Nahasson, der Sohn Amminadabs, mutig ins Wasser, wie es heißt : Ephraim hat mich mit Lügen umringt, und das Haus Israel mit Trug, und Juda streitet mit Gott. Und ferner heißt es darüber: Gott, hilf mir, denn das Wasser geht mir bis an die Seele; ich versinke im tiefen Schlamm, da kein Grund ist.

Mose aber verharrte zu der Zeit lange im Gebet. Da sprach der Herr zu ihm: Meine Freunde ertrinken im Meer, und du bringst die Zeit mit Beten zu? Mose antwortete: Gebieter der Welt! Was steht mir denn sonst zu tun? Der Herr sprach: Was schreist du zu mir? Sage den Kinder Israel, daß sie ziehen!

6
Bezwingung des Meeres

MOSE STAND VOR DEM MEERE und rief ihm im Namen des Herrn zu, es solle sich spalten, das Meer tat dies aber nicht; Mose schwang seinen Stab mit dem darauf eingeschnittenen Namen des Herrn vor dem Wasser, das Wasser trat aber nicht zurück. Nunmehr erschien der Herr selbst in seiner Herrlichkeit und Größe vor dem Wasser, und die Fluten wichen zurück.

Da für ein Gleichnis. Ein König auf Erden hatte zwei Gärten, von denen der eine inmitten des anderen lag. Da verkaufte er den inneren Garten an einen fremden Mann. Der neue Besitzer wollte sein Feld betreten, allein der Wächter ließ ihn nicht ein. Er sagte, er komme im Namen des Königs, der Wächter aber öffnete ihm nicht. Er zeigte ihm den Kaufbrief mit dem Siegelring des Königs, der Wächter aber blieb ungerührt. Da erschien der König selbst, und der Wächter erschrak und ergriff die Flucht.

Und Gott erlöste Israel.

Die Weisen erzählen: Als die Ägypter Israel auf den Fersen waren und Israel die Verfolger sah, wurden sie von Angst und Zittern gepackt. Israel glich sodann einer Taube, die vor dem Habicht fliegt und nachher, wenn sie ins Nest gelangt, eine Schlange darin findet. Sie schrien zu Mose: Mose unser Meister wo sollen wir hin? Im Rücken haben wir die Ägypter, und vor uns liegt das Meer. Und sie erhoben ihre Stimme und weinten, und auch Mose weinte mit ihnen. Da überkam den Herrn das Erbarmen, und er sprach zu Mose: Weshalb schreist du zu mir? Ich gedenke des Gebetes, das mein Liebling Abraham vor mir sprach, als ich ihm sagte: Geh, schlachte deinen Sohn vor mir. –

Danach sprach der Herr zu Mose: Und nun sage den Kindern Israel, sie mögen ziehen. Da fragte Mose: Und ich, wie soll ich mich verhalten? Der Herr antwortete ihm: Nimm den Stab, den ich dir gegeben habe, steig ins Meer in meinem Auftrag und sprich zu dem Wasser: Ich bin der Sendbote des Schöpfers der Welt! Mache einen Weg frei, daß meine Kinder hinüberschreiten. Alsbald stieg Mose ins Meer und sprach die Worte, die Gott ihm aufgegeben hatte. Das Meer aber antwortete: Ich will deinem Befehl nicht gehorchen, denn du bist ein Menschenkind; außerdem aber bin ich älter als du um drei Schöpfungstage: ich bin am dritten Tage erschaffen worden, du aber erst am sechsten. Als darauf Mose die Worte des Meeres dem Herrn überbrachte, sprach der Herr zu Mose: Was tut man mit einem Knecht, der sich seinem Herrn widersetzt? Mose erwiderte: Man schlägt ihn mit einem Stock. Da sprach der Herr: Also erhebe auch du den Stab, recke deine Hand aus über das Meer und teile es. Alsbald tat Mose, wie ihn der Herr geheißen hatte. Israel fürchtete sich aber noch immer, ins Meer zu steigen. Da sprang Nahasson, der Sohn Amminadabs, als erster in die Tiefe, und nach ihm ganz Israel. Die Wasser aber wurden zu Mauern ihnen zur Rechten und ihnen zur Linken.

Der Herr sprach zu Mose: Heb deinen Stab, recke deine Hand aus über das Meer und teile es voneinander. Da sprach Mose vor dem Herrn: Du befiehlst mir, das Meer in zwei Teile zu zerreißen? Darauf antwortete der Herr: Hast du denn nicht den Anfang der Thora gelesen, wo es geschrieben steht: Es mögen die Wasser dich sammeln? In derselben Stunde aber, gleich zu Anfang, sagte ich's dem Meere an, daß ich es dereinst zerteilen würde. Alsbald gehorchte Mose dem Herrn und zertrennte das Meer in zwei Teile.

7

Die zehn Wunder am Schilfmeer

Durch dein Blasen taten sich die Wasser empor.

Als die Wasser die Liebe sahen, mit der Gott Israel umhegte, machten sie sich selber klein zu Ehren der Kinder Israel. Zwölf Straßen bildeten sich im Meere, den zwölf Stämmen Israels entsprechend. Zu beiden Seiten der Straßen aber erhoben sich die Wasser, sechshundert Meilen hoch; sie wurden steif, wo sie als Mauern dienen sollten, und wurden süß, daß man sie trinke. In den Wänden aber entstanden Fenster, so daß die Kinder Israel einander sahen. Sie priesen Gott mit Liedern und Lobgesängen und wandelten mitten im Meere, wie ein Mensch, der in seiner Wohnung einhergeht.

Es wird aber auch so erzählt: Der Herr sprach zu Mose, er solle seine Hand über das Meer recken, und es würde sich teilen. Das Meer wollte sich aber nicht teilen vor den Kindern Israel. Alsbald erschien der Herr sichtbar über dem Wasser. Wie nun das Meer den Herrn erblickte, erschrak es und erbebte, schlug zurück und wurde demütig; das Meer sah's und floh davon. Die Stimme des Herrn aber wurde hörbar von einem Ende der Welt bis ans andere, und die Wellen wurden zu Mauern von tausendsechshundert Meilen Höhe. Der Herr schalt das Meer und sprach: Warum gingst du nicht auseinander vor meinen Kindern? Das Meer antwortete: Herr der Welt! Ich wußte es nicht, daß sie in deinem Auftrag gekommen waren; nun aber will ich tun, was meine Schuldigkeit ist. Und das Wasser gefror, und es bildeten sich noch zwölf Wege im Meere; das flüssige Wasser aber wurde süß, daß Pflanzen und allerlei köstliche Früchte gediehen und ein herrlicher Duft die Menschen erfreute. Die Kinder Israel schritten hindurch wie auf Teppichen.

Als die Kinder Israel durch das Schilfmeer zogen und die kleinen Kinder Durst litten, streckten die Mütter ihre Hände aus und schöpften Wasser für sie, und das salzige Meerwasser wurde süß. Sie griffen mit den Händen in die Wellen und fingen da Feigen, Granatäpfel und Pfirsiche für ihre Kinder.

Zehn Wunder geschahen den Kindern Israel am Roten Meere: das Meer spaltete sich; es wurde zu einem einzigen Ufer; es entstanden darin zwölf Straßen; das Meer wurde trockenes Land; das Wasser wurde zu Lehm. Und die Fluten zerbröckelten; die Wellen standen aufrecht und bildeten Wände; aus der Salzflut konnte man süßes Wasser schöpfen; die Wasser ballten sich und erstarrten zu Eis; das Ganze wurde gleichsam eine große gläserne Kugel.

8
Das Ende der ägyptischen Macht

DIE WEISEN ERZÄHLEN: Als die Kinder Israel in Ägypten waren, da zwangen die Ägypter sie zu schwerer Arbeit und forderten, daß ein jeder Jude täglich sechshundert Ziegel bereite; fehlte auch nur ein Ziegel, da nahm man den Fronknecht und verwendete ihn als Baustein in der Mauer. Dafür verloren die Ägypter, als sie Israel verfolgten, sechshundert Reiter.

Die Kinder Israel erschraken, und ihre Seele entflog schier. Da sprachen die diensttuenden Engel vor dem Herrn: Gebieter der Welt! Wir wollen hinabfahren und Israel rächen; deine Kinder sollen vor den Ägyptern behütet werden. Der Herr antwortete ihnen: Ich will selbst hinabsteigen und meine Kinder beschützen.

Als die Ägypter sahen, daß die Kinder Israel ins Meer stiegen, teilten sie sich in drei Gruppen. Die eine Gruppe sprach: Wir wollen sie nach Ägypten zurückschleppen. Die zweite Gruppe sagte: Wir wollen sie ausziehen und nackend liegen lassen. Die dritte Gruppe meinte: Wir wollen sie jetzt alle erschlagen. Die, die gesprochen hatten: Wir wollen sie nach Ägypten zurückschleppen – die ließ der Herr durch einen Wind fortwehen; die stieß er ins Meer; die, welche gesprochen hatten: Wir wollen sie totschlagen – die ließ er den Tod in den Wellen finden.

Die Tiefe hat sie bedeckt. – Nachdem die Ägypter im Meere ertrunken waren, sprachen die Kinder Israel zu Mose: Du sagst, sie seien in den Fluten umgekommen? Wir fürchten uns, daß sie noch aus dem Wasser emporsteigen werden, wie wir emporgestiegen sind. Ist es dein Wille, so laß uns ihre toten Leiber sehen, daß unsre Rache gestillt werde. Alsbald sprach Mose zu dem Herrn: Gebieter der Welt! Übergroß war die Furcht, die sie vor ihren Feinden hegten; daher glauben sie nicht an deren Untergang. Tu ein Wunder an ihnen und laß sie ihrer Feinde Verderben sehen.

Da sprach der Herr zu dem Fürsten des Meeres: Wirf sie ans Land. Der Fürst des Meeres aber antwortete: Kommt es denn vor, daß ein Herr seinem Knecht ein Geschenk gibt und es dann zurückverlangt? Der Herr sprach darauf: Ich werde sie dir zwiefältig wiedergeben. Der Fürst des Meeres erwiderte: Kommt es denn vor, daß ein Knecht mit seinem Herrn wegen einer Schuld rechten muß? Der Herr sprach: Der Bach Kison, darin einst Siseras Streiter ertrinken werden, sei dir Bürge dafür. Sogleich spülte das Wasser die Leichen ans Ufer, und Israel sah seine Feinde und erkannte jeden von ihnen. Nachdem sie aber ihre Rache genossen hatten, ließ der Herr die Leichen wieder untergehen, daß sie ins Meer hinunter sanken wie ein Stein.

9
Der unsterbliche Pharao

HERR, WER IST DIR GLEICH unter den Göttern?

Die Weisen erzählen: Als Israel dieses Lied sang vor dem Herrn, hörte es auch Pharao, den die Wellen schon zu verschlingen drohten. Er hob seinen Finger gen Himmel und rief: Ich glaube an dich, o Gott; du bist der wahre Gott, und es gibt keinen anderen Gott als dich. In dieser Stunde fuhr Gabriel hernieder, legte ihm eine eiserne Kette um den Hals und sprach zu ihm: Du Bösewicht! Gestern erst sprachst du: Wer ist der Gott, daß ich seiner Stimme gehorchen sollte? Und nun sagst du: Gott ist gerecht. – Und er stürzte ihn in den Meeresabgrund. Daselbst wurde er fünfzig Tage gehalten und gepeinigt, auf daß er die Allmacht Gottes erkenne.

Danach wurde er zum Fürsten gemacht über Ninive, die große Stadt. Als dann Jona nach Ninive kam und sprach: Noch vierzig Tage, und Ninive wird untergehen – wurde Pharao von Frucht und Schrecken ergriffen. Er erhob sich von seinem Thron, hüllte sich in einen Sack und saß in der Asche; und er war es selbst, der rief und schrie: Weder Mensch noch Vieh, weder Kind noch Schaf sollen etwas kosten, und man soll sie nicht weiden noch Wasser trinken lassen, denn ich weiß, daß es keinen anderen Gott gibt in der ganzen Welt, alle seine Worte sind wahr, und sein Gericht ist treu und gerecht.

Und noch heute lebt Pharao und steht an der Pforte der Hölle. Wenn nun die Könige der Völker dorthin kommen, tut er ihnen die Allmacht des Herrn kund.

Das Siegeslied

1
Der erste Lobgesang

MOSE WAR DER ERSTE, der dem Herrn ein Loblied sang. Bis zu der Stunde, da Israel am Schilfmeer stand, war kein Gesang vor dem Herrn erschollen. Gott schuf Adam, den ersten Menschen; der wußte aber kein Lied zu singen. Er errettete Abraham aus dem Kalkofen Nimrods; der dankte ihm aber nicht durch ein Lied. Er ließ Jakob den Sieg über den Engel erringen, er befreite ihn von der Hand Esaus und der Hand derer zu Sichem; Jakob aber sang kein Lied seinem Retter.

Als nun Israel an das Schilfmeer kam und das Meer sich vor ihnen spaltete, da stimmten sie mit Mose einen Gesang an. Der Herr sprach: Diese sind's, auf die ich geharrt habe!

Alsdann sangen Mose und die Kinder Israel ein Lied.

Es verhielt sich damit wie in dem Fall eines Königs, gegen den sich eine Landschaft empörte. Es sprach zu seinem Verweser: Auf, wir wollen sie bekriegen. Der Verweser antwortete: Du wirst sie nicht überwinden. Da machte sich der König im Stillen selber auf und bezwang die Aufrührerischen. Der Verweser merkte, daß er sich versündigt hatte; er verfertigte eine Krone und brachte sie dem König dar. Er sprach: Nimm's entgegen als Sühne für mein Vergehen.

So auch Mose. Er hatte vormals Unglauben gezeigt und gesagt: Seitdem ich bei Pharao gewesen bin, ist er noch härter geworden. Nun er aber gesehen, was Gott an Pharao getan hatte, stimmte er einen Lobgesang an und pries den Allmächtigen.

2
Die Sänger der Hymne

DANN SANG MOSE EIN LIED. Die Weisen erzählen, daß, als die Kinder Israel den Lobgesang anstimmen sollten, sie zu Mose sprachen:

Mose unser Meister, singe du vorerst, danach wollen wir singen. Da antwortete Mose: Ihr müßt mit dem Gesang anfangen, alsdann will ich mitsingen, denn ich bin einer, und euer sind viele; die Ehrung von vielen gilt aber mehr als die von einem. Da fing Israel an und sang: Laßt uns singen dem Herrn, der wunder und Zeichen an uns getan hat.

Und Mose sang: Meine Stärke und Lobgesang ist der Herr. Er sprach zu Israel: Ihr habt dem Herrn Dank zukommen lassen, also will auch ich ihn dankbar preisen.

Dem Herrn ist es nicht lieb, daß man jubelt, wenn der Feind fällt. In jener Stunde, als die Ägypter ertranken, wollten die Engel Gott ein Loblied singen. Er aber rief: Menschen, von mir geschaffen, gehen unter im Meer, und ihr wollt jauchzen?

Die Sänger gehen voran, hernach folgen die Spielleute – sagt der Psalmist. In der Nacht, da Israel über das Rote Meer schritt, wollten die Engel zuerst einen Gesang anstimmen. Der Herr aber wehrte es ihnen und sprach: Meine Legionen sind in Bedrängnis, und ihr wollt Lieder singen?

Als nun die Kinder Israel aus dem Meer gestiegen waren, wollten die Engel wieder als die ersten singen. Der Herr aber sagte: Meine Kinder mögen vorerst singen. Nicht, weil ich euch demütigen will, sage ich es, sondern weil sie Wesen von Fleisch und Blut sind und also den Tod zu fürchten haben. Ihr aber könnt mit dem Gesang warten, denn ihr werdet leben und leben.

Rabbi Akiba erzählt:

Als die Worte ertönten: Alsdann sangen Mose und die Kinder Israel dies Lied – da hüllte sich der Herr in ein Gewand voller Glanz, das bemalt war mit allen fröhlichen Versen aus der Schrift, die mit dem Worte alsdann anheben. Da war zu lesen: Alsdann werden die Jungfrauen fröhlich sein am Reigen; alsdann wird der Lahme löcken *(mit den Füßen ausschlagen)* wie ein Hirsch und andere mehr. Nachdem aber Israel Sünde getan hatte, zog der Herr das Gewand aus und zerriß es.

Dereinst wird er es wieder anziehen, denn es heißt: Wenn er die Gefangenen Zions lösen wird, alsdann wird unser Mund voll Lachens sein.

3
Durch der Kinder Mund

RABBI JOSE DER GALILÄER LEHRTE:
In der Stunde, da die Kinder Israel aus dem Roten Meere stiegen, erhoben sie ihre Augen und stimmten einen Gesang an. Wie aber san-

gen sie das Lied? Das junge Kind hatte auf dem Schoß der Mutter gesessen, das Saugende hatte an den Brüsten der Mutter gesogen; wie sie
aber die Gottheit erblickten, da reckte das junge Kind seinen Hals,
der Säugling riß seinen Mund von der Mutterbrust, und sie sprachen:
Das ist der Herr, ihn wollen wir preisen.

Daher heißt es auch: Aus dem Mund der jungen Kinder und Säuglinge hast du dir eine Macht zugerichtet.

Der Psalmist singt: Jahve, unser Gott, wie herrlich ist dein Name!
Aus dem Mund der jungen Kinder und Säuglinge hast du dir eine
Macht zubereitet. Junge Kinder, das sind die, die noch im Mutterleibe
weilten; Säuglinge die, die an der Mutterbrust saugten. Die Kinder im
Mutterleib und die eben Geborenen sangen das Loblied vor Jahve; und
nicht nur Israel allein sang, sondern auch die Engel ließen ihre Stimme
erschallen, wie es auch heißt: Jahve, unser Gott, wie herrlich ist dein
Name!

In den Tagen des Auszugs aus Ägypten sah eine Magd Dinge, die
selbst Hesekiel und die anderen Propheten nicht gesehen haben!

Drittes Buch

Der Mann Gottes

Die Offenbarung

1
Der Berg Gottes

MOSE KAM, DA ER die Schafe seines Schwager weidete, an den Berg Gottes.

Rabbi Abba erzählt: Mose und der Berg waren für einander geschaffen und harrten aufeinander noch von der Schöpfungszeit her; an diesem Tage ward der Berg lebendig und voller Erregung von der Ankunft Moses. Wie er fühlte, daß Mose ihn betreten hatte, stand der Berg still. Du ersiehst daraus, wie sie beide froh waren, daß sie einander hatten. Und Mose wußte, daß dieser Berg der Berg Gottes war.

Was war es aber, das Mose vor dem Berge sah? Er sah Vögel fliegen und ihre Schwingen ausbreiten, und sie konnten nicht herankommen an den Berg. Rabbi Isaak aber sagte: Er sah Vögel vom Berge ausfliegen und zu seinen Füßen fallen. Da begriff er, daß die Stunde da war; er ließ von der Herde und nahte sich dem Berg.

Der Geist Gottes war um Mose von der Geburt an. Er hatte gleich empfunden, daß die Wüste heiliges Land war, denn hier sollte das Reich Gottes verkündigt werden. Und so lenkte er seine Schafe nach der Wüste.

2
Karmel und Tabor

ALS DER HERR DARAN GING, Israel die Thora zu geben, kamen die Berge Karmel und Tabor von ihren Stätten zu ihm heran. Der Tabor sprach: Ich bin der Berg Tabor; es geziemt sich, daß die Göttliche Majestät auf mir ihren Sitz aufschlage. Denn ich bin von allen Bergen der höchste, und die Wasser der Sintflut haben meinen Gipfel nicht benetzt. Der Karmel sprach: Ich bin der Berg Karmel, und es geziemt sich, daß die Majestät auf mir ruhe; ich war mitten im Meer, und über mich hinweg schritten die Israeliten durchs Meer. Der Herr aber erwiderte ihnen: Ihr taugt mir nicht, denn ihr seid zu hoch; ich achte euer nicht groß. Da sprachen die Berge: Gibt es denn vor dir ein Ansehen der Person, und willst du uns um unseren Lohn bringen? Der Herr antwortete: Wohlan! Weil es euch um meinen Ruhm zu tun war, will ich's euch vergelten und euch belohnen. Den Berg Tabor will ich erhöhen zur Zeit der Prophetin Debora, daß Israel durch ihn geholfen werde. Vom Berge Karmel aber soll dem Propheten Elia Hilfe werden.

Da begannen alle Berge zu wanken und zornig zu beben. Der Herr sprach zu ihnen: Was sehet ihr scheel, ihr großen Gebirge; warum wollt ihr rechten mit dem Berge Sinai? Der Berg, auf dem Gott Lust hat zu wohnen, ist kein anderer als der Berg Sinai, weil er von euch allen der geringste ist.

Als der Heilige, gelobt sei er, die Worte ausrief: Ich bin der Herr, dein Gott –, da rückten die Berge von ihrem Ort, Und die Hügel begannen zu wanken. Der Berg Tabor kam vom Hause Gottes, und der Karmel kam von Hispanien aus hergerannt, und ein jeder sprach: Ich bin gerufen worden. Als aber danach die Worte erschollen: Der ich dich hinausgeführt habe aus dem Lande Ägypten, standen die Berge still und sprachen: Er meint nur die, die er aus Ägypten geführt hat.

3
Die Thora ist Israels Teil

DER HERR LIESS EIN LICHT ERSTRAHLEN vom Berge Seïr und offenbarte sich den Nachkommen Esaus, wie es auch geschrieben steht: Der Herr ist vom Sinai gekommen und ist ihnen aufgegangen von Seïr. Er sprach zu ihnen: Wollt ihr die Thora auf euch nehmen? Die Kinder Esau fragten: Was steht in ihr geschrieben? Der Herr antwortete: Du sollst nicht töten: Da sprachen die Söhne Edom: Heb dich von uns! Sollen wir den Segen fallen lassen, den Isaak über unseren Stammvater Esau gesprochen hat und der da lautet: Von deinem Schwert wirst du dich nähren!?

Da ging der Herr von ihnen und erschien den Kindern Ismael, wie es heißt: Er ist hervorgebrochen vom Berge Pharan. Er sprach zu ihnen: Seid ihr willens, die Schrift zu empfangen? Und auch sie fragten: Was wird in ihr gelehrt? Der Herr erwiderte: Du sollst nicht stehlen: Da antworteten die Ismaeliter: Wir können von dem nicht lassen, was unsre Väter getan haben, da sie Joseph stahlen und ihn nach Ägypten hinabführten.

Danach sandte der Herr Boten aus zu allen Völkern der Erde und fragte sie, ob sie die Lehre empfangen wollten. Als diese aber den Satz hörten: Du sollst keine anderen Götter haben neben mir – da sagten sie alle: Wir wollen nicht das Gesetz unsrer Väter verlassen, welche den Abgöttern dienten; wir mögen deine Lehre nicht, gib sie deinem Volke.

Da wandte sich der Herr an die Kinder Israel, wie es auch heißt: Er kam mit viel tausend Heiligen. Viele tausend Engel kamen mit ihm, denn der Wagen des Herrn sind viel tausendmaltausend; und in der Rechten hielt er die Thora, denn so heißt es: In seiner Rechten ist ein feuriges Gesetz für sie.

Die Kinder Israel traten unten an den Berg, als die zehn Gebote verkündigt werden sollten. Und der Herr ergriff den Berg, kehrte ihn um wie ein Faß und ließ ihn hängen über dem Volke. Er sprach: Nehmt ihr die Thora auf euch, so ist es gut; wo nicht, wird das euer Grab.

Der Herr wandte sich gleich im Anfang an sein Schöpfungswerk und sprach: Wenn Israel die Thora auf sich nimmt, so ist es gut; wo nicht, so lasse ich euch wieder in das Chaos zurückfallen, das im Anfang war.

4
Die große Stunde

RABBI ELIESER, DER SOHN ASARIAS, ERZÄHLT:
Am Rüsttage zum Sabbat, welcher der sechste Tag des Monats war, in der sechsten Tagesstunde, empfing Israel die Gebote, und in der neunten Tagesstunde kehrte das Volk in seine Hütten zurück. Da harrte ihrer schon das Manna, das für zwei Tage vorbereitet war, und sie begingen diesen Sabbat froh und fröhlich als den Festtag, an dem sie die Stimme des Herrn vernommen hatten.

Rabbi Pinehas sagt: Am Rüsttag zum Sabbat stand Israel am Berge Sinai, die Männer für sich und die Frauen für sich, und der Herr sprach zu Mose: Geh hin und frage die Töchter Israel ob sie die Thora auf sich nehmen wollen, denn die Art der Männer ist es, den Frauen zu folgen. Da antworteten alle mit einer Stimme: Alles, was der Herr gesprochen hat, wollen wir tun und gehorchen.

Rabbi Chakinai erzählt: Im dritten Monat des Jahres ist der Tag doppelt so lang wie die Nacht. Die Kinder Israel schliefen bis zur zweiten Tagesstunde, denn der Schlaf am Tage, wenn's ein Festtag ist, ist süß, dazu war die Nacht sehr kurz. Da ging Mose durch das Lager Israels und weckte das Volk und rief: Wacht auf, wacht auf! Der Bräutigam ist da, und er ruft die Braut, daß sie unter den Thronhimmel komme; der Herr wartet auf euch, um euch die Thora zu geben. Der Brautführer ist gekommen, die Braut zu führen.

Als die Kinder Israel aus Ägypten zogen, gab es unter ihnen welche, die von der Schweren Arbeit verkrüppelt waren. Als sie nämlich mit Lehm und Ziegeln zu tun hatten, geschah es oft, daß ein Stein einem auf die Schulter fiel und den Arm wegriß oder den Fuß zerschmetterte. Da sprach der Herr bei sich: Es ist nicht ziemlich, daß ich meine Thora Verstümmelten gebe. Und er winkte den diensttuenden Engeln, daß sie herniederfuhren und die Krüppel heilten.

In der Stunde, da Israel vor dem Berge Sinai stand und die Worte sprach: Alles, was der Herr spricht, wollen wir tun und befolgen – in dieser Stunde gab es unter ihnen keinen Aussätzigen und keinen an Fluß Leidenden; keinen Lahmen und keinen Blinden; keinen Stummen und keinen Tauben und auch keinen Blödsinnigen. Diese Stunde meint die Schrift, wenn sie sagt: Du bist allerdings schon, meine Freundin, und es ist kein Fehl an dir.

Wie aber Israel Sünde getan hatte, da vergingen nur wenige Tage, und bald fanden sich Aussätzige und mit Fluß Behaftete unter ihnen.

5
Die Bürgen

Es steht geschrieben: Mein Kind, wirst du Bürge für deinen Nächsten, so bist du verknüpft durch die Rede deines Mundes. Der Satz ist auf Israel gemünzt, auf Israel, als es die Thora empfangen sollte.

Denn da der Herr seine Lehre dem Volke Israel zu verleihen gedachte, sprach er zu ihnen: Stellt mir Bürgen, daß ihr alles, was darin geschrieben steht, befolgen werdet. Sie erwiderten: Sind doch unsre Väter Bürgen für uns! Gott sprach: Eure Väter haben an mir gesündigt, möchten sie nur für sich selber einstehen! Da fragten sie: Wer ist denn vor dir ohne Schuld? Gott antwortete: Die jungen Kinder sind's. Also brachten sie zuhauf vor ihn die, die noch an der Mutterbrust sogen, dazu die schwangeren Frauen; deren Leib aber ward durchsichtig wie Glas, und die Ungeborenen vermochten es, den Herrn vom Mutterleib aus zu schauen, und sie redeten mit ihm. Der Heilige, gelobt sei er, sprach zu ihnen: Ihr bürgt mir heute für eure Väter; sollten sie nicht die Gebote erfüllen, so straft ihr sie. Die Unmündigen sprachen: Wir wollen Bürgen sein. Der Herr sprach zu ihnen: Ich bin Jahve, euer Gott. Sie antworteten: Du bist's. Weiter sprach der Herr: Ihr sollt keine anderen Götter haben neben mir. Sie gaben zur Antwort: Jawohl. Und so sagte Gott ihnen jedes von den zehn Geboten, und sie erwiderten auf jedes Ja mit Ja, auf jedes Nein mit Nein. Da sprach der Herr zu ihnen: Durch euren Mund gebe ich Israel die Thora.

Also steht es auch geschrieben: Aus dem Mund der jungen Kinder und Säuglinge hast du dir eine Macht zubereitet.

6
Gottes Stimme

UNSRE LEHRER ERZÄHLEN: Die zehn Gebote kamen in einem Zuge aus dem Munde der Allmacht – ein Ding, schwer zu fassen für den Menschen, dessen Mund so zu sprechen nicht vermag, dessen Ohr dies zu hören nicht die Kraft hat. Die Stimme des Herrn teilte sich aber in sieben Stimmen und erscholl sodann in siebzig Sprachen.

Gott donnert mit einem wunderbaren Donner und tut große Dinge und wird nicht erkannt. Wann hat denn der Herr so wunderbar gedonnert? Das war, als er die Thora am Sinai gab. Der Herr redete, und die Stimme erscholl und hallte in der ganzen Welt wider. Israel glaubte die Stimme als von Süden kommend zu hören und wandte sich gen Süden. Hier klang aber die Stimme, als käme sie von Norden, und das Volk rannte gen Norden. Hier tönten die Worte, als kämen sie von Osten, und sie liefen gen Osten. Im Osten aber war's ihnen, als käme die Stimme von Westen. Im Westen dünkte es sie gar, als käme sie vom Himmel. Sie richteten ihre Augen zum Himmel empor, aber die Stimme schien aus den Tiefen der Erde zu ihnen zu dringen. Da sprachen die Kinder Israel zueinander: Wo ist die Weisheit zu finden, und wo ist die Stätte des Verstandes? Wo mag der Herr weilen? In Ost oder West, in Nord oder Süd?

Rabbi Juda sagt: Spricht ein Mensch mit dem anderen, so ist sein Gesicht zu sehen, die Stimme aber ist nicht sichtbar. Israel vernahm nicht nur die Stimme des Herrn sondern sah sie auch, wie sie aus dem Munde der Allmacht hervordrang unter Donner und Blitz. Es steht geschrieben: Und alles Volk sah die Stimme.

Als Israel die Thora gegeben wurde, da erscholl die Stimme des Herrn von einem Ende der Welt bis zum anderen, und alle Herrscher der Erde wurden von Zittern erfaßt in ihren Palästen. Sie versammelten sich bei Bileam, dem Bösewicht, und sprachen zu ihm: Was bedeutet das Getümmel, das wir vernehmen? Kommt nicht vielleicht eine Wasserflut auf die Erde? Er aber antwortete: Hat doch der Herr geschworen, daß er keine Flut mehr wird kommen lassen. Die Könige sprachen: Eine Wasserflut wird nicht mehr kommen, aber vielleicht ist dies eine Flut von Feuer? Bileam sprach: Hat doch der Herr geschworen, daß er nicht mehr verderben wird alles Fleisch. Da sagten die Fürsten: Was soll denn aber das Gedröhn bedeuten, das wir hören? Er antwortete ihnen: Eine köstliche Gabe hat er in seiner Schatzkammer liegen, die lag da verwahrt neunhundervierundsiebzig Geschlechter hindurch. Noch ehe die Welt erschaffen ward, hatte er schon vor, sie seinen Kindern zu geben. – Alsbald taten sie alle den Mund auf und riefen: Der Herr segne sein Volk mit Frieden.

7
Die Verkündigung der Gebote

Am sechsten Tage des Monats Sivan offenbarte sich der Herr Israel auf dem Berge Sinai. Der Berg aber wurde von seiner Stelle verrückt, und seine Spitze drang in dem Himmel; eine Wolke hüllte den Berg ein, und der Herr saß oben auf seinem Throne, die Füße auf die Wolke gestützt, wie dieses im Buche der Psalmen beschrieben ist mit den Worten: Er neigte Himmel und fuhr hinab, und Dunkel war unter seinen Füßen.

Rabbi Josua ben Korcha erzählt: Mose stand mit seinen Füßen auf dem Berge, mit seinem Körper aber war er im Himmel, der ihn wie ein Zelt umgab. Er schaute umher und sah alles, was da oben vorging, und der Herr sprach mit ihm wie mit einem Freund von Angesicht zu Angesicht.

Und der Herr sprach alle diese Worte: Ich bin der Herr dein Gott, der ich dich hinausgeführt habe aus dem Lande Ägypten. Die Stimme erscholl, und die Himmel entsetzten sich, die Meere und Ströme flohen davon, die Berge und Hügel begannen zu beben, die Bäume fielen um, die Toten in den Gräbern richteten sich auf und standen auf ihren Füßen, und alle Menschen, die noch geboren werden sollten bis an der Welt Ende, waren da und standen um den Berg Sinai, wie es auch heißt: Die ihr heute hier seid und mit uns steht vor dem Herrn unserem Gott und die ihr heute nicht mit uns seid.

Die Kinder Israel aber, die am Leben waren, die sanken um und waren tot. Zum zweitenmal erscholl die Stimme des Herrn, und sie wurden wieder lebendig. Sie sprachen aber: Mose unser Meister, wir können die Stimme Gottes nicht hören, wir müssen sterben, wie wir bereits einmal gestorben sind; sprich du mit uns, und wir wollen zuhören.

Und die Stimme Israel klang dem Herrn süß in den Ohren; er sandte Michael und Gabriel hin, und die faßten Mose unter die Arme und hoben ihn empor zu den Wolken.

Da aber das Volk solches sah, trat es zurück. Sie erschauerten vor dem großen Gesicht und wichen zurück um zwölf Meilen, danach liefen sie abermals zwölf Meilen nach vorn. Also durchmaßen ihre Füße bei jedem der zehn Gebote vierundzwanzig Meilen, und bei allen zusammen zweihundertvierzig Meilen. In dieser Stunde sprach Gott zu den dienstuenden Engeln: Steigt hinab und stützt eure Brüder.

Andere wiederum erzählen es so: Weil das Volk von der Glut der Sonne erhitzt war, sprach der Herr zu seinen Wolken: Laßt einen Tau des Lebens auf meine Kinder herniederströmen.

Als die Kinder Israel von Furcht ergriffen wurden über die Erscheinung Gottes und seine mächtigen Worte, da sandte der Herr zu jedem einzelnen von Israel zwei Engel: der eine legte dem Menschen seine Hand aufs Herz, damit die Seele nicht verginge; der andere hielt ihm den Kopf aufrecht, damit er den Herrn anschauen konnte. Und die Stimme der Allmacht dröhnte und rief: Wollt ihr die Thora auf euch nehmen, die da zweihundertachtundvierzig Tatgebote enthält? Die Kinder Israel antworteten laut: Jawohl! Und wiederum ertönte die Stimme von Gottes Mund und schwang sich fort zu ihren Ohren: Wollt ihr euch auf die Schrift verpflichten, in der es von dreihundertfünfundsechzig Dingen heißt: Das darfst du nicht tun –? Und zum zweitenmal antworteten die Juden: Jawohl! Nunmehr floß das göttliche Wort, das die Kinder Israel vernommen hatten, heraus aus ihrem Ohr und küßte sie auf ihren Mund. Hernach öffnete ihnen der Herr die sieben Himmel und die sieben Abgründe und ließ sie die sieben Welten schauen; so erkannten sie, daß es im Weltall keinen gab außer ihm.

Rabbi Abbahu sagte im Namen Rabbi Johanans:

Als der Herr die Thora verkündigte, da schwamm kein Fisch, da flog kein Vogel, kein Ochse brüllte, die göttlichen Räder standen still, die Seraphim verhielten sich ruhig, das Meer bewegte sich nicht, die Geschöpfe ließen keinen Laut fallen. Die ganze Welt war stumm und verharrte in Schweigen, und eine Stimme erscholl: Ich bin der Herr, dein Gott!

Ich bin Jahve, dein Gott, sprach der Herr.

Er war ihnen auf dem Meere erschienen als ein Held, der zum Kriege rüstete; auf dem Berge Sinai war er der Schreiber, der das Gesetz lehrte; in den Tagen Salomos erschien er als ein Jüngling; in den Tagen Daniels als ein Greis voller Erbarmen. Mit dem ersten Ausspruch aber wollte Gott gleichsam sagen: Wiewohl ihr mich in vielen Gestalten saht und sehet, so wisset dennoch, daß ich allzumal derselbe bin: ich bin Jahve, euer Gott!

Mose auf dem Berge

1

Die drei Scheidewände

ES STEHT GESCHRIEBEN: Und Mose näherte sich dem Arapel *(Dunkel).* Gemeint ist damit: er näherte sich den drei Scheidewänden, die da sind: Finsternis, Anan und Arapel. Draußen ist die Finsternis, drinnen ist Anan, Arapel draußen und drinnen.

Der Herr sprach zu Mose: Heilige sie heute und morgen. Mose aber sagte zu den Kindern Israel, sie sollten sich drei Tage lang heilig halten. Warum gab Mose von sich aus noch einen Tag hinzu?

Als er nämlich zum Himmel emporgestiegen war, da fand er drei Scheidewände vor der Gottheit aufgerichtet: Finsternis, Dunkel und Wolken. Er sah Scharen von Engeln durch das erste Tor gehen, sie kamen in eine Region, wo ein Sturm wütete, der Berge umwarf, und sprachen zu den Geistern, die daselbst weilten: Heiliger, bist du hier? Die Geister erwiderten: Nicht im Sturme ist der Herr. Danach wurde das zweite Tor geöffnet, und man kam in ein Reich, wo ein großes Erdbeben war. Die Engel fragten: Heiliger, bist du hier? Man antwortete ihnen: Nicht im Erdbeben ist der Herr. Hierauf schritten sie durch das dritte Tor und kamen in ein Gebiet, wo ein verzehrendes Feuer brannte, und riefen: Heiliger, bist du hier? Es hallte ihnen entgegen: Nicht im Feuer ist der Herr.

Zuletzt kamen sie in eine Region, wo ein sanftes Säuseln war, und in diesem Säuseln war der Herr, gebenedeit sein Name, hoch und heilig sein Gedächtnis.

Da sah Mose, daß die Stätte der Heiligkeit erst hinter drei Scheidewänden zu finden und also dreimal heilig war, und er sprach bei sich: Keine Heiligung gilt etwas, wenn sie nicht dreimal vollzogen ist. So sprach er denn zu dem Volke, als ihm der Herr den Befehl gegeben hatte, sie zu heiligen: Seid bereit auf den dritten Tag.

2
Die Engel rechten mit Mose

Zu der Stunde, da Mose auf die Höhe des Berges hinaufgestiegen war, sprachen die diensttuenden Engel vor dem Heiligen, gelobt sei er: Herr der Welt! Der vom Weib Geborene – was soll der unter uns? Gott sagte: Die Lehre zu empfangen, ist er gekommen. Da sprachen die Engel: Dein heimliches Kleinod, geborgen von dir von den sechs Schöpfungstagen her, neunhundertvierundsiebzig Geschlechter vor der Bildung der Welt – das willst du einem Wesen von Fleisch und Blut weggeben? Was ist der Mensch, daß du sein gedenkest, des Menschen Kind, daß du dich sein annimmst? Da redete Gott zu Mose: Gib du ihnen Antwort. Mose sprach: Herr der Welt! Heißt es nicht in der Thora, die du mir gibst: Ich bin Jahve, dein Gott, der ich dich ausgeführt habe aus dem Hause der Knechtschaft, aus Ägypten? Und er wandte sich zu den Engeln: Seid ihr nach Ägypten hinabgestiegen? Waret ihr Sklaven dem Pharao? Gebührt euch also die Thora?

Alsogleich dankten die Engel dem Herrn für seine Wahl, wie es auch heißt: Jahve, unser Gott, wie herrlich ist dein Name in allen Landen!

Als Mose in die Höhe hinauffuhr, begegnete im Michael, der hehre Fürst; der wollte ihn mit eines Mundes Hauch verbrennen. Er sprach: Was hat ein vom Weibe Geborener hier in der Gemeinde der Heiligen zu suchen?

Als Mose beim Herrn war, wollten die Engel sich an ihm vergreifen. Alsbald veränderte der Herr das Antlitz Moses und macht es dem Abrahams gleich. Er sprach zu den Engeln: Schämt ihr euch nicht, diesen zu verletzen? Ist er es nicht, zu dem ihr einst hinabgefahren seid und bei dem ihr gespeist habt? Und zu Mose sprach er: Sieh, du empfängst die Schrift nur um des Verdienstes Abrahams willen.

Der Herr verlieh Mose die Herrschaft über die oberen Regionen; die Engel standen vor ihm auf und machten ihm Platz, und er betrat die Bezirke des Feuers.

3
Die vier Lichtfarben

ALS MOSE ZUM HIMMEL EMPORSTIEG, ließ ihn der Herr den himmlischen Tempel sehen. Dann ließ Gott vor Mose die vier Lichtfarben schillern, die er beim Bau der Stiftshütte brauchen sollte; denn Mose hatte bislang die vier Farben nicht gekannt. Gott sprach zu ihm: Tritt zur Rechten. Mose tat dies und sah eine Schar von Engeln, deren Gewand von der Farbe des Meeres war. Da sprach Gott zu ihm: So sieht der blaue Purpur aus. Sodann sprach der Herr: Und nun tritt zur Linken. Mose tat so und sah Männer, die rötliche Kleider trugen. Da sprach Gott zu ihm: So sieht der rote Purpur aus. Danach trat Mose einige Schritte zurück und sah Wesen, die waren in Gewänder gehüllt, welche weder rot noch gelblich waren. Da sprach der Herr: Dies ist die Scharlachfarbe. Nunmehr trat Mose nach vorn und sah weißgekleidete Scharen vor sich; die gaben ihm ein Bild von der Farbe des gezwirnten Byssus *(kostbares, zartes Leinen- oder Seidengewebe).*

Alsbald tat der Herr die sieben Himmelsgewölbe auf und erschien den Kinder Israel in all seiner Pracht und Herrlichkeit, die Krone auf dem Haupte und auf dem Throne sitzend. Als sie die Worte vernahmen: Ich bin Jahve, dein Gott – da entschwebte die Seele der Gerechten, der Herr machte sie aber wieder lebendig. Er ließ hundertzwanzigtausend Engel herniederfahren, und jedem in Israel gesellten sich zwei von ihnen, der eine legte seine Hand auf das Herz des Menschen, der andere hob ihm den Hals, damit er dem Herrn ins Angesicht schaue. Der aber sprach zu ihnen: Seht, ich bin euch in aller meiner Größe erschienen, damit, wenn ein Geschlecht kommt, das euch verwirren will und euch zum Dienst fremder Götter verführen möchte, ihr ihnen antworten könnt: Wir haben einen Gott, dem wir dienen; wo wir ihm aber nicht gehorchen, stürzt er uns in die Hölle.

4
Das fünfzigste Tor

FÜNFZIG TORE DER WEISHEIT waren in der Welt geschaffen worden, und alle wurden sie Mose geöffnet, nur ein einziges nicht. Also steht es auch geschrieben: Du hast ihn nur ein Geringes niedriger gemacht denn Gott. Ich will dir etwas künden, was dein Ohr noch nie gehört hat. Als Mose in den Himmel stieg, die Thora zu empfangen, daß er sie Israel brächte, da offenbarte ihm der Herr das Geheimnis der neunundvierzig Jahrtausende und ließ ihn das Ende aller Sabbatjahre wissen. Da begehrte Mose noch, daß ihm das Rätsel des fünfzigsten Jahrtausends eröffnet würde. Aber Matatron trat dazwischen, und es blieb Mose verborgen.

Der Herr sprach: Gedenket des Gesetzes Mose, meines Knechts! – Damit sind die fünf Bücher Moses, die Bücher der Propheten und die heiligen Rollen und Schriften gemeint. Fünftausend Tore der Weisheit taten sich vor Mose auf dem Sinai auf; die entsprachen den fünf Büchern der Thora. Ferner taten sich vor ihm auf achttausend Tore der Erkenntnis; die entsprachen den acht Büchern der Propheten. Zum Schluß öffneten sich vor ihm elftausend Tore des Wissens, entsprechend den elf heiligen Rollen und Schriften.

5
Auf dem Berge Sinai

VIERZIG TAGE UND VIERZIG NÄCHTE weilte Mose auf dem Berge; er aß kein Brot und trank kein Wasser. Er nährte sich von dem Brot der Thora und stillte seinen Durst an der Quelle der Schrift. Bei Tage nahm er das Gesetz auf, in der Nacht aber suchte er es sich selbst zu erklären. Warum trieb er es so? Um Israel ein Vorbild zu geben, daß man in der Schrift forschen müsse bei Tag und bei Nacht.

All die vierzig Tage, die Mose im Himmel war, nahm er die Lehre in seinem Sinne auf; danach aber vergaß er sie gänzlich. Er sprach zu Gott: Herr der Welt! Vierzig Tage weile ich hier und habe kein Wort behalten. Was konnte der Herr da tun? Er mußte ihm die geschriebene Thora schenken.

Als der Herr Mose befahl, vom Berge hinunterzusteigen, sprach dieser: Herr der Welt! Gestern erst sagtest du mir, ich solle mit meinem Bruder Aaron emporsteigen, und nun heißest du mich wieder hinabfahren? Da erwiderte der Herr: Nicht um deiner Ehre willen geschieht es, daß du hinauf- und hinunterfährst, sondern um meiner Ehre willen. Also trug es sich auch mit eurem Erzvater Jakob zu, daß die Engel auf seiner Leiter auf- und niederstiegen. Ich sagte es ihm dazumal: Werden deine Kinder gerecht sein, so werden sie als meine Boten bald zu mir emporsteigen, bald von mir zu den Menschen hinuntersteigen.

Man erzählt: Als der Herr Mose den Befehl gab, zurück auf die Erde zu steigen, verfinsterte sich das Angesicht Moses, und er wurde wie blind vor Schmerz. Er wußte nicht, von welcher Stelle des Himmels aus er die Fahrt antreten sollte; die diensttuenden Engel aber haben ihm immerzu aufgelauert und trachteten nun, ihn umzubringen. Sie sprachen: Jetzt ist die Stunde da, wo man seiner habhaft werden kann! Der Herr aber wußte, was die Heerscharen im Schilde führten. Was tat er? Er öffnete ihm eine Tür unter dem Stuhl seiner Herrlichkeit und sagte zu ihm: Nun fahr hinab.

Andere erzählen es so: Mose erfaßte den Thron Gottes und ließ sich hinab, der Herr aber breitete seinen Mantel über ihn, daß die Engel ihn nicht greifen konnten.

Welch große Ehre hat der Herr dem Mose erwiesen, daß er die himmlischen Regionen verließ und sich zu ihm gesellte! Die diensttuenden Engel kamen und sangen ihre Loblieder dem Schöpfer, er aber weilte bei Mose. Ebenso erschienen die Sonne, der Mond und die Sterne, und wollten sich vor dem Herrn neigen und um die Erlaubnis bitten, aufzugehn am Himmel; denn wenn sie nicht um die Erlaubnis bitten, dürfen sie ihr Licht nicht erstrahlen lassen. Sie fragten die heiligen Tiere: Wo ist der Stuhl seiner Herrlichkeit? Und erhielten zur Antwort: ihr müßt hingehen, wo Mose sich aufhält.

In den himmlischen Hallen

1
Die Himmelfahrt

Als Mose zum Himmel emporstieg, da kam eine Wolke ihm entgegen, und Mose wußte nicht, ob er sich auf sie schwingen sollte oder sich nur mit den Händen an ihr festhalten. Sie öffnete sich aber, und er kam in ihr Inneres. Und die Wolke trug den Mann Gottes mit sich fort, und er durchstreifte die Feste des Himmels. Da begegnete ihm der Engel Kamuel, welcher das Haupt der zwölftausend Schreckensengel war, die die Tore des Himmels bewachen. Der schrie Mose an und sprach: Was suchst du in den Regionen der Heiligkeit, du, der du von den Stätten der Unreinheit kommst! Du vom Weibe Geborener, wie wagst du, zu wandeln da, wo Feuer ist? Mose erwiderte: Ich bin der Sohn Amrams und bin gekommen, die Thora für Israel zu empfangen. Da der Engel aber nicht nachgab, schlug Mose ihn wund und vernichtete sein Leben. Und er schritt weiter durch den Himmel, gleichwie man die Erde durchmißt. Da kam er an die Stätte, wo der Engel Hadarniel weilt, der um sechzig Myriaden Meilen höher ist als sein Genosse Kamuel, und aus dessen Munde Blitze sprühen, wenn er spricht. Auch er sprach zu Mose: Was suchst du hier in der Sphäre der Hoheit? Da erschrak Mose und seinen Augen entströmten Tränen, und bald wäre er von der Wolke gestürzt. Aber der Herr erbarmte sich seiner, eine Stimme erscholl aus der Ferne und sprach zu Hadarniel: Ihr Engel seid von altersher eine streitsüchtige Sippe. Als ich Adam, den ersten Menschen, erschaffen sollte, rieft ihr vor mir: Was ist der Mensch, daß du sein gedenkest? Und ihr waret nicht eher still, als bis ich euch mit Feuer versehrte. Nun wollt ihr abermals widerspenstig sein und wollt mich daran hindern, Israel die Thora zu geben? Wo aber Israel seine Lehre nicht empfängt, haben weder ich noch ihr eine Wohnstätte.

Da Hadarniel dieses vernahm, sprach er: Herr, ich wußte nicht daß er von dir gesandt war; nun ich es weiß, will ich sein Bote sein und ihm vorangehen wie ein Schüler seinem Meister. Und so schritt Hadarniel Mose voran, bis sie beide an die Feuerstätte des Engels Sandelphon kamen. Hier sprach Hadarniel: Bis hierher durfte ich dich begleiten, nun aber hält mich die Furcht ab vor dem Feuer Sandelphons. Da füllten sich abermals die Augen Moses mit Tränen, aber der Herr erbarmte sich seiner und half ihm aus der Not. Er stieg selbst von seinem Thron hinab und führte Mose durch die Region des

Sandelphon, bis dieser hindurchgeschritten war. Ersieh daraus, wie Israel seinem Schöpfer lieb ist und teuer!

Nachdem Mose der Begegnung mit Sandelphon glücklich ausgewichen war, kam er an den Feuerstrom Rigion, dessen glühende Kohlen Engel und Menschen verbrannten. Aber der Herr führte ihn ohne Schaden hinüber.

Danach vertrat ihm den Weg Galizur, der Engel, der Gottes Walten offenbart. Der hält seine Schwingen immer ausgebreitet, um den Atemhauch der heiligen Tiere zu empfangen, durch welchen sonst die diensttuenden Engel vernichtet werden würden. Bei dem Anblick entsetzte sich Mose, aber der Herr beschützte ihn auch hier.

Nunmehr begegnete Mose der Schar der Würgeengel, die den Thron Gottes umringen. Sie wollten Mose durch den Hauch ihres Mundes vernichten, aber der Herr verlieh ihm viel von seinem eigenen Glanz, ließ ihn vor seinem Thron stehen und sprach zu ihm: Mose, laß sie deine Antwort hören. Da nahm Mose alle seine Kraft zusammen und hielt eine Erwiderung an die Heerscharen des Himmels. Er sprach: Es heißt in der Schrift: ich bin Jahve, dein Gott! Kennt ihr denn aber einen anderen Gott? Es heißt: Du sollst keine anderen Götter haben. Fühlt denn unter euch einer anders als der andere? Es heißt: Ehre Vater und Mutter. Wißt ihr aber, was Vater und Mutter sind? Es steht geschrieben: Du sollst nicht begehren. Wißt ihr denn, was begehren heißt? Habt ihr Häuser, Äcker und Weinberge, daß euch Satzungen nötig wären? Alsbald dankten die Engel dem Herrn und riefen aus: Herr unser Gott, wie herrlich ist dein Name in der ganzen Welt!

Und der Herr lehrte Mose die ganze Thora in vierzig Tagen. Als er vom Berg auf die Erde hinabsteigen sollte und abermals die furchteinflößenden Heerscharen sah, die Engel des Schreckens, die Engel der Angst, die Engel des Entsetzens, die Engel des Zitterns – da erbebte er an allen Gliedern und vergaß in einer Stunde alles, was er gelehrt worden war. Da rief der Herr Jephephia, den Engel und Fürsten der Thora, und der gab Mose die Schrift vollkommen und vollendet. Hierauf wurden alle Engel Moses Freunde, und ein jeder von ihnen verehrte ihm eine Gabe: entweder gab er ihm ein Heilmittel, oder er vertraute ihm ein Geheimnis, das die Namen der einzelnen Abschnitte der Thora betraf. Daher der Vers in den Psalmen: Du bist in die Höhe gefahren und hast das Gefängnis gefangen; du hast Gaben empfangen für die Menschen. Selbst der Todesengel gab Mose ein Geschenk.

Diese köstliche Gabe, die Mose durch die Fürsten Jephephia und Matatron zuteil ward, übergab er Eleasar, Eleasar gab sie seinem Sohne Pinehas, welcher Elia war, der große und erlauchte Priester, seines Namens sei zum Guten gedacht.

2
Abermals von der Himmelfahrt

MOSE, UNSER MEISTER, erzählte den Kindern Israel von seinem Aufenthalt im Himmel und sprach: Höre zu, Israel, du ganzes Volk! Ich war da oben im Himmelreich und sah dort alle Fürsten des Himmels. Als ersten erblickte ich Kamuel den Wächter, den Engel, welcher Herr ist über zwölftausend Würgengel, die die Tore des Gewölbes bewachen. Ferner schaute ich den Hadarniel, der um sechzig Myriaden Meilen höher ist als Kamuel, und aus dessen Munde zwölftausend Blitze fahren bei jedem Wort. Und dann sah ich noch den Sandelphon, der einen Weg von fünfhundert Jahresreisen höher ist als Hadarniel; das ist der Engel, der da Kränze windet seinem Herrn. Jedesmal, wenn ein Kranz fertig geworden ist, da erzittern und erbeben die Heere des Himmels, die heiligen Tiere heulen und die Seraphim brüllen wie die Löwen: Heilig, heilig ist der Herr Zebaoth; die Welt ist seiner Herrlichkeit voll. Wenn der Kranz an den Thron Gottes gelangt, da rollen die Räder des göttlichen Wagens, und die Himmelsfeste selbst gerät ins Wanken. Sodann öffnen alle Engel, die im Himmel sind, ihren Mund und rufen: Preis dem Ewigen von seiner Stätte aus!

Wenn aber der Kranz dem Herrn gereicht wird, daß er ihn aufsetze, und er ihn in Empfang nimmt von seinen Knechten, da erheben sich und wachsen in die Höhe die heiligen Tiere, die Seraphim, die heiligen Räder, der Stuhl der Ehren, die himmlischen Heerscharen, die Chasmalim und die Cherubim, und sie lassen Preis zukommen dem Schöpfer, sie machen ihn zum König, über sich und rufen im Chor: Der Herr war König, ist König und wird König sein in Ewigkeit ewig!

Ich sah den Feuerstrom Rigion, der am Stuhl der Herrlichkeit Gottes seinen Anfang nimmt und der aus dem Schweiß der heiligen Tiere, die den Thron tragen, entsteht; sie triefen von feurigem Schweiß aus Furcht vor dem Herrn. Denn der Herr sitzt und hält Gericht über die diensttuenden Engel; ehe aber diese vor den Thron Gottes treten, tauchen sie erst in dem Feuerstrome unter und erneuern sich da. Der Strom fließt weiter und bildet neue Glut, und die brennenden Kohlen werden auf die Köpfe der Sünder geschleudert, die in der Hölle liegen.

Auch sah ich den Galizur, Raziel benannt, welcher hinter dem Vorhang sich aufhält und alles hört, was verhängt wird und bestimmt wird. Er läßt die Kunde davon Elia zukommen; und Elia verkündigt es der Welt vom Berge Horeb aus.

Ich sah auch Michael, den großen Erzengel, der zur Rechten des Thrones steht; Gabriel steht zur Linken, Jephephia, der Fürst der Thora, steht vor ihm, und Matatron, der innere Fürst, steht vor dem Tore des Palastes und führt die Urteile aus, die der Herr fällt.

Ich habe alle furchtgebietenden Scharen gesehen, die den Stuhl der Herrlichkeit umringen; sie wollten mich verbrennen mit dem Odem ihres Mundes, allein aus Furcht vor dem König aller Könige wagten sie es nicht, mich zu verletzen.

Aber auch ihr habt gesehen und mit eurem Herzen, mit eurem Verstand und mit eurer Seele aufgenommen, wie der Herr sich am Meere offenbart hat, wie er den Himmel ausgespannt hat und wie er auf den Berg Sinai herabgefahren ist. Ihr habt gesehen, wie die himmlischen Heere sich vor seinem Worte fürchten, wie die Erde bebt und der Himmel weint, wie die Berge wanken und die Menschen sich entsetzen, wie das Wild des Feldes und die Vögel des Himmels in Scheu verharren, wie das Meer zerrissen wird, Sonne und Mond stillestehen. Von nun an, Israel, du heiliges Volk, hast du zu wissen, daß der Herr unser Gott ist, daß er einig ist in seinem Namen; er ist einzig, und ist keiner neben ihm, kein Gleichnis und kein Ebenbild, nicht im Himmel und nicht auf Erden und nicht in den Gründen, nicht hienieden und nicht drüben.

3
Der Zug durch die sieben Gewölbe

DER HERR WANDTE SICH AN MATATRON, seinen inneren Fürsten, und sprach zu ihm: Geh hin und hole meinen Knecht Mose zu mir herauf; nimm Scharen von Engeln mit, fünfzehntausend sollen zu seiner Rechten und fünfzehntausend zu seiner Linken sein, und laß sie ihn mit Gesang und Reigen, mit Pauken und Liedern zu mir herauf geleiten. Matatron aber erwiderte: Wie kann ich Mose, der doch ein Wesen von Fleisch und Blut ist, mit Engeln zusammenführen, unter welchen viele eitel Feuer sind? Da sprach der Herr zu Matatron: Mache seinen Leib zu einer Feuerfackel und laß seine Kraft wie die Gabriels werden. Alsbald erschien Matatron vor Mose. Dieser erschrak und sprach: Wer bist du? Matatron erwiderte: Ich bin Henoch, der Sohn Jareds, deines Ahnen, und Gott hat mich zu dir gesandt, daß ich dich vor den Thron seiner Herrlichkeit bringe. Da sagte Mose: Bin ich doch nur ein Mensch von Fleisch und Blut und kann einem Engel nicht ins Angesicht blicken! Hierauf verwandelte Matatron Moses

Fleisch in brennendes Feuer, seine Augen machte er den Rädern des heiligen Wagens gleich, seine Zunge zu einer Feuerflamme, und er hob ihn zum Himmel empor. Fünfzehntausend Engel waren zu ihrer Rechten, fünfzehntausend zu ihrer Linken, Mose und Matatron waren in der Mitte.

Und Mose betrat das erste Himmelsgewölbe, welches dem ersten Tag der Woche entspricht. Es war von Wassern umgeben, und das Gewölbe selbst bestand aus lauter Fenstern. Mose fragte den Matatron: Was bedeuten alle diese Fenster? Matatron erwiderte: Es sind Fenster des Betens, Fenster der Bitte, Fenster des Weinens, Fenster der Freude, Fenster der Sattheit und Fenster des Hungerns, Fenster des Reichtums und Fenster der Armut, Fenster des Kriegs und Fenster des Friedens, Fenster der Empfängnis und Fenster der Geburt. Und so siehst du noch weiter Fenster, unendlich viele und nicht zu zählen.

Danach stieg Mose in das zweite Himmelsgewölbe, das dem zweiten Tage der Woche entsprach. Dort sah er einen Engel, der Nuriel hieß; der war dreihundert Meilen lang, und ihr voran standen fünfzig Myriaden Engel, alle aus Feuer und Wasser gebildet und Loblieder singend vor dem Herrn. Mose fragte den Matatron: Wer sind diese Engel? Matatron erwiderte: Das sind die Engel, denen der Wald, der Wind und das Wetter unterstehen. Mose sprach: Warum stehen sie da, das Angesicht dem Schöpfer zugekehrt? Matatron gab zur Antwort: Seit dem Tage, da der Herr sie erschaffen hat, stehen sie so da und haben sich von ihrem Platze nicht gerührt.

Mose fuhr weiter und kam in das Gewölbe, das dem dritten Tage der Woche entsprach. Hier begegnete er einem Engel, der gleichfalls Nuriel hieß; dessen Höhe maß fünfhundert Jahresreisen, er hatte siebzigtausend Köpfe, und jeder Kopf hatte siebzigtausend Münder, und jeder Mund siebzigtausend Zungen. Diesen Engel umstanden siebzigtausend Myriaden Engel, die waren alle aus weißer Flamme, und alle priesen sie den Herrn. Auch hier fragte Mose nach dem Tun dieser Engel und nach ihrer Verrichtung. Matatron erwiderte: Man nennt sie Arielim, und sie wachen über den Pflanzen, den Bäumen, den Früchten und dem Getreide; sie werden entsandt, den Willen ihres Schöpfers zu tun, und kehren dann zurück an ihren Ort.

Hierauf kam Mose in das vierte Gewölbe, das dem vierten Tag der Woche entsprach. Dort sah er den himmlischen Tempel, auf Säulen roten Feuers errichtet, und Engel, die hineingingen, den Herrn zu preisen. Und wieder fragte Mose: Was sind das für Engel? Matatron erwiderte: Das sind die Engel, die über die ganze Erde gebieten, über die Sonne, den Mond, die Sterne und die Planeten und über die sechsundzwanzig Himmelskreise, und die gleichfalls dem Herrn lobsingen. Und Mose sah auch die zwei Gestirne Venus und Mars, deren jedes so groß wie die Erde war, und von denen das eine über der Sonne, das andere über dem Monde lag. Mose fragte den Matatron, was dieses wohl bedeuten möge. Matatron erwiderte: Der Stern, der vor der Sonne ist, bewirkt, daß im Sommer ihre Glut geschwächt wird und die Welt Kühlung empfängt; der Stern, der über dem Mond ist, strahlt Wärme aus und verhindert, daß im Winter die Kälte allzu grimmig werde.

Von dort stieg Mose in das fünfte Gewölbe, das dem fünften Tag der Woche entsprach, und sah daselbst Engel, die zur Hälfte Feuer und zur Hälfte Schnee waren: der Oberkörper war Schnee, der Unterkörper war Feuer, und eins verzehrte nicht das andere.

Im sechsten Gewölbe sah Mose einen Engel, der war riesengroß und war ganz aus Hagelkörnern gebildet; sein Name war Uriel.

Und nun kam Mose in das siebente Himmelsgewölbe, das dem siebenten Tage, dem Sabbat, entsprach. Hier stieß er auf Engel, die durch Ketten aus schwarzem und rotem Feuer miteinander verbunden waren. Als er Matatron nach ihrem Namen fragte, sagte dieser: Sie heißen Zorn und Grimm; Gott hat sie noch in den sechs Schöpfungstagen erschaffen. Mose sagte: Ich fürchte mich vor diesen Engeln und kann ihre Gesichter nicht sehen. Da erhob sich Matatron, umarmte Mose und sprach: Mose, Mose, du Liebling Gottes, du Knecht Gottes, fürchte dich nicht und entsetze dich nicht vor ihnen.

Danach sah Mose einen Engel, der hatte ein seltsames Aussehen und war anders als die anderen Engel; an zwei Stellen waren seine Lenden umgürtet, und sein Körper war voll feuriger Augen vom Kopf bis zum Fuß. Wer ihn nur ansah, der fiel zu Boden vor Furcht. Mose fragte Matatron: Wer ist dieser hier? Matatron erwiderte: Das ist Semael, der die Seelen fängt. Mose fragte weiter: Wohin steigt er jetzt? Matatron antwortete: Er will die Seele Hiobs, des Gerechten, holen. Da rief Mose vor dem Herrn: Gebieter der Welt! Es möge dein Wille sein, du Herr mein Gott und Gott meiner Väter, daß du nimmer meine Seele diesem hier überlieferst.

Auch sah Mose in der Nähe die Engel, die vor dem Herrn standen, und ein jeder von ihnen hatte drei Paar Flügel; mit dem einen Paar bedeckten sie ihre Gesichter, mit dem anderen die Füße, mit dem dritten flogen sie in die Luft. Mose fragte den Matatron: Wie heißen diese mit ihrem Namen? Matatron erwiderte: Das sind die Seraphim, die obenan weilen. Hierauf sah Mose die vier Engel, die den Thron Gottes trugen, und fragte: Wer sind diese hier? Matatron antwortete: Das sind die heiligen Tiere.

Zuletzt aber sah Mose einen Engel, der hieß mit seinem Namen Zagzagael; dem lag es ob, die Seelen in der Thora zu unterweisen, in den siebzig Sprachen der Erde. Und alles sprach: Das Gesetz ist dem Mose auf dem Sinai gegeben worden, wie es im Buche des Propheten Daniel heißt: Das Gericht wird gehalten und die Bücher werden aufgetan. Der Richter, das ist der Engel Zagzagael, welcher der Herr der Thora und der Weisheit ist und die Hörner des Ruhmes trägt. Da setzte sich Mose vor ihm nieder und empfing von ihm alle zehn Geheimnisse. Danach sprach er vor dem Herrn: Ich gehe nicht von hinnen, du beschenkest mich denn mit einer guten Gabe. Darauf sagte Gott : Ich will dir die Thora geben, die nach deinem Namen benannt werden wird. Daher es auch heißt: Gedenkt des Gesetzes Moses, meines Knechtes!

Als Mose den ersten von den sieben Himmeln betrat, da fand er Scharen von Engeln, die öffneten vor ihm das Buch der Thora und lasen laut das Schöpfungswerk des ersten Tages vor; danach sangen sie Lieder zum Ruhme der Schrift.

Mose stieg in den zweiten Himmel, und hier erzählten die Engel von dem Schöpfungswerk des zweiten Tages; danach priesen sie die Thora und Israel.

Er stieg in das dritte Gewölbe; daselbst waren Engel und Cherubim, die trugen vor, was am dritten Schöpfungstag entstanden ist; sodann ergingen sie sich in Lob über Jerusalem.

Im vierten Gewölbe fand Mose die Arielim, die erzählten von den Werken des vierten Tages und ließen Lobgesänge erschallen zu Ehren des Messias.

Von da kam Mose in den fünften Himmel. Dort fand er Heere von Engeln, die erzählten die Geschichte des fünften Tages der Schöpfungswoche; danach aber fingen sie an, die Pein zu beschreiben, die die Sünder in der Hölle leiden.

Mose fuhr in das sechste Gewölbe, allwo die Engel vom Werk des sechsten Schöpfungstages berichteten; danach vernahm er von ihnen Loblieder über die Herrlichkeit des Gartens Eden.

Nunmehr hielt Mose Einzug in das siebente Gewölbe. Hier sah er die Ophanim, die Seraphim, die heiligen Räder, die Engel der Barmherzigkeit, die Engel der Gnade und Milde, die Engel des Zitterns und des Angstschweißes. Da hielt sich des Sohn Amrams am Throne Gottes fest. Und die Engel fingen an, von den Werken des siebenten Tages zu erzählen, und priesen hoch die Macht der Buße.

4
In der Hölle und im Paradies

EINE STIMME ERSCHOLL vom Himmel und rief zu Mose: Mose! Dir
ists zuteil geworden, daß du den Stuhl meiner Herrlichkeit schauen
durftest. Nun sollst du auch noch die zwei großen Gärten schauen,
den Garten Eden und den Garten der Hölle.

Und der Herr ließ alsbald einen Befehl an den Erzengel Gabriel
ergehen und sprach zu ihm: Tu die Pforte der Hölle auf und geh mit
Mose da hinein. Gabriel tat, wie ihm befohlen worden war, und Mose sah vor sich ein Meer von Flammen. Er sprach zu dem Erzengel:
Ich kann die Hölle nicht betreten. Da sagte Gott: Es gibt ein Feuer,
das furchtbarer ist als dieses; das Feuer der Hölle wird dir nicht schaden. Und richtig: Sobald Mose in die Hölle eintrat, wichen die Flammen zurück. Es erschien der Engel Nasargiel, der Fürst der Hölle,
und fragte den Eintretenden: Wer bist du? Mose erwiderte: Ich bin
Mose, der Sohn Amrams. Da sprach Nasargiel: Dein Platz ist nicht
hier, sondern im Paradiese. Mose aber sagte: Ich wollte die Größe des
Herrn schauen. Alsbald rief auch der Herr dem Fürsten der Hölle zu
und sprach: Laß ihn die Hölle sehen und die Bösewichte, die dortselbst schmachten.

Also folgte Mose dem Engel Nasargiel, und der führte ihn durch
den Ort der Unseligen. Da sah Mose welche, die hingen an ihren Augen, andere hingen an den Ohren, welche aber waren an ihren Händen, Füßen oder Zungen aufgehängt; auch sah er Frauen, die hingen
an ihren Brüsten. Es waren aber feurige Ketten, an denen die Glieder
der Sünder hingen. Mose fragte Nasargiel: Warum leiden die Menschen hier solche seltsamen Strafen? Der Engel erwiderte: Die an
ihren Augen hängen, die hatten ihres Nächsten Weib und Geld be-
gehrlichen Blickes angesehen. Die an ihren Ohren hängen, hatten ihre Ohren unnützer Rede geneigt und ihre Ohren abgewandt, wo es
galt, Worte der Lehre zu vernehmen. Die an den Zungen hängen, haben ihren Nächsten verleumdet und mit ödem Geschwätz ihre Tage
zugebracht. Die an den Füßen hängen, sie haben jeden Gang unternommen, der anderen zum Schaden ausschlug, niemals aber die Füße
gebraucht, um ins Bethaus zu gehen, oder um ein frommes Werk zu
verrichten. Die an den Händen hängen, die haben ihre Hände ausgestreckt nach fremdem Gut oder ihre Hände wider den Nächsten erhoben. Die Frauen aber, die man an ihren Brüsten aufgehängt hat, die
haben ihre Brüste entblößt und ihre Kinder gesäugt im Beisein von
Jünglingen und haben diese zur Sünde verführt.

Danach geschah es, daß die Hölle selbst ein lautes, bitteres Geschrei erhob und zu Nasargiel rief: Gib mir Nahrung, denn ich habe

Hunger. Der Engel fragte: Was soll ich dir denn zum Verzehren geben? Die Hölle schrie: Gib mir die Seelen der Gerechten! Der Engel aber sagte: Der Herr gibt die Seelen der Gerechten nicht her.

Sodann sah Mose andere Missetäter, die steckten zur Hälfte in Feuer und zur Hälfte in Schnee, oben war Schnee und unten war Feuer, in der Nacht aber wurde aus dem Feuer Schnee und aus dem Schnee Feuer. Mose fragte den Engel, warum diese Gestalten so sonderbare Qualen litten, und erhielt zur Antwort: Weil sie den Weg der Tugend verlassen haben und den Weg der Sünde gewandelt sind.

Nunmehr verließ Mose das Reich der Hölle und rief: Es sei dein Wille, o Herr, du mein Gott und Gott meiner Väter, daß du dein Volk Israel von dieser Stätte des Grausens errettest. Der Herr aber sprach: Mose, ich kenne kein Ansehen der Person, und keinerlei Bestechung kann bei mir verfangen. Wer Gutes tut, kommt in den Garten Eden, wer Böses stiftet, fährt in die Hölle.

Danach erhob Mose seine Augen und erblickte wieder den Engel Gabriel. Zu diesem sprach der Herr: Geh mit Mose und zeige ihm den Garten Eden. Also betrat der Sohn Amrams das Paradies. Zwei Engel stellten sich ihm entgegen und fragten ihn: Ist deine Zeit gekommen, daß du hier erschienen bist? Er antwortete: Noch hat meine Stunde nicht geschlagen, allein ich wollte den Lohn sehen, den die Gerechten empfangen. Da riefen sie alle mit einer Stimme: Wohl dir, Mose, daß du hierher kommen durftest; selig das Volk, dem es also ergeht; selig das Volk, dessen Gott Jahve ist.

Man erzählt: Als Mose in das Eden kam, sah er einen Engel, der saß unter dem Baum des Lebens; das war Schamschiel, der Fürst des Paradieses. Er faßte Mose bei der Hand und führte ihn vor sich her. Da sahen sie siebzig Stühle, die in eins zusammengefügt waren; alle waren sie von edlem Gestein und kostbaren Perlen, und die Füße waren aus Feingold und mit Karfunkelsteinen, Saphiren und Diamanten besetzt. Jeder Stuhl wurde von sechzig wachhabenden Engeln bedient. Bei einem der Throne fragte Mose seinen Führer: Wessen ist dieser hier? Ihm ward zur Antwort: Das ist der Stuhl des Erzvaters Abraham. Da trat Mose vor Abraham, und auch der Erzvater fragte ihn, ob seine Zeit gekommen wäre; als nun Mose sagte, er sei nur heraufgestiegen, um den Lohn der Gerechten zu schauen, rief der Erzvater aus: Danket dem Herrn, denn er ist gut und seine Gnade währt ewig. Ebenso erging es Mose vor dem Stuhl Isaaks und vor dem Stuhl Jakobs.

Danach fragte er seinen Führer: Wie weit erstreckt sich der Garten Eden? Der antwortete: Nicht zu ermessen ist seine Länge; nicht zu zählen sind die Throne in ihm; jeder Stuhl wird von sechzig Engeln bedient, aber kein Stuhl gleicht dem anderen. Es gibt auch Stühle von Silber und welche, die ganz aus Perlen bestehen. Mose fragte: Wer hat denn einen aus Perlen? Schamschiel erwiderte: Das sind die Lehrer, die sich um die Schrift bemühen. Mose fragte weiter: Und wer sitzt auf den Stühlen aus Karfunkelstein? Der Engel erwiderte: Das sind die vollauf Gerechten. – Die Stühle aus Gold, wem gehören die? Schamschiel antwortete: Denen, die Buße tun. – Die Stühle aus Silber, was sind das für welche? Die sind für die bekehrten Fremdlinge. – Und die ehernen Stühle? Die sind für solche, die selber zwar sündig waren, aber gerechte Väter hatten, oder für solche, deren Väter zwar sündig, die selbst aber gerecht waren. Dem Sohn wird um seines Vaters willen verziehen, dem Vater aber um seines Sohnes willen.

Das goldene Kalb

1
Die Sünde

ALS ISRAEL DIE ZEHN GEBOTE GOTTES empfangen hatte, vergaß es seinen Gott; und sie sprachen zu Aaron vierzig Tage nach der Offenbarung: Sieh die Ägypter, die tragen ihren Gott durch die Straßen, sie führen Reigen auf und spielen vor ihm und sehen ihn mit ihren Augen; macht uns gleichfalls solche Götter wie die ägyptischen sind, daß wir sie leibhaftig vor uns wandeln sehen. So sprachen sie zu Aaron und Hur, den Genossen Moses.

Hur aber war aus dem Stamme Juda und einer von den Großen seines Geschlechts, und so begann er, Israel mit harten Worten zu züchtigen. Da fanden sich ehrlose Buben unter ihnen, und die töteten ihn. Als Aaron das sah, gehorchte er ihnen und errichtete den Altar.

Aaron aber überlegte vorher und sprach in seinem Herzen: Sage ich ihnen: Gebt mir Gold und Silber, so werden sie mir davon die Fülle bringen. Ich will ihnen also sagen: Gebt mir den Schmuck eurer Weiber – und sie werden ihr Vorhaben fallen lassen. Und es kam auch so: Als die Frauen hörten, was man von ihnen haben wollte, weigerten sie sich, ihr Geschmeide herzugeben, und sprachen: Ihr wollt ein Gebilde machen, das ein Greuel ist und niemand helfen kann; wir hören auf euch nicht. Und der Herr vergalt ihnen ihr rechtschaffenes Tun, indem er ihnen den Neumondstag als Feiertag gab.

Als die Männer sahen, daß die Frauen ihnen kein Gehör schenken wollten, rissen sie die Ringe aus ihren eigenen Ohren, die sie bislang getragen hatten nach der Weise der anderen Völker, und gaben sie Aaron. Unter den Zieraten fand Aaron einen Reif, auf dessen einer Seite war der heilige Name eingeschnitten, auf der anderen aber war das Abbild eines Kalbes. Dieses Ohrgehänge warf er ins Feuer, und da kam das Kalb blökend hervor und ward von Israel gesehen.

Rabbi Juda erzählt: Semael war in den Leib des Kalbes gefahren und brüllte aus ihm, um Israel zuschanden zu machen; und das Volk küßte das Kalb, betete an und opferte ihm. Der Herr aber sprach zu Mose: Mose, sie haben alles vergessen, was ich in Ägypten und am Schilfmeer vollbracht habe, und haben sich einen Götzendienst gemacht; steig hinab, denn dein Volk hat's verderbt. Mose antwortete: Herr der Welt! Solange sie vor dir keine Sünde getan hatten, nanntest du sie dein eignes Volk; nun sie sich vergangen haben, nennst du sie mein Volk? Sie sind dein Volk und dein Erbe.

Und Mose nahm die Tafeln und schickte sich an hinabzusteigen, aber die Schrift auf den steinernen Tafeln trug die beiden Tafeln und den Mose dazu. Als die Schriftzeichen jedoch das goldene Kalb und den Reigen darum erblickten, flogen sie davon, und die Tafeln wurden auf einmal schwer in Moses Händen; er konnte die Last nicht mehr tragen, warf sie aus der Hand, und sie zerbrachen. Was hast du mit diesem Volk gemacht? Sie sind zuchtlos geworden gleichwie die Metzen *(Prostituierte)*. Aaron erwiderte: Ich sah, was sie an Hur getan hatten und fürchtete mich vor ihnen.

Man erzählt: Die Ältesten hatten an der Missetat mit dem goldenen Kalb nicht teilgenommen. Dafür wurden sie für wert befunden, die Gottheit zu schauen, und so heißt es von ihnen: Und sie sahen den Gott Israel.

Ebenso hatte der Stamm Levi nicht teil an der Sünde. Als Mose in das Tor des Lagers trat und die rief, die zu dem Herrn halten wollten, da sammelten sich zu ihm alle Kinder Levi. Bestärkt durch ihre Treue, ergriff Mose das gegossene Kalb, verbrannte es mit Feuer und zerstieß es zu Pulver; die Asche streute er auf das Wasser und gab's den Kindern Israel zu trinken. Wer aber das Kalb geküßt hatte, dessen Lippen wurden golden, und der Stamm Levi schlug alle diese tot, bis daß dreitausend Götzendiener gefallen waren.

Überdies sandte der Herr fünf Würgengel aus, um ganz Israel zu verderben, und diese waren: Zorn, Wut, Grimm, Vernichtung und Groll. Wie das Mose erfuhr, rief er zu den Erzvätern Abraham, Isaak und Jakob und sprach: Seid ihr die, denen das ewige Leben beschieden ist, so steht mir bei in dieser Stunde, da eure Kinder wie Schafe zur Schlachtbank geführt werden. Danach rief Mose zum Herrn: Gebieter der Welten! Hast du diesen hier nicht geschworen, ihren Samen zu mehren wie die Sterne des Himmels? Und es geschah, daß um der drei Erzväter willen von den fünf Würgengeln drei ohnmächtig wurden und verschwanden. So blieben nur noch zwei übrig. Da grub Mose eine Tiefe Grube in die Erde und sperrte die zwei Verderber darein.

2
Satans Tat

Da das Volk sah, daß Mose säumte zurückzukommen, wandte es sich an Aaron. Es waren sechs Stunden über die Frist von vierzig Tagen vergangen, nach deren Ablauf Mose Israel die Thora hätte bringen sollen, und er erschien nicht wieder. Da sammelten sich die Kinder Israel um Aaron. Der Satan hatte die Stunde wahrgenommen, da Mose noch gleichsam zwischen Himmel und Erde schwebte.

Als das Volk sah, daß Mose nicht wiederkam, sammelten sich vierzigtausend Mann von ihnen, und darunter auch zwei ägyptische Hexenmeister mit Namen Janes und Jambres, welche vor Pharao Zauberkünste getrieben hatten; sie umringten Aaron und klagten vor ihm, daß Mose noch nicht zurück sei, wo doch schon die sechste Stunde des vierzigsten Tages gekommen wäre. Aaron und Hur sprachen zu ihnen: Er ist von der Höhe bereits herabgestiegen. Sie achteten der Worte nicht und sprachen zu Aaron: Auf, mach uns Götter! Allein vor dem, der da sprach: Es werde eine Welt –, bleibt nichts verborgen.

Als die Schmuckstücke gebracht wurden, erhob Aaron seine Augen zum Himmel und sprach: Zu dir, der du im Himmel thronst, hebe ich meinen Blick empor! Du kennst mein Inneres und weißt, daß ich gezwungenermaßen dieses tue. Und er warf alles ins Feuer, und die Beschwörer kamen herzu und taten nach ihrer Weise.

Manche erzählen, daß auch Micha vom Gebirge Ephraim, der späterhin dort den Abgott machte, dazugekommen wäre. Diesen Micha hatte Mose zur Zeit der ägyptischen Knechtschaft aus einer Mauer herausgezogen, wo er zwischen den Ziegeln eingeklemmt war. Nun kam er jetzt und warf das Täfelchen ins Feuer, auf welchem die Worte: ,Steig empor, du Stier!‘ aufgeschrieben waren, und welches Mose in den Nil geworfen hatte, als er Josephs Schrein aus dem Wasser holte. Alsbald kam das Kalb aus dem Feuer brüllend und hüpfend her-

vor, und alles Volk rief: Das sind deine Götter, Israel, die dich aus
Ägypten geführt haben!

Die himmlischen Heerscharen aber sprachen: Sie haben ihren Retter vergessen, der in Ägypten solch große Taten vollführt hat. Und
der Heilige Geist klagte und rief: Wie so bald haben sie seiner Werke
vergessen!

Da sprach der Herr zu Mose: Fahr hinab! In derselben Stunde
wurde Mose von dem himmlischen Gerichtshofe verstoßen. Er
sprach vor dem Herrn: worin besteht mein Vergehen? Gott erwiderte ihm: Dein Volk hat's verderbt. Mose fragte weiter: Was haben sie
Schlimmes getan? Gott sprach: Sie haben meine Ehre verletzt und sie
für das Bildnis eines Stieres eingetauscht. Da sprach Mose: Herr der
Welt! Was eiferst du wider einen Stier? Was kann er denn verrichten?
Ist doch nichts an ihm; Gras ist sein Futter, und seine Bestimmung ist,
auf die Schlachtbank geführt zu werden. Warum entbrennt dein Zorn
über dein Volk? Der Herr aber erwiderte: Was redest du? Siehe, sie
fallen nieder vor ihm und opfern ihm. Ich sehe das Volk, es ist ein
halsstarrig Volk; laß ab von mir, daß mein Grimm sie strafe. Ich will
sie vertilgen und dich zu einem großen Volke machen.

Daraus ersiehst du, daß Gott dem Mose eine Pforte offen ließ und
Mose um Erbarmen bitten konnte. Mose sprach: Also gilt vor dir das
Verdienst Abrahams, Isaaks und Jakobs nichts? Wessen Verdienst
soll nun gelten? Laß ab von deinem Zorn und laß dich gereuen des
Übels über dein Volk.

Indessen hörte der Satan oben mit seinen Anklagen nicht auf. Was
tat Mose? Er verschloß die Bresche, durch die die frevlen Reden
drangen, und alsbald erfaßte Reue den Herrn.

3
Die Fürbitte Moses

IN DIESER STUNDE SAH MOSE, daß die diensttuenden Engel hinabfahren und Israel vernichten wollten. Da sprach er bei sich: Steig ich
jetzt hinunter, so rette ich sie nimmer, und sie sind dem Verderben geweiht; ich will mich also nicht eher von der Stelle rühren, als bis ich
Vergebung für sie erwirkt habe. und er trat als Anwalt auf und sprach
vor dem Herrn: Herr der Welt! Gedenke dessen und halt es ihnen zu-
gute, daß sie die einzigen waren, die die Thora williglich angenommen haben, indes die anderen Völker sie nicht empfangen wollten.
Sie waren es doch, welche sprachen: Alles, was der Herr sagt, wollen
wir tun und befolgen. Der Herr aber erwiderte: sie haben dem zuwi-
dergehandelt und sind eilends von dem Wege abgewichen, den ich ih-

nen gewiesen habe. Da sprach Mose: Gedenke dessen, daß sie, als ich in deinem Auftrag nach Ägypten ging und ihnen deinen Namen nannte, alsbald an dich glaubten und dich anbeteten. Der Herr antwortete: Ihr Anbeten von damals ist nichtig, weil sie bald darauf das Kalb angebetet haben. Mose sprach: So gedenke der Jünglinge, die ich gesandt habe, und die vor dir Opfer dargebracht haben. Der Herr gab zur Antwort: sie haben das Opfergesetz übertreten, indem sie dem Kalbe Opfer darbrachten.

Als Israel das Kalb gemacht hat, wollte der Herr das ganze Volk vertilgen. Da sprach Mose vor Gott: Herr der Welt! Von diesem Kalbe hier wird dir noch Nutzen erwachsen. Der Herr erwiderte: Welchen Nutzen wird es mir wohl bringen? Mose sagte? Du wirst Regen spenden, das Kalb wird Tau hernniederträufeln lassen; du wirst den Wind entsenden, das Kalb wird den Blitz leuchten lassen. Hierauf sprach der Herr: Mose, Mose! Auch du bist dem Irrwahn verfallen? Mose antwortete: dein Zorn ergrimme nur nicht wider dein Volk!

4

Lohn und Strafe

AM TAGE, DA SICH DER HERR am Sinai offenbarte, fuhren sechzig Myriaden von Engeln mit ihm hernieder; jeder Engel hielt in der Hand eine Krone, um einen jeden in Israel zu krönen. Andere sagen, es seien hundertzwanzig Myriaden von Engeln herniedergestiegen, und sie hätten alle die Kinder Israel mit Kronen geschmückt und mit Gürteln umgürtet.

Als der Herr herabfuhr, um Israel die Thora zu geben, fuhren mit ihm sechzigtausend Engel herab, die hielten ein jeder eine Krone in der Hand mit dem eingravierten heiligen Namen, und sie krönten damit die Kinder Israel.

Und solange Israel die Sünde mit dem goldenen Kalb nicht begangen hatte, waren sie dem Herrn lieb, lieber noch als seine Heerscharen; und der Todesengel hatte keine Gewalt über sie, und sie schieden keinen Unrat aus. Nachdem sie sich aber dermaßen vergangen hatten, sprach der Herr: Ich hatte geglaubt, ihr würdet sein wie die Engel, ihr würdet Gott und den Söhnen des Himmels gleichen; nun aber sollt ihr wie Menschen den Tod erfahren.

Rabbi Juda erzählt: Solange der Mensch köstliche Kleider anhat, ist er schön von Aussehen und herrlich in seiner Pracht. Also waren auch die Kinder Israel lieblich, solange sie im Schmuck des heiligen Namens standen. Wie sie aber diese Missetat begangen hatten, geriet der Herr in Zorn und sprach. Tu deinen Schmuck von dir ab, daß ich wisse, was ich mit dir tun soll.

In dieser Stunde fuhren abermals sechzig Myriaden diensttuender Engel vom Himmel herab, und sie nahmen einem jeden von den Helden Israels ab, was sie ihnen gegeben hatten. Also blieben die Menschen nackend und bloß.

Rabbi Assi sprach. Es gibt kein Geschlecht, das nicht mittrüge an der Last, die die Sünde vom goldenen Kalb verursacht hat.

5
Der Ozean

IN DER STUNDE, DA MOSE die Tafeln des Bundes zerbrach, traten die Wasser des Ozeans aus den Ufern und wollten die Welt überschwemmen. Da nahm Mose das Kalb und verbrannte es. Hiernach rief er den Fluten: O ihr Gewässer, was richtet ihr an? Der Ozean sprach: Konnte doch die Welt bestehen nur kraft der Thora, die auf den Tafeln stand; diese Thora aber wurde von den Kindern Israel verraten, als sie das goldene Kalb machten, und so wollen wir die Welt vernichten. Da sprach Mose: Wohlan, so mögen alle, die diese Schuld begangen haben, euch überliefert sein. Und er streute die Asche aufs Meer. Die Wogen legten sich jedoch nicht.

Da gab Mose das Wasser, mit der Asche des Kalbes vermengt, den Kindern Israel zu trinken. Alsbald wurde der Zorn des Ozeans gestillt.

Die zweiten Tafeln

1
Die Erneuerung des Bundes

VIERZIG TAGE BRACHTE MOSE auf dem Berge zu; Tag und Nacht forschte er da und las in der Schrift. Danach nahm er die Tafeln und fuhr hinab in das Lager. Am siebzehnten Tage des Monats Tammus zerbrach er die Tafeln und tötete die Abtrünnigen. Vierzig Tage blieb er im Lager, bis daß der Götzendienst ausgerottet und jeder Stamm in Israel wieder bekehrt worden war; er verbrannte das Kalb, zermahlte es zu Staub und tötete alle, die es geküßt hatten.

Danach, an Neumond des Elul, rief ihn der Herr abermals auf den Berg, und der Schall der Posaune verkündete im ganzen Lager, daß Mose in die Höhe emporgefahren war und daß sie ja nicht mehr der Abgötterei verfallen sollten. Auf den Flügeln des Posaunentons aber führte der Herr den Mose zu sich herauf, wie späterhin David die Lade Gottes. Daher haben es unsre Weisen bestimmt, daß alljährlich zum Neumondstage des Elul das Widderhorn geblasen werde.

Andere wiederum erzählen es so: Vierzig Tage weilte Mose oben auf dem Berg, las in der Thora und suchte jedes Schriftzeichen darin zu verstehen; danach fuhr er mit ihr hinab am zehnten des siebenten Monats, das ist der Versöhnungstag, und gab Israel die Thora zum ewigen Vermächtnis.

Und die Kinder Israel lasen in der Schrift und fanden darin die Worte geschrieben: Ihr sollt euren Leib kasteien. Da ließen sie durch den Ton der Posaune verkündigen, daß alles Volk fasten sollte, Mann und Weib, jung und alt. Gäbe es keinen Versöhnungstag, die Welt hätte nicht bestehen können; dieser Tag versöhnt im Diesseits und versöhnt im Jenseits; und auch wer alle Feste gering achtet, den Versöhnungstag hält er hoch in Ehren.

Mose aber sprach am Versöhnungstag: Ich will die Majestät des Herrn schauen, dann will ich die Sünden Israels sühnen. Und zu Gott sprach er: Herr der Welt! Laß mich deine Herrlichkeit sehen. Der Herr aber erwiderte: Mose du darfst meine Majestät nicht schauen, denn mich kann keiner sehen und am leben bleiben. Allein um des Eides willen, den ich geschworen habe, und um des Namens willen, den ich dir verkündigt habe, will ich deinen Wunsch erfüllen. Stelle dich an den Eingang zur Höhle, und ich will alle Engel, die vor mir Dienst tun, an dir vorbeiziehen lassen. So du aber den Namen vernimmst, den ich dir einst gesagt habe, so wisse, daß ich vor dir stehe; fürchte dich nicht, denn wem ich gnädig bin, dem bin ich gnädig, und wessen ich mich erbarme, dessen erbarme ich mich.

Die himmlischen Heerscharen sprachen aber vor dem Herrn: Wir, die wir Tag und Nacht vor dir Dienst tun, dürfen deine Herrlichkeit nicht sehen, und nun soll ein vom Weibe Geborener sie schauen? Und sie stellten sich voll Zorn auf und wollten ihn töten. Da kam der Herr hernieder in einer Wolke und beschützte ihn und hielt seine Hand über ihn. Danach tat er seine Hand von ihm, und Mose konnte den Herrn hintennach sehen. nun fing Mose an mit lauter stimme zu schreien und rief: Herr, Herr, barmherziger und gnädiger Gott, der du voll Langmut und Milde bist! Vergib Israel seine Sünden, vergib ihnen die Missetat mit dem goldenen Kalb. Und der Herr erwiderte. Ich vergebe ihnen nach deinen Worten.

2
Die Strahlenhörner

ALS DER HEILIGE, GELOBT SEI ER, zu Mose sprach: Haue dir zwei steinerne Tafeln, wie die ersten waren – da tat sich vor Mose in seinem Zelt ein Schacht auf von Saphirsteinen. Er brach einen Block aus dem edlen Gestein heraus und hieb ihn zurecht zu zwei Tafeln, wie die ersten waren.

In der Stunde, da Mose mit der Niederschrift der Thora fertig war, ging der Lichtschein von der Heiligen Schrift auf ihn über, und davon erstrahlte sein Angesicht. Denn die Thora, das waren schwarze Flammen, die brannten auf einem Grunde von weißem Feuer; sie war mit Feuer versiegelt und mit Feuer umwickelt. Und Mose wischte das Schreibrohr an seinen Haaren ab, und davon wurden sie glänzend.

Mose wußte nicht, daß die Haut seines Angesichts erglänzte. Woher kamen aber zu ihm die Hörner des Lichts? Die einen sagen, er habe sie noch in der Felsenhöhle empfangen, in der er stand, während die Herrlichkeit Gottes an ihm vorbeizog. Andere sagen, das Licht wäre von den Tafeln gekommen. Die Länge der Tafeln betrug sechs Handbreit, ihre Breite betrug ebensoviel. Mose faßte die Tafeln an der eine Seite und die göttliche Majestät an der anderen Seite, und so gewann Mose die Strahlenhörner. Noch andere aber meinen, Mose habe, nachdem er die Tafeln beschrieben, sich mit dem Schreibrohr über den Kopf gestrichen, und davon hätten sich die Strahlenhörner gebildet.

In den drei Monaten, während deren Mose verborgen war im Hause seiner Mutter, war er von jenem Urlicht umgeben, das nur während der Schöpfungszeit erstrahlt und das Gott aufbewahrt hat für die Gerechten der zukünftigen Welt. Als Mose vor Pharao treten sollte, nahm Gott das Licht von ihm hinweg. Wie er aber den Berg Sinai bestieg, wurde ihm das Licht wieder, und nun sollte es nimmermehr von ihm weichen, bis zu seinem Todestage. Darum vermochten die Kinder Israel ihm nicht ins Antlitz zu schauen, und er mußte sein Angesicht verhüllen.

Mose flehte zum Herrn: Laß mich deine Herrlichkeit schauen. Gott aber erwiderte: Du kannst mein Antlitz nicht sehen. Als aber Mose nicht abließ mit Bitten, erhörte ihn der Herr und sprach zu ihm: Birg dich hier in der Felsenkluft, und meine Herrlichkeit wird vorüberfahren. Also blieb Mose in der Felsenhöhle. Die strafenden

Engel zogen vorbei und wollten ihn versehren, aber Gott hielt schützend seine Hand über ihn, und Strahlenhörner erschienen auf seinem Haupte.

3
Das Schauen der Herrlichkeit

MOSE NAHM SEIN ZELT, schlug es auf außerhalb des Lagers und benannte es die Stiftshütte. Und wer den Herrn fragen wollte, was es gleich einer von den Engeln, Seraphim oder den himmlischen Heerscharen, der mußte bis zu dieser Hütte gehen, denn Gott weilte in Moses Nähe. Und wenn Mose in die Hütte trat, so kam die Wolkensäule hernieder und stand in der Tür der Hütte. Also sahen alle, wie die Majestät Gottes sich Mose offenbarte; und das Volk stand auf und betete an.

Der Herr sprach mit Mose von Angesicht zu Angesicht. Wir wissen nicht, ob der Mensch göttlich wurde dabei oder Gott menschlich. Ein Weiser sagte: Es ist, als ob der Höchste sich herabgeneigt hätte zu Mose, denn es heißt: Und der Herr fuhr hernieder bis zur Hütte.

Und Mose kehrte zurück ins Lager, denn der Herr sprach zu ihm. Ich hab es dir bereits gesagt, daß wenn ich zürne, du gütig sein mußt; wenn du aber zürnst, will ich gütig sein. Nun zürnen wir beide den Kindern Israel; sie sollen aber nicht unser beider Gesicht im Zorne sehen. So kehre denn zurück zu ihnen; wo nicht, wird Josua, der Sohn Nuns, an deiner Statt in den Dienst treten. Da sprach Mose vor dem Herrn: Sieh, sogar in deinem Zorn suchst du mich milde gegen sie zu stimmen. Und weiter sprach er: Siehe, du sprichst zu mir: Führe das Volk hinauf; siehe, du kannst von deiner Liebe zu ihnen nicht lassen. Habe ich nun Gnade vor deinen Augen gefunden, so laß mich deinen Weg wissen. Der Herr erwiderte ihm: Ich habe große Dinge vor; ich will nach deinen Worten tun und ihnen die Sünde des goldnen Kalbes vergeben; auch darin will ich deinem Willen Genüge tun, daß ich mein Angesicht will vorangehen lassen, es wird dich leiten.

Mose sprach: So laß mich deine Herrlichkeit schauen. Der Herr antwortete: Siehe, es ist ein Raum – also meinte er gleichsam: Mein Raum, das ist die Schale um den Kern. Und er sprach weiter: Sieh, ich will alles Gute an dir vorbeiziehen lassen, das Maß des Guten und das Maß der Strenge; ich will gnädig sein, wenn ich gnädig bin, und mich erbarmen, wessen ich mich erbarme. In dieser Stunde zeigte ihm der Herr allen Lohn, der der Gerechten harrt. Mose fragte bei jedem einzelnen: Und dieses Herrliche, wessen Teil ist dieses? Und der Herr erwiderte: Das ist das Teil der Torabeflissenen, das ist das Teil der

Jünger und so ferner. Danach erblickte Mose einen überaus großen Schatz und fragte den Herrn: Wem gehört dieses Gut? Der Herr gab ihm zur Antwort: Wer gute Werke sein eigen nennt, dem gebe ich seinen Lohn; wer aber keine hat, für den halte ich diesen Schatz bereit.

Viertes Buch

In der Wüste

Die Stiftshütte

1
Die sieben Gerechten

Sieh nur, wie lieb dem Herrn die Stiftshütte war, daß er die oberen Regionen verließ und in der Hütte wohnen blieb.

Die Majestät Gottes hatte immer gern in den Niederungen geweilt. Heißt es doch von Adam und Eva: Und sie hörten die Stimme Gottes, der im Garten ging. Nachdem aber Adam Sünde getan hatte, entschwebte die Gottheit der Erde und flog zum Himmel empor. Kain kam auf die Welt und erschlug seinen Bruder, und die göttliche Majestät zog aus dem ersten Himmelsgewölbe in das zweite. Es kam das Geschlecht Enos' und erzürnte den Herrn; die Majestät wich aus dem zweiten Himmel in den dritten. Das Geschlecht der Sintflut war voller Verderbnis, und die Gottheit zog weiter in den vierten Himmel. Das Geschlecht des Turmbaus vertrieb durch seinen Übermut die Herrlichkeit Gottes in das fünfte Himmelsgewölbe. Die Leute von Sodom zwangen sie, vom fünften Himmel in den sechsten zu flüchten; Amraphel aber und die Seinen bewirkten, daß sie sich in den letzten Himmel zurückzog.

Nun kam Abraham und tat gute Werke, und die Majestät Gottes rückte wieder näher und kam in den sechsten Himmel. Isaak zog sie aus dem sechsten in den fünften, Jakob aus dem fünften in den vierten. Sein Sohn Levi ließ sie aus dem vierten in den dritten kommen, Levis Sohn Kahath aus dem dritten in den zweiten. Zur Zeit Amrams, des Vaters Moses, betrat die Gottheit wieder den ersten Himmel. Mose aber errichtete die Stiftshütte und die Herrlichkeit Gottes erfüllte die Hütte, die auf der Erde lag.

Im Uranfang weilte die göttliche Majestät hier unten auf der Erde. Als aber Adam Sünde tat, fuhr sie auf in den untersten Himmel. Es kam das Geschlecht Enos' und frevelte; da stieg die Majestät in den zweiten Himmel. Nach Enos kam das Geschlecht der Flut, danach der Turmbau zu Babel, danach geschahen in Ägypten Greuel zu Abrahams Zeit, hernach kamen die Sünden Sodoms, danach die harte Fron in Ägypten; und die Majestät Gottes entfernte sich immer weiter von der Erde, bis sie im siebenten Himmel weilen blieb.

Es traten aber auf sieben Gerechte, und die brachten die Gottheit abermals hernieder. Der Erzvater Abraham ließ sie vom siebenten in den sechsten Himmel kommen, Isaak brachte sie in den fünften, Jakob in den vierten, Levi in den dritten Himmel, in das zweite Himmelsgewölbe kam sie durch das Verdienst Kahaths, in das erste durch die Größe Amrams, des Vaters Moses. Mose unser Meister erschien und ließ die Gottheit wieder unter den Irdischen weilen.

2
Das Zelt des Bundes

DER HERR REDETE MIT MOSE und sprach: Versammle die ganze Gemeine. Mose fragte den Herrn: Wohin soll ich sie versammeln? Der Herr erwiderte: Vor die Tür der Stiftshütte. Da sprach Mose: Gebieter der Welt! Sechzig Myriaden Männer und sechzig Myriaden Jünglinge sollen alle vor der Tür der Stiftshütte Platz haben? Ist diese doch nicht mehr als zwei Kornmaß breit! Darauf sprach Gott: Darüber wunderst du dich? Ist doch der ganze Himmel nicht mehr als ein dünnes Fell, das sich über das Auge legt und es blind macht; ich aber bin derjenige, der ihn ausgespannt hat von einem Ende der Weilt bis ans andere. Ich bin es, der ich die Menschenmengen erschaffen habe, von Adam angefangen bis zu der Zeit, da die Toten auferstehen werden. Meinst du aber, sie werden nicht Platz haben, wo zu stehen?

Solange der Herr allein war in seiner Welt, verlangte es ihn, mit von ihm Erschaffenen da unten zu wohnen. Dennoch tat er es nicht. Als aber die Stiftshütte errichtet ward, ließ der Ewige seine Majestät in ihr weilen; und wie die Stammesfürsten kamen, um da zu opfern, sprach Gott: Man möge schreiben, daß an diesem Tage die Welt erschaffen wurde.

In der Stunde, da der Herr Israel befahl, die Stiftshütte zu errichten, gab er den Heerscharen einen Wink, da oben gleichfalls ein Heiligtum zu bauen. Dieses oben aber ist die Stätte des Knaben, der da Matatron geheißen wird, allwo er die Seelen der Gerechten zum Opfer darbringt.

Bevor die Hüte errichtet war, pflegten die bösen Geister zusammen mit dem Menschen zu hausen. Nachdem aber die Stiftshütte erbaut worden war und die Herrlichkeit Gottes in ihr ruhte, verschwanden die Dämonen von der Welt.

3
Die siebzig Ältesten

ALS DER HERR MOSE BEFAHL, siebzig Älteste zu versammeln, sprach Mose bei sich: Wie soll ich's anstellen? Nehme ich von jedem Stamm fünf, so werden es nur sechzig sein; nehme ich aber von dem einen Stamm fünf, von dem anderen sechs, so säe ich Zwietracht zwischen den Stämmen. Was tat er da? Er nahm zweiundsiebzig Tafeln und schrieb auf jede das Wort: Ältester. Zwei von den Täfelchen aber zerbrach er in Stücke und tat alles zusammen in eine Urne. Nunmehr befahl er, die Schildchen zu ziehen. Wer eine Platte zog, auf der die Aufschrift unversehrt war, der wußte, daß er zum Ältesten bestimmt war; welcher aber nur ein Stück von einer Tafel in die Hand bekam, der wußte, daß er nicht gewählt worden war. Der Aufseher aber sagte zu diesen: es waren auch Plättchen drin, die ganz waren; wärest du für Wert befunden worden, du hättest ein solches gegriffen. Auf diese Weise versammelten sich die siebzig Ältesten.

Gott sprach zu Mose: Von deinem Geist will ich nehmen und auf die siebzig Ältesten legen. Nahm Moses Weisheit dadurch nicht ab? Nein, Mose war wie ein Licht, mit dem man viele Lichter anzünden kann, und es behält sich seine Leuchtkraft.

Als Gott zu Mose sprach: Sammle mir siebzig Männer als Älteste – da sprachen Eldad und Medad zueinander: wir sind diese Würde nicht wert. Aber der Herr sagte darauf: Weil ihr euch selbst erniedrigt habt, will ich euch noch größer machen als die anderen Ältesten. Und worin bestand diese ihre Größe? Sie weissagten unaufhörlich, die anderen aber weissagten und unterbrachen ihre Weissagung.

Eldad und Medad waren Moses Halbbrüder. Denn, als Amram sein Eheweib Jochebed vertrieben hatte, wurde sie die Frau Elizaphans und gebar ihm den Eldad und den Medad. Hernach erst, als sie sich dem Amram wieder vermählte, schenkte sie Mose das Leben.

Die Wüstenwunder

1

Die Banner

VIER WINDE SIND VOM HERRN erschaffen worden, und entsprechend diesen vier Windseiten ließ Gott von Mose die Banner der Stämme hissen. Er sprach zu ihm: Mose, von Osten kommt das Licht in die Welt, also gebührt dieser Platz Juda, welcher die Königswürde hat. Von Süden her kommt der segenspendende Tau und Regen; ihm mag Ruben entsprechen, will er die Buße verkörpert. Der Westen birgt die Kammern von Schnee und Hagel, von Kälte und Wärme –

auf dieser Seite sollen Ephraim, Manasse und Benjamin sich aufstellen. Von Norden her kommt das Dunkel – dahin gehört der Stamm Dan, welcher die Welt verfinstern wird durch den Götzendienst den dereinst Jerobeam anrichtet.

Unsere Lehrer erzählen: Sieben Wolken begleiteten die Kinder Israel auf ihrer Wanderung durch die Wüste: eine war vornan, die zweite hintennach, zwei waren zu beiden Seiten, eine war über ihnen und kühlte die Glut und wehrte dem Frost, eine war in der Wolkensäule, die wies ihnen den Weg und ermunterte die Zagen und dämpfte die Übermütigen; die siebente aber schwebte über den Bannern der Stämme, und das Licht der göttlichen Majestät war in ihr geborgen.

Auf welche Weise aber das Licht in dieser Wolke gefangen war, das wird folgendermaßen erklärt. Es gab vier Banner, nach den vier Richtungen der Windrose. Das Banner Judas war östlich, und es stellte einen Löwen dar; der Haken oben war golden und hatte die Gestalt eines Schwertes; über der Spitze des Schwertes ließ der Herr eine Elle von der siebenten Wolke hängen, und darin leuchteten die Anfangszeichen der Erzvaternamen. Das Banner Rubens, das im Süden war, trug das Abbild eines Menschen, welcher gestaltet war wie die Dudaim, die der Stammvater Ruben auf dem Felde fand. Auch der Haken dieses Banners war wie ein Schwert geformt, und in dem Teil der Wolke, die darüber hing, leuchteten die zweiten Buchstaben der Erzvaternamen. Im Westen prangte das Banner Ephraims; darauf war das Bild eines Fisches, getreu dem Verse: Und sie mögen sich vermehren wie die Fische des Meeres. In dem Stück der Wolke, das über dem Haken dieses Banners hing, waren die dritten Buchstaben der Erzvaternamen zu lesen. Das letzte Banner war das Banner Dans, das im Norden war; es trug das Abbild einer Schlange, und in dem Wolkensaum, der über dem Haken schwebte, strahlten in heller Schrift die Endbuchstaben der Erzvaternamen. Zu dem Buchstaben, der von Abrahams Namen übrig geblieben war, welcher doch fünf Schriftzeichen enthält, fügte Gott eines von seinem Namen hinzu und bildete so seine erhabene Benennung Jah, von der es heißt, sie sei ein Fels ewiglich. Diese zwei heiligen Schriftzeichen setzte er in die Wolkensäule, die über der Lade war, allwo alle Banner zusammengeflochten waren. Und die Säule zog sieben Tage lang durch das Lager Israels, leuchtete des Tags wie die Sonne und des Nachts wie der Mond, und daran erkannte man, ob Tag war oder Nacht. Wollte Gott das Lager in Bewegung bringen, so hob sich die Wolke mit dem Namen Jah, die über der Lade hing, und die vier Wolken mit den Schriftzeichen der Erzvaternamen folgten hintennach. Alsdann stießen die Priester in die Drommeten, und die Winde der Welt wehten den Duft von Myrrhe und Aloe herbei. Die Drommeten aber waren dazu da, die Gemeine zusammenzurufen und das Lager zum Aufbruch zu bewegen; sie gaben das Zeichen zum Kriege und kündigten die Sabate und Festtage an. Die Drommete war hohl und tönte mit lauter Stimme; ihre Spitze bildete ein Rohr, durch das der Wind blies, wodurch Töne hervorgebracht wurden. Wenn es galt, die Gemeinde zu berufen oder die Fürsten zu versammeln, so wurde von den Söhnen Aarons die Drommete geblasen, einmal, schlicht und ohne lauten Schall. Galt es aber, dem Lager ein Zeichen zum Aufbruch zu geben, so wurden mit lautem Schall beide Drommeten geblasen.

Beim ersten Ton setzten sich die drei Stämme in Bewegung, die unter dem Banner Judas im Osten lagen; beim zweiten Schall erhoben sich die, die unter dem Banner Rubens im Süden lagerten; beim dritten Schall brachen die Stämme vom Westen auf, die unter das Banner Ephraims geschart waren; beim vierten Schall schlossen sich an den Zug die drei Stämme des Banners Dan, die im Norden waren.

Ebenso wurden beide Drommeten mit lauten Schall geblasen, wenn es zum Streite ging, wenn froher Jubel im Volke war, wenn Festtag und Neumond gefeiert werden sollten.

Die vier Banner entsprachen den vier Elementen. Von den zwölf Stämmen wurde ein jeder durch eine entsprechenden Edelstein im Brustschild Aarons dargestellt. Das Banner Judas im Morgenland verkörperte gleichsam das Feuerelement; unter den Gestirnen entsprachen den drei Stämmen, die unter ihm vereinigt waren, die Sternbilder des Widders, des Löwen und des Bogenschützen; unter den Edelsteinen des Brustschildes entsprach ihn die erste Reihe. Der Rubin, der Topas, der Smaragd.

Das Banner Rubens im Mittagland war ein Sinnbild des Elements Erde. Die Bilder des Tierkreises, die dazu gehörten, waren: der Stier, die Jungfrau, das Zicklein; von den Edelsteinen des Brustschildes entsprachen ihnen der Sarder, der Saphir, der Diamant.

Dem Banner Ephraims im Abendland entsprachen von den Elementen das Wasser, von den Sternbildern die Zwillinge, die Waage und der Wassermann, von den Steinen des Brustschildes die dritte Reihe, nämlich der Hyazinth, der Achat, der Amethyst.

Das Banner Dans zuletzt, das im Mitternachtland war, war ein Sinnbild des Windes; von den Gestirnen entsprachen ihm der Krebs, der Skorpion und die Fische; von den Steinen des Brustschildes wiederum der Türkis, der Onyx und der Jaspis.

Das Sternbild Judas im Tierkreis war der Löwe, sein Stein war der Rubin; das Sternbild Isaschars war der Widder, sein Stein war der Topas; das Sternbild Sebulons war der Bogenschütze, sein Stein der Smaragd – alles Sinnbilder des Feuers.

Der Glücksstern Rubens war der Stier, sein Stein war der Sarder; Simeons Stern war die Jungfrau, sein Stein der Saphir; Gads Stern war der Ziegenbock, sein Stein der Diamant – alles Sinnbilder der Erde. Das Gestirn Ephraims waren die Zwillinge, sein Edelstein der Hyazinth; das Gestirn Manasses war die Waage, sein Stein der Achat; das Gestirn Benjamins war der Wassermann, sein Stein der Amethyst – alles Sinnbilder des Wassers.

Der Stern Dans war der Krebs, sein Stein der Türkis; der Stern Assers war der Skorpion, sein Stein der Onyx; das Sternbild Naphtalis waren die Fische, sein Stein der Jaspis – alles Sinnbilder des Windes.

Das Banner eines jeden trug auch ein besonderes Bild. Das Banner Rubens stellte die Dudaim dar, das Simeons die Stadt Sichem, das Judas einen jungen Löwen, das Isaschars einen Esel, das Sebulons ein Schiff, das Ephraims einen Stier, das Manasses einen Wildochsen, das Benjamins einen Wolf, das Dans eine Schlange, das Naphtalis einen Hirsch, das Gads drängende Kriegshaufen, das Assers einen Ölbaum. So entsprach die Farbe jedes Banners und sein Aussehen dem Wesen dessen, der es trug.

Und die vier Lager der Hauptbanner waren rund um die Stiftshütte gruppiert. Zwischen dem Heiligtum und den einzelnen Lagern war noch ein Raum frei, wie eine Straße breit. Drei Stämme waren jeweils unter einem Banner vereinigt, so daß jedes Lager eigentlich in drei Lager zerfiel und einer mächtigen, festen Stadt ähnlich sah. Im Osten waren die Lager Judas, Isaschars und Sebulons; Ruben, Simeon und Gad lagerten im Süden. Im Westen hatten ihr Lager Ephraim, Benjamin und Manasse; Dan, Asser und Naphtali lagerten im Norden. In dem Raum, der zwischen dem Stiftszelt und den zwölf Lagern war, wohnten die Leviten, auch nach den vier Richtungen der Windrose geteilt; eine freie Fläche blieb noch zwischen ihnen und dem Heiligtum, zwischen ihnen und den Lagern der anderen Stämme, doch waren sie dem Heiligtum näher als den Stämmen.

Mose und Aaron aber lagerten mit ihren Söhnen an der Ostseite der Stiftshütte, gegenüber dem Banner von Juda. Die Söhne Kahath lagerten im Süden der Hütte, Rubens Banner gegenüber. Die Söhne Gerson lagerten an der Westseite des Stiftszeltes, gegenüber dem Banner Ephraims. Die Söhne Merari lagerten an der Nordseite, gegenüber dem Banner von Dan. Das ganze Bild stellte sich nun folgendermaßen dar: in der Mitte erhob sich die Stiftshütte; diese wurde an den vier Seiten von den Leviten umstanden; hinter den Leviten lagerten die Stämme mit ihren Bannern; die Wolken der Herrlichkeit aber hüllten ganz Israel ein.

Zwei Lehrer unterhielten sich miteinander über die Wanderung durch die Wüste. Der eine fragte: Wie war es wohl, als die Kinder Israel aus Ägypten zogen: zogen da auch Weber mit? Der andere antwortete: Es sind keine mitgezogen. Da fragte der erste: Wie war es da

also um die Kleidung der Kinder Israel bestellt? Der andere erwiderte: sie waren gekleidet wie die diensttuenden Engel, in köstlich ge-
mustertes Zeug.

Weiter fragte der eine Lehrer: Aber wurden denn den Kleinen die
Kleider nicht zu eng? Die Antwort lautete: All die Zeit, da das Kind
im Wachsen war, wuchs seine Hülle mit ihm. – Verdarben aber nicht
die Kleider? – Die Wolken der Herrlichkeit machten sie immer neu
und glänzend. – Rochen sie aber nicht nach dem Schweiß des Körpers? – Der Wunderbrunnen ließ Gewürze und duftende Kräuter
aufsteigen, und mit denen wurden die Kleider abgerieben und dufte-
ten so herrlich wie diese.

Der Mirjam-Brunnen war im Vorhofe, neben dem Zelte Moses,
und er zeigte den Rastenden an, wie sie sich zu lagern hätten. Wenn
nämlich der Pflock des Gezeltes eingerammt wurde, da erhoben sich
zwölf Säulen über dem Brunnen und ließen einen Gesang ertönen.
Die Wasser des Brunnens aber stiegen hoch, und es wurden aus ihnen
einzelne Flüsse; der eine Strom floß um das Lager, wo die Gottheit
ruhte, und zerteilte sich in vier Bäche, die in den vier Winkeln des
Hofes mündeten. Ein größerer Strom umspülte das Lager der Leviten und ein noch größerer das Lager Israels; die Arme des letzteren
aber liefen als Grenzlinien zwischen den Gebieten der einzelnen
Stämme. Und überall an den Ufern wuchsen herrliche Früchte, und
ein köstlicher Duft von Gewürzen erfüllte die Luft, und überall waren Weideplätze für ihr Vieh.

2
Der Mirjam-Brunnen

Wie war es mit dem Mirjambrunnen? Es war wie ein Felsen, der
vor ihnen herrollte und die Kinder Israel auf ihrer Wanderung begleitete. Lagerten die Banner und war das Stiftszelt aufgeschlagen, so
stellte sich der Felsen in den Vorhof des Zeltes, die Fürsten umringten ihn und riefen: Brunnen, komm herauf!

Der Brunnen, der mit Israel durch die Wüste zog, glich einem
durchlöcherten Felsen, und das Wasser tröpfelte heraus und stieg darin wieder hoch. Das Wasser des Brunnens erklomm die höchsten
Berggipfel und lief die tiefsten Täler hinab, je nachdem, wo Israel lagerte; und immer war sein Platz am Eingang der Stiftshütte. Die Fürsten Israels standen um ihn herum mit ihren Stäben und sangen das
Brunnenlied, das mit den Worten anhebt: Brunnen, steige auf! Singet
von ihm! Und das Wasser quoll und hob sich einer Säule gleich in die
Höhe. Ein jeder von den Vornehmen ergriff seinen Stab im Namen
seines Stammes und seines Geschlechts, getreu dem Liede: Das ist der

Brunnen, den die Fürsten gegraben haben, die Edlen im Volk haben ihn gegraben mit dem Zepter, mit ihren Stäben.

Und von Matana ging es nach Nachliel, und von Nachliel nach Bamot, und von Bamot ins Tal, das im Felde Moabs liegt, zu dem hohen Berge Pisga. Und so ging es immer weiter, über Berg und Tal, und der Brunnen umgab das Lager Gottes und tränkte das Volk in der Wüste, daher es heißt: Bäche liefen in der dürren Einöde.

Rabbi erzählt: Als Israel durch die Wüste zog, da zog die Wolkensäule ihnen voran, und der Opferrauch stieg zum Himmel empor. Zwei Feuerzungen aber liefen von den Tragstangen der Lade aus und verbrannten die Schlangen und Skorpione vor ihnen. Die Völker der Erde sahen die seltsamen Zeichen und sprachen: Das scheinen Götter zu sein, die da kommen, denn sie bedienen sich ja allein des Feuers. Da sprach Mose zu den Kindern Israel: All dieses Lob, das der Herr euch bereitet hat, rührt nur daher, daß ihr seine Thora am Sinai empfangen habt.

3
Das Manna

ALS JETHRO ZUM LAGER KAM, freute er sich über all das Gute, das Gott an Israel getan hatte.

Das Gute, das war das Manna. So sprachen die Kinder Israel zu Jethro: Dies Manna, das uns der Herr beschert hat, mundet uns wie Brot und wie Fleisch, wie Fische und wie Heuschrecken; es hat den Geschmack aller köstlichen Speisen, die es in der Welt gibt.

Andere aber sagen, das Gute, das sei der Mirjambrunnen gewesen, und die Kinder Israel hätten so zu Jethro gesprochen: Der Brunnen, den Gott vor uns sprudeln läßt, sein Wasser ist uns wie alter und neuer Wein, wie Milch und wie Honig so lieblich; wenn wir es kosten, schmecken wir alle süßen Getränke, die es gibt.

Vom Manna heißt es das eine Mal, daß ee wie Brot war, an einer anderen Stelle, daß es dem Öl glich, an einer dritten, daß es wie Honig schmeckte. Wie ist das zu verstehen? Den Jünglingen, wenn sie es aßen, war es Brot; wie Öl ging es den Greisen ein; und den kleinen Kindern mundete es süß wie Honig.

Das eine Mal heißt es vom Manna, wie Brot sei es gewesen; ein anderes Mal, man habe Aschenkuchen daraus gemacht; und wieder wird erzählt, man habe es erst mahlen müssen. Das muß man so erklären: den Gerechten war das Manna fertiges Brot; denen, die schlecht und recht dahinlebten, wurde es in der Gestalt von Aschenkuchen gegeben; und die Bösewichter, die mußten es erst zermahlen.

Wie kam das Manna zu Israel? Ein Nordwind wehte und fegte die Wüste rein; ein Regen fiel und wusch die Erde blank; ein Tau stieg auf, in den der Wind blies, und es entstanden Tische wie aus Gold, auf diese dann kam das Manna.

Wenn des Nachts der Tau über das Lager fiel, so fiel das Manna mit darauf. Also, auch auf die Schwellen und Türpfosten fiel das Manna. Aber, wenn man es essen wollte, war es da nicht verunreinigt und mit Erde vermischt? Die Schrift lehrt: Es lag auf der Erde wie Schuppen – nämlich, ein Reif lag auf der Erde, gleichsam ein großer Teller, und darauf lag das Manna, daß die Kinder Israel es sauber auflesen konnten. So war es denn von unten geschützt, aber konnten denn nicht Fliegen und Ungeziefer sich darauf setzen? Auch das beantwortet die Schrift, denn es heißt: Der Tau-Erguß stieg empor. Das bedeutet nämlich, daß der Tau sich darauf legte und es zudeckte wie eine Glocke.

Warum ließ Gott das Manna nicht bloß an einem Tag im Jahr herniederfallen, daß es für ein ganzes Jahr reichte? Das geschah, damit sie stets an Gott gedenken sollten. Denn ein Hausvater, wenn er zehn Seelen in seinem Hause hatte, dachte jeden Tag mit Bangen an den folgenden und sprach bei sich: Vielleicht, daß morgen kein Manna vom Himmel kommt und wir Hungers sterben müssen! Ach, daß es doch der Wille des Herrn wäre, uns auch morgen das Himmelsbrot zu spenden.

Wenn die Sonne auf das Manna schien, wurde es warm und löste sich auf, und die Flüsse führten es mit sich und schwemmten es ins große Meer. Da kamen Hirsche, Rehe, Antilopen und alles Wild des Waldes und tranken von dem Wasser. Geschah es sodann, daß einer von den Heiden eins dieser Tiere erjagte und sein Fleisch briet, so schmeckte er noch darin ein weniges von dem Geschmack des würzigen Manna und brach in die Worte aus: Selig das Volk, dem es also ergeht!

Mose sprach zu den Kindern Israel: Der Herr wird euch am Abend Fleisch zu essen geben und am Morgen Brots die Fülle.

Im Anfang waren die Kinder Israel wie die Hühner, die im Miste scharren, bis daß Mose aufkam und fest bestimmte, wann sie ihre Mahlzeiten halten sollten.

4
Die Segnungen der Wüste

Du hast einen Weinstock aus Ägypten geholt, spricht der Psalmensänger. Einem Weinstock wird Israel verglichen.

Wie mit einem Weinstock, der, wenn er blühen und gedeihen soll, von dem Garten, in dem er wuchs, verpflanzt werden muß in ein fremdes Erdreich, also verfuhr der Herr mit Israel: er nahm sie fort aus Ägypten und verpflanzte sie in die Wüste, allwo sie glücklich dahinlebten, die Thora empfingen und einen Namen und Ruhm gewannen in der Welt.

Bin ich für Israel eine Wüste gewesen? Sprach der Herr. Ließ ich die Wüste, da ihr durch sie zoget, wie eine Wüste sein?

Ein König auf Erden, wenn er in die Wüste zieht, genießt er dort der Ruhe, findet er Speis und Trank wie bei sich zu Haus? Ihr aber, sprach der Herr zu den Kindern Israel, da ihr aus Ägypten in die Wüste kamt, konntet weiden unter den Wolken der Herrlichkeit; drei Erlöser bescherte ich euch da, den Mose, den Aaron und die Mirjam; sieben Wolken hüllten euch ein; Schlangen und Ottern rottete ich vor euch aus, ließ die Berge vor euch niedrig werden und die Täler erhaben, brannte Dornen und Gestrüpp vor euch nieder; das Manna ließ ich vom Himmel herunterfallen und den Brunnen aufsteigen aus der Tiefe; dazu hab ich euch noch Wachteln gespendet. Bin ich also für euch eine Wüste gewesen?

In der Welt geht es so zu: Hat einer einen Gast bei sich im Hause, so schlachtet er den ersten Tag ein Kalb für ihn, gibt ihm am zweiten Tag Hühner zu essen, am dritten speist er ihn mit Erbsen ab und am vierten gibt er ihm so wenig, daß der Gast weiterziehen muß; nicht wie der erste Tag ist da der letzte Tag. Verfährt der Herr ebenso? Es heißt: Diese vierzig Jahre sind's, daß dein Herr mit dir war! Er war genauso mit dir am letzten wie am ersten Tage.

Die Aufrührer

1
Nadab und Abihu

GOTT HATTE MOSE und seinen Bruder und seines Bruders Söhne auf den Berg Sinai gerufen. Also schritten Mose und Aaron voran, gefolgt von Nadab und Abihu, und hinter ihnen ging ganz Israel. Wie sie so aufwärts stiegen, sprach Nadab zu Abihu: Wann endlich werden diese beiden Greise sterben, daß du und ich die Führer des Volkes werden! Aber der Herr gab ihnen zur Antwort: Rühmet euch nicht des morgenden Tags; laßt uns sehen, wer wen begraben wird!

Die beiden Söhne Aarons sahen, wie alle Opfer zugerichtet wurden und doch die Gottheit nicht erschien. Da sprach Nadab zu Abihu: Ists möglich, daß ein Mensch ein Gericht koche und mache kein Feuer darunter an? Also nahmen sie ein fremdes Feuer und kamen damit ins Heiligtum. Aber Gott sprach zu ihnen: Ich will euch noch mehr Ehre antun, als ihr mir erwiesen habt; ihr brachtet unreines Feuer vor mich, ich will euch verbrennen mit lauterem Feuer.

Wie fanden die beiden ihren Tod? Zwei feurige Fäden drangen aus dem Allerheiligsten, die teilten sich in vier, und je zwei von ihnen drangen in die Nase eines jeden der beiden Söhne Aarons. So wurden Nadabs und Abihus Leiber verbrannt, und nur die Kleider blieben unversehrt.

Eliseba, die Tochter Amminadabs, die Aarons Weib war, genoß fünf Freuden an einem Tage: ihr Schwager Mose war König, ihr Bruder Nahasson einer der Fürsten des Volkes und ihr Eheherr Hohepriester; dazu waren ihre zwei Söhne Priesterhäupter und ihr Sohnessohn Pinehas Führer im Krieg. Aber da geschah es, daß ihre beiden Söhne das Opfer darbrachten und vom Feuer gefressen wurden; so wurde ihre Freude in Trauer verkehrt.

2
Das Schäfchen der Armen

DIE KINDER ISRAEL STIEGEN aus dem Meer und kamen in die Wüste. In der Wüste aber kam es zu Zwist zwischen Mose und Korah.

Eine arme Frau hatte ein Schaf, das hielt sie wie ihr eigenes Kind; von ihrem Brot gab sie ihm zu essen, und von ihrem Becher ließ sie es trinken. Als die Zeit der Schafschur kam, schnitt sie ihm die Wolle ab. Da kam der Priester Aaron und nahm die Wolle für sich. Alsbald lief das Weib zu Korah und klagte vor ihm: Herr, ich bin ein armes Weib und habe nichts als nur dies einzige Schaf; ich habe es geschoren, um mir aus der Wolle ein Kleid zu machen, denn ich bin nackend und bloß. Nun kam Aaron, der Priester, und hat die Wolle mit Gewalt hinweggenommen!

Was tat Korah? Er begab sich alsogleich zu Aaron und sprach zu ihm: Genügen dir nicht der Zehnte und die Priesterhebe, die du von Israel erhältst? Mußt du noch die Wolle eines armen Weibes nehmen, das um ihrer Armut willen ohnehin zu den Toten zu zählen ist? Aaron aber erwiderte und sprach: du wirst eines gräßlichen Todes sterben; dir zuliebe werde ich keinen Buchstaben des Gesetzes ändern, und es steht geschrieben; Die Erstlinge von der Schur deiner Schafe gehören mir.

Nach drei Monaten warf das Schaf der armen Frau ein Lämmchen, und alsbald kam Aaron und holte es hinweg. Und abermals weinte die Frau vor Korah und sprach: Mein Herr, sieh, Aaron hat kein Erbarmen. Gestern erst nahm er die Wolle meines Schafes für sich, und heute hat er mir mein Lamm gestohlen. Er erwiderte: Die Schrift sagt: Alle Erstgeburt deiner Schafe und Kinder, welche männlich ist, hast du dem Herrn, deinem Gott, zu weihen.

Nunmehr ging das Weib und schlachtete das Schaf. Aber sogleich fand sich Aaron ein und nahm den Bug, die Kinnlade und den Magen. Da schrie das Weib laut auf und rief in ihrem Gram: So mag das ganze Fleisch dein sein! Aaron aber erwiderte: Mein ist nunmehr das ganze Fleisch; ich nehme es, denn es ist mein Teil geworden, wie es auch geschrieben steht: Alles Gebannte in Israel soll dein sein.

Da wandte sich das Weib wieder an Korah und erzählte ihm die ganze Geschichte. Korah geriet in großen Zorn und sprach voller Empörung zu Aaron: Aaron, wie kannst du nur die arme Frau hier so bedrücken? Du hast ihre Wolle geraubt, das erstgeborene Schäflein genommen und nun auch das ganze Schaf dir zugeeignet. Aaron aber erwiderte: Dein Zorn wird mich nicht bewegen, auch nur ein Zeichen in der Schrift zu ändern, und es heißt daselbst: Alles in Israel soll dein sein!

Korah war ein Spötter und achtete Mose und Aaron gering. Eines Tages berief er die ganze Gemeinde vor sich und hielt eine Lästerrede gegen die beiden vor dem Volke. Er erzählte: Eine arme Witwe wohnte in meiner Nachbarschaft, die zog ihre zwei verwaisten Töchter auf, und ihr ganzes Besitztum war ein kleiner Acker. Als sie das Feld umpflügen wollte, sprach Mose: Du sollst nicht ackern mit einem Ochsen und Esel zugleich. Wie sie daran ging, die Saat auszustreuen, ermahnte er sie wieder: Du sollst dein Feld nicht besäen mit vielerlei Samen. Es kam die Zeit der Ernte, und sie schichtete die Garben auf, da fuhr er wieder strafend dazwischen und sprach: Daß du ja nicht vergissest an die drei Gaben, die auf dem Feld zurückbleiben müssen: die Ecke der Ernte, die losen Ähren und die eine Garbe. Nun wollte sie das Getreide in die Scheuer einfahren; da gebot ihr Mose: Die Hebe ist noch zu entrichten, des erste Zehnt und der zweite Zehnt! Die arme Frau gehorchte in allem. Was konnte sie nun tun? Sie verkaufte ihr Feld und erwarb zwei Schafe dafür, um von der wolle sich zu kleiden und von den Lämmern zu zehren. Aber den ersten Wurf nahm Aaron für sich; die erste Wolle mußte ihm gleichfalls, als dem Priester, gehören; und als sie, in ihrer Trübsal, die beiden Schafe schlachtete, legte er Hand an die besten Teile. In ihrer Not schrie das

Weib: Ich hab die Tiere geschlachtet und mein Gut doch nicht gerettet; so möge es denn gebannt sein. Da raffte Aaron das Ganze hinweg,
denn alles Gebannte gehört ja dem Herrn. Also ließ Aaron das Weib
und die Kinder in Tränen zurück. So ist es dieser Gedemütigten ergangen! Solches treiben die beiden und wollen uns glauben machen,
der Herr habe es geboten!

3
Die Rotte Korah

KORAH SPRACH: Mein Vater war einer von den vier Brüdern: Amram, Izahar, Hebron und Usiel. Dem Erstgeborenen Amram fiel es
zu, daß von seinen Söhnen beide die Macht erbten: Aaron das Priestertum und Mose das Königtum. Wem aber sollte gerechterweise die
zweite Würde gehören? Doch wohl dem Geschlecht des zweiten
Sohnes, welcher mein Vater Izahar war. Ich bin der Sohn Izahars, und
ich sollte der Fürst über meine Sippe sein. Nun aber hat Mose den
Sohn Usiels, den jüngsten von meines Vaters Brüdern, zum Fürsten
gemacht. Einer, der vom jüngsten Brüder abstammt, soll größer sein
als ich, der ich vom zweiten abstamme? Ich hebe alles auf, was er gemacht hat.

Das war der Grund zu Korahs Aufstand.

Als der Herr durch Mose den Kinder Israel befahl, Quasten an die
Zipfel ihrer Gewänder zu machen, da setzte sich Korah in derselben
Nacht hin und webte vierhundert Mäntel aus blauem Purpur. Er klei-
dete damit vierhundert Mann, kam mit ihnen vor Mose und sprach:
Sollten auch diese Gewänder der blauen Schnürlein bedürfen, wo sie
doch ganz aus blauem Purpur sind? Darauf erwiderte Mose: Kann
ein Haus, das voller Bücher ist, deswegen der Türpfosten entbehren?
Ebenso müssen auch diese Mäntel Quasten an ihren Enden haben.

Aber der Neid wurde immer größer zwischen den beiden, zwischen Mose und Korah. Eines Tages sprach der Herr zu Mose: Tritt
an die Leviten heran und lege ihnen Reinigungsbestimmungen auf.
Mose gab den Leviten vier Verordnungen, zwei davon nahmen sie an,
die anderen beiden aber verwarfen sie. Sie sprachen zu Mose: Be-
sprenge uns mit dem Sündwasser, und wir wollen auch unsere Kleider waschen; allein das Hin- und Herbewegen und das Kahlscheren
wollen wir auf uns nicht nehmen. Das Hin- und Herbewegen der
Opfergaben nun brachte Mose ihnen wider ihren Willen bei; als er
aber die Bestimmung mit dem Abscheren der Haare durchführen
wollte, da vermochte er allein nichts gegen sie. Er sprach daher zu
ganz Israel: Es ist über die Leviten verhängt worden, daß sie mit dem

Schermesser alle Haare von ihrer Haut entfernen; sie aber weigern sich, dies zu befolgen. Alsbald machten sich die Kinder Israel alle auf und zwangen die Leviten, ihre Haare zu scheren.

In dieser Stunde trat die Frau von Korah auf, und sie sprach zu ihrem Gatten: Wollt ihr euch wie Sklaven behandeln lassen: Jetzt soll das Schermesser über euren Körper fahren und euch die Bärte ganz abscheren. Wollt ihr ein Greuel sein allen, die euch sehen? Für euch wäre besser, ihr stürbet, als daß ihr am Leben bliebet.

König Salomo sagt: Durch weise Weiber wird ein Haus erbaut; eine Närrin aber zerbricht es mit ihren Händen. Eine kluge Frau, die ihr Haus erhalten hat, war das Weib Ons, des Sohnes Pelets. Sie sprach zu ihrem Mann: Höre auf meinen Rat! Ob Korah der Fürst ist, ob Mose der Fürst ist – du bleibst doch nur ein Jünger; was hast du also von der Zwietracht? So laß es dir denn gesagt sein, daß du nur auf deine Rettung bedacht sein mußt und dich nicht einmengen darfst. Der Sohn Pelets sprach: Was soll ich aber machen, wo ich mich dem Korah durch einen Eid bereits verpflichtet habe? Die Frau sagte darauf: Deinem Schwur geschieht kein Abbruch, wenn du zu Mose hältst, denn ganz Israel ist heilig. Und der Ehemann fügte sich den Worten seines Weibes.

Am Tage, wo das Böse hereinbrechen sollte, bereitete sie ein fettes Mahl und ließ ihren Mann so viel essen und trinken, bis er vor Trunkenheit einschlief. Sie legte ihn ins Bett, selbst aber ging sie zur Tür des Hauses hinaus und setzte sich draußen hin. Sie deckte ihren Kopf auf und begann ihn zu kratzen und zu reinigen. Wer nun ihren Mann holen wollte, sah die Frau mit dem wirren Haar und prallte voller Scham zurück. So verging die Zeit, und er ward vor dem Untergang gerettet.

Die Närrin aber zerstört es mit ihren Händen – das ist das Weib Korahs, die ihren Mann in den Zwist mit Mose hetzte; so kam er um und verlor das Diesseits und das Jenseits.

4
Die Schätze Korahs

KORAH WAR ÜBER ALLES GESETZT im Hause Pharaos, und seinen Händen waren die Schlüssel zu Pharaos Schatzkammern anvertraut. Wer sich auf seinen Reichtum verläßt, der wird untergehen; aber die Gerechten werden grünen wie ein Blatt. Der sich auf seinen Reichtum verließ, das war Korah, und er ging unter; wie ein Blatt aber grünten Mose und Aaron.

Zwei reiche Männer gab es in der Welt: Korah unter den Juden und Haman unter den Heiden; und beide gingen sie durch ihre Frauen zugrunde.

Der Reichtum führt den Menschen ins Verderben; so war es mit Korahs Reichtum. Rabbi Levi sprach: Dreihundert weiße Maulesel waren beladen allein mit den Schlüsseln zu Korahs Schatzkammern. Drei große Schätze vergrub Mose im Ägypterlande. Den einen von ihnen hob Korah, den anderen der Kaiser Antonius, der dritte bleibt aufgespart für die Gerechten in der zukünftigen Welt.

5
Das Maul der Erde

Die Erde öffnete ihr Maul, die Rotte Korahs zu verschlingen. Viele Münder öffneten sich in der Erde, oder vielmehr, die Erde wurde wie ein Trichter. Wo immer sich einer von der Rotte Korahs befand oder ein Stück von seiner Habe, verschluckte sie es.

Ein Gerät, das einem von der Rotte Korahs gehörte, das rollte weg und wurde von der Erde verschlungen, sogar, wenn ein anderer es in der Hand hielt. Die Nadel eines von der Rotte Korahs, die einer aus Israel von diesem entliehen hatte – auch die fiel aus der Hand und sank in die Erde. Die Schrift sagt es: Sie und alles, was ihnen gehörte, fuhren lebendig in die Grube.

Die Söhne Korahs hatten auf ihres Vaters Rat nicht gehört, sondern waren der Lehre Mose gefolgt; also starben sie auch nicht jenen Tod, wurden nicht vom Feuer verzehrt und nicht von der Erde verschlungen.

Ein Israeliter soll zu dem Lehrer Rabbi bar Chana gesagt haben: Komm, ich will dir den Schlund zeigen, der den Korah verschlungen hat. Da ging ich mit ihm – so erzählt der Lehrer – und wir kamen an eine Schlucht, aus der Dampf emporstieg. Der Israeliter nahm eine Flocke Wolle, machte sie naß und wickelte sie um einen Spieß. Diesen versenkte er nun in die Höhle, und siehe da, die Wolle verbrannte. Danach sprach er zu mir: Merke auf und höre zu, was die da drinnen sprechen. Man hörte aber von unten die Worte heraufdringen: Mose ist wahr, sein Gesetz ist wahr; wir aber, was wir sagten, ist Lug und Trug. Alle dreißig Tage wälzt die Hölle sie herum auf die andere Seite, wie es mit Fleisch geschieht, das in der Schüssel ist; und wieder rufen sie: Mose ist wahr, seine Lehre ist wahr, unsere Worte aber sind Lug und Trug.

Dereinst wird der Herr sie aus der Hölle herausreißen. Von ihnen spricht Hanna, die Mutter Samuels, in ihrem Liede: Der Herr tötet und macht wieder lebendig; er stürzt in die Hölle und zieht wieder empor.

Rabban Gamliel erzählt: Israel erging sich in Lästerreden wider den Herrn und sprach: Steht es denn in seiner Macht, uns in der Wüste zu ernähren? Ja, sollte Gott wohl einen Tisch bereiten können in der Einöde?

Also sah der Herr, daß sie seine Ehre angriffen. Seine Ehre ist aber wie ein verzehrend Feuer. Und so ließ er ein Feuer über sie kommen, und das Feuer fraß alles um sich her. Da eilten sie in ihrer Angst zu Mose und sprachen: Laß uns lieber wie Schafe zur Schlachtbank abgeführt werden, als durch Flammen verzehrt werden. Wie nun Mose ihre Not sah, bat er den Herrn, und es legte sich die Wut des Feuers.

Rabbi Juda erzählt: Das Feuer, das vom Himmel gekommen war, verschwand wohl von der Erde, es fuhr aber nicht zurück nach dem Himmel, sondern drang in die Stiftshütte und brannte daselbst weiter. Wenn nun Israel in der Wüste Opfer darbrachte, kam das Feuer aus der Hütte und verzehrte sie. Das ist dasselbe Feuer, das die Rotte Korah verschlungen hat. Kein Mensch gibt seinen Geist auf, ohne von diesem Feuer gestreift zu werden, das einst in den Tagen der Wanderung durch die Wüste von dem Herrn angezündet wurde.

Die Kriege

1
Die Kundschafter

ALS MOSE DIE KUNDSCHAFTER AUSSANDTE, das Land zu erkunden, sprach er zu ihnen: Zieht hinauf ins Mittagsland und beseht das Land. Schaut es euch genau an; manches Land kann einen Helden großziehen, ein anderes vermag nur Schwächlinge zu nähren; das eine Land wimmelt von Menschen, in dem anderen ist die Bevölkerung spärlich. Betrachtet auch den Menschenschlag selbst, ob er Kraft hat oder nicht. Wie kann man aber dies erfahren? Lagern sie im Freien, so sind sie Helden, die auf ihre Kraft vertrauen, halten sie sich in Festungen versteckt, so ist ihre Kraft nicht groß und ihr Herz zage.

Die Kundschafter kamen nach Hebron und pflückten daselbst fünf Feigen und fünf Granatäpfel, auch schnitten sie eine Rebe mit einer Traube ab. Aber da vernahmen schon die Kanaaniter von ihrer Ankunft, und zwei von ihnen gingen ihnen entgegen. Einer von den beiden tat einen Schrei, und die Kundschafter fielen zur Erde nieder. Da fingen die Kanaaniter an, ihnen ins Gesicht zu blasen und die Nasen zu reiben, bis daß die Ohnmächtigen wieder zu sich kamen. Da sie die Besinnung wieder erlangt hatten, sprachen die Kanaaniter: Seid ihr etwa gekommen, unsere Götterhaine zu zerhauen oder den Dienst der Astarte (*altsemitisch: Liebes- und Fruchtbarkeitsgöttin*) auszurotten? Die Kundschafter erwiderten: Das wollen wir nicht tun. Also entließ man sie in Frieden.

Der Herr aber vergalt es den Kanaanitern, daß sie den Kundschaftern nichts getan und sie nicht getötet hatten; er ließ von ihnen welche übrig bis zur Zerstörung des zweiten Tempels.

Als die Kundschafter nach vierzig Tagen von der Erkundung des Landes zurückkehrten, fanden sie Mose und Aaron damit beschäftigt, die Bestimmungen über die Hebe des Teiges und die Beschneidung der Baumfrüchte festzusetzen. Da sprachen sie zu ihnen: Wo ihr doch ins Land nicht kommen sollt, kümmert ihr euch um Verordnungen, die erst dort gelten sollen! Mose und Aaron sagten darauf: Und dennoch erzählt, was ihr gesehen habt. Die Männer antworteten: Das Land, durch das wir gegangen sind, frißt seine Einwohner; in jeder Stadt die wir betreten haben, fanden wir Leichen.

Da sprach der Herr: Das Gute, das ich an ihnen getan habe, lohnen sie mir damit, daß sie dem Lande ein böses Geschrei machen. Ich hatte in jeder Stadt, in die sie kamen, die besten des Volkes sterben lassen, damit sie, während die Einwohner mit der Beisetzung der Toten beschäftigt waren, ungefährdet die Stadt besehen und sich entfernen konnten. Sie aber sprachen: Wir vermögen nicht hinaufzuziehen gegen das Volk, denn es ist stärker als wir. Damit lästerten sie den Herrn, als wäre er nicht mächtig genug, ihnen auch gegen eine Übermacht zu helfen.

Wie einer, der ein Totes im Hause hat, schreit und wehklagt, also gebärdeten sich die Kundschafter, als die zurückkamen ins Lager. Ein jeder von ihnen ging in seine Hütte und kauerte nieder im Winkel seines Hauses. Seine Söhne und Töchter fragten ihn: Was hast du erfahren? Der Gefragte warf sich auf die Erde und rief: Weh euch, meine Kinder, wie werden die Amoriter euch versehren, wie werden sie euch knechten! Wer kann auch nur einem von diesem Volke ins Antlitz sehen? Ich weiß, was ich erlebt habe. Sogleich brachen alle im Hause in Weinen aus, das Geschrei pflanzte sich in der Nachbarschaft fort, die Klage ergriff eine ganze Sippe, bald weinte der ganze Stamm, und dasselbe widerfuhr den anderen Stämmen, bis daß alle sechzig Myriaden Israeliten ein einziger Haufe waren von Klagenden, Weinenden, die vor Schmerz zum Himmel schrien.

2
Amalek, der erste Feind

NACH ALL DEM HERRLICHEN und Wunderbaren, das der Herr an Israel in Ägypten und am Roten Meer vollbracht hatte, kehrten sich die Juden von ihm ab und versuchten ihn an die zehn Mal. Sie verleumdeten ihren Gott und sprachen: Jahve hat uns verlassen und uns hier in der Wüste allein gelassen; seine Herrlichkeit weilt nicht mehr unter uns.

Was begab sich aber nachher? Da fiel Amalek über sie her. Er erschien, um sie zu strafen. Begegnet man einem, der des Weges daherkommt, so empfängt man ihn mit Essen und Trinken. Amalek sah die Kinder Israel daherziehen müde und matt, erschöpft von der Fron Ägyptens und den Beschwerden der Wanderung; aber das rührte ihn nicht, und er lauerte ihnen auf wie ein Bär, bereit zu töten die Mütter samt den Kindern.

Man erzählt, Amalek sei ein Nachkomme Esaus gewesen, und er kam, erfüllt von dem Haß seiner Vorfahren. Das Lager Israels war von einer Wolke umgeben, gleichwie eine Stadt von einer Mauer umgeben ist, und kein Feind konnte da eindringen. Nur wer von den Kindern Israel sich im Wasser von seiner Unreinheit waschen mußte, ging außerhalb des Lagers, denn dieses war heilig. Amalek aber griff und tötete jeden, der sich außerhalb der Wolke sehen ließ, wie es auch heißt: Und sie schlugen die, die dir hinten nachzogen.

Da sprach Mose zu Josua: Erwähle uns Männer, Söhne, die ihrer Väter würdig sind, streitbare Helden und gottesfürchtige Kämpfer und zieh in den Kampf mit Amalek. Mose, Aaron und Hur standen auf einer Anhöhe mitten im Lager Israels, Mose in der Mitte und die beiden zu seiner Rechten und Linken. Ganz Israel war außerhalb der Zelte, und sie sahen Mose niederknien und auf sein Angesicht fallen, und auch sie sanken in die Knie und neigten ihr Angesicht zur Erde. Danach erhob er seine Hände zum Himmel, und auch sie streckten die Arme empor zu ihrem Vater im Himmel. Und der Herr stürzte den Amalek und schlug ihn mit der Schärfe des Schwertes.

Rabbi Sila meinte: Der Herr wollte den Samen Amaleks ausrotten und vernichten. Er hob seine Rechte, ergriff seinen Thron und schwor, daß es aus sein sollte mit Amalek im Diesseits und im Jenseits, daher es auch heißt: Es ist ein Malzeichen bei dem Stuhl des

Herrn, daß der Herr streiten wird wider Amalek von Kind zu Kindeskind.

Die Kinder Israel versuchten den Herrn und sprachen: Ist der Herr unter uns oder nicht? – Gleich darauf steht geschrieben: Und Amalek kam, mit Israel zu streiten.

Ein Mann ging auf den Markt und hatte sein Söhnlein auf seinen Schultern sitzen; und wenn nun der Knabe ein schönes Spielzeug sah, sprach er zu seinem Vater: Kauf mirs! Und der schenkte es ihm. Wie sie aber so dahinschritten, erblickte das Kind einen Genossen seines Vaters auf der Straße; da fragte es ihn: Hast du vielleicht meinen Vater gesehen? – Der Mann von der Straße entgegnete darauf: Du ungeratener Sproß! Auf deines Vaters Schultern reitest du und fragst mich, wo er wäre? Da warf der Vater den Buben von der Achsel ab, und gleich kam ein Hund und biß ihn in die Wade.

Als die Kinder Israel aus Ägypten zogen, wurden sie schützend umhüllt von den Wolken der Herrlichkeit; sie begehrten Brot, da gab ihnen Gott das Manna; es verlangte sie nach Fleisch, und die Wachteln kamen auf Gottes Befehl: er stillte ihren Hunger und ihren Durst. Da begannen sie untereinander zu grübeln und zu murren: Ist wohl der Herr unter uns oder nicht? Der Herr sprach zu ihnen: Bei eurem Leben, ihr sollt's erfahren! Hier ist ein Hund, der euch beißen wird. Der Hund, das war Amalek.

Amalek war gierig auf den Kampf wie eine Fliege, die sich auf eine Wunde setzt; wie ein Hund, der Blut lecken will, war Amalek entbrannt, mit Israel zu kämpfen. Einen Weg von vierhundert Meilen legte Amalek zurück, um den Streit zu beginnen mit den Israeliten in Raphidim.

Amalek war zuvor nach Ägypten gegangen, in das Haus, das die Schriften des Reiches enthält und die Listen der Abgaben, die die Stämme dort zu entrichten hatten; er fand da die Stämme Israels mit Namen aufgeführt. Nachher zog Amalek zum Lager Israels, das von der Wolke umhüllt war, und die Amalekiter riefen: Ruben, Simeon, Levi und Juda! Brüder von euch sind wir; kommt heraus, daß wir miteinander Handel treiben. Wer nun dem Rufe folgend das Lager verließ, wurde getötet.

Amalek war der erste, der es wagte, mit Israel zu kämpfen; nachher aber hatten sie viele Feinde.

Ein Becken voll siedenden Wassers, in dem keiner zu baden den Mut hat – springt dennoch ein dreister Kerl hinein, so verbrüht er sich zwar, aber andere ist das Wasser nun kühler geworden. Also auch Israel: da sie aus Ägypten zogen, war Furcht vor ihnen auf die Völker ringsum gefallen. Amalek erfrechte sich, mit ihnen anzubinden; aber obwohl er sein Teil von ihren Händen bekam, hatte er doch

gleichsam ihr Wasser kühler gemacht für andere Völker, und neue
Feinde standen auf wider Israel.

3
Sihon und Og

DIE WEISEN ERZÄHLEN: Noch schwerer als Pharao waren Sihon und
Og zu überwinden. Und wie nach der Niederwerfung Pharaos ein
Lied gesungen wurde, so hätte auch nach der Niederwerfung der beiden Könige ein Lied gesungen werden sollen. Aber das hat nachher
David vollbracht, indem er in den Psalmen dichtete: Der große Könige schlug und mächtige Könige erwürgte: Sihon den Amoriterkönig und Og den König zu Basan.

Nachdem die Kinder Israel aus Ägypten gezogen waren und der
Herr all die Wunder an ihnen vollbracht hatte, fiel die Angst vor ihnen auf alle Völker der Erde. Als es dann zum Kriege mit Sihon und
Og kam, fragten die Amoriter einer den anderen: Ob wohl das Volk,
das uns Kampf angesagt hat, auch streitbare Helden hat? Wieviel
Stämme mögen es sein? Die Gefragten erwiderten: Es sind Nachkommen dreier Stammväter. Da sprachen Sihon und Og: Also dies
ganze Volk besteht aus drei Stämmen? Gürten wir unsere Waffen um
und ziehen wir wider sie aus; wir erschlagen sie alle.

Als Mose mit Israel vor die Stadt Edrei in Basan kam, sprach er zu
ihnen: Wir wollen hier unsere Lager aufschlagen; morgen in der
Frühe wollen wir vordringen und die Festung nehmen. Als Mose
aber des Morgens aufstand, konnte er die Mauer nicht mehr sehen; er
schaute angestrengt in die Ferne, und da sah er den König Og auf der
Mauer sitzen, seine Füße aber berührten die Erde. Er sprach: Ich
weiß nicht, was meine Augen sehen; es ist, als ob über Nacht eine
zweite Mauer aufgerichtet worden sei. Da sagte Gott zu ihm: Mose,
was du siehst, ist Og!

Rabbi Johanan erzählt: Die Länge von Ogs Beinen betrug achtzehn Ellen. Er riß Berge aus und schleuderte sie wider die Kinder Israel. Mose aber nahm einen Stein von der Erde, sprach darüber den
unverstellten Namen Gottes aus und hielt damit den Berg auf. Das
Volk Gottes rief: Verflucht die Hände, die Berge schleudern. Die
Amoriter aber riefen: Verflucht die Hände, die Berge zum Stehen
bringen.

Als Mose in den Streit mit Og trat, erfaßte ihn ein Schrecken vor
ihm, und er sprach bei sich: Ich bin hundertzwanzig Jahre alt, dieser
hier aber ist mehr als fünfhundert Jahre alt; hätte er nicht verdient,
ihm wäre nicht ein so langes Leben geschenkt worden. Da sprach der

Herr zu Mose: Fürchte dich nicht, ich habe ihn bereits in deine Hand gegeben; du wirst ihn schlagen und an ihm tun, wie du an Sihon getan hast.

Og, der König von Basan, kannte sein Lebtag keinen hölzernen Stuhl, keine Bank aus Holz, kein Holzbett; niemals hatte er auf Holz gesessen, denn Holz vermochte ihn nicht zu tragen, es wäre zerbrochen unter seiner Last. Alle seine Gerät waren aus Eisen, sein Tisch war aus Eisen, sein Stuhl war aus Eisen, seine Bank war eisern. Von Eisen war alles, was er gebrauchte. Sein Lager war ein eisernes Lager, sagt die Schrift.

Sihon, der Amoriterkönig, war gleichfalls schwer von Gewicht und urgewaltig an Kraft, und man konnte ihn füglich mit einem Turm vergleichen, weil seine Gestalt so hoch war. Kein Mensch konnte ihm Widerstand leisten. Was tat der Herr? Er fesselte den Schutzengel der Amoriter, stürzte den Sihon nieder und überlieferte ihn den Kindern Israel. Daher heißt es bei dem Propheten Amos: Und ich habe doch den Amoriter vor ihnen her vertilgt, der so hoch war als die Zedern und so mächtig wie die Eichen; und ich vertilgte oben seine Frucht und unten seine Wurzel.

4
Der mächtige Riese

Unsere Lehrer sagen: Wer eine Überfahrt über das Meer oder über den Jordan sieht, wer an die Bäche Arnon kommt, er Kristallkörner auf dem Wege nach Beth-Horon sieht, allwo der Herr die Amoriter durch Hagel schlug, wer den Stein erblickt, den Og auf Israel schleudern wollte – wer nur diese Dinge sieht, der lasse Dank und Lob dem Herrn zukommen.

Dies aber ist die Geschichte des Steins, den Og auf Israel werfen wollte. Og sprach: Das Lager Israels wird drei Meilen messen; ich reiße einen Berg aus, der drei Meilen hoch ist und werfe ihn über sie; so sind sie alle mit einem Male tot. Und wirklich riß er einen solchen Berg aus der Erde und tat ihn auf sein Haupt. Allein der Herr ließ von Ameisen in den Stein ein Loch bohren, und er fiel Og um den Hals. Er versuchte ihn in die Höhe zu werfen, um seiner ledig zu werden, aber da wuchsen ihm die Zähne nach allen Seiten aus dem Munde heraus, und die ließen ihn den Stein nicht mehr hochschieben.

Moses Wuchs betrug zehn Ellen; da nahm er ein Beil von zehn Ellen Länge, tat einen Sprung von zehn Ellen Höhe und hieb gegen den Knöchel Ogs, daß er tot niederfiel.

Abba Saul erzählt: Ich war Totengräber und verfolgte einst einen Hirsch; da geriet ich auf den Hüftknochen eines Toten, der dalag auf dem Felde. Ich lief drei Meilen weit und konnte den Hirsch nicht erjagen, der Knochen aber nahm kein Ende. Als ich mich rückwärts wandte, wurde mir gesagt: Das war der Hüftknochen Ogs, des Königs von Basan.

In dem Lande, das Sihon und Og einst zu eigen war, da wächst jetzt weder Gras noch Kraut; es gleicht der Stätte, wo Sodom lag.

5
Das Ende der Amoriter

UNSERE LEHRER ERZÄHLEN: Als der Herr vor Israel her die Hornisse sandte wider die Amoriter, da ließ er die Hornisse in das rechte Auge der Bösewichte einbringen; dort hinein träufelte sie ihr Gift, und der von der Plage Betroffene barst und fiel tot nieder. Das ist aber von jeher der Weg des Herrn: er tut große Werke durch unscheinbare Dinge.

Wieso fielen die Amoriter? Zwei Hornissen hefteten sich auf Gottes Geheiß an jeden von ihnen; und jede drang in ein Auge des Geplagten und füllte es mit Gift. Das Auge zersprang, und der Mann fiel seiner Länge nach tot zur Erde.

Manche aber meinen, das Entsetzen vor Israel hätte sie gepackt und gelähmt, und so seien sie getötet worden.

Daher heißt es im Buch von den Kriegen des Herrn: Das Vaheb in Supha und die Bäche Arnon. Was mag sich daselbst zugetragen haben?

Ja, der Herr hat an dieser Stätte Wunder gezeigt, größer als die beim Überschreiten des Schilfmeeres. Der Bach Arnon floß nämlich zwischen zwei Bergen hindurch; der eine war voller Höhlen, und darin verbargen sich die Feinde, der andere hatte lauter Wölbungen auf seiner Oberfläche, die gleich Brüsten hervortraten. Israel sollte diesen Berg erst besteigen und danach sich zum Bach herablassen. Die Völker in den Höhlen jubelten und sprachen: Wenn jetzt Israel zum Bach hinuntersteigt, kommen wir aus unseren Verstecken heraus und fallen über sie her, daß wir sie vernichten. Aber da gab der Herr den Bergen einen Wink; sie rückten aneinander, so daß die Wölbungen des einen sich in die Höhlen des anderen preßten und die Feinde elendig umkamen. Und Israel schritt über die Gipfel der beiden Berge, die zusammengewachsen waren und einen festen Weg gebildet hatten, und sie wußten nichts von dem Wunder, das geschehen war. Da sprach der Herr: Ich will meine Kinder wissen lassen, wieviel

Heere ich ihretwegen umgebracht habe. Und das Wasser des Brunnens drang in die Erdlöcher und spülte von da Schädel, Arme und Beine ohne Zahl herauf.

Bileam und Peor

1
Moab und Midian

DA DEN MOABITERN GRAUTE vor den Kindern Israel, sprachen sie zu den Ältesten der Midianiter: Nun wird dieser Haufen auffressen, was unser ist, wie ein Ochse Kraut auf dem Felde auffrißt.

Warum wandte sich Moab gerade an die Ältesten der Midianiter? Sie sahen die Kinder Israel siegreich vordringen, und ihre Kraft war übermenschlich. Da sprachen sie bei sich: Der Führer dieser Männer ist doch in Midian aufgewachsen; laßt uns also von den Midianitern erfahren, was sein Wesen ist. Die Ältesten Midians gaben zur Antwort: Die Kraft des Mose liegt allein in seinem Munde. Da sprach Moab: Also wollen wir wider sie einen Mann aussenden, dessen Stärke gleichfalls in seinem Munde liegt.

Den Moabitern graute vor den Kindern Israel, und so sandten sie um Hilfe zu den Ältesten der Midianiter. Moab und Midian hatten sonst niemals in Frieden miteinander gelebt; als aber der Krieg mit Israel bevorstand, da vereinigten sie sich.

Wer wüßte ein Gleichnis dazu? Zwei Hunde waren einst bei einer Herde, die rauften stets miteinander und bellten sich an. Da kam ein Wolf, eines der Schafe sich zu rauben, und der eine Hund wollte es nicht zulassen und kämpfte mit ihm. Da dachte der andere Hund: Helfe ich jetzt meinem Genossen nicht und er muß sterben, so ereilt das Schicksal morgen mich. Also machten die beiden Hunde Frieden miteinander und wehrten sich gemeinsam gegen den Wolf.

Rabbi Papa sprach: Auf dies paßt der Spruch: Katze und Wiesel machen ein Mahl vom Fette dessen, dem es schlecht erging.

Und Balak, der Moabiterkönig, vernahm, daß Bileam kam. Du ersiehst daraus, daß Bileam zu ihm Boten gesandt hatte, ihm seine Ankunft zu vermelden. Und Balak zog Bileam entgegen in die Stadt der Moabiter, in die Hauptstadt, die da liegt an der Grenze des Arnon, welcher ist an der äußersten Grenze. Warum ging er bis zur Grenze des Landes ihm entgegen? Er wollte ihm damit gleichsam bedeuten: Diese Grenzen sind festgesetzt seit den Tagen Noahs, daß künftighin kein Volk die Gemarkung seines Nachbarn überschreite, dies Volk aber kommt, die Grenzen zu verwischen. So fluche ihnen denn!

Und Balak erzählte dem Bileam, wie Israel mit den grenzen Sihons und Ogs verfahren wäre.

2
Von Bileams Macht

Als Balaks Boten zu Bileam kamen, sprach Gott zu Bileam: Zieh nicht mit ihnen! Da dachte Bileam: Ich will sie von meiner Stätte aus verfluchen. Gott aber sprach: Du sollst keinen Fluch aussprechen über dieses Volk. Bileam sagte: So will ich sie segnen. Aber Gott sprach zum drittenmal: Sie bedürfen deines Segens nicht; denn dies Volk ist gesegnet!

So spricht auch mancher zur Biene: Ich will deinen Stachel nicht kennen, ich will dienen Honig nicht schmecken!

Wie weit drang wohl die Stimme Bileams? Ein weiser Mann sagte: Sechzig Meilen weit. Ein anderer berichtet, siebzig Völker hätten Bileams Stimme vernommen. Rabbi Elieser Hakappar sprach: Gott hatte der Stimme Bileams solche Kraft verliehen, daß sie von einem Ende der Welt bis zum andere drang. Er sah die Völker alle dienen der Sonne, dem Mond, den Sternen, oder anbeten Holz und Stein; darum gab er der Stimme Bileams Gewalt, und sie wurde vernommen von allen Stämmen der Erde.

Und es stand hinfort kein Prophet auf in Israel, der Mose geglichen hätte. In Israel stand keiner auf, aber unter den Völkern der Erde stand einer auf, damit sie keine Ausrede hätten und nicht von sich sagen sollten: Hätten wir einen Propheten gehabt, wie Mose einer war, wir hätten gleichfalls Gott gedient. Wer aber war ihr Prophet? Das war Bileam.

Und dieses ist der Unterschied in der Weissagung der beiden. Die Prophetie Moses hatte drei Merkmale, welche der Weissagung Bileams abgingen: mit Mose sprach Gott, während Mose aufrecht stand; Bileam aber fiel zur Erde nieder. Mit Mose sprach Gott von Angesicht zu Angesicht; Bileam war nur ein Hörer göttlicher Rede. Mit Mose hielt Gott schlichte Zwiesprache; mit Bileam redete er in Fabeln und Sprüchen.

Hinwieder hatte die Weissagung Bileams drei Vorzüge, die der Prophetie Moses fehlten, und diese waren: Mose wußte nicht, wer mit ihm redete, Bileam aber wußte es stets; auch wußte Mose nicht, wann der Girr mit ihm reden würde, Bileam aber kannte sich darin aus. Zum dritten konnte Bileam jederzeit den Herrn anrufen und mit ihm sprechen.

3
Bileams Tod

MOSE SPRACH ZU PINEHAS und zu den Streitern: Ich weiß, daß der Bösewicht Bileam kommen wird. Ehe aber der Wolf die Herde überfällt, wollen wir ihm einen Fangstrick legen. Seht ihr ihn nun kommen, ihn, der Zauberei treibt, so haltet ihm den Priesterschild entgegen, auf dem geschrieben steht: Dem Ewigen geweiht – und er wird fallen. Die Könige Midians aber tötet über ihren Erschlagenen. Sie haben gemeinsam mit Bileam Hexenwerk geübt, und wenn sie sich fliegend in die Luft erheben, so haltet ihnen den Schild entgegen, daß sie fallen über ihren Leichnamen.

Als der Priester Pinehas nach Midian zog mit allen seinen Heeren und ihn der Bösewicht Bileam sah, da machte dieser seine beiden Arme zu zwei Steintafeln und schwang sich in die Höhe kraft des heiligen Gottesnamens, den er aussprechen konnte. Aber auch Pinehas flog empor in die Luft, auch er verwandelte seine Arme zu Stein und verfolgte den Zauberer, bis er ihn vor dem Stuhl der Herrlichkeit Gottes fand. Nun ergriff er ihn, fuhr mit ihm hinab und brachte ihn vor Mose, worauf er vom Gerichtshof verurteilt und getötet wurde. So starb Bileam.

4
Der Eiferer Pinehas

EPHRAIMS HEISST IM BUCHE HIOB: Der Gottlosen Rat sei fern von mir. Der Rat aber, den Bileam der Gottlose den Midianitern gab, gelang vollauf, und es fielen von Israel vierundzwanzigtausend Mann. Er sprach nämlich zu ihnen: Ihr vermögt nichts gegen dieses Volk, es sei denn, es begehe Sünde vor seinem Schöpfer. Alsbald richteten die Midianiter Verkaufsläden außerhalb des Lagers ein, und die Kinder Israel sahen die Töchter ihrer Feinde, die die Augen wie Buhldirnen untermalten, und wurden von ihnen zur Sünde verführt. Und das Volk hob an zu huren mit den Töchtern der Moabiter. Wie hatten sich doch einstmals Simeon und Levi über die Unzucht ereifert! Ihr Nachkomme aber, der Fürst des Stammes Simeon, gedachte nicht der Tat seines Ahnen; er wehrte nicht den Jünglingen ihr Treiben, ja er selbst buhlte vor aller Augen mit einer Midianitin. Die Obersten im Volk, Mose, Eleasar und Pinehas, sahen den Todesengel nahen; sie saßen da und weinten und wußten nicht, was zu tun. Da erblickte Pinehas den Simri, wie er offen und ohne Scham einer Tochter Midians beiwohnte. Voller Zorn riß er den Spieß aus der Hand Mose, stieß ihn dem Mann in sein Hinterteil und durchbohrte die Scham der Frau. Danach nahm er alle seine Kraft zusammen und bohrte den Spieß in die Erde durch die Leiber der zwei Buhlen hindurch, so daß unter dem Heft die zwei Körper zu sehen waren, oben der Mann und unter ihm das Weib. Und Pinehas erhob sich als Richter und Züchtiger in Israel; er strafte die Jünglinge und schleifte die Buhler durch alle Winkel des Lagers, daß alles Volk sie sah und sich fürchtete. Da nun der Herr sah, was Pinehas getan hatte, machte er der Seuche ein Ende.

Der Name Pinehas aber ward vor dem Herrn gleich dem Namen Elias des Thisbiters, und er verlieh ihm zeitliches und ewiges Leben. Er und sein Same nach ihm sollten den Bund des ewigen Priestertums für und für besitzen.

5

Das Lasterleben im Lager

UND ISRAEL WOHNTE IN SITTIM.

Ephraims gibt Quellen, an denen Helden groß werden und es gibt Quellen, an denen nur Schwächlinge emporkommen. Es gibt Quellen der Schönheit und Quellen der Häßlichkeit, Quellen der Keuschheit und Quellen der Unzucht. Also war auch Sittim eine Quelle der Unzucht, und sein Wasser war ein Trank für die Brut Sodoms. Das Volk fing an zu huren mit den Töchtern Moabs. Wirf einen Stock in die Luft, er fällt zurück, wo seine Wurzel ist. Die Mütter Ammons und Moabs hatten mit Hurerei angefangen; die ältere sprach zur jüngeren: Laß uns unserem Vater Wein geben und bei ihm liegen – also taten auch die Töchter nach ihrem Vorbild.

Sie waren es, die nach dem Rate Bileams Israel abwendig machten dem Herrn. Sie machten sich Zelte und setzten Metzen dahinein, die allerlei lusterregende Dinge feilboten. Eine Alte saß draußen vor dem Laden, und drinnen hinter dem Vorhang saß eine junge Dirne. Gingen nun die Jünglinge Israels an den Zelten vorbei, um irgendeinen Gegenstand zu kaufen, so wurden sie zuerst von der Alten angesprochen, die sagte: Knabe, willst du nicht etwas Schönes erstehen, ein leinen Gewand aus der Stadt Bet-Sean? Und sie hielt ihm das Stück vor die Augen und sprach: Komm in das Innere des Ladens, da siehst du noch schönere Dinge. Auch nannte die Alte immer einen höheren Preis und die jüngere einen geringeren. Sodann sprach das Mädchen: Sei hier als wie zu Hause; setz dich nieder, säubere dich. Ein Krug Wein stand da im Zelt, und das Mädchen war geschmückt und duftete nach Gewürzen. Sie sprach weiter: Wie kommt es, daß ihr uns, die wir euch lieben, mit Haß begegnet? Nimm dir das Ding, das du in der Hand hältst, umsonst und ohne Geld. Sind wir doch alle Kinder desselben Vaters, Tharahs, des Vaters Abrahams. Ihr wollt von unseren Schlachtopfern und Speisopfern nichts genießen. So nehmt euch Kälber und Hähne, schlachtet es nach eurem Gebot und eßt es. Und der Jüngling, berauscht vom Wein und aufgereizt durch den Satan, folgte in allem der Dirne. Verlangte er sodann, daß sie ihm zu Willen sei, so sagte sie: Ich höre auf dich nicht eher, als bis du dem Peor ein Opfer bringst und ihn anbetest. Und er tat alles, was sie befahl.

Also hing Israel dem Peor nach. Zuerst tat es ein jeder heimlich, danach übten sie es paarweise und offen.

Da sprach der Herr zu Mose: Laß die Häupter des Synedriums sich zu Gericht setzen und alle strafen, die den Peor angebetet haben. Mose fragte: Wie soll man die herausfinden? Der Herr erwiderte: Ich will es kundtun; wer dem Götzen gedient hat, von dem ist die Wolke gewichen, und die Sonne bescheint ihn mitten in der Gemeinde. Da wurde es offenbar, wer sich vergangen hatte, und er wurde gehängt.

Nun kam ein Mann von den Kindern Israel und brachte vor seine Brüder ein midianitisches Weib mit Namen Kosbi, die Tochter Zurs. Sie aber sprach: Ich gehorche dir nicht, ich gehorche allein Mose, eurem Lehrer; so hat uns unser König Balak befohlen. Der israelitische Mann sagte: Ich bin ebenso groß wie Mose; ich will dich vor aller Augen zu ihm führen. Und er faßte sie an ihrer Locke und brachte sie vor Mose. Er sprach zu ihm: Du Sohn Amrams! Ist diese hier mir verstattet oder nicht? Mose erwiderte: Sie ist dir verwehrt. Da antwortete Simri: Ist denn das Weib, das du genommen hast, keine Midianitin? Alsbald wurden Moses Arme schlaff, der Geist wich von ihm, und er brach in Weinen aus.

Wie Pinehas, der Sohn Eleasars, dies sah, erhob er sich mitten in der Gemeinde. Er nahm eine Spieß in die Hand, nahm die Eisenspitze von ihm ab und verwahrte sie in seinem Busen, auf den Stab aber stützte er sich. Er fürchtete sich vor seinem Geschlecht, daß sie ihn umringen und an der Ausführung der Tat hindern würden. Sie fragten ihn, wohin er wollte. Da antwortete er, daß auch er einem Weibe beiwohnen wollte. So drang er in die Kammer, wo der israelitische

Mann mit der Midianitin zusammen waren. Er durchbohrte die beiden, die sich umarmt hielten, mitten durch ihre Scham. So ereiferte er sich für den Herrn.

Mose hatte den Verderber in eine Grube gebannt. Wenn nun Israel Sünde tat, so machte der Verscharrte den Mund auf, um Israel mit seinem Odem zu versehren. Er wurde daher Peor genannt. Mose sprach aber den heiligen Namen aus, und der Verderber fuhr zurück in die Grube.

Wie war es aber nach Moses Tode? Gott legte sein Grab gegenüber der Grube Peors. Jedesmal nun, wenn er sich erheben und Israel vernichten will, erblickt er das Grab Moses und macht erschrocken kehrt.

6
Der neunte Ab

ISRAEL MURRTE, ALS ES durch die Wüste ziehen mußte, und einmal fuhr die ganze Gemeine auf, erhob ihre Stimme und weinte die Nacht hindurch. Es war aber die Nacht des neunten Ab. Da sprach der Herr zu ihnen: Ihr habt vor mir ohne Grund gejammert; ich will euch für diese Nacht ein Weinen bereiten, das in alle Ewigkeit dauern wird. In dieser Stunde wurde es verhängt, daß der Tempel zerstört werden und Israel in die Verbannung gehen sollte, der Tag aber der Zerstörung des Tempels war der neunte Ab…

Jedes Jahr, während der vierzigjährigen Wanderung durch die Wüste, am neunten Tage des Monats Ab, ließ Mose einen Ruf durchs Lager gehen: Zieht aus und grabet, zieht aus und grabet. Und alles Volk zog aus und grub sich Gräber, und jeder legte sich in ein Grab. Am Morgen darauf erscholl ein neuer Ruf im Lager: Die Lebendigen mögen sich scheiden von den Toten. Da standen die, die am Leben geblieben waren, auf aus ihren Gräbern, und siehe, es waren ihrer um fünfzehntausend weniger geworden. So ging es Jahr für Jahr, bis sechshundertdausend gestorben waren. Im letzten Jahr der Wanderung taten sie wieder so am neunten Ab, aber siehe da, sie waren vollzählig geblieben, und es fehlte auch nicht einer. Sie glaubten zuerst, sie hätten sich verzählt und der Sterbetag des Jahres wäre noch nicht gekommen; so wiederholten sie ihr Tun die folgenden fünf Nächte des Monats und brachten jede Nacht in ihren Gräbern zu. Wie sie aber merkten, daß keiner mehr starb, sprachen sie bei sich: Es scheint, als habe Gott den bösen Ratschluß aufgehoben. Also machten sie den fünfzehnten Ab zu einem Freudentag.

Vom Tode Aarons

1
Auf dem Berge Hor

AUF DEM BERGE HOR sollte Aaron sterben, also gleichsam auf einem Berg, der auf einen andere Berg getürmt ist wie ein kleiner Apfel, der auf einem größeren Apfel liegt. Als die Kinder Israel durch die Wüste zogen, zog die Wolke ihnen voran, machte jeden Hügel eben und jede Senke hoch, damit durch das Steigen und Abwärtsgehen die Kinder Israel nicht zuviel Beschwerden hätten; und nicht nur dies, sondern, wo nun die ganze Wüste eine glatte Ebene geworden war, stand das Stiftszelt, wo man es auch aufschlug, auf einem erhöhten Platz. Als ein Wahrzeichen aber der Wunder, die der Herr in der Wüste vollbracht hatte, ließ er drei Berge stehen und sonderte sie aus: den Sinai als Sitz der Gottheit, den Hor als Todesstätte Aarons und den Nebo für Mose, daselbst zu sterben.

Man erzählt: Wie Mose dem Aaron seine Gewänder auszog, entblößte er ihn zuerst nur bis zu den Knöcheln. Er fragte den Aaron: Mein Bruder, was siehst du? Der erwiderte: Ich sehe nichts Sonderbares; nur hüllt die göttliche Wolke die Glieder ein, von denen du die Hülle abziehst. Bis zur Hüfte zog ihn Mose aus, und bis zur Hüfte hüllte ihn die Wolke ein. Bis zum Hals entkleidete ihn Mose, und wieder fragte er den Bruder: Aaron, was schaust du nun? Wie ist der Tod? Aaron gab zur Antwort: Noch spüre ich nichts außer diesem, daß die Wolke mich umgibt bis an den Hals. In dem Augenblick aber, daß Mose dem Aaron alle Kleider abgenommen hatte, bedeckte diesen die Wolke ganz. Und Mose rief seinem Bruder: O Aaron, mein Bruder Aaron? Wie ist der Tod der Gerechten? Wo weilst du? Und Aaron sprach: Ich darf es dir nicht offenbaren, nur wünschte ich, ich wäre eher hierher gelangt. Wie Mose sah, daß so das Ende seines Bruders war, begehrte er selbst zu verscheiden.

Das ganze Haus Israel beweinte den Aaron dreißig Tage lang. Wer hätte denn auch Mose weinen seOhen können und hätte selbst nicht mitgeweint? Wer hätte Pinehas und Eleasar, die zwei Hohepriester, Tränen vergießen sehen und wäre selbst heiter geblieben? Da ließ der Herr Aarons Schrein in der Luft schweben, und die diensttuenden Engel priesen sein Lob. Sie riefen: Das Gesetz der Wahrheit war in seinem Munde, und Unrechtes ward in seinen Lippen nicht gefunden.

In dieser Stunde bat Mose für sich um einen Tod, der wie der Tod Aarons wäre. Er sprach dies nur in seinem Herzen und nicht laut, der Herr aber hörte sein Flüstern, denn es heißt ja nachher: Der Herr sprach zu Mose: Stirb auf dem Berg und versammle dich zu deinem Volk, gleichwie dein Bruder Aaron gestorben ist – also gleichsam: Stirb den Tod, den du dir gewünscht hast.

Mose schaute die Ehren, die Aaron zuteil geworden waren, wie sein Sarg hoch oben in den Lüften schwebte und die Engel ihn umgaben und eine Totenklage um ihn hielten. So saß er da und weinte. Er sprach: Weh mir, daß ich allein zurückgeblieben bin! Wie Mirjam starb und keiner aus Israel zu uns kam, waren doch Aaron und seine Söhne da, und wir umstanden ihr Lager, beweinten sie, beklagten sie und begruben sie. Aaron verschied, und ich und sein Sohn haben sein Bette umstanden. Wie wird aber mein Ende sein? Wer wird bei mir stehen in der Stunde meines Todes? Habe ich doch keinen Vater und keinen Sohn, keinen Bruder und keine Schwester, die um mich weinen könnten.

In dieser Stunde tröstete ihn der Herr und sprach: Fürchte dich nicht, ich selbst werde mich erheben und dich begraben mit großen Ehren. So wie Aarons Gruft verschwunden ist und keiner sie kennt, so auch wird dein Grab unbekannt bleiben. Und wie der Todesengel Aaron nicht treffen konnte, sondern er schied dahin durch einen Kuß von mir, also soll auch über dich der Würger keine Gewalt haben, und du wirst nicht anders sterben als durch den Kuß meiner Lippen.

Da ward Mose ruhigen Sinnes.

2
Der schwebende Sarg

Rabban Gamliel, der Sohn Judas des Fürsten, sagt: Nicht nur dem Mose hat der Herr Gnade zukommen lassen, sondern auch dem Aaron. Als nämlich Mose und Eleasar vom Berge Hor allein herunterkamen, auf den sie vordem mit Aaron heraufgestiegen waren, sprachen im Volke die Menschen zueinander: Mose und Eleasar haben den Aaron auf dem Berge zurückgelassen und sind selbst heruntergestiegen. Sie glaubten nicht, daß Aaron verstorben war, und weigerten sich, ihm die letzten Ehren zu erweisen. Da nahm Gott den Schrein Aarons und ließ ihn über dem Lager der Kinder Israel schweben und in der Luft fliegen. Nun glaubten sie an seinen Tod, erwiesen ihm alle Ehren und klagten um ihn dreißig Tage. Mose, als er gestorben war, wurde nur von den Männern beweint; um Aaron trauerten auch die Frauen.

Als Aaron starb, sammelten sich alle um Mose und fragten ihn: Wo ist dein Bruder Aaron? Er antwortete: Der Herr hat ihn zum ewigen Leben bei sich behalten. Die Kinder Israel aber glaubten ihm nicht und sprachen: Wir kennen dich und kennen deinen Jähzorn. Gewiß hat er etwas getan, was nicht nach deinem Sinne war, und so hast du über ihn den Tod verhängt.

In dieser Stunde hängte Gott den Schrein Aarons am Himmel auf. Der Herr selbst hielt die Klage, und die diensttuenden Engel stimmten in die Klage ein und riefen: Das Gesetz der Wahrheit war in seinem Munde, und kein Böses ward in seinen Lippen gefunden. Friedlich und aufrichtig wandelte er vor mir und hat viele von der Sünde bekehrt.

Als Mose und Eleasar vom Berge Hor gestiegen waren, versammelte sich die ganze Gemeine um sie und sprach: Wo ist denn Aaron hin? Sie antworteten ihnen: Er ist verschieden. Da sprach die Menge: Wie sollte der Bote des Todes einem Menschen etwas anhaben können, der vormals selbst dem Wüten des Würgengels Halt geboten und der Seuche im Volke gewehrt hat, und von dem es heißt: Er stand zwischen den Toten und Lebendigen! Bringt ihr ihn her, so ist es gut; wo nicht, steinigen wir euch. In dieser Stunde stellte sich Mose zum Gebet hin und sprach: Herr der Welt! Erlöse mich von dem Verdacht, den sie auf mich werfen. Alsbald öffnete der Herr die Höhle, in der Aaron geborgen war, und alles Volk sah, daß er tot war.

3
Aaron, der Friedfertige

SIEH DOCH DIE FRÖMMIGKEIT des Aaron an! Als Mose ihn mit dem Salböl salbte und es über sein Haupt träufelte, erbebte Aaron, und ein Schauer überlief ihn. Er sagte: Mein Bruder Mose! Vielleicht bin ich des heiligen Öls nicht würdig; vielleicht erweise ich mich sündig und werde der Ausrottung schuldig, denn es heißt doch von dem Öl: Auf Menschenleib soll es nicht gegossen werden! Daher meint die Schrift von Aaron: Wie schön und lieblich ist es, wenn Brüder einträchtig beieinander wohnen! Wie der köstliche Balsam ists, der vom Haupt Aarons herabfließt in seinen Bart, der herabfließt in sein Kleid; wie der Tau, der vom Himmel herabfließt. Das Salböl wird mit dem Tau vom Hermon verglichen, denn wie bei dem einen nichts veruntreut werden kann, so kann bei dem andere nichts veruntreut werden.

Und das ganze Haus Israel beweinte den Aaron dreißig Tage lang. Als Mose starb, trauerten nur die Männer, denn er hatte oft züchtigende Rede im Munde geführt; um Aaron aber trauerte das ganze

Volk. Denn Aaron hatte niemals zu einem Manne gesprochen: Du hast mißgehandelt –, oder zu einem Weibe: Du hast übel getan. Und wenn er einen von den Kindern Israel auf dem Wege traf, es mochte ein Sünder und Bösewicht sein, er bot ihm den Friedensgruß. Und es geschah, wenn ein solcher, der von Aaron gegrüßt worden war, eine Übeltat begehen wollte, gedachte er plötzlich: Wehe mir! Wie könnte ich danach noch Aaron ins Angesicht schauen? Ich müßte mich ja schämen vor ihm, denn er hat mich gegrüßt. So wurde jener Mann davon abgehalten, Sünde zu tun. Ebenso, wenn zwei aus dem Volk einen Streit miteinander hatten, trat Aaron dazwischen und ruhte nicht eher, als bis sie sich versöhnt hatten und die, die eben noch Gegner waren, einander um den Hals fielen und sich küßten. Darum, als Aaron starb, beweinte ihn das ganze Haus Israel.

Wie Aaron gestorben war, verschwanden die Wolken der Herrlichkeit, die Kanaaniter begehrten, mit den Kindern Israel zu streiten, und Israel wollte wieder nach Ägypten zurückkehren. Sie liefen auch zurück und hatten bereits acht Tagereisen gemacht, als der Stamm Levi, der ihnen nachjagte, sie überfiel und acht Geschlechter von ihnen tötete. Aber auch sie töteten von den Leviten vier Geschlechter.

Der Tod Moses

1
Der Hundertzwanzigjährige

UND MOSE SPRACH zu den Kindern Israel: Ich bin heute hundertundzwanzig Jahre alt. Er sagte nicht: Heute sind meines Lebens Jahre und Tage vollendet worden. Das soll dich lehren, daß der Herr das Leben der Gerechten abrundet und ihre Jahre voll werden läßt.

Und weiter sprach Mose: Ich kann nicht mehr aus noch eingehen. Wie ist das wohl zu verstehen? heißt es doch weiter unten: Sein Auge war nicht dunkel worden, und seine Kraft war nicht verfallen. Und ebenso wird erzählt: Und Mose stieg von dem Gefilde der Moabiter auf den Berg Nebo. Vom Gefilde Moabs aber bis zum Berge Nebo führen zwölf Stufen, und die nahm Mose mit einem Satz. Also erklärt ein Weiser die Worte: Ich kann nicht aus- noch eingehen – so, daß sich Mose in den Wegen des Gesetzes nicht mehr auskannte, denn die Tore der Weisheit blieben ihm verschlossen.

Und Mose ging hin mit Josua, und sie traten beide in die Hütte des Stifts. Das war ein Zusammensitzen zweier, die einander ebenbürtig waren; danach ward die Macht von dem einen genommen und dem anderen gegeben.

Rabbi Juda sagt: Stünde es nicht in der Schrift geschrieben, man könnte es gar nicht für wahr halten. Wo ist denn Moses Tod erfolgt? Sollte es in dem Erblande Rubens geschehen sein, weil der Berg Nebo im Lande Rubens liegt? Aber bestattet ist er in dem Erbteil Gads worden, denn von Gad hat er gesprochen: Er ersah sich das erste Erbe, denn daselbst war ihm eines Fürsten Teil aufgehoben worden. Von dem Lande Rubens bis zum Erbteil Gads sind es vier Meilen. Wer mag den Leib Moses da hinübergeführt haben? Er ist wohl auf den Flügeln der Gottheit dahingetragen worden.

Also starb Mose, der große Schriftschreiber. Und zwölfmal zwölf Meilen rund um das Lager Israel war eine Stimme zu Hören: Mose, der große Schreiber der Thora, ist nicht mehr!

Es gibt aber welche, die sagen, er wäre gar nicht gestorben.

2
Das letzte Lied Moses

Merket auf, ihr Himmel, ich will reden, und du, Erde, vernimm die Rede meines Mundes – so sang Mose in seinem Liede. Zur Stunde, da er diese Worte sprach, waren die Himmel still und die Erde verharrte in Schweigen; es rührte sich nichts, weder oben noch unten. Also sieht man daraus, daß die Gerechten die Machthaber der Welt sind.

Merket auf, ihr Himmel, ich will reden, und die Erde vernehme die Worte meines Mundes. Damit rief Mose zwei Zeugen vor Israel an, welche in Ewigkeit bestehen und nie vergehen können, denn er sprach bei sich: Ich bin nicht mehr denn Fleisch und Blut, und morgen kann ich tot sein. Wollen die Kinder Israel sagen, daß sie kein Gesetz von mir empfangen haben, wer will da kommen und sie Lügen strafen! Deshalb rief er zwei Zeugen an, die unvergänglich und unzerstörbar sind.

Rabbi Sima sagt: Zugleich mit dem Himmel und der Erde rief Mose auch die vier Winde zu Zeugen an.

Und Mose sang weiter: Meine Lehre triefe wie der Regen. Er sprach zu den Kindern Israel: Ihr wißt nicht, was ich alles um der

Thora willen gelitten habe und wieviel Pein sie mir verursacht hat und was in den vierzig Tagen und Nächten, die ich oben war, über mich ergangen ist. Ich war unter die Engel geraten und unter die heiligen Tiere wie auch unter die Seraphim, von denen einer die ganze Welt verbrennen kann. Ich habe meine Seele für die Thora hingegeben, ich habe mein Blut für sie hingegeben. Aber wie ich unter Schmerzen sie empfangen habe, so werdet auch ihr nur unter Schmerzen in sie eindringen.

Der Herr redete zu Mose und sprach: Geh auf das Gebirge Abarim und stirb daselbst auf dem Berg, wenn du hinaufgekommen bist. Versammle dich zu deinem Volk, zu den Erzvätern Abraham, Isaak und Jakob und zu den leiblichen Vätern Kahath und Amram; zu deiner Schwester Mirjam und zu deinem Bruder Aaron, und stirb, wie dein Bruder Aaron gestorben ist, den Tod, den du dir erwählt hast.

Die diensttuenden Engel sprachen vor dem Herrn: Gebieter der Welt! Warum ist Adam, der erste Mensch, gestorben? Ihnen wurde erwidert: Weil er meinen Befehl nicht erfüllt hat. Da sprachen sie: Dieser hier aber hat doch deinen Befehl erfüllt. Der Herr antwortete: Der Tod ist von mir in gleicher Weise über alle Menschen verhängt worden.

Mose aber schied nicht eher von der Welt, als bis der Herr seine Seele an seine Fittiche gebunden hatte.

In der Stunde seines Todes bat Mose für das Volk und sprach: Herr der Welt! Dir ist der Sinn jedes Einzelnen von Israel bekannt und offenbar, und du weißt, daß keiner deiner Söhne dem andere gleicht. Nun ich von ihnen scheide, bitte ich dich, ihnen einen Führer zu geben, der einen jeden von ihnen nach seiner Eigenart leite.

Als Mose dem Sterben nahe war und sah, daß keiner aus dem Volke für ihn einstand und um Erbarmen bat, rief er sie zusammen und wies sie also zurecht: Als ihr die Sünde mit dem goldenen Kalb begingt, da habe ich, ein einziger, euch alle, sechshunderttausend Mann, erlöst; nun können sechshunderttausend einen einzigen nicht erlösen.

Der Herr hat selber Gnade an Mose geübt und ihn mit eigener Hand bestattet. Stünde das nicht geschrieben, man könnte es nicht aussprechen. Aber es steht wirklich geschrieben: Und er begrub ihn im Tale.

Eine Höhle ging von der Grabstätte Moses aus, die führte bis zu den Gräbern der Erzväter.

3
Du wirst nicht über den Jordan gehen

UND DER HERR SPRACH zu mir: Laß es genug sein! Es genüge dir, was du bisher gehabt hast. Rabbi Josua deutet es so: Es genüge dir, daß du das zukünftige Leben erlangt hast. Aber Mose stand noch immer da und brachte sein Flehen dar. Er sprach: Herr der Welt! Ists schon über mich verhängt, daß ich dieses Volk nicht in das Land bringen soll als sein König, so laß mich als schlichten Mann da einziehen. Der Herr aber erwiderte: Wer König ist, darf nicht als schlichter Mann das Land betreten. Dennoch ließ Mose nicht ab mit Bitten und sprach: Darf ich nicht das Land, nicht als König und nicht als schlichter Mann, so laß mich durch die Höhle Cäsareas auf unterirdischem Wege dorthin gelangen. Der Herr aber sprach: Auch so wirst du dahin nicht kommen. Nunmehr sprach Mose zum letztenmal: Gebieter der Welt! Wohlan denn, Herr, ist es mir untersagt, als König und als schlichter Mann oder durch die Höhle Cäsareas in das Land zu gelangen, so gewähre es mir, daß meine Gebeine den Jordan überschreiten mögen: Der Herr aber gab zur Antwort: Du wirst nicht über diesen Jordan gehen.

Rabbi Hanania ben Idi sprach: Mose weinte über sein Los und sprach: Ach, ich werde hierselbst sterben müssen! Ihr werdet über den Jordan ziehen, ich aber darf nicht hinüber. Andere erzählen, Mose wäre zu den Füßen Eleasars gefallen und hätte zu ihm gesprochen: Eleasar, du Sohn meines Bruders, flehe um Erbarmen für mich, wie ich für deinen Vater Aaron um Erbarmen gefleht habe.

Und er sprach zu Gott: Herr, so laß mich das Land wenigstens mit meinen Augen schauen. Da sagte der Herr zu ihm: Steig auf die Höhe des Berges Pisga und heb deine Augen auf gegen Abend und gegen Mitternacht, gegen Mittag und gegen Morgen; steig herauf, schau dich um und besiehe es mit Augen.

Mose begehrte den Tempel zu sehen, und der Herr zeigte ihn ihm. Er ließ ihn noch Simson, den Sohn Manoas, sehen, ebenso Barak und Debora, auch Josua den Heerführer und den König David, wie er das Zepter führt; Mose durfte das ganze Abendland schauen, selbst die Gräber der Väter, die gen Mittag lagen, ebenso auch noch Gog und seine Scharen.

Mose sprach zu Gott: Gebieter der Welt! Die Gebeine Josephs sollen nach dem Lande Kanaan kommen, ich aber soll nicht in das Land kommen? Ihm erwiderte Gott: Wer sich zu meinem Lande bekannt hat, der nur soll in meinem Lande begraben werden. Joseph hat seine Herkunft nicht geleugnet; seine Herrin sprach von ihm: Seht, er hat uns einen hebräischen Knecht gebracht. Und er bestritt es nicht, er selber sprach: Ich bin aus dem Hebräerlande heimlich gestohlen worden. Dafür ist er in meinem Lande bestattet worden. Du aber hast dich zu deinem Lande nicht bekannt, also sollst du dort auch nicht begraben werden. Wie trug sich das zu? Die Töchter Jethros sprachen zu ihrem Vater: Ein ägyptischer Mann hat uns gerettet. Mose aber hörte dieses und schwieg.

4
Mose, Aaron und Mirjam

IN EINEM JAHRE VERSTARBEN die drei Gerechten: Mose, Aaron und Mirjam, und Israel sollte so schnell nicht wieder froh werden. Es ging der Spruch in Erfüllung: Ich vertilgte drei Hirten in einem Monat. Wohl wurden diese hier nicht in einem Monat, sondern im Laufe eines Jahres hinweggekommen; aber jeder von ihnen hatte Israel noch eine köstliche Gabe geschenkt, und diese drei Wunderdinge gingen verloren im Laufe eines Mondes. Den Mirjam-Brunnen meine ich, die Wolkensäule und das Manna. Das Manna war durch Mose gekommen, die Wolkensäule durch Aaron und der Brunnen durch Mirjam. Als Mirjam gestorben war, da sollte der Brunnen versiegen, er ging aber in Moses Hand über; als Aaron starb, sollte die Wolkensäule verschwinden, sie wurde aber Mose gegeben. Nun aber Moses Leben zu Ende gegangen war, da hörten die Wohltaten auf, und sie kehrten nicht wieder. In dieser Stunde ward Israel arm und von allem Guten entblößt.

Als Mose verschieden war, da weinte Josua und schrie, und er klagte um ihn lange Zeit, bis daß der Herr zu ihm sprach: Josua, wie lange willst du noch jammern? Ist er denn dir allein nur gestorben? Habe ich ihn denn nicht auch verloren? Trauer ist um mich seit seinem Todestage, wie der Prophet sagt: Darum wird der Herr zu der Zeit rufen lassen, daß man weine und klage.

Und Mose stieg von dem Gefilde der Moabiter auf den Berg Pisga. Das war kein Niedergang, sondern ein Aufstieg. Der Herr zeigte ihm die Kette der Könige, die der Moabitin Ruth entsprießen sollten. Er zeigte ihm ferner die Kette der Propheten, die kommen sollten von der Hure Rahab. Er ließ ihn das Land Israel sehen, wie es in tiefstem Frieden dalag und wie es hernach von Feinden bedrängt und bedrückt wurde. Auch zeigte er ihm den Tempel, fest gegründet und sicher gefügt, und denselben Tempel, zerstört und verwüstet. Ebenso ließ er ihn die Länder Dan, Naphtali, Ephraim, Manasse und Juda sehen, wie sie im Frieden gediehen und hernach von Krieg und Not heimgesucht wurden.

Und noch zeigte der Herr dem Mose alle vier Seiten der Welt: Nord, Süd, Ost und West, gleichfalls den Frieden genießend und von Krieg geplagt. Er ließ ihn die ganze Welt sehen, vom Tag ihrer Erschaffung bis zum Tag der Auferstehung der Toten, und auch den Garten Eden mit den Gerechten, die daselbst lustwandelten.

5

Mose vor dem Messias

UNSERE ALTVORDERN ERZÄHLEN:

An dem Tage, da unser Meister Mose von der Welt scheiden sollte, ließ der Herr ihn in den obersten Himmel steigen, ließ ihn da den Lohn sehen, den die Gerechten ernten, sowie alles, was sich in den zukünftigen Tagen begeben würde. Und das Maß der Barmherzigkeit stellte sich vor Mose hin und sprach. Ich will dir eine frohe Kunde sagen, die dich erquicken wird; wende dich mit dem Angesicht dem Thron der Barmherzigkeit zu und schau daselbst ja hin. Das tat Mose, und er sah den Herrn einen Tempel bauen aus edlen Steinen und Perlen, und zwischen den Steinen war jeweils ein Strahl von seiner Herrlichkeit eingefügt. Der Messias aber, der Sohn Davids, stand in der Mitte, und Aaron, der Bruder Moses, stand an der Seite und hatte seinen Mantel an. Aaron sprach zu Mose: Rühr mich nicht an, es ist mir angst um dich wegen der göttlichen Majestät; denn es darf kein Mensch hierherkommen, bevor er den Tod erlitten und seine Seele dem Todesengel überantwortet hat.

Da fiel Mose auf sein Angesicht vor dem Herrn, als er die Worte seines Bruders vernahm, und er sprach: Herr der Welt! Laß mich mit deinem Gesalbten sprechen, ehe ich sterbe. Der Herr erwiderte: So geh denn hin und lerne erst meinen hehren Namen aussprechen, damit die Flamme der Gottheit dich nicht versehre. Als er wiederkam, begriffen Aaron und der Messias, daß der Herr ihn den unverstellten Namen gelehrt hatte, und sie begrüßten ihn mit dem Spruch: Gesegnet, wer im Namen Gottes kommt! Mose fragte den Sohn Davids: Der Herr sagte mir, er wolle Israel ein Heiligtum auf Erden bauen, und nun sehe ich ihn im Himmel eines mit Händen errichten. Darauf antwortete der Messias: Dein Stammvater Jakob hat das Haus gesehen, das Gott auf Erden erbauen sollte, und hat auch das gesehen, das im Himmel von ihm erbaut werden sollte, und er begriff, daß das himmlische Heiligtum, das aus Edelsteinen, Perlen und dem Glanz der göttlichen Majestät erbaut war, Israel zum ewigen Bestand werden sollte bis an das Ende aller Geschlechter. Ebenso sah er in der Nacht, die er auf dem Stein schlafend zubrachte, das Jerusalem von unten und das himmlische Jerusalem. Er sprach: Dieses hier unten ist nichts denn ein vergänglicher Bau, es kann nicht für alle Geschlechter bestehen bleiben; nur das Haus kann währen, das Gott mit eigner Hand gebaut hat. – Sprichst du nun, du sähest Gott im Himmel ein Haus mit eigenen Händen bauen, so verkündige ich dir: Gott wird ein ebensolches auch auf Erden errichten, wie es geschrieben steht: Dein Heiligtum, Herr, das deine Hand bereitet hat.

Als Mose diese Worte aus dem Munde des Messias vernommen hatte, ward er voll großer Freude; er wandte sein Angesicht wieder dem Herrn zu und sprach: Gebieter der Welt! Wann wird dieses himmlische Jerusalem den Irdischen zuteil werden? Gott erwiderte: Diese Zeit habe ich bislang keinem Geschöpf verraten, keinem von den früheren und keinem von den späteren; soll ich es dir nun offenbaren? Mose sprach: So laß mich einen Wink, eine Andeutung sehen. Der Herr antwortete: Ich will sie erst mit der Werfschaufel zum Land hinaus werfen, daß sie in alle vier Enden der Welt zerstreut werden. Danach will ich abermals meine Hand erheben und will sie um mich sammeln, damit in Erfüllung gehe, was da geschrieben steht: Wenn du bis an der Himmel Ende verstoßen wärest, so wird dich doch dein Herr, dein Gott, von dannen sammeln und dich von dannen holen.

In dieser Stunde fuhr Mose vom Himmel hinab fröhlich und gutes Mutes, und der Todesengel fuhr mit ihm hinunter. Er gab aber seinen Geist und seine Seele nicht eher dem Todesengel, als bis ihm der Herr sein Angesicht neigte. Da überantwortete er seine Seele dem Herrn mit ganzem Herzen und willigen Geistes.

6
Moses Flehen

WENNGLEICH SEINE HÖHE in den Himmel reicht und sein Haupt an die Wolken rührt – heißt es im Buche Hiob. Damit ist Mose gemeint, denn er war in den Himmel gestiegen, hatte die Wolken in seiner Nähe gefühlt und war in allem gleich geworden den himmlischen Heerscharen; er hatte mit dem Herrn von Angesicht zu Angesicht gesprochen und aus seiner Hand die Thora empfangen. Dennoch nahte sein Ende heran, und er vernahm von dem Herrn die Worte: Der Tag deines Sterbens ist nicht fern! Da sprach Mose: Gebieter der Welt! Vergeblich also hat mein Fuß die Wolken getreten vergeblich rannte ich wie ein Roß deinen Kindern voran; auch mein Ende soll bei den Würmern sein? Der Herr aber sprach: Mose, bereits über Adam, den ersten Menschen, habe ich den Tod verhängt. Mose antwortete: Herr der Welt! Adam hat es verdient, den Tod zu erleiden; ihm war nur ein leichtes Gebot gegeben worden, und dieses hat er nicht gehalten, also muß er er sterben. Da sprach der Herr: Und Abraham, der doch meinen Namen geheiligt hat, ist er nicht gestorben? Mose erwiderte: Abraham hat Ismael gezeugt, dessen Stamm dich erzürnt hat als Zerstörer von Hütten und Gewalttätige. Der Herr sprach weiter: Da hast du auch Isaak, der seinen Hals williglich dem Messer dargeboten hat und dennoch gestorben ist! Mose antwortete: Isaak? Von ihm kam Esau, der dereinst deinen Tempel zerstören und deinen Palast verbrennen wird. Der Herr sprach weiter: Nun aber Jakob; an diesem ist doch kein Fehl zu finden! Mose gab zur Antwort: Jakob war aber nie im Himmel, sein Fuß hat keine Wolke berührt, und du hast mit ihm nicht von Angesicht zu Angesicht gesprochen; auch hat er keine Lehre von deiner Hand empfangen. Nunmehr sprach der Herr: Es ist genug! Rede kein Wort mehr mit mir.

Mose sprach: Ich weiß wohl, daß die späteren Geschlechter von mir sagen werden, ich hätte nur in der Jugend deinen Willen getan, im Alter aber nicht. Der Herr aber erwiderte: Ich hab es schon längst gesagt: ihr habt euch gegen mich versündigt. Mose sprach: Laß es deinen Willen sein, daß ich in das Land nur für kurze Zeit komme; danach will ich sterben. Der Herr antwortete: Du wirst das Land nicht betreten. Mose sprach: Komm ich auch nicht zu meinen Lebzeiten hin, so laß mich nach meinem Tode dahingelangen. Der Herr entgegnete: Nicht bei Lebzeiten und nicht nach dem Tode. Mose fragte: Warum bloß all dieser Zorn über mich kommt? Der Herr gab zur Antwort: Weil ihr mich nicht geheiligt habt. Mose sprach: Mit allen Geschöpfen gehst du um nach dem Maß der Barmherzigkeit und erzeigst ihnen Gnade zwei- und dreimal; mir aber, der ich nur eine Sünde begangen habe, willst du nicht vergeben. Darauf sagte Gott: Mose, du hast sechs Missetaten begangen; ich habe dir nur bislang keine von ihnen offenbart. Du hast dich zum ersten geweigert, zu Pharao zu gehen, und gesagt: Sende, welchen du senden magst. Du hast zum zweiten mir zu sagen gewagt: Und du hast dein Volk nicht errettet. Du bist zum dritten mir mit Unglauben begegnet, als ich sagte, ich würde das Volk einen Monat lang mit Fleisch speisen; da sagtest du: Soll man Schafe und Kinder schlachten, daß es ihnen genug sei!? Zum vierten sagtest du bei dem Aufruhr der Rotte Korahs: Werden sie sterben, wie alle Menschen sterben, so hat mich der Herr nicht gesandt. Zum fünften sprachest du mit der Gemeine, als ich dir befahl, Wasser aus dem Felsen zu schlagen, und sagtest: Hört, ihr Ungehorsamen, werden wir euch auch Wasser bringen aus diesem Fels? Zum sechsten sprachst du: Ihr seid aufgetreten an eurer Väter Statt, eine

Brut von Sündern. Waren denn Abraham, Isaak und Jakob Sünder, daß du so zu sprechen dich vermaßest?

Darauf sprach Mose: Ich bin einer, und der Kinder Israel sind sechzig Myriaden; wievielmal hatten sie Sünde vor dir getan, und jedesmal, wenn ich für sie um Vergebung bat, vergabst du ihnen. Auf sechzig Myriaden sahest du hin und auf mich siehst du nicht hin! Der Herr erwiderte: Mose, es ist nicht gleich, ob ein Einzelner oder eine Gemeinschaft gestraft werden. Noch vor kurzem warst du Herr über deine Zeit, nun bist du es nicht mehr. Mose sprach: Gebieter der Welt! Steh auf von dem Stuhl der Strenge und setzte dich auf den Stuhl der Milde. Laß mich nicht sterben und laß meine Missetaten gesühnt sein durch Schmerzen, die du über meinen Leib bringen magst. Laß mich nicht in den Fangstrick des Würgers fallen, ich will dann dein Lob verkünden allen, die zur Welt kommen. Der Herr aber antwortete: Das ist das Tor des Herrn, die Gerechten werden dahin eingehen; es steht seit jeher offen da, und der Tod ist den Geschöpfen von altersher bestimmt.

Wie nun Mose sah, daß der Herr sich nicht erweichen ließ, wandte er sich an den Himmel und die Erde und sprach zu ihnen: Bittet für mich um Erbarmen. Diese aber sagten: Ehe wir für dich bitten, bitten wir für uns um Erbarmen. Sagt doch der Prophet: Der Himmel wird wie ein Rauch vergehen und die Erde wie ein Kleid veralten.

Da ging Mose zu den Sternen und Planeten und bat sie um Fürsprache. Aber auch diese antworteten wie der Himmel und die Erde und sprachen: Auch von uns heißt es: Des Himmels Heer wird verwelken. Er ging zu den Bergen und Höhen und bat um ihre Fürbitte. Aber er erhielt dieselbe Antwort, sie sprachen: Auch uns tut Erbarmen not, denn es steht geschrieben: Die Berge sollen weichen und die Hügel hinfallen.

Hierauf begab sich Mose zum großen Meer und sprach zu ihm: Bitte für mich um Erbarmen. Da sagte das Meer: Du Sohn Amrams, womit ist dieser Tag anders als die anderen? Bist du nicht der Mose, der zu mir mit dem Stabe kam, der durch einen Schlag in mir zwölf Straßen bahnte und dem ich nicht widerstehen konnte, weil der Herr dich bei der rechten Hand führte durch seinen herrlichen Arm? Was ist dir nun widerfahren? Wie aber das Meer die Jugendtaten Moses erwähnte, schrie dieser laut auf und weinte: O, daß ich wäre wie in den vorigen Monden, in den Tagen, da mich Gott behütete! Als ich durch dich hindurchschritt, da war ich König der Welt, nun wälze ich mich im Staube, und keiner sieht mich an.

Zuletzt ging Mose zu Matatron, dem inneren Fürsten, und bat ihn, er möge sein Fürsprecher sein. Der aber antwortete: Mose, wozu all diese Mühe? Ich hörte es schon hinter dem Vorhang laut verkünden, daß dein Gebet nicht hingenommen werden wird. Da schlug Mose die Hände über dem Kopfe zusammen, weinte und schrie und rief: Bei wem soll ich nun um Erbarmen bitten?

In dieser Stunde ging der Herr vor seinem Angesicht vorüber, und Mose rief: Herr, Herr, Gott, barmherzig, gnädig und langmütig und von großer Gnade und Treue! Da legte sich der Sturm, und Gott sprach zu Mose: Zwei Schwüre habe ich getan: der eine ist, daß du sterben sollst, der andere, daß ich dafür Israel nimmer verderben werde; hebe ich den einen Eid auf, so muß ich auch den andere aufheben. Willst du an Leben bleiben, so muß Israel verderben. Da rief Mose: Herr, du schmiedest Ränke gegen mich, du fassest den Strick an beiden Enden, mögen Mose und tausend seinesgleichen ein Ende nehmen, wenn nur von Israel keiner umkommt!

Und dennoch sprach Mose weiter: Gebieter der Welten! Die Füße, die den Himmel bestiegen haben, das Angesicht, das von dem hehren Schein deiner Majestät widerglänzte, die Hände, die die Thora von deiner Hand empfangen haben – das alles soll zu Staub werden? Werden nicht da die Geschöpfe alle sprechen: Wenn Mose, der wie die Engel war und mit dem Gott von Angesicht zu Angesicht gesprochen hat, keine Antwort zu geben wußte, als er sterben sollte – soll da ein schlichtes Wesen von Fleisch und Blut, das dahinlebt ohne Thora und ohne Gebote, sich Rat wissen? Der Herr sprach darauf: Worüber grämst du dich so bitter? Mose erwiderte: Ich fürchte mich vor dem Würgengel. Da sprach der Herr: Du sollst ihm nicht überantwortet werden. Mose sagte: Herr aller Welten! Noch sind die Zähne meiner Mutter Jochebed stumpf von dem Tode ihrer beiden Kinder; sollen sie noch stumpfer werden durch meinen Tod? Der Herr entgegnete: Dies ist mein Ratschluß, und dies ist der Lauf der Welt; die Geschlechter kommen und vergehen, und ebenso ihre Förderer, Ernährer und Lenker. Bislang war es dein Teil, vor mir Dienst zu tun, nun kommt dein Teil dir abhanden, und dein Schüler Josua tritt an deine Stelle. Da sagte Mose: Herr, geschieht es um Josuas willen, daß ich Sterben muß, so will ich sein Schüler werden. Gott antwortete: So geh hin und tue also.

Also machte sich Mose frühe auf und stellte sich vor die Tür Josuas. Josua saß da und lehrte, Mose aber stand gebückt da und hielt die Hand auf seinen Mund; er blieb Josua verborgen. Die Kinder Israel zogen zum Zelte Moses und fragten: Wo ist unser Meister? Es wurde ihnen geantwortet: Der hat sich früh aufgemacht und ist in die Hütte Josuas getreten. Und sie fanden ihn auch richtig daselbst; sie sahen den Josua dasitzen. Den Mose aber demütig stehen. Da sprachen sie zu Josua: Wie seltsam benimmst du dich doch! Mose unser Meister verharrt in stehender Haltung, du aber sitzest auf deinem

Stuhl. Nun erst erblickten Josuas Augen den Mose; er zerriß seine Kleider, schrie, weinte und rief: Mein Herr, mein Vater, mein Meister! Und ganz Israel sprach zu Mose: Mose, lehre uns das Gesetz! Mose aber erwiderte: Ich darf es nicht mehr tun. Und eine Stimme erscholl und rief: Josua soll fürder euer Lehrer sein. Und der Sohn Nuns saß nunmehr obenan, Mose saß zu seiner Rechten, die Söhne Aarons zu seiner Linken, und er erklärte die Schrift im Beisein von Mose.

Der Lehrer Rabbi Jonatan erzählt: Als Josua den Satz sprach: Gelobt, der die Gerechten erwählt hat – da wurden die Kennzeichen der Weisheit von Mose genommen und Josua übergeben, so daß Mose nicht mehr wußte, was Josua sprach. Als die Unterweisung zu Ende war, sprachen die Kinder Israel zu Mose: Sage du das Schlußwort zu dem heutigen Abschnitt. Da antwortete er: Ich weiß euch nichts mehr zu sagen. Und er war wie gestrauchelt und geknickt. In diesem Augenblick rief er zu Gott: Herr der Welt! Bis zu dem heutigen Tage flehte ich dich um Leben an; nun aber ist meine Seele dein.

Wie aber Mose in den Tod einwilligte, da fing der Herr selbst an zu rufen und sprach: Wer stehet mir bei wider die Boshaftigen? Wer stehet Israel bei in der Stunde meines Zornes? Wer wird ihre Kriege führen, wer wird für sie um Erbarmen bitten? Zu der Zeit fiel Matatron zu Gottes Füßen und sprach vor ihm: Gebieter der Welt! Mose ist dein, ob lebendig, ob tot!

Ein König hatte einen Sohn, mit dem er in Unfrieden lebte und den er töten wollte, weil er das Gebot der Ehrfurcht gegen ihn nicht erfüllte. Aber die Mutter des Knaben war seine Fürsprecherin und wandte stets das Böse von ihm ab. Nach Jahr und Tag geschah es, daß die Königin starb, und der König vergoß Tränen um sie. Die Hofleute sprachen: Weswegen weinst du? Der Fürst antwortete: Es ist nicht allein der Verlust meines Weibes, den ich beklage; ich trauere um sie und um meinen Sohn zugleich; denn, wann immer ich über ihn ergrimmte, stellte sich seine Mutter schützend zwischen ihn und mich. – Also antwortete der Herr auch dem Matatron: Ich gräme mich nicht allein um Mose, sondern um ihn und um Israel; denn, sovielmal sie mich auch erzürnten, sovielmal trat er ein für sie und wandte meinen Zorn von ihnen ab.

Alsdann wurde Mose angesagt: Die Stunde ist gekommen, da du von der Welt scheiden sollst. Er antwortete: Wartet nur noch, bis ich Israel gesegnet habe; sie hatten, solange ich lebte, keine Ruhe vor mir, von meinen Züchtigungen und Zurechtweisungen. Und er fing an, jeden Stamm besonders zu segnen. Wie er aber sah, daß die Zeit drängte, schloß er sie alle in einen großen Segen ein. Und richtig, es wurde ihm wieder gesagt: Deine letzte Stunde hat geschlagen! Da sprach er zu den Kindern Israel: Ich hab euch viel Angst gemacht mit dem Gesetz und den Geboten; nun aber vergebt mir. Sie antworteten: Und die Kinder Israel sprachen ihrerseits: Mose, du unser Führer und Lenker! Wir haben dich oft erzürnt und dir viel Mühe und Plage bereitet; vergib uns! Er antwortete: Euch ist vergeben.

Aber nun wurde wieder zu Mose gesagt: Der letzte Augenblick ist da! Da sprach er: Gelobt sei der Name dessen, der da lebt und besteht für und für! Und er sprach zu Israel: Gewährt mir die Bitte und gedenket meiner Gebeine, wenn ihr ins Land kommt, und sprecht: Wehe dem Sohn Amrams, der wie ein Roß vor uns her gerannt war, und dessen Gebeine in der Wüste geblieben sind. Aber zum drittenmal erscholl die Mahnung: Nur noch eine halbe Minute! Da faltete Mose seine beiden Hände zusammen, legte sie auf sein Herz und sprach: Seht den Menschensohn und sein Ende! Das Volk sprach: Die Hände, die die Thora empfangen haben, sollen in die Erde versinken! Alsbald entstieg die Seele Moses durch einen Kuß seinem Leibe, wie es heißt: Daselbst starb Mose, der Knecht Jahves, durch den Mund des Herrn.

Weder Israel noch die Engel durften sich um sein Grab kümmern; der Herr selbst bettete ihn zur Ruhe und begrub ihn im Tal. Warum aber sollte er außerhalb des Landes bestattet sein? Damit alle, die in der Fremde stürben, um seinetwillen das ewige Leben hätten, wie die Schrift sagt: Er sah sich den Erstlingsanteil, denn daselbst war die Stätte des Gesetzgebers verborgen.

7
Der Todesengel

RABBI MEÏR ERZÄHLT: Der Todesengel kam zu Mose und sprach zu ihm: Der Herr schickt mich zu dir, denn heute sollst du von hinnen scheiden. Mose antwortete dem Würgengel: Heb dich hinweg, denn ich bin hier, um den Herrn zu preisen, Wie es auch heißt: Ich werde nicht sterben, sondern leben und des Gewaltigen Werke verkündigen. Darauf sagte der Engel: Mose, überhebe dich nicht; es sind noch andere da, die Gott preisen, wie es geschrieben steht: Die Himmel rühmen des Ewigen Ehre. Mose erwiderte: Ich aber bringe die Himmel und die Erde zum Schweigen und singe dem Herrn mein Lobhied, denn also heißt es daselbst: Höret zu, ihr Himmel, ich will reden, und die Erde vernehme die Worte meines Mundes.

Also zog der Würgengel ab und kam zum andernmal zu Mose. Aber da rief Mose den unverstellten Namen Gottes an, und der Engel floh bei diesem Laut. Als aber der Bote zum dritten Mal erschien, sprach Mose: Nun sehe ich, daß es von Gott kommt; ich muß seinen Ratschluß gerecht heißen, denn er ist ein Fels, und seine Werke sind unsträflich.

Rabbi Isaak erzählt: Die Seele Moses wollte seinen Leib nicht verlassen und Mose redete mit ihr und sprach: Du meine Seele, mir ist es, als wollte der Todesengel dich greifen. Die Seele aber antwortete: Das wird der Herr nicht tun, denn es heißt: Du hast meine Seele vor dem Tode beschützt, mein Auge vor den Tränen, meinen Fuß vor dem Gleiten. Mose sprach: Wo willst du nun hin, meine Seele? Sie erwiderte: Ich will vor dem Herrn wandeln im Lande der Lebendigen. Da Mose dieses vernahm, ließ er seiner Seele alle Freiheit und sprach zu ihr: Sei nun wieder zufrieden, meine Seele, den der Herr tut dir Gutes.

Rabbi Abin erzählte: Als Mose verschied, fingen die Geschöpfe da unten ihn zu preisen an und sprachen: Mose hat uns das Gesetz geboten, das Erbe der Gemeine Jakobs. Die Himmel priesen ihn mit den Worten: Er vorführte die Gerechtigkeit des Herrn und seine Rechte an Israel. Aber auch der Herr selbst pries ihn und sprach: Und es stand hinfort kein Prophet auf wie Mose, denn der Herr erkannt hätte von Angesicht zu Angesicht.

Als die Stunde kam, da Mose sterben sollte, sprach der Herr zum Boten des Todes: Beeile dich und hole die Seele Moses. Der Würgengel ging nach dem Ort, da Mose weilte, er fand ihn aber nicht dort. Da ging er ans Meer und fragte: Wo mag sich wohl der Sohn Amrams aufhalten? Das Meer erwiderte: Seitdem er Israel aus Ägypten geführt und mit ihnen meine Wasser durchschritten hat, hab ich ihn nicht gesehen. Danach fragte der Todesengel bei den Bergen und Tälern an, ob sie Mose nicht begegnet wären. Sie antworteten: Seitdem Israel die Thora auf dem Berge Sinai empfangen hat, haben wir ihn nicht gesehen. Der Würgengel suchte ihn in der Unterwelt und der Hölle und fragte da: Habt ihr den Sohn Amrams gesehen? Sie antworteten: Wir haben seinen Namen wohl gehört, ihn aber von Angesicht nicht geschaut. Nun fragte der Todesbote bei den diensttuenden Engeln an, und die sagten: Suche ihn unter den Menschenkindern.

Endlich fand der Engel den Mose und forderte ihm die Seele ab. Da jagte ihn dieser mit Schande fort und sprach zu ihn: An der Stätte, wo ich weile, darfst du nicht stehen, und nun sagst du zu mir, ich solle dir meine Seele geben! Der Todesengel überbrachte diese Worte dem Herrn, und dieser sprach: Laß es genug sein und rede mit mir nicht mehr darüber; sein Platz ist noch von der Schöpfungszeit her für ihn bereitet, denn es heißt doch: Der Herr sprach zu Mose: Siehe, es ist ein Raum bei mir, da sollst auf dem Felsen stehen.

Und der Herr wandte sich selbst an Mose und sprach zu ihm: Gib mir deine Seele, ich will sie dir verwahren für die zukünftige Welt. Und er nahm ihm die Seele durch einen Kuß.

8
Der Todestag

DER HERR SPRACH ZU MOSE: Der Tag ist nahe, da du sterben sollst. Da sagte Mose: Gebieter der Welt! Nach aller Mühe, die ich mit der Thora hatte, sagst du zu mir die Worte: Der Tag deines Todes naht heran! Ich werde nicht sterben, sondern werde leben. Der Herr aber sprach: Dies ist dir nicht gegeben, denn so ist des Menschen Los. Nun sprach Mose: So bitte ich dich denn, daß ich alle Tore des Himmels und alle Abgründe der Erde vor meinem Tode schauen darf, damit diese erfahren, daß es keinen Gott gibt außer dir. Darauf sprach der Herr. Du sagst von mir, daß außer mir keiner sei; auch ich sage von dir: Und es stand hinfort kein Prophet auf wie Mose, den der Herr gekannt hätte von Angesicht zu Angesicht.

Der Tag aber, an dem Mose hinscheiden sollte, der klagte vor dem Herrn und sprach: Herr der Welt! Ich nehme nicht ab und gehe nicht zur Neige, damit Mose ewig lebe. Unsere Lehrer aber erzählen es so: Da Mose wußte, daß er an diesem Tage sterben sollte, schrieb er dreizehn Thorarollen nieder; zwölf verteilte er an die Stämme, die dreizehnte aber tat er in einen Schrein, damit, wenn späterhin ein Wort gefälscht werden würde, man an der dreizehnten Rolle die Wahrheit prüfen könnte. Und Mose sprach bei sich: In der Zeit, wo ich mit der Lehre zu tun habe, welche doch das Leben selbst ist, wird der Tag dahingehen und das Todesurteil nichtig werden.

Was tat der Herr? Er gab dem Himmel einen Wink, und der verdunkelte sich nicht, sondern blieb hell.

Alsdann sprach der Herr: Rufe den Josua. Da sprach Mose: Wohlan, Herr, möge mein Knecht die Weisheit empfangen, wenn ich nur am Leben bleibe. Der Herr sprach: Also, diene ihm, wie er dir gedient hat. Da machte sich Mose auf und ging nach dem Hause des Josua. Josua erschrak, als er Mose herannahen sah, und sprach. Mein Meister Mose kommt zu mir! Und er schickte sich an, mit ihm den Gang zu machen. Mose schritt zur Linken Josuas, und sie traten zusammen in die Stiftshütte. Da aber fuhr die Wolkensäule hernieder und trennte die beiden. Als die Wolke entschwebt war, fragte Mose den Josua: Was hat der Herr zu dir gesprochen? Josua erwiderte: Wie fragtest du mich? Habe ich doch immer gewußt, was der Herr dir verkündete, wenn er mit dir sprach. In dieser Stunde schrie Mose bitter auf und rief: Besser wäre mir der Tod, als daß ich Neid empfinde!

Wie nun der Herr sah, daß Mose zu sterben begehrte, begann er ihn zu trösten und sprach: Wie in dieser Welt Israel gelenkt wurde durch dich, sollst du auch in der andere Welt ihr Lenker sein.

9
Der verriegelte Himmel

RABBI JOHANAN ERZÄHLT: Zehnmal fängt die Schrift an, von Moses Tode zu berichten. Zehnmal also wurde es bestimmt, daß er das heilige Land nicht betreten sollte, allein noch war das harte Urteil nicht besiegelt. Nun aber erging an ihn der Spruch des großen Gerichtes, der da lautete: Du wirst diesen Jordan nicht überschreiten. Dennoch dünkte ihn das Verbot nicht schwer, und er sprach: Wievielmal hat Israel nicht gesündigt und schwere Missetaten begangen, bat ich aber um Erbarmen für sie, so ließ sich der Herr erbitten. Also wird er doch mein Flehen, der ich niemals gesündigt habe, gewiß hinnehmen. Der Herr aber sah, daß Mose leichten Sinnes blieb, und so wurde sein Zorn groß, und er tat einen Schwur, daß er das Land nicht beteten würde.

Als Mose gewahr wurde, daß die Entscheidung gefallen war, legte er sich Fasten auf, grub einen Graben und stellte sich hinein und sprach: Ich rühre mich nicht von hinnen, als bis das Urteil aufgehoben ist. Und Mose zog einen Sack über und hüllte sich darein, er wälzte sich im Staub und brachte Flehen und Gebet vor dem Herrn dar, bis daß Himmel und Erde und die Grundfesten der Schöpfung erschüttert wurden und die Menschen dachten, es sei der Wille des Schöpfers, seine Welt von neuem entstehen zu lassen.

In dieser Stunde ließ der Herr vor jedem der sieben Himmelstore und vor jedem der himmlischen Gerichte ausrufen, daß kein Gebet von Mose vernommen und ihm überbracht werden dürfe, denn das Urteil sei gefällt und besiegelt. Und er rief in aller Hast die diensttuenden Engel herbei und sprach zu ihnen: Macht euch eilends auf und verriegelt die Himmelstore wohl, denn sonst dringt die Stimme Moses bis zur höchsten Höhe. Und wahrlich, Moses Gebet war wie ein Schwert, das schneidet und haut und unaufhaltsam vorstößt, es hatte etwas von der Kraft des heiligen Namens des Herrn.

Die Räder des göttlichen Wagens und die Seraphim sahen, was der Herr tat, und wie er Moses Gebet nicht hinnehmen wollte; wie er ihm das Leben versagte und ihn in das Land nicht kommen ließ. Sie riefen aus: Gelobt die Herrlichkeit des Herrn an ihrem Ort, denn es gibt vor ihm kein Ansehen der Person, weder groß noch klein.

Aber da fing Mose von neuem an und sprach vor dem Herrn: Gebieter der Welt! Du weißt die Mühe, die ich gebraucht, und den Schmerz, den ich gelitten habe, bis ich die Kinder Israel zu Bekennern deines Namens gemacht habe; du weißt, wie ich mich geplagt habe, bis ich Gesetz und Gebot ihnen zu eigen habe werden lassen. Nun aber die Leidenszeit für mich und für sie vorüber ist, soll ich mich ihres Glückes nicht freuen? Nun, wo die Freuden beginnen sollen, sagst du zu mir: Du wirst diesen Jordan nicht überschreiten? Willst du deine Thora Lügen strafen? Hast du nicht selbst gesagt: Du sollst ihm den Lohn des Tages geben, daß die Sonne nicht drüber untergehe? Das soll der Lohn sein einer Mühe von vierzig Jahren?

10
Gottes Kuß

DER BÖSE ENGEL SEMAEL, das Haupt aller Ankläger, konnte Moses Tod nicht erwarten und sprach immerzu: Wann wird denn sein Ende kommen; wann wird der Augenblick erfolgt sein, da er wird sterben müssen, da ich hinabfahren und seine Seele holen werde? Dieser ist mit dem Vers Davids gemeint, der da sagt: Der Gottlose lauert dem Gerechten auf und sucht ihn zu erwürgen. Es gibt keinen größeren Bösewicht als den Semael und keinen, der gerechter gewesen wäre als Mose. welchen der Herr gekannt hat von Angesicht zu Angesicht. Gleichwie ein Mensch, der zu einer Hochzeit geladen ist, voller Ungeduld das Fest erwartet, also sehnte Semael Moses Tod herbei und sprach: Wann wird Michael Tränen vergießen und mein Mund voll Lachens sein? Darauf sagte Michael zu ihm: Du Gottloser freust dich, während ich weinen muß? Freue dich nicht, mein Feind, daß ich daniederliege, ich werde wieder aufkommen; wiewohl ich im Finstern sitze, ist doch der Herr mein Licht. Bin ich auch gestürzt worden durch Moses Tod, so werde ich wieder aufkommen durch Josuas Macht, welcher einunddreißig Könige umbringen wird; werde ich auch im Finstern sitzen zur Zeit, wann der erste und der zweite Tempel zerstört werden werden, so wird doch der Herr mein Licht sein in den Tagen des Messias.

Und Mose sprach zu dem Herrn: Gebieter der Welt! Läßt du mich auch nicht in das Land Israel kommen, so laß mich doch auf der Welt bleiben und leben. Darauf erwiderte Gott: Wenn ich dich hienieden nicht sterben lasse, wie soll ich dich da im Jenseits auferstehen lassen? Willst du meine Worte zur Unwahrheit machen, der ich gesagt habe:

Es gibt keinen, der sich aus meiner Hand errette! – Mose sprach weiter: Herr der Welt! Willst du mich nicht in das Land kommen lasssen,
so laß mich sein wie der wilden Tiere eines, die Gras fressen und Wasser trinken und in der Welt dahinleben. Gott sprach: Laß es genug
sein! Mose sprach: So laß mich denn sein wie ein Vogel, der frei in der
Luft umherfliegt, sich seine Speise tagsüber sucht und abends im Ne-
ste Ruhe findet. Aber der Herr antwortete abermals: Laß es genug
sein, es ist genug der Rede. Wie nun Mose sah, daß es kein Entrinnen
gab vor dem Tode, rief er die Worte aus: Er ist ein Fels; all sein Tun
ist unsträflich.

Als die Stunde kam, da Mose sterben sollte, sprach der Herr zu
Gabriel: Fahr hinab und hol mir die Seele Moses. Der Erzengel
sprach. Herr der Welt? Soll ich zusehen, wie einer stirbt, der Zehntausende aufwog? Da sprach der Herr zu Michael: Steig du hinab und
hole die Seele Moses. Michael erwiderte: Herr, ich war ihm Lehrer,
und er war mir Schüler, ich kann nicht Zeuge sein seines Todes.

Nunmehr sprach der Herr zu Semael, dem Bösewicht: Flieg hinab und greif die Seele Moses. Alsbald gürtete der Furchtbar sein
Schwert um, hüllte sich in Grimm und Grausamkeit und zog aus wider Mose. Mose aber saß da und schrieb den heiligen Namen in die
Rolle, und sein Angesicht strahlte wie die Sonne, und er glich in allem den Engeln. Da erschrak Semael und sprach bei sich: Die Engel
können nimmer nach der Seele dieses Mannes haschen.

Mose aber wußte um die Ankunft Semaels, noch bevor sich dieser ihm gezeigt hatte. Der Böse wiederum ward von Angst und
Schauder erfaßt wie eine Gebärende, und er fand nicht die Kraft,
Mose anzureden, als bis dieser selbst anfing und sagte: Die Gottlosen, spricht der Herr, haben keinen Frieden. Was suchst du hier? Semael erwiderte: Ich bin gekommen, deine Seele zu holen. Mose fragte: Wer hat dich zu mir entsaandt? Der Würgengel sprach: Ich bin
der Bote dessen, der alles Lebende in der Welt erschaffen hat. Dennoch weigerte sich Mose, seine Seele dem Semael auszuliefern, und
sagte von sich, seine Kraft sei größer als die aller Geschöpfe. Als Semael fragte, worin denn diese Kraft bestünde, antwortete er: Ich bin
der Sohn Amrams, der ich aus dem Leibe meiner Mutter ohne Vorhaut auf die Welt gekommen bin, mein Fleisch braucht nicht erst beschnitten zu werden. Am Tage, da ich geboren wurde, tat ich meinen
Mund auf, um zu sprechen, und schritt fürderhin auf meinen Füßen,
auch wart ich kein Säugling, der Milch schlürfte. Drei Monate alt,
weissagte ich, daß ich die Thora empfangen würde mitten aus dem
Feuer, danach drang ich in den Palast eines Königs, nahm ihm die
Krone vom Haupte und setzte sie mir auf. Als Mann aber wirkte ich
Wunder in Ägypten; ich führte ein Volk von sechshunderttausend

Mann vor den Augen aller Ägypter aus dem Lande, ich zerriß das Meer in zwölf Teile, ich machte bitteres Wasser süß und bahnte Wege im Meer; ich griff in die Kämpfe der Engel ein, ich wohnte unter dem Throne Gottes, und mein Dach war die Feuersäule; ich redete mit Gott von Angesicht zu Angesicht, ich bezwang die himmlische Sippe und offenbarte ihre Geheimnisse den Menschenkindern. Ich führte Kriege mit Sihon und Og, den beiden Riesen, welchen das Wasser der Sintflut nur bis zu den Knöcheln gereicht hatte. Ich gebot der Sonne und dem Mond, stille zu stehen, und schlug währenddessen die Feinde. Wer von den Lebendigen hat solches vollbracht? Schert dich, Bösewicht, von hinnen, komm mir nicht mit solchem Ansinnen, ich gebe dir meine Seele nicht.

Also zog Semael ab und erstattete vor der Allmacht Bericht über Moses Antwort. Der Herr aber sprach zu Semael: Du hast die Seele Moses zu greifen. Da zog Semael sein Schwert aus der Scheide und stürzte abermals zu Mose. Allein Mose ergriff seinen Stab, auf dem der unverstellte Name eingegraben war, und schlug mit aller Kraft auf den Würger ein, daß dieser davonlief. Mose verfolgte ihn, nachdem er zuvor das Strahlenhorn, das zwischen seinen Augen war, in die Hand genommen hatte. Mit diesem Horn durchbohrte er die Augen des Ruchlosen und machte ihn blind. Solches zu vollbringen gelang dem Mose!

Doch als Letztes erscholl eine Stimme, die sprach: Dein Leben ist beschlossen, der Tod ist da! Mose sprach zu dem Herrn: Gebieter der Erde! Gedenke des Tages, da du mir im Dornbusch erschienst und zu mir sprachst: Geh hin, ich will dich zu Pharao senden, daß er mein Volk Israel aus Ägypten ziehen lasse. Gedenke der Zeit, die ich auf dem Berge Sinai weilte, gedenke der vierzig Tage und der vierzig Nächte. Gewähre mir die Bitte, überantworte mich nicht dem Todesengel. Der Herr erwiderte ihm darauf: Fürchte dich nicht, ich selbst will dein warten, dein Tod und dein Begräbnis sollen meine Sorge sein.

Da richtete sich Mose auf und wurde lauter wie die Seraphim. Der Herr aber fuhr hernieder vom Himmel, um Moses Seele in Empfang zu nehmen, und drei diensttuende Engel geleiteten ihn: Michael, Gabriel und Zagzagael. Michael stellte das Lager auf für Mose, Gabriel breitete darauf ein Byssustuch aus, Zagzagael aber stand zu den Füßen Moses. Der Herr sprach zu seinem Knecht: Mose, schau mit deinem einen Auge über das andere hinweg. Das tat Mose. Danach sprach Gott: Leg deine Hand auf deine Brust. Mose befolgte den Befehl. Der Herr sprach weiter: Tu deine Füße einen auf den andern. Auch das geschah. Nun rief der Herr der Seele Moses, die noch in seinem Leibe war, und sprach: Tochter, hundertzwanzig Jahre waren die

Zeit, die in dem Körper Moses zuzubringen ich dir bestimmt hatte; nun ist die Stunde gekommen, da du ihn verlassen sollst; entsteige und säume nicht. Die Seele aber antwortete: Herr der Welt! Ich weiß, daß du der Gott aller Geister und aller Seelen bist, die Seelen der Lebendigen und der Toten sind in deiner Hand. Du hast mich erschaffen und hast mich gebildet und hast mich in dem Körper Moses wohnen lassen hundertundzwanzig Jahre lang. Gibt es denn aber einen Leib, der reiner wäre als der Moses? Der von üblem Geruch nie behaftet sein wird, den Wurm und Made nicht fressen werden? Dafür liebe ich ihn; darum will ich seinen Leib nicht verlassen. Der Herr aber sprach: Du Seele Moses, steig aus dem Körper, verweile nicht länger darin: ich will dich in den obersten aller Himmel heben und will dich unter dem Throne meiner Herrlichkeit wohnen lassen zusammen mit den Cherubim, den Seraphim und den anderen Heerscharen. Die Seele sprach dennoch weiter: Herr der Welt! Von den Höhen herab fuhren einst zwei von deinen Engeln, Aza und Azaël, auf die Erde; sie begehrten die Menschentöchter und verdarben ihren Weg auf Erden; dafür ließest du sie hängen zwischen Himmel und Erde. Dieser Sohn Amrams aber – seitdem du ihm im Dornbusch erschienen bist, ist er zu seinem Weibe nicht eingangen; ich flehe dich an, laß mich in seinem Leibe verbleiben...

In dieser Stunde drückte der Herr einen Kuß auf Moses Lippen und nahm ihm die Seele durch den Kuß seines Mundes. Und Gott weinte und sprach: Wer wird mir wider die Gottlosen beistehen, wer wird mir zur Seite stehen wider die Missetäter? Der heilige Geist rief: Es stand hinfort kein Prophet auf wie Mose. Die Himmel weinten und riefen: Die Frommen sind nicht mehr im Lande. Die Erde weinte und sprach: Die Gerechten sind nicht mehr unter den Leuten. Josua suchte seinen Lehrer und fand ihn nicht; da weinte er und sprach: Die Heiligen haben abgekommen, und der Gläubigen sind wenig unter den Menschenkindern. Die Heerscharen sprachen: Er hat Gerechtigkeit geübt. Und Israel rief: Und auch Rechte Israels. Die einen und die andere sprachen: Und die richtig vor dir gewandelt sind, kommen zum Frieden und ruhen auf ihren Lagern.

Der Gerechten Andenken ist zum Segen, und ihrer Seele ist ewiges Leben beschieden.

Moses Ruhm

1
Das unbekannte Grab

SECHS DINGE WURDEN Mose verliehen, die kein Mensch außer ihm besessen hat: sein Auge ward nicht dunkel, sein Mark schwand nicht dahin; seine Stimme war im ganzen Lager zu hören, und er konnte die ganze Erde überschauen; der Herr sprach mit ihm von Angesicht zu Angesicht, und es stand kein Prophet auf in Israel wie Mose.

Drei fuhren lebendig in den Himmel: Henoch, Mose und Elia. Von Mose heißt es: Und Mose fuhr auf von dem Gefilde Moabs, und keiner wußte, wo sein Grab wäre.

Der Herr nahm die Seele Moses in Empfang und verwahrte sie unter dem Thron seiner Herrlichkeit.

Die römische Obrigkeit gab Befehl und sprach: Geht hin und sucht die Grabstätte Moses. Da gingen die Abgesandten und erstiegen eine Höhe, da sahen sie das Grab unter sich liegen; sie ließen sich herab und sahen auf einmal das Grab hoch über sich. Da teilten sich die Boten; die Hälfte ging nach oben, die andere Hälfte blieb unten stehen. Aber es geschah, daß für die, die oben waren, das Grab unten lag, denen aber, die unten standen, das Grab hoch oben zu liegen schien.

Daher heißt es: Und es wußte keiner, wo seine Grabstätte war.

2
Der Schreiber der Schrift

MOSE HAT DAS BUCH GESCHRIEBEN, das nach seinem Namen genannt ist, darunter auch den Abschnitt, der von Bileam handelt. Außerdem hat er das Buch Hiob verfaßt.

Die letzten acht Verse in der Thora hat Josua geschrieben. Woher wissen wir dies? Weil es heißt: Und Mose starb daselbst – das kann aber Mose nicht geschrieben haben. Also wird Mose alle Worte der Thora bis zu diesem Satz niedergeschrieben haben, die letzten Zeilen schrieb Josua.

Aber es steht doch auch geschrieben, daß Mose zuvor den Leviten befahl, die Thora in die Bundeslade zu legen; und sollte in dieser Thora noch ein Satz gefehlt haben, den Josua erst hinzuschreiben mußte? Nein, so ist es zu verstehen: Mose hat die ganze Thora geschrieben. Bis er zu jener Stelle kam, da sprach ihm Gott immer ein jedes Wort vor, Mose wiederholte es und schrieb es dann nieder; von jenem Satze an aber wiederholte Mose nicht mehr das vorgesprochene Wort, er schrieb's nur nieder und weinte dabei.

3
Mose und die Väter

DER HERR WÄGTE die Verdienste aller Gerechten gegenüber denen Moses, und das Gewicht seiner Taten war schwerer als das ihrer aller. Danach legte Gott alle Werke der Schöpfungstage auf die eine Schale der Waage, auf der andere aber war Mose, und die Waagschale Moses überwog das ganze Schöpfungswerk.

Nehmen wir erst Adam und Mose. Wohl waren die beiden zwei große Ärzte, und beiden lag es ob, einen Schlangenbiß zu heilen. Der eine wurde von der Schlange gebissen und wußte nicht, wie der Biß zu heilen wäre, also starb er. Hingegen mußte der andere alle zu heilen, die von der Schlange gebissen worden waren. Von dem einen sagt die Schrift: Die Schlange hat mich verführt, und so habe ich von dem Baum gegessen. Von dem andere aber heißt es, daß er eine eherne Schlange machen ließ, und wenn einer von einer Schlange gebissen wurde, der sah die eherne Schlange an und blieb am Leben.

Noah und Mose wiederum sind zwei Menschenkindern zu vergleichen, die ihrem Könige Geschenke darbrachten. Beider Gaben wurden empfangen. Von der Gabe des einen wurde nur der Geruch wahrgenommen; hingegen sprach der König zu dem andere, als er eintrat: Wisse, wir wollen täglich zweimal bei dir speisen, des Abends und des Morgens. Heißt es doch von Noahs Opfer: Und der Herr roch den lieblichen Geruch. Von Mose aber heißt es: Ein Lamm sollst du des Morgens zurichten, das andere aber gegen Abend. Also ist Mose größer als Noah.

Abraham und Mose gleichen zwei Brüdern, zwei Söhnen einer Mutter. Der eine von ihnen nahm ein kostbares Geschmeide und versetzte es; der andere aber löste es aus. Welcher ist nun der am meisten Geliebte? Doch der, der es ausgelöst hat. Also hat Abraham durch ein einziges Wort Israel zum Pfand gemacht den Ägyptern. Mose aber ging hin und erlöste sie von der Knechtschaft.

Isaak und Mose – der eine ist gleichsam ein Kerzenlicht, der andere ein Laterne. Die Kerze verlöscht so leicht, die Laterne hält das Licht bis zum Morgen. Was ist also von höherem Wert? Doch die Laterne. Also wurde auch Isaaks Augenlicht dunkel, weil er die Herrlichkeit Gottes geschaut hatte. Mose aber war in den Himmel gefahren, hatte Gott geschaut und mit ihm von Angesicht zu Angesicht gesprochen; er wurde hundertzwanzig Jahre alt, und sein Auge ward nicht dunkel, und sein Mark war nicht geschwunden.

Jakob und Mose, wie sind die anzusehen? Wie zwei Jäger, die mit Löwen gekämpft haben. Der eine faßte den Löwen an und überwältigte ihn zwar, aber der Löwe fügte ihm einen Schaden zu. Der andere stieg in einen Zwinger, der voller Löwen war, die Löwen setzten ihm aber eine Krone aufs Haupt und legten sich dann zu seinen Füßen. Welcher ist nun der Mächtigere? Doch der, dem die Löwen sich zu Füßen gelegt haben.

Also auch Jakob und Mose. Der eine kämpfte mit dem Engel, siegte ob, aber der Engel verletzte ihn an der Hüfte. Mose hingegen fuhr hinauf in den Himmel, und die Engel sahen ihn und flohen vor seinem Angesicht, wie es heißt: Du bist in die Höhe gefahren und hast das Gefängnis gefangen.

4
Der göttliche Mann

UNSER MEISTER MOSE, der der Mann Gottes genannt wird, war von den Hüften abwärts wie ein Mensch, von den Hüften aufwärts aber wie ein Engel des Himmels gestaltet.

Aller Gerechten Lohn, den sie dereinst erben werden, der ist von Gott vorbestimmt noch von der Schöpfungszeit her. Der Schatz der Gnade aber, der dereinst vor Mose sich auftun wird, dem fügt der Herr Tag um Tag ein neues Heil zu.

Jedermann weiß, daß Mose der Messias aus dem Stamme Davids ist. Bis daß Silo kommt – heißt es in der Weissagung über den Messias. Silo aber und Mose sind eins.

Rabbi Berachia sagt: Es ist um Moses willen, daß die Welt erschaffen wurde.

Die Seele Moses breitet sich aus und ist da in jedem Geschlecht und Zeitalter; sie erlebt ihre Urstände in jedem weisen und gerechten Manne, der in der Lehre forscht.

JUDA
UND
ISRAEL

Vorwort

Die Sage, die den biblischen Text begleitet, ergänzt, auslegt und wiedererzählt, verweilt ihrer Natur nach am längsten da, wo der Mythos im Vordergrund steht. So gruppieren sich die meisten Überlieferungen um den kleinen Pentateuch, der nur ein Viertel des Alten Testamentes ausmacht, und von diesen wieder die meisten um die Urgeschichte, das erste Buch Moses. Der ganze folgende Teil der Bibel, der mit mehr oder minder historischen Begebenheiten operiert, hat nur zu gelegentlichen Äußerungen der Volksphantasie Anlaß gegeben.

Es ist klar, daß die Frage nach der Entstehung der ersten Dinge, der ersten Menschen, der ersten Juden den forschenden und fabulierenden Sinn immer von neuem zur Produktion antrieb, während die geschichtlichen Personen und Ereignisse schon dadurch, daß sie in der Bibel mehr Hintergrund haben, des Schmuckes der Legende eher entrinnen konnten. Außerdem haben die Sagen zum Pentateuch immer einen Kern, um den sie sich schließen: das eine Mal ist es die Schöpfung, dann sind es die Stammväter des Volkes Israel und zuletzt die Person des Gesetzesmannes Mose. Zu den Büchern, die in der Redaktion der Bibel hinter dem Pentateuch stehen, sind der Mittelpunkte viele, und die Sage ist hier bestrebt, diese vielen Zentren kürzend zu einem zu machen.

In der mit dem Stichwort „Juda und Israel" überschriebenen Zeit haben viele Helden zusammen- und gegeneinandergewirkt. Zuletzt war der Feldherr Josua, der das Land Kanaan den Stämmen erschlossen hat; dann kam die bange, führerlose Zeit, wo immer neue Feinde die jüngst errichteten Siedlungen bedrohten und jeweils der Tapferste im Abwehrkampfe, Mann oder Frau, nach erstrittenem Sieg bis zu seinem Tode unangefochten Herr blieb. Das Volk, das zum Staate drängt, will einen König haben, und drei große Fürsten sind im Anfang beschieden: der erste, noch Krieger und Held wie die vergangenen Richter, der auch den Tod auf dem Schlachtfeld findet; der zweite, der eine Residenz sich gründet, einen Kanzler hat und die Schlachten von seiner Burg aus lenkt; der dritte, prachtliebend und ein Friedenskönig, der durch seine Weisheit Weltruhm erlangt. Doch niemals ist Israel lange Ruhe gegönnt. Der äußere Friede führt zum inneren Krieg, und das Reich zerfällt. Jedes der beiden Staatengebilde hat seine besonderen Feinde, mit denen es sich schlägt; das Mächtigere von beiden wird zuerst zertrümmert, und der kleine Rest Juda muß dann bald erliegen. – Aber auch das Gemüt des Volkes, nicht nur sein staatliches Leben, wird hin- und hergezerrt.

So mannigfaltig wie der Inhalt ist auch der Stil der Bibelbücher, die den Stoff zu diesem Sagenband gegeben haben. Und wie die Sage die Menge von Ereignissen und Gestalten in einen Zusammenhang bringt und in eine Weltanschauung einordnet, so verschmelzt sie auch die Historien und die lyrischen Partien, Biographien und ekstatischen Ergüsse, Psalmen, Weisheit und Prophetie in eins.

Erstes Buch

Die Helden

Josua

1
Sobach

FOLGENDE BEGEBENHEIT trug sich einst zu mit dem Sohn eines Königs, dem die Herrschaft über Klein-Armenien von seinem Vater
übertragen worden war. Dieser Sohn hieß mit seinem Namen Sobach. Er sammelte ein großes Heer, zahlreich wie der Sand am Meer,
und verband sich mit einem Helden namens Japhet, der ein berühm-
ter Lanzenwerfer war. Danach sandte er ein Schreiben an Josua, den
Sohn Nuns, welches folgenden Wortlaut hatte: Von uns, der glorrei-
chen Vereinigung der Könige Persiens und Mediens, an dich, Josua
den Sohn Nuns; Friede mit dir! Du Wolf der Wüste, wir wissen wohl,
was du an unseren Nachbarn getan hast. Du hast ihre Hauptstädte
zerstört; du hast geschlachtet ohne Erbarmen und den Greis und den
Knaben nicht verschont, du hast ihre Ortschaften verwüstet. So höre
denn und sei wissend, daß von heute in dreißig Tagen wir dich an-
greifen und deine Herrlichkeiten, dein Erbe auf dem Gebirge
Ephraim, betreten werden. Wir sind unser fünfundvierzig mächtige
Könige, und ein jeder von uns verfügt über tausend Streiter, die mit
Pfeil und Bogen sowie mit dem Schwert umzugehen wissen und
wohlgeübte Krieger sind; uns zur Seite aber steht der Held Japhet,
der bei uns in gutem Gedenken geblieben ist. So mache dich denn
kriegsbereit und halte die Waffen zur Hand; wir kündigen dir es an,
auf daß du nachher nicht sagest, du seiest unversehens überfallen
worden.

Dieses Schreiben wurde einem verständigen und weisen Boten in
die Hand gegeben, und dieser ging damit in das Lager Josuas. Der
Sohn Nuns saß auf seinem Herrscherthron, und das ganze Volk stand
um ihn herum. Er befahl, den Boten hereinzuführen, sah ihn aber
nicht eher an, als bis er mit dem Richten des Volkes fertig war. Danach nahm er den Brief aus der Hand des Abgesandten und begab
sich in das Haus Gottes, wo er ihn las unter Fasten, Weinen und Klagen. Er behielt aber das Schreiben bei sich, bis das Wochenfest vorüber wäre, das gerade bevorstand, um das Volk nicht zu betrüben zur
Feiertagszeit.

Wie aber die Festtage vergangen waren, versammelte er die Gemeinde und las ihnen das Schreiben vor. Er sprach zu ihnen: Wieviel
Kriege habe ich nicht geführt, wieviel Könige habe ich nicht besiegt
– niemals habe ich Schrecken empfunden, nun aber faßt mich Angst

und Zittern. Da erschrak das Volk und ließ den Kopf sinken. Sie sprachen zu Josua: Wie wir Mose gehorcht haben, so wollen wir auch dir
gehorchen, Herr. Nimm eine Tafel und ritze darauf mit scharfem Stift
Worte, die wie Gerten geißeln, daß sie eine geziemende Antwort sei-
en den frechen Feinden. Josua sagte: Kommt in meine Nähe, ich will
euch die Erwiderung vorlesen, die ich abgefaßt habe; gefällt sie euch,
so will ich sie abschicken.

Und Josua fing an und las: Im Namen des Herrn, des Gottes Israels, welcher die hitzigen Streiter dämpft, die dreisten Rebellen tot
macht und die Reihen der Aufrührerischen lichtet, der aber die Frommen und Gerechten zusammenhalten läßt, im Namen also des Herrn
über alle Herren, des Gottes Abrahams, Isaaks und Jakobs, des streitbaren Gottes! Von mir, dem Knechte des Herrn, und der heiligen er-
wählten Gemeinde, der Gemeinde Israel, der Kinder Abrahams,
Isaaks und Jakobs, an das gottlose, übeltäterische Volk, die verderbte
Rotte Götzenanbeter, die dienen dem Abgotte – kein Friede mit euch!
Wißt, daß ihr das Schicksal necktet, als ihr den schlafenden Löwen
wecktet und den Leu, der dalag, erregtet. Ich, ich bin es, der ist erwacht, der euch heimzahlen wird die Niedertracht; daß ihr ja euer
Land nicht verlaßt und das unsrige betretet! Seid vielmehr bereit, denn
ich komme nach kurzer Zeit, schon nach sieben Tagen, und füge euch
zu große Plagen. Und rühmt ihr euch eurer Streiter Menge, so wißt,
mit mir sind im Bunde die Engel, denen sage ich: Kehrt um die Städte
Sodom und Gomorrha, oder laßt eine Wasserflut auf die Erde regnen,
oder laßt die Feinde in siebzig Völker zerfallen. Das Volk aber, das ich
führe, das sind sechshunderttausend Mann, die durch Meer und Festland geschritten sind. Und unser Gott zieht ihnen voran, des Nachts
in einer Feuersäule, tagsüber als Wolkensäule. Von meinen Streitern
die Besten, zwölftausend an der Zahl, die haben die fünf Könige Midians wie nichts umgebracht und auch Bileam, den Sohn Beors, zusammen mit ihnen, sowie alles, was männlich ist; es entrann auch nicht
einer. Auch haben wir einen Priester, Pinehas wird er geheißen, der
hält in der Hand dröhnende Drommeten; bläst er in diese, so sinken
unsere Feinde. Du weißt doch von Pharao und seinem Volke, die sind
alle ertrunken, und wir sind heil geblieben. Ist euch nicht bekannt, was
durch uns erfuhr Amalek? Habt ihr nicht gesehen, was widerfahren ist
dem Sihon und dem Og? Und ist an eurer Spitze Japhet der Starke, so
ist der, der uns anführt, der Höchste der Höchsten.

Als die Kinder Israel ihren Feldherrn Josua diese Worte sprechen
hörten, da erstarkte ihr Mut, und sie wurden sicher und standhaft.
Der Bote Sobachs zog ab mit dem Schreiben Josuas. Er erzählte daheim, was er geschaut hatte, wie mächtig das Heer Josuas wäre und
wie riesenhaft sein Wuchs, der fünf Ellen betrug. Auch berichtete er

von der Pracht, mit der Josua gekleidet war, von dem Purpur und dem Leinen, in das er gehüllt war, und von der Krone auf seinem Haupte, auf der geschrieben stand der Name Gottes. – Die Fürsten, die das hörten, fielen zur Erde und fingen an zu schreien: Was haben wir angerichtet? Wir selbst haben uns das Böse zugefügt.

Und alsbald fiel Josua über sie her mit seinen zwölftausend Streitern, und Sobach erstaunte beim Anblick der Krieger. Seine Mutter aber, die eine böse Hexe war, sprach zu den Ihrigen: Fürchtet euch nicht; ich schließe sie ein in sieben eiserne Mauern, und sie werden nicht wissen, wo in aller Welt sie stecken. Und sie nahm ihre Beschwörungen und Zauberkünste vor und schloß die Mannen Josuas in die Eisenwände ein. Da schrie Josua zum Herrn und hielt Rat mit sich selbst; bald darauf schrieb er einen Brief an Jania aus dem Stamme Ruben, welcher König war über die zweieinhalb Stämme jenseits des Jordans, daß er sogleich herkomme mit seinem Kriegsvolk und auch den Pinehas mitbringe mit seinen Drommeten.

Eine Taube kam zu Josua in später Abendstunde, der band er den Brief an ihre Flügel fest, und sie flog zu Jania. Der sah den Vogel auf die Flügel deuten, nahm das Schreiben Josuas und las es rasch durch. Danach bestieg er sein Roß, ritt durch das Lager und rief mit lauter Stimme: Schwert des Herrn! Von allen Enden kam das Volk gelaufen, und auch Pinehas war bald zur Stelle.

Wie nun die Mutter Sobachs die neue Heeresmacht heraufziehen sah, sprach sie zu ihrem Sohn: Einen Stern seh ich von Osten kommen; es gibt keinen Rat und keinen Ausweg für uns; meine Macht, das Böse abzuwehren, wendet sich gegen uns. Als Sobach dieses vernahm, erzürnte er heftig und befahl, seine Mutter von der Mauer hinunterzuwerfen.

Und Jania rüstete den Streit wider Sobach und brachte ihn zu Fall. Pinehas ließ die Drommeten erschallen, und jedesmal öffnete sich eine Eisenwand, bis sie alle sieben aufgetan wurden. Da wurden die Feinde Gottes alle niedergemetzelt, bis daß kein Rest und kein Überbleibsel mehr von ihnen atmete.

2
Josuas Berufung zum Feldherrn

IN DER STUNDE, da MOSE, unser Meister, in das Paradies fahren sollte, sprach er zu Josua: Befrage mich noch um all die Dinge, in denen du Zweifel hast. Josua sprach: Mein Herr, ich hab dich doch nie für eine Weile allein gelassen, daß ich woanders hingegangen wäre, und du selbst hast von mir geschrieben: Und sein Knecht, der Knabe Josua, wich niemals vom Zelte. Wie sollte mir da noch ein Zweifel übriggeblieben sein? In diesem Augenblick, als er so überheblich sprach, erschlaffte des Josua Kraft; dreihundert Gebote entschwanden seinem Gedächtnis, und es regten sich in ihm siebenhundert Zweifel. Da erhob sich ganz Israel wider ihn, ihn zu töten. Nunmehr sprach der Herr zu Josua: Zu ihnen zu reden vermagst du nicht mehr; so zieh aus und treib sie in einen Krieg!

Da Amalek kam und mit Israel in Raphidim stritt, sprach Mose zu Josua: Erwähle uns Männer; zieh aus und streite wider Amalek. Warum wandte sich Mose zuerst an Josua? Josua sollte doch das Land Kanaan für Israel erobern; so wollte ihn Mose früh in das Kriegshandwerk einführen.

Andere sagen: Es gab eine Überlieferung und die hatte Mose, daß Amalek nur überwunden werden könnte von der Hand der Kinder Josephs. Deshalb sollte Josua wider Amalek streiten.

An jenem Tage des Sieges über Amalek ward Josua zum Feldherrn gesalbt.

Mit viermal hunderttausend Mann kam Amalek über Israel, und alle schlug der eine Josua mit seinem Schwerte.

Als Josua bei Jericho war, erhob er seine Augen, und siehe, ein Mann stand vor ihm, der hatte ein bloßes Schwert in der Hand. Da fiel Josua mit seinem Angesicht zur Erde und sprach: Bist du unser oder unsrer Feinde? Wie der Engel dies vernahm, kam ein Schrei unter den Nägeln seiner Zehen hervor, und er rief: Nein, ich bin der Feldhauptmann des Herrn und bin jetzt gekommen. Zum zweitenmal bin ich jetzt erschienen, um Israel zu führen; ich bin es, der ich kam zur Zeit Moses, deines Meisters; der verstieß mich aber und wollte nicht, daß ich mit ihm ginge. Und nun komme ich wieder.

Alsbald fiel Josua zur Erde nieder und sprach: Was sagt mein Herr seinem Knecht?

3
Vom Jordan zum Garizim

ALS DAS VOLK ÜBER DEN JORDAN gehen sollte, stand das Wasser auf der einen Seite aufgerichtet da. Es türmten sich die Wassermengen aufeinander, Wellenberg auf Wellenberg, bis zu einer Höhe von dreihundert Meilen, also daß alle Könige in Ost und West das Wunder sehen konnten.

Als die Israeliten mitten im Jordan standen, sprach Josua zu ihnen: Wisset, zu welchem Ziel ihr diesen Jordan überschreitet; es ist, um ein Land zu erobern und seine Einwohner zu beerben. Gehorcht ihr, so ist es gut; wo nicht, so gehen die Wasser über euch nieder und ertränken euch.

Komm her und schau, wieviel Wunder den Kindern Israel an jenem einen Tage widerfahren sind!

An demselben Tage, wo sie den Jordan überschritten hatten, wanderten sie bis zu den Bergen Garizim und Ebal, welches ein Weg von sechzig Meilen ist; kein Feind wagte es, sich ihnen entgegenzustellen, und jeder, der doch ihren Weg kreuzte, erstarrte sogleich. Sodann erbauten sie aus Steinen, die sie aus dem Jordan genommen hatten, auf dem einen der beiden Berge einen Altar, überzogen die Steine mit Kalk und schrieben darauf alle Wörter der Thora in siebzig Sprachen. Dann brachten sie Dankopfer und Ganzopfer auf dem Altare dar, aßen und tranken und waren fröhlich dabei und riefen daselbst aus den Segen und den Fluch; hernach luden sie sich die Steine wieder auf, kehrten zu ihrem ersten Lagerplatz zurück und übernachteten in Gilgal. All dies trug sich zu an einem Tage!

Wie aber verfuhren die Kinder Israel, als sie an jene Berge gekommen waren? Sechs Stämme bestiegen den Gipfel des Berges Garizim, sechs Stämme stiegen auf die Spitze des Ebal, und unten, zwischen den Bergen, stand die Bundeslade; um die Lade standen im Kreis die Priester, um die Priester standen im Kreis die Leviten, und um diese stand in Reihen ganz Israel. Sie wandten ihr Antlitz alle dem Garizim zu und sprachen die Segenssprüche; dann wandten sie ihr Antlitz zum Ebal hin und riefen die Flüche aus; nach jedem Segenspruch und Fluch wurde Amen gesagt, bis alle zwölf Gesetze verkündet waren.

Erst danach erbauten sie den Altar.

Am Berge Garizim ließ Josua ausrufen die zwölf Flüche, wie sie Mose, Gottes Knecht, den Kindern Israel geboten hatte, und wie sie im Buch des Gesetzes geschrieben stehen.

Denn Mose sah voraus, wie späterhin Micha auftreten und einen Götzen machen würde, und so sprach er den ersten Fluch: Verflucht, wer einen Götzen oder ein gegossen Bildnis macht, einen Greuel Jahve, ein Werk von den Händen eines Meisters!

Er sah die Söhne Elis kommen, die ihres Vaters Stimme nicht gehorchten, und sprach den Fluch: Verflucht, wer Vater und Mutter nicht achtet!

Er sah Ahab kommen, sah ihn den Weinberg Naboths begehren und rauben und sprach: Verflucht, wer seines Nächsten Grenze nicht ehrt!

Er sah Hanania ben Azur, den Lügenpropheten, das Volk Israel irremachen und zum Straucheln bringen. Da sprach er: Verflucht wer einen Blinden irren macht auf dem Wege!

Er sah die Söhne Samuels das Recht beugen, und so rief er aus: Verflucht, wer das Recht beugt des Fremdlings, der Waise, der Witwe!

Er sah Absalom den Weibern seines Vaters beiwohnen, und er sprach den Fluch: Verflucht, wer bei seines Vaters Weibe liegt!

Er sah Simson bei Delila schlafen, und so sprach er: Verflucht, wer irgend bei einem Vieh liegt!

Er sah Amnon seine Schwester Thamar schwächen und verkündete: Verflucht sei, wer bei seiner Schwester liegt!

Er sah den Edomiter Doeg David vor Saul verleumden und verraten, und er sprach: Verflucht, wer seinem Nächsten heimlich nachstellt!

Er sah Gehasi, den Knaben Elisas, von dem Syrer Naeman Geschenke annehmen, und er rief: Verflucht sei, wer da Geschenke nimmt.

Als die Kinder Israel im Gilgal das Lager hatten, hielten sie das Passah und aßen vom Getreide des Landes am Tag nach dem Passah, und das Manna hörte auf des anderen Tages, da sie des Landes Getreide aßen.

Solange Mose am Leben war, viel Tag um Tag das Manna vom Himmel; da er starb, blieb sogleich das Himmelsbrot aus. Aber es geschah doch erst vierzig Tage nach dem Tode Moses, daß die Kinder Israel begannen, von des Landes Früchten zu essen! Ja, von dem Maß Manna, das am letzten Tag des Lebens Moses herniederfiel, wurde so viel aufgelesen und eingesammelt, daß es für neununddreißig Tage reichte.

Hätte aber das Manna kein Ende genommen, die Israeliten hätten sich nie dazu bequemt, von der Frucht der Erde zu essen. Nur wer keinen warmen Trunk haben kann, nimmt mit dem kalten vorlieb; wem Weizenbrot versagt ist, der begnügt sich mit Gerstenbrot; wer den Feigenkuchen nicht hat, stillt seinen Hunger mit Johannisbrot.

4

Die Hure Rahab

UND JOSUA, DER SOHN NUNS, hatte zwei Kundschafter aus Sittim heimlich abgesandt und sprach zu ihnen: Zieht hin und beseht das Land und Jericho. Unsre Lehrer meinten, diese zwei Boten, das seien Pinehas und Kaleb gewesen. Sie zogen aus und gaben ihre Seele hin für die Sache, und das Vorhaben gelang vollauf. – Sie verkleideten sich als Topfhändler und riefen überall aus: Hier sind Töpfe; wer da will, komme und kaufe! Das taten sie aber, damit kein Mensch merkte, daß Kundschafter ins Land gekommen waren.

Rahab, das Hurenweib von Jericho, zu der die zwei Späher gekommen waren, wollte die beiden verstecken, allein Pinehas sprach zu ihr: Ich bin ein Priester, und ein Priester ist einem Engel gleich; will er, so wird er gesehen, will er, so bleibt er unsichtbar. Also verbarg sie nur den Kaleb.

Ehe die Männer eingeschlafen waren, stieg sie auf das Dach des Hauses und sprach zu ihnen: Ich weiß, daß Gott euch das Land gegeben hat, denn euer Gott ist der Herr des Himmels da oben und der Erde da unten. – Da sprach der Herr zu dem Weibe Rahab: Du hast von mir gesprochen, ich sei ein gar mächtiger Gott im Himmel und auf Erden; du hast von Dingen gesprochen, die du mit Augen nicht gesehen hast. Bei deinem Leben! Dein Sohnessohn wird aufstehen und wird Dinge schauen, die kein Prophet vor ihm gesehen hat. Damit wurde auf Jeremia hingewiesen.

Acht Propheten, welche Priester waren, sind der Hure Rahab entsprossen. Diese sind: Neria, Baruch, Seria, Mahasia, Jeremia, Helkia, Hananel und Sallum. Manche sagen, auch die Prophetin Hulda sei von den Kindeskindern der Rahab eins gewesen.

Es gab keinen Fürsten und keinen Vornehmen, der zu der Hure Rahab nicht eingegangen wäre. Man erzählt: Zehn Jahre war sie alt, als Israel aus Ägypten zog, und all die vierzig Jahre, da Israel durch die Wüste wanderte, trieb sie Hurerei. Fünfzig Jahre alt, bekehrte sie sich zum Gott Israels und sprach: Mir möge vergeben sein zum Lohn für das rote Seil, das ich zum Fenster in Jericho heraushängen ließ.

Rahab ward Jüdin und vermählte sich dem Josua.

In Josua, dem Sohne Nuns, ward Joseph, der Sohn Jakobs, lebendig. Und weil dieser sich gescheut hatte, die Gemahlin seines Herrn Potiphar zu nehmen, sollte Josua die Hure Rahab ehelichen, in welcher die Ägypterin aufs neue auf die Welt kam.

Rahab verführte jeden Mann, der nur ihren Namen aussprach; Jael machte die Männer gefügig durch den Klang ihrer Stimme; Abigail riß hin, wenn man an sie dachte; Michal dann erst, wenn man sie sah.

Wer den Namen Rahab ausspricht, dessen Same ergießt sich.

Dies sind die vier schönsten Frauen, die es auf der Welt gegeben hat: Sara, Rahab, Abigail und Esther.

5

Die Sünde Achans

RABBI AKIBA LEHRTE: Bann ist Eid, und Eid ist Bann; wer also einen Bann bricht, bricht gleichsam einen Eid. Wer aber um einen gebrochenen Eid weiß und diesen verhehlt, über dessen Haus kommt der Fluch und verzehrt es samt seinem Holz und Stein.

Gewaltig ist die Macht des Gebannten. Du ersiehst es aus dem Beispiel Josuas, des Sohnes Nuns, welcher die Stadt Jericho mit allem, was darin war, mit Feuer verbrannte und Achan, den Sohn Charmis, steinigen ließ. Achan hatte die Teraphim gesehen und das Silber, das vor seinen Augen hingeopfert wurde, und den Mantel, der vor ihm ausgebreitet lag, dazu noch die goldene Zunge, und es gelüstete ihn nach diesen Stücken. So nahm er sie und versteckte sie in seinem Zelt. Diese Untat aber brachte den Tod über sechsunddreißig unschuldige Männer; die wurden um Achans Sünde willen von denen zu Ai erschlagen. Da Josua das vernahm, zerriß er seine Kleider und fiel zur Erde nieder vor der Bundeslade und wollte Buße tun. Der Herr zeigte sich ihm gnädig und sprach zu ihm: Josua! Dein Volk Israel hat sich am gebannten Gut vergangen.

Da schaute Josua die zwölf Steine am Brustschild des Hohepriesters an, welche die Sinnbilder der Stämme waren, und siehe, sie funkelten alle, ausgenommen den Stein Judas, welcher stumpf war und ohne Glanz. Nun wußte er, daß der Stamm Juda die Sünde begangen hatte. Er warf Lose, und der Würfel fiel auf Achan, den Sohn Charmis, des Sohns Sabdis, des Sohns Serahs vom Stamme Juda. Da nahm Josua den Achan und das Silber und den Mantel und die güldene Zunge sowie seine Söhne und Töchter und brachte sie in das Tal Achor. Es heißt doch aber: Die Kinder sollen nicht für die Väter sterben – warum also mußten Achans Kinder mit ihm sterben? Dies geschah, weil sie um die Sünde ihres Vaters gewußt, sie aber nicht offenbart hatten; dafür wurden sie gesteinigt und verbrannt. Wenn sie aber verbrannt wurden, wozu mußten sie da noch gesteinigt werden? Die Steinigung erlitten sie dafür, weil sie die Untat verheimlicht hatten, den Verbrennungstod dafür, weil um ihretwillen sechsunddreißig Gerechte gestorben waren.

Weil aber Achan seine Untat eingestanden hat, darum hat er auch Teil an der zukünftigen Welt. Josua sprach zu ihm: Weil du uns betrübt hast, so betrübe dich der Herr an diesem Tag. An diesem Tag, hienieden, da wird er dich betrüben, meinte Josua; aber nimmermehr drüben.

Unter der Beute Jerichos sah Achan ein Götzenbild, das hatte eine goldene Zunge im Mund, und ein babylonischer Mantel war davor ausgebreitet, auf welchem Silber lag, das dem Abgott dargebracht worden war. Da begehrte er in seinem Herzen alle diese Dinge, nahm sie hinweg und verbarg sie in seinem Zelte.

An viererlei gebanntem Gut vergriff sich Achan: an dem Gebannten Kanaans, will sagen an dem Besitz des Königs Asad, am Gebannten der Könige Sihon und Og, an dem gebannten Besitz Midians und an der gebannten Beute von Jericho.

Als Achan die Sünde beging und sich an dem Gebannten vergriff, da fing Josua an, den Herrn zu bewegen, daß er ihm den Schuldigen nenne. Er sprach: Herr der Welt! Laß es mich wissen, wer hat's getan? Da erwiderte Gott: Ich tue nimmer kund, wer der Täter ist und übe keinen Verrat an meinen Geschöpfen. Du aber forsche bei den Stämmen nach und laß die Lose werfen; dann werde ich's offenbar werden lassen.

Als das Los den Achan getroffen hatte, sprach Josua zu Achan: Mein Sohn, gib Gott die Ehre und gib ihm Lob. Da sprach Achan: Um des Wortes willen, das du aussprichst, bin ich des Todes. Und bei sich selbst dachte er: Nun verstricke ich mich durch das Los, an das ich nicht glaube, und werde als Betrüger vor Josua dastehen. Und so sprach er wieder zu Josua: Warum lassest du mich und meine Hausgenossen Lose werfen? Nimm dich selbst und den Pinehas unter die, die Lose werfen. Wenn euch das Los trifft, so will ich daran glauben. Aber Josua fragte standhaft weiter: Sage mir, was hast du getan?

Alsbald entspann sich ein Zwist in Israel; der Stamm Juda, zu dem Acham gehörte, war der heftigste von allen und schlug viele Menschen von den anderen Stämmen tot. Nunmehr sprach Achan in seinem Herzen: Wer nur eine Seele in Israel am Leben erhält, dem wird's angerechnet, als hätte er die ganze Welt erhalten. Um meinetwillen aber sterben so viele Menschen in Israel; ich bin der Sünder und der, der zur Sünde verführt. Es ist also besser, ich bekenne meine Missetat vor Gott und vor Josua, damit kein weiteres Verderben mehr durch mich komme. Und er erhob sich und ließ seine Stimme vor der ganzen Gemeinde ertönen und sprach zu Josua: Fürwahr, ich hab mich versündigt an dem Herrn, dem Gott Israels, und so und so habe ich getan.

6
Die Sonne zu Gibeon

VON ALLEM, WAS DER HERR in sechs Schöpfungstagen erschuf, bedang er sich gleich im Anfang eine Tat aus. Er schuf das Meer und gebot ihm, sich dereinst vor Mose zu spalten; er befahl der Sonne und dem Mond, stille zu stehen zur Zeit Josuas; er trug den Raben auf, den Propheten Elia in der Wüste zu speisen; das Feuer sollte die drei Männer Hanania, Misael und Asaria nicht versehren; die Löwen sollten dem Daniel in der Grube nichts zuleide tun. Den Himmel wiederum hieß er dereinst sich auftun vor Hesekiel dem Seher; dem Fisch gab er Befehl, den Sendboten Jona in seinem Bauche zu beherbergen.

Es kam nimmer vor seit der Erschaffung der Welt, daß von den Gestirnen, die am Himmel leuchten, irgendeines das andere gestört hätte, bis Josua kam und für Israel Krieg führte. Es war der Rüsttag zum Sabbat, und Josua sah, daß die Kinder Israel in Not waren, denn sie mochten den Sabbat nicht entweihen. Auch sah er, wie die heidnischen Priester die Planeten meisterten, die Israel zu Hilfe kommen wollten. Da reckte er seine Hand gegen die Sonne, gegen den Mond und gegen die Sterne aus und rief den unverstellten Namen des Herrn an. Alsbald standen sie alle stille und verharrten in Ruhe sechsunddreißig Stunden lang, bis daß der Sabbat aus war und sich das Volk an den Feinden gerächt hatte. Und es war kein Tag diesem gleich weder zuvor noch danach, daß der Herr der Stimme eines Menschen gehorcht hätte. Die Könige des Landes vernahmen die Kunde und waren voll Staunens.

Als Josua zu Gibeon war und Krieg führte, sprach er zur Sonne: Du Sonne, sei still zu Gibeon! Er sagte nicht: Bleib stehen! sondern: Sei stille. Denn solange die Sonne den Herrn preist, hat sie die Kraft, weiter zu gehen; schweigt sie aber, so bleibt sie stehen. Die Sonne sprach zu Josua: Josua, darf einer, der jung ist, einem, der älter ist, sagen, daß der stillhalten solle? Ich bin schon am vierten Schöpfungstage erschaffen worden, die Menschen aber erst am sechsten, und du gebietest mir Schweigen? Darauf erwiderte Josua: Wenn ein Freigeborener, der jung ist, einen Knecht hat, der alt ist, erteilt er ihm deswegen keine Befehle? Ist nicht meinem Vater Abraham Himmel und Erde von Gott untertan gemacht worden? Hat sich vor Joseph, dem Sohne Jakobs, nicht die Sonne geneigt? Da sprach die Sonne: Du willst, daß ich schweige? Wer wird aber vor dem Herrn Lob erschallen lassen? Josua antwortete: Das will ich für dich tun.

Das andere Gesetzbuch Moses hing an der Fahne, die Josua trug. Und Josua hob die Fahne und hielt das Buch der Sonne entgegen. Er sprach: Ich habe nicht stille gestanden vor diesem Buch; du aber verstumme und stehe stille vor mir.

7
Das Lied Josuas

ZEHNMAL WURDEN LIEDER in dieser Welt gesungen. Das erste Lied sang Adam, der erste Mensch, als nach dem Sündenfall der Sabbat Fürbitte hielt für ihn; da sang er ein Lied zum Preise des Sabbats. Das zweite Lied ist das Lied Moses und der Kinder Israel, das sie sangen, als sie das Schilfmeer glücklich überschritten hatten. Das dritte Lied sangen die Kinder Israel, als sich ihnen der Brunnen in der Wüste öff-

nete; das vierte ist der Gesang, den Mose anstimmte vor seinem Tode, und mit dem er die Kinder Israel ermahnte.

Josua war der Sänger des fünften Lieds, als er in Gibeon Krieg
führte und Sonne und Mond ihm sechsunddreißig Stunden stehen
blieben und selber aufhörten, Lob zu singen; da öffnete er seinen
Mund und sang ein Lied. Das sechste Lied stimmten Debora und Barak an nach ihrem Siege über Sisera; den siebenten Lobgesang sprach
Hanna, die Mutter Samuels, nachdem Gott ihr Gebet erhört hatte.
Das achte Lied ist König Davids Lied, er sang es im Jubel über die Errettung von allen seinen Feinden; das neunte Lied ist das Lied der
Lieder Salomos des Königs von Israel. Und das zehnte Lied wird
noch dereinst gesungen werden, wenn die Verbannten zurückkehren
aus dem Exil.

Und Josua sang dieses Lied am Tage, da der Herr den Amoriter in
seine und in Israels Hand überantwortet hatte:

Vor den Augen ganz Israels hast du Großes vollbracht; du hast
Wundersames gewirkt. Wer ist wie du? Meine Lippen preisen deinen
Namen. Du mein Retter, du meine Zuflucht, du mein Hort, dir will
ich ein neues Lied singen, ein Danklied will ich dir singen, du Boll-
werk meiner Hilfe. Alle Könige der Erde sollen dich preisen, die Gewaltigen der Welt sollen dir lobsingen, die Kinder Israel sollen deine
Stärke verherrlichen. Auf dich haben wir vertraut, o Herr; du warst
uns Schutz und warst unser fester Turm vor dem Anprall der Feinde.
Zu dir haben wir geschrien und sind nicht beschämt worden; du hast
unsre Stimme gehört. Vom Schwert hast du unsre Seele entrinnen lassen. Deine Gnade hast du uns gezeigt, durch deine Kraft hast du unser Herz erfreut. Du zogst aus, uns zu helfen; mit deinem Arm hast
du deinem Volk beigestanden; von des Himmels Höhen hast du uns
Antwort gegeben. Die Sonne und der Mond standen stille in ihrer
Hülle, du aber erhobst dich im Zorn wider unsre Feinde und sprachst
über sie ein Urteil. Die Gewaltigen der Erde standen da, die Fürsten
der Heiden haben sich versammelt; sie schraken nicht zurück vor deinem Angesicht, sie brannten auf den Krieg mit dir. Du aber recktest
dich auf in deinem Grimm und schüttetest aus deinen Groll wider sie;
du hast sie verderbt durch deinen Eifer und sie vertrieben durch deine Rache. Die Völker stöhnten in ihrer Angst und strauchelten vor
deinem Ingrimm. Du hast deine Wut über sie ergossen, deine Raserei
hat sie ereilt; du hast sie in die Enge gestoßen und in die Klemme geführt. In die Grube, die sie gegraben haben, sind sie gefallen; in dem
Netz, das sie ausgebreitet haben, hat sich ihr Fuß verfangen. Deine
Hand hat jeden Feind gefunden, welcher mit dem Schwert das Land
erobern und mit dem Arm die Stadt einnehmen wollte. Du hast ihr
Angesicht mit Schande bedeckt und ihr Horn zur Erde geneigt. Die

Erde erbebte und wurde aufgewühlt von deinem Donner. Du hast ihre Leiber dem Tode nicht vorenthalten und ihr Leben der Grube zugeführt. Du jagtest sie durch deinen Sturm und verfolgtest sie durch deine Wetter. Ihre Leichnamen lagen wie Kot in den Straßen. Sie sind dahin, vernichtet und weggefegt. Darum frohlockt unser Herz, und unsre Seele jauchzt ob deiner Hilfe. Unsre Zunge verkündet deine Stärke, wir singen und bejubeln deine Wunder. Denn du hast uns erlöst von unseren Feinden und uns errettet von unseren Widersachern; du hast sie vor uns zuschanden werden lassen und sie uns vor die Füße geworfen.

Also mögen umkommen alle deine Feinde, o Herr, und die Gottlosen wie Spreu vom Wind verweht werden. Deine Lieblinge aber werden sein wie Bäume, an Wasserbächen gepflanzt!

8
Die Verteilung des Landes

ER STAND DA und maß die Erde – sagt Habakuk der Prophet.

Der Heilige, gelobt sei er, prüfte jedes Volk der Erde, ob es verdiente, die Thora zu empfangen, und fand keines, das würdiger gewesen wäre, als das Geschlecht, das durch die Wüste wanderte. Er maß alle Berge, und keiner war besser dazu ausersehen, daß auf ihm die Lehre verkündet würde, als der Berg Sinai. Er schaute alle Städte, und ihrer keine war mehr dazu geeignet, den Tempel in ihren Mauern zu beherbergen, als die Stadt Jerusalem. Er ging mit der Meßschnur durch alle Lande, und kein Land geziemte den Kindern Israel eher als das Land Kanaan.

Drei Meldungen schickte Josua ins Land Kanaan, bevor die Kinder Israel die Grenze überschritten hatten: Wer da aus dem Land ziehen will, der ziehe davon; wer sich mit uns versöhnen will, mag es tun; wer den Krieg will, habe den Krieg!

Da zogen die Girgasiter aus dem Lande und wandten sich nach Afrika; da schlossen die Gibeoniter Frieden mit Josua; die einunddreißig Könige aber wählten den Krieg und fanden den Tod.

Rabbi Juda sprach: Einunddreißig Könige hat Josua besiegt; aber herrschten jemals einunddreißig Könige im Lande Israel?

Nein, das Land Kanaan war dazumal das, was heute Rom ist: kein König gilt heute an Ruhm und Ehre, der nicht einen Besitz in Rom hätte; und so nannte in jener Zeit jeder König der Erde einen Palast und ein Kastell im Lande Israel sein eigen.

Dereinst wird das Land Kanaan in dreizehn Teile geteilt werden; zu Josuas Zeit aber wurde es unter die zwölf Stämme verteilt, und die

Teilung fand statt um Geld und durchs Los und durch das Orakel der Urim und Tummim.

Auf welche Weise geschah die Verteilung des Landes? Eleasar war bekleidet mit den Urim und Tummim, und vor Josua lagen zwei Urnen, eine mit den Namen der Stämme und die andere mit den Namen der einzelnen Erbteile. Der heilige Geist geriet über Eleasar, daß er, noch bevor die Lose gezogen wurden, verkündete: Jetzt wird der Name des Stammes Sebulon hervorkommen und aus der anderen Urne der Name des Erbteils Akko. Josua nun schüttelte erst die Lose in dem einen, dann in dem anderen Behälter um, und wirklich wurden die Namen Sebulon und Akko gezogen.

Eleasar sprach wiederum durch den heiligen Geist, jetzt käme die Reihe an den Stamm Naphtali, und ihm zugelost sei das Erbteil Genezareth, und wieder zog Josua die beiden verkündeten Namen aus den Wahlgefäßen. So ging es mit dem Erbteil jedes einzelnen Stammes.

Aber eine Teilung, wie sie in dieser Welt geübt wird – nicht ist sie gleich der Teilung, die in der zukünftigen Welt erfolgt. In der irdischen Welt geht es so zu: wer durchs Los das Getreidefeld, das von Bäumen nicht beschattet wird, gewinnt, der hat keinen Garten; wem ein Baumgelände zufällt, dem wird kein Feld gegeben, auf dem er Korn bauen kann. Die Teilung, die dereinst stattfinden soll, wird so sein, daß jedermann in Israel Hügelland und ebenes Land besitzen wird, trockne und feuchte Erde.

Als Josua das eroberte Land unter die Stämme verteilte, da fingen die einzelnen Lose, sobald sie geworfen worden, alsbald zu reden an, und jedes sprach: Dieser Teil des Lands gehört dem Benjamin an, dieser dem Manasse, dieser dem Stamm Sebulon, dieses ist Judas Teil, und ebenso auch bei dem Erbgut der anderen Stämme. Wundere dich aber nicht darüber, daß ein Los die Kraft der Rede hatte, hat doch Josua selbst einen Stein zum Zeugnis gesetzt und von ihm gesagt, er vermöge zu hören und Rede zu verstehen, wie es auch heißt: Dieser Stein sei ein Zeuge über euch, denn er hat gehört alle Worte des Herrn.

So sagt auch Habakuk: Denn auch die Steine in der Mauer werden schreien, und die Sparren am Balkenwerk werden ihnen antworten.

Wie die Töchter Zelofchads sahen, daß das Land nur unter die Männer verteilt wurde, unter die Frauen aber nicht, da versammelten sie sich an einem Orte, hielten Rat untereinander und sprachen: Des Menschen Gnade ist nicht so groß wie die Gnade Gottes; der Mensch sorgt mehr für die Männer als für die Frauen, aber er, der da sprach: Es werde eine Welt – er handelt nicht also, sondern sein Erbarmen gilt allen Geschöpfen, Männern und Weibern; allem Fleisch gibt er Nahrung und auch dem Vieh seine Speise, und seine Gnade teilt er aus an alle, die er geschaffen hat.

Also traten die Töchter Zelofchads herzu und forderten ihr Erbe. So, wie ihr Vater Zelofschad ein Erstgeborener war, so galten sie alle so viel, als wären sie Erstgeborene; sie waren rein und Töchter eines Reinen, Gerechte, eines Gerechten Kinder. An Wert waren sie alle einander gleich, waren alle weise, schriftkundig und rechtschaffen. Keine von ihnen, auch die jüngste nicht, hielt Hochzeit mit einem Manne, bevor sie vierzig Jahre alt war. Und sagst du: ein Weib, das vor ihrem zwanzigsten Jahr in die Ehe tritt, die vermöge wohl bis zum sechzigsten Kinder zu gebären, die aber, die später als mit zwanzig Jahren heirate, trage Kinder nur bis zum vierzigsten Jahre – so sage ich: weil die Töchter Zelofchads so gerecht waren, widerfuhr ihnen ein solches Wunder, wie es einst Jochebed, der Mutter Moses, geschah, die ihren Sohn gebar im Alter von hundertdreißig Jahren.

Die Frauen sind beharrlicher als die Männer. Die Männer in Israel sprachen: Lasset uns das Haupt wenden und wieder nach Ägypten zurückkehren. Die Frauen aber sprachen: Gebt uns ein Erbteil im Lande!

9
Josuas Größe

JOSUA WARD IM ANFANG nur Hosea geheißen, wie auch geschrieben steht: Zum Stamme Ephraim gehörte Hosea, der Sohn Nuns. Hernach aber, als er sich durch große Werke hervorgetan hatte, setzte man seinem Namen noch ein Zeichen voran und nannte ihn Josua.

Der Herr sprach: Das Schriftzeichen Jod, das ich dem Namen Sarai genommen habe, da ich ihn verwandelte in den Namen Sara, das stand vor mir und weinte viele Jahre, bis daß Josua kam, der vordem Hosea hieß, und ich es seinem Namen voranstellte.

Seine Herrlichkeit ist die eines erstgeborenen Stieres, und seine Hörner sind des Wildochsen Hörner; mit ihnen wird er die Völker stoßen.

Des Stieres Kraft ist groß, aber seine Hörner sind nicht schön. Der Wildochs hingegen hat schöne Hörner, aber seine Kraft ist nicht so groß. Josua ward verliehen die Kraft des Stieres und die Herrlichkeit des Wildochsen.

Es heißt von des Wildochsen Hörnern: mit ihnen wird er die Völker stoßen. Hat denn Josua so viele Völker besiegt? Es waren doch nur einunddreißig Könige, die er besiegt hat. Es ist aber so zu verstehen, daß er Könige und Herrscher niedergerungen hat, die von einem Ende der Welt regierten bis zum anderen Ende.

Das Geheimnis des fünfzigsten Tors der Erkenntnis, das Mose versagt geblieben war, es ist von Josua erlangt worden; daher wurde er der Sohn Nuns genannt.

Das ist das Geheimnis von Josua: Er hatte keine Kinder gezeugt, denn er war auf die Welt gekommen, nur um sie zu vervollkommnen. Josua mußte auf der Welt erscheinen, um die Kinder Israel über den Jordan zu bringen und sie in das Land zu führen.

Gott speiste im Eden mit den Gerechten und forderte einen jeden auf, den Tischsegen zu sprechen. Er sprach zu Josua: Sage du den Segen. Der antwortete: Ich kann keinen Segen sprechen, denn mir war es nicht vergönnt, Samen in der Welt zu hinterlassen.

10
Vom Tode Josuas

UND ES BEGAB SICH DANACH, daß Josua, der Sohn Nuns, der Knecht Gottes, starb; man begrub ihn in der Grenze seines Erbteils in Timnath-Serah, das auf dem Gebirge Ephraim liegt, nordwärts vom Berge Gaas.

In dieser Stunde zerfiel das Volk in Israel, der Gemeinsinn hörte auf, die Zwietracht begann; jeder tat nur seine eigne Arbeit und sorgte nur für sich. Der baute seinen Acker, der bestellte seinen Weinberg; dieser trug alles für sein Haus zusammen, jener machte sich mit seinem Grundstück zu schaffen. Als Gott das sah, wollte er Vernichtung bringen über die Welt.

Die Lehrer erzählten:

Nicht alle Geschlechter gelangten zur Herrschaft in Ägypten; nur die Stämme Ruben, Simeon und Levi gewannen die Führerschaft. Ruben starb, und die Macht wurde Simeon gegeben. Simeon starb, und Levi erhielt das Regiment. Nach dem Tode Levis sollte dem Stamme Juda die Macht übergeben werden. Aber eine Stimme vom Himmel erscholl und sprach: Laßt die Sache sein, bis die Zeit gekommen ist. Wann sollte die Zeit gekommen sein? Nach dem Tode Josuas, des Sohnes Nuns.

Es heißt im Segen Jakobs: Gad sind drängende Kriegshaufen. Als nämlich Israel dabei war, das Land zu erobern und zu verteilen, da versäumten sich am längsten die Stämme Ruben und Gad. Wie sie endlich heimkehrten an ihre Stätte diesseits des Jordans, da fanden sie ihre Kinder, die sie klein verlassen hatten, groß und erwachsen; die damals zehn Jahre gewesen waren, die waren jetzt vierundzwanzig, und welche damals zwanzig Jahr alt gewesen, die waren jetzt vierunddreißig Jahre. Und die Ismaeliter hatten mit ihnen Krieg angefangen, die drei bösen Geschlechter Jethur, Naphis und Nodab.

Die Väter nun hatten gelobt, ihre Haare wachsen zu lassen, solange, bis sie ihre Kinder wiedergesehen hätten; die Kinder hatten dasselbe gelobt, bis sie ihre Väter wiedersehen würden; die Geschlechter Jethur, Naphis und Nodab aber ließen ihre Haare lang wachsen wie die Ismaeliter, die immer ihre Haare lang trugen. Während des Kampfes nun, wo die Kinder Ruben und Gad von den Ismaelitern hart bedrängt wurden, gab ihnen Gott einen Gedanken ein, und sie schrien laut: Du Gott Abrahams, Isaaks und Jakobs erhöre uns! An diesem Ruf wurden sie von ihren Vätern erkannt, und die halfen ihnen aus der Hand ihrer Feinde.

Noch war Moses Sonne nicht untergegangen, da ging schon das Licht Josuas auf; noch war das Licht Josuas nicht verlöscht, da begann schon die Sonne Othniels, des Sohnes Kenas', zu strahlen.

Noch war Elis Sonne am Himmel, und schon brach die Sonne Samuels, des Propheten, an.

Bevor der Herr das Licht des einen Gerechten ausbrennen läßt, entzündet er das Licht des anderen Gerechten.

Die ersten Richter

1
Othniel, Ehud und Samgar

JOSUA, DER SOHN NUNS, war Israels Führer achtundzwanzig Jahre lang. Nach ihm war Othniel, der Sohn Kenas', vierzig Jahre lang Richter über Israel. Sein Nachfolger war Ehud, der Sohn Geras, welcher achtzig Jahre Israels Richter war. Von dieser Zeit sind auszunehmen achtzehn Jahre, welche die Knechtschaft unter Eglon, dem Moabiterkönig, währte. Danach war Samgar, der Sohn Anaths, Israels Erlöser.

Im zweiten Jahr nach dem Auszug aus Ägypten starb Nahasson, der als erster den Sprung ins

Rote Meer getan hatte; ferner starb auch Samon, einer von denen, die das Land betreten hatten, kurz nachdem Josua verstorben war.

Danach waren Debora und Barak vierzig Jahre Richter über Israel. Von dieser Zeit sind wieder auszunehmen die zwanzig Jahre, die die Drangsal unter Jabin, dem König von Kanaan, währte.

Ein Engel des Herrn kam herauf vom Gilgal nach Bochim – so heißt es im Buche der Richter. Das war Pinehas. Warum wird er aber hier ein Engel genannt? Weil in der Stunde, da der heilige Geist über ihn geriet, sein Angesicht wie Fackeln brannte.

Noch zu Lebzeiten des Priesters Pinehas ward Othniel Richter in Israel, und um dieselbe Zeit war es, daß ein Schmied zu Athen die Säge erfand. Nach Othniel kam Ehud. In dessen Tagen wurde die Stadt Eyrene in Libyen erbaut, und viele Schiffe gingen von dem Hafen aus, mit Weizen beladen. Auch Troja wurde zu jener Zeit gegründet. Und der Höllenhund, der den Pirithous zerriß, wollte auch den Theseus vernichten; da kam Herakles und befreite den Helden.

Nach Ehubs Tode war Samgar Richter in Israel, und nach diesem taten sich Debora und Barak hervor, welche mit Sisera kämpften. Während ihrer Herrschaft hörte das Reich der Könige von Argos auf, die fünfhundertvierundvierzig Jahre regiert haben, und die Herrschaft ging auf Messene über. Im neununddreißigsten Jahr des Richtertums Deboras entstand die Stadt Milet.

2

Die stolze Debora

SIEBEN PROPHETINNEN GABS, den sieben Tugenden des Herzens entsprechend. Die Erzmutter Sara war die erste Prophetin; die zweite war Miriam, die Schwester Moses, die die Geburt ihres Bruders voraussagte. Die Richterin Debora war die dritte unter den weissagenden Frauen. Hanna, die Mutter Samuels, ist als die vierte zu zählen, und ihr Verdienst hat es bewirkt, daß ihr Sohn der erste war, der zu prophezeien anfing. Die fünfte war die kluge Abigail, welche ihre Schenkel entblößte und David bei dem Licht ihrer Glieder drei Meilen lang wandern ließ, ihm damit drei zukünftige Ereignisse seines Lebens offenbarend. Die sechste Prophetin war Hulda, die siebente die Königin Esther.

Jeder, der sich zu stolz aufbläht – ist er ein Weiser, so wird ihm die Weisheit genommen, ist er ein Prophet, so weicht der Geist von ihm.

Die Prophetin Debora rühmte sich und sprach: An Regiment gebrachs in Israel, bis daß ich, Debora, aufkam, eine Mutter in Israel. Aber sogleich verlor sie die Prophetengabe und hörte auf zu reden, also daß die Kinder Israels ihr zurufen mußten: Wach auf, wach auf, Debora! Wach auf und singe ein Lied!

Zu großer Stolz geziemt den Weibern nicht. Zwei hochfahrende Frauen hat es gegeben, und beide hatten sie böse Namen: Biene hieß die eine, das war Debora; Wiesel die andere, das war Hulda. Die Biene sandte hin und ließ den Barak rufen; warum war sie so stolz, daß sie nicht selbst zu ihm ging? Die da Wiesel hieß, begann ihre Weissagung, welche Hilkia dem Josia übermitteln sollte, mit den Worten: Saget dies an dem Manne – so hochmütig war sie, daß sie nicht sagte: dem König.

3
Barak und Lapidot

MAN ERZÄHLT: Der Gatte der Richterin Debora war ein gemeiner Mann. Da sprach seine Frau: Auf, mache Dochte für Fackeln und geh damit nach dem Heiligtum in Silo; vielleicht, daß du so unter die Frommen gerechnet wirst und am ewigen Leben Teil gewinnst.

Und der Eheherr Deboras machte die Dochte dick und stark, damit das Licht hell sei. Daher wurde er mit den Namen Lapidot benannt.

Zu der Zeit war Richterin in Israel die Prophetin Debora, das Weib des Lapidot. Dieser hieß so, weil er Fackeln verfertigte; sein Weib aber half ihm bei der Arbeit und machte die Dochte stark und dick, damit sie hell leuchteten. Und der Herr, der die Herzen und die Nieren prüft, sprach zu ihr: Debora, du bist bestrebt, mein Licht hell strahlen zu lassen; so will auch ich dein Licht zu einer hehren Flamme werden lassen in Juda und in Jerusalem.

Und Debora sandte hin und ließ rufen Barak, den Sohn Abinoams, von Kedes-Naphtali. Welches Amt hatte wohl Barak bei Debora zu erfüllen? Es verhielt sich damit so: Barak tat zur Zeit Josua Dienst bei den Ältesten, und diese Pflicht übte er auch nach dem Tod Josuas weiter. Als ein solcher wurde er der Debora zugestellt.

Was war aber der Verdienst von Sebulon und Naphtali, daß durch sie solch großes Heil kam über Israel? Man erzählt, Naphtali habe den Erzvater Jakob gepflegt, Sebulon wiederum sei immer um Isaschar gewesen. Dafür aber, daß Barak auf den Gott Israels vertraute und an die Weissagung Deboras glaubte, erteilte sie ihm Preis in ihrem Liede.

Drei Namen hatte der Mann von Debora, der Richterin: Barak, Michael und Lapidot. Er hieß Barak, weil sein Antlitz dem Blitze glich; er hieß Michael, weil er sich erniedrigt hatte –, vielleicht wurde er aber auch nach dem Engel Michael so benannt; er hieß Lapidot nach den Kerzen, die sein Weib verfertigte.

4

Sisera und Jael

Sisera kam über Israel mit vierzigtausend Helden, welche alle Hauptleute von großen Streitkräften waren. Ein jeder hatte hunderttausend Mann unter sich, welche in eisernen Panzern staken. Da ließ der Herr Wolkenbrüche und Blitze, fallende Sterne, Rauch und Feuerfackeln auf sie niedergehn und sie vernichten, daher es heißt: Vom Himmel ward wider sie gestritten; die Sterne in ihren Bahnen stritten wider Sisera. – Die Krieger stiegen in den Bach Kison, um sich abzukühlen, aber der Bach Kison wälzte sie weiter.

Den Sisera selbst ließ der Herr durch die Hand eines ohnmächtigen Wesens, durch ein schwaches Weib, zu Fall kommen. Gott sprach: Dieser Bösewicht rühmt sich seiner Kraft, und nun sollen alle, die die Welt bewohnen, sehen, daß kein Starker mir entgehen kann. Verderbe ich ihn durchs Feuer, so werden die Menschen sagen: Ohne das Feuer hätte er ihn nimmer besiegt. Also will ich ihn durch eine Frau töten, damit alle erkennen, daß die Macht und die Stärke mein sind. Und so lenkte er Siseras Schritte nach dem Zelte Jaels, und sie gab ihm den Tod mit dem Hammer, den sie in ihrer Hand hielt.

Dreißig Jahre war Sisera alt, als er getötet wurde, und er hatte schon die ganze Welt erobert. Es gab keine Festung, deren Mauern von seiner Stimme allein nicht umgefallen wären. Eines Tages beugte er sich zum Fluß hinab, um Wasser zu trinken, da blieben in seinem Bart fünfhundert Myriaden Fische hängen.

Vom Berg Hermon bis zum Berg Sion ist es ein Weg von zehn Meilen, die übersprang Sisera mit einem Satz. Man erzählte von ihm, daß auch die wilden Tiere, wenn sie seine Stimme hörten, stehen blieben. Als er in den Krieg zog, da trugen neunhundert Pferde seinen Wagen, und sie zertraten Eisen wie Wolle. Hernach aber blieb kein einziges am Leben. Und dieser Riese fiel von der Hand eines Weibes!

Ein Lehrer erzählt: Eine und dieselbe Strafe ereilte Pharao und Sisera. Ein Getümmel kam über das Heer des einen und über das des anderen, und es heißt das eine Mal in der Schrift: der Herr erschreckte den Sisera samt seinen Wagen und seinem Heere. Das andere Mal, beim Auszug aus Ägypten, steht geschrieben: Der Herr machte einen Schrecken in ihrem Heer.

Der Herr schickte Sturm, Schnee und Regen, Donner und Blitz über Sisera und sein Heer, daß ein Getümmel über sie kam und sie durchs Schwert fielen. Sisera aber floh zu Fuß bis zu dem Zelte Jaels, und die lief ihm entgegen, küßte ihn, legte ihn schlafen und deckte ihn zu. Danach betete sie zu dem Herrn und sprach: Du Gott, stärke deine Magd wider deinen Feind! Aber daran werde ich erkennen, daß du ihn in meine Hand überliefert hast: wenn es mir gelingt, ihn von seinem Lager auf die Erde zu übertragen, ohne daß er aufwacht. Und sie tat so. Danach nahm sie den Pflock des Zeltes und einen Hammer in ihre Hand und durchbohrte damit die Schläfe Siseras, wie es Debora geweissagt hatte.

Als aber Sisera in den Krieg mit Israel ausgezogen war, da stellte seine Mutter Thamar ihre Zauberkünste an und sah ihren Sohn in dem Bette Jaels, des Weibes Hebers, schlafen, mit einem herrlichen buntgestickten Mantel zugedeckt, und sie sagte daher: Ein Frauenschoß oder zwei für jeglichen Mann zur Beute!

Sisera bat Jael, sie möge ihm Wasser zu trinken geben; aber Jael reichte ihm Milch. Sie wollte nämlich erkunden, ob er noch seiner Sinne mächtig wäre und den Unterschied schmeckte zwischen Wasser und Milch. Dann aber auch tat sie dies, weil die Milch schläfrig macht.

Gideon und Jephtah

1
Gideon von Gott erwählt

NACH BARAK UND DEBORA kam Gideon, und er erbat von Gott das Zeichen mit dem Fell, das einmal allein den ganzen Tau aufnehmen sollte, indes die Erde überall trocken bliebe, ein anderes Mal allein trocken bleiben sollte, indes die Erde überall naß würde. Doch außer diesem wollte Gideon noch ein Zeichen sehen, daß er der erwählte Helfer Israels sei. Er sprach zu dem Engel: Laß mich durch ein Wunder inne werden, daß der Herr mich erkoren hat, so wie es Mose widerfahren ist, da er Israel aus Ägypten führte. Da sprach der Engel: Lauf hin und hole mir Wasser aus dem Teich und gieß es aus über den Felsen, du sollst dann gleich ein Zeichen sehen. Als Gideon nun das Wasser gebracht hatte, fragte der Engel: Willst du, daß es in Blut oder in Feuer verwandelt werde? Gideon bat, es möge halb zu Blut und halb zu Feuer werden. Und so geschah es auch, und das Blut verlöschte nicht das Feuer, und das Feuer ließ das Blut nicht verdampfen.

Und Israel ward sehr gering vor Midian. Sie schrien zum Herrn. Da erschien der Engel des Herrn vor Gideon, dem Sohn Joas', und sprach zu ihm: Der Herr mit dir, du streitbarer Held!

Die Nacht, in der dieses geschah, war die Passahnacht. Da sprach Gideon: Mein Herr, wenn Gott mit uns ist, warum ist uns denn solches alles widerfahren? Wo sind all die Wunder, die Gott an unseren Vätern getan hat, als er die Erstgeborenen Ägyptens schlug und Israel mit Freuden von dannen führte?

Wie nun Gideon Israel so zu verteidigen wußte, sprach der Herr bei sich: Es ist nur billig, daß ich meine Herrlichkeit vor ihm offenbare. Und er wandte sich zu Gideon und sprach zu ihm: Geh in dieser deiner Kraft! Du hast die Kraft, für Israel einzutreten; um deinetwillen werden sie erlöst werden, du wirst sie aus der Hand der Midianiter erretten.

Da fing Gideon an, den Herrn mit dem Fell zu versuchen. Er sprach zu Gott: Willst du Israel durch meine Hand erlösen, so will ich ein Fell mit der Wolle auf die Tenne legen. Wird nun der Tau auf dem Fell allein sein und die ganze Erde umher trocken, so will ich daran erkennen, daß du Israel durch mich erretten wirst. Und es geschah also. Aber Gott sprach: Ich setzte die ganze Welt in Betrübnis, allein, um meines Namens Einzigkeit zu erweisen. Wie dann Gideon sagte: Das Fell möge trocken bleiben, auf die ganze Erde möge Tau fallen – da sprach der Herr: Nun möge der Tau herniederträufeln und die Welt fröhlich sein, und ich erweise dabei meines Namens Einzigkeit. Und er tat so in derselbigen Nacht.

Gideon, der Sohn des Joas, drosch den Weizen in der Kelter. Zuvor hatte der Vater die Ähren ausgeklopft und Gideon sie nur gesiebt, hernach aber sprach Gideon zu Joas: Vater, du bist alt und greis, und wenn die Feinde kommen, kannst du ihnen nicht entrinnen; so laß die ganze Arbeit mir. Und Gideon drosch nunmehr den Weizen, daß er ihn berge vor den Midianitern.

2
Jothams Fabel

JOTHAM, DER EINZIGE von den Söhnen Gideons, der am Leben geblieben war, stieg auf die Höhe des Berges Garizim und hielt da eine Rede, welche ein Gleichnis war.

Er sprach: Einst gingen die Bäume hin, einen König über sich zu salben – er meinte damit die Kinder Israel; sie sprachen zum Ölbaum: Sei du unser König! Das war Othniel ben Kenas, der aus dem Stamme Juda war, welcher Stamm von Jeremia ein grüner, fruchtbarer, schöner Ölbaum genannt wird.

Sie sprachen zum Feigenbaum: Herrsche du über uns! Das war Debora, die Heldin und die Sängerin des Siegesliedes. Danach wandten sie sich an den Weinstock, daß er ihr König werde; der Weinstock, das war der Richter Gideon, und auch er mochte nicht König sein über Israel.

Nunmehr gingen die Bäume zum Dornbusch und sprachen: Komm du und sei unser König! Und der Dornbusch, das ist der Bösewicht Abimelech, willigte ein. Also bekamen sie zum König ein unfruchtbares Gewächs, das nichts trägt als Stacheln, und so hatte auch Abimelech, der Sohn Gideons, niemals eine Tat vollbracht, die gut gewesen wäre.

3
Thola und Jair

ES WAR ZUR ZEIT GIDEONS, daß Merkurius die Sirenen entdeckte, Nixen, die bis zum Nabel wie Frauen aussehen und vom Nabel abwärts Fischen gleichen. Dann sind noch Wesen, die im Walde leben, die sind zur Hälfte wie Menschen, zur anderen Hälfte wie Pferde oder andere Tiere. Und der weise Dädalus machte, vermöge der künstlichen Wissenschaft, in der er sich auskannte, Götzen, menschliche Figuren, sowie Vögel aus Gold und Kupfer und blies ihnen den lebendigen Odem ein. Da fingen die Götzen zu sprechen an, die Figuren weissagten, und die Vögel flogen, denn ihr Schöpfer verstand seine Kunst gut. – Zur selben Zeit wurde die Stadt Tyrus erbaut, zweihundertvierzig Jahre, bevor der Tempel in Jerusalem entstanden ist.

Nach Gideon gelangte Abimelech, der Sohn seines Kebsweibes, zur Herrschaft. Zu dieser Zeit geschah es, daß man in Griechenland den Chorgesang und den Paukenschlag erfunden hat. Nach Abimelech war Thola, der Sohn Phuas, Richter in Israel. Dazumal besiegte Herkules den Antheus auf dem Wasser in Libyen und zerstörte Ilios, wonach er den Priamus zum König von Troja machte.

Danach trat Jair, der Gileaditer, als Richter auf: der machte einen Altar dem Baal, und Israel wandte sich ihm zu, und sie dienten dem Baal, ausgenommen sieben gerechte Männer, die so hießen: Daal, Abbi, Isreel, Gutiel, Salom, Asor, Jonadab, Simei. Diese sprachen zu Jair: Wir gedenken dessen, was Mose Israel befohlen hat, indem er sprach: Hütet euch, daß ihr nicht abweichet vom Gott – und du hast das Volk verführt, daß es Baal diene. Da befahl Jair, die Männer mit Feuer zu verbrennen, dafür, daß sie Baal gelästert hatten. Als sie aber ins Feuer geworfen wurden, ließen die Flammen die frommen Männer unversehrt und verschlangen die Diener Jairs und auch sein ganzes Haus. Die sieben Männer aber stiegen aus dem Feuer und gingen ihres Weges, denn alles ringsumher war mit Blindheit geschlagen. Und Jair hörte die Stimme Gottes, die sprach: Ich habe dich zum Richter

in Israel erhöht, doch du hast das Volk irregeführt und sie zu Baal-
dienern gemacht, und die , die an mir hingen, wolltest du mit Feuer
verbrennen; nun aber werden diese leben, und du wirst im Feuer vergehen, das nie verlöschen wird. Also kam Jair um und mit ihm zehntausend Mann, und er ward begraben zu Kamon.

Zu der Zeit raubte der Theseus Helena, und die Brüder Theseus',
Kastor und Pollux, sowie seine Mutter wurden gefangen. Das war die
Ursache für die Erbauung der Stadt Karthago, und in jenen Tagen
ward das lateinische Alphabet erfunden.

4
Jephtahs Gelübde

VON JEPHTAH, DEM GILEADITER, ist zu sagen, daß er seine Tochter
ins Verderben brachte, weil er die Schrift nicht kannte. Als er nämlich
mit den Ammonitern stritt, da tat er ein Gelübde und sprach: So du
die Kinder Ammon in meine Hand überlieferst, so will ich das erste,
was zu meiner Haustür heraus mir entgegentritt, wenn ich heimgekehrt bin, dir zum Brandopfer opfern.

In dieser Stunde zürnte ihm der Herr und sprach bei sich: Und
wenn ihm als erstes ein Hund, ein Schwein oder ein Kamel entgegentritt, so will er mir ein unreines Tier als Opfer darbringen? Und er
ließ ihn seiner Tochter begegnen.

Jephtah kam in sein Haus nach Mizpa, und siehe, seine Tochter
kam ihm entgegen. Wie er sie erblickte, zerriß er seine Kleider und
rief aus: Ach meine Tochter, wie beugst du mich so sehr! Ich habe
meinen Mund aufgetan vor dem Herrn und kanns nicht zurücknehmen. Da sprach die Jungfrau: Vater, befiehlt denn die Schrift, daß ein
Mensch seine Kinder auf dem Altar darzubringen hat? Es heißt doch
vielmehr: Wenn ein Mensch ein Opfer darbringen will, der bringe
es von dem Vieh, von Rindern oder von Schafen. Es heißt nimmer: von
Menschenkindern. Jephtah aber sprach: Ich habe gelobt, daß ich das
darbringe, was als erstes zu meiner Tür herausgehen würde. Darauf
sagte das Mädchen: Der Erzvater Jakob hat zu Gott gesprochen: Von
allem, was du mir gibst, will ich dir den Zehnten geben. Hat er aber
eins von seinen zwölf Kindern geopfert?

So redete das Mädchen, er aber hörte nicht auf sie. Da sagte sie:
Laß mich vor die Richter treten, vielleicht, daß sie einen Ausweg finden. Und sie trat vor die Richter, diese aber fanden keinen Weg, das
Gelübde zu lockern. Der Herr hatte ihnen den Geist vorenthalten,
und sie sahen nichts als die Mauer des Gesetzes. Also ging Jephtah
hin und schlachtete seine Tochter vor dem Herrn. Der heilige Geist

aber klagte und rief: Hab ich Seelen verlangt, daß man sie mir opfere? Das hab ich nicht geboten, davon hab ich nicht geredet, das kam nie in mein Herz.

Also mußte Jephtah seine Tochter umbringen. Und was war der Grund? Daß er nicht schriftkundig war.

Es lebte doch aber Pinehas zu dieser Zeit. Konnte dieser das Unheil nicht verhüten? Pinehas sprach: Ich bin Hochpriester und Sohn eines Hochpriesters; sollte ich mich da gering machen und einen gemeinen Mann aufsuchen, daß ich mit ihm rede? Jephtah hinwiederum sprach: Ich bin das Haupt der Stämme Israels, das Haupt der Fürsten; sollte ich da von meiner Würde herabsteigen und zu einem Bürger gehen? Durch die Sünde dieser beiden ist die Unglückliche ums Leben gekommen, und sie sind schuld an dem vergossenen Blut. Aber sie haben beide Strafe erfahren: von Pinehas wich der Geist der Prophetie, und Jephtah – seine Gebeine wurden zerstreut.

5
Die Klage der Tochter Jephtahs

NACH JAIR KAM JEPHTAH der Gileaditer auf, welcher Israel von der Hand der Ammoniter gerettet hat. Er betete zu Mizpa und sprach: O Herr, erhöre uns, laß dein Erbe nicht umkommen und deinen Weinberg nicht zertreten werden, sondern nimm dich der Rebe an, die du gepflanzt hast und die du aus Ägypten herübergebracht hast. Und er sandte Boten zu Giteel, dem König der Ammoniter, und ließ ihm sagen: Was sind wir miteinander, daß du zu mir kommst und Streit anfängst?

Aber der Geist Gottes geriet über Jephtah, als er in den Krieg zog, und er tat ein Gelübde dem Herrn und sprach: Wenn du die Kinder Ammon in meine Hand fallen läßt, so soll das erste, was zur Tür meines Hauses mir entgegenkommt, wenn ich mit Frieden heimgekehrt bin, Gott geweiht sein und als Brandopfer dargebracht werden.

Und Jephtah schlug die Ammoniter aufs Haupt und demütigte sie vor Israel. Alsdann kehrte er nach Mizpa zurück, und die Frauen und Jungfrauen eilten ihm entgegen mit Pauken und Reigen; aber seine Tochter war das erste, was ihm in seiner Vaterstadt begegnete, und sie war sein einziges Kind, und er hatte außer ihr kein anderes, weder eine Tochter noch einen Sohn. Wie er sie nun sah, zerriß er seine Kleider und sprach: Ach meine Tochter, wie beugest, wie betrübest du mich! Du, meine Tochter, sollst mein Verderber sein! Nun liegt für mich in der einen Wagschale die Freude über den Untergang der Feinde, in der anderen mein eigen Fleisch und Blut; was wiegt mir schwerer? Mitten in der Trunkenheit des Sieges fügst du mir solchen Schmerz zu. Denn ich hab meinen Mund aufgetan vor Gott und kann es nicht zurücknehmen. Da sprach seine Tochter Seela zu ihrem Vater: Worüber grämst du dich denn? Schmerzt dich mein Tod, nachdem du an deinen Feinden Rache genommen hast? Gedenke unserer Väter, gedenke der Geschichte, wie einst ein Vater seinen Sohn geopfert hat und beide, der Opfernde und der Dargebrachte, dem Herrn angenehm waren. Tu also an mir, Vater, wie du gesprochen hast. Nur eine Bitte gewähre mir, ehe ich sterbe. Gib mir eine Frist von zwei Monaten, daß ich bete zu dem, dem ich meine Seele zurückgeben werde, daß ich die Berge ersteige und wieder hinabgehe, auf den Hügeln nächtige und über die Felsen ziehe, meine Jungfrauschaft zu beweinen mit meinen Freundinnen und Tränen darüber zu vergießen. Ich will meinen Sinn fühlen über die dahingegangene Jugend, und es sollen mich beweinen die Bäume des Waldes und die Tiere des Feldes. Es ist mir nicht leid darum, daß ich sterben muß und daß mein Vater gelobt hat, mich als Opfer darzubringen; mir ist nur Angst darum, daß mein Opfer nicht genehm und mein Tod vergeblich sein könnte.

Da willigte Jephtah in den Wunsch seiner Tochter ein, und sie zog mit ihren Freundinnen hinaus in die Welt. Sie suchte die Weisen ihres Volkes auf und erzählte ihnen von ihrem Geschick, allein keiner wußte ihr Antwort zu geben. Da stieg sie auf das Gebirge Telag, und hier erschien ihr der Herr in der Nacht und sprach zu ihr: Ich habe den Mund der Weisen meines Volkes verschlossen, daß sie keine Antwort zu geben wußten der Tochter Jephtahs; nun soll ihr durch mich Antwort werden: ihr Tod ist mir ein liebes Geschenk, denn die Weisheit aller Weisen wohnt ihr inne.

Danach ging Seela, die Tochter Jephtahs, zu ihrer Mutter und warf sich in ihren Schoß. Sie zog weinend fort in das Gebirge Telag und klagte und rief: Hört, ihr Berge, das Seufzen meiner Trauer; ihr Hügel seht hin auf die Tränen meiner Augen; ihr Felsen seid Zeugen des Jammers meiner Seele, der Seele, die dem Tode geweiht ist. Doch nicht vergeblich wird mein Tod sein. Meine Worte werden im Himmel ihre Sühne finden, und meine Tränen werden droben abgewischt werden. Denn der Vater hat keinen Streit geführt mit der Tochter, die er opfern wollte, und hat der Stimme der Fürsten nicht gehorcht, als er sein einziges Kind umzubringen beschloß. Ich aber soll meinen Brauthimmel nicht schauen und die Hochzeitskrone nimmer tragen; nie werde ich in den Gewändern prunken, in die die Jungfrau gehüllt wird am Tag ihrer Vermählung. Nie wird Myrrhe mein Zelt durchduften und Salböl meine Stirne streichen. O meine Mutter, umsonst hast du mich geboren! Deiner Tochter Trauung wird im Grabe vor sich gehen; umsonst ist die Mühe, die du mit mir gehabt hast. Meine schönen Kleider werden die Motten fressen, und die Blumen meines Kranzes werden welk und trocken werden. Die Bäume werden ihre Wipfel neigen über meine Jungfrauschaft, und die Tiere des Feldes werden sie zertreten, denn meiner Jahre Lauf wird gehemmt, und die Zeit meines Lebens soll im Dunkel vollendet werden.

Nach zwei Monaten kehrte die Tochter Jephtahs zurück zu ihrem Vater, und er tat an ihr, wie er gelobt hatte. Da kamen die Jungfrauen in Israel und begruben sie und beklagten sie. Und es ward eine Gewohnheit in Israel, daß die Töchter Israels Jahr um Jahr hingingen, zu klagen um die Tochter Jephtahs, des Jahrs vier Tage.

6
Von Ebzan und Elon

ES WAR IN DEN TAGEN JEPHTAHS, daß Herkules sich ins Feuer stürzte und verbrannte. Nach Jephtah war Ebzan aus Bethlehem Richter in Israel, nach diesem Elon ein Sebuloniter. Zu der Zeit raubte Alexander die Helena. Und während der Herrschaft Abdons, der nach Elon Israel richtete, wurde die Königstadt Troja erobert.

Und nach der Eroberung von Troja begannen die Griechen die Zeit nach Olympiaden zu rechnen und nahmen dieses Ereignis zum Ausgangspunkt, so wie wir die Zeit von der Zerstörung des Tempels an zählen; eine Olympiade, das ist ein Zeitraum von vier Jahren.

Dazumal kamen Menelaus und Helena nach Ägypten. In Italien herrschten Janus, Saturnus, Picus und Faunus. Drei Jahre nach Trojas Fall, andre sagen acht Jahre nachher, trat Aeneas die Herrschaft an, die drei Jahre währen sollte. Um diese Zeit wurde das Reich Rom aufgerichtet, die Herrschaft der Latiner, die so hießen, weil sie die lateinische Sprache sprachen.

Ruth

1
Elimelech und Naemi

ZEHNMAL IST DIE WELT von einer Hungersnot heimgesucht worden: einmal zur Zeit Adams, das zweite Mal zur Zeit Lamechs, das dritte Mal zur Zeit Abrahams, das vierte Mal zur Zeit Isaaks, das

fünfte Mal zur Zeit Jakobs und Josephs; ferner zur Zeit des Prophe-
ten Elia, zur Zeit des Propheten Elisa, zur Zeit des Königs David, zur
Zeit, da die Richter regierten. Und noch eine Hungersnot ist in der
Welt vorhanden und stets bereit auszubrechen.

Weswegen wurde Elimelech, der Mann Naemis, gestraft? Weil er
den Glanz Israels verdunkelte. Er war einer von den Ernährern der
Gemeinde. Als die Hungersnot kam, sprach er bei sich: Nun werden
die Leute alle an meiner Tür pochen und mein Haus umringen, der
mit seinem Korb und der mit seinem Sack. Und er machte sich auf
und floh davon.

Komm her und schau, wie schwer es dem Herrn fällt, seine Geschöpfe zu strafen. Tut ein Mensch Sünde wider ihn, so legt er vor-
erst die Hand an sein Gut. Aus welchem Beispiel ist das zu ersehen?
Aus dem Beispiel der Naemi und ihres Mannes Elimelech, welcher
Haupt seines Geschlechtes war. Als der Hunger über das Land kam,
verließ er die verödete Heimat und zog in der Moabiter Land. Der
Herr aber zürnte ihm, denn er war Fürst seines Stammes und hatte
seinen Stamm verlassen. Gott sprach: Diese haben meine Kinder im
Stiche gelassen und dem Lande den Rücken gekehrt, da es Not litt. –
Und Elimelech, der Mann Naemis, erlitt den Tod.

Hätten aber seine Söhne die Lehre daraus ziehen und nun in die
Heimat zurückkehren sollen? Was taten sie aber? Sie heirateten moa-
bitische Weiber, welche kein Tauchbad kannten und den jüdischen
Glauben nicht annahmen. Die eine hieß Orpa, denn sie hatte ihrer
Schwieger den Nacken gewendet; die andere hieß Ruth, die geschaut
hat darauf, was Naemi tat.

Zehn Jahre wohnten sie im Lande Moab. All die Zeit wurden sie
vom Herrn verwarnt, daß sie Buße täten und zurückkehrten in das
Land Israel. Da sie der Mahnung kein Gehör schenkten, schlug der
Herr ihre Kinder und Kamele; wie aber auch das nicht half, da starben die beiden Söhne Elimelechs, Mahalon und Kilion.

Elimelech aber und Salma, der Vater Boas, sowie der ungenannte
Löser Ruths und der Vater der Naemi – sie alle waren Nachkommen
Nahassons, des Sohnes Amminadabs; Elimelech, Nahalon und Kilion waren außerdem noch die Führer ihres Geschlechtes. Weswegen
sind sie da gestraft worden? Weil sie ihre Heimat verlassen haben und
in die Fremde gezogen sind. Als nun Naemi und ihre Schnur Ruth
nach Bethlehem kamen, da erregte sich die ganze Stadt um ihretwillen, und sie sprachen: Sollte das Naemi sein? Gehet an die Naemi, die
das Land verlassen hat und in die Ferne zog, was da aus ihr geworden
ist!

An dem Tage, da Naemi mit ihrer Schnur nach Bethlehem
zurückkam, war die Frau Boas gestorben. Da versammelte sich

ganz Israel, um an ihr Gnade zu erfüllen. Eine Frau hatte Bethlehem verlassen, eine neue war nach Bethlehem gekommen.

2
Ruth und Orpa

RUTH UND ORPA WAREN die Töchter Eglons, des Moabiterkönigs. Als der Richter Ehud zu ihm eintrat, saß der König in der Sommerlaube, die für ihn allein war. Ehud sprach: Ich habe Gottes Wort an dich. Da stand Eglon auf von seinem Stuhl. In dieser Stunde sprach der Herr zu Eglon: Du bist zu meinen Ehren von deinem Stuhl aufgestanden. Bei deinem Leben! Ich will von dir einen Sohn kommen lassen, der thronen wird auf dem Stuhle Gottes.

Und Orpa küßte ihre Schwieger und kehrte zurück; Ruth aber hing ihr an. Da sprach der Herr: Die Söhne derer, die da geküßt hat, sollen fallen von der Hand der Söhne derer, die da an ihrer Schwieger hing.

So fiel Goliath, Orpas Sohn, durch David, den Sohnessohn von Ruth.

Als Lohn für die vierzig Schritte, die Orpa, die Schnur Naemis, mit ihrer Schwieger gegangen war, gewann sie ihrem Sohne vierzig Tage länger Leben. Ihr Sohn, das war der Riese Goliath, der sich vierzig Tage lang darstellte den Kindern Israel, bis David ihn tötete.

Rabbi Juden sagt: Vier Meilen ging Orpa mit Naemi zusammen; dafür sind ihr vier Helden entsprossen. Das sind die vier Philister, von denen die Schrift erzählt, daß sie dem Rapha zu Gath geboren wurden. In der Nacht nämlich, in der Orpa ihre Schwieger verließ und nach Hause zurückkehrte, wohnten hundert Heiden ihr bei. Rabbi Tanahuma sagt, auch ein Hund sei darunter gewesen; daher auch Goliath späterhin zu David sprach: Bin ich denn ein Hund?

3
Die Ährenleserin

BOAS SPRACH ZU SEINEM KNECHTE, der über die Schnitter gestellt war: Wessen ist dieses Mädchen? Da begann der Knabe sie zu loben und ihre Keuschheit zu rühmen und erzählte: Wie viele Tage ist sie schon mit uns zusammen, und man hat noch keinen Finger ihrer Hand und keine Zehe ihres Fußes gesehen; auch wissen wir nicht, ob sie sprechen kann oder stumm ist.

Da fing Boas an, nach dem Weibe zu forschen.

Boas fragte den Knaben: Wem gehört dieses Mädchen an? Er hatte nämlich gesehen, wie sittsam sie war und wie bescheiden. Während
die anderen Frauen im Stehen die Ähren einsammelten, saß Ruth auf
der Erde nieder und las die einzelnen Ähren; die anderen suchten von
dem schon zusammengebundenen Getreide zu nehmen, Ruth allein
begnügte sich mit dem, was übriggeblieben war und allen freistand.
Die Weiber der Stadt scherzten mit den Schnittern, indes die züchti-
ge Ruth den Platz mitten unter den Schnittern mied und zur Seite
sich aufhielt. Auch hob sie die Ähren nur auf, wenn es eine oder zwei
waren; lagen drei Ähren beisammen auf dem Boden, so ließ sie sie liegen als ein Gut, das ihr nicht gehörte.

Sechs Maß Gerste gab Boas der Ruth, und das war ein Zeichen,
daß unter ihren Kindeskindern sechs Männer sein würden, welche
gesegnet wären mit sechserlei Segen. Wer sind aber diese sechs? David, der Messias, Daniel, Hanania, Misael und Asaria.

Und es geschah um Mitternacht, da erschrak der Mann und beugte sich vor, und siehe, ein Mädchen lag zu seinen Füßen.

Er befühlte ihr Haar und sprach bei sich: Geister haben keine
Haare. Und er sprach zu der Daliegenden: Bist du ein Weib, oder bist
du ein Geist? Sie antwortete: Ich bin ein Weib. Er fragte weiter: Ledig oder vermählt? Sie antwortete: Ledig. Boas fragte: Rein oder unrein? Sie erwiderte: Rein. Also: ein Weib frei und rein lag zu seinen
Füßen.

Und Boas nahm die Ruth, und sie ward sein Weib. Er ging zu ihr
ein, und der Herr ließ sie von ihm empfangen. In der Nacht aber, da
Boas ihr beigewohnt hatte, verstarb er.

4
Boas und Ebzan

EBZAN, DER ALS RICHTER in Israel genannt wird, das war Boas, der
Löser der Ruth. Ein Greis von dreihundert Jahren war Boas, da er
seinen Sohn Obed zeugte; in derselben Nacht, wo er sich der Ruth
vermählte und sie von ihm empfing, starb Boas; bevor aber Ruth seine Gemahlin geworden war, hatte er dreißig Söhne und dreißig Töchter gehabt, die waren alle gestorben.

Obed, der Vater des Vaters Davids, erreichte ein Alter von mehr
als vierhundert Jahren, und Ruth lebte so lange, daß sie noch den König Salomo, ihren Sohnessohn, auf seinem Throne sitzen sah.

Der Richter Ebzan, oder vielmehr Boas, feierte hundertzwanzig
Feste; nämlich für seine dreißig Söhne und für seine dreißig Töchter,

für seine dreißig Eidame und für seine dreißig Sohnesfrauen. Doch zu keinem der Gastmähler hatte er Manoah, den Vater Simsons, eingeladen.

Aber alle seine Kinder erlitten den Tod, da er noch lebte.

Simson

1
Simsons Gestalt

DER ENGEL DES HERRN erschien dem Weibe Manoahs und sprach zu ihr: Siehe, du bist unfruchtbar und hast nicht geboren; aber du wirst schwanger werden und wirst einen Sohn gebären.

Weil sie nun unfruchtbar war, wurde sie von ihren Nachbarinnen belogen, und sie sprachen zu ihr: Willst du ein Kind haben, so nimm das Fell eines Fuchses und verbrenne es mit Feuer, bis es zur Asche wird; die Asche tu in Wasser und trinke davon dreimal am Tage, drei Tage lang, und du wirst sogleich gesegnet werden.

Der Herr aber sah auf den Schmerz des Weibes hin und sandte einen Engel zu ihr. Er sprach zu ihr: Tochter, sieh dich vor, daß du nichts Unreines essest. Und weil sie die Reinigungsgebote innehielt, wurde sie alsbald schwanger.

Das Weib Manoahs gebar einen Sohn und hieß seinen Namen Simson, und der Knabe ward groß, und Gott segnete ihn. Womit segnete ihn Gott? Mit Manneskraft. Sein Zeugungsglied war so groß wie ein ausgewachsener Mensch. Sein Same floß einer Quelle gleich.

Der Geist Gottes trieb den Simson ins Lager Dan zwischen Zarea und Esthaol.

Was soll das heißen: zwischen Zarea und Esthaol? Simson riß zwei Berge aus und rieb sie aneinander, gleichwie ein Mensch zwei Scherben in die Hände nimmt und sie aneinander reibt.

Zu der Stunde, da der heilige Geist über Simson ruhte, da standen seine Haare hoch und schlugen aneinander wie Schellen; dieser Klang aber war zwischen Zarea und Esthaol zu hören.

Andre meinen, die Majestät Gottes wäre ihm vorangegangen und hätte einer Glocke gleich geläutet.

Der Raum zwischen den Schultern Simsons war sechzig Ellen breit. Heißt es doch von ihm, daß er um Mitternacht aufstand und beide Türflügel des Stadttors ergriff samt den beiden Pfosten, daß er sie aus den Riegeln hob, sie auf seine Schultern legte und hinauftrug auf die Höhe des Berges.

Die Tore Gazas aber waren breit nicht weniger denn sechzig Ellen.

2
Über die Gottähnlichkeit Simsons

DIE WEISEN SPRACHEN: Fünf Menschen sind mit einem göttlichen Abzeichen bedacht worden, und alle sind sie daran auch zugrunde gegangen: Simson an seiner Kraft, Saul an seinem Hals, Absalom an seinem Haar, Zedekia an seinen Augen, der König Asa an seinen Füßen.

Simson richtete Israel wie ihr Vater im Himmel. Ist doch sein Name Sonne wie der Name Gottes, welcher Sonne und Schild ist. Wenn aber so, wie konnte Simson dann sterben? Nein, nur ein Teil der Kraft des göttlichen Namens war in Simsons Namen: so, wie der Herr ein Schützer ist über die ganze Welt, so war Simson in seiner Zeit ein Schützer über Israel.

Dan wird Richter sein in seinem Volke wie eines der anderen Geschlechter in Israel. Damit ist auf Simson, den Sohn Manoahs, hingewiesen, welcher so war wie der, der einzig ist in seiner Welt. Denn, gleichwie der einzige Gott keiner Stütze bedarf, so brauchte auch Simson keine Stütze.

Dan wird sein Volk richten wie nur irgendeiner – das heißt, er wird es richten wie jener Einzige, der im Krieg der Hilfe der anderen enträt, wie es auch von ihm heißt: Ich trete meine Kelter allein. So auch hatte Simson andrer Hilfe nicht nötig.

Dan wird Richter sein in seinem Volk wie ein anderes Geschlecht in Israel. Dan wird Schlange werden auf dem Wege und eine Otter auf dem Steige, die werden das Pferd in die Ferse beißen, daß sein Reiter zurückfällt ...

Als unser Vater Jakob seine Söhne an sein Sterbelager gerufen und zu ihnen gesprochen hatte: Versammelt euch, ich will euch verkündigen, was euch in künftigen Zeiten begegnen wird – da schaute er in einem Gesicht Simson, den Sohn Manoahs; und er dachte von ihm, dieser würde der König Messias sein. Als er ihn aber darauf sterben sah, sprach er: Auch dieser wird des Todes sein! Herr, ich warte noch auf dein Heil.

3
Simson und Delila

DANACH GEWANN SIMSON ein Weib lieb am Bache Sorek, die hieß
Delila.

Warum war ihr Name Delila? Sie ist mit Recht so genannt worden,
denn sie verringerte seine Kraft, verringerte seinen Mut, verringerte
seine Taten.

Delila bedrängte ihn mit ihren Worten und zerplagte ihn. Wodurch zerplagte sie ihn? Wenn er zu ihr einging, so riß sie sich aus seinen Armen, kaum daß sie vereinigt waren, und so ward seine Seele
matt bis an den Tod. Ihre Seele aber ward nicht matt, denn sie stillte ihre Lust an anderen Männern.

Simson folgte Zeit seines Lebens der Lust seiner Augen; darum
war auch sein Ende, daß die Philister ihm die Augen ausstachen.

Es heißt im Segen Jakobs: Dan wird eine Schlange sein auf dem
Wege. Damit ist Simson gemeint.

Die Schlange sucht der Frauen Nähe, war sie es doch, die die Eva
verführte; und so suchte auch Simson die Frauen. Alle Stärke der
Schlange liegt nur in ihrem Kopf, wie dasselbe auch bei Simson der
Fall war, dessen Kraft an seinen Haaren hing. Und, wie das Schlangengift seine tötende Wirkung behält, auch wenn das Reptil längst tot
ist, so war es mit Simson: der Toten, die in seinem Tod starben, waren mehr denn derer, die bei seinem Leben starben.

4
Simsons Ende

UND DIE PHILISTER GRIFFEN SIMSON, stachen ihm die Augen aus,
führten ihn hinab gen Gaza, banden ihn mit zwei ehernen Ketten,
und er mußte im Gefängnis mahlen.

Mahlen, das bedeutet hier: Kinder zeugen. Jeder Philister brachte
ihm sein Weib ins Gefängnis, damit sie von ihm schwanger würde.

Simson flehte zu Gott und sprach: Herr, Herr gedenke mein und
stärke mich noch dieses Mal, daß ich mich räche. Er betete vor dem
Heiligen, gelobt sei er: Herr der Welt, rechne mir die zweiundzwanzig Jahre zum Guten an, die ich Richter war über Israel; keinen einzigen aus dem Volk habe ich jemals bemüht, daß ich zu ihm gesagt
hätte: Trag mir einen Stock von diesem Ort zu jenem Ort.

Simson betete zu Gott und sprach: Hilf mir noch dieses Mal, daß
ich für meine beiden Augen mich rächen möge an den Philistern – für

mein eines Auge möge ich gerächt werden noch in dieser Welt, und für das andre, das ich verlor, vergilt mir in der zukünftigen Welt.

Es heißt das eine Mal von Simson, zwanzig Jahre sei er Richter gewesen; wiederum finden wir geschrieben: er aber richtete Israel vierzig Jahre. Also, noch zwanzig Jahre nach seinem Tode hegten die Philister Furcht vor ihm.

Zwei Helden hat es in der Welt gegeben, Simson in Israel und Goliath unter den Heiden; beide aber gingen zugrunde daran, daß sie ihre Stärke als ihr eigenes Verdienst ansahen und nicht als Gabe Gottes.

Der Mann Micha

1
Die Wanderungen Michas und seines Götzen

ALS MOSE DAS SCHILDCHEN mit dem heiligen Namen in den Nil warf, um den Schrein Josephs emporschwimmen zu lassen, da kam Micha und stahl heimlich das Täfelchen aus dem Strom. Als danach der Herr Israel über das Schilfmeer führte, kam auch Micha hinüber, der das Schildchen in der Hand hielt, aus dem späterhin das goldene Kalb gemacht werden sollte.

Andre wiederum meinen, Micha hätte vorerst den Götzen gemacht und ihn mit sich geführt, als Israel das Schilfmeer überschritt.

Rabbi Jose sprach: Gibt es eine Schande, die größer wäre, als diese: Israel schreitet über das Rote Meer, und der Abgott von Michas Hand schreitet mit ihnen hinüber!?

Und das Volk dürstete nach Wasser, als sie in der Wüste Sin waren. Damit wird auf den Götzen Michas hingewiesen.

Rabbi Juba, der Sohn Eliesers, sprach: Nicht genug, daß sie das Götzenbild Michas mit sich führten, sie wagten es noch zu murren.

2
Der Dienst der Kinder Dan

MICHA TAT NACH DEM BEFEHL seiner Mutter und fertigte vielerlei Bilder an; er machte drei Abbilder von Menschen, drei Abbilder von

Kälbern, einen Adler, einen Löwen und eine Schlange. Wer um Nachkommen bitten wollte, der betete die Menschenbilder an. Wer um
Reichtum bat, der betete zum Adler. Wer Macht haben wollte, der
bückte sich vor dem Löwen. Wer um langes Leben bat, der wandte
sich an die Schlange. Wer sich vielerlei wünschte, der wandte sich an
die Taube, von der auch noch ein Bildnis verfertigt worden war.

Und die Kinder Israel hurten den Götzen nach und verließen den
Herrn, den Gott Israels. Da überantwortete er sie in die Hände ihrer
Feinde. Wenn sie aber Buße taten, schickte er ihnen Erlöser von Zeit
zu Zeit.

Don Gareb, wo Micha wohnte, bis Silo waren es drei Meilen, und
der Rauch vom Priesterzelt Gottes und der Opferrauch von Michas
Bild vermischten sich miteinander. Die diensttuenden Engel wollten
ihn wegtreiben, der Herr aber sagte ihnen: Laßt ihn gewähren, denn
sein Brot gibt er jedem, der des Weges zieht.

Die Kinder Dan richteten sich einen Götzen auf, denn sie waren
Anbeter von Greueln und meinten es nicht ehrlich mit ihrem Schöpfer.

Es heißt, der Götzendienst Michas habe bestanden bis an die Zeit
der Verbannung des Landes. Damit ist die Verbannung der Bundeslade gemeint, die in den Tagen Elis erfolgte. Deshalb heißt es da nicht:
bis zur Verbannung Israels; denn dazumal wurde nur die Lade verbannt, aber nicht das Volk, und nur so lange hatte das Bildnis des
Micha bestanden.

3
Jonathan ben Gersom

UND JONATHAN, DER SOHN GERSOMS, des Sohns Manasses, war
Götzenpriester unter dem Stamm der Daniter. In dem Namen
Manasse schwebt das Schriftzeichen Nun über den anderen Zeichen,
und so weiß man nicht, ob hier ein Sohn Manasses oder ein Sohn
Moses gemeint ist. Ist er reinzusprechen, so ist er ein Sohn Moses ge-
wesen; ist er nicht reinzusprechen, so war er Manasses Sohn.

Ein Lehrer warf die Frage auf: Wenn Jonathan ben Gersom ein
Götzenpriester war, wie konnte er da ein so hohes Alter erreichen?
Ihm wurde geantwortet: Er war nicht mit ganzer Seele beim Götzendienst. Der Lehrer fragte: Inwiefern war er nicht mit ganzer Seele dabei? Die Antwort lautete: Kam ein Mensch zu ihm und brachte ihm
eine Turteltaube, ein Lamm oder ein Böcklein mit der Bitte, ihm den
Götzen geneigt zu machen, so antwortet Jonathan: Was kann dieser
dir helfen? Er sieht nicht und hört nicht, er ißt nicht und trinkt nicht,

er kann weder Gutes noch Böses tun, er kann auch nicht sprechen. Da sagte der Mann: Bei deinem Leben, was sollen wir da tun? Der Priester sprach: Bringe mir ein Schüssel Semmelmehl sowie zehn Eier und bereite daraus einen Kuchen; den wird er wohl verspeisen, und ich will ihn dir geneigt machen. Als aber der Gläubige diese Dinge gebracht hatte, aß der Priester alles selbst weg.

Ein anders Mal kam ein Fürstensohn zu dem Priester, und dieser beschied ihn ebenso wie den ersten Mann. Da sprach der Ankömmling: Wenn der Gott hier nicht hilft, warum dienst du ihm da? Er antwortete: Damit ich mein Leben habe.

Als späterhin David, der Sohn Isais, zur Herrschaft kam, ließ er den Priester holen und sprach zu ihm: du bist der Sohnessohn eines Gerechten und hast dich dem Götzendienst geweiht? Jonathan ben Gersom antwortete: Also ist es mir von meinem Ältervater überliefert worden: verkaufe dich lieber zum Diener von Abgöttern, als daß du dich in Abhängigkeit von Menschen begibst. David sagte darauf: Da sei Gott vor, daß man dieses Gebot so auslege! Sondern es ist so zu verstehen: Nimm lieber einen Dienst an, der dir fremd ist, als daß du Menschen um Hilfe angehst.

David merkte aber, daß der Priester geldgierig war, und so machte er ihn zum Verwalter über seine Vorräte,daher es auch heißt: Und Sebuel, der Sohn Gersoms,des Sohns Moses, war Fürst über die Schätze. Er ward aber Sebuel genannt, weil er mit ganzem Herzen und ganzer Seele zu Gott zurückgekehrt war. Als danach David starb und Salomo seine Ratsherren gewechselt hatte, da kehrte Jonathan zu seiner früheren Verderbnis zurück. Es heißt im Buch der Könige: Es wohnte aber ein alter Prophet zu Beth-El. Dieser Prophet soll Sebuel gewesen sein.

Die Söhne Moses waren Gersom und Elieser; die Kinder Gersoms – der erste war Sebuel. Sebuel wird an erster Stelle genannt; das ist der Jonathan ben Gersom, der zum Lügenpropheten der Götzendiener erwählt wurde.

War denn dieser Jonathan ben Gersom ein Nachkomme Manasses? War er nicht vielmehr ein Sproß Mose? Heißt es doch: Die Kinder Moses waren Gersom und Elieser. Ja, wegen der Untat, die er begangen hat, läßt ihn die Schrift als Sohnessohn Manasses fortleben.

Weil das, was er getan hat, nicht den Werken seines Vaters Mose glich, läßt ihn die Schrift als den Sohnessohn Manasses gelten.

4

Der Kampf der Stämme und Pinehas' Tod

ALS DIE KINDER ISRAEL wider den Stamm Benjamin auszogen, um an ihm Rache zu nehmen für die Greueltat an dem Kebsweib zu Gibea, da ließ sie der Herr eine Niederlage erleiden, und es fielen an diesem Tage von Israel zweiundzwanzigtausend Mann.

Da weinten die Kinder Israel vor Gott bis zum Abend und beschlossen, den Herrn zu befragen, worin denn ihre Sünde bestanden hätte, daß sie besiegt worden seien, und ob sie den Streit fortführen sollten. Der Herr erwiderte ihnen: Zieht abermals aus in den Kampf; hernach will ich euch kundtun, worin das Volk gestrauchelt ist. Als sie aber Tags darauf den Überfall wiederholten, da wurden achtzehntausend Mann von ihnen getötet. Da zog das ganze Volk Israel hinauf gen Bethel, wo die Lade des Bundes war, und sie weinten und fasteten daselbst bis zum Abend und brachten Brandopfer dem Herrn dar. Pinehas aber, der Sohn Eleasars, welcher Priester war, betete vor Gott und sprach: Herr unser Gott! War unser Tun dir recht, warum ließest du uns in ihre Hände geraten? War es nicht ein böses Unrecht, was diese begangen hatten, und warum mußten wir da von ihnen geschlagen werden? Sage doch deinem Knecht, bei wem die Sünde zu suchen ist, und wir wollen dir Gutes erweisen. Ich gedenke dessen, daß, als ich in meinem Eifer den Simri durchbohrt hatte, du mich von der Hand meines Volkes gerettet und vierundzwanzigtausend Mann von ihnen getötet hast. Nun aber hast du selbst den Stämmen Israel befohlen, gegen Benjamin zum Streit zu rüsten.

Da erhörte Gott die Bitte Pinehas' und sprach: Ich bin in Zorn geraten darüber, daß die Kinder Israel sich ob der Untat in Gibea ereifert haben, und daß das Treiben Michas, der das ganze Volk zum Götzendienst verführt hat, sie ungerührt gelassen hat. Darum hab ich's ihnen heimgezahlt, und dafür hab ich mich gerächt, daß sie wegen eines Kebsweibes ein Geschrei angefangen haben und den Übeltäter verbrennen wollten, während sie die, die den Götzen Michas angebetet haben, ungestraft haben ausgehen lassen. Nun aber mögen sie zum drittenmal wider Benjamin ausziehen, und ich lasse sie obsiegen.

Da fielen die Stämme Israels über den Stamm Benjamin her, und Gott schlug die Benjaminiter, und es fielen achtzehntausend Mann von ihnen tot nieder; alle Gefallenen aber waren fünfundzwanzigtausend Mann vom Stamme Benjamin. Nur sechshundert Mann flüchteten sich auf den Fels Hermon und entrannen. Mit diesen schlossen dann die Kinder Israel Frieden und ließen ihnen Trost zukommen. Sie kehrten in ihr Erbe zurück und bauten ihre Städte auf, und auch die Kinder Israel suchten ein jeder sein Haus und sein Geschlecht auf.

Danach kam die Zeit, da Pinehas sterben sollte, und der Herr sprach zu ihm: Du bist heute hundertzwanzig Jahre alt, und das ist des Menschen Leben. Mache dich auf, steig auf meinen Berg und verweile daselbst eine lange Zeit. Ich will meinen Raben Befehl geben, daß sie dich ernähren, desgleichen meinen Adlern; fahr zu den Menschen nicht mehr hinunter, bis das Ende naht. Alsdann wird sich der Himmel verschließen, und auf deines Mundes Wort wird er sich wieder auftun; alsdann wirst du zu deinen Vätern emporsteigen und daselbst verbleiben, bis ich meiner Welt wieder gedenken werde.

Da tat Pinehas, der Sohn Eleasars, in allem, wie ihm der Herr befohlen hatte.

Von Eli und Samuel

1
Elkana

Es war ein Mann von Ramathaim-Zophim, vom Gebirge Ephraim, mit Namen Elkana, der Sohn Jerohams, des Sohns Elihus, des Sohns Zuphs, ein Ephraimiter. Eine Krone ward Ephraim verliehen von unserem Erzvater Jakob. Als dieser von der Welt scheiden sollte, sprach er: Mein Sohn Ephraim wird das Haupt der Gemeinde sein, das Haupt des Stammes, erhaben und gepriesen unter meinen Söhnen, und sie mögen nach seinem Namen genannt werden.

Und der Mann Elkana zog alljährlich hinauf von seiner Stadt, daß er anbetete und opferte dem Herrn Zebaoth zu Silo. Er war der Oberste in seinem Hause, der Oberste im Hofe, der Oberste in der Stadt, der Oberste in ganz Israel, und diese Größe war sein eigenes Werk.

Elkana wallfahrte zusammen mit seinem Weib, seinen Kindern, seinen Schwestern und allen seinen Angehörigen. Wenn sie in eine Stadt kamen, so übernachteten sie draußen auf der Straße. Die Stadt wurde darüber aufgerührt, und die Leute fragten den Fremden: Wo wollt ihr hin? Die antworteten: Nach dem Hause Gottes, das zu Silo ist, allwoher die Lehre und die Gebote ihren Ausgang nehmen werden. Ihr aber, warum kommt ihr nicht mit? Alsbald rannten Tränen aus den Augen aller Einheimischen, und sie sagten: Wir wollen euch folgen. So schlossen sich ihnen im ersten Jahr fünf Häuser an, im zweiten zehn, bis zuletzt alle Einwohner ihnen folgten. Sie nahmen aber in jedem Jahre einen anderen Weg, so daß nach und nach alle Städte mit ihnen gemeinsam pilgerten.

Da sprach der Herr zu Elkana: Elkana, du hast die Waagschale der Milde zugunsten deiner Weggefährten geneigt; du hast sie zur Befolgung von Geboten erzogen, und durch dich sind viele geläutert worden. Ich will von deinen Lenden einen Sohn kommen lassen, der ganz Israel in derselben Weise leiten wird.

2
Hanna und Peninna

Und Hanna gelobte ein Gelübde und sprach: Herr Zebaoth! – Seit der Erschaffung der Welt war sie der erste Mensch, der so den Herrn angesprochen hätte. Sie bat: Gebieter der Welt! So viel Heere hast du der Welt gegeben; willst du mir auch nicht einen Sohn bescheren?

Was könnte man als Gleichnis dafür anführen? Ein König machte ein Fest allen seinen Untergebenen. Da kam ein Bettler, blieb in der Tür des Schlosses stehen und bat um ein Stück Brot. Jedoch kein Mensch kehrte sich an ihn. Da drängte sich der Arme durch die Menge hindurch, gelangte vor den König und sprach: Bei so vieler Speise, die du hier den Gästen vorgesetzest, fällt es dir schwer, mir auch nur ein Stückchen Brot zu geben?

Hanna flehte vor Gott und sprach: Von allen Gliedern, die du dem Weibe geschaffen hast, sollte eines unnütz sein? Die Augen sind zum Schauen da, zum Hören die Ohren, zum Riechen die Nase, zum Reden der Mund, zu allerlei Arbeit die Hände, zum Gehen die Füße, und die Brüste zum Säugen. Sollen nun meine Brüste, die du mir gegeben hast, und die über meinem Herzen sind, brachliegen und verdorren? Schenke mir einen Sohn, daß ich ihn säuge!

Hanna sprach vor dem Herrn: Gebieter der Welt! Es gibt ein himmlisches Heer und ein irdisches Heer. Das Heer des Himmels, das sind Wesen, die keine Speise und keinen Trank kennen, die sich nicht vermehren und nicht sterben, sondern ewig leben. Das Heer der Erde wiederum, das sind Wesen, die essen und trinken, die Kinder zeugen, und deren Leben ein Ende nimmt.

Nun weiß ich nicht, was ich für eine bin! Gehöre ich zu dem Heere des Himmels, so müßte ich wohl keine Kinder haben, müßte aber auch nicht essen und trinken und dürfte nicht sterben; gehöre ich zu dem irdischen Heer, so muß ich außer essen und trinken auch noch Kinder gebären.

Und Hannas Widersacherin, das zweite Weib Elkanas, welche Peninna hieß, betrübte und reizte sie. Sie pflegte des Morgens früh aufzustehen und zu Hanna zu sprechen: Dir ist es nicht gegeben, die Gesichter deiner Kinder des Morgens zu waschen, daß sie sauber ins Lehrhaus gehen. Und in der sechsten Tagesstunde sagte sie zu Hanna: Nun kannst du nicht aufstehen und deine Kinder empfangen, die aus dem Lehrhaus kommen.

Nachdem der Herr sich der Hanna erbarmt und sie mit Kindern gesegnet hatte, geschah es so, daß jedesmal, wenn Hanna einen Sohn gebar, Peninna dafür zwei Söhne zu Grabe trug. Hanna hatte schon vier Söhne geboren, Peninna aber ihre achte begraben. Nun ging Hanna mit ihrem fünften Sohne schwanger, und Peninna war in Angst um die zwei Kinder, die ihr noch geblieben waren.

Da wandte sie sich an Hanna und sprach zu ihr: Sei mir gnädig und laß dich erbitten; ich weiß, daß ich vor dir Sünde getan habe, allein gewähr es mir, daß mir die letzten zwei Söhne am Leben bleiben mögen. Da betete Hanna vor dem Herrn für ihre Widersacherin und sprach: Laß ihr die zwei Söhne. Der Herr antwortete: Bei deinem Haupte: Es war ihnen bestimmt zu sterben; nun du aber für sie gebeten hast, so will ich ihnen um deinetwillen das Leben schenken.

3
Der Knabe Samuel

TAG FÜR TAG ERSCHOLL eine Stimme vom Himmel, die rief: Ein Gerechter soll euch erstehen mit Namen Samuel. Also gaben alle Frauen den Söhnen, die sie zu der Zeit gebaren, den Namen Samuel. Sahen sie aber dann des Knaben Treiben, so sagten sie: Dieser Samuel, er dünkt mich nicht der richtige Samuel zu sein.

Als aber Hanna, das Weib Elkanas, ihren Samuel gebar, da sprach sie: Dies scheint der wahre Samuel zu sein.

Und der Knabe Samuel wuchs auf und nahm zu und war geliebt. All die Zeit, da die Gerechten im Wachsen sind, ist auch der Herr bei ihnen.

Rabbi Elieser sprach: Ich habe mit meinen eigenen Ohren den Herrn Zebaoth sprechen hören. Und was hat er gesprochen? Diese Worte: Siehe, ich habe dir heute vorgelegt das Leben und das Gute, den Tod und das Böse. Gott der Herr sprach: Die beiden Wege habe ich Israel vorgelegt, den Weg des Guten und den Weg des Bösen; der gute Weg ist der Weg des Lebens, der böse Weg ist der Weg des Todes. Der Gute teilt sich noch in zwei Wege, den Weg der Gerechtigkeit und den Weg der Gnade.

Der Prophet Samuel aber blieb stehen zwischen den beiden Wegen des Guten und sprach: Welchen der beiden soll ich wählen? Wähle ich den Weg der Gnade, so ist der der Gerechtigkeit gewiß der schönere; und wähle ich den der Gerechtigkeit, so ist vielleicht der der Gnade besser zu gehen. Also rufe ich Himmel und Erde über mich zu Zeugen an, daß ich keinen der beiden Wege auslasse und sie alle beide wandeln will.

Da sprach der Herr zu Samuel: Samuel, zwischen den beiden Wegen des Guten hast du gestanden, so will ich dir auch drei kostbare Gaben schenken; und daran soll jeder erfahren, daß wer nur immer Gerechtigkeit und Barmherzigkeit übt, dreifachen edlen Lohnes sicher ist: denn er erlangt Leben, Recht und Ehre.

4

Elis Tod

IN ELI WAR AARON GLEICHSAM wiederauferstanden, und Eli, der sein Lebtag keine Sünde begangen hatte, erfuhr die Strafe, die Aaron verdient hatte für die Errichtung des goldenen Kalbes. Wie der Unglücksbote der Lade erwähnte, da fiel Eli von seinem Stuhl, brach das Genick und starb; denn, da in Eli Aaron wiedergekehrt war, gedachte er bei der Bundeslade an die Tafeln des Bundes, die Mose um seiner Sünde willen zerbrochen hatte, und er stürzte sich selbst vom Stuhle, die alte Untat zu sühnen.

Die unbotmäßigen Söhne Elis aber, Hophni und Pinehas – in ihnen finden wir wieder Nadab und Abihu, die zuchtlosen Söhne Aarons.

Als die Lade Gottes gefangengenommen war, da rannte einer vom Stamme Benjamin aus dem Heer und kam gen Silo, daß er's Eli ansagte.

Dieser Mann war Saul. Sechzig Meilen war er an diesem Tage gelaufen. Er war in der Schlachtreihe gewesen und hörte, daß die Tafeln des Bundes geraubt worden waren. Da lief er hin, entriß sie dem Goliath und kam zu Eli.

Der Priester Eli betreute Israel vierzig Jahre lang. An dem Tage, da er starb, ließ der Herr seine Wohnung zu Silo fahren, das Zelt, da er unter Menschen wandelte, und er verwarf die Hütte Josephs und erwählte nicht den Stamm Ephraim, und er gab sein Volk dem Schwerte preis und entbrannte über sein Erbe.

5
Die Schicksale der Bundeslade

DIE PHILISTER NAHMEN die Lade Gottes und brachten sie nach Asdod in den Tempel Dagons. Sie bezeugten ihre Ehre und sprachen: In diesem Tempel ist ein Gott, und dieses hier ist auch ein Gott; möge der eine Gott bei dem anderen ruhen.

Man sagt aber, sie hätten auch so gesprochen: Der eine Gott hier ist Sieger, der andere ist Besiegter; möge der Besiegte den Siegreichen anbeten. Da sprach der Herr zu ihnen: Den Unterschied zwischen kalt und lau spürt ihr nicht; euch kann nur das siedend Heiße verbrennen! Als nun die von Asdod des Morgens früh aufstanden, fanden sie den Dagon auf seinem Antlitz liegen vor der Lade des Herrn.

Die Hand des Herrn war schwer über denen von Asdod, und er verderbte und schlug sie mit bösen Beulen. Wie die Leute so dalagen, mit Geschwüren behaftet, da kamen Mäuse aus der Tiefe hervor, drangen in die Leiber der Menschen und zerfraßen ihre Eingeweide. Da machten sich die Leute Bänke aus Holz, darauf zu sitzen und vor den Mäusen geschützt zu sein. Allein die Maus sprach zu der Bank: Ich bin der Bote Gottes und du nur ein gefertigtes Ding; neige dich vor dem Schöpfer des Alls. Da spaltete sich der Sessel, die Maus drang in die Leibesöffnung des Menschen, zerriß seine Eingeweide und fuhr zurück in die Tiefe.

Die Philister führten die Lade im Feld umher, aber auch da schlug der Herr sie mit einer schweren Seuche.

Hierauf füllten sie die Lade mit Silber und taten sie auf einen Wagen. Wie sie aber mit der Lade unterwegs waren, hoben die Kühe, die den Wagen zogen, einen Gesang an und riefen so: Jauchze du Schrein aus Akazienholz, jauchze du Lade; schaukle und wiege dich in deiner Pracht! Die du behangen bist mit goldgewirkten Tüchern, die du erstrahlst im Prunk innen im Hause Gottes, die du dich birgst zwischen zwei Cherubim!

So sangen die Kühe auf der Straße gen Beth-Semes.

Als die Philister an zweitausend Schritt von Beth-Semes entfernt waren, sprachen sie zueinander: Wir wollen die Hüllen von der Lade herunternehmen und sie an einen verborgenen Ort legen; dann wollen wir sehen, was die hier mit ihrem Gott anstellen werden, welchem wir solche Ehrfurcht erwiesen haben. Und sie taten, wie sie gesprochen hatten.

Die von Beth-Semes hätten, wie sie der Lade ansichtig wurden, sie mit ihren eigenen Kleidern zudecken sollen, danach vor ihr niederfallen und eine Stunde, zwei oder drei so vor ihr verharren sollen. Das taten sie nicht, sondern sahen die Lade an, lachten, tanzten und führten müßige Gespräche; auch wußten sie nicht, wer die Lade gebracht hatte. Indessen hoben die Philister ihre Hüllen auf und gingen mit ihnen davon.

Deshalb fielen damals so viele von Israel, an fünfzigtausend Menschen, und unter ihnen auch das große Synedrium.

6
Samuels Richteramt

ALS SAMUEL ZU DEM VOLKE SPRACH: Antwortet wider mich vor dem Herrn und seinen Gestalten, ob ich jemandes Ochsen oder Esel genommen habe, ob ich jemand habe Gewalt angetan oder Unrecht, ob ich von jemandes Hand ein Geschenk genommen habe – da antworteten sie: Du hast uns keine Gewalt noch Unrecht angetan. Und eine Stimme vom Himmel verkündete und rief aus: Ich bezeuge die Wahrheit dieser Worte.

Dies war eins von drei Malen, daß der Heilige Geist im Gerichtshaus erschien; er hatte sich zuvor einmal im Hause Sems offenbart und hernach noch einmal in den Tagen Salomos, ihn bei seinem Urteil erleuchtend.

Wer da glaubt, die Söhne Samuels wären Sünder gewesen, der irrt. Sie wandelten nur nicht den Weg, den ihr Vater gewandelt war, aber üble Taten taten sie nicht. Samuel der Gerechte wanderte stets durch alle Städte Israels, und in jedem Ort, durch den er kam, sprach er Recht; die Söhne Samuels aber blieben an ihren Stätten wohnen, sodaß, wer Recht begehrte, sie aufsuchen mußte, und sie mehrten so den Gewinn ihrer Aufseher und Schreiber.

Es heißt vom Samuel, daß als er alt und greis ward, er seine Söhne zu Richtern einsetzte; wiederum finden wir, daß die Zahl der Jahre seines Lebens nur zweiundfünfzig war. Mit einmal also wurde Samuel aus einem Mann zum Greise, und das hat sich so zugetragen:

Als der Herr zu Samuel sprach, es gereue ihn, daß er Saul zum Könige gemacht habe, sprach Samuel vor Gott: Herr der Welt! Du hast mich für so wert gehalten wie Mose und Aaron, wie es auch heißt: Mose und Aaron sind unter seinen Priestern, und Samuel unter denen, die seinen Namen anrufen. Wie aber das Werk, das Mose und Aaron aufgerichtet haben, bestehen blieb, solange die beiden lebten, so laß auch, was ich geschaffen habe, nicht untergehen vor meinem eigenen Tode. – Zu dieser Stunde sprach der Herr bei sich: Was soll ich tun? Laß ich den König Saul sterben, so wird Samuel dies nicht dulden; tue ich, daß Samuel stirbt, wo er noch so jung ist, so wird alle Welt darüber murren. Ich kann aber auch die beiden nicht länger leben lassen, denn schon ist die Zeit des Königtums Davids angebrochen, und auch nicht um Haaresbreite darf des einen Herrschaft in die Zeit, da der andere schon König ist, hineindauern.

Also ließ der Herr Samuel mit einem Mal grau und alt werden, sodaß er vor Saul starb und kein Mensch sich seines frühen Todes verwunderte.

7
Die Herkunft der Helden

AUS ALLEN STÄMMEN ISRAELS sind Richter und Könige hervorgegangen, nur aus dem Stamme Simeon erstand kein Herrscher und Verweser, und zwar um der Sünde Simris willen, des Fürsten der Simeoniter, der Buhlschaft mit dem midianitischen Weibe getrieben hatte und von dem Eiferer Pinehas erstochen worden war. Othniel ben Kenas war aus dem Stamme Juda, Ehud aus Benjamin, Debora und Barak vom Berge Ephraim und vom Heiligtum Naphtali. Gideon war aus dem Stamm Manasse, ihm folgte sein Sohn Abimelech. Thola war aus Isaschars Stamme, der Gileaditer Jair aus Havat-Jair in Manasses Erbteil; auch Jephtah war von den Bewohnern Gileads. Ebzan stammte aus Bethlehem im jüdischen Lande, Elon war ein Sebuloniter, Abdon wiederum aus Ephraim. Der Held Simson war aus dem Stamme Dan, Eli und Samuel kamen von Levi her.

Der erste König war der Benjaminiter Saul; David und sein Haus waren von Judas Geschlecht; Jerobeam war Ephraimiter, Jehu der Sohn Nimsis aus dem Stamme Manasse. Nur der Stamm Simeon hat weder einen Richter noch einen König gestellt.

Zweites Buch

Die Könige

Saul

1
Die Salbung Sauls

DIE KINDER ISRAEL drängten darauf, daß ein König über sie gesetzt würde, und so genossen sie die Frucht des Königtums, ehedenn sie herangereift war. Hätten sie geduldig gewartet, so wäre David ihr erster König geworden und Jonathan sein Kanzler, und die beiden hätten ein Reich von Bestand und Dauer errichtet.

Aber sie verachteten den Herrn und beteten Michas Götzenbild an, und dies Bild verführte sie dazu, daß sie einen König begehrten. Saul hieß er, der Geforderte, denn sie hatten ihn gefordert, daß er die Krone trüge vor der Zeit.

Und Samuel nahm ein Ölglas und goß es auf das Haupt Sauls. Saul und Jehu sind beide mit Öl, das aus einem Glase kam, gesalbt worden; ihrer beider Herrschaft hatte keinen Bestand. David und Salomo wurden mit Öl aus einem Horn gesalbt, und ihre Herrschaft war von Dauer.

Saul und sein Knecht begegneten Mägden, die herausgingen, Wasser zu schöpfen. Als sie sie nach dem Seher fragten, sprachen die Wasserträgerinnen: Ja, siehe da ist er; eile, denn er ist heute in die Stadt gekommen, weil das Volk heute zu opfern hat auf der Höhe. Wenn ihr in die Stadt kommt, so werdet ihr ihn finden, ehedenn er hinaufgeht auf die Höhe, zu essen. Denn das Volk wird nicht essen, bis er komme, und bis er segnet das Opfer; danach essen die, die geladen sind. Darum gehet hinauf, denn jetzt werdet ihr ihn eben antreffen.

Was sollte diese lange Rede? Ein Weiser gab zur Antwort: Der Grund ist, daß die Weiber geschwätzig sind. Ein zweiter sagte: Sie konnten sich nicht sattschauen an der Schönheit Sauls, darum redeten sie so lang. Ein dritter führte aus: Jedes Königtum hat seine feste Zeit, und es darf auch nicht um die Breite eines Haars verkürzt werden zugunsten eines neuen Königs. Noch war die Zeit Samuels nicht abgelaufen, als Saul schon auf dem Wege zu ihm war; da hielten die Wasserschöpferinnen den Jüngling durch ihre Rede so lange auf, bis Samuels vorbestimmte Richterzeit gänzlich zu Ende war.

Warum ward Saul für würdig befunden, König zu sein? Weil er so überaus bescheiden war. Er sprach zu dem Knechte, der mit ihm war: Laß uns heimgehen, mein Vater möchte von den Eselinnen lassen und sich um uns beide sorgen.– Also hielt er den Knecht wie einen, der ihm gleich war.

Warum setzte sich die Herrschaft des Hauses Saul nicht fort? Weil an ihm so gar kein Fehl war.

Ein Jahr war Saul beim Regieren, heißt es in der Schrift. Ja, wie einer, der erst ein Jahr alt ist, war dazumal Saul, unschuldig und ohne die Sünde gekostet zu haben.

2
Sauls Sünde

RABBI SIMEON, DER SOHN JOHAIS, SPRACH: Der Herr wollte den Samen Amaleks ganz und gar vertilgen und ausrotten. Saul und das Volk gehorchten dem Willen Gottes und verschonten keinen von ihnen. Nur den Agag nahmen sie aus, auch von dem Vieh ließen sie das Beste am Leben. Samuel erfuhr das und ging ihnen entgegen; er sprach: Ihr habt euch des Amalek erbarmt und von ihm einen Rest übrig gelassen? Das Volk antwortete: Es sind nur Schafe und Rinder, und wir wollen sie als Opfer darbringen vor dem Herrn, deinem Gott. Samuel aber sprach: Der Herr hat keinen Gefallen an Brandopfern und Schlachtopfern, sondern nur daran, daß man seiner Stimme gehorche.

Rabbi Pinehas sprach: Der Herr sah voraus, daß von Agag dereinst ein Feind und Bedrücker der Juden kommen sollte, von Samuel wiederum ein Erlöser und Rächer. Welche sind damit gemeint? Der Bösewicht Haman und Mardochai, der Gerechte. Vor dem Angesicht Agags stellte sich Samuel zu einem Gebet hin und rief: Gebieter der Welt! Vergiß nicht die Missetat Esaus, der seinen Vater betrübt hat durch Heirat mit Götzendienerinnen, gedenke seiner Sünde und suche sie heim an seinen Kindeskindern bis an das Ende aller Geschlechter.

Agag sah Samuel mit dem Munde flüstern und dachte bei sich: Vielleicht, daß der bittere Tod von mir gewichen ist. Samuel aber sprach zu ihm: Wie dein Schwert Frauen ihrer Söhne beraubt hat, also möge deine Mutter ihrer Söhne beraubt sein. Wie das Schwert von Agags Ahnherrn, Amalek, die Jünglinge in Israel gefressen hatte, also wurden nochmals durch das Gebet der Esther alle Söhne Amaleks getötet, und die Frauen der Amalekiter saßen da verwaist und verwitwet.

Saul aber sowie das Volk verschonten den Agag und die guten Schafe und Rinder. Saul rechtete mit seinem Schöpfer und sprach: Wohl hat der Herr geboten, Amalek auszurotten; aber, wenn die Männer schuldig sind, was haben die Frauen gesündigt? Was haben die Kinder verbrochen? Und Rind und Esel und Schaf, – was haben die Übles getan?

Da erscholl eine Stimme vom Himmel, die sprach: Sei nicht gerechter als dein Schöpfer ist!

Und Samuel zerhieb den Agag zu Stücken. Er hieb sein Fleisch zu Fetzen und fütterte damit die Strauße.

Rabbi Josua ben Levi sprach:

Jeder, der Barmherzigkeit tut an einem Wüterich, der wird am Ende selbst ein Wüterich gegen Menschen, die Erbarmen verdienen. So erging es Saul; erst jammerte ihn des Königs Agag, und er wollte ihn nicht töten; hernach aber ward er selbst ein Tyrann und schlug die Priesterstadt Nob mit dem Schwerte.

Gott ließ den Mose vor seinem Tode alle künftigen Geschlechter sehen, die Könige jedes Zeitalters, die Weisen, die Führer, die Richter, die jeweils erstehen würden, und auch die Bösewichte, die da kommen sollten, alle Räuber und Mörder, und wiederum alle Propheten. So zeigte er ihm auch Saul und seine Söhne, wie sie den Tod fanden im Kampf mit den Philistern. Da sagte Mose zu Gott: Der erste König, der über deine Kinder herrschen wird, soll durchs Schwert umkommen? Sprach der Herr: Was stellst du diese Frage an mich? Frage lieber die Priester, die er töten wird; denn diese klagen ihn an.

3

Saul zu Endor

SAUL HATTE DIE ZAUBERER und Zeichendeuter aus dem Lande vertrieben. Zu der Zeit aber sammelten sich die Philister wider Israel. Da sprach Saul zu seinen Knechten: Sucht mir ein Weib, das weissagen kann, daß ich sie befrage. – Wem ist Saul in dieser Stunde zu vergleichen? Einem König, der, als er in ein fremdes Land drang, Befehl gab, alle Hühner abzuschlachten. Da er aber die Stadt verließ, fragte er: Gibt es hier keinen Hahn, der krähen kann? Ihm wurde geantwortet: Du warst es doch selber, der da alle Hühner ausschlachten ließ.

Die Knechte antworteten Saul: Es gibt wohl ein Weib, das weissagt, zu Endor. Also begab sich Saul auf die Suche. Er machte sich frei von den Geschäften des Staates, zog schlicht Bürgerkleider an und ging hin, von zwei Männern begleitet, von Abner und Amasa. Die Schrift lehrt uns die Wege des Lebens: eine Reise wird gemacht nur in Begleitung von zweien.

Er kam zu der Frau in der Nacht, das heißt, die Stunde war finster, als wäre es Nacht. Und er beschwor sie bei Gott und sprach zu ihr:

So wahr Gott lebt, dich trifft keine Missetat in dieser Sache.– Wem ist Saul hierin zu vergleichen? Einer Frau, die zu ihrem Liebhaber geht und ihn mit den Worten beschwört: So wahr mein Mann lebt! –

Die Hexe zu Endor sprach: Wen soll ich dir emporholen? Einen, der gesagt hat: Wer ist der Herr? Oder einen, der gesagt hat: Wer ist wie du, o Herr? Saul antwortete: Ruf mir den Samuel herauf. Da tat sie dies und jenes, murmelte dies und das, und siehe da, Samuel schwebte empor. Das Weib erbebte selbst bei dem Anblick.

Dreifach ist die Art, wie sich ein Toter denen gibt, die seinen Schatten heraufbeschwören. Der ihn kommen läßt, der sieht die Gestalt, hört aber nicht die Stimme; der seiner Hilfe bedarf, hört die Stimme, sieht aber nicht die Gestalt; die aber, die nur dabei sind, sehen und hören nichts. So war es in Endor: die Hexe sah den Samuel und hörte ihn nicht sprechen; Saul hörte ihn sprechen, schaute aber nicht die Erscheinung; die zwei Knechte aber, Abner und Amasa, sie sahen und hörten nichts.

Das Weib sprach: Ich sehe Götter aus der Erde emporsteigen. Samuel hatte geglaubt, das Jüngste Gericht sei gekommen und war emporgestiegen zusammen mit Mose.

Und Samuel sprach zu Saul: Was richtest du Fragen an mich? Der Herr ist von dir gewichen, und du hast den Urteilsspruch hinzunehmen; morgen bist du und deine Kinder bei mir, in meinem Gehege. Alsbald fiel Saul, so lang er war, zur Erde nieder.

Des anderen Tages nahm Saul seine drei Söhne Jonathan, Abinadab und Melchisua und zog mit ihnen in den Streit. In dieser Stunde sprach der Herr zu den diensttuenden Engeln: Sehet den Helden, den ich gemacht habe. Wenn ein Mensch zu einem Feste geht, so scheut er sich, seine Kinder mitzunehmen, aus Furcht vor dem bösen Auge. Dieser aber zieht in den sicheren Tod und nimmt seine drei Söhne mit; er sieht mit Freuden dem Verhängnis entgegen, das ihn treffen soll!

Erkenne die Macht der Gerechtigkeit an Saul, dem Könige, der alle Zauberer und Zeichendeuter aus dem Lande vertrieben hat, hernach aber umkehrte und liebte, was er gehaßt hatte. Zu der Mutter Abners, Zaphania, gen Endor ging er, und sie zauberte ihm den Samuel herauf, und Samuel brachte Mose mit sich auf die Oberwelt, und wie die Gestorbenen diese beiden aufsteigen sahen, erhoben sie sich alle mit ihnen zusammen und glaubten, die Stunde der Auferstehung der Toten sei herbeigekommen.

Rabbi Nathan spricht: Alle Propheten weissagten zu ihren Lebzeiten, Samuel aber zu seinen Lebzeiten und nach seinem Tode. Er sagte zu Saul, als er ihm zu Endor erschien: Willst du auf meinen Rat hören und durchs Schwert fallen, so wird dein Tod dich entsühnen und dein Teil wird sein, zu weilen da, wo ich weile.

Da hörte Saul auf den Rat und stürzte sich in sein Schwert.

4
Nach Sauls Tode

EHRFURCHT VOR DEN TOTEN, was lehrt uns die? Das Volk von Jabes zu Gilead. Als Saul und seine Söhne durchs Schwert gefallen waren, sprachen die Bürger zueinander: Dem, der die Schmach der Ammoniterherrschaft von uns genommen hat, sollten wir die Ehrenpflicht schuldig bleiben?

Und alle Heldensöhne der Stadt machten sich auf und schritten die ganze Nacht, bis sie zur Mauer von Beth-San kamen. Hier nahmen sie die Leichname Sauls und seiner Söhne ab, die die Philister da aufgehängt hatten, brachten sie gen Jabes und verbrannten sie daselbst.

Die Trauernden tröstet man mit Brot und Wein, wie es heißt: Wein den betrübten Seelen. Die zu Jabes aber trauerten durch Fasten, Weinen und Klagen und enthielten sich sieben Tage jeglicher Speise. Der Herr sprach zu ihnen: Ich will euch diese Tat dereinst vergelten. Wenn ich künftighin Israel von allen vier Enden der Welt her versammeln werde, so will ich zu allererst des halben Stammes Manasse gedenken, wie es auch heißt: Mein ist Gilead, mein ist auch Manasse. Sodann aber auch Ephraims, von dem geschrieben steht: Und Ephraim ist meines Hauptes Macht.

Ein Jahr, nachdem Saul und seine Söhne getötet worden waren, kam ein Hunger ins Land zu Davids Zeiten, drei Jahre nacheinander. Da ließ David die Leute wallfahrten und sprach zu ihnen: Zieht hinaus und haltet Umschau, ob ihr nicht Menschen findet, die Götzendienst treiben, um deren Sünde willen der Regen uns vorenthalten wird. Man suchte und forschte, fand aber nichts.

Im zweiten Jahr wallfahrte Israel abermals, und David sprach zu ihnen: Schaut euch wohl um und seht, ob ihr nicht Menschen findet, die Unzucht treiben, durch deren Schuld wir mit Dürre gestraft werden. Allein, solcher ward nicht gefunden.

Im dritten Jahr, als wieder eine Wallfahrt unternommen werden mußte, sprach David zum Volke: Forschet eifrig, ob nicht Blutvergießer unter euch sind, die damit die Schuld tragen an unserem Unglück. Jedoch auch solches war nicht zu finden. Da sprach David: Nun weiß ich, daß es an mir liegt. Und er suchte das Angesicht des

Herrn, und der Herr sprach: Es ist um Sauls willen. David aber sprach: Gebieter der Welt! Ich bin doch nicht Saul, und zu meiner Zeit ist kein Götzendienst gefunden worden; auch bin ich nicht Saul, der mit Salböl aus dem Glase gesalbt worden; auch bin ich nicht Saul, der Zwist hatte mit dem Propheten Samuel.

Danach machte sich David auf und versammelte die Weisen Israels und ihre Großen. Sie überschritten den Jordan und kamen nach Jabes in Gilead. Hier fanden sie die Gebeine Sauls und seines Sohnes Jonathan, und an denen nagte kein Wurm; sie taten sie in einen Schrein und kehrten damit zurück über den Jordan. Sie begruben sie im Lande Benjamin zu Zela im Grabe ihres Vaters Kis und taten alles, was der König geboten hatte. Was aber hatte der König geboten? Er hatte befohlen, den Sarg Sauls durch das ganze Reich Israel zu führen, durch jede Landschaft und jeden Gau, und Obacht zu geben, ob das Volk den Gebeinen überall Ehrfurcht zolle. Und es geschah, daß allerorten die Bürger mit ihren Söhnen und Töchtern dem Leichnam des Königs alle Ehren erwiesen und an ihm Gnade erfüllten.

Da nun der Herr sah, daß ganz Israel seinen König ehrte, wurde er voll Erbarmen und ließ einen Regen kommen auf die Erde.

Davids Anfänge

1
Der Hirtenknabe.

ALLE WORTE GOTTES sind durchläutert, heißt es in den Sprüchen Salomos.

Der Herr schenkt Größe und Macht dem, den er im Kleinen geprüft und für wert befunden hat. Du siehst an zwei Männern, die Große in Israel waren: an David und an Mose. Er ließ den David Schafe hüten, und dieser führte sie in die Wüste, um sie vor Räubern zu bewahren. Da sprach Gott: Du hast dich als treuer Hirte der Schafe bewährt; da weide denn meine Schafe, die Kinder Israel. – Und ebenso heißt es von Mose, daß er die Herde wohl behütete und sie vor jeder Unbill schützte; also erwählte ihn der Herr dazu, das Volk Israel zu lenken.

Und er erwählte seinen Knecht David und nahm ihn von den Schafställen. Rabbi Josua, der Priester, sprach: Hatte denn David in den Ställen etwas zu schaffen? Jawohl, denn er ließ die Schafe nur gesondert aus den Ställen auf die Weide ziehen. Zuerst führte er die Lämmer auf die Wiesen und ließ sie die Spitzen der Gräser abfressen. Danach ließ er die Böcke weiden, und die fraßen den mittleren Teil der Halme ab. Zuletzt kamen die Mutterschafe heraus und verzehrten das Unterste vom Gras samt den Wurzeln.

Da der Herr dies sah, sprach er: Wie wohl versteht es dieser, die Tiere zu pflegen! Er möge kommen und sich meiner Herde annehmen, der Kinder Israel!

David sprach zu Saul: Dein Knecht hütete die Schafe seines Vaters, und es kam ein Löwe, und ein Bär und trug ein Schaf weg von der Herde. Und ich lief ihm nach und schlug ihn und errettete es aus seinem Maul. Und da er sich über mich machte, ergriff ich ihn bei seinem Bart und schlug ihn und tötete ihn.

Man erzählt, vier Löwen und drei Bären habe David an diesem Tage erschlagen.

Hilf mir aus dem Rachen des Löwen und von den Hörnern des Wildochsen, ruft der Psalmensänger.

Es wird erzählt: Als David noch Hirte seiner Schafe war, da stieß er einst auf einen Wildochsen, der in der Wüste schlief. David glaubte einen Berg vor sich zu haben; so stieg er auf den Rücken des Tieres und wollte da die Schafe weiter weiden. Der Wildochs aber brüllte und erhob sich zu seiner ganzen Höhe, daß David auf den Hörnern rittlings saß und sein Wuchs bis an den Himmel reichte. In dieser Stunde rief David: Gebieter der Welt! Lassest du mich von dem Ungeheuer hinuntersteigen, so will ich dir einen Tempel bauen, der hundert Ellen Hoch ist wie des Wildochsen Hörner.

2
David zum König gesalbt

WIE ISAI SEINE SÖHNE vor Samuel vorbeiziehen ließ, dachte der Prophet bei jedem, dieser sei der Auserwählte, und neigte sein Ölhorn. Das Öl blieb aber im Gefäß und floß nicht heraus. Wie nun David an die Reihe kam, da strömte das Öl von selbst aus dem Horn und ergoß sich auf das Haupt Davids.

So erfüllte sich der Spruch: Und mein Horn ward erhöht, wie eines Wildochsen Horn, und ich ward gesalbt mit frischem Öl.

Als Samuel daran ging, David zu salben, erhoben die diensttuenden Engel ihre Stimme vor dem Herrn dagegen und sprachen: Warum nimmst du das Königtum von Saul weg und gibst es diesem? Der Herr erwiderte ihnen: Ich will euch wissen lassen, worin David dem Saul überlegen ist. Saul war dabei, die Urim und Tummim zu befragen, als die Philister kamen. Da ließ er alsbald ab von dem frommen Werk und sagte zu dem Priester: Zieh deine Hand zurück. Er wartete das Ende des heiligen Dienstes nicht ab.

Anders David, der jetzt gesalbt werden soll. Als die Philister kamen, befand er sich im Tale Rephaim, und dennoch suchte er die Lade auf. Der Herr sprach zu ihm: Du sollst nicht hinaufziehen, sondern komm von hinten an sie heran; du darfst deine Hand nicht wider sie ausstrecken, auch wenn sie in deiner Nähe sind, sondern du mußt warten, bis die Wipfel der Maulbeerbäume sich bewegen. Wie er nun hinaufzog, sah er die Philister herannahen, und auch die Kinder Israel merkten, daß sie nur noch vier Ellen entfernt waren. Sie sprach zu David: David, warum stehen wir untätig da? Er erwiderte: Mir ist von Gott befohlen worden, nicht eher anzugreifen, als bis ich die Wipfel der Maulbeerbäume sich bewegen sehe. Und er sprach weiter: Greifen wir sie an, so ist das unser Tod; greifen wir nicht an, so sind wir gleichfalls tot. Es ist also besser, wir sterben als Gerechte, denn als Sünder. Wir wollen unsre Augen zum Herrn erheben. Wie sie nun alle ihre Blicke erhoben, da bebten auch schon die Wipfel der Bäume, und David holte zum Angriff aus. Er tat, wie Gott ihn geheißen hatte, und schlug die Philister von Geba bis an die Stätte, wo man nach Geser kommt.

3
David und Goliath

ISAI SPRACH ZU DAVID: Nimm für deine Brüder dieses Epha geröstete Körner und diese zehn Brote und nimm ihre Bürgschaft entgegen. Damit wollte Isai seinem Sohne bedeuten, er solle die Bürgschaft antreten, die sein Ahn Juda einst dem Erzvater Jakob leistete, als er von Benjamin sprach: Ich will Bürge sein für ihn. Damit, daß David den Goliath tötete, erfüllte er dieses Versprechen. Und der Herr sprach zu David: Bei deinem Leben! Wie du deinen Leib für Saul, den Sproß aus dem Stamme Benjamin, eingesetzt hast, also will auch ich den Tempel in dem Teil Judas und Benjamins aufgerichtet haben. Doch nicht allein das, sondern alle Stämme werden in Verbannung gehen, und nur Juda und Benjamin werden nicht verbannt werden.

Wie David die Schmähungen Goliaths hörte, warf er sich vor der Lade Gottes hin und sprach vor dem Herrn: Warum bleibst du, o

Höchster, von ferne stehen? Dieser Bösewicht lästert deinen Schrein verunglimpft deinen Gesalbten und dein Volk Israel, und du läßt ihn deine Macht nicht merken? Herr der Welt! Warum hältst du dich verborgen in der Zeit der Bedrängnis?

In dieser Stunde ließ der Herr Davids Herz einen Rat finden, und er sprach laut: Was geschieht einem Mann, der den Philister schlägt und von Israel die Schmach nimmt? Wie Saul davon erfuhr, ließ er ihn rufen und zog ihm seine Kleider an, die fielen ihm aber über die Fersen. Und als David den Maulesel bestieg, trug ihn der viel weiter, als er sonst Saul zu tragen pflegte, so daß Saul ihn beneidete und bei sich sprach: Dieser wird auch das Königtum hinwegnehmen.

Und David hörte, als er auf dem Maulesel saß, drei Steine miteinander reden und sagen: Welcher ist wohl der Sohn Isais? Wüßte er von uns, er ergriffe uns, denn wir würden für ihn seinen Krieg führen. Da stieg David von dem Reittier herab, warf die Kleider ab, die er anhatte, und hob die Steine auf. Der eine Stein sprach: Ich bin der Stein Abrahams; wenn David mich aus der Schleuder wirft, so fege ich leicht den Helm Goliaths von seinem Haupte. Der zweite Stein sprach: Ich bin der Stein Isaaks; wo er mit mir gegen den Philister losschlägt, so durchbohre ich seine Stirn, dringe in sein Mark und komme zum Nacken wieder heraus. Der dritte Stein sprach: Ich bin der Stein Jakobs. Ich treffe den Philister ins Herz, und sein Körper fällt und bleibt als Aas vor ganz Israel liegen.

Da näherte sich David dem Goliath mit dem Stock in der Hand und rief aus: Herr der Welt! Laß mich ein Zeichen sehen, daß ich obsiegen werde. In diesem Augenblick sah er den Aussatz auf Goliath glänzen. Alsbald warf er den ersten Stein, und der Helm Goliaths fiel von seinem Haupte; er warf den zweiten Stein, und der drang dem Riesen ins Gehirn und kam zum Nacken heraus, daß er hinfiel und der Spieß seiner Hand entglitt; er warf den dritten Stein, der traf den Unhold ins Herz, und Goliath lag da im Lager als Aas. Da eilte David herbei, nahm ihm das Schwert von der Seite und hieb ihm den Kopf ab.

Den Goliath hielt die Erde fest, und er konnte sich nicht von der Stelle rühren; so sprach er denn zu David: Komm her zu mir, ich will dein Fleisch den Vögeln geben! Statt daß er zu ihm gesprochen hätte: Ich will über dich herfallen.

Und David nahm seinen Stab in die Hand und suchte fünf glatte Steine aus dem Bach heraus. Die Steine glitten ihm von selbst in die Hand.

Und Goliath fiel auf sein Angesicht zur Erde. Das kam daher, daß er seinen Gott Dagon auf seinem Herzen trug.

Am Tage, da David den Philister Goliath tötete, überschütteten ihn die Töchter Israels mit Gold und Silber und weihten das für das Haus Gottes.

Hundert Väter hatte Goliath, und doch nur einen wirklichen.

4
Davids Flucht

UND SAUL SAH DAVID scheel an von dem Tage hinfort. Saul sandte Boten zu Davids Haus, daß sie ihn überwachten und töteten. Da ließ ihn Michal durchs Fenster hernieder, daß er hinging, entfloh und entrann.

Davids Haus hatte zwei Eingänge, einen weiten und einen engen; der eine war verschlossen und wurde von Sauls Boten bewacht, und so verließ David das Haus durch das andere Tor.

Andere sagen, das Haus habe nur einen Eingang gehabt, vor dem Sauls Boten Wache standen. Da ließ ihn Michal durchs Fenster entrinnen. Als die Abgesandten Sauls ins Haus kamen und nach David fragten, sagte sie, er sei krank. Sie überbrachten die Nachricht Saul, und dieser sagte, man solle das Bett mit dem Kranken zu ihm heraufbringen. Wie nun dies geschehen war, entdeckte Saul im Bette das Götzenbild und das Ziegenfell. Er ward voll Zorn über seine Tochter und sprach zu ihr: So betrügst du mich und läßt meinen Feind entfliehen! Sie aber sprach: Du hast mich einem Räuber vermählt, denn höre, wie er zu mir sprach: wo du mir nicht zur Flucht verhilfst, mache ich mich auf und töte dich. Da fürchtete ich mich und ließ ihn entrinnen.

David floh vor Saul, und er kam mit seines Vaters ganzem Haufe zu den Moabitern und sprach zu ihnen: Nehmt meine Sippe bei euch auf! Und sie taten so. Kaum aber hatte David die Grenze Moabs verlassen, als sich der Moabiterkönig erhob und Davids Vater und Mutter und seine Geschwister tötete, daß nur ein einziger entrann.

Wieviel verzehrte David von dem Schaubrot? Man sagt, sieben Maß hätte er davon gegessen, denn Heißhunger hatte ihn gepackt.

Hätte Jonathan dem David nur zwei Stücklein Brot gegeben, die Bewohnerschaft der Priesterstadt Nob wäre nicht ausgerottet worden, der Verräter Doeg wäre nicht aufgestanden, und der Schlachttod hätte nicht Saul und seine drei Söhne ereilt.

5

David und Abigail

VIERHUNDERT KNAPPEN hatte David, alles Söhne von kriegsgefangenen Schönen; die ließen ihre Locken lang wachsen nach der Heiden Art und schritten einher an der Spitze von Räuberscharen. Das sind die Männer mit den Fäusten, die um David waren.

Und Samuel starb, und ganz Israel trug Leid um ihn; es wohnte aber ein Mann zu Maon, der hatte sein Wesen zu Karmel.

Während ganz Israel Leid trug um den Tod des Gerechten, saß jener Bösewicht, der Nabal heiß, abseits und veranstaltete ein Freudenmahl.

Und David sandte seine Jünglinge zu Nabal, daß er ihnen von seinem Überfluß spende, aber Nabal sprach zu ihnen: Was ists, worauf David so sehr vertraut? Sind's etwa die zwei Tropfen Öls, mit denen Samuel ihn gesalbt hat? Aber, dahin ist Samuel und dahin ist sein Öl!

Abigail ritt auf dem Esel und kam im Dunkeln den Berg hinab, und siehe, David und seine Männer kamen gleichfalls den Berg hinunter, und sie stießen zusammen. Da entblößte Abigail ihre Schenkel, und die leuchteten so hell, daß David drei Meilen lang den Weg sehen konnte.

Einen Dienst erwies Abigail dem David, den tausend Opfergaben ihm nicht hätten erwirken können; hätte er an Nabal getan, wie er zu tun vorhatte, kein Opfer hätte ihn von dieser Schuld entsühnt. Sie aber kam zu ihm und bewahrte ihn vor dem Morde.

Und so sprach Abigail zu David: Wenn vor dich der folgende Streitfall käme: ein armer Mann bittet einen Reichen um milde Gaben, der verweigert ihm sogar ein Stücklein Brot, und der Arme erhebt sich wider ihn und tötet den Unbarmherzigen; wenn dann die Kläger vor dich kommen, und du kannst doch den, der da Blut vergossen hat, nicht freisprechen – wird er dann nicht sagen können: unser König hat an Nabal ungestraft dasselbe getan, was ich dem herzlosen Reichen tat, und will mich strafen!

Da sprach David zu ihr: Das ist nicht von dir ausgegangen, sondern Gott hat dich zu mir gesandt; gelobt der Herr, der dich mir entgegenführte, und Preis und Segen auch über dich!

Der Heilige, gelobt sei er, sprach: Möge die Gute des Guten Genossin sein und der Bösewicht bei seiner Bosheit bleiben. Es vergingen zehn Tage, und Gott schlug den Nabal, daß er starb. Was aber hatte ihm der Tod gebracht? Das war, weil seine Hand zu kurz gewesen war, Gaben zu spenden. Nabal, der Törichte, hieß er, und Torheit war, was er tat; sind doch auch die Zeichen des Namens Nabal dieselben wie im Namen Laban, und so wie Laban der Aramäer ein Betrüger war, so war auch Nabal einer.

6
David und Saul

UND DAVID SCHWOR SAUL. Da zog Saul heim, und seine Knechte sprachen zu ihm: Du nennst David gerecht, weil er dich nicht getötet hat? O, er wußte genau, daß, hätte er dir das Geringste angetan, wir aufgestanden wären und ihn getötet und verzehrt hätten. Da hörte Saul auf ihre Rede.

Aber ein zweites Mal kam David mit Abisai des Nachts über Saul, wie der König in der Wagenburg schlief, und David nahm den Spieß und den Wasserbecher von den Häuptern Sauls und entwich wieder, und keiner hatte es gemerkt. Auf des Berges Spitze von ferne trat David und rief den Abner an: Bist du es nicht gewesen, der dem Saul angesagt hat: hätte David dir ein Haar gekrümmt, wir hätten ihn gebraten verzehrt. Sieh nun des Königs Spieß und Becher in meiner Hand; was wirst du jetzt dem Könige sagen, vor dem du geprahlt hast: Wir werden den David einkochen und ihn verschlingen?

Als Abner diese Worte hörte, verschlug es ihm die Sprache, und er ward stumm.

Als David Saul in der Höhle verschont hatte und dann von der Ferne ihn anrief, sprach Saul zu ihm: Nun siehe, ich weiß, daß du König werden wirst über Israel. Woher kam dieses Wissen zu Saul?

Vormals hatte Samuel dem König angesagt: Der Herr wird das Reich Israel von dir reißen. Da fragte Saul: Wer wird mein Erbe sein? Samuel sprach darauf: Ich will es dir nicht ganz offenbaren, sondern nur ein Zeichen dir geben: wer da ein Stück von deinem Mantel reißen wird, der reißt auch später das ganze Reich von dir.

Da nun David den Zipfel abgeschnitten hatte von Sauls Kleide, entsann sich Saul der Prophezeiung Samuels und rief aus: Ich weiß, du wirst König sein in Israel!

7
David und Michal

UND SAUL GAB MICHAL, seine Tochter, Davids Weib, Phalti, dem Sohn des Lais von Gallim.

Er wird sowohl Phalti als Phaltiel genannt. Warum auch Phaltiel? Weil Gott ihn vor Sünde bewahrt hat. Phalti pflanzte nämlich ein

Schwert zwischen sich und sein Weib und sprach: Der erste, der der Wollust pflegen will, soll durchbohrt werden.

Der Heilige Matthia ben Heres, welcher sich die Augen ausgestochen hat, um der Versuchung vor dem Weibe zu entgehen – das ist der wiedergeborene Phalti ben Lais. Denn Phalti, obwohl er keine Sünde begangen hat, hätte die Michal überhaupt nicht in sein Haus aufnehmen sollen; er hätte zu Saul sagen müssen: Ich will die Michal nicht zum Weibe. Wo es darum geht, die Ehre Gottes nicht zu verletzen, hat die Rücksicht auf die Ehre des Königs zu schweigen. Auf ihn der Vers gemünzt: Ihr treibt die Weiber meines Volkes aus dem Haus ihrer Freuden. Wenn Phalti sie auch nicht berührt hat, so genoß er doch ihren Anblick und erfreute sich eines Weibes, das nicht sein war.

Nun sollte er das in seinem zweiten Leben wieder gutmachen. Er wurde dem Satan überantwortet, und der kam zu ihm in Gestalt eines schönen Weibes, um ihn zu Fall zu bringen. Er aber war stärker als der Trieb und schaute das Weib nicht an.

In beiden aber, in Phalti sowohl als in Matthia, war ein Funke von Joseph, welcher dem Weibe Potiphars zu widerstehen vermocht hatte.

Michal sah David springen und tanzen vor dem Herrn und verachtete ihn in ihrem Herzen.

Sie sprach zu David: Die Männer meines Vaterhauses waren alle ehrenwerter als du; niemals hat irgendeiner von ihnen die Hand, den Fuß oder die Ferse entblößt, daß ein anderer sie sah. David erwiderte ihr: Das Geschlecht, aus dem du stammst, das suchte nur seine eigne Ehre, und keiner daraus sorgte sich um die Ehre Gottes; ich aber tue nicht also, sondern meiner eignen Würde achte ich nicht, damit ich den Ruhm des Herrn vermehre.

8
Die Lade

GANZ ISRAEL SAMMELTE SICH zuhauf, und David unter ihnen, die Lade des Bundes wieder einzuholen. Da aber in Vergessenheit geraten war, wie mit der Lade verfahren werden mußte, sprachen sie alle bei sich: Aus dem Philisterlande wurde die Lade nicht anders als auf einem Wagen hergeführt; so können wir sie auch nur auf einem Wagen führen in Davids, des Königs von Israel, Haus. Also nahmen sie die Lade und taten sie auf einen Wagen, aber die Lade blieb schweben zwischen Himmel und Erde, sie stieg nicht nach oben und fiel nicht zu Boden. Da erhob sich Usa, des Amminadab Sohn, und streckte seine Hand aus, die Lade zu halten. In dieser Stunde dachten die Sünder in Israel dies: Hielte Usa die Lade nicht fest, sie glitte zur Erde. Sogleich verhängte der Herr über Usa den Tod, er starb, und seine Hand ließ die Lade los. Nun wurde es ganz Israel offenbar, daß die Lade aus eigener Kraft frei schwebte zwischen Erde und Himmel und nicht nach oben flog und nicht nach unten sank.

Davids Kriege und Abenteuer

1
Die Erwerbung der Stadt Jebus

ABRAHAM TRAT AN DIE JEBUSITER heran und wollte von ihnen die zweifache Höhle erwerben. Waren es aber die Jebusiter, mit denen er den Kauf abschloß, waren es nicht vielmehr die Hethiter? Sie wurden auch Jebusiter genannt nach der Stadt Jebus, wie Jerusalem zuvor geheißen hat.

Und die Jebusiter weigerten sich vorerst, den Acker zu verkaufen, und sprachen zu Abraham: Wir wissen, daß der Herr dir und deinem Samen all die Länder umher dereinst geben wird. So schließe denn mit uns einen eidlichen Bund, daß Israel die Stadt Jebus nimmer einnehmen wird, es sei denn, dies geschehe mit dem Willen der Einwohner. Erst, nachdem er dies zugeschworen hatte, konnte Abraham die zweifache Höhle um Gold kaufen, und das Feld wurde ihm durch eine Urkunde zum ewigen Eigentum bestätigt.

Die Jebusiter aber machten eherne Standbilder, die richteten sie in den Straßen der Stadt auf und ritzten auf diese den Wortlaut von Abrahams Eid. Als danach die Kinder Israel unter Josua nach Kanaan kamen und die Stadt Jebus erobern wollten, konnten sie in diese nicht eindringen wegen der Zeichen, die an Abrahams Bund gemahnten.

Lange Zeit hernach wurde David König in Israel, und auch sein Verlangen war es, die Stadt Jebus zu erobern. Die Bürger aber ließen ihn nicht ein und sprachen zu ihm: Du wirst hier nicht hereinkommen, die Blinden und die Lahmen werden dich vertreiben. Und wiewohl Israel zahlreich war wie der Sand am Meer, konnten sie gegen die Jebusiter nicht aufkommen, so groß war die Macht des Schwures, den Abraham getan hatte. Also saß David fortan auf der Burg, und ihm wurde gesagt: Du wirst nicht eher die Jebusiterstadt einnehmen, als bis du all die Bilder entfernt hast, die die Inschrift von Abrahams Eid tragen. Da sagte David: Wer als erster hinaufsteigt und diese Bilder fortschafft, der soll mein Feldhauptmann werden.

Und Joab, der Sohn der Zeruja, stieg als erster hinauf und ward zum Haupt des Heeres. Danach kaufte David die Stadt der Jebusiter für Israel zum ewigen Eigentum. Er ließ sich von jedem Stamm fünfzig Sekel geben, also von allen zusammen sechshundert Sekel, und zahlte sie Ornan dem Jebusiter.

Als David sich anschickte, den Jebusiter zu bekriegen, rief er aus: Wer den Jebusiter als erster schlägt, der soll Haupt und Oberster sein. Da nahm Joab einen jungen Zypressenbaum und steckte ihn in die Erde seitlich der Mauer der Stadt. Er stieg auf die Schulter Davids, neigte die Wipfel des Baumes zu sich, hängte sich an ihn, und der schnellte wieder empor; da sprang er auf die Mauer der Stadt und war somit der Erste, der die Stadt unter sich hatte. In diesem Augenblick machte der Herr die Mauer niedrig, daß auch David sie besteigen konnte.

2

Joabs Heldentaten

Der Feldherr Davids, Joab, der Sohn der Zeruja, unternahm einst einen Krieg gegen eine Stadt im Reiche Amaleks. Die Amalekiter verschlossen die Tore der Stadt, und die Kinder Israel belagerten sie ein halbes Jahr lang. Zwölftausend streitbare Männer waren zusammen mit Joab, dem Sohn der Zeruja. Nach Ablauf der sechs Monate versammelten sich aber die Krieger vor Joab und sprachen vor ihm: Wir werden die Mauer nicht erstürmen, laß uns nach Hause zurückkehren; sieh, wie lange ist es schon her, daß wir unsre Dörfer verlassen und unsre Weiber und Kinder nicht gesehen haben. Da sagte Joab: Wollt ihr mit dieser Schmach im Herzen zurückkehren, daß der König unsre enttäuschten Gesichter sehe und die Feinde neuen Mut schöpfen und über uns herfallen? So hört denn auf meinen Rat und tut folgendes. Nehmt eine Schleuder und werft mich mit einem Schwung in das Innere der Stadt. Danach wartet noch vierzig Tage vor den Toren; seht ihr dann Blut unter den Toren hervorquellen, so wißt, daß ich am Leben bin; wo nicht, so sei es euch ein Zeichen, daß ich nicht mehr lebe und daß ihr heimkehren dürft.

Und also geschah es auch. Joab nahm sein Schwert und steckte tausend Silberlinge ein, darauf wurde er mit einer Schleuder in die feindliche Stadt geworfen. Er fiel in den Hof einer verwitweten Frau, die mit ihrer Tochter und ihrem Eidam zusammen das Haus bewohnte. Das Mädchen war aus der Hütte gegangen und sah draußen den fremden Mann regungslos liegen. Sie rief die Mutter und den Ehemann heraus, und die drei trugen den Unbekannten in ihre Wohnung. Hier wuschen sie ihn mit frischem Quellenwasser, salbten ihn mit Öl, und der Geist kehrte zu dem Erschöpften zurück. Sie fragten ihn, wer er wäre, und er gab zur Antwort: Ich bin ein Amalekiter und war in das Heer der Israeliter geraten; sie ergriffen mich und brachten mich vor ihren König. Dieser verhängte über mich die Strafe, daß ich mit einer Schleuder fortgeschnellt werden sollte, und so fiel ich zu euch hinunter; ich bitte euch, mich am Leben zu lassen. Und Joab nahm zehn Silberlinge, gab sie dem Manne der jungen Frau und sagte: Hier hast du etwas Geld, mache damit, wozu du Lust hast.

Nach zehn Tagen wollte Joab auf die Straße gehen, da sagten die Leute: Zeige dich nicht in dieser Tracht. Und sie zogen ihm ihre Kleider an, und so konnte er sich in der Stadt bewegen, als gehörte er zu ihren Einwohnern. Es war aber ein sehr ausgedehnter Ort, und es gab in ihm hundertvierzig Märkte, einer größer als der andere. Joab kam an eine Schmiede und sprach zu dem Schmied: Mache mir ein Schwert genau so wie dieses, das ich hier zerbrochen in Händen halte. Wie der Schmied das Schwert erblickte, erbebte er am ganzen Leibe. Joab fragte den Mann: Warum erschrickst du? Der Schmied antwortete: Ich habe mein Lebtag solches nicht gesehen. Darauf wiederholte Joab seine Bitte und versprach dem Manne, ihn gut zu belohnen. Als aber der Schmied die Waffe fertig hatte, nahm Joab sie in die Hand, schwang sie hin und her, und sie zerbrach. Dasselbe geschah mit dem zweiten Schwert, und erst das dritte blieb ganz und stellte Joab zufrieden. Da fragte er den Meister: Wer müßte mit diesem Schwert getötet werden? Der Schmied erwiderte: Joab, der Feldherr des Königs von Israel. Da sagte der Held: So vernimm es denn: ich bin Joab. Und er sprach weiter: Sieh hinter dich. Der Schmied drehte seinen Kopf nach hinten, da schlug ihn Joab in den Bauch, daß er tot hinfiel, und rannte selbst hinaus auf die Straße. Er begegnete bald einem Haufen von fünfhundert Söldnern und machte sie alle nieder, daß kein einziger am Leben blieb. Danach steckte er das Schwert in die Scheide und kehrte in das Haus zurück, wo er zu Gaste war.

Inzwischen hatte sich in der Stadt die Nachricht von der Tötung der vielen Menschen verbreitet, und man fragte einander: Wer mag sie wohl umgebracht haben? Die Leute wußten nichts anderes zu sagen, als daß es nur Asmodäus, der König der Dämonen, gewesen sein müßte. Auch die Gastgeber Joabs fragten ihn, ob er die Kunde vernommen hätte; er antwortete, er wisse von nichts, und beschenkte sie wieder mit Geld.

Nach abermals zehn Tagen verließ Joab das Haus und begab sich an eines der Stadttore. Er schritt mit dem bloßen Schwert durch die Straßen und hieb um sich her, daß fünfzehnhundert Menschen to hinfielen. Aber danach verkrampfte sich sein Arm, und die Hand blieb an dem Schwert kleben. Er kam in seine Herberge und fand die junge Frau vor dem Hause. Er bat sie, ihm etwas warmes Wasser zu geben und das Schwert aus seiner Hand zu lösen. Sie aber schrie auf und rief entsetzt: Mit uns zusammen genießest du Speise und Trank, und nun tötest du die unsrigen. Aber Joab stieß darauf das Schwert in ihren Bauch, und davon wurde seine Hand heil. Er lief auf den Marktplatz und hörte da einen Ausrufer laut ansagen: Wer einen Gast bei sich beherbergt, bringt ihn vor den König! Joab trat auf ihn zu und durchbohrte ihn mit seinem Schwert. Und so tat er jedem, der in seine Nähe kam, bis er zweitausendundeinen Mann umgebracht hatte. Dann drang er bis an die Tore der Stadt und machte sie auf, und da strömte das Blut hinaus aufs Feld.

Die Kinder Israel hatten schon um Joab geweint, denn sie wähnten, er sei tot, und sie waren bereit, in ihr Land zurückzukehren. Als sie aber das Blut hervorfließen sahen, wurden sie voll großer Freude und riefen: Höre Israel, der Herr unser Gott ist der einzige Gott!

Joab aber, der Sohn der Zeruja, stieg auf das Dach eines Turms, nachdem er die Tore geöffnet hatte, und rief mit lauter Stimme: Der Herr verläßt sein Volk nicht um seines großen Namens willen. Und nun holt unseren König, gürtet eure Schwerter um und kommt in die Festung.

Als hernach David dazukam, sprach er zu Joab: So hast du denn wahrgemacht, was da geschrieben steht:; Und sollst des Amaleks Gedächtnis ausrotten! Joab antwortete: Jawohl, mein Fürst, es ist von unseren Feinden nur ihr König allein übriggeblieben. Und da wurde auch schon der Herrscher der Amalekiter vor David geführt, und David erschlug ihn mit eigener Hand. Joab aber nahm die Krone von dem Haupt des Toten und setzte sie David auf. Es war eine Krone von lauterem Gold, und ein köstlicher Edelstein prahlte darauf.

Danach wurde alles feindliche Gut, das in der Stadt war, zur Beute gemacht und die Götzenbilder verbrannt, getreu dem Spruch: Und sollst ihre Altäre zerstoßen.

Und der Herr selbst freute sich mit ihnen und stand ihnen noch weiter bei. Sie zogen mit Jubel aus der Stadt und legten unterwegs alle Ortschaften in Asche, daß ganz Edom ihnen untertänig wurde. Sieggekrönt hielten sie ihren Einzug in Jerusalem und lobten und priesen die Ewigen. Und Schrecken und Furcht befiel die Völker ringsumher vor den Kindern Israel und ihrem König David.

Also möge auch fürderhin der Herr unser Helfer sein.

3
Die Tat der Tochter Assers

ALS SODOM UND DIE VIER STÄDTE umher zerstört werden sollten, sprach Abraham vor dem Herrn: Gebieter der Welt! Ich sehe durch den heiligen Geist, daß ein Weib dereinst eine ganze Stadt vor dem Untergang retten wird. Sollte ich nun nicht würdig sein, von den fünf Städten das Verderben abzuwenden?

Wer war aber das Weib, das die Stadt errettet hat? Das war Serah, die Tochter Assers.

Als nämlich Seba, der Sohn Bichris, den Aufruhr wider David anstiftete und dann nach Abel floh, jagte ihm das Volk mit Joab an der Spitze nach. Sie kamen bis nach Abel, stürmten und wollten die Mauer niederwerfen. Wie Serah, die Tochter Assers, das gewahr wurde, fing sie an laut zu rufen: Holt mir den Joab herbei! Joab kam, und sie sprach zu ihm: Bist du Joab, den die Schrift rühmt als den, der im Rat der Weisen saß? Kennst du nicht das Gesetz, das da befiehlt: Wenn du vor eine Stadt ziehst, sie zu bestreiten, so biete ihr den Frieden an? Du hättest nicht so handeln sollen. Warum willst du das Erbteil des Herrn verschlingen? Da erschrak Joab und entsetzte sich, als er diese Worte vernahm, und er dachte bei sich: Sollten hier Gerechte sein, so wehe mir. Und er sprach laut: Das sei ferne, das sei fern von mir, daß ich verschlingen und verderben sollte; nicht also steht's, sondern ein Mann vom Gebirge Ephraim hat sich wider den König David empört. Und er fragte das Weib: wer bist du? Sie antwortete: Ich bin diejenige, die von siebzig Seelen allein übriggeblieben ist. Bleib stehen, wo du stehst; ich will hingehen und Frieden stiften.

Und das Weib kam zum Volk mit ihrer Weisheit und sprach zu ihnen: Seid wissend, daß Joab und ganz Israel draußen vor der Stadt stehen und uns, unsre Söhne und Töchter töten wollen. Die Leute fragten: Warum nur? Sie sagte: Er will hundert Mann von uns haben. Die Leute antworteten: Er soll sie haben. Da sprach das Weib: Er will nur fünfzig Mann haben. Und zum Schluß sprach sie: Er will keine hundert und auch keine fünfzig Mann haben, er will allein einen Mann haben, Seba, den Sohn Bichris!

Alsbald hieben sie Seba den Kopf ab und warfen ihn dem Joab zu. Da zog der Feldherr ab und ließ die Stadt in Ruhe.

4

Die Mutter Goliaths

DER STARKE RÜHME SICH nicht seiner Kraft! – Die Warnung richtet sich gegen den König David. Als er im Kampfe stand, da schlug er achthundert Mann mit einem Wurf aus der Schleuder; zückte er sein Schwert, so durchbohrte er sechshundert Mann mit einemmal. Nun wurde er übermütig und sprach: Es gibt nicht meinesgleichen auf der Welt, und nie wird es meinesgleichen geben! Da sprach der Herr zu ihm: Überhebe dich nicht! Du pochst wohl auf deine Kraft, aber du wirst noch innewerden, daß die Kraft nicht dein ist.

Und der Herr ließ ihn einen Hirsch erblicken, als er mit Abisai zusammen draußen war. Es kam David die Lust an, den Hirsch zu verfolgen; das Tier floh, und David und Abisai folgten hinterdrein, bis sie den Weg ganz und gar verloren hatten. Nun ging Abisai sein Schuhriemen auf, und er blieb stehen, um ihn wieder festzumachen. Inzwischen war ihm David vorausgelaufen und geriet an einen schönen Turm. Er trat ein und sah eine Frau am Spinnrad sitzen und spinnen; das war die Mutter des Philisters Goliath. Sie erkannte David sogleich als den, der ihren Sohn getötet hatte; er aber wußte nicht, zu wem er gekommen war. Sie riß den Faden ab und sprach zu dem Fremdling: Mein Sohn, reiche mir die Spindel! Wie er sich aber ihrem Sitz näherte, nahm sie ihn in ihre hohle Hand und steckte ihn unter das Bett, auf dem sie saß, um mit dem Gewicht ihres Körpers seine Glieder zu zerbrechen. Allein der Herr ließ ihn eine Vertiefung im Boden finden, worin er versank und solchermaßen heil blieb.

Indessen kehrte der Bruder Goliaths zurück, und seine Mutter ging zu ihm heraus. Sie erzählte ihm, wer gekommen wäre und wie sie ihn umgebracht hätte. Er aber sprach: Mutter, was hast du getan? Laß mich ihn töten. Die Mutter sagte: Du wirst ihn unter dem Bette finden mit zerbrochenen Gliedern. Er aber ging hin und fand David unversehrt in der Höhlung sitzen. Da nahm er seinen Spieß, grub das Heft in die Erde und ließ die Spitze herausragen. Hierauf holte er David aus dem Versteck hervor, trug ihn auf den Hof und warf ihn in die Höhe, damit er auf die Spitze der Lanze fiele und durchbohrt würde. Aber der Herr ließ David zwischen Himmel und Erde hängen bleiben. Es währte nicht lange, und Abisai kam an. Er sah, was vorgefallen war, und begab sich bald in das Haus zu der Mutter Goliaths. Er sprach zu ihr: Gib mir deine Lanze, daß ich den Feind ersteche. Und er nahm die Waffe, ging mit ihr hinaus und richtete sie gegen den Feind Davids. Er erstach den Bösewicht, und David fiel zur Erde, heil und gesund.

Danach sagte man: O, die Kraft war nicht Davids, sie war des Heiligen, gelobt sei er.

Zu David soll der Herr einstmals gesprochen haben: Mit deinem Samen ist es aus. Willst du, daß er ausgerottet werde, oder daß ich dich dem Feinde überliefere? Da antwortete David: Herr der Welt! Laß mich lieber dem Feinde überantwortet werden, und möge mein Same nicht der Vernichtung anheimfallen.

Eines Tages ging David auf die Jagd. Da kam der Satan in Gestalt eines Hirsches, und David richtete auf ihn den Pfeil. Er traf ihn aber nicht und verfolgte den Hirsch, bis dieser ihn nach dem Lande der Philister brachte. Da wurde er von Jesbi, der zu Nob wohnte, erkannt, und der sprach: Das ist doch der, der meinen Bruder Goliath erschlagen hat! Und er fesselte ihn und legte ihn unter die Ölkelter, aber da geschah ein Wunder, daß die Erde nachgab unter ihm und er nicht zertreten ward. Auf diese Geschichte spielt der Vers an: Du machst unter mir Raum zu gehen, daß meine Knöchel nicht wanken.

Der Tag war der Rüsttag zu Sabbat, und am Vorabend desselben Tages wusch zu Jerusalem Abisai, der Sohn der Zeruja, seinen Kopf und spülte ihn viermal in frischem Wasser. Das Wasser war aber immer blutgefärbt. Andre sagen, eine Taube wäre geflogen gekommen, hätte mit den Flügeln geschlagen und hätte gestöhnt und geheult, so daß Abisai sprach: Eine Taube ist das Sinnbild Israels; diese hier weint und ist traurig; also ist König David in Not. Und er rannte stracks in den Palast des Königs, der war aber nicht da. Er suchte ihn im Lehrhaus, aber auch dort war David nicht zu finden. Da ließ er fragen, ob es statthaft sei, in Stunden der Gefahr das Roß des Königs zu besteigen. Das wurde ihm erlaubt, und so ritt er denn schnell nach dem Lande der Philister. Die Straße eilte ihm entgegen, und er erreichte in Bälde den Ort, wo David war. Die Mutter Jesbis, Orpa, saß am Fenster und spann. Wie sie den Abisai daherkommen sah, warf sie nach ihm mit dem Spinnrad. Sie traf ihn aber nicht. Da sprach sie: Du bist Abisai, bring mir das Spinnrad, das zu deinen Füßen gefallen ist. Abisai aber hob das Spinnrad auf, warf es gegen ihren Kopf und tötete sie damit.

Jesbi wiederum sprach, als er Abisai sah: Nun sind zwei in meiner Hand, David und Abisai. Und er schleuderte David in die Höhe und pflanzte schnell seinen Spieß auf in der Hoffnung, David würde auf diesen fallen und durchbohrt werden. Allein Abisai rief den unverstellten Namen Gottes aus und bewirkte so, daß David zwischen Himmel und Erde schwebte und nicht hinunterfiel. Warum rief aber David selber nicht den Namen Gottes an? Ja, es kann kein Gefangener sich selbst erlösen, denn es fehlt ihm der klare und überlegene Sinn für eine solche Tat.

Abisai fragte David: Wie bist du hierher geraten? David antwortete: Soundso sprach der Herr zu mir, und da sagte ich, ich wollte lieber in Feindeshand fallen, als daß mein Same vernichtet würde. Da
sagte Abisai: Kehre das Gebet um, denn es ist besser, daß dein Same
umkomme, als daß du deinen Feinden überliefert wirst. David antwortete: Wenn es so ist, so steh mir bei, daß es nach deinen Worten
geschehe.

Also rief Abisai den unverstellten Namen Gottes an, und David
stieg unversehrt zur Erde nieder. Nun rannten die beiden und suchten nach der Heimat zu entfliehen. Der Feind Jesbi aber setzte ihnen
nach, denn noch waren sie im Land der Philister. Als sie zum Dorfe
Kobi kamen, das zwischen dem Philisterlande und dem Lande Israel
liegt, sprachen David und Abisai zueinander: Laßt uns uns entgegenstellen und ihn töten und nicht vor ihm fliehen. Als sie danach den
Ort, Be-Tre genannt, erreichten, sprachen sie: Sind zwei Pfeile genug,
um einen Löwen zu töten? Und sie wandten sich an Jesbi und sprachen zu ihm: Geh hin und suche deine Mutter Orpa, die im Grabe
liegt, denn wir haben sie getötet. Wie sie aber den Namen seiner
Mutter erwähnten, da wich seine Kraft von ihm, und sie schlugen
ihn tot.

5
Das Maul des Abgrundes

TAUSEND TÜRME GAB ES ZU JERUSALEM, und jeder streitbare Held
herrschte über einen von ihnen. Alle Türme aber hingen von dem
Turm Davids ab. War dieser erleuchtet, so standen auch die anderen
in hellem Licht, und ihr Glanz strahlte von einem Ende der Welt bis
ans andere, so daß selbst die Schiffe, die auf dem Ozean fuhren, sich
nach diesem Licht richteten. Wie aber das Heiligtum eingestürzt war,
da sanken auch die Türme ein.

Unsre Lehrer erzählen:

Als der Herr bei der Erschaffung der Welt die oberen Wasser von
den unteren Wassern schied, da quoll das Wasser des Abgrunds hervor und strömte westwärts, daß man das Trockene nicht sehen konnte. Alsbald machte der Herr einen kleinen Scherben, ritzte darauf den
unverstellten Namen achtundvierzigmal ein, und dieses Stückchen
Ton ward zum Siegel Gottes, mit dem er den Mund des Abgrundes
verschloß. Wenn nun das Wasser aus den Gründen emporschießen

will, wird es durch das Siegel gehemmt und strömt zurück in die Tiefe.

Als nun David den Eckstein des Tempels legen wollte, grub er die Erde fünfzehnhundert Ellen tief, bis er zu dem Siegel kam. Da rief er aus: Weh mir, alle meine Mühe war umsonst und vergeblich! Ich glaubte, ich würde an eine Stelle gelangen, die noch nie ein Mensch berührt hat, und was ich finde, ist ein Scherben! Und er befahl, die Erde an den Seiten fortzuräumen, bis das Siegel bloßgelegt und deutlich sichtbar geworden sei. Dieser Scherben aber war der Grundstein der Welt, von dem der Bau der Welt seinen Anfang genommen hatte. Wie nun David den Namen Gottes darauf ausgeprägt sah, streckte er seine Hand aus und wollte ihn ergreifen. Eine Stimme kam da aus dem Stein, die rief: Rühre mich nicht an, du würdest sonst die Welt zerstören; sieh den Namen Gottes an, der achtundvierzigmal auf mir eingegraben ist.

David achtete aber nicht der Worte des Steins und zog ihn heraus aus der Tiefe. Sogleich zogen die Zeichen des heiligen Namens davon, und ein schlichter Tonscherben verblieb in Davids Hand. Das Wasser der Gründe aber quoll empor und nahm überhand und wollte die Welt überschwemmen, daß sie wieder zum Chaos werden sollte. Und David und ganz Israel standen im Wasser, und dieses war dem König bis an den Nabel gestiegen. Da fing er an, laut zu weinen und zu rufen: Hilf mir, du Gott, denn das Wasser geht mir bis an die Seele. Es hallte ihm aber keine Antwort entgegen. Da rief er aus: Gebieter der Welt! Ich weiß, daß es in deiner Hand liegt, zu töten und lebendig zu machen. Laß mich aber nicht auf diese Weise umkommen; wo du mich dennoch jetzt willst sterben lassen, so sei mein Tod eine Sühne für meine Sünden. Es kam aber keine Antwort auf den Ruf. Da sprach David zum drittenmal: Sollte hier einer unter uns sein, der den heiligen Namen schreiben kann und es nicht tut, der soll durch Erwürgen seinen Tod finden, sein Tod soll ihn nicht entsühnen, und ganz Israel soll frei von Sünde sein.

In dieser Stunde überlegte Ahitophel in seinem Innern, was leichter und was schwerer wiege, und er sprach: Wenn der Name Gottes mit Wasser abgewischt werden darf, wo es gilt, Frieden zu stiften zwischen Mann und Weib, so muß es erst recht gestattet sein da, wo es gilt, ganz Israel zu retten. Und er sprang herzu, schrieb den unverstellten Namen Gottes auf den Stein und warf ihn ins Wasser, daß er die Öffnung verschloß. Alsbald verlief sich die Flut, und das Festland kam zum Vorschein.

Danach ließ David den Abgrund wieder mit Erde zuschütten.

Als David dabei war, das Fundament für den Tempel zu legen, grub er fünfzehnhundert Ellen tief und stieß nicht auf den Abgrund.

Zuletzt fand er einen tönernen Napf und wollte ihn aufheben. Der Napf aber sprach: Es ist dir nicht gegeben, mich von der Stelle zu rühren. Als der König nach der Ursache fragte, sagte der Scherben: Ich liege hier als Siegel des Abgrunds. David fragte: Seit wann liegst du hier? Der Topf antwortete: Seit der Stunde, da der Herr am Sinai rief: Ich bin der Herr, dein Gott! Dazumal erbebte die Erde und ihre Abgründe klafften; ich aber sollte sie zudecken und geriet hierher.

David hob den Napf, und das Wasser stieg hoch und hätte bald die Erde überschwemmt. Ahitophel aber stand daselbst und sprach bei sich: Nun wird David umkommen, und ich werde an seiner Statt König sein. David sprach: Wer die Weisheit hat, der Quelle Halt zu gebieten und es nicht tut, dessen Ende ist der Strick. Da nahm Ahitophel seine Sprüche vor und brachte das Wasser zum Stehen. Und David, als er gerettet war, sang das Lied der Stufen; für jede hundert Ellen, die er wieder aufwärts stieg, sang er eine Strophe.

Ahitophel aber, obwohl er den rettenden Spruch gesagt hatte, verfiel dennoch dem Strick.

Fünfzehnhundert Ellen tief ließ David in der Erde graben, um vorzustoßen zum Grund der Erde, und am Ende fand er einen Scherben Ton. Da sagte er: Soviel Müh und Arbeit hab ich darauf verwendet, um nun am Ende ein zerbrochenes Gefäß zu finden? In diesem Augenblick verlieh Gott dem tönernen Topf die Macht der Sprache, und der Scherben sagte: Dies war nicht von Anbeginn mein Platz, aber in der Stunde, da die Welt sich spaltete, ward ich hierher gesetzt. Glaubst du mir nicht, so versuch es, mich aufzuheben; die große Tiefe liegt unter mir!

Und David hob das tönerne Siegel hoch, da brach der Abgrund auf und drohte, ihn zu verschlingen. Nun rief David: Den erdrossle der Strick, der da das Wort kennt, das den Abgrund schließt und es nicht spricht! Dazumal war Ahitophel zugegen; der kannte die Formel und bannte die Gefahr.

Dennoch: Ahitophels Ende war, daß er sich erhängte!

Davids gute und böse Taten

1
Der fromme David

IN FÜNF BEHAUSUNGEN wohnte David, und aus jeder sang er ein Loblied. Da er noch im Mutterleibe war, sprach er einen Segen; als er die Luft dieser Erde zu atmen anfing und sah die Gestirne und Planeten am Himmel, da sang er eine Hymne; wie er an den Brüsten seiner Mutter sog, dichtete er ein Preislied; später, als er die Feinde bezwungen sah, rief er einen Siegesgesang aus; sogar, als er seinen Todestag nahen fühlte, lobte er den Herrn.

Der Priester Rabbi Pinehas bar Hama erzählt:

Eine Harfe hing über dem Bette Davids. Wenn es Mitternacht wurde und der Nordwind wehte, da tönte die Harfe von selbst. Alsbald wachte David vom Schlafe auf und mit ihm seine Jünger, die in der Schrift forschten; sie schüttelten den Schlaf und die Müdigkeit ab, sie vertieften sich in die Lehre und saßen über ihr, bis es Morgen wurde.

Wenn der Morgen anbrach, pflegten die Weisen Israels zum König David zu kommen. Sie sprachen zu ihm: Unser König und Herr! Dein Volk, die Kinder Israel, braucht Nahrung und Unterhalt. Da sprach David: Mögen sie sich wechselweise ernähren, einer von dem anderen, und der andere wiederum durch den einen. Die Weisen erwiderten: Eine Handvoll Speise macht keinen Löwen satt; auch wird keine Grube wieder ausgefüllt von dem Sand, den man aus ihr geschaufelt hat. Nunmehr entschied der Herrscher: So ziehet denn in einen Krieg!

Alsogleich beriet man sich mit Ahitophel, wie und gegen wen der Krieg zu führen sei; man erbat Hilfe vom Rat der Ältesten, daß sie beteten für die, die hinauszogen; man befragte die Urim und Tummim über den glücklichen Ausgang des Kampfes.

Wenn David im Lehrhaus war, so verschmähte er Kissen und Polster und saß auf dem bloßen Boden. Solange sein Lehrer Ira der Iraiter lebte, pflegte dieser, wenn er die Lehre den Weisen weitergab, auf Kissen und Polstern zu sitzen; wie er aber starb, ward David sein Nachfolger im Lehren, und David saß weiter auf der Erde. Die Weisen sagten zu ihm: Möge der Herr doch auf den Kissen und Polster Platz nehmen. David aber weigerte sich dessen.

Da sprach Gott zu ihm: Du hast dich als der Demütige erwiesen. Dafür sollst du mir gleich sein an Macht; wenn ich eine Strafe verhänge, so soll es dir gegeben sein, sie aufzuheben.

2
Mephiboseth

Mephiboseth war Davids Lehrmeister, und bei allem, was David tat, fragte er den Mephiboseth: Mein Lehrer, hab ich gut gerichtet, hab ich zu Recht verdammt, hab ich mit Recht freigesprochen, war's richtig, daß ich dies für rein erklärt und jenes als unrein bezeichnet habe? Und er war so gar nicht stolz.

Als zu Davids Zeit die Hungersnot ausbrach und die Gibeoniter als Sühne für ihr Unglück sieben Mann von Sauls Nachkommen haben wollten, da war es David darum zu tun, Mephiboseth, den Sohn Jonathans, zu retten, denn Mephiboseth war ein Mann, der groß war im Wissen um die Schrift. Da sprach David: Ich will sie an dem Altar vorbeiführen, und welcher vom Altar angezogen wird, der soll mein sein. Und David tat so und betete für die Verurteilten, und siehe da, der Altar hielt den Mephiboseth fest.

In der Stunde, da David zu Mephiboseth sprach: Du und Ziba, ihr werdet das Feld teilen – erscholl eine Stimme vom Himmel, die rief: Rehabeam und Jerobeam werden das Reich untereinander teilen.

Hätte David nicht auf die gehört, die Lästerrede vor ihm sprachen: es wäre sein Reich nicht zerteilt worden, Israel wäre dem Götzendienst nicht verfallen, und das Volk wäre nicht vertrieben worden aus seinem Vaterland.

3. Abner und Amasa

Im Buche Samuel heißt es, der Vater Amasas, Jether, sei ein Israeliter gewesen, im Buche der Chronik aber wird er ein Ismaeliter genannt. Ein Weiser sagt, Jether sei von Geburt Ismaeliter gewesen. Aber eines Tages kam er ins Bethaus, und da hörte er Isai, den Vater Davids, rufen: Wendet euch zu mir, und es werden selig aller Welt Enden. Alsbald wurde er zum Israeliter, und Isai gab ihm seine Tochter zum Weibe.

Ein Lehrer sagte: Es war leichter, eine Mauer von sechs Ellen Dicke zu zerhauen, als Abner, dem Feldhauptmann Sauls, einen Fuß abzuhacken.

Abner war stolz auf seine Kraft und sprach: Hätte die Erde einen Griff, bei dem man sie anfassen könnte, ich höbe sie aus den Angeln.

Das ganze Lager Israels hatte Platz zwischen den beiden Schenkeln Abners, und doch, als seine Stunde gekommen war, brachte ihn Joab zu Fall. Aber im Augenblick seines Todes ergriff Abner den Joab und hielt ihn in der Faust wie einen Knäuel Garn. Da trat ganz Israel vor Abner und flehte ihn an: Herr, wenn du auch diesen umbringst, bleiben wir Waisen, die keinen Vater haben, und die Philister kommen über uns und führen unsre Weiber und unsre Habe hinweg.

Abner jedoch gab zur Antwort: Soll ich ihn verschonen, der mein Lebenslicht ausgeblasen hat? Sie sprachen: Rechte dann mit ihm, wenn ihr beide vor dem himmlischen Richter steht.

Da schleuderte Abner seinen Gefallenen aus der Hand, und der blieb am Leben, Abner aber hauchte seine Seele aus.

4
Absalom

ALS ZADOK UND ABJATHAR, die Priester Davids, vor Absalom flohen, der sie töten wollte, kamen sie an das Haus eines Mannes zu Bahurim. Dieser Mann war Simei, der Feind Davids, der ihn vormals mit Steinen beworfen und ihm geflucht hatte. Es fügte sich aber, daß nur das Weib Simeis zugegen war und die Tür zum Hof offen stand. In dem Hof war ein Brunnen, und da hinein stiegen die zwei Männer. Das Weib breitete ein Tuch über das Loch des Brunnens und legte Grütze darauf zum Trocknen. Sie selbst aber zerzauste ihr Haar und setzte sich an den Brunnen, als wollte sie ihre Notdurft verrichten.

Als nun die Diener Absaloms kamen und die Frau in diesem Zustand gewahrten, sprachen sie: Ist es möglich, daß die zwei frommen Männer in der Grube sind und das Weib über ihnen sitzt? Und sie zogen ab.

Da sprach der Herr: Weil durch ihre Hand zwei Gerechte gerettet worden sind, so sollen ihr zwei Gerechte entsprießen, die Israel erretten werden. Wer sind diese zwei Gerechten? Mardohai und Esther.

Rabbi Elieser sprach: Seht die Treue und Rechtlichkeit des Mannes, der Absalom an der Eiche hängend sah. Er sagte dies Joab an, und dieser bot ihm Geld, daß er Absalom tötete. Der Mann aber sprach: Und gäbest du mir auch tausend Silberlinge, ich lege meine Hand nicht an des Königs Sohn. Da verlegte sich Joab aufs Bitten und flehte ihn an, ihm die Stelle zu zeigen, wo Absalom hing. Der Mann willfahrte ihn und führte Joab an die Stätte im Walde; dort durchbohrte Joab den Absalom mit drei Spießen.

Absalom war ein streitbarer Held und hatte sein Schwert immer an seiner Seite hängend. Warum zog er es nicht hervor und schnitt nicht die Haare von den Zweigen der Eiche ab? Es tat sich vor ihm die Unterwelt auf, und so sprach er bei sich: Lieber bleib ich an meinen Haaren hängen, als daß ich ins Höllenfeuer fahre.

Sieben Tore hat die Hölle. Absalom kam bis an das fünfte, und da erfuhr David von seinem Tode und fing an zu trauern und zu klagen. Er rief in einem fort: Mein Sohn Absalom, mein Sohn! So errettete er ihn von den weiteren Martern der Hölle.

Nunmehr fing David seinen Schöpfer zu preisen und zu rühmen an und sang: Meine Feinde werden es sehen und werden sich schämen, indes du mir beistehst und mich tröstest. Gott stand ihm bei in dem Kriege mit Absalom und tröstete ihm nach seinem Tode.

5
Doeg und Ahitophel

ES HEISST IM PSALTER: Du zertrittst alle, die von deinen Rechten abirren. Damit sind Doeg und Ahitophel gemeint.

Doeg lernte alle Gesetze der Thora, aber er befolgte sie nicht, und so raffte sie ihn hinweg; auch Ahitophel hatte die Thora studiert, aber nicht befolgt, und so fand er durch sie den Tod.

Wem sind Doeg und Ahitophel zu vergleichen? Einer Scheune voller Stroh, die ihr Besitzer eines Tags räumte und mit Lehm ausstrich; während noch der Lehm aufgestrichen wurde, war doch in den Ritzen und Spalten Stroh geblieben, und nachdem die Leimschicht sich gesenkt hatte, kam das alte Stroh wieder zum Vorschein. Also war's auch bei Doeg und Ahitophel; sie hatten alle Regeln und die geringsten Sätze der Thora gar zu lernen unternommen, und dabei war ihr Herz voller Torheit. Da erfüllte der Herr an ihnen den Satz: Du zertrittst alle, die von deinen Rechten abirren.

Die Bluttaten und Betrug verüben, die kommen nicht bis zur Hälfte ihres Lebens. Doeg, der Mörder und Verräter, wurde nicht älter als vierunddreißig Jahre, und der Ränkeschmied Ahitophel mußte sterben, kaum dreiunddreißig Jahre alt.

Drei Würgengel sollten den Doeg vernichten: der eine machte seine Lehre vergessen, der zweite verbrannte seine Seele, der dritte verstreute seine Asche über die Lehr- und Bethäuser.

Drei Dinge befahl Ahitophel seinen Kindern an; er sprach zu ihnen: Widersetzt euch nicht der Herrschaft des Königshauses David, denn Gott ist ihnen offensichtlich in allem zugetan. Habt keine Händel mit einem, dem die Stunde hold ist. Ist am Wochenfest das Wetter klar, so sät Weizen und Flachs, und sie werden aufgehen.

Wir wissen es aber nicht, ob er mit dem letzten Rat einen Tag meinte, der durch den Tau oder durch die Sonne klar wäre.

6
Uria und Bathseba

ALS DER RIESE GOLIATH gefallen war, war sein Helm um den Hals geschlossen, und sein Kopf konnte nicht abgehauen werden. Da kam Uria herzu und sprach zu David: Wenn ich den Verschluß öffne, willst du mir dafür ein Weib geben? David antwortete: Ich will es tun.

Da rief der Herr zu David: Die Töchter Israels wagst du zu verteilen? Bei deinem Leben! Dieser wird das Weib bekommen, das dir zugedacht ist. Das war Bathseba, die Uria heimführte, und die dem David bestimmt war.

Bathseba war seit den Schöpfungstagen für David zum Weibe bestimmt, aber er versäumte die festgesetzte Zeit und heiratete die Tochter Sauls. An demselben Tag, an dem Michal dem David angetraut wurde, führte Uria die Bathseba heim.

Bathseba, die Tochter Eliams, war David noch von den Schöpfungstagen her zugedacht gewesen, aber sie genossen zusammen beide die unreife Frucht.

Wer in einen der Kriege Davids zog, der mußte zuvor seiner Ehefrau einen Scheidebrief schreiben.

Bathseba wusch ihr Haupthaar unter einem umgestülpten leeren Bienenkorbe, damit man sie nicht sehe. Da kam der Satan in Gestalt eines kleinen Vögelchens, und als David ihn erblickte, schnellte er einen Pfeil ab gegen ihn; das Geschoß aber traf das Schutzdach, daß es zerriß. So stand Bathseba offenbar und David konnte sie sehen.

Die Sünde Davids an Uria hat vier Opfer gefordert: das erste Kind der Bathseba, die Thamar, den Amnon, den Absalom. So ging in Erfüllung, was David dem Propheten Nathan gesagt hatte: Der Reiche soll das Schäfchen des Armen vierfach bezahlen.

Der König David hatte sein Lebtag keinen guten Traum. Denn da er Tag für Tag Krieg führte, um alle seine Feinde zu vernichten, träumte er des Nachts von nichts anderem als von Schlachten, Schwertern und Blut.

7
Die Volkszählung

RABBI ABBAHU ERZÄHLT: Du kannst die Macht der Buße ersehen an dem Beispiel Davids, des Königs in Israel. Hatte doch der Herr den Vätern geschworen, ihren Samen zu mehren wie die Sterne des Himmels, und nun kam David und vermaß sich, das Volk zu zählen. Da

sprach der Herr zu ihm: David, du weißt, was ich den Vätern verheißen habe; nun willst du meinen Schwur zunichte machen! Durch
deine Schuld wird die Herde vernichtet werden. – Und richtig, bin-
nen drei Stunden fielen von Israel siebzigtausend Mann.

Wie David das vernahm, zerriß er seine Kleider, zog einen Sack an,
streute Asche auf sein Haupt und fiel mit seinem Antlitz zur Erde vor
der Lade Gottes. Er bat Gott um Vergebung und sprach: Herr aller
Welten! Ich bin's, der gesündigt hat; sieh über meine Sünde hinweg.
Und seine Buße ward hingenommen, und Gott sprach zu dem Engel,
dem Verderber: Es ist genug, laß deine Hand von ihnen.

Da nahm der Engel sein Schwert und trocknete es an Davids Mantel ab. David sah das Messer des Todesengels, und seine Glieder erbebten und hörten nicht auf zu beben bis zu seinem Tode. Daher
heißt es von ihm: Er konnte nicht mehr hingehen, Gott zu suchen, –
so war er erschrocken vor dem Schwert des Engels des Herrn.

Der Prophet Gad, der Seher Davids, kam zum König und sprach
zu ihm: Was ziehst du vor? Willst du, daß sieben Jahre in deinem Lande der Hunger wüte, oder daß du drei Monate vor deinen Feinden
fliehen müßtest und sie dich verfolgen, oder daß drei Tage Pest im
Lande sei?

Da sprach David bei sich in seiner Betrübnis: Wähle ich die Hun-
gersnot, so werden die in Israel sagen: Er verläßt sich auf sein eigenes
Land, das fruchtbar ist. Wähle ich den Krieg, so werden sie sagen: Er
verläßt sich auf seine streitbaren Helden, daß sie ihn schützen werden.
So will ich denn lieber die Pest kommen lassen, welche alle in gleicher
Weise trifft, den Reichen und den Armen, den Alten und den Jungen.
Und David sprach zu Gad: Es ist mir weh und angst; aber lieber wol-
len wir in die Hand des Herrn fallen als in die Hand der Menschen.

Also fiel die Pest über Israel her; die tobte vom Morgen bis zu der
angesetzten Frist, und der Engel des Herrn reckte seine Hand aus
über Jerusalem, daß er es verderbte. Und David erhob seine Augen
und sah den Engel zwischen Himmel und Erde stehen. Und in demselben Augenblick sah David auch die Sünden Israels, zu Heeren zu-
sammengeballt und bis zum Himmel reichend. Da fielen er und die
Ältesten mit Säcken bedeckt auf ihr Angesicht.

In dieser Stunde fuhr ein Engel von der Himmelshöhe hernieder
und tötete den Propheten Gad sowie viere von Davids Söhnen und
auch die Ältesten, die um den König waren. Und David schaute den
Würgengel, und er wurde von einem Schüttelfrost befallen, der ihn
nicht mehr verließ bis an den Tag seines Todes. Man deckte ihn mit
Kleidern zu, er wurde aber nicht warm.

8
Davids Buße

WELCHE STRAFE TRAF DAVID? Für sechs Monate ward er mit Aussatz geschlagen, das Synedrium hielt sich fern von ihm, und es wich von ihm die Gottheit.

Zweiundzwanzig Jahre lang war der Geist Gottes von David gewichen, und jeden Tag in dieser Zeit füllte er einen Becher mit seinen Tränen und aß sein Brot mit Asche, wie es auch heißt: Ich esse Asche wie Brot und mische meinen Trank mit Weinen.

Der König David sprach: Ich will die Gnade und die Gerechtigkeit des Herrn preisen, welcher Tag um Tag und Stunde um Stunde an Israel Großes tut. Jedweden Tag wird der Mensch gefangengenommen, und jedweden Tag wird er erlöst. Jedweden Tag wird sein Geist von ihm genommen und dem, der darüber wacht, überantwortet, und jeden Morgen wird dem Menschen der Geist wiedergegeben.

David sprach vor dem Herrn: Gebieter der Welt! Laß dir meine Buße genehm sein, damit du die Sünder im Jenseits reinwaschen und ihnen sagen kennst: Wenn ich David, dem König Israels, der eine schwere Sünde vor mir begangen hat, vergeben habe, weil er Buße getan hat, – so will ich auch euch gnädig sein, wenn ihr Buße getan habt.

Der braucht nicht zu zagen, der braucht sich nicht zu sorgen, daß er ein Böses begehe: der den Herrn zum Helfer hat. Nur ein einziges Mal strauchelte Saul, und das war schon sein Verbrechen; David hinwieder beging schwere Sünden, und er wurde nicht verworfen. Als Saul den Agag verschonte, gereute es den Herrn, daß er ihn zum König über Israel gemacht hatte. Als aber David seine zwei Sünden beging, die Schwächung der Bathseba und die Zählung des Volkes, gelang es ihm, sich loszukaufen von der Schuld.

9
Davids Tod

DAVID RIEF VOR GOTT: Herr, laß mich mein Ende wissen; lehre mich, was das Ziel meines Lebens ist; sage mir, wann ich aufhören werde zu sein. Der Herr aber antwortete: Es ist bestimmt in meinem Rat, daß die Zahl der Lebenstage keinem Sterblichen gesagt wird. Willst du aber wissen, wann du sterben wirst, so vernimm: an einem Sabbattage wird dein Leben ein Ende nehmen! David sagte darauf: Laß mich lieber an dem Tag, der auf den Sabbat folgt, sterben. Der Herr aber sprach: Dann wird bereits die Herrschaft deines Sohnes begonnen haben, und es darf nicht sein, daß ein Regiment das andere streift, und sei es nur um eines Haares Breite. Da sprach David: So laß mich am Tag vor dem Sabbat sterben. Der Herr aber sprach: Ein Tag in den Vorhöfen ist besser denn sonst tausend; mir ist ein Tag, an dem du in der Schrift forschest, lieber als tausend Brandopfer, die dein Sohn Salomo am Altar einst darbringen wird.

Alle Tage hindurch saß David über der Lehre, und so war es auch an dem Tage, an dem er sterben sollte. Der Todesengel kam, er konnte aber David nicht überwinden, denn dieser unterbrach das Lesen nicht. Der Würgengel sprach bei sich: Was ist zu tun? David aber hatte einen Garten hinter dem Hause, in den schlich sich der Bote des Todes und machte die Zweige der Bäume rascheln. Da ging David hinaus, um zu erfahren, was das Geräusch bedeutete. Aber eine Stufe brach entzwei unter seinen Füßen; er hörte für einen Augenblick mit dem Hersagen der heiligen Worte auf und schwieg, und in dem Augenblick entwich seine Seele.

David starb an einem Sabbat zur Zeit des Nachmittaggebetes, und in dem Augenblick ward der Mond verdunkelt, und das Licht der mündlichen Lehre erlosch, und von dem Tag an mehrte sich der Streit um die rechte Auslegung des Gesetzes.

Der Herr hatte David seine Schuld verziehen, aber, als er gestorben war, ließen ihn die Engel nicht in das himmlische Jerusalem. Erst, nachdem der Tempel von Salomo errichtet war und der Herr den Erzengel Michael und sechzig andere Engel dazu bestellte, daß sie Israel betreuten, da führte Michael den König David durch die Tore des oberen Jerusalems und ließ ihn zusammen mit den Erzvätern den göttlichen Wagen bilden.

David sprach vor dem Herrn: Gebieter der Welt! Vergib mir meine Sünde; tu an mir ein Zeichen zum Guten, damit es meine Widersacher sehen und sich schämen, weil du, Gott, mein Helfer und Tröster bist. Der Herr erwiderte ihm: Bei deinen Lebzeiten will ich es dich nicht wissen lassen; ich will es kundtun zur Zeit deines Sohnes Salomo.

Und so war es auch: Als Salomo den Tempel fertig gebaut hatte und die Lade des Bundes in das Allerheiligste gebracht werden sollte, fügten sich die Türen eng zusammen und wollten sich nicht auftun. Salomo sang vierundzwanzig Singstrophen, ihm ward aber keine Antwort. Er rief: Ihr Tore, hebt das Haupt und macht die Türen der Welt hoch, daß der König der Ehren einziehe! Die Türen des Heiligtums rührten sich aber nicht. Da rief er aus: Herr Gott, wende nicht weg das Antlitz deines Gesalbten; gedenke der Gnaden, deinem Knechte David verheißen. Alsbald, kaum daß Davids Name genannt worden war, taten sich die Tore des Tempels auf.

In dieser Stunde wurden die Gesichter von Davids Feinden schwarz, wie der Topf vom Rauch des Feuers schwarz wird, und alle in Israel erkannten, daß David seine Sünde verziehen war.

Als Salomo den Tempel baute, betete er. daß ein Feuer vom Himmel kommen möge, es kam aber nicht. Er brachte tausend Brandopfer dar, es half aber nicht. Er rezitierte vierundzwanzig Gebete, das Feuer aber erschien nicht. Erst, als er sprach: Gedenke der Gnaden, die du David verheißen hast – da fuhr das Feuer hernieder.

Manche sagen, in dieser Stunde sei David wieder lebendig geworden; andere meinen, man habe nur seinen Sarg herbeigetragen.

10
Ein Kapitel aus der römischen Geschichte

NACH DEM TODE AMULIUS ward Romulus König, und er regierte achtunddreißig Jahre.

Zu seiner Zeit schlug David den Syrer und den Edomiter, und Hadar-Eser, der König von Zoba, floh mit seinen Söhnen vor David. Sie kamen in das Land Kittim, und der König wies ihnen eine Stätte an, auf einem Berg am Ufer des Meeres, woselbst sie eine Stadt erbauten, die sie Zurentum benannten, nach dem Namen Zirs, eines von den Flüchtlingen, der von Hadar-Eser abstammte; auch bauten sie eine zweite Stadt, das alte Albanum, und sie wohnen dort noch heute.

In der Stadt Zurentum aber brach eine Ölquelle auf, die viele Jahre vorher schon dort gewesen war und die das Meer bislang bedeckt hatte; sie liegt heute zwischen Neapel und dem neuen Sorrent und ist noch immer nicht versiegt, denn noch in unseren Tagen schöpfen die Einwohner von Neapel das gute Öl aus ihr.

Der König des Landes aber fürchtete sich sehr vor David und umgab mit einer starken Mauer die Bauten, die die Könige vor ihm errichtet hatten; er schützte die Tempel durch hohe Wälle und faßte alle Hügel, die umher lagen, in den Bereich der großen Stadtmauer ein, deren Höhe er auf fünfundvierzig Meilen brachte. Die Stadt, die so entstand, wurde nach dem Namen Romulus' Rom benannt, und die Bewohner lebten in steter Furcht, solange David lebte.

Doch durch seine Taten erhöhte Romulus den Ruhm des Landes Kittim, und es wurde von da ab Romanien benannt, wie es auch heute noch heißt; er erbaute einen Tempel dem Jovis, das ist der Stern Jupiter, und bestimmte den fünften Tag der Woche zu seinem Festtag; den Tempel des Morgensterns, Luzifer, aber verschloß er.

Romulus führte machtvolle Kriege; mit David aber war er im Bunde.

Zur Zeit des Königs David lebte eine kluge Frau mit Namen Dironi, und die nahm eine Tierhaut und reinigte und glättete sie zu einem Pergament. Sie bat die Griechen, ihr nur soviel Land zu verkaufen, als das Fell umspannen würde; sie zerschnitt aber dieses in schmale, in ganz dünne Fadenstreifen und machte aus ihnen einen Kreis, das ein großes Stück Land umfing. Das erwarb sie nun und erbaute darauf die Stadt Karthago.

Von Tyrus bis nach Karthago hin – da kennt man Israel und kennt ihren Vater im Himmel.

Salomos Reichtum und Macht

1
Salomos Namen

DER GROSSE KÖNIG SALOMO, dem der Ewige die Herrschaft von einem Ende der Welt bis ans andere verliehen hat, wurde von Gott geliebt und auserkoren, als er noch im Mutterleibe war. Der Herr ließ ihn alle Mysterien wissen und offenbarte ihm alles Verborgene; er gab ihm Weisheit und Einsicht in die Dinge der Welt, wie sie sich seit der Schöpfungszeit entfaltet haben. Kamen zu ihm Menschen, die miteinander rechteten, so sah er sie scharf an und wußte gleich, welcher der Schuldige und welcher der Unschuldige war, und keiner wagte es, vor ihm eine Unwahrheit zu sagen. Pracht und Majestät waren über ihn ergossen, Anmut und Wohlwollen gingen von ihm aus, wie weiland von David, seinem Vater.

Die ersten Tage seines Königtums wurde er Jedidia genannt, welchen Namen ihm der Prophet Nathan gegeben hat, weil er ein Liebling des Herrn Zebaoth war. Salomo wurde er genannt wegen des Friedens, der zu seiner Zeit herrschte. Auch nannte man ihn den Baumeister, weil er Gott eine Wohnung erbaut hatte. Ithiel wurde er geheißen, weil der Herr mit ihm war. Er trug auch den Namen Jaka, weil er der oberste Herrscher war über alle Fürsten des Morgenlands und des Abendlands. Alle Könige hegten Furcht vor ihm, und alle Völker und Zungen gehorchten ihm. Man entrichtete ihm den Zins von den Fischen des Meeres und den Vögeln des Himmels; das Vieh und das Wild rannte von selbst in die Schlachthäuser und ließ sich töten, um hergerichtet zu werden für den Tisch Salomos, des Großen und Mächtigen. Auch Gold und Silber hatte er die Fülle.

Und Salomo führte Fabeln an, gab Rätsel auf und redete in Gleichnissen. Auch die Feinde und Widersacher liebten ihn, folgten seinen Worten und hörten mit Genuß seiner Rede zu.

Wie die Könige seinen Ruf vernahmen und seine Aussprüche an ihr Ohr gelangten, kamen sie zu ihm, ihm ihre Huld darzubringen. Die Fürsten und Herrscher gaben ihm ihre Söhne und Töchter als Knechte und Mägde. Tat er seinen Mund auf, so sanken alle in die Knie, denen es vergönnt war, ihn zu sehen. Vögte und Statthalter verließen ihre Ämter und scherten sich nicht um ihre Häuser und Paläste und pilgerten zu Salomo, um seine liebliche Rede zu schlürfen. In seiner Hand war der große Schlüssel, mit dem die Tore aller Weisheit geöffnet werden. Er verstand die Sprache der Vögel, ebenso die der zahmen und der wilden Tiere. Rehe und Antilope ließen ihn voran, Löwen und Panther kämpften für ihn. Die Zungen aller Völker waren ihm geläufig, und er wußte auf alles Antwort zu geben. Die Fürsten der fernsten Reiche zollten ihm Ehrfurcht, und der, der Kronen verleiht, ließ ihn über alle den Sieg erringen.

2
Die Weisheit Salomos

GOTT SPRACH ZU SALOMO: Bitte, um was du willst, ich werde es dir geben. Und Salomo antwortete und sprach: Gib deinem Knechte ein gehorsames Herz.

Wer weiß ein Gleichnis dazu? Ein König hatte einen Ratgeber, den hielt er sehr hoch, und so sprach er eines Tages zu ihm: Erbitte dir eine Gnade, ich will sie dir gewähren. Da bedachte sich der Weise und sprach bei sich selbst: Heische ich Silber und Gold von dem König, er wird es mir nicht vorenthalten; begehre ich Edelsteine und Kostbarkeiten, er wird sie mir verleihen. Aber ich will ihn bitten, daß er mir seine Tochter zum Weibe gebe, denn dieser eine Besitz schließt alles ein.

So sprach auch Salomo in seinem Innern: Bitte ich um Reichtum, so gewinne ich ihn; ich will aber um Weisheit bitten, weil damit zugleich auch alles Gut mein eigen wird. Und der Heilige, gelobt sei er, antwortete Salomo: Weisheit hast du begehrt und nicht Güter und nicht Ehre und deiner Feinde Blut – so wahr du lebst, ich geb dir Weisheit und auch alles andere dazu.

Bevor Salomo kam, da war die Thora mit einem Bau zu vergleichen, der viele Tore und Türen hatte, und in dem man sich nicht zurechtfinden konnte. Nun trat eines Tages ein kluger Mann da ein, der befestigte an der einen Tür einen Faden und ging durch das ganze Schloß, den Knäuel vor sich herschiebend. Also konnte er an dem Faden den Weg, den er gegangen war, wieder zurückfinden, und wer das Schloß betrat, wußte danach aus und darin.

Oder nehmen wir ein Dickicht, mit Rohr bewachsen, wo niemand hindurch konnte. Nun kam ein Kluger, der ergriff eine Sichel und mähte einen Weg. Also war das Gestrüpp nicht mehr unwegsam.

Oder nehmen wir einen Korb, der voller Früchte ist und schwer, daß man ihn nicht fortbewegen kann. Nun kommt ein Kluger und macht zwei Henkel dran – alsbald kann der Korb hin und her geschoben werden.

Oder nehmen wir einen Krug, gefüllt mit heißer Flüssigkeit. Kein Mensch kann ihn anfassen und heben. Nun kommt ein Kluger und bringt einen Griff an dem Gefäß an, und siehe da, man kann alles mit ihm machen.

Oder es findet sich ein tiefer Brunnen mit klarem, kühlem Wasser. Wie holst du einen Trunk daraus? Es kommt ein kluger Mann, bindet Strick an Strick und an das Ende einen Topf und schöpft das Wasser aus der Quelle.

Bevor Salomo aufstand, war es den Menschen nicht möglich, in die Thora einzudringen und die Worte der Schrift zu verstehen. Aber Salomo kam in die Welt und schaffte Klarheit in dem Dunkel, daß von nun an jeder in der Schrift lesen konnte und alles verstehen.

Die Weisen, die haben Verstand; auch die Schriftgelehrten haben Verstand; jeder einsichtige Mann hat Verstand. Nahm man aber die Weisheit von ganz Israel auf die eine Seite und auf die andere die Weisheit Salomos, so überwog Salomos Weisheit die von ganz Israel.

3
Noch mehr von der Weisheit Salomos

EIN MÄCHTIGER ADLER stand Salomo zu Gebote. Diesen pflegte er zu besteigen, und der trug ihn nach der Stadt Palmyra in der Wüste und legte diesen Weg an einem Tag zurück.

Der Esel heulte, und Salomo wußte, was er sagen wollte; der Vogel zwitscherte, und Salomo wußte, was er meinte.

Salomo verstand es, sich der Geister zu bedienen; er sandte sie nach Indien aus, und sie brachten ihm von da Wundertau, der die Pflanzen belebte und die Bäume Früchte tragen ließ.

Der König Salomo, dem Gott Weisheit und einen tiefen Geist verliehen hatte, schöpfte sein Wissen aus der Schrift, und durch sie ergründete er alles Geschehen, auch das der zukünftigen Zeiten. Ebenso kannte er die Kräfte, die den Kräutern und Gräsern innewohnen, und ihre heilende Wirkung und schrieb ein Buch über die Heilkunde. Das ist der Sinn des Verses, der da erzählt: Und er redete von den Bäumen, von der Zeder an auf dem Libanon bis zu dem Ysop, der aus der Wand sproßt.

Salomo redete von den Bäumen, das heißt, er wußte von jedem Baum, wozu er gut war, für welchen Bau er sich eignete, und ebenso, welcher Boden für ihn der zuträglichste war. Auch die Tiere kannte er durchweg und wußte, welche Nahrung sie bekommen sollten, um zu gedeihen und kräftig zu werden.

Sogar Pfeffer wurde von Salomo im Land gepflanzt. Jawohl, denn Salomo war weise, und in seiner Weisheit erkannte er das Wesen jeder Pflanze und wußte den Boden zu finden, der für ihr Wachstum geeignet war.

Die Königin von Saba, welche gekommen war, Salomos Weisheit zu schauen, herrschte über die Insel Morea. Sie gab Salomo viele Rätsel auf, die er alle zu lösen wußte, und lehrte ihn viele Fabeln und Sprüche. Sie verehrte ihm viele Geschenke, auch das Kraut, aus dem das Balsamöl gewonnen wird, und das verpflanzte Salomo in sein Reich.

Man erzählt, daß diese Fürstin von Salomo schwanger wurde und eine Tochter gebar, die die Stammutter Nebukadnezars ward.

4
Was Salomo wußte und was er nicht wußte

ALSO SASS SALOMO auf dem Stuhl des Herrn als ein König, so heißt es in der Schrift. Ist es denn einem Menschen gegeben, auf dem Stuhl des Herrn zu sitzen? Aber, wie der Stuhl des Herrn die Welt beherrscht von einem Ende bis zum anderen Ende, also beherrschte auch der Stuhl Salomos die Welt von einem bis zum anderen Ende. Und wie der Herr von seinem Stuhl aus, ohne Zeugen anzuhören und ohne Warnung zu geben, Gericht hält, also hielt auch Salomo Gericht von seinem Stuhl aus ohne Zeugen und ohne Warnung. Woraus ersehen wir es? Aus dem Fall der zwei Frauen, die sich um das Kind stritten und die zu dem König kamen, daß er ihren Streit schlichte.

Wer mögen die zwei Frauen gewesen sein? Ein Weiser meinte, es seien zwei Geisterweiber gewesen; andere sagen, es seien zwei der Schwagerehe Pflichtige gewesen; noch andere behaupten, es seien zwei Huren gewesen – und Salomo fällte den Urteilsspruch ohne Zeugen und ohne Warnung.

Die zwei Frauen, die mit ihrem Streit um das Kind vor Salomo kamen, das waren Lilith und Mahalath.

Elihoreph und Ahia waren zwei Schreiber am Hofe Salomos. Eines Tages sah der König den Todesengel hinter dem Rücken der zwei Männer stehen und mit den Zähnen knirschen. Da rief Salomo den unverstellten Namen Gottes an, und seine zwei Diener fuhren auf in die Luft. Aber da ergriff sie der Würgengel, und es war um sie geschehen. Nun kam der Verderber wieder vor Salomo und lachte höhnisch. Der König sprach: Eben erst knirschtest du mit den Zähnen, und nun lachst du? Der Todesengel antwortete: Gott der Barmherzige gab mir Befehl, Elihoreph und Ahia aus der Luft zu holen und zu töten. Da sprach ich bei mir: Wer läßt sie hinauffahren, daß ich sie ergreifen kann? Und er gab dir den Gedanken ein, sie da hinaufzubringen, und so konnte ich meine Sendung ausführen. Ich fuhr auf und holte sie von da.

5

Der Thron

Der König Salomo errichtete sich einen Thron. Das war ein mächtiger Stuhl, ganz aus feinem Gold, mit Onyx, Alabaster, Marmor, Opal und Topas besetzt und geschmückt und mit kostbaren Perlen geziert. Kein König hat je solchen Stuhl gehabt und sein Königreich ähnliches besessen.

So aber war der Thron hergerichtet: Es standen auf ihm zwölf goldene Löwen und ihnen gegenüber zwölf goldene Adler; ein jeder Löwe umfing mit seiner rechten Vorderpranke den linken Flügel des ihm gegenüber ruhenden Adlers. Ein kreisrunder Kopf oben auf dem Stuhl bezeichnete den Sitz des Königs. Sechs Stufen führten zu dem Thron. Auf der rechten Stufe kauerte ein goldener Stier und ihm gegenüber ein goldener Löwe. Die zweite Stufe hatte einen goldenen Wolf und ein goldenes Schaf. Auf der dritten Stufe waren ein goldener Panther und ein goldenes Kamel. Die vierte Stufe zierten ein goldener Adler und ein goldener Pfau. Die fünfte war geschmückt von einer Katze aus Gold und einem Hahn aus Gold. Ein goldener Habicht und eine goldene Taube waren der Schmuck der sechsten Stufe. Über dem Thron aber hing ein goldener Leuchter, an dem kein Zie-

rat und kein Zubehör fehlte, als: Lampen, Knäufe, Schneuzen, Pfänn-
chen, Kelche und Blumen. Von der einen Seite des Leuchters gingen
sieben Arme aus, auf denen die Gestalten der sieben Urväter abgebildet waren: Adam, Noah, Sem, Abraham, Isaak, Jakob und Hiob.
Und von der anderen Seite des Leuchters gingen abermals sieben Arme aus, auf denen die sieben frömmsten Menschen abgebildet waren:
Levi, Kahath, Amram, Mose, Aaron, Eldad Medad zusammen, und
als letzter Hur. Auf der Krone des Leuchters lag eine Ölschale voll
köstlichen Öls, von welchem die Lampen im Tempel gespeist wurden. Darunter war ein großes goldenes Becken angebracht, gleichfalls
mit Öl gefüllt, und zwar war dieses Öl für den Thronleuchter selbst
bestimmt. In dem Becken war die Gestalt des Hohepriesters Eli ein-
graviert, und auf beiden Armen, die das Becken trugen, waren Hophni und Pinehas, die beiden Söhne Elis, zu sehen. Diese beiden Arme mündeten in zwei Röhren aus mit dem Bild der beiden Söhne Aarons, Nadab und Abihu. Zu beiden Seiten des Thrones waren zwei
goldene Sessel, der eine für den Hochpriester, der andre für das
Haupt der Priesterschaft, und dahinter, aber in der Höhe des Thrones, waren auch siebzig Stühle aufgestellt, alle aus lauterem Gold, auf
denen die siebzig Richter des Synedriums saßen.

Zwei Seejungfern saßen an den beiden Ohren des Königs Salomo,
damit er nicht erschüttert werde und nicht zittere auf seinem Thron.
Und über seinem Haupte waren vierundzwanzig goldene Reben,
gleichsam ein Schattendach dem thronenden König. Begehrte Salomo, an irgendeinen Ort zu gelangen, so trug der Thron ihn mit sich
fort kraft des ihm eigenen Werkes. Setzte Salomo, wenn er den Thron
besteigen wollte, den Fuß auf die erste Stufe, so hob ihn der goldene
Stier auf die zweite Stufe, und von der zweiten kam er zur dritten,
von der dritten zur vierten, von der vierten zur fünften und von der
fünften zur sechsten, bis er bei den Adlern war, die ihn auf ihre
Schwingen nahmen und auf den eigentlichen Stuhl setzten. Es war
aber in dem Werk noch ein goldener Drache enthalten in Gestalt eines kreisenden Rades.

Wie die Könige der Welt von dem Ruhm des herrlichen Thrones
hörten, sammelten sie sich zuhauf, fielen vor Salomo nieder und sprachen: Kein König hat je einen solchen Thron sein eigen genannt; kein
Volk hat bis heute verstanden, seinesgleichen zu bilden. Und die Könige, von der Herrlichkeit, die sie sahen, überwältigt, ließen Lob zukommen dem Schöpfer der Welt.

Hatte Salomo auf dem Throne Platz genommen und saß da auf
seinem königlichen Stuhl, so kam der mächtigste Adler, die Königskrone tragend, und setzte sie ihm aufs Haupt. Hernach begann der
Drache sich zu drehen mit den Rädern, die künstlich gefertigt waren,

und auch die Löwen und Adler, alle drehten sich mit dem Räderwerk, und die goldene Taube flog herab, öffnete die Lade und nahm die Thorarolle heraus, sie dem König Salomo zu bringen.

Dann pflegte der Hohepriester zu kommen und Salomo den Friedensgruß zu entbieten, und die siebzig Greise saßen rund um den Thron und sprachen Recht über das Volk. Wenn nun Leute auftraten, die ihr Zeugnis ablegen sollten in einem Rechtsstreite, da fingen aufs neue die Räder zu kreisen an; die Stiere brummten, die Löwen brüllten, die Panther heulten, die Kamele wieherten, die Katzen schnurrten, die Pfaue kreischten; die Hähne krähten, die Habichte schrien ihren Ruf, und alle Vögel pfiffen – das alles, um das Herz der Zeugen zu lenken, daß sie nichts sagten als die lautere Wahrheit. Und so sprachen auch die Zeugen in ihrem Innern: Laßt uns ein rechtes Zeugnis ablegen, denn tun wir es nicht, so wird die Welt gestört um unsretwillen.

O, wenn der König Salomo seinen Thron bestieg, da ließen die Löwen Wohlgerüche verspritzen, und mit allerlei Duftwässern netzten sie sein Gewand. Es gab keinen zweiten Thron wie Salomos Thron in der Welt!

Sechs Stufen hatte Salomos Thron. Bestieg er die erste, so erklang eine Stimme: Du sollst dir nicht zuviel Rosse halten! Stieg er auf die zweite, so ertönte die Mahnung: Du sollst nicht viel Weiber haben! Betrat er die dritte, so erscholl der Ruf: Auch des Geldes sammle nicht zuviel! Auf der vierten Stufe vernahm er das Wort: Du sollst das Recht nicht beugen! Auf der fünften hörte er sagen: Richte ohne Ansehen der Person! Und auf der letzten Stufe ward ihm befohlen: Nimm keine Geschenke an von denen, die vor dem Richterstuhl stehen!

Salomos Thron war so kunstvoll gemacht wie der Wagen dessen, der so sprach: Es werde eine Welt!

6
Salomos Hof und Hofstaat

DIE ORDNUNG DES IRDISCHEN REICHES zur Zeit Salomos entsprach ganz der Ordnung, die im himmlischen Reiche herrscht. Wie im Himmel die Obersten und die Fürsten ihrer Verrichtung gemäß gekleidet sind, so trugen auch die Diener Salomos die Kleidung, die ihrem Amt entsprach. Die Tracht eines Jeglichen war ein Bild seines Dienstes und seiner Arbeit, und wenn man sie rief, wußten sie bald, was der König von ihnen haben wollte, und es war auch nicht nötig, ihnen erst Befehle zu erteilen, ähnlich wie die himmlischen Amtleute auch ihrem Wesen heraus wirken, welches nicht von ihnen selbst, sondern von Gott bestimmt ist.

Und Salomo hatte zwölf Verwalter über ganz Israel. Ein jeder von ihnen hatte achtzehntausend Amtleute unter sich; von diesen war jeder über tausend Amtleute gesetzt, welche Hauptleute über tausend waren. Diesen Hauptleuten wiederum unterstanden Hauptleute über hundert; den über hundert unterstanden welche über fünfzig, und zu unterst waren die, die nur eine Gruppe von zehn Menschen zu verwalten hatten. Alle diese Amtleute sorgten für den Unterhalt des Königs und des ganzen Hofes und dafür, daß nichts fehlte. Es wurden aber täglich gebraucht dreißig Kor Semmelmehl, sechzig Kor einfaches Mehl, zehn gemästete Ochsen, die mit gemengtem Teig gefüttert und mit Milch genährt wurden; ferner zwanzig Rinder, die nur mit Gras und Gerste gefüttert wurden; hundert fette Schafe, hundert Hirsche, dreißig Widder und zwanzig Antilopen, außerdem aber Böcklein, Geflügel und Fische sowie allerlei Leckereien ohne Zahl.

Und zwölfmal im Jahre fanden Rennen statt, entsprechend der Zwölfzahl der Verwalter; ein jeder von ihnen hatte seinen Monat im Jahr. Manche ließen aber nicht Pferde rennen, sondern eigens dafür geübte Jünglinge; deren Gelenke waren so biegsam, daß es aussah, als bewegten sich die Knochen jeder für sich, und sie liefen so schnell, daß kein Roß und kein anderes Tier sie einholen konnte. Von welchem Stamm mögen sie gewesen sein? Die einen sagen, vom Stamme Naphtali, denn von Naphtali heißt es, er sei ein flinker Hirsch gewesen; die anderen wiederum meinen, sie seien Abkömmlinge des Stammes Gad gewesen, denn von diesen heißt es, sie seien schnell gewesen wie Rehe auf den Bergen. Alle diese Knaben aber wurden von des Königs Tische gespeist. Das sind die Trabanten, unter deren Hand Rehabeam später die Schilde befahl. Und die Schilde waren nicht ehern, sondern golden.

Der Rennplatz maß drei Meilen in die Länge und drei Meilen in die Breite, und in der Mitte war ein Raum, eine Meile breit und lang und von einer Hecke umzäumt; Tiere und Vögel wurden darin gehalten. Rund um diesen Platz wetteiferten die Menschen und die Rosse miteinander im Rennen, und achtmal am Tage ließen sie ihre Kraft und Behendigkeit spielen. Es waren aber nur bestimmte Tage, an denen das Rennen stattfand. Nach der Meinung eines Weisen war dazu der Ausgang des Monats ausersehen; andere meinen, der erste, zweite und dritte Tag im Monat seien dazu bestimmt gewesen.

Wenn der Monat auf die Neige ging, da wurden Spiele veranstaltet für die Weisen, Schüler, Priester und Leviten. Am Neumond wiederum sollte das Volk, das in Jerusalem wohnte, Zuschauer sein. Am zweiten Tag des Monats durften die Bevölkerung der umliegenden Städte und Dörfer sowie fremde Völker das Rennen besuchen.

Auch eine Zisterne war daselbst angelegt. Und von woher floß das Wasser ihr zu? Zwei Säulen hatte Salomo vor dem Hause aufgerichtet, und vor jeder Säule hatten zwei Löwen aus Gold ihren Platz, und diese schieden köstliche Gewürze aus. Die Quelle des Wassers aber war der Garten Eden, um einen Vorgeschmack der zukünftigen Welt den Kindern Israel zu geben, die dereinst alle diese Wunder mit Augen sehen würden. Dereinst wird freilich der Geringste in Israel größer sein als der König Salomo zu seiner Zeit, denn, wenn zu Salomos Zeiten zwei der Löwen aus ihrem Mund den gewürzten Wein spendeten und die zwei anderen mancherlei Duftwürze, wird in der zukünftigen Welt alles eitel Balsam sein, duftiges Kraut, Wein und Milch und Honig und alle Süßigkeit, die den Gerechten aufgespart ist.

Rabbi Jose erzählt: Die Besucher der Rennbahn teilten sich in vier Teile, die auch ihrer Kleidung nach unterschieden waren. Der König und seine Hofleute, die Lehrer und Jünger, die Priester und Leviten trugen azurblaue Gewänder. Das Volk zu Jerusalem war weiß gekleidet. Die von der Umgegend kamen, waren mit roten Kleidern angetan; die Völker, die von ferne her strömten und Salomo Geschenke darbrachten, waren in grüne Tücher gehüllt.

Die vier Farben der Kleider entsprachen den vier Jahreszeiten. Die Tage vom Monat Tischri bis Tebet sind von immerwährender Bläue. In der Zeit von Tebet bis Nissan fällt Schnee auf die Erde, und da ist die weiße Farbe angebracht. Von Nissan bis Tammus ist das Meer genau zu erkennen, und da ist die grüne Kleidung am Platze. Von Tammus bis Tischri werden die Früchte reif und rot, und da hüllt sich der Mensch in ein rotes Gewand.

Und Salomo mußte täglich zur Speisung haben dreißig Kor Semmelmehl, sechzig Kor Roggenmehl, zehn gemästete Rinder und zwanzig Weiderinder und hundert Schafe, nicht gerechnet die Hirsche und Rehe und Gemsen und das gemästete Federvieh.

Tausend Frauen hatte Salomo, und jede von ihnen bereitete ihm täglich ein Mahl aus allen diesen Gaben, denn eine jede von ihnen dachte, er würde bei ihr speisen.

Selbst die Gewichte, die in den Tagen Salomos benutzt wurden, waren aus Silber, wie geschrieben steht: Das Silber achtete man zur Zeit Salomos für nichts.

Der Tempel

1
Die Werkmeister

BEVOR DER TEMPEL ERBAUT WURDE, da glich die Welt einem Sessel, der nur zwei Füße hat. Nachdem aber der Tempel errichtet war, hatte die Welt eine Grundlage und stand fest da.

Ein Lehrer erzählte:

Alles steht im Dienste des Herrn, des Königs über alle Könige, des Heiligen, gelobt sei er: selbst die Winde, selbst die bösen Geister, selbst die Heerscharen.

Ein anderer Lehrer sprach: Es heißt von dem Tempel Salomos: Und da das Haus im Aufbauen begriffen war. Daraus ist zu ersehen, daß die Steine sich von selbst aneinander fügten und aufeinander schichteten.

Von den Werkmeistern, die an dem Tempel Salomos bauten, starb keiner vor der Zeit, auch wurde keiner krank. Kein Spaten und kein Beil zerbrach während der Arbeit, kein Auge wurde schwach, kein Gurt wurde locker und kein Schuh zerriß; kein Schaden geschah an Menschen und an Dingen.

Wie nun die Werkmeister mit dem Tempelbau fertig waren, hauchten sie ihre Seele aus. Eben erst hörten wir, daß sie heil und unversehrt waren, und nun vernehmen wir, sie seien alle gestorben! Der Herr aber sprach so: Das mußte geschehen, damit die Völker sie nicht in ihre Fron nehmen könnten und von ihnen ihre Bauten sollten errichten lassen. Sie sollten sich nicht ihrer rühmen und sprechen können: Diese sind es, die mit Salomo den Tempel gebaut haben.

Als Salomo daran ging, den Tempel zu erbauen, schickte er Boten zu Necho, dem König von Ägypten, und ließ ihm sagen: Sende mir Werkmeister um Lohn, denn ich will ein Heiligtum errichten.

Da versammelte Pharao alle seine Sternseher und sprach zu ihnen: Schaut euch um im Lande und findet mir Leute, die in diesem Jahr sterben sollen; diese will ich dem jüdischen König schicken, um danach mit Forderungen zu ihm zu kommen und ihm sagen zu können: Zahle mir Geld für die Männer, die du umgebracht hast.

Als die Werkleute aber zu Salomo kamen, da erkannte er durch den heiligen Geist, daß es Todgeweihte waren, und so gab er einem jeden ein Grabgewand und schickte sie zu ihrem König zurück. Und er ließ dem Pharao sagen: Dir war es doch nur um die Sterbehemden für diese Leichname zu tun; hier hast du welche, kleide die Toten ein und begrabe sie.

2
Schamir und Asmodäus

ALS KÖNIG SALOMO den Tempel baute, mußte er viel Steine haben,
aber kein Eisenwerkzeug durfte gebraucht werden. Er sprach zu den
Weisen: Wie soll die Arbeit getan werden ohne Beil und Hammer?
Die Lehrer antworteten: Es gibt ein Wesen, das noch in den ersten
sechs Tagen erschaffen worden ist, den Wurm Schamir, dem kein
Stein und kein Fels Widerstand leisten. Diesen Wurm gebrauchte
schon Mose für die Steine des priesterlichen Brustschildes; er hielt
den Wurm davor, und der Gottesname grub sich von selbst in die
Edelsteine. Als darauf Salomo fragte, wo er den Wurm finden würde,
sagten sie ihm, er solle einen Dämon und eine Dämonin zu sich bescheiden und sie durch Qualen zähmen, worauf sie ihm dann sagen
würden, wo sich der Wurm aufhalte.

Das tat Salomo alles, aber die Dämonen wußten nichts über den
Schamir zu berichten und verwiesen Salomo auf ihren König, den
Geisterfürsten Asmodäus. Da fragte Salomo: Wo weilt aber euer König, daß ich ihn zwinge, mir den Wurm ausfindig zu machen? Die
Dämonen erwiderten: Er sitzt in dem Inneren eines Berges, dort hat
er sich eine Grube gegraben, sie mit Wasser gefüllt und mit einem
Stein zugedeckt, auf den er sein Siegel aufgedrückt hat. Jeden Tag
steigt er empor aus der Grube und begibt sich nach oben in das
himmlische Lehrhaus; danach fährt er zurück auf die Erde und sucht
das irdische Lehrhaus auf. Jedesmal, wenn er in seine Grube zurückkehrt, prüft er das Siegel genau und sieht, ob es nicht von einem Menschen berührt worden ist; hernach hebt er den Stein, trinkt von dem
Wasser, verkriecht sich in das Loch und deckt es wieder zu.

Hierauf ließ Salomo seinen Kanzler Benaja, den Sohn Jojadas,
kommen und gab ihm eine Kette, auf der der heilige Name geschrieben war, desgleichen einen Ring mit dem heiligen Namen, Wollfasern
und einen Schlauch voll Wein. Und Benaja begab sich stracks an den
Ort, wo Asmodäus war, und grub vorerst ein Loch unterhalb der
Höhle des Geisterfürsten, wonach er eine winzige Öffnung in die
Wand machte, die die beiden Gruben voneinander schied, und so das
Wasser von der oberen in die untere abfließen ließ. Die Öffnung verstopfte er dann mit den Wollfasern, die er mitgebracht hatte. Sodann
machte er eine zweite Grube, oberhalb der von Asmodäus, und goß
seinen Wein dahinein, welcher sogleich in die Höhle des Geisterfürsten sickerte. Die zwei Löcher, die Benaja gemacht hatte, schüttete er
wieder mit Erde zu. Danach kletterte er auf einen Baum und schaute
von da hinunter. Bald kam Asmodäus, prüfte das Siegel und fand es
unversehrt; er stieg in seine Grube und sah sie mit Wein gefüllt. Erst

mochte er davon nicht trinken, allein der Durst quälte ihn so sehr, daß er ihn schlürfen mußte. Nun wurde er trunken und schlief ein.

Da stieg Benaja vom Baum, näherte sich dem schlafenden Dämonenkönig, warf ihm die Kette um den Hals und verschloß sie fest, daß Asmodäus seinen Kopf nicht herausziehen konnte. Wie der Geisterfürst erwachte, suchte er sein Haupt vergeblich zu befreien und tobte und raste vor Wut. Aber Benaja sprach: Der heilige Name ist auf dir!

Nun ließ der Dämon sich führen. Sie kamen an einen Baum, und Asmodäus rieb sich die Haut an der Rinde; da fiel der Baum um. Sie kamen an ein Haus, Asmodäus berührte es nur, und es stürzte ein. Danach kamen sie an die Hütte einer armen Witwe, und die Frau ging heraus und bat den Dämon, ihr Haus zu verschonen. Da neigte er seine Gestalt zur Seite und zerbrach sich dabei einen Knochen.

Bald darauf begegneten sie einem Blinden, der vom Wege abgeirrt war, und Asmodäus hob ihn hoch und brachte ihn auf die richtige Straße. Sie trafen einen Trunkenen, der sich gleichfalls verirrt hatte, und der Dämon wies ihm den rechten Weg. Hierauf stießen sie auf eine Gruppe fröhlicher Menschen, die eine Hochzeit feierten, und der Geisterfürst weinte bei dem Anblick. Nun hörte er einen Mann bei einem Schuster Stiefel bestellen, die sieben Jahre halten sollten, und er fing an zu lachen. Hernach sahen sie einen Zauberer seine Künste treiben, und auch darüber lächelte Asmodäus.

Als er endlich an dem Schlosse Salomos anlangte, ließ ihn der König zu Anfang nicht in seine Nähe kommen. Asmodäus fragte nach der Ursache dieses Verhaltens, und da sagte man ihm, der König habe viel getrunken. Nun nahm Asmodäus einen Ziegel und legte ihn auf einen zweiten. Das wurde Salomo erzählt, Da sagte der König: Damit wollte er euch gleichsam sagen: Gebt ihm noch mehr zu trinken! Am zweiten Tage fragte Asmodäus wieder, warum Salomo ihn nicht empfangen wollte. Man gab ihm wieder an, daß der König noch immer beim Trinken sei. Da nahm Asmodäus den einen Ziegel von dem anderen und legte ihn auf die Erde. Als das Salomo überbracht wurde, sagte er: Damit wollte er euch bedeuten, daß ihr mir nun weniger Speise und Wein geben sollt.

Nach drei Tagen durfte Asmodäus vor dem König Salomo erscheinen. Der Dämon nahm einen Stab, der vier Ellen lang war, warf ihn vor Salomo hin und sprach: Wenn der Mensch stirbt, so nimmt er nicht mehr Raum ein. Du aber, die ganze Welt hast du erobert, und es ist dir nicht genug; auch mich mußtest du besiegt haben. Salomo erwiderte: Ich will von dir nicht mehr, als daß du mir den Schamir herbringst; denn ich will Gott einen Tempel bauen und muß den Wurm haben, der die Steine sprengt. Asmodäus sprach darauf: Nicht mir gehört der Wurm Schamir an, sondern er ist allein dem Fürsten des Meeres anvertraut; dieser aber hat ihn dem Auerhahn der Gefilde geliehen, welcher ihm zugeschworen hat, daß er ihn zurückgibt. Salomo fragte: Was stellt denn der Auerhahn mit dem Schamir an? Asmodäus entgegnete: Er bringt ihn an die kahlen Felsen, auf denen kein Baum und keine Pflanze wächst; er läßt ihn da, und der Wurm macht eine kleine Kluft in den Berg, wohinein der Vogel dann Samen streut, so daß Gewächse sprossen und er seine Nahrung findet.

Nun wurde geforscht und gesucht, und man fand das Nest des Vogels, von dem Asmodäus berichtet hatte. Der Auerhahn war gerade ausgeflogen, und in dem Nest sah man die Küchlein liegen. Da bedeckten die Diener Salomos den Eingang zum Nest mit weißem Glas, damit der Vogel seine Jungen wohl sehen, aber zu ihnen nicht gelangen könnte und also den Schamir zu Hilfe rufen müßte.

Und es lief alles so ab, wie sie es vorausgesehen hatten. Der Auerhahn holte den Schamir, daß er ihm die Glasdecke sprenge. Allein, noch bevor dies geschehen konnte, schrien die Boten Salomos den Vogel an, und er ließ den Wurm fallen. Die Diener hoben ihn auf und trugen ihn zum König. – Der Auerhahn aber, der zurückgeblieben war, erhängte sich aus Gram darüber, daß er den Schwur gebrochen, den er dem Meeresfürsten gegeben hatte.

Benaja indes gedachte immer des seltsamen Benehmens, das Asmodäus auf ihrer Reise zum König an den Tag gelegt hatte, und so fragte er ihn: Warum halfst du dem Blinden, den richtigen Weg zu beschreiten? Der Dämon erwiderte: Weil von ihm im Himmel aufgerufen ward, daß er ein Gerechter vollauf sei; jeder aber, der einem Gerechten eine Freude bereitet, erlangt das zukünftige Leben. Zum anderen fragte Benaja: Und warum ließest du den Trunkenbold nicht weiter umherirren? Der Geisterfürst antwortete: Weil er ein abgefeimter Bösewicht ist, der nichts als Strafe zu erwarten hat, und so wollte ich ihm einen hellen Augenblick in diesem Leben verschaffen. Und weiter fragte Benaja: Warum weintest du, als du Bräutigam und Braut ihr Freudenfest feiern sahst? Asmodäus erwiderte: Weil es der beiden Verderben war; der Bräutigam sollte nach dreißig Tagen sterben, und dann muß die Braut dreizehn Jahre lang auf seinen jüngeren Bruder warten, denn sie ist zur Schwagerehe verpflichtet. Warum lachtest du aber, fuhr Benaja fort zu fragen, als der Mann den Handwerker bat, ihm Schuhe zu machen, die er sieben Jahre lang tragen könnte? Der Dämon entgegnete: Weil der Mann kaum sieben Tage noch zu leben hatte. Und zum Schluß fragte Benaja noch den Asmodäus, warum er sich über den Zauberkünstler lustig gemacht hätte. Der Geisterfürst sprach: Der Zauberer saß auf einem Schatz von Gold und Silber; hätte er seine Kunst doch angewandt, zu erfahren, was unter ihm ist!

Und Asmodäus wurde bei Salomo so lange aufgehalten, bis der Tempel erbaut worden war.

3
Weiteres vom Schamir

MIT DEM AUGENBLICK, daß der Tempel zerstört wurde, hörte der Wurm Schamir auf zu leben und zu sein.

Rabbi Juda erzählt: Schamir, das war ein Geschöpf, noch in den sechs Schöpfungstagen entstanden. Legte man ihn auf die Steine, so öffneten sie sich gleich den Tafeln eines Buches; auch das Eisenwerk barst vor ihm und zerfiel in Stücke, und kein Gegenstand konnte vor ihm bestehen. Wie wurde aber der Wurm gehalten? Man hüllte ihn in Wollschwämme und legte ihn in ein Behältnis von Blei, das mit Gerstenkleie gefüllt war. Dieses Wurmes bediente sich Salomo, als er das Haus Gottes baute.

Auf Steinen schreibt man nicht so, daß man die Zeichen erst mit Tinte bildet und sie danach mit dem Messer einmeißelt, sondern man macht die Inschrift wohl mit Tinte, danach aber wird der Wurm Schamir an die Steine gebracht, und da graben sich die Zeichen von selbst ein. Die Nähe des Wurmes bewirkt es, daß die Steine platzen, wie eine Feige platzt an heißen Sommertagen.

Der Schamir, das ist ein Wurm, wie ein Gerstenkorn groß, und er wurde gehalten in einem bleiernen mit Werg gefüllten Kasten. Hätte man ihn auch auf einen Berg oder einen Felsen gelegt, er würde sich bis zu dem Fuße desselben durchgefressen und ihn gesprengt haben. Mit diesem Wurm zerhieb Salomo die Steine, die er zum Bau des Tempels nahm, und er befolgte somit die Worte der Schrift, die da befiehlt: Daß ja kein Eisen über die Steine fahre.

Durch wen gelangte aber der Schamir zu dem König? Sein Adler holte ihn aus dem Garten Eden, denn Salomo konnte mit den Tieren und den Vögeln sprechen, und so fragte er sie: Wo ist der Wurm Schamir zu finden? Deshalb flog der Adler nach dem Paradies und fing das Tier samt seinem Käfig.

Andere aber sagen, nicht der Adler habe ihn geholt, sondern der Wiedehopf.

Die Steine zum Bau des Tempels waren ganz und vorher zugerichtet. Wie mag das Salomo bewerkstelligt haben? Es gab einen Wurm, Schamir geheißen; den hatte schon Mose gebraucht für die Steine des Priesterschildes.

Schamir, das war ein Wurm, der Steine durchbohrte, und mit ihm wurden die Orakelbilder Urim und Tummim zum Sprechen gebracht. Den Wurm kannte man in alter Zeit.

Sie machten ihre Herzen dem Schamir gleich, sagt Sacharja. Der Wurm war stärker als alle Felsen; hielt man ihn vor einen Stein, so barst dieser sogleich.

4
Die Bedeutung des Tempels

DAS LAND ISRAEL liegt im Herzen der Welt, Jerusalem liegt im Herzen des Landes, der Tempel liegt im Herzen von Jerusalem, und der Schrein des Bundes ist inmitten des Tempels. Neben der Lade aber ist der Grundstein der Welt. Salomo, der die Weisheit innehatte, verfolgte die Wurzeln, die von dem Eckstein ausgingen, und pflanzte darauf Bäume von allerlei Arten, welche Frucht trugen. Daher er auch von sich sagen durfte: Ich machte mir Gärten und Lustgärten.

Als Salomo den Tempel baute, pflanzte er daselbst herrliche Bäume, die trugen Frucht zu ihrer Zeit. Wenn der Wind wehte, fielen die Früchte ab, und das war die Nahrung der Priester. Als aber danach die Sternanbeter in den Tempel drangen, verdorrten die Bäume.

Dereinst aber wird der Herr sie wieder aufleben lassen, wie es auch heißt: Die Wüste und Einöde wird blühen und fröhlich stehen in aller Lust und Freude, denn die Herrlichkeit des Herrn ist ihr gegeben.

So spricht der Herr Zebaoth: Schaut euch um und ruft Klageweiber, daß sie kommen.

Israel hatte es von alters her auf sich genommen, Gnade zu üben an seinen Weisen und Großen, und die Tugend ward Sitte und Gesetz.

Als Salomo den Tempel baute, gedachte er dieser heiligen Gepflogenheit und ließ zwei Tore machen. Das eine war für Jünglinge bestimmt, die vor ihrer Vermählung standen; durch das andere schritten in den Tempel Leidtragende und durch Bann Ausgestoßene. Das Volk aber saß an den Sabbattagen zwischen den zwei Toren und redete jeden an, der ins Gotteshaus trat. Ging einer durch das Tor der Fröhlichen, so sprachen sie zu ihm: Der hier weilt, möge dich segnen mit Söhnen und Töchtern. Ging einer durch das andere Tor und war sein Antlitz verhüllt, so wußten sie, daß es ein Trauernder war und sprachen zu ihm: Der hier thront, möge dir Trost spenden. Ging aber einer durch das Tor und sein Antlitz war unverhüllt, so wußten sie, daß es ein Verstoßener war, und sprachen zu ihm: Der hier weilt, möge dich trösten und deinen Sinn erhellen, daß du auf deine Brüder hörst und sie dich wieder zu dem Ihrigen machen. Nachdem der Tempel zerstört worden war, sollten die Fröhlichen und die Trauernden beide in die Lehrhäuser und in die Bethäuser gehen, und das Volk freute sich mit denen, die Hochzeit halten sollten, und saß in der Asche mit denen, die einen Toten beweinten.

Als Salomo die heilige Lade in den Tempel bringen sollte, rief er aus: Ihr Tore, erhebt euer Haupt, und ihr Türen der Welt möget hoch werden, daß der König der Ehren einziehe. Da fragten die Tore: Wer ist derselbige König der Ehren? Und sie wollten sich wieder schließen und Salomo zerschmettern. Er aber rief laut: Der Herr Zebaoth ist der König der Ehren. Und er sprach weiter: Es ist der Herr mächtig und stark, der Herr mächtig im Streit; erhebt euch, ihr Tore, denn der König der Ehren ist über euch.

Alsbald wurden die Tore gefügig und öffneten sich, daß die Lade einziehen konnte. Da sprach der Herr zu ihnen: Ihr habt mir Ehre zukommen lassen! Dafür soll dereinst, wenn ich mein Haus zerstöre, kein Mensch mit euch etwas anfangen können.

Und wirklich wurden alle Teile und Geräte des heiligen Hauses verstreut, man weiß nicht wohin; nur die Tore versanken da, wo sie zerhauen wurden, wie es auch heißt: Ihre Tore liegen tief in der Erde.

Salomos Sünde und Sturz

1

Die Tochter Pharaos

ALL DIE SIEBEN JAHRE, die Salomo an dem Tempel baute, genoß er keinen Wein. Als er mit dem Bau fertig war, feierte er Hochzeit mit Bithja, der Tochter Pharaos, und trank zum erstenmal Wein in dieser Nacht, denn es galt, zwei Freuden Ausdruck zu geben, der Freude über die Vollendung des Heiligtums und der Freude über die Vermählung.

Da sprach der Herr bei sich: Die Freude wessen soll ich hinnehmen, die der einen oder die der anderen? – In dieser Stunde faßte der Herr den Ratschluß, Jerusalem zu zerstören.

Man erzählt: Achtzig Arten von Tänzen führte die Tochter Pharaos vor Salomo in jener Nacht auf, und Salomo schlief bis in die vierte Tagesstunde. Die Schlüssel zum Tempel aber lagen unter seinem Haupte. Seine Mutter trat ein in sein Gemach und wies ihn zurecht. Andere aber sagen, Jerobeam ben Nebat sei es gewesen, der bei ihm eingetreten wäre und ihn gerügt hätte. Ist es aber möglich, daß Jerobeam es gewagt hätte, so zu Salomo zu sprechen? Ja, er soll tausend Leute von seinem Stamm um sich geschart haben und dann vor Salomo getreten sein, ihn zu tadeln.

Der Herr aber sprach zu Jerobeam: Wer gab dir das Recht, Salomos Tun zu schelten? Ist er doch ein Fürst und Herrscher in Israel. Bei deinem Leben, ich werde dich dereinst einen Teil seiner Macht genießen lassen, und auch du wirst der Lockung nicht widerstehen können.

So war es auch. Wie Jerobeam zur Herrschaft gelangte, ward er sogleich schuldig durch den Baal und mußte sterben.

In jener Nacht, in der Salomo den Bau des Tempels vollendet hatte, führte er Bithja, die Tochter Pharaos, heim, und es herrschte großer Jubel in der Stadt, weil das Heiligtum nunmehr stand und weil die Pharaonentochter Königin geworden war. Aber das Jauchzen und der fröhliche Lärm von Salomos Hochzeit drang noch lauter vor Gott als die Festfeier über das eingeweihte Gotteshaus.

Da stieg zum erstenmal der Gedanke in Gott auf, Jerusalem zu vernichten.

In der Stunde, da Salomo die Tochter Pharaos zur Ehe nahm, fuhr der Erzengel Gabriel hernieder und steckte einen Rohrstengel ins Meer. Er legte eine Sandbank bloß, auf der hernach die große Stadt Rom erbaut wurde.

Als Salomo die Tochter Pharaos gefreit hatte und sie mit sich führte, besah sie alle Opfer, die dargebracht wurden, und sprach: Das alles opferst du deinem Gott, was opferst du dem meinigen? Da nahm Salomo eine Handvoll Fliegen und gab sie ihr, daß sie sie darbringe. Die Tochter Pharaos sprach: Deinem Gott schenkst du Schafe, und für meinen hast du nur Fliegen übrig? Wer ist denn dein Gott? Wer hat ihn gezeugt? Wer hat ihn geschaffen?

Da sank Salomos Mut, und er ging vor das Synedrium, um den Hohen Rat um Antwort zu befragen. Sie stellten ihm die Frage: Die Nägel an deinen Fingern, sind sie aus Knochen oder aus Fleisch gebildet? Salomo wußte darauf nichts zu antworten. Da sagten die Richter: Wenn du über eine Sache, die du täglich vor Augen hast, nichts auszusagen weißt, – wie sollst du erst Dinge verstehen, die einen Weg von fünfhundert Jahresreisen von dir fern sind?

2
Die Entthronung

Eines Tages stand der Sohn Davids allein mit Asmodäus, dem Fürsten der Dämonen, und sprach zu ihm: Es heißt in der Schrift: Seine Hoheit ist wie eines Wildochsen Hoheit. Aber mit dem Wildochsen seid ihr, die Dämonen, gemeint. Was ist nun euer Vorzug vor uns, daß Gott sich euer so rühmt? Asmodäus antwortete: Löse nur meine Kette und gib mir deinen Ring; ich will dir meine Stärke zeigen. Das tat Salomo. Wie aber Asmodäus frei geworden war, stellte er sich auf seine Füße und verschlang den König, und dann, während sein einer Flügel auf der Erde war und der andre in den Himmel ragte, spie er ihn wieder aus und schleuderte ihn fort, vierhundert Meilen weit.

Und Salomo ging von Tür zu Tür und sagte überall, er sei der König von Israel. Man verlachte ihn und nannte ihn einen Toren. Als er aber vor das Synedrium kam, sprachen die Weisen: Wie seltsam! Es ist doch sonst nicht eines Toren Art, daß er sich an eine Torheit klammert und sie immer wiederholt. Sie fingen an, der Sache nachzugehen. Zuerst beriefen sie den Benaja und fragten ihn: Wirst du noch immer vor den König berufen, daß du ihn beratest? Er sagte: Nein, das geschieht jetzt nicht mehr. Danach befragten sie die Frauen Salomos, ob der König sie noch immer aufsuche, und als sie das bejahten, sprachen die Weisen zu ihnen: Beschaut seine Füße genau, wenn er zu euch kommt, denn des Teufels Füße sind gestaltet wie Hahnenfüße. Die Königinnen ließen sagen: Das können wir nicht sehen, da er stets beschuht erscheint.

Da waren die Lehrer des Synedriums überführt. Sie gaben dem umherziehenden Jüngling den Ring wieder, auf dem der Gottesname eingeprägt war. Salomo betrat mit ihm sein Schloß, und sobald Asmodäus ihn sah, flog er davon.

Der Herr sprach zu Salomo: Du Freund, was machst du hier? Die Krone, was soll sie in deiner Hand? Steig hinab von meinem Stuhl!

In derselben Stunde fuhr ein Engel in Salomos Gestalt hernieder und setzte sich auf seinen Thron. Salomo aber lief von Bethaus zu Lehrhaus und von da in die Häuser der Großen in Israel und rief: Ich, der Prediger, war König in Israel!

Aber das Volk schlug ihn mit einem Rohr und gab ihm Grütze zu essen. Da weinte Salomo und sprach: Das ist der Lohn aller meiner Mühe!

Weil Salomo das Silber überallhin verstreute – heißt es doch von ihm: Und das Silber ward für nichts gerechnet in den Tagen Salomos – sprach der Herr zu ihm: Du wirst noch einmal auf die Gnade dei-

ner Mitmenschen angewiesen sein und wie ein Bettler ziehen müssen
von Tür zu Tür.

Als Salomo Sünde tat, vertrieb ihn Asmodäus, und der wahre König ward seiner Herrschaft enthoben. Nachdem nun Salomo sein
Recht wieder geworden war, wich dennoch die Furcht vor dem Dämon nicht von ihm, und sechzig streitbare Männer mußten stets an
seinem Bette Wache stehen.

3
Salomo ein Gerechter

ALLES, WAS SALOMO BETRIFFT, war dreifältig. Drei Sphären des Le-
bens hat er durchmessen: er war König und ward zum schlichten
Bürger, dann aber wurde er wieder Fürst auf dem Throne; er war ein
Weiser, wurde zum Narren und ward darauf wieder zum weisen
Mann; er hatte Reichtümer, ward zum Bettler und wurde dann wie-
der reich,

Drei Sünden sind Salomo nachzusagen: er hatte der Rosse zu viel,
er hatte der Weiber zu viele, er häufte der Schätze zu viel. Mit drei
Namen wurde er benannt: Jedidia, Salomo und Koheleth.

Drei Werke hat Salomo geschrieben: das Buch der Sprüche, das
Buch des Predigers und das Lied der Lieder. Das Hohelied dichtete
er zuerst, danach verfaßte er die Sprüche der Weisheit, und zuletzt
schrieb er das Buch Koheleth. Denn so ist der Mensch: in seiner Jugend singt er Lieder, als Mann prägt er weise Sprüche, als Greis ruft
er aus: Alles ist eitel!

Dreimal erlebte Salomo das Sinken seiner Macht. Er war anfangs
König über die ganze Welt und herrschte von einem Ende bis zum
anderen und wurde dann nur König über Israel. Das war die erste
Abnahme seiner Größe. Zum zweiten nahm er ab, als er aus einem
König über Israel zum König nur von Jerusalem wurde. Zuletzt aber
sank seine Macht soweit, daß er aus einem König von Jerusalem zum
König nur über sein eigenes Haus wurde.

Drei Könige haben nicht teil an der zukünftigen Welt: das sind
Jerobeam, Ahab, Manasse.

Die Lehrer, die dieses Urteil fällten, wollten noch einen vierten
König für unwert erklären: Salomo, den Sohn Davids. Da erschien
die Gestalt seines Vaters David vor ihnen und warf sich vor ihnen nieder, sie aber beachteten ihn nicht; dann kam ein Feuer vom Himmel
hernieder und züngelte um ihre Sessel, sie aber wurden nicht irre.
Nun erscholl eine Stimme, die rief: Er war es, der mir ein Haus gebaut hat! Er hat es gebaut, bevor er an sein eigenes Haus dachte; und

er betrieb mit Eile den Bau, daß es in sieben Jahren gelang, indes das Werk an seinem eigenen Haus dreizehn lange Jahre währte. Fürwahr, ihm geziemt es, unter die Könige gezählt zu werden und nicht unter die Verworfenen.

Drittes Buch

Die beiden Reiche

Die Kette der Herrscher

1
Die zweiundzwanzig Hüter der Lehre

MOSE EMPFING DIE THORA und überlieferte sie seinem Jünger Josua; Josua gab sie an Pinehas, den Enkel Aarons, und von Pinehas empfing sie der Hohepriester Eli. Eli gab die Thora an Samuel weiter, Samuel lehrte sie David, und von David kam sie an den Propheten Ahia von Silo.

Die Überlieferung ward von Ahia an den Propheten Elia weitergegeben; dieser hinterließ sie als Erbe seinem Schüler Elisa, und von Elisa gelangte sie in die Hände Jojadas, der zur Zeit des Königs Joas Hohepriester in Juda war. Jojadas Nachfolger ward sein Sohn Sacharja, der im Tempel von Joas gesteinigt wurde; vordem noch hatte er das überlieferte Gut dem Propheten Hosea übergeben.

Von Hosea kam die Gabe an Amos, von Amos an Jesaja, von Jesaja an Micha aus Moreseth; Micha gab sie weiter an Joel, Joel gab sie weiter an Nahum; von Nahum gelangte sie zu Habakuk.

Zur Zeit des Königs Josia war es, daß der Prophet Zephania wirkte; der empfing die Überlieferung von Habakuk, und er war der neunzehnte träger derselben seit Mose. Der zwanzigste in der Reihe war Jeremia, der das Gut der Väter von Zephania empfing, und zu dessen Zeit der Tempel fiel; in Babal übergab er das ihm Anvertraute an Baruch, den Sohn Nerias, und von diesem kam die Lehre an den Schreiber Esra.

2
Die Könige, Priester und Propheten

BOAS ZEUGTE OBED, Obed zeugte Isai, Isai zeugte David. David aber kam zur Regierung dreihundertsechsundzwanzig Jahre, nachdem unter Josua der Jordan überschritten worden war, vierhundertvierzig Jahre nach dem Auszug aus Ägypten und im Jahre zweitausendachthundertvierundachtzig nach der Erschaffung der Welt. Hohepriester in seinen Tagen war Abjathar, und als Propheten wirkten zu der Zeit Nathan und Gad. Vierzig Jahre saß David auf dem Throne.

Salomo, der Sohn Davids, kam schon mit zwölf Jahren zur Herrschaft. Im vierten Jahre seiner Regierung begann er mit dem Bau des

Tempels; im elften Regierungsjahre wurde das Heiligtum vollendet. Zadok war Hohepriester, und als Propheten sind Iddo und Ahia von Silo zu nennen. Auch Salomo regierte vierzig Jahre, und er starb im Jahre zweitausendneunhundertvierundsechzig nach der Schöpfung.

Salomos Nachfolger war Rehabeam, dem im siebzehnten Lebensjahr die Krone zufiel. Bis zum Jahre zweitausendneunhunderteinundachtzig dauerte seine Herrschaft; sein Hohepriester hieß Ahimaaz, neben Iddo erstand noch der Prophet Semaha in seinen Tagen.

Nach Rehabeam regierte Abia drei Jahre; noch immer lebte der Prophet Iddo; Hohepriester war Asaria. Nach Abia regierte Asa, der einundvierzig Jahre König war, nämlich bis zum Jahre dreitausendvierundzwanzig, wenn wir die Zeit von der Schöpfung an rechnen. Joram war dazumal Hohepriester, und als Propheten traten auf Asaria ben Obed, Hanani der Schauer und Jehu ben Hanani.

Josaphat, Asas Sohn, war fünfundzwanzig Jahre lang an der Herrschaft, freilich sind davon die letzten beiden Jahre abzuziehen, in denen sein Sohn Joram bereits das Reich verwaltete. Joahas hatte das Hohepriesteramt; neben Jehu ben Hanani lebten damals die Propheten Obadia und Micha, ferner Jehesiel ben Asaria und Eleasar. Joram selbst herrschte bis zum Jahre dreitausendfünfundfünfzig. Jehojarib war damals Hohepriester; der Prophet Elia wirkte im Reiche Israel. Nach Joram regierte sein Sohn Ahasja, der nach einjähriger Herrschaft den Tod fand; sein Hohepriester hieß Josaphat, und der Jünger Elias, Elisa, war Prophet und Wundertäter. Von Obed, dem Sohne Boas', bis zum König Ahasja, das sind zehn Geschlechter.

Danach stand Athalia, die Mutter Ahasjas, auf und vernichtete allen königlichen Samen. Und es war eine große Trauer über den Untergang des Hauses David. Nur der Knabe Joas war übriggeblieben, welchen der Hohepriester Jojada versteckt hatte. Die Herrschaft Athalias währte sechs Jahre, welche man meist zu der Regierungszeit des Königs Ahasja schlägt, und nahm ein Ende dreitausendeinundsechzig nach der Schöpfung. Sie wurde getötet, und danach ward Joas König, vierzig Jahre lang. Jojada und Pedaja waren zu der Zeit Hohepriester, und Sacharia, der Sohn Jojadas, war Priester und Prophet. Diesen aber befahl Joas zu töten.

Danach war Amazia, sein Sohn, König und herrschte neunundzwanzig Jahre bis zum Jahre dreitausendeinhundertfünfzehn. Der Hohepriester war Zedekia. Amazia hatte einen Bruder Amos, der war der Vater Jesajas und auch selbst Prophet. Usia herrschte nun zweiundfünfzig Jahre lang, davon fielen fünfzehn noch in die Lebenszeit seines Vaters. Der Hohepriester war Joel. Propheten waren: Hosea, Jesaja, Amos und Micha aus Moreseth. Usias Sohn Jotham herrschte sechzehn Jahre. Der Hohepriester hieß auch Jotham. Die Propheten waren dieselben wie zur Zeit Usias, es kam noch Oded hinzu.

Sechzehn Jahre regierte Ahas, der Sohn Jothams, nämlich bis zum Jahre dreitausendzweihundert. Sein Hohepriester hieß Uria. Als Propheten wirkten dieselben wie zur Zeit seines Vaters und Großvaters. Hiskia war neunundzwanzig Jahre lang König; sein Hohepriester war Neria. Von den Propheten waren nur noch Hosea, Jesaja und Amos am Leben. Manasse trug fünfundfünfzig Jahre lang die Königskrone und starb im Jahre dreitausendzweihundertvierundachtzig. Hohepriester war Hosaja, und Propheten waren Joel, Nahum und Habakuk. Amon regierte nur zwei Jahre, Hohepriester war Sallum, Prophet war Husim.

Einunddreißig Jahre herrschte Josia, der Sohn Amons, und er fiel im Jahre dreitausenddreihundertsechzehn nach der Erschaffung der Welt. Hilkia war sein Hohepriester, und als Propheten wirkten Zephania, Jeremia und die Prophetin Hulda. Sein Sohn Joahas herrschte im ganzen nur drei Monate. Dessen Bruder Jojakim herrschte danach elf Jahre lang, Asaria war sein Hohepriester, und Jeremia und Uria Propheten.

Von Joas bis zu den Söhnen Josias sind es wiederum zehn Geschlechter.

Joakim wurde von Nebukadnezar entthront, sein Sohn Jojachin wurde König und Seraja Hohepriester. Prophet war immer noch Jeremia. Auch Jojachin wurde vom König Babylons abgesetzt, und sein Oheim Zedekia war der letzte König. Jozadak, der Bruder des Schreibers Esra, war Hohepriester. Neben Jeremia trat dazumal Hesekiel auf. Dann nahm das Reich Juda ein Ende; es war dies achthundertfünfzig Jahre, nachdem Josua das Land betreten hatte, achthundertneunzig Jahre nach dem Auszug aus Ägypten und dreitausenddreihundertachtzig Jahre nach der Erschaffung der Welt.

3
Die Herrscher in Juda und Israel

DIE ZEIT, DIE SALOMO über Israel regiert hat, das waren vierzig Jahre; dann kam sein Sohn Rehabeam zur Herrschaft und war siebzehn Jahre König in Jerusalem. Die ersten Jahre seines Königtums wandelte er in den Bahnen seiner Väter Salomo und David; im vierten Jahr stand er auf wider Gott, und der ließ in seinem fünften Jahr den Ägypter Sisak wider ihn ziehen, der alle Schätze im Hause Gottes sich zur Beute nahm.

Abia, Rehabeams Sohn, regierte drei Jahre lang und führte Krieg mit Jerobeam. Abia war Sieger im Kampf, und dennoch überlebte Jerobeam ihn. Was war der Grund, daß der Herr den Abia strafte? Weil der zu Anfang die beiden Götzen geschmäht hatte, die Jerobeam aufgestellt hatte für die Kinder Israel, hernach aber, als er Beth-El genommen hatte und das Götzenbild sah, es nicht antastete, sondern verschonte.

Jerobeam war zwanzig Jahre König, da kam in Juda Asa zur Herrschaft. Zu dessen Zeit war das Land zehn Jahre stille. Als Asa dann fünfzehn Jahre regiert hatte, zog Serah, der Mohrenfürst, wider ihn in den Streit, aber Asa besiegte ihn und gewann wieder all das Gut, das Sisak, der Ägypterkönig, seinem Vater Rehabeam geraubt hatte.

Jerobeam herrschte im ganzen zweiundzwanzig Jahre in Israel, nach ihm hatte sein Sohn Nadab zwei Jahre die Herrschaft; dann wurde Baesa König über Israel und regierte vierundzwanzig Jahre. Baesa schloß einen Bund mit dem König von Syrien, daß sie gemeinsam gegen Asa von Juda zögen; aber Asa nahm alles Gold, das er hatte, und sandte es dem König von Syrien, worauf dieser das Bündnis mit Baesa löste. Da gab auch Baesa den Streit mit Asa auf.

Nach Baesa regierte sein Sohn Ela zwei Jahre über Israel; Asa aber von Juda überlebte beide. Dann tötete Simri den Ela und war sieben Tage lang König in Thirza. Hernach spaltete sich das Volk in Israel in zwei Teile, und vier Jahre lang war es nicht entschieden, wer König sein sollte; dann befestigte Omri, der Führer des einen Teiles, seine Macht und ließ seinen Gegenkönig Thibni töten. Das Volk brachte den Thibni um, als Omri sich mit Asa von Juda verschwägerte und seine Tochter dem Sohne Asas zur Gemahlin gab.

Zwölf Jahre regierte Omri über Israel, und ihm folgte sein Sohn Ahab. Der hatte vier Jahre regiert, als in Jerusalem Asa starb und das Königtum seinem Sohne Josaphat hinterließ. Der herrschte fünfundzwanzig Jahre zu Jerusalem. Im Reiche Ahabs war zu der Zeit eine Hungersnot von drei Jahren und hernach ein Krieg mit Benhadad von Syrien, der zweieinhalb Jahre dauerte. Ahabs Sohn Ahasja herrschte zwei Jahre, und gegen Ende seiner Königszeit ward der Prophet Elia entrückt, der erst wieder kommen soll, wenn der Messias kommt.

Ahasja, der Sohn Ahabs, hatte keinen Sohn; so ward sein Bruder Joram König in Samaria. Der führte gemeinsam mit Josaphat von Juda einen Krieg mit den Ammonitern und Moabitern. Josaphats Nachfolger war sein Sohn Joram, der denselben Namen trug wie der König Israels; der brachte an dem Tag, da er zur Herrschaft kam, alle seine Brüder um, und er regierte acht Jahre zu Jerusalem. Ihm folgte sein Sohn Ahasja, der nach einjähriger Herrschaft starb.

In den Tagen Jorams, des Sohnes Ahabs, war sieben Jahre lang ein großer Hunger zu Samaria; zu derselben Zeit kämpfte Benhadad von Syrien mit den Israeliten. Es war in diesen Tagen, daß Elisa den Gehasi verfluchte, dann nach Damaskus ging, wo er Hasael zum König von Syrien salbte, und endlich den Propheten Jona beorderte, daß er Jehu, dem Sohn Nimsis, zu Ramoth in Gilead die Königswürde verleihe.

Nach dem Tode Ahasjas von Juda hatte dessen Mutter Athalia die Herrschaft an sich gerissen; sie tötete das ganze Königshaus, und nur der Knabe Joas wurde vor ihr gerettet und verborgen gehalten. Als Joas sieben Jahre alt war, salbte ihn der Priester Jojoda zum König über das Reich Juda, und alles Volk freute sich über den König. Vierzig Jahre lang hatte Joas die Herrschaft; im dreiundzwanzigsten Jahr seiner Regierung ließ er den Tempel zu Jerusalem erneuern, das war hundertfünfundfünfzig Jahre nach der Erbauung desselben durch Salomo. Im Anfang tat Joas, was recht war in den Augen Gottes; hernach, wie der Priester Jojada gestorben war, ward er abtrünnig und machte sich selbst zum Götzen.

Jehu, der das Haus Ahabs ausgerottet hatte, herrschte achtundzwanzig Jahre in Israel, und der Prophet Jona, der Sohn Amitthais, predigte ihm. Nach Jehu herrschte sein Sohn Joahas zu Samaria sieben Jahre, und nach Joahas dessen Sohn Joas sechzehn Jahre lang; es war in den Tagen Joas' von Israel, daß der Prophet Elisa starb.

Joas von Juda indes hinterließ als Thronerben den Amazia; der war neunundzwanzig Jahre am Ruder, besiegte die Edomiter, ward aber dann selbst besiegt von Joas, dem Könige Israels.

Dem Amazia folgte in Juda sein Sohn Usia; dem Joas in Israel sein Sohn Jerobeam; beide waren zu derselben Zeit Könige. Usia erlebte noch den Tod Jerobeams, aber er war die letzten fünfundzwanzig Jahre seines Lebens aussätzig, und sein Sohn Jotham führte für ihn die Regierung. Einundvierzig Jahre lang war Jerobeam König gewesen, dann folgte ihm sein Sohn Sacharia, der nur sechs Monate Herrscher war. Es war dem Jehu verkündet worden: seine Kinder sollten Herrscher sein bis ins vierte Glied.

Sallum tötete den Sacharia und herrschte einen Monat; dann zog Menahem wider ihn aus und nahm ihm die Krone. Zehn Jahre herrschte Menahem über Israel, bis zum fünfzigsten Jahr der Regierung Usias in Juda. Dem Menahem folgte sein Sohn Pekahja und blieb zwei Jahre Herrscher; dann erhob sich Pekah, der Sohn Remaljas, wider ihn, tötete ihn und wurde König an seiner Statt; es war dies das zweiundfünfzigste Jahr der Herrschaft Usias.

Pekah hatte zwei Jahre regiert, als in Jerusalem Usia starb. Dessen Sohn Jotham saß dann sechzehn Jahre auf dem Thron, und ihm folgte sein Sohn Ahas in der Regierung, die er gleichfalls sechzehn Jahre lang innehatte.

Im zwanzigsten Jahr der Herrschaft Pekahs zog Tiglath-Pileser, der Assyrer, wider ihn und nahm das goldene Kalb, das zu Dan aufgestellt war, hinweg. In dieser Stunde empörte sich Hosea, der Sohn Elas, gegen den König Pekah, entthronte ihn und wurde selbst König. Aber gegen ihn zog Salmanassar, der König von Assyrien, herauf, und Hosea ward sein Knecht, und auch das andere goldene Kalb, das zu Beth-El, wurde nach Assyrien gebracht. Wie die beiden Götzenbilder dahin waren, hob Hosea die Wachen auf, die einst Jerobeam eingesetzt hatte und die den Pilgern aus Israel den Weg nach Jerusalem verlegen sollten; nunmehr durfte jeder zum Tempel in Jerusalem wallfahrten. Neun Jahre blieb Hosea Herrscher; dann eroberte Salmanassar die Stadt Samaria und vertrieb die Israeliten nach Assur.

4
Von den ungerechten Königen

DIE WEISEN ERZÄHLEN, es habe unter den Königen Israels sieben Bösewichte gegeben, und diese waren: Jerobeam und sein Same, Baesa und sein Same, Omri und sein Same, Jehu und sein Same, Menahem und sein Same, ferner Pekah und Hosea. Ebenso sind unter den Königen Judas sieben Gottlose zu verzeichnen: Joram, Ahasja, Ahas, Manasse, Amon, Jojakim und Zedekia.

David hatte gesprochen: Es möge nicht aufhören im Hause Joabs, der einen Eiterfluß und Aussatz habe und am Stabe gehe und durchs Schwert falle und an Brot Mangel leide. – Aber alle die Flüche, die David wider Joab geschleudert hatte, gingen an Davids eigenem Hause in Erfüllung.

Einen Eiterfluß hatte Rehabeam und mußte als ein mit dieser Krankheit Behafteter auf einem Wagen fliehen; mit Aussatz geschlagen ward Usia, der im Tempel des Herrn zu räuchern sich erdreistete; krank an den Füßen war Asa und ging am Stabe, er hatte nämlich Gicht in den Zehen, die so weh tut, wie wenn man mit der Nadel in lebendes Fleisch sticht. Durch das Schwert fiel Josia, auf den die Schützen gezielt hatten; und sie trafen ihn so, daß sein Körper einem Siebe glich. Mangel an Brot litt Jechonia, dem vom Könige in Babylon sein Teil Speise bestimmt ward.

5
Die Schätze Josephs und der Thron Salomos

ALLES GOLD UND SILBER, das es in der Welt gab, hatte Joseph in Ägypten zusammengehäuft. Als die Kinder Israel aus Ägypten zogen, nahmen sie es mit und brachten es nach Kanaan, allwo es bis in die Tage des Königs Rehabeam blieb. Dazumal zog Sisak, der Ägypter wider Rehabeam, besiegte ihn und nahm ihm den Schatz; aber der Äthiopier Serah stritt wider den Ägypter, und ihm fiel das Gut zu. Nun kam Asa, der Enkel Rehabeams, und entriß den Äthiopiern das geraubte Gold, sandte es aber bald darauf dem Benhadad, dem Sohn Tabrimons, dem König von Syrien, zu, damit der ihm beistehe in seinen Kämpfen. Bald darauf führten die Ammoniter Krieg mit den Syrern, und der Reichtum Josephs ward ihre Beute; danach, als Josaphat, der Sohn Asas, zur Herrschaft kam, besiegte er die Kinder Ammon und gewann wieder den alten Besitz. Jetzt verblieb der Schatz in der Hand der Könige von Juda bis der Zeit Ahas', welcher ihn dann an Sanherib verlor; Hiskia aber brachte ihn wieder nach Juda zurück, und man verwahrte ihn daselbst bis in die Tage Zedekias, des letzten der Könige. Mit der Zerstörung des Tempels fiel der Reichtum an die Chaldäer; nach dem Fall Babels gelangte er zu den Persern. Von den Persern kam er zu den Griechen, von den Griechen zu den Römern, und bis auf den heutigen Tag liegt das Gold in Rom.

Als Salomo gestorben war, zog Sisak vor Jerusalem und raubte Salomos Thron. Er geriet aber sodann in einen Krieg mit dem Mohrenfürsten Serah und mußte ihm den Thron überlassen. Der König Asa war es, der den Thron zurückgewann für Juda. Von Asa bis Zedekia saßen alle Könige Judas auf diesem Thron, bis Nebukadnezar heraufzog, den Tempel verbrannte und den Thron nach Babel brachte. Von Babel kam der Thron nach Medien, von Medien nach Griechenland, von Griechenland nach Rom.

Rabbi Eleasar, der Sohn Joses, erzählt: Ich habe noch Trümmer dieses Thrones in Rom gesehen.

Von Jerobeam bis Ahab

1
Jerobeams Krönung

NEBAT, DER VATER JEROBEAMS, sah Feuerfunken aus seinem Zeugungsglied sprühen. Er erblickte darin ein Zeichen, daß er König werden würde; aber, er hatte wohl ein Ding geschaut, seinen Sinn jedoch nicht bis zu Ende erkannt; denn das Zeichen ging in Erfüllung an seinem Sohne Jerobeam.

Rabbi Johanan sprach: Wodurch gelangte Jerobeam zur königlichen Würde? Dadurch, daß er Salomo zurechtgewiesen hat. Wofür aber wurde er bestraft? Dafür, daß er dies in Gegenwart von vielen getan hat. Er hob seine Hand gegen den König Salomo, weil dieser Millo baute und damit die Lücke an Davids Stadt verschloß. Er sprach zu ihm: Dein Vater David hat Breschen in der Mauer gelassen, damit Israel wallfahrten konnte, du aber hast sie geschlossen, um der Tochter Pharaos Vorspanndienste zu leisten.

Und Jerobeam begegnete dem Ahia von Silo, und der hatte einen neuen Mantel an.

Wie aber ein neuer Mantel ganz und ohne Fehl ist, so war auch die Lehre Jerobeams zu der Zeit ganz und ohne Fehl.

Zu der Zeit begab es sich, daß Jerobeam von Jerusalem ausging, und der Prophet Ahia traf ihn auf dem Wege, und die beiden waren allein im Felde.

Du siehst, Jerobeam war sodann dem Propheten Ahia gleich an Wert, und sie saßen beide da und redeten miteinander über das Geheimnis des göttlichen Wagens. Da erhoben sich die diensttuenden Engel und sprachen vor dem Herrn: Gebieter der Welt! Einem Mann, der dereinst zwei Kälber aufstellen wird, offenbarst du das Rätsel deines Wagens? Der Herr erwiderte: Zur Stunde aber, was ist er: ein Gerechter oder ein Bösewicht? Sie sprachen: Noch ist er ein Gerechter. Gott antwortete: Ich richte den Menschen nur nach dem, wie er im Augenblick ist.

2. Die Aufrichtung der zwei Götterbilder

Der Hochmut, der Jerobeam eigen war, hat es verschuldet, daß er von der Welt vertrieben ward. Er sprach in seinem Herzen: Nun wird das Königreich wieder dem Hause David zufallen, das Herz dieses Volkes wird sich ihrem Herrn Rehabeam, dem König von Juda, zuwenden, und mich werden sie töten. Und weiter sprach Jerobeam: Dem Brauch nach ist das Sitzen in der Tempelhalle nur den Königen aus dem Hause David gestattet; werden sie nun Rehabeam sitzen sehen und mich stehen, so werden sie ihn für den König, mich aber für den Knecht halten. Wage ich aber mich hinzusetzen, so gelte ich als Empörer wider das Königtum und werde getötet, und alles folgt Rehabeam.

Und der König hielt einen Rat und machte zwei goldene Kälber und setzte das eine zu Beth-El, das andre zu Dan. Er hatte aber Gerechte und Böse in den Rat berufen und sprach zu ihnen: Wollt ihr zu allem Ja sagen, was ich anstellen werde? Sie antworteten: Jawohl. Er sagte: Ich will König sein. Sie stimmten dem zu. Er fragte: Wollt ihr alles tun, was ich euch heißen werde? Sie bejahten es. – Selbst wenn ich Götzendienst anbefehlen sollte? Da antworteten die Gerechten: Das möge Gott verhüten! Die Bösen aber sprachen zu den Guten: Dünkt es euch glaubhaft, daß ein Mann wie Jerobeam mit Abgöttern zu schaffen haben könnte? Er will euch bloß versuchen.

Also verführte er das Volk. Selbst der Prophet Ahia von Silo ließ sich betören und stimmte dem zu.

An jenem Tag, wo Jerobeam die beiden Kälber aufstellte, das eine zu Dan, das andre zu Beth-El, ward eine Hütte aus Binsen gebaut, und das war Rom.

Jerobeam, der Sohn Nebats, löschte in der Schrift den Namen des Ewigen aus und schrieb an dessen Stelle überall den Namen Baals. Und das ist der Makel, mit dem er sich befleckt hat.

Und Jerobeam kehrte nicht um von seinem bösen Wege. Der Herr faßte ihn bei seinem Kleide und sprach zu ihm: Kehre um! Ich und du und der Sohn Isais werden zusammen im Garten Eden lustwandeln. Da sagte Jerobeam: Wer wird an der Spitze gehen? Der Herr sprach: Der Sohn Isais wird voranschreiten. Nunmehr antwortete Jerobeam: Da bleib ich der, der ich bin.

Abia, der Sohn Jerobeams, tat ab die Wachen, die sein Vater an die Wege gestellt hatte, damit keiner aus Israel gen Jerusalem pilgerte, und gab den versperrten Weg frei. Das war das Gute, das an Abia erfunden ward, und darum sollte er ein ehrliches Begräbnis haben und nicht von den Hunden gefressen werden wie Jerobeams ganzes Haus.

3
Der Prophet aus Juda und Ahia von Silo

Es kam ein Mann Gottes aus Juda und weissagte wider den Altar zu Beth-El, den Jerobeam errichtet hatte. Da reckte Jerobeam seine Hand aus und rief, man möge den Propheten greifen. In diesem Augenblick verdorrte seine Hand.

Gepriesen sei der Name des Ewigen! Was duldet er nicht alles von seinen Geschöpfen, was gilt ihm aber auch die Ehre seiner Gerechten! Er sah Jerobeam vor dem Altar zu Beth-El dastehen und den Abgöttern Opfer darbringen, seine Hand ließ er aber nicht verdorren. Wie Jerobeam aber die Hand wider den Gerechten erhob, verdorrte sie alsbald.

Sechs Organe hat der Mensch, drei davon sind in seiner Gewalt, drei davon unterstehen ihm nicht. Sein Ohr hört, auch was er nicht hören will; die Nase riecht, auch was er nicht riechen möchte; das Auge schaut, auch was er nicht sehen mag.

Aber der Mund kann nach des Manschen Willen so Worte der Weisheit sprechen wie Lästerreden führen. Der Hand steht es frei, Gutes zu üben wie auch zu stehlen und zu töten. Der Fuß kann den Menschen ins Bethaus und ins Lehrhaus führen, aber auch an die Stätten des Lasters.

Den bösen Menschen straft Gott an den Gliedern, über die er sonst Gewalt hat. So verdorrte die Hand Jerobeams, als er sie ausstreckte am Altare.

Höher ist der Fluch zu bewerten, den Ahia von Silo wider Israel sprach, als der Segen, den Bileam über ihnen ausrief.

Ahia verglich in seinem Fluchwort Israel mit dem Rohr im Schilf, indem er sprach: Gott wird Israel schlagen, daß es wird wie ein Rohr, welches im Wasser sich biegt. – Aber ein Schilfrohr ist eine biegsame Pflanze und hat der Wurzeln viel; wenn auch alle Winde der Welt darüber hinbrausen, können sie das Rohr nicht von der Stelle reißen, und ist der Sturm vorüber, so steht das Schilfrohr da unversehrt.

Aber der böse Bileam, der segnete Israel, es solle wie ein Zeder sein. Die Zeder nun, die wächst nicht am Wasser, hat wenig Wurzeln und einen unbeugsamen Stamm; wohl vermag sie den Winden zu trotzen, wenn sie vereint über sie hereinbrechen, aber, bläst der Südwind in ihren Wipfel, so reißt er sie aus dem Boden und schmeißt sie um.

Überdies läßt aus dem Schilfrohr sich das Schreiberohr schneiden, und mit dem Schreiberohr ist die Heilige Schrift geschrieben werden.

4

Die Guttaten Omris, Ahads und Isebels

WOFÜR WARD OMRI damit belohnt, daß das Königreich ihm zufiel? Weil er Israel um eine neue Stadt bereichert hat. Er kaufte den Berg Samaria von Semer um zwei Zentner Silber und baute eine Stadt auf dem Berg, die er nach dem Namen Semers Samaria nannte.

Wofür ward Ahab die Gnade zuteil, daß er zweiundzwanzig Jahre lang Herrscher sein durfte? Weil er die Ehre der Thora hochhielt.

Der Syrerkönig Benhadad sandte Boten zu Ahab und ließ ihm sagen: Dein Silber und dein Gold, deine Weiber und deine Kinder gehören mir; morgen will ich meine Knechte zu dir schicken, daß sie dein Haus und die Häuser deiner Knechte durchsuchen und in ihre Hände nehmen und wegtragen das, was dir das Liebste ist.

Ahab gab zur Antwort: Alles, was du zuerst mir auferlegt hast, das will ich tun; aber das Liebste kann ich dir nicht geben.

Was war das Liebste ihm? Das war das Buch der Thora, welches Ahab dem Behadad nicht preisgeben wollte.

Es gab keinen, der so mächtig gewesen wäre wie Ahab, der Sohn Omris, dem zweihundertzweiunddreißig Könige untertan waren. Damit sie sich nicht wider ihn erhöben, ließ er eines jeden Sohn als Geisel festnehmen und siedelte sie an unter seiner Aufsicht in Jerusalem und in Samaria. Sie waren Götzendiener gewesen, aber, wie sie nach den beiden großen Städten in Juda und Israel kamen, wurden sie Anhänger des einigen Gottes.

Rabbi Akiba sprach: Die Buße ward erschaffen, und die Rechte des Herrn war offen, die Reuigen zu empfangen, und eine Stimme rief: Kehrt um, ihr Menschenkinder!

Du ersiehst die Macht der Buße aus dem Beispiel Ahabs, des Königs von Israel. Dieser hatte gestohlen, geraubt und getötet; er ließ Josaphat, den König von Juda, zu sich kommen und gab ihm täglich vierzig Schläge. Als er aber danach seinen Leib kasteite und morgens und abends vor dem Herrn betete, als er sich der Lehre ganz widmete und von seinem bösen Tun ließ, da wurde seine Buße angenommen. Der Herr sprach zu Elis: Hast du nicht Ahab gesehen, der zu mir gekommen ist?

Wer lehrt uns, den Leidtragenden Trost zu spenden und den Fröhlichen Glück zu teilen? Das ist die Gattin Ahabs, Isebel. Ihr Haus lag nahe dem Marktplatz, und, zog ein Paar an ihr vorbei, das Hochzeit machte, so ging sie heraus, klatschte in die Hände und pries sie hoch mit ihrem Munde. Zog aber ein Leichenbegängnis an ihr vorbei, so klagte sie mit den Trauernden, schlug die Hände zusammen und folgte dem Zuge.

Der Prophet Elia weissagte von ihr, daß ihr Fleisch von den Hunden gefressen werden würde; allein die Glieder, die Gutes getan hatten, blieben verschont.

5

Ahabs Bosheit

UND AHAB FUHR FORT, den Herrn, den Gott Israels, zu erzürnen, und tat darin übler als alle Könige Israels, die vor ihm waren.

Er ließ auf das Tor der Stadt Samaria schreiben: Ahab verleugnet den Gott Israels. Darum hat er keinen Teil an dem Gott Israels.

Die leichte Sünde, die Ahab begangen hat, wiegt ebenso schwer wie die schwere Schuld, die Jerobeam auf sich geladen hat. Es gab kein Beet und keine Ackerfurche im Lande Israel, auf der nicht Ahab ein Götzenbild aufgestellt hätte, das man anbeten mußte.

Der Reiche rühme sich nicht seines Reichtums, und gliche er darin auch Ahab, dem König Israel. Dieser hatte siebzig Söhne und baute einem jeden siebzig elfenbeinerne Schlösser. Wie er aber starb, ward sein Reich zunichte und sein Reichtum zunichte.

Siebzig Söhne hatte Ahab zu Samaria, und weitere siebzig hatte er zu Jesreel. Jeder aber von ihnen hatte zwei Paläste, einen für den Sommer, einen für den Winter.

Ahab war ein Mann, den es fror. Da machte sein Weib Isebel zwei Bildsäulen, die Huren darstellten, und brachte sie in seinem Wagen an, in dem er ausfuhr. Schaute er nun die Gestalten an, so wurde er warm.

6

Naboth

NABOTH HATTE EINE SCHÖNE STIMME, und zu den hohen Festen zog er jedes Jahr hinauf gen Jerusalem, und ganz Israel versammelte sich daselbst, um seine Stimme im Tempel zu hören.

Eines Jahres versäumte er es, nach Jerusalem zu ziehen, und in demselben Jahr geschah es, daß der König Ahab seinen Weinberg begehrte und gottlose Leute wider ihn aussagten und er ausgetilgt wurde von der Welt.

Was hatte seinen Tod herbeigeführt? Daß er nicht in den Tempel gepilgert war, daselbst den Herrn zu ehren durch die Gabe des Gesangs, mit der er ihn begnadet hatte.

Niemand wird deines Landes begehren, dieweil du hinaufgehst dreimal im Jahr, zu erscheinen vor dem Herrn deinem Gott – so heißt es im Gesetze Moses. Das hatte Naboth nicht befolgt, und daher erging es ihm so.

Elia

1

Hiel

ALS JOSUA DIE STADT JERICHO in Asche gelegt hatte, tat er einen Schwur und sprach: Verflucht der Mann vor dem Herrn, der sich aufmacht und diese Stadt, dieses Jericho, wieder aufbaut! Mit seinem Erstgeborenen möge er den Grund legen, mit seinem Jüngsten möge er die Tore setzen.

Es begab sich aber zur Zeit Ahabs, des Königs von Israel, daß ein Mann aus Beth-El mit Namen Hiel die Stadt Jericho wieder aufbaute. Als er ihren Grund legte, starb sein ältester Sohn Abiram; als er die Tore setzte, da starb sein jüngster Sohn Segub. Und Hiel ging und trug seine Kinder zu Grabe von Abiram bis Segub.

Der König Ahab aber war sein Gönner und Freund, und so kam er zusammen mit Elia dem Thisbiter, ihm Trost zuzusprechen in seinem Herzeleid. Und der König sprach zu Elia: Die Flüche Moses erfüllen sich nicht, der Fluch seines Schülers Josua aber geht in Erfüllung! Mose hat geschrieben: So ihr fremden Göttern dienen werdet, so wird des Herrn Zorn über euch ergrimmen, und er wird den Himmel zuschließen, daß kein Regen komme. Hier aber siehst du einen Menschen, der an jeder Erdfurche einen Götzen aufgestellt hat, und es regnet weiter, und keiner wird gehindert, den Götzen anzubeten. Darauf sprach Elia zu Ahab: So wahr Gott lebt, es soll diese Jahre weder Tau noch Regen kommen. Und er flehte den Herrn an und erhielt vom Himmel den Schlüssel zu den Quellen des Regens.

Als er danach bei der Witwe von Zarpath war und ihren toten Sohn auferwecken sollte, da bat er um den Schlüssel, der das Leben öffnet. Ihm wurde gesagt: Es gibt drei Schlüssel im Himmel: einen zu den Kammern des Regens, einen, der neues Leben spendet, und einen, der den toten ihr Leben wiedergibt. Es wird aber nur ein Schlüssel an einem Menschen vergeben, damit man nicht sage: Zwei Schlüssel sind in der Hand des Sohnes und nur einer in der Hand des Vaters. Also gab Elia den einen Schlüssel wieder und erhielt dafür den, der die Toten erweckt. Danach sprach der Herr zu Elia: Geh hin und zeige dem Ahab, daß ich regnen lasse auf Erden.

Hiel baute die Stadt Jericho auf. Als er sie gründete, verlor er Abiram, seinen Erstgeborenen; als er die Tore schloß, starb ihm sein Jüngster, Segub genannt. Aus dem Tode des ältesten Sohnes hatte er keine Lehre zu ziehen, aus dem Tode des Jüngsten mußte er eine Lehre ziehen.

Der Herr sprach zu Elia: Dieser Hiel ist ein Mann von Ansehen; geh hin und besuche ihn in seinem Unglück. Elia weigerte sich zu gehen und sagte: Erscheine ich vor ihm, so bekomme ich Worte zu hören, die dich erzürnen werden und die ich nicht ertragen kann. Da sprach der Herr: Wenn sie Ungehöriges sprechen sollten, so magst du ihnen eine Strafe bestimmen, ich will sie dann ergehen lassen.

Und Elia suchte das Haus Hiels auf und traf ihn und seine Hausgenossen dabei, wie sie im Buche Josua lasen. Elia sprach: Gelobt der Gott der Gerechten, der die Worte der Gerechten wahrmacht! Darauf sagte der König Ahab, der zugegen war: Wer ist denn von beiden der Größere, Mose oder Josua? Man antwortete ihm: Mose ist der Größere. Da sprach Ahab: In der Thora Moses steht geschrieben: Hütet euch aber, daß euch euer Herz nicht überrede und ihr abweicht und dienet anderen Göttern; denn dann würde der Zorn des Herrn über euch ergrimmen. Ich aber – es gibt keinen Götzendienst, den ich nicht geübt hätte, und seht: alles Gute und alle Freuden der Welt sind mir zuteil geworden. Wenn also Moses Wort sich nicht bewahrheitet hat, sollte da Josua recht behalten haben?

Da sprach Elia: Sprichst du so? So wahr der Herr lebt: wir wollen sehen, ob es Regen geben wird. Wie Ahab dies vernahm, fing er an zu weinen. Er zerriß seine Kleider, tat einen Sack an, fastete und schlief im Sack und ging jämmerlich einher. Er lief unbeschuht durch die Straßen. Hierauf sprach der Herr zu dem Thisbiter: Siehst du, daß Ahab zermürbt ist? Wie gut hab ich es doch in der Welt eingerichtet, daß, wenn ein Mensch Sünde getan hat, ihn die Buße entsühnt!

Hiel, einer von den Großen und Mächtigen seiner Zeit, stand da vor den Trümmern Jerichos und sprach: Was bedeutet dieser Schutthaufen? Man antwortete ihm: Diese Stadt hat Josua ben Nun zerstört, und er hat mit einem Fluch belegt jeden, der sich daran wagt, sie wieder aufzurichten. Und man teilte ihm den Wortlaut des Fluches mit. Da sagte Hiel: Josua ist tot, so lebt auch sein Wort nicht mehr. Und er machte sich auf und errichtete von neuem die Mauern von Jericho. Wie er aber mit dem Bau anfing, starb ihm sein ältester Sohn Abiram; während des Baus starben nacheinander alle seine Kinder und Hausgenossen; und als er zum Schluß die Türen zimmerte, verschied sein jüngster Sohn Segub. In dieser Stunde zerriß er seine Kleider und saß auf der Erde, klagend und weinend. Alle Ältesten Israels kamen, ihn zu trösten, und auch der König Ahab unter ihnen.

Der Herr sandte Elia aus, daß er den Hiel tröste, dem seine Söhne gestorben waren. Elia befürchtete, Ahab würde ein unziemliches Wort wider den Herrn sprechen. Als er aber kam, war es Hiel, der das erste Wort sprach, und er sagte: Wehe dem, der sie Worte der Weisen übertritt! Er verdient den Tod.

2
Die Witwe von Zarpath

DES HERRN WORT KAM ZU ELIA und sprach zu ihm: Mache dich auf und geh gen Zarpath, das bei Sidon liegt, und bleib daselbst. Ich habe dort einer Witwe geboten, daß sie dich ernähre.

Wie aber sollte Elia die Witwe herausfinden? Er nannte sich selbst vorher Merkmale, an denen er sie erkennen wollte, und sprach bei sich gleichwie Eleiser, der Knecht Abrahams, als er Rebekka für Isaak freien sollte: Diejenige, die ich um einen Trunk bitten werde und die ihn mir darreicht, ist die Witwe, der mich der Herr zugewiesen hat.

Und er streifte in der Gegend umher und sah eine Frau, die Holz las. Er sagte zu ihr: Gib mir etwas Wasser zu trinken. Sie antwortete: Ich hole es dir alsbald. Er sprach: Bring mir auch etwas Brot. Da erwiderte sie: Gott der Herr weiß, daß ich kein Brot im Hause habe; ich habe nur eine Handvoll Mehl und ein wenig Öl. Nun suche ich noch Reisig zusammen, um uns etwas zu backen; danach wollen wir sterben. Elia sprach zu ihr: Vorerst bereite mir etwas Nahrung, danach versorge dich und deinen Sohn. Denn so hat Gott gesprochen: Das Mehl im Trog soll nicht verbraucht werden, und das Öl im Krug wird nicht ausgehen, ehe denn der Herr wird regnen lassen auf Erden. Dies aber ist das Zeichen, weshalb du mir vorher die Speise zurichten sollst: Ich werde es sein, der dereinst zuerst die Botschaft von der Erlösung bringt; danach wird dein Sohn auftreten, der Messias aus dem Stamme Joseph.

Rabbi Simeon sprach: Der Gerechten Tugend ist es zu danken, daß es die Auferstehung der Toten gibt. Du ersiehst es aus dem Fall Elias des Thisbiters. Er zog von Gebirge zu Gebirge und von Höhle zu Höhle, bis er nach Zarpath kam, woselbst ihn die Witwe mit großen Ehren empfing. Sie war die Mutter von Jona, und von ihrem Brot und ihrem Öl nährten sie sich alle: Elia, die Witwe und ihr Sohn.

Danach begab es sich, daß der Knabe erkrankte und starb. Da sprach die Frau zu Elia: Weil du mein Lager mit mir geteilt und eine Sünde auf mich geladen hast, ist mir mein Sohn gestorben; nimm hinweg, was du über mich gebracht hast, und gib mir meinen Sohn wieder.

Da stellte sich Elia zum Beten hin und sprach vor dem Herrn: Gebieter der Welt! Ists nicht genug der Leiden, die über mich und mein Haupt gekommen sind? Sieh, was für Worte dieses Weib zu mir spricht, wenn ich gleich weiß, daß der Schmerz um ihren toten Sohn sie diese bösen Worte hat reden lassen. Mögen doch die Geschlechter sehen, daß es eine Auferstehung der Toten gibt. Laß den Odem dieses Kindes wieder in ihn kommen.

Und Gott erhörte das Flehen Elias; die Seele des Knaben kehrte zu ihm zurück, und er ward lebendig.

Wodurch ist es Elia zuteil geworden, daß er einen Toten wieder lebendig machen konnte? Er tat immer den Willen des Herrn und grämte sich um die Ehre Israels; und wo er einen Gerechten sah, den umarmte er und herzte und küßte ihn.

Der heilige Geist sprach zu Elia: Salbe Elisa, den Sohn Saphats! Da ging Elia und salbte den Elisa und warf seinen Mantel auf ihn. Und Elisa ließ alle seine Habe im Stich und ließ seine Kinder unbehütet; er machte sein Gut zu herrenlosem Land und besäte seine Acker mit Salz; er gab sein Tagewerk auf und folgte Elia.

3
Das Gottesurteil auf dem Karmel

WER MACHT UNS KLÜGER als das Vieh auf Erden? So fragt Elihu, der Freund Hiobs. Darauf ist zu antworten: Laß dich beraten von den Farren *(junge Stiere)* Elias.

Als Elia am Berge Karmel mit den Priestern Baals um das Gottesurteil wettete, ließ er zwei Farren holen; den einen sollten die Diener Baals zuerst darbringen, und nach ihnen wollte er den anderen opfern. Wessen Opfer vom himmlischen Feuer verzehrt würde, der sollte Sieger sein.

Elia aber hatte befohlen, zwei Zwillingsfarren zu bringen, und wirklich wurden zwei Tiere gefunden, die von einer Mutter waren und in einer Krippe gefressen hatten. Man warf Lose über sie, und das eine sollte dem Herrn, das andere aber Baal geopfert werden. Der Farre, der Elia zugewiesen wurde, folgte bald willig dem Propheten; der andre aber, der Baal geopfert werden sollte, blieb stehen, und weder die vierhundertfünfzig Priester des Baal noch die vierhundertfünfzig Priester der Aschera konnten ihn von der Stelle bewegen. Bis endlich Elia zu dem Farren sprach: Folge ihnen. Das Tier aber antwortete Elia vor allem Volk: Ich und mein Bruder, wir sind beide von einem Mutterleibe gekommen und auf einer Weide, an einer Krippe groß geworden. Nun soll er als Opfer zum Ruhme des Herrn dargebracht werden; ich aber soll dem Baal zufallen und meinen Schöpfer erzürnen. Da sagte Elia: Folge ihnen, damit sie hieraus keinen Grund ziehen, mich zu verdächtigen, und so wird auch durch dich, wie

durch den Farren, der mit mir ist, der Ruhm des Herrn erhöht werden. Hierauf sprach der Ochse: Dies ist also dein Rat? Nun wohl, ich
schwör es, ich rühre mich nicht von der Stelle, als bis du selbst mich
ihnen übergibst.

Und Elia gab den Ochsen in die Hand der Diener Baals.

Als Elia an den Berg Karmel kam, versammelte er alle Pfaffen
Baals und sprach zu ihnen: Ruft mit lauter Stimme, denn er ist ein
Gott.

Was tat der Herr? Er ließ eine große Stille eintreten und brachte
die Himmlischen und die Irdischen zum Schweigen, daß die Welt
wieder ein Chaos war, als wäre nie eine Schöpfung erfolgt. Daher es
auch heißt: Und es war da keine Stimme, keine Antwort, kein Auf-
merken.

Als die Zeit des Speiseopfers gekommen war, trat Elia herzu und
betete zum Herrn.

Man fragt sich: wann hat Elia sein Werk vollbracht? Wann hat er
den Altar bauen können, wann richtete er das Holz und die Steine zu,
wann machte er die Grube und füllte sie mit Wasser, und wann
schlachtete er den Farren?

Man muß also annehmen, daß er an diesem Tage die Sonne zum
Stillstehen brachte. Und so hat er zur Sonne gesprochen: Sonne, wisse, all dies geschieht nur um deines Herrn willen! Du hast um Josuas
willen stillgestanden und um Israels willen, daß es über seine Feinde
siegte. Nun aber bleib stehen nicht um meinetwillen und nicht um Israels willen, sondern zum Ruhme des Namens Gottes.

Alsbald hielt die Sonne in ihrem Gang inne.

4

Die Götzendiener

DIE BAALSPFAFFEN HATTEN ihren Altar wie einen Kasten gebaut
und in seinem Innern den Bösewicht Hiel verborgen, der hatte in seiner Hand das Feuer. Sie machten mit ihm ab, wenn er ihren Ruf hören
würde, sollte er sogleich das Feuer von unten an das Opfertier legen.
Was tat aber der Herr? Er ließ eine Schlange zu ihm hineinschlüpfen,
die biß den Hiel, und er starb.

Die Priester Baals verfertigten Bildnisse, die den einzelnen von
den Kindern Israels glichen, und kneteten Menschen in Wachs nach.
Den Kindern Israels aber fügten sie künstlich Plagen und Leiden zu.
Kam nun ein Kranker zu ihnen und bat um Hilfe, so sagten sie: Bete
zu dem Abgott und du wirst genesen. Der Leidende folgte dem Rat,

und nun zerschlugen die Priester das Ebenbild des Kranken, und der wurde geheilt.

Dreihundertfünfundsechzig Götzenhäuser gab es in Damaskus, und in jedem von ihnen wurde an einem anderen Tage des Jahres Dienst abgehalten. Es gab aber einen Tag im Jahre, da beteten sie in allen den dreihundertfünfundsechzig Häusern. Daher sprach Gott zu Elia: Laß die Anklagen gegen meine Kinder sein! Geh deines Weges gen Damaskus und klage die an, die daselbst wohnen.

5

Elias Wandel und Herkunft

ALS DAS REICH DAVIDS sich teilte, da ließen die zehn Stämme von dem Bund der Beschneidung, und es erhob sich der Eiferer Elia, der den Himmel beschwor, zur Strafe für diese Sünde weder Tau noch Regen kommen zu lassen auf die Erde. Die Königin Isebel wollte den Propheten umbringen lassen, und Elia flehte den Herrn um Erbarmen an. Da sprach der Herr zu dem Seher: Elia, womit bist du mehr als die anderen Hirten Israels, die alle flüchten mußten vor dem Bedränger? Ist nicht Jakob vor dem Grimm Esaus geflohen und Mose vor dem Zorn Pharaos und David vor dem Argwohn Sauls? Aber, sind diese alle nicht gerettet worden? Also wirst auch du nicht umkommen.

Und Elia wandte sich und kam nach dem Berge Horeb, wo sich der Herr ihm nochmals offenbarte und zu ihm sprach: der du zu Sittim geeifert hast gegen die Unzucht und jetzt wieder um des heiligen Bundes willen als Eiferer dich erhoben hast: bei deinem Leben! es soll in Zukunft kein Kind beschnitten werden, wo du nicht bei dem Bunde zugegen wärest.

Seit jener Zeit ist es Sitte und Gesetz, daß jedesmal, wenn ein Knabe des Abrahambundes teilhaftig wird, ein Stuhl aufgestellt wird zu Ehren des Thisbiters, der als unsichtbarer Zeuge der Feier gilt.

Wie von den Sternen des Himmels ein einziger schon es vermag, die ganze Welt zu verbrennen, so kann das auch ein einziger Gerechter tun. Siehe das Beispiel Elias, auf dessen bloßes Wort hin das Feuer vom Himmel fiel. Er sprach: Bin ich ein Mann Gottes, so komme ein Feuer vom Himmel herunter und fresse dich und deine fünfzig.

Einst führten unsre Lehrer und Weisen eine Unterhaltung miteinander und sprachen: Von wem mag Elia wohl stammen? Die einen meinten, er sei ein Nachkomme von Rachel, die anderen behaupteten, er käme von Lea her. Wie sie so miteinander stritten, erschien Elia selbst und stand leibhaftig vor ihnen. Er sprach: Ich weiß es nicht recht, aber ich stamme wohl doch nicht von Lea ab. Heißt es denn nicht im Buch der Chroniken bei der Aufzählung der Geschlechtskette Benjamins: Jahresia, Elia und Sichri, das waren die Kinder Jerohams. Da fragten die Lehrer: Bist du denn kein Priester? Wie sagtest du aber zu der Witwe von Zarpath: Mache mir zuerst einen Kuchen daraus!?

Er antwortete: Dieses Weibes Sohn war der Messias aus dem Stamme Joseph, und mit meinen Worten wollte ich der Welt bedeuten, daß ich dereinst vorerst nach Babel hinabfahren und danach unser Erlöser kommen würde.

Im zweiten Jahr der Herrschaft Ahasjas ward Elia entrückt und verborgen; nun sollte er nicht mehr gesehen werden, als bis daß der Messias kommt. Danach wird er erscheinen und zum zweitenmal verschwinden, bis Gog und Magog kommen werden.

In der Zeit aber, die dazwischen liegt, schreibt Elia die Geschichte aller dieser Geschlechter auf.

6

Die Himmelfahrt

ALS ELIA IN DEN HIMMEL fahren sollte, da stellte sich der Todesengel ihm entgegen. Der Herr sprach: Nur deswegen hab ich den Himmel geschaffen, damit Elia hinauffahren kann. Der Engel aber sagte: Nun werden die Menschen alle auf ihn hinweisen und nicht sterben mögen. Der Herr antwortete darauf: Elia ist nicht wie die anderen Menschen; er kann selbst dich aus der Welt bringen, seine Macht ist dir nicht bekannt. Da sprach der Todesengel: Gestatte es mir, daß ich zu ihm hinabfahre und ihn greife. Der Herr erwiderte: Du darfst das tun.

Und der Würgengel fuhr hinab. Wie ihn Elia aber erblickte, zwang er ihn unter seine Fußsohlen. Er gedachte, ihn aus der Welt auszutreiben, aber das ward ihm nicht erlaubt. So zwang er den Todesengel unter sich, schwang sich selbst in die Höhe und flog in den Himmel.

Elia ist in den Himmel gefahren, und keinem Menschen ward Ähnliches zuteil.

Du wirst in der ganzen Schrift vergeblich suchen nach dem Namen des Vaters oder der Mutter Elias; denn nirgends wird gesagt, von wo er herstammt. stets nur heißt er Elia der Thisbiter, von der Stadt Thisbi her in Gilead. Der Grund ist, daß Elia, bevor er auf die Erde kam, gleichfalls im Himmel gewohnt hat: er kam aus dem Himmel, blieb auf der Erde und fuhr in den Himmel zurück.

Elisa

1
Das Weib Obadjas

UND ES SCHRIE EIN WEIB von den Weibern der Kinder der Prophe‐
ten zu Elisa: ein Weib war dies, wie Salomo sie voraus geschaut hat,
da er die Worte sprach: Nichtig ist die Anmut und eitel ist die Schön‐
heit; ein Weib, das Gott fürchtet, soll gepriesen werden.

Als nämlich der Heilige, gelobt sei er, Eva, das erste Weib erschaf‐
fen sollte, sah er, daß von ihr stammen werde das sündige Geschlecht
der Sintflut und das gottlose Geschlecht des Turmbaus: wieder sah er
aber auch ausgehen von ihr die Erzmütter Sara, Rebekka, Rahel und
Lea. Er sah wie Isebel geboren werden würde, die die Baalspfaffen
zur Sünde verleitete: aber er sah auch die Gattin Obadjas erstehen, je‐
nes Prophetenweib, das den verfolgten Sehern heimlich Speise gab.
Da sprach der Herr: Wenn ich Eva erschaffe, und unter ihren Kindern
und Nachkommen ist nur ein einziges rechtschaffenes Weib, so soll
es mir genug sein.

Sie, von der hier die Rede ist, war eine von den Weibern der Pro‐
pheten. Und also sprach sie vor Gott: Herr der Welt! Ich weiß es, daß
es vor deinem Thron kein Vergessen gibt. Der Mensch legt ein Gur‐
kenfeld an, und wenn die Früchte reif sind, bricht er die großen Gur‐
ken ab und verkauft sie; die kleinen Früchte aber, du erbarmst dich
ihrer, und schläft der Mensch zur Nacht, so sendest du einen Tau, der
die Pflanzen tränkt. Die Frucht des Feldes läßt du nicht verkümmern;
Menschen aber, Frauen von Propheten, willst du umkommen lassen?

Andre sagen, sie hätte so zu Gott gefleht: Gebieter der Welt! Es
gibt zwei Sternbilder am Himmel, den großen Bären und den Sirius;
als die Sintflut auf die Erde niederging, stahl der Sirius zwei Sterne
aus dem Bild des großen Bären. Aber dereinst wirst du es an dem
Sternbild des Bären wieder gut machen, wie es auch heißt: Und du
tröstest den Bären über seine Jungen. Dem großen Bären gibst du das
Seinige zurück, der Prophetenweiber aber willst du vergessen?

Noch andere sagen, so habe sie vor Gott gesprochen: Ich weiß es,
daß du ein barmherziger Gott bist, und daß du keine Grausamkeit
kennst. Steht doch von dir geschrieben: Der dem Vieh seine Nahrung
gibt, den jungen Raben, wenn sie ihn anrufen. Die Tiere vergißt du
nicht, und der Prophetenweiber willst du nicht gedenken?

Und das Weib sprach weiter vor Gott: Mein Eheherr hat sein Leb‐
tag Gutes geübt, und das heißt: dir etwas leihen; du aber bist doch der,

der in Treuen heimzahlt. Nun ist dein Knecht, mein Mann, gestorben; also erfülle an mir deine Pflicht. – Aber, da sie für sich bat, warum mußte sie auch ihren verstorbenen Gemahl erwähnen? Sie sprach so: Wenn einer Frau der Vater und die Mutter sterben, so findet sie an ihrem Gatten Trost und Stütze; stirbt aber der Mann, auf wen soll sie sich stützen? Ist sie reich, so ist ihr der Reichtum Stütze und Halt; wer aber beschützt eine arme Witwe mit ihren Waisen?

Und sie ging auf den Friedhof und rief laut: O du, der du Gott fürchtest, höre mich. Da geriet das ganze Heer der Toten in Aufruhr, und sie sprachen zu ihr: Es sind doch ihrer vier, die gottesfürchtig genannt werden: Abraham, Joseph, Obadja und Hiob. Rufst du unseren Vater Abraham – er vermag nicht zu erscheinen; denn noch rechtet er mit dem Satan, der ihm Böses tat. Willst du mit Joseph reden? Er ficht noch vor dem himmlischen Gericht den Streit aus mit seinen Brüdern, die ihn verkauft haben. Rufst du Hiob? Auch er streitet mit dem Bösen, der sein Haus zerstört und seine Kinder getötet hat. – Sie antwortete: Ich suche keinen von diesen, sondern den, der da der überaus Gottesfürchtige genannt wird. Da erkannten sie, daß sie des Obadja Weib war, und sie durfte nun mit ihm reden.

Sie nahm Erde und streute sie auf ihr Haupt, wälzte sich im Staube und sprach zu dem Toten: Mein Herr, deine Gläubiger wollen deine Schuld eintreiben und unsre zwei Söhne zum Pfande nehmen. Als du von hinnen gingst, sagtest du mir, wie ich dich fragte, was aus meinen Kindern werden würde: Der Herr hat mir dies verheißen: Was übrig bleibt von deinen Waisen, die will ich am Leben erhalten, und deine Witwen werden auf mich hoffen. Nun aber, wie ist es deinen heiligen Söhnen ergangen in Ahabs und Isebels Hause! – Und auch die Söhne selbst streckten ihre Hände aus und riefen: Vater, nimm uns auf; nimm uns auf, Vater, denn es ist keiner da, der hülfe. – In diesem Augenblick erscholl eine Stimme, die sprach: Geh hin zu Elisa!

Also ging das Weib mit ihren beiden Söhnen zu Elisa, mit Säcken angetan und die Hände auf dem Haupt. Wie Elisa die Witwe sah, erkannte er, daß sie gerade von dem Grab ihres Mannes gekommen war. Und er begann sogleich sie zu fragen: Ist im Hause jenes Gerechten, der nicht mehr lebt, noch irgend etwas verblieben? Sie antwortete: Wir haben nichts, Elisa fragte weiter: Aber über einen leeren Tisch kann man keinen Segen sprechen. Die Arme erwiderte: Ein Ölgefäß allein ist da, und es ist noch ein wenig feucht von dem Öl, das darin gewesen ist.

Da sagte der Prophet: Mögest du ruhig sein, wie dein Wort auch mir jetzt Ruhe gegeben hat; liegt doch der Segen in nichts so sehr wie im Öl, da doch im Stiftszelt kein andres als ein Öllicht gebrannt ward, die Könige mit nichts Köstlicherem gesalbt werden als Öl, die

Kriegsobersten auch nur durchs Öl geweiht werden. Und er trug ihr auf: Zieh aus und suche dir Gefäße für das Öl zusammen; jeder, der eines hat, wird es dir geben. Such dir ganze und auch beschädigte Gefäße; und wundert es dich, daß auch wertloses Geschirr dir nützlich sein kann, so gedenke dessen, daß der Herr aus dem staub der Erde einen Bräutigam schuf und aus einem Knochen eine Braut gemacht hat. – Und das Weib gehorchte ihm.

Hernach trug er ihr auf, die Tür zu verschließen und all die gefundenen Töpfe unter das eine Gefäß zu legen, das ihr geblieben war. Sie bat ihn, er möge doch vor aller Welt sein Wunder wirken, damit jedermann erfahre, welches Werk der Herr täte an der Witwe; allein Elisa sprach: Auch dein Mann hat sein Werk nur im Geheimen vollbracht.

Sie verschloß die Tür; man brachte ihr Gefäß auf Gefäß, sie goß aus dem versiegten Ölkrug das Öl hinein, und alle Gefäße wurden voll. Dann sprach sie zu einem ihrer Söhne: Bring mir noch eine Schale her. Er aber sprach: Nun sind keine Töpfe mehr in unserem Orte. Diese Worte wurden von dem Öl vernommen, und so blieb es stehen und wurde nicht mehr.

Alsdann sprach Elisa zu der Witwe: Geh hin, verkauf dein Öl und zahle deinen Gläubigern, was du ihnen schuldig bist. Da fragte das Weib: Aber vielleicht wird das Haus Ahabs davon erfahren, und sie werden sagen: Unser ist dies Öl. Elisa sprach: Der da den Hunden im Ägypterland das Maul verschlossen hat, daß sie nicht muckten, der wird auch den Mund zuschließen allen im Hause Ahabs. Und zum letzten fragte die Witwe: Aber muß von diesem Öl nicht vorerst die Hebe und der Zehnte entrichtet werden? Elisa gab zur Antwort: Dein Mann Obadja hat die Propheten gespeist mit Wasser und Brot; und Wasser und Brot werden auch nicht verzehntet und bedürfen der Hebe nicht.

2
Die Sunamitin

MIT ELISA, DEM SOHNE SEPHATS, war es so, daß kein Weib ihm ins Antlitz schauen konnte und am Leben bleiben. Er war von Gebirge zu Gebirge gezogen und von Höhle zu Höhle, bis er gen Sunem kam. Daselbst wurde er von einer hohen Frau aufgenommen, die war eine Schwester der Abisag von Sunem und das Weib des Propheten Iddo; und sie empfing ihn mit großen Ehren. Sie sprach zu ihrem Mann: Dieser ist ein Mann Gottes und ein Heiliger; kein Mensch kann ihn sehen und lebendig bleiben. Wir wollen ihm einen kleinen Söller

(Dachboden) in der Mauer oben machen und ein Bett, Tisch, Stuhl und Leuchter da hineinstellen, damit er, wenn er in unsre Gegend kommt, da wohne. Und sie bauten die Kammer aus und statteten sie aus mit allem.

Und es begab sich auch nach einiger Zeit, daß Elisa nach Sunem kam und auf den Söller stieg. Er rief die Sunamitin, und sie trat in die Tür; sie wagte es nicht, näher zu kommen, denn sie fürchtete sich, ihm ins Antlitz zu schauen. Er sprach zu ihr. Um diese Zeit über ein Jahr wirst du einen Sohn herzen. Sie aber erwiderte. Mein Eheherr ist alt, und auch mir geht es nicht mehr nach der Frauen Weise. Nicht doch, mein Herr, du Mann Gottes, führe deine Magd nicht an!

Der Herr tut den Willen derer, die ihn fürchten, und so tat er auch den Willen Eisas. Die Sunamitin ward schwanger und gebar einen Sohn. Der Knabe ward groß und ging zu seinem Verderben hinaus aufs Feld, um da nach den Schnittern zu sehen. Hier ereilte ihn das Unglück, und er starb. Da zog seine Mutter aus und kam an den Berg Karmel zu dem Mann Gottes. Sie fiel mit ihrem Angesicht vor ihm zur Erde nieder und sprach zu ihm: Ach, wäre doch mein Schoß leer geblieben; nun ward er gesegnet, und der Segen ist weg. Der Prophet sagte: Alles, was der Herr getan, hat er mir verkündigt, nur dies eine nicht.

Da wollte Gehasi sie davonstoßen und legte seine Hand auf ihre Brust. Der Prophet aber sprach: Laß ab von ihr. Und er gab dem Gehasi den Stab, den er hielt, und sprach zu ihm: Laß deinen Mund kein Wort aussprechen, bis du zu dem Knaben gekommen bist und ihm meinen Stab auf das Antlitz gelegt hast; er wird davon wieder lebendig werden.

Gehasi aber lächelte in seinem Innern. Wer ihm nur begegnete, zu dem sprach er: Glaubst du, daß dieser Stab lebendig macht? Daher gelang ihm das Wunder nicht. Nunmehr kam Elia selbst an; er legte sein Gesicht auf das Gesicht des Toten und seine Augen auf des Knaben Augen, betete und sprach: Herr der Welt! Wie du durch die Hand meines Meisters Elisa Wunder gewirkt und den Toten wieder lebendig gemacht hast, also laß es auch durch mich geschehen und gib diesem Knaben das Leben zurück. Und Gott erhörte ihn; der Knabe nieste siebenmal und tat seine Augen auf.

Der Sohn, der der Sunamitin geboren wurde, das war Habakuk, der spätere Prophet. Seinen Namen hatte er daher, daß Elisa ihr seine Geburt geweissagt hatte mit den Worten: Übers Jahr wirst du einen Sohn umarmen. Aber, hätte es da nicht genügt, wenn sie ihn nur Habuk genannt hätte? Ja, weil er zum zweitenmal wieder ins Leben gerufen ward, wurde er Habakuk genannt, denn zweimal hatte ihn seine Mutter umarmt, einmal, als er geboren ward, und dann, als Elisa ihn vom Tode auferweckte.

3
Gehasi und Sallum

ELISA SASS DA UND PREDIGTE über die Unreinheit der acht kriechenden Tiere. Naeman indes, der Feldhauptmann des Königs von Syrien, war aussätzig. Da sprach zu ihm ein Mädchen, das als Gefangene vom Lande Israel weggeführt worden war: Wenn du zu Elisa geht's, so wirst du gesund.

Wie Naeman zu Elisa kam, sprach dieser: Geh hin und bade deinen Leib im Jordan. Darauf antwortete Naeman voller Zorn: Du scheinst meiner zu spotten! Aber die Diener, die mit ihm waren, sprachen zu dem Syrer: Was ficht es dich an? Versuche es doch. Da tat Naeman so, tauchte sein Fleisch in den Jordan, und seine Haut ward heil. Nunmehr ging er zu Elisa und brachte ihm alles, was er da hatte. Allein Elisa wollte nichts annehmen. Der Knabe Gehasi aber, der bei Elisa bedienstet war, der schlich sich davon und folgte dem Naeman; er ließ sich von ihm geben, was der nur geben wollte.

Als Gehasi zu dem Mann Gottes zurückkehrte, sah dieser den Aussatz Naemans über dem Kopfe Gehasis schweben. Er sprach zu dem Ungetreuen: Die Zeit ist gekommen, daß du den Lohn für den Genuß der acht unreinen kriechenden Tiere empfängst. Der Aussatz Naemans wird dir und deinem Samen anhängen bis in alle Ewigkeit.

Und der Knabe ging von ihm hinaus, aussätzig wie Schnee.

Und Elisa kam gen Damaskus. Weswegen war er dahingegangen? Er wollte Gehasi zur Buße bewegen, dieser aber mochte nicht umkehren. Er sprach: So ist es mir von dir überliefert worden: welcher Sünde tut und zur Sünde verführt, dem ist nicht gegeben, Buße zu tun.

Was aber tat Gehasi dennoch? Er ließ einen Stein, der magnetische Kraft hatte, in der Luft hängen, der schwebte zwischen Himmel und Erde und war ein Mahnmal für die Sünde Jerobeams, des Sohnes Nebats. Andre aber erzählen, er hätte den unverstellten Namen Gottes darauf gemeißelt, und der Stein hätte laut gerufen: Ich bin der Herr, dein Gott; du sollst keine anderen Götter neben mir haben.

Es darf nimmer so sein, daß man mit der Linken einen wegstößt, mit der Rechten aber ihn an sich zieht, wie es Elisa mit Gehasi getan hat, den er erst zum Diener nahm, nachher aber mit beiden Händen von sich stieß.

Drei Krankheiten mußte Elisa leiden. Die eine dafür, daß er die Bären gegen die Knaben hetzte, als er hinauf zu Beth-El ging. Die Kinder spotteten sein und riefen: Kahlkopf komm herauf! Da fluchte er ihnen, und es kamen zwei Bären aus dem Walde und zerrissen zweiundvierzig Kinder. – Die zweite Krankheit kam über ihn dafür, daß er den Gehasi vertrieben hatte. Die dritte Krankheit war die, an der er verschied.

Rabbi Asaria pflegte zu sagen: Erkenne die Macht des gerechten Tuns an dem Beispiel Sallums, des Sohnes Tikvas, welcher ein Großer seines Geschlechts war und Tag für Tag Mildtätigkeit übte. Worin bestand aber sein Verdienst? Er füllte einen Schlauch mit Wasser, setzte sich damit vor das Tor der Stadt, und jeder, der des Weges daherkam, wurde von ihm mit einem Trunk gelabt und dem Leben zurückgegeben. Dafür wurde ihm zuteil, daß der Geist Gottes über sein Weib Hulda geriet und Hilkia der Priester zusammen mit anderen zu ihr ging und sie für das Volk befragte. Vordem aber war der Name Sallums nicht ben Tikva, sondern ben Sahara. Als er starb, da hörten die guten Werke auf in Israel, und das Heer der Assyrer fiel über sie her. Das ganze Volk war hinausgegangen, ihn zu Grabe zu geleiten; als sie aber die feindliche Macht heranrücken sahen, warfen sie den Leichnam in das Grab Elisas. Wie nun der tote Körper die Gebeine Elisas berührte, wurde er wieder lebendig. Danach zeugte er seinen Sohn Hanamiel, den Sohn Sallums.

Schlimme Zeiten

1
Mesa

MESA, DER MOABITERKÖNIG, war dem König von Israel zinsbar und führte an ihn die Wolle von hunderttausend gemästeten Schafen und von hunderttausend Widdern ab. Nach dem Tode Ahabs aber fiel der Moabiterkönig vom König Israels ab. Da verbündeten sich drei Fürsten miteinander, der König von Israel, der von Edom und Josaphat, der König von Juda, und zogen wider ihn in den Streit. Wie Mesa dies sah, nahm er seinen erstgeborenen Sohn und brachte ihn zum Brandopfer dar auf dem Altar. Er sprach vor dem Herrn: Gebieter der Welt! Abraham hat seinen Sohn wohl auf den Altar gelegt, ihn aber nicht geschlachtet; ich will nun meinen Sohn schlachten und ihn als Ganzopfer dir darbringen, denn alles, was du befiehlst, will ich tun. Und er opferte seinen Sohn, der nach ihm König hätte werden sollen.

Da kam ein großer Zorn über Israel.

Der Moabiterkönig Mesa versammelte seine Sternseher und sprach zu ihnen: Könnt ihr mir nicht sagen, was dies zu bedeuten hat: mit welchem Volk ich auch Krieg mache, ich zwinge es unter meine Macht; mache ich aber Krieg mit Israel, so sind sie die Sieger. Die Räte antworteten ihm: Dies Volk hatte einen Patriarchen mit Namen Abraham; dem gab Gott mit hundert Jahren einen Sohn, und diesen brachte sein Vater zum Opfer dar. Der Moabiterkönig fragte: Hat er ihn auch ganz geopfert? Sie erwiderten: Nicht ganz. Da sprach Mesa: Wo er ihn also nicht ganz geopfert hat, hat Gott schon Wunder an ihnen getan; wie wird er mir erst geneigt sein, wenn ich ihm meinen Sohn wirklich und wahrhaftig zum Opfer darbringe!

Und richtig, wie Mesa seinen Sohn geopfert hatte, da kam ein großer Zorn über Israel. – Der Herr sprach zu Israel: Die Götzendiener, die mich nicht kennen, mögen sich mir widersetzen; ihr aber kennt mich doch und wagt es noch, euch mir zu widersetzen!

Hätte nicht das Verdienst des Weibes Obadjas Israel beigestanden, sie wären vernichtet worden zu dieser Stunde.

2
Joel

DER PROPHET JOEL SAGT: Seid fröhlich im Herrn, eurem Gott, der euch Frühregen und Spätregen sendet zum ersten.

Wann wird um Frühregen gebeten? Etwa in Nissan? Nein doch, im Monat Cheschwan. Im Cheschwan wird Frühregen, im Nissan Spätregen ersehnt.

In den Tagen Joels, des Sohnes Pethuels, da ging dieser Wunsch in Erfüllung. Erst hatte eine große Verheerung stattgefunden, und was die Raupen übrig ließen, das fraßen die Heuschrecken, und was die Heuschrecken übrig ließen, das fraßen die Käfer, und was die Käfer übrig ließen, das fraß das Geschmeiß. Der Monat Adar verging, und es war kein Regen auf die Erde gefallen. Aber am ersten des Monats Nissan ging der erste Frühregen nieder. Und der Prophet sprach zu Israel: zieht hinaus und säet! Da sprach das Volk: Wer nur ein Kad Weizenkörner und zwei Kad Gerste hat, soll er die verspeisen und am Leben bleiben, oder sie zur Aussaat nehmen und sterben? Der Prophet antwortete: Und sei dem auch so, ihr habt zu säen.

Und es geschah ein Wunder, und sie fanden wieder, was in den Fugen der Mauern und in den Gängen der Ameisen versteckt war. Sie säten am zweiten, dritten und vierten Tage des Monats, und am fünften ging der zweite Frühregen nieder vom Himmel. Am sechzehnten Tage des Monats konnten sie schon die Erstlingsgarbe darbringen. Also war die Feldfrucht, die sechs Monate zum Reifen benötigt, in elf Tagen reif geworden. Von diesem Geschlecht gilt der Spruch: Die mit Tränen säen, die ernten mit Freuden. Sie gehen hin und weinen und tragen edlen Samen und kommen mit Freuden und bringen ihre Garben.

3
Die letzten Könige Israels

VON JEHU, DEM SOHN NIMSIS, wird erzählt, daß er ein gottesfürchtiger König gewesen wäre und nicht nachgehurt hätte den goldenen Kälbern Jerobeams, des Sohnes Nebats. Wie er aber zur Macht gelangt war, da verderbte er seine Wege.

Von Jerobeam, dem Sohne Joas', wiederum wird berichtet, daß er ein Fürst war, der den Propheten Ehrfurcht gezollt hätte. Was der Herr weder durch Josua, den Sohn Nuns, noch durch David, den König von Israel, hatte kommen lassen, das geschah durch dieses Königs Hand. Von ihm heißt es: Er erweiterte das Gebiet Israels wieder von Hamath bis ans Meer.

Womit hat Hosea ben Ela es verschuldet, daß in seinen Tagen das Zehnstämmereich fiel? Gerade darum, weil er nicht solche Sünden wie Jerobeam und Ahad begangen hat. Denn die Könige Israels vor Hosea – von ihnen ging der Götzendienst aus, und Gott wollte wegen der Sünde des Einzelnen nicht das ganze Volk vernichten.

Hosea aber war gerechter als die Könige vor ihm, und doch handelte er übel. Er hob die Wachen auf, die auf den Wegen standen und die das Volk von der Wallfahrt nach Jerusalem abhalten sollten, und ließ ausrufen: Wer pilgern will, darf pilgern! Damit hatte er das Halsband der Sünde von seinem Halse gelöst und es seinen Untertanen umgebunden. Denn sie kehrten sich nicht an den wahren Gott, und da sie nun vor ihm schuldig wurden, ließ er Salmanassar heraufziehen, und der eroberte das Land.

An Hosea ward das Sprichwort Wahrheit: Wer ein Gebot erfüllt, es aber nicht ganz bis zu Ende tut, der hat sein Leben verwirkt und begräbt seine Frau und zwei Kinder.

4
Joas, Usia, Ahas

DURCH DAVIDS SCHULD waren die Priester in Nob getötet worden; darum sollte auch sein Same vorzeitig aussterben. Wann war das der Fall? Zur Zeit der Athalia, die, als sie ihren Sohn tot sah, das ganze Königsgeschlecht umbrachte. Aber Joas blieb am Leben, wie auch Abjathar aus Nob am Leben geblieben war. Wäre dazumal Abjathar umgekommen, so wäre zur Zeit der Athalia das Geschlecht Davids gänzlich erloschen.

Der König Joas gebärdete sich, als wäre er ein Gott, denn die Schrift erzählt von ihm: Nach dem Tode Jojadas kamen die Obersten in Juda und bückten sich vor dem Könige. Und die Obersten sprachen zu ihm: Du bist wahrlich ein Gott! Wärst du es nicht, du könntest nicht sechs Jahre im Allerheiligsten geweilt haben. Der Hochpriester darf nur einmal im Jahr da hinein, und man betet für ihn, daß ihm nichts geschehe; du aber warst so lange darin und bist am Leben geblieben. Da hörte der König auf sie.

Bald aber ließ ihn der Herr merken, daß er nur Fleisch und Blut war; es kam das Heer der Syrer und übte Strafe an ihm.

Von Usia, dem König von Juda, heißt es, daß er ein Freund der Erde war. Er war Herrscher und opferte sich dem Ackerbau; mit der Lehre aber hatte er nicht zu schaffen.

Eines Tages kam er in das Haus des Rats und fragte die Thorabeflissenen: Womit beschäftigt ihr euch? Die Lehrer erwiderten: Es ist die Satzung: Und ein Fremder, der sich herzutut, soll sterben. Usia sprach: Der Herr ist König, und ich bin König: also ziemt es sich für einen König, daß er einem König diene und vor ihm räuchere. Aber hinter ihm schritt Asaria, der Priester, zusammen mit achtzig Priestern des Herrn, alles tapfere Männer und die Blüte des Priesterstandes. Sie sprachen zu dem Fürsten: Nicht dir, Usia, gebührt es, vor Gott zu räuchern, sondern den Priestern von Aarons Söhnen, die dafür geheiligt sind. Heraus aus dem Heiligtum, denn du versündigst dich!

Und Gottes Zorn fuhr her über ihn für diese Sache. Wie er mit den Priestern darob zankte und das Rauchfaß noch in der Hand hielt, da zeigte sich der Aussatz an seiner Stirn. Der Tempel spaltete sich, und nach zwei Seiten ging er auseinander auf eine Fläche von zwölf Meilen im Geviert. Da stieß man den Usia von dannen, und auch er selbst eilte hinauszugehen, denn der Herr hatte ihn geschlagen.

Wodurch war das alles aber gekommen? Weil er sich der Erde gewidmet und die Lehre verschmäht hatte. Usia war einer von den dreien, die, weil sie den Acker bauten, unheilig wurden. Der erste war Kain gewesen, der Ackerbauer, der unstet und flüchtig wurde auf Erden; der andere Noah, der den Weinstock pflanzte und durch den Wein sich verächtlich machte.

Weshalb trug der Sohn Jothams, der nach ihm König wurde in Juda, den Namen Ahas? Weil er Hand legte an die Bethäuser und die Lehrhäuser.

Er glich darin einem ungetreuen Pflegevater, der das ihm anvertraute Kind umzubringen gedenkt und bei sich spricht: Töte ich den Knaben, so bin ich des Mordes schuldig; ich will es daher so anstellen, daß er von selber stirbt und will ihm die Amme entziehen.

Ebenso sprach Ahas: Gibt es keine Zicklein, so gibt es keine Böcke; gibt es keine Böcke, so gibt es keine Herde; gibt es keine Herde, so gibt es keinen Hirten; gibt es keinen Hirten, so gibt es keine Welt. Und er übertrug diese Gedanken auf Israel und spann sie in dieser Weise weiter: Gibt es keine Lernenden, so gibt es keine Lehrer; gibt es keine Lehrer, so gibt es keine Weisen; gibt es keine Weisen, so gibt es keine Propheten; gibt es keine Propheten, so gibt es keinen heiligen Geist; gibt es keinen heiligen Geist, so gibt es keine Lehrhäuser, und also, wenn man es aussprechen darf, ruht auch die Majestät Gottes nicht mehr über Israel.

Der Heilige, gelobt sei er, sprach: Dem König Ahas zürnte ich und gab ihn in die Hand der Könige zu Damaskus. Da begann er ihren Göttern zu dienen. Dem Amazia wiederum war ich gnädig und ließ ihn die Könige von Syrien gefangennehmen. Da gefielen ihm gleichfalls die fremden Götter, und er betete sie an.

Das ist, was die Menschen sagen: Im Glück erkennt er es nicht, im Unglück erkennt er es nicht. Wehe dem, der nicht zu unterscheiden weiß zwischen gut und böse.

5

Die Geschichte des Propheten Hosea

ZUR ZEIT USIAS, des Königs von Juda, gab es vier Greise, die weissagten, und Hosea, der Sohn Beeris, war der älteste unter ihnen. Der Herr aber sieht jeden an, der um Erbarmen bittet für seine Kinder.

Der Herr sprach zu Hosea: Meine Kinder haben gesündigt. Darauf hätte Hosea erwidern sollen: Sind nicht deine Kinder deine Schützlinge seit jeher? Sind sie nicht die Kinder Abrahams, Isaaks und Jakobs? Laß deine Gnade über sie walten. – Aber nicht nur, daß er sich des Volkes nicht angenommen hatte, er sagte noch: Gebieter der Welt! Die ganze Welt ist deiner Macht untertan; laß sie in die Hände eines anderen Volkes geraten.

Da sprach der Herr bei sich: Was soll ich nur mit diesem Alten anstellen? Ich will ihm sagen, er soll ein Hurenweib nehmen und Hurenkinder zeugen; sodann will ich ihm befehlen, diese von sich ziehen zu lassen. Wird er sich nun von ihnen lossagen, so will auch ich mich von meinen Kindern lossagen.

Und der Herr tat so und gab Hosea Befehl, eine Buhldirne zu seiner Frau zu machen, damit er Zweifel hege, ob die Kinder, die sie gebären würde, sein oder anderer Männer sein würden.

Hosea ging hin und nahm Gomer, die Tochter Diblaims, zur Ehe. Sie hieß Gomer, weil jeder seine Lust an ihr stillen und den Beischlaf mit ihr vollenden konnte. Sie wurde schwanger und gebar einen Sohn. Da sprach der Herr zu Hosea: Nenne ihn Jesreel, denn über kurze Zeit will ich das Blut Jesreels am Hause Jehus heimsuchen und mit dem Reich Davids ein Ende machen.

Abermals ward das Weib schwanger und gebar eine Tochter, und Gott gebot ihm, dem Mädchen den Namen Lo-Ruhama zu geben, denn er sprach: Ich will mich fürder Israels nicht erbarmen.

Und zum drittenmal ward das Weib schwanger und gebar einen Sohn, den sollte Hosea Lo-Ammi heißen, denn, sprach der Herr: Ihr seid nicht mein Volk, und ich will nicht der Eure sein.

Danach sprach der Herr zu Hosea: Nimm dir ein Beispiel an deinem Lehrer Mose; ich hatte ihm befohlen, sich von seiner Frau zu trennen, und er tat es, und dasselbe befehle ich dir zu tun. Hosea aber erwiderte: Herr der Welt! Habe ich nicht Kinder von ihr? Wie soll ich sie davonjagen? Da sprach der Herr: Wo doch deine Frau eine Hure ist, deine Kinder Hurenkinder sind und du nicht weißt, ob du ihr Vater bist oder ein anderer, weigerst du dich, sie zu verwerfen. Ich aber sollte Israel verwerfen, Israel, die die Kinder sind Abrahams, Isaaks und Jakobs, Israel, das eine von den vier Gütern, die ich mir in der Welt erworben habe? Von ihnen sagtest du, ich sollte sie einem anderen Volk überantworten?

Da merkte Hosea, daß er Sünde getan hatte, und er fing an, um Erbarmen für sich zu bitten. Der Herr aber sprach: Nicht für dich solltest du um Erbarmen bitten, sondern für die Kinder Israel, über die ich um deinetwillen drei Strafen verhängt habe. Nunmehr bat Hosea um Vergebung für das Volk, und der Herr hob das Urteil auf und fing an, sie zu segnen, indem er sprach: Und die Zahl der Kinder soll sein wie der Sand am Meer. Und anstatt, daß man zu ihnen gesagt hat: Ihr seid nicht mein Volk, wird man zu ihnen sagen: O, ihr Kinder des lebendigen Gottes, denn es werden die Kinder Judas und die Kinder Israels miteinander zu Hauf kommen und werden sich miteinander an ein Haupt halten. Sagt zu eurem Bruder: Ammi! und zu eurer Schwester: Ruhama!

Hosea, der Sohn Beeris, war aus dem Stamme Ruben.

Das Hurenweib, das Hosea geehelicht hat, war das Weib Jerobeams.

Hosea hat die Lehre von dem Propheten Sacharia überliefert bekommen.

Hosea soll in Babel verstorben sein, und vor seinem Tode sprach er die Bitte aus, im Lande Israel begraben zu werden.

6

Der Tod des Sacharia und des Amos

Der Geist Gottes geriet über Sacharia, den Sohn Jojadas, und der trat oben über das Volk und fing an, große Dinge zu reden. Er sprach: Warum übertretet ihr die Gebote des Herrn? Ihr werdet kein Glück haben, denn ihr habt Gott verlassen, also verläßt er euch. – Da machten sie einen Bund wider ihn und steinigten ihn.

Ein Lehrer fragte den anderen, wo denn Sacharia getötet worden wäre, ob in der Frauenhalle oder in der Halle des Volkes. Ihm wurde geantwortet: Es geschah weder in der einen noch in der anderen Halle, sondern in der Priesterhalle. Mit seinem Blut wurde aber nicht einmal so verfahren, wie man mit dem Blut eines Hirsches oder eines Widders verfährt, von welchem se heißt, daß man es mit Erde zudecken müsse.

Sieben Sünden beging Israel an diesem einen Tage. Sie töteten einen Priester, Propheten und Richter und vergossen unschuldiges Blut. Sie verunehrten den Namen Gottes. Sie besudelten die Tempelhalle. Sie entweihten den heiligen Tag, denn es war Sabbat und Versöhnungstag zugleich.

Warum wurde der eine Prophet mit dem Namen Amos benannt? Weil er von schwerer Zunge war. Die Menschen seines Zeitalters sprachen: Gott hat keines seiner Geschöpfe beachtet als nur diesen Stammler, auf dem er seinen Geist hat ruhen lassen, diesen mit der verstümmelten Zunge.

Der König Usia von Juda tötete den Propheten Amos mit einer Eisenstange, die er ihm auf die Stirne schlug.

Hiskia

1
Jesajas Berufung

DER PROPHET JESAJA SPRACH: Ich hörte die Stimme meines Herrn, der rief: Wen soll ich senden? Wer wird den Weg machen? Und da sagte ich: Hier bin ich, Herr, sende mich.

Unsre Lehrer erzählen: Der Herr war in Trübsal, klagte und seufzte: Wen sende ich nur? Wer wird den Auftrag auf sich nehmen? Ich hatte vormals den Propheten Micha entsandt, und den haben sie getötet; Zedekia, der Sohn Knaenas, trat herzu und schlug Micha auf den Backen. Ich ließ Sacharia ausziehen, und den haben sie getötet; ich sandte Jeremia, und den warfen sie in die Grube. Wer soll nun die Botschaft übernehmen? Da meldete sich Jesaja und sprach: Hier stehe ich vor dir, laß mich den Gang antreten.

Als danach Jesaja die diensttuenden Engel ihre Loblieder singen hörte, konnte er in den Gesang nicht einstimmen, und er bereute seine Willfährigkeit. Er rief aus: Weh mir, ich vergehe! Ich habe Dinge geschaut, die zu schauen dem Sterblichen das Leben kostet, und bin am Leben geblieben; wiederum konnte ich mit den Engeln nicht singen, denn hätte ich das getan, ich wäre wie sie geworden, die nicht sterben und ewig leben. O, wie wurde mir, daß ich verstummen mußte.

Und wie der Prophet so dastand und diese Worte sprach, da kam noch ein Wort mehr aus seinem Munde, und er sagte: Ich bin ein Mann von unreinen Lippen und wohne unter einem Volk von unreinen Lippen. Darauf sprach der Herr zu ihm: Du sagst von dir, du seiest ein Mann von unreinen Lippen? Es mag dir hingehen, was du von dir selbst behauptest; wie darfst du aber meine Kinder schmähen und sie ein Volk von unreinen Lippen nennen? Alsbald nahm Jesaja das Joch auf sich.

Einer von den Seraphim flog zu ihm und hatte eine glühende Kohle in der Hand, die er mit der Zange vom Altar genommen hatte. Der Herr hatte nämlich zu dem Seraph gesagt, er solle die Kohle Jesaja in den Mund stecken. Also faßte der Seraph mit einer Zange eine Kohle vom himmlischen Altare, aber weil sie ihn brannte, warf er sie auf die Erde; dann nahm er noch eine andere Zange hinzu, und so, die Kohle auf beiden Zangen tragend, rührte er damit den Mund Jesajas an. Er sprach: Nun deine Lippen mit dieser Kohle berührt sind, ist die Sünde von dir gewichen und deine Missetat gesühnt.

Sieh da, der doch selbst ein Gebilde von Feuer ist, wurde dennoch, wie er die Kohle mit der einen Zange griff, versengt; er mußte darum noch eine zweite brauchen. Jesaja aber wurde nicht versehrt von der Glut, obwohl die Kohle auf seinem Munde lag; und, hierdurch geweiht, fing er an, Israels Fürsprecher und Anwalt zu sein.

Eines Tages ging Jesaja in seinem Lehrhaus einher, da hörte er die Stimme Gottes, die rief: Wen soll ich senden, wer will unser Bote sein? Ich habe den Amos gesandt, da nannten sie ihn spöttisch den Zungenlahmen; ich habe Micha zum Propheten bestellt,, da schlugen sie ihm auf die Wange. Wen soll ich nunmehr zu ihnen entsenden? Jesaja gab zur Antwort: Hier bin ich; laß mich gehen. Der Herr sprach zu ihm: Mein Sohn Jesaja! Dies Volk, das sind Trotzköpfe und Peiniger; willst du dich von ihnen schmähen und schlagen lassen? Jesaja sprach: Ich nehm dies Amt auf mich; ich will meinen Rücken den Züchtigern darbieten und meine Wange den Schlägern.

Da sprach der Herr zu Jesaja: Dein Herr hat dich gesalbt mit Öl der Freude mehr denn deine Genossen.+ Bei deinem Leben! Alle Propheten vor dir – sie weissagten, was sie von anderen vernommen hatten; so wurde Elisa vom Geist Elias erfüllt; so wurden die siebzig Ältesten vom Geiste Moses erleuchtet. Du aber, Jesaja, verkündest, was du aus dem Munde der Allmacht selbst vernommen hast.

2
Sanheribs Kriegszug und Tod

DER BÖSE SANHERIB zog wider Israel mit fünfundvierzigtausend Königssöhnen, die auf goldenen Wagen fuhren und Kebsweiber und Buhldirnen mit sich führten; achtzigtausend Helden in Panzern begleiteten ihn, sechzigtausend schwertführende Männer zogen ihm voran, und alle übrigen in seinem Heer waren Reiter.

Sein Lager zusammengefaßt war vierhundert Meilen lang, die Rücken seiner Pferde nahmen einen Raum ein von vierzig Meilen; sein gesamtes Heer, das waren zweihundertsechzig Myriaden Streiter.

Als Sanheribs Heer den Strom überschritt, da kam die Vorhut schwimmend herüber, der Mittelteil des Heers konnte schon stehend hindurchwaten, und die Nachhut ging durch das Flußbett wie auf trocknem Grund; ja, sie fanden nicht mehr Wasser zum Trinken vor und mußten es erst aus einer fernen Quelle holen.

Was war die wahre Absicht des Bösewichts Sanherib? Er sprach zu seinen Streitern: Zieht aus, ihr alle, und ein jeder bringe mir eine

Handvoll Staub von der Stadt Jerusalem. So wird sie abgetragen werden, und ihr Name wird ausgemerzt werden von der Welt. Der Hochmut Sanheribs war über alle Maßen groß.

Er saß auf seinem Thron, und darunter lagen die Steine der Urzeit; und wenn er sich nun bewegte, da barsten die Steine, und Wasser quoll aus ihnen.

Sanherib stand noch weit von Jerusalem, da sprachen chaldäische Weise zu ihm: Wenn du sie jetzt überfällst, wirst du über sie siegen; zögerst du, so verwirkst du den Sieg. Darauf legte Sanherib zehn Tagereisen an einem Tag zurück und kam bis vor Jerusalem. Dort bereiteten ihm seine Söldner einen erhöhten Sitz, und als er ihn bestiegen hatte, da hatte er Jerusalem unter sich und konnte es ganz überschauen. Die Stadt dünkte ihm sehr klein, und er rief aus: Ist dies hier Jerusalem, um welches ich meine ganze Kraft aufgeboten habe? Es ist ja die geringste und unscheinbarste von allen Städten, die mein mächtiger Arm erobert hat. Und er schüttelte den Kopf und wies höhnisch mit der Hand auf den Berg Zion und den Hof des Tempels. Nunmehr sprachen die Krieger: Laß uns den Sturm beginnen! Sanherib sprach darauf: Heute seid ihr zu matt; zieht morgen aus, und ein jeder bringt mir ein Stück von der Mauer.

Aber in derselben Nacht fuhr aus der Engel des Herrn und schlug das Lager der Assyrer, und am Morgen waren es alle eitel tote Leichname.

Das Sprichwort sagt: Schreite frisch zum Angriff; schickst du den Angriff erst schlafen, so ist es mit dem Angriff aus!

Der Herr sprach zu Gabriel, dem Engel, welcher die Assyrer vertilgen sollte: Hältst du die Sichel bereit? Gabriel erwiderte: O Herr der Welt! Seit den sechs Schöpfungstagen halte ich sie in der Hand, die Assyrer niederzumähen.

Es war zur Zeit, da die Früchte reifen, und Gabriel ist auch der Engel, der darüber bestellt ist, daß die Frucht gedeiht. Gott sprach zu dem Erzengel: Nun du jetzt ausziehst, die Ernte schnittreif zu machen, hefte dich an die Feinde und verderbe sie.

Wie brachte Gabriel den Assyrern den Tod? Er blies in ihre Nasenlöcher, und sie erstickten. Etliche aber sagen: Er schlug seine Hände zusammen über ihnen, und sie kamen um. Noch andere meinen, er habe ihnen die Ohren weit aufgemacht, daß sie den Gesang der himmlischen Tiere vernahmen, und davon seien sie gestorben.

Wer von den Scharen der Assyrer blieb übrig? Nur fünf Mann: Sanherib und seine beiden Söhne, ferner Nebukadnezar und Nebusaradan.

Stünde dies nicht so geschrieben, man würde es nicht glauben können, aber es heißt deutlich: Zu derselben Zeit wird der Herr das

Haupt und die Haare an den Füßen abschneiden und den Bart abnehmen durch ein gemietetes Schermesser.

Der Heilige, gelobt sei er, erschien dem besiegtem Sanherib in Gestalt eines alten Mannes und sprach zu ihm: Was wirst du den Königen aus Ost und West zur Antwort geben, wenn sie dich nach ihren Söhnen fragen, die du mit dir in den Streit geführt hast und nicht zurückführen kannst? Sanherib erwiderte: Das ist ja die Angst, die ich leide; sag an: was soll ich tun? Gott sprach: Du mußt dein Aussehen anders machen. Hol mir ein Schermesser, ich will dich scheren, du findest es in dem Hause dort. Hernach schor Gott dem Assyrerkönig den Kopf und den Bart kahl.

Sanherib fand ein Brett von der Arche Noahs; da sprach er: Dieses ist der Gott, der den Noah gerettet hat; bringt er mir jetzt Glück, so opfere ich ihm meine beiden Söhne. Aber die Söhne Sanheribs vernahmen davon und töteten ihn.

3
Hiskia und Sanherib

RABBI LEVI ERZÄHLT:

Drei Kriegszüge führte Sanherib; das eine Mal führte er die Stämme Ruben und Gad gefangen fort; hernach besiegte er das Zehnstämmereich; zum dritten fiel er über Juda her. Alsbald machte sich König Hiskia auf und rüstete seine Krieger mit Waffen, darüber aber ließ er sie weiße Gewänder tragen. Und Hiskia war bereit, dreierlei Dinge vorzunehmen: zu beten, ein Geschenk zu überreichen, einen Streit zu führen.

Der Mohrenkönig Targeka und Pharao, der Ägypterkönig, haben teil an dem Wunder der Vernichtung Sanheribs, denn sie waren gekommen, Hiskia beizustehen.

Sanherib gelang es, die beiden zu ergreifen, und er ließ sie in Fesseln legen gleich des ersten Abends. Um Mitternacht aber fuhr der Engel des Herrn hernieder und stieß die beiden Fürsten zu dem Heere Sanheribs. Des Morgens, als der Assyrerkönig erwachte, fand er die von ihm Gedemütigten in seiner Nähe, und so sprach er bei sich: Es scheint, als wenn die beiden gekommen wären, mir zu Hilfe und nicht zum Verderben. Und er löste ihre Fesseln. Da gingen sie davon und erzählten von der Macht und den Wundertaten des Herrn.

Sebna, der Schreiber Hiskias, hatte dreizehn Myriaden Mann um sich gesammelt. Hiskia aber hatte nur elf Myriaden Getreue. Als Sanherib kam und Jerusalem belagerte, da schrieb Sebna ein Blatt, das er mit einem Pfeil aus der Stadt herausschoß und das folgende Worte für die Assyrer enthielt: Sebna und seine Mannen wollen den Frieden, Hiskia und sein Heer wollen nicht den Frieden.

Da war Hiskia betrübt, und er sprach bei sich: Vielleicht ist der Herr eines Sinnes mit Sebna. Wenn seine Mannen, die doch in der Mehrzahl sind, sich ergeben wollen, so werden meine dasselbe tun müssen. Aber da kam der Prophet Jesaja, und der sprach zu Hiskia: Es ist nicht alles ein Bund zu nennen, was das Volk ein Bund nennt. Dieses hier ist ein Bund der Bösewichte, und ein solcher zählt nicht.

Sebna wollte die Schmach des Heiligtums, dafür sollte er seine eigene Schmach erleben. Als er aus der Stadt geschritten war, um in das Lager Sanheribs zu kommen, faßte Gabriel das Stadttor und hielt es fest zu vor den nachdrängenden Haufen. Die Assyrer fragten den Sebna, der allein gekommen war: Wo sind deine Mannen? Er antwortete: Sie folgen mir nicht mehr. Da sagten die Feinde: So hast du also unser gespottet! Und sie durchbohrten seine Fersen und banden sie an die Schwänze zweier Rosse, welche dann über Dornen und Disteln seinen Körper schleiften.

Israel und ihr König Hiskia saßen da und sprachen das Dankgebet, denn es war Passahnacht; sie fürchteten sich sehr dabei, weil sie dachten: Jetzt wird Jerusalem bald von Sanherib erobert. Als sie aber des Morgens aufstanden und das Höre Israel sagen wollten, da fanden sie ihre Feinde als leblose Leichname daliegen.

Als Sanherib gen Jerusalem zog, saßen Jesaja und Hiskia im Heiligtum Gottes. Da ging ein Feuer aus von dem Raum zwischen ihnen beiden und verbrannte den Bösewicht und seine Heere.

Nach dem Fall Sanheribs ging Hiskia hinaus und fand die Königssöhne in goldenen Wagen sitzen. Er brachte sie dazu, den Götzendienst abzuschwören nach den Worten der Schrift: Zu der Zeit werden fünf Städte in Ägypten die Sprache Kanaans sprechen und auf den Herrn Zebaoth schwören. Sie gingen nach der Stadt Alexandrien in Ägypten, bauten da einen Altar und brachten darauf Brandopfer dar dem wahren Gott, wie der Prophet gesprochen hat: Zu derselben Zeit wird des Herrn Altar mitten im Ägypterland sein.

Ein Jahr nach der Niederwerfung Sanheribs machte sich Hiskia auf und befreite die Gefangenen, die er gefesselt mitgeführt hatte. Sie nahmen es auf sich, dem Himmel zu dienen; sie bauten einen Altar und opferten darauf Brandopfer dem Gotte Israels. Sie beteten an und brachten ihr Flehen dar zu Jerusalem.

Der Herr gedachte Hiskia zum Messias zu machen, und Sanherib sollte Gog und Magog sein. Da sprach das Maß der Strenge vor dem Herrn: Gebieter der Welt! David, der all die Lieder und Psalmen von

dir gesungen hat, den hast du nicht zum Messias gemacht; Hiskia
aber, an dem du so viel Wunder vollbracht hast und der dir nie ein
Preislied gesungen hat, den willst du zum Messias erheben?

Da rief die Erde dazwischen: Herr der Welt! Ich will für diesen
Gerechten ein Loblied erschallen lassen, aber mache ihn nicht zum
Messias. Und die Erde tat ihren Mund auf und sang: Vom Ende der
Erde hören wir Lobgesänge dem Gerechten zu Ehren. Da erscholl ei-
ne Stimme und sprach: Das Geheimnis ist mein, das Geheimnis ist
mein; ich weiß, warum ich die Zeit noch nicht anbrechen lasse.

Hätte Hiskia ein Siegeslied nach dem Sturz Sanheribs angestimmt,
er wäre zum König Messias, Sanherib aber zu Gog und Magog ernannt worden. Er hat dies aber nicht getan.

Hiskia sprach so: Bin ich noch dazu nötig, damit die Wundertaten
und die Heldenmacht des Heiligen, gelobt sei er, verkündigt werden?
Sie sind ja schon bekannt von einem Ende der Welt bis zum anderen;
und ist denn nicht schon einmal die Sonne stehen geblieben am Himmel am hellichten Tag, also daß allen offenbar ward, wie herrlich und
mächtig der Herr ist?

Nach dem Tode Salomos zog herauf Sisak, der König von Ägypten, nach Jerusalem und holte von da den königlichen Thron, auf dem
Salomo gesessen hatte.

Danach kam Sanherib, und der erbeutete den Thron von dem
Ägypterkönig und bracht ihn dann mit sich nach dem Lande Israel,
als er in den Krieg gegen Jerusalem zog. Aber Sanherib fiel, und Israel erbeutete seine Habe und gewann den Stuhl wieder. Hiskia bestieg
den Thron, und die Herrlichkeit, die zur Zeit Salomos in Jerusalem
geherrscht hatte, kehrte aufs neue ein, denn Hiskia hatte Glück in allem, was er unternahm. Von Salomo heißt es, daß alle Könige ihm
Geschenke darbrachten; die aber zur Zeit Hiskias nach Jerusalem kamen, brachten zu allererst dem Herrn ein Opfer dar, danach aber verehrten sie Hiskia ihre Gaben.

4

Hiskias Krankheit und Lebensverlängerung

DER KÖNIG HISKIA und der Prophet Jesaja wollten keiner den anderen aufsuchen. Hiskia sprach: Möge Jesaja bei mir erscheinen, denn
so war es auch mit Elia und Ahab; Elia sprach bei Ahab vor. Jesaja
wiederum dachte: Hiskia hat zu mir zu kommen, wie ja auch der König Joram, Ahabs Sohn, zu dem Propheten Elisa ging.

Was tat der Herr? Er ließ den König Hiskia krank werden, und dann sprach er zu Jesaja: Geh du nun zu dem Herrscher und erfülle damit die Pflicht, den, der da krank ist, zu besuchen.

Zu der Zeit ward Hiskia todkrank. Da kam zu ihm der Prophet Jesaja, der Sohn des Amos, und sprach: So spricht der Herr: Beschicke dein Haus, denn du wirst sterben und nicht mehr leben. Wie sind diese Worte wohl zu verstehen? Nur so: Du wirst den Tod im Diesseits erleiden, im Jenseits aber auch nicht mehr leben. Da sprach Hiskia: Wofür trifft mich dies alles? Der Prophet erwiderte: Weil du das Gebot der Fruchtbarkeit nicht befolgt hast. Hiskia sagte darauf: Ich sah mit Hilfe des heiligen Geistes, daß die Kinder, die ich zeugen würde, nicht gut sein würden. Jesaja aber sprach: Unterfange dich nicht, zu ergründen, was Gott allein weiß; du hast zu tun, was dir auferlegt ist, und der Herr wird das Seinige tun. Da sprach Hiskia: So gib mir jetzt deine Tochter zum Weibe; vielleicht, daß um meiner und deiner Verdienste willen mir geratene Kinder beschieden sein werden. Jesaja gab zur Antwort: Der Urteilsspruch über dich ist bereits gefallen. Hiskia aber sprach: Du Sohn des Amos, schließe deine Weissagung und zieh fort; das ist mir schon von meines Vaters Hause her überliefert worden: wenn sogar ein scharfes Schwert an des Menschen Hals gelegt ist, so soll er doch nicht des Erbarmens sich für unwert halten!

Ein großes Wunder war geschehen. Seit dem Tage, da Himmel und Erde erschaffen wurden, hatte es sich nicht begeben, daß ein Mensch in eine tödliche Krankheit verfallen und dann wieder zum Leben zurückgekehrt wäre. Hiskia war krank und dem Sterben nahe. Da betete er vor dem Herrn und sprach: Gebieter der Welt! Gedenke dessen, daß ich vor dir treulich gewandelt bin und mit rechtschaffenem Herzen und stets getan habe, was dir wohlgefällt. Und Hiskia brach in lautes Weinen aus.

Da wurde sein Flehen erhört, und der Herr schenkte ihm noch fünfzehn Jahre Leben. Hiskia aber sprach: Herr der Welt! Laß mich ein Zeichen sehen, wenn ich nach drei Tagen in das Haus des Herrn hinaufgehen werde. Ihm wurde geantwortet. Dein Vater Ahas diente den Gestirnen; er betete die Sonne, den Mond, die Sterne und die Planeten an. Er floh vor der Sonne, und die sank zehn Stufen tief im Westen; ist es dein Wunsch, so wird sie noch zehn Stufen tiefer sinken. Da sprach Hiskia. Herr der Welt! Möge sie die zehn Stufen wieder emporsteigen und da stehen bleiben, damit der Schatten zehn Stufen hinter sich zurückgehe.

Das sahen die Könige der Erde und staunten darob, denn Ähnliches hatte sich noch niemals begeben; daher wird in der Schrift erzählt, daß die Botschafter der Fürsten von Babel zu ihm gesandt worden wären, nach dem Wunder zu fragen, das im Lande geschehen war. Wie Hiskia die Fürsten sah, war er voll Stolz und Hochmut

und zeigte ihnen alle Schätze der Könige Judas und auch die Herrlichkeiten des Allerheiligsten. Er öffnete vor ihnen den Schrein und
zeigte ihnen die Tafeln des Gesetzes, indem er sprach: Damit siegen
wir über unsre Feinde.

Da aber ergrimmte der Herr über Hiskia und sprach: Nicht genug,
daß du sie alle Herrlichkeiten des Tempels und alle Schätze der Könige Judas hast sehen lassen, so mußtest du ihnen auch noch die Tafeln zeigen, das Werk meiner Hände? Bei deinem Leben! Sie werden
heraufziehen und alles Gut des Königshauses und das meines Heiligtums hinwegnehmen. Statt der Tafeln aber werden sie von deinen
Kindern welche nehmen und zu Hämmlingen machen für den Palast
des Königs zu Babel! – Damit wurde auf Daniel, Hanania und Misael hingewiesen, welche Kämmerer waren und keine Kinder gezeugt
haben.

Berodach Baladan, der König zu Babel, war gewohnt, in der dritten Tagesstunde sein Mahl einzunehmen und in der neunten schlafen
zu gehen. Als zur Zeit Hiskias die Sonnenkugel wieder an ihren Platz
zurückkam, erwachte Berodach von seinem Schlaf, und siehe, es war
Morgen. Da wurde er voll Zorn gegen seine Knechte und wollte sie
töten. Er sprach: Ihr ließet mich schlafen den ganzen Tag und auch
die ganze Nacht. Sie antworteten: Der alte Tag hat nicht aufgehört, er
währt noch immer. Da sagte der König: Welcher Gott hat den Tag auf
einen Tag folgen lassen? Die Knechte erwiderten: Das war der Gott
Hiskias. Berodach sprach: Gibt es denn einen Gott, der mächtiger
wäre als es der meine ist? Sie gaben ihm zur Antwort: Der Gott Hiskias ist der mächtigste von allen.

Hierauf machte sich Berodach Baladan, der Sohn Baladans, der
König von Babel, auf, schickte Bücher und Gaben an Hiskia und
schrieb an ihn einen Brief, der folgendermaßen anhob: Friede Hiskia
dem Könige, der Stadt Jerusalem und dem großen Gott! Wie aber die
Boten mit den Geschenken fort waren, bedachte er sich und sprach
in seinem Herzen: Ich habe unrecht gehandelt, daß ich Hiskia und
seine Stadt in meiner Anrede dem großen Gott vorangestellt habe.
Und er erhob sich von seinem Thron und machte drei Schritte, um
die Boten zurückzuholen. Danach schrieb er einen zweiten Brief,
dessen Überschrift lautete: Friede dem großen Gott, dem König Hiskia und der Stadt Jerusalem!

Da sprach der Herr zu ihm: Du bist von deinem Thron aufgestanden und hast drei Schritte getan mir zu Ehren; ich will dafür von deinen Nachkommen drei Fürsten erheben, die sollen über die ganze
Welt herrschen, von einem ihrer Enden bis ans andre! Diese sind: Nebukadnezar, Evil Merodach und Belsazer. Als diese aber den Herrn

schmähten, da rottete er ihren Samen aus und setzte andre an ihre Stelle.

Als Berodach Baladan, nachdem Hiskia von seiner Krankheit genesen war, diesem Geschenke sandte, kam der Prophet Jesaja zum König von Juda und fragte: Wo kommen die Leute her? Was haben sie dir gesagt? Da hätte Hiskia antworten sollen: Du bist ein Prophet des Herrn und mußt mich erst fragen?

Statt dessen berühmte er sich vor ihm und sagte: Aus einem fernen Lande kommen sie her, aus Babel. Da sprach Jesaja: Merke auf, was du geredet hast! Es wird eine Zeit kommen, daß alles aus deinem Hause gen Babel weggeführt werden wird; dazu werden sie von deinen Kindern, die dir kommen werden, welche zu Eunuchen machen im Palast des Königs zu Babel.

Der Tag, an dem der König Ahas verschied, währte nur zwei Stunden. Als späterhin Hiskia krank ward und wieder genas, ersetzte Gott ihm die zehn Stunden, um die die jener Tag zu kurz gewesen war.

Rabbi Jose sagt: Der dritte Tag von Hiskias Krankheit war der Tag von Sanheribs Niederlage.

5
Hiskias Lob

SECHS TATEN HAT DER KÖNIG HISKIA vollbracht; für drei wußte ihm das Volk Dank, für drei aber mochte ihm niemand danken. Er hat das Buch der Heilkunde versteckt, daß es auf uns nicht mehr gekommen ist, und dafür war man ihm dankbar; er zerstieß die eherne Schlange, und dafür zollte man ihm Dank; er schleifte den Leichnam seines Vaters, des gottlosen Ahas, auf der Erde, nachdem er ihn in ein Netz von Stricken getan hatte, und auch für diese Tat hat er Dank verdient.

Die drei anderen Taten sind: Er zerhieb die Türen des Tempels, er verstopfte die Quelle des oberen Gihon, er machte den Monat Nissan zu einem Schaltmonat – für dieses alles ist ihm nicht zu danken. Der Gerechte ißt, seine Seele zu sättigen; der Gottlosen Bauch aber hat nimmer genug.

Mit dem Gerechten ist Hiskia, der König von Juda, gemeint, der zwei Bündel Grünes täglich aß und eine Schüssel Fleisch; der Gottlose aber ist Pekah, der Sohn Remaljas, der König von Israel, welcher zu einer Mahlzeit dreihundert Tauben aß.

Die Israeliten aber verhöhnten den Hiskia, weil er so wenig genoß, und sprachen: Dieser ist König, und Pekah ist König; auch sein Reich geziemte dem Pekah.

Dem König Hiskia wurden Ehren erwiesen nach seinem Tode. Bei dem Begräbnis zogen sechsunddreißigtausend Waffenträger mit. Aber wurde nicht Ahab in derselben Weise geehrt? Hiskia legte man außerdem das Buch der Thora auf den Schrein, und man sprach: Der hier liegt, hat erfüllt alles, was in diesem Buch geschrieben ist.

Manasse und Josia

1
Manasses Sünde und Gebet

DER HERR RIEF JEREMIA und sprach zu ihm: Selbst die Schakale reichen ihren Jungen die Brüste und säugen sie. Die Schakalenmutter sieht ihr Junges von ferne kommen und reicht ihm die Brust; denn sähe das Junge nicht die Brust, die doch sonst bedeckt ist, es saugte nicht an ihr.

Nicht so meine Kinder. Sie sahen mich in mein Haus kommen, und da stand Manasse auf und setzte ein Götzenbild dahinein, um mich zu vertreiben. Vorerst machte er ihm nur ein Antlitz und setzte es in die Ecke westlich vom Eingang. Da zog die Majestät Gottes in einen Winkel, von dem aus man das Bildnis nicht sehen konnte. Als Manasse das merkte, machte er seinem Abgott vier Antlitze, damit die Gottheit das sehe und entschwinde. Daher der Spruch: Das Bett ist zu kurz, um sich darin zu strecken, und die Decke ist zu schmal, um sich darein zu hüllen.

Auch viel unschuldiges Blut hat Manasse vergossen, so daß Jerusalem voll wurde von Rand zu Rand.

Im Lande Israel pflegte man zu erzählen: Manasse machte ein Götzenbild, das tausend Menschen tragen mußten, und an jedem Tag schlachtete er diese tausend Menschen hin.

Durch die eine Tat, die Manasse begangen, indem er das Haus Gottes betreten hat, hat er über ganz Israel Sünde gebracht. Er machte ein Götzenbild mit vier Gesichtern und brachte es in den Tempel. Die vier Gesichter sollten den vier Tieren entsprechen, die den Thron Gottes tragen.

Dafür überantwortete ihn der Herr seinen Feinden, und die setzten ihn in einen kupfernen Kessel. Sie zündeten darunter ein Feuer an, und er kam schier um vor Hitze und Glut. Da betete er zu allen Göttern, denen er früher Opfer dargebracht hatte, aber keiner ließ ihm Hilfe zukommen. Wie er seine Not nun steigen sah und keine Antwort auf sein Flehen vernahm schrie er zu dem Herrn, dem wahren Gott, und sprach: Herr der Welt! Ich habe alle Götter, die es in der Welt gibt, angerufen, und sehe, daß an ihnen nichts Echtes ist. Herr, du bist der Gott aller Götter; und hilfst du mir nicht, so muß ich glauben, daß auch du nicht anders bist als die anderen Götter.

Da antwortete ihm der Herr: Du Bösewicht! Ich täte recht, wenn ich dich nicht erhörte, denn du hast mich erzürnt; aber ich will die Tür nicht verriegeln vor denen, die zu mir zurückkehren wollen, damit man nicht sage: Manasse wollte Buße tun, und seine Buße wurde nicht angenommen.

Die diensttuenden Engel hielten die Fenster des Himmels zu, damit das Gebet Manasses nicht bis zur Höhe steige. Allein der Herr durchbohrte den Himmel unter seinem Thron und empfing das Flehen Manasses. Danach setzte er ihn wieder ein zum König über Jerusalem.

Rabbi Josua sprach: Erkenne die Macht der Buße, ersieh sie aus dem Beispiel Manasses, des Sohnes Hiskias. Dieser hatte doch alle Greuel getan, die es auf der Welt nur gibt, er übte Böses, das den Herrn erzürnte, diente und opferte fremden Göttern und ließ seinen Sohn durchs Feuer gehen. Er kam nach Jerusalem und sonderte von den gottgeweihten Tauben welche ab und opferte sie dem Heer des Himmels. Da fielen die Streiter Assurs über ihn her, faßten ihn an Handgelenk und brachten ihn gen Babel. Hier legten sie ihn auf einen glühenden Rost, und er schrie um Hilfe zu allen Göttern, die er kannte, aber keiner wollte ihn retten. Da sprach er bei sich: Ich will den Gott meiner Väter anrufen und ihn von ganzem Herzen um Gnade bitten; vielleicht, daß er auch mir ein Wunder widerfahren läßt, wie er so viele meinem Vater hat widerfahren lassen. Und er schrie zu dem Herrn, und sein Gebet ward erhört. In dieser Stunde rief er aus: Es gibt ein Gericht, und es gibt einen Richter!

2
Die Ermordung Jesajas

RABBI SIMEON BEN ASAI ERZÄHLT: Ich habe eine Chronik in Jerusalem gefunden, und da stand geschrieben, daß Manasse den Jesaja umgebracht hat.

Manasse rechtete mit Jesaja, um ihn dann zu töten. Er sprach zu dem Propheten: Dein Lehrer Mose hat von Gott gesprochen, daß ihn keiner schauen dürfe und am Leben bleiben; du aber hast gesagt: Und ich sah den Herrn sitzen auf einem hohen und erhabenen Stuhl.

Da sprach Jesaja bei sich: ich kenne den Manasse; was ich ihm auch sagen werde, er wird meine Worte nicht annehmen, und wenn ich ihm etwas erwidere, so wird er mich ermorden. Also sprach er den unverstellten Namen Gottes aus und wurde sogleich von einem Zederbaum verschlungen.

Aber man kam an die Zeder heran und wollte sie fällen, und wie man mit der Säge den ersten Schnitt tat, hauchte Jesaja seine Seele zum Munde aus. Warum aber verließ ihn das Leben durch den Mund? Das war die Strafe dafür, daß er vordem gepredigt hatte: Ich wohne unter einem Volk von unreinen Lippen.

Als der König Manasse den Propheten Jesaja verfolgte, da floh dieser in eine Zeder, und der Baum schluckte ihn ein. Aber die heiligen Schnürlein seines Gewandes blieben draußen hängen. Das wurde Manasse angesagt, und er befahl, die Zeder abzuhauen. Wie man den Baum zersägte, strömte Blut heraus.

Als der König Manasse den Götzen in den Tempel brachte, da begann Jesaja das Volk zu züchtigen und sprach: Was rühmt ihr euch des Hauses, das ihr erbaut habt? Es wird Nebukadnezar heraufziehen und wird den Tempel zerstören und euch in die Fremde vertreiben.

Dieses erregte den Zorn des Königs, und er rief, man solle den Propheten ergreifen. Der aber entfloh. Ein Johannisbrotbaum wurde innen hohl und beherbergte ihn. Da kamen Zimmerleute, sägten an dem Baum, und das Blut rann heraus.

Das ist das unschuldige Blut, das Manasse vergossen hat, und von dem Jerusalem voll wurde von einem Ende bis zum anderen.

3

Vom Moloch

JOSIA VERUNREINIGTE das Tophet im Tal des Kinder Hinnom, daß keiner hinfort seinen Sohn oder seine Tochter dem Moloch durchs Feuer ließe gehen.

Unsre Lehrer erzählen: Wiewohl in Jerusalem alle Götzenhäuser waren, lag der Tempel Molochs außerhalb der Stadt an einem besonderen Ort. Es waren da sieben Gitterschranken, und hinter der letzten stand das Bild der Götzen. Sein Gesicht war wie das eines Kalbes, und seine Hände waren ausgestreckt und offen wie bei einem Menschen, der eine Gabe entgegennehmen will. Das Feuer wurde von innen angezündet, denn er war innen hohl.

Die Zulassung der Menschen zu dem Götzen geschah nach der Art und dem Wert des Opfers, das sie darbrachten. Wer einen Vogel opferte, vor dem wurde nur die erste Schranke geöffnet, und er brachte da sein Opfer dar. Wer ein Schaf opfern wollte, durfte auch durch die zweite Schranke gehen. Wer eine Ziege brachte, der ging auch durch die dritte Schranke. Einer, der ein Kalb darbrachte, trat durch vier Schranken. Wer einen jungen Farren dem Götzen schenkte, vor dem öffnete sich auch die fünfte Schranke. Ein Stier ließ die sechste Schranke aufgehen. Wer aber sein Kind dem Moloch opferte, vor dem taten sich alle sieben Gitterschranken auf, und er durfte den Abgott küssen.

Nun wurde das Götzenbild von innen geheizt, und die Priester warteten, bis die Hände des Abgottes vor Glut rot schimmerten. Dann wurde das Kind dem Moloch in die Hände gelegt, und man schlug mächtig die Pauken, um das Schreien des Opfers zu übertönen und die Schmerzen des Vaters zu betäuben. Die Umstehenden aber riefen dem Abgott zu: Hier hast du's! Nimm's entgegen! Daß es dir süß munde! Daß dir Heil daraus erwachse!

4
Der gerechte König Josia

RABBI NATHANAEL ERZÄHLT: Dreihundert Jahre, bevor noch Josia geboren wurde, ward er schon mit seinem Namen benannt. Der Mann Gottes sprach zu Jerobeam in Beth-El: Es wird ein Sohn dem Hause David geboren werden mit Namen Josia.

Acht Jahre alt, wurde er schon zum König in Juda. Kann denn ein Knabe von acht Jahren Verstand und Einsicht haben? Aber sieh, er verwarf die Abgötter, zerbrach die Malsteine, zerriß die Aschenbilder, zertrümmerte die gehauenen Götzen, und sein Verdienst glänzte vor dem Herrn und vor dem Stuhl seiner Heiligkeit.

Aber die Verderbtheit der Bösewichter war schuld daran, daß der Gerechte hinweggenommen wurde. Es versammelte sich alles Volk in Juda und Jerusalem, ihm Ehren zu erweisen, und auch Jeremia trug Leid um ihn.

Josia wurde sein Name gegeben, noch ehedenn er geboren war. Und warum ward er Josia genannt? Weil er wie eine Opfergabe war, die dem Herrn genehm ist.

Josia der Gerechte hob alle Urteilssprüche auf, die er in der Zeit von seinem achten bis zu seinem achtzehnten Lebensjahr gefällt hatte, denn dazumal wurde das Buch der Thora gefunden mit allen Gesetzen der Rechtsprechung. Er erstattete jedem das Gut, das er ihm zu Unrecht weggenommen hatte. Wirst du aber sagen, daß er dem einen wegnahm und dem anderen gab? Nein, er ersetzte alles von seinem eigenen Geld.

Als zur Zeit Josias das Buch des Gesetzes im Tempel gefunden ward, da sandte der König seine Priester und Schreiber aus, daß sie Gott um das Buch befragten. Und die Abgesandten gingen zu der Prophetin Hulda.

Wo es einen Jeremia gab, wandte man sich um Rat an Hulda? Hulda war eine Anverwandte Jeremias, und es war in ihm kein Zorn wider sie.

Aber Josia selbst, wie ließ er Jeremia fahren und hielt Rat mit einem Weibe? Ja, weil nämlich die Frauen barmherzige Wesen sind. Überdies, so sagt ein Lehrer, war Jeremia zu der Zeit nicht zugegen, denn er war gegangen, die zehn Stämme zurückzuholen.

Weswegen ist Josia gestraft worden? Weil er mit Jeremia hätte Rat pflegen sollen und dieses nicht getan hat.

Als Josia im Sterben lag, da sah Jeremia, daß sich seine Lippen bewegten, und der Prophet sprach bei sich: Wehe, vielleicht entfährt seinen Lippen ein unziemliches Wort in seinem Schmerz. Und er neigte sich zu dem Sterbenden und horchte auf das, was er flüsterte. Da hörte er, wie Josia seinen Tod willig auf sich nahm und dem ewigen Richter recht gab mit den Worten: Gerecht ist der Herr, denn ich habe wider seinen Mund gefrevelt.

Die drei letzten Könige Judas

1
Nebukadnezar

Rabbi Levi erzählte:

Achtzehn Jahre lang ertönte im Hause Nebukadnezars eine himmlische Stimme, die rief: Du treuloser Knecht, zieh hinauf und verwüste das Haus deines Herrn, denn deines Herrn Kinder hören auf ihn nicht. Er fürchtete sich aber, der Stimme zu folgen, denn er wußte, was zur Zeit Hiskias dem Sanherib widerfahren war, und glaubte nicht, daß der Gott Israels Jerusalem würde zerstören lassen.

Also wollte er durch Zauberwerk erkunden, ob er den Zug unternehmen sollte oder nicht. Er schrieb die Namen vieler Städte auf und zielte darauf mit dem Pfeil. Er schoß einen Pfeil gegen den Namen Antiochias, und der Pfeil zerbrach. Ebenso geschah es bei den Namen von Tyrus und Laodizea. Als er aber mit dem Pfeil gegen Jerusalem zielte, da blieb der Pfeil ganz und ging nicht entzwei. Nun wußte er, daß die Stadt durch ihn zerstört werden sollte.

Der König von Babel stand an der Wegkreuzung, von der eine Straße nach der Wüste führte, die andere aber nach Jerusalem. Er stellte Zauberwerk an, um zu wissen, welche Richtung er einschlagen sollte. Zuerst versuchte er, Pfeile abzuschießen, und sprach dabei die Namen verschiedener Ortschaften: er nannte die Stadt Rom, und der Pfeil flog nicht ab; er sagte das Wort Alexandria, und der Pfeil ließ sich nicht abschießen; er erwähnte die Stadt Jerusalem, und der Pfeil flog davon.

Danach streute er Samen im Namen der drei Städte. Die Saat für Rom und Alexandria ging nicht auf, die aber für Jerusalem schoß empor. Und nun versuchte er, Lichter und Laternen anzuzünden. Als er einen Zug nach Rom und nach Alexandria erwähnte, wollte das Licht nicht brennen; bei der Nennung Jerusalems brannte die Flamme hell.

Rabbi Abbahu sprach:

Fünfundvierzig Jahre währte die Herrschaft Nebukadnezars. Wisse, daß dem so ist. Im Jahre, da er König wurde, zog er herauf gen Jerusalem und bezwang Jojakim, den König von Juda. Acht Jahre regierte er über das Reich Jojakims und elf Jahre über das Reich Zedekias, das sind zusammen neunzehn Jahre vor der Zerstörung des Tempels.

Nebukadnezar war von den Kindeskindern der Königin von Saba, und als er das Gold Jerusalems sich zur Beute nahm, ward ihm damit nur das Seinige wieder, denn viel von diesem Reichtum hatte die Königin von Saba dem Salomo verehrt.

Der Herr hätte nicht so gefügt und hätte Nebukadnezar nicht auf die Welt kommen lassen; sondern allein des Verdienstes Evil-Merodachs, des Nachkommen Nebukadnezars, geschah dies, welcher unserem Vater im Himmel Ehre erwiesen hat.

Solange Nebukadnezar am Leben war, spielte kein Lachen um die Lippen der Menschen.

2
Die Könige Jojakim und Jojachin

Als Nebukadnezar heraufkam, Jerusalem zu zerstören, blieb er zunächst seitlich von Antiochia sitzen. Da ging der Hohe Rat ihm aus Jerusalem entgegen und fragte: Ist die Zeit erfüllt, daß der Tempel zerstört werde? Nebukadnezar erwiderte: Nein, nicht deswegen komme ich: ich komme, weil Jojakim sich wider mich aufgelehnt hat. Gebt ihn mir, und ich ziehe ab.

Die Leute erschienen nun vor Jojakim und sprachen: Nebukadnezar will dich haben. Da sagte der König: Wollt ihr so schnöde sein und eine Seele der anderen zuliebe preisgeben? Wollt ihr mich hingeben und euch am Leben erhalten, wo es doch geschrieben steht: Du sollst den Knecht nicht seinem Knecht überantworten. Die Abgesandten erwiderten ihm: Hat nicht dein Ältervater dasselbe getan an Seba dem Sohn Bichris? Und sie ergriffen ihn und legten ihn in Ketten und Ringe.

Nebukadnezar aber führte Jojakim durch alle Städte von Juda; er richtete ihn sodann im Hippodrom und tötete ihn. Hernach zerriß er einen Esel und tat den Leichnam Jojakims in das Innere des Tieres. Daher heißt es von Jojakim: Und er sollte eines Esels Begräbnis haben.

Nachdem Nebukadnezar den Jojakim getötet hatte, machte er seinen Sohn Jechonia zum König an seiner Statt und fuhr hinab gen Babel. Da ging ihm das Volk mit Jubel entgegen. Sie fragten ihn: Was hast du vollbracht? Er antwortete: Jojakim hat sich wider mich aufgelehnt, und so habe ich ihn getötet und seinen Sohn auf den Thron gesetzt. Die Leute sprachen: Das Sprichwort meint: Auch den guten Sproß des bösen Hundes zieh immer groß! Um wieviel weniger darf am Leben bleiben der böse Sproß des bösen Hundes!

Da gehorchte Nebukadnezar, zog abermals hinauf und setzte sich wieder seitwärts von Antiochia. Der Hohe Rat kam aus Jerusalem zu ihm heraus und fragte: Ist die Zeit gekommen, daß der Tempel zerstört werde? Er antwortete: Das nicht, aber gebt mir den her, den ich euch zum König ernannt habe; dann will ich abziehen. Da gingen die Männer hin und sagten zu Jechonia: Nebukadnezar will dich haben. Alsogleich suchte Jechonia die Schlüssel des Tempels zusammen, stieg auf das Dach und rief zum Himmel: Gebieter der Welt! Ach, wir sind es nicht wert, fürderhin dein Sachwalter zu sein. So lange hast du uns gelassen Herren des Hauses sein; nun aber mögest du selbst deine Schlüssel verwahren.

Und siehe da, es kam wie ein feurige Hand vom Himmel herunter, und die nahm die Schlüssel in Empfang.

Auf dem Schädel Jojakims stand die seltsame Inschrift: Dieses und noch ein anderes.

Der Ältervater des Rabbi Perida fand einen Schädel, der hingeworfen lag in den Toren Jerusalems und der die folgende Aufschrift trug: dieses und noch ein anderes; begraben und nicht bestattet. Da sprach der Mann bei sich: Dies wird der Schädel des Königs Jojakim sein, denn von ihm ist prophezeit worden: er soll wie ein Esel begraben werden, zerschleift und hingeworfen. Aber er sagte weiter: Es ist das Haupt eines Königs, und es ziemt sich nicht, an ihm Spott zu treiben. Und er wickelte den Schädel in Seide und tat ihn in eine Lade.

Doch das Weib des Frommen fand den Kopf und wähnte, er gehöre der verstorbenen ersten Gemahlin ihres Mannes. Sie heizte den Ofen und übergab den Schädel den Flammen. Als Rabbi Perida das erfuhr, sagte er: Nun verstehe ich die Aufschrift: Dies und noch ein anderes...

Wir finden die Ansicht, daß das Aas Jojakims, des drittletzten Königs von Juda, welches der Hitze des Tages und dem Frost der Nacht preisgegeben war, wertvoller war als das Laden Jechonias, dessen Stuhl von dem König von Babylon, der ihn begnadigt hatte, höher gesetzt wurde als die Stühle der Könige, und der im Palast des Herrschers tagtäglich speisen durfte.

Der Herr wollte die Welt wieder wüst und leer machen wegen Jojakims; aber er schaute auf das Geschlecht hin, und sein Sinn wurde ruhig.

Auch Zedekia erzürnte den Herrn, daß er die Welt wieder zum Chaos wollte werden lassen. Aber er sah auf Zedekias Elend hin, und sein Groll verwandelte sich in Milde.

3
Zedekia

ALS JECHONIA VERBANNT WURDE, machte Nebukadnezar Zedekia zum Obersten über fünf Könige. Und Zedekia ging bei Nebukadnezar aus und ein, auch ohne Erlaubnis.

Eines Tages kam er zu dem König von Babel und traf ihn dabei an, wie er einen lebendigen Hasen zerriß und aß. Nebukadnezar sprach zu Zedekia: Wirst du mich auch nicht verraten? Zedekia antwortete: Das werde ich nicht tun. Nebukadnezar sagte: So schwöre es mir. Und Zedekia gab einen Schwur ab und mußte Nebukadnezar beim Altar versprechen, nichts von dem, was er gesehen hatte, zu offenbaren.

Die fünf Könige wiederum gingen bei Zedekia aus und ein und erkundigten sich nach seinem Befinden. Eines Tages, wie sie bei ihm so saßen und über Nebukadnezar redeten, sprachen sie: Nicht ihm kommt die Herrschaft zu, dir müßte sie gehören. Da erging sich Zedekia in einem Gerede über Nebukadnezar und sagte: Ich habe ihn einmal einen Hasen lebendig zerfleischen und essen sehen.

Sogleich erschienen die fünf Fürsten vor Nebukadnezar und sprachen zu ihm: Dieser Judäer, der ohne Anfragen bei dir aus- und eingeht, erzählt uns, du habest einen Hasen lebend gegessen. Da machte sich Nebukadnezar ungesäumt auf, zog gen Juda herauf und setzte sich vor Antiochia. Der Hohe Rat kam heraus und sprach bei ihm vor. Wie Nebukadnezar sah, daß das alles Männer von hohem Ansehen waren, ließ er ihnen Sessel herausbringen, und sie sollten darauf Platz nehmen. Danach hieß er sie das Buch des Gesetzes holen und daraus lesen. Und die Ältesten lasen die Schrift Kapitel um Kapitel und verdolmetschten sie dem König, bis sie zu dem Abschnitt im vierten Buche Moses kamen, der vom Gelübde handelt, und den Vers sprachen: Wer ein Gelübde tut, der soll sein Wort nicht aufheben. Hierbei fragte Nebukadnezar: Wenn aber einer sein Wort zurücknehmen will, darf er es da tun? Die Männer erwiderten: Er muß zu einem Weisen gehen, daß er ihm das Gelübde löse. Da sprach Nebukadnezar: Nun ist es mir klar, daß ihr Zedekia von dem Eid entbunden habt, den er mir gegeben hat. Und er gab ihnen Befehl, sich auf die Erde zu setzen. Daher klagt Jeremia: Sie sitzen da auf der Erde und sind still, die Ältesten der Tochter Zion.

Wie Zedekia merkte, daß das Verderben nahe war, versuchte er, durch die Höhle zu fliehen, die nach Jericho ging, allein Nebusaradan erblickte ihn, nahm ihn fest und führte ihn zu Nebukadnezar. Nebukadnezar sprach zu Zedekia: Was hast du geschaut, daß du dich wider mich erhoben hast? Nach welchem Recht soll ich dich richten? Nach dem Gesetz deines Gottes bist du des Todes schuldig, denn du hast falsch geschworen in seinem Namen; nach dem Gesetz des Landes wiederum bist du gleichfalls des Todes schuldig, denn du hast deinem König die Treue gebrochen.

Zedekia sprach: Töte mich als ersten, damit ich nicht sehe, wie das Blut meiner Kinder vergossen wird. Die Söhne Zedekias wiederum riefen und baten: Töte uns zuerst, damit wir das Blut unseres Vaters nicht auf die Erde fliessen sehen. Nebukadnezar tat das Letztere: er schlachtete die Söhne vor den Augen ihres Vaters; danach stach er Zedekia beide Augen aus und warf sie in den Ofen, ihn selbst aber ließ er nach Babel abführen.

Und Zedekia schrie und rief: Kommt ihr Menschen, ihr alle, und schaut auf mich hin! Wie hat doch Jeremia mir richtig geweissagt! Er sprach: Du wirst nach Babel gehen, und in Babel wirst du sterben, deine Augen aber werden Babel nicht sehen. Ich glaubte nicht seiner Prophezeiung, und nun bin ich in Babel, und meine Augen sehen es nicht!

Am sechsten Tage des Monats Cheschwan wurden Zedekias Augen geblendet; vorher aber wurden seine Söhne vor seinen Augen getötet.

Jerusalems Belagerung und Fall

1
Die Töchter Jerusalems

DARUM, DASS DIE TÖCHTER ZIONS stolz sind und gehen mit emporgerecktem Halse – so schilt Jesaja, der Prophet. Sie trugen nämlich ihren Kopf hoch, um mit ihren Schmuckstücken zu prangen; dazu untermalten sie ihre Augen mit blutroter Schminke. War eine hochgewachsen, so ließ sie sich von zwei Mägden begleiten, die kleiner waren als sie, damit die Größe ihrer Gestalt noch mehr ans Licht trete. War eine klein, so trug sie Schuhe mit dicken Sohlen, um groß zu erscheinen.

Auch pflegten die Töchter Jerusalems ein hohles Ei mit Balsam gefüllt in ihren Schuhen zu tragen. Kam nun eine Schar Jünglinge herbei, so stampfte das Mädchen mit dem Fuße auf, die Schale zerbrach, und der Duft des ausströmenden Balsams hatte auf die Jünglinge die Wirkung von Schlangengift.

Jesaja predigte ihnen Buße, damit die Feinde nicht über das Land kämen. Aber die leichtfertigen Frauen entgegneten: Dringen die Feinde zu uns, was können sie uns Übles tun? Ein fremder Fürst, sobald er eine von uns erblickt, nimmt er sie fort und macht sie zu seiner Frau. Ein Feldherr, der unsre Schönheit sieht, gewinnt uns lieb. Ein hoher Rat wird von unserer Anmut gefangen und setzt das Mädchen in seinen Wagen.

Als durch die Sünden der Frauen Jerusalems der Feind wirklich kam, putzten sie sich wie Huren auf und zogen aus der Stadt ins Lager hinaus; und die fremden Söldner, Führer und Fürsten buhlten mit ihnen und ließen sie in ihren Wagen fahren.

Sogleich machte der Herr die Scheitel der Töchter Zions kahl. Er ließ ihre Haut aussätzig werden, und ihre Haare wurden von Läusen übersät.

Nebukadnezar, der Gottlose, gab seinen Streitern Befehle und sprach zu ihnen: hütet euch also, daß ihr euch an ihren Eheweibern nicht vergreift.

Wie die Witwen in Israel davon erfuhren, suchten sie sich zu verehelichen und sprachen zu den Männern in ihrer Nachbarschaft: Wir wollen unser eigenes Brot essen und unsre eigene Kleidung tragen; laß uns nur nach deinem Namen heißen, damit die Schmach von uns genommen werde.

2
Der letzte Kampf

ALS DIE KINDER ISRAEL zum erstenmal ihren Tempel betraten, da sprachen sie in ihrem Übermut: Kein Feind und kein Widersacher kann uns etwas anhaben!

Was tat der Herr? Er sandte Nebukadnezar, den Gottlosen, der Feind und Widersacher war und ihnen beikam mit der Kraft seines Geistes, damit kundgetan werde, daß nicht durch Kraft allein der Mann obsiegt.

Das spricht der Herr, der Gott Israels: Siehe, ich will die Waffen umwenden, die ihr in euren Händen habt.

Was war das für eine Waffe, die die Kinder Israel in Händen hielten? Der unverstellte Name Gottes war es, der sie schützte; sie zogen in einen Kampf, brauchten aber nicht zu streiten, denn der Feind sank von selbst dahin. Wie aber ihrer Sünden viele wurden, ward das heilige Haus zerstört, und die Juden unterlagen ihren Feinden. Engel nämlich kamen herzu und lösten von den Israeliten den heiligen Namen ab, der sie schützte; andre meinen, von selbst wäre der Name verschwunden, seine Träger schutzlos dem Schwert des Widersachers preisgebend.

Rabbi Josua ben Levi erzählt:

Als die Feinde nach Jerusalem kamen, um es umzureißen, da waren sechzig Myriaden Plagegeister in der Stadt, und die hielten Wache vor den Toren und gedachten, sich auf die Chaldäer zu stürzen und sie zu verderben. Wie sie aber gewahr wurden, daß die göttliche Majestät allem zusah und still blieb, da machten sie die Bahn frei. Es steht ja auch geschrieben: Der Herr hat seine Rechte zurückgezogen vor dem Feind.

Als der Bösewicht Nebukadnezar mit seinen Fürsten über Jerusalem herfiel, da hofften sie, es in kurzer Zeit einzunehmen. Allein der Herr stärkte die Kraft derer zu Jerusalem drei Jahre lang, denn er wähnte, sie würden Buße tun. Es gab Helden ohne Zahl in der heiligen Stadt, und die kämpften mit den Chaldäern und machten viele von ihnen nieder.

Im besonderen tat sich ein Held hervor mit Namen Abika. Er fing die Steine auf, die die Feinde gegen die Mauer schleuderten, und warf sie auf diese selbst zurück, so daß viele umkamen. Danach ließ er die Steine auch an seine Füße anprallen und stieß sie mit diesen zurück auf die Angreifer.

Allein das Maß der Sünden wurde voll, ein Sturm kam, und der warf Abika von der Mauer hinunter, daß er zerschmettert wurde und starb. Alsbald wurde die Mauer durchbrochen, und die Chaldäer drangen in die Stadt.

In dieser Stunde beschwor Hanamael, der Oheim Jeremias, die dienstuenden Engel bei dem hochheiligen Namen, und sie fuhren hernieder bewaffnet auf die Feinde. Wie die Chaldäer das gewahr wurden, zerstoben sie in Angst, allein der Herr veränderte die Namen der Engel und ließ sie wieder in den Himmel fahren. Hanamael versuchte, sie nochmals herunterzuholen, es war aber vergeblich, denn ihre Namen waren jetzt anders. Nunmehr beschwor Hanamael den Fürsten der Welt bei dem heiligen Namen, und der hob Jerusalem empor, daß es in der Luft schwebte. Allein der Herr stieß es in seinem Zorn vom Himmel, und es fiel auf die Erde. Da brachten die Feinde ein und zertrümmerten die Häuser; sie drangen in den Tempel und steckten ihn in Brand.

Wißt ihr, worin die Größe Abikas bestanden hat?

Als die Feinde kamen, Jerusalem zu belagern, da stieg Abika auf den höchsten Teil der Stadtmauer. Wenn sie nun mit ihren Wurfgeschossen Steine schleuderten, stieß er sie mit dem Fuß zurück, und die Geschosse fielen auf die, die sie entsandt hatten. Darauf zielten sie über die Mauer hinweg, und wie nun Abika den Stein zurückstoßen wollte, geriet er zwischen die zwei Mauern Jerusalems, die äußere und die innere, und fiel zur Erde hin. Die Bürger von Jerusalem erschraken, als sie ihren Helden fallen sahen, er aber sagte: Fürchtet euch nicht, ich habe mich nicht verletzt. Da schlachteten sie einen Ochsen, brieten ihn und gaben ihn ihm zu essen. Er nahm die Speise zu sich, stärkte sich und stieg wieder auf die Mauer, um weiter zu kämpfen.

3
Die Hungersnot

UND DAS BROT GING AUS in Jerusalem. Zu Anfang, da erhielt man für eine Schüssel voll Gold eine Schüssel Weizenkörner. Hernach gab es für die Schüssel Gold nur noch eine Schüssel Roggen, hernach nur noch eine Schüssel Gerste und zuletzt nur noch eine Schüssel Stroh. Sie kochten das Stroh und tranken die Brühe.

Einer von den Großen Jerusalems sprach zu seinem Knaben: Geh und bringe mir ein wenig Wasser. Der Sklave zog aus, und der Herr bestieg das Dach seines Hauses und hielt von da Ausschau nach ihm. Der Bote kam zurück und sagte: Es war kein Wasser zu finden. Da sprach sein Herr: Zerbrich deinen Krug. Der Sklave warf das Gefäß zur Erde, und es zerschellte. Und der vornehme Mann stürzte sich vom Dach seines Hauses und war tot, und die zerschmetterten Glieder mischten sich mit den Scherben des Topfes.

Die edlen Kinder Zions, dem Golde gleich geachtet, wie sind sie nun den irdenen Töpfen gleich, die ein Töpfer macht!

Es gab einen Mann namens Doeg ben Joseph, der starb und hinterließ einen kleinen Sohn. Den hegte und pflegte seine Mutter gar liebreich; sie maß und wog seinen Körper Tag um Tag und opferte jedes Jahr für den Tempel soviel Gold, als sein Gewicht betrug.

Als aber die Not in der belagerten Stadt immer größer wurde, schlachtete die Mutter das Kind mit eigener Hand und aß sein Fleisch.

Darum klagt der Prophet und ruft aus: Wehe, wenn die Weiber ihres Leibes Frucht essen, die Kindlein, so man auf Händen trägt!

4
Michael und Gabriel

ALLE IHRE FREUNDE sind ihr untreu geworden, klagt Jeremia. Damit sind die Erzengel Michael und Gabriel gemeint, die sonst für Zion um Gnade gebeten haben. Der Herr fragte sie einstmals: Was ist euch das Liebste? Sie antworteten: Israel ist uns über alles teuer. Der Herr fragte weiter: Und nach Israel, was ist euch da das Liebste? Sie erwiderten: Danach kommt der Tempel. Da sprach der Herr: Ich schwöre bei meinem erhabenen Namen, daß ihr es sein müßt, die den Tempel in Brand stecken.

Sogleich nahmen Michael und Gabriel zwei Brandfackeln und legten Feuer an den Tempel. Da erhob das Heiligtum eine Klage über sich selbst.

Als Nebukadnezar nach Jerusalem kam, fürchtete er sich, in die Stadt einzudringen. Da gab der Herr dem Erzengel Michael einen Wink, und der faßte den Nebukadnezar an der Hand; er führte ihn nach Jerusalem in den Tempel und zündete dann selbst das vernichtende Feuer an.

Rabbi Elieser der Große erzählte: In der Stunde, da Nebukadnezar den Engel Gabriel erblickte, erbebten alle seine Glieder, und er sprach bei sich: Wehe, das ist der Engel, den ich im Kriege Sanheribs gesehen habe! Damals erschien er als Fliege, aus Feuer gebildet, und als solche verbrannte er das ganze Heer des Sanherib.

Ich reckte meine Hand aus, keiner aber merkte auf. Damit ist auf den Erzengel Gabriel hingewiesen, welcher sechsundeinhalb Jahre seine Hand über Jerusalem ausgestreckt hielt; in der Hand aber hatte er eine glühende Kohle, die er in die Stadt werfen sollte. Er wartete immer, ob sie nicht Buße tun würden, sie aber besserten ihre Wege nicht.

5

Sacharjas Blut

DREIHUNDERT MAULTIERE, beladen mit Beilen, die Eisen zertrümmern konnten, sandte Nebukadnezar dem Nebusaradan; aber alle wurden sie zuschanden an einem Torflügel der heiligen Stadt. Schon wollte der Chaldäer umkehren, denn er fürchtete, das Schicksal Sanheribs möchte ihn ereilen; da aber sprach eine Stimme zu ihm: Springer, Sohn des Springers, spring auf; schwing dich hoch, Nebusaradan: die Zeit ist gekommen, daß das Heiligtum zerstört wird, daß der Tempel hinstürzen soll!

Da ergriff Nebusaradan die letzte Axt, die von den vielen ihm noch verblieben war, hieb gegen das Tor und zertrümmerte es.

In einem Tal außerhalb Jerusalems schlachtete Nebusaradan, der Feldhauptmann Nebukadnezars, viele Zehntausende von Israel, und in Jerusalem selbst tötete er vierundneunzig Myriaden Menschen auf einem Stein, und der Strom des Blutes ergoß sich von da und floß bis zu der Stelle, wo einst der Prophet Sacharja ermordet worden war. Da ging Nebusaradan zu der Stätte und sah dort das Blut eines Erschlagenen sieden und wallen. Er fragte die Juden, die da waren: Was soll dies bedeuten? Sie gaben zur Antwort: Das ist Blut von Schlachtopfern, das man vergossen hat. Da ließ Nebusaradan ein Tier an der Stelle schlachten, und siehe da, das Blut war anders als jenes. Nunmehr sprach der Babylonier zu den Männern: Wollt ihr mir jetzt die Wahrheit sagen, so ist es gut; wo nicht, so kämme ich euer Fleisch mit ei-

sernen Kämmen. Sie sagten: Was sollen wir dir antworten? Ein Prophet ist unter uns gewesen, der züchtigte uns mit Reden wegen unsrer
Sünden; wir aber erhoben uns gegen ihn und schlugen ihn tot. Und
nun sind schon viele Jahre vergangen, und sein Blut gibt keine Ruhe.

Nebusaradan rief aus: Ich werde ihm Sühne schaffen. Er ließ das
große Synedrium und das kleine Synedrium herbeirufen und tötete
die Richter über dem Blute Sacharjas, jedoch das Blut hörte nicht auf
zu kochen; Jünglinge und Jungfrauen ließ er bringen und niedermet-
zeln, allein das Blut wurde nicht ruhig; die kleinen Kinder, die ins
Lehrhaus gingen, ließ er kommen und erwürgte sie, und noch ward
das schäumende Blut nicht besänftigt. Da sprach der Chaldäer: O
Sacharja, Sacharja! Die besten von ihnen hab ich hingemordet; bist du
erst dann entsühnt, wenn alle tot sind? Nach diesem Wort stand das
Blut des Propheten still.

In dieser Stunde regten sich andere Gedanken im Herzen Nebu-
saradans. Er sprach bei sich: Um eines Unschuldigen willen ging solches vor; was wird erst um der vielen willen geschehen, die ich erschlagen habe! Und er verließ sein Amt, schrieb sein Vermächtnis
und wurde Jude.

6
Der Fall des Tempels

ALS NEBUKADNEZAR JERUSALEM belagerte, erschien der Bösewicht
Esau und stellte sich hinter die Chaldäer. Wer nun den Chaldäern
entronnen zu sein wähnte, der wurde von ihm getötet.

Die Chaldäer drangen ein in den Tempel und mit ihnen auch Ammoniter und Moabiter. Die aus Babel stürzten sich auf das Gold und
Silber, es zu rauben; die Kinder Ammon und Moab indes suchten die
Thorarolle zu ergreifen, um aus ihr den bösen Satz herauszureißen,
der da lautet: Ammon und Moab sollen nicht kommen in die Gemeinde Gottes!

Im Palast eines Königs brach einst eine Feuersbrunst aus. Alles
Volk stürzte herein, um aus den Flammen die Kostbarkeiten zu ho-
len und zu stehlen. Der Knecht des Königs indes hatte nur eins im
Sinne: seinen Sklavenbrief zu finden und zu vernichten!

Achtzigtausend Priesterjünglinge, von denen ein jeder einen goldenen Schild in Händen hatte, wurden von den Streitern Nebukadnezars zersprengt, und sie gerieten zu den Ismaelitern. Die Jünglinge
baten um Wasser, denn sie hatten Durst. Die Ismaeliter aber sagten:
Eßt zuvor etwas, dann wollen wir euch zu trinken geben. Und sie
reichten ihnen allerhand salzige Speise. Danach brachten sie Schläu-

che, die mit Luft gefüllt waren, und die Gefangenen steckten diese in den Mund, wähnend, es sei Wasser darin. Aber der Wind fuhr ihnen in die Eingeweide, und sie zerbarsten und starben.

Als die Feinde in das Heiligtum eindrangen, ergriffen sie die Jünglinge und banden ihnen die Hände auf dem Rücken zusammen. Die Gefangenen weinten, sie konnten aber ihre Tränen nicht abwischen, und so brannten sie auf den Wangen, und die Haut wurde entzündet wie von Krätze.

Unsre Lehrer erzählten:

Als der Tempel zum erstenmal verbrannt wurde, da versammelten sich Scharen der Priesterjugend, die die Schlüssel in der Hand hielten; sie stiegen auf das Dach des Hauses und riefen: Herr der Welt! Wir waren nicht würdig, das Amt treu zu verwalten; so mögen denn die Schlüssel in deine Hand kommen! Und sie warfen sie hoch gen Himmel. Da erschien es vom Himmel wie eine hohle Hand, und die ergriff die Schlüssel. Die Priester aber sprangen in das lodernde Feuer. Um sie klagt Jesaja und spricht: Dies ist die Last über das Tal des Schauens: was ist euch, daß ihr so über die Dächer lauft?

Rabbi Jose erzählt: Die Stunde, in der der Tempel zerstört worden ist, war der Ausgang des Sabbattages und der Ausgang des Sabbatjahres; es war die Nachtwache des Jehojarib; es war am neunten Tage des Monats Ab.

Und so war es auch bei der Zerstörung des zweiten Tempels. Und beidemal taten die Leviten ihren Dienst und sangen den Psalm: Und der Herr vergelte ihnen ihr Unrecht und vertilge sie um ihre Bosheit, er vertilge sie, der Herr, unser Gott!

Die Leviten sangen den Psalm: Und er vergelte ihnen das Unrecht und bringe sie um für ihre Bosheit. – Die waren aber mit dem Schlußvers nicht fertig, als die Feinde kamen und sie überwanden.

Jeremia

1
Jeremia verflucht den Tag seiner Geburt

EHE ICH DICH IM MUTTERLEIBE bereitet habe, kannte ich dich – sprach der Herr zu Jeremia.

Als Jeremia auf die Welt gekommen war, erhob er ein lautes Geschrei, als wäre er ein Jüngling, und rief: O ihr Eingeweide, wie zittere ich! Wie ist es mir angst um meines Herzens Wände, meine Glieder beben an mir! Bruch über Bruch! Ich bin es, der die ganze Welt zerschmettert hat.

Und er öffnete seinen Mund und hielt eine Strafrede wider seine Mutter. Er sprach zu ihr: Mutter, Mutter, du hast mich nicht empfangen nach der Frauen Art, du hast mich nicht geboren nach der Weise aller Mütter. Vielleicht war dein Weg der Weg derer, die die Ehe brechen; vielleicht hast du deine Augen zu einem anderen erhoben? Warum trinkst du nicht das bittere Wasser, das die Treue der Frauen prüft?

Als seine Mutter diese Worte vernahm, sprach sie: Was mag dieser geschaut haben, daß er so zu mir redet, wo ich doch ohne Sünde bin? Da öffnete der Knabe wieder den Mund und sprach: Nicht dich meine ich mit meinen Worten, o Mutter, nicht über dich weissage ich; ich spreche von Zion und von Jerusalem, welche ihre Töchter schmücken, sie in glänzendes Zeug hüllen und mit Gold krönen – die Räuber werden kommen und werden alles verwüsten.

Der Herr sprach zu Jeremia: Ehe ich dich im Mutterleibe bereitet, eh ich dich in deiner Mutter Schoß gebildet habe, habe ich dich dazu ausersehen, daß du ein Prophet seist unter meinem Volk. Da erwiderte Jeremia und sprach: Herr der Welt! Ich mag nicht Verkünder deines Wortes sein unter ihnen. Wo ist ein Prophet, der von ihnen hervorgegangen wäre, und wider den sie sich nicht erhoben hätten, ihn zu töten? Sie hatten Mose und Aaron – wollten sie die nicht steinigen? Du hast Elia unter ihnen entstehen lassen, den Mann mit den langen Locken, da verlachten und verhöhnten sie ihn und nannten ihn den, der seine Haare kräuselt. Du sandtest ihnen den Elisa, und da riefen sie ihm: Komm herauf, du Kahlkopf! – Ich mag diesem Volk nicht Wegweiser sein.

Da sprach der Herr zu ihm: Nimm diesen Kelch und labe die Völker. Jeremia empfing den Becher und sprach: Wem soll ich zuerst zu trinken geben? Welches Land willst du vorerst erquicken? Der Herr antwortete: Jerusalem und die Städte Judas sollst du zuallererst tränken, denn sie sind das Haupt aller Reiche. Wie Jeremia diese Worte vernahm, öffnete er seinen Mund und verfluchte den Tag seiner Geburt.

Zwei haben den Tag verflucht, an dem sie auf die Welt gekommen sind: Hiob und Jeremia. Hiob sprach: Ausgemerzt werde der Tag, an dem ich geboren bin. Jeremia wiederum sagte: Verflucht der Tag, an dem ich geboren bin; der Tag, an dem mich meine Mutter geboren hat, soll nicht gesegnet sein.

Jeremia sprach: Laßt mich euch sagen, wem ich gleich bin. Einen Hohepriester traf es einst, daß er einer Ehebrecherin den bitteren Trank reichen sollte; er deckte ihr Haupt auf und wühlte ihr Haar auf, danach reichte er ihr den Kelch mit dem Aschenwasser. Wie er aber ihr Antlitz betrachtete, sah er, daß die Sünderin seine Mutter war. Da heulte er und schrie: Wehe mir, o Mutter; der dich ehren sollte, muß dich schmähen!

Ebenso rief Jeremia: Weh über dich, du Mutter Zion! Ich gedachte dir Gutes zu verkünden und Trostreiches zu spenden; nun muß ich dir Böses prophezeien und Unglück weissagen.

Unsre Weisen erzählen:

Jeremia verfluchte den Tag seiner Geburt, denn es war der neunte Tag des Monats Ab, der Tag des Tempelbrandes. Auch verfluchte er den Mann, der seinem Vater ansagte, daß ihm ein Sohn geboren sei, denn er wußte, daß der Bote Pashur, der Sohn Immers, war.

2
Jeremias Weissagung

JEREMIA WAR EINER von den drei Propheten, die in diesem Geschlecht gewirkt haben: Jeremia weissagte auf den Märkten, Zephania betätigte sich in den Lehrhäusern, und die Prophetin Hulda belehrte die Frauen. Jeremia züchtigte das Volk und sprach: Wenn ihr von eurem bösen Tun abläßt und auf meine Worte hört, so wird euch der Herr über alle Reiche erheben. Wo ihr aber meiner Stimme nicht gehorchen werdet, so wird er euer Haus den Feinden überantworten, und sie werden darin toben nach ihres Herzens Lust. – Aber sie wollten ihre Ohren ihm nicht zuneigen und wandelten nach ihres bösen Herzens Gedünken.

Als Nebukadnezar das erstemal gen Jerusalem kam, zur Zeit Jojachins, da übermannte ihn das Mitleid mit den Kindern Israel, und er sprach: Ist noch einer unter euch vom Samen Josias? Daselbst lebte noch Matania, der Sohn Josias, vom Samen Josias. Nebukadnezar sprach zu ihm: Wie ist dein Name? Da überlegte Matania und sprach in seinem Herzen: Ich will mich Zedekia nennen, damit Gerechte mir entspringen. Er wußte aber nicht, daß Gottes Rat schon gefallen war und der Tempel bald verbrannt werden sollte.

Und Nebukadnezar machte Zedekia zum König über Jerusalem. Er sprach zu ihm: Schwöre es mir, daß du wider mich nicht meutern wirst. Zedekia erwiderte: Ich schwöre es dir bei meiner Seele. Nebukadnezar aber sprach: Ich will, daß du mir Treue schwörst bei der Thora, die am Sinai gegeben worden ist. Und er brachte das Buch des Gesetzes, legte es Zedekia auf den Schoß und beschwor ihn, daß er ihm Gehorsam bewahren würde. Kaum war aber Nebukadnezar in sein Land zurückgekehrt, als Zedekia sich wider ihn empörte. Wehe über Zedekia, daß er keine Reue gezeigt hat und auch gegen den Herrn treulos war, er, seine Fürsten und Knechte mit ihm.

Da entsandte der König Juchal, den Sohn Selamias, und Zephania, den Sohn Maasias des Priesters, zu Jeremia und ließ ihm sagen: Bitte für uns, denn die Häupter der Chaldäer umringen uns. – Zur selben Stunde kam ein Heer von Ägyptern Israel zur Hilfe, und die Chaldäer flohen und ließen von ihnen ab.

Und Jeremia erwiderten den Boten und sprach: So hat der Herr, der Gott Israels, gesprochen: Dies ist die Antwort, die ihr Zedekia, dem König von Juda, geben sollt, der euch zu mir schickt, daß ich für euch bitte: Das ägyptische Heer, das heraufgekommen ist, euch zu helfen, das wird wieder abziehen und nach Ägypten zurückgehen; die Chaldäer aber werden abermals kommen und werden diese Stadt erobern und sie in Brand legen.

3
Der falsche und der wahre Prophet

IM ERSTEN JAHRE der Herrschaft Zedekias sprach Hanania, der Sohn Azurs, ein Prophet: So spricht der Herr Zebaoth, der Gott Israels: Ich will das Joch des Königs von Babel zerschmettern; in zwei Jahren werde ich an diesen Ort alle Geräte des Gotteshauses zurückbringen, die Nebukadnezar geraubt hat. Darauf sagte Jeremia: Du behauptest, in zwei Jahren würde alles zurückgebracht werden, ich aber sage, daß Nebukadnezar kommt und noch das Übrige, das hier geblieben ist, holt; nach Babel wird alles kommen und daselbst verbleiben.

Hierauf sagte Hanania zu Jeremia: Gib uns ein Zeichen, daß deine Worte wahr sind. Jeremia antwortete: Ich prophezeie Schlimmes, also kann ich keinen Beweis dafür erbringen, denn der Herr gedachte schon oft, ein Übel zu verhängen, und es gereute ihn dann; du aber sagst Gutes an, an dir ist es also, ein Zeichen zu geben. Doch Hanania bestand darauf, daß Jeremia seine Weissagung durch ein Zeichen zu bekräftigen habe. Da sagte Jeremia: Nun wohl, so spreche ich mein Zeichen aus: in diesem Jahr wirst du sterben, denn du hast Worte gesprochen, die von Gott abwenden.

Und es geschah so, und Hanania starb noch in demselben Jahre. Sein Tod trat ein einen Tag vor dem neuen Jahr. Hanania aber hatte seinen Hausgenossen Befehl gegeben, den Tod erst im neuen Jahre bekanntzugeben, damit die Weissagung Jeremias als lügenhaft erschiene.

Josua, der Sohn Levis, behauptet, Hanania, der Sohn Azurs, sei kein falscher sondern ein wahrhafter Prophet gewesen. Aber er war ein Dieb, der Worte stahl: alles, war er Jeremia auf dem obersten Markt weissagen hörte, wiederholte er schnell auf dem untersten Markt.

4
Jeremias Verfolgung und Rettung

ALS DAS HEER DER CHALDÄER von Jerusalem abgezogen war, denn die Streiter Pharaos waren Juda zu Hilfe gekommen, da ging Jeremia aus Jerusalem und wollte nach Anatoth kommen, um daselbst seine Habe mit seinen Brüdern, den Priestern, zu teilen. Wie er durch das Tor Benjamin ging, war dort ein Mann, bestellt zum Wächter über die, die zum Tor ein- und ausgingen, mit Namen Jeria, der Sohn Selamias, des Sohnes Hanania ben Azur, des falschen Propheten, welcher die Bürger Jerusalems irreführte und ihnen versprach, daß die Geräte aus dem Hause Gottes von Babel bald zurückkommen würden. Zu diesem Hanania ben Azur hatte Jeremia gesprochen: Amen! Mögen doch deine Worte in Erfüllung gehen, meine aber unwahr bleiben. Und dennoch: ich mehre Nutzen, du aber bringst Schaden; ich bin ein Priester, der aus dem Tempel gespeist wird, du aber bist ein Gibeoniter, der zum Holzhacken und Wasserschöpfen für den Altar gut ist. Ehe du dich vermißt, über das Haus Gottes Weissagungen auszusprechen, versuche lieber dein eigenes Los zu übersehen: in diesem Jahr noch wirst du sterben, und im Jahr darauf wirst du begraben werden.

Als nun Hanania zum Sterben kam, rief er seinen Sohn Selamia und sprach zu ihm: Wisse, daß es Jeremia war, der mir geflucht hat; suche nur eine Sache wider ihn zu finden, daß man's ihm heimzahlen kann. Und Selamia suchte Jeremia etwas anzuhängen, es gelang ihm

aber nicht. Als er wiederum seinen Tod kommen sah, rief er seinen
Sohn Jeria herbei und sprach zu ihm: Sieh zu, daß du wider Jeremia
eine Beschuldigung ersinnst und ihm vergiltst, was er an deinem Vater getan hat.

Und nun begab es sich, daß Jeria den Jeremia zum Tor hinausgehen sah, und so ergriff er ihn und sprach zu ihm: Du willst zu den
Chaldäern überlaufen und mit ihnen Frieden schließen. Da erwiderte Jeremia: Du lügst! Ich gehe mein Teil zu holen mit den anderen
Priestern. Allein Jeria ließ ihn nicht los und führte ihn zu den Fürsten. Er sprach zu ihnen: Viel Böses hat uns dieser Mann getan; man
fand ihn, wie er im Begriff war, zu den Chaldäern zu fallen und mit
ihnen gemeinsame Sache zu machen. Das erboste die Fürsten; sie
mißhandelten Jeremia und warfen ihn in den Kerker zu dem Schreiber Jonathan, welcher dem Propheten Hanania nahe war.

In dieser Stunde ließ der König Zedekia den Jeremia vor sich
kommen und sprach zu ihm: Ist auch ein Wort vom Herrn vorhanden? Jeremia antwortete: Jawohl, er sagte, daß der König von Babel
dich gefangennehmen wird. Da verstellte sich das Angesicht Zedekias, und er ward zornig über Jeremia, so daß dieser Furcht hatte, er
würde ihn töten. Er sprach zu dem König: Selbst ein Bösewicht wird
nicht eher gerichtet, als bis man an ihm eine Schuld gefunden hat; um
wieviel mehr müßte diese Regel bei einem Gerechten obwalten! Siehe, du wirst Zedekia genannt, also läßt du dich einen Gerechten
heißen. Was habe ich aber verbrochen, daß ich ins Gefängnis gesteckt
worden bin? Wo sind die, die geweissagt haben, der König von Babel
würde nicht nach Jerusalem heraufkommen? Ich bitte dich, und ich
richte mein Gebet an dich, laß mich nicht in das Haus Jonathans zurückgehen! – Da befahl Zedekia, daß man Jeremia im Vorhof des Gefängnisses behalten sollte, und ließ ihm jeden Tag ein Brot geben, bis
das Brot in Jerusalem alle wurde.

Sephatia aber, der Sohn Mathans, Gedalja, der Sohn Pashurs,
Juchael, der Sohn Selamias und Pashur, der Sohn Malchias, hörten die
Worte Jeremias, der da sprach: Wer in dieser Stadt wohnen bleibt,
wird fallen durch Schwert, Hunger, Pest. Sie eilten zu dem Könige
und sprachen: Der Mann weissagt uns viel Böses, er meint es nicht
gut mit unserem Land. Zedekia antwortete: Ist er nicht in euren Händen? Tut mit ihm, wie es euch gefällt. Da nahmen die Männer den Jeremia und warfen ihn in die Grube Malchias, des Königssohnes, die
voll Wasser war. Der Herr aber ließ ihm ein Wunder widerfahren,
und das Wasser in dem Erdloch fiel. Der Schlamm kam nach oben,
und Jeremia versank darin. Der Schreiber Jonathan schmähte und
verhöhnte ihn und sprach zu ihm: Neige deinen Kopf und stütze ihn
auf den Schlamm; vielleicht kommt Schlaf über deine Lider.

Aber Ebed-Melech, der Mohr, ein Kämmerer des Königs, ging, als er von Jeremias Strafe erfuhr, zu Zedekia und sprach: Wisse, daß wenn Jeremia in der Grube stirbt, die Stadt den Feinden in die Hände fällt. Warum wurde er ein Mohr genannt? Wegen seiner guten Taten, die im Palast Zedekias ebenso auffallend waren wie die Haut des Mohren auffallend ist. Dieser Ebed-Melech nun erhielt vom Könige die Antwort: Nimm drei Männer mit dir und zieh Jeremia aus der Grube.

Da suchte Ebed-Melech unter der Schatzkammer des Königs zerrissene und vertragene Lumpen hervor, ging damit bis zur Grube Jeremias und rief hinunter: Mein Herr Jeremia, mein Herr Jeremia! Allein es kam kein Ton und keine Antwort. Jeremia hatte die Rufe wohl gehört, er hatte aber geglaubt, es sei der Schreiber Jonathan, der gekommen wäre. Als er aber einen Menschen weinen hörte, sagte er: Wer mag mir zurufen und dabei weinen? Der Mohr antwortete: Das bin ich, Ebed-Melech, der Mohr. So bist du noch am Leben? Ich wähnte schon, du seist tot. Hier ist das Seil, nimm es unter deine Achseln und lege die Lumpen darum. – Und mit Mühe zog er ihn empor.

5
Das Elend der Heiligen Stadt

ZUR ZEIT, da JEREMIA im Vorhof des Gefängnisses saß, sammelte Nebukadnezar seine Heere, und sie zogen wider Jerusalem. Als sie gen Ribla kamen, blieben sie daselbst, denn Nebukadnezar fürchtete, es würde ihm so ergehen, wie es Sanherib weiland ergangen war. Und er rief Nebusaradan und machte ihn zum Anführer seiner Streitmacht; danach sprach er zu ihm: Zieh aus und nimm Jerusalem ein, Nebusaradan machte sich nun daran, Jerusalem zu belagern; es war im neunten Jahr der Regierung Zedekias, und die Belagerung währte bis zum elften Jahre. Sie konnten aber die Stadt nicht einnehmen, denn noch war das Urteil nicht besiegelt. Als jedoch das Ende von Zion und Jerusalem kommen sollte, da sollte es auch über alle Menschenkinder, ja über alle Kreatur kommen.

Und der Hunger nahm überhand in der Stadt. Die Töchter Zion zeigten sich auf den Märkten, und eine sprach zur anderen: Wie kommt es, daß man dich auf dem Markte sieht? Man ist dir doch sonst hier niemals begegnet. Die Angeredete erwiderte: Soll ich es dir verhehlen? Furchtbar ist die Strafe des Hungers; ich kann es nicht mehr tragen. Und sie faßten einander an und wollten ins Innere der Stadt zurück und konnten den Weg nicht finden. Sie umklammerten die Säulen und fielen tot hin an den Ecken der Stadt. Ihre Kinder aber hängten sich den Müttern an die Hände und die Füße. Die Mutter hob ihr Kind, und dieses ergriff die Brust, wähnend, es würde Milch aus ihr saugen können. Allein, es kam kein Tropfen Nahrung, die Kinder verfielen in Krämpfe und starben auf dem Schoß ihrer Mütter.

Zu der Zeit sprach der Herr zu Jeremia: Auf, geh gen Anatoth und kaufe das Feld von deinem Oheim Hanamael. Wie nun Jeremia Jerusalem verlassen hatte, da fuhr ein Engel vom Himmel hernieder, setzte seinen Fuß auf die Stadtmauer und zertrümmerte sie. Er rief und sprach: Mögen die Feinde kommen und das Haus stürmen, denn sein Herr ist nicht drinnen; sie mögen es zerstören und verwüsten, sie mögen den Weinberg zertreten und die Reben abhauen, denn sein Wächter hat ihn verlassen und ist davongegangen. Allein rühmet euch nicht, daß ihr die Stadt erobert habt; ihr habt ein besiegtes Land besiegt, ein totes Volk getötet!

Und die Feinde kamen und nahmen Quartier auf dem Tempelberg. Danach bestiegen sie die mittlere Anhöhe, den Platz, wo einst König Salomo las und Rat hielt mit den Ältesten. Von der Stelle aus, wo der Tempel vollendet worden war, da beratschlagten die Feinde miteinander, wie das Heiligtum in Brand zu legen wäre. Wie sie aber so über das Verderben nachsannen, fuhren vierzig Engel hernieder mit vier Feuerfackeln in der Hand; die warfen sie auf die vier Ecken des Hauses und zündeten es an.

Als der Hohepriester sah, daß der Tempel verbrannte, nahm er die Tempelschlüssel und warf sie gen Himmel. Er tat seinen Mund auf und rief: Hier, nimm die Schlüssel deines Hauses in Empfang; denn ich war ein treuloser Türhüter. Und er wandte sich zum Gehen, da ergriffen ihn die Feinde und schlachteten ihn am Altar, an der Stelle, wo man das tägliche Opfer darzubringen pflegte. Seine Tochter rannte herbei und schrie: O Vater, du Wonne meiner Augen! Da ergriff man sie und schlachtete sie, und ihr Blut vermengte sich mit dem ihres Vaters. Als die Priester und Leviten den Tempel brennen sahen, nahmen sie die Harfen und Trompeten und warfen sich ins Feuer, und als die Jungfrauen, die den Vorhang vor der Bundeslade gewebt hatten, das Heiligtum brennen sahen, sprangen sie gleichfalls in die Flammen.

6
Jeremia und Nebukadnezar

DER HERR SPRACH ZU JEREMIA: Zieh gen Anatoth. Denn all die Zeit, die Jeremia in Jerusalem verblieb, wagten die Feinde nicht, da einzudringen; deswegen schickte ihn der Herr fort. Und wie er die Stadt verlassen hatte, zogen die Feinde ein, zündeten sie an und legten den Tempel in Asche.

Wie nun Jeremia sich auf dem Rückwege befand und drei Meilen von der Stadt entfernt war, stieg er auf einen Berg und sah den Rauch des Brandes zum Himmel sich erheben. Da zerriß er seine Kleider, streute Asche auf sein Haupt und eilte in den Ort, laut weinend und schreiend. Er eilte, um noch vor Abend zurückzukommen. denn folgendes hatte sich vor Jahren zwischen ihm und Nebukadnezar zugetragen:

Als Jeremia jung und Nebukadnezar noch nicht König war, sondern ein armer, nichtgeachteter Mann, da gingen die beiden einst zusammen einher, und Nebukadnezar sprach zu Jeremia: Ach, wenn ich doch Herrscher der ganzen Welt würde! Ich würde gen Jerusalem ziehen, den Tempel und die Stadt verbrennen, die Menschen töten und den Rest der Einwohner fortschleppen! Jeremia aber sah kraft des heiligen Geistes, der ihm innewohnte, daß dem Nebukadnezar die Stunde hold war, und daß alles, was zu seinem Munde herausfuhr, in Erfüllung ging, und so sagte er: Ich bitte mir Jerusalem bei dir aus. Nebukadnezar aber antwortete: Ich geb es dir nicht. Da bat Jeremia um den Tempel, Nebukadnezar aber versagte ihm den. Jeremia bat um das Synedrium, Nebukadnezar wollte ihm den Hohen Rat nicht überlassen. Nun bat sich Jeremia die Kinder aus, die zur Lehrschule gingen, Nebukadnezar verweigerte ihm auch diesen Wunsch. Zum Schluß sagte Jeremia: Was willst du mich nun behalten lassen? Nebukadnezar erwiderte: Was du in der Zeit von Mittag bis Abend aus der Stadt retten kannst.

Deshalb lief Jeremia eilends zurück, denn er gedachte noch vor Abend in der Stadt anzukommen. Aber er kam nicht mehr zurecht und konnte nichts retten. Daher spricht auch der Prophet: Wehe uns, denn der Tag geht dahin, und die Abendschatten dehnen sich lang!

7
Der Rauch der brennenden Stadt

UND JEREMIA ZOG WIEDER zurück von Anatoth nach Jerusalem; er erhob seine Augen und sah einen Rauch aufsteigen vom Tempel. Er sprach bei sich: Nun hat Israel wohl Buße getan, und sie bringen wieder Opfer dar. Als er aber näher herzukam und die Mauer bestieg, da sah er an Stelle des Tempels Reihen von Steinen, und die Tore Jerusalems waren verschlossen. Da fing er zu heulen an und rief: Herr, du hast mich überredet, und ich habe mich überreden lassen; du hast deine Stärke an mir gezeigt und hast mich übermachtet! Und er sprach weiter: Welchen Weg sind die Sünder gegangen? Welche Straße sind die Verbannten gezogen? So will ich denselben Weg wandeln und will mit ihnen verderben. Und er sah den Pfad mit Blut besprützt und die Erde getränkt mit dem Blut der Erschlagenen. Wie er weiter die Augen auf den Boden heftete, sah er Spuren von Kinderfüßen – ach! auch Säuglinge und zarte Kinder hatten müssen in die Gefangenschaft gehen. Und Jeremia warf sich auf die Erde und küßte die Fußspuren der Kleinen.

Als er den Zug der Gefangenen erreichte, umarmte er sie und küßte sie; er weinte vor ihnen und sie vor ihm. Er sprach: Ihr meine Brüder, ihr mein Volk! All dies ist euch widerfahren, weil ihr auf die Worte meiner Weissagung nicht gehört habt.

Wie Jeremia an den Strom Euphrat gelangte, sprach Nebusaradan zu ihm: Ist es dir recht, mit mir nach Babel zu kommen, so komm, ich will mit meinen Augen über dich wachen. Jeremia sann nach in seinem Innern und sprach bei sich: Geh ich mit ihnen nach Babel, so bleibt den im Lande Verbliebenen kein Trost. Und er verließ den Zug. Die Gefangenen aber fingen an zu heulen und laut zu weinen. Sie riefen: Jeremia, du Vater unser, warum verläßt du uns? Jeremia antwortete und sprach: Ich nehme Himmel und Erde zu Zeugen! Hättet ihr nur einmal geweint, als ihr noch in Zion wart, ihr wäret nicht verbannt worden. Und Jeremia selbst weinte und rief: Weh über dich, du schönstes unter den Reichen!

8
Jeremias Tod

DEN PROPHETEN JEREMIA schmerzte Israels Leid, und bald richtete er sein Flehen an den Herrn. Er sprach: Warum, o Herr, hast du deine Herde verderbt? Wie ist es mir bitter, das Böse zu tragen! Meine Seele duckt sich in meinem Innern, mein Auge fließt und hört nicht auf, über den Jammer der Tochter meines Volkes. Mein Auge tut meiner Seele weh, und ich weine Tag und Nacht. Ich flehe dich an, Herr, nimm meine Seele hinweg, denn lieber ist mir der Tod als das Leben.

Alsbald erscholl eine Stimme vom Himmel, die rief: Du sollst noch den Fall Babel erleben, danach lasse ich dich noch weiter leben, bis ich das ewige Haus erbaut habe.

Und der Herr entrückte ihn in die Verborgenheit.

Man erzählt:

Diejenigen von den Kindern Israel, die übriggeblieben waren von den durch Nebukadnezar Verbannten, brachten Jeremia nach Ägypten gegen seinen Willen. Er züchtigte sie durch seine Strafreden auch da; da erhoben sie sich wider ihn und steinigten ihn. In Ägypten ist er auch begraben worden.

Es begab sich aber noch zu seinen Lebzeiten, daß die Ägypter viel unter der Heuschreckenplage litten, im Hause sowohl als auch im Felde. Sie flehten Jeremia an, er solle zu Gott darum beten, und das tat er auch, worauf die Heuschrecken verschwanden. Daher nannten sie ihn nach seinem Tode einen Gott und brachten ihm Opfer dar.

Klage, Ach und Weh

1
Das Bild Jakobs

UND ZEDEKIA WARD KÖNIG an Jechonias statt. Wie Zedekia zum König wurde, rief Zion: Wehe, nun ist mein Ende besiegelt! Und der Prophet Jeremia sprach: Herr der Welt! Was waren die Sünden, die du an mir gefunden hast, daß du durch mich das Unglück hast kommen lassen? Du hast es durch keinen vor mir gebracht und willst es durch keinen schicken, der nach mir sein wird. Und er heulte und stöhnte: O meine Eingeweide, wie weh ist mir; wie pochen meines Herzens Wände, und mein Herz wird nicht ruhig.

Im fünften Monat aber, im neunzehnten Jahr der Herrschaft Nebukadnezars, kam Nebusaradan nach Jerusalem. Warum sollte der Tempel nicht im ersten Monat des Jahres zerstört werden? Warum nicht im zweiten, dritten oder vierten? Er sollte schon im ersten Monat zertrümmert werden, da wurde das Andenken Isaaks lebendig, und er sprach vor dem Herrn: Gedenke meiner Opferung und wie ich bereit war, mich als Lamm hinschlachten zu lassen.

Als das Haus Gottes im zweiten Monat zerstört werden sollte, da erhob sich das Gedenken an Abraham. Im dritten Monat trat Jakob auf, im vierten Mose. Nun kam der fünfte Monat, und es gab keinen Fürsprecher mehr.

Die himmlischen Heerscharen sprachen vor dem Herrn: Gebieter der Welt! Ist dies nicht die Stadt, von der du gesprochen hast: Dies ist Jerusalem, das ich mitten unter die Völker gesetzt habe. Der Herr erwiderte: Aber es hat mein Gesetz ins Böse gewendet, mehr als alle anderen. Da sprachen die Engel: So sei milde um der Väter willen. Gott antwortete: Die Väter zünden das Feuer an, um den fremden Göttern zu opfern. Die Engel sprachen: So tu es um der Kinder willen. Der Herr gab zur Antwort: Auch die Kinder wollten auf mich nicht hören. Die Engel riefen: So tu es um ihrer Großen willen. Der Herr entgegnete: Ihre Häupter richten um Geschenke. Die Engel baten: So tu es um der Jünger willen. Gott antwortete: Die das Gesetz treiben, kennen mich nicht. Darauf sagten die Engel: So tu es um der Propheten willen. Allein Gott sprach: Die Sünden ihrer Propheten, die Missetaten ihrer Priester sind schuld. Als die Engel dann noch um Gnade baten um der Könige willen, gab der Herr zur Antwort: Und die Altäre auf dem Dach, die die Könige Judas gemacht haben. Nunmehr baten die Engel um Erbarmen um ihrer selbst willen, aber Gott sprach: Allein sie spotteten der Worte Gottes. Und zuletzt flehten die Engel Gott um Vergebung um seines eigenen Namens willen. Da sprach er: Sie haben meinen heiligen Namen entheiligt.

Hierauf sagten die Engel: Du willst dich nicht erbitten lassen? Was soll dann das Abbild des Erzvaters Jakob, das auf deinem Stuhle prangt? Da warf Gott die Herrlichkeit Israels vom Himmel auf die Erde. Und Zion wehklagte und rief: Verlassen hat mich der Herr; der Herr hat mich vergessen.

Ein Weiser sagte: Die Bürger eines Reiches machten ihrem König eine Krone und brachten sie ihm dar. Danach kränkten sie ihn viele Mal, und er ließ es geschehen. Zuletzt aber sprach er: Sie sind doch nur deshalb dreist, weil die Krone auf meinem Haupte von ihnen ist; ich werf sie ihnen vor die Füße.

Ebenso sprach der Herr: Israel wagt es doch immer nur, mich zu erzürnen, weil das Bild Jakobs auf meinem Stuhl ist; ich werf es fort auf die Erde.

Als der Sünden und Missetaten Israels viel wurden, da zogen die Feinde hinauf gen Jerusalem, um es zu zerstören. Nachdem sie ihren Willen an der heiligen Stadt vollgezogen hatten und davongegangen waren, fing eine Stimme zu heulen und zu rufen an: Das alles geschieht wegen der Sünden Jakobs.

Da erschauerte der Erzvater Jakob an der Stätte, wo er ruhte, und das Bild seines Antlitzes, das am Stuhle Gottes ausgeprägt war, erfuhr eine Veränderung. Seine Seele kam vor den Herrn, gebückt und gebeugt: er schrie und jammerte und sprach: Gebieter der Welt! Was ist mein Vergehen, was ist mein Fehl, was hängt mir an? Und die diensttuenden Engel umringten die Seele Jakobs und weinten und klagten vor dem Herrn. Sie sprachen: Du hast in deine Thora geschrieben, noch ehe die Welt erschaffen war: Jakob war ein unschuldsvoller Mann – und nun heißt es: Um Jakobs Sünden willen ist dies gesche-

hen! Gebieter der Welt! Jakob ist von der Furcht Gottes niemals gewichen, weder zur Rechten noch zur Linken. Und Jakob sprach:
Herr der Welt! Gedenke des Bundes, den du mit mir geschlossen
hast, du würdest meine Kinder nicht vertilgen.

Da antwortete ihm der Herr: Es ist besser, daß die Schuld an dir
hängen bleibt, denn du bist gerecht, als an ihnen, die voller Sünden
sind; sie bleiben vor dem Maß der Strenge nicht bestehen, und wenn
du der Schuldige bist, so können sie noch Hoffnung hegen, denn um
deinetwillen werde ich ihnen dereinst vergeben.

2
Die Erzväter als Tröster

DER HERR SPRACH ZU ABRAHAM: Zieh hin und tröste Jerusalem in
ihrer Not; vielleicht, daß sie sich von dir wird trösten lassen. Also zog
Abraham hin und sprach zu der heiligen Stadt: Nimm meinen Trost
entgegen. Aber Jerusalem erwiderte: Wie sollt ich Trost annehmen
von dir, der du mich wie einen Berg gemacht hast. Danach sprach Gott
zu Isaak: Versuche du, Jerusalem zu trösten! Da gehorchte Isaak den
Worten Gottes, aber Jerusalem gab ihm zur Antwort: Du willst mir
Trost spenden, du, der du Esau gezeugt hast, dessen Kinder mich zum
wüsten Feld gemacht und meine Mauern verbrannt haben? Alsdann
kam Jakob vor Jerusalem und wollte ihr Trost zusprechen. Aber Jerusalem entgegnete ihm hart und sprach: Du wagst es, Worte des Trostes
vor mir zu sprechen? Warst du es nicht, der Beth-El die Pforte des
Himmels genannt und mich, als wär ich nicht vorhanden, nicht beachtet hat?

Nunmehr entsandte der Herr Mose, daß er Jerusalem tröste. Aber
auch sein Trost wurde abgelehnt, und ihm wurde die Antwort: Nimmer darfst du mich trösten, der du Flüche wider mich ausgestoßen
hast.

Also kehrten die Hirten alle zurück zu dem Herrn und sagten: Jerusalem mochte sich von uns nicht trösten lassen. Da sprach der Herr:
So liegt es denn mir ob, ihr Trost zu gewähren.

Rabbi Samuel, der Sohn Nahamans, erzählt: Wenn die Stunde
kommen wird, da die Gemeinde Israel getröstet werden soll, wird der
Herr die Erzväter schicken, damit sie sie trösten. Zuerst wird Abraham kommen und wird sprechen: Richte dich auf, nimm den Kelch
des Trostes von dem Herrn, denn die Zeit deiner Ruhe ist gekommen.
Die Gesamtheit Israel wird ihm aber zur Antwort geben: Von dir will
ich mich nicht trösten lassen! Als der Herr zu dir sprach: Meine Kinder werden gen Ägypten hinabfahren und dort zu Sklaven werden –

da batest du nicht um Erbarmen für uns. Doch nicht allein dies, sondern du hast meinen Samen im Stich gelassen und hast für Ismael und seinen Samen gebetet, daß er sich vermehre wie der Sand des Meers und mich zerstört und verwüstet hat. Alsbald wird Abraham zur Seite treten.

Isaak wird kommen und sagen: Richte dich auf, laß dich trösten. Allein er erhält die Antwort: Ich will von dir keinen Trost empfangen, denn du hast Esau gesegnet und hast zu ihm gesprochen: Von deinem Schwert sollst du dich nähren. Dein Segen ist in Erfüllung gegangen, seine Söhne sind gekommen, haben meinen Tempel verbrannt, meine Kinder durchs Schwert umgebracht und mich nackend ausgehen lassen. Wie soll ich mich von dir trösten lassen?

Nunmehr zieht Isaak ab, und der Herr läßt Jakob antreten. Auch Jakob versucht, die Gemeinde Israel zu trösten, aber sie antwortet ihm: Von dir nehme ich keinen Trost an! Als du in Ägypten warst und sterben solltest, da batest du darum, daß man dich wieder nach Kanaan bringen sollte, meine Kinder aber ließest du da, ohne daß du dich um sie kümmertest.

Da tritt Jakob zurück, und Mose kommt, Trost auszuteilen. Allein er hört die Antwort: Du hast den Satz ausgesprochen: Der Herr wird dich auf Schiffen wieder gen Ägypten führen – und die Bestimmung hat sich erfüllt; wie soll ich deinen Trostworten lauschen?

Nun kommen die Erzväter und Mose zurück und berichten dem Herrn, daß die Gesamtheit Israel ihren Trost verschmähe. Da spricht Gott: Sie ist im Recht, daß sie sich gegen euch verhärtet. An mir ist es, ihr Trost zu gewähren. Ich war es, der ihr all das Leid zugefügt habe, und ich habe in meiner Thora geschrieben: Wer den Brand gestiftet hat, soll für den Brand aufkommen. Ich habe das Feuer angezündet, ich will ihr die schützende Mauer sein und will ihr Trost spenden. Und der Herr kommt zu der Gesamtheit Israel und spricht zu ihr: Erhebe dich und empfange den Trosteskelch! Und sie antwortet und spricht: Herr der Welt! Wahrlich, von dir will ich mich trösten lassen!

3
Die Propheten als Tröster

Es sprach der Heilige, gelobt sei er, zu den Propheten allen: Ziehet hin und tröstet Jerusalem!

Da zog Hosea als erster aus. Er sprach vor der zerstörten Stadt: Der Herr hat mich als Tröster gesandt. Jerusalem sprach: Was für ein Wort bringst du mit dir? Hosea sagte den Spruch: Ich will wie ein Tau für Israel sein. Da antwortete die unglückliche Stadt: Gestern noch hast du gedroht: Ihre Wurzel ist verdorrt, daß sie keine Frucht mehr bringen können, und ob die gebären würden, will ich doch die liebe Frucht ihres Leibes töten. Welchem der beiden Sätze soll ich nun Glauben schenken?

Als zweiter kam der Prophet Joel. Er sprach das Trostwort: Deine Berge werden von süßem Wein triefen und deine Hügel von Milch überfließen! Aber Jerusalem antwortete: Wie soll ich dir vertrauen? Hast du nicht jüngsthin zu mir gesagt: Heulet, ihr Weinsäufer, um den Most, denn er ist euch vor eurem Maul weggenommen!

Als dritter versuchte es Amos, Jerusalem Trost zu spenden. Er sprach: An jenem Tag will ich die stürzende Hütte Davids wieder aufrichten. Doch Jerusalem rief ihm seine alte Weissagung in Erinnerung, die gelautet hatte: Die Jungfrau Israel ist gefallen, daß sie nicht wieder aufstehen wird.

Nunmehr ging Micha zu der gebeugten Stadt. Er verkündete: Gott erläßt die Missetat den Übriggebliebenen seines Erben. Jerusalem entgegnete: Vordem hast du anders gesprochen; du sagtest: Alles Unheil wird kommen um der Sünde Jakobs und der Missetat des Hauses Israel willen.

Nahum sprach dieses Wort: Es wird das Arge nicht mehr über dich kommen. Jerusalem sprach: Dein früherer Spruch hat gelautet: Von dir ist gekommen der arge Schalk, der Böses wider den Herrn gedachte.

Habakuk versuchte den Zuspruch und sagte: Herr, du zogest aus, deinem Volke zu helfen. Aber Jerusalem antwortete: Dein Wort von ehedem war nicht tröstlich; es lautete: Ich schreie, und du hörst nicht; ich rufe Gewalt und du hilfst nicht.

Nun kam Zephania an und rief fröhlich: Jauchze, du Tochter Zion; freu dich du Tochter Jerusalem, denn der Herr hat deine Strafe weggenommen! Aber das trauernde Jerusalem erinnerte ihn an sein altes Drohwort: Ich will alles aus dem Lande wegnehmen, spricht der Herr. Als dann Haggai sagte: Von dem heutigen Tag an will ich Segen geben – antwortete die Untröstliche: Gestern sprachest du dies: Ihr säet viel und bringt wenig ein.

Sacharja sagte: Ich bin sehr zornig über die stolzen Heiden. Jerusalem aber sprach: Vorhin noch sagtest du: Der Herr ist sehr zornig über eure Väter.

Als letzter ging Meleachi zu Jerusalem und sprach: Gott hat mich geschickt, daß ich dein Tröster sei. Laß mich es dir ansagen: Ihr sollt ein begehrtes Land sein. Aber die schwergeprüfte Königsstadt weigerte sich, Trost anzunehmen und sprach: Gestern mußte ich ein anderes Wort von dir hören; das hat gelautet: Ich begehre euer nicht, spricht der Herr. Auf welches der beiden Worte soll ich mich verlassen?

Da kamen alle Propheten vor den Herrn und sprachen: Jerusalem wollte von uns keinen Trost empfangen. Gott sprach zu ihnen: So will ich mit euch gemeinsam ausziehen, mein Volk zu trösten. Es mögen ihr Trost spenden die Himmlischen, es mögen ihr Trost spenden die Irdischen; es mögen ihr Trost spenden die Lebendigen und die Toten; sie möge getröstet werden im Diesseits, sie möge getröstet werden im Jenseits; sie empfange Trost über das Schicksal der zehn Stämme, sie empfange Trost über das Schicksal der zwei Stämme Juda und Benjamin. Euer Gott spricht: Tröstet, ja tröstet mein Volk!

4
Mose, Jeremia und die Mutter Zion

MOSE BEGANN ZU SPRECHEN: Verflucht du Sonne, was wardst du nicht finster zur Stunde, da eindrang der Feind in das Haus? Da sprach die Sonne: Mose, du treuer Hirte! Wie kann ich mich dunkel machen, wo doch meine Wächter mir keine Ruhe geben; sie lassen nicht ab von mir und peitschen mich mit Feuerruten und befehlen: Geh auf und leuchte!

Wieder begann Mose auszurufen: Weh über deinen Glanz, du Tempel, daß er trübe geworden ist! Weh über dich, daß ein Tag kam, an dem man dich gestürzt hat, an dem das Heiligtum fiel und die kleinen Kinder gemordet wurden und ihre Väter ziehen mußten in Verbannung und Elend!

Und noch folgendes sprach Mose vor dem Herrn: Gebieter der Welt! Du hast in deiner Lehre geschrieben: Ob Ochse oder Schaf, es soll mit seinen Jungen nicht auf einen Tag geschlachtet werden. Wie viele Kinder sind nicht mit ihren Müttern zusammen geschlachtet worden, und du hältst du stille und sagst nichts.

In dieser Stunde erhob sich unsre Erzmutter Rahel und sprach: Herr der Welt! Du weißt es noch, daß dein Knecht Jakob eine große Liebe zu mir gehegt und meinem Vater sieben Jahre um mich gedient hat. Als die sieben Jahre um waren, fand es mein Vater für gut, ihm meine Schwester statt meiner zu geben – ich aber entzog ihr meine Huld und hegte keinen Neid und gab sie der Schande nicht preis. Wenn ich nun, die ich Fleisch und Blut bin, Erde und Staub, keinen Haß und keine Rachsucht empfunden habe, konntest du, König alles dessen, was da lebt und besteht, barmherziger Gott, dich um des Götzendienstes willen so ereifern, daß du deine Kinder vertrieben, sie durch das Schwert umgebracht und den Feinden überliefert hast, daß die ihre Wut an ihnen auslassen können?

Alsbald überkam den Herrn Erbarmen, und er sprach: Um deinetwillen, Rahel, will ich Israel in ihr Land zurückführen.

Daher heißt es: Man hört eine klägliche Stimme und ein bitteres Weinen auf der Höhe; Rahel weint um ihre Kinder und will sich nicht trösten lassen, um ihre Kinder, denn es ist aus mit ihnen. – Aber der Herr spricht also: Versage deine Kehle dem Weinen und deine Augen den Tränen, denn deine Mühe wird wohl belohnt werden.

Jeremia erzählte:

Als ich gen Jerusalem heraufzog, da erhob ich meine Augen und sah eine Frau auf dem Gipfel des Berges sitzen, in schwarze Kleider gehüllt und das Haar zerrauft, die weinte und rief: Wer will mich trösten? Ich aber rief gleichfalls: Wer tröstet mich in meinem Leid? Ich näherte mich ihr und sagte: Bist du ein Weib, so steh mir Rede; bist du ein Geist, so heb dich hinweg. Sie aber erwiderte und sprach: Du kennst mich wohl nicht? Ich bin die Frau, die sieben Kinder hatte. Ihr Vater war weit in die Ferne gezogen; wie ich so einherging und um ihn trauerte, da kam mir die Nachricht: das Haus ist über deinen sieben Kindern eingestürzt und hat sie getötet. Nun weiß ich nicht, um wen ich weinen soll, und um wen ich meine Haare raufen soll.

Darauf sprach ich, Jeremia, zu ihr: Womit bist du besser als die Mutter Zion, welche einen Weideplatz für das Wild des Feldes geworden ist! Das Weib gab mir darauf zur Antwort: Ich bin deine Mutter Zion; ich bin die Mutter der sieben, von der es heißt: Unselig die, die sieben geboren hat.

Und Jeremia sprach zu dem Weibe: Dein Elend gleicht dem Elend Hiobs. Dem Hiob sind seine Kinder genommen worden, und ebenso dir. Dem Hiob sind sein Gold und Silber genommen worden, und ebenso dir. Den Hiob habe ich im Misthaufen sitzen lassen und ebenso dich. Allein, wie ich Hiob hernach getröstet habe, so will ich auch dich trösten. Dem Hiob habe ich später doppelt so viel Kinder gegeben, als er hatte, und auch die Zahl deiner Kinder will ich verdoppeln. Sein Gold und Silber habe ich verdoppelt, und auch dein Gold und Silber will ich verdoppeln. Ich zog Hiob aus der Asche empor, in der er lag, und von dir spricht der Prophet: Schüttele den Staub ab, stehe auf, du gefangenes Jerusalem!

Fleisch und Blut hat dich erbaut, Fleisch und Blut hat dich zertrümmert. Dereinst aber will ich dich neu errichten, wie es heißt: Der Herr baut Jerusalem neu auf und sammelt wieder die Vertriebenen Israels.

Amen! Und möge in Bälde, noch zu unseren Lebzeiten, der Herr den Spruch wahrmachen, der da heißt: Die Erlösten des Herrn werden wiederkehren und werden mit Jauchzen gen Zion kommen; ewige Freude wird über ihrem Haupte sein, Freude und Wonne werden sie ergreifen, und Schmerz und Seufzen werden entfliehen.

5
Gottes Trauer um sein Volk

AN DEM TAGE WIRD JAHVE, der Herr Zebaoth, rufen zum Weinen und zur Klage, zum Kahlscheren der Haare und zum Anziehen von Säcken.

Man erzählt: Als Gott daran ging, den Tempel zerstören zu lassen, sprach er bei sich selbst: Solange ich an der Stätte weile, haben die Völker keine Macht über sie. So will ich denn meine Auge davon abwenden, ich will schwören, daß ich sie nicht mehr berühre, und die Feinde werden kommen und ihr Zerstörungswerk vollbringen. Und der Herr zog seine Rechte zurück, und die Feinde kamen und verbrannten den Tempel.

Wie aber der Tempel in Asche lag, sprach der Herr: Nun habe ich keine Stätte auf Erden, da ich weilen könnte; die Erde ist nicht mein, ich will meine Majestät von hier wegnehmen. Und Gott, der Herr aller Dinge, weinte und sprach: Was hab ich getan, daß ich meine Herrlichkeit Israel zulieb da unten habe weilen lassen! Nun sie gesündigt haben, will ich in meine frühere Wohnstätte zurückkehren; das sei ferne von mir, daß ich mich zum Gespött der Völker mache und mich ihrem Hohn ausliefere. In dieser Stunde erschien Matatron vor dem Herrn und sprach: Ich will weinen, denn dir steht es nicht an zu weinen. Der Herr aber erwiderte: Ich will ein Reich aufsuchen, da du nicht hinkommen darfst, und will da für mich weinen.

Und der Herr sprach zu den diensttuenden Engeln: Lasset uns hingehen, wo mein Haus gestanden hat und laßt uns sehen, was die Feinde angerichtet haben. Und er zog mit den Engeln an die Stätte, und Jeremia ging ihnen voran. Wie nun der Herr sein Heiligtum zertrümmert und verwüstet sah, rief er aus: Dies war mein Haus und meine Ruhestätte, und nun sind Fremde gekommen und haben hier gehaust nach eigenem Gefallen. Und er jammerte und schrie: Ihr meine Kinder, wo seid ihr? Ihr meine Priester und Leviten, wo seid ihr? Was fang ich nun an? Warnte ich euch nicht und bat ich euch nicht, Buße zu tun – aber ihr wolltet mir nicht gehorchen. Danach sprach der Herr zu Jeremia: Ich bin einem Vater zu vergleichen, der einen einzigen Sohn hatte, der während der Trauung starb. Rufe mir Abraham, Isaak und Jakob und Mose her, welche alle vier zu weinen verstehen. Jeremia antwortete: Herr der Welt! Wo finde ich sie nur? Wie soll ich wissen, wo Mose begraben ist? Der Herr sprach: geh an die zweifache Höhle und rufe die Väter an; sodann geh an das Ufer des Jordans und rufe laut: Du Sohn Amrams, du Sohn Amrams! Sieh deine Herde an, die der Feind verschlungen hat.

Alsbald ging Jeremia an die zweifache Höhle, dort, wo die Erzväter ruhen, und sprach zu ihnen: Wacht auf, ihr Frommen, der Tag ist da, an dem ihr vor den Herrn gefordert werdet. Die Väter erwiderten: Womit ist dieser Tag anders als die vorigen? Jeremia stammelte zur Antwort: Ich weiß es nicht. Er fürchtete sich zu sagen, daß der Tempel dahin sei, worauf sie geantwortet hätten: Zu deiner Zeit ist es geschehen, nicht zu unser Zeit.

Jeremia verließ die Erzväter und begab sich an das Ufer des Jordans. Hier rief er aus: Du Sohn Amrams, du Sohn Amrams! Der Tag ist gekommen, an dem du vor den Herrn beschieden werden sollst. Auch Mose fragte: Womit ist dieser Tag anders als die Tage vorher? Und auch ihm wagte Jeremia die Wahrheit nicht zu bekennen.

Mose aber gab sich nicht zufrieden und ging zu den diensttuenden Engeln, die er von der Zeit der Thoragebung her kannte. Er sprach zu ihnen: Ihr Diener des Höchsten, sagt an: weswegen wohl bin ich vor den Herrn gerufen worden? Die Engel erwiderten: Du Sohn Amrams, weißt du es nicht, daß ein Tempel gestanden hat? Nun ist er verbrannt, und du hast zu weinen und zu klagen darum. Sogleich zerriß Mose die Kleider, in die ihn der Herr gehüllt hatte, faßte sich an den Kopf, weinte und schrie und begab sich zu den Vätern. Sie sprachen zu ihm: Mose, du Hirte Israels, du Treuer und Demütiger, womit ist der heutige Tag anders, als die Tage bisher waren? Er antwortete: Ihr Väter, wißt ihr denn nicht, daß der Tempel zertrümmert und Israel unter die Völker verbannt worden ist? Da zerrissen auch sie ihre Gewänder, rauften sich die Haare, weinten und schrien und wandten sich, zu gehen bis an die Tore des Tempels.

Wie sie hier ankamen, und der Herr stand selbst in Trauer da, da jammerten sie ob des Anblickes und liefen von Tor zu Tor, wie ein Mensch, vor dem sein Liebstes tot daliegt, und der Herr wehklagte und rief: Wehe dem König, dem das Glück erst hold ist und den es nachher verläßt. Wehe dem Greis, der auf die alten Tage sein Haus verliert! Abraham aber sprach: Herr der Welt! Wo sind meine Kinder hin? Und er sprach weiter: Hast du mir doch, als ich hundert Jahre alt war, einen Sohn geschenkt, und wie habe ich mich über ihn gefreut! Als du mir aber sagtest, ich sollte ihn als Brandopfer darbringen, da war ich gleichfalls voller Freude und versagte ihn dir nicht. Nun willst du mir dessen nicht gedenken und dich deiner Kinder nicht annehmen? Da antwortete der Herr: Ach, daß ich den Kopf voll Wasser hätte und weinen könnte ohne Unterlaß!

Danach sprach Isaak vor dem Herrn: Gebieter der Welt! Wo sind meine Kinder hin? Gott erwiderte ihm: Sie sind den Feinden ausgeliefert worden, wie Schafe dem Schlächter. Isaak sagte: Herr der Welt! Als mein Vater zu mir sagte, ich solle mich auf den Altar legen, da tat ich dies willig, und dies magst du mir nicht anrechnen und magst dich meiner Kinder nicht erbarmen? Der Herr erwiderte: Ich höre es, und mein Leib bebt; auf die Stimme hin zittern meine Lippen.

Darauf sprach Jakob: Herr der Welt! Wo sind meine Kinder hin? Der Herr erwiderte: Schneller als die Adler unter dem Himmel waren unsre Feinde. Nunmehr sprach Mose: Herr der Welt! Sollte ich umsonst vor ihnen hergerannt sein? Sollte ich umsonst für sie mein Leben hingegeben haben? Und er rief aus: O, hätte ich Flügel wie eine Taube, daß ich flöge und irgendwo bliebe! Und alle Hirten Israels samt dem Herrn standen da in einer Reihe und weinten.

Hiernach sprach der Herr: Ihr Väter der Welt! Wißt ihr eine Antwort, wenn ich folgendes sage: Wehe dem Greis, der in der Jugend Glück hatte und dann nicht mehr! Wehe dem König, dessen Volk bei seinen Lebzeiten verbannt worden ist, und er konnte es nicht erretten! Wehe dem Herrscher, der allen Völkern zum Gespött geworden ist! Sie sprachen: Sollte den Kindern keine Rückkehr möglich sein? Gott antwortete: Sprecht nicht also! Kommt ein Geschlecht, das der Herrschaft Gottes harrt, so wird es alsbald erlöst, denn es heißt: Hoffnung blüht deinen Nachkommen, und sie sollen wieder in ihre Grenze kommen.

Nunmehr sprach Mose zu Jeremia: Zieh du voran und laß uns sehen, wessen Faust sich auf sie gelegt hat. Jeremia aber sagte: Die Straße ist voll von Erschlagenen; man kann nicht hindurch. Mose sprach: Und dennoch wollen wir gehen. Also machten sie sich auf den Weg, voran ging Jeremia und hinter ihm Mose. Als sie zu den Wassern von Babel kamen und Israel den Mose erblickte, sprachen sie zueinander: Nun ist der Sohn Amrams gekommen; er wird uns erlösen von unseren Bedrückern. Aber eine Stimme erscholl vom Himmel und sprach: Mose, es ist mein Ratschluß, daß sie bis zu Ende in der Fremde bleiben müssen. Und Mose sprach: Meine Kinder, es ist mir nicht gegeben, euch zurückzuführen; der Herr allein wird euch erlösen in Bälde. Und Mose zog ab und verließ sie. Da hoben die Kinder Israel ein Weinen an, bis ihre Stimme zum Himmel drang.

Als daraufhin Mose zu den Erzvätern kam, fragten sie: Wie verfahren die Feinde mit unseren Kindern? Er antwortete: Sie haben welche erschlagen und welche gefangengenommen; den einen binden sie die Hände auf den Rücken, die anderen ziehen sie nackend aus, die dritten geben sie der Sonnenhitze preis, und sie hungern und dürsten. Da öffneten die Väter ihren Mund und riefen: O, sie sind wie Waisenkinder, die keinen Vater haben!

6
Der verlassene Weinberg

ALS DIE FEINDE DEN TEMPEL erstürmten und ihn anzündeten, saß der Herr da und weinte. Es kam Asaph vor ihn und sprach: Gebieter der Welt! Feuer brennt in deinem Hause, und du weilst noch darin? Auf, verlaß deine Wohnstätte.

In der Stunde, da Israel vertrieben, der Tempel verwüstet und der Hohe Rat vernichtet wurden, saß auch der Herr weinend und betrübt da; er stimmte ein Klagelied an und jammerte über sie. Er sprach: Mein Zelt ist zerstört, und die Feinde sind darinnen. Mein Heiligtum ist zuschanden, und ich sitze da und schweige! Aber was kann ich tun? Das Maß der Strenge ist mächtiger als ich.

Und die Majestät Gottes verließ das Heiligtum.

Ein König mußte einst aus seinem Palaste ziehen; da küßte er die Wände desselben und umarmte die Säulen. Er sprach: Gehab dich wohl, mein Haus! Gehab dich wohl, mein Schloß! – So auch küßte die Gottheit die Mauern des fallenden Tempels und umarmte die stürzenden Säulen. Und auch Gott rief aus: Friede mit dir, mein Haus!

Jeremia sprach vor dem Herrn: Wer soll mit der Klage über Israel den Anfang machen? Du oder die diensttuenden Engel? Der Herr erwiderte: Ich will die Klage anheben. Und er hob an und rief: Meine Hütte ist zerstört, und alle meine Seile sind zerrissen. Meine Kinder sind von mir gegangen, und sie sind nicht mehr da. Niemand ist, der meine Hütte wieder aufrichte und mein Gezelt wieder aufschlage: Die diensttuenden Engel aber riefen und antworteten: Siehe, ihre Helden schreien draußen, die Boten des Friedens weinen bitterlich.

Der Herr fragte die diensttuenden Engel: Ein König auf Erden, welcher Trauer hält, was stellt er da an? Sie antworteten: Er hüllt sich in einen Sack. Der Herr sagte: Also will ich's gleichfalls so machen; ich kleide den Himmel in Dunkel und mache einen Sack zu seiner Decke.

Und der Herr fragte wiederum: Was tut ferner ein König, der trauert? Die Engel erwiderten: Er löscht die Laternen aus. Da sagte Gott: Auch ich will dasselbe machen. Daher heißt es: Sonne und Mond werden sich verfinstern, und die Sterne werden ihren Schein verhalten.

Der Herr fragte weiter nach dem Tun des Königs, und die Engel sagten, der würfe in der Trauer sein Lager um, er gehe barfuß, und Gott sagte, er wolle beides ebenso machen.

Zuletzt sagten die Engel, ein Trauernder sitze schweigend da. Da wollte Gott auch dies genau befolgen, daher es auch heißt: Er sitze da einsam und stumm.

Wenn Feinde in ein Schloß eindringen und es verbrennen – wer ist da mehr zu bedauern: das Schloß oder der Schloßherr? Also erging es auch dem Heiligen, gelobt sei er. Er sprach: Der Tempel, das war mein Haus; nun er dahin ist, bin ich es nicht, der des Trostes bedarf?

Wenn ein Winzer einen Weinberg hat und Feinde kommen und zertreten und verwüsten die Pflanzung – wer tut uns mehr leid: der Winzer oder das Gut? So auch der Herr. Er sprach: Israel ist mein Weinberg, und es ist aus mit Israel. Bin ich es nicht, der getröstet werden muß?

Wenn Wölfe in eine Hürde eindringen, sie zerreißen und die Schafe versprengen – mit wem fühlen wir mehr? Mit dem Hirten oder mit der Herde? Also sprach auch der Herr: Israel ist meine Herde, und die Herde ist zersprengt – bin ich es nicht, der den meisten Schmerz leidet? O tröste mich mein Volk!

INHALTSVERZEICHNIS

INHALTSVERZEICHNIS

Drittes Buch: Von der Sintflut

DIE ERZVÄTER

Erstes Buch: Vom neuen Werden

Zweites Buch: Der Stammvater Abraham

INHALTSVERZEICHNIS

INHALTSVERZEICHNIS

DIE ZWÖLF STÄMME

INHALTSVERZEICHNIS

MOSE

INHALTSVERZEICHNIS

Viertes Buch: In der Wüste

JUDA UND ISRAEL

Erstes Buch: Die Helden

Zweites Buch: Die Könige

INHALTSVERZEICHNIS

Drittes Buch: Die beiden Reiche